Nomosstudienbuch

Friedhelm Hufen | Siegfried Jutzi
Ekkehard Hofmann [Hrsg.]

Landesrecht Rheinland-Pfalz

Studienbuch

9. Auflage

begründet von Dr. Richard Ley

bearbeitet von:
Prof. Dr. Dieter Dörr, Universität Mainz | **Prof. Dr. Elke Gurlit**, Universität Mainz | **Prof. Dr. Ekkehard Hofmann**, Universität Trier | **Prof. Dr. Friedhelm Hufen**, Universität Mainz | **Prof. Dr. Siegfried Jutzi**, Universität Mainz | **Prof. Dr. Jochen Kerkmann**, Fachanwalt für Verwaltungsrecht, Andernach | **Prof. Dr. Josef Ruthig**, Universität Mainz | **Prof. Dr. Meinhard Schröder**, Universität Trier | **Prof. Dr. Markus Winkler**, Universität Mainz

Die Deutsche Nationalbibliothek verzeichnet diese Publikation in
der Deutschen Nationalbibliografie; detaillierte bibliografische
Daten sind im Internet über http://dnb.d-nb.de abrufbar.

ISBN 978-3-8487-6184-5 (Print)
ISBN 978-3-7489-0303-1 (ePDF)

9. Auflage 2021
© Nomos Verlagsgesellschaft, Baden-Baden 2021. Gesamtverantwortung für Druck
und Herstellung bei der Nomos Verlagsgesellschaft mbH & Co. KG. Alle Rechte, auch
die des Nachdrucks von Auszügen, der fotomechanischen Wiedergabe und der Über-
setzung, vorbehalten.

Vorwort

Das von *Dr. Richard Ley* begründete Werk erschien in 5. Auflage (2009) erstmals mit neuen Herausgebern und grundlegender Neuausrichtung auf das universitäre Studium als Studienbuch. Es liegt nun gründlich überarbeitet und umfangreich aktualisiert in 9. Auflage vor.

Als Mitherausgeber und Mitautor des Beitrags zum Umweltrecht ist an die Stelle von *Univ.-Prof. Dr. Alexander Proelß* nach dessen Wechsel an die Universität Hamburg *Univ.-Prof. Dr. Ekkehard Hofmann* (Universität Trier) getreten.

Aus dem Landesrecht behandelt das Studienbuch die Kernbereiche des Öffentlichen Rechts der staatlichen Pflichtfachprüfung – Staatsrecht (*Jutzi*), Grundlagen der Verwaltungsorganisation und des Verwaltungshandelns (*Schröder*), Kommunalrecht (*Winkler*), Polizei- und Ordnungsrecht (*Ruthig*) und Baurecht (*Gurlit*) – sowie weitere Sachgebiete, die vor allem für die juristischen Schwerpunktbereiche der rheinland-pfälzischen Universitäten bedeutsam sind – Öffentliches Wirtschaftsrecht (*Ruthig*), Umweltrecht (*Hofmann/Kerkmann*), Landesplanungsrecht (*Gurlit*), Kulturrecht (*Hufen*) und Medienrecht (*Dörr*).

Das Studienbuch enthält eine kompakte Darstellung der genannten Rechtsgebiete, geht aber auch auf aktuelle und speziellere Fragestellungen ein. Die in den Vorauflagen enthaltene Beschränkung des Baurechts auf das Bauordnungsrecht (*Gurlit*) wurde aufgegeben, um das Bauplanungsrecht in seinen examensrelevanten Grundzügen darzustellen und ein Studium des öffentlichen Baurechts »aus einer Hand« zu ermöglichen.

In der Neuauflage werden außerdem zahlreiche aktuelle Entscheidungen, Entwicklungen und Veröffentlichungen berücksichtigt, die für das Studium und die Praxis besonders wichtig sind. Neben zahlreichen Beispielen, insbesondere aus der Rechtsprechung, wird auf weiterführendes Schrifttum hingewiesen. Nützliche Klausurhinweise für das jeweilige Rechtsgebiet runden das Werk ab.

Das Studienbuch richtet sich primär an Studierende der Universitäten und Fachhochschulen und Rechtsreferendare. Es soll aber allen, die mit Fragen des Landesrechts befasst sind, insbesondere bei Gerichten, in Verwaltung, Anwaltschaft und Verbänden, hilfreich sein. Wir würden uns schließlich freuen, würde es über diese juristischen Kreise hinaus gewinnbringend genutzt werden können.

Die Herausgeber danken den Autoren, die ihre Kompetenz zum Gelingen des Werks eingebracht haben. Kritik und Anregungen sind Autoren und Herausgebern gleichermaßen willkommen.

Mainz/Trier, im Februar 2021

Friedhelm Hufen
Siegfried Jutzi
Ekkehard Hofmann

Inhalt

Vorwort 5

Autorenverzeichnis 9

Abkürzungsverzeichnis 11

§ 1 Staatsrecht 23

§ 2 Grundlagen der Verwaltungsorganisation
und des Verwaltungshandelns 80

§ 3 Kommunalrecht 106

§ 4 Polizei- und Ordnungsrecht 163

§ 5 Öffentliches Baurecht 245

§ 6 Öffentliches Wirtschaftsrecht 324

§ 7 Umweltrecht 340

§ 8 Landesplanungsrecht 384

§ 9 Kulturrecht 403

§ 10 Medienrecht 434

Stichwortverzeichnis 467

Autorenverzeichnis

Univ.-Prof. Dr. Dieter Dörr
Seniorforschungsprofessur am Fachbereich 03
Johannes Gutenberg-Universität Mainz
Direktor des Mainzer Medieninstituts

Univ.-Prof. Dr. Elke Gurlit
Professur für Staats- und Verwaltungsrecht, Rechtsvergleichung, Europarecht
Johannes Gutenberg-Universität Mainz

Univ.-Prof. Dr. Ekkehard Hofmann
Professur für Öffentliches Recht, insbesondere Umweltrecht
Universität Trier

Univ.-Prof. Dr. Friedhelm Hufen
Professur für Öffentliches Recht, Staats- und Verwaltungsrecht
Johannes Gutenberg-Universität Mainz
Mitglied des Verfassungsgerichtshofs Rheinland-Pfalz a.D.

Prof. Dr. Siegfried Jutzi
Ministerialdirigent a.D.
Honorarprofessor Johannes Gutenberg-Universität Mainz

Prof. Dr. Jochen Kerkmann
Jeromin & Kerkmann, Kanzlei für Verwaltungsrecht, Andernach
Fachanwalt für Verwaltungsrecht
Honorarprofessor Universität Trier

Univ.-Prof. Dr. Josef Ruthig
Professur für Öffentliches Recht, Europarecht und Rechtsvergleichung
Johannes Gutenberg-Universität Mainz

Univ.-Prof. Dr. Meinhard Schröder
Professur für Öffentliches Recht
Universität Trier

Prof. Dr. Markus Winkler
Referent im Hessischen Kultusministerium
Außerplanmäßiger Professor Johannes Gutenberg-Universität Mainz

Abkürzungsverzeichnis

a.a.O.	am angegebenen Ort
a.A.	anderer Ansicht
a.E.	am Ende
a.F.	alte Fassung
AbgG	Abgeordnetengesetz Rheinland-Pfalz (BS 1101-4)
abl.	ablehnend
ABl.	Amtsblatt
Abs.	Absatz
Abschn.	Abschnitt
abw.	abweichend
ADD	Aufsichts- und Dienstleistungsdirektion
AEUV	Vertrag über die Arbeitsweise der Europäischen Union
AfP	Archiv für Presserecht
AG	Aktiengesellschaft; Amtsgericht; Ausführungsgesetz
AGG	Allgemeines Gleichbehandlungsgesetz
AGBtR	Landesgesetz zur Ausführung des Betreuungsrechts (BS 404-1)
ÄG-LV	Gesetz zur Änderung der Landesverfassung
AGVwGO	Landesgesetz zur Ausführung der Verwaltungsgerichtsordnung (BS 303-1; H/J/W, Nr. 71)
ähnl.	ähnlich
AK	Denninger u.a., Kommentar zum Grundgesetz für die Bundesrepublik Deutschland (Reihe Alternativkommentare), 3. Aufl. (Stand: 08/2002)
AktG	Aktiengesetz
allg.	allgemein
allg. M.	allgemeine Meinung
Alt.	Alternative
ÄndG	Änderungsgesetz
Anm.	Anmerkung
AO	Abgabenordnung
AöR	Archiv des öffentlichen Rechts
ARD	Arbeitsgemeinschaft der öffentlich-rechtlichen Rundfunkanstalten
Art.	Artikel
AS	Entscheidungen der Oberverwaltungsgerichte Rheinland-Pfalz und Saarland
Aufl.	Auflage
ausf.	ausführlich
AVR	Archiv des Völkerrechts
Az.	Aktenzeichen
bad.	badisch
BadVGH	Badischer Verwaltungsgerichtshof
BadWürtt., badwürtt.	Baden-Württemberg, baden-württembergisch
BadWürttStGH	Staatsgerichtshof Baden-Württemberg
BadWürttVerf.	Verfassung des Landes Baden-Württemberg
BadWürttVerfGH	Verfassungsgerichtshof des Landes Baden-Württemberg (seit 5.12.2015)
BAG	Bundesarbeitsgericht
BAGE	Entscheidungen des Bundesarbeitsgerichts
BauGB	Baugesetzbuch
BauNVO	Baunutzungsverordnung
BauR	Baurecht, Zeitschrift für das gesamte öffentliche und zivile Baurecht
Bay., bay.	Bayern, bayerisch

Abkürzungsverzeichnis

BayBO	Bayerische Bauordnung
BayNatSchG	Bayerisches Naturschutzgesetz
BayVBl.	Bayerische Verwaltungsblätter
BayVerf.	Verfassung des Freistaates Bayern
BayVerfGH	Bayerischer Verfassungsgerichtshof
BayVerfGHE	Entscheidungen des Bayerischen Verfassungsgerichtshofs
BayVGH	Bayerischer Verwaltungsgerichtshof
BayVGHE	Entscheidungen des Bayerischen Verwaltungsgerichtshofs
BBG	Bundesbeamtengesetz
BBodSchG	Bundes-Bodenschutzgesetz
Bd.	Band
B/D/J	Brocker/Droege/Jutzi, Verfassung für Rheinland-Pfalz, Kommentar, 2014
BeamtStG	Beamtenstatusgesetz
Bearb., bearb.	Bearbeiter, bearbeitet
BeckOK	Beck Online-Kommentar
BeckRS	beck-online.Rechtsprechung
Bekm.	Bekanntmachung
Bem.	Bemerkung
Berl., berl.	Berlin, berlinerisch
BerlVerf.	Verfassung von Berlin
BerlVerfGH	Verfassungsgerichtshof des Landes Berlin
bes.	besonders
Beschl.	Beschluss
Bespr.	Besprechung
BestG	Bestattungsgesetz (BS 2127-1)
betr.	betreffend, betrifft
BezO	Bezirksordnung für den Bezirksverband Pfalz (BS 2020-3; H/J/W, Nr. 35)
Bf.	Beschwerdeführer(in)
BFH	Bundesfinanzhof
BFHE	Sammlung der Entscheidungen und Gutachten des Bundesfinanzhofs
BGB	Bürgerliches Gesetzbuch
BGBl.	Bundesgesetzblatt
BGH	Bundesgerichtshof
BGHR	Rechtsprechung des Bundesgerichtshofs
BGHSt	Entscheidungen des Bundesgerichtshofs in Strafsachen
BGHZ	Entscheidungen des Bundesgerichtshofs in Zivilsachen
BGSG	Bundesgrenzschutzgesetz
BHO	Bundeshaushaltsordnung
BImSchG	Bundesimmissionsschutzgesetz
BImSchV	Bundesimmissionsschutzverordnung
BK	Kahl/Waldhoff/Walter, Kommentar zum Bonner Grundgesetz (Bonner Kommentar)
BKA	Bundeskriminalamt
BKAG	Bundeskriminalamtgesetz
BMG	Bundesmeldegesetz
BNatSchG	Bundesnaturschutzgesetz
BR	Bundesrat; Bayrischer Rundfunk
Brandb., brandb.	Brandenburg, brandenburgisch
BrandbVerf.	Verfassung des Landes Brandenburg
BrandbVerfG	Verfassungsgericht des Landes Brandenburg
BRAO	Bundesrechtsanwaltsordnung
BReg.	Bundesregierung

Abkürzungsverzeichnis

Brem., brem.	Bremen, bremisch
BremStGH	Staatsgerichtshof der Freien und Hansestadt Bremen
BremVerf.	Landesverfassung der Freien und Hansestadt Bremen
BRRG	Beamtenrechtsrahmengesetz
BRS	Baurechtssammlung
BS	Sammlung des bereinigten Landesrechts Rheinland-Pfalz
BSG	Bundessozialgericht
BSGE	Entscheidungen des Bundessozialgerichts
BT	Bundestag
Buchst.	Buchstabe
BVerfG	Bundesverfassungsgericht
BVerfGE	Entscheidungen des Bundesverfassungsgerichts
BVerfGG	Bundesverfassungsgerichtsgesetz
BVerfSchG	Bundesverfassungsschutzgesetz
BVerwG	Bundesverwaltungsgericht
BVerwGE	Entscheidungen des Bundesverwaltungsgerichts
BWG	Bundeswahlgesetz
bzgl.	bezüglich
bzw.	beziehungsweise
CR	Computer und Recht
d.h.	das heißt
ders.	derselbe
dies.	dieselbe
Diss.	Dissertation
DJT	Deutscher Juristentag
DÖD	Der Öffentliche Dienst
DÖV	Die Öffentliche Verwaltung
DRiG	Deutsches Richtergesetz
DRiZ	Deutsche Richterzeitung
Drucks.	Drucksache
DRZ	Deutsche Rechtszeitschrift
DS	Der Staat (Zeitschrift)
DSchG	Denkmalschutzgesetz (BS 224-2; *H/J/W*, Nr. 28)
DStZ	Deutsche Steuer-Zeitung
DtZ	Deutsch-Deutsche Rechtszeitschrift
DuR	Demokratie und Recht
DV	Deutsche Verwaltung
DVBl.	Deutsches Verwaltungsblatt
DVB-T	Digital Video Broadcasting – Terrestrial
DVD	Digital Versatile Disc
DVP	Deutsche Verwaltungspraxis
DVP-RLP	Deutsche Verwaltungspraxis-Landesausgabe Rheinland-Pfalz
DVR	Datenverarbeitung im Recht
E	Entscheidung(en); Entscheidungssammlung
ebd.	ebenda
EEWärmeG	Gesetz zur Förderung Erneuerbarer Energien im Wärmebereich
EG	Einführungsgesetz, Europäische Gemeinschaft(en)
EGMR	Europäischer Gerichtshof für Menschenrechte
EGV	Vertrag zur Gründung der Europäischen Gemeinschaft
E/H	Epping/Hillgruber, BeckOK GG
Einf.	Einführung
EingrVO	Landesverordnung über die Bestimmung von Eingriffen in Natur und Landschaft (BS 791-1-12; *H/J/W*, Nr. 57)
Einl.	Einleitung

EMRK	Europäische Konvention zum Schutz der Menschenrechte und Grundfreiheiten
Entsch.	Entscheidung
entspr.	entsprechend
epd medien	Evangelischer Pressedienst medien
Erl.	Erläuterung(en)
Erstb.	Erstbearbeiter; Erstbearbeitung
EStG	Einkommensteuergesetz
ESVGH	Entscheidungssammlung des Hessischen und des Württemberg Badischen Verwaltungsgerichtshofs
EuGH	Gerichtshof der Europäischen Gemeinschaften
EuGH Slg.	Sammlung der Rechtsprechung des Gerichtshofs der Europäischen Gemeinschaften (ab 1990: und des Gerichts erster Instanz)
EuGRZ	Europäische Grundrechtezeitschrift
EuR	Europarecht
EuRat	Europarat
EUV	Vertrag über die Europäische Union
EuZW	Europäische Zeitschrift für Wirtschaftsrecht
f., ff.	folgende Seite(n)
FernStrG	Fernstraßengesetz (des Bundes)
FG	Finanzgericht
Fg. f.	Festgabe für
FGG	Gesetz über die Angelegenheiten der Freiwilligen Gerichtsbarkeit
FGO	Finanzgerichtsordnung
Fn.	Fußnote (n)
FRAG	Freie Rundfunk-AG
FraktG	Fraktionsgesetz Rheinland-Pfalz (BS 1101-6)
frz.	französisch
Fs. f.	Festschrift für
G	Gesetz
GA	Goltdammer's Archiv für Strafrecht
GaststG	Gaststättengesetz (des Bundes)
GastVO	Gaststättenverordnung (BS 711-7; *H/J/W*, Nr. 102)
GBO	Grundbuchordnung
G/C	Grimm/Caesar, Verfassung für Rheinland-Pfalz, Kommentar, 2001
geänd.	geändert
gem.	gemäß
GemHVO	Gemeindehaushaltsverordnung (BS 2020-1-2; *H/J/W*, Nr. 32)
GemO	Gemeindeordnung (BS 2020-1; *H/J/W*, Nr. 30)
GemODVO	Landesverordnung zur Durchführung der Gemeindeordnung (BS 2020-1-1; *H/J/W*, Nr. 31)
GenTG	Gesetz zur Regelung der Gentechnik (Gentechnikgesetz)
GewArch	Gewerbearchiv
GewO	Gewerbeordnung
GewSchG	Gewaltschutzgesetz
GG	Grundgesetz für die Bundesrepublik Deutschland
GK	Gemischte Kommission
GK-BNatSchG	Schlacke, Gemeinschaftskommentar zum Bundesnaturschutzgesetz, 2. Aufl. 2016
GlüÄndStV	Glücksspieländerungsstaatsvertrag
GlüStV	Glücksspielstaatsvertrag
GmbHG	Gesetz betreffend die Gesellschaften mit beschränkter Haftung
GMBl.	Gemeinsames Ministerialblatt
GmSOGB	Gemeinsamer Senat der Obersten Gerichtshöfe des Bundes
GO	Geschäftsordnung

GOBReg.	Geschäftsordnung der Bundesregierung
GOBT	Geschäftsordnung des Bundestages
GOLT	Geschäftsordnung des Landtags Rheinland-Pfalz (BS 1101-2)
GRCh	Charta der Grundrechte der Europäischen Union
GS	Gesetzessammlung
Gs. f.	Gedächtnisschrift für
GVBl.	Gesetz- und Verordnungsblatt für Rheinland-Pfalz
GVG	Gerichtsverfassungsgesetz
GVK	Gremienvorsitzendenkonferenz
GWB	Gesetz gegen Wettbewerbsbeschränkungen
G 10	Gesetz zur Beschränkung des Brief-, Post- und Fernmeldegeheimnisses (Gesetz zu Artikel 10 Grundgesetz)
Halbs.	Halbsatz
HandwO	Handwerksordnung
Hbg., hbg.	Hamburg, hamburgisch
HbgVerf.	Verfassung der Freien und Hansestadt Hamburg
HbgVerfG	Hamburgisches Verfassungsgericht
Hdb.	Handbuch
HdbStR	Isensee/Kirchhof, Handbuch des Staatsrechts der Bundesrepublik Deutschland
HdbVerfR	Benda/Maihofer/Vogel, Handbuch des Verfassungsrechts der Bundesrepublik Deutschland, 2. Aufl. 1994
Hess., hess.	Hessen, hessisch
HessStGH	Staatsgerichtshof des Landes Hessen
HessVerf.	Verfassung des Landes Hessen
HessVGH	Hessischer Verwaltungsgerichtshof
HessVGRspr.	Rechtsprechung der Hessischen Verwaltungsgerichte
HGB	Handelsgesetzbuch
HGO	Hessische Gemeindeordnung
HGR	Merten/Papier, Handbuch der Grundrechte
HGrG	Gesetz über die Grundsätze des Haushaltsrechts des Bundes und der Länder (Haushaltsgrundsätzegesetz)
HGZ	Hanseatische Rechts- und Gerichtszeitschrift
H/J/W	Hufen/Jutzi/Westenberger, Landesrecht Rheinland-Pfalz, Textausgabe, 29. Aufl. 2020
h.L.	herrschende Lehre
h.M.	herrschende Meinung
HochSchG	Hochschulgesetz (BS 223-41; *H/J/W*, Nr. 81)
HRG	Hochschulrahmengesetz
Hrsg., hrsg.	Herausgeber, herausgegeben
i.d.F.	in der Fassung
i.d.R.	in der Regel
i. Erg.	im Ergebnis
i.S.(v.)	im Sinne (von)
i.V.m.	in Verbindung mit
i.w.S.	im weiteren Sinne
i.(e.) S.	im (engeren) Sinne
insb.	insbesondere
IuKDG	Informations- und Kommunikationsdienste-Gesetz
JA	Juristische Arbeitsblätter
JAG	Landesgesetz über die juristische Ausbildung (BS 315-1; *H/J/W*, Nr. 76)
JAPO	Juristische Ausbildungs- und Prüfungsordnung (BS 315-1-1; *H/J/W*, Nr. 77)
Jb.	Jahrbuch

Abkürzungsverzeichnis

JBl.	Juristische Blätter; Justizblatt Rheinland-Pfalz
JMStV	Jugendmedienschutz-Staatsvertrag
JöR	Jahrbuch des öffentlichen Rechts der Gegenwart
J/P	Jarass/Pieroth, Grundgesetz für die Bundesrepublik Deutschland, Kommentar, 16. Aufl. 2020
JR	Juristische Rundschau
Jura	Juristische Ausbildung
JuS	Juristische Schulung
JuSchG	Jugendschutzgesetz
JW	Juristische Wochenschrift
JZ	Juristenzeitung
KAG	Kommunalabgabengesetz (BS 610-10; H/J/W, Nr. 38)
Kap.	Kapitel
KEF	Kommission zur Ermittlung des Finanzbedarfs der Rundfunkanstalten
KEK	Kommission zur Ermittlung der Konzentration im Medienbereich
KG	Kammergericht; Kommanditgesellschaft
KitaG	Kindertagesstättengesetz (BS 216-10)
KJM	Kommission für Jugendmedienschutz
Komm.	Kommentar
KomZG	Gesetz über die kommunale Zusammenarbeit (BS 2020-20; H/J/W, Nr. 36)
krit.	kritisch
KritJ	Kritische Justiz
KritV	Kritische Vierteljahresschrift für Gesetzgebung und Rechtswissenschaft
KrW-/AbfG	Kreislaufwirtschafts- und Abfallgesetz
KStZ	Kommunale Steuerzeitschrift
KUG	Kunsturhebergesetz
K&R	Kommunikation & Recht (Zeitschrift)
KWG	Kommunalwahlgesetz (BS 2021-1; H/J/W, Nr. 37)
l.	linke, links
LadöffnG	Ladenöffnungsgesetz (BS 8050-3; H/J/W, Nr. 100)
LAG	Landesarbeitsgericht
LBauO	Landesbauordnung (BS 213-1; H/J/W, Nr. 60)
LBG	Landesbeamtengesetz (BS 2030-1; H/J/W, Nr. 24)
LBKG	Landesbrand- und Katastrophenschutzgesetz (BS 213-50)
LDIG	Landesgesetz zur Errichtung des Landesbetriebs Daten und Information (BS 200-1)
LDSG	Landesdatenschutzgesetz (BS 204-1; H/J/W, Nr. 28)
LFAG	Landesfinanzausgleichsgesetz (BS 6022-1)
LFtG	Landesgesetz über den Schutz der Sonn- und Feiertage (BS 113-10; H/J/W, Nr. 14)
LG	Landesgesetz; Landgericht
LGebG	Landesgebührengesetz (BS 2013-1; H/J/W, Nr. 23)
LGlüG	Landesglücksspielgesetz RhPf. (BS Anhang-I-154)
LHO	Landeshaushaltsordnung (BS 63-1)
LImSchG	Landes-Immissionsschutzgesetz (BS 2129-4; H/J/W, Nr. 51)
lit.	litera (Buchstabe)
Lit.	Literatur
LKG	Landeskrankenhausgesetz (BS 216-3)
LKO	Landkreisordnung (BS 2020-2; H/J/W, Nr. 33)
LKODVO	Landesverordnung zur Durchführung der Landkreisordnung (BS 2020-2-1)
LKrWG	Landeskreislaufwirtschaftsgesetz (BS 2129-1; H/J/W, Nr. 50)

LKRZ	Zeitschrift für Landes- und Kommunalrecht Hessen/Rheinland-Pfalz/Saarland
LKSG	Landesklimaschutzgesetz (BS 2129-3)
LKV	Landes- und Kommunalverwaltung
LMAMG	Landesgesetz über Messen, Ausstellungen und Märkte (BS 711-10; *H/J/W*, Nr. 105)
LMG	Landesmediengesetz (BS 225-1; *H/J/W*, Nr. 90)
LMK	Landeszentrale für Medien und Kommunikation
LNatSchG	Landesnaturschutzgesetz (BS 791-1)
LOG NW	Landesorganisationsgesetz Nordrhein-Westfalen
LPAuswG	Landespersonalausweisgesetz (BS 210-1)
LPlG	Landesplanungsgesetz (BS 230-1; *H/J/W*, Nr. 63)
LReg	Landesregierung
LS	Leitsatz
LStiftG	Landesstiftungsgesetz (BS 401-1)
LSVG	Landesgesetz über die Errichtung des Landesbetriebs Staßen und Verkehr (BS 200-7)
LStrG	Landesstraßengesetz (BS 91-1; *H/J/W*, Nr. 110)
LT	Landtag
lt.	laut
LTranspG	Landestransparenzgesetz (BS 2010-10; *H/J/W*, Nr. 29)
LV	Verfassung für Rheinland-Pfalz (BS 100-1; *H/J/W*, Nr. 10)
LVerfG	Landesverfassungsgericht
LVO	Landesverordnung
LVwVfG	Landesverwaltungsverfahrensgesetz (BS 2010-3; *H/J/W*, Nr. 22)
LVwVG	Landesverwaltungsvollstreckungsgesetz (BS 2010-2; *H/J/W*, Nr. 21)
LVwZG	Landesverwaltungszustellungsgesetz (BS 2010-1; *H/J/W*, Nr. 20)
LWahlG	Landeswahlgesetz (BS 1110-1; *H/J/W*, Nr. 12)
LWG	Landeswassergesetz (BS 75-50; *H/J/W*, Nr. 54)
LWPG	Landeswahlprüfungsgesetz (BS 1110-2)
m.a.W.	mit anderen Worten
m. Anm.	mit Anmerkung
m. Hinw.	mit Hinweis(en)
m. Nachw.	mit Nachweisen
m.	mit
m.w.N.	mit weiteren Nachweisen
MAD	Militärischer Abschirmdienst
M/D	Maunz/Dürig u.a., Grundgesetz
MDR	Mitteldeutscher Rundfunk
MDR	Monatsschrift für Deutsches Recht
MDStV	Mediendienste-Staatsvertrag
MeldeG	Meldegesetz (BS 210-20)
MinBl.	Ministerialblatt der Landesregierung von Rheinland-Pfalz
MinisterG	Ministergesetz (BS 113-1)
MMR	Multimedia und Recht
M/S/K/B	Maunz/Schmidt-Bleibtreu/Klein/Bethge, Bundesverfassungsgerichtsgesetz
MoStV	Staatsvertrag zur Modernisierung der Medienordnung in Deutschland
MStV	Medienstaatsvertrag
MV., mv.	Mecklenburg-Vorpommern, mecklenburg-vorpommerisch
MVLVerfG	Landesverfassungsgericht Mecklenburg-Vorpommern
MVVerf.	Verfassung des Landes Mecklenburg-Vorpommern
n.F.; NF	neue Fassung; neue Folge
N., Nachw.	Nachweis(e)

Abkürzungsverzeichnis

NDR	Norddeutscher Rundfunk
Nds., nds.	Niedersachsen, niedersächsisch
NdsBauO	Niedersächsische Bauordnung
NdsOVG	Niedersächsisches Oberverwaltungsgericht
NdsStGH	Niedersächsicher Staatsgerichtshof
NdsVerf.	Niedersächsische Verfassung
NdsVBl.	Niedersächsische Verwaltungsblätter
NJ	Neue Justiz
NJOZ	Neue Juristische Online-Zeitschrift
NJW	Neue Juristische Wochenschrift
NJW-RR	NJW-Rechtsprechungsreport
NordÖR	Zeitschrift für öffentliches Recht in Norddeutschland
Nr.	Nummer
NRSG	Nichtraucherschutzgesetz RhPf. (BS 212-2; H/J/W, Nr. 104)
NRW, nrw.	Nordrhein-Westfalen, nordrhein-westfälisch
NRWVerf.	Verfassung für das Land Nordrhein-Westfalen
NRWVerfGH	Verfassungsgerichtshof des Landes Nordrhein-Westfalen
NVG	Nahverkehrsgesetz (BS 934-8)
NVwZ	Neue Zeitschrift für Verwaltungsrecht
NVwZ-RR	NVwZ-Rechtsprechungs-Report-Verwaltungsrecht
NWVBl.	Nordrhein-Westfälische Verwaltungsblätter
NZA	Neue Zeitschrift für Arbeits- und Sozialrecht
NZS	Neue Zeitschrift für Sozialrecht
o.	oben
öff.	öffentlich
o.g.	oben genannt
ÖGdG	Landesgesetz über den Öffentlichen Gesundheitsdienst (BS 2120-1)
OGZ	Entscheidungen der Oberlandesgerichte in Zivilsachen
OHG	Offene Handelsgesellschaft
OLG	Oberlandesgericht
ORB	Ostdeutscher Rundfunk Brandenburg
OVG	Oberverwaltungsgericht
OVGE	Entscheidungen der Oberverwaltungsgerichte Münster und Lüneburg
OWiG	Gesetz über Ordnungswidrigkeiten
PartG	Parteiengesetz
PaßG	Paßgesetz
PC	Personal Computer
PdW	Prüfe dein Wissen (Schriftenreihe)
Plen. Prot.	Plenarprotokoll
POG	Polizei- und Ordnungsbehördengesetz (BS 2012-1; H/J/W, Nr. 40)
Pr., pr.	Preußen, preußisch
PrivatSchG	Privatschulgesetz (BS 223-7)
ProdSG	Gesetz über die Bereitstellung von Produkten auf dem Markt (Produktsicherheitsgesetz)
Prot.	Protokoll
PrPVG	Preußisches Polizeiverwaltungsgesetz
PVG	Polizeiverwaltungsgesetz
RÄStV	Staatsvertrag zur Änderung rundfunkrechtlicher Staatsverträge
RBB	Rundfunk Berlin-Brandenburg
RBStV	Rundfunkbeitragsstaatsvertrag
RdE	Recht der Energiewirtschaft
RdJB	Recht der Jugend und des Bildungswesens
RdL	Recht der Landwirtschaft
RdSchr.	Rundschreiben

Abkürzungsverzeichnis

RegE.	Regierungsentwurf
RG	Reichsgericht
RGBl.	Reichsgesetzblatt
RGSt	Entscheidungen des Reichsgerichts in Strafsachen
RGZ	Entscheidungen des Reichsgerichts in Zivilsachen
Rh.-Pf. VerwBl.	Rheinisch-Pfälzisches Verwaltungsblatt
RHG	Landesgesetz über den Rechnungshof Rheinland-Pfalz (BS 63-10)
RhPf., rhpf.	Rheinland-Pfalz, rheinland-pfälzisch
RhPfVerfGH	Verfassungsgerichtshof Rheinland-Pfalz
RiA	Recht im Amt
RL	Richtlinie
Rn.	Randnummer
ROG	Raumordnungsgesetz
Rs.	Rechtssache
Rspr.	Rechtsprechung
RStV	Rundfunkstaatsvertrag
RuP	Recht und Politik
RVO	Rechtsverordnung
S.	Satz; Seite
s.	siehe
s.a.	siehe auch
s.o.	siehe oben
Saarl., saarl.	Saarland, saarländisch
SaarlVerf.	Verfassung des Saarlandes
SaarlVerfGH	Verfassungsgerichtshof des Saarlandes
Sachs., sächs.	Sachsen, sächsisch
SachsA., sachsa.	Sachsen-Anhalt, sachsen-anhaltinisch
SachsAVerf.	Verfassung des Landes Sachsen-Anhalt
SachsAVerfG	Landesverfassungsgericht Sachsen-Anhalt
SächsBauO	Sächsische Bauordnung
SächsOVG	Sächsisches Oberverwaltungsgericht
SachsVerf.	Verfassung des Freistaates Sachsen
SächsVerfGH	Sächsischer Verfassungsgerichtshof
SächsVBl.	Sächsische Verwaltungsblätte
SchlH., schlh.	Schleswig-Holstein, schleswig-holsteinisch
SchlHOVG	Schleswig-Holsteinisches Oberverwaltungsgericht
SchlHVerf.	Verfassung des Landes Schleswig-Holstein
SchulG	Schulgesetz (BS 223-1; H/J/W, Nr. 80)
SDR	Süddeutscher Rundfunk
SFB	Sender Freies Berlin
SGb	Die Sozialgerichtsbarkeit
SGB	Sozialgesetzbuch
SGD	Struktur- und Genehmigungsbehörde(n)
SGG	Sozialgerichtsgesetz
sog.	sogenannte(r)
Sp.	Spalte
SpielbankG	Spielbankgesetz RhPf. (BS 716-6)
SpkG	Sparkassengesetz (BS 76-3)
SportFG	Sportförderungsgesetz (BS 217-11)
st. Rspr.	ständige Rechtsprechung
Staat	Der Staat
StaatsR	Staatsrecht
StAnz.	Staatsanzeiger für Rheinland-Pfalz
StenBer.	Stenographische Berichte
StenProt.	Stenographische Protokolle

Abkürzungsverzeichnis

StGB	Strafgesetzbuch
StGH	Staatsgerichtshof
StiftG	Stiftungsgesetz (BS 401-1)
StPO	Strafprozessordnung
str.	streitig
StVO	Straßenverkehrs-Ordnung
StwStP	Staatswissenschaften und Staatspraxis
SWR	Südwestrundfunk
SWR-StV	Staatsvertrag über den Südwestrundfunk (BS Anhang-I-156)
TDDSG	Teledienstedatenschutzgesetz
TDG	Teledienstegesetz
Thür., thür.	Thüringen, thüringisch
ThürVBl.	Thüringer Verwaltungsblätter
ThürVerf.	Verfassung des Freistaats Thüringen
ThürVerfGH	Thüringer Verfassungsgerichtshof
TierSchG	Tierschutzgesetz
TKG	Telekommunikationsgesetz
TMG	Telemediengesetz
TVG	Tarifvertragsgesetz
u. a. (m.)	und andere (mehr); unter anderem
u. Ä.	und Ähnliches
u.	und; unten
UAG	Untersuchungsausschussgesetz (BS 1101-5)
UDRL	Universaldienstrichtlinie
UIG	Umweltinformationsgesetz
umstr.	umstritten
UMTS	Universial Mobile Telecommunications System
UmwHG	Umwelthaftungsgesetz
UmwRBG	Umwelt-Rechtsbehelfsgesetz
unstr.	unstreitig
UPR	Umwelt- und Planungsrecht
Urt.	Urteil
UTR	Umwelt- und Technikrecht (Schriftenreihe des Instituts für Umwelt- und Technikrecht der Universität Trier)
UVP	Umweltverträglichkeitsprüfung
UVPG	Gesetz über die Umweltverträglichkeitsprüfung
UZwG	Gesetz über die Anwendung unmittelbaren Zwangs
v. H.	vom Hundert
v.	von; vom
VA	Verwaltungsakt
Var.	Variante
VBlBW	Verwaltungsblätter Baden-Württemberg
Verf.	Verfassung
VerfÄndG	Verfassungsänderungsgesetz
VerfGH	Verfassungsgerichtshof (Rheinland-Pfalz)
VerfGHG	Landesgesetz über den Verfassungsgerichtshof (BS 1104-1; H/J/W, Nr. 11)
VerfProzessR	Verfassungsprozessrecht
Verh. d. DJT	Verhandlungen des Deutschen Juristentages
VerkündG	Verkündungsgesetz (BS 114-1; H/J/W, Nr. 13)
VersG	Versammlungsgesetz
VerwArch	Verwaltungsarchiv
VerwR	Verwaltungsrecht
VG	Verwaltungsgericht
VGH	Verwaltungsgerichtshof

Abkürzungsverzeichnis

vgl.	vergleiche
VHS	Video Home System
vM/K/S	v. Mangoldt/Klein/Starck, Kommentar zum Grundgesetz, 7. Auflage 2018
vM/K	v. Münch/Kunig, Grundgesetz, Kommentar 6. Aufl. 2012
VO	Verordnung
VOBl.	Verordnungsblatt
Vorb.	Vorbemerkung(en)
Vorspr.	Vorspruch
VPRT	Verband Privater Rundfunk und Telekommunikation
VR	Verwaltungsrundschau
VVDStRL	Veröffentlichungen der Vereinigung der Deutschen Staatsrechtslehrer
VwGO	Verwaltungsgerichtsordnung
VwORG	Verwaltungsorganisationsreformgesetz (BS 200-4)
VwRspr.	Verwaltungsrechtsprechung (Sammlung)
VwVfG	Verwaltungsverfahrensgesetz
VwVG	Verwaltungsvollstreckungsgesetz
WDR	Westdeutscher Rundfunk
W/G	Walter/Grünewald, Beck OK BVerfG
WHG	Wasserhaushaltsgesetz
WissR	Wissenschaftsrecht (Zeitschrift)
WM	Wertpapier-Mitteilungen, Zeitschrift für Wirtschafts- und Bankrecht
w. N.	weitere Nachweise
WRRL	Wasserrahmenrichtlinie
WRV	Verfassung des Deutschen Reichs (Weimarer Reichsverfassung)
WürttBadVerf.	Verfassung für Württemberg-Baden
WürttBadVGH	Württembergisch-Badischer Verwaltungsgerichtshof
z.B.	zum Beispiel
z.T.	zum Teil
ZAK	Kommission für Zulassung und Aufsicht
ZaöRV	Zeitschrift für ausländisches öffentliches Recht und Völkerrecht
ZBR	Zeitschrift für Beamtenrecht
ZDF	Zweites Deutsches Fernsehen
ZfP	Zeitschrift für Politik
ZfWG	Zeitschrift für Wett- und Glücksspielrecht
ZG	Zeitschrift für Gesetzgebung
Ziff.	Ziffer
ZLR	Zeitschrift für das gesamte Lebensmittelrecht
ZParl	Zeitschrift für Parlamentsfragen
ZPO	Zivilprozeßordnung
ZPol	Zeitschrift für Politikwissenschaft
ZRP	Zeitschrift für Rechtspolitik
zul.	zuletzt
ZUM	Zeitschrift für Urheber- und Medienrecht, Film und Recht
zust.	zustimmend
ZustVO	Zuständigkeitsverordnung
zutr.	zutreffend

§ 1 Staatsrecht

von *Siegfried Jutzi*

Literatur: *Die in diesem Verzeichnis enthaltenen Werke werden in den Fußnoten lediglich mit dem Namen der Autoren oder Herausgeber (erforderlichenfalls mit einem unterscheidenden Zusatz) zitiert.*

Barczak, BVerfGG, Komm., 2018; *Benda/Klein*, Lehrbuch des Verfassungsprozessrechts, 3. Aufl. 2012; *Brocker*, Die Bindungswirkung von Entscheidungen des VerfGH RhPf., in: Fs. f. Bamberger, 2017, S. 13 (zit. ohne Zusatz); *Brocker/Droege/Jutzi* (zit.: B/D/J), Verf. f. RhPf., Komm., 2014; *Brocker/Emmenegger*, Landesverfassungsgerichtsbarkeit und Verfassungswandel: Entwicklungslinien aus 70 Jahren Verfassungsrechtsprechung in RhPf., NVwZ-Extra 5/2018; *Burkiczak/Dollinger/Schorkopf* (Hrsg.), BVerfGG, Komm., 2015; *Dederer/Schweitzer*, Staatsrecht III, 11. Aufl. 2016; *Degenhart*, Staatsrecht I, Staatsorganisationsrecht, 32. Aufl. 2016; *Dreier*, GG, Komm., 3. Aufl., Bd. I: 2013, Bd. II: 2015, Bd. III: 2018; *Engels/Krausnick*, Kommunalrecht, 2. Aufl. 2020; *Gärditz*, Das strafprozessuale Ermittlungsverfahren unter Kontrolle der Landesverfassungsgerichtsbarkeit, LKRZ 2014, 187; *Gröpl*, Staatsrecht I, 11. Aufl. 2019; *Grimm/Caesar* (zit.: G/C), Verf. f. RhPf., Komm., 2001; *Held*, Die Verfassungsbeschwerde zum VerfGH RhPf., NVwZ 1995, 534; *Hensgen*, Organisation, Zuständigkeiten und Verfahren des VerfGH von RhPf., Diss. Mainz, 1986; *Hillgruber/Goos*, Verfassungsprozessrecht, 4. Aufl. 2015; *Ipsen*, Staatsrecht I, Staatsorganisationsrecht, 31. Aufl. 2019; *Jutzi*, Leitlinie GG – Zu Unitarisierungstendenzen in der Rspr. des VerfGH RhPf., LKRZ 2011, 286; *ders.*, Einwirkung des Unionsrechts auf Verfahren des VerfGH RhPf., LKRZ 2014, 7; *ders.*, Neuausrichtung des Art. 130 Abs. 1 Verf. für RhPf. durch den VerfGH des Landes; *Kämmerer*, Staatsorganisationsrecht, 3. Aufl. 2016; *Klaas*, Die Entstehung der Verf. f. RhPf., 1978; *Lange*, Kommunalrecht, 2. Aufl. 2019; *Lechner/Zuck*, BVerfGG, Komm., 8. Aufl. 2019; *Lenz/Hansel*, BVerfGG, Komm., 3. Aufl. 2020; *Morlok/Michael*, Staatsorganisationsrecht, 5. Aufl. 2020; *Sachs*, GG, Komm., 8. Aufl. 2018; *Schlaich/Korioth*, Das BVerfG, 11. Aufl. 2018; *Stern*, Das Staatsrecht der Bundesrepublik Deutschland, Bd. I (2. Aufl. 1984), Bd. II (1980), Bd. III/1 (1988), Bd. III/2 (1994), Bd. IV/1 (2006), Bd. IV/2 (2011); Bd. V (1999); *Süsterhenn/Schäfer*, Komm. der Verf. f. RhPf., 1950; *Walter/Grünewald*, BeckOK BVerfGG (zit.: W/G).

I. Stellung des Landes im Verfassungsgefüge des Grundgesetzes ... 1	3. Gesetzgebung 55
1. Staatsrecht und Verfassungsrecht 2	a) Gesetzgebungskompetenz 55
2. Staatlichkeit 3	b) Parlamentarische Gesetzgebung 56
3. Verfassungsautonomie des Landes 6	c) Exekutivgesetzgebung.... 65
	d) Volksgesetzgebung........ 67
II. Rechtsquellen 14	e) Staatsverträge 79
III. Staatsorganisationsrecht 16	4. Finanzwesen 88
1. Grundlagen des Staates 16	5. Rechtsprechung und Verwaltung 89
a) Gliedstaat 17	6. Kommunale Selbstverwaltung 90
b) Demokratie, Republik.... 18	a) Selbstverwaltungsgarantie und Finanzausstattung.... 90
c) Sozialstaat 21	
d) Gewaltenteilung, Rechtsstaat 22	b) Wahl der Vertretungskörperschaften, Bürgermeister und Landräte 96
e) Wahlrechtsgrundsätze 23	
f) Staatsgebiet 24	IV. Grundrechte und Grundpflichten 98
g) Landesfarben und Landeswappen 27	1. Allgemeines 98
2. Verfassungsorgane 28	2. Zu den Grundrechten insgesamt 100
a) Landtag 30	
b) Landesregierung 44	a) Grundrechtsträger 101
c) Verfassungsgerichtshof.... 53	

b) Schutzbereich, Beeinträchtigungen, Grundrechtsschranken 102
3. Einzelne Grundrechte 104
  a) Freiheit des Menschen (Art. 1 LV) 104
  b) Recht auf Leben und körperliche Unversehrtheit (Art. 3 LV) 107
  c) Datenschutz (Art. 4 a LV) 108
  d) Unverletzlichkeit der Wohnung (Art. 7 LV) 109
  e) Vereinigungsfreiheit (Art. 13 Abs. 1 LV) 110
  f) Gleichheit (Art. 17 ff. LV) 111
  g) Ehe und Familie (Art. 23 ff. LV) 112
  h) Schule, Bildung und Kulturpflege (Art. 27 ff. LV). 113
  i) Wirtschaftliche Freiheiten, Eigentum (Art. 52, 58, 60 LV) 115
4. Grundpflichten (Art. 20 bis 22 LV) 116
V. Verfassungsprozessrecht 117
  1. Allgemeines 117
  2. Verfassungsbeschwerde (Art. 130 a LV) 119
    a) Beschwerdefähigkeit 120
    b) Prozess- und Postulationsfähigkeit 122
    c) Beschwerdegegenstand 123
    d) Beschwerdebefugnis 127
    e) Rechtswegerschöpfung, Subsidiarität 128

  f) Frist, Begründung, Form .. 130
  g) Rechtsschutzbedürfnis 131
  h) Verfahren, Ausschuss des VerfGH 132
3. Organstreit (Art. 130 Abs. 1 LV) 135
  a) Parteifähigkeit (Antragsberechtigung) 136
  b) Prüfungsgegenstand 138
  c) Antragsbefugnis, Klarstellungsinteresse, Rechtsschutzbedürfnis 141
  d) Rechtswegerschöpfung, Subsidiarität 145
  e) Frist, Begründung, Form .. 146
  f) Antragsgegner 147
  g) Prüfungsmaßstab, Entscheidung 148
4. Abstrakte Normenkontrolle (Art. 130 Abs. 1 LV) 149
  a) Prüfungsgegenstand 150
  b) Weitere Voraussetzungen 152
  c) Begründetheit 154
5. Konkrete Normenkontrolle (Art. 130 Abs. 3 LV) 155
6. Einstweilige Anordnung (§ 19 a VerfGHG) 158
VI. Klausurhinweise 161
  1. Prüfung der Verfassungsmäßigkeit einer Rechtsnorm des Landes 161
  2. Prüfung landesverfassungsgerichtlicher Verfahren 163
  3. Prüfung im Rahmen verwaltungsprozessualer Verfahren .. 164

I. Stellung des Landes[1] im Verfassungsgefüge des Grundgesetzes

1 Die gedrängte Darstellung des Staatsrechts macht – examensrelevante – **Schwerpunktsetzungen** unausweichlich. Nach Erörterung einiger bundesstaatlicher Aspekte (I.) und der Rechtsquellen (II.) werden landesrechtliche Besonderheiten des Staatsorganisationsrechts (III.), der Grundrechte und Grundpflichten (IV.) sowie des Verfassungsprozessrechts (V.) im Vordergrund stehen.

2 **1. Staatsrecht und Verfassungsrecht.** Als Teil der Rechtsordnung umfasst das **Staatsrecht** jene Normen des öff. Rechts, die »das Funktionieren des entwickelten Staates im Innern in seinen tragenden Prinzipien, in seiner wesentlichen Organisation und in seinem Grundverhältnis zum Bürger erfassen und ordnen.«[2] Unter (formellem)[3] **Verfassungsrecht** (oder Staatsrecht i.e.S.)[4] versteht man das in der Verfassungsurkunde nie-

---

1 Zur Entstehung des Landes und seiner Verfassung vgl. *Rudolf*, in: G/C, Einl. A u. B; *Ley*, in: ders./Jutzi, Teil A; *Hennig*, in: B/D/J, Einl.; *Jutzi*, in: Hendler/Hufen/Jutzi, Landesrecht RhPf., 6. Aufl. 2011, § 1 Rn. 1 ff.
2 *Stern*, StaatsR I, § 1 II 2 m.w.N.
3 Zum Begriff *Jellinek*, Allg. Staatslehre, 5. Aufl. 1929, S. 505, 534; *Ipsen*, Rn. 21; *Kämmerer*, Rn. 20; *Morlok/Michael*, Rn. 56.
4 *Stern*, StaatsR I, § 1 III 2 m.w.N.

dergelegte höchstrangige Recht im Staat. Der Begriff des Staatsrechts ist danach weiter als der des (formellen) Verfassungsrechts, da dem Staatsrecht auch einfaches Recht (z.B. Wahlgesetze), Geschäftsordnungen oberster Staatsorgane oder Verfassungsgewohnheitsrecht unterfallen (sog. materielles Verfassungsrecht).

2. **Staatlichkeit.** Nach Art. 20 Abs. 1 GG ist die »Bundesrepublik Deutschland ein **Bundesstaat**«.[5] Dies ist ein Staat, der sich aus mehreren Staaten zusammensetzt, wobei sowohl dem Bund als auch seinen Gliedern **Staatscharakter** zukommt.[6]   3

Von der **Staatlichkeit** des Landes geht auch die LV aus. Bereits im Vorspruch erwähnt sie als ein Wesensmerkmal des Staates das **Volk von Rheinland-Pfalz**.[7] Näher definiert wird das Volk in Art. 75 Abs. 2 S. 1 LV: »**Staatsbürger** sind alle Deutschen, die in Rheinland-Pfalz wohnen oder sich sonst gewöhnlich dort aufhalten.«   4

Die weiteren Wesensmerkmale des Staates[8] – **Staatsgewalt und Staatsgebiet** – werden in den Art. 74 Abs. 2 und Art. 78 Abs. 1 LV angesprochen. Zentralnorm ist **Art. 74 Abs. 1 LV**: »Rheinland-Pfalz ist ein demokratischer und sozialer Gliedstaat Deutschlands« (dazu Rn. 17).   5

3. **Verfassungsautonomie des Landes.** Die Rechtsordnungen von Bund und Ländern sind prinzipiell selbstständig und gleichwertig. In diesem Sinne konkretisiert das Homogenitätsgebot des Art. 28 Abs. 1 GG das Bundesstaatsprinzip. Art. 28 Abs. 1 GG setzt einerseits die Verfassungsautonomie der Länder voraus, die er andererseits begrenzt. Die Länder werden lediglich an bestimmte Vorgaben gebunden, verfügen im Übrigen aber über **Gestaltungsfreiheit**.[9]   6

a) **Homogenitätsgebot:** Nach Art. 28 Abs. 1 GG muss die verfassungsmäßige Ordnung in den Ländern den Grundsätzen des republikanischen, demokratischen und sozialen Rechtsstaats i. S. des GG entsprechen. Art. 28 Abs. 1 GG erzwingt keine »Konformität oder Uniformität«,[10] lediglich ein **Mindestmaß an Homogenität** wird verlangt. Erheblichen Gestaltungsspielraum genießen die Länder insb. in den Bereichen Wahlrecht, Landesparlaments- und Statusrecht der Abgeordneten,[11] Volksgesetzgebung, Verfassungsgerichtsbarkeit und Grundrechtsschutz.[12]   7

Beispiele:
- Die Länder können die Legislaturperiode abweichend von der des Bundes regeln (vgl. Art. 39 Abs. 1 S. 1 GG und Art. 83 Abs. 1 S. 1 LV).
- Ein Selbstauflösungsrecht des Landtags (Art. 84 LV) ist zulässig.[13]

---

5 Zu früheren Zweifeln am Bundesstaatscharakter Deutschlands *Rudolf*, Bund und Länder im aktuellen deutschen Verfassungsrecht, 1968, S. 6; *Jutzi*, in: Fs. f. W. Rudolf, 2001, S. 265 f. m.w.N.
6 *Isensee*, HdbStR VI, 3. Aufl. 2008, § 126 Rn. 65 ff.; *Jestaedt*, HdbStR II, 3. Aufl. 2004, § 29 Rn. 65. Die Annahme eines zweigliedrig strukturierten deutschen Bundesstaates ist weitgehend (vgl. jedoch *Grzeszick*, in: M/D, Art. 20 [Stand: 03/2006] unter IV. Rn. 58 f.) unangefochten.
7 Zum Zusammenhang zwischen Landesstaatsangehörigkeit und Staatlichkeit der Länder *Sachs*, AöR 108 (1983), 69 ff. (74); *Jachmann-Michel/Kaiser*, in: vM/K/S, Art. 33 Rn. 6 f.
8 Zur Drei-Elemente-Lehre vgl. nur *Ipsen*, Rn. 5 ff.
9 BVerfGE 4, 178 (189); 64, 301 (317); vgl. auch *Dittmann*, HdbStR VI, 3. Aufl. 2008, § 127; *Bartelsberger*, ebd., § 128.
10 BVerfGE 9, 268 (279); vgl. auch BVerfGE 103, 332 (350); 107, 1 (10); NVwZ-RR 2016, 521 Rn. 41, 57.
11 BVerfGE 98, 145 (197 f.); *Brocker*, BK, Art. 40 (Stand: 09/2019), Rn. 1 ff. m.w.N.
12 Vgl. *Peine*, LKV 2012, 385 (388 ff.). Zu einem Spezialproblem *Brocker*, NVwZ 2014, 1357.
13 BerlVerfGH, LVerfGE 12, 75 (78 ff.) m.w.N.

- Elemente unmittelbarer Demokratie (Art. 108 a, 109 LV) sind in allen Landesverfassungen stärker ausgebaut als im GG.[14]
- Aus Art. 93 Abs. 1 Nr. 4 GG folgt im Grundsatz, »dass ein Land interne – grundrechtlich geschützte Rechte nicht berührende – Streitigkeiten unter Funktionsträgern der Staatsgewalt im Land aufgrund eigener Verfassungsgerichtsbarkeit – ohne jede bundesverfassungsgerichtliche Einwirkung – in der Sache abschließend entscheiden kann.«[15]
- Das Zitiergebot des Art. 80 Abs. 1 S. 3 GG sieht das BVerwG nicht vom Homogenitätsgebot erfasst.[16]

8 b) **Gesetzgebungskompetenznormen:** Nach einer Auffassung setzen auch die Kompetenznormen des GG dem Verfassungsrecht der Länder Grenzen.[17] Diese Auffassung respektiert jedoch nicht genügend die Verfassungsautonomie der Länder und »deutet auf ein elementares Fehlverständnis der ,Staatsqualität' der Gliedstaaten in der Bundesrepublik hin.«[18] Der LV ist es lediglich verwehrt, Bundes*verfassungs*recht zu setzen oder Gegenstände regeln, die ihrer Natur nach allein Sache des Bundes oder anderer Länder sind.[19]

Beispiele:
- Art. 11 LV (Petitionsrecht) wendet sich lediglich an staatliche und kommunale Stellen des Landes und nicht – wie Art. 17 GG – an solche des Bundes und aller Länder.
- Eine LV kann keine Bestimmung zur Hauptstadt oder zum Wahlrecht des Bundes (Art. 22 Abs. 1, Art. 38 Abs. 3 GG) oder anderer Länder treffen.

9 c) **Grundrechte:** Die von den Ländern ausgeübte Staatsgewalt ist an die Grundrechte des GG gebunden (Art. 1 Abs. 3 GG). Zudem muss die verfassungsmäßige Ordnung der Länder den Grundrechten des GG entsprechen (Art. 28 Abs. 3 GG). Nach Art. 142 GG bleiben ungeachtet der Vorschrift des Art. 31 GG (»Bundesrecht bricht Landesrecht.«) Bestimmungen der Landesverfassungen insoweit in Kraft, als sie in Übereinstimmung mit den Art. 1 bis 18 GG Grundrechte gewährleisten.[20] Damit konkretisiert Art. 142 GG die sich schon aus Art. 31 GG ergebende Verfassungsrechtslage, wonach eine Kollisionslage vorliegen muss. Daran fehlt es, wenn Landesverfassungsrecht mit Bundesrecht inhaltsgleich ist.[21] Grundrechte der LV sind außerdem nicht darauf beschränkt, die Grundrechte des GG thematisch zu spiegeln.

Beispiele:
- Art. 18 Abs. 1 LV (Stand, Adelsbezeichnungen)
- Art. 52 LV (allgemeine Wirtschaftsfreiheit)

---

14 BVerfGE 60, 175 (208); vgl. auch BerlVerfGH, NVwZ-RR 2010, 169 (171 ff.); zu weiteren Beispielen *Jarass*, in: J/P, Art. 28 Rn. 7 ff.; *Jutzi*, KritV 1996, 140 f.; *Dreier*, BayVBl. 1999, 514 f.
15 BVerfGE 96, 231 (244); zu Gegensatz vgl. jedoch u. Rn. 119 u. Rn. 285.
16 BVerwG, NWVBl. 2017, 289 Rn. 28 ff. u. LS 5. In BVerfGE 101, 1 (42 f.), wird das Zitiergebot jedoch als »unerlässliches Element des demokratischen Rechtsstaats« bezeichnet.
17 *Korioth*, in: M/D, Art. 31 (Stand: 06/2007) Rn. 24; *Starck*, ThürVBl. 1992, 10; *Stern*, StaatsR III/2, § 93 VI 2 c; *Merten*, DÖV 1993, 375; a.A. *Jutzi*, in: G/C, Einl. C Rn. 12; *Pietzcker*, HdbStR VI, 3. Aufl. 2008, § 134 Rn. 57; *Tjarks*, Zur Bedeutung der Landesgrundrechte, 1999, S. 80 ff.; *Wermeckes*, Der erweiterte Grundrechtsschutz in den Landesverfassungen, 2000, S. 79 ff.; *differenzierend Huber*, in: Sachs, Art. 31 Rn. 15 ff.
18 Vgl. *Denninger*, in: Eichel/Möller, 50 Jahre HessVerf., 1997, S. 346.
19 *Discher*, Die Landesverfassungsgerichte in der bundesstaatlichen Rechtsprechungskompetenzordnung, 1997, S. 64.
20 Art. 142 GG betrifft nicht nur Art. 1 bis 18 GG, sondern alle Grundrechte und grundrechtsgleichen Rechte und gilt auch für Landesverfassungsrecht, das nach Inkrafttreten des GG erlassen wurde und wird. Vgl. BVerfGE 96, 345 (364 f.); *Korioth*, in: M/D, Art. 142 (Stand: 10/2008) Rn. 12; *Dreier*, in: ders. III, Art. 142 Rn. 33 ff.
21 Vgl. BVerfGE 36, 342 (363 f.) für das Verhältnis zum Bundes*verfassungs*recht; *Gubelt*, in: vM/K II, Art. 31 Rn. 23; *Huber*, in: Sachs, Art. 31 Rn. 18; *Jutzi*, Landesverfassungsrecht und Bundesrecht, 1982, S. 19.

Ob die Grundrechte der LV mit denen des GG übereinstimmen, bemisst sich nach dem **sachlichen und persönlichen Schutzbereich** und dem Umfang der Beschränkungsmöglichkeiten. Allein das Fehlen eines **Zitiergebots** i.S.v. Art. 19 Abs. 1 S. 2 GG in der LV bewirkt keinen geringeren Schutzstandard eines Landesgrundrechts.

Aus dem Wortlaut des Art. 142 GG (»auch«), der Auslegung des Art. 31 GG sowie aus Art. 1 Abs. 3 und Art. 28 Abs. 3 GG folgt die prinzipielle Zulässigkeit **weiter reichender Grundrechtsverbürgungen in Landesverfassungen**, wenn Bundesrecht den Ländern dies nicht verwehrt.[22] Steht Bundesrecht entgegen, ging die früher wohl h. M. von der Nichtigkeit der landesverfassungsrechtlichen Norm aus. Unter Berücksichtigung der Rspr. des BVerfG[23] wird im Interesse der Verfassungsautonomie der Länder zu differenzieren sein: Widerspricht ein günstigeres Landesgrundrecht dem GG, ist es nichtig. Ein Widerspruch ist dabei nur anzunehmen, wenn das Bundesgrundrecht nicht nur als Mindestgarantie zu verstehen ist, sondern ausnahmsweise einen weiter reichenden Schutz ausschließt.

10

Beispiele:
- Art. 13 Abs. 1 LV gewährleistet die Vereinigungsfreiheit anders als Art. 9 Abs. 1 GG nicht nur Deutschen, was unbedenklich ist.[24]
- Art. 16 Abs. 1 LV gewährleistet das Verbot der Auslieferung ohne Vorbehalt. Die Norm ist daher mit Art. 16 Abs. 2 S. 2 GG, der (nicht ausschließbare) Ausnahmen zulässt, nicht vereinbar und daher nichtig.[25]
- Das in Art. 16 Abs. 2 LV verankerte Asylrecht reicht weiter als das des Art. 16a GG, ist aber nichtig, da Art. 16a GG das Höchstmaß an Asylrecht verbindlich festlegt.[26]
- Art. 19 a LV ist im Verhältnis zu den Deutschengrundrechten des GG günstiger und wirksam.[27]

Steht das Landesgrundrecht dagegen mit *einfachem* Bundesrecht nicht in Einklang, wird es im konkreten Fall »durch Art. 31 GG verdrängt«,[28] es besteht lediglich ein Anwendungsvorrang des Bundesrechts.

Das Schicksal der **hinter dem GG zurückbleibenden Landesgrundrechte** wird besonders kontrovers beurteilt.[29]

11

Früher wurde überwiegend angenommen, Art. 142 GG gewährleiste einen Mindeststandard an Grundrechtsschutz, den eine LV nicht unterschreiten darf. Das BVerfG[30] hat demgegenüber – wie es u.a. der st. Rspr. des BayVerfGH entspricht[31] – hinter den Grundrechten des Grundgesetzes zurückbleibende landesverfassungsrechtliche Grundrechte akzeptiert. Für eine **Reservefunktion** zurückbleibender Landesgrundrechte spricht die »Schonung« der Verfassungen der Länder. Außerdem haben Grundrechte

---

22 BVerfGE 96, 345 (365 f.); *Jutzi*, in: G/C, Einl. C Rn. 19, *Wermeckes* (Fn. 17), S. 79 ff. jew. m.w.N; krit. *Dreier*, in: ders. III, Art. 142 Rn. 46 ff, m.w.N.
23 BVerfGE 96, 345 (363 ff.); *Jutzi*, JA 1999, 904; früher schon *Endter*, EuGRZ 1995, 229 ff.
24 *Bickenbach*, in: B/D/J, Art. 13 Rn. 4, 21; zu den Schranken näher u. Rn. 110.
25 *Edinger*, in: B/D/J, Art. 16 Rn. 8.
26 *Edinger*, in: B/D/J, Art. 16 Rn. 9; *Lücke*, in: G/C, Art. 16 Rn. 16; zum vergleichbaren Art. 7 S. 2 HessVerf. s. VG Darmstadt, NVwZ 1993, 22 (24); a.A. *Göbel-Zimmermann*, NVwZ 1995, 765.
27 *Weiß*, in: B/D/J, Art. 19 a Rn. 10; *Caesar*, in: G/C, Art. 19 a Rn. 1 ff. Zur unionsrechtskonformen Auslegung des GG vgl. u. Fn. 223.
28 BVerfGE 96, 345 (365); vgl. auch *Tjarks*, Zur Bedeutung der Landesgrundrechte, 1999, S. 74 ff.
29 *Jutzi*, in: G/C, Einl. C Rn. 20 m.w.N.
30 BVerfGE 96, 345 (365); ebenso *Maurer*, in: HGR III, 2009, § 82 Rn. 62 ff.; *Grawert*, ebd., § 81 Rn. 104 ff.; *Jarass*, in: J/P, Art. 142 Rn. 4 jew. m.w.N.
31 Nachw. bei *Meder*, BayVerf., Komm. 4. Aufl. 1992, Vorb. Art. 98 Rn. 7.

i.d.R. nicht den Sinn, einen günstigeren Grundrechtsschutz zu verhindern. Die Reservefunktion dürfte bei lebensnaher Betrachtung jedoch weitgehend ineffektiv bleiben, weil sie nur zum Zuge käme, wenn Bund und Länder die sie bindende Verfassungsordnung nicht mehr ernst nähmen.[32] Die »Reservetheorie« hat weiter die negative **Konsequenz**, es den Verfassungsgerichten der Länder zuzugestehen, Staatsgewalt am Maßstab der LV unterhalb des Niveaus der Bundesgrundrechte auszuüben. Das ist mit Art. 1 Abs. 3 und Art. 28 Abs. 3 GG kaum zu vereinbaren.[33]

Beispiele:
- Die Vereinigungsfreiheit nach Art. 13 Abs. 1 LV steht unter dem generellen Vorbehalt gesetzeswidriger Zwecke, während Art. 9 Abs. 2 GG näher qualifizierte Verstöße verlangt.[34]
- Art. 15 S. 3 LV erlaubt weitergehende Einschränkung der Freizügigkeit als Art. 11 Abs. 2 GG.[35]

12   Der VerfGH vermeidet diese negative Konsequenz durch eine »grundrechtsfreundliche« Auslegung i. S. des GG. Diese Konstruktion führt auf der Ebene des Landesverfassungsrechts zu einer am GG haftenden Dynamisierung des Verfassungsinhalts. Die Rspr. greift damit – ohne darauf hinzuweisen – auf die ältere sog. **Ergänzungslehre**[36] zurück, nach der das Grundrecht der LV um den Rückstand zum Grundgesetz ergänzt wird.

Beispiel (RhPfVerfGH, AS 34, 169, 186 ff.):
Art. 7 Abs. 3 LV lässt durch Gesetz zur Behebung öffentlicher Notstände »Eingriffe und Einschränkungen« in die Unverletzlichkeit der Wohnung zu. Die Schrankensystematik des Art. 13 Abs. 3–7 GG ist demgegenüber sehr viel differenzierter. Um den landesverfassungsrechtlichen Schutz nicht unter den des GG absinken zu lassen, legt der VerfGH bezüglich der präventiv-polizeilichen Wohnraumüberwachung Art. 7 Abs. 3 LV »grundrechtsfreundlich« (vgl. nur LS 2) i.S. des Art. 13 Abs. 4 GG aus.

13   **d) Bestandteilsnormen:** Neben Normen wie Art. 1 Abs. 3 und Art. 28 Abs. 2 GG, die unmittelbar verbindliche Vorgaben für die Verfassungsordnung in den Ländern enthalten (sog. **Durchgriffsnormen**),[37] sehen das BVerfG, Teile der Lit.[38] und der VerfGH[39] Normen des GG als ungeschriebene Bestandteile der LV an (sog. **Bestandteilsnormen**). Es werden genannt Art. 3, Art. 20 Abs. 3 und Art. 25 GG, vor allem aber Art. 21 GG[40] sowie – wegen landesverfassungsrechtlicher Bekenntnisse zur Gliedstaatlichkeit (wie in Art. 74 Abs. 1 LV) – die Gesetzgebungskompetenznormen des GG.[41] Auch den Grundsatz des bundesfreundlichen Verhaltens wird man ange-

---

32   Näher *Jutzi*, LKRZ 2011, 286 (298 f.).
33   *Jutzi*, NJ 1998, 253; *ders.*, LKRZ 2011, 286 (290); *Martina*, Die Grundrechte der NRWVerf. im Verhältnis zu den Grundrechten des GG, 1999, S. 23 m.w.N. Das BVerfG (E 97, 298, 314 f.; NVwZ-RR 2016, 521 Rn. 42, 48) hat daher die Verpflichtung des BayVerfGH aus Art. 1 Abs. 3 u. Art. 20 Abs. 3 GG abgeleitet, bei Auslegung und Anwendung der BayVerf. Grundrechte und andere den Landesverfassungsgeber unmittelbar bindende Bestimmungen des GG zu beachten.
34   *Bickenbach*, in: B/D/J, Art. 13 Rn. 21 m.w.N.; näher u. Rn. 110.
35   *Lücke*, in: G/C, Art. 15 Rn. 21.
36   Vgl. näher *Jutzi*, LKRZ 2011, 289 (290) m.w.N.
37   *Dreier*, in: ders. II, Art. 28 Rn. 44 m.w.N.
38   BVerfGE 1, 208 (232); NVwZ-RR 2016, 521 Rn. 54 m.w.N; *Nierhaus/Engels*, in: Sachs, Art. 28 Rn. 5; a.A. *Dreier* in: ders. II, Art. 28 Rn. 45.
39   RhPfVerfGH, AS 35, 263 (266).
40   Vgl. BVerfGE 66, 107 (114); 103, 332 (353); RhPfVerfGH, AS 35, 263 (266); ThürVerfGH, LVerfGE 25, 585 (593 f.); BeckRS 2020, 15854 Rn. 71.
41   Vgl. nur RhPfVerfGH, AS 28, 440 (443 f.); 33, 74 (79);); a.A. BayVerfGH, NJW 2020, 3429 Rn. 55 (evtl. aber Verletzung des Rechtsstaatsprinzips in Art. 3 Abs. 1 S. 1 BayVerf.); weitere Nachw. auch zu Verfassungsgerichten anderer Länder und abw. Auffassungen *Jutzi*, in: B/D/J, Art. 130 Rn. 45 Fn. 103.

sichts der betont gliedstaatlichen Ausrichtung der LV (Art. 74 Abs. 1, Art. 141) dazu zählen müssen.

II. Rechtsquellen

Wichtigste Rechtsquelle des Staats- und Verfassungsrechts des Landes ist die **Verfassung für Rheinland-Pfalz** v. 18.5.1947 (VOBl. S. 209) in der jeweils aktuellen Fassung. Neben dieses **formelle** tritt das **materielle Verfassungsrecht** (vgl. Rn. 2) als weitere Rechtsquelle des Staatsrechts.

Wichtigste geschriebene Rechtsquellen außerhalb der LV sind: **LWahlG** (BS 1110–1; H/J/W, Nr. 12); **LWahlO** (BS 1110–1-1); **LWPG** (BS 1110–2); **GOLT** (BS 1101–2); **AbgG** (BS 1101–4); **UAG** (BS 1101–5); **FraktG** (BS 1101–6); **MinisterG** (BS 1103–1); **VerfGHG** (BS 1104–1; H/J/W, Nr. 11); **Wappen- und FlaggenG** (BS 113–1).

III. Staatsorganisationsrecht

1. Grundlagen des Staates. Im zweiten Hauptteil regelt die LV Aufbau und Aufgaben des Staates. Die Grundlagen finden sich in den Art. 74 bis 78 LV. **Zentralnorm** ist der partiell mit Art. 20 Abs. 1 GG vergleichbare **Art. 74 LV**.

a) **Gliedstaat.** Art. 74 Abs. 1 LV bezeichnet Rheinland-Pfalz als Gliedstaat Deutschlands. Der Vorspruch sieht das Land als Teil eines neuen demokratischen Deutschlands[42] und **Art. 141 LV** unterwarf die LV von Anfang an der künftigen Deutschen Verfassung. Damit ist die Staatsqualität des Landes und dessen Einbindung in einen deutschen Bundesstaat (Bundestreue) festgelegt.[43] Aus dem Bekenntnis der LV zum »demokratischen Gliedstaat Deutschlands« folgt die Pflicht der Organe des Landes, nicht nur das Demokratieprinzip landesintern, sondern auch im Verfassungsleben der Bundesrepublik Deutschland zu wahren.[44] Der später eingefügte Art. 74a LV normiert das Staatsziel der Förderung der europäischen »Vereinigung«[45] und der Mitwirkung bei der EU (zur möglichen Bedeutung bei der Verfassungsbeschwerde vgl. Rn. 133).

b) **Demokratie, Republik.** Das bereits im ersten Absatz des Art. 74 LV angesprochene Demokratieprinzip erschließt sich aus dessen Absatz 2, wonach **Träger der Staatsgewalt das Volk** ist. Zu deren Ausübung sind nur die Staatsbürger und die von ihm bestellten Organe berufen (Art. 75 Abs. 1 LV).

Das Demokratieprinzip verlangt für die unmittelbare und mittelbare (z.B. Kommunen) Staatsverwaltung eine **ununterbrochene Legitimationskette** vom Volk zu den mit hoheitlichen Aufgaben betrauten Organen und Amtswaltern. Es hat auch Bedeutung für die organisierte Beteiligung der sachnahen Betroffenen an den sie berührenden Entscheidungen – sog. **funktionale Selbstverwaltung** (z.B. berufsständische Kammern).[46]

Obwohl die LV das **republikanische Prinzip** – anders als Art. 20 Abs. 1 GG (Bundes*republik*) – nicht ausdrücklich erwähnt, kann aus der exklusiven Trägerschaft der

---

42 Dazu auch *Brocker*, in: B/D/J, Vorspruch Rn. 23.
43 Ein Austritt des Landes aus der Bundesrepublik setzte daher neben der Änderungen des GG auch die Änderung der LV voraus; vgl. zu Art. 178 BayVerf. *Lindner*, BayVBl. 2014, 97 ff.
44 RhPfVerfGH, AS 33, 376 (384) betr. die Öffentlichkeitsarbeit der LReg.; dazu *Hufen*, LKRZ 2007, 41 ff.
45 Besser »Einigung«; vgl. *Schröder*, in: B/D/J, Art. 74a Rn. 2.
46 Dazu BVerfGE 107, 59 (94); 146, 164 Rn. 114 m.w.N.

Staatsgewalt durch das Volk (Art. 74 Abs. 2 LV) auf die landesverfassungsrechtliche Absicherung dieses Prinzips geschlossen werden.[47]

21 c) **Sozialstaat.** Wie das GG (Art. 20 Abs. 1) verbürgt die LV (Art. 74 Abs. 1) einen **sozialen Staat.** Im Unterschied zum GG[48] wird dieser offene Rechtsbegriff jedoch in der LV näher konkretisiert.

Beispiele:
- Art. 24 S. 2 LV: »Die staatliche Gemeinschaft schützt und fördert die Rechte des Kindes.«
- Art. 25 Abs. 2 S. 2 LV: Schutz der Jugend gegen Ausbeutung sowie gegen sittliche, geistige und körperliche Verwahrlosung.
- Art. 51 ff. LV: Wirtschafts- und Sozialordnung.

22 d) **Gewaltenteilung, Rechtsstaat.** Art. 77 LV verlangt in Absatz 1 die **Trennung der gesetzgebenden, rechtsprechenden und vollziehenden Gewalt** und in Absatz 2 – ebenso wie Art. 20 Abs. 3 GG – die Bindung der Gesetzgebung an die verfassungsmäßige Ordnung sowie der Rspr. und vollziehenden Gewalt an Recht und Gesetz. Das nicht ausdrücklich erwähnte[49] Rechtsstaatsprinzip zählt der VerfGH zu den tragenden Säulen der LV und sieht es in Art. 77 Abs. 2 verankert.[50] Der darin ebenfalls eingeschlossene **Grundsatz des Vorbehalts des Gesetzes** hat bereits in Art. 2 LV prägnant Ausdruck gefunden.[51] Dem Rechtsstaatsprinzip kann – neben dem für Einzelpersonen und Personengruppen geltenden Willkürverbot nach Art. 17 Abs. 2 LV – auch ein allgemeines Willkürverbot entnommen werden, das im Verhältnis zwischen Hoheitsträgern zu beachten ist.[52]

23 e) **Wahlrechtsgrundsätze.** In Übereinstimmung mit den Vorgaben des Art. 28 Abs. 1 S. 2 GG regelt Art. 76 LV die **Grundsätze der Allgemeinheit, Gleichheit, Unmittelbarkeit, Geheimheit und Freiheit der Wahl**[53] sowie außerdem das **Wahlalter** (18. Lebensjahr) und die Möglichkeit, einen Wohnsitz bzw. **Aufenthalt im Land** verlangen zu können, was § 2 Abs. 1 Nr. 2 LWahlG vorsieht. Aus Art. 76 i.V.m. Art. 74 Abs. 1 u. 2, Art. 75 Abs. 1 LV folgt zudem der Grundsatz der **Öffentlichkeit der Wahl** als eine Grundvoraussetzung für eine demokratische politische Willensbildung.[54] Die genannten Grundsätze enthalten sowohl objektiv-rechtliche Verfassungsgebote als auch **subjektive Rechte** zugunsten der Bürger, die ihr aktives oder passives Wahlrecht ausüben. Die Rechtsstellung reicht jedoch nicht so weit, jedem Wahlberechtigten ungeachtet seines eigenen Betroffenseins die Möglichkeit der Verfassungsbeschwerde zu eröffnen.[55]

---

47 *Schröder*, in: B/D/J, Art. 74 Rn. 9; zum Inhalt vgl. *Morlok/Michael*, Rn. 309 ff. m.w.N.
48 Dazu *Gröpl*, Rn. 662 ff.
49 Auch im GG wird es nicht bereits in Art. 20, sondern erst in Art. 28 Abs. 1 erwähnt.
50 RhPfVerfGH, AS 3, 1 (15); 24, 321 (346); BeckRS 2019, 30257 Rn. 29.
51 *Windoffer*, in: B/D/J, Art. 2 Rn. 4, 12 ff. Der in Art. 2 LV nicht erwähnte Grundsatz des Vorrangs des Gesetzes (*Windoffer*, a.a.O., Rn. 5) ergibt sich aus Art. 77 Abs. 2 LV; *Cornils*, in: B/D/J, Art. 77 Rn. 23.
52 BVerfGE 56, 298 (313); RhPfVerfGH, AS 24, 321 (333); 26, 391 (395 f.); 27, 231 (252).
53 Dazu näher *Magiera*, in: Sachs, Art. 38 Rn. 81 ff. m.w.N. Zu Parité-Gesetzen bzgl. Freiheit u. Gleichheit der Wahl und der Parteienfreiheit s. RhPfVerfGH, NVwZ 2014, 1089; ThürVerfGH, BeckRS 2020, 1584 = JuS 2020, 994 (*Sachs*); dazu *Jutzi*, ZParl 2020, 639 ff.; BandbVerfGH, NJW 2020, 3579 ff. u. 3590 ff. = JuS 2020, 1230 (*Sachs*); dazu *Hecker*, NJW 2020, 2563 ff.
54 Vgl. BVerfGE 121, 266 (291 ff.); 123, 39 (68 ff.).
55 RhPfVerfGH, AS 29, 207 ff. Hierfür sieht die Rechtsordnung das Wahlprüfungsverfahren vor, das von jedem Wahlberechtigten eingeleitet werden kann; vgl. Art. 82 LV i.V.m. § 13 Abs. 1 Nr. 1 u. § 3 LWPG; *Glauben*, in: B/D/J, Art. 82 Rn. 12; *ders.*, BK, Art. 41 (Stand: 03/2017) Rn. 88.

f) **Staatsgebiet.** In Art. 78 Abs. 1 LV ist von **Bezirken** die Rede, die heute so nicht mehr existieren. Nach Art. 78 Abs. 2 LV befindet das Gesetz über **Selbstverwaltungsrechte** der einzelnen Landesteile, wobei die Pfalz besonders erwähnt wird. Die Vorschrift wird manchmal als Organisationsnorm missverstanden. Tatsächlich umschreibt sie in Absatz 1 lediglich das **Staatsgebiet des Landes** durch Benennung der im Jahre 1947 maßgeblichen Gliederung in (Regierungs-)Bezirke.[56]

24

Die Umschreibung des Staatsgebiets erlangt in der **Staatspraxis** gleichwohl Relevanz. Wird aufgrund eines Staatsvertrags nach Art. 29 Abs. 7 GG das Staatsgebiet verändert, soll das gem. Art. 101 S. 2 LV erforderliche Zustimmungsgesetz der Zweidrittelmehrheit im LT nach Art. 129 Abs. 1 LV bedürfen.[57] Wäre dies richtig, müsste nach Art. 129 Abs. 1 S. 1 LV zugleich der Text der LV geändert werden (s. Rn. 60). Dies ist bisher stets unterblieben.

25

Die besondere **Erwähnung der Pfalz** in Art. 78 Abs. 2 LV bereitet interpretatorische Schwierigkeiten. In der Pfalz ist es als einzigem Landesteil zu einem **Bezirksverband Pfalz**, einer Selbstverwaltungskörperschaft, gekommen.[58]

26

g) **Landesfarben und Landeswappen.** Art. 74 Abs. 3 LV verlangt ein Gesetz, das Landesfarben und Landeswappen bestimmt. Das **Wappen- und Flaggengesetz** des Landes bestimmte bereits 1948 wie Art. 22 Abs. 2 GG schwarz-rot-gold als Landesfarben, anknüpfend an den Farben der demokratischen Einigungsbewegung des 19. Jh. (Wartburgfest 1817, Hambacher Fest 1832, Paulskirche 1848/49).[59]

27

2. Verfassungsorgane. Der II. Abschnitt des zweiten Hauptteils der LV ist überschrieben mit »Organe des Volkswillens«. Damit sind ausweislich der Überschriften der Unterabschnitte LT und LReg angesprochen, jedoch die Organe des Volkswillens, in Art. 130 Abs. 1 LV als Verfassungsorgane[60] bezeichnet, nicht abschließend umschrieben. »Nach seinem Wortsinn umfasst der **Begriff** des Verfassungsorgans diejenigen Institutionen des Landes, die durch die Verfassung selbst eingerichtet und mit verfassungsmäßig geordneten Aufgaben und Befugnissen ausgestattet sind«.[61] Weitere Verfassungsorgane sind:

28

- **Ministerpräsident** und einzelne **Minister** (näher Rn. 47)
- **Zwischenausschuss** (Art. 92 LV; s. Rn. 40)
- **Wahlprüfungsausschuss** (Art. 82 Abs. 1 S. 1 LV)
- VerfGH.

---

56 *Süsterhenn/Schäfer*, Art. 78 Anm. 2; *Schröder*, in: G/C, Art. 78 Rn. 1; *Jutzi*, in: B/D/J, Art. 78 Rn. 4.
57 Vgl. die G zu den Grenzänderungsverträgen mit BadWürtt. (1971), NRW (1991) u. dem Saarl. (2003), BS Anh. I 42, 93 u. 133.
58 Vgl. BezO; näher dazu *Jutzi*, in: B/D/J, Art. 78 Rn. 5 m.w.N.
59 Vgl. *Schröder*, in: B/D/J, Art. 74 Rn. 14; *Huber*, in: Sachs, Art. 22 Rn. 7 ff.
60 Krit. zum Begriff *Ipsen*, Rn. 21, da es um oberste Staatsorgane geht. Art. 130 Abs. 1 LV sprach in seiner Ursprungsfassung von »Staatsorgan«; dazu RhPfVerfGH, AS 2, 245 (252) u. LS 2; 10, 122 (126).
61 RhPfVerfGH, AS 29, 215 (216) m.w.N.

29 Die Verfassungsorganqualität des **Staatsvolkes** begegnet trotz seiner Funktionen bei der Volksgesetzgebung Zweifeln.[62] Der **Landesrechnungshof** ist mangels Aufgaben und Befugnissen im Bereich der politischen Staatsgestaltung kein Verfassungsorgan.[63]

30 a) **Landtag. aa) Zentralnorm:** Art. 79 Abs. 1 LV beschreibt die **Aufgaben des LT** (Repräsentations-, Wahl- und Gesetzgebungsfunktion einschließlich Budgetrecht sowie Kontroll-, Debatten- und Öffentlichkeitsfunktion) und bezeichnet ihn als »das **vom Volk gewählte oberste Organ der politischen Willensbildung**«. Dies setzt die in der LV enthaltene Kompetenzverteilung der Verfassungsorgane nicht außer Kraft.[64] Art. 79 Abs. 2 LV garantiert – wie Art. 38 Abs. 1 S. 2 GG – das sog. **freie Mandat der Abgeordneten**.

31 bb) **Wahl, Wahlperiode, Selbstauflösung:** Art. 80 LV trifft wesentliche Festlegungen für die Wahl des LT. Die Norm ist konkreter als die vergleichbaren Regelungen in Art. 38, 39 GG. Dies gilt in Bezug auf das Wahlsystem (Abs. 1), eine mögliche Sperrklausel (Abs. 4) und die Bestimmung des Sonntags als Wahltag (Abs. 3). Das Mindestalter für die Wählbarkeit und die Verpflichtung des einfachen Gesetzgebers, das Nähere zu regeln, finden sich auch im GG (Art. 38 Abs. 2 und 3). Die **Wählbarkeit** knüpft nach Art. 80 Abs. 2 LV an der Stimmberechtigung an; daraus folgt das Erfordernis eines Wohnsitzes bzw. Aufenthalts im Land, Art. 76 Abs. 3 i.V.m. § 2 Abs. 1 Nr. 2 LWahlG (Rn. 23).[65]

32 Die Abgeordneten des LT sind »nach den Grundsätzen einer mit der Personenwahl verbundenen Verhältniswahl« zu wählen (Art. 80 Abs. 1 LV; **personalisierte Verhältniswahl**). Die Regelung entspricht der des § 1 Abs. 1 S. 2 BWG. Auch das LWahlG folgt im Prinzipiellen weitgehend dem Bundeswahlrecht. Erringt eine Partei oder Wählervereinigung mehr Wahlkreismandate als ihr nach dem Verhältnis der Landesstimmenzahlen zustünden, bleiben ihr diese Sitze erhalten (§ 30 Abs. 1 LWahlG; **Überhangmandate**), die bei Verschiebung des Proporzes durch **Ausgleichsmandate** ergänzt werden (§ 30 Abs. 2 LWahlG). Nach § 26 LWahlG besteht der LT grundsätzlich aus 101 Abgeordneten, von denen 51 in Wahlkreisen und 50 über die Liste gewählt werden. Von der verfassungsrechtlichen Ermächtigung, eine **Sperrklausel** einzuführen (Art. 80 Abs. 4 S. 2 LV), wurde in § 29 Abs. 5 LWahlG Gebrauch gemacht (5 %-Klausel).[66] Eine sog. **Grundmandatsklausel** – wie § 6 Abs. 3 S. 2 BWG – enthält das Landeswahlgesetz **nicht**.

33 Art. 83 Abs. 1 LV legt die Dauer der **Wahlperiode** grundsätzlich (Ausnahmen: Art. 83 Abs. 2 LV) auf fünf Jahre fest und stellt sicher, dass die Wahlperioden lückenlos auf-

---

62 Wohl verneinend RhPfVerfGH, AS 10, 124 (127); bejahend RhPfVerfGH, AS 2, 245 (252); *Süsterhenn/Schäfer*, Art. 130 Anm. 3 b cc.
63 Vgl. *Janz*, in: B/D/J, Art. 120 Rn. 17; *Jutzi*, ebd., Art. 130 Rn. 170; BbgVerfG, NVwZ-RR 1998, 209; *Siekmann*, in: Sachs, Art. 114 Rn. 25 m.w.N. Zur Parteifähigkeit im Organstreitverfahren Rn. 136.
64 *Gebauer*, in: G/C, Art. 98 Rn. 4 f. m.w.N.
65 Vgl. RhPfVerfGH, NVwZ-RR 2020, 1001 Rn. 15 ff.): Ein potenzieller Nachrücker verliert sein »Anwartschaftsrecht«, im Laufe der Wahlperiode als Ersatzperson berufen zu werden (§ 59 LWahlG), durch den Fortzug in ein anderes Bundesland endgültig.
66 Aus der Verfassungswidrigkeit einer Sperrklausel im Kommunalwahlrecht (und der 3 %-Klausel im Europawahlrecht (BVerfGE 120, 82 [111 f.]; 135, 259 Rn. 45 ff.) können keine Rückschlüsse auf das Landeswahlrecht gezogen werden (*Hummrich*, in: B/D/J, Art. 80 Rn. 36). Da die Verfassungsmäßigkeit einer Sperrklausel »nicht ein für allemal abstrakt beurteilt werden kann« (BVerfGE 135, 259 Rn. 56), gibt es beachtliche Gründe, die Sperrklausel zumindest in kleineren Ländern für verfassungsrechtlich bedenklich zu halten (*Heußner*, LKRZ 2014, 7 ff. u. 52 ff.; a.A. BVerfGE 146, 327 Rn. 80 ff.).

einander folgen (Art. 83 Abs. 2 LV), es sei denn, der LT macht von seinem **Recht zur Selbstauflösung** Gebrauch (Art. 84 LV), was bisher noch nicht der Fall war.

cc) **Fraktionen:** Die Legitimation von Fraktionsbildungen im Parlament folgt aus dem Grundsatz des freien Mandats (Art. 79 Abs. 2 S. 2 LV). Auch die Notwendigkeit, die parlamentarische Arbeit zu strukturieren und eine sichtbare und funktionelle Verbindung zur jeweiligen Partei zu schaffen, rechtfertigt die Existenz von Fraktionen.[67] Insb. Oppositionsfraktionen haben die Aufgabe, politische Pluralität sowie eine effektive Regierungskontrolle zu gewährleisten. Dieser Aufgabe können sie nur gerecht werden, wenn ihnen und ihren Abgeordneten ein Initiativ-, Beratungs- und Handlungsbereich verbleibt, der auch von parlamentarischen Untersuchungsausschüssen nicht ausforschbar ist.[68] Nähere Regelungen zu den Fraktionen finden sich auf Landesebene in **Art. 85 a LV**, dem **FraktG** und der **GOLT**. § 8 Abs. 1 GOLT verlangt den Zusammenschluss von mindestens fünf Abgeordneten, die derselben in den LT gewählten politischen Partei angehören. Wegen der Bedeutung der Fraktionszugehörigkeit für die parlamentarische Arbeit des einzelnen Angeordneten setzt ein **Fraktionsausschluss** ein rechtsstaatlichen Mindestanforderungen genügendes Verfahren (insb. hinreichend Gelegenheit zur Stellungnahme) sowie einen willkürfreien Entschluss der Fraktionsversammlung über das Vorliegen eines »wichtigen Grundes« für den Fraktionsausschluss voraus (fehlendes Mindestmaß an prinzipieller politischer Übereinstimmung, nachhaltige Störung des Vertrauensverhältnisses *oder* Ansehensschädigung der Fraktion in der Öffentlichkeit), wobei den Fraktionen ein weiter Entscheidungsspielraum zusteht.[69] Aus dem Grundsatz des freien Mandats (Art. 79 Abs. 2 S. 2 LV) folgt die Zulässigkeit auch **anderer Zusammenschlüsse von Abgeordneten**.[70]

Die Fraktionen sind weder Teile der Landesverwaltung noch üben sie öffentliche Gewalt aus (§ 1 Abs. 1 S. 2 FraktG). Als **rechtsfähige Vereinigungen** (§ 1 Abs. 1 FraktG) werden durch ihre Rechtsgeschäfte nur sie selbst, nicht das Land berechtigt und verpflichtet. Die Fraktionen haben Anspruch auf eine **angemessene Ausstattung** (Art. 85 a Abs. 3 LV).

dd) **Opposition:** Parlamentarische Opposition ist – wie die LV volkspädagogisch formuliert – »**ein grundlegender Bestandteil der parlamentarischen Demokratie**« (**Art. 85 b Abs. 1 LV**).[71] Die Regelung schließt eine »**Allparteienregierung**« jedoch nicht aus.[72] Sie kann auch nicht eine Absenkung der in der LV vorgegebenen zwingenden Quoren (z.B. Art. 91 Abs. 1 S. 1 LV) rechtfertigen.[73]

ee) **Selbstorganisation und Leitungsorgane:** Art. 85 LV verbürgt die **Parlamentsautonomie**. Sie »ist Ausdruck der Gewaltenteilung (Art. 77 Abs. 1 LV) und soll Unabhän-

---

67 Vgl. RhPfVerfGH, AS 38, 322 (326); NVwZ 2019, 786 Rn. 24 ff.; BeckRS 2020, 29328 Rn. 31 ff. m.w.N.
68 RhPfVerfGH, AS 38, 322 (329).
69 RhPfVerfGH, NVwZ 2019, 786 Rn. 28 ff.; BeckRS 2020, 29328 Rn. 35 ff.; LVerfG SchlH., NordÖR 2019, 467 Rn. 64 ff.
70 BVerfGE 84, 304 (323 ff.), 327 f.).
71 Vgl. RhPfVerfGH, AS 38, 322 (326); LVerfG SchlH., NVwZ-RR 2014, 3 (4); dazu *Jutzi*, ZParl 2014, 286 ff.
72 *Edinger*, in: G/C, Art. 85 b Rn. 6; *Perne*, in: B/D/J, Art. 85 b Rn. 6 m.w.N.
73 Vgl. zum GG BVerfGE 142, 25 Rn. 91 ff.

gigkeit und Selbstständigkeit der Volksvertretung gewährleisten.«[74] Dazu gehören insb. die Geschäftsordnungsautonomie, die Wahl des Präsidenten und seiner Stellvertreter sowie das Hausrecht und die Polizeigewalt des Präsidenten in den Landtagsgebäuden.

38 Die **Geschäftsordnung** wird überwiegend als autonome Satzung oder »Verfassungssatzung« angesehen.[75] Sie entfaltet unmittelbare Bindungswirkung nur gegenüber den Mitgliedern des Parlaments, soweit nicht die LV selbst eine Drittwirkung ermöglicht, wie z.B. im Rahmen des Hausrechts und der Polizeigewalt des Präsidenten (Art. 85 Abs. 3 S. 4 LV) oder der Ordnungsgewalt des Vorsitzenden einer Plenar- oder Ausschusssitzung gegenüber Regierungsmitgliedern (Art. 89 Abs. 4 LV).

39 **Leitungsorgane** des LT sind der Präsident, der Vorstand (Art. 85 Abs. 3 LV, §§ 4, 5 GOLT) und der Ältestenrat (§§ 11 ff. GOLT). Der **Präsident** verwaltet die gesamten wirtschaftlichen Angelegenheiten des LT, ernennt und entlässt im Benehmen mit dem – aus ihm und seinen Stellvertretern (Vizepräsidenten) bestehenden – **Vorstand** alle Bediensteten des LT und führt die Dienstaufsicht. Er vertritt das Land in allen Angelegenheiten der Landtagsverwaltung und übt das Hausrecht sowie die Polizeigewalt im Landtagsgebäude aus (Art. 85 Abs. 3 LV). Der **Ältestenrat** unterstützt den Präsidenten bei der Führung der Geschäfte.

40 ff) **Kontrollinstrumente des LT gegenüber der Regierung:** Kontrolle ist eine der Grundfunktionen des Parlaments (Art. 79 Abs. 1 LV), die primär als Regierungskontrolle ausgestaltet ist.[76] So dienen parlamentarische Anfragen und Auskunftsersuchen (Art. 89a LV; **Interpellationsrecht**) den Abgeordneten neben der (reinen) Information ebenso der Kontrolle der Regierung durch Parlament und Öffentlichkeit wie auch der Einflussnahme auf das Regierungshandeln.[77] Art. 89a Abs. 1 LV verlangt von der LReg, parlamentarische Anfragen unverzüglich zu beantworten. Eine Verweigerung der Antwort ist nur unter den engen Voraussetzungen des Art. 89a Abs. 3 LV zulässig.[78] In inhaltlichem Konnex zu Art. 89a LV steht die **Unterrichtungspflicht der LReg** nach Art. 89b LV.

Weitere Kontrollinstrumente des LT:
- Der LT und seine Ausschüsse können durch Mehrheitsbeschluss (Art. 88 Abs. 2 S. 1 LV) die Anwesenheit jedes Mitglieds der LReg verlangen (**Zitierrecht**, Art. 89 LV).

---

74 RhPfVerfGH, AS 29, 362 (367); 38, 322 (325); NVwZ-RR 2018, 546 Rn. 24; *Brocker*, BK, Art. 40 (Stand: 09/2019), Rn. 81 ff.; *Edinger*, in: G/C, Art. 85 Rn. 2; *Perne*, in: B/D/J, Art. 85 Rn. 5. Zur Selbstorganisation gehören auch Ausschüsse des LT, von deren Existenz die LV ausgeht und die z.T. vorgeschrieben sind (vgl. Art. 89 Abs. 1, Art. 89a Abs. 2, Art. 90a Art. 94 Abs. 4 LV u. Rn. 28). Zu den Grenzen der Organisationsautonomie, insb. zum Grundsatz der Spiegelbildlichkeit, ausf. RhPfVerfGH, NVwZ-RR 2018, 546 Rn. 25 ff.
75 *Brocker*, BK, Art. 40 (Stand: 09/2019), Rn. 253; *H. H. Klein*, in: M/D, Art. 40 (Stand: 09/2018) Rn. 58 ff.; *Edinger*, in: G/C, Art. 85 Rn. 3; *Perne*, in: B/D/J, Art. 85 Rn. 12. Der Autonomieanspruch wurde auf deutschem Boden erstmals im Jahr 1792/93 in der »Mainzer Republik« im Rheinisch-Deutschen Nationalvent nach französischem Vorbild kurzfristig umgesetzt; vgl. *Brocker*, a.a.O., Rn. 39 m.w.N.
76 Näher *Gusy*, JA 2005, 395 f.
77 Vgl. BVerfGE 13, 123 (125); 124, 161 (188 f.); *Edinger*, in: G/C, Art. 89a Rn. 1 m.w.N.
78 Vgl. auch BVerfGE 13, 123 (125); 105, 252 (279); 105, 279 (306); *H. H. Klein*, in: M/D, Art. 43 (Stand: 03/2014) Rn. 74 ff.; *Edinger*, ZParl 2004, 305 ff. Zur Meinungsbildungspflicht ThürVerfGH, LKV 2003, 422 ff.; *Jutzi*, ZParl 2003, 476; zu Überlegungen, auf Bundesebene hypertrophen Entwicklungen vorzubeugen, vgl. *Deutelmoser/Pieper*, NVwZ 2020, 839 ff.

- Rechte kontrollierender Ausschüsse, insb. des **Untersuchungs-** (Art. 91 LV)[79] und des **Petitionsausschusses** (Art. 90 a LV).[80]
- **Zwischenausschuss** (Art. 92 LV) als eigenständiges Verfassungsorgan zur Wahrung der Rechte des Parlaments gegenüber der Regierung für die Zeit nach der Auflösung des LT (Art. 84 LV) bis zum Zusammentritt des neuen LT.

gg) **Befassungsrecht:** Nach früher überwiegender Auffassung[81] durfte sich ein LT nicht in eine Sachdiskussion über Angelegenheiten einlassen, die nicht in seine **Kompetenz** fallen. Nach anderen[82] folgt aus der **Debatten- und Öffentlichkeitsfunktion** die Befugnis des Parlaments, sich mit allem befassen zu können, wofür es in der Bevölkerung einen Informations- und Debattenbedarf gibt. Diese Ansicht findet eine Stütze in der Rspr. des BVerfG. Danach steht der Regierung – was auch für Parlamente zu gelten hat – die (stillschweigend mitgeschriebene) Kompetenz zu, »im Rahmen ihrer Öffentlichkeitsarbeit auch auf aktuelle streitige, die Öffentlichkeit erheblich berührende Fragen einzugehen und damit staatsleitend tätig zu werden«.[83] 41

hh) **Zum Procedere:** Der LT verhandelt grundsätzlich öffentlich (Art. 86 LV). Die Öffentlichkeit kann mit Zweidrittelmehrheit ausgeschlossen werden. Das **Öffentlichkeitsprinzip** sichert die Rückkopplung des Parlaments mit dem Volk als dem »Träger der Staatsgewalt« (Art. 74 Abs. 2 LV).[84] Der fehlerhafte Ausschluss der Öffentlichkeit führt nach h. M. zur Nichtigkeit der in nicht öffentlicher Sitzung gefassten Beschlüsse.[85] 42

Weitere Hinweise zu parlamentsbezogenen Regelungen, wie sie sich auch auf Bundesebene finden: 43

- **Wahrheitsgetreue Berichte** über die Verhandlungen in den öff. Sitzungen des LT oder seiner Ausschüsse bleiben frei von jeder Verantwortung (Art. 87 LV; vgl. auch Art. 42 Abs. 3 GG).
- Die **Beschlussfähigkeit** des LT setzt die Anwesenheit der Hälfte der (gesetzlichen) Mitglieder voraus (Art. 88 Abs. 1 LV; vgl. auch § 45 GOBT); die **erforderliche Beschlussmehrheit** (grundsätzlich die Mehrheit der abgegebenen Stimmen; sog. einfache Mehrheit) regelt Art. 88 Abs. 2 LV (vgl. auch Art. 42 Abs. 2 GG).
- **Indemnität** und **Immunität** (Art. 93 und 94 LV; vgl. auch Art. 46 GG) und **Zeugnisverweigerungsrecht** (Art. 95 LV; vgl. auch Art. 47 GG).
- **Anspruch auf Urlaub** und **Kündigungsschutz** (Art. 96 LV; vgl. auch Art. 48 Abs. 1 und 2 GG).
- **Anspruch** der Abgeordneten insb. auf eine angemessene, ihre Unabhängigkeit sichernde **Entschädigung** (Art. 97 Abs. 1 LV; vgl. auch Art. 48 Abs. 3 GG). Das Nähere ist im **Abgeordnetengesetz** (BS 1104-4) geregelt.

---

79 Dazu UAG (BS 1101-5). Vgl. RhPfVerfGH, AS 38, 322 ff. – Untersuchungsausschuss eine (Oppositions-)Fraktion betreffend.
80 Dem Petitionsausschuss gewährt die LV ein Zutrittsrecht zu öff. Einrichtungen des Landes. Wegen dieser lex specialis ist die Rspr. des MVVerfG (NVwZ-RR 2015, 882), wonach ein verfassungsunmittelbares (Selbst-)Informationsgewinnungsrecht des einzelnen Abgeordneten den Zugang zu Landeseinrichtungen umschließt, auf RhPf. nicht übertragbar.
81 BrandbVerfG, LVerfGE 12, 92 ff.; *Bismark*, DVBl. 1983, 833 ff.; *Jutzi*, NJ 1999, 243 jew. m.w.N.
82 *Wagner*, in: G/C, Art. 79 Rn. 72; *Isensee*, HdbStR VI, 3. Aufl. 2008, § 126 Rn. 195.
83 BVerfGE 105, 279 (301).
84 Das Öffentlichkeitsgebot gilt nach § 80 GOLT grundsätzlich auch für Ausschusssitzungen.
85 *Hummrich*, in: B/D/J, Art. 87 Rn. 19 m.w.N.

44 **b) Landesregierung. aa) Konstituierung:** Die Regierungsbildung vollzieht sich in mehreren Akten. Zunächst erklärt der bisherige Amtsinhaber seinen Rücktritt.[86] Anschließend wird der **Ministerpräsident** ohne Aussprache mit der Mehrheit der gesetzlichen Mitgliederzahl des Parlaments gewählt, ernennt danach die **Minister** (Art. 98 Abs. 2 S. 1 u. 2 LV) und bestimmt seinen **Stellvertreter**, welcher der Zustimmung des LT bedarf (Art. 105 Abs. 2 S. 3 LV).[87] Die **Regierung** benötigt zur Übernahme der Geschäfte die ausdrückliche Bestätigung des LT (Art. 98 Abs. 2 S. 3 LV).

45 Die LV enthält keine Regelung, bis wann die Regierungsbildung nach einer Neuwahl abgeschlossen sein muss.[88] Daraus schließt *Ley*, es bestünde keine Verpflichtung des LT, eine Neuwahl anzustreben.[89] Dem **demokratisch-parlamentarischen Prinzip** ist es jedoch immanent, zu Beginn jeder Wahlperiode eine neue LReg zu konstituieren.[90] Da der LT spätestens am 60. Tag nach seiner Wahl zusammenzutreten hat (Art. 83 Abs. 2 S. 2 LV) und der Ministerpräsident ohne Aussprache zu wählen ist (Art. 98 Abs. 2 S. 1 LV), mithin eine Parlamentsdebatte zur Findung des geeigneten Kandidaten nicht stattfindet, könnte daraus geschlossen werden, dass bereits mit dem ersten Zusammentreten eine Wahl durchzuführen ist. Jedenfalls dürfte der LT verpflichtet sein, eine Wahl unverzüglich, längstens innerhalb weiterer 60 Tage durchzuführen.

46 Die LV trifft weiter keine Vorsorge für den Fall des **Scheiterns der Wahl eines Ministerpräsidenten**. Weder ist eine Absenkung des Quorums vorgesehen (so Art. 63 Abs. 4 S. 1 GG für die Wahl des Bundeskanzlers) noch – wie im Fall des Vertrauensentzugs (Art. 99 Abs. 4 LV; dazu Rn. 49) – eine Auflösung des LT. Dem LT stünde als Ausweg aus der politischen Krise lediglich das Selbstauflösungsrecht nach Art. 84 LV (Rn. 33) zur Seite. Dies ist jedoch kein sicherer Weg für Neuwahlen, insb. wenn Mandatsträger Zweifel an ihrer Wiederwahl hegen. Art. 99 Abs. 5 LV dürfte jedoch analog anzuwenden sein. Verbindendes Element beider Konstellationen ist die politische Unfähigkeit, eine neue, demokratisch ausreichend legitimierte Regierung hervorzubringen. Konkret bedeutet dies: Führen Wiederholungswahlen innerhalb von vier Wochen nach dem ersten erfolglosen Wahlgang zu keinem positiven Votum, ist der LT aufgelöst. Dasselbe hätte zu gelten, wenn der LT innerhalb von 120 Tagen nach seiner Wahl erst gar nicht den Versuch unternimmt, einen Ministerpräsidenten zu wählen (Rn. 45).

47 **bb) Parlamentarische Einbindung und Verantwortlichkeit:** Die einzelnen **Kabinettsmitglieder** unterliegen einer starken parlamentarische Einbindung. So kann ein Minister nur mit Zustimmung des LT entlassen werden (Art. 98 Abs. 2 S. 4 LV). Tritt später ein neuer Minister in die LReg ein, bedarf dieser der Bestätigung des LT (Art. 98 Abs. 3 LV). Neben dem Ministerpräsidenten und der Regierung als Kollegium kann der LT auch einzelnen Ministern das Vertrauen entziehen (Art. 99 Abs. 2 LV). Einem Bundesminister kann demgegenüber sein Amt **durch das Parlament** nur entzogen werden, in-

---

86 *Ley*, LKRZ 2007, 169 ff.; *ders.*, LKRZ 2011, 84.
87 Darüber, ob die Vertretungsfunktion personenbezogen ist mit der Folge, dass das Amt mit der Wahl eines neuen Ministerpräsidenten endet, oder amtsbezogen erhalten bleibt, besteht Streit; für die Personenbezogenheit (wofür Wortlaut und zeitliche Abfolge sprechen) *Ley*, in: Jb. für westdeutsche Landesgeschichte, 2016, S. 605, 611, 636 ff. (auch zur uneinheitlichen Praxis); für Amtsbezogenheit *Gärditz*, in: B/D/J, Art. 105 Rn. 2.
88 Anders z.B. Art. 87 Abs. 4 SaarlVerf. (innerhalb von drei Monaten).
89 *Ley*, LKRZ 2011, 83.
90 *Süsterhenn/Schäfer*, Art. 98 Anm. 3 a.

dem der Bundeskanzler gestürzt wird. Die herausgehobene Eigenständigkeit der Ressortverantwortung der Minister gegenüber dem LT rechtfertigt es – neben ihrer Ressortverantwortung (Rn. 51) – in besonderem Maße, ihnen neben dem Kollegialorgan Regierung **Verfassungsorganqualität** beizumessen.[91]

Hinzu kommt, dass Beschlüsse der LReg über die **Zuständigkeiten der einzelnen Minister**, soweit keine gesetzliche Vorschriften bestehen, unverzüglich dem LT vorzulegen und auf sein Verlangen zu ändern oder außer Kraft zu setzen sind (Art. 105 Abs. 2 LV). Aus der Regelung folgt zugleich, dass der Grundsatz des Vorbehalts des Gesetzes keine gesetzliche Regelung bei Zusammenlegung zweier Ressorts (z.B. Innen- und Justizministerium) fordert.[92]

Dem Ministerpräsidenten, der LReg und einzelnen Ministern kann nach **Art. 99 LV** das **Vertrauen entzogen** werden. Anders als beim Bundeskanzler bedarf es zur »Abwahl« des Ministerpräsidenten keines konstruktiven Misstrauensvotums (Art. 67 GG) durch Wahl eines neuen Ministerpräsidenten. Jedoch schwebt über dem LT das Damoklesschwert seiner **Auflösung**, falls er nicht innerhalb von vier Wochen nach dem Vertrauensentzug einer neuen Regierung das Vertrauen ausspricht (Art. 99 Abs. 4 LV).

cc) **Ministerpräsident:** Der Ministerpräsident ist **Regierungschef** und zugleich **oberster Repräsentant** des Landes.[93] Er vertritt das Land nach außen (Art. 101 S. 1 LV),[94] ernennt und entlässt die Beamten und Richter (Art. 102 LV; Ausnahme Art. 85 Abs. 3 S. 2 LV) und ihm steht primär das Recht der Begnadigung zu (Art. 103 LV).

dd) **Richtlinienkompetenz, Kollegial- und Ressortprinzip:** Art. 104 LV weist dem Ministerpräsidenten die **Richtlinienkompetenz** zu und legt gleichzeitig das **Ressortprinzip** fest, wonach innerhalb der Richtlinien des Regierungschefs jeder Minister seinen Geschäftsbereich selbstständig und in eigener Verantwortung gegenüber dem LT leitet. Das nicht ausdrücklich angesprochene **Kollegialprinzip** folgt insb. aus Art. 105 LV.[95] Danach führt der Ministerpräsident den Vorsitz in der LReg (Abs. 1), die bei Meinungsverschiedenheiten über Fragen, die den Geschäftsbereich mehrerer Minister berühren, zu entscheiden hat (Abs. 3). Diese Regelung erfasst nicht die Richtlinienkompetenz des Ministerpräsidenten nach Art. 104 S. 1 LV und schließt als lex specialis ein Organstreitverfahren aus.[96] Im Übrigen regelt die (unveröffentlichte) GO der LReg, über welche Angelegenheiten das Kabinett entscheidet, wie z.B. über Entwürfe von Landesgesetzen (folgt aus Art. 108 LV) und sonstige Vorlagen, die dem LT zur Beschlussfassung zugeleitet werden.

Da die Stimmen eines Landes im Bundesrat nur einheitlich abgegeben werden können (Art. 51 Abs. 3 S. 2 GG),[97] muss auch das **Abstimmungsverhalten des Landes im Bun-**

---

91 RhPfVerfGH, AS 29, 215 ff. – st. Rspr.; vgl. auch OVG RhPf., NVwZ-RR 2009, 140 f. m.w.N. Dies hat Bedeutung für verfassungsgerichtliche Verfahren nach Art. 130 Abs. 1 LV (u. Rn. 138 f.) und die Statthaftigkeit der Normenkontrolle gem. § 47 Abs. 1 Nr. 2 VwGO i.V.m. § 4 AGVwGO (vgl. u. Rn. 164 u. § 2 Rn. 51).
92 So z.B. für NRW NRWVerfGH, NJW 1999, 1234 ff.; krit. dazu *Sendler*, NJW 1999, 1232; *Böckenförde*, NJW 1999, 1235; *Sommermann*, in: vM/K/S, Art. 20 Rn. 284.
93 RhPfVerfGH, AS 33, 376 (»Tag der offenen Tür« der Staatskanzlei); vgl. auch *Schümer*, Die Stellung der Ministerpräsidenten in den Bundesländern im Vergleich, 2006, S. 75 ff.; krit. zum Begriff eines »Staatsoberhaupts« *Wiegand*, AöR 133 (2008), 475 ff.
94 *Gärditz*, in: B/D/J, Art. 101 Rn. 1, 15; *Ebling*, in: G/C, Art. 101 Rn. 5 f.
95 *Gärditz*, in: B/D/J, Art. 105 Rn. 1 f.; *Gebauer*, in: G/C, Art. 104 Rn. 9.
96 *Geis/Meier*, JuS 2011, 699 (701); *Jutzi*, in: B/D/J, Art. 130 Rn. 30.
97 BVerfGE 106, 310 (331).

desrat vorher in der LReg festgelegt werden.[98] Regelmäßig enthalten **Koalitionsvereinbarungen**[99] Festlegungen, wonach ein Koalitionspartner in einer für ihn wesentlichen Frage im Kabinett nicht überstimmt werden darf. Damit wird das Mehrheitsprinzip des Art. 105 Abs. 1 LV nicht außer Kraft gesetzt.[100]

53 c) **Verfassungsgerichtshof.** Bundes- und Landes*verfassungs*gerichtsbarkeit stehen grundsätzlich selbstständig nebeneinander. Der VerfGH ist **Gericht und Verfassungsorgan.**[101] Er ist gerichtstypisch organisiert, seine Existenz und Zuständigkeiten ergeben sich unmittelbar aus der LV, seine Entscheidungen binden alle Verfassungsorgane, Gerichte und Behörden des Landes (Art. 136 Abs. 1 LV)[102] und ihm ist es vorbehalten, über die Verfassungswidrigkeit von Landesgesetzen mit Gesetzeskraft zu entscheiden (Art. 136 Abs. 2 LV).[103]

54 Die **personelle Zusammensetzung** regelt Art. 134 Abs. 2 LV.[104] Die Ämter des Präsidenten des OVG und des VerfGH werden in Personalunion geführt. Der VerfGH besteht aus dem Präsidenten des OVG als Vorsitzendem, aus drei weiteren Berufsrichtern und aus fünf weiteren Mitgliedern, die nicht die Befähigung zum Richteramt haben müssen (ordentliche Mitglieder). Alle Mitglieder, mit Ausnahme des Präsidenten und des Vizepräsidenten des OVG als dessen Vertreter, werden vom LT mit Zweidrittelmehrheit auf die Dauer von sechs Jahren gewählt. Eine Wiederwahl ist einmal zulässig.

55 3. **Gesetzgebung.** a) **Gesetzgebungskompetenz.** Die Länder haben das Recht zur Gesetzgebung, soweit das GG dieses nicht dem Bund zuweist (Art. 70 GG). Weiter ist der **räumliche Zuständigkeitsbereich** des Landes einzuhalten. Eine Regelung muss einen Bezug insb. zum Territorium des Landes oder seiner Einwohner aufweisen. Die Kompetenz ist daher sowohl im Verhältnis zum Bund wie auch gegenüber anderen Ländern und auswärtigen Staaten begrenzt.

56 b) **Parlamentarische Gesetzgebung. aa) Initiativberechtigte:** Nach **Art. 108 LV** können Gesetzesvorlagen im Wege des Volksbegehrens (Rn. 70), aus der Mitte des LT (Ausnahme: Entwurf von Haushaltsgesetz und -plan,[105] Art. 118 S. 1 LV, § 29 Abs. 1 LHO) oder durch die LReg eingebracht werden. **Gesetzesvorlagen aus der Mitte des LT** sind von einer Fraktion oder von mindestens acht Abgeordneten einzubringen (§ 51 Abs. 1 S. 1 GOLT). Der **LReg** steht das Gesetzesinitiativrecht als Kollegialorgan zu.[106] Eine Erweiterung des Kreises der Initiativberechtigten ist ohne Verfassungsänderung nicht möglich.[107]

---

98 *Robbers*, in: Sachs, Art. 51 Rn. 10 f. m.w.N.
99 Näher *Schröder*, in: vM/K/S, Art. 63 Rn. 15 ff.; *Oldiges/Brinktrine*, in: Sachs, Art. 65 Rn. 17.
100 Vgl. näher *Jutzi*, ZRP 1996, 380 (383 f.) m.w.N.
101 RhPfVerfGH, AS 31, 85 (96); *Jutzi*, in: B/D/J, Art. 134 Rn. 5 jew. m.w.N.
102 Dazu ausf. *Brocker*, S. 13 ff. m.w.N.
103 Dazu *Jutzi*, in: B/D/J, Art. 136 Rn. 14 ff. m.w.N.
104 Dazu näher *Jutzi*, in: B/D/J, Art. 134 Rn. 15 ff.
105 *Droege*, in: B/D/J, Art. 116 Rn. 7; *Franke*, in: G/C, Art. 108 Rn. 16; *Trzaskalik*, ebd., Art. 116 Rn. 7; vgl. auch mit bundesweitem Verfassungsvergleich *Günther*, LKRZ 2008, 321 (322 ff.) m.w.N. Zu Zustimmungsgesetzen zu Staatsverträgen u. Rn. 83.
106 *Hebeler*, in: B/D/J, Art. 108 Rn. 6.
107 In Bezug auf den Kommunalen Rat (BS 2020–10) s. *Jutzi*, ZG 1999, 126 ff., insb. 129; *Franke*, in: G/C, Art. 108 Rn. 15; *Weinberg*, ZG 2004, 373 ff. m.w.N.

57 Die LV stellt an eine Gesetzesvorlage explizit keine **Anforderungen in formaler und inhaltlicher Hinsicht**. Allgemein wird ein schriftlicher und vollständig ausformulierter Gesetzestext verlangt, der den Einbringer erkennen lässt.[108] Bei den sich aus § 51 Abs. 1 S. 2, Abs. 3 GOLT ergebenden Begründungspflichten handelt es sich um Ordnungsvorschriften, deren Verletzung nicht zur Nichtigkeit eines gleichwohl beschlossenen Gesetzes führt. Für den kommunalen Finanzausgleich verlangt der VerfGH jedoch, der Gesetzgeber habe mit Blick auf die verfassungsgerichtliche Kontrolle seine wesentlichen Erwägungen in den Gesetzesmaterialien transparent zu machen.[109]

58 Nach **Art. 68 LV** sind »zu Gesetzentwürfen wirtschafts- und sozialpolitischen Inhalts und bei allen wirtschaftlichen und sozialen Maßnahmen der LReg von grundsätzlicher Bedeutung« die **Vereinigungen von Arbeitnehmern und Arbeitgebern** zu hören. Ob bezogen auf Gesetzentwürfe nur die LReg[110] oder auch der LT[111] verpflichtet wird, ist umstr. Der LT hat sich zur Anhörung selbst verpflichtet, falls die LReg Art. 68 LV nicht beachtet oder die Auffassungen der Verbände in der Begründung des Gesetzesentwurfs nicht dargestellt hat (§ 81 Abs. 3 GOLT).[112]

59 **bb) Weiteres Verfahren bis zum Gesetzesbeschluss:** Mit einer ordnungsgemäß eingebrachten Gesetzesvorlage muss sich der LT im Prinzip befassen und darüber beschließen; dem LT dürfte jedoch ein erheblicher Spielraum bei der Gestaltung seines Verfahrens zustehen.[113] Das Gesetzgebungsverfahren im Einzelnen regelt die **GOLT** (§§ 51 ff.). Gesetzentwürfe auf Änderung der LV sind danach in drei Beratungen, sonstige Gesetzentwürfe grundsätzlich in zwei Beratungen zu behandeln (§ 52 Abs. 1 S. 1 GOLT). In der Regel wird ein Gesetzentwurf nach der ersten Beratung einem oder mehreren Ausschüssen zur Beratung überwiesen (§ 54 Abs. 1 GOLT). Die Regelungen der GOLT sind nicht alle im Detail verfassungsrechtlich geboten.

Beispiel:
Anlässlich der Beratung einer Verfassungsänderung verzichtet der LT auf eine dritte Beratung, da bei der ersten Beratung schon alle Argumente ausgetauscht worden seien und eine Expertenanhörung nichts Neues gebracht habe. Der Verstoß gegen § 52 Abs. 1 S. 1 GOLT führt nicht automatisch zur Verfassungswidrigkeit des Gesetzes. Es kommt aber ein Verstoß gegen das Demokratieprinzip (Art. 74 LV) in Betracht, dessen wesentliche Ausprägungen vor Verfassungsänderungen geschützt sind (Art. 129 Abs. 2 LV, sog. Ewigkeitsgarantie). Öffentliche Debatte und Diskussion sind wesentliche Elemente des demokratischen Parlamentarismus (Art. 79 Abs. 1 LV), dennoch müssen Gesetze nicht zwingend in drei Beratungen behandelt werden.[114] Auch die Bündelung zweier Beratungen an einem Tag ist zulässig.[115]

60 Die LV stellt **keine materiellen Anforderungen** an einen Gesetzentwurf, auch verfassungswidrige Gesetzentwürfe unterliegen parlamentarischer Behandlung[116] (anderes gilt für Volksinitiative und Volksbegehren; s. Rn. 72). Der LT kann verfassungswidrige

---

108 *Franke*, in: G/C, Art. 108 Rn. 6 m.w.N.
109 RhPfVerfGH, AS 41, 29 (42); Urt. v. 16.12.2020 – VGH N 12/2019 u.a. – (juris, LS 3 c u. Rn. 83) m.w.N.
110 *Jutzi*, in: G/C, Art. 68 Rn. 16; *Korger*, in: Praxis der Kommunalverwaltung, Landesausgabe RhPf., A 3 RhPf., Art. 68 (Stand: 04/2013) Anm. 2.2.
111 *Hergenröder*, in: B/D/J, Art. 68 Rn. 8 f.
112 Die Anhörungspflicht kommt auch zum Tragen, wenn der LT sich bei einem Volksbegehren mit einem Gesetzentwurf zu befassen hat (Art. 108 Abs. 4 LV).
113 Zum GG vgl. BVerfG, BeckRS 2017, 113439 m.w.N. (= JuS 2017, 803 [*Sachs*]).
114 SaarlVerfGH, DÖV 2006, 428.
115 SaarlVerfGH, AS 21, 278, 292.
116 Vgl. *Franke*, in: G/C, Art. 108 Rn. 9 m.w.N.

Vorlagen im Laufe der Beratungen verfassungsgemäß verändern oder muss sie ablehnen. Der **Gesetzesbeschluss** des LT bedarf der Mehrheit der abgegebenen Stimmen (Art. 88 Abs. 2 S. 1 LV). Bei **Verfassungsänderungen** ist die Mehrheit von zwei Dritteln der gesetzlichen Mitgliederzahl des LT (Art. 129 Abs. 1 LV) erforderlich. In formaler Hinsicht ist dem **Textänderungsgebot** (Art. 129 Abs. 1 LV),[117] in materieller Hinsicht der sog. **Ewigkeitsgarantie** (Art. 129 Abs. 2, 3 LV) Rechnung zu tragen.

61 cc) Ausfertigung und Verkündung: Die verfassungsgemäß zustande gekommenen Gesetze hat der **Ministerpräsident** auszufertigen und innerhalb eines Monats im Gesetz- und Verordnungsblatt zu verkünden (**Art. 113 Abs. 1 LV**). Es stellen sich dieselben Fragen wie zur Prüfungskompetenz des Bundespräsidenten.[118] Unzweifelhaft steht dem Ministerpräsidenten die – vor allem das ordnungsgemäße Gesetzgebungsverfahren betreffende – **formelle Prüfungskompetenz** zu. Wohl überwiegend wird ihm auch eine **materielle Prüfungskompetenz** konzediert; jedenfalls kommt ihm ein beachtlicher Beurteilungsspielraum zu.[119]

62 Gemäß Art. 114 LV kann ein Drittel des LT[120] das Wirksamwerden eines Gesetzes durch **Aussetzung der Verkündung** aufhalten, um einen Volksentscheid zu ermöglichen. Mit dessen Durchführung befasst sich Art. 115 LV.[121]

63 dd) Gesetzgebung gemäß Art. 80 Abs. 4 GG: Die Länder sind nach Art. 80 Abs. 4 GG zu einer **Regelung »auch durch Gesetz befugt«**, soweit bundesrechtlich Landesregierungen ermächtigt sind, Rechtsverordnungen zu erlassen. Die Einordnung eines solchen Gesetzes ist umstritten. Es wird gesagt, es handele sich nicht um originär-eigene Rechtsetzung des Landesgesetzgebers, sondern um »Gesetze an Verordnungs Statt«.[122] Die wohl h. M.[123] geht von **echten förmlichen Gesetzen** aus.

64 Allerdings stellt Art. 80 Abs. 4 GG kein »Vehikel« dar, in den **Gesetzgebungskompetenzbereich des Bundes** vorzudringen, insb. kann diese »derivative Rechtsetzung« keine Lücken des Bundesgesetzgebers im Hinblick auf die **Wesentlichkeitstheorie** und damit den Parlamentsvorbehalt schließen. Dies ist Aufgabe des zuständigen Parlaments.[124]

65 c) Exekutivgesetzgebung. aa) Notstandsgesetzgebung: Art. 111 LV befasst sich mit dem **nicht politischen** (z.B. Naturkatastrophen), **Art. 112 LV** mit dem **politischen Notstand**. In beiden – noch nicht praktisch gewordenen – Fällen kann die LReg **Verordnungen mit Gesetzeskraft** erlassen; dies jedoch nur im Rahmen der Gesetzgebungskompetenzen des Landes. Die LReg hat den LT oder den Zwischenausschuss (Art. 92 LV) sofort einzuschalten (Genehmigung bzw. Außerkraftsetzungsverlangen). Bei nicht

---

117 Es wurde 1991 in die LV aufgenommen, war aber schon vorher Art. 129 Abs. 1 LV zu entnehmen; die Ergänzung ist daher mit Art. 129 Abs. 3 LV vereinbar; *Held*, in: B/D/J, Art. 129 Rn. 12.
118 Vgl. *Gröpl*, Rn. 1157 ff.
119 Vgl. zu allem *Hebeler*, in: B/D/J, Art. 113 Rn. 10 ff.; *Morlok/Michael*, Rn. 889 ff.
120 Unklar ist, ob auf die anwesenden Mitglieder des LT (*Martini*, in: B/D/J, Art. 114 Rn. 14 ff.) oder die gesetzliche Mitgliederzahl abzustellen ist (*Franke*, in: G/C, Art. 114 Rn. 8 f.).
121 *Martini*, in: B/D/J, Art. 115 Rn. 1 ff.; *Franke*, in: G/C, Art. 115 Rn. 1 ff.
122 *Schütz*, NVwZ 1996, 38 ff.; *Nierhaus*, BK, Art. 80 (Stand: 12/1998) Rn. 882 ff.; *Wagner/Brocker*, NVwZ 1997, 759; *Sieckmann/Kessal-Wulf*, in: vM/K/S, Art. 100 Rn. 22 ff.; *Brenner*, ebd., Art. 80 Rn. 117.
123 *Löwer*, HStR III, § 70 Rn. 86; *Sommermann*, JZ 1997, 759; *Jutzi*, ZG 1999, 243; *Kment*, in: J/P, Art. 80 Rn. 8; *Wallrabenstein*, in: vM/K, Art. 80 Rn. 65.
124 *Brocker*, NVwZ 2020, 1485 ff. m.w.N. zu entsprechenden Forderungen bzgl. § 32 i.V.m. § 28 Abs. 1 Infektionsschutz G.

politischem Notstand muss eine VO mit Gesetzeskraft die LV beachten. Grundrechte dürfen danach eingeschränkt werden, soweit der Landesgesetzgeber hierzu durch Gesetz befugt wäre.[125] Beim politischen Notstand verlangt Art. 112 LV, die Grundrechte nicht anzutasten. Da eine solche Gefahr kaum zu bekämpfen ist, ohne zumindest die allgemeine Handlungsfreiheit (Art. 1 LV; Rn. 104) einzuschränken, wird für Art. 112 LV dasselbe wie für Art. 111 LV zu gelten haben.[126]

66 **bb) Rechtsverordnungen:** Für den Bereich der Landesgesetzgebung lässt **Art. 110 Abs. 1 LV** die Delegation von Rechtssetzungsbefugnissen auf die Exekutive im Verordnungswege zu. Art. 110 Abs. 1 LV stimmt im Wesentlichen mit Art. 80 Abs. 1 GG überein.[127] Es gilt daher weitgehend dasselbe wie für Art. 80 Abs. 1 GG (Zitiergebot,[128] Bestimmtheitsgebot, Delegation). Lediglich die **Ermächtigungsadressaten** werden nicht abschließend bestimmt; im Zweifel ist die LReg zuständig (Art. 110 Abs. 2 LV). Verordnungsrecht kann auch durch den Gesetzgeber geschaffen werden.[129]

67 **d) Volksgesetzgebung.** Während das GG (Art. 29, 118, 118a) Volksbegehren und Volksentscheid lediglich bei der Neugliederung des Bundesgebiets zulässt, sind diese Formen der Volksgesetzgebung in den Verfassungen sämtlicher Länder verankert.

68 **aa) Volksinitiative:** Nach Art. 108a Abs. 1 LV haben Staatsbürger (Art. 75 Abs. 2 LV) das Recht, den LT im Rahmen seiner Entscheidungszuständigkeiten[130] mit **bestimmten**[131] Gegenständen der politischen Willensbildung zu befassen. Der Volksinitiative kann **auch ein ausgearbeiteter Gesetzentwurf** zugrunde liegen. Wird dieser vom LT nicht innerhalb von drei Monaten nach Zustandekommen der Volksinitiative als Gesetz verabschiedet, kann die Durchführung eines Volksbegehrens beantragt werden (Art. 108a Abs. 2 LV).

69 **Finanzfragen, Abgabengesetze und Besoldungsordnungen** dürfen nicht Gegenstand einer Volksinitiative sein (Art. 108a Abs. 1 S. 2 LV). Zustande gekommen ist die Initiative, wenn sie von **mindestens 30.000 Stimmberechtigten** (etwa 1 % aller Stimmberechtigten) unterzeichnet wurde (Art. 108a Abs. 2 S. 1 LV). Liegt ihr ein Gesetzentwurf zugrunde, gelten weitgehend dieselben formellen und materiellen Voraussetzungen wie für ein Volksbegehren.

70 **bb) Volksbegehren und Volksentscheid:** Mithilfe dieser klassischen Institute unmittelbarer Demokratie kann das Volk selbst **Gesetze – auch Verfassungsänderungen** (Art. 129 Abs. 1 LV) – **beschließen oder den LT auflösen (Art. 109 LV)**. Ein Volksbegehren kann über den Weg einer Volksinitiative (Rn. 68) oder (autonom) nach einem Zulassungsverfahren gem. § 63 LWahlG durch 20.000 Stimmberechtigte, bei einem Gesetz, dessen Verkündung ausgesetzt wurde (Art. 114 S. 1 LV), durch 10.000 Stimm-

---

125 *Hebeler*, in: B/D/J, Art. 111 Rn. 9; *Franke*, in: G/C, Art. 111 Rn. 7.
126 Vgl. *Hebeler*, in: B/D/J, Art. 112 Rn. 10; zweifelnd *Franke*, in: G/C, Art. 112 Rn. 12.
127 *Hebeler*, in: B/D/J, Art. 110 Rn. 4. Im Kern bindet Art. 80 Abs. 1 GG auch die Länder; vgl. BVerfGE 32, 346 (360 f.); 58, 257 (277).
128 Art. 110 Abs. 1 LV gilt nicht für Satzungen, *Hebeler*, in: B/D/J, Art. 110 Rn. 5 m.w.N; ebenso das Zitiergebot, OVG RhPf., AS 36, 381 (383 f.); LKRZ 2010, 107; zT a.A. *Jeromin*, LKRZ 2010, 88.
129 Bei Gesetzesänderungen ändert der Gesetzgeber oft auch Verordnungen. Das BVerwG (E 157, 54 Rn. 15 u. LS 3) hält bei grundlegenden Reform eines Rechtsgebiets sogar den erstmaligen Erlass einer RVO durch den Gesetzgeber für zulässig. Solche Normen stellen indes kein förmliches Gesetzesrecht dar; vgl. BVerfGE 114, 196 ff.; 114, 303 (311 f.).
130 Dazu *Franke*, in: G/C, Art. 108a Rn. 7 sowie o. Rn. 41.
131 Primär diesem Merkmal kommt begrenzende Wirkung zu; *Hebeler*, in: B/D/J, Art. 108a Rn. 5.

berechtigte in Gang gesetzt werden. Das Volksbegehren ist zustande gekommen, wenn es 300.000 Stimmberechtigte (etwa 10 %), bei einem Gesetz, dessen Verkündung ausgesetzt wurde, 150.000 Stimmberechtigte (etwa 5 %) unterstützen (§ 72 Abs. 3 LWahlG).

71 Auch das Volk als Gesetzgeber darf nur tätig werden, soweit dem Land die **Gesetzgebungskompetenz** zusteht.[132] Formell setzt ein Volksbegehren einen **ausgearbeiteten Gesetzentwurf** voraus (Art. 109 Abs. 2 S. 2 LV). Eine **Gesetzesbegründung** ist einfach gesetzlich (§ 63 Abs. 2 Nr. 1 LWahlG; für die Volksinitiative § 60 e Abs. 2 Nr. 1 LWahlG) vorgeschrieben.

72 In materiellrechtlicher Hinsicht sind Volksbegehren unzulässig, die dem Vorspruch der LV, den in Art. 1 und 74 LV niedergelegten Grundsätzen oder Art. 129 Abs. 1 LV widersprechen (**Art. 129 Abs. 2, 3 LV, sog. Ewigkeitsgarantie**). Da der LT den Inhalt eines Volksbegehrens kaum beeinflussen kann, ist ein Volksbegehren außerdem unzulässig, das einen Gesetzentwurf zum Gegenstand hat, dessen Inhalt mit der Verfassung oder sonstigem höherrangigen Recht, insb. Bundesrecht,[133] unvereinbar ist (§ 61 Abs. 2 S. 2 LWahlG; zur Volksinitiative § 60 d S. 3 LWahlG), um das Zustandekommen eines verfassungswidrigen – und damit nichtigen – Gesetzes im Wege eines aufwendigen Volksentscheids zu vermeiden.[134] Auch ein Zustimmungsgesetz zu einem **Staatsvertrag** ist ausgeschlossen (vgl. Rn. 83).

73 Der Tradition von Art. 73 Abs. 4 WRV folgend schränken alle Landesverfassungen direkt-demokratische Verfahren inhaltlich ein. Die Formulierungen sind recht unterschiedlich. Während z.B. Art. 108 a Abs. 1 S. 2, Art. 109 Abs. 3 S. 3 LV und Art. 68 Abs. 1 S. 4 NRWVerf. die Volksgesetzgebung insb. über »**Finanzfragen**« allgemein ausschließen, wird in vielen anderen Ländern auf den Haushalt Bezug genommen.[135]

74 Trotz dieser heterogenen Verfassungslage ließ sich früher in der **Rechtsprechung** eine Tendenz zu einer gewissen Einheitlichkeit ausmachen.[136] Bei sich auf den **Haushalt** beziehenden Finanztabus ging es darum, ob und inwieweit sonstige finanzwirksame Gesetze erfasst werden. Schon zur Weimarer Zeit wurde unter dem Begriff »Haushaltsplan« neben dem Haushaltsgesetz i.e.S. überwiegend jedes Gesetz verstanden, »das infolge der von ihm angeordneten Einnahmen oder Ausgaben den Staatshaushalt wesentlich beeinflusst«.[137] Zu einem entsprechenden Ergebnis sind viele Verfassungsgerichte der Länder gekommen.[138] Der SächsVerfGH[139] stellt dagegen allein auf das

---

132 Ebenso LVerfG SchlH., NVwZ 2020, 177 Rn. 63 ff. m. Anm. *Reinhardt*; vgl. auch BayVerfGH, NVwZ 2020, 1429 Rn. 43 (nur Evidenzkontrolle).
133 Zum Erfordernis der Vereinbarkeit mit Bundesrecht näher *Kaiser*, NVwZ 2020, 207 ff.
134 BayVerfGHE 40, 94 (102 f.); BremStGH, NVwZ 1987, 576; *Franke*, in: G/C, Art. 109 Rn. 14. Anderes gilt für sonstige Gesetzesvorlagen (o. Rn. 60).
135 Vgl. z.B. Art. 60 Abs. 6 BadWürttVerf.; Art. 62 Abs. 2 S. 1 BayVerf.; Art. 82 Abs. 2 ThürVerf. Daneben gibt es weitere Einschränkungen (z.B. Abgaben, Besoldung, Bundesratsinitiativen, Verfassungsänderungen).
136 Dazu *Jutzi*, ZG 2003, 273 ff. m.w.N.
137 *Anschütz*, WRV, Komm., 14. Aufl. 1933, Art. 73 Anm. 10; *Jach*, DVP 1999, 181.
138 Z.B. BayVerfGH, BayVBl. 2000, 397 (399 f.); DÖV 2008, 817 ff.; BayVBl. 2013, 170 (171 ff.); BremStGH, LVerfGE 6, 123 (145 ff.); BVerfG 102, 176 (185 ff.) (als VerfG für SchlH., Art. 99 GG); BbgVerfG, LVerfGE 12, 119 (129 ff.); ThürVerfGH, LVerfGE 12, 405 (444 ff.); weitere Nachw. *Jutzi*, ZG 2003, 280 ff.; *Platter*, ZParl 2004, 496 ff.
139 SächsVBl. 2002, 236; dazu *Jutzi*, NJ 2002, 588 f.

Haushaltsgesetz ab. Aufgrund von Verfassungsänderungen in Berlin und Hamburg steht diese Sichtweise nicht mehr isoliert.[140]

Um die Volksgesetzgebung nicht praktisch leerlaufen zu lassen, ist der weite – auch von der LV verwendete – Begriff der **Finanzfragen** eng zu interpretieren. Daher handelt es sich um Finanzfragen »in der Regel nicht schon dann, wenn ein Gesetz finanzielle Auswirkungen mit sich bringt, etwa durch Schaffung neuer Behörden, Einführung neuer Schulen oder Ausbildungsstätten«.[141] Ein Volksbegehren ist erst unzulässig, wenn der zugrunde liegende Gesetzentwurf nach seinem Gesamtinhalt das Gleichgewicht des Haushalts stört und damit das Budgetrecht des Parlaments beeinträchtigt.

Schließlich ist das – verfassungsrechtlich fundierte[142] – sog. **Koppelungsverbot** zu beachten, wonach mehrere »selbstständige Angelegenheiten ... nicht Gegenstand eines Volksbegehrens sein« können (§ 61 Abs. 3 LWahlG; zur Volksinitiative § 60d S. 4 LWahlG), um die Bürger nicht zu zwingen, entweder alles beschließen oder alles ablehnen zu müssen.

Das Nähere zum Verfahren regelt das **Landeswahlgesetz** (vgl. zur Volksinitiative §§ 60d ff., zum Volksbegehren §§ 61 ff., zum Volksentscheid §§ 77 ff.).

cc) **Verhältnis parlamentarischer Gesetzgebung zur Volksgesetzgebung:** Entgegen Teilen der Rspr.[143] ist die **normative Gleichrangigkeit von Volks- und Parlamentsgesetzgebung** zu betonen.[144] Selbst wenn den Verfassungen, insb. **Art. 28 Abs. 1 S. 1 GG** (Homogenitätsgebot), eine Prävalenz[145] für eine repräsentative Demokratie zu entnehmen sein sollte, bezieht sich diese auf Quantität und Qualität der Gesetzgebung allgemein, grundsätzlich aber nicht auf ein konkretes Gesetzesvorhaben. Das Parlament kann ein **vom Volk beschlossenes Gesetz wieder aufheben oder ändern**.[146]

e) **Staatsverträge.** Art. 101 S. 1 LV weist die Außenvertretung des Landes dem **Ministerpräsidenten** zu. Geht es um den Abschluss eines Staatsvertrags, bedarf dieser der **Zustimmung des LT durch Gesetz** (Art. 101 S. 2 LV). Der Anwendungsbereich der im Spannungsbogen zwischen Exekutive und Legislative wirkenden Norm wirft einige Probleme auf.

aa) **Begriff:** Aus der Zustimmungspflicht des Landtags ist zu schließen, dass mit dem Begriff Staatsvertrag nur Gegenstände erfasst werden, deren Umsetzung ein Gesetz erfordert (ähnlich Art. 59 Abs. 2 S. 1 GG; vgl. näher u. Rn. 82).[147] Als Partner kommen alle anerkannten **Völkerrechtssubjekte** in Betracht.[148] Schließt das Land – im Rahmen

---

140 Zu Art. 62 Abs. 2 BerlVerf. BerlVerfGH, NVwZ-RR 2010, 169; zu Art. 50 Abs. 1 S. 2 HbgVerf. i.d.F. des G v. 16.12.2008 (HbgGVBl. S. 431) *Klatt*, Staat 50 (2011), 3 (33 f.).
141 NRWVerfGH, NVwZ 1982, 188 (189); vgl. auch *Hebeler*, in: B/D/J, Art. 108 a Rn. 10 m.w.N.
142 Vgl. z.B. HbgVerfG, NJOZ 2016, 189, LS 3; BayVerfGH, NJW 2001, 3771 ff. m.w.N.
143 BayVerfGHE 53, 42 ff.; ThürVerfGH, LVerfGE 12, 405 (440); BremStGH, LVerfGE 11, 179 (192 f.); dazu *Engelken*, DÖV 2000, 881 ff.; *Schweiger*, NVwZ 2002, 1471 ff.; *Jung*, KritV 2001, 24 ff.
144 SächsVerfGH, SächsVBl. 2002, 236 ff.; dazu *Jutzi*, NJ 2002, 488 f.; BerlVerfGH, NVwZ-RR 2010, 169 (172).
145 *Huber*, AöR 126 (2001), 165 (183 ff.); ähnl. HbgVerfG, DÖV 2005, 253 f.; NJOZ 2016, 1896; a.A. BerlVerfGH, NVwZ-RR 2010, 169 (172 ff.); krit. *Klatt*, Staat 50 (2011), 3 (34 ff.).
146 Vgl. z.B. BayVerfGH, BayVBl. 1994, 203 (206); SaarlVerfGH, AS 21, 249 (276 ff.); HbgVerfG, DÖV 2005, 252 f. m.w.N. Früher wurde dem Volk eine gewisse (rechtliche) Vorrangstellung eingeräumt; vgl. *Przygode*, Die deutsche Rspr. zur unmittelbaren Demokratie, 1995, S. 428 ff. m.w.N.
147 *Gärditz*, in: B/D/J, Art. 101 Rn. 13 m.w.N.
148 *Rojahn*, in: vM/K, Art. 32 Rn. 11; *Kempen*, in: vM/K/S, Art. 32 Rn. 24 ff. m.w.N.

seiner Gesetzgebungszuständigkeit – mit auswärtigen Staaten einen Vertrag, bedarf dies der Zustimmung der Bundesregierung (Art. 32 Abs. 3 GG). Der **Heilige Stuhl** – obwohl Völkerrechtssubjekt – ist kein auswärtiger Staat. Er kann gleichwohl Vertragspartner eines Staatsvertrags sein. Die Landeskompetenz soll insoweit nicht aus Art. 32 Abs. 3 GG, sondern – und damit ohne Bindung an die Zustimmung der Bundesregierung – aus Art. 30, 70 GG folgen (h. M.).[149] **Staatsverträge** kann das Land schließlich **mit dem Bund und anderen Ländern** eingehen. Die Befugnis hierzu folgt aus der Staatlichkeit des Landes (Rn. 4), wird in Art. 29 Abs. 7 S. 1 und Abs. 8 sowie Art. 130 Abs. 1 und 3 GG vorausgesetzt, folgt mittelbar aus Art. 32 Abs. 3 GG (Erst-recht-Schluss ohne die dort angeordnete Beschränkung) und könnte auch aus Art. 30 GG hergeleitet werden.[150] Diese Verträge sind staats-, nicht völkerrechtlicher Natur.[151] Vertragliche Beziehungen zu **nachgeordneten staatlichen Körperschaften des öff. Rechts** haben nach h.M. keine Staatsvertragsqualität.[152]

81 **Staatskirchenverträge**[153] (mit öffentlich-rechtlichen Religionsgemeinschaften) haben die Ordnung des gemeinsamen staatlich-kirchlichen Raums (z.B. Unterrichtsangelegenheiten) zum Gegenstand. Ob sie Art. 101 LV unterfallen, ist str.[154] In der Staatspraxis des Landes[155] wird bei diesen Verträgen die gesetzliche Zustimmung des LT eingeholt, obwohl die LV dies – anders als Art. 23 Abs. 2 NRWVerf. – nicht ausdrücklich vorschreibt. Die **Beteiligung Dritter**, vor allem Privater, an Staatsverträgen ist nicht prinzipiell ausgeschlossen, wenngleich es regelmäßig fraglich sein dürfte, ob es sich um öffentlich-rechtliche Beziehungen handelt.

82 Staatsverträge sind von **Verwaltungsabkommen**, die nicht der Zustimmung des Parlaments bedürfen, abzugrenzen (vgl. Rn. 80). Ein **Staatsvertrag** betrifft einen **Gegenstand der Parlamentsgesetzgebung**, insb. wenn es ein dem Inhalt des Vertrags ganz oder teilweise entgegenstehendes oder übereinstimmendes (sog. Parallelabkommen, h. M.)[156] Landesgesetz gibt, eine landesrechtliche Regelung nur durch Gesetz getroffen werden könnte, vor allem weil sie in Freiheit oder Eigentum eingreift, sonst wesentlich für die Verwirklichung der Grundrechte ist, Hoheitsrechte überträgt oder finanzielle Verpflichtungen des Landes begründet, die haushaltsrechtlich nicht gedeckt sind.

83 bb) **Zustandekommen:** Die Entscheidung über Aufnahme, Abbruch oder Unterlassen von **Vertragsverhandlungen** wie auch über die Einbringung eines Gesetzentwurfs zu einem Zustimmungsgesetz (h. M.) obliegt der **LReg**.[157] Diese hat den LT frühzeitig über den Gegenstand beabsichtigter Staatsverträge zu unterrichten (Art. 89b Abs. 1 Nr. 2 LV). Liegt ein Staatsvertrag vor, bedarf dieser der **Zustimmung des Landtags**

---

149 BVerfGE 6, 309 (341, 362); *Rojahn*, in: vM/K, Art. 32 Rn. 12; *Kempen*, in: vM/K/S, Art. 32 Rn. 31; *Unruh*, in: vM/K/S, Art. 140 Rn. 83; a.A. *Dederer/Schweitzer*, Rn. 302 f.
150 Zu allem *Bortnikov*, JuS 2017, 27 (29) m.w.N.
151 *Rudolf*, Völkerrecht und deutsches Recht 1967, 114 f.; *Rojahn*, in: vM/K, Art. 32 Rn. 33 m.w.N.
152 *Rojahn*, in: vM/K, Art. 32 Rn. 32 u. 11 ff. m.w.N.; a.A. *Streinz*, in: Sachs, Art. 32 Rn. 19 ff.
153 Auch religionsverfassungsrechtliche Verträge; verbreitet wird zwischen Konkordaten (mit dem Hl. Stuhl), sonstigen Kirchenverträgen (insb. evangelischen) und Verträgen mit kleineren Religionsgemeinschaften differenziert; vgl. *Hollerbach*, HdbStR VI, 1989, § 138 Rn. 48, 68; *Unruh*, in: vM/K/S, Art. 140 Rn. 49 u. 74 ff. m.w.N.
154 *Gärditz*, in: B/D/J, Art. 101 Rn. 14 m.w.N. auch zur a.A.
155 Zu entsprechenden Verträgen vgl. *Robbers*, in: B/D/J, Art. 41 Rn. 12.
156 *Rojahn*, in: vM/K, Art. 59 Rn. 62 m.w.N.
157 *Schneider*, Beteiligung der Landesparlamente beim Zustandekommen von Staatsverträgen und Verwaltungsabkommen der Bundesländer, 1978, S. 100; *Gärditz*, in: B/D/J, Art. 101 Rn. 18 m.w.N.

durch Gesetz. Dieses ermächtigt, entsprechend Art. 59 Abs. 2 GG, den Ministerpräsidenten oder den von ihm Bevollmächtigten zur Abgabe der **Ratifikationserklärung**, der Vertrag sei für das Land bindend, und **transformiert den Inhalt des Vertrags gleichzeitig in Landesrecht**.[158] Eine Zustimmung im Wege eines **Volksbegehrens** ist ausgeschlossen, da Art. 101 S. 2 LV abschließend ist[159] und die LV kein von der Regierung initiiertes Referendum kennt.

Ob es wegen der Beeinträchtigung parlamentarischer Gestaltungsfreiheit der Zustimmung zu einem Vertrag bedarf, wenn die Regierung aufgrund einer **Verordnungsermächtigung** ohne parlamentarische Mitwirkung die notwendigen materiellrechtlichen Normen zum Vertragsvollzug schaffen könnte (**normatives Verwaltungsabkommen**), ist umstritten.[160] Erklärungen, die auf Beendigung oder Suspendierung von Staatsverträgen gerichtet sind (**Kündigung, Rücktritt, Austritt**), sowie **Aufhebungsverträge** beeinträchtigen nicht die gesetzgeberische Handlungsfreiheit[161] und bedürfen keiner parlamentarischen Mitwirkung nach Art. 101 S. 2 LV. Der LT ist jedoch gemäß der Vereinbarung zu Art. 89 b LV (Nr. II. 3. unmittelbar bzw. analog) vorher zu unterrichten. Zu das Staatsgebiet betreffenden Verträgen vgl. Rn. 25. 84

cc) **Rang des Vertragsrechts, Vertragsverletzungsfolgen**: Dem in Landesrecht transformierten Staatsvertrag kommt nach umstr. Auffassung mangels abweichender Regelung im GG oder der LV der Rang eines einfachen Gesetzes zu.[162] Etwas anderes folgt nicht aus Art. 25 GG mit Blick auf den Grundsatz »pacta sunt servanda«.[163] Der Grundsatz verpflichtet das Land zwar im Verhältnis zum Vertragspartner diesen einzuhalten. Wegen des Lex-posterior-Grundsatzes folgt daraus jedoch nicht die Nichtigkeit eines den Vertrag verletzenden späteren Gesetzes (Treaty Override).[164] 85

dd) **Verträge des Bundes über Gegenstände der Landesgesetzgebung**: Der uralte Streit, wem gemäß Art. 32 GG die Abschluss- und Transformationskompetenz bei Verträgen des Bundes, die ausschließliche Gesetzgebungskompetenzen der Länder betreffen, zusteht,[165] wurde durch das sog. **Lindauer Abkommen** v. 14.11.1957[166] zwischen Bund und Ländern gelöst. Bei solchen Verträgen werden alle Länder über ihre Ständige Vertragskommission[167] möglichst frühzeitig beteiligt. Sind ausschließliche Kompetenzen der Länder betroffen, soll der Bund das Einverständnis der Länder herbeiführen, be- 86

---

158 *Gärditz*, in: B/D/J, Art. 101 Rn. 16 ff. m.w.N, auch zu Folgen fehlerhaften Handelns der LReg.
159 *Gärditz*, in: B/D/J, Art. 101 Rn. 18; *Hebeler*, in: B/D/J, Art. 109 Rn. 4.
160 Verneinend: *Fastenrath*, Kompetenzverteilung im Bereich der auswärtigen Gewalt, 1986, S. 220 f.; *Schneider* (Fn. 157), S. 57 ff.; bejahend: *Streinz*, in: Sachs, Art. 59 Rn. 36; *Kempen*, in: vM/K/S, Art. 59 Rn. 68; *Rojahn*, in: vM/K, Art. 32 Rn. 61, es sei denn, die RVO-Ermächtigung ist »auslandsbezogen« bzw. »vertragsorientiert«.
161 *Dederer/Schweitzer*, Rn. 307 ff.; *Streinz*, in: Sachs, Art. 59 Rn. 46; *Fastenrath* (Fn. 160), S. 239.
162 *Gärditz*, in: B/D/J, Art. 101 Rn. 22 ff. m.w.N; ebenso zu Art. 59 GG BVerfG, NJW 2016, 1295, LS 2 u. Rn. 33 ff.; nach a.A. handelt es sich einen eigenen Typ des »Zwischen-Länder-Rechts«; vgl. zum Rundfunkstaatsvertragsrecht § 10 Rn. 44 m.w.N.
163 Trotz Verfassungsrangs des Grundsatz werden nicht »alle Bestimmungen völkerrechtlicher Verträge zu allgemeinen Regeln des Völkerrechts i.S.v. Art. 25 GG«; BVerfGE 141, 1 Rn. 47.
164 *Gärditz*, in: B/D/J, Art. 101 Rn. 24 ff. m.w.N; ebenso zu Art. 59 GG BVerfGE 141, 1 Rn. 49 ff. mit abw. Meinung *König*. Bei Verträgen des Landes mit dem Bund und anderen Ländern folgt nichts anderes aus dem Grundsatz bundesfreundlichen Verhaltens, Rn. 13, 17).
165 Dazu *Rojahn*, in: vM/K, Art. 32 Rn. 41 ff.; *Callies*, HdbStR IV, 3. Aufl. 2006, § 83 Rn. 57; *Kempen*, in: vM/K/S, Art. 59 Rn. 40 ff. jew. m.w.N. RhPf. neigt(e) der sog. föderalistischen oder süddeutschen Lösung zu: Danach stehen dem Bund für solche Verträge weder Abschluss- noch Transformationskompetenz zu.
166 Abgedr. bei *Dederer/Schweitzer*, Rn. 309.
167 Vgl. näher *Bücker/Köster*, JuS 2005, 976 ff.

vor die Verpflichtung völkerrechtlich verbindlich wird (Nr. 3 der Vereinbarung). Da die Verträge i.d.R. Gegenstände der Landesgesetzgebung betreffen, entspricht es ständiger – dem **Rechtsgedanken des Art. 101 S. 2 LV**[168] folgender – Staatspraxis des Landes, vor der Abgabe der Erklärung den LT **zu beteiligen.**[169]

87 Bei Staatsverträgen des Landes erfolgt die Ermächtigung zum Vertragsschluss und die Transformation des Vertragsinhalts in Landesrecht i.d.R. **uno actu** durch das Zustimmungsgesetz (Rn. 83). Bei Verträgen des Bundes, welche Gesetzgebungskompetenzen des Landes betreffen, ist dagegen das **Verfahren zweiaktig**. Der LT stimmt **durch einfachen Beschluss** zu.[170] Dieser bindet ihn, in einem zweiten Akt den Inhalt des Vertragsgesetzes in **Landesrecht** zu **transformieren**, um Völker- bzw. Staatsvertragsrecht nicht zu verletzen. Die Verpflichtung ist im Verhältnis zum Bund Ausfluss des Grundsatzes bundesfreundlichen Verhaltens[171] und folgt im Verhältnis des LT zur LReg aus dem Grundsatz der Organtreue. Die Transformation erfolgt durch ein Landesgesetz, das i.d.R. den gesamten Vertragstext umfasst.

88 **4. Finanzwesen.** Die Regelungen in Art. 116 bis 120 LV beruhen weitgehend auf einer Verfassungsänderung des Jahres 1971,[172] die sie den **Art. 110 bis 115 GG** anglich.

- Art. 116 LV enthält das bedeutsamste Recht des Parlaments, das **Budgetrecht**. Jede staatliche Ausgabe bedarf der parlamentarischen Legitimation.[173]
- Art. 117 LV schreibt nach einer Verfassungsänderung im Jahr 2010[174] für die **Kreditaufnahme** – Art. 109 Abs. 3 GG folgend – den Grundsatz eines ohne Einnahmen aus Krediten auszugleichenden Haushalts fest. Sie ist nur noch in eng begrenzten Ausnahmesituationen zulässig, zum Ausgleich konjunkturbedingter Defizite im Rahmen einer symmetrischen Konjunkturkomponente, ferner zum Ausgleich eines vorübergehenden außerordentlichen Finanzbedarfs infolge von Naturkatastrophen oder anderen außergewöhnlichen Notsituationen sowie – auf höchstens vier Jahre befristet – von strukturellen, nicht dem Land zurechenbaren Änderungen der Einnahme- oder Ausgabesituation. Die dritte Ausnahme ist dem die Länder bindenden Art. 109 Abs. 3 GG nicht zu entnehmen und dürfte kaum als Unterfall der »außergewöhnliche(n) Notsituationen, die sich der Kontrolle des Staates entziehen« (Art. 109 Abs. 3 S. 2 GG), zu verstehen sein. Art. 117 Abs. 1 S. 2 lit. b LV ist daher nach Art. 143 d Abs. 1 S. 3 GG seit 01.01.2020 mit dem GG unvereinbar.[175]
- Art. 118 LV erlaubt dem LT Mehrausgaben oder Mindereinnahmen gegenüber dem Entwurf der LReg oder dem festgestellten Haushaltsplan nur, wenn Deckung gewährleistet ist und die LReg zustimmt.

---

168 Nach der föderalistischen Auffassung (vgl. Fn. 165) dürfte der Bund in diesem Bereich nicht tätig werden und Art. 101 S. 2 LV käme unmittelbar zum Zuge.
169 *Ebling*, in: G/C, Art. 101, Rn. 23; *Rudolf*, Fs. f. K Carstens, Bd. 2, 1984, S. 766.
170 Die Zustimmung unterfällt nicht unmittelbar Art. 101 S. 2 LV, da es nicht um einen *vom Land* abzuschließenden Staatsvertrag geht; ein Gesetz ist daher nicht erforderlich.
171 *Rojahn*, in: vM/K, Art. 59 Rn. 68; *Bücker/Köster*, JuS 2005, 978.
172 G v. 20.12.1971 (GVBl. 1972 S. 1); vgl. *Trzaskalik*, in: G/C, Vorb. zu Art. 116 Rn. 1.
173 *Droege*, in: B/D/J, Art. 116 Rn. 1; vgl. auch BVerfGE 70, 324 (355).
174 G v. 23.12.2010 (GVBl. S. 547).
175 Dazu *Droege*, in: B/D/J, Art. 117 Rn. 21; *Gröpl*, LKRZ 2010, 401 (404); krit. auch *Henneke*, DVBl. 2012, 442 (Nr. 7). Zweifelhaft ist außerdem die (potenzielle) Reduzierung der Tilgungsregelung nach Art. 109 Abs. 3 S. 3 GG auf eine »konjunkturgerechte« (Art. 117 Abs. 1 S. 4 LV).

- Art. 119 LV verlangt bei **überplanmäßigen und außerplanmäßigen Ausgaben** die Zustimmung des Finanzministers, die dieser nur im Falle eines unvorhergesehenen und unabweisbaren Bedürfnisses erteilen darf.[176]
- Art. 120 LV befasst sich mit der **Haushaltskontrolle** durch den LT und durch den **Landesrechnungshof** als eigenständigem und unabhängigem Kontrollorgan. Seine Mitglieder besitzen richterliche Unabhängigkeit (Abs. 2 S. 2). Daraus folgt kein Ausschluss der gerichtlichen Überprüfbarkeit der Rechnungshofberichte.[177] Seine selbstständige Stellung zwischen den Gewalten macht den Rechnungshof mangels Teilhabe an politischer Staatsgestaltung nicht zu einem Verfassungsorgan.[178]

5. Rechtsprechung und Verwaltung. Vom VerfGH abgesehen finden sich nur wenige Regelungen zur Rspr. und Verwaltung in der LV (Art. 121 bis 128). Bedeutung für die Verfassungsbeschwerde hat Art. 124 LV, der ebenso wie Art. 19 Abs. 4 GG dem Einzelnen **effektiven Rechtsschutz** garantiert. Die Art. 125 ff. LV befassen sich mit dem **Beamtentum**. Art. 125 LV enthält eine **institutionelle Garantie des Berufsbeamtentums** wie Art. 33 Abs. 4 GG.[179] Art. 126, 127 LV verbürgen die beamtenrechtliche Fürsorgepflicht.[180] Was unter der Überschrift »Verwaltung« zu vermuten wäre (vgl. z.B. Art. 77 BayVerf.), jedoch fehlt, sind konkrete Vorgaben für eine staatliche **Verwaltungsstruktur**.

6. Kommunale Selbstverwaltung. a) Selbstverwaltungsgarantie und Finanzausstattung. Art. 49 LV enthält »die *magna charta* der kommunalen Selbstverwaltung, die im ersten Satz des ersten Absatzes umschrieben und im ersten Satz des dritten Absatzes noch besonders ausdrücklich gewährleistet ist«.[181] Die Platzierung der Norm im Abschnitt über Grundrechte und Grundpflichten beruht auf der *Süsterhennschen* – von der Staatstheorie des 19. Jahrhunderts geprägten[182] – These, wonach das Selbstverwaltungsrecht nicht vom Staat verliehen wurde, vielmehr den Gemeinden als unentziehbares »natürliches Recht« zusteht.[183] Inzwischen ist in der Verfassungsrechtsprechung geklärt, dass Art. 49 LV den Kommunen kein »natürliches«, vorstaatliches und unentziehbares Recht verschafft.[184] Da es sich bei diesem Recht um eine subjektive, mit einem Grundrecht strukturell vergleichbare[185] Rechtsstellungsgarantie handelt, ist es gut vertretbar, das Recht ähnlich wie ein Grundrecht zu prüfen.[186]

Der **Schutzbereich** des Art. 49 LV enthält eine **institutionelle Garantie**, wonach Gemeinden und Gemeindeverbände als örtliche Verwaltungsträger existieren müssen.[187] Im Übrigen gewährt sie den Kommunen lediglich einen relativen Bestandsschutz. Sie schützt sie nicht in ihrer konkreten Individualität, d.h., sie können aufgelöst werden,

---

176 Dazu RhPfVerfGH, AS 26, 4 (10 ff.); teilw. krit. *Trzaskalik*, in: G/C, Art. 119 Rn. 5 ff.
177 Vgl. BVerwG, NVwZ 2020, 387 Rn. 12 zu der Parallelregelung in Art. 114 Abs. 2 S. 1 GG.
178 *Janz*, in: B/D/J, Art. 120 Rn. 17; *Schneider*, in: G/C, Art. 120 Rn. 30 m.w.N.; vgl. auch Rn. 29 u. 136.
179 *Meier*, in: B/D/J, Art. 125 Rn. 9; vgl. auch BVerfGE 150, 169 Rn. 24 m.w.N.
180 RhPfVerfGH, AS 36, 346 (356); 39, 1 (2).
181 RhPfVerfGH, AS 3, 34 (37).
182 *Lange*, Kap. 11 Rn. 26.
183 Vgl. *Stamm*, in: B/D/J, Art. 49 Rn. 4; *Schröder*, in: G/C, Art. 49 Rn. 2.
184 Tendenziell anders noch RhPfVerfGH, AS 3, 34 (43); vgl. auch *Lange*, Kap. 1 Rn. 129.
185 Vgl. *Lange*, Kap. 1 Rn. 129 f.; *Maurer*, DVBl. 1995, 1041 f.; *Jarass*, in: J/P, Art. 28 Rn. 23 m.w.N.
186 RhPfVerfGH, AS 27, 231 (235 ff.); *Jarass*, in: J/P, Art. 28 Rn. 26 ff.; *Engels/Krausnick*, § 3 Rn. 22 ff.
187 RhPfVerfGH, AS 11, 73 (77 ff.); 11, 201 (203); *Stamm*, in: B/D/J, Art. 49 Rn. 5; zum GG *Lange*, Kap. 1 Rn. 7 ff. m.w.N.

wenn sie zuvor angehört wurden und dies dem Gemeinwohl entspricht.[188] Art. 49 LV beinhaltet zudem eine **Aufgabengarantie**.[189] Diese umfasst alle Angelegenheiten der örtlichen Gemeinschaft.[190] Darunter werden diejenigen Bedürfnisse und Interessen verstanden, die in der örtlichen Gemeinschaft wurzeln oder auf sie einen spezifischen Bezug haben.[191] Die Aufgabengarantie reicht für die Gemeinden erheblich weiter (potenzielle Allzuständigkeit für örtliche Angelegenheiten) als für die Gemeindeverbände, denen lediglich ein Mindestbestand an Aufgaben allgemein, nicht aber ein bestimmter Bestand an Aufgaben zugewiesen wird, und gewährleistet beiden die eigenverantwortliche Wahrnehmung der Aufgaben.[192]

Umstritten ist, ob die »aus benachbarten Gemeinden des gleichen Landkreises« (§ 64 Abs. 1 S. 1 GemO) gebildeten **Verbandsgemeinden** nur den Schutz von Gemeindeverbänden genießen[193] oder an der Aufgabengarantie für Gemeinden teilhaben, weil sie – als Äquivalent zu den verbandsfreien Gemeinden – mit den Ortsgemeinden zwei einander ergänzende örtliche Stufen bilden.[194] Davon zu unterscheiden ist die Frage, ob sich die Ortsgemeinden gegen die Hochzonung von Aufgaben der Verbandsgemeinden, die ursprünglich solche der Gemeinde waren, wehren können.[195]

92 In die gemeindliche Selbstverwaltungsgarantie wird durch alle die Kommunen belastenden Regelungen und sonstigen Maßnahmen **eingegriffen**.[196] Die Aufgabengarantie der Kommunen wird insb. durch **Aufgabenentzug** betroffen. Dies gilt nach überwiegender Auffassung jedoch nicht für den Entzug jedenfalls einzelner Aufgaben der Auftragsverwaltung.[197] Auch durch **Übertragung neuer Aufgaben** (Auftragsangelegenheiten und Pflichtaufgaben der Selbstverwaltung),[198] die Umwandlung freiwilliger Selbstverwaltungsaufgaben in Pflichtaufgaben und das Stellen erhöhter Anforderungen an bestehende Selbstverwaltungsaufgaben stellen Eingriffe dar.

93 Ein Eingriff in den Schutzbereich bedarf der **verfassungsrechtlichen Rechtfertigung**. Dem Gesetzgeber kommt ein **erheblicher Gestaltungsspielraum** zu. Er muss jedoch den – schwer bestimmbaren – **Kernbereich der Selbstverwaltungsgarantie** respektieren. Zu diesem gehört »kein gegenständlich bestimmter oder nach feststehenden Merkmalen bestimmbarer Aufgabenkatalog, wohl aber die Universalität des gemeindlichen Wirkungskreises als Rechtsprinzip.... Eine sinnvolle Fortentwicklung des über-

---

188 RhPfVerfGH, NVwZ-RR 2015, 761 Rn. 113 m.w.N.; zu Art. 28 Abs. 2 S. 1 GG *Nierhaus/Engels*, in: Sachs, Art. 28 Rn. 42 f.; *Engels/Krausnick*, § 3 Rn. 23.
189 Insb. Finanz-, Personal-, Rechtssetzungs-, Planungs- und Organisationshoheit;vgl. BVerfG, NJW 2020, 3232 Rn. 49 ff. m.w.N. sowie u. § 3 Rn. 17 ff.
190 RhPfVerfGH, AS 27, 231 (235 f.); 35, 1 (6) m.w.N.; *Schröder*, in: G/C, Art. 49 Rn. 8; a.A. *Lange*, Kap. 1 Rn. 158, Fn. 337, wonach der Schutzbereich weiter reicht, da Art. 49 Abs. 1 LV in S. 2 »jede öffentliche Aufgabe«, nicht nur »örtliche« (S. 1) anspreche. Dagegen spricht, dass es bei S. 2 lediglich um »eine nähere Ausgestaltung des in S. 1 normierten Universalitätsprinzips des kommunalen Wirkungskreises« (*Süsterhenn/Schäfer*, Art. 49 Anm. 3) geht.
191 BVerfGE 79, 127 (151); *Lange*, Kap. 1 Rn. 18 ff.
192 So die h. M.: BVerfGE 119, 331 (352 ff.); *Voßkuhle/Kaufhold*, JuS 2017, 728 (730); *Stamm*, in: B/D/J, Art. 49 Rn. 18; *Schröder*, in: G/C, Art. 49 Rn. 8 ff.
193 So RhPfVerfGH 12, 235 (247); OVG RhPf., AS 25, 232 (234).
194 So § 3 Rn. 55 m.w.N.
195 *Löwer*, in: vM/K, Art. 28 Rn. 96 Fn. 569.
196 *Jarass*, in: J/P, Art. 28 Rn. 35.
197 Vgl. *Dietlein*, in: Praxis der Kommunalverwaltung, Landesausgabe RhPf., B 1 RhPf., § 2 GemO (Stand: 07/2013), Anm. 1.3.1.1; NRWVerfGH, NWVBl. 2001, 340 (345); a.A. § 3 Rn. 17; NdsStGH, NdsVBl. 2008, 37 (39).
198 RhPfVerfGH, AS 29, 75 (82); BVerfG, NJW 2020, 3232 Rn. 58; *Dietlein* (Fn. 197), Anm. 1.2.2.2 u. 1.3.1.

kommenen Systems ist ... verfassungskonform, sofern – nach Maßgabe einer bilanzierenden Bewertung der nach dem Eingriff verbleibenden gemeindlichen Handlungsmöglichkeiten – die Selbstverwaltung nicht ausgehöhlt wird«.[199]

Außerhalb des Kernbereichs darf der Gesetzgeber in das kommunale Selbstverwaltungsrecht eingreifen, wenn und soweit der **Eingriff durch das Gemeinwohl geboten** ist. Art. 49 Abs. 1 S. 2 LV knüpft den staatlichen **Entzug kommunaler Aufgaben** (zum individuellen Bestandsschutz Rn. 91) an erschwerte Voraussetzungen, indem er ihn von einem »dringenden öffentlichen Interesse« abhängig macht.[200] Diese materielle Anforderung schlägt sich in der Rspr. des VerfGH aber nicht nieder, der bei Eingriffen in das Selbstverwaltungsrecht insoweit den Gleichklang mit Art. 28 Abs. 2 GG sucht.[201] Allerdings verlangt Art. 49 Abs. 1 S. 2 LV ein **formelles Gesetz**,[202] wie insb. aus der differenzierenden Regelung in Art. 49 Abs. 4 LV folgt (ebenso § 2 GemO). Nach Art. 28 Abs. 2 GG kann der Gesetzgeber demgegenüber auch mittels Rechtsverordnungsermächtigung auf die Selbstverwaltung der Gemeinden einwirken.[203]

94

Wegen des Gestaltungsspielraums des Gesetzgebers beschränkt sich die verfassungsgerichtliche Prüfung darauf, ob eine konkrete Regelung frei von Willkür ist, insb. ob sie von sachgerechten Erwägungen getragen wird und geeignet ist, den mit ihr verfolgten Zweck zu erreichen.[204] Auch das aus dem Rechtsstaatsprinzip folgende Rückwirkungsverbot kommt den Kommunen zugute.[205] Der Grundsatz der Verhältnismäßigkeit dürfte ebenfalls als Maßstab heranzuziehen sein.[206]

---

199 RhPfVerfGH, AS 27, 231 (238); vgl. auch *Voßkuhle/Kaufhold*, JuS 2017, 728 (730).
200 Dazu BVerfGE 79, 127 (149).
201 RhPfVerfGH, AS 27, 231 (238).
202 *Süsterhenn/Schäfer*, Art. 49 Anm. 6; *Stamm*, in: B/D/J, Art. 49 Rn. 13; *Lahmann/Edinger*, in: Praxis der Kommunalverwaltung, Landesausgabe RhPf., A 3 RhPf., Art. 49 (09/2018) Anm. 1; a.A. ohne Begr. *Schröder*, in: G/C, Art. 49 Rn. 9.
203 BVerfGE 56, 298 (309); *Lange*, Kap. 1 Rn. 82 ff.
204 RhPfVerfGH, AS 27, 231 (247).
205 RhPfVerfGH, AS 35, 1 (6).
206 BVerfGE 125, 141 (167); 147, 185 Rn. 80 ff.; *Lange*, Kap. 1 Rn. 104; *Engels/Krausnick*, § 3 Rn. 22, 31 ff.; *Jarass*, in: J/P, Art. 28 Rn. 38 m.w.N. Ebenso bei Neugliederungsmaßnahmen RhPfVerfGH, NVwZ-RR 2015, 761, LS u. Rn. 163.

Prüfungsfolge des Art. 49 LV bei einer kommunale Aufgaben betreffenden Norm

I. Schutzbereich:
   – Alle Angelegenheiten der örtlichen Gemeinschaft
II. Eingriff: Insb. durch
   – Entzug von Selbstverwaltungsaufgaben (bei Auftragsangelegenheiten str.)
   – Übertragung neuer Pflichtaufgaben der Selbstverwaltung
   – Umwandlung freiwilliger Selbstverwaltungsaufgaben in Pflichtaufgaben
   – erhöhte Anforderungen an bestehende Selbstverwaltungsaufgaben
   – Übertragung von Auftragsangelegenheiten
III. Rechtfertigung des Eingriffs
   1. Formell-rechtliche Voraussetzungen: Gesetzliche Grundlage; bei Entzug einer Selbstverwaltungsaufgabe Parlamentsgesetz
   2. Materiellrechtliche Voraussetzungen
      – Verletzung des Kernbereichs: Bilanzierende Bewertung der nach dem Eingriff verbleibenden gemeindlichen Handlungsmöglichkeiten
      – Außerhalb des Kernbereichs: Eingriff muss durch Gemeinwohl geboten sein; wegen Gestaltungsspielraum des Gesetzgebers nur Prüfung, ob die Regelung frei von Willkür ist, insb. ob sie von sachgerechten Erwägungen getragen wird und geeignet ist, den mit ihr verfolgten Zweck zu erreichen, und Prüfung der Verhältnismäßigkeit.

95 Was die Finanzausstattung der Kommunen anbelangt, gewährleistet Art. 49 Abs. 6 LV – wie auch Art. 28 Abs. 2 S. 3 GG[207] – den Kommunen eine angemessene **einheitliche Finanzausstattung**.[208] Diese umfasst eine **Mindestfinanzausstattung** einschließlich der Ermöglichung eines Minimums an freien Selbstverwaltungsaufgaben.[209] Besondere Bedeutung kommt dem Grundsatz der Verteilungssymmetrie zu. Er verlangt eine gleichmäßige und gerechte Aufteilung der verfügbaren Finanzmittel auf die verschiedenen Ebenen von Land und Kommunen. Hinzu kommt das Gebot interkommunaler Gleichbehandlung, nach dem die unterschiedlichen finanziellen Belange der Kommunen zu einem angemessenen und gerechten Ausgleich zu bringen sind. Der Gesetzgeber hat dies durch Aufnahme in die Gesetzesmaterialien transparent zu machen. Ihm obliegt außerdem eine Beobachtungs- und Anpassungspflicht.[210]

Der durch Verfassungsänderung[211] eingefügte Art. 49 Abs. 5 LV enthält das **Konnexitätsprinzip in strikter Form**. Überträgt das Land den Kommunen die Erfüllung öffentlicher Aufgaben oder stellt es besondere Anforderungen an deren Erfüllung, hat es »gleichzeitig« für Kostendeckung zu sorgen bzw. verbleibende Mehrbelastungen auszugleichen. Das Konnexitätsprinzip stellt eine von der Finanzkraft der Kommune unabhängige Ausgleichsregelung dar.[212] Inzwischen hat der VerfGH entschieden,

---

207 Vgl. nur *Löwer*, in: vM/K, Art. 28 Rn. 101 ff.; *Nierhaus*, LKV 2005, 1 ff. jew. m.w.N.
208 RhPfVerfGH, AS 15, 66 (68); 19, 339 (340 f.); 23, 434 (436); 29, 75 (80).
209 RhPfVerfGH, AS 41, 29 (37 ff.); Urt. v. 16.12.2020 - VGH N 12/2019 u.a. – (juris, LS 1 u. Rn. 50 ff.) m.w.N. Nach dem Urt. v. 16.12.2020 ist das gegenwärtige System des Finanzausgleichs verfassungswidrig und bis 1.1.2023 zu reformieren.
210 RhPfVerfGH, AS 41, 29 (41 f.); Urt. v. 16.12.2020 – VGH N 12/2019 u.a. – (juris, Rn. 81 ff.).
211 G v. 14.6.2004 (GVBl. S. 321).
212 NRWVerfGH, NVwZ 2015, 368 Rn. 72; vgl. auch RhPfVerfGH, AS 44, 195 (204); *Wendt*, DÖV 2017, 1 (2).

»gleichzeitig« in diesem Sinne bedeute zugleich »einmalig«, und zwar zu Beginn der Aufgabenbelastung.[213] Die konkrete Verfahrensweise ist im KonnexAG[214] geregelt.

b) Wahl der Vertretungskörperschaften, Bürgermeister und Landräte. Der mehrfach geänderte[215] **Art. 50 LV** erstreckt die **Wahlrechtsgrundsätze des Art. 76 LV auf die kommunale Ebene** (Art. 50 Abs. 1 S. 1 LV), wobei seit 1993[216] auch die Direktwahl der Bürgermeister und Landräte einbezogen ist. Für die Landräte markiert ihre Urwahl zugleich den Endpunkt der Abkehr von preußischer Tradition, nach welcher der Landrat als untere staatliche Verwaltungsbehörde Staatsbeamter war, der ohne Mitwirkung des Ministerpräsidenten nicht in sein Amt gelangen konnte.

96

Nach Art. 50 Abs. 1 S. 2 LV **sind auch Unionsbürger** wahlberechtigt und wählbar. Damit geht die LV über den von Art. 28 Abs. 1 S. 2 und 3 GG[217] geforderten Standard hinaus, indem sie neben der Wahl der Vertretungskörperschaften auch die Beteiligung der Unionsbürger bei der Direktwahl der Bürgermeister und Landräte vorsieht.[218] Während diese Ausweitung verfassungsrechtlich unbedenklich ist, stößt in Teilen der Lit. die einfach gesetzliche Zulassung der Unionsbürger zu Abstimmungen (Bürgerbegehren und Bürgerentscheiden, § 17 a GemO, § 9 Abs. 2 Nr. 1, § 11 d LKO) auf Bedenken. Art. 28 Abs. 1 S. 3 GG als Teil der Homogenitätsbestimmung gibt den Ländern jedoch Spielraum, sich für eine plebiszitäre Beteiligung der Unionsbürger bei kommunalen Sachfragen zu entscheiden,[219] da das Abstimmungsrecht über Sachfragen traditionell am Wahlrecht anknüpft.

97

IV. Grundrechte und Grundpflichten

1. Allgemeines. Noch vor dem GG und anders als in der WRV wurden die Grundrechte der LV im »Ersten Hauptteil« der LV verankert. Im Unterschied zum GG handelt es sich jedoch nicht um einen ganz überwiegend durch Grundrechte dominierten Teil. Er enthält auch **Grundpflichten** (Rn. 116) und zahlreiche **Verfassungsaufträge bzw. Staatszielbestimmungen.**

98

Der LV liegt außerdem ein **wertbezogenes naturrechtliches Verfassungskonzept** zugrunde.[220]

99

Beispiele:

- Im Vorspruch wird Gott als »Urgrund des Rechts« bezeichnet.[221]
- Art. 1 Abs. 1 S. 2 LV verbürgt das »natürliche Recht« des Menschen auf Entwicklung und Entfaltung innerhalb der durch das »natürliche Sittengesetz« gezogenen Schranken; weitere

---

213 RhPfVerfGH, AS 44, 195 (206); zust. *Edinger*, DÖV 2016, 474 ff.; sehr. krit. *Schoch*, DVBl. 2016, 1007 (1014); *Henneke*, DVBl. 2015, 1582 (1584).
214 Konnexitätsausführungsgesetz v. 2.3.2006 (GVBl. S. 53, BS 2020-5). Das Gesetz geht von einer permanenten Beobachtung der Kostenentwicklung aus.
215 Vgl. näher *Stamm*, in: B/D/J, Art. 50 (Entstehungsgeschichte).
216 G v. 24.9.1993 (GVBl. S. 471).
217 Zur Vereinbarkeit dieser Bestimmung mit Art. 79 Abs. 3 GG BVerfGE 83, 37 (59).
218 Dazu BVerfG, NVwZ 1999, 293; *Löwer*, in: vM/K, Art. 28 Rn. 29 ff. m.w.N.
219 Ebenso *Stamm*, in: B/D/J, Art. 50 Rn. 19; *Engelken*, NVwZ 1995, 433; *Löwer*, in: vM/K, Art. 28 Rn. 33; *Nierhaus/Engels*, in: Sachs, Art. 28 Rn. 27; *Burgi*, Kommunalrecht, 6. Aufl. 2019, § 11 Rn. 23 m.w.N.
220 *Ley*, in: Borck, Beiträge zu 50 Jahren Geschichte des Landes RhPf., 1997, S. 143 f.; *Droege*, in: B/D/J, Art. 1 Rn. 2 ff.; *Gusy*, in: G/C, Vor Art. 1 Rn. 1. Ein entsprechendes Verständnis liegt auch Art. 1 Abs. 2 GG zugrunde; vgl. BVerfGE 141, 1 Rn. 34 m.w.N.
221 Dazu *Brocker*, in: B/D/J, Vorspruch Rn. 21 ff.

Grenzen ziehen die »naturrechtlich bestimmten Erfordernisse des Gemeinwohls« (Art. 1 Abs. 3 LV).
- Den Eltern wird in Art. 25 Abs. 1 S. 1 LV das »natürliche Recht« – aber auch die »oberste Pflicht« (ähnlich Art. 6 Abs. 2 S. 1 GG) – zur Kindererziehung überantwortet.
- Eigentum ist ein »Naturrecht« (Art. 60 Abs. 1 S. 1 LV).

100 **2. Zu den Grundrechten insgesamt.** Nachfolgend wird lediglich auf einige Besonderheiten der LV eingegangen. In aller Regel genügt die Kenntnis der dogmatischen Grundlagen und der Inhalte der Grundrechte des GG, um auch den Regelungsgehalt landesverfassungsrechtlicher Grundrechte erfassen zu können.

101 **a) Grundrechtsträger.** Wie beim GG sind Träger landesverfassungsrechtlicher Grundrechte primär **natürliche Personen.**[222] Bei sog. **Deutschengrundrechten** (Art. 12, 15, 19, 58 LV) ist Art. 19 a LV zu beachten, wonach Rechte, welche die LV allen Deutschen gewährt, auch **Unionsbürgern** zustehen, soweit diese nach dem Recht der EU Anspruch auf Gleichbehandlung haben.[223] Obwohl die LV keine Art. 19 Abs. 3 GG vergleichbare Regelung enthält, folgt die Grundrechtsfähigkeit **privater juristischer Personen** aus Art. 1 Abs. 2 LV, der dem Staat das Wohlergehen innerstaatlicher Gemeinschaften zur Aufgabe macht.[224] Dabei ist es unerheblich, ob eine juristische Person ihren **Sitz** in Rheinland-Pfalz hat.[225] Wenn Art. 1 Abs. 2 LV von »innerstaatlichen Gemeinschaften« spricht, wird damit nicht auf das Territorium des Landes, sondern auf **inländische** juristische Personen abgestellt. Darüber hinaus sind **juristische Personen mit Sitz in einem Mitgliedstaat der EU** grundrechtsberechtigt, wenn man die Rspr. des BVerfG[226] auf die LV überträgt, wofür Art. 19 a LV spricht. **Juristische Personen des privaten Rechts**, die ganz oder überwiegend vom deutschen Staat gehalten werden, fehlt die Grundrechtsfähigkeit. Anderes kann gelten, wenn die Anteile in der Hand eines auswärtigen Staates sind, insb. um Brüche zwischen der deutschen und der europäischen Rechtsordnung (z.B. Niederlassungsfreiheit) zu vermeiden.[227] **Juristische Personen des öff. Rechts**, die staatliche Funktionen ausüben, werden nach st. Rspr. des BVerfG und h. M. der Lit. im Grundsatz nicht erfasst.[228] Ob ein Grundrecht juristische Personen schützt, ist durch eine **auf das Wesen des Grundrechts bezogene Auslegung** zu ermitteln.

---

222 Dazu *Huber*, in: HGR II, 2001, § 49.
223 *Weiß*, in: B/D/J, Art. 19 a Rn. 8; *Caesar*, in: G/C, Art. 19 a Rn. 1 ff. Einer unionsrechtskonformen Auslegung des Art. 1 Abs. 1 LV (allg. Handlungsfreiheit), wie sie von Teilen der Lit. und dem BVerfG zu Art. 2 Abs. 1 GG präferiert wird (BVerfG, NJW 2016, 1436 Rn. 11 m.w.N.; ablehnend *Scholz*, M/D, Art. 12 [Stand: 04/2020] Rn. 104 f.; für unmittelbare Anwendung der Deutschengrundrecht *Jarass*, in: J/P, Art. 19 Rn. 12 m.w.N.), bedarf es daher nicht.
224 *Droege*, in: B/D/J, Art. 1 Rn. 19; *Gusy*, in: G/C, Vor Art. 1 Rn. 16.
225 Vgl. aber *Gusy*, in: G/C, vor Art. 1 Rn. 18, der dies für erwägenswert hält.
226 BVerfGE 129, 78; dazu *Ludwigs*, JZ 2013, 434 ff.; *Huber*, EuR 2013, 637 (642); *Droege*, in: B/D/J, Art. 1 Rn. 13; ablehnend *Isensee*, AöR 138 (2013), 325 (360).
227 BVerfGE 143, 246 Rn. 191 ff. Das gilt auch bezüglich der Koalitionsfreiheit nach Art. 66 Abs. 2 LV für einen Arbeitgeberverband, dessen Mitglieder überwiegend von der öffentlichen Hand beherrscht werden; BVerwG, NJW 2020, 1084 zu Art. 9 Abs. 3 GG. Zu gemischt-wirtschaftlichen Unternehmen vgl. BVerfG, NVwZ 2020, 1500 Rn. 7 ff.
228 Zusammenfassung der Rspr. BVerfG, NVwZ-RR 2016, 242 Rn. 6, auch zu Ausnahmen, insb. Universitäten und Fakultäten, öffentlich-rechtlichen Rundfunkanstalten, Kirchen sowie Justizgrundrechten, jedenfalls Art. 101 Abs. 1 (= Art. 6 Abs. 1 LV), Art. 103 Abs. 1 GG (= Art. 6 Abs. 2 LV); verneint für den Justizgewährungsanspruch bzw. Art. 19 Abs. 4 GG (= Art. 124 LV), soweit es um Streitigkeiten über die funktionale Zuständigkeitsordnung von Hoheitsträgern geht, BVerfG, NVwZ 2019, 642 Rn. 20 ff.; generell krit. bzw. a.A. *Hufen*, Staatsrecht II, 8. Aufl. 2020, § 6 Rn. 40; *Schnapp*, in: HGR II, 2001, § 52 m.w.N.

b) **Schutzbereich, Beeinträchtigungen, Grundrechtsschranken.** Bei der Bestimmung des Schutzbereichs der Grundrechte ergeben sich im Verhältnis zum GG **keine Besonderheiten.** Dasselbe gilt für die Prüfung von Beeinträchtigungen bzw. Eingriffen und deren Rechtfertigung (Grundrechtsschranken). Lediglich in Einzelfällen, in denen die Schrankenziehung der LV großzügiger ist als die des GG, sind gewisse Kollisionsprobleme zu verzeichnen, die der VerfGH jedoch in grundrechtsfreundlicher Auslegung löst (Rn. 11 f.). 102

Als Grundrechtsschranke können ergänzend die in der LV enthaltenen **Grundpflichten** eine Rolle spielen.[229] Ein **Zitiergebot** entsprechend Art. 19 Abs. 1 S. 2 GG kennt die LV nicht. Dies ist *sub specie* Art. 31 GG unbedenklich. 103

3. Einzelne Grundrechte. a) Freiheit des Menschen (Art. 1 LV). »Der Mensch ist frei« (Art. 1 Abs. 1 S. 1 LV): Ein Fanfarenstoß zugunsten der Freiheit des Individuums, dem die LV in S. 2 das Recht auf Entwicklung der körperlichen und geistigen Anlagen und auf freie Entfaltung der Persönlichkeit folgen lässt. Nach grundgesetzlichem Duktus schützt Art. 1 Abs. 1 LV sowohl die **allgemeine Handlungsfreiheit** (Art. 2 Abs. 1 GG) als auch das **allgemeine Persönlichkeitsrecht** (Art. 2 Abs. 1 i.V.m. Art. 1 Abs. 1 GG). Der VerfGH[230] hat dementsprechend vor Einfügung des Art. 4a (Datenschutz) in die LV aus Art. 1 Abs. 1 LV das Grundrecht auf »informationelle Selbstbestimmung«[231] abgeleitet. Heute ist Art. 4a LV (Rn. 108) insoweit *lex specialis*.[232] Der VerfGH entnimmt Art. 1 Abs. 1 S. 1, Abs. 2 LV außerdem die **Pflicht des Staates**, sich schützend vor höchste Rechtsgüter (»Leib und Leben«) zu stellen und sie vor Eingriffen anderer zu bewahren.[233] 104

Von der **Würde des Menschen** ist lediglich im Vorspruch der LV die Rede. Gleichwohl wird allgemein davon ausgegangen, das von der LV in Art. 1 entworfene Leitbild des freien Menschen garantiere neben der Freiheit des Einzelnen auch dessen Würde.[234] Der VerfGH[235] zieht den Vorspruch zu Recht ergänzend heran. 105

Die allgemeine Handlungs- und Entwicklungsfreiheit unterliegt drei **Grundrechtsschranken**: Das **natürliche Sittengesetz** (Art. 1 Abs. 1 LV) ist – als faktisch bedeutungslose[236] grundrechtsimmanente Schutzbereichsgrenze – mit dem Sittengesetz nach Art. 2 Abs. 1 GG inhaltsgleich. Die wichtigste Grundrechtsschranke enthält Art. 1 Abs. 2 LV, der dem Staat die »**Verwirklichung des Gemeinwohls**« zur Aufgabe macht. »Zu diesem Gemeinwohlauftrag gehört es, die rechtlichen Interessen und Belange des Einzelnen, Dritter und der Gemeinschaft gegeneinander abzugrenzen und zu harmonisieren«.[237] Damit entspricht Art. 1 Abs. 2 LV der »verfassungsmäßigen Ordnung« i. S. des Art. 2 Abs. 1 GG, worunter alle Rechtsnormen fallen, die formell und materiell verfassungsgemäß, insb. verhältnismäßig sind.[238] 106

---

229 *Geis*, in: B/D/J, Art. 20 Rn. 3 f.; *Grimm*, in: G/C, Art. 20 Rn. 6; *Thorsten I. Schmidt*, Grundpflichten, 1999, S. 296; *Lange*, in: HGR III, 2009, § 83 Rn. 74; a.A. *Gusy/Müller*, JöR NF 45 (1986), 515.
230 RhPfVerfGH, AS 27, 199.
231 BVerfGE 65, 1 ff.
232 *Rudolf*, in: G/C, Art. 4a Rn. 26; *S. Brink*, in: B/D/J, Art. 4a Rn. 4.
233 RhPfVerfGH AS 29, 23 (31); 31, 348 (363) sowie LKRZ 2011, 107.
234 *Brocker*, in: B/D/J, Vorspruch Rn. 18; *Droege*, ebd., Art. 1 Rn. 10 m.w.N.
235 AS 34, 169 192; dazu *Jutzi*, LKRZ 2011, 286 (289).
236 Dazu *Droege*, in: B/D/J, Art. 1 Rn. 27; *Murswiek*, in: Sachs, Art. 2 Rn. 94 ff.
237 RhPfVerfGH, AS 27, 199 (204).
238 Vgl. nur BVerfGE 103, 197 (215); *Murswiek*, in: Sachs, Art. 2 Rn. 89 f. m.w.N.

Der Formulierung in Art. 1 Abs. 3 LV, wonach die Rechte und Pflichten der öff. Gewalt »durch die naturrechtlich bestimmten **Erfordernisse des Gemeinwohls begründet und begrenzt**« werden, ist der Grundsatz des Übermaßverbots zu entnehmen.[239] Die Schrankenregelungen des Art. 1 LV liegen damit insgesamt auf der Linie von Art. 2 Abs. 1 GG. Sie sind jedoch nicht auf die unantastbare Würde des Menschen anzuwenden,[240] was aus Art. 129 Abs. 3 LV i.V.m. dem Vorspruch der LV ableitbar ist.

107 b) **Recht auf Leben und körperliche Unversehrtheit (Art. 3 LV).** Art. 3 Abs. 2 LV normiert den **Schutz des ungeborenen Lebens** entsprechend bundesgesetzlicher Bestimmungen. Die allg. staatliche Schutzpflicht zugunsten von Leib und Leben hat der VerfGH zunächst nicht Art. 3 LV, sondern ausschließlich Art. 1 Abs. 1 S. 2, Abs. 2 LV entnommen (Rn. 104). Inzwischen leitet er den Gesundheits- und Lebensschutz aus Art. 3 Abs. 1 und 3 i. V. mit Art. 1 Abs. 2 LV her. Die Kombinationslösung hat den Vorteil, den Kreis möglicher höchstpersönlicher Rechtsgüter konkreten Verfassungsbestimmungen und nicht ungeschriebenen, vagen Gemeinwohlaspekten zu entnehmen.

Beispiel (RhPfVerfGH, AS 32, 244 = JuS 2006, 262 f.):
Im Jahr 2003 wurde die Installation von Rauchwarnmeldern nur für *Neubauten* und wesentliche Änderungen von Gebäuden gesetzlich vorgeschrieben (weitergehend heute § 44 Abs. 7 LBauO). Bei *Altbauten* wurde auf Information und Aufklärung der Bevölkerung gesetzt. Eine 3-jährige Bf. rügte mit der Verfassungsbeschwerde u. a. die Verletzung ihrer Grundrechte aus Art. 3 LV. Der VerfGH erkannte zwar eine Pflicht zum Tätigwerden des Staates an, verneinte aber eine Verletzung der Schutzpflicht, da der Staat auch die verfassungsrechtliche Grundaussage für Freiheit und Selbstverantwortung der Menschen zu beachten habe (Art. 1 Abs. 2 LV).

108 c) **Datenschutz (Art. 4 a LV).** Nach Hessen (1970) und Schweden (1973) war Rheinland-Pfalz (1974) weltweit das dritte Land, das den Datenschutz umfassend durch ein Datenschutzgesetz regelte.[241] Gut ein Vierteljahrhundert später fand der Datenschutz Eingang in die LV.[242] Die Bestimmung liegt auf der Linie der Rspr. des BVerfG zum Recht auf informationelle Selbstbestimmung.[243]

Beispiel (RhPfVerfGH, AS 37, 292 = LKRZ 2009, 295):
Um die Durchführung der Früherkennungsuntersuchungen für Kinder gem. § 26 SGB V zu fördern, sehen die §§ 5–10 LKindSchuG (BS 210–6) ein Einladungs- und Erinnerungssystem für Erziehungsberechtigte vor. Die sich daraus ergebenden Einschränkungen des Grundrechts der Eltern auf Selbstbestimmung über personenbezogene Daten sowie des Rechts der Eltern zur Erziehung ihrer Kinder (Art. 4 a und 25 LV) hält der VerfGH bei Beachtung verfahrensmäßiger Sicherungen und vorbehaltlich des Ergebnisses der im Gesetz vorgesehenen Evaluation für gerechtfertigt.

Zweifelhaft ist, ob das vom BVerfG[244] als besondere Ausprägung des allgemeinen Persönlichkeitsrechts kreierte **Grundrecht auf Gewährleistung der Vertraulichkeit und In-**

---

239 *Droege*, in: B/D/J, Art. 1 Rn. 28; *Gusy*, in: G/C, Art. 1 Rn. 19 f.
240 Selbst wenn entgegen der h. M. zu Art. 1 Abs. 1 GG (»unantastbar«) eine Abwägung mit anderen Rechten zulässig wäre (dazu *Baldus*, AöR 136 [2011], 529 ff. m.w.N.), wäre eine »Einschränkung« des Würdeschutzes unter nur engeren Voraussetzungen zulässig. Der RhPfVerfGH, LKRZ 2007, 182 (185), lehnt eine Abwägung am Maßstab der Verhältnismäßigkeit ab.
241 *S. Brink*, in: B/D/J, Art. 4 a Rn. 1; *Rudolf*, in: G/C, Art. 4 a Rn. 2.
242 G v. 8.3.2000 (GVBl. S. 65); dazu *Jutzi*, NJW 2000, 1295.
243 BVerfGE 65, 1; zur Inhaltsgleichheit RhPfVerfGH, BeckRS 2019, 29582 Rn. 18; *S. Brink*, in: B/D/J, Art. 4 a Rn. 34.
244 BVerfGE 120, 274.

tegrität informationstechnischer Systeme von Art. 1 Abs. 1 oder Art. 4a LV umfasst wird. Dieses dürfte bei einem weit verstandenen Schutzbereich des Art. 4a LV keinen Anwendungsbereich haben.[245] Die heimliche Infiltration in informationstechnische Systeme ist daher Art. 4a LV zu unterstellen.[246]

d) **Unverletzlichkeit der Wohnung (Art. 7 LV).** Art. 7 Abs. 1 LV sichert ebenso wie Art. 13 Abs. 1 GG dem Einzelnen einen elementaren Lebensraum und gewährleistet das Recht, in ihm in Ruhe gelassen zu werden. Dies umschließt den Schutz vor einer Überwachung der Wohnung durch technische Hilfsmittel, die von außerhalb der Wohnung eingesetzt werden.[247] Während die Voraussetzungen, unter denen Durchsuchungen zulässig sind, in Art. 7 Abs. 2 LV und Art. 13 Abs. 2 GG übereinstimmen, bestehen im Übrigen erhebliche Unterschiede. Art. 13 Abs. 3–7 GG hält sehr differenzierte Schrankenregelungen parat. Art. 7 Abs. 3 LV lässt dagegen pauschal Eingriffe zur »Behebung öffentlicher Notstände« zu. Um den Schutz der LV nicht unter den des GG absinken zu lassen, legt der VerfGH die Schrankenregelung des Art. 7 Abs. 3 LV grundrechtsfreundlich i. S. des Schutzniveaus des Art. 13 Abs. 4 GG aus (Rn. 11 f., 102).

109

e) **Vereinigungsfreiheit (Art. 13 Abs. 1 LV).** Art. 9 Abs. 1 GG behält die Vereinigungsfreiheit Deutschen vor, Art. 13 Abs. 1 LV gewährt sie »Jedermann«. Dies ist nach Art. 142 GG (Rn. 10) unbedenklich.[248] Die Beschränkung der Vereinigungsfreiheit auf Vereinigungen, »die der Verfassung oder den Gesetzen nicht zuwiderlaufen«, wird zu Recht nicht als schutzbereichsimmanente Beschränkung, sondern als allgemeiner Gesetzesvorbehalt begriffen,[249] geht jedoch damit über die Schrankenregelung des Art. 8 Abs. 2 GG hinaus, die nur greift, wenn sich die Zwecke der Vereinigung oder deren Tätigkeit gegen Strafgesetze, die verfassungsmäßige Ordnung oder den Gedanken der Völkerverständigung richten. Um einen Verstoß gegen Art. 142 GG zu vermeiden, ist Art. 13 Abs. 1 LV daher grundrechtsfreundlich i. S. des Art. 9 Abs. 1 GG auszulegen (Rn. 11 f., 102, 109).[250]

110

f) **Gleichheit (Art. 17 ff. LV).** Der allgemeine Gleichheitssatz (i. S. des Art. 3 Abs. 1 GG) wird in der LV durch Art. 17 Abs. 1, 2 verbürgt.[251] Der VerfGH folgte zunächst der traditionellen Rspr. des BVerfG.[252] Danach gebietet der allgemeine Gleichheitssatz dem Gesetzgeber, wesentlich Gleiches gleich und wesentlich Ungleiches ungleich zu behandeln (sog. Willkürformel). Der Gleichsatz ist jedenfalls verletzt, »wenn sich – bezogen auf die Eigenart des zu regelnden Sachbereichs – ein vernünftiger, aus der Natur der Sache folgender oder sonst wie einleuchtender Grund für die betreffende Differenzierung oder Gleichbehandlung nicht finden lässt.«[253]

111

---

245 Dazu krit. *Volkmann*, DVBl. 2008, 590 ff.; *Eifert*, NVwZ 2008, 521 ff.; *S. Brink*, in: B/D/J, Art. 4a Rn. 13.
246 *Droege*, in: B/D/J, Art. 1 Rn. 16.
247 RhPfVerfGH, AS 34, 169 (185); *Groh*, in: B/D/J, Art. 7 Rn. 14; vgl. auch BVerfGE 109, 279 (309).
248 *Lücke*, in: G/C, Art. 13 Rn. 23; *Bickenbach*, in: B/D/J, Art. 13 Rn. 21 f.
249 *Bickenbach*, in: B/D/J, Art. 13 Rn. 14 f.; ebenso zu Art. 13 GG BVerfGE 149, 160 Rn. 100 m.w.N.
250 *Bickenbach*, in: B/D/J, Art. 13 Rn. 22 m.w.N.
251 RhPfVerfGH, AS 39, 7 (14); 38, 362 (375) m.w.N.; *Hummrich*, in: B/D/J, Art. 17 Rn. 1, 14 ff.
252 BVerfGE 113, 167 (214) m.w.N.
253 RhPfVerfGH, AS 31, 348 (363).

Die sog. neue Formel vor allem des Ersten Senats des BVerfG[254] hat der VerfGH bisher nicht ausdrücklich herangezogen, wofür der Wortlaut des Art. 17 Abs. 2 LV spricht.[255] Er hat jedoch die darin angelegte sach- und regelungsbereichsspezifische Abwägung in die alte Formel integriert, wonach »sich je nach Regelungsgegenstand und Differenzierungsmerkmalen unterschiedliche Grenzen für den Gesetzgeber (ergeben), die vom bloßen Willkürverbot bis zu einer strengeren Bindung an Verhältnismäßigkeitserfordernisse reichen. Für die Anforderungen an Rechtfertigungsgründe für gesetzliche Differenzierungen kommt es wesentlich darauf an, in welchem Maß sich die Ungleichbehandlung von Personen oder Sachverhalten auf die Ausübung grundrechtlich geschützter Freiheiten auswirken kann.«[256] Im Ergebnis gilt »ein stufenloser am Grundsatz der Verhältnismäßigkeit orientierter verfassungsrechtlicher Prüfungsmaßstab«.[257]

Art. 17 Abs. 3 sowie die Art. 18 Abs. 1 und Art. 19 LV enthalten spezielle Ausprägungen des Gleichheitssatzes. Einer Art. 3 Abs. 3 GG vergleichbaren Bestimmung entbehrt die LV.

112 g) **Ehe und Familie (Art. 23 ff. LV).** In diesem Abschnitt geht es **nicht nur um Grundrechte**, sondern auch um **die Inpflichtnahme des Einzelnen und der staatlichen Gemeinschaft**.[258] Seit einer Verfassungsänderung werden **Kinder** ausdrücklich als **Träger von Grundrechten** benannt (Art. 24 LV), denen ein Recht auf Entwicklung und Entfaltung zusteht, was auch Art. 1 Abs. 1 LV schon zu entnehmen war. Ursprünglich wurden sie lediglich als Regelungsgegenstände (»Kinder sind das kostbarste Gut der Familie und des Volkes.«) angesprochen.

113 h) **Schule, Bildung und Kulturpflege (Art. 27 ff. LV).**[259] Der recht eingehend geregelte Lebensbereich enthält keine Regelung zur **Schulpflicht** (anders Art. 129 BayVerf.). Ob man sie als Grundpflicht im Wege einer Gesamtschau den Schulrechtsnormen entnehmen kann, wie dies für Art. 7 GG vertreten wird,[260] erscheint zumindest fraglich. Die einfachgesetzliche Schulpflicht kann jedenfalls durch den staatlichen Erziehungsauftrag im Grundsatz gerechtfertigt werden.[261]

114 Art. 33 LV legt Grundsätze für die Schulerziehung fest. Aus dem Katalog der Erziehungsziele steht das **Erziehungsziel »Gottesfurcht«** in offenkundigem Gegensatz zur religiös-weltanschaulichen Neutralität des Staates. Da kein Schüler an der öff. Schule außerhalb des Religionsunterrichts gezielt religiös erzogen oder beeinflusst werden darf, muss Art. 33 LV der negativen Glaubensfreiheit wegen (Art. 8 Abs. 1 und 3, Art. 35 Abs. 1 LV) interpretatorisch zurückgenommen werden.[262] Die **Teilnahme am**

---

254 BVerfGE 55, 72 (88); näher dazu *Nußberger*, in: Sachs, Art. 3 Rn. 13 ff.
255 Vgl. RhPfVerfGH, BeckRS 2019, 30257 Rn. 30 u. 37 (»Willkürverbot«).
256 RhPfVerfGH, AS 38, 362 (375); 39, 7 (14); ähnl. BVerfGE 112, 164 (174 f.); 113, 167 (214 f.).
257 BVerfGE 141, 1 Rn. 93 m.w.N. Zum Prüfungsaufbau ausf. *Kempny/Lämmle*, JuS 2020, 22 ff., 113 ff., 215 ff.
258 *Arnold*, in: B/D/J, Art. 24 Rn. 1, 15 ff.; *M. Jutzi*, in: G/C, Art. 24 Rn. 1; *Gusy/Wagner*, JöR 51 (2003), 391 f.; zu ähnlichen Bestrebungen auf Bundesebene vgl. *Walper*, https://verfassungsblog.de/kinderrechte-ins-grundgesetz-ein-neuer-entwurf-bringt-nichts-neues/.
259 Vgl. näher § 9 Rn. 16 ff. Zu Art. 39 Abs. 5 S. 1 LV (Zugang zum Hochschulstudium) sowie u. Rn. 114.
260 *Robbers*, in: vM/K/S, Art. 7 Rn. 71; *Gröschner*, in: Dreier I, 2. Aufl. 2004, Art. 7 Rn. 25; *Uhle*, NVwZ 2014, 541 (542) m.w.N; a.A. z.B. *Beaucamp*, DVBl. 2009, 220 ff.; vgl. auch § 9 Rn. 31.
261 Vgl. *Brosius-Gersdorf*, in: Dreier I, Art. 7 Rn. 71 m.w.N.
262 Vgl. *U. Brink*, in: B/D/J, Art. 33 Rn. 22 m.w.N.

Religionsunterricht (Art. 35 LV) kann abgelehnt werden. In diesem Fall ist ein Unterricht über die allg. anerkannten Grundsätze des natürlichen Sittengesetzes – sog. **Ethikunterricht** – zu erteilen. Diese Pflicht soll gegen Art. 3 Abs. 1 GG (Gleichbehandlungsgebot) oder Art. 4 Abs. 1 GG (negative Religionsfreiheit) verstoßen.[263] Das BVerwG[264] sieht sie dagegen vom umfassenden schulischen Bildungs- und Erziehungsauftrag des Staates gedeckt, wenn der Ethikunterricht dem ordentlichen Lehrfach Religion gleichgestellt wird. Ein bekenntnis- und weltanschauungsneutraler Ethikunterricht beeinträchtigt zwar nicht die negative Religionsfreiheit. Der Gleichheitsverstoß wird jedoch nicht überzeugend entkräftet. Die Ausübung der positiven Religionsfreiheit durch Teilnahme am Religionsunterricht ist kein hinreichend sachlicher Grund, diese Schüler von der Teilnahme am *ordentlichen* Lehrfach »Ethik« zu entbinden.[265] Ein für alle verbindlicher Ethikunterricht ist verfassungsrechtlich dagegen unbedenklich[266] und steht auch mit Art. 2 Zusatzprot. zur EMRK (Recht auf Bildung) in Einklang.[267]

i) **Wirtschaftliche Freiheiten, Eigentum (Art. 52, 58, 60 LV)**. Freiheiten, die im GG der allg. Handlungsfreiheit (Art. 2 Abs. 1 GG) entnommen werden, finden sich in der LV in **Art. 52 Abs. 1**: Vertragsfreiheit, Gewerbefreiheit, Freiheit der Entwicklung persönlicher Entschlusskraft, Freiheit selbstständiger Betätigung des Einzelnen in der Wirtschaft. Für den Bereich wirtschaftlicher Betätigung ist Art. 52 LV *lex specialis* zu Art. 1 Abs. 1 LV (allg. Handlungsfreiheit) und steht insgesamt mit Bundesrecht im Einklang.[268] Letzteres gilt auch für das in **Art. 58 LV** verankerte Grundrecht der **Berufsfreiheit**, soweit es um die von Art. 12 Abs. 1 GG geschützte Freiheit von Berufswahl und -ausübung geht.[269] Auf eine Abgrenzung von Art. 52 Abs. 1 LV und Art. 58 LV verzichtet der VerfGH. Er sieht Art. 52 Abs. 1 als eine Art. 58 LV verstärkende Gewährleistung wirtschaftlicher Freiheit[270] bzw. als teilidentisch an, insb. in Bezug auf die selbstständige Betätigung.[271] Regelungen zu Arbeitszwang und Zwangsarbeit sowie zur freien Wahl der Ausbildungsstätte fehlen in der LV. Art. 39 Abs. 5 S. 1 LV gewährt jedoch dem Einzelnen ein subjektiv-öffentliches Recht auf **Zugang zum Hochschulstudium**, woraus aber kein allgemeiner Anspruch[272] auf Kostenfreiheit des gewählten Studiums folgt.[273]

Das **Eigentum** wird in **Art. 60 Abs. 1 LV** als Naturrecht bezeichnet, das der Staat gewährleistet. Folgen ergeben sich daraus nicht. Art. 60 Abs. 3, 4 LV ermächtigt zu Ein-

---

263 *Renck*, NVwZ 1999, 713 ff.; *Czermak*, DÖV 1999, 725 ff.
264 BVerwGE 107, 75 ff.; zust. *Frisch*, DÖV 2004, 467.
265 *Renck*, NVwZ 1999, 714 f.
266 BVerfG, NVwZ 2008, 72 ff.; a.A. *Unruh*, DÖV 2007, 625 ff.; *Kremser*; DVBl. 2008, 607, 614 f.
267 EGMR, NVwZ 2010, 1353 ff.
268 *Knops*, in: B/D/J, Art. 52 Rn. 12 f.; *Jutzi*, in: G/C, Art. 52 Rn. 10, 13.
269 *Jutzi*, in: G/C Art. 58 Rn. 18 m.w.N. Zum Verhältnis von Art. 58 LV zu Art. 52 u. Art. 15 LV (Freizügigkeit) vgl. *Wolff*, in: B/D/J, Art. 58 Rn. 12; *Jutzi*, in: G/C, Art. 52 Rn. 11 f.
270 RhPfVerfGH, AS 36, 323 (332 u. LS 2).
271 RhPfVerfGH, BeckRS 2019, 30257 Rn. 29.
272 Vgl. aber Art. 31 S. 2 LV, wonach Begabten »der Besuch von höheren und Hochschulen, nötigenfalls aus öffentlichen Mitteln, ermöglicht werden« soll.
273 RhPfVerfGH, AS 32, 74. (Studiengebühren für Senioren); OVG RhPf., AS 24, 96 (100); DÖV 2006, 521 (522) – Studiengebühren für Langzeitstudierende; *Magiera*, in: G/C, Art. 39 Rn. 29.

schränkungen des Eigentums und zur Enteignung. Trotz mancher Abweichung im Wortlaut ist Art. 60 LV insgesamt mit Art. 14 GG inhaltsgleich.[274]

116 **4. Grundpflichten (Art. 20 bis 22 LV).** Die Idee der Grundpflichten hat in Deutschland Tradition.[275] Dem GG werden z.B. ungeschrieben entnommen: Verfassungstreue-, Gesetzesgehorsams-, Friedens-, Nichtstörungs-, Wehr-, Steuer-, Wahl- und Schulpflicht.[276] Der Pflichtenkatalog der LV ist vergleichsweise sparsam. Art. 20 LV spricht die Treuepflicht gegenüber Staat und Verfassung, die Gesetzestreuepflicht sowie eine diffuse Gemeinwohlverpflichtung an. Art. 21 LV verpflichtet jeden Staatsbürger nach Maßgabe der Gesetze, Ehrenämter zu übernehmen und persönliche Dienste für Staat und Gemeinde zu leisten.[277] Art. 22 LV verlangt bei Unglücksfällen und besonderen Notständen nach Maßgabe des Gesetzes Nothilfe zu leisten. Als Grundpflichten deutbare Aussagen finden sich auch an anderen Stellen der LV.

Beispiele:
- Art. 25 Abs. 1 S. 1 LV: Erziehungspflicht der Eltern
- Art. 60 Abs. 2 S. 1 LV: »Eigentum verpflichtet gegenüber dem Volk.«
- Art. 69 Abs. 1 LV: Pflicht aller Menschen zu Natur- und Umweltschutz.

V. Verfassungsprozessrecht

117 **1. Allgemeines.** Die **Zuständigkeiten des VerfGH** werden in Art. 135 Abs. 1 LV, § 2 VerfGHG zusammengefasst. Seit Einführung der **Verfassungsbeschwerde** (Art. 130 a LV)[278] dominiert diese Verfahrensart die Tätigkeit des Gerichtshofs. Von Bedeutung sind außerdem die Verfahren, bei denen es um die Verfassungsmäßigkeit eines Gesetzes oder einer sonstigen Handlung eines Verfassungsorgans geht. Es handelt sich dabei nach heute üblicher Terminologie um die Verfahren der **abstrakten Normenkontrolle** und des **Organstreits** (Art. 130 Abs. 1 LV; zur Zuordnung der Begriffe Rn. 135) sowie der **konkreten Normenkontrolle** (Art. 130 Abs. 3 LV).

118 Die von Anfang an in der LV verankerte **Sozialisierungsverfassungsbeschwerde** (Art. 130 Abs. 2 LV)[279] ist ohne praktische Relevanz geblieben. Auch eine **Anklage des LT gegen ein Mitglied der LReg** (Art. 131 LV) hat es nicht gegeben.[280] Der VerfGH entscheidet außerdem über Beschwerden gegen Entscheidungen des Wahlprüfungsausschusses des LT (Art. 82 LV) sowie gem. Art. 135 Abs. 1 Nr. 8 LV über weitere ihm gesetzlich zugewiesene Streitigkeiten.[281]

---

274 Näher *Braun-Becker*, in: B/D/J, Art. 60 Rn. 1 ff., 27; *Jutzi*, in: G/C, Art. 60 Rn. 9 u. 29 m.w.N.
275 *Stern*, StaatsR III/2, § 88; *Schmidt* (Fn. 229), S. 29 ff., 324 ff.; *Lange*, in: HGR III, 2009, § 83 Rn. 67 ff.
276 Zur Schulpflicht bereits Rn. 113.
277 Ehrenämter sind z.B. die Tätigkeit in kommunalen Vertretungskörperschaften, bei der Durchführung von Wahlen und in der Rechtspflege als ehrenamtliche Richter. Zu den *Dienstleistungspflichten* zählen etwa Feuer- und Wasserwehrpflichten, Gehweg- und Straßenreinigungspflichten. Vgl. *Geis*, in: B/D/J, Art. 21 Rn. 4 ff., 11 ff.; *Schmidt* (Fn. 229), S. 222 ff.
278 Zunächst einfach gesetzlich durch G v. 10.11.1992 (GVBl. S. 319), später in der LV durch G v. 8.3.2000 (GVBl. S. 65). Eine Verpflichtung hierzu besteht weder nach GG (RhPfVerfGH, AS 7, 214 [216 f.]; BVerfGE 99, 1 [18 f.]; NVwZ 2001, 73 f.) noch EMRK. Ist eine Verfassungsbeschwerde jedoch vorgesehen, gelten die Rechte aus Art. 6 EMRK (EGMR, NVwZ 2016, 519).
279 Dazu näher *Jutzi*, in: B/D/J, Art. 130 Rn. 73 ff.
280 Ein entsprechender Antrag der Oppositionsfraktionen im LT gegen den Justizminister verfehlte am 6.2.2011 die erforderliche Zweidrittelmehrheit (LT RhPf., Plenarprot. 15/108).
281 Vgl. *Jutzi*, in: B/D/J, Art. 135 Rn. 5 ff.; zu einer Wahlprüfungsbeschwerde RhPfVerfGH, NVwZ-RR 2020, 1001.

2. Verfassungsbeschwerde (Art. 130 a LV). Die Landesverfassungsbeschwerde dient 119
dem Schutz aller Träger eines ihnen nach der LV zustehenden Rechts. Dazu zählen vor
allem die **landesverfassungsrechtlichen Grundrechte** (Individualverfassungsbeschwerde), aber auch z.b. das **kommunale Selbstverwaltungsrecht** (Art. 49 LV; kommunale
Verfassungsbeschwerde). Die – der Bundesverfassungsbeschwerde ähnliche – Landesverfassungsbeschwerde ist ein **außerordentlicher Rechtsbehelf**, der zusätzlichen
Rechtsschutz bietet und keinen Suspensiveffekt entfaltet.[282] Einem Bf. ist jedoch die
Möglichkeit einzuräumen, Verfassungsbeschwerde (mit einstweiliger Anordnung,
§ 19 a VerfGHG; dazu Rn. 158 ff.) zu erheben, wenn nur so die Möglichkeit der Gewährung effektiven Rechtsschutzes (Art. 19 Abs. 4 GG, Art. 124 LV) besteht.[283]

Die **Individualverfassungsbeschwerde** nach Landesrecht steht **selbstständig neben der
Verfassungsbeschwerde zum BVerfG**, ein Subsidiaritätsverhältnis besteht nicht. Gegen
eine Entscheidung des VerfGH ist allerdings eine Verfassungsbeschwerde zum BVerfG
statthaft, wenn nicht ausnahmsweise – wie aus Art. 93 Abs. 1 Nr. 4 GG a. E. geschlossen werden kann – eine bestimmte Streitigkeit ohne jede bundesverfassungsgerichtliche Einwirkung in der Sache selbst entschieden werden kann.[284] So ist eine **Kommunalverfassungsbeschwerde** zum BVerfG nach Art. 93 Abs. 1 Nr. 4 b GG unstatthaft,
wenn Beschwerde zum VerfGH erhoben werden kann und die landesverfassungsrechtliche Garantie der kommunalen Selbstverwaltung nicht hinter Art. 28 Abs. 2 GG zurückbleibt.[285] In diesem Fall prüft das BVerfG auch nicht, ob ein LVerfG Verfahrensgrundrechte (z.B. Art. 103 Abs. 1 GG) verletzt hat.[286]

a) Beschwerdefähigkeit[287] Beschwerdefähig ist **jeder** Träger eines ihm nach der LV zu- 120
stehenden Rechts. Das Prozessrecht knüpft die Beschwerdefähigkeit vor allem an die
Grundrechtsberechtigung,[288] aber auch an andere Rechte (z.B. Art. 49 LV).[289] Ob sich
ein Träger eines solchen Rechts im konkreten Fall auf dieses berufen kann, ist eine
Frage der Beschwerdebefugnis (Rn. 127; str.).[290] Bf., die eine Entscheidung des
VerfGH nach Art. 130 Abs. 1 oder 2 LV beantragen können oder hätten beantragen
können, sind indes nicht beschwerdefähig (§ 44 Abs. 4 VerfGHG).[291] Verfassungsrechtlich ist § 44 Abs. 4 VerfGHG durch Art. 135 Abs. 2 S. 1 LV, das Nähere über das
Verfahren des VerfGH zu regeln, gedeckt, weil in jedem Fall sichergestellt ist, dass Antragstellern ein Verfahren vor dem VerfGH eröffnet ist.[292] In staatlicher Funktion han-

---

282 *Held*, in: G/C, Art. 130 a Rn. 3; *Jutzi*, in: B/D/J, Art. 130 a Rn. 4 m.w.N.
283 BVerfG, NVwZ 2009, 1430; BVerwGE 138, 102 (112).
284 BVerfG, NVwZ-RR 2016, 521 Rn. 42 m.w.N.
285 Vgl. BVerfGE 147, 185 Rn. 50; Beschl. v. 2.12.2020 – 2 BvR 865/15 –, Rn. 4; vgl. auch RhPfVerfGH, AS 25, 146 (147); 25, 194 (198).
286 Vgl. BVerfG, NVwZ 2004, 980; Beschl. v. 2.12.2020 – 2 BvR 865/15 –, Rn. 3.
287 Zur Terminologie (auch Beteiligten-, Parteifähigkeit bzw. Antrags-, Beschwerdeberechtigung) *Barczak*, § 90 Rn. 46; *Benda/Klein*, Rn. 426; *Schlaich/Korioth*, Rn. 206.
288 *Bethge*, in: M/S/K/B, § 90 (Stand: 02/2018) Rn. 127.
289 Vgl. *Jutzi*, in: B/D/J, Art. 130 a Rn. 9, 17.
290 *Kment*, in: J/P, Art. 93 Rn. 14; a.A. *Hillgruber/Goos*, Rn. 104 ff., 167; *Grünewald*, in: W/G, § 90 Rn. 14.1 u. 81.
291 *Jutzi*, in: B/D/J, Art. 130 a Rn. 16. Vgl. auch RhPfVerfGH, AS 42, 229 (258): »unzulässig«.
292 Mit Einfügung des Art. 130 a LV wurden zwar lediglich die Einschränkungsmöglichkeiten des Art. 135 Abs. 2 S. 2 LV vorgesehen (vgl. LT-Drucks. 13/5066 v. 10.12.1999, S. 15), wobei Art. 94 Abs. 4 S. 2 GG im Blick war. Anhaltspunkte, die bereits existierende Regelung des § 44 Abs. 4 VerfGHG in Frage zu stellen, gibt es jedoch nicht.

delnde Organe können ihre Meinungsverschiedenheiten nicht mit der Verfassungsbeschwerde austragen, weil und soweit hierfür der Organstreit zur Verfügung steht.[293]

Beispiele:
- **Gemeinden** steht die abstrakte Normenkontrolle nach Art. 130 Abs. 1 LV bei gegenwärtiger und *unmittelbarer* Rechtsbetroffenheit durch ein Gesetz offen (Rn. 153) und sind daher auf dieses Verfahren verwiesen. Bei *mittelbarer* Rechtsbetroffenheit durch eine Norm müssen sie die Vollzugsakte abwarten und erst den Rechtsweg beschreiten, bevor sie Urteilsverfassungsbeschwerde erheben können.
- Die politischen **Parteien** sind nicht Teil des Staates[294] und können sich daher – auch im Rahmen der Verfassungsbeschwerde – grundsätzlich auf alle Grundrechte berufen, die für juristische Personen gelten. Da den Parteien jedoch auf Landesebene – wie dies auch auf Bundesebene der Fall ist[295] – verfassungsrechtlicher Status zukommt, dessen Verletzung sie im Organstreitverfahren geltend machen können,[296] ist eine Verfassungsbeschwerde wegen § 44 Abs. 4 VerfGHG nur zulässig, wenn es um Grundrechtsverletzungen durch Träger öffentlicher Gewalt geht, die in einem Organstreit nicht parteifähig sind oder die nicht in Ausübung ihrer Organstellung tätig werden (vgl. Rn. 137). Gleiches gilt bei einem Gesetz, das weder den Verfassungsstatus der Parteien zum Regelungsgegenstand hat, noch mittelbar auf ihn zielt.

121 Eine **Prozessstandschaft** bezeichnet die Befugnis, ein fremdes Recht in eigenem Namen geltend zu machen. Sie kommt in Betracht, wenn sie im fachgerichtlichen Verfahren zugelassen ist (z.B. § 42 Abs. 2 S. 2 GemO, § 35 Abs. 2 S. 2 LKO).[297] Eine gewillkürte Prozessstandschaft ist ausgeschlossen.[298]

122 **b) Prozess- und Postulationsfähigkeit.** Bei der **Prozessfähigkeit** geht es darum, ob eine beschwerdefähige Person die erforderlichen Verfahrenshandlungen selbst oder durch einen Prozessvertreter vornehmen kann. Da weder LV noch VerfGHG dies regeln, folgt die Antwort aus der Rechtsordnung insgesamt (z.B. §§ 51 ff. ZPO, 62 VwGO)[299] unter Berücksichtigung der Eigenart der Verfassungsbeschwerde. Danach orientiert sich die Prozessfähigkeit Minderjähriger, wenn der Verfassungsbeschwerde ein fachgerichtliches Verfahren vorausging, an der Rechtslage im Ausgangsverfahren. In anderen Verfahren wird vielfach auf die Einsichtsfähigkeit der Minderjährigen und damit auf die tatsächlichen Voraussetzungen der Grundrechtsausübung (sog. **Grundrechtsmündigkeit**) abgestellt.[300] Ein Bf. kann eine Verfassungsbeschwerde wirksam selbst einlegen und führen (**Postulationsfähigkeit**). Die Zulassung von Beiständen und **Bevollmächtigten** regelt § 15 VerfGHG.

123 **c) Beschwerdegegenstand. aa) Öffentliche Gewalt des Landes:** Die Landesverfassungsbeschwerde richtet sich ausschließlich gegen die öffentliche Gewalt des Landes (§ 44 Abs. 1 VerfGHG). Darunter fallen **Akte** – Handlungen und Unterlassungen (§ 45

---

293 BVerfG, BayVBl. 2011, 601 m.w.N.
294 BVerfGE 121, 30 (53 f.).
295 BVerfGE 1, 208 (233 ff.); 85, 264 (284); 120, 82 (96); 136, 323 Rn. 19. Die Rspr. wird von der h.M. der Lit. abgelehnt; vgl. nur *Korioth*, in Schlaich/Korioth, Rn. 92; *Kluth*, in: E/H, Art. 21 (Stand: 15.8.2020) Rn. 213 ff.
296 RhPfVerfGH, AS 35, 263 (266); 43, 149 (157); vgl. näher *Jutzi*, in: B/D/J, Art. 130 Rn. 19.
297 RhPfVerfGH, AS 29, 75 (78); zur Rspr. des BVerfG u. zu differenzierenden Ansichten *Cornils*, AöR 125 (2000), 45 ff.; *Ruppert/Schorkopf*, in: Burkiczak/Dollinger/Schorkopf, § 90 Rn. 115 ff.; *Hillgruber/Goos*, Rn. 195 ff.
298 BVerfG, *NJW* 2018, 2395 Rn. 40 m.w.N.
299 Vgl. z.B. BVerfGE 72, 122 (132 f.); *Kment*, in: J/P, Art. 93 Rn. 15 (»behutsame Analogien«).
300 Vgl. *Jutzi*, in: B/D/J, Art. 130a Rn. 19 f.; *Detterbeck*, in: Sachs, Art. 93 Rn. 84; *Voßkuhle*, in: vM/K/S, Art. 93 Rn. 174.

VerfGHG) – der gesetzgebenden, vollziehenden und richterlichen Gewalt.[301] Hoheitsakte des Landes, die **Unionsrecht** umsetzen, können ebenfalls Gegenstand des Verfahrens sein (dazu Rn. 133).

bb) **Bundesrechtsklausel und bundesprozessrechtliche Kompetenzgrenzen:** Die Jurisdiktionsgewalt des VerfGH wird nach § 44 Abs. 2 S. 1 VerfGHG – beruhend auf der Ermächtigung in Art. 135 Abs. 2 S. 2 LV – eingeschränkt, soweit die öffentliche Gewalt des Landes Bundesrecht ausführt (Landesverwaltung) oder anwendet (Landesgerichte). Dies gilt nach § 44 Abs. 2 S. 2 VerfGHG nicht

124

- für die **Durchführung eines gerichtlichen Verfahrens** oder
- wenn die **LV** weiter reichende Rechte als das GG gewährleistet.

Die Kontrolle der **Durchführung eines gerichtlichen Verfahrens** wird nach dem Wortlaut des § 44 Abs. 2 S. 2 VerfGHG uneingeschränkt zugelassen. Die Kontrollbefugnis des VerfGH einschließlich der Befugnis, eine landesgerichtliche Entscheidung aufheben zu können (Kassationsbefugnis), berührt jedoch den Kompetenzbereich des Bundes zur Regelung des gerichtlichen Verfahrens (Art. 74 Abs. 1 Nr. 1 GG).[302] Bei der Auslegung sind daher bundesprozessrechtliche Kompetenzgrenzen zu berücksichtigen. Das BVerfG[303] hat in einer die Verfassungsgerichte der Länder bindenden[304] (§ 31 Abs. 1 BVerfGG) Entscheidung bestimmte Vorgaben gemacht. Ein Eingriff in den Kompetenzbereich des Bundes muss zur Verwirklichung des Zwecks der Landesverfassungsbeschwerde unerlässlich sein.[305] Bei der Anwendung von Bundesverfahrensrecht (z.B. VwGO, ZPO) können die Landesverfassungsgerichte prinzipiell Grundrechte der LV als Maßstab heranziehen, wenn diese den gleichen Inhalt wie entsprechende Rechte des GG haben, der Rechtsweg erschöpft wurde und die verbleibende Beschwer nicht *auch* auf der Ausübung der Staatsgewalt des Bundes beruht.[306] Etwas anderes bezüglich der letztgenannten Voraussetzung dürfte nur gelten, soweit durch Landesrecht nach Art. 99 GG oder Bundesrecht nach Art. 74 Abs. 1 Nr. 1 GG (z.B. das LVwVfG gem. § 137 Abs. 1 Nr. 2 VwGO) die Revision an das Bundesgericht für Landesrecht zugelassen wird und das Bundesgericht deswegen auch die LV berücksichtigt. In diesem Fall dürfte der VerfGH insoweit befugt sein, das Urteil des Bundesgerichts zu kassieren.[307]

125

Als **Prüfungsmaßstäbe** bei der Kontrolle gerichtlicher Verfahren kommen vor allem die **Justizgrundrechte**[308] in Betracht, aber auch ungeschriebene, dem Rechtsstaatsprinzip i.V.m. Art. 2 Abs. 1 GG bzw. Art. 1 Abs. 1 LV zu entnehmende, verfahrensbezogene Rechte, wie z.B. der **Grundsatz des fairen Verfahrens**,[309] sowie andere, mit dem

---

301 Zur Selbstkorrektur des VerfGH bei Gegenvorstellungen. RhPfVerfGH, AS 31, 85 (87 ff.).
302 *Gärditz*, LKRZ 2014, 187 (188 f.).
303 BVerfGE 96, 345; vgl. auch *Klein/Haratsch*, JuS 2000, 209 ff.; *Menzel*, NVwZ 1999, 1314 ff.
304 ThürVerfGH, LVerfGE 14, 458 (466); *Rozek*, in: HGRIII, 2009, § 85 Rn. 24 m.w.N., auch zu a.A.
305 BVerfGE 96, 345 (370 u. LS 3 b).
306 BVerfGE 96, 345 (371 u. LS 3 b); RhPfVerfGH, BeckRS 2019, 30257 Rn. 17 f. m.w.N.
307 Vgl. *Hillgruber/Goos*, Rn. 930.
308 *Brocker*, S. 20. Die Justizgrundrechte in Art. 6 LV stimmen inhaltlich mit Art. 101, 103 GG überein; *Dennhardt*, in: G/C, Art. 6 Rn. 20; *Stahnecker*, in: B/D/J, Art. 6 Rn. 4, 7; RhPfVerfGH, AS 29, 89 ff.; LKRZ 2011, 14 f.; NJW 2020, 3512 Rn. 31; zur Gewährung effektiven Rechtsschutzes nach Art. 124 LV RhPfVerfGH, NJW 2020, 3512 Rn. 30; *Brocker*, in: B/D/J, Art. 124 Rn. 7; zum Willkürverbot Rn. 126.
309 Dieser hat seine Wurzeln im Rechtsstaatsprinzip i.V.m. den Freiheitsrechten und der Menschenwürde; RhPfVerfGH, AS 42, 157 (165). Vgl. auch *Brocker/Emmeneger*, NVwZ-Extra 05/2017, 4 f., wonach es um eine im Verhältnis zum GG weiterreichende Gewährleistung geht.

GG inhaltsgleiche Grundrechte, soweit diese Grundrechtsschutz durch eine bestimmte Gestaltung des gerichtlichen Verfahrens – geschrieben (vgl. Art. 5 Abs. 2–4 LV) oder ungeschrieben – verlangen.[310]

126 Die **zweite Ausnahme** des § 44 Abs. 2 S. 2 VerfGHG betrifft ebenfalls ausschließlich Fälle der Ausführung und Anwendung von Bundesrecht. Dahinter steht die Erwägung, dass die rheinland-pfälzische Staatsgewalt neben Bundesrecht zugleich Landesverfassungsrecht zu beachten hat, wenn das Bundesrecht hierfür Raum lässt. Wenn der VerfGH einen Maßstab anzulegen hat, der dem Bundesgericht nicht zur Verfügung stand,[311] wie dies bei weiter reichenden Grundrechten der Fall ist, kann es nicht zu einer »Kontrolle« des Bundesgerichts durch den VerfGH kommen. Der Landesgesetzgeber hat insoweit die Prüfungskompetenz für den VerfGH eröffnet, was die Vorgaben des BVerfG nicht tangiert.

Über die in § 44 Abs. 2 S. 2 VerfGHG geregelten Ausnahmen hinaus überprüft der VerfGH, ob eine angegriffene Entscheidung gegen das **Willkürverbot** (Art. 17 Abs. 1 und 2 LV) verstößt, weil dann »in Wahrheit kein Bundesrecht zugrunde« liegt.[312] Es geht mithin um eine »unechte« Ausnahme.

127 d) **Beschwerdebefugnis.** Ein Bf. muss die Möglichkeit der **Verletzung ihm zustehender subjektiver Verfassungsrechte der LV**[313] – vor allem des ersten Hauptteils der LV: Grundrechte und aktive Bürgerrechte sowie sonstige Rechte, z.B. Selbstverwaltungsrecht der Kommunen nach Art. 49 LV[314] – dartun. Die angegriffene Maßnahme muss ihn **selbst, gegenwärtig und unmittelbar betreffen**.[315] Die Unmittelbarkeit ist bei Verfassungsbeschwerden gegen Rechtsnormen oft problematisch. Trotz Vollzugsbedürftigkeit einer Norm bejaht der VerfGH die unmittelbare Betroffenheit jedenfalls bei Gesetzen, wenn die vorherige Klärung der tatsächlichen und rechtlichen Grundlagen des Normvollzugs entbehrlich erscheint.[316] Entsprechendes gilt, wenn ein Abwarten für den Betroffenen unzumutbar ist.[317] Bei Urteilsverfassungsbeschwerden ist die mögliche **Verletzung spezifischen Verfassungsrechts** auch im Rahmen der Beschwerdebefugnis darzutun.[318]

128 e) **Rechtswegerschöpfung, Subsidiarität.** Aufgrund der Ermächtigung des Art. 135 Abs. 2 S. 2 LV ist gem. § 44 Abs. 3 S. 1 VerfGHG vor Erhebung der Verfassungsbeschwerde grundsätzlich (Ausnahmen: § 44 Abs. 3 S. 2 VerfGHG) der Rechtsweg, ggf. bis zum Bundesgericht, zu erschöpfen. Geht es um den **Anspruch auf rechtliches Ge-**

---

310 Zum Grundrechtsschutz durch Verfahren BVerfGE 73, 280 (296); 82, 209(227); 113, 29 (57); *Jarass*, in: HGR II, 2006, § 38 Rn. 52. Eine allg. Kontrolle der Bundesrecht ausführenden Behörden oder anwendenden Gerichte wird durch § 44 Abs. 2 S. 2 i.V.m. S. 1 VerfGHG auch bei Inhaltsgleichheit der Maßstabsnormen ausgeschlossen; vgl. RhPfVerfGH, BeckRS 2019, 30257 Rn. 28; *Jutzi*, in: B/D/J, Art. 130a Rn. 37.
311 RhPfVerfGH, NJW 1995, 444 (445); BayVerfGH, NVwZ-RR 2010, 132. Vgl. auch *Brocker*, S. 20 f.
312 RhPfVerfGH, AS 28, 440 (445 f.); 41, 110 (114); BeckRS 2019, 29582 Rn. 20 sowie u. Rn. 133 jeweils m.w.N.
313 RhPfVerfGH, AS 41, 110 (111 f.); BeckRS 2019, 30257 Rn. 31. Ob auch Grundrechte der GRCh in Betracht kommen, ist offen; vgl. u. Rn. 133.
314 Vgl. näher *Jutzi*, in: B/D/J, Art. 130 a Rn. 38 ff.
315 RhPfVerfGH, AS 29, 207 (209); BeckRS 2019, 30257 Rn. 27; *Grünewald*, in: W/G, § 90 Rn. 82.
316 RhPfVerfGH, AS 39, 7 (11). Ebenso BVerfGE 150, 309 Rn. 44; NVwZ 2020, 707 Rn. 11.
317 *Jutzi*, in: B/D/J, Art. 130 a Rn. 48; vgl. auch BVerfGE 115, 118 (137); *Lenz/Hansel*, § 90 Rn. 307 ff.
318 *Hillgruber/Goos*, Rn. 181 ff.; *Detterbeck*, AöR 136 (2011), 222, 236 f. – str.

hör (Art. 6 Abs. 2 LV), ist zuvor das Verfahren der **Anhörungsrüge** (z.B. §§ 321a ZPO, 152a VwGO) zu durchlaufen.[319]

Aus dem Gebot der Rechtswegerschöpfung folgt der **Grundsatz der Subsidiarität** der Verfassungsbeschwerde. Ein Bf. muss alle ihm zur Verfügung stehenden Möglichkeiten ergreifen, um seine Beschwer abzuwenden.[320]

f) **Frist, Begründung, Form.** Urteilsverfassungsbeschwerden sind **binnen eines Monats** (§ 46 Abs. 1 S. 1 VerfGHG), **Verfassungsbeschwerden gegen Rechtsvorschriften** oder sonstige Hoheitsakte, gegen die der Rechtsweg nicht offen steht, binnen **eines Jahr** (§ 46 Abs. 3 VerfGHG) zu erheben.[321] Ist der Rechtsweg zum Bundesgericht zu beschreiten, wird die Frist durch die Entscheidung des Bundesgerichts erneut in Lauf gesetzt.[322] Zur **Berechnung** der Jahresfrist stellt der VerfGH mit Hinweis auf § 222 Abs. 1 ZPO auf die einschlägigen Vorschriften im BGB ab.[323] Die **Begründungspflicht** ergibt sich aus §§ 45, 46 Abs. 1 S. 1 VerfGHG. Daraus wird das Erfordernis der **Schriftform** abgeleitet.[324]

g) **Rechtsschutzbedürfnis.** Das Rechtsschutzbedürfnis als allg. ungeschriebene Sachentscheidungsvoraussetzung verlangt, dass dem Bf. ein schutzwürdiges Interesse an gerichtlicher Klärung zusteht.[325] Es fehlt insb., wenn der Bf. nicht mehr beschwert ist. Anderes gilt, wenn Wiederholungen zu besorgen sind, verfassungsgerichtlicher Rechtsschutz nicht erreichbar wäre oder die Klärung einer verfassungsgerichtlichen Frage von grundsätzlicher Bedeutung unterbliebe und der gerügte Grundrechtseingriff besonders schwer wiegt.[326]

h) **Verfahren, Ausschuss des VerfGH.** Das Verfahren ist in §§ 11 ff. VerfGHG geregelt. Unzulässige oder offensichtlich unbegründete Verfassungsbeschwerden können auch durch einen Ausschuss des VerfGH zurückgewiesen werden (§ 15a Abs. 1 S. 2 i.V.m. Abs. 4 VerfGHG).

Als **Prüfungsmaßstab** steht dem VerfGH das **Landesverfassungsrecht** zur Verfügung. Hierzu gehören auch in die LV »hineingelesenes« Bundesrecht – wie die über die Gliedstaatsklausel nach Art. 74 Abs. 1 LV erfasste Kompetenzordnung (Rn. 13) – und eklatante Verletzungen des Bundesrechts, bei denen das Rechtsstaatsprinzip[327] (Art. 77 Abs. 2 LV; vgl. Rn. 22) bzw. das Willkürverbot[328] (Art. 17 Abs. 2 LV; vgl. Rn. 110) als Katalysator dienen. Die Kontrolle ist danach auf offen zutage tretende oder schwer-

---

319 RhPfVerfGH, BeckRS 2018, 450 Rn. 18 ff. m.w.N.
320 RhPfVerfGH, AS 25, 194 (197); NVwZ-RR 2020, 513 Rn. 11 ff. m.w.N.; vgl. auch *Detterbeck*, AöR 136 (2011), 222, 255 ff.; *Lenz/Hansel*, § 90 Rn. 451 ff.; zu Kritik u. Rechtfertigung *Peters/Markus*, JuS 2013, 887 ff.
321 Die Änderung eines Gesetzes setzt die Jahresfrist für geänderte Bestimmungen grundsätzlich neu in Lauf. Dies gilt nicht bei rein redaktionellen Änderungen; RhPfVerfGH, AS 34, 169 (181 f.); 38, 362 (378 f.); 39, 7 (13); NRWVerfGH, NVwZ-RR 2020, 89 Rn. 27. Zu Unterlassungen vgl. *Schlaich/Korioth*, Rn. 243.
322 RhPfVerfGH, AS 27, 199 (202); BayVerfGH, BayVBl. 2002, 365; *v. Coelln*, BayVBl. 2002, 261.
323 RhPfVerfGH, AS 32, 74 (76).
324 Zur Begründung vgl. RhPfVerfGH, NVwZ-RR 2020, 513 Rn. 8 m.w.N.; zur Schriftform *Held*, in: G/C, Art. 130a Rn. 13; zu elektronischen Dokumenten § 11a Abs. 1 VerfGHG i.V.m. der LVO (BS 320–1).
325 *Held*, in: G/C, Art. 130a Rn. 19.
326 *Kment*, in: J/P, Art. 93 Rn. 48 ff. m.w.N.
327 RhPfVerfGH, AS 28, 440 (445 f.); vgl. auch BayVerfGHE 41, 59 (65); 45, 33 (30 f.); BayVBl. 2012, 531 – st.Rspr.; ThürVerfGH, NJ 2004, 261 (262 u. LS 5); *Hillgruber/Goos*, Rn. 923; a.A. *Menzel*, Landesverfassungsrecht, 2002, S. 210 f. m.w.N.
328 RhPfVerfGH, AS 41, 110 (114); BeckRS 2019, 30257 Rn. 30 m.w.N.

wiegende Verstöße beschränkt. Aus Art. 100 Abs. 1 S. 2 und Abs. 3 GG folgt jedoch, dass ein strengerer Maßstab anzuwenden ist bei Bestimmungen des GG, welche die Verfassungsautonomie der Länder begrenzen, d.h. »im Hinblick auf das Homogenitätsgebot des Art. 28 Abs. 1 GG, die Grundrechte des Grundgesetzes (...) sowie die in die Landesverfassungen hineinwirkenden Elemente des Grundgesetzes.«[329]

Bei Landesgesetzen und sonstigen Hoheitsakten des Landes, die **Unionsrecht** umsetzen, ist die st. Rspr. des BVerfG vom VerfGH zu beachten, wonach es seine Gerichtsbarkeit über Unionsrecht wegen dessen Anwendungsvorrang vor nationalem Recht – jenseits des Ultra-vires- und Verfassungsidentitätsvorbehalts[330] – zurücknimmt und nicht nur dieses Recht, sondern auch eine innerstaatliche Rechtsvorschrift, die eine Richtlinie oder einen Beschluss in deutsches Recht umsetzt, nicht an den Grundrechten des GG misst, soweit das Unionsrecht keinen Umsetzungsspielraum lässt.[331] In diesen Fällen steht auch die LV grundsätzlich nicht als Maßstab zur Verfügung.

Abzuwarten bleibt, ob der VerfGH die neue Rspr. des BVerfG[332] für den Landesbereich übernimmt und **unionsrechtlich vollständig determiniertes Landesrecht** am Maßstab der Unionsgrundrechte misst. Die vom BVerfG angeführten Argumente könnten vom VerfGH ebenfalls herangezogen werden. Das Land als Teil der Bundesrepublik Deutschland mit eigener Staatsqualität (Rn. 3 ff.) kann zwar keine Hoheitsrechte auf die EU übertragen (Art. 23 Abs. 1 S. 2 u. Abs. 6 GG), wird jedoch von dem Wortlaut des Verwirklichungsauftrags eines vereinten Europas in Art. 23 Abs. 1 S. 1 GG erfasst und die LV enthält ein vergleichbares Staatsziel in Art. 74a LV (Rn. 17).[333] Auch die weiteren Argumente des BVerfG – wirksamer Grundrechtsschutz unter Einschluss der funktionsäquivalenten Unionsgrundrechte; Aufgabenstellung des Verfassungsgerichts im Verhältnis zu Fachgerichten – sprechen für eine Ausweitung des Prüfungsmaßstabs des VerfGH über den Wortlaut des Art. 130a LV (»in dieser Verfassung enthaltenen Rechte«[334]) hinaus.[335] Da das BVerfG in seiner Entscheidung die EMRK als »ein übergreifendes gemeinsames Fundament des Grundrechtsschutzes« sieht und betont, die Grundrechte des GG seien ebenso wie die der GRCh auf der Basis der Menschenrechtskonvention zu verstehen und anzuwenden und nähmen deren Gewährleistungen grundsätzlich in sich auf,[336] wird bereits diskutiert, auch die EMRK als Maßstab (unmittelbar) heranzuziehen.[337] Dies gälte dann auch für den VerfGH. Die Bundesrechtsklausel gem. § 44 Abs. 2 S. 1 VerfGHG (analog) steht den genannten Erweiterungen

---

329 BVerfG, NVwZ-RR 2016, 521 Rn. 54. Vgl. auch o. Rn. 11.
330 Dazu BVerfGE 123, 267 (353 f.); Beschl. v. 1.12.2020 – BvR 1845/18 u.a. –, Rn. 40 m.w.N.
331 BVerfGE 73, 339 (387); 152, 216 Rn. 43 (Recht auf Vergessen II) m.w.N.; vgl. auch BVerfG, BeckRS 2020, 26957 (= Jus 2020, 1226 (*Payandeh*)).
332 BVerfGE 152, 216 Rn. 42 ff., insb. Rn. 53 ff.; dazu *Neumann/Eichberger*, JuS 2020, 502 ff.; vgl. auch *Kühling*, NJW 2020, 275 ff.; *Lenz/Hansel*, § 90 Rn. 166 f., 212, 231 ff. Der Rspr. des 1. Senats ist der 2. Senat des BVerfG mit Beschl. v. 1.12.2020 (Fn. 330), Rn. 36 ff. gefolgt. – Entsprechendes gilt *ausnahmsweise* auch außerhalb vollvereinheitlichter Regelungsmaterien, wenn das Schutzniveau der GRCh Anforderungen stellt, welche die innerstaatlichen Grundrechte nicht abdecken; BVerfGE 152, 152 Rn. 67 ff. (Recht auf Vergessen I).
333 Dazu näher *Schröder*, in : B/D/J, Art. 74a, Rn. 5, 15 f.
334 Ähnl. Art. 93 Abs. 1 Nr. 4a GG, der nur von Grundrechten spricht, jedoch die GG meint.
335 Krit. speziell dazu *Muckel*, JA 2020, 237 (239); allg. *Kämmerer/Kotzur*, NVwZ 2020, 177 ff.; zust. *Kühling*, NJW 2020, 275 ff. Bzgl. der LVerfGe allg. *Brocker*, DÖV 2021, 1 ff.
336 BVerfGE 152, 216 Rn. 57 f.
337 *Scheffczyk*, NVwZ 2020, 977 (978).

des Prüfungsmaßstabs nicht entgegen, da sie sich nur auf den Gegenstand, nicht aber den Maßstab verfassungsgerichtlicher Kontrolle bezieht.

Unionsrechtlich nicht vollständig determiniertes Landesrecht ist dagegen weiterhin prinzipiell am Maßstab der LV zu messen.[338] Wird das Schutzniveau der Grundrechtscharta nicht abgedeckt, sind diese Rechte in die Prüfung miteinzubeziehen.[339]

Was den **Prüfungsumfang** anbelangt, *kann* der VerfGH bei einer Verfassungsbeschwerde gegen ein Gesetz dessen Vereinbarkeit mit der LV in vollem Umfang in formeller und inhaltlicher Hinsicht überprüfen.[340]

Bei **Urteilsverfassungsbeschwerden** hält sich der VerfGH hinsichtlich der Feststellung des Sachverhalts sowie der Auslegung und Anwendung des einfachen Rechts durch die Fachgerichte zurück und beschränkt sich darauf, die **Verletzung »spezifischen Verfassungsrechts«** zu korrigieren (keine »Superrevisionsinstanz«).[341] Davon ist auszugehen, wenn das Fachgericht dem einfachen Recht einen Inhalt entnommen hat, den auch der Gesetzgeber nicht ohne Verstoß gegen die Verfassung festlegen könnte (sog. »Schumann-Formel«[342]). Außerdem darf die »Ausstrahlungswirkung« der Grundrechte auf das gesamte Recht nicht verkannt worden sein, insb. darf das Fachgericht bei der Auslegung und Anwendung des einfachen Rechts Bedeutung und Tragweite des jeweils betroffenen Grundrechts nicht verkannt oder willkürlich entschieden haben. Letzteres ist der Fall, wenn der Inhalt einer Norm in krasser Weise missverstanden oder sonst in nicht mehr nachvollziehbarer Weise angewendet wird.[343]

---

338 Zum GG vgl. BVerfGE 152, 152 Rn. 42 ff. (Recht auf Vergessen I).
339 BVerfGE 152, 152 Rn. 63 ff., insb. 67 ff.; vgl. schon *Jutzi*, LKRZ 2014, 13 (17).
340 *Held*, in: G/C, Art. 130 a Rn. 20; zur Rspr. des BVerfG *Benda/Klein*, Rn. 646 ff. u. 402 ff.
341 RhPfVerfGH, AS 41, 110 (114 f.).
342 BVerfGE 81, 29 (31 f.).
343 RhPfVerfGH, BeckRS 2019, 30257 Rn. 38.

Aufbauschema: Verfassungsbeschwerde

A. Zulässigkeit
   I. **Zuständigkeit VerfGH:** Art. 130 a, 135 Abs. 1 Nr. 4 LV, § 2 Nr. 2 VerfGHG
  II. **Beschwerdefähigkeit:** *Jeder* Träger eines ihm nach der LV zustehenden Rechts; insb. *kommunale Gebietskörperschaften* nur, wenn Verfahren gem. Art. 130 Abs. 1 oder 2 LV ausscheiden (§ 44 Abs. 4 VerfGHG)
 III. **Prozessfähigkeit** (»Grundrechtsmündigkeit«), Postulationsfähigkeit
 IV. **Beschwerdegegenstand**
    1. Öffentliche Gewalt des Landes, § 44 Abs. 1 VerfGHG
    2. Bundesrechtsklausel, § 44 Abs. 2 VerfGHG
      a) *Grundsatz*: Unstatthaft, soweit öffentliche Gewalt des Landes Bundesrecht ausführt oder anwendet
      b) Ausnahme 1: Durchführung landesgerichtlicher Verfahren unter Beachtung bundesprozessrechtlicher Kompetenzgrenzen:
         – Maßstabsnorm des VerfGH ist inhaltsgleich mit Norm des GG
         – Beschwer beruht ausschließlich auf Landesstaatsgewalt
         – Rechtswegerschöpfung (vgl. unten VI.)
      c) Ausnahme 2: LV gewährt weiter reichende Rechte als das GG
      d) »Unechte« Ausnahme: Verletzung des Willkürverbots (Art. 17 Abs. 1 u. 2 LV)
  V. **Beschwerdebefugnis:** Mögliche Verletzung von Verfassungsrechten des Bf.
 VI. **Rechtswegerschöpfung, Subsidiarität,** § 44 Abs. 3 VerfGHG
VII. **Frist, Begründung, Form**
    – Frist: 1 Monat (§ 46 Abs. 1 S. 1 VerfGHG); insb. bei Rechtsvorschrift: 1 Jahr (§ 46 Abs. 3 VerfGHG)
    – Begründungspflicht (§§ 45, 46 Abs. 1 S. 1 VerfGHG); daraus folgt Schriftform
VIII. **Rechtsschutzbedürfnis**
B. Begründetheit
   I. **Prüfungsmaßstab**
    – Landesverfassungsrecht
    – Gesetzgebungskompetenzordnung (Art. 70 ff. GG)
    – eklatante Verletzungen des Bundes- und Unionsrechts via Rechtsstaatsprinzip und Willkürverbot
    – evtl. Unionsgrundrechte bei unionsrechtlich vollständig determiniertem Landesrecht
  II. **Prüfungsumfang**
    – **Rechtssatzverfassungsbeschwerden,** insb. gegen **Gesetze**
      Umfassende Überprüfung in formeller und materieller Hinsicht
    – **Urteilsverfassungsbeschwerden**
      Verletzung »spezifischen Verfassungsrechts« (keine »Superrevisionsinstanz«)

134   Ist die **Verfassungsbeschwerde begründet,** wird in der **Entscheidung** festgestellt, welche Bestimmung der LV und durch welche Handlung oder Unterlassung sie verletzt wurde (§ 49 Abs. 2 S. 1 VerfGHG). Eine **gerichtliche Entscheidung** hebt der VerfGH

auf oder weist die Sache an ein zuständiges Gericht zurück (§ 49 Abs. 3 VerfGHG). Entscheidungen, welche die Verfassungswidrigkeit von Gesetzen und sonstigen Handlungen eines Verfassungsorgans aussprechen, haben **Gesetzeskraft** (Art. 136 Abs. 2 LV; § 49 Abs. 4 S. 3 i.V.m. § 26 Abs. 2 S. 2 VerfGHG).[344] Das Verfahren vor dem VerfGH ist grundsätzlich (Ausnahme: Missbrauchsgebühr) **kostenfrei** (§ 21 VerfGHG). Dem erfolgreichen Bf. werden die **notwendigen Auslagen** ganz oder teilweise erstattet (§ 21 a Abs. 1 VerfGHG).

3. Organstreit (Art. 130 Abs. 1 LV). Bei einem Organstreit wird um Rechte und Pflichten aus einem **Verfassungsrechtsverhältnis** gestritten. Dies ist prinzipiell der Fall, »wenn auf beiden Seiten des Streits Verfassungsorgane oder Teile von Verfassungsorganen stehen und um verfassungsrechtliche Positionen streiten«.[345] Da nach Art. 130 Abs. 1 S. 2 LV Körperschaften des öff. Rechts ebenfalls antragsberechtigt sind und insoweit auf eine Verfassungs(teil-)organeigenschaft verzichtet wird, reicht es nach der LV aus, wenn (einseitig) die angegriffene Handlung die eines Verfassungsorgans ist.

Noch eine Besonderheit gilt es bei Art. 130 Abs. 1 LV zu beachten: Wie erwähnt (Rn. 117), erfasst **Art. 130 Abs. 1 S. 1 LV** in einem Satz die Verfahren der **abstrakten Normenkontrolle**[346] sowie des **Organstreits**.[347] Die Zuordnung dieser Begriffe ist jedoch nicht schlicht konsekutiv auf die dort genannten Verfahrensgegenstände – »Gesetz« (= Normenkontrolle) und »sonstige Handlung« (= Organstreit) – übertragbar. Untergesetzliche Rechtsvorschriften (z.B. RVO) stellen, wenn sie von einem Verfassungsorgan erlassen werden, Handlungen eines Verfassungsorgans dar und unterliegen damit – neben den in Art. 130 Abs. 1 S. 1 LV erwähnten Gesetzen – auch der Normenkontrolle durch den VerfGH (Rn. 150). Wenden sich kommunale Gebietskörperschaften gegen Rechtsnormen, nähert sich das Verfahren einer **Kommunalverfassungsbeschwerde** an und schließt nach Art. 93 Abs. 1 Nr. 4 b GG, § 91 S. 2 BVerfGG die Verfassungsbeschwerde zum BVerfG grundsätzlich aus (Rn. 119).

a) Parteifähigkeit (Antragsberechtigung). Parteifähig im Verfahren sind LReg, LT und jede LT-Fraktion (Art. 130 Abs. 1 S. 1 LV; sog. privilegierte Antragsteller, da sie keine Verletzung in eigenen Rechten rügen müssen, vgl. Rn. 141) sowie **andere durch die LV oder die Geschäftsordnung eines Verfassungsorgans mit eigenen Rechten ausgestattete Beteiligte** (Art. 130 Abs. 1 S. 2 Halbs. 1 LV[348]). Dazu gehören der Ministerpräsident,[349] ein Minister als Mitglied der Landesregierung,[350] Abgeordnete,[351] Ausschüsse des LT, Fraktionen im Untersuchungsausschuss sowie konstituierende Minderheiten nach Art. 83 Abs. 3 LV (Einberufung des LT), Art. 86 LV (Antrag auf Ausschluss der Öffentlichkeit) und Art. 91 Abs. 1 LV (Antrag auf Einsetzung eines Untersuchungsaus-

---

344 Dazu *Jutzi*, in: B/D/J, Art. 136 Rn. 14 ff. Zur Bindungswirkung für Gerichte u. Verwaltung OVG Saarland, NJW 2020, 1537.
345 BVerfGE 118, 277 (318).
346 Die Bezeichnung (z.T. ohne »abstrakte«) verwendet auch der RhPfVerfGH, AS 2, 245 (246 u. LS 2); 28, 440 (443); 29, 215 (216 u. LS 1); 32, 251, 252 (255).
347 Vgl. RhPfVerfGH, AS 26, 4 (5); 33, 376 (377); 35, 263 (264 f.); BeckRS 2020, 29328 Rn. 29.
348 Durch G v. 8.3.2000 (GVBl. S. 65) eingefügt, um Teile von Verfassungsorganen bei Organstreitigkeiten nicht zu zwingen, gem. Art. 93 Abs. 1 Nr. 4 GG das BVerfG anzurufen, vgl. dazu BVerfGE 102, 245 (251).
349 RhPfVerfGH, AS 33, 376 (380).
350 Bei Meinungsverschiedenheiten zwischen Ministern vgl. jedoch u. Rn. 139.
351 Zum Ausschluss aus der Fraktion vgl. RhPfVerfGH, NVwZ 2019, 786 ff.; BeckRS 2020, 29328 Rn. 29; s. auch BadWürttVerfGH, BeckRS 2020, 5938 Rn. 20 sowie o. Rn. 34. Als Antragsgegner scheiden Abgeordnete jedoch aus; vgl. Fn. 356.

schusses). Der **Rechnungshof** ist zwar kein Verfassungsorgan (Rn. 29, 88). Da seine Aufgaben und Stellung aber in der LV (Art. 120 Abs. 2) geregelt sind und Art. 130 Abs. 1 S. 2 LV die Antragsberechtigung nicht von der Verfassungsorganqualität abhängig macht,[352] ist er parteifähig.[353] Maßgeblicher Zeitpunkt für die Beurteilung der Parteifähigkeit ist der Status des Antragstellers im Zeitpunkt der Antragsstellung.[354] Schließlich sind auch **Körperschaften des öff. Rechts** parteifähig.

137 **Politischen Parteien** auf Landesebene kommt in dem Umfang, wie dies auch bundesverfassungsrechtlich der Fall ist (Rn. 120 – Beispiel 2), verfassungsrechtlicher Status zu, dessen Verletzung sie im Organstreitverfahren geltend machen können.[355] Dies schließt eine Verfassungsbeschwerde aus (§ 44 Abs. 4 VerfGHG). Als Antragsgegner im Organstreit kommen sie dagegen nicht in Betracht, weil sie keine rechtserheblichen Akte gegenüber anderen Verfassungsorganen vornehmen können.[356] Dem eine Volksinitiative oder ein Volksbegehren anstrebenden Teil des **Volkes** (Art. 108a, 109 LV) steht die Parteifähigkeit kraft einfachen Rechts zu (§§ 60g, 75 LWahlG).

138 **b) Prüfungsgegenstand.** Gegenstand verfassungsgerichtlicher Kontrolle sind Handlungen von **Verfassungsorganen**. Zum Kreis der Verfassungsorgane zählen insb. LT, LReg und einzelne **Minister** (Rn. 28, 47).

139 Als **Handlungen** kommen alle rechtserheblichen Akte[357] in Betracht, die Verfassungsorgane in dieser Eigenschaft (nicht als oberste Verwaltungsbehörde)[358] vornehmen. Darunter fallen **Realakte** bzw. nicht normative Rechtsakte wie z.B. das Gebrauchmachen des Ministerpräsidenten von seiner **Richtlinienkompetenz** (Art. 104 S. 1 LV),[359] Handlungen und Unterlassungen im Verfahren zur Haushaltsgesetzgebung (rechtzeitige Einbringung durch die LReg und Verabschiedung, Art. 116 LV), das **Notbewilligungsrecht** des Finanzministers (Art. 119 LV),[360] die **Rechenschaftspflicht** (Art. 120 Abs. 1 LV), schlichte **Parlamentsbeschlüsse**,[361] die **Mitwirkung an einem Normsetzungsakt**[362] und der **Erlass von Gesetzen** (*nicht* aber Gesetze selbst, die als eigene Verfahrensart in Art. 130 Abs. 1 LV erwähnt sind). Auch eine Bestimmung der GOLT kann Gegenstand eines Organstreits sein, wenn eine belastende Maßnahme auf ihr be-

---

352 Die angegriffene Handlung muss jedoch die eines Verfassungsorgans sein; vgl. Rn. 135.
353 Vgl. *Janz*, in: B/D/J, Art. 120 Rn. 17 u. 39; *Jutzi*, ebd., Art. 130 Rn. 170; *Siekmann*, in: Sachs, Art. 114 Rn. 25 m.w.N.; a.A. *Bier*, in: G/C, Art. 130 Rn. 30.
354 *Jutzi*, in: B/D/J, Art. 130 Rn. 23; zur abstrakten Normenkontrolle RhPfVerfGH, AS 45, 232 (241).
355 RhPfVerfGH, AS 35, 263 (266); 43, 149 (157); vgl. auch *Jutzi*, in: B/D/J, Art. 130 Rn. 17. Zum Hineinwirken des Art. 21 GG in die LV o. Rn. 13. Von der Antragsberechtigung der Parteien in den Verfahren nach Art. 130 Abs. 1 LV ging der verfassungsändernde Gesetzgeber aus; vgl. LT-Drucks.13/5066, S. 15.
356 *Bethge*, in: M/S/K/B, § 63 (Stand: 07/2016) Rn. 75; *Lenz/Hansel*, § 63 Rn. 36. Dogmatisch dürfte es um die Statthaftigkeit des Antragsgegenstandes oder die fehlende Antragsbefugnis des antragstellenden anderen Organs gehen; vgl. *Nellesen/Pützer*, JuS 2018, 429 (431 f.). Entsprechendes gilt in Bezug auf einzelne Abgeordnete.
357 RhPfVerfGH, AS 35, 263 (266); vgl. auch BVerfGE 118, 277 (317); 138, 102 Rn. 24; *Voßkuhle*, in: vM/K/S, Art. 93 Rn. 107.
358 Vgl. z.B. BVerfGE 84, 290 (298).
359 Sie unterfällt nicht der Beschlussfassung der LReg nach Art. 105 Abs. 3 LV (Rn. 51); ein Organstreit wird daher nicht ausgeschlossen.
360 Vgl. ThürVerfGH, NVwZ-RR 2013, 905.
361 RhPfVerfGH, BeckRS 2020, 17298 Rn. 17 (Ablehnung des Antrags auf Anerkennung des Zusammenschlusses als »Freie Alternative Gruppe im Landtag«); s. auch. ThürVerfGH, LVerfG 7, 337 (350f.).
362 Vgl. BVerfGE 118, 277 (317); *Benda/Klein*, Rn. 1032; *Voßkuhle*, in: vM/K/S, Art. 93 Rn. 107 jew. m.w.N.

ruht.³⁶³ Ausdrücklich ausgeschlossenen sind **Gesetzesvorlagen** (= Gesetzentwürfe).³⁶⁴ Eine der LV widerstreitende **Unterlassung einer gesetzlichen Regelung**³⁶⁵ kann jedoch gerügt werden, da der Ausschluss von Gesetzesvorlagen hier nicht greift.³⁶⁶ Auch eine dem Privatbereich zuzuordnende **Äußerung eines Regierungsmitglieds** in Bezug auf eine verfassungsfeindliche Partei kann Gegenstand eines Organstreits sein. Zwar ist die angegriffene Handlung nicht die eines Verfassungsorgans. Die Zuordnung einer Äußerung ist jedoch oftmals schwierig, da Verfassungsorgane insb. bei Reden auf öff. Veranstaltungen und Antworten im Rahmen eines Interviews häufig in mehreren Funktionen agieren. Für die Statthaftigkeit eines Organstreitverfahrens reicht es daher aus, dass eine Äußerung (auch) als Verfassungsorgan erfolgt sein könnte.³⁶⁷ Bei **Meinungsverschiedenheiten zwischen Ministern** schließt Art. 105 Abs. 3 LV als lex specialis ein Organstreitverfahren aus (Rn. 51). Zu **Rechtsverordnungen** und **Verwaltungsvorschriften** als Handlung eines Verfassungsorgans Rn. 150.

Der Wortlaut der LV erfasst nicht die **Handlung eines Teils eines Verfassungsorgans.** 140
Es entspricht jedoch dem erklärten Willen des Verfassungsgesetzgebers, solche Handlungen dem Organstreitverfahren zu unterstellen.³⁶⁸

Beispiele:
Streitigkeiten eines
- Abgeordneten mit seiner Fraktion (z.B. Fraktionsausschluss) wegen Verletzung seiner in Art. 79 Abs. 2 und Art. 85 a Abs. 1 S. 1 LV gewährleisteten Rechte,³⁶⁹
- Drittels der Mitglieder des LT mit dem Landtagspräsidenten wegen Einberufung des LT (Art. 83 Abs. 3 LV),
- Fünftels der Mitglieder eines Untersuchungsausschusses, dessen Beweisantrag von der Mehrheit abgelehnt wurde.³⁷⁰

c) Antragsbefugnis, Klarstellungsinteresse, Rechtsschutzbedürfnis. Antragsteller nach 141
Art. 130 Abs. 1 S. 1 LV (LReg, LT, LT-Fraktionen) gelten als »**Garanten des Gemeinwohls**«.³⁷¹ Sie müssen die Verfassungswidrigkeit des Organhandelns³⁷² geltend machen, nicht aber, durch die strittige Handlung in eigenen Rechten verletzt zu sein. Es reicht ein **objektives Klarstellungsinteresse**, woran es nur ausnahmsweise fehlt.³⁷³ Antragsteller nach Art. 130 Abs. 1 S. 2 LV müssen dagegen, wie für den Organstreit typisch, die **Verletzung eigener Rechte** geltend machen. Dies gilt auch für politische Parteien, diese können sich jedoch im Organstreit nicht auf Grundrechte stützen.³⁷⁴ Eine

---

363 Vgl. BVerfGE 80, 188 (190).
364 Dazu auch RhPfVerfGH, Urt. v. 22.2.2017 – VGH N 2/15 – (juris, Rn. 63).
365 Zur Verweigerung von Aktenvorlage und Aussagegenehmigung in Untersuchungsverfahren des LT s. § 42 VerfGHG.
366 Dieser soll lediglich eine vorbeugende Rechtskontrolle verhindern; RhPfVerfGH, DVBl. 1972, 783 (785).
367 So RhPfVerfGH, LKRZ 2014, 463; BVerfG, NVwZ 2015, 209 Rn. 22 ff.
368 LT-Drucks. 13/5066 v. 10.12.1999, Begr. zu Nr. 31 (Artikel 130); vgl. auch Fn. 348
369 RhPfVerfGH, NVwZ 2019, 786 Rn. 22; BeckRS 2020, 29328 Rn. 29; vgl. auch o. Rn. 34.
370 Vorrangig ist jedoch das Verfahren nach § 13 Abs. 3 UAG. Zu den Rechten einer nicht qualifizierten Minderheit vgl. *Brocker*, DÖV 2014, 475 ff.
371 RhPfVerfGH, AS 8, 224 (225).
372 Vgl. aber RhPfVerfGH, LKRZ 2014, 235 (242 f.), wonach dies bei der abstrakten Normenkontrolle nicht zwingend sein soll; dazu u. Rn. 152.
373 *Bier*, in: G/C, Art. 130 Rn. 31 i.V.m. 10; vgl. z.B. RhPfVerfGH, AS 33, 376 (379 f.), wonach eine *Fraktion* des LT einen Verstoß gegen den Grundsatz der Chancengleichheit der *Parteien* rügen darf.
374 RhPfVerfGH, AS 43, 149 (158).

Streitigkeit muss außerdem spezifische Rechte und Pflichten zum Gegenstand haben.[375]

142 Voraussetzung für die Antragsbefugnis ist die **eigene, gegenwärtige und unmittelbare Rechtsbetroffenheit**.[376] Die Antragsbefugnis fehlt, wenn der **Antragsteller** ein (Teil-)Verfassungsorgan in Anspruch nimmt, das **offensichtlich nicht passivlegitimiert ist**.[377]

143 **Kommunale Gebietskörperschaften** können sich »im Wesentlichen auf die in Art. 49 Abs. 1 bis Abs. 3 LV verankerte Selbstverwaltungsgarantie und das zum Rechtsstaatsprinzip zählende Willkürverbot (...) berufen, sowie auf solche Vorschriften, die ihrem Inhalt nach geeignet sind, das verfassungsrechtliche Bild der Selbstverwaltung mitzubestimmen«,[378] wie z.B. das Demokratieprinzip.[379] Die Berufung auf Grundrechte[380] oder private Ansprüche ist den Gemeinden ebenso verwehrt wie die Wahrnehmung von Rechten ihrer Bürger.[381] Eine Verbandsgemeinde kann auch nicht die Rechte der ihr angehörenden Ortsgemeinden reklamieren und umgekehrt.[382]

144 Hält man neben der Antragsbefugnis ein (fortwirkendes) **Rechtsschutzbedürfnis** für erforderlich, was wegen des auch objektiv-rechtlichen Verfahrenszwecks des Organstreits zweifelhaft ist, kann ein – zunächst zulässigerweise erhobenes – Organstreitverfahren aus Gründen des öff. Interesses fortgesetzt werden, was regelmäßig der Fall sein dürfte.[383]

145 d) **Rechtswegerschöpfung, Subsidiarität**. Beruhend auf der Ermächtigung in Art. 135 Abs. 2 S. 2 LV verlangt § 23 Abs. 3 S. 1 VerfGHG bei Anträgen von **Körperschaften des öff. Rechts** grundsätzlich (Ausnahmen: § 23 Abs. 2 S. 2 VerfGHG) die Erschöpfung des Rechtswegs. Ein Rechtsweg scheidet bei rechtserheblichen Akten eines Verfassungsorgans, das in dieser Eigenschaft handelt und bei denen es *nicht* um Normen geht, i.d.R. aus. Aus dem Gebot der Rechtswegerschöpfung folgt der Grundsatz der Subsidiarität.[384]

146 e) **Frist, Begründung, Form**. Eine sechsmonatige **Antrags(ausschluss)frist** gilt nur für Körperschaften des öff. Rechts (§ 23 Abs. 4 VerfGHG). Der Antragsteller muss die **Verfassungsnorm bezeichnen**, aus der er Bedenken herleitet (§ 23 Abs. 1 VerfGHG). Das Erfordernis der schriftlichen (§ 23 Abs. 2 S. 1 VerfGH) Geltendmachung einer eigenen Rechtsverletzung (Rn. 142) bedingt eine rudimentäre **Begründungspflicht**.[385]

147 f) **Antragsgegner**. Ob das Verfahren nach Art. 130 Abs. 1 LV einen Antragsgegner kennt, ist wegen § 25 Abs. 2 VerfGHG zweifelhaft. Danach ist dem **verantwortlichen Organ** lediglich »Gelegenheit zur Äußerung« zu geben. Der Organstreit ist jedoch her-

---

375 SachsAVerfG, NVwZ 2016, 527: Verneint für das Recht des Landesrechnungshofs, von einem Ministerium Auskunft zu erhalten und Unterlagen einzusehen (LS 4).
376 RhPfVerfGH, AS 24, 321 (333); 25, 194 (195) m.w.N.
377 BVerfGE 133, 273. Eine passive Prozessstandschaft ist ausgeschlossen; SächsVerfGH, NVwZ-RR 2013, 865 f.; *Kment*, in: J/P, Art. 93 Rn. 81 f. m.w.N.
378 RhPfVerfGH, Urt. v. 8.6.2015 – VGH N 18/14 – (juris, Rn. 65). Ähnl. BVerfG, NVwZ 2019, 25 m.w.N.
379 Vgl. RhPfVerfGH, AS 24, 321 (333).
380 RhPfVerfGH, AS 24, 321 (333) m.w.N.
381 RhPfVerfGH, AS 12, 256 (258).
382 RhPfVerfGH, AS 11, 271 (272); 12, 239 (242).
383 Vgl. *Lenz/Hansel*, § 64 Rn. 31 ff. m.w.N. zur Rspr. des BVerfG
384 RhPfVerfGH, AS 32, 251 (255 f.).
385 RhPfVerfGH, BeckRS 2020, 17298 Rn. 19 m.w.N.

kömmlicherweise ein kontradiktorisches Verfahren, wovon auch der VerfGH ausgeht.[386]

g) **Prüfungsmaßstab, Entscheidung.** Prüfungsmaßstab ist die LV.[387] Sind »Garanten des Gemeinwohls« Antragsteller (Art. 130 Abs. 1 S. 1 LV), wird das Organhandeln objektiv überprüft. Ob Antragsteller nach Art. 130 Abs. 1 S. 2 LV in ihren Organrechten verletzt sein müssen,[388] ist wegen des auch objektivrechtlichen Charakters des Organstreits[389] zweifelhaft. Auch für die in demselben Satz geregelte abstrakte Normenkontrolle wird dies nicht verlangt.[390] Ein Verstoß gegen die LV wird vom VerfGH lediglich festgestellt, ohne die beanstandete Maßnahme aufzuheben. Die Entscheidung hat **Bindungskraft** für alle Verfassungsorgane, Gerichte und Behörden des Landes und bei festgestelltem Verfassungsverstoß **Gesetzeskraft** (Art. 136 LV, § 26 Abs. 2 VerfGHG).[391]

148

---

386 RhPfVerfGH, AS 26, 4 (8); 29, 362 (366); vgl. näher *Jutzi*, in: B/D/J, Art. 130 Rn. 43 m.w.N.
387 Zum Einfluss bundes- und unionsrechtlicher Vorgaben sowie die Verfassungsautonomie der Länder begrenzender Bestimmungen des GG vgl. Rn. 133.
388 So *Bier*, in: G/C, Art. 130 Rn. 35.
389 *Jutzi*, in: B/D/J, Art. 130 Rn. 15; *Barczak/Görisch*, DVBl. 2001, 332 ff.
390 *Bier*, in: G/C, Art. 130 Rn. 24 m.w.N.
391 Näher *Jutzi*, in: B/D/J, Art. 136 Rn. 14 ff.

Aufbauschema: Organstreit
A. **Zulässigkeit**
   I. **Zuständigkeit des VerfGH:** Art. 130 Abs. 1, Art. 135 Abs. 1 Nr. 1 LV, § 2 Nr. 1 lit. a VerfGHG
   II. **Parteifähigkeit/Antragsberechtigung, Art. 130 Abs. 1 LV**
     – »Privilegierte« Antragsteller (S. 1): LReg, LT, jede LT-Fraktion
     – Sonstige Antragsteller (S. 2 Halbs. 1): Durch LV oder GO eines Verfassungsorgans mit eigenen Rechten ausgestattete Beteiligte
     – Körperschaften des öff. Rechts (S. 2 Halbs. 2 LV)
     – Teil des Volkes bei Volksinitiative/Volksbegehren gem. §§ 60g, 75 LWahlG
   III. **Prüfungsgegenstand**
     – Handlung oder Unterlassung eines (Teil-)*Verfassungsorgans*, dem Rechte aus dem Verfassungsrechtskreis zustehen
     – *Nicht*: Gesetze (eigene Verfahrensart), Gesetzesvorlagen (ausdrücklich ausgeschlossen)
   IV. **Antragsbefugnis, Klarstellungsinteresse, Rechtsschutzbedürfnis**
     – »Privilegierte« Antragsteller: objektives Klarstellungsinteresse
     – Andere: Möglichkeit der Verletzung eigener Rechte
   V. **Rechtswegerschöpfung, Subsidiarität:** Nur Körperschaften des öff. Rechts (§ 23 Abs. 3 S. 1 VerfGHG)
   VI. **Frist, Begründung, Form**
     Antrags(ausschluss)frist für Körperschaften des öff. Rechts: 6 Monate (§ 23 Abs. 4 VerfGHG); Verfassungsnorm ist anzugeben (§ 23 Abs. 1 S. 1 VerfGHG); Schriftform (§ 23 Abs. 2 S. 1 VerfGHG), rudimentäre Begründungspflicht
   VII. **Antragsgegner:** Verantwortliches Organ
B. **Begründetheit**
   I. **Prüfungsmaßstab:** LV, vgl. Rn. 133
   II. **Prüfungsumfang:**
     – »Privilegierte« Antragsteller: Organhandeln wird *objektiv* überprüft
     – Sonstige Antragsteller: *Subjektive* Rechtsverletzung nicht zwingend

149 **4. Abstrakte Normenkontrolle (Art. 130 Abs. 1 LV).** Dem VerfGH obliegt es, ein Gesetz des LT – unabhängig von einem konkreten Rechtsstreit (dazu Art. 130 Abs. 3 LV; Rn. 155) – oder eine von einem anderen Verfassungsorgan erlassene Vorschrift auf seine Verfassungsgemäßheit zu überprüfen. Da die LV die abstrakte Normenkontrolle und den Organstreit in einem Satz regelt und die §§ 23 ff. VerfGHG diesen Umstand regelungstechnisch aufnehmen, kann bezüglich der Zulässigkeitsvoraussetzungen im Wesentlichen auf das zum Organstreit Gesagte verwiesen werden.

150 a) **Prüfungsgegenstand.** Gesetze sind alle förmlichen – auch verfassungsändernden (Art. 135 Abs. 1 Nr. 2 LV) – **Landesgesetze, nicht** jedoch **untergesetzliche Rechtsvorschriften.** Geht es dabei um von Verfassungsorganen (Regierung, Minister) erlassene Rechtsverordnungen, um Verordnungen mit Gesetzeskraft (Art. 111, 112 LV) oder um die Änderung einer untergesetzlichen Vorschrift durch den Gesetzgeber, der nicht die

Qualität eines Parlamentsgesetzes zukommt,³⁹² können diese Rechtsakte als **sonstige Handlung eines Verfassungsorgans** i. S. des Art. 130 Abs. 1 LV Gegenstand eines (Normenkontroll-)Verfahrens nach Art. 130 Abs. 1 LV sein.³⁹³

Überprüft werden können grundsätzlich nur **rechtlich existente, bereits verkündete Normen**. Auf den Zeitpunkt des Inkrafttretens kommt es nicht an (§ 23 Abs. 4 S. 2 VerfGHG). Eine **präventive Normenkontrolle** ist zulässig, wenn es um Zustimmungsgesetze zu Staatsverträgen geht, um ein Auseinanderfallen von vertraglichen und verfassungsrechtlichen Pflichten zu vermeiden.³⁹⁴ **Außer Kraft getretene Normen** können Prüfungsgegenstand sein, soweit sie noch Rechtswirkungen entfalten.³⁹⁵

151

b) **Weitere Voraussetzungen.** Bezüglich **Antragsberechtigung, Antragsbefugnis, Form und Frist** gilt das zum Organstreitverfahren Gesagte (Rn. 136 f., 141, 146) entsprechend. »Privilegierten« Antragstellern (Art. 130 Abs. 1 S. 1 LV) genügt ein Klarstellungsinteresse, welches beim Normverwerfungsantrag grundsätzlich indiziert ist, wenn ein Antragsteller von der Unvereinbarkeit geltenden Rechts mit der LV überzeugt ist.³⁹⁶ Die sonstigen Antragsteller müssen ihre unmittelbare Rechtsbetroffenheit gelten machen können.

152

Beispiel:
Ein Grundsätzegesetz für die kommunale Neugliederung betrifft die davon potenziell erfassten Gemeinden noch nicht unmittelbar in ihrem Recht auf relativen Bestandsschutz (Rn. 91). Sie müssen daher die gesetzliche Eingliederung abwarten und dieses Gesetz nach Art. 130 Abs. 1 LV angreifen. Der VerfGH kann inzidenter die Verfassungsmäßigkeit des Grundsätzegesetzes prüfen.³⁹⁷ Die Frist nach § 23 Abs. 4 VerfGHG steht dem nicht entgegen, da die Fristversäumnis bei der Normenkontrolle gegen ein Gesetz nicht zu dessen »Bestandskraft« führt.

Die Antragsteller müssen nach dem Wortlaut der Art. 130 Abs. 1, Art. 135 Abs. 1 Nr. 1 u. 2 LV; § 2 Nr. 1 lit. a u. b und § 23 VerfGHG die **Verfassungswidrigkeit der angegriffenen Norm** geltend machen. Damit unterscheidet sich die Rechtslage im Land von der des Bundes, nach der ein sog. **Normbestätigungsverfahren** (§ 76 Abs. 1 Nr. 2 BVerfGG) möglich ist, wenn u.a. ein Gericht oder eine Verwaltungsbehörde das Recht als unvereinbar mit dem GG oder sonstigem Bundesrecht nicht angewendet hat.³⁹⁸ Der VerfGH verzichtet inzwischen bei »privilegierten« Antragstellern (»Garanten des Gemeinwohls«) auf die Geltendmachung der Verfassungswidrigkeit einer Norm.³⁹⁹ Sogar weitergehend als auf Bundesebene reichen ihm lediglich in der Lit. geäußerte Bedenken. Von der Parlamentsmehrheit beschlossene, zweifelhafte Gesetzesvorlagen können danach von dieser selbst der verfassungsgerichtlichen Kontrolle zugeführt werden.

---

392 BVerfGE 114, 196 ff.; 114, 303 (311 ff.).
393 Zur Begrifflichkeit *Jutzi*, LKRZ 2015, 91, 92 ff. Erfasst werden sollen auch Verwaltungsvorschriften eines Verfassungsorgans; vgl. RhPfVerfGH, AS 2, 245 (253); *Jutzi*, in: B/D/J, Art. 130 Rn. 58; a.A. BVerfGE 84, 290 (298) für die »Wahrnehmung der Aufsicht und die Ausführung von Bundesgesetzen«.
394 *Bier*, in: G/C, Art. 130 Rn. 5; vgl. auch BVerfGE 36, 1 (15).
395 RhPfVerfGH, AS 19, 121 (122 f.); 45, 232 (242 ff.) m.w.N.
396 RhPfVerfGH, 45, 232 (242) m.w.N.
397 RhPfVerfGH, NVwZ-RR 2015, 761 Rn. 120 f.; a.A. BbgVerfG, LKV 2002, 573 (575).
398 Näher *Jutzi*, in: B/D/J, Art. 130 Rn. 63.
399 RhPfVerfGH,.AS 42, 229 (152 ff.); 43, 149 (157); dazu *Jutzi*, LKRZ 2015, 91 (95 f.).

Die nur für Körperschaften des öff. Rechts geltende sechsmonatige **Antrags(ausschluss)frist** (§ 23 Abs. 4 S. 1 VerfGHG) beginnt mit der Verkündung der Norm in dem vorgeschriebenen amtlichen Blatt (§ 23 Abs. 4 S. 2 u. 3 VerfGHG). Das nicht kontradiktorische Verfahren kennt **keinen Antragsgegner**.

153 Das **Gebot der Rechtswegerschöpfung** gilt für Körperschaften des öff. Rechts (§ 23 Abs. 3 VerfGHG), entfaltet aber bei formellen Gesetzen keine Wirkung, da gegen diese der Instanzenzug prinzipiell nicht eröffnet ist. Für Normenkontrollanträge wird jedoch der **Subsidiaritätsgrundsatz** relevant. Da insb. Kommunen sich gegen Einzelakte mit der Verfassungsbeschwerde vor dem VerfGH wehren können (Art. 130 a LV; s. auch o. Rn. 120), ist grundsätzlich die Vollziehung eines Gesetzes abzuwarten, dann der Rechtsweg zu beschreiten, um Verfassungsbeschwerde erheben zu können. Nur **bei unmittelbarer Rechtsbetroffenheit** können und müssen (§ 44 Abs. 4 VerfGHG) die Kommunen nach Art. 130 Abs. 1 LV vorgehen. Entsprechendes gilt für Rechtsverordnungen und ggfls. Verwaltungsvorschriften der LReg oder eines Ministers (Rn. 150).

154 c) **Begründetheit.** Prüfungsmaßstab des VerfGH ist primär die LV,[400] nicht die GO eines Verfassungsorgans. Ist Antragsgegenstand ein **verfassungsänderndes Gesetz** bildet Art. 129 LV den Prüfungsmaßstab. Geprüft wird die streitgegenständliche Norm unter **allen rechtlichen Gesichtspunkten**.[401] Zu **Prüfungsmaßstab und -umfang** bei Landesgesetzen und sonstigen Normen, die **Unionsrecht** umsetzen, vgl. o. Rn. 133. Ob die Norm eigene Rechte des Antragstellers verletzt, ist für die Begründetheit des Normenkontrollantrags – auch in den Fällen des Art. 130 Abs. 1 S. 2 LV – ohne Belang.[402]

---

[400] Zum Einfluss bundes- und unionsrechtlicher Vorgaben sowie die Verfassungsautonomie der Länder begrenzender Bestimmungen des GG vgl. Rn. 133.
[401] Vgl. zum GG *Morgenthaler*, in: E/H, Art. 93 (Stand: 15.11.2020) Rn. 28 m.w.N.
[402] *Jutzi*, in: B/D/J, Art. 130 Rn. 71 m.w.N.

Aufbauschema: Abstrakte Normenkontrolle

A. **Zulässigkeit**
  I. **Zuständigkeit des VerfGH:** Art. 130 Abs. 1, Art. 135 Abs. 1 Nr. 1 u. 2 LV, § 2 Nr. 1 lit. a u. b VerfGHG
  II. **Antragsberechtigung** (vgl. Organstreit)
  III. **Prüfungsgegenstand:** Förmliche (auch verfassungsändernde) Landesgesetze, RVO und evtl. Verwaltungsvorschriften als Handlungen eines Verfassungsorgans
  IV. **Antragsbefugnis, Klarstellungsinteresse, Rechtsschutzinteresse**
  Grundsatz: Verfassungswidrigkeit der angegriffenen Norm ist geltend zu machen; der VerfGH lässt bei »privilegierten« Antragstellern ein sog. Normbestätigungsverfahren zu; im Übrigen vgl. Organstreit.
  V. **Rechtswegerschöpfung, Subsidiarität**
  – Körperschaften des öff. Rechts müssen grundsätzlich Vollzugsakte aufgrund der Rechtsnorm abwarten, den Rechtsweg beschreiten und Verfassungsbeschwerde erheben.
  – Bei *unmittelbarer Rechtsbetroffenheit durch eine Norm* ist das Verfahren nach Art. 130 Abs. 1 LV für sie zwingend (§ 44 Abs. 4 VerfGHG).
  VI. **Frist, Begründung, Form** (vgl. Organstreit)
  VII. **Kein Antragsgegner** (nicht kontradiktorisches Verfahren)
B. **Begründetheit**
  I. **Prüfungsmaßstab** (vgl. Verfassungsbeschwerde; Rn. 133)
  II. **Prüfungsumfang:** Norm wird **unter allen rechtlichen Gesichtspunkten** geprüft; subjektive Rechtsverletzung nicht erforderlich.

5. **Konkrete Normenkontrolle (Art. 130 Abs. 3 LV).** Art. 130 Abs. 3 LV begründet ein **Verwerfungsmonopol** des VerfGH für Landesgesetze in formellem Sinn (**Volks- und Parlamentsgesetze**).[403] Ein Gericht, das ein Landesgesetz, auf dessen Gültigkeit es bei seiner Entscheidung ankommt, mit der LV für unvereinbar hält, ist nach Art. 130 Abs. 3 LV und Art. 100 Abs. 1 S. 1 Alt. 1 GG verpflichtet, das Verfahren auszusetzen und die Entscheidung des VerfGH einzuholen. Die **Verfahren nach Art. 100 Abs. 1 GG und Art. 130 Abs. 3 LV stehen selbstständig nebeneinander**.[404] Auch die Anrufung des EuGH nach Art. 267 AEUV hindert eine Vorlage an den VerfGH nicht, wenn die verfassungsrechtlichen Fragen unabhängig von der Vereinbarkeit des Gesetzes mit Unionsrecht beantwortet werden können.[405]

Vorlageberechtigt ist jedes **Gericht des Landes**. Das sind »Spruchstellen, die sachlich unabhängig, in einem formell gültigen Gesetz mit den Aufgaben eines Gerichts betraut und als Gerichte bezeichnet sind«.[406] Die Stellung im Instanzenzug ist unerheblich.

---

403 RhPfVerfGH, AS 12, 170 (172).
404 Eine Reihenfolge ist nicht vorgeschrieben; *Jutzi*, in: B/D/J, Art. 130 Rn. 84 m.w.N.
405 BVerfGE 106, 275 (294 ff.); 116, 202 (214 f.); *Detterbeck*, in: Sachs, Art. 100 Rn. 6. Vgl. jedoch auch u. Rn. 157 a.E.
406 BVerfGE 6, 55 (63); 30, 170 (171); näher *Morgenthaler*, in: E/H, Art. 100 (Stand: 15.11.2020) Rn. 5 m.w.N.

157 Prüfungsgegenstand sind **förmliche, nachkonstitutionelle Gesetze** (Volks- und Parlamentsgesetze).[407] **Vorlagegrund** ist die Überzeugung des Instanzgerichts **von der Verfassungswidrigkeit** der vorgelegten Norm,[408] die im konkreten Fall **entscheidungserheblich** ist. Daran fehlt es, wenn die vorgelegte Norm wegen des Vorrangs des Unionsrechts keinen Raum für das Landesverfassungsrecht lässt.[409] Ein vorlegendes Gericht muss daher erst klären, ob das von ihm als verfassungswidrig beurteilte Gesetz in Umsetzung eines dem LT durch das Unionsrecht verbleibenden Gestaltungsspielraums ergangen ist. Hierfür hat es ggfls. ein Vorabentscheidungsverfahren zum EuGH nach Art. 267 Abs. 1 AEUV einzuleiten, unabhängig davon, ob es ein letztinstanzliches Gericht ist.[410] Ob sich daran etwas grundsätzlich änderte, wenn der VerfGH der neuen Rspr. des BVerfG folgte und die Grundrechte der GRCh als Maßstab heranzöge, ist fraglich, da über den Anwendungsvorrang des Unionsrechts von den Instanzgerichten, u.U. über den Weg des Art. 267 Abs. 1 AEUV, selbst entschieden werden kann.[411]

Das Gericht hat die Voraussetzungen (einschließlich des Ausschlusses verfassungskonformer Auslegung) darzulegen und anzugeben, mit welcher Vorschrift der LV das Landesgesetz unvereinbar ist (§ 24 Abs. 2 S. 1 VerfGHG).[412] Das konkrete Normenkontrollverfahren kennt **keine Beteiligten.** LT, LReg und Beteiligte des Ausgangsverfahrens erhalten jedoch Gelegenheit zur Äußerung (§ 25 Abs. 1 u. 3 VerfGHG). **Prüfungsmaßstab** ist prinzipiell die LV.[413] Gelangt der VerfGH zu dem Ergebnis, eine Norm sei verfassungswidrig, hat die Entscheidung **Gesetzeskraft** (Art. 136 Abs. 2 LV; § 26 Abs. 2 VerfGHG).

---

407 RhPfVerfGH, AS 12, 170 (172); zu Gesetzen nach Art. 80 Abs. 4 GG vgl. Rn. 63.
408 Bloße Zweifel genügen nicht; *Kment,* in: J/P, Art. 100 Rn. 15; *Lenz/Hansel,* § 80 Rn. 62 ff. jew. m.w.N.
409 Vgl. zum GG BVerfGE 118, 79 (95 f.); 125, 260 (306 f.); 129, 186 (189 f.); 152, 152 Rn. 42 ff.
410 BVerfGE 129, 186 ff.; *Jutzi,* LKRZ 2014, 13 (15 f.) m.w.N.
411 Zur neuen Rspr. des BVerfG näher o. Rn. 133.
412 Vgl. näher RhPfVerfGH, Urt. v. 19.12.2020 – VGH N 12/19 u.a. –, (juris, Rn. 41 ff.); *Jutzi,* in: B/D/J, Art. 130 Rn. 89.
413 Zum Einfluss bundes- und unionsrechtlicher Vorgaben, insb. evtl. der Unionsgrundrechte vgl. Rn. 133.

Aufbauschema: Konkrete Normenkontrolle

A. **Zulässigkeit**
  I. **Zuständigkeit des VerfGH:** Art. 130 Abs. 3, Art. 135 Abs. 1 Nr. 1 u. 2 LV, § 2 Nr. 1 lit. a u. b VerfGHG
  II. **Verhältnis zu Art. 100 Abs. 1 GG:** selbstständig nebeneinander
  III. **Vorlageberechtigung:** Gericht des Landes
  IV. **Vorlagegegenstand:** Förmliche, nachkonstitutionelle Landesgesetze
  V. **Vorlagegrund**
    – Überzeugung des Gerichts von der Verfassungswidrigkeit der Norm
    – Entscheidungserheblichkeit
  VI. **Darlegungserfordernisse**
    Darlegung der Verfassungswidrigkeit (§ 24 Abs. 2 VerfGHG), des Ausschlusses verfassungskonformer Auslegung und der Entscheidungserheblichkeit
  VII. **Beteiligte:** Keine; vgl. aber § 25 Abs. 1 u. 3 VerfGHG
B. **Begründetheit**
  Vgl. abstrakte Normenkontrolle

6. Einstweilige Anordnung (§ 19 a VerfGHG). Der VerfGH kann in allen Verfahren einen Zustand durch einstweilige Anordnung vorläufig regeln. Sachlich-inhaltlich wie auch bezüglich des Verfahrens im Einzelnen **entspricht § 19 a VerfGHG im Wesentlichen der einstweiligen Anordnung gem. § 32 BVerfGG**.[414] Aus dem Begriff »im Streitfall« kann nicht die Beschränkung auf kontradiktorische Verfahren hergeleitet werden. Dies entspräche nicht dem Willen des Landesgesetzgebers, der den Gleichklang mit § 32 BVerfGG und der Rspr. des BVerfG[415] suchte.[416]

Die **Zulässigkeit** der einstweiligen Anordnung orientiert sich am Hauptsacheverfahren, das bereits anhängig ist oder noch zulässigerweise zum VerfGH gebracht werden kann. Es muss daher eine Zuständigkeit des VerfGH für eine Hauptsache bestehen, für die der Antragsteller antragsberechtigt wäre[417] und deren Zulässigkeitsvoraussetzungen erfüllbar erscheinen. Eine einstweilige Anordnung von Amts wegen kommt ausnahmsweise in Betracht, insb. wenn ein Hauptsacheverfahren bereits anhängig ist[418] und es keinen Beteiligten gibt, wie bei der konkreten Normenkontrolle. Die Hauptsache darf grundsätzlich nicht vorweggenommen werden (h. M.),[419] es sei denn, eine Entscheidung in der Hauptsache käme im Falle des Erfolgs der Verfas-

---

414 Früher bestehende, geringfügige Abweichungen – § 19 a Abs. 1 VerfGHG a.F. verlangte anders als § 32 BVerfGG ausdrücklich einen »Antrag eines Beteiligten« *und* die Anhängigkeit eines Verfahrens in der Hauptsache – wurden durch G v. 28.2.2014 (GVBl. S. 17) beseitigt, um auch in Verfahren der konkreten Normenkontrolle nach Art. 130 Abs. 3 LV eine einstweilige Anordnung zu ermöglichen (vgl. LT/Drucks. 16/3193, S. 9 f.); *Jutzi*, in: B/D/J, Art. 135 Rn. 19 f. m.w.N.
415 Vgl. BVerfGE 1, 74 (75); 42, 103 (119 f.); 46, 337 (338).
416 Vgl. Begr. zum Gesetzentwurf, LT-Drucks. 16/3193, S. 10: Mit der Formulierung »im Streitfall« wird »zum Ausdruck gebracht, dass die vorübergehende Regelung immer auf ein Hauptsacheverfahren bezogen ist, das in die Zuständigkeit des VerfGH fällt«; vgl. *Jutzi*, in: B/D/J, Art. 135 Rn. 21.
417 *Benda/Klein*, Rn. 1323 f.; *Barczak*, in: ders., § 32 Rn. 15 ff.
418 *Graßhof*, in: M/S/K/B, § 32 (Stand: 07/2002) Rn. 36; *Lenz/Hansel*, § 32 Rn. 193.
419 So das BVerfG u. die wohl h.M., vgl. *Hillgruber/Goos*, Rn. 837 ff.; *Schlaich/Korioth*, Rn. 464; *Walter*, in: W/G, § 32 Rn. 26 f.; a.A. *Barczak*, in: ders., § 32 Rn. 32, wonach dies – wie bei § 123 VwGO – eine Frage der Begründetheit ist, da es um die Grenzen des Entscheidungsinhalts geht.

sungsbeschwerde zu spät oder es könnte in anderer Weise kein ausreichender Rechtsschutz gewährleistet werden.[420]

Aufbauschema: Einstweilige Anordnung

A. Zulässigkeit
  I. Zuständigkeit des VerfGH: § 19a VerfGHG (orientiert am Hauptsacheverfahren)
  II. Antrag (ausnahmsweise auch **von Amts wegen**)
  III. Antragsberechtigung
  IV. Statthaftigkeit und sonstige Voraussetzungen des Hauptverfahrens
  V. Nichtvorwegnahme der Hauptsache (Grundsatz)
  VI. Rechtsschutzbedürfnis
B. Begründetheit
  I. Voraussetzungen
    Die einstweilige Anordnung kann ergehen, wenn
    – dies zur Abwehr schwerer Nachteile,
    – zur Verhinderung drohender Gewalt oder
    – aus einem anderen wichtigen Grund
    zum gemeinen Wohl dringend geboten ist.
  II. Prüfungsfolge
    – Unzulässigkeit oder offensichtliche Unbegründetheit des in der Hauptsache gestellten Antrags
    – Bei Verneinung: *Folgenabschätzung* anhand einer Doppelhypothese (Rn. 160)

---

160 In der **Begründetheit** wird auf das rechtliche Ergebnis abgestellt, wenn sich das **Hauptsacheverfahren als unzulässig oder offensichtlich unbegründet** erweist oder wenn »verwaltungsgerichtliche Beschlüsse betroffen sind, die im Verfahren des einstweiligen Rechtsschutzes ergangen sind und die Entscheidung in der Hauptsache vorwegnehmen«.[421] Liegen diese Voraussetzungen nicht vor, findet eine **Interessen- und Folgenabwägung** statt, die auf einer Doppelhypothese basiert.[422] Die Folgen, die einträten, wenn eine einstweilige Anordnung nicht ergänge, der Hauptsacheantrag aber Erfolg hätte, sind gegenüber den Nachteilen abzuwägen, die entstünden, wenn die begehrte einstweilige Anordnung erlassen würde, der Hauptsacheantrag aber der Erfolg versagt bliebe.[423] Ein besonders strenger Prüfungsmaßstab ist anzulegen, wenn eine **gesetzliche Regelung** außer Kraft gesetzt werden soll[424] oder es um den Vollzug von sonstigen Maßnahmen eines Verfassungsorgans geht.[425] Der Maßstab ist noch weiter zu verschärfen, wenn der Vollzug einer Rechtsnorm, die zwingende Vorgaben des Uni-

---

420 BVerfGE 131, 47 (54); 108, 34 (40) m.w.N.
421 BVerfGE 111, 147 (153); NJW 2020, 1426 Rn. 9; NVwZ 2020, 711 Rn. 13 bzgl. Versammlungsverbots.
422 Vgl. *Lechner/Zuck*, § 32 Rn. 22 u. 41 ff.; *Walter*, in: W/G, § 32 Rn. 48 ff.
423 RhPfVerfGH, AS 33, 118 (119); 35, 439 (440); vgl. auch BVerfGE 103, 41 (42); 113, 113 (124); krit. dazu *Benda/Klein*, Rn. 1346 f. m.w.N.
424 RhPfVerfGH, AS 35, 439 (440); 42, 229 (236 f.); DVBl. 2019, 58 Rn. 8; vgl. auch BVerfGE 83, 162 (171); 104, 51 (55) m.w.N; krit. *Hillgruber/Goos*, Rn. 858; *Lechner/Zuck*, § 32 Rn. 19.
425 BVerfGE 112, 321 (331); zu einem Verfassungsorgan BVerfGE 134, 138 Rn. 6; RhPfVerfGH, DVBl. 2019, 58 Rn. 7.

onsrechts in das deutsche Recht umsetzt,[426] oder ein – durch den EuGH bestätigter – Rechtsakt von Unionsorganen vorübergehend außer Vollzug gesetzt werden sollen.[427]

VI. Klausurhinweise

1. **Prüfung der Verfassungsmäßigkeit einer Rechtsnorm des Landes.** Wie bei Bundesgesetzen ist bei **Landesgesetzen** zunächst die formelle, danach die materielle Verfassungsmäßigkeit zu untersuchen: 161

A. Formelle Verfassungsmäßigkeit
  I. Gesetzgebungskompetenz des Landes (insb. Art. 70 ff. GG: Rn. 55; Gesetzgebung nach Art. 80 Abs. 4 GG: Rn. 63)
  II. Verfahren (Rn. 56 ff.; zur Volksgesetzgebung: Rn. 67 ff.; zu Verfassungsänderungen: Rn. 60)
  III. Form (Ausfertigung und Verkündung: Rn. 61 f.; Textänderungsgebot bei Verfassungsänderungen: Rn. 60)

B. Materielle Verfassungsmäßigkeit
  I. Grundrechte (Rn. 98 ff.)
  II. Kommunale Selbstverwaltungsgarantie (Rn. 90 ff.) einschließlich **allg. Willkürverbot** (Rn. 22, 143)
  III. Allgemeine Verfassungsprinzipien
    Demokratie- und Rechtsstaatsprinzip (insb. Normenklarheit, Rückwirkungsverbot), Gewaltenteilung (insb. Vorbehalt des Gesetzes), Wahlrechtsgrundsätze (Rn. 18 ff.)
  IV. Sonstiges Verfassungsrecht
    Z.B. Art. 47 LV (Schutz von Sonn- und Feiertagen); Anforderungen an die Ermächtigung zum Erlass einer RVO, Art. 110 LV (Rn. 66); bei Volksgesetzgebung, insb. Verbot finanzwirksamer Gesetze (Rn. 67 ff.) und Koppelungsverbot (Rn. 76); bei Verfassungsänderungen: sog. Ewigkeitsgarantie (Rn. 60).

Bei Prüfung der Rechtmäßigkeit einer **RVO** des Landes, die sich auf ein Landesgesetz stützt, ist das Zitiergebot (Art. 110 Abs. 1 S. 3 LV) zu beachten. Materiellrechtlich bedarf die RVO einer wirksame Ermächtigung (ggfls. Prüfung der Wirksamkeit des Gesetzes), deren Rahmen eingehalten und verfassungs-, insb. grundrechtskonform ausgefüllt worden sein muss. Entsprechendes gilt für **Satzungen** kommunaler Gebietskörperschaften und sonstiger juristischer Personen, die ihre Hoheitsgewalt vom Land ableiten (Zitiergebot, Art. 110 Abs. 1 LV, gilt nicht, Rn. 65). 162

2. **Prüfung landesverfassungsgerichtlicher Verfahren.** Es geht in der Regel um die in Abschnitt V. beschriebenen Verfahren. 163

3. **Prüfung im Rahmen verwaltungsprozessualer Verfahren.** Es bestehen **keine Besonderheiten** im Vergleich zu Vorgaben des GG. Bei **Normenkontrollverfahren** nach § 47 Abs. 1 Nr. 2 VwGO i.V.m. § 4 AGVwGO ist regelmäßig der Frage nachzugehen, ob eine RVO eine **Handlung eines Verfassungsorgans** i. S. des Art. 130 Abs. 1 LV darstellt mit der Folge, dass ein verwaltungsgerichtliches Normenkontrollverfahren unstatthaft ist. Dies hindert die Prüfung der Norm in veraltungsgerichtlichen Verfahren im Übrigen nicht. 164

---

426 BVerfGE 121, 1 (18).
427 BVerfG, NJW 2014, 375 f.

§ 2 Grundlagen der Verwaltungsorganisation und des Verwaltungshandelns

von *Meinhard Schröder*

Literatur: *Die in diesem Verzeichnis enthaltenen Werke werden in den Fußnoten lediglich mit dem Namen der Autoren oder Herausgeber (erforderlichenfalls mit einem unterscheidenden Zusatz) zitiert.*

Bitter, Regionale Bündelungsbehörden: Notwendige staatliche Repräsentanz in der Fläche, DÖV 1997, 855; *Ehlers/Pünder*, Allg. Verwaltungsrecht, 15. Aufl. 2016; *Guckelberger/Heimpel*, Die Aufsichts- bzw. Beanstandungsklage, LKRZ 2012, 5 ff.; *Hoegner/Groß*, Die Reform und Neuorganisation der Landesverwaltung RhPf., DÖV 2000, 1040; *Hufen*, Verwaltungsprozessrecht, 11. Aufl. 2019; *Jutzi*, Kompetenzprobleme rhpf. Widerspruchsausschüsse, LKRZ 2008, 212; *Kahl/Hilbert*, Die Reformatio in peius, Jura 2011, 660; *Konzendorf*, Neuorganisation der Mittelinstanzen, 2000; *Lotz*, Die Neuorganisation der Landesverwaltung in RhPf., DVP 1999, 413; *Malmendier*, Die Zwangsmittelfestsetzung in der Verwaltungsvollstreckung des Bundes und der Länder, VerwArch 94 (2003), 25; *Maurer/Waldhoff*, Allg. Verwaltungsrecht, 19. Aufl. 2017; *Oster/Nies*, AGVwGO, Komm., 1998; *Pietzner*, Rechtsschutz in der Verwaltungsvollstreckung, VerwArch 84 (1993), 261; *ders.*, Zur Reformatio in peius im Widerspruchsverfahren, VerwArch 80 (1989), 500; *Pietzner/ Ronellenfitsch*, Das Assessorexamen im öffentlichen Recht, 13. Aufl. 2014; *Rühle/Stumm*, Handbuch für Rechtsausschüsse, 1999; *Rüter*, RhPf. auf dem Weg zu einer modernen öffentlichen Verwaltung, DÖV 1997, 908; *Schenke/Baumeister*, Probleme des Rechtsschutzes bei der Vollstreckung von Verwaltungsakten, NVwZ 1993, 1;*Schmitz/Prell*, Verfahren über eine einheitliche Stelle – Das Vierte Gesetz zur Änderung verwaltungsverfahrensrechtlicher Vorschriften, NVwZ 2009,1; *Schröder, Martin*, Reformatio in peius durch Rechtsausschüsse, NVwZ 2005, 1029; *Schulz/Tischer*, Verweisungen im Verwaltungsverfahrensrecht und ihre Reichweite im Kontext neuer Verordnungsermächtigungen, NVwZ 2014, 1049; *Stadelmaier/ Konzendorf*, Verwaltungsmodernisierung und Bürokratieabbau in RhPf., DÖV 2004, 729; *Wolff/Bachof u. a.*, Verwaltungsrecht, Bd. I, 12. Aufl. 2007, Bd. II, 7. Aufl. 2010; *Ziekow*, Das Widerspruchsverfahren in RhPf., 2001.

I. Einleitung 1
II. Rechtsquellen 2
   1. Verwaltungsorganisation 2
   2. Verwaltungshandeln 2
III. Verwaltungsorganisation 3
   1. Grundbegriffe und Gestaltungsprinzipien 3
      a) Verwaltungsträger 3
      b) Staatsverwaltung/Selbstverwaltung 4
      c) Elemente der Binnenorganisation der Verwaltungsträger 7
   2. Aussagen der Landesverfassung 11
   3. Der Aufbau der unmittelbaren Landesverwaltung 14
      a) Unterstufe 15
      b) Mittelstufe 17
      c) Oberstufe 19
   4. Verwaltungsmodernisierung .. 20
      a) Elemente im Landesgesetz zur Reform und Neuorganisation der Landesverwaltung (VwORG) 20
      b) Errichtung von Landesbetrieben 21
IV. Verwaltungshandeln 23
   1. Informationsverwaltung 23
   2. Verwaltungsverfahren 24
      a) Erscheinungsformen 24
      b) Bundesrechtlich geprägte Offenheit in der Landesgesetzgebung zum Verwaltungsverfahren 25
      c) Von der dynamischen Verweisung nicht erfasste Vorschriften und Geltungsumfang des LVwVfG 28
   3. Verwaltungsvollstreckung 29
      a) Allgemeine Kennzeichnung 29
      b) Grundlagen im Landesrecht 31
      c) Verfahrensarten 33

d) Allgemeine Vollstreckungsvoraussetzungen...	34
e) Besonderheiten des Beitreibungsverfahrens.......	35
f) Verwaltungszwang........	36
g) Rechtsschutz.............	47
V. Landesrechtliche Besonderheiten für den Rechtsschutz.............	51
1. Übersicht über den wesentlichen Inhalt des AGVwGO....	51
2. Das Widerspruchsverfahren...	52
a) Rechtssystematischer Standort/Funktionen......	52
b) Landesrechtliche Besonderheiten der Ausgestaltung......................	55
c) Verfahren..................	59
3. Die sog. Aufsichts- oder Beanstandungsklage................	64
a) Allgemeine Bemerkungen	64
b) Klageart....................	66
VI. Klausurhinweise...................	67
1. Typisches Klausurproblem: Abgrenzung der unmittelbaren Ausführung von der Ersatzvornahme im Sofortvollzug...	67
2. Aufbauhinweis: Sofortvollzug	68

I. Einleitung

Das Verwaltungsorganisationsrecht, dessen Grundlagen in diesem Abschnitt darzustellen sind, umfasst die Institutionen, die zur Erfüllung von Aufgaben der Verwaltung des Landes und im Lande bestehen. Es verteilt diese Aufgaben auf verschiedene Verwaltungsträger und deren Binnenorganisation. Es etabliert Zuständigkeiten, die geeignet erscheinen, rechtsstaatliche und zugleich effektive Verwaltungsentscheidungen hervorzubringen. Schon im Hinblick auf Art. 83 ff. GG ist das Verwaltungsorganisationsrecht in starkem Maße landesrechtlich geprägt. Bei den gleichfalls zu behandelnden Grundlagen des Verwaltungshandelns geht es um landesrechtliche Spezifika. Sie ergeben sich aus der Öffnung der Verwaltung für Informationsbedürfnisse, im Verwaltungsverfahren, in der Verwaltungsvollstreckung sowie im Widerspruchsverfahren und Verwaltungsrechtsschutz.

II. Rechtsquellen

1. Verwaltungsorganisation

- Verfassung für Rheinland-Pfalz (BS 100–1; *H/J/W*, Nr. 10)
- Landesgesetz zur Reform und Neuorganisation der Landesverwaltung (BS 200–4)

2. Verwaltungshandeln

- Transparenzgesetz (BS 2010 – 10; *H/J/W*, Nr. 29)
- Landesverwaltungsverfahrensgesetz (BS 2010–3; *H/J/W*, Nr. 22)
- Landesgesetz über die Zustellung in der Verwaltung (BS 2010–1; *H/J/W*, Nr. 20)
- Landesgesetz über die einheitlichen Ansprechpartner in Verwaltungsangelegenheiten (BS 2010 – 6)
- Landesverwaltungsvollstreckungsgesetz (BS 2010-2; *H/J/W*, Nr. 21)
- Landesgesetz zur Ausführung der Verwaltungsgerichtsordnung (BS 303–1; *H/J/W*, Nr. 71)

III. Verwaltungsorganisation

1. Grundbegriffe und Gestaltungsprinzipien. a) Verwaltungsträger. Die Verwaltungsaufgaben sind auf verschiedene Verwaltungseinheiten verteilt. Unter diesen sind zunächst die Verwaltungsträger hervorzuheben. Durch diese ist festgelegt, welcher Organisation eine bestimmte Verwaltungstätigkeit letztlich zugerechnet wird – mit Konsequenzen unter anderem für die Beteiligung an Verwaltungsrechtsverhältnissen und im Verwaltungsprozess. Als Verwaltungsträger in diesem Sinne kommen nur solche Verwaltungseinheiten in Betracht, denen die **Eigenschaft einer juristischen Person des öffentlichen Rechts** (und damit Rechtsfähigkeit) eignet oder die zumindest teilrechtsfähig sind.[1] Ersteres trifft auf den Staat (in Gestalt von Bund und Land) und auf Verwaltungseinheiten zu, die im Verhältnis zum Staat verselbstständigt und mit eigener Rechtsfähigkeit ausgestattet sind, nämlich Körperschaften, rechtsfähige Anstalten und Stiftungen des öffentlichen Rechts. Die ausnahmsweise anzunehmende **Teilrechtsfähigkeit eines Verwaltungsträgers** knüpft demgegenüber nicht an die Eigenschaft einer juristischen Person an, sondern an die (gesetzliche) Zuordnung genau bestimmter verwaltungsrechtlicher Rechte und Pflichten[2], etwa im Hochschulrecht oder hinsichtlich des Personalrates. In einem weiteren Sinne sind auch Privatrechtssubjekte, die mit hoheitlichen Verwaltungsaufgaben beliehen sind, Verwaltungsträger.[3]

4 b) **Staatsverwaltung/Selbstverwaltung.** Im Hinblick auf die Pluralität der Verwaltungsträger können auch in Rheinland-Pfalz **drei Verwaltungstypen** unterschieden werden: **Staatsverwaltung, kommunale Selbstverwaltung und die sog. funktionale Selbstverwaltung.**[4] Die Staatsverwaltung ist in erster Linie Verwaltung durch den eigenen Apparat des Staates/Landes (Organe, Behörden, Ämter). Als solche ist sie **unmittelbare Staatsverwaltung** und herkömmlich in drei hierarchisch aufgebaute Stufen (Unter-, Mittel-, Oberstufe) gegliedert.[5] Die Verwaltungsaufgaben des Staates (Landes) können aber auch rechtlich selbstständigen Verwaltungseinheiten (Körperschaften, Anstalten, Stiftungen) zur Erledigung übertragen sein. Es liegt dann **mittelbare Staatsverwaltung** vor.

5 Den zweiten Verwaltungstyp stellt die **kommunale Selbstverwaltung**, im Wesentlichen durch Gemeinden und Gemeindeverbände, dar. Ihre Merkmale sind verfassungsrechtlich vorgegeben (Art. 28 Abs. 2 GG, Art. 49 u. 78 Abs. 2 LV). Als Erscheinungsformen der **funktionalen Selbstverwaltung** lassen sich rechtsfähige Verwaltungsträger bezeichnen, die durch sachliche und persönliche Betroffenheit ihrer Mitglieder qualifizierte Aufgaben eigenverantwortlich und weisungsfrei wahrnehmen und deren Leitungsorgane demokratisch legitimiert sind. Hierher rechnen etwa Kammern und Hochschulen.

6 Fasst man die **mittelbare Staatsverwaltung** als Hülse für jede nicht durch den Staat/das Land selbst wahrgenommene Verwaltungstätigkeit auf, ist auch die kommunale und funktionale Selbstverwaltung mittelbare Staatsverwaltung.[6] Durch die mittelbare Staatsverwaltung im engeren Sinne (dazu Rn. 4) und im weiteren soeben ge-

---

[1] *Burgi*, in: Erichsen/Pünder, § 8 Rn. 6.
[2] Vgl. *Maurer/Waldhoff*, § 21 Rn. 6 u. 10; weiterführend u. krit. *Krebs*, in: HStR IV (2007), § 108 Rn. 41; *Jestedt*, in: Hoffmann-Riem/Schmidt-Aßmann/Voßkuhle, Grundlagen des Verwaltungsrechts, Bd. I, 2. Aufl. 2012, § 14 Rn. 21.
[3] *Maurer/Waldhoff*, § 21 Rn. 11.
[4] Zur letzteren *Kluth*, in: Wolff/Bachof, Bd. II, § 99.
[5] *Maurer/Waldhoff*, § 22 Rn. 16 f.
[6] So z. B. *Maurer/Waldhoff*, § 23 Rn. 1; *Burgi* (Fn. 1), Rn. 11.

kennzeichneten Verständnis wird die Verwaltung mittels Schaffung rechtlich selbstständiger Verwaltungsträger **dezentralisiert**.[7]

c) Elemente der Binnenorganisation der Verwaltungsträger. Das Landesrecht bezeichnet die innerhalb der Verwaltungsträger im Einzelnen zuständigen Organisationseinheiten unterschiedlich und zum Teil ungenau. Am häufigsten sind die Bezeichnungen Behörde und Amt, daneben finden sich gesetzesspezifische (herkömmliche) Benennungen wie Polizeipräsidien (§§ 76 f. POG) und Struktur- und Genehmigungsdirektion bzw. Aufsichts- und Dienstleistungsdirektion (§ 6 VwORG). Selten ist von Organen die Rede (siehe aber § 28 Abs. 1 GemO, § 21 Abs. 1 LKO). Zuverlässige Vorstellungen über die Bedeutung der Organisationselemente und ihrer Handlungsbefugnisse im Innen- oder Außenverhältnis gewinnt man aus den Bezeichnungen allein nicht. Dazu bedarf es vielmehr eines Binnenorganisationsrasters, das an den Begriffen Organ und Behörde festzumachen ist.

Verwaltungsträger bedürfen wie jede (teil-)rechtsfähige Organisation dauerhaft gebildeter Organisationseinheiten, die für sie handeln und ihre Zuständigkeiten wahrnehmen. Diese Einheiten sind die **Organe** des Verwaltungsträgers und als solche vom Wechsel der Inhaber (Organwalter) unabhängig.[8] Je nach dem rechtlichen Zuschnitt können Organe nur im Innenverhältnis des Verwaltungsträgers zuständig oder (auch) zur Vornahme von Verwaltungshandlungen im Außenverhältnis befugt sein. Dementsprechend sind die beispielhaft erwähnten, unterschiedlich bezeichneten Organisationseinheiten Organe des Landes bzw. der Gemeinden/Gemeindeverbände. Aber sie sind nicht ohne Weiteres auch **Behörden**. Deren Charakteristikum, das sie zum Unterfall der Organe macht, ist die Befugnis, Verwaltungshandlungen im Außenverhältnis wahrnehmen zu können. Im **institutionell-organisatorischen Sinn** kommt diese Eigenschaft – wiederum unabhängig von Bezeichnungen – allen staatlichen und nichtstaatlichen Organisationseinheiten zu, die zur Verwaltungsorganisation gehören[9] und nach einschlägigen Vorschriften zu Verwaltungsmaßnahmen im Außenverhältnis berufen sind.[10] Dabei kann zwischen **Sonderverwaltungsbehörden** und **allgemeinen Verwaltungsbehörden** unter dem Gesichtspunkt der sachlichen Zuständigkeit unterschieden werden. Sonderverwaltungsbehörden sind solche, die nur für bestimmte, durch Gesetz ausdrücklich zugewiesene Verwaltungsaufgaben zuständig sind, allgemeine Verwaltungsbehörden demgegenüber diejenigen Behörden, die die übrigen Aufgaben wahrnehmen (Negativdefinition).[11] Die Zuständigkeit der allgemeinen Verwaltungsbehörden ist stets anzunehmen, wenn eine Zuweisung an Sonderverwaltungsbehörden nicht gegeben ist. Die allgemeine Verwaltungsbehörde steht dementsprechend zur Verfügung, um neue Aufgaben zu übernehmen.[12]

Behörden sind typischerweise in **Abteilungen, Referate und Ämter** untergliedert.[13] Solche Untergliederungen haben keine Außenzuständigkeiten. Davon abweichend bezeichnet die Gesetzgebung häufig Organisationseinheiten als Ämter, die in Wahrheit

---

7 *Burgi* (Fn. 1), Rn. 8.
8 Näher *Maurer/Waldhoff*, § 21 Rn. 19 ff.; *Kluth* (Fn. 4), Rn. 129 ff.
9 *Burgi* (Fn. 1), § 7 Rn. 13.
10 *Maurer/Waldhoff*, § 21 Rn. 32.
11 *Maurer /Waldhoff*, § 22 Rn. 15; *Burgi* (Fn. 1), § 9 Rn. 14.
12 *Thieme*, Verwaltungslehre, 4. Aufl. 1984, § 48 Rn. 279.
13 *Maurer/Waldhoff*, § 21 Rn. 36 f.

(fachlich spezialisierte) Behörden oder, wie das Ordnungs- oder Bauamt, Abteilungen von Behörden darstellen.[14]

10 Eine von der Einbindung in die Verwaltungsorganisation unabhängige **funktionelle Betrachtungsweise der Behörden ist für das Verwaltungsverfahren maßgebend**: Danach ist »jede Stelle«, die materiell gesehen »Aufgaben der öffentlichen Verwaltung« wahrnimmt, Behörde (§ 2 LVwVfG). Behörden können somit im Einzelfall auch Organe der ersten und dritten Gewalt sein, ebenso Privatrechtssubjekte, die mit öffentlichrechtlichen Verwaltungsbefugnissen beliehen sind.

11 **2. Aussagen der Landesverfassung.** Sieht man von den Festlegungen zur Selbstverwaltung der kommunalen Gebietskörperschaften (Art. 49 f., 78 Abs. 2 LV) und der Hochschulen (Art. 39 LV) ab, macht die Verfassung (vgl. auch § 1 Rn. 89), im Unterschied zu anderen Landesrechten,[15] keine Aussagen darüber, wer befugt ist, Verwaltungseinheiten zu schaffen, ihren Aufgabenbereich sachlich und örtlich zu bestimmen, die Binnenorganisation und den Geschäftsablauf zu regeln und den Verwaltungssitz festzulegen. Die so umschriebene **Organisationsgewalt**[16] steht auch in Rheinland-Pfalz weder der Exekutive noch der Legislative allein zu. Sie ist vielmehr **auf der Grundlage des organisationsrechtlich zu konkretisierenden Gesetzesvorbehaltes** zu verteilen.

12 Im Einzelnen ist die **Konkretisierung kontrovers**.[17] Weitgehende Übereinstimmung besteht immerhin darüber, dass die Errichtung von Verwaltungsträgern (dazu Rn. 3) als grundlegende, die Verwaltung dezentralisierende Maßnahme (dazu Rn. 6) einer gesetzlichen Grundlage bedarf. Gleiches gilt wegen des Eingriffscharakters und der Grundrechtsrelevanz für die Errichtung von Behörden. Unter dem zuletzt genannten Gesichtspunkt – der Schaffung neuer Behörden unter gleichzeitiger Aufhebung der Regierungsbezirke – kann man die durch Gesetz vom 12.10.1999 beschlossene Reform und Neuorganisation der Landesverwaltung sehen (weitere Einzelheiten Rn. 17 ff.), wenngleich auch außerhalb des Gesetzesvorbehaltes liegende Gesichtspunkte die Gesetzesreform tragen: die öffentlichkeitswirksame und demokratische Fundierung einer grundlegenden Veränderung der Landesverwaltung auf der Mittelstufe.

13 Außerhalb der Reichweite des Gesetzesvorbehaltes für Organisationsmaßnahmen ist die Exekutive Trägerin der Organisationsgewalt, darf sie als Ausfluss ihrer verfassungsrechtlichen Stellung »sie selbst« sein.[18] Sie ist aber einem (punktuell zu handhabenden) Zugriffsrecht des Landtages ausgesetzt – unter anderem bei Zuständigkeits- und Organisationsveränderungen auf ministerieller Ebene (vgl. Art. 105 Abs. 2 LV).

14 **3. Der Aufbau der unmittelbaren Landesverwaltung.** Im Unterschied zur Verwaltung mittels rechtlich selbstständiger Verwaltungsträger (insbes. Gemeinden/Gemeindeverbände, sonstige Selbstverwaltungsträger), deren Organisation variiert und hier nicht

---

14 Burgi (Fn. 1), Rn. 30; Maure/Waldhoff, § 21 Rn. 37.
15 Entweder wird ein Organisationsgesetz verlangt oder die Landesverfassung gibt selbst Vorgaben betreffend der Organisation vor: Art. 70 Abs. 1 BadWürttVerf.; Art. 77 Abs. 1 BayVerf.; Art. 67 BerlVerf.; Art. 96 Abs. 1 BrandbVerf.; Art. 129 HbgVerf.; Art. 70 Abs. 2 MVVerf.; Art. 56 Abs. 2 NdsVerf.; Art. 77 NRWVerf.; Art. 116 SaarlVerf.; Art. 83 Abs. 1 SachsVerf.; Art. 86 Abs. 2 SachsAVerf.; Art. 45 Abs. 2 SchlHVerf.; Art. 90 ThürVerf. Ein detaillierter Überblick über organisationsrechtliche Gesetzesvorbehalte in den einzelnen Landesverfassungen findet sich bei Kluth (Fn. 4), § 80 Rn. 133 ff. u. § 81 Rn. 36 ff.
16 Kluth (Fn. 4), § 81 Rn. 7 ff.
17 Kluth (Fn. 4), § 81 Rn. 22 ff.
18 Burgi (Fn. 1), Rn. 5.

im Einzelnen darzustellen ist, weist die unmittelbare Landesverwaltung durch eigene Organe/Behörden ein **einheitliches dreistufiges Erscheinungsbild** auf (wie bereits in Rn. 4 erläutert).

a) **Unterstufe.** Auf der unteren Stufe sind einerseits die unteren Sonderbehörden, andererseits die Behörden der allgemeinen Landesverwaltung angesiedelt. Zur Zeit gibt es im Land etwa 120 untere Sonderbehörden, im Wesentlichen Finanzämter, Eichämter, Bergämter, Vermessungs- und Katasterämter, die Ämter für soziale Angelegenheiten, die Forstämter und die im Zuge der Modernisierung der Agrarbehörden geschaffenen Dienstleistungszentren Ländlicher Raum.[19] Auf dem Gebiet der allgemeinen Verwaltung treten die Landesbehörden der Unterstufe in Verknüpfung mit der kommunalen Ebene in Erscheinung, wobei prinzipiell zwei Modelle unterschieden werden können.[20] Beim ersten Modell sind die unteren Verwaltungsbehörden kommunalisiert, das heißt die kreisfreien Städte (Stadtkreise), weitere Gemeinden ab einer bestimmten Größe und die Landkreise für das Gebiet der übrigen Gemeinden nehmen die Aufgaben der allgemeinen Landesverwaltung wahr. Das zweite Modell sieht vor, dass außerhalb der Zuständigkeit der kreisfreien Städte bzw. der großen kreisangehörigen Städte für einen Teil der Aufgaben der Landesverwaltung die Landräte als untere Verwaltungsbehörde fungieren. Es handelt sich hier um einen Fall der Organleihe: Der Landrat als Organ des Verwaltungsträgers Landkreis nimmt nicht nur dessen Aufgaben wahr, sondern handelt bezüglich staatlicher Verwaltungsaufgaben als Organ des Verwaltungsträgers Land, mit der Folge, dass sein diesbezügliches Handeln dem Land zuzurechnen ist.

Im Land Rheinland-Pfalz hat sich der Gesetzgeber für das letztgenannte Regelungsmodell (dazu auch § 3 Rn. 18) entschieden: Gemäß § 55 Abs. 1 LKO ist »die Kreisverwaltung (…) Verwaltungsbehörde des Landkreises und zugleich untere Behörde der allgemeinen Landesverwaltung. Der Landrat ist dem Land für die ordnungsgemäße Erledigung der Aufgaben der Kreisverwaltung als untere Behörde der allgemeinen Landesverwaltung verantwortlich und unterliegt den Weisungen der vorgesetzten Dienststellen.« § 55 Abs. 2 LKO regelt die Aufgaben der Kreisverwaltung als untere Behörde der allgemeinen Landesverwaltung.

Beispiele:
- Verweigert etwa die Kreisverwaltung die Erteilung einer Baugenehmigung, so ist der Landkreis, vertreten durch den Landrat, im Wege einer Verpflichtungsklage zu verklagen, denn gemäß der Vorschrift des § 58 Abs. 4 LBauO wird die Bauaufsicht als Auftragsangelegenheit auch von den Landkreisen wahrgenommen.
- Anders sieht es aus, wenn eine kommunalaufsichtliche Aufgabe im Rahmen des § 55 Abs. 2 Nr. 1 LKO durch die Kreisverwaltung wahrgenommen wird. Es handelt das Land durch das vom Landkreis geliehene Organ mit der Folge, dass eine Klage gegen das Land zu richten ist.

b) **Mittelstufe.** Auf der Mittelstufe bestanden zunächst fünf, seit 1.10.1968 mit Inkrafttreten des 2. Verwaltungsvereinfachungsgesetzes drei Regierungsbezirke (Koblenz, Rheinhessen-Pfalz und Trier). Sie nahmen, soweit nicht Sonderbehörden zuständig waren, im Sinne einer fachlichen Konzentration[21] alle Angelegenheiten ihres

---
19 Die Behörden mit ihren Anschriften sind unter *www.verwaltung.rlp.de* abrufbar.
20 S. hierzu *Burgi* (Fn. 1), § 9 Rn. 17.
21 *Burgi* (Fn. 1), § 9 Rn. 16.

jeweiligen Bezirkes wahr und unterstanden der Fachaufsicht des für die jeweilige Angelegenheit zuständigen Ministeriums. Das **Landesgesetz zur Reform und Neuorganisation der Landesverwaltung (VwORG)** vom 12.10.1999[22] löste sie mit Wirkung zum 1.1.2000 mit dem Ziel auf, die Verwaltung zeitgemäßen Erfordernissen anzupassen, sie zu vereinfachen, zu straffen und bürgerfreundlicher zu gestalten (§ 1 VwORG). Errichtet wurden stattdessen Verwaltungseinheiten, in denen die Verwaltungsaufgaben nicht mehr regional, sondern funktional, nämlich nach ihrer fachlichen und verfahrensmäßigen Zusammengehörigkeit gebündelt sind. Zugleich wurden zahlreiche Sonderbehörden in die neuen Bündelungsbehörden integriert.[23]

18 **Drei Bündelungsbehörden** sind entstanden: die Struktur- und Genehmigungsdirektionen Nord und Süd für strukturrelevante Maßnahmen und komplexe Genehmigungsverfahren, deren Standorte Koblenz und Neustadt an der Weinstraße den industriellen Schwerpunkten in Rheinland-Pfalz entsprechen[24] (§§ 6 ff. VwORG); die Aufsichts- und Dienstleistungsdirektion mit Sitz in Trier für die Kommunal- und Schulaufsicht und Aufgaben mit besonderem Bürgerbezug (§ 10 VwORG); das Landesuntersuchungsamt mit Sitz in Koblenz zur Bündelung des in der Verwaltung benötigten technisch-naturwissenschaftlichen Sachverstandes (§ 12 VwORG). Das VwORG qualifiziert die Behörden als **obere Landesbehörden**. Dies erklärt sich eher aus dem Gegensatz zu »unteren« Verwaltungsbehörden als aus dem herkömmlichen Verständnis von Oberbehörden. Als Oberbehörden gelten nämlich üblicherweise solche, die landesweit für Spezialaufgaben zuständig sind und der Fachaufsicht der für die Spezialaufgaben zuständigen obersten Landesbehörden (Ministerien) unterliegen.[25] Die Struktur- und Genehmigungsdirektionen sind demgegenüber nicht landesweit zuständig und unterliegen der Fachaufsicht verschiedener Ministerien je nach wahrgenommener Zuständigkeit. Letzteres gilt auch für die landesweit zuständige Aufsichts- und Dienstleistungsdirektion (§ 11 Abs. 4, § 13 Abs. 3 VwORG).

19 **c) Oberstufe.** Auf der Oberstufe der unmittelbaren Landesverwaltung finden sich als **oberste Landesbehörden** vor allem die **Ministerien** und der der Landesregierung gegenüber selbstständige, nur dem Gesetz unterworfene Rechnungshof.[26] Daneben gehören der Oberstufe **Landesoberbehörden** im soeben erwähnten herkömmlichen Sinne an. Sie sind wie das Statistische Landesamt Rheinland-Pfalz oder das Landeskriminalamt Rheinland-Pfalz Sonderbehörden. Im Unterschied zu Bundesoberbehörden können sie im Einzelfall über einen Verwaltungsunterbau in Form von unteren Sonderbehörden verfügen.[27] Dies trifft auf die Zentralstelle der Forstverwaltung in Neustadt zu, der derzeit als untere Behörden 45 Forstämter nachgeordnet sind.

---

22 LG zur Reform und Neuorganisation der Landesverwaltung (VwORG) v. 12.10.1999 (GVBl. S. 325). Vgl. auch § 1 Rn. 24 zur Verfassungsgemäßheit der Reform im Hinblick auf Art. 78 Abs. 1 LV.
23 Zur Vorgeschichte *Bitter*, DÖV 1997, 855 ff.; *Rüter*, DÖV 1997, 908 ff.; *Groß*, in: Konzendorf, S. 53 ff.; *Lotz*, DVP 1999, 413 ff. Zum Folgenden *Hoegner/Groß*, DÖV 2000, 1040 ff.
24 Vgl. *Stadelmaier/Konzendorf*, DÖV 2004, 729 (730).
25 *Burgi* (Fn. 1), § 9 Rn. 15; *Maurer/Waldhoff*, § 22 Rn. 19.
26 Die Rechtsstellung und die Aufgaben des Rechnungshofes sind in mehreren Gesetzen geregelt. Die Rechtsstellung ist in Art. 120 Abs. 2 S. 2 LV sowie § 1 Abs. 1 RHG niedergelegt; die Aufgaben finden sich im Wesentlichen in Art. 120 Abs. 2 S. 1 LV, §§ 88 ff. LHO, 2 RHG. Vgl. auch § 1 Rn. 29 u. 136.
27 *Burgi* (Fn. 1), § 9 Rn. 16.

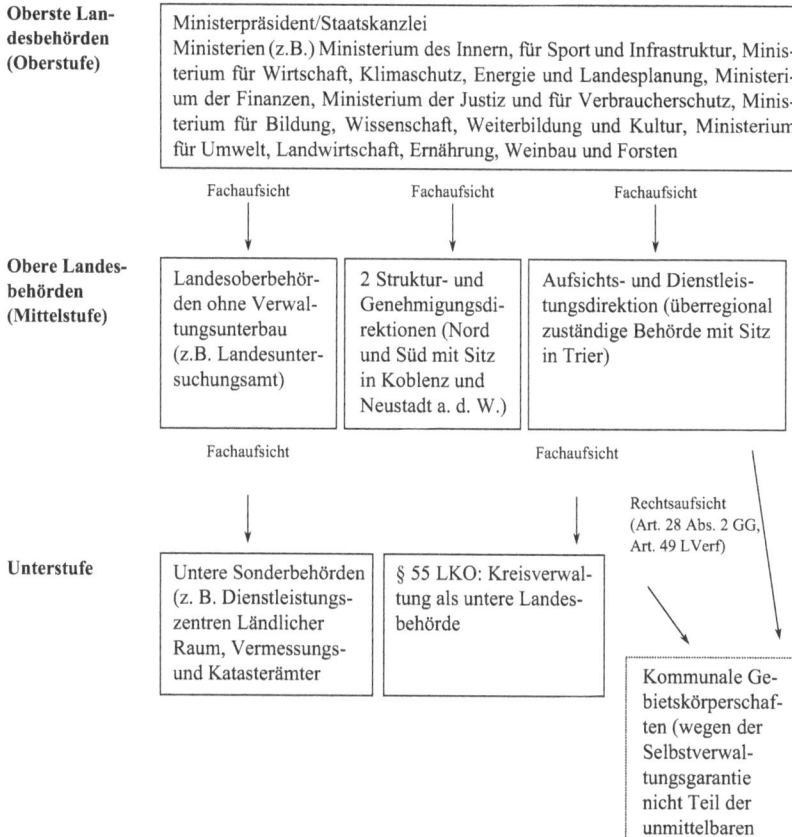

Zur Erläuterung: Die Rechtsaufsicht kennzeichnende Pfeile sind gestrichelt dargestellt.

4. Verwaltungsmodernisierung. a) Elemente im Landesgesetz zur Reform und Neuorganisation der Landesverwaltung (VwORG). Das Landesgesetz zur Reform und Neuorganisation der Landesverwaltung (Rn. 17) enthält über die Neustrukturierung der Mittelinstanz hinaus weitere Regelungen, die auf die Modernisierung der Verwaltung zielen. Zu diesen Zielen gehört die **Erneuerung interner Entscheidungs- und Arbeitsabläufe in der Verwaltung**.[28] § 2 VwORG begründet dementsprechend eine Pflicht zum Einsatz geeigneter Systeme der Informations- und Kommunikationstechnik in der Landesverwaltung. Der Einsatz ist zwar nicht zwingend von einer gesetzlichen Regelung abhängig. Doch begründet – als eine Art Vorläufer zu §§ 71 a ff VwVfG (Rn. 26) – § 2 VwORG einen Handlungsdruck zur adäquaten Behördenausstattung.[29] Dem

---
[28] Zu diesem Ziel *Kluth* (Fn. 4), § 79 Rn. 113; *Stadelmaier/Konzendorf*, DÖV 2004, 731 f.
[29] *Hoegner/Groß*, DÖV 2000, 1042.

gleichen Ziel dient die Bildung von **Projektgruppen**. § 3 VwORG sieht sie vor, soweit mehrere Organisationseinheiten einer Landesbehörde oder mehrere Landesbehörden an der Entscheidung über einen Antrag mitwirken und wenn hierdurch der Verfahrensablauf beschleunigt werden kann. Eine verfahrensabschließende Entscheidungskompetenz kommt der Projektgruppe nicht zu, um die Verantwortlichkeit des fachlich zuständigen Ministeriums nicht zu unterlaufen.[30] Auch ergibt sich aus § 3 VwORG kein subjektives Recht des Bürgers auf Bildung einer Projektgruppe. Der **Aufgabenkritik** kommt in den Bemühungen um die Modernisierung der Verwaltung gleichfalls eine zentrale Rolle zu: Es geht um die Bewertung der überkommenen Aufgabenverteilung und darum, welche Aufgaben gebündelt dezentralen Verwaltungseinheiten (dazu Rn. 6) überlassen oder entstaatlicht werden können. Die Reform der Mittelstufe (dazu Rn. 17) ist ein Ergebnis dieser Aufgabenkritik.[31] § 4 VwORG erklärt sie zur Daueraufgabe mit turnusmäßiger Berichtspflicht der Landesregierung an den Landtag. Dahin gehende Schritte beschreiben das 1. Landesgesetz zur Kommunal- und Verwaltungsreform in Art. 1 (Grundsätze der Kommunal-und Verwaltungsreform) und das 2. Landesgesetz zur Kommunal- und Verwaltungsreform (Aufgabenverlagerungen), beide vom 28.9.2010.[32]

21 b) **Errichtung von Landesbetrieben. aa) Allgemeine Gesichtspunkte:** Ausdruck der Verwaltungsmodernisierung ist ferner die Errichtung von Landesbetrieben, die kaufmännisch geführt werden und für die besondere Regelungen der Haushaltsordnung gelten.[33] Eine Legaldefinition fehlt, im Unterschied etwa zur Rechtslage in Nordrhein-Westfalen (§ 14a LOG NW). Gleichwohl wird die Organisationsform in Art. 116 Abs. 1 LV und §§ 26, 74, 87 LHO als bestehend vorausgesetzt. Die rechtliche Aufarbeitung steht noch aus. Unter diesem Vorbehalt wird man festhalten können: Landesbetriebe sind **rechtlich unselbstständige, aber funktional verselbstständigte Teile der Landesverwaltung**, die der Verwaltung selbst oder dem Markt Dienstleistungen oder Waren anbieten.[34] Einstweilen sind sie nicht zur juristischen Person verselbstständigt.[35] Die Gefahr eines Steuerungsdefizits besteht deshalb nicht.[36] Andererseits eröffnet die funktionale Verselbstständigung Räume eigenverantwortlichen Verwaltens, flankiert durch die haushaltsrechtliche Sonderstellung (§ 26 LHO). Im Ergebnis liegt somit bei den Landesbetrieben auch keine formelle oder materielle Privatisierung[37] vor. Sie sind nach wie vor Verwaltungseinheiten des Landes. Bei entsprechender Aufgabenzuweisung ist ein Landesbetrieb deshalb auch als Behörde denkbar.

22 bb) **Aufgabenspektrum und Ausgestaltung ausgewählter Landesbetriebe:** Landesbetriebe im vorbezeichneten Sinne sind der Betrieb Landeseigene Anlagen an Wasserstraßen (BLAW), Landesbetrieb Daten und Information (LDI), der Landesbetrieb Mobili-

---

30 Vgl. dazu MinBl. 2000 S. 3 ff., 12 ff.; *Hoegner/Groß*, DÖV 2000, 1042.
31 Dazu *Kluth* (Fn. 4), § 79 Rn. 147 ff.; *Hoegner/Groß*, DÖV 2000, 1043.
32 GVBl S. 272 bzw. S. 280; dazu LT-Drucks. 15/4489, S. 34 f.
33 *Kluth*(Fn. 4), § 79 Rn. 149; *Mann*, Die öffentlich-rechtliche Gesellschaft, 2002, S. 100.
34 Zum Ganzen *Kluth* (Fn. 4), § 79 Rn. 149; *M. Meinert*, Grenzen und Chancen der Organisationsform »Landesbetrieb« nach § 26 LHO, Diss. Potsdam 2006 (abrufbar unter: http://publishup.uni-potsdam.de/opus4-ubp/files/1097/meinert_diss.pdf).
35 *Trzaskalik*, in: G/C, Art. 116 Rn. 10; anders *Stadelmaier/Konzendorf*, DÖV 2004, 730, die von rechtlicher Selbstständigkeit ausgehen.
36 Dazu *Burgi*, NWVBl. 2001, 1 (4).
37 Zu dieser *Burgi* (Fn. 1), § 10 Rn. 7 ff.

tät (vormals Landesbetrieb Straßen und Verkehr, LSV) und der Landesbetrieb Liegenschafts- und Baubetreuung (LBB), aber auch die ehemalige Landesforstverwaltung als Landesbetrieb Landesforsten Rheinland-Pfalz, der Landesbetrieb Philharmonisches Staatsorchester Mainz, die Staatsphilharmonie Rheinland-Pfalz, und das Staatsorchester Rheinische Philharmonie in Koblenz.[38]

Als gemeinsamer Nenner der Aufgaben sind im Wesentlichen Dienstleistungen hervorzuheben, wie der Blick in die Errichtungsgesetze ergibt. So ist der Landesbetrieb Daten und Information (LDI) dazu angehalten, »insb. (...) die Behörden, Gerichte und Stellen des Landes bei der Planung und dem Betrieb von IT-Systemen, -verfahren und -einrichtungen« zu beraten und zu unterstützen (§ 1 Abs. 2 S. 2 (LDIG). Die Erbringung der Dienstleistung erfolgt somit verwaltungsintern. Das Landesgesetz über die Errichtung des Landesbetriebes Straßen und Verkehr sieht vor, dass dieser die bisherigen Aufgaben des Landesamtes für Straßen und Verkehr übernimmt (§ 1 Abs. 1 LSVG) und das Landesamt nebst nachgeordneten Behörden dem Landesbetrieb zugewiesen wird (§ 1 Abs. 2 LSVG). Aufgabenschwerpunkt ist damit die Betreuung (die Planung, der Bau und die Unterhaltung) des rheinland-pfälzischen Straßennetzes. Außerdem ist der Landesbetrieb obere Straßenbaubehörde (§ 49 Abs. 2 LStrG) und untere Straßenbaubehörde für Straßen in der Baulast des Bundes, des Landes und der Landkreise (§ 49 Abs. 3 Nr. 1 LStrG). Dem Landesbetrieb Liegenschafts- und Baubetreuung, am 1.1.1998 aus der Staatsbauverwaltung hervorgegangen, obliegt neben der Sanierung und Vorbereitung der Umnutzung von Verwaltungsgebäuden der Verkauf nicht mehr benötigter Liegenschaften an Private. Neben der Bestimmung der Aufgaben des Landesbetriebes finden sich in einschlägigen Vorschriften Aussagen zur Dienst- und Fachaufsicht, zum Erlass einer Betriebssatzung oder zur Bildung eines Beirates (so zur Beratung und Unterstützung der Geschäftsführung des Landesbetriebes Daten und Information).

IV. Verwaltungshandeln

1. **Informationsverwaltung.** Eine kaum zu unterschätzende Bedeutung für das Verwaltungshandeln haben hinreichende Informationen. Die Verwaltung bedarf ihrer, um gesetzeskonform, effektiv und bürgernah handeln zu können, Private zur Wahrung und Kenntnis ihrer verwaltungsbezogenen Rechte und Pflichten. Auf diesem Hintergrund sind Ansätze eines »**Informationsverwaltungsrechts**« zu beobachten,[39] die auch das Landesrecht erfasst haben. Dabei geht es nicht mehr allein um den von konkreten Verwaltungsverfahren (unten 2.) unabhängigen individualrechtlichen Zugang zu amtlichen Informationen, den das Land nach dem Vorbild des Informationsfreiheitsgesetz des Bundes (Sart. Nr. 113) zunächst eröffnet hatte.[40] Vielmehr hat das Land inzwischen den voraussetzungslosen Anspruch auf Zugang zu den bei der Verwaltung vorhandenen Informationen um eine aktive Informationspflicht erweitert. Die Verwal-

23

---

38 S. dazu etwa das LG über die Errichtung des Landesbetriebes Daten und Information v. 16.12.2002 (GVBl. S. 496, BS 200–1); das LG über die Errichtung des Landesbetriebes Straßen und Verkehr v. 18.12.2001 (GVBl. S. 303, BS 200–7); zur Bezeichnungsänderung vgl. Art. 1 des G v. 22.12.2008 (GVBl. S. 317), u. www.hafenbetriebe-ludwigshafen.de, www.ldi.rlp.de, www.wald-rlp.de, www.lbm.rlp.de, www.lbbnet.de, www.rheinische-philharmonie.de, www.staatsphilharmonie.de.
39 Dazu *Ehlers*, in: Ehlers/Pünder, § 1 Rn. 76.
40 LG über die Freiheit des Zugangs zu Informationen v. 26.11.2008 (GVBl. S. 296).

tung soll sich nicht mehr auf passives Einsichtgeben beschränken, sondern zur informierenden Verwaltung werden, die sich auf aktive Kommunikation einlässt.[41] Sichtbarer Ausdruck des angestrebten Kulturwandels im Staat und speziell in der Verwaltung ist das Landestransparenzgesetz vom 27.11.2015.[42] Es regelt bemerkenswerterweise die aktive Informationspflicht der Verwaltung vor dem Informationszugang auf Antrag (§ 4 Abs. 1, §§ 8 ff., 11 ff.) und führt zur Gewährleistung der Transparenz und Offenheit in Staat und Verwaltung einen Landesbeauftragten für die Informationsfreiheit ein (§ 19 ff.).

24 2. **Verwaltungsverfahren. a) Erscheinungsformen.** Das Verwaltungsverfahrensrecht, bei dem es darum geht zu sichern, dass die Beteiligten in einem geordneten und angemessenen Verfahren die Entscheidungsfindung vorantreiben und/oder auf sie Einfluss nehmen können, weist bundes- wie landesrechtlich drei **Erscheinungsformen** auf: das im Bundes- und Landesverwaltungsgesetz geregelte **Verwaltungsverfahren** einschließlich der **Verwaltungszustellung**, das **Vollstreckungsverfahren** zur zwangsweisen Durchsetzung öffentlich-rechtlicher Verpflichtungen durch Behörden des Bundes oder Landes, schließlich das **Widerspruchsverfahren**, das eine Zwitterstellung besitzt, weil es nicht nur Verwaltungsverfahren, sondern zugleich Sachentscheidungsvoraussetzung für bestimmte Klagen nach Maßgabe der VwGO ist. Im vorliegenden Abschnitt geht es um das landesrechtliche Verwaltungsverfahren und die Verwaltungsvollstreckung (3.). Die Darstellung des Widerspruchsverfahrens erfolgt zusammen mit weiteren, im Ausführungsgesetz zur VwGO geregelten Besonderheiten des Landesrechts (V.).

25 b) **Bundesrechtlich geprägte Offenheit in der Landesgesetzgebung zum Verwaltungsverfahren.** Das Verwaltungsverfahren richtet sich, soweit Behörden der unmittelbaren und mittelbaren Landesverwaltung (Rn. 4 bzw. 14 ff.) tätig werden, grundsätzlich nach dem **Landesverwaltungsverfahrensgesetz**. Das ergibt sich aus § 1 Abs. 3 VwVfG des Bundes in Verbindung mit der Tatsache, dass das Land mit Wirkung zum 1.1.1977 ein eigenes Verwaltungsverfahrensgesetz erlassen hat. Regelungstechnisch besteht dessen Besonderheit darin, dass es keine Vollregelungen trifft, sondern im Wesentlichen auf das VwVfG des Bundes in seiner jeweiligen Fassung verweist (§ 1 Abs. 1 LVwVfG). Dementsprechend sind die Bestimmungen des Bundes als Landesrecht anzuwenden. Die gleiche Technik liegt dem **Landesgesetz über die Zustellung in der Verwaltung**, einer nach Maßgabe gesetzlicher Anordnung besonders formalisierten Bekanntgabe von Verwaltungsakten (Beispiel: § 74 Abs. 4 S. 1 VwVfG iVm § 1 Abs. 1 LVwVfG[43]) zugrunde.

26 Verweisungen auf das VwVfG des Bundes, die zu ihrer Anwendung einer landesrechtlichen Ergänzung bedürfen, betreffen die Optionen, von einer Genehmigungsfiktion[44] Gebrauch zu machen (§ 42 a) und das Verwaltungsverfahren über eine einheitliche Stelle einzuführen (§§ 71 a ff.). Ihr Ziel ist es, das Verwaltungshandeln zu beschleunigen und das Verwaltungsverfahren service-orientierter zu gestalten.[45] Insofern besteht

---

41 *Masing*, in: VVDStRL, 63(2004), 379 (423).
42 Dazu LT-Drucks. 16/1573; *Jauch*, DVBl 2013, 16 ff.
43 Für alle im Folgenden genannten §§ des VwVfG gilt der Rechtsgrundverweis des § 1 Abs. 1 LVwVfG.
44 Zu Begriff und Wirkungsweise *Detterbeck*, Allg. Verwaltungsrecht, 16. Aufl. 2019, Rn. 537; krit. dazu *Eisenmenger*, in: Fehling/Kastner/Störmer, Verwaltungsrecht, Komm., 5. Aufl. 2020, VwVfG § 42 a Rn. 9.
45 *Kopp/Ramsauer*, VwVfG, Komm., 20. Aufl. 2019, § 42 a Rn. 4 u. § 71 a Rn. 5.

ein Zusammenhang mit der beschriebenen Modernisierung der Verwaltung (Rn. 20 ff.). Die wesentlichen Regelungen finden sich im Bundesrecht als Umsetzung der RL 2006/123/EG über Dienstleistungen im Binnenmarkt. Die landesrechtlichen Anwendungsvoraussetzungen ergeben sich aus § 6 Abs. 1 Nr. 1 LVwVfG und § 1 LG über die einheitlichen Ansprechpartner in Verwaltungsangelegenheiten. Das neuartige Verfahren über eine einheitliche Stelle[46] ermöglicht es, wenn für ein bestimmtes Vorhaben mehrere Behörden zuständig sind und der Antragsteller daran interessiert ist, sein Vorhaben über einen einheitlichen behördlichen Ansprechpartner abzuwickeln. Dieser fungiert als eine Art Verfahrensmittler. Die Zuständigkeiten der Fachbehörden ersetzt er nicht, weshalb auch keine Konzentrationswirkung wie im Planfeststellungsverfahren eintritt.[47] § 2 EAP-G bestimmt, dass bei den Struktur- und Genehmigungsbehörden Nord und Süd (Rn. 18) ein einheitlicher Ansprechpartner eingerichtet wird.

Einwände gegen die **dynamische Verweisung** auf Bundesrecht[48] greifen nicht durch. Das allgemeine Verwaltungsverfahren ist ein »Kernstück des allgemeinen deutschen Verwaltungsrechts«[49] und beruht im Wesentlichen auf bundes(verfassungs-)rechtlich und gewohnheitsrechtlich geprägten einheitlichen Regeln und Prinzipien. Von daher kann von unvorhersehbaren, die Gesetzgebungskompetenz des Landesgesetzgebers substantiell beschränkenden Entwicklungen des Bundesrechts nicht die Rede sein.[50] Soweit ersichtlich, sind auch aus der (Rechtsprechungs-)Praxis des Landes keine Zweifel an der Gültigkeit der Verweisungsgesetze bekannt geworden.

27

c) Von der dynamischen Verweisung nicht erfasste Vorschriften und Geltungsumfang des LVwVfG. Von der dynamischen Verweisung auf das VwVfG des Bundes nicht erfasst sind nach § 1 LVwVfG wegen eigener landesrechtlicher Regelungen nur wenige Vorschriften: ua die vollstreckungsrechtliche Bestimmung des § 61 Abs. 2 VwVfG, die in §§ 80 u. 96 Abs. 4 VwVfG getroffenen Kostenregelungen im Widerspruchsverfahren, die Vorschrift des § 78 VwVfG über das Zusammentreffen mehrerer ein Planfeststellungsverfahren erfordernder Vorhaben (vgl. dazu § 5 LVwVfG) und die Aufgabenübertragungsklausel des § 94 VwVfG. Die gesetzlich geregelten **Ausnahmen von der Anwendung des LVwVfG** entsprechen im Ganzen denen des § 2 VwVfG. Zusätzlich aufgenommen sind die Anstalt des öffentlichen Rechts »Zweites Deutsches Fernsehen« und Verfahren nach dem Landeswahlgesetz und dem Kommunalwahlgesetz[51] (§ 1 Abs. 2 Nr. 2, Abs. 3 Nr. 6 LVwVfG). Auch die **beschränkte Geltung des LVwVfG** für die Gerichts- und Justizverwaltung sowie für Eignungs-, Leistungs- und ähnliche Prüfungen entspricht dem bundesrechtlichen Vorbild (§ 1 Abs. 4 Nr. 2 LVwVfG). Von den erwähnten Ausnahmen und Einschränkungen abgesehen gilt der Grundsatz der **Subsidiarität des Verwaltungsverfahrens** zugunsten inhaltsgleicher oder entgegenstehender Bestimmungen des Landesrechts (§ 1 Abs. 1 letzter Halbs. LVwVfG). Ausge-

28

---

46 LandesG über die einheitlichen Ansprechpartner in Verwaltungsangelegenheiten v. 27.10.2009, GVBl 355.
47 Eingehende Beschreibung bei *Schmitz/Prell*, NVwZ 2009, 1; *Pünder*, in: Ehlers/Pünder, § 15 Rn. 51 ff. Wichtige landesrechtliche Anwendungsfälle: LBauO, LBodSchG, LWG. Liste der über einen EAP abwickelbaren Verfahren unter www.eap.rlp.de *Kopp/Ramsauer* (Fn. 45), § 71a Rn. 4.
48 Meinungsstand bei *Schulz/Tischer*, NVwZ 2014,1049 (1050 f.).
49 *Badura*, in: Erichsen, Allg. Verwaltungsrecht, 12. Aufl. 2002, § 33 Rn. 26.
50 Betr. RhPf.: BVerwG NVwZ 2005, 699 (700); allg. *Maurer/Waldhoff*, § 5 Rn. 19; *Kopp/Ramsauer* (Fn. 45), Einf. I Rn. 9.
51 Die streng genommen ohnehin keine Verwaltungsverfahren sind: *Ule/Laubinger*, Verwaltungsverfahrensrecht, 4. Aufl. 1995, Rn. 27.

schlossen ist danach die Anwendung des LVwVfG beispielsweise durch § 22 GemO (Ausschluss von Behörden) oder § 13 LBG (Rücknahme von Verwaltungsakten).

29 **3. Verwaltungsvollstreckung. a) Allgemeine Kennzeichnung.** Die Verwaltungsvollstreckung dient der zwangsweisen Durchsetzung verwaltungsrechtlicher Verpflichtungen eines Privatrechtssubjekts, nach Maßgabe spezieller Vorschriften auch gegen Behörden oder juristischen Personen des öffentlichen Rechts (§ 7 LVwVG). Die Verpflichtungen sind grundsätzlich solche, die ihre **Grundlage in einem Verwaltungsakt** haben (§ 1 Abs. 1 LVwVG). Daran wird der enge Zusammenhang zwischen der Befugnis, das Verwaltungsrecht im Einzelfall durch Verwaltungsakt verbindlich zu konkretisieren, und dem Verwaltungszwang sichtbar: Im Unterschied zur Zwangsvollstreckung privatrechtlicher Verpflichtungen, die auf die Inanspruchnahme der Gerichte oder besonderer Vollstreckungsorgane angewiesen ist, können sich Behörden durch den Erlass eines Verwaltungsaktes den erforderlichen Vollstreckungstitel selbst verschaffen und erforderlichenfalls auch vollstrecken (**Grundsatz der Selbstvollstreckung**).[52]

30 Systemsprengend erscheint von daher die Einbeziehung öffentlich-rechtlicher Verpflichtungen aus **vollstreckbaren Urkunden** (§ 68 LVwVG) in die Verwaltungsvollstreckung, erst recht die bestimmter **privatrechtlicher Forderungen** der öffentlichen Hand, soweit durch Rechtsverordnung der Landesregierung zugelassen (§ 71 LVwVG).[53] In den erheblichen Eingriffen, die die Vollstreckung von Verwaltungsakten für den Betroffenen darstellen kann, liegt der Grund für die strenge Formalisierung des Verfahrens[54] und für die Notwendigkeit eines ausreichenden Rechtsschutzes.

31 **b) Grundlagen im Landesrecht.** Das Verwaltungsvollstreckungsrecht weist wie das allgemeine Verwaltungsverfahren aus kompetenzrechtlichen Gründen bundes- und landesrechtliche Regelungen auf. Landesrechtlich ist das LVwVG maßgebend, für die Anwendung unmittelbaren Zwangs durch die Polizei sind die § 57 Abs. 2, § 58 ff. POG zu beachten.

32 Das LVwVG ist **anzuwenden,**
- wenn Behörden des Landes, der kommunalen Gebietskörperschaften oder der unter Aufsicht des Landes stehenden juristischen Personen des öffentlichen Rechts (vgl. § 3 LVwVG) **Verwaltungsakte auf landesrechtlicher Grundlage zwangsweise durchsetzen** und keine landesrechtlichen Spezialregelungen greifen (§ 1 Abs. 1 iVm Abs. 3 LVwVG);
- wenn das Land Bundesrecht als eigene Angelegenheit ausführt und das Bundesrecht keine das Landesvollstreckungsrecht ausschließenden Bestimmungen getroffen hat;
- wenn Bundesrecht zur Anwendung landesvollstreckungsrechtlicher Vorschriften ermächtigt (§ 1 Abs. 2 LVwVG).

33 **c) Verfahrensarten.** Grundsätzlich sind zwei Vollstreckungsarten zu unterscheiden: zum einen das sog. **Beitreibungsverfahren** zur Vollstreckung wegen Geldforderungen

---

[52] *Detterbeck*, (Fn. 44), Rn. 1006; vertiefend dazu *Waldhoff*, in: Hoffmann-Riem/Schmidt-Aßmann/Voßkuhle (Fn. 2), Bd. 3, 2. Aufl. 2013, § 46 Rn. 109.
[53] Vgl. *Maurer/Waldhoff*, § 20 Rn. 8.
[54] *Peilert*, in: Wolff/Bachof, Bd. I, 12. Aufl. 2007, § 64 Rn. 10.

(§§ 19–60 LVwVG), zum anderen das Verfahren zur Vollstreckung von Verwaltungsakten, mit denen eine Handlung, Duldung oder Unterlassung gefordert wird, der sogenannte Verwaltungszwang (§§ 61–67 LVwVG). Er wird entweder im **Verwaltungszwangsverfahren** (auch gestrecktes Verfahren genannt) oder im **sofortigen Zwang** (auch Sofortvollzug bzw. sofortiger Vollzug genannt) realisiert. Überschneidungen zwischen den Verfahrensarten sind in den Fällen denkbar, in denen zur Erzwingung von Handlungen, Duldungen oder Unterlassungen Leistungsbescheide ergehen, die im Beitreibungsverfahren vollstreckt werden (vgl. § 63 Abs. 2, § 64 Abs. 3 LVwVG).

d) **Allgemeine Vollstreckungsvoraussetzungen.** Zu den allgemeinen Vollstreckungsvoraussetzungen, die sowohl für die Vollstreckung wegen Geldforderungen als auch für den Verwaltungszwang gelten, gehört neben der richtigen Bestimmung der Verfahrensbeteiligten (§§ 4, 6 LVwVG) vor allem, dass ein **vollstreckbarer Verwaltungsakt** vorliegt. **Vollstreckungsfähig** sind Verwaltungsakte, mit denen eine Geldleistung oder eine Handlung, Duldung oder Unterlassung gefordert wird (§ 1 Abs. 1 LVwVG). Feststellende oder rechtsgestaltende Verwaltungsakte scheiden damit von vorneherein aus.[55] Ihr Inhalt verwirklicht sich ipso iure und ist der Vollstreckung weder bedürftig noch fähig. Nichtige Verwaltungsakte entfalten keine Rechtswirksamkeit (§ 1 LVwVfG iVm § 43 Abs. 3 VwVfG) und sind daher ebenfalls einer Vollstreckung nicht zugänglich. Dagegen nimmt die Rechtswidrigkeit eines Verwaltungsaktes diesem nicht die Vollstreckungsfähigkeit.[56] Vollstreckungsfähige Verwaltungsakte sind **unter den alternativ zu verstehenden Voraussetzungen des § 2 LVwVG vollstreckbar**. Die Vorschrift verweist, auch soweit dies nicht ausdrücklich gesagt wird, implizit auf die VwGO: Die Unanfechtbarkeit (verfügender) Verwaltungsakte (§ 2 Nr. 1 LVwVG) – als Regelfall gedacht und daher an erster Stelle geregelt – bestimmt sich nach §§ 74, 75 VwGO. Im Übrigen tritt sie mit der Rechtskraft eines verwaltungsgerichtlichen Urteils ein. Ebenso sind die Maßstäbe des (gesetzlichen) Ausschlusses des Suspensiveffektes (§ 2 Nr. 2 LVwVG), bedeutsam vor allem bei Steuern und anderen Abgaben sowie im Polizeirecht, § 80 Abs. 2 S. 1 Nr. 1–3 und Satz 2 VwGO entnommen; desgleichen die der Anordnung des Sofortvollzuges § 2 Nr. 3 LVwVG iVm § 80 Abs. 2 S. 1 Nr. 4 VwGO.

e) **Besonderheiten des Beitreibungsverfahrens.** Grundlage des Beitreibungsverfahrens sind nach § 1 VwVG **vollstreckbare Geldleistungsverwaltungsakte**, insbes. Abgabenbescheide (soweit sie nicht der AO unterliegen) oder Bescheide über öffentlich-rechtliche Erstattungsansprüche. Die Vollstreckung darf erst beginnen, wenn die in § 22 LVwVG normierten Voraussetzungen gegeben sind. Dann erfolgt sie durch Pfändung beweglicher Sachen, Forderungen und anderer Vermögensrechte (§§ 27 ff., 43 ff. LVwVG) oder durch Zugriff auf das unbewegliche Vermögen (§§ 59 f. LVwVG) des Vollstreckungsschuldners (§§ 6, 23 LVwVG). Auf die Behandlung weiterer Einzelheiten wird hier verzichtet.

f) **Verwaltungszwang.** Die Vollstreckung von Verwaltungsakten, mit denen eine Handlung, Duldung oder Unterlassung gefordert wird, erfolgt durch den **Einsatz von**

---

55 *Waldhoff* (Fn. 52), Rn. 111; OVG RhPf NVwZ-RR 1997, 223 betr. den Widerruf einer Gaststättenerlaubnis.
56 Eingehend *Waldhoff* (Fn. 52), Rn. 169 ff.

Zwangsmitteln. Die prinzipiell zur Verfügung stehenden **Zwangsmittel** sind im § 62 Abs. 1 LVwVG **abschließend** aufgezählt.[57]

37 a) **Zwangsmittel:** Verpflichtungen, deren Erfüllung durch eine andere Person als den Adressaten des Verwaltungsaktes möglich ist (sog. vertretbare im Unterschied zu höchstpersönlichen Handlungen), können, falls der Adressat seiner Verpflichtung nicht nachkommt, im Wege der **Ersatzvornahme** durchgesetzt werden. Die Ersatzvornahme ist Erfüllung anstelle des Pflichtigen durch die Behörde oder einen von ihr beauftragten Dritten (§ 63 Abs. 1 LVwVG). Bei der erstgenannten Alternative – der sog. **Selbstvornahme**- erfüllt die Behörde die vom Pflichtigen geschuldete Handlung selbst. In der zweiten Alternative schließt sie, um die Erfüllung der Verpflichtung durchzusetzen, mit einem Privatrechtssubjekt, typischerweise einem Unternehmer, einen privatrechtlichen (Werk-) Vertrag. Die Auswahl zwischen den Alternativen trifft die Behörde nach ihrem Ermessen unter Beachtung der Verhältnismäßigkeit.[58] Die Kosten hat in beiden Fällen der Vollstreckungsschuldner zu tragen. Der entsprechende Leistungsbescheid kann im Beitreibungsverfahren vollstreckt werden (§ 63 Abs. 2 LVwVG). Lagen die Voraussetzungen der Ersatzvornahme nicht vor, war diese also rechtswidrig, kann die Behörde die ihr entstandenen Kosten nicht im Wege der Geschäftsführung ohne Auftrag (§§ 677 ff. BGB) geltend machen.[59]

38 Das **Zwangsgeld** kommt bei Verpflichtungen zu Handlungen, Duldungen oder Unterlassungen zum Einsatz (§ 64 Abs. 1 LVwVG). Die mit dem Zwangsgeld zu erzwingende Handlung, Duldung oder Unterlassung muss vom Willen des Pflichtigen abhängen. Das Zwangsgeld darf also nicht eingesetzt werden, wenn das Verhalten aus Umständen unterbleibt, die vom Willen des Pflichtigen unabhängig sind.[60] Für das Zwangsgeld kommen damit vor allem unvertretbare (höchstpersönliche) Verpflichtungen in Betracht. Das Gesetz verbietet aber auch den Einsatz bei vertretbaren Handlungen nicht, etwa wenn die Ersatzvornahme nicht zum Ziel führen würde, weil der Pflichtige nicht in der Lage ist, die Kosten der Ersatzvornahme zu tragen.

Beispiel (OVG RhPf., NVwZ-RR 1992, 519):
Der mittellose A wird von der Kreisverwaltung aufgefordert, 1500 m² Bauschutt von seinem Grundstück zu entfernen. Obwohl es dem A möglich gewesen wäre, den Bauschutt selbstständig von seinem Grundstück zu entfernen, unterlässt er dies.

Das Zwangsgeld ist schriftlich festzusetzen (§ 64 Abs. 2 S. 1 LVwVG), die Festsetzung ist ein Verwaltungsakt. Der gesetzliche Rahmen liegt zwischen 5,- und 5.000,- Euro.[61] Dabei sind die gesetzlichen Kriterien des § 64 Abs. 2 S. 3 LVwVG zu beachten und es ist eine Zahlungsfrist einzuräumen (§ 64 Abs. 2 S. 4 LVwVG). Unterbleibt die Zahlung des Zwangsgeldes, wird im Beitreibungsverfahren vollstreckt (§ 64 Abs. 3 LVwVG). Ist die Vollstreckung erfolglos geblieben oder steht von vornherein fest, dass sie keinen Erfolg hat, kann das Verwaltungsgericht auf Antrag der Vollstreckungsbehörde die **Ersatzzwangshaft** anordnen (§ 67 Abs. 1 LVwVG), wenn die Festsetzung des

---

57 *Waldhoff* (Fn. 52), Rn. 130.
58 *Lemke*, in: Fehling/Kastner/Störmer (Fn. 44), VwVG § 10 Rn. 6.
59 OVG RhPf., NVwZ 1994, 715 (716).
60 OVG Lüneburg, NVwZ-RR 2015, 445 (LS).
61 Bei erstmaliger Festsetzung darf in der Regel nicht sogleich der gesetzliche Höchstbetrag gewählt werden; OVG RhPf., NVwZ 1989, 490.

Zwangsgeldes Bestandskraft erlangt hat.[62] Die Ersatzzwangshaft ist nur solange zulässig, wie der Vollstreckungsschuldner seine Verpflichtung nicht erfüllt hat (§ 67 Abs. 3 LVwVG). Ist die Erfüllung subjektiv unmöglich geworden, entfällt die Möglichkeit der Zwangshaft.[63]

Unmittelbarer Zwang, der in der Einwirkung auf Personen und Sachen durch körperliche Gewalt, ihre Hilfsmittel oder Waffen besteht (§ 65 Abs. 2 S. 1 LVwVG), ist das schärfste Zwangsmittel.[64] Er kann deshalb nur zum Einsatz kommen, wenn Ersatzvornahme oder Zwangsgeld nicht zum Ziel führen oder untunlich (unzweckmäßig) sind (§ 65 Abs. 1 LVwVG). Für die Erzwingung von (Willens-) Erklärungen ist der unmittelbare Zwang gänzlich ausgeschlossen (§ 65 Abs. 3 LVwVG). Im Übrigen ist er bestimmten Amtsträgern vorbehalten (§ 65 Abs. 4 LVwVG) und es sind die Einschränkungen des Waffeneinsatzes zu beachten (§ 65 Abs. 2 S. 2 LVwVG; vgl. auch §§ 58 ff. POG). 39

Zwischen den einzelnen Zwangsmitteln besteht eine **begrenzte Auswahlfreiheit** im Rahmen der gesetzlichen Vorgaben. So steht, sollen vertretbare Handlungen zwangsweise durchgesetzt werden, neben der Ersatzvornahme auch das Zwangsgeld zur Verfügung (dazu Rn. 37) und unmittelbarer Zwang kann an die Stelle von Ersatzvornahme und Zwangsgeld treten (§ 65 Abs. 1 LVwVG). In Betracht kommt auch die Anwendung mehrerer Zwangsmittel nacheinander (§ 66 Abs. 3 LVwVG). Eine zwingende Reihenfolge der Zwangsmittel besteht somit nicht.[65] In jedem Fall unterliegt ihr Einsatz aber dem **Grundsatz der Verhältnismäßigkeit** (§ 62 Abs. 2 LVwVG). 40

bb) Einsatz im »gestreckten« Verfahren: Um dem Pflichtigen Gelegenheit zu geben, den Verwaltungszwang zu vermeiden, erfolgt der Einsatz der Zwangsmittel **im Regelfall in einem mehraktigen bzw. mehrstufigen »gestreckten« Zwangsverfahren**. Prinzipiell lassen sich drei Akte bzw. Stufen unterscheiden: die Androhung, die Festsetzung und die Anwendung des Zwangsmittels. Die **Androhung** trifft die Wahl des Zwangsmittels nach Art und Höhe und setzt dem Pflichtigen eine angemessene Frist zur Erfüllung seiner Verpflichtung. Die **Festsetzung** eröffnet den Zugang für die Anwendung des Zwangsmittels und bietet eine letzte Möglichkeit der freiwilligen Befolgung. Die **Anwendung** realisiert den Zwang je nach Zwangsmittel durch Eigen- oder Fremdvornahme der Handlung, Beitreibung des Zwangsgeldes oder durch unmittelbaren Zwang. Androhung und Festsetzung haben Regelungscharakter und sind deshalb Verwaltungsakte. Die Anwendung ist demgegenüber bloßer Realakt, da mit ihr keine weitere Regelung getroffen wird.[66] 41

Im Unterschied zum Bundesrecht (§§ 13 ff. VwVG) befasst sich das **Landesrecht** nur mit der Androhung eingehend (§ 66 LVwVG). Die Festsetzung ist nur beim Zwangsgeld vorgeschrieben (§ 64 Abs. 2 S. 1 LVwVG), die Anwendung überhaupt nicht vorgesehen. Gleichwohl lassen sich jedenfalls **zwei Akte bzw. Stufen** unterscheiden: die Androhung und die Anwendung. Beim Zwangsgeld kommt eine weitere Stufe, die Festsetzung, hinzu. Im Übrigen bleibt es der Behörde unbenommen, eine Festsetzung 42

---

62 *Peilert* (Fn. 54), Rn. 76.
63 Vgl. *Maurer/Waldhoff*, § 20 Rn. 16.
64 Vgl. statt vieler *Maurer/Waldhoff*, § 20 Rn. 17.
65 Dazu *Peilert* (Fn. 54), Rn. 64.
66 Vgl. *Peilert* (Fn. 54), Rn. 93 m.w.N.

auch der anderen Zwangsmittel, die dann als Verwaltungsakte zu behandeln wären, vorzunehmen.[67]

Beispiel (OVG RhPf., NVwZ 1986, 762):
Da das Gartenhaus des B gegen baurechtliche Vorschriften verstößt, wird B von der zuständigen Bauaufsichtsbehörde aufgefordert, dieses bis zum 15.2. zu beseitigen. Nachdem B der Beseitigungsanordnung jedoch innerhalb dieser Frist nicht nachgekommen ist, wird ihm die Ersatzvornahme angedroht, welche zusätzlich – zur besonderen Warnung vor der Möglichkeit der Anwendung des Zwangsmittels – festgesetzt wird.

43 Zur **Androhung nach Landesrecht** ist hervorzuheben: Sie kann von vornherein mit dem (später) zu vollstreckenden Verwaltungsakt, der sog. Grundverfügung, verbunden werden (§ 66 Abs. 2 LVwVG) und muss, soweit es um Handlungen des Pflichtigen geht, eine angemessene Frist setzen (§ 66 Abs. 1 S. 3 erster Halbs. LVwVG). Bei Duldungen oder Unterlassungen kann die Fristsetzung unterbleiben (§ 66 Abs. 1 S. 3 letzter Halbs. LVwVG). Außerdem ist das Zwangsmittel genau zu bezeichnen, bei mehreren Zwangsmitteln ist auch die Reihenfolge der Anwendung anzugeben (§ 66 Abs. 3 S. 2 LVwVG). Je nach Zwangsmittel sind zusätzliche Angaben vorgesehen (§ 66 Abs. 4, 5 LVwVG). Die Androhung hat grundsätzlich schriftlich zu erfolgen (§ 66 Abs. 1 S. 1 LVwVG) und muss dann zugestellt werden (§ 66 Abs. 6 S. 1 LVwVG) (dazu Rn. 24). Bei Verbindung mit der Grundverfügung gilt dies auch dann, wenn für diese selbst keine Zustellung vorgeschrieben ist (§ 66 Abs. 6 S. 2 LVwVG). Falls besondere Umstände es erfordern, genügt eine mündliche Androhung oder kann die Androhung gar ganz unterbleiben (§ 66 Abs. 1 S. 2 LVwVG). Zu diesen Umständen gehören Situationen, in denen die sofortige Erfüllung der Verpflichtung aus der Grundverfügung geboten erscheint. Die Anwendung eines Zwangsmittels kann dann infolge der Reduzierung der Anforderungen an die Androhung sogleich erfolgen; das Zwangsverfahren wird zum sog. abgekürzten Verfahren.[68]

44 cc) **Sofortiger Zwang:** Eine zusätzliche Beschleunigung des Verwaltungszwangs, die auf akute Gefahrenlagen zugeschnitten ist, wird durch den **sofortigen Zwang** – ungenau, denn es liegt kein vollziehbarer Verwaltungsakt vor, auch Sofortvollzug/sofortiger Vollzug genannt[69] – erreicht.[70] Er ist **Verwaltungszwang**, weil der an sich Verpflichtete nicht selbst handeln **will**, und unterscheidet sich darin von der unmittelbaren Ausführung im Sinne des § 6 POG, die an die **Unerreichbarkeit** des Verantwortlichen anknüpft.[71] Aber er ist ein Zwang, dessen Anwendung nicht auf einer erlassenen Grundverfügung beruht: Die Zwangsmittel Ersatzvornahme und unmittelbarer Zwang können ohne vorausgehenden Verwaltungsakt eingesetzt werden (§ 61 Abs. 2 LVwVG).

45 Nach § 61 Abs. 2 LVwVG ist der **sofortige Zwang unter zwei Voraussetzungen zulässig:** Zunächst muss ein **Eilfall** vorliegen, der das Regelvorgehen der Behörde (Erlass einer Grundverfügung; deren Vollstreckung im mehraktigen Zwangsverfahren) unmöglich macht.[72] Von dieser Prämisse aus sind die gesetzlichen Kriterien des Eilfalles

---

67 Dazu OVG RhPf., NVwZ 1986, 762; *Malmendier*, VerwArch. 94 (2003), 25 ff.
68 *Peilert* (Fn. 54), Rn. 94 ff.
69 Zur Terminologie *Pietzner*, VerwArch. 84 (1993), 261 (263).
70 Zum Ganzen *Sadler*, DVBl. 2009, 292 ff.
71 Dazu *Schenke*, Polizei- und Ordnungsrecht, 10. Aufl. 2018, Rn. 564.
72 *Peilert* (Fn. 54), Rn. 102.

zu interpretieren: die Verhinderung einer Straf- oder Ordnungswidrigkeitentat (vor allem polizeirechtlich bedeutsam) oder die Abwehr einer gegenwärtigen, dh durch ihre besondere Nähe zum Schadenseintritt definierten Gefahr. Die **zweite Voraussetzung** des sofortigen Zwangs besteht darin, dass die Behörde innerhalb ihrer gesetzlichen Befugnis handelt. Gemeint ist damit, dass die rechtlichen Voraussetzungen für den Erlass der Grundverfügung vorliegen und der Erlass nur wegen des Eilfalles unterblieb. Daneben müssen die Voraussetzungen des jeweils eingesetzten Zwangsmittels vorliegen.[73]

Dem sofortigen Zwang liegt weder eine »fiktive« noch eine konkludent erlassene Grundverfügung zugrunde, wie früher vor allem zur Rechtsschutzeröffnung vielfach angenommen wurde. In Wirklichkeit unterscheidet sich der sofortige Zwang im Erscheinungsbild nicht von der Anwendung von Zwangsmitteln in mehraktigen Zwangsverfahren (Rn. 41) und ist deshalb wie diese nach zutreffender und heute vorherrschender Auffassung ein **Realakt**.[74] 46

g) **Rechtsschutz.** Zur Bestimmung des Rechtsschutzes in der Verwaltungsvollstreckung ist die Vorschrift des § 16 Abs. 1 LVwVG für sich betrachtet wenig hilfreich: Sie stellt klar, was sich schon aus den allgemeinen Regeln der VwGO ergäbe, dass nämlich Verwaltungsakte mit förmlichen Rechtsbehelfen angegriffen werden können, ohne aber diese Verwaltungsakte näher zu bestimmen. Eine weitergehende rechtsschutzbeschränkende Wirkung etwa im Hinblick auf Realakte in der Verwaltungsvollstreckung kommt § 16 Abs. 1 LVwVG seit Inkrafttreten der VwGO nicht (mehr) zu. Nimmt man § 16 Abs. 2 LVwVG hinzu, wird immerhin erkennbar, dass zwischen dem vollstreckbaren Verwaltungsakt (§ 2 LVwVG) (dazu auch Rn. 33) und den einzelnen Maßnahmen zu seiner Vollstreckung zu unterscheiden ist. Im Einzelnen ist danach zu differenzieren: 47

Beispiel (OVG RhPf., DÖV 1982, 414): 48
Die zuständige Bauaufsichtsbehörde erlässt gegen D eine Abrissverfügung, zu deren Durchsetzung sie ein Zwangsgeld festsetzt. Als die Bauaufsichtsbehörde dieses vollstrecken will, erfährt C, dass diese nach Unanfechtbarkeit der Abrissverfügung vergleichbare Bauten genehmigt hat. C wendet sich nun nach erfolglosem Vorverfahren an das Verwaltungsgericht mit dem Begehren, die Vollstreckung gegen ihn für unzulässig zu erklären.

Einwände gegen den Grundverwaltungsakt (die Grundverfügung) sind grundsätzlich ausgeschlossen[75]. § 16 Abs. 2 LVwVG lässt sie als Vollstreckungshindernisse nur zu, wenn sie erst nach Erlass der Grundverfügung entstanden sind und nicht mehr im Wege eines Anfechtungswiderspruchs bzw. einer Anfechtungsklage geltend gemacht werden können. Liegt diese Konstellation vor, hat die Behörde auf einen entsprechenden Antrag des Betroffenen hin die Vollstreckung für unzulässig zu erklären. Dies ergibt sich aus § 14 Abs. 1 Nr. 2 LVwVG. Das OVG Rheinland-Pfalz qualifiziert die danach zu treffende Entscheidung als rechtsgestaltenden Verwaltungsakt, der nach erfolglosem Widerspruch mit der Verpflichtungsklage erstritten werden kann.[76] Einer im Schrifttum und in der Rechtsprechung zum Teil angenommenen Vollstreckungsgegen-

---

73 OVG RhPf., BauR 2007, 1938.
74 *Pietzner*, VerwArch. 84 (1993), 265; *Peilert* (Fn. 54), Rn. 101 m.w.N.
75 Dazu OVG RhPf. NVwZ 1997, 1009; Hess.VGH, BeckRS 2014, 46008 Rn. 23.
76 OVG RhPf., DÖV 1982, 414.

klage in analoger Anwendung der §§ 167 VwGO, 767 Abs. 2 ZPO[77] bedarf es in Rheinland-Pfalz nicht.

49 Auf die gleiche Weise hat der Betroffene vorzugehen, wenn er etwa geltend machen will, der der Vollstreckung zugrunde liegende **Verwaltungsakt** sei **durch gerichtliche oder behördliche Entscheidung (unanfechtbar) aufgehoben** worden: Ein entsprechender auf § 14 Abs. 1 Nr. 1 iVm Abs. 2 LVwVG gestützter Antrag ist nach dem Vorverfahren mit der Verpflichtungsklage weiter zu verfolgen. Überhaupt belegt die § 257 AO nachgebildete Vorschrift des § 14 LVwVG, dass die hier erfassten **Vollstreckungshindernisse nicht automatisch die Vollstreckbarkeit eines Verwaltungsaktes beseitigen**.[78] Vielmehr bedarf es dazu einer behördlichen (gerichtlich erzwingbaren) Entscheidung.

50 Wendet sich der Betroffene ausschließlich gegen **einzelne Vollstreckungsmaßnahmen**, ist deren **Rechtsnatur** (Verwaltungsakt, Realakt) für den Rechtsschutz maßgebend. Soweit sie wie die Androhung Verwaltungsaktcharakter haben (Rn. 41), dürfen sie nicht bestandskräftig sein.[79] Zudem ist der Ausschluss der Suspensivwirkung von Rechtsbehelfen zu beachten, die sich gegen Maßnahmen der Verwaltungsvollstreckung richten (§ 20 AGVwGO, dazu Rn. 51).

V. Landesrechtliche Besonderheiten für den Rechtsschutz

51 **1. Übersicht über den wesentlichen Inhalt des AGVwGO.** Der Rechtsschutz gegenüber Verwaltungshandeln ist im Wesentlichen bundesrechtlich, insbes. durch die VwGO geprägt. Nur soweit das Bundesrecht Optionen für eigenständige Regelungen eröffnet, verbleibt dem Landesrecht Gestaltungsspielraum. Von diesen Optionen hat der Landesgesetzgeber im Ausführungsgesetz zur VwGO Gebrauch gemacht. Die Regelungen beziehen sich auf die Gerichtsverfassung und -zuständigkeit, auf den Suspensiveffekt des Rechtsschutzes im Verwaltungsvollstreckungsverfahren, vor allem aber und im Schwerpunkt auf das Widerspruchsverfahren. Aus den **Vorschriften über die Gerichtsverfassung und -zuständigkeit** ist hervorzuheben: Das **Oberverwaltungsgericht** ist, soweit es als Berufungsinstanz und in mündlicher Verhandlung entscheidet, mit drei Berufsrichtern und zwei ehrenamtlichen Richtern besetzt (§ 2 Abs. 1 AGVwGO). Bei erstinstanzlicher Zuständigkeit und Normenkontrollverfahren verbleibt es bei der bundesrechtlichen Regelung von drei Berufsrichtern (§ 2 Abs. 2 AGVwGO; § 9 Abs. 3 VwGO). Das **verwaltungsgerichtliche Normenkontrollverfahren** ist in den Fällen des § 47 Abs. 1 Nr. 2 VwGO eröffnet, erstreckt sich jedoch, bundesrechtlich und landesverfassungsrechtlich unbedenklich,[80] nicht auf Rechtsverordnungen im Sinne des Art. 130 Abs. 1 LV, also solche der Landesregierung oder eines Landesministers (§ 4 Abs. 1 AGVwGO).[81] Die erstinstanzliche Zuständigkeit des Oberverwaltungsgerichts erfasst, wie in § 48 Abs. 1 S. 3 VwGO vorgesehen, auch Streitigkeiten im Rahmen von Besitzeinweisungen (§ 4 Abs. 2 AGVwGO). Von

---

77 Vgl. dazu *Kopp/Schenke*, VwGO, Komm., 25. Aufl. 2019, § 167 Rn. 19 a ff. mit Nachw. zum Meinungsstand; *Maurer/Waldhoff*, § 20 Rn. 11.
78 So auch betreffend die Aufhebung *Schenke/Baumeister*, NVwZ 1993, 1 (5).
79 OVG Lüneburg (Fn. 60).
80 BVerwG, NVwZ-RR 1991, 54; RhPfVerfGH, NVwZ 2002, 77 f.
81 *Oster/Nies*, § 4 Erl. 2.2; vgl. auch o. § 1 Rn. 47, insbes. Fn. 91. Zur Rspr.: RhPfVerfGH, AS 29, 215; OVG RhPf., AS 29, 9.

der Ermächtigung, den **Suspensiveffekt im Verwaltungsvollstreckungsverfahren** auszuschließen (§ 80 Abs. 2 S. 2 VwGO), ist Gebrauch gemacht worden (§ 20 AGVwGO). Ausführlicher Behandlung bedarf das Widerspruchsverfahren und die damit zusammenhängende Aufsichts- oder Beanstandungsklage (§§ 6–19 AGVwGO).

2. Das Widerspruchsverfahren. a) Rechtssystematischer Standort/Funktionen. Normative Anknüpfungspunkte für das Widerspruchsverfahren liegen sowohl im Verwaltungsverfahrensrecht als auch im Verwaltungsprozessrecht. Wo kein Verwaltungsverfahren im eigentlichen Sinn vorausliegt, kann es nicht zur Anwendung kommen (§ 51 S. 2 KWG u. Rn. 28). Aus § 79 VwVfG ergibt sich, dass das Widerspruchsverfahren als förmlicher Rechtsbehelf gegen Verwaltungsakte ein »**eigenes**« Verwaltungsverfahren darstellt, das von demjenigen abzugrenzen ist, das mit dem Erlass des im Widerspruchsverfahren zur Überprüfung gestellten Verwaltungsaktes endet.[82] Aus **prozessrechtlicher Sicht** ist das Widerspruchsverfahren »Vorverfahren«, bildet es eine Sachentscheidungsvoraussetzung für Anfechtungs- und Verpflichtungsklagen (§§ 68 ff. VwGO; 2. Abschnitt AGVwGO). 52

Die Zwitterstellung des Widerspruchsverfahrens (Rn. 23) erklärt die **Rechtsanwendungsregel** des § 79 VwVfG.[83] Danach sind in erster Linie die Bestimmungen der VwGO maßgebend, also deren §§ 68 ff., aber auch Bestimmungen der VwGO, die an sich klagebezogen sind, aber der Sache nach auch im Widerspruchsverfahren analoge Geltung beanspruchen: insbes. § 42 Abs. 2 und § 113 Abs. 1 VwGO (vgl. § 115 VwGO). **Soweit die VwGO** – aus kompetenzrechtlicher Zurückhaltung des Bundesgesetzgebers mit Rücksicht auf den verwaltungsverfahrensrechtlichen Charakter des Widerspruchsverfahrens – **keine Regelung enthält** (z. B. über die Hinzuziehung eines Anwalts) oder **abweichende Regeln des Landesrechts gestattet** (§ 73 Abs. 2 VwGO), ist das **Ausführungsgesetz** (AGVwGO) heranzuziehen. Diesem gegenüber subsidiär gilt das allgemeine Verwaltungsverfahrensrecht. 53

Auch die **Funktionen, die dem Widerspruchsverfahren zugeschrieben werden**, stehen mit dessen doppelter Blickrichtung in Zusammenhang: Das Widerspruchsverfahren eröffnet den Betroffenen die Möglichkeit, einen Verwaltungsakt nochmals und zwar sowohl auf die Rechtmäßigkeit wie auf die Zweckmäßigkeit hin (§ 68 Abs. 1 S. 1 VwGO) zur Nachprüfung durch die Verwaltung zu stellen (**Rechtsschutzfunktion**).[84] Für die Verwaltung liegt im Widerspruchsverfahren die Chance, Verwaltungsakte auf Fehler in ihren tatsächlichen und rechtlichen Grundlagen sowie auf ihre Zweckmäßigkeit hin zu überprüfen und gegebenenfalls zu korrigieren (**Selbstkontrolle der Verwaltung**). Als Vorverfahren schließlich soll das Widerspruchsverfahren die Verwaltungsgerichte entlasten (**Entlastungsfunktion**). In wieweit diese Funktionen in der Praxis erreicht werden, bestimmt sich maßgeblich nach ihrer rechtlichen Ausgestaltung. Die in den Bundesländern verbreitete Abschaffung des Widerspruchserfordernisses reduziert die Aufgabe der Selbstkontrolle der Verwaltung und Entlastung der Verwaltungsgerichtsbarkeit. Gleiches gilt für die Eröffnung von Optionen, wonach der Rechtsschutzsuchende materienspezifisch die Möglichkeit hat, zwischen dem Wider- 54

---

[82] Vgl.; *Hufen*, § 5 Rn. 11.
[83] S. dazu *Hufen*, § 5 Rn. 12 .
[84] Nach *Porsch*, in: Schoch/Schneider/Bier, VwGO, Losebl.-Komm., Vorb. § 68 (Stand: 2019) Rn. 1 Hauptzweck des Widerspruchsverfahrens (str.).

spruch und der sofortigen Klage zu wählen – so in Bayern und Mecklenburg-Vorpommern – oder die Behörde wie in Niedersachsen nach ihrem Ermessen entscheidet, ob die Durchführung eines Widerspruchsverfahrens erforderlich ist.[85] Rheinland-Pfalz hat diese durchaus kritisch zu sehende Entwicklung bisher nicht mit gemacht. Der Grund liegt vermutlich in der hohen Akzeptanz und Befriedungswirkung des Widerspruchsverfahrens, die der besonderen landesrechtlichen Ausgestaltung zu verdanken ist.[86]

55 **b) Landesrechtliche Besonderheiten der Ausgestaltung.** § 73 Abs. 2 VwGO ermöglicht es den Ländern, über Widersprüche an Stelle der in § 73 Abs. 1 Nr. 1–3 VwGO vorgesehenen Behörden, Ausschüsse oder Beiräte entscheiden zu lassen. Von dieser Möglichkeit hat das Land Gebrauch gemacht: Widerspruchsbehörden sind in Rheinland-Pfalz die bei den Kreisverwaltungen gebildeten **Kreisrechtsausschüsse** sowie die bei den Stadtverwaltungen kreisfreier und großer kreisangehöriger Städte eingerichteten **Stadtrechtsausschüsse** (§§ 6, 7 Abs. 1 AGVwGO). Sie sind **von Weisungen ihrer Gebietskörperschaften freigestellt** (§ 7 Abs. 1 S. 2 AGVwGO), desgleichen von solchen der Aufsichtsbehörde, der stattdessen die Aufsichtsklage (§ 17 AGVwGO, dazu u, Rn. 64 ff.) zur Verfügung steht.[87] Sie entscheiden in der Besetzung eines Vorsitzenden und zweier Beisitzer mit jeweils gleichem Stimmrecht (§ 7 Abs. 2 AGVwGO). Die **Laienbeisitzer** werden vom Kreistag bzw. Stadtrat für die Dauer seiner Wahlzeit gewählt; sie sind ehrenamtlich tätig (§ 9 AGVwGO). Den **Vorsitz** in den Rechtsausschüssen führt in der Praxis nicht der Landrat oder Oberbürgermeister, sondern **ein Beamter mit der Qualifikation zum Richteramt oder höheren Verwaltungsdienst** (§ 8 AGVwGO).

56 Die Verlagerung der Entscheidung über den Widerspruch auf Ausschüsse, die unter Beteiligung von Personen, die nicht der Verwaltung angehören, weisungsfrei entscheiden, sowie die vorgesehene prinzipiell öffentliche Verhandlung, in der der Widerspruch mit den Beteiligten zu erörtern ist (§ 16 Abs. 2 AGVwGO), bewirken eine »Gerichtsähnlichkeit« des Widerspruchsverfahrens.[88] In dieser Ausgestaltung liegt der Grund für die relativ hohe Akzeptanz der Widerspruchsbescheide in Rheinland-Pfalz: Das Widerspruchsverfahren stellt sich für den Rechtsuchenden als bürgernah und ergebnisoffen dar, nicht als lästige »Durchgangsstation« auf dem Weg zur ohnehin unvermeidlichen Klage.[89] Andererseits kann von einer Selbstkontrolle der Verwaltung nicht mehr die Rede sein, wenn die Entscheidung einem von der Ausgangsbehörde gesonderten und unabhängig entscheidenden Gremium übertragen ist. Das Widerspruchsverfahren wird zum reinen Rechtsbehelfsverfahren. Es dient nur dem Schutz des Widerspruchsführers und der Entlastung der Gerichte.[90]

---

85 Ausf. u. krit. *Schoch*, in: Hoffmann-Riem/Schmidt-Aßmann/Voßkuhle (Fn. 2), Bd. III, 2013, § 50 Rn. 348 ff.; *Wolff/Bachof/Stober/Kluth*, Verwaltungsrecht Bd. I, 13. Aufl. 2017, § 63 Rn. 9 a ff.; *Kopp/Ramsauer* (Fn. 45), § 79 Rn. 5 ff. jeweils mit Nachw.
86 Dazu LT-Drucks. 17/1949 v. 27.12.2016 u. *Meyer*, in Ziekow, S. 47.
87 OVG RhPf., AS 9, 130 (131); NVwZ-RR 2003,75.-Allgemeine Weisungen in Gestalt von Verwaltungsvorschriften dürften von der Freistellung nicht erfasst sein: *Oster/Nies*, § 7 AGVwGO Erl. 2.
88 Wie hier *Schneider*, in: Hoffmann-Riem/Schmidt-Aßmann (Fn. 2), Bd. II, 2012, § 28 Rn. 123; *Schiedermaier*, ebd., Bd. III, 2013, § 48 Rn. 32; *Geis*, in Sodan/Ziekow, Kommentar zur VwGO, 5. Aufl. 2018, § 73 Rn. 18.
89 *Meyer* (Fn. 86), S. 51; *Oster/Nies*, Vorb. zu § 6 AGVwGO; eine Tendenz zur Akzeptanz der Widerspruchsbescheide konstatiert auch *Glaser*, in: Gärditz, VwGO, Kom. 2.Aufl. 2018, § 73 Rn. 19.
90 OVG RhPf., AS 8, 273, 279; NVwZ-RR 2004, 723; *Pietzner*, VerwArch. 80 (1989), 500 (505); verkannt bei *Oster/Nies*, § 16 AGVwGO Erl. 21.

Zuständig für die Entscheidung über Widersprüche sind die **Kreisrechtsausschüsse** bei 57
Verwaltungsakten der Kreisverwaltung und dieser nachgeordneten Behörden, bei Verwaltungsakten der Verbandsgemeindeverwaltung und der Verwaltung kreisangehöriger Gemeinden sowie bei Verwaltungsakten von rechtlich selbstständigen Verwaltungsträgern (Rn. 3), die unter Aufsicht des Kreises handeln (§ 6 Abs. 1 Nr. 1 AGVwGO). Die **Stadtrechtsausschüsse** entscheiden über Widersprüche gegen Verwaltungsakte der Verwaltung kreisfreier oder großer kreisangehöriger Städte sowie rechtlich selbstständiger Verwaltungsträger unter ihrer Aufsicht (§ 6 Abs. 1 Nr. 2 AGVwGO). Dabei ist der Begriff der Verwaltung wie im allgemeinen Verwaltungsverfahrensrecht (dazu Rn. 10) funktionell zu verstehen. Die Zuständigkeit der Rechtsausschüsse umfasst deshalb auch Widersprüche gegen Verwaltungsakte der Vertretungsorgane der Kreise, Verbandsgemeinden, Gemeinden und Städte.[91]

Keine Zuständigkeit der Rechtsausschüsse besteht bei Widersprüchen gegen Verwaltungsakte oberster Landesbehörden (Rn. 19) im Sinne von § 73 Abs. 1 S. 2 Nr. 2 VwGO. Gleiches gilt bei anderweitiger gesetzlicher Bestimmung der Zuständigkeit (§ 6 Abs. 1 AGVwGO). So befindet über Widersprüche gegen Entscheidungen der Kommunalaufsicht die Aufsichts- und Dienstleistungsdirektion (§§ 126 GemO; 69 LKO, dazu Rn. 18). Eine Sonderzuständigkeit der Struktur- und Genehmigungsdirektion besteht bei Auftragsangelegenheiten der Kreise und nach dem BauGB (§ 6 Abs. 3 AGVwGO, Rn. 18). 58

c) **Verfahren.** Das Widerspruchsverfahren ist wegen seines funktionalen Zusammenhangs mit Art. 19 Abs. 4 GG[92] **zügig durchzuführen**. Diesem Ziel dient die Pflicht der Ausgangsbehörde, falls sie dem Widerspruch nicht abhelfen will, diesen binnen sechs Wochen dem Rechtsausschuss vorzulegen (§ 6a AGVwGO). Auch die Alleinentscheidungsbefugnisse des Vorsitzenden des Rechtsausschusses (§ 16 Abs. 5 AGVwGO) wird man diesem Ziel zuordnen können. **Die Beteiligten können sich (anwaltlich) vertreten lassen** (§ 1 LVwVfG iVm §§ 79, 14 VwVfG). Weitergehend als § 29 VwVfG erlaubt § 16 Abs. 6 AGVwGO bei anwaltlicher Vertretung auch die Übergabe bzw. Übersendung der Akten zum Zwecke der Einsichtnahme des Anwaltes. Das Verfahren wird in der Regel durch den **Widerspruchsbescheid** abgeschlossen. Dieser ist den Beteiligten zuzustellen (§ 73 Abs. 3 VwGO), und zwar im Hinblick auf die Klagefristen der VwGO nicht nach dem VwZG des Landes (Rn. 24), sondern des Bundes.[93] Hat der Widerspruch auch nur teilweise Erfolg, muss der Widerspruchsbescheid außerdem den in § 16 Abs. 7 AGVwGO genannten Behörden zugestellt werden. Der Widerspruch kann auch durch **Vergleich** erledigt werden (§ 16 Abs. 4 AGVwGO). Die Voraussetzungen, unter denen er geschlossen werden kann, ergeben sich dabei aus §§ 79, 54 Satz 2, § 55 VwVfG.[94] Hinsichtlich der Frage, wer die **Kosten des Widerspruchsverfahrens** zu tragen hat, ist zu unterscheiden zwischen den Verwaltungskosten der Widerspruchsbehörden (Ausschüsse) – sie bestimmen sich nach § 15 Abs. 3– 59

---

91 *Oster/Nies*, § 6 AGVwGO Erl. 1.1.
92 *Hufen*, § 5 Rn. 6.
93 *Rühle/Stumm*, Rn. 141.
94 Dazu *Weides*, Verwaltungsverfahren und Widerspruchsverfahren, 3. Aufl. 1993, § 24; *Rühle/Stumm*, Rn. 132 ff.

60 6 LGebG – und den Aufwendungen des Widerspruchsführers, die nach Maßgabe von § 19 AGVwGO ersetzt werden.[95]

60 Die Widerspruchsbehörde tritt nach § 68 Abs. 1 VwGO grundsätzlich in vollem Umfang an die Stelle der Ausgangsbehörde und besitzt dann eine sich gleichermaßen auf die Recht- und Zweckmäßigkeit erstreckende Befugnis zur Überprüfung des angegriffenen Verwaltungsaktes.[96] Als Folge der Entscheidung des Landesgesetzgebers, die Entscheidung über Widersprüche in die Hand weisungsfreier Ausschüsse zu legen, ist deren **Prüfungsbefugnis in Selbstverwaltungsangelegenheiten auf die Rechtskontrolle beschränkt**. Die Beschränkung gilt nur für Verwaltungsakte der in 6 Abs. 1 Nr. 1 c-e u. Nr. 2, 3. Alt. AGVwGO bezeichneten Behörden und Verwaltungsträger, nicht für die Verwaltung der Kreise und kreisfreien Städte, die die Rechtsausschüsse gebildet haben (§ 6 Abs. 2 AGVwGO). Sie bezweckt den Schutz »fremder«, nicht eigener Selbstverwaltung,[97] also den Schutz der kreis- und verbandsgemeindeangehörigen Gemeinden und der unter ihrer Aufsicht stehenden Körperschaften, Anstalten und Stiftungen des öffentlichen Rechts. Eine weitere Folgerung, die sich aus § 6 Abs. 2 AGVwGO ergibt, betrifft die **Entscheidung der Rechtsausschüsse im Falle der Verfristung eines Widerspruchs**: Die umstrittene Befugnis der Widerspruchsbehörde, in einem solchen Falle kraft ihrer Verfahrens- und Sachherrschaft dennoch über den Widerspruch zur Sache zu entscheiden,[98] hat in Rheinland-Pfalz keine Basis, wenn die Ausgangsentscheidung eine solche im Sinne des § 6 Abs. 2 AGVwGO ist. Der Schutz fremder Selbstverwaltung greift auch hier und verbietet eine Sachentscheidung.[99]

61 Besonderheiten gelten auch für die Behandlung der in ihrer Zulässigkeit umstrittenen Abänderung des angefochtenen Verwaltungsaktes zum Nachteil des Widerspruchsführers durch die Widerspruchsinstanz (**Verböserung oder Reformatio in peius**).[100]

Beispiel (OVG RhPf., NVwZ 2004, 723):
D begehrte von der zuständigen Behörde die Erteilung einer Bescheinigung über den Übergang einer Milchreferenzmenge. Am 7.2.2001 erhielt er einen entsprechenden Bescheid über eine Milchreferenzmenge von 7000 kg. Da D der Ansicht war, es müsse eine höhere Milchreferenzmenge bescheinigt werden, erhob er fristgemäß Widerspruch. Durch den Widerspruchsbescheid wurde die Milchreferenzmenge auf 5000 kg verringert.

Maßgebend ist **Landesrecht**, weil den Vorschriften der VwGO zur Verböserung im Widerspruchsverfahren nichts zu entnehmen ist.[101] Soweit der Landesgesetzgeber die Verböserung nicht wie in § 3 Abs. 5 S. 2 KAG zugelassen hat, ist **die Entscheidungsbefugnis der Instanz, die über den Widerspruch zu befinden hat, ausschlaggebend**. Denn eine Befugnis zur Verböserung ist nur diskutabel, wenn die Widerspruchsbehörde mit der Ausgangsbehörde identisch ist oder zumindest gegenüber der Ausgangsbehörde Weisungen erteilen kann.[102] Nur in diesen Konstellationen besteht die für die Verböse-

---

95 Einzelheiten bei *Rühle/Stumm*, Rn. 142 ff.; *Oster/Nies*, Erl. zu § 19 AGVwGO.
96 S. OVG RhPf., NVwZ 1992, 386 (387); *Kopp/Schenke* (Fn. 84), § 68 Rn. 9.
97 *Oster/Nies*, § 6 AGVwGO Erl. 2.
98 Zum Meinungsstand *Hufen*, § 6 Rn. 32; *Pietzner/Ronellenfitsch*, § 42 Rn. 1256 ff.
99 OVG RhPf., NVwZ-RR 1994, 47 f.; *Oster/Nies*, § 16 AGVwGO Erl. 12.3.
100 Meinungsstand bei *Schoch*, in: Ehlers, Rechtsschutz im öffentl. Recht, 2009, § 20 Rn. 69; *Dolde*, in: Schoch/Schneider/Bier (Fn. 84), § 68 (Stand: 2014) Rn. 47 ff.; *Kahl/Hilbert*, Jura 2011, 660 ff.
101 BVerwG, NVwZ-RR 1997, 26.
102 A.A. *Jutzi*, LKRZ 2008, 212 (213 f.).

rung vorauszusetzende volle Verfahrens- und Sachherrschaft über den angegriffenen Verwaltungsakt. Dementsprechend ist in Rheinland-Pfalz zu differenzieren:

Entscheiden die **Kreis- oder Stadtrechtsausschüsse**, besteht **grundsätzlich keine Befugnis zur Verböserung**, weil die Ausschüsse weder mit der Ausgangsbehörde identisch sind noch einem Weisungsrecht unterliegen. Sie sind »Rechtsbehelfsinstanzen« (Rn. 55) und ähnlich wie die Verwaltungsgerichte nicht befugt, vom Antrag des Widerspruchsführers zu seinem Nachteil abzuweichen.[103] Ob anderes gilt, wenn die Ausschüsse über Verwaltungsakte der »eigenen« Verwaltungsträger befinden,[104] erscheint fraglich: Eine volle Verfahrens- und Sachherrschaft wie sie die Ausgangsbehörde besitzt besteht aufgrund der in § 7 Abs. 1 S. 2 AGVwGO angeordneten Weisungsfreiheit der Ausschüsse auch dann nicht.[105] 62

Entscheiden über den Widerspruch **Behörden der unmittelbaren Landesverwaltung** (Rn. 14 ff.), etwa weil die Zuständigkeit der Rechtsausschüsse gesetzlich ausgeschlossen ist (Rn. 58), kommt es darauf an, wie man prinzipiell zur Verböserung im Widerspruchsverfahren steht. Das OVG Rheinland-Pfalz hält sie für zulässig.[106] 63

3. Die sog. Aufsichts- oder Beanstandungsklage[107] **a) Allgemeine Bemerkungen.** Die Aufsichts- und Dienstleistungsdirektion, im Fall des § 16 Abs. 7 Halbs. 2 AGVwGO auch eine andere Aufsichtsbehörde, kann, wenn sie es im öffentlichen Interesse für geboten hält, **gegen den Widerspruchsbescheid eines Rechtsausschusses Klage** erheben, **um die Rechtswidrigkeit geltend zu machen** (§ 17 Abs. 1 S. 1 AGVwGO). Das Klagerecht steht **nur Aufsichtsbehörden** zu: daher Aufsichtsklage. 64

Beispiel (OVG RhPf., NVwZ-RR 2003, 75):
E besitzt ein Wochenendhaus an der Mosel. Von der Gemeinde G erhält er einen Bescheid über den Anschlusszwang an die öffentliche Abwasserentsorgung. Gegen diesen erhebt E mit der Begründung, das Grundstück werde nicht zu Wohnzwecken genutzt, erfolgreich Widerspruch. Nun wendet sich die Aufsichtsbehörde gegen die Entscheidung des Rechtsausschusses.

Deren Gegenstand ist die »aufsichtliche« Beanstandung einer von einem kommunalen Organ gefassten Entscheidung, weshalb alternativ auch von Beanstandungsklage gesprochen wird. Eine andere obere Aufsichtsbehörde im Sinne der Vorschriften in § 16 Abs. 7 Halbs. 2 AGVwGO und § 17 Abs. 1 S. 1 AGVwGO kann nach der Rechtsprechung auch ein Landesbetrieb sein.[108]

Die Klage dient dem **Ausgleich des durch die Weisungsfreiheit der Rechtsausschüsse verursachten Verantwortungs- und Kontrolldefizits** gegenüber dem zuständigen parlamentarisch verantwortlichen Ressortminister.[109] Ob sie verfassungsrechtlich geboten ist[110], kann angesichts ihrer unangefochtenen Existenz im Landesrecht dahinstehen. 65

---

103 OVG RhPf., AS 8, 273, 279; NVwZ-RR 2004, 723; zust. *Glaser*, in: Gärditz, VwGO, Kom.,2. Aufl. 2018, § 68 Rn. 69; abl. *Schoch* (Fn. 100), Rn. 70;*Schröder*, NVwZ 2005, 1029; *Jutzi*, LKRZ 2008, 212 (213 f.).
104 So offenbar OVG RhPf., Urt. v. 29.12.1982 – 8 A 28/81 –, Abschrift, S. 9 (ohne Begr.).
105 Krit. auch *Rühle/Stumm*, Rn. 84. Das zweite in Bezug genommene Urteil enthält die kritisierte Aussage nicht.
106 OVG RhPf., AS 23, 307; bestätigt in NVwZ-RR 2004, 723.
107 Ausf. dazu *Kintz*, LKRZ 2009, 5 ff.; *Guckelberger/Heimpel*, LKRZ 2012, 5 ff.
108 VG Koblenz Urt. v. 4.12.2006 – 4 K 379/06.KO – für den Landesbetrieb Straßen und Verkehr, jetzt Landesbetrieb Mobilität.
109 *Pietzner/Ronellenfitsch*, 12.Aufl.(2010), § 37 Rn. 25.
110 In diese Richtung OVG RhPf., AS 9, 130, 131; bejahend *Oster/Nies*, § 17 AGVwGO Erl. 1; abl. *Pietzner/Ronellenfitsch*,(Fn. 109) § 37 Rn. 25 Fn. 41.

Sicher ist aber, dass nur der erwähnte Ausgleichsgedanke eine Klagemöglichkeit eröffnen kann. Darum bleibt den Gebietskörperschaften eine Klage gegen Widerspruchsbescheide »ihres« Rechtsausschusses als unzulässiger Insichprozess versagt.[111]

66 **b) Klageart.** Die Aufsichts- oder Beanstandungsklage ist eine **Anfechtungsklage**, bei der die Klägerin (Aufsichtsbehörde) vom Erfordernis, die Verteidigung eigener Rechte geltend zu machen, befreit ist (§ 42 Abs. 2 VwGO).[112] Da Behörden keine Rechte, sondern Kompetenzen haben, war die Befreiung notwendig, um die Klagemöglichkeit zu eröffnen. § 17 Abs. 1 S. 1 AGVwGO sieht daher statt der Verletzung eigener Rechte die Klageerhebung »im öffentlichen Interesse« vor. Die Feststellung, ob ein solches öffentliches Interesse vorliegt oder nicht, liegt im Ermessen der Aufsichtsbehörde; es kommt auf deren Bewertung an.[113] Gemäß § 61 Nr. 3 VwGO muss die Behörde durch landesrechtliche Bestimmung beteiligtenfähig sein. Die Beteiligtenfähigkeit der Aufsichtsbehörde wird durch § 17 Abs. 2 AGVwGO hergestellt. Im Übrigen gelten alle auf die Anfechtungsklage zugeschnittenen Vorschriften der VwGO, insbes. auch die aufschiebende Wirkung.[114]

VI. Klausurhinweise

67 1. Typisches Klausurproblem: Abgrenzung der unmittelbaren Ausführung von der Ersatzvornahme im Sofortvollzug. Geht es in der Klausur um die Vornahme einer **vertretbaren Handlung** durch eine Behörde, **ohne** dass diese zuvor einen **Grundverwaltungsakt** erlassen hat, so gilt es zwischen der unmittelbaren Ausführung (§ 6 POG) und der Ersatzvornahme im Sofortvollzug (§ 61 Abs. 2, § 63 LVwVG) abzugrenzen. Maßgeblich dabei ist der Wille des Pflichtigen: Widerspricht die Vornahme der Handlung dem Willen des Pflichtigen, so handelt es sich um Verwaltungszwang. Wird die Handlung hingegen im Interesse des Pflichtigen vorgenommen und ist dieser nur nicht rechtzeitig erreichbar, um die Handlung selbst vorzunehmen, so handelt es sich um eine unmittelbare Ausführung (vgl. Rn. 44).

68 2. **Aufbauhinweis: Sofortvollzug.** Bei der Prüfung einer Vollstreckungsmaßnahme im Sofortvollzug bereitet das Fehlen der Grundverfügung in der Klausur häufig aufbautechnische Schwierigkeiten.

A. Ermächtigungsgrundlage: § 61 Abs. 2 LVwVG iVm der Vorschrift des Zwangsmittels

(An dieser Stelle wäre in Problemfällen die Abgrenzung zu § 6 POG vorzunehmen.)

B. Formelle Rechtmäßigkeit

Nach § 4 Abs. 2 LVwVG ist grds. die Behörde sachlich zuständig, die den Verwaltungsakt erlassen hat.

---

111 OVG Saarl., NVwZ 1990, 174 (175 f.).
112 *Pietzner/Ronellenfitsch*, (Fn. 109) § 37 Rn. 25; *Oster/Nies*, § 17 AGVwGO Erl. 1.
113 *Oster/Nies*, § 17 AGVwGO Erl. 1.
114 OVG Saarl., AS 13, 71; *Oster/Nies*, § 17 AGVwGO Erl. 1; *Pietzner/Ronellenfitsch*,(Fn. 109) § 37 Rn. 26 Fn. 52.

C. Materielle Rechtmäßigkeit
   I. **Vorliegen eines Eilfalls:** Es darf nicht genügend Zeit bestehen, um eine Grundverfügung zu erlassen und diese zu vollstrecken. Die Anwendung des Zwangsmittels muss zur Verhinderung einer rechtswidrigen Tat oder zur Abwehr einer gegenwärtigen Gefahr notwendig sein. (Ansonsten kann nur nach § 61 Abs. 1 LVwVG vollstreckt werden.)
   II. **Rechtmäßigkeit der Behördenhandlung:** Auch wenn die Behörde ohne Erlass einer Grundverfügung handelt, darf sie nur »**innerhalb ihrer gesetzlichen Befugnisse**« tätig werden (§ 61 Abs. 2 LVwVG). Es dürfen nur solche Maßnahmen zwangsweise gegen den Bürger durchgesetzt werden, die ihm rechtmäßigerweise hätten auferlegt werden können.
   Um die Rechtmäßigkeit der Vollstreckungsmaßnahme überprüfen zu können, muss ein vollstreckbarer Grundverwaltungsakt hinzugedacht werden (auch hypothetischer Grundverwaltungsakt genannt), anhand dessen die Rechtmäßigkeit des Verwaltungshandelns inzident zu prüfen ist.
   1. Rechtsgrundlage für den Erlass der hypothetischen Grundverfügung
   2. Formelle Rechtmäßigkeit der hypothetischen Grundverfügung
   3. Materielle Rechtmäßigkeit der hypothetischen Grundverfügung
   III. Ordnungsgemäße Art und Weise der Vollstreckung
   1. Wahl des richtigen Zwangsmittels
   2. Androhung des Zwangsmittels: bei gegenwärtiger Gefahr aber entbehrlich, § 66 Abs. 1 LVwVG
   3. Ordnungsgemäße Anwendung des Zwangsmittels, insbes. Verhältnismäßigkeit
   IV. Keine Vollstreckungshindernisse

§ 3 Kommunalrecht

von *Markus Winkler*

Literatur: Die in diesem Verzeichnis enthaltenen Werke werden in den Fußnoten lediglich mit dem Namen der Autoren oder Herausgeber (erforderlichenfalls mit einem unterscheidenden Zusatz) zitiert.

Engels/Krausnick, Kommunalrecht, 2. Aufl. 2020; *Gabler/Höhlein/Klöckner u. a.*, Kommunalverfassungsrecht RhPf., Komm., Loseblatt, Stand 2019; *Gern/Brüning*, Deutsches Kommunalrecht, 4. Aufl. 2019; *Kluth*, Grundlagen des Rechts der kommunalen Selbstverwaltung, in: Wolff/Bachof/Stober/ders., Verwaltungsrecht, Bd. 2, 7. Aufl. 2010, §§ 96–98; *Lange*, Kommunalrecht, 2. Aufl. 2019; *Mann/Püttner*, Hdb. der kommunalen Wissenschaft und Praxis, 3. Aufl., Bd. 1, 2007, Bd. 2, 2011; *Nauheim-Skrobek/Schmitz/Schmorleiz*, Kommunalrecht RhPf., 2. Aufl. 2017; *Röhl*, Kommunalrecht, in: Schoch, Bes. Verwaltungsrecht, 16. Aufl. 2018, Kapitel 2.

I. Orientierungsrahmen 1	a) Organzuständigkeiten und -rechte 80
1. Gegenstand des Kommunalrechts 2	b) Unterorgane 86
2. Rechtsquellen 4	c) Mitglieder und Fraktionen 95
3. Aufgaben der Kommunen 7	d) Besonderes Verfahrensrecht im Überblick 109
a) Selbstverwaltungsaufgaben 8	V. Besonderheiten des kommunalen Verwaltungshandelns 117
b) Auftragsangelegenheiten .. 12	1. Kommunale Normen 120
4. Kommunen und Staat 14	2. Bürgerliche Rechtsgeschäfte .. 131
a) Die Anbindung der Kommunen an die Staatsverwaltung 14	3. Mittel der Kontrolle und der Korrektur 143
	a) Interne Kontrolle und Rechnungsprüfung 144
b) Distanzierende Wirkungen der Selbstverwaltungsgarantie 17	b) Staatliche Aufsicht über die Gemeinden 151
II. Institutionelle und finanzielle Mittel der Aufgabenerfüllung 22	c) Aufsicht und Rechtsschutz 167
1. Organisationsformen 23	VI. Gemeindeeinwohner und Gemeindebürger 173
2. Öffentliche Einrichtungen der Kommunen 30	1. Rechte und Pflichten der Gemeindeeinwohner 174
a) Widmung und Benutzung 32	
b) Zulassung zur Benutzung und Zulassungsanspruch 36	2. Zusätzliche Mitwirkungsrechte und Pflichten der Gemeindebürger 180
c) Anschluss- und/oder Benutzungszwang 41	a) Bürgerbegehren und Bürgerentscheid 182
3. Kommunales Wirtschafts- und Finanzrecht 44	b) Gemeindewahlrecht im Überblick 192
III. Kommunale Zusammenschlüsse im Überblick 52	VII. Klausurhinweise 200
1. Ortsgemeinde und Verbandsgemeinde 54	1. Anspruch auf Zulassung zur Benutzung einer kommunalen öffentlichen Einrichtung 201
2. Kommunale Zusammenarbeit 61	2. Abwehranspruch gegen die wirtschaftliche Betätigung einer Gemeinde 202
IV. Inneres Organisationsrecht der Gemeinden 65	
1. Die Verwaltungsspitze 67	
a) Der Bürgermeister 68	
b) Die Beigeordneten und der Stadt- oder Kreisvorstand 76	3. Abwehranspruch einer Gemeinde gegen eine aufsichtliche Ersatzvornahme 203
2. Der Gemeinderat (Stadtrat) ... 79	

4. Anspruch eines Bürgerbegehrens auf Durchführung des Bürgerentscheids 204

5. »Kommunalverfassungsstreit« zwischen einer Ratsfraktion und dem Bürgermeister 205

I. Orientierungsrahmen

Das Kommunalrecht ist der Zweig des öffentlichen Rechts, der die besonderen Rechtsverhältnisse der kommunalen Gebietskörperschaften, kurz: der **Kommunen**, regelt. Der folgende Beitrag konzentriert sich auf prüfungsrelevante Grundstrukturen (§ 1 Abs. 1 S. 2 JAPO), aktuelle Problemschwerpunkte[1] und rheinland-pfälzische Besonderheiten des Kommunalrechts.

1. Gegenstand des Kommunalrechts. Der kommunalen Grundstufe gehören die **Gemeinden** einschließlich der Städte an. Die Bezeichnung »**Stadt**« (§ 4 Abs. 2 GemO) steht unter dem Schutz, der der Gemeinde nach Art. 28 Abs. 2 GG und § 12 BGB für ihren Namen zusteht.[2] Als Kommunen der überörtlichen Stufe erstrecken sich die 24 **Landkreise** in Rheinland-Pfalz jeweils auf das Gebiet mehrerer Gemeinden. Einen rechtlichen Sonderstatus haben auch in Rheinland-Pfalz die hier zwölf **kreisfreien** Städte. Sie gehören nach § 7 GemO keinem Landkreis an, sondern erfüllen für ihr Stadtgebiet die überörtlichen Aufgaben selbst zusätzlich zu ihren örtlichen Aufgaben. Die Selbstverwaltungsgarantie bietet der Kreisfreiheit von Städten indes nur begrenzten Bestandsschutz.[3] Als einzige Gebietskörperschaft höherer Stufe in Rheinland-Pfalz besteht der **Bezirksverband Pfalz** fort.[4] Das Recht der Landkreise wird im Folgenden nur behandelt, soweit es inhaltlich vom Gemeinderecht abweicht. Der Bezirksverband Pfalz bleibt außer Betracht.

Eine Besonderheit des Kommunalrechts in Rheinland-Pfalz ist die Unterscheidung zwischen **verbandsfreien Gemeinden** einerseits, **Orts- und Verbandsgemeinden**[5] andererseits. Zu den verbandsfreien Gemeinden zählen auch die acht **großen kreisangehörigen Städte** (§ 6 Abs. 1 GemO). Sie sind in einen Landkreis eingegliedert, aber in mancher Hinsicht ähnlich unabhängig wie die kreisfreien Städte.

2. Rechtsquellen. Die Kommunen unterliegen außer kommunalrechtlichen Normen u.a. dem Verfassungsrecht, dem Allgemeinen Verwaltungsrecht und dem bürgerlichen Recht. Das Europarecht beeinflusst ihre Arbeit etwa über das Vergaberecht, das Beihilfenrecht[6] oder im Kommunalwahlrecht. In diesem Sinne ist das Kommunalrecht in Rheinland-Pfalz eine **Querschnittsmaterie**.

Seinen Kern bilden aber drei **Landesgesetze**, nämlich

- die Gemeindeordnung (BS 2020–1; *H/J/W*, Nr. 30),
- die Landkreisordnung (BS 2020–2; *H/J/W*, Nr. 33) und
- die Bezirksordnung für den Bezirksverband Pfalz (BS 2020–3; *H/J/W*, Nr. 35).

---

1 Überblicksaufsätze: *Heusch/Dickten*, NVwZ 2019, 359 ff.; 2019, 1238 ff.; NVwZ 2020, 358 ff.; *Heusch/Rosarius*, NVwZ 2020, 1562 ff.
2 Vgl. BGH, NJW 2006, 146; 2007, 682 (683).
3 MVVerfG, NordÖR 2011, 549 (550).
4 *Hörster*, in: Mann/Püttner, § 31 Rn. 58. Zur Frage der verfassungsrechtlichen Garantie des Verbandes vgl. § 1 Rn. 26; zu seinem Selbstverwaltungsrecht *Degenhart*, in: Gs. f. Kopp, 2007, S. 316 ff.
5 Näher Rn. 54 ff.; zur Geschichte *Seckelmann*, DÖV 2019, 899 (902).
6 Dazu *Danker*, DVBl. 2017, 340 ff.; *Soltész*, NJW 2014, 3128 ff.

6   Prüfungsrelevant sind außerdem **Fachgesetze** für wichtige Teilbereiche:
- das Kommunalwahlgesetz (BS 2021–1; *H/J/W*, Nr. 37)
- das Kommunalabgabengesetz (BS 610–10; *H/J/W*, Nr. 38)
- das Gesetz über die kommunale Zusammenarbeit (BS 2020–20; *H/J/W*, Nr. 36) und
- das Landesfinanzausgleichsgesetz (BS 6022–1).

Zentrale kommunalrechtliche **Rechtsverordnungen** sind die Durchführungsverordnungen zu GemO und LKO (BS 2020-1-1 und 2020-2-1; *H/J/W*, Nr. 31 und 34).

7   **3. Aufgaben der Kommunen.** Den größten Teil ihrer Aufgaben gibt den Kommunen der Staat vor. Zu unterscheiden sind **Selbstverwaltungsaufgaben** (§ 2 Abs. 1 GemO) und **Auftragsangelegenheiten** (Art. 49 Abs. 4 LV, § 2 Abs. 2 S. 1 GemO). Die Zuständigkeit der Gemeinden schließt es in der Regel nicht aus, dass **andere** nicht staatliche **Rechtsträger** neben ihnen örtliche Angelegenheiten wahrnehmen.

8   **a) Selbstverwaltungsaufgaben.** Selbstverwaltungsaufgaben sind diejenigen öffentlichen Aufgaben, die in der **örtlichen Gemeinschaft** »wurzeln« oder einen spezifischen Bezug auf sie besitzen. Besteht ein lokaler Anknüpfungspunkt, so können auch überregionale Fragen zum Inhalt kommunaler Selbstverwaltung werden.[7] Unerheblich ist, welchen Umfang die zur Aufgabenerfüllung unterhaltenen Anlagen und Einrichtungen erreichen und ob sie sich inner- oder außerhalb des Gemeindegebiets befinden.[8]

Beispiele:
- Den Anschluss an ein Fernheizungsnetz darf eine Gemeinde in der Absicht, den globalen Klimaschutz zu fördern, nach § 26 Abs. 1 S. 1 GemO anordnen.[9]
- In einer Friedhofssatzung darf die Verwendung von Steinen, die aus ausbeuterischer Kinderarbeit stammen, für die Grabgestaltung untersagt werden, wenn hierfür eine ausreichend bestimmte gesetzliche Satzungsermächtigung besteht.[10]

9   **Pflichtaufgaben** der Selbstverwaltung legt der Landesgesetzgeber fest (§ 2 Abs. 1 S. 2 GemO). Pflichtaufgaben kraft Herkommens gibt es nicht.[11] Die Gemeinden – und nur diese – können sich außerdem jeder Angelegenheit der örtlichen Gemeinschaft selbst annehmen, die nicht durch Gesetz anderen Stellen zugewiesen ist (Art. 49 Abs. 1 S. 2 LV). Insoweit handelt es sich um **freie Selbstverwaltungsaufgaben.** Viele Selbstverwaltungsaufgaben der Gemeinden gehören zu den Themenbereichen Infrastruktur, Umweltschutz, Kultur und Soziales.

Beispiele:
- Bauleitplanung (vgl. § 2 Abs. 1 S. 1, § 10 BauGB)[12]
- Bau und Unterhaltung von Gemeindestraßen einschließlich der Straßenreinigung und Regelung der Straßenbenutzung (§§ 14, 17 Abs. 3, §§ 42 und 47 LStrG)

---

7   BVerfGE 79, 127 (151); 83, 363 (382); BVerwGE 87, 228 (233 ff.); 87, 237 (238 ff.); NdsOVG, NVwZ 2017, 728 (729); *A. Faber*, DVBl. 2016, 885 (888 ff.); *Gottschalk*, NVwZ 2019, 1728 (1730 f.).
8   BVerwGE 122, 350 (354 ff.); 123, 159 (164).
9   BVerwGE 125, 68 (72 f.); BVerwG, NVwZ 2006, 565 (596); 2017, 61 (62); *Böhm/Schwarz*, DVBl. 2012, 540 (542); *Raschke*, Rechtsfragen kommunaler Klimaschutzmaßnahmen, 2013.
10 BVerwGE 148, 133 (139 f.); *Kaltenborn/Reit*, NVwZ 2012, 925 (929); *Krajewski*, DÖV 2014, 721 (725).
11 *Stepanek*, Verfassungsunmittelbare Pflichtaufgaben der Gemeinden, 2014, S. 131 f. m.w.N.
12 Vgl. BVerfGE 77, 288 (299 ff.); BVerwGE 119, 25 ff.; einschränkend OVG RhPf., AS 28, 404 (407 f.).

- Errichtung, Ausstattung und Erhaltung von Grundschulen (§ 76 Abs. 1 Nr. 1 SchulG), Kindergärten (§ 10 Abs. 2 KitaG),[13] Spielplätzen, Sportanlagen und Büchereien, Theatern und Museen.

Anders als den Gemeinden ist den **Landkreisen** ein Kernbestand an freien Selbstverwaltungsaufgaben (vgl. § 2 Abs. 1 S. 1 LKO) nicht verfassungsrechtlich garantiert.[14] Ihr gesetzlich zugewiesener Aufgabenbereich (Art. 28 Abs. 2 S. 2 GG, Art. 49 Abs. 2 LV, § 2 Abs. 1 S. 2, Abs. 2 S. 1 LKO) umfasst teils Aufgaben von überörtlicher Bedeutung, teils solche, deren zweckmäßige Erfüllung die Verwaltungs- und Finanzkraft einzelner Gemeinden übersteigt. 10

Beispiele:
- öffentliche Krankenhäuser (§ 2 LKG – BS 2126–3)[15]
- weiterführende Schulen, insbes. Gymnasien und Gesamtschulen (§ 76 Abs. 1 Nr. 3 SchulG)
- Baulast für die Kreisstraßen (§ 12 Abs. 2 LStrG)
- Verwaltung der Grundsicherung für Arbeitsuchende (§ 6 Abs. 2 SGB).[16]

Darüber hinaus erwachsen den Landkreisen Selbstverwaltungsaufgaben aus ihrer Funktion **als Gemeindeverband**. Sie müssen nach § 2 Abs. 5 LKO den kreisangehörigen Gemeinden bei der Erfüllung ihrer Aufgaben beistehen (Unterstützungsaufgabe) und die unterschiedliche Finanzkraft der Gemeinden ausgleichen (Ausgleichsaufgabe). Reichen diese Hilfen nicht aus, so können die Landkreise eine Aufgabe, die kreisangehörige Gemeinden ganz oder teilweise nicht ausführen können, gemäß § 2 Abs. 3 LKO an sich ziehen (Ergänzungsaufgabe).[17] 11

b) **Auftragsangelegenheiten.** Auftragsangelegenheiten werden den Kommunen meist einseitig auferlegt (vgl. Art. 49 Abs. 4 LV, § 2 Abs. 4 S. 1 GemO). Überträgt der Gesetz- oder Verordnungsgeber den Gemeinden Aufgaben, ohne sie ausdrücklich als Pflichtaufgaben der Selbstverwaltung zu bezeichnen, so handelt es sich nach § 2 Abs. 1 S. 2 GemO um Auftragsangelegenheiten. 12

Beispiele:
- Die **Gemeinden** nehmen vor allem die Aufgaben als örtliche Ordnungsbehörden wahr, wie sich aus § 75 Abs. 2, § 89 Abs. 1 POG ergibt. Auch die Landkreise und kreisfreien Städte sind nach § 75 Abs. 2, § 89 Abs. 2 POG allgemeine Ordnungsbehörden (Kreisordnungsbehörden). Gemeinden und Landkreise sind zudem Straßenverkehrsbehörden (§ 3 Abs. 1 Nr. 1, § 5 Abs. 1 S. 1 Nr. 1 ZuVO-StVR – BS 923–3; *H/J/W* Nr. 112).[18]
- Auf der **Kreisebene** kommen zB die Aufgaben als untere Denkmalschutzbehörde nach § 24 Abs. 2 Nr. 3 DSchG sowie die bauordnungsrechtliche Aufgabe der Bauaufsicht hinzu (§ 58 Abs. 1 Nr. 3, Abs. 2 Nr. 1 LBauO). Außerdem sind die Landkreise nach § 3 BauGB-ZuVO (BS 213–4; *H/J/W* Nr. 61) »höhere Verwaltungsbehörde« im Sinne einiger Vorschriften des BauGB und allgemeine Behörden des öffentlichen Gesundheitsdienstes (§ 2 Abs. 1 Nr. 3 ÖGdG).[19]

Mögliche **Überschneidungen** zwischen Selbstverwaltungsaufgaben und ordnungsrechtlichen Auftragsangelegenheiten, längst aber nicht alle, hat der Gesetzgeber etwa 13

---

13 Zur Verfassungsmäßigkeit BVerfGE 22, 180 (205).
14 *T. I. Schmidt*, DÖV 2013, 509 (510); fehlgehend daher *Lenz/Würtenberger*, VBlBW 2012, 126 (130).
15 Zur Verfassungsmäßigkeit BVerfGE 83, 363 (383 ff.); NRWVerfGH, DÖV 2004, 662 (663).
16 Dazu BVerfGE 119, 331 (352); BSG, DVBl. 2013, 1519 (1522); *Cornils*, ZG 2008, 184 (202 ff.); *Schoch*, DVBl. 2008, 937 (939 ff.); *Henneke*, DÖV 2013, 825 (829).
17 BVerwGE 101, 99 ff.
18 Zur Reichweite der Selbstverwaltungsgarantie insoweit BVerfG, NVwZ 2001, 317; *Lange*, in: Fs f. Götz, 2005, 439 (443 ff.).
19 Zur Planung insoweit *Fehr u.a.*, DÖV 2016, 246 ff.

in § 45 Abs. 1 b Satz 1 Nr. 3, Abs. 1 c StVO zugunsten des übertragenen und im Hinblick auf die äußere Gestaltung baulicher Anlagen in § 88 Abs. 1 LBauO zugunsten des eigenen Wirkungskreises entschieden.[20]

14 4. **Kommunen und Staat. a) Die Anbindung der Kommunen an die Staatsverwaltung.** In die dreigliedrig aufgebaute Landesverwaltung sind auf der unteren Ebene auch die Kommunen eingebunden. Sie werden dadurch allerdings nicht zu **Teilen des Staates**. Jede Kommune ist eine **juristische Person** des öffentlichen Rechts und damit rechts- und parteifähig. Für unerlaubte Handlungen ihrer Organe haftet sie außerhalb der hoheitlichen Tätigkeit nach §§ 89, 31 BGB,[21] für die der übrigen Amtswalter nach § 831 BGB. Auch ihre **Hoheitsaufgaben** erledigen die Kommunen in eigener Verantwortung. Sie schließen öffentlich-rechtliche Verträge und erlassen Verwaltungsakte im eigenen Namen. Für unerlaubte Handlungen ihrer Amtswalter bei der Erfüllung von Hoheitsaufgaben haften sie nach Art. 34 GG iVm § 839 BGB, ohne dass sie dies durch Satzung einschränken könnten.[22] Im Prozess ist die Kommune selbst »richtige Beklagte« im Sinne des § 78 Abs. 1 Nr. 1 VwGO, wenn sie Verwaltungsakte erlassen oder den Erlass von Verwaltungsakten verweigert hat. Eine untergegangene Gemeinde bleibt im Prozess beteiligungsfähig.[23]

15 Die **Kreisverwaltung** ist nach § 55 Abs. 1 S. 1 Halbs. 1 LKO die Verwaltungsbehörde des Landkreises. Zwar nimmt sie staatliche Aufgaben wahr, die in § 55 Abs. 2 LKO abschließend aufgezählt sind. Insoweit wird sie funktionell als »untere Behörde der allgemeinen Landesverwaltung« tätig. Ihr Träger iSd § 78 Abs. 1 Nr. 1 VwGO ist insoweit das Land.[24] Es haftet für Amtspflichtverletzungen gemäß Art. 34 GG iVm § 839 BGB. Das gilt nach umstrittener Auffassung auch, wenn Kreisbeamte zur Erfüllung staatlicher Aufgaben eingesetzt werden. § 55 Abs. 6 S. 2 LKO ist auf diesen Fall analog anzuwenden.[25] Organisationsrechtlich bleibt die Kreisverwaltung jedoch stets Behörde des Landkreises. Er stellt grundsätzlich für alle Aufgabenbereiche die Personal- und Sachmittel (§ 55 Abs. 3 und 5 LKO). Dies ist der wohl praktisch bedeutendste Fall einer **Organleihe** in Rheinland-Pfalz.[26]

16 Indes kann und muss der Staat den kommunalen Verwaltungsvollzug **kontrollieren** und korrigieren. Auch und gerade wo er den Kommunen Aufgaben zur eigenverantwortlichen Ausführung überlässt, kann er sie nicht ohne **Überwachung** und ohne jede Möglichkeit der **Korrektur** etwaiger Fehler schalten und walten lassen, sondern muss zur Sicherung der demokratischen Legitimation und der Gesetzmäßigkeit der Verwaltung (Art. 20 Abs. 1–3 GG; Art. 74 Abs. 1, 2 und Art. 77 Abs. 2 LV) ihr Handeln von staatlichen oder ihrerseits staatlich beaufsichtigten Behörden kontrollieren und notfalls berichtigen lassen. Diesem Kontrollzweck dient das Institut der **Aufsicht** staatli-

---

20 NdsOVG, NdsVBl. 2004, 261; *Winkler*, LKRZ 2009, 251 (254).
21 S etwa OLG Koblenz, NVwZ-RR 2020, 268 ff.
22 BGHZ 217, 50 (61 f.).
23 VGH BadWürtt., NVwZ 2016, 1270 f.
24 In der Sache ebenso *Brenner*, in: Sodan/Ziekow, VwGO, Komm., 5. Aufl. 2018, § 78 Rn. 18; vgl. auch § 2 Rn. 15 f.
25 A.A. BGHZ 87, 202 (204); 91, 243 (251); 99, 326 (332).
26 *Gern/Brüning*, Rn. 1504 (mit dem in Rn. 1503 noch abgelehnten Begriff „Institutionsleihe"); ebenso, jedoch begrenzt auf den Landrat die amtl. Begr., LT-Drucks. 12/2796 S. 67. Zum historischen Hintergrund *Schmidt-Aßmann*, DVBl. 2016, 1001 (1004 f.).

cher Behörden über die Kommunen.[27] Das Recht der Kommunen auf Selbstverwaltung setzt der staatlichen Aufsicht indes auch **Grenzen**.

b) Distanzierende Wirkungen der Selbstverwaltungsgarantie. Die Selbstständigkeit 17 der Kommunen als Rechtssubjekte ist zugleich Kern ihrer verfassungsrechtlichen Stellung gegenüber dem Staat.[28] Einfachgesetzlich schlägt sich diese **Bestandsgarantie** in den hohen Hürden von Gebietsneugliederungen nach §§ 10 ff. GemO nieder.[29] Die **Aufgabengarantie** umfasst auch die Auftragsangelegenheiten.[30] Gründe der Wirtschaftlichkeit und Sparsamkeit rechtfertigen eine Hochzonung erst, wenn es zu einem unverhältnismäßigen Kostenanstieg führen würde, wenn die Aufgabe bei den Gemeinden verbliebe.[31]

Der EU-Vertrag achtet die kommunale Selbstverwaltung zwar als Bestandteil der nationalen Verfassungsordnung (Art. 4 Abs. 2 EUV).[32] Soweit der Landesgesetzgeber europarechtliche Richtlinien oder Entscheidungen ohne eigenen Gestaltungsspielraum umsetzt, schirmt der Anwendungsvorrang des Europarechts seine Gesetze aber vor der Selbstverwaltungsgarantie ab.[33]

Ihre zentrale Bedeutung hat die Verfassungsgarantie für den Schutz bestehender Auf- 18 gaben vor Beeinträchtigungen ihrer Ausübung »im laufendem Betrieb«. Maßgeblich sind hier der Grundsatz **eigenverantwortlicher Aufgabenwahrnehmung**[34] und die formalen »**Gemeindehoheiten**«. Von ihrer Reflexwirkung profitieren die Kommunen auch bei der Erfüllung der Auftragsangelegenheiten,[35] da sie institutionelle Rahmenbedingungen der Verwaltungstätigkeit betreffen, die sich nicht je nach dem ausgeführten Aufgabentypus verschieden stark schützen lassen. Zu Recht wird der »Kernbereich« der Selbstverwaltung heute in der Erhaltung kommunaler Planungs-, Organisations- und Finanzspielräume gesehen.[36]

Personal- und **Finanzhoheit** sichern den Gemeinden die Verfügung über Bedienstete, 19 deren Dienstherrn sie selbst sind – die sie also nicht nur vom Staat zugewiesen erhalten –, und über eigene Einnahmequellen. Die Finanzhoheit ist in Art. 28 Abs. 2 S. 3 GG, Art. 49 Abs. 5 S. 2 und Abs. 6 LV besonders hervorgehoben worden.[37] Die **Rechtsetzungs-** und die **Planungshoheit**[38] sichern den Gemeinden einen substanziellen Gestaltungsspielraum. Die **Organisationshoheit** schließlich erlaubt der Gemeinde, ihre Verwaltungsgliederung und ihre Verfahrensabläufe im Inneren selbst zu regeln. Auf

---

27 S.u. Rn. 151 ff.; ausf. dazu *Kahl,* Die Staatsaufsicht, 2001, S. 479 ff. u. 493 ff.
28 *Gern/Brüning,* Rn. 70; *Knemeyer/Wehr,* VerwArch 92 (2001), 317 (332 ff.) u. o. § 1 Rn. 90 ff. Krit. zur h.M. *Bull,* DVBl 2008, 1 (3 ff.); *Engels,* JA 2014, 7 (11 f.).
29 Vgl. RhPfVerfGH, Beschl. v. 23.5.2014 – A 26/14 u. A 28/14 –; zu Neugliederungen außerhalb kommunaler Gebietsreformen SachsAVerfG, NVwZ-RR 2013, 386; *Brüning,* ZG 2013, 155 (162 ff.).
30 NdsStGH, NdsVBl. 2008, 37 (39); zur a.A. o. § 1 Rn. 92.
31 BVerfGE 147, 185, Rn. 84.
32 Dazu *Zimmermann,* KommJur 2008, 41 ff.
33 RhPfVerfGH, AS 32, 251 (259 ff.).
34 BVerfGE 83, 363 (382); 107, 1 (12 ff.); 119, 331 (362).
35 BVerfGE 91, 228 (245); ThürVerfGH, DVBl. 2005, 443 (447).
36 *Schmehl,* BayVBl. 2006, 325 (326 ff.); vgl. BVerfG, Beschl. v. 7.7.2020 – 2 BvR 696/12 –, Rn. 51 ff.
37 Vgl. § 1 Rn. 95 u. unten Rn. 45; RhPfVerfGH, AS 33, 66 (70 f.); *Berchtold,* KommJur 2009, 212 ff.; *Lange,* DVBl. 2015, 457 ff.
38 Zu ihr BVerwG, NVwZ 2012, 662 m.w.N.; OVG RhPf., DVBl. 2012, 640 (641).

ihr beruht auch das Recht, eine Verwaltungsaufgabe gemeinsam mit anderen Kommunen zu erfüllen (Kooperationshoheit).[39]

20 Prekär ist die verfassungsrechtliche Gewährleistung nach Art. 28 Abs. 2 GG allerdings insoweit, als sie nur »im Rahmen der Gesetze« besteht. Der Entzug relevanter Aufgaben örtlichen Charakters bedarf immerhin einer Rechtfertigung durch überwiegende Gründe des Allgemeininteresses. Den Aufgabenbereich der **Landkreise** kann der Gesetzgeber frei gestalten, solange er ihnen nur überhaupt Selbstverwaltungsaufgaben belässt.[40]

21 Gegen Beeinträchtigungen des Selbstverwaltungsrechts können sich die Gemeinden vor den Verwaltungsgerichten und mit Verfassungsrechtsbehelfen wehren. Gegen Rechtsverordnungen eines Verfassungsorgans ist der Verwaltungsrechtsweg zwar nach § 4 Abs. 1 S. 2 AGVwGO versperrt. Verfassungsorgan ist neben dem Landtag und der Landesregierung auch jedes Landesministerium.[41] Insoweit können die Gemeinden aber Normenkontrollen nach Art. 130 Abs. 1 S. 2 Var. 2, Art. 135 Abs. 1 Nr. 1 LV und § 2 Nr. 1 Buchst. a, §§ 23 ff. VerfGHG vor dem VerfGH einleiten.[42] Da den Gemeinden über diese zwei Verfahren gegen jede mutmaßliche Verletzung ihres Selbstverwaltungsrechts durch Normen des Landesrechts ein Weg zum VerfGH eröffnet ist, können sie **Kommunalverfassungsbeschwerden** zum BVerfG gemäß Art. 93 Abs. 1 Nr. 4 b GG, § 13 Nr. 8 a BVerfGG nur gegen Normen des Bundesrechts erheben (§ 91 Satz 2 BVerfGG).[43]

II. Institutionelle und finanzielle Mittel der Aufgabenerfüllung

22 Um ihre Aufgaben erfüllen zu können, benötigen die Kommunen handlungsfähige Organe und die finanziellen Mittel, um deren Arbeit in Gang zu halten. Der folgende Abschnitt betrifft die **Organisationseinheiten**, die bei der Erledigung der kommunalen Aufgaben **nach außen** in Erscheinung treten, und die Quellen, aus denen die Kommunen die Kosten der Aufgabenerfüllung decken. Das **innere** Organisationsrecht der Kommune ist Thema des Abschnitts IV.

23 **1. Organisationsformen.** Die Kernaufgaben der Kommunen erledigt die Behörde **Gemeinde- bzw. Kreisverwaltung.** Die Gemeinden und Landkreise können die Gliederung und die Arbeitsabläufe innerhalb ihrer Verwaltungsbehörde aufgrund ihrer **Organisationshoheit** in weitem Umfang gestalten. Der Bundesgesetzgeber hat keine Kompetenz zur Regelung der internen Willensbildung der Kommunen.[44] Eine der wenigen organisatorischen Vorgaben des Landesrechts ist die Pflicht zur Einrichtung von Gleichstellungsstellen (§ 2 Abs. 6 GemO).[45] § 28 Abs. 3 GemO enthält kaum Vorgaben für die Gemeinde- oder Stadtverwaltung, und § 55 LKO regelt die Verhältnisse

---

39 BVerfGE 138, 1 (49). Für eine eigenständige »Informationshoheit« *Ziekow*, VerwArch 104 (2013), 529 (541).
40 BVerfGE 79, 127 (153 f.); 83, 363 (383); a.A. wohl *Lange*, Kap. 18 Rn. 11 ff. Zum Begriff »Gesetz« in diesem Rahmen BVerfGE 56, 298 (309 f.).
41 RhPfVerfGH, AS 29, 215 m.w.N.; vgl. auch § 1 Rn. 28.
42 Vgl. auch § 1 Rn. 120, 143.
43 Zur Kommunalverfassungsbeschwerde ausf. *Starke*, JuS 2008, 319 ff.
44 BVerfGE 137, 108 (164).
45 Dazu BVerfGE 91, 228 (242 ff.); zu Paritätsvorschriften im Wahlrecht RhPfVerfGH, LKRZ 2014, 97 (101 ff.); 2014, 235 ff.; *Laubinger*, NVwZ 2014, 121 (124 f.).

der Kreisverwaltung nur insoweit eingehender, als sie staatliche Funktionen wahrnimmt.

Regelungen über die Behördenorganisation finden sich regelmäßig in den **Hauptsatzungen**, die sich die Kommunen nach §§ 25 GemO, 18 LKO geben. Faktisch haben die meisten Kommunen den von der Kommunalen Gemeinschaftsstelle für Verwaltungsvereinfachung (KGSt) erarbeiteten **Muster-Verwaltungsgliederungsplan** übernommen und je nach ihrer Größe und ihren lokalen Besonderheiten abgewandelt. 24

Zu den grundsätzlichen Entscheidungen gehört insbes. diejenige über Zahl und Zuschnitt der **Geschäftsbereiche** (§ 50 Abs. 4 S. 1, 3 GemO und § 44 Abs. 4 S. 1, 3 LKO). Leiter der Geschäftsbereiche sind der Bürgermeister/die Bürgermeisterin oder der Landrat/die Landrätin[46] sowie (Kreis-)Beigeordnete (§ 50 Abs. 3 S. 1 GemO, § 44 Abs. 3 S. 1 LKO). Zu den internen **Verfahrensabläufen** der Gemeinde- oder Kreisverwaltung s. § 47 Abs. 2 S. 1 Halbs. 1 GemO, § 41 Abs. 2 S. 1 Halbs. 1 LKO. 25

Die Rechtsstellung des **Gemeinde- und Kreispersonals** ist im Wesentlichen nicht durch Normen des Kommunalrechts geregelt, sondern richtet sich nach dem allgemeinen Arbeits- und Beamtenrecht. Für eigene kommunale Bestimmungen ist insoweit kaum Raum.[47] § 61 Abs. 2 GemO, § 54 Abs. 2 LKO verweisen für die beamteten Kommunalbediensteten ausdrücklich auf die Vorschriften des Landesbeamtenrechts. Stellung und Aufgaben des leitenden **staatlichen** Beamten in der Kreisverwaltung sind durch § 56 LKO denen der Kreisbeigeordneten angenähert. 26

Neben dem klassischen Behördenmodell stehen den Kommunen die **öffentlich-rechtlichen Organisationsformen** der rechtsfähigen Anstalt (§ 86 a GemO) oder Stiftung (§ 3 Abs. 5 LStiftG), des haushaltstechnisch verselbstständigten Eigenbetriebs (§ 86 GemO) und des in die Kommunalverwaltung eingegliederten Regiebetriebs zur Verfügung.[48] Die Anstaltsform bietet sich vor allem dann an, wenn das kommunale Unternehmen eine Einrichtung tragen soll, für die ein Anschluss- und Benutzungszwang vorgesehen ist, die Satzungen erlassen[49] oder Beamte beschäftigen soll (§ 86 a Abs. 3 S. 2, § 86 b Abs. 4 S. 1 GemO). 27

Die Wahl **privatrechtlicher** Organisationsformen befreit die Kommunen nicht von ihrer in Art. 1 Abs. 3 GG verankerten Bindung an Grundrechte oder die Auskunftsansprüche nach § 6 LMedienG[50] oder § 2 LTranspG.[51] Ihre Beleihung mit Hoheitsbefugnissen setzt nach § 85 Abs. 6 GemO voraus, dass nur Kommunen Gesellschafter sind.[52] Die Wahl der Rechtsformen AG und GmbH wird von § 87 Abs. 2 und 3 GemO strengen Voraussetzungen unterworfen. Die AG ist gegenüber allen anderen Rechtsformen nachrangig. Zusammen mit der erschwerten Steuerbarkeit des Vor- 28

---

46 Im Folgenden wird durchgehend das Maskulinum verwendet; Amtsinhaberinnen sind dabei stets mit gemeint.
47 Zur Ausweisung von Planstellen OVG RhPf., AS 34, 380 ff.; krit. insb. zu Zielvereinbarungen *Prahl*, VR 2007, 253 ff.
48 Näher *Pencereci/Brandt*, LKV 2008, 293 ff.; *Waldmann*, NVwZ 2008, 284 ff.; *Schmidt/Bokelmann u.a.*, EigAVO RhPf., Komm., 3. Aufl. 2017; *Werner*, NVwZ 2013, 1521 (1522).
49 Zur demokratischen Legitimation der Anstalt für den Satzungserlass *Beyer*, KStZ 2004, 61 (63 ff.).
50 Vgl. zu NRW BGH, NJW 2017, 3153 (3154 ff.).
51 Vgl. OVG NRW, DVBl. 2010, 911 (913); VG Neustadt/Weinstr., LKRZ 2014, 344 f.; a.A. OVG RhPf., AS 44, 83 ff.
52 Vgl. auch ThürOVG, ThürVBl. 2010, 63 (64).

stands einer AG hat dies zur Folge, dass kommunale Organisationseinheiten in Privatrechtsform meist als GmbH organisiert sind.[53] Auf Unternehmen in Privatrechtsform, die von einer kommunalen Anstalt des öffentlichen Rechts getragen werden, ist § 87 GemO entsprechend anzuwenden (§ 86 a Abs. 5 S. 2 GemO).

29 Die kommunalen Vertreter in den Gesellschaftsorganen müssen nach § 88 Abs. 1 S. 5 Halbs. 2 GemO proportional zur Fraktionsgröße im Gemeinderat auf politische Gruppen verteilt sein, obwohl sie gem. § 88 Abs. 1 S. 1 und 6 GemO weisungsgebunden und zu einer einheitlichen Stimmabgabe verpflichtet sind. Die Weisungsbindung allerdings ist durch die gesellschaftsrechtliche Verpflichtung der Vertreter begrenzt, das Wohl der Gesellschaft zu wahren. Darauf nimmt § 88 Abs. 3 Halbs. 2 GemO Rücksicht.[54] Der Spagat zwischen öffentlichem Interesse und Unternehmensinteresse kann in der Regel nur durch Satzungsregelungen gemeistert werden, in denen der Gesellschaftszweck dem Kommunalrecht angepasst ist. Nicht zuletzt deshalb besteht ein Trend zur **Rekommunalisierung**.[55]

30 **2. Öffentliche Einrichtungen der Kommunen.** Aus der Außenperspektive sind die Organisationsformen, in denen die kommunalen Handlungseinheiten verfasst sind, von untergeordneter Bedeutung. Priorität hat für den Einzelnen die Frage, ob er die Dienste und Anlagen kommunaler Stellen in Anspruch nehmen kann oder sogar muss. Sie wird traditionell unter der Überschrift »kommunale öffentliche Einrichtungen«[56] behandelt. Insoweit kommt es nicht darauf an, ob die Kommune unmittelbar Rechtsträger der Einrichtung ist oder sie auf eine Anstalt, eine Stiftung, eine Aktiengesellschaft oder eine GmbH ausgegliedert hat.

31 Als **öffentliche Einrichtung** wird dabei ein Inbegriff von Personal- und Sachmitteln bezeichnet, der in der Hand eines Trägers öffentlicher Verwaltung ist, einem öffentlichen (Gemeinwohl-)Zweck dient, dazu durch einen besonderen Akt – die Widmung – bestimmt und tatsächlich in Dienst gestellt worden ist. Zur Definition des Begriffs trägt es wenig bei, wenn man nur Vorkehrungen zum Zweck der Daseinsvorsorge als öffentliche Einrichtungen behandelt.[57] Nur typologisch lassen die öffentlichen Einrichtungen sich richtig erfassen. Regelmäßig dienen kommunale öffentliche Einrichtungen der Erfüllung von Aufgaben der kommunalen Selbstverwaltung, namentlich Kultur und Bildung, Freizeit und Sport, der Gesundheit und der sozialen Solidarität sowie der Infrastruktur in den Bereichen Verkehr, Versorgung und Entsorgung.

Beispiele:
- Stadthallen, Theater, Museen, Konzertsäle, Parkplätze, Spielplätze, Schwimmbäder und sonstige Sportstätten, Wasserwerke, öffentliche Toiletten,[58] Abfallbeseitigungs- und Kanalisationsanlagen sowie Märkte und Messen, soweit sie nicht nach §§ 69 ff. GewO festgesetzt sind.

---

53 *Pitschas/Schoppa*, DÖV 2009, 469 (472); vgl. Rn. 50.
54 Vgl. BVerwGE 140, 300 ff.; BVerwG, NVwZ-RR 2011, 739 ff.; BVerwG, Urt. v. 26.7.2017 – 10 B 17.16 – (juris), Rn. 5; VG Münster, NVwZ-RR 2011, 741 ff.; *J. Koch*, VerwArch 102 (2011), 1 ff.; *Schodder*, Nds-VBl. 2012, 121 ff.; *Pauly/Schüler*, DÖV 2012, 339 ff.; *Ziche/Herrmann*, DÖV 2014, 111 (115).
55 *Bauer*, DÖV 2012, 329 ff.; JZ 2014, 1017 ff.; *Budäus/Hilgers*, DÖV 2013, 701 ff.; *Guckelberger*, VerwArch 104 (2013), 161 ff.; *Leisner-Egensperger*, NVwZ 2013, 1110 ff.; *T. I. Schmidt*, DÖV 2014, 357 ff.; *Podszun/Palzer*, NJW 2015, 1496 ff.
56 Überblick bei *Lange*, DVBl. 2014, 753 ff.; *Schoch*, NVwZ 2016, 257 ff.
57 *Krajewski*, VerwArch 99 (2008), 174 (186 ff.); *Lange*, NVwZ 2014, 616 (618); *Brüning*, DÖV 2014, 908 (912).
58 OVG NRW, NJW 2018, 1991 f.

- Krankenhäuser einschließlich medizinischer Versorgungszentren, Altenheime, Obdachlosenunterkünfte, Rettungsdienste, Friedhöfe, Kindergärten, Kraftwerke und Schlachthöfe, soweit sie von Kommunen betrieben werden.[59]
- **Grenzfälle:** Mitbenutzung kommunaler Anschlagtafeln, Amtsblätter[60] und Internetseiten[61] für private Mitteilungen oder der Zugang zu kommunalen Archiven und Melderegistern.[62]

Keine öffentliche Einrichtung sind öffentliche Straßen, da sie dem Gemeingebrauch gewidmet sind.[63] Gleichwohl erlauben §§ 10, 10 a KAG die Erhebung von Beiträgen für den Straßenbau wie für öffentliche Einrichtungen, soweit die Straßen »zum Anbau bestimmt« sind.

a) **Widmung und Benutzung.** Den Einrichtungszweck und den Einrichtungsumfang legt die **Widmung** fest. Ihre Form ist für kommunale öffentliche Einrichtungen nicht normativ vorgegeben.[64] Eine Satzung ist nur dann erforderlich, wenn der Betrieb der Einrichtung mit Grundrechtseingriffen verbunden ist. So wie die Widmung ergeht, kann sie auch erweitert oder beschränkt werden. Die Form beider Schritte folgt aber nicht notwendig der der ursprünglichen Widmung.[65]

Indem die Widmung einen Einrichtungszweck fixiert, grenzt sie auch den grundsätzlich zulässigen vom grundsätzlich unzulässigen **Gebrauch** der Einrichtung ab.[66] Auch die Kapazität kann der Einrichtungsträger im Regelfall nach politischen Prioritäten im Rahmen seiner wirtschaftlichen und organisatorischen Möglichkeiten festlegen. **Kapazität** ist der Umfang der Leistungs- oder Aufnahmefähigkeit einer Einrichtung. Die Pflicht, eine bestimmte Kapazität zu gewährleisten, trifft den Träger nur bei wenigen Einrichtungen wie insbes. der Wasserversorgung und der Abwasserbeseitigung (§ 46 Abs. 1 S. 1 Halbs. 2, § 52 Abs. 1 S. 1 Halbs. 2 LWG), nicht aber zB bei Schwimmbädern.

Besteht keine Pflicht zum Betrieb einer Einrichtung, so muss ihr Träger sie auch nicht erweitern, um den vorhandenen Bedarf zu befriedigen. Er ist aber verpflichtet, knappe Kapazitäten auf sachgerechte Weise zwischen den Nutzungsanwärtern zu verteilen. Welche **Verteilungskriterien** sachgerecht sind, lässt sich nicht generell angeben. Als Ausgangsbasis eignet sich eine Umverteilung nach dem Rotations- oder dem Prioritätsprinzip.[67] Die Zulassung kann verweigert werden, wenn der Gebrauch zu anders nicht vermeidbaren Gefahren führen würde, etwa durch die Zulassung von Veranstaltungen extremistischer politischer Gruppen.[68] Eine Schlechterstellung gerade wegen

---

59 Zu diesen beiden Absätzen s. Nachw. in 5. Aufl., Rn. 34; zu medizinischen Versorgungszentren nun *Plagemann/Ziegler*, DVBl. 2016, 1432 ff.; *Kingreen/Kühling*, DÖV 2018, 890 ff.
60 *Ingold*, Die Verwaltung 48 (2015), 525 (535).
61 Vgl. *Frevert/Wagner*, NVwZ 2011, 76 (79); OVG NRW, DVBl. 2015, 1467 ff.
62 Dazu *Krämer*, VBlBW 2005, 43 (46) sowie OVG NRW, DVBl. 2015, 1388 (1390) (ablehnend).
63 OVG RhPf., DÖV 2007, 434; BayVGH, BayVBl. 2007, 690 (691); OVG NRW, NVwZ-RR 2012, 422 (423); *Engels/Krausnick*, § 7 Rn. 40; a.A. *Lange*, LKRZ 2007, 289 (291 f.).
64 Dazu VGH BadWürtt., DVBl. 2012, 1312 ff.; enger BVerwGE 159, 337 Rn. 43: Rechtssatz oder dinglicher VA; rechtsstaatlich bedenklich OVG RhPf., NVwZ 2020, 170 (172) mit der Figur einer „Sonderverordnung".
65 VGH BadWürtt., DVBl. 1998, 780 f.; vgl. auch *Fügemann*, SächsVBl. 2005, 57 (58 f.).
66 Vgl. BayVGH, BayVBl. 2011, 23; SächsOVG, NVwZ-RR 2020, 507 (508).
67 Zum Prioritätsprinzip VGH BadWürtt., DVBl. 2015, 59 (60); krit. *Voßkuhle*, Die Verwaltung 32 (1999), 21 ff.
68 BayVGH, NJW 2012, 1095 ff.; NVwZ-RR 2019, 191 (193); *Gern/Brüning*, Rn. 939; *Wittmann*, DVBl. 2012, 788 (791).

der fraktionslosen Mitgliedschaft in der Kommunalvertretung ist allerdings willkürlich.[69]

35 Der **Einrichtungsträger** regelt die **Art und Weise** der Benutzung. Dafür kann er sich vielfältiger öffentlich-rechtlicher oder privatrechtlicher Formen bedienen. Daneben ist kein Raum für eine Regelung der Benutzung kraft »öffentlich-rechtlichen Hausrechts«.[70] Nach der Zuordnung der Benutzungsregelungen richten sich die Art der Benutzungsentgelte, die Haftung für Schäden des Benutzers bei Verletzungen der Verkehrssicherungspflicht und der Rechtsweg für Streitigkeiten aus dem Benutzungsrechtsverhältnis (sog. Zwei-Stufen-Theorie). Keine Rolle spielt die Ausgestaltung des Benutzungsverhältnisses für das Verhältnis zu Dritten. Störungen infolge der Benutzung sind stets dem öffentlichen Recht zuzurechnen.[71]

36 **b) Zulassung zur Benutzung und Zulassungsanspruch.** Die Entscheidung über die Zulassung zur Benutzung konkretisiert gegenüber den Gemeindeeinwohnern und den ihnen gleichgestellten Personen den kommunalrechtlich normierten Zulassungsanspruch dieser Personen.[72] Über die Zulassung wird ihnen gegenüber daher stets durch **Verwaltungsakt** entschieden. Er wird durch die tatsächliche Verschaffung des Zugangs vollzogen. Erfolgt keine Beleihung (§ 85 Abs. 6 S. 3 GemO), so muss die Gemeinde die Entscheidung durch eigene demokratisch legitimierte Organe treffen.

37 Einen **kommunalrechtlichen**[73] Anspruch auf Zulassung zur Benutzung haben nach geltendem Recht die Einwohner einer Gemeinde, die sog. Forensen und die juristischen Personen mit Sitz in der Gemeinde (§ 14 Abs. 2–4 GemO). Nicht durchgesetzt hat sich die Forderung, auch den Einwohnern von Umlandgemeinden im Einzugsbereich zentraler Orte einen Zugangsanspruch zu verleihen.[74] Allerdings kann ihnen aus einer ständigen Verwaltungspraxis iVm Art. 3 Abs. 1 GG ein **derivativer** Zugangsanspruch erwachsen, der indes nur besteht, solange diese Praxis geübt wird. Sie kann auch einen widmungsüberschreitenden Anspruch auf kommunikative Nutzung begründen.[75]

38 **Gegenstand** des Anspruchs ist nur die Zulassung, nicht die Art und Weise der Benutzung. Der Zulassungsanspruch schützt auch nicht vor der Zahlung etwaiger Benutzungsentgelte. Beide Fragen sind nicht Gegenstand des Zulassungs-, sondern des Benutzungsrechtsverhältnisses. Ist die Kapazität erschöpft, reduziert der Anspruch sich auf ein Recht auf ermessensfehlerfreie **Verteilung**. Beide Ansprüche bestehen nur im Rahmen der Widmung.

39 Ist **Träger** der öffentlichen Einrichtung nicht die Gemeinde selbst, sondern **ein Privatrechtssubjekt**, können sich Ansprüche auf **Benutzung** nur gegen den privatrechtlich organisierten Träger richten und sind selbst privatrechtlicher Natur. Der Zulassungsanspruch besteht jedoch weiter gegenüber der Gemeinde. Er richtet sich auch

---

69 SaarlVerfGH, NVwZ-RR 2016, 641 (643).
70 Ebenso *Stelkens*, Die Verwaltung 46 (2013), 493 (518 f.); a.A. *Michl/Roos*, LKRZ 2012, 50 (51 f.).
71 *Althammer/Zieglmeier*, DVBl. 2006, 810 (813).
72 OVG RhPf., NVwZ 2020, 170 (171).
73 Speziell dazu etwa § 5 Abs. 1 PartG, § 15 Abs. 2 SportFG.
74 *Mann*, in: Mann/Püttner, § 17 Rn. 23.
75 BVerfG, NJW 2014, 2706.

nicht nur darauf, dass sie auf den Träger einwirkt.[76] Diese Ansicht vermengt den Regelungsinhalt der Zulassung mit ihrem Vollzug. Die Gemeinde muss ihr Innenverhältnisses zum Einrichtungsträger so ausgestalten, dass sie den Einwohnern den Zugang effektiv verschaffen kann.[77] Kann sie dies nicht und handelt es sich um eine Pflichteinrichtung, so darf sie die private Rechtsform nicht wählen.

Prozessual durchsetzbar ist der Zulassungsanspruch gegenüber der Gemeinde durch **Verpflichtungsklage**. Ist die Einrichtung in der Hand eines privatrechtlich verfassten Trägers, so muss die Verpflichtungsklage analog zu § 113 Abs. 4 VwGO verbunden werden mit einer **allgemeinen Leistungsklage** auf Verschaffung des Zugangs. Weigert sich das Trägerunternehmen, die Benutzung zu gestatten, so kann der Berechtigte dessen im Verhältnis zur Gemeinde bestehende Verpflichtung zum Vertragsabschluss mit Gemeindeeinwohnern durch Leistungsklage vor den ordentlichen Gerichten[78] gemäß § 328 Abs. 1 BGB im eigenen Namen geltend machen. 40

c) **Anschluss- und/oder Benutzungszwang**.[79] Gemeinden können anordnen, dass bestimmte Leistungen im Gemeindegebiet nur von ihren öffentlichen Einrichtungen erbracht werden dürfen. § 26 Abs. 1 S. 2 GemO nennt dies im Einklang mit der üblichen Terminologie einen **Benutzungszwang**. Genau genommen handelt es sich um ein Verbot, die betroffenen Waren und Dienste aus anderen Quellen zu beziehen, selbst zu gewinnen oder herzustellen und die Nachfrage nach diesen Gütern im Gemeindegebiet zu befriedigen. Um den Benutzungszwang durchzusetzen, kann die Gemeinde bei Einrichtungen, die Ver- oder Entsorgungszwecken dienen, den Anschluss von Grundstücken an das Leitungsnetz der Einrichtung vorschreiben (**Anschlusszwang**). Beides kann auch zugunsten einer Einrichtung in privater Trägerschaft angeordnet werden.[80] 41

Anschluss- und Benutzungszwang greifen in das Grundrecht der **allgemeinen Handlungsfreiheit** in seiner Ausprägung als Vertragsfreiheit ein.[81] Regelmäßig betreffen sie auch die **Berufsfreiheit**. Wenn sie die Nutzungsbefugnis von Grundstückseigentümern einschränken, modifizieren sie außerdem Inhalt und Schranken des **Eigentums**. Die Anordnung eines Anschluss- oder Benutzungszwangs muss daher ein verhältnismäßiges Mittel zur Verfolgung verfassungsrechtlich legitimer Zwecke sein.[82] Ein solches »öffentliches Bedürfnis« für die Anordnung besteht nur, wenn sie geeignet, erforderlich und angemessen ist, um erhebliche Nachteile für wichtige Individual- oder Gemeinschaftsgüter abzuwehren. 42

Der Katalog in § 26 Abs. 1 S. 1 GemO ist nicht abschließend, enthält aber die praktisch wichtigsten Gründe und umschreibt die Voraussetzungen der Ermächtigung damit auf hinreichend bestimmte Weise. Hinter ihnen stehen die **Zwecke** der Gefahrenabwehr, der Gesundheits- und der Umweltvorsorge.[83] Tragfähig waren nur Schutzgü- 43

---

[76] So etwa *Kerkmann*, VR 2004, 75 (78); *Kahl/Weißenberger*, Jura 2009, 194 (196) jew. m.w.N.
[77] In der Sache ebenso *Gern/Brüning*, Rn. 934. Vgl. zur öffentlich-rechtlichen Stiftung Hambacher Schloss und ihrer privatrechtlichen Betriebsgesellschaft VG Neustadt/Weinstr., Beschl. v. 19.10.2016 – 3 L 899/16.NW – (juris), Rn. 33.
[78] Vgl. BGH, NJW 2013, 3636 (3637); NdsOVG, NdsVBl. 2008, 75 (76); grds. auch OVG Berl.-Brandb., NJW 2016, 732.
[79] Überblick bei *Pielow/Finger*, Jura 2007, 189 ff.
[80] *Bohne/Heinbuch*, NVwZ 2006, 489 (492 f.); *Gern*, VBlBW 2006, 458 (462 f.).
[81] BVerwG, DVBl. 2006, 781 (783).
[82] Anschaulich: BVerwG, NVwZ 2011, 886 ff. zur Wasserversorgung.
[83] *Röhl*, Rn. 166 f.

ter im Bereich der örtlichen Gemeinschaft, solange der Gesetzgeber nicht überörtliche Ziele einbezog, zB den Klima- und Ressourcenschutz durch § 16 EEWärmeG.[84] Der Bestand und die Rentabilität der Einrichtung als solche sind kein ausreichendes Schutzgut. **Ausgeschlossen** ist die kommunale Anordnung eines Anschluss- und Benutzungszwangs zudem, wo sie dem Regelungskonzept des höherrangigen Bundes-[85] oder Landesrechts widerspräche.

Beispiel:
Privatgrabstätten unterliegen in Rheinland-Pfalz zwar nach § 4 Abs. 2 BestG einer präventiven Genehmigungspflicht; es besteht aber kein Friedhofszwang.[86] Maßgeblich ist gem. § 8 Abs. 3 BestG vielmehr der Wille des Verstorbenen. Kommunale Friedhofssatzungen dürfen diese gesetzgeberische Entscheidung nicht konterkarieren.

44 3. **Kommunales Wirtschafts- und Finanzrecht.** Das 5. Kapitel der Gemeindeordnung verbindet drei Themenbereiche miteinander, die für die Schaffung und Erhaltung einer materiellen Grundlage der kommunalen Aufgabenerfüllung von Bedeutung sind. Die Regelungen der **Haushalts- und Vermögenswirtschaft** verfolgen dabei vor allem das Ziel, die für die Aufgabenerfüllung erforderlichen Sach- und Finanzmittel der Kommunen zu sichern.[87] In diesen Zusammenhang gehören auch das kommunale Abgabenrecht und der interkommunale Finanzausgleich.

45 Die Einnahmen der Gemeinden lassen sich gruppieren nach ihren einerseits öffentlich-rechtlichen, andererseits privatrechtlichen Grundlagen. Unabhängig davon unterteilt sie § 94 Abs. 2 GemO auch in »Erträge und Einzahlungen«. Zu den Einnahmen auf öffentlich-rechtlicher Grundlage gehören **Abgaben** sowie die Umlagen und Zuweisungen nach dem **LFAG**. Abgaben sind Steuern, Gebühren und Beiträge (§ 1 Abs. 1 KAG) sowie Sonderabgaben.[88] Zu den Letzteren zählt auf kommunaler Ebene insbes. die Stellplatzablösungsabgabe nach § 47 Abs. 4 und 5 LBauO. Sonstige Einnahmen erzielen die Kommunen auf privatrechtlicher Grundlage. § 94 Abs. 2 S. 1 und Abs. 3 GemO gibt eine **Reihenfolge** vor, in der die Gemeinden ihre Finanzquellen heranziehen müssen. Danach haben sie vor den Abgaben alle Einnahmen auf privatrechtlicher Grundlage auszuschöpfen. Sodann sind die Abgaben vollständig zu erheben.[89] Reichen die Einnahmen zur Deckung des Haushalts nicht aus, so können die Gemeinden **Investitionskredite** aufnehmen.

46 Im Hinblick auf die **wirtschaftliche Betätigung** und die **privatrechtliche Beteiligung** der Gemeinde steht neben der Wahl jener Organisationsformen, mit denen die kommunalen Aufgaben so gut und wirtschaftlich und zugleich so dauerhaft wie möglich erfüllt werden können, der Schutz des Wettbewerbs vor Eingriffen der kommunalen

---

84 BVerwGE 125, 68 (72 f.); BVerwG, NVwZ 2006, 595 f.; 2017, 61 ff.
85 Vgl. BVerfGE 98, 106 (119).
86 A.A. OVG RhPf., AS 38, 293 (294); NVwZ-RR 2011, 952 (953); LKRZ 2012, 336 (337). Krit. zur Qualifikation von Friedhöfen als öffentlichen Einrichtungen *Axer*, DÖV 2013, 165 (170).
87 Allg. *Henneke/Pünder/Waldhoff*, Recht der Kommunalfinanzen, 2006; *Oebbecke*, DVBl. 2013, 1409 ff.; zur Schuldenbremse *Groh*, LKV 2010, 1 ff.; zu kommunalen Entschuldungsfonds *Göhring/Müller/Meffert/Wagenführer*, LKRZ 2011, 1 ff.; *Keilmann/Duve/Gnädiger*, DÖV 2013, 631 ff.; *Schäfer/Keilmann/Gnädiger*, DVBl. 2013, 887 ff.
88 Ausf. die Vorauflage, Rn. 53 ff.
89 OVG RhPf., AS 23, 406 (408 ff.); NVwZ-RR 2001, 382 (383); dazu *Lange*, LKRZ 2015, 217 (222); F. *Becker/Korten*, NVwZ 2019, 1625 ff.

öffentlichen Hand⁹⁰ im Vordergrund. Nicht relativiert werden darf auch bei der wirtschaftlichen Betätigung die **Grundrechtsbindung** der Kommunen.[91] Für die Vergabe öffentlicher Aufträge konkretisieren das Vergaberecht sowie § 20 GWB insoweit den allgemeinen Gleichheitssatz.[92]

Kommunale Gebietskörperschaften sind im Gegensatz zu natürlichen und juristischen Personen des Privatrechts nicht Träger der Grundrechte aus Art. 2 Abs. 1, Art. 12 Abs. 1 und Art. 14 Abs. 1 GG.[93] Die **Selbstverwaltungsgarantie** umfasst die kommunale Wirtschaftstätigkeit weder unter dem Gesichtspunkt der kommunalen Finanzausstattung noch als Teil des Aufgabenbestandes, sondern nur als organisatorische Modalität der Aufgabenerfüllung.[94] Sie **begrenzt** sogar die erwerbswirtschaftliche Tätigkeit. Zudem kann die grenzüberschreitende wirtschaftliche Betätigung von Kommunen auch das Selbstverwaltungsrecht der Nachbarkommunen beeinträchtigen.[95] Entsprechend § 2 Abs. 2 S. 1 BauGB besteht deshalb nach § 85 Abs. 2 S. 1 GemO auch hier ein Gebot zur Abstimmung mit den Nachbarkommunen.   47

Der Gesetzgeber hat daher im Rahmen seiner Gestaltungsbefugnisse gerade auch zum Schutz der Gemeinden gehandelt, indem er in § 85 Abs. 1 S. 1 Nr. 1 GemO bestimmt hat, dass diese nur solche wirtschaftlichen Unternehmen errichten, übernehmen oder wesentlich erweitern dürfen, die einen **öffentlichen Zweck** verfolgen. Die – nach § 85 Abs. 3 S. 1 Halbs. 2 GemO zulässige – Einnahmenbeschaffung allein genügt dafür nicht. Vielmehr muss die Unternehmenstätigkeit unmittelbar dem Wohl der Gemeindeeinwohner zugutekommen.[96] Zulässig sind auch ohne einen insoweit tragfähigen öffentlichen Zweck bundesrechtlich vorgesehene Unternehmen[97] und die sog. **Randnutzungen** eines grundsätzlich zulässigen Unternehmens.[98]   48

Wirtschaftsunternehmen im Sinn dieser Vorschrift sind Einrichtungen und Anlagen, die auch von einem Privatunternehmer mit der Absicht der Gewinnerzielung betrieben werden könnten.[99] Erforderlich ist eine gewisse organisatorische Festigkeit und Dauerhaftigkeit. An ihr mangelt es etwa bei einer einmaligen Vermietungstätigkeit.[100] Erfasst sind neben Eigengesellschaften und gemischt-öffentlichen Unternehmen, an denen ausschließlich kommunale Gebietskörperschaften beteiligt sind, auch gemischtwirtschaftliche Unternehmen. Die Erweiterung eines solchen Unternehmens ist »we-   49

---

90 Vgl. *Just*, DVBl. 2012, 416 ff.; *Wagner-Cardenal/Scharf/Dierkes*, NVwZ 2011, 1297 ff.; *Peters*, Die Dogmatik der Kommunalwirtschaft zwischen national- und europarechtlicher Perspektive, 2011.
91 BVerfGE 116, 135 (151 ff.); 128, 226 (244 ff.); *Brüning*, JZ 2009, 29 (34 f.); *Enders*, JZ 2011, 577 (578 f.).
92 Vgl. dazu: EuGH, JZ 2010, 509 mit Anm. *Remmert*; BGH, DÖV 2015, 196 ff.; NdsOVG, DVBl. 2013, 1467 (1468); *Brüning*, NVwZ 2012, 671 (f.); *Kühling*, NVwZ 2009, 1257 (f.); *Lamm*, KommJur 2010, 261 (f.); *Schweizer/Wolkenhauer*, DÖV 2013, 745 (749); *Wieland*, DÖV 2015, 169 (172 f.) jew. m.w.N.
93 *Gern/Brüning*, Rn. 396; *Engels/Krausnick*, § 3 Rn. 50 f.; vgl. § 1 Rn. 101 m.w.N.
94 RhPfVerfGH, DVBl. 2000, 992 (994 f.); *Hellermann*, SächsVBl. 2004, 249 (252).
95 OVG SachsA., NVwZ 2015, 1231 (1232 ff.); *Brosius-Gersdorf*, AöR 130 (2005), 392 (410 ff.); *Guckelberger*, BayVBl. 2006, 293 ff.; *Heilshorn*, VerwArch 96 (2005), 88 ff.; *Jarass*, DVBl. 2006, 1 ff.; *Scharpf*, NVwZ 2005, 148 ff.; *Scheps*, Das Örtlichkeitsprinzip im kommunalen Wirtschaftsrecht, 2007.
96 *Brüning*, NVwZ 2015, 689 (692); *Engels/Krausnick*, § 8 Rn. 15 f.; *Hellermann*, Örtliche Daseinsvorsorge und gemeindliche Selbstverwaltung, 2000, S. 151; *Rennert*, Die Verwaltung 35 (2002), 319 (334); *Scharpf*, VerwArch 96 (2005), 485 (506 ff.). Anschaulich SchlHOVG, NordÖR 2013, 528 (533 f.).
97 *Kingreen/Kühling*, DÖV 2018, 890 (895 f.).
98 BVerwGE 82, 29 (34); näher *Britz*, NVwZ 2001, 380 (384); krit. *Scharpf*, DÖV 2006, 23 ff.
99 BVerwGE 39, 329 (333); *Ehlers*, in: Verhandlungen des 64. Deutschen Juristentages, 2002, S. E 29 m.w.N.; *Röhl*, Rn. 171. Genauer *Hoppe/Uechtritz/Reck*, HdB kommunale Unternehmen, 3. Aufl. 2012; *Wurzel/Schraml/Becker*, Rechtspraxis der kommunalen Unternehmen, 3. Aufl. 2015.
100 VGH BadWürtt., NVwZ-RR 2006, 714 (715).

sentlich«, wenn sein Umfang oder seine Leistungsfähigkeit gesteigert oder sein räumlicher oder funktioneller Tätigkeitsbereich ausgedehnt wird.[101]

Von den Restriktionen des § 85 Abs. 1 GemO sind die **fiktiv nicht-wirtschaftlichen** Unternehmen befreit, die § 85 Abs. 4 GemO aufzählt. Eine Gewinnerzielung soll bei ihnen nicht im Vordergrund stehen, wie der Vergleich zwischen § 85 Abs. 4 S. 2 und Abs. 3 S. 1 Halbs. 2 GemO zeigt. Untersagt ist ihnen die Gewinnerzielung aber nicht. Das gilt auch bei einer Betätigung außerhalb des Gemeindegebiets.[102] Ihre Zwecke liegen auf den klassischen Gebieten der kommunalen Daseinsvorsorge sowie in der Eigenbedarfsdeckung.[103] Zum Eigenbedarf gehört nur die Beschaffung und Unterhaltung der sachlichen Verwaltungsmittel, dh von Gegenständen im Verwaltungsgebrauch.

50 Grundsätzlich verboten ist den Kommunen, **Bankgeschäfte** zu tätigen (§ 85 Abs. 5 GemO).[104] Die Gemeinden dürfen im Übrigen nur solche Unternehmen betreiben, deren Gegenstand und deren Größe zur Leistungsfähigkeit der Gemeinde und dem Bedarf ihrer Einwohner in einem **angemessenen Verhältnis** steht (§ 85 Abs. 1 S. 1 Nr. 2 GemO) und bei denen es die **Rechtsform** erlaubt, die Haftung auf einen bestimmten Betrag zu begrenzen, die Vertreter der Gemeinde in den Gesellschaftsorganen an Weisungen zu binden und die Prüfungspflichten nach §§ 53, 54 HGrG zu erfüllen (§ 87 Abs. 1 S. 1 Nr. 4, § 88 Abs. 1 S. 6, Abs. 5 S. 1 und 2, § 89 Abs. 6, Abs. 7, § 90 Abs. 1 GemO).[105]

51 Nicht nur dem Schutz der Gemeinden dient die Voraussetzung einer wirtschaftlichen Betätigung von Unternehmen, dass »der öffentliche Zweck nicht ebenso gut und wirtschaftlich durch einen **privaten Dritten** erfüllt wird oder erfüllt werden kann« (§ 85 Abs. 1 S. 1 Nr. 3 GemO). Diese Subsidiaritätsklausel vermittelt den privaten Konkurrenten **Drittschutz** gegen die kommunale Beteiligung am Wettbewerb.[106] Sie steht im Unterschied zu parallelen Regelungen in anderen Ländern schon dann der kommunalen Wirtschaftstätigkeit entgegen, wenn Privatunternehmer eine Aufgabe qualitativ **und** ökonomisch **gleich** wirkungsvoll erledigen können wie die Gemeinde. Allerdings gehört es zur Qualität der Zweckerfüllung, dass die Erledigung der Aufgabe nachhaltig gesichert ist.[107]

III. Kommunale Zusammenschlüsse im Überblick

52 Können Kommunen ihren Aufgaben auf Dauer nicht nachkommen, kann der Staat zwar in ihren **Bestand** eingreifen, um mit diesem letzten Mittel die Aufgabenerfüllung sicherzustellen. Das betrifft auch Kommunen, die selbst leistungsfähig sind, aber mit nicht leistungsfähigen Nachbarkommunen fusioniert werden.[108] Vor der Auflösung von Gemeinden sind aber alle milderen Mittel zu diesem Zweck auszuschöpfen. Als

---

101 RhPfVerfGH, DVBl. 2000, 992 (994) m.w.N.; genauer *Scharpf*, BayVBl. 2005, 549 (551 f.).
102 OVG RhPf., AS 33, 176 f.; OVG NRW, NVwZ 2005, 1211 (1212).
103 VGH BadWürtt., NVwZ-RR 2013, 328 (329).
104 Dazu *Kerber*, JZ 2014, 1044 ff.; *Schink/Karpenstein*, DVBl. 2014, 481 ff.; *Oebbecke*, DVBl. 2017, 397 ff. Zum Kontrahierungszwang für kommunale Sparkassen *Goldhammer*, DÖV 2013, 416 (418).
105 Dazu *U. Meyer*, LKRZ 2014, 349 ff.
106 RhPfVerfGH, AS 27, 231 ff.; ebenso *Berger*, DÖV 2010, 118 ff.
107 RhPfVerfGH, DVBl. 2000, 992 (995 f.); vgl. auch BVerfGE 106, 62 (151 f.).
108 RhPfVerfGH, DVBl. 2016, 496 ff.

weniger einschneidende Abhilfen kommen der Zusammenschluss mehrerer Gemeinden zu einer **Verbandsgemeinde** und die – freiwillige oder staatlicherseits angeordnete – **Zusammenarbeit** auf einzelnen, sachlich begrenzten Gebieten in Betracht. Das Tierseuchenrecht wird in den kreisfreien Städten von benachbarten Landkreisen vollzogen; einige kreiskommunale Aufgaben sind bei den Landkreisen Mainz-Bingen und Mayen-Koblenz sowie der Stadt Trier konzentriert.

Beispiele:
- Unterhaltssicherungsrecht (§ 1 ZuVO-USG)
- Straßenverkehrszulassungs- und Fahrerlaubnisrecht (§ 4 Abs. 1 ZuVO StraßenverkehrsR)

Daneben dienen die **Unterstützungs-** und die **Ergänzungsfunktion** nach § 2 Abs. 3 und 5 LKO dazu, weiter gehende Eingriffe in den Bestand von Kommunen zu vermeiden. Ausgeschlossen ist sowohl die Übernahme von Aufgaben durch als auch ihre Übertragung auf eine Verbandsgemeinde sowie auch die Delegation von Aufgaben im Rahmen der kommunalen Zusammenarbeit, wenn Gesetze die Zuständigkeit der einzelnen (Orts-)Gemeinde abschließend festlegen.[109]

53

1. Ortsgemeinde und Verbandsgemeinde. Mehrere benachbarte Gemeinden in demselben Landkreis können zu einer **Verbandsgemeinde** zusammengeschlossen werden. Auf diese Weise ist vielen kleinen Gemeinden ihre Selbstständigkeit erhalten und zugleich ein flächendeckendes Netz etwa gleich starker örtlicher Verwaltungsträger geschaffen worden, obwohl die Gemeindegrößen in Rheinland-Pfalz stark differieren.[110] Die Bildung einer Verbandsgemeinde und die Eingliederung von Gemeinden in sie sind nur aus Gründen des Gemeinwohls zulässig. Sind die Gründe weggefallen, die den Zusammenschluss rechtfertigen, so besteht die Verbandsgemeinde zwar fort. Die Ortsgemeinden haben dann aber aufgrund ihrer Organisationshoheit einen Anspruch darauf, auf Antrag aus der Verbandsgemeinde entlassen zu werden.[111]

54

Die Verbandsgemeinde ist eine **Gebietskörperschaft** (§ 64 Abs. 1 S. 1 Halbs. 1 GemO) und Trägerin des Selbstverwaltungsrechts für die Erfüllung der Aufgaben, die nach § 67 Abs. 1–5 GemO auf sie übergegangen sind. Die Ortsgemeinden verlieren durch den Zusammenschluss nicht ihre eigene Rechtspersönlichkeit, ihr Gebiet (vgl. § 65 Abs. 1 GemO) und das Selbstverwaltungsrecht. Nur die Verbandsgemeinde unterhält aber eine Verwaltung und hat einen hauptamtlichen Bürgermeister (§ 51 GemO). An die Stelle der verbandsfreien Gemeinden treten zwei einander ergänzende, je für sich **vollwertige** kommunale Ebenen mit jeweils begrenzterem Aufgabenkreis als eine verbandsfreie Gemeinde (sog. Föderalgemeinde).[112]

55

Manche **Aufgaben** sind schon gesetzlich zwischen Orts- und Verbandsgemeinde verteilt, über andere können die beteiligten Körperschaften disponieren. Keinen Einfluss auf die Aufgabenverteilung hat es aber, dass die Verbandsgemeindeverwaltung nach

56

---

109 Zur Aufstellung von Bebauungsplänen vgl. *Klöckner,* in: Gabler u.a., § 67 GemO Anm. 4.6.
110 Skeptisch zur Vorbildfunktion für MV *Matzick,* DVBl. 2014, 1162 (1165).
111 Vgl. OVG RhPf., NVwZ-RR 1994, 685 (686) (zu einer Zweckverband; AS 28, 29 ff. (zu einer Zweckvereinbarung); *Braun,* KommJur 2011, 8 ff. (zu Eingliederungsverträgen).
112 *Kluth,* § 96 Rn. 93; *Knickmeier/Mathes,* VerwArch 105 (2014), 73 (75); nach a.A. handelt es sich lediglich um Gemeindeverbände: RhPfVerfGH, AS 12, 235 (247); OVG RhPf., AS 25, 232 ff.; *Lange,* Kap. 19 Rn. 83; *Zsinka,* DÖV 2013, 61 (64). Vgl. auch *Oster,* in: Gabler u.a., § 64 RhPfGemO Anm. 1.3. u. 2 sowie o. § 1 Rn. 91.

§ 68 Abs. 1 S. 1, S. 2 Nr. 1 bis 3 GemO »die **Verwaltungsgeschäfte** der Ortsgemeinden ... führt«. Die Verbandsgemeinde stellt den Ortsgemeinden ihre Behörde im Wege der Organleihe zur Verfügung; sie handelt funktionell als Behörde der jeweiligen Ortsgemeinde.[113] Die Vertretungsbefugnis des Ortsbürgermeisters bleibt gem. § 68 Abs. 1 S. 3 Nr. 1 GemO unangetastet.

57 Gesetzliche Aufgabe der Verbandsgemeinde ist die Erfüllung der **Auftragsangelegenheiten** »im eigenen Namen« (§ 68 Abs. 3 Nr. 1 GemO). Der Vollzug des OWiG ist ohne Rücksicht darauf, ob die bußgeldbewehrten Normen Selbstverwaltungs- oder Auftragsangelegenheiten betreffen, Aufgabe der Verbandsgemeinde (§ 68 Abs. 3 Nr. 2 GemO). **Selbstverwaltungsaufgaben**, die allein der Verbandsgemeinde obliegen, sind in § 67 Abs. 1 GemO aufgezählt und in §§ 4 ff. Aufgaben-Übergangs-Verordnung (BS 2020-1-5) näher definiert. Bei der Flächennutzungsplanung nach § 203 Abs. 2 BauGB, § 67 Abs. 2 GemO unterliegt die Verbandsgemeinde einem Zustimmungsvorbehalt der Ortsgemeinden.[114] Weitere Selbstverwaltungsaufgaben können die Verbandsgemeinden durch Vereinbarung mit den Ortsgemeinden oder durch Mehrheitsentscheid **übernehmen** (§ 67 Abs. 4, 5 GemO). Diese Regelung ist mit Art. 28 Abs. 2 GG vereinbar.[115] Auf § 67 Abs. 3 GemO trifft Gleiches nur zu, wenn § 67 Abs. 4 S. 2 und Abs. 6 GemO analog angewandt werden.

58 Die Übernahme durch **Mehrheitsentscheid** ist insofern nur unter der Voraussetzung zulässig, dass die »gemeinsame« Erfüllung – gemeint ist die Erfüllung durch die Verbandsgemeinde – im dringenden öffentlichen Interesse liegt und sowohl mit Ortsgemeinden- als auch mit Einwohnermehrheit beschlossen wird. Übergegangene Aufgaben können durch übereinstimmende Beschlüsse im Orts- und im Verbandsgemeinderat, die jeweils mit Zwei-Drittel-Mehrheit gefasst werden müssen, **zurückübertragen** werden. Einen Rechtsanspruch der Ortsgemeinden auf Rückübertragung schließt § 67 Abs. 6 GemO mit dieser Regelung allerdings gerade aus.[116]

59 Das Wort »gemeinsame« und der Plural »Ortsgemeinden« besagen, dass eine Aufgabe anders als bei der vereinbarten Übernahme von »einzelne[n]« Gemeinden nach § 67 Abs. 5 GemO nicht selektiv von einzelnen, sondern nur **einheitlich** von allen Ortsgemeinden auf die Ebene der Verbandsgemeinde hochgezont werden darf. Ein »dringendes« öffentliches Interesse an der Übernahme ist so wichtig, dass es das Interesse der Gemeinden an der eigenen Trägerschaft überwiegt. Es besteht nur, wenn sich die Notwendigkeit einer Aufgabenwahrnehmung auf der Ebene der Verbandsgemeinde aufdrängt, namentlich deshalb, weil ein weit überwiegender Teil der Ortsgemeinden davon einen nennenswerten Vorteil hat. Nicht vorausgesetzt ist allerdings ein gemeinsames Interesse **aller** Ortsgemeinden an der Aufgabenerfüllung.[117]

60 Nicht nur für Aufgabenverlagerungen zwischen beiden Ebenen durch den Gesetzgeber, sondern auch in ihrem gegenseitigen Verhältnis gelten Art. 28 Abs. 2 GG und Art. 49 Abs. 3 LV. Orts- und Verbandsgemeinde sind daher, wie § 69 Abs. 3 und 4 und § 70 GemO es einfachgesetzlich im Grundsatz und in nicht abschließenden Konkreti-

---

113 VG Neustadt/Weinstr., Urt. v. 17.2.2020 – 3 K 885/18.NW –, Rn. 47 (juris); vgl. aber Rn. 135.
114 Dazu OVG RhPf., AS 28, 404 (407 f.); NVwZ 2005, 647 (648); LKRZ 2008, 35.
115 BVerwG, Buchholz 415.1 Allg. KommunalR Nr. 35; *Kluth*, § 98 Rn. 35.
116 OVG RhPf., LKRZ 2008, 107 (108).
117 Vgl. OVG RhPf., LKRZ 2007, 220 (221); 2009, 100 (101).

sierungen anordnen, zu vertrauensvoller **Zusammenarbeit** (Verbandstreue) verpflichtet.[118]

2. Kommunale Zusammenarbeit. Die kommunale Organisationshoheit schützt auch die Entscheidung, eine Aufgabe gemeinsam mit anderen Gebietskörperschaften (§ 8 GemO) oder mit Privatpersonen zu erfüllen.[119] Dafür stellt das Gesetz über die kommunale Zusammenarbeit den Kommunen spezifisch **öffentlich-rechtliche** Organisationsformen zur Verfügung: den Zweckverband, die gemeinsame kommunale Anstalt,[120] die Zweckvereinbarung und die kommunale Arbeitsgemeinschaft. 61

Zweckverbände sind Körperschaften des öffentlichen Rechts (§ 2 Abs. 1 S. 1 KomZG), Träger des Selbstverwaltungsrechts, dienstherrnfähig (§ 2 Abs. 1 S. 2, 3 KomZG), vermögens- und parteifähig. Nach § 4 Abs. 6 KomZG nehmen sie anstatt der ihnen angehörenden Kommunen deren Aufgaben im eigenen Namen und auf eigene Rechnung wahr. Finanziert werden sie hauptsächlich durch eine Umlage ihrer Mitglieder.[121] 62

Im Gegensatz zu den Gemeinden und Landkreisen sind Zweckverbände keine Gebietskörperschaften. Sie haben keine grundsätzlich umfassende Zuständigkeit für örtliche Aufgaben, sondern werden nur **für einzelne** oder sachlich miteinander verbundene **Aufgaben** gebildet (§ 3 S. 1 KomZG).[122] Dies können sowohl Selbstverwaltungs- als auch Auftragsangelegenheiten sein.[123] In der Regel nehmen Zweckverbände aber Selbstverwaltungsaufgaben ihrer kommunalen Mitglieder wahr. Es muss sich dabei nicht um Aufgaben jeder einzelnen Mitgliedskommune handeln.[124]

Beispiele:
- Abfallbeseitigung (§ 3 Abs. 2 LAbfWAG) und Wasserversorgung (§ 46 Abs. 3 LWG)
- Trägerschaft für Schulen oder Sparkassen (§ 76 Abs. 2 und § 79 SchulG, 1 Abs. 1, Abs. 2 S. 1 SpkG)
- Gewährleistung des öffentlichen Personennahverkehrs (§ 4 Abs. 2 und § 6 Abs. 3 NVG)
- Fremdenverkehrswerbung (vgl. auch § 67 Abs. 3 GemO).

Der Zweckverband ermöglicht nach § 2 Abs. 4 KomZG die kommunale Zusammenarbeit **über Landesgrenzen** hinweg aufgrund von Rahmenstaatsverträgen mit den Nachbarländern. Solche Verträge sind mit Nordrhein-Westfalen, dem Saarland, Hessen und Baden-Württemberg (BS Anhang I 46, 50, 58 und 68) sowie zur Ausführung des Art. 24 Abs. 1 a GG mit angrenzenden europäischen Staaten und Regionen (BS 63

---

118 BVerfGE 107, 1 (17); BVerwG, NVwZ 2007, 584 f.; NdsOVG, NordÖR 2011, 241 (242 f.) – allerdings mit dem hier unpassenden Begriff »Organtreue« – (vgl. Rn. 65); *Ritgen*, DVBl. 2007, 388 f.; *Wohltmann*, NdsVBl. 2007, 209 (214); a.A. zu Nds. BVerwG, DVBl. 2007, 258 LS; einschränkend auch *Gerhard*, LKRZ 2009, 86 (87).
119 BVerfGE 119, 331 (362); BVerwG, NVwZ 2005, 958 (959). Zur Zweckmäßigkeit *Rosenfeld* u.a., DÖV 2019, 905 f.; zu gemeinsamen Dienstleistungseinrichtungen *Schütz*, Shared Services, 2012.
120 Vgl. *T. Koch*, NdsVBl. 2004, 150 f.; *Kronawitter*, KommJur 2008, 401 ff.
121 *T. I. Schmidt*, KommJur 2010, 401 (403 f.).
122 Zu kooperationsuntauglichen Aufgaben *Oebbecke*, in: Mann/Püttner, § 29 Rn. 22 f.; *ders.*, NVwZ 2010, 665 ff.; *Franke*, NdsVBl. 2007, 289 (292). Zur Unzulässigkeit von Sponsoring durch Zweckverbände aus diesem Grund SächsOVG, NVwZ-RR 2013, 701 f.; *Werner*, NVwZ 2016, 1448 (1451).
123 Zu Zweckverbänden in einer Auftragsangelegenheit vgl. § 2 Abs. 1 Nr. 3, Abs. 4 ÖGdG.
124 Enger NdsOVG, DVBl. 2014, 1006 (1007 f.).

Anhang I 113 und 114)¹²⁵ geschlossen worden. Ein Beispiel dafür ist der Verband Region Rhein-Neckar, der für die Regionalplanung zuständig ist.¹²⁶

64 Der Zweckverband und die Anstalt sind juristische Personen des öffentlichen Rechts; sie können Gebühren und Beiträge erheben. Hingegen entsteht in den anderen Kooperationsformen weder ein neuer Aufgabenträger noch ein neues Zurechnungssubjekt für Rechte und Pflichten. Durch Zweckvereinbarungen übernimmt eine Gemeinde Zuständigkeiten der anderen Beteiligten. **Arbeitsgemeinschaften** (§ 14 KomZG) haben keine rechtliche Außenwirkung. Das gleiche gilt für interkommunale **Mandate**, durch die Gemeinden, Landkreise oder das Land die Wahrnehmung von Aufgaben (anderer) Kommunen in deren Namen und auf deren Kosten übernehmen.¹²⁷

IV. Inneres Organisationsrecht der Gemeinden

65 Als juristische Personen sind die Gemeinden zwar rechts-, nicht aber handlungsfähig. Nur ausnahmsweise handelt die örtliche Gemeinschaft selbst in Bürgerentscheiden oder Wahlen. Für das Tagesgeschäft benötigt sie Institutionen, deren Handlungen ihr zuzurechnen sind, sog. **Organe**.¹²⁸ Sie vertreten die Gemeinde nach außen vertraglich und bei Hoheitsakten und machen sie durch Delikte haftbar.¹²⁹ Untereinander sind sie zu vertrauensvoller Zusammenarbeit (Organtreue) verpflichtet.¹³⁰ Die Organe werden jeweils von einzelnen oder mehreren natürlichen Personen, den **Organwaltern**, verkörpert. Die Kommunen haben jeweils ein monokratisches, dh von nur einer Person repräsentiertes, Organ und ein Kollegialorgan aus mehreren Personen. Gesetzlich nicht vorgesehene Organe dürfen die Gemeinden nicht erfinden.¹³¹

66 Das Kollegialorgan ist die kommunale **Volksvertretung** iSd Art. 28 Abs. 1 S. 2 GG. Sie trägt den Namen Gemeinderat, Stadtrat bzw. Kreistag. Das monokratische Organ heißt in den Gemeinden **Bürgermeister**, in den Landkreisen **Landrat** (§ 28 Abs. 1 S. 1 GemO, § 21 Abs. 1 S. 1 LKO). In kreisfreien Städten und großen kreisangehörigen Städten trägt es allerdings die Amtsbezeichnung »Oberbürgermeister«, während die Bezeichnung »Bürgermeister« auf den allgemeinen Vertreter übergeht (§ 28 Abs. 2 S. 2, § 50 Abs. 2 S. 2 GemO). Im Folgenden ist generell nur die Rede vom Gemeinderat und vom Bürgermeister, soweit die Organisationsstruktur der Städte und Landkreise keine Besonderheiten aufweist. Die Organe werden in ihrer Arbeit von **Hilfsorganen** unterstützt: Zusammen mit dem Bürgermeister oder Landrat bilden die **Beigeordneten** und uU ein Stadt- oder Kreisvorstand die Verwaltungsspitze der Kommune (1.). Der Gemeinderat oder Kreistag hat daneben **Unterorgane**; seine Mitglieder können außerdem Fraktionen bilden (2.).

---

125 Sog. Mainzer und Karlsruher Übereinkommen; dazu *Frey*, VBlBW 2005, 449 ff.; *Niedobitek*, Das Recht der grenzüberschreitenden Verträge, 2001, S. 108 ff.; *Röper*, VerwArch 95 (2004), 301 (322 f.); *Kluth*, § 98 Rn. 22 ff. m.w.N.; zu einem grenzüberschreitenden Planungsverband nach § 207 BauGB BVerwG, NVwZ 2019, 415 ff.
126 Dazu *Schieferdecker*, VBlBW 2007, 9 (10 ff.).
127 *Kraft-Zörcher/Neubauer*, LKV 2010, 193 (196 ff.).
128 *Kluth*, § 82 Rn. 129 ff.
129 Zur Haftung für kommunale Vertreter in Aufsichtsräten § 88 Abs. 6 GemO sowie *Gassner/Schön*, BayVBl. 2004, 449 ff.; in Zweckverbandsorganen *Ziche*, DÖV 2011, 310 ff.
130 Grundlegend dazu OVG NRW, DVBl. 2008, 120 (123).
131 BayVGH, NVwZ-RR 2016, 195 (196).

IV. Inneres Organisationsrecht der Gemeinden

1. Die Verwaltungsspitze. Die interne Organisation der Verwaltungsspitze ist derjenigen einer staatlichen Regierung angenähert. Der Bürgermeister hat gegenüber den Beigeordneten nur eine **Richtlinienkompetenz** (§ 50 Abs. 6 S. 1 GemO). 67

a) Der Bürgermeister. Die Bürgermeister werden nach ihrer Wahl gem. §§ 53 GemO, 58 ff. KWG zu **Beamten der Gemeinde** ernannt (§ 54 GemO). Für sie gilt daher das allgemeine Beamtenrecht mit geringfügigen Abweichungen (§§ 179 ff. LBG), namentlich die Neutralitätspflicht.[132] Das Amt endet durch Ablauf der Amtszeit, Rücktritt, Abwahl, Eintritt in den Ruhestand, Verlust der Wählbarkeit, disziplinare Entfernung aus dem Amt oder Tod. Eine Wiederwahl ist beliebig oft möglich, bei hauptamtlichen Bürgermeistern aber nur, bis sie die Altersgrenze von 65 Jahren am Wahltag erreichen (§ 53 Abs. 3 S. 2 GemO). Die Ruhestandsgrenze von 68 Jahren gemäß § 183 Abs. 2 LBG beschränkt die Gleichheit des passiven Wahlrechts in verfassungs- und unionsrechtlich zulässig typisierender Weise.[133] 68

Die Tätigkeit als hauptamtlicher Bürgermeister ist **unvereinbar** mit der Eigenschaft als gewähltes Mitglied des Gemeinderats und mit der Ausübung bestimmter weiterer Funktionen, in denen ein Interessenkonflikt mit dem Amt nahe liegt.[134] Da Unvereinbarkeitsvorschriften die passive Wahlrechtsgleichheit einschränken, verstoßen sie nur dann nicht gegen Art. 50 Abs. 1 S. 1, Art. 76 Abs. 1 LV, wenn sie den Zweck der Ermächtigung in Art. 137 Abs. 1 GG auf verhältnismäßige Weise verfolgen. Dass Angestellte der Gemeinden von der Amtsübernahme ungeachtet ihrer konkreten Stellung und des Umfangs ihrer Arbeitszeit ausgeschlossen sind,[135] ist zwar grundsätzlich nicht unverhältnismäßig und unter dem Gesichtspunkt, ob eine Tätigkeit den Amtsinhaber typischerweise Interessenkonflikten aussetzt, auch von der Einschätzungsprärogative des Gesetzgebers gedeckt. Allerdings darf der Ausschluss nicht auf solche Arbeitnehmer erstreckt werden, die keine Möglichkeit haben, inhaltlichen Einfluss auf die Verwaltungstätigkeit der Gemeinde zu nehmen.[136] In der Freistellungsphase der Altersfreizeit ist § 53 Abs. 4 Nr. 2–4 GemO nicht mehr anwendbar.[137] 69

Die **Zuständigkeiten** des Bürgermeisters sind in § 47 GemO abschließend aufgezählt. Für die Erfüllung der kommunalen **Auftragsangelegenheiten** ist er allein zuständig. Insoweit leitet er seine demokratische Legitimation in sachlich-inhaltlicher Hinsicht aus § 47 Abs. 1 S. 2 Nr. 4 GemO iVm dem Gesetz ab, durch das der Staat die Aufgabe auf die Gemeinde überträgt. Aufgrund seiner idR unmittelbaren Wahl durch die Bürger der Kommune (§ 53 Abs. 1 S. 1 GemO) ist der Bürgermeister für die Erfüllung der **Selbstverwaltungsaufgaben** ebenso stark personell demokratisch legitimiert wie der Gemeinderat. Nach § 47 Abs. 1 S. 2 Nr. 3 GemO führt der Bürgermeister daher insoweit die laufende Verwaltung ohne besondere Ermächtigung durch den Rat. Was im Einzelnen zur **laufenden Verwaltung** gehört, ist nicht absolut – etwa anhand der Höhe 70

---

[132] OVG RhPf., NVwZ-RR 2013, 853 ff.; HessVGH, LKRZ 2013, 329 ff.; differenzierend BVerwGE 159, 327 Rn. 23 ff.
[133] BVerfG, NVwZ 2013, 1540 ff.; EuGH, NVwZ 2011, 1249 (1252); weitgehend ebenso RhPfVerfGH, LKRZ 2007, 16 ff.; OVG RhPf., NJW 2006, 3658 f.
[134] Zu „Scheinkandidaturen" für den Rat *Lange*, DÖV 2018, 457 ff.
[135] Z.B. Grundschulbetreuerinnen – so in OVG RhPf., AS 39, 263.
[136] BVerfGE 48, 64 (84); BVerwGE 117, 11 (14 ff.); BVerwG, BeckRS 2017, 122479 Rn. 26; VG Gießen, LKRZ 2012, 277 (278).
[137] OVG RhPf., LKRZ 2010, 418 ff.; NVwZ-RR 2014, 934 f.

der Kosten oder der Dauer einer einzugehenden Vertragsbindung – bestimmbar, sondern von der Größe der Gemeinde und uU der politischen Brisanz des jeweiligen Geschäfts abhängig. Zudem muss es sich um mehr oder weniger regelmäßig wiederkehrende Geschäfte handeln.[138]

71 Kraft Gesetzes ist der Bürgermeister außerdem zuständig für die Unterstützung der Arbeit des Gemeinderats. Der Rat ist insoweit in besonderem Maße auf die **Organtreue** des Bürgermeisters angewiesen. Dieser setzt die Tagesordnung für die Ratssitzungen fest – in Städten mit Stadtvorstand mit dessen Zustimmung, ansonsten im Benehmen mit den Beigeordneten – und leitet regelmäßig die Sitzungen (§ 34 Abs. 5 S. 1, § 36 Abs. 1 S. 1 Halbs. 1, § 58 Abs. 1 Nr. 2 GemO). Er bereitet die Beschlüsse des Rates und seiner Ausschüsse vor und führt sie aus (§ 47 Abs. 1 S. 2 Nr. 1, 2 GemO). (Erst) mit der Ausführung der Beschlüsse hängt deren kommunalinterne **Kontrolle** gem. § 42 GemO zusammen. Wegen dieses systematischen Kontexts darf der Bürgermeister Tagesordnungspunkte, deren Beratung eine Fraktion oder ein Viertel der Ratsmitglieder gem. § 34 Abs. 5 S. 2 GemO verlangt und die in den Zuständigkeitsbereich des Gemeinderates fallen, nicht bereits vor der Sitzung »aussetzen«, weil sie nach seiner Ansicht auf rechtswidrige Beschlüsse gerichtet sind.[139] Schließlich sind der Bürgermeister und im jeweils eigenen Geschäftsbereich die Beigeordneten auch **gesetzliche Vertreter** der Gemeinde nach § 47 Abs. 1 S. 1, § 50 Abs. 3 S. 3 GemO. Außer der Vertretung bei Rechtsgeschäften (dazu Rn. 134 ff.) ist hier auch die protokollarische Repräsentation als »Kommunaloberhaupt« gemeint (vgl. § 50 Abs. 2 S. 7 GemO). Sie berechtigt Bürgermeister allerdings nicht dazu, den allgemeinen politischen Meinungsbildungsprozess der Bevölkerung zu lenken und zu steuern.[140]

72 Seine Zuständigkeiten kann weder der Bürgermeister auf den Rat **übertragen**, noch kann dieser sie an sich ziehen. Hingegen kann der **Gemeinderat** seine Kompetenzen in den Grenzen des § 32 Abs. 2, 3 GemO an den Bürgermeister abgeben. Reicht eine Delegation dieser Art über den Einzelfall hinaus, so bedarf sie nach § 47 Abs. 1 S. 3 GemO einer Regelung in der Hauptsatzung. Überträgt der Bürgermeister Beigeordneten »einzelne Amtsgeschäfte« außerhalb von deren Geschäftsbereichen (§ 50 Abs. 3 S. 2 GemO), so verändert er auch damit nicht die Zuständigkeitsordnung, sondern regelt nur im Einzelfall die eigene Vertretung abweichend vom Grundsatz des § 50 Abs. 2 S. 1 GemO.

73 Ausnahmsweise kann der Bürgermeister in **Eilfällen** gem. § 48 GemO von sich aus an Stelle des Gemeinderates oder eines seiner Ausschüsse eine Entscheidung treffen. Das gilt auch für weitreichende und gestalterische Entscheidungen.[141] Fehlt es an der Eilbedürftigkeit, so sind Verwaltungsakte, die der Bürgermeister ohne Mitwirkung des Rates erlässt, rechtswidrig und deshalb anfechtbar, aber in aller Regel nicht nichtig. Der Erlass von Satzungen ist regelmäßig nicht so dringlich, zumal sie typischerweise auf eine Vielzahl zukünftiger Anwendungsfälle zugeschnitten werden und dabei viel-

---

138 *Röhl*, Rn. 105 m.w.N.; vgl. auch OVG RhPf., NVwZ-RR 1999, 524; BayVGH, NVwZ-RR 2003, 771 ff.; NdsOVG, DVBl. 2013, 454 (455).
139 S. einerseits VG Braunschweig, NdsVBl. 2007, 309 f.; andererseits *G. Meyer*, KommJur 2008, 161 (165); *vom Rath*, LKRZ 2009, 410 (412); differenzierend *Lange*, Kap. 6 Rn. 16 ff. S. auch u. Rn. 145 f.
140 BVerfGE 107, 1 (20); BVerwGE 159, 327 Rn. 18; schon im Ansatz a.A. *Röhl*, Rn. 147, der den Gemeinderat als repräsentativen Vertreter ansieht.
141 BayVGH, DVBl. 2014, 1406 (1407).

fältige Wertungen zu verarbeiten sind. Das Vertretungsorgan kann die Eilentscheidung ohne besonderen Grund **aufheben**, jedoch nur insoweit, als daraus noch keine Rechte Dritter entstanden sind.

Von der Wahrnehmung seiner Aufgaben ist der Bürgermeister **ausgeschlossen**, wenn er den betroffenen Gegenstand aus Sicht eines außen stehenden Beobachters nicht unparteiisch behandeln kann. Dabei soll bereits der »böse Schein« einer Entscheidung aus sachfremden Motiven vermieden werden. Entscheidend ist, ob dem drohenden Vor- oder Nachteil ein solches Gewicht zukommt, dass der Betroffene in eine persönliche Konfliktsituation gerät.[142] Eine **Entscheidung** im Sinne des § 22 Abs. 1 GemO ist auch die Abgabe einer Willenserklärung als Vertreter der Gemeinde. Handelt eine ausgeschlossene Person gleichwohl für die Gemeinde, so ist die Entscheidung **unwirksam**; dasselbe gilt, wenn eine nicht ausgeschlossene Person an der Beratung oder Entscheidung gehindert und ohne sie bzw. an ihrer Statt von anderen entschieden worden ist. Der Mangel wird jedoch nach Ablauf von idR drei Monaten **unbeachtlich**, wenn er nicht zuvor gerügt wird (§ 22 Abs. 6 S. 1 bis 3 GemO). Dafür ist ein förmlicher Rechtsbehelf erforderlich; ein formloses Protestschreiben genügt nicht.[143]

Die Voraussetzungen des Ausschlusses sind in § 22 Abs. 1 und 2 GemO katalogartig aufgeführt. Nur auf den ersten Blick leicht zu beurteilen sind Fälle einer **Vorbefassung** mit dem Gegenstand der Entscheidung (§ 22 Abs. 1 S. 1 Nr. 2 GemO). Eine formale Betrachtungsweise griffe zu kurz. Vielmehr ist auf den gesamten konkreten Lebenssachverhalt abzustellen, innerhalb dessen jedoch der Gegenstand der Entscheidung und die frühere Tätigkeit der betroffenen Person in engem zeitlichen und sachlichen Zusammenhang stehen müssen.[144] Vergleichsweise einfach ist festzustellen, welche natürlichen und juristischen Personen zu dem Funktionsträger in einem der von § 22 Abs. 1 S. 1 Nr. 1 und 3, Abs. 2 GemO genannten Näheverhältnisse stehen.

Vor- und **Nachteile**, die zum Ausschluss des Betroffenen oder einer ihm nahestehenden Person führen, können rechtliche, wirtschaftliche oder ideelle Interessen aller Art sein. Sie sind nach § 22 Abs. 3 GemO nur dann irrelevant, wenn der Betroffene als Angehöriger einer abgrenzbaren Bevölkerungsgruppe, dh in einem gerade dieser Gruppe gemeinsamen Belang berührt wird. Ein solcher **Gruppenvorteil** oder -nachteil liegt nicht vor, wenn die betroffenen Personen erst durch die Entscheidung von der übrigen Bevölkerung abgegrenzt werden, zB durch den Erlass eines Bauleitplans, der den Grundstückseigentümern einen Wertzuwachs oder -verlust einträgt, oder den Neuzuschnitt von Schulbezirken.[145]

b) Die Beigeordneten und der Stadt- oder Kreisvorstand. Die Beigeordneten unterstützen den Bürgermeister bei der Leitung der Gemeindeverwaltung und der Zusammenarbeit mit dem Gemeinderat. Sie sind nicht nur Ersatzvertreter des Bürgermeisters (§ 50 Abs. 2 GemO), sondern leiten auch die ihnen übertragenen Geschäftsbereiche der Gemeindeverwaltung gem. § 50 Abs. 6 GemO selbstständig. Im Gegensatz zum

---

142 OVG RhPf., AS 25, 161 (164); DVBl. 2011, 696 (697); BauR 2016, 1728 (1730); inzwischen auch HessVGH, LKRZ 2014, 246 (248); a.A. nur noch NdsOVG, NVwZ-RR 2014, 977 (978).
143 OVG RhPf., NVwZ-RR 2019, 194 (196).
144 VG Koblenz, NVwZ-RR 2006, 717 (718) m.w.N.; s. auch HessVGH, LKRZ 2007, 189 f.
145 OVG RhPf., AS 10, 77 (79); 25, 161 (164); OVG MV, LKV 2006, 222 (223); OVG NRW, NWVBl. 2016, 72 f.; *Frey/Stiefvater*, NVwZ 2014, 249 (253); *Röhl*, Rn. 93.

Bürgermeister werden die Beigeordneten nie direkt von den Bürgern, sondern stets durch den Rat gewählt (§ 53 a Abs. 1 GemO). Ihre Rechtsstellung, ihre Amtszeit und die Unvereinbarkeit des Amtes mit anderen Funktionen sind ähnlich wie bei den Bürgermeistern geregelt.[146] Allerdings können die **Anzahl** und der ehren- oder hauptamtliche **Status** der Beigeordneten in gewissen Grenzen durch Bestimmungen in der Hauptsatzung variiert werden.

77 Hauptamtliche Beigeordnete haben Anspruch auf Zuweisung eines eigenen, allerdings nicht auf die eines bestimmten, von ihnen gewünschten **Geschäftsbereichs**. Sie leiten ihn frei von Durchgriffen des Bürgermeisters. Den Zuschnitt der Geschäftsbereiche legt nach § 50 Abs. 3 S. 1, Abs. 4 S. 2, 4 GemO zwar der Bürgermeister im Einvernehmen mit dem Gemeinderat fest. Vor übermäßigen und willkürlichen Änderungen des Ressortzuschnitts sind die Beigeordneten jedoch geschützt (§ 50 Abs. 6 S. 2 GemO). Die Leitung eines Geschäftsbereichs ist grundsätzlich **unvereinbar** mit der Mitgliedschaft im Gemeinderat. Dies ist für ehrenamtliche Beigeordnete in § 50 Abs. 8 S. 1 GemO ausdrücklich geregelt, ergibt sich im Übrigen aber auch aus § 5 Abs. 1 Nr. 1 KWG iVm § 54 Abs. 1 S. 1 GemO. Ausgenommen sind die (ehrenamtlichen) Beigeordneten in Ortsgemeinden durch § 50 Abs. 8 S. 2 GemO.

78 In allen Landkreisen sowie in den Städten mit zwei und mehr hauptamtlichen Beigeordneten ist ein **Kreis-** bzw. **Stadtvorstand** zu bilden. Er besteht aus dem Landrat bzw. Bürgermeister und den Beigeordneten (§ 50 Abs. 1 LKO, § 57 Abs. 2 Halbs. 1 GemO). Der Stadt- oder Kreisvorstand hat keine originäre Entscheidungszuständigkeit, weshalb es unpassend ist, ihn als „eine Art Magistrat en miniature" zu bezeichnen.[147] Er hat aber eine kabinettsähnliche Koordinationsfunktion und kann bestimmte Entscheidungen des Bürgermeisters oder Landrats verhindern, weil sie seiner **Zustimmung** bedürfen (§ 51 Abs. 1 LKO, § 58 Abs. 1, 2 GemO). Darüber hinaus dient der Kommunalvorstand nach § 50 Abs. 7, § 58 Abs. 3 S. 2, Abs. 4 GemO, § 41 Abs. 3, § 51 Abs. 2 S. 2, Abs. 3 LKO als **Beratungs-** und **Koordinationsgremium** für die Leitung der Geschäftsbereiche, die Vorbereitung der Beschlüsse des Gemeinderats und die Herstellung eines Benehmens zwischen dem Bürgermeister bzw. Landrat und den Beigeordneten.

79 **2. Der Gemeinderat (Stadtrat).** Der Gemeinderat ist zwar im Gegensatz zum staatlichen Parlament kein Gesetzgebungs-, sondern ein **Verwaltungsorgan**. In seiner Funktion als Anlaufstelle für Petitionen (Rn. 175), Leitungs-, Kontroll- und Willensbildungsorgan der Gemeinde ist er aber auch eine Art **Kommunalparlament**.[148] Art. 28 Abs. 1 S. 2 GG gebietet daher, dass seine Mitglieder ihr Amt frei und gleich ausüben können. Der Rat verfügt allerdings nicht über ein Untersuchungsrecht, kann sich nicht selbst versammeln (vgl. auch § 34 Abs. 1 S. 4 GemO), die in ihn eingebrachten Vorlagen und seine Geschäftsordnung verfallen nach Ende der Wahlperiode nicht der Diskontinuität (vgl. § 37 Abs. 2 S. 2 Halbs. 2 GemO) und seine Mitglieder besitzen nicht dieselben Schutzrechte wie Abgeordnete.

---

146 Zur Verfassungstreue *Bennemann*, NVwZ 2016, 1286 (1287 f.).
147 So *Gern/Brüning*, Rn. 474.
148 *Dolderer*, DÖV 2009, 146 (149); *Schöllbach*, SächsVBl. 2009, 129 (135); *Lange*, Kap. 2 Rn. 84 u. Kap. 4 Rn. 65; a.A. *v. Ungern-Sternberg*, Jura 2007, 256 (259).

a) **Organzuständigkeiten und -rechte.** Wie sich aus § 33 Abs. 3 S. 1 GemO ergibt, 80
kann der Gemeinderat sich mit allen Angelegenheiten der Gemeinde und ihrer Verwaltung befassen. Als »Vertretung der Bürger« artikuliert er auch deren Interessen und berät gem. § 16 b GemO über ihre Anregungen und Beschwerden. Er kann aus eigener Initiative Sachverständige oder Vertreter berührter Bevölkerungsteile **anhören** (§ 35 Abs. 2 S. 1 GemO).

Darüber hinaus hat der Rat eine aktive Leitungsfunktion. Seine Beschlüsse **binden** im 81
Rahmen seiner Kompetenzen außer den Beigeordneten (§ 50 Abs. 6 S. 1 GemO) auch den Bürgermeister, wenn er einen Geschäftsbereich leitet, soweit der Gemeinderat ihm eigene Aufgaben nur mit bestimmten Maßgaben übertragen hat und selbstverständlich insoweit, als er die Beschlüsse des Rates ausführt. Die Bindungswirkung betrifft allerdings nur Maßnahmen, die einem Beschluss des Rates nachfolgen, berechtigt diesen hingegen nicht zur Aufhebung bereits getroffener Entscheidungen.[149] Die Leitungskompetenz beschränkt sich zwar auf den **Selbstverwaltungsbereich,** wie sich in Umkehrschluss aus § 47 Abs. 1 S. 2 Nr. 4 GemO ergibt. Auf die Erledigung der **Auftragsangelegenheiten** übt der Rat aber indirekt Einfluss aus, indem er »Grundsätze für die Verwaltung« aufstellt, seine Informationsrechte ausübt[150] und die zentralen Organisations-, Haushalts- und Personalentscheidungen trifft. Die Ausführung seiner Beschlüsse **überwacht** der Gemeinderat (§ 32 Abs. 1 S. 3 GemO). In seiner Leitungs-, Kontroll- und Artikulationsfunktion ist der Rat ein Kontrastorgan gegenüber dem Bürgermeister. Daher besitzt er ihm gegenüber **Interorganrechte**, obwohl beide Organe derselben juristischen Person angehören.

Im Einzelnen hat der Rat nach § 33 Abs. 1 S. 1 Halbs. 1 GemO ein Recht auf **Vor-** 82
bereitung seiner Sitzungen durch den Bürgermeister[151] sowie ein Recht auf **Unterrichtung** über wichtige Angelegenheiten der Kommune. Für wirtschaftliche und finanzielle Angelegenheiten gestalten § 33 Abs. 1 S. 1 Halbs. 2, Abs. 2 und § 90 GemO dieses Recht näher aus.[152] Im Übrigen kann der Rat selbst durch Mehrheitsbeschluss gem. § 40 Abs. 1 S. 1 GemO oder ein qualifizierter Teil an seiner Statt nach § 33 Abs. 3 S. 1 GemO im Einzelfall konkretisieren, was eine »wichtige« Frage ist, indem sie das Unterrichtungsrecht geltend machen. Kein Recht hat der Rat darauf, dass der Bürgermeister ihn vor der Sitzung über rechtliche Bedenken informiert, derentwegen er einen Beschluss aussetzen wird.[153]

In den Landkreisen erfasst die Konkretisierungsbefugnis dem missverständlichen Wortlaut des § 26 Abs. 3 S. 1 LKO zum Trotz nicht die staatlichen Aufgaben der Kreisverwaltung. Sie ist in diesem Aufgabenbereich funktional nicht Verwaltung des Landkreises, sondern »staatliche« Behörde.

Eng mit dem Unterrichtungsrecht zusammen hängt das Recht auf **Akteneinsicht.** Der 83
Rat kann selbst wählen, ob er es durch einen Ausschuss oder durch einzelne Mitglieder wahrnimmt, und bestimmen, welche Mitglieder oder welcher Ausschuss dies sein

---

149 OVG NRW, NVwZ-RR 2007, 625 (626).
150 Zu deren Reichweite *Kluth*, § 97 Rn. 90.
151 OVG NRW, NWVBl. 2008, 65 (66).
152 Vgl. VG Oldenburg, NdsVBl. 2008, 140 (141 ff.); allg. *Teuber*, NWVBl. 2008, 249 (251 f.).
153 BayVGH, NVwZ-RR 2014, 566 (567).

sollen.¹⁵⁴ Das Einsichtsrecht verpflichtet die Gemeindeverwaltung nicht zur Beschaffung noch nicht vorhandener Vorgänge; es entsteht allerdings nicht erst im Anschluss an die kontrollierte Verwaltungstätigkeit, sondern betrifft auch noch nicht abgeschlossene Vorgänge.¹⁵⁵ Weitere, nicht ausdrücklich geregelte Informationsrechte ergeben sich **als Annex** zu den nicht delegierbaren Kernzuständigkeiten des Gemeinderates. So darf seinen Mitgliedern zB nicht verheimlicht werden, welche Personen sich um eine Beigeordnetenstelle beworben haben. Auch kann er eine Aussprache auf die Tagesordnung setzen, um die Kandidaten zu befragen.¹⁵⁶ Allerdings hat der Rat kein Recht, die Arbeit der Kommunalverwaltung durch eigenen Augenschein zu überprüfen.¹⁵⁷

84 Alle Informationsrechte stehen unter dem Vorbehalt überwiegender Interessen an der **Geheimhaltung** der offen zu legenden Daten (§ 33 Abs. 5 GemO). Davon ausgenommen sind die in § 33 Abs. 2, § 90 GemO aufgeführten Sachverhalte und solche Angelegenheiten, über die der Rat als Ganzer Auskunft verlangt. Bei den beiden erstgenannten Ausnahmen hat der Gesetzgeber eine im Regelfall angemessene Interessenabwägung vorgenommen.¹⁵⁸ Verlangt der Gemeinderat die Unterrichtung in sonstigen Angelegenheiten und wiegen insoweit die Privat- oder Geschäfts- und Betriebsgeheimnisse Dritter schwerer als das kommunale Interesse an der Mitteilung, so ist die Unterrichtung aber unmittelbar aufgrund von Art. 2 Abs. 1 iVm Art. 1 Abs. 1 oder Art. 12 Abs. 1 GG unzulässig.

85 Seine Rechte kann der Rat im sog. **Kommunalverfassungsstreit** gerichtlich gegen den Bürgermeister durchsetzen. Beide Organe sind insoweit beteiligtenfähig analog zu § 61 Nr. 2 VwGO. Gleiches gilt bei Zuständigkeitsstreitigkeiten zwischen den beiden Organen oder mit den Ausschüssen und Fraktionen des Gemeinderates. Bei Streitigkeiten um die Aussetzung von Beschlüssen ersetzt die Entscheidung der Aufsichtsbehörde nach § 42 Abs. 2 GemO prozessual den von ihr bestätigten Aussetzungsbeschluss; der Gemeinderat kann erst gegen diese Entscheidung klagen.¹⁵⁹

86 **b) Unterorgane.** Unterorgane des Gemeinderates sind sein Vorsitzender, ggf. der Ältestenrat und seine Ausschüsse. Den **Vorsitz** führt der Bürgermeister, dessen Vertreter oder, wenn beide verhindert sind, ein gewähltes Ratsmitglied. Aufgabe des Vorsitzenden ist, die Sitzungen **einzuberufen** und zu **leiten**. Er hat bei der Beschlussfassung gem. § 36 Abs. 3 GemO ein **Stimmrecht** kraft Amtes. In den Fällen des § 36 Abs. 3 S. 2 GemO ruht nur dieses Stimmrecht als Vorsitzender, nicht aber ggf. dasjenige eines Vorsitzenden, der Mitglied des Gemeinderates ist, als solchen. Bei der Entscheidung über die Auflösung oder Neubildung von Ausschüssen ruht es – anders als bei der Wahl der Ausschussmitglieder – nicht.¹⁶⁰

---

154 A.A. zur hessischen Parallelvorschrift HessVGH, NVwZ 2003, 1525 (1526); krit. dazu *Schütz*, NVwZ 2003, 1469 ff. Allg. Überblick: *Eiermann*, NVwZ 2005, 43 ff.; *ders.*, VBlBW 2007, 15 ff.
155 OVG RhPf., LKRZ 2013, 513; VG Gießen, NVwZ 2007, 571; a.A. *Foerstemann*, LKRZ 2011, 5 (9).
156 OVG NRW, NVwZ-RR 2003, 225 (226 f.); SächsOVG, SächsVBl. 2009, 240 (243); OVG RhPf., LKRZ 2010, 228.
157 VG Köln, NVwZ 2017, 248 (249); a.A *J. Müller*, NVwZ 2017, 251.
158 Zur Lockerung der gesellschaftsrechtl. Verschwiegenheitspflicht der kommunalen Vertreter gegenüber dem Gemeinderat BayVGH, NVwZ-RR 2007, 622 (623 f.); *Passarge/Köln*, NVwZ 2014, 982 ff.; *Thormann*, DÖV 2016, 991 ff.
159 Vgl. RhPfVerfGH, NVwZ 2001, 912 (913).
160 OVG NRW, NWVBl. 2004, 436 f.

IV. Inneres Organisationsrecht der Gemeinden

Zur Aufrechterhaltung der **Ordnung** hat der Vorsitzende abgestufte Befugnisse gegenüber den Ratsmitgliedern nach § 38 GemO. Ein Ordnungsruf wegen »grober Ungebühr« setzt voraus, dass das Verhalten des Mitglieds bei verständiger Würdigung aller Umstände unerträglich ist.[161] Gegenüber Ratsmitgliedern, die nach § 38 Abs. 1 S. 2 Halbs. 1 GemO von der Sitzung ausgeschlossen, nicht aber des Raumes verwiesen worden sind, und Besuchern übt der Vorsitzende nach § 36 Abs. 2 GemO das **Hausrecht** im Sitzungsraum aus. Außerhalb eigener Räume der Gemeinde nimmt er dabei das Hausrecht des privaten Eigentümers oder Besitzers wahr.[162]

87

Nach § 34a GemO kann der Gemeinderat in Anlehnung an die staatlichen Parlamente einen **Ältestenrat** bilden, der den Bürgermeister bei der Vorbereitung der Plenararbeit unterstützt. Die wichtigsten Unterorgane des Rates sind indes seine **Ausschüsse**.[163] Ein Gemeinderat kann Ausschüsse frei bilden und auflösen, ihre Zuständigkeiten festlegen und ändern (§ 44 Abs. 1 S. 1, Abs. 2 S. 1, Abs. 3 S. 1 GemO). Nach der GemO kann er auf die Einrichtung von Ausschüssen auch verzichten.[164] Nicht auflösen kann er einen Ausschuss, den er nach § 33 Abs. 3 S. 3–5 GemO mit der Akteneinsicht betraut hat, während dessen Tätigkeit.[165] Die Ausschüsse ihrerseits besitzen kein Selbstorganisationsrecht; die Geschäftsordnung des Rates gilt für sie entsprechend (§ 46 Abs. 5 S. 1 GemO). Kraft dieser Verweisung gelten in den Ausschüssen weitgehend dieselben Verfahrensregeln wie im Gemeinderat.

88

Aufgabe der Ausschüsse ist entweder, die Entscheidungen des Gesamtorgans vorzubereiten (beratende Ausschüsse) oder sie an seiner Statt zu treffen (beschließende Ausschüsse). Abschließende Entscheidungen sind auf Fälle von geringer Bedeutung begrenzt.[166] Von der Übertragung der Beschlussfassung auf Ausschüsse ganz **ausgeschlossen** ist der »harte Kern der Führungsaufgaben«.[167] Neben den in § 32 Abs. 2 GemO katalogartig aufgezählten Fällen sind dem Rat die Entscheidungen über seine eigene Organisation und die Statusrechte seiner Mitglieder vorbehalten. Dasselbe gilt im Verhältnis zum Bürgermeister für Entscheidungen, die er als Träger kontrastierender Interessen trifft.

89

Beispiele:
- Nicht übertragbar sind der Erlass einer Geschäftsordnung (§ 37 Abs. 1 GemO), die Entscheidungen über den Bestand und die Besetzung von Ausschüssen (§ 44 Abs. 1 S. 1, Abs. 3 und § 45 GemO), über den Ausschluss und die Mitwirkung von Mitgliedern (§§ 31, 38 Abs. 3, § 22 Abs. 4 S. 2 Halbs. 1 GemO) sowie ihre Entbindung von der Schweigepflicht. Seine eigenen ausgesetzten Beschlüsse kann der Rat nur selbst nach § 42 Abs. 2 S. 1 GemO bestätigen. Auch über die Zulässigkeit von Einwohneranträgen oder die Durchführung einer Maßnahme, die mit einem Bürgerbegehren verlangt wird (§ 17 Abs. 6 S. 1, § 17a Abs. 5 GemO), kann nur der Rat als Ganzer entscheiden.
- Hingegen darf ein Gemeinderat seine Zustimmung zur Übertragung von Geschäftsbereichen auf Beigeordnete gem. § 50 Abs. 4 S. 3 GemO einem Ausschuss überlassen, wie § 25 Abs. 2

---

161 Zu den formalen Erfordernissen eines Ordnungsrufs VG Neustadt/Weinstr., Urt. v. 10.11.2015 – 3 K 1019/14.NW – (juris), Rn. 43.
162 A.A. *Röhl*, Rn. 94 (öffentlich-rechtliches Hausrecht). Krit. auch zum privaten Hausrecht *Baldus*, JZ 2016, 449 (451).
163 Überblick bei *Rothe*, VR 2003, 55 ff.
164 Zu spezialgesetzlichen Pflichtausschüssen *Schmitz*, in: Nauheim-Skrobek/Schmitz/Schmorleiz, S. 50.
165 VG Gießen, LKRZ 2015, 244 (246). Zum Rechnungsprüfungsausschuss s. u. Rn. 92.
166 RhPfVerfGH, NVwZ-RR 2014, 668 (670).
167 *Röhl*, Rn. 101.

Nr. 7 LKO im Umkehrschluss zeigt. Missverständlich formuliert ist § 32 Abs. 2 Nr. 8 GemO, der die Verleihung, nicht aber den Entzug des Ehrenbürgerrechts zu den Vorbehaltsaufgaben zu zählen scheint. Die qualifizierte Mehrheit, die § 23 Abs. 2 GemO für den Entzug vorsieht, schließt auch die Übertragung dieser Entscheidung auf einen Ausschuss aus.

90 Die **Ausschussmitglieder** werden aufgrund von zuvor eingereichten Wahlvorschlägen (§ 40 Abs. 2 GemO) durch den Rat gewählt. Neben Mitgliedern des Gemeinderates können in die Ratsausschüsse auch sog. **sachkundige Bürger** gewählt werden und in begründeten Ausnahmefällen dort sogar die Mehrheit bilden (§ 44 Abs. 1 S. 2 GemO).[168] Die personelle demokratische Legitimation dieser Mitglieder leitet sich allein aus ihrer mittelbaren Wahl durch den Rat ab. Bilden sie in einem beschließenden Ausschuss die Mehrheit, so ist diese Absenkung des Legitimationsniveaus dadurch in sachlich-inhaltlicher Hinsicht zu kompensieren,[169] dass die Beschlusskompetenzen des Ausschusses eng begrenzt oder durch Richtlinien gebunden werden.

91 Nach § 45 GemO ist das Stärkeverhältnis politischer Parteien und anderer Gruppen, denen Ratsmitglieder angehören, in den Ausschüssen abzubilden. Zugleich ist dem Mitwirkungsrecht der einzelnen Ratsmitglieder so weit wie möglich Rechnung zu tragen. Die Ausschüsse dürfen dadurch keine Größe erreichen, die ihre Arbeitsfähigkeit in Frage stellt.[170] Ändert sich das Stärkeverhältnis im Laufe der Wahlperiode, so sind nach § 45 Abs. 3 GemO auch die Ausschüsse **neu** zu besetzen. Dabei sind alle Ausschussmitglieder neu zu wählen. Keine Änderung der Gruppenstärken ist es, wenn der Gesetzgeber während der Wahlperiode ein anderes Sitzverteilungsverfahren einführt und die politischen Gruppen größer oder kleiner **wären**, wenn es schon bei der vergangenen Gemeinderatswahl gegolten hätte.[171]

Die Wahl nach **gemeinsamen Wahlvorschlägen** verschiedener politischer Gruppen ist mit Art. 28 Abs. 1 S. 2 GG nicht vereinbar, denn sie könnte zu Ergebnissen führen, die dem Grundsatz spiegelbildlicher Zusammensetzung von Plenum und Ausschüssen widersprechen. Das betrifft auch Gruppen, die durch einen Koalitionsvertrag miteinander verbunden sind.[172] Gleiches gilt für die Zuteilung eines »Vorausmandats« an eine politische Gruppe, die die absolute Mehrheit der Stimmen erreicht hat.[173] Zulässig sind gemeinsame Wahlvorschläge hingegen bei der Wahl von Beigeordneten.[174]

92 Geborener **Ausschussvorsitzender** ist außer dem Bürgermeister auch der Beigeordnete, in dessen Geschäftsbereich die Zuständigkeiten des Ausschusses fallen. Er hat dort dieselben Leitungsbefugnisse wie der Bürgermeister. Bestimmte Befugnisse des Bürgermeisters bestehen indes auch in diesem Fall neben denen der Beigeordneten fort (§ 46 Abs. 1 S. 2, Abs. 2, 3 und 5 S. 2 GemO). Im Rechnungsprüfungsausschuss führt ein dazu gewähltes Ratsmitglied den Vorsitz. Bürgermeister und Beigeordnete haben hier

---

168 Dazu *Pünder*, DVBl. 2002, 381 ff. Krit. *Lange*, Kap. 6 Rn. 147 f.; *Lohner/Zieglmeier*, BayVBl. 2007, 481 (482) Fn. 5 unter Verweis auf den Grundsatz spiegelbildlicher Zusammensetzung von Rat und Ausschuss.
169 Vgl. BVerfGE 107, 59 (87 f.); VG Neustadt/Weinstr., Urt. v. 3.8.2015 – 3 K 1131/14.NW – (juris, Rn. 41).
170 RhPfVerfGH, NVwZ-RR 2014, 668 (670); OVG RhPf., LKRZ 2013, 288 (289); *Jeromin*, LKRZ 2012, 919 (921 f.).
171 NdsOVG, NdsVBl. 2006, 22 (23).
172 BVerwGE 119, 305 (308); 137, 21 ff.; *Lange*, Kap. 6 Rn. 139; a.A. HessVGH, NVwZ-RR 2008, 807 (808 f.); dazu *Dreßler*, HSGZ 2010, 94 (97 f.); weiterhin a.A. HessVGH, DVBl. 2012, 919 (921 f.).
173 Vgl. BVerfGE 112, 118 (146 f.) zum Vermittlungsausschuss; a.A. NdsOVG, DVBl. 2008, 1125 (1127 f.).
174 BVerwG, NVwZ-RR 2010, 818 ff.; SächsOVG, LKV 2006, 82 (85 f.); VG Darmstadt, LKRZ 2010, 408 (410).

Rede-, aber kein Stimmrecht (§ 110 Abs. 1 S. 3, Abs. 3 GemO). Sie dürfen Beschlüsse des Rechnungsprüfungsausschusses auch nicht gem. § 46 Abs. 5, § 42 GemO aussetzen, da auf diese Weise die Kontrollfunktion des Rechnungsprüfungsverfahrens unterlaufen würde. Das Akteneinsichtsrecht nach § 112 Abs. 4 Nr. 1 GemO kann der Gemeinderat nicht als Plenum ausüben, sondern ausschließlich durch den Rechnungsprüfungsausschuss.[175]

Der Rechnungsprüfungsausschuss ist trotz der ungenauen Formulierung in § 110 Abs. 1 S. 2 GemO ein Gemeinderatsausschuss. Keine Ratsausschüsse sind hingegen Institutionen, die zwar ebenfalls als »Ausschüsse« firmieren und ganz oder zum Teil vom Stadtrat gewählt werden, aber verwaltungsfachliche Aufgaben wahrnehmen und **bei der Gemeindeverwaltung** errichtet werden.

93

Beispiele:
- Stadtrechtsausschüsse (§§ 6 ff. AGVwGO)
- Umlegungsausschüsse und Gutachterausschüsse nach §§ 46 und 192 BauGB (UmlegungsausschussVO – BS 213–2; GutachterausschussVO – BS 213–10)
- Jugendhilfeausschüsse nach § 71 SGB VIII.[176]

Auch die **Beiräte** bestimmter, durch persönliche Eigenschaften oder ihren Wohnort verbundener Bevölkerungsgruppen sind keine Unterorgane des Gemeinderates. Diejenigen Gremien, deren Einrichtung die §§ 56 bis 56 b und 64 Abs. 2 Nr. 6 GemO ermöglichen bzw. im Fall des **Beirates für Migration und Integration**[177] ab einer gewissen Zahl ausländischer Einwohner zur Pflicht machen, artikulieren spezifische Interessen gegenüber den Gemeindeorganen, können sie aber nicht durchsetzen. Ihr Initiativrecht bindet den Gemeinderat so wenig wie ein Einwohnerantrag. Dass manche Bürger in ihnen zusätzlich zum Gemeinderat ein zweites Mal repräsentiert sind, widerspricht daher nicht dem Demokratieprinzip. Gleiches gilt für die Repräsentation der Einwohner einzelner Stadt- oder Gemeindeteile in **Ortsbeiräten** (§ 75 GemO). Die Ortsbeiräte üben ungeachtet ihrer unmittelbaren demokratischen Legitimation nach § 75 Abs. 4 GemO keine von der Vertretung der Gesamtgemeinde unabhängige Staatsgewalt aus. Es verletzt daher nicht die Gleichheit aller Bürger, wenn nur in den Vororten einer Stadt gem. § 74 GemO Ortsbezirke gebildet sind, nicht aber für die Kernstadt.[178]

94

c) **Mitglieder und Fraktionen.** Der Gemeinderat besteht aus dem Vorsitzenden sowie je nach der Größe der Gemeinde aus 6 bis 60 gewählten Mitgliedern (§ 29 Abs. 1 S. 1, Abs. 2 GemO). Wo die GemO von der gesetzlichen Mitgliederzahl spricht, ist stets die gesetzliche Zahl der **gewählten Mitglieder** gemeint.[179] Das gilt auch in den Fällen, in denen ein bestimmter Bruchteil der Mitgliederzahl genannt ist. Diese Zahl kann durch das Ausscheiden einzelner Mitglieder uU absinken. Die Mitglieder werden grundsätzlich in einem einheitlichen Wahlakt auf die **Dauer** der Wahlperiode der Vertretung, dh nach § 29 Abs. 1 S. 2 GemO regelmäßig von fünf Jahren, gewählt. Das Mandat ist

95

---
175 OVG RhPf., KommJur 2018, 397 (398).
176 Zur Abgrenzung ihrer Zuständigkeit von der des Gemeinderates BVerwGE 154, 144 (147 ff.).
177 Vgl. *Edinger/Alan*, LKRZ 2014, 359 ff.
178 OVG RhPf., DVP 2002, 251 f.
179 OVG RhPf., AS 20, 301 (309); anders noch AS 15, 144 (146); *Schaaf*, in: Gabler u.a., § 39 GemO Anm. 1.3.1.

nach §§ 5, 53, 54 Abs. 1 und § 55 Abs. 1 KWG im Wesentlichen mit denselben Dienst- und Arbeitsverhältnissen **unvereinbar** wie das Amt als Bürgermeister. Es endet mit Ablauf des Monats der nächsten Wahl (§ 71 Abs. 1 und 2 KWG).

96 Zwei oder mehr Ratsmitglieder können sich zu einer **Fraktion** zusammenschließen. § 30 a Abs. 1 GemO gibt die Zahl von zwei Mitgliedern nicht als Mindestgrenze, sondern fest vor. Sie kann nicht durch die Geschäftsordnung erhöht werden.[180] Notwendig ist aber eine grundsätzliche politische Übereinstimmung. Ihre Mitwirkungsrechte können im Weg eines Kommunalverfassungsstreits geltend gemacht werden.[181] Im **allgemeinen Rechtsverkehr** tritt die Fraktion als Gesamthandsgemeinschaft auf, die einer Gesellschaft bürgerlichen Rechts ähnelt.[182] Sie ist berechtigt, eine eigene Öffentlichkeitsarbeit zu betreiben (§ 30 a Abs. 3 GemO).

97 Die **Fraktionszugehörigkeit** ist für das einzelne Mitglied wichtig, da Fraktionen die Informationsrechte des Gemeinderates im eigenen Namen geltend machen können (§ 33 Abs. 3 GemO) und selbst ein Recht darauf haben, dass eine Angelegenheit aus dem Aufgabenbereich des Rates, die nicht schon innerhalb der letzten sechs Monaten beraten worden ist, auf die Tagesordnung gesetzt wird (§ 34 Abs. 5 S. 2 GemO). Dem einzelnen Ratsmitglied kann dieses Recht nur durch die Geschäftsordnung eingeräumt werden.[183] Dieses Recht umfasst auch den Anspruch, zum Beratungsgegenstand in der Sitzung eine kurze mündliche Begründung abzugeben.[184] Konflikte zwischen der Fraktion und ihren Mitgliedern sind wegen dieser Bedeutung der Fraktionszugehörigkeit für die Mitarbeit ähnlich zu behandeln wie im parlamentarischen Raum: Ein **Fraktionsausschluss** ist erst nach einer Anhörung des betroffenen Mitglieds zulässig. Inhaltlich setzt er voraus, dass das Mitglied vom politischen Konsens der Gesamtfraktion in zentralen Fragen abweicht und dadurch das Vertrauensverhältnis zu ihr nachhaltig gestört ist.[185]

98 Das Statusrecht aller Mitglieder auf **gleiche Mitwirkung** an der Arbeit des Gemeinderats (Rn. 116 ff.) schlägt sich für die Fraktionen darüber hinaus in einem Anspruch auf effektive Vorbereitung und Durchführung ihrer gemeinsamen Mitarbeit nieder. Im Einzelnen beruhen auf Art. 28 Abs. 1 S. 2 GG, Art. 50 Abs. 1 S. 1 iVm Art. 76 Abs. 1 LV, § 30 Abs. 1 GemO derivative Teilhaberechte auf proportional gleiche Zuweisung von finanziellen und sächlichen Arbeitsmitteln unter Berücksichtigung eines Sockelbedarfs zugunsten kleiner Fraktionen,[186] ein Recht auf gleichmäßige Weitergabe vorhandener Informationen[187] sowie das Vorschlagsrecht bei der Wahl der Ausschussmitglieder gem. § 45 Abs. 1 S. 1 GemO. Eine Benachteiligung von Fraktionen, die im Kern aus Vertretern verfassungsfeindlicher Parteien oder Wählervereinigungen bestehen, ist vor dem Verbot der Vereinigungen unzulässig.[188]

---

180 OVG RhPf., NVwZ-RR 1997, 310. Krit. zur Öffnungsklausel des § 36 Abs. 1 S. 2 HGO *Wüstenberg*, KommJur 2006, 121 (124 f.). Vgl. auch HessVGH, NVwZ 2007, 107 (108).
181 SächsOVG, SächsVBl. 2009, 237 (238).
182 *Lunau/Zieschang*, SächsVBl. 2008, 9 (11).
183 OVG NRW, NVwZ-RR 2005, 427 f.; 2013, 239 (240).
184 ThürOVG, DVBl. 2000, 935 (936).
185 OVG Saarl., NVwZ-RR 2012, 613 (615); ausf. *Kluth*, § 97 Rn. 107 ff.
186 BVerwGE 143, 240 (249 f.); VG Düsseldorf, NVwZ-RR 2012, 364 (365).
187 OVG RhPf., LKRZ 2012, 24 (25); 2013, 513.
188 BVerwGE 162, 284, Rn. 37 ff.

IV. Inneres Organisationsrecht der Gemeinden

Bei der Zuteilung von **Ausschusssitzen** haben Fraktionen hingegen – wiederum anders als in Parlamenten – keine Vorrechte gegenüber einzelnen Mitgliedern. Im Vorteil sind hier allenfalls Mitgliedergruppen, die mehr als die Hälfte der Stimmen im Gemeinderat stellen und daher uU einen Vorabausgleich nach § 45 Abs. 1 S. 3 Halbs. 2 GemO, § 41 Abs. 1 S. 5 KWG beanspruchen können.[189] Erst recht besteht kein Anspruch der Fraktionen auf eine proportionale Berücksichtigung ihrer Vorschläge bei der Besetzung von Beigeordnetenstellen.[190] 99

In ihrer Eigenschaft als Volksvertreter und Teile eines Kommunalorgans besitzen die Ratsmitglieder Mitwirkungsbefugnisse und flankierende Leistungsansprüche, sog. **Statusrechte**. Gegenüber dem Gesamtorgan, dem Bürgermeister oder ihren Unter- und Hilfsorganen kann sich ein Ratsmitglied nur auf diese Rechte berufen. Sie können im Einzelfall zwar sachliche Ähnlichkeiten mit **Grundrechten** aufweisen. Die Mitglieder des Gemeinderats können ihre Grundrechte aber nicht zum Schutz ihrer Mandatsausübung geltend machen. 100

Beispiel:
Zu unterscheiden sind etwa politische Stellungnahmen, die den Schutz des freien Mandats genießen, von persönlichen Meinungsäußerungen, die nur bei Gelegenheit der Mandatsausübung getroffen werden und als solche zB gegen Ordnungsmaßnahmen nicht stärker von Art. 5 Abs. 1 S. 1 GG und Art. 10 Abs. 1 S. 1 LV geschützt sind als die Äußerungen jedes Anderen.

Dies schließt indes nicht aus, dass ein Ratsmitglied sich gegen **Beeinträchtigungen** seiner grundrechtlich geschützten persönlichen Güter zur Wehr setzt, denen es gerade aufgrund seiner Mitarbeit im Gemeinderat ausgesetzt ist.[191]

Weitgehend den Statusrechten der Abgeordneten angenähert sind der **Schutz** gegenüber dem Arbeitgeber als verfassungsmäßige Schranke seiner Berufsfreiheit[192] vor Kündigung anlässlich der Bewerbung und Ausübung sowie das Recht auf Freistellung zur Wahrnehmung des Mandats[193] und der Schutz gegenüber jedermann vor einer Hinderung an der Übernahme und Ausübung des Mandats (§ 18 a GemO). Die Ratsmitglieder genießen aber weder Indemnität für ihre Äußerungen[194] noch Immunität gegenüber den Strafverfolgungsbehörden. Die **Entschädigung** nach § 18 Abs. 4 GemO hat anders als bei Abgeordneten,[195] hauptamtlichen Bürgermeistern und Beigeordneten keinen Entgeltcharakter, sondern ist nur ein Aufwandsersatz.[196] § 30 Abs. 1 Halbs. 1 GemO bringt dies zum Ausdruck, indem er bei großer Ähnlichkeit im Übrigen darin von Art. 38 Abs. 1 S. 2 GG und Art. 79 Abs. 2 LV abweicht, dass das Ratsmandat »unentgeltlich« ausgeübt wird. 101

Als zentrales Statusrecht garantiert § 30 Abs. 1 Halbs. 1 GemO den Ratsmitgliedern ein **freies Mandat,** das in seinen einzelnen Ausgestaltungen weitgehend den Mitwirkungsrechten Abgeordneter angenähert ist. Es ist als Ausprägung des Prinzips der repräsentativen Demokratie auf kommunaler Ebene zugleich verfassungsrechtlich durch 102

---

189 Vgl. OVG NRW, DVBl. 2005, 987 f.; s. aber Rn. 91 zur Verfassungsmäßigkeit der Vorauszuteilung.
190 *Krah/Starke,* SächsVBl. 2004, 182 (185).
191 S. insb. HessVGH, NJW 2003, 2471 ff.; 2006, 1227 f.; NVwZ-RR 2012, 781 f.
192 A.A. *Kittner,* DVBl. 2010, 839 (901 f.).
193 Zu dessen Grenzen BayVGH, NVwZ-RR 2014, 320 ff.
194 *Gern/Brüning,* Rn. 404.
195 Vgl. BVerfGE 40, 296 (316); 102, 224 (239).
196 HessVGH, DÖV 2005, 212 f.; VG Frankfurt/M., LKRZ 2010, 59 f.; vgl. HessFG, NVwZ-RR 2013, 103 f.

Art. 28 Abs. 1 S. 2 GG, Art. 50 Abs. 1 S. 1 iVm 76 Abs. 1 LV geboten. Die Gleichheit der repräsentierten Bürger in der freien Ausübung ihres Wahlrechts setzt sich auch auf kommunaler Ebene in der gleichen Befugnis aller Volksvertreter zur freien Mandatsausübung fort.[197] Im Einzelnen folgt daraus, dass alle Ratsmitglieder im Plenum und in den Ausschüssen, denen sie angehören, ein Recht haben, **Anträge** zu stellen (§ 30 Abs. 4 GemO), angemessene **Redezeiten** zu erhalten, um ihre Anträge zu begründen, und schließlich auch an der **Abstimmung** nach § 40 Abs. 1 S. 1 GemO teilzunehmen.

103 Um an der Ratsarbeit effektiv mitwirken zu können, haben die Mitglieder aufgrund von § 34 Abs. 2 S. 1 und Abs. 3 GemO auch einen Anspruch auf rechtzeitige, formgerechte **Einladung** zu den Sitzungen unter vollständiger Mitteilung der Tagesordnung. Eine Verletzung dieses Rechts wird jedoch unbeachtlich, wenn das betroffene Ratsmitglied zu der Sitzung erscheint oder bis zum Beginn der Sitzung darauf verzichtet, den Fehler zu rügen (§ 34 Abs. 4 GemO). Einladung und Verzicht können schriftlich oder in elektronischer Form übermittelt werden. Einer förmlichen Zustellung der Sitzungsunterlagen bedarf es nicht.[198]

104 Die Mitglieder haben auch ein Recht auf Mitgliedschaft in (irgend-)einem **Ausschuss**.[199] Die effektive Möglichkeit zur Mitwirkung hängt hier ebenso stark von der Ausschussarbeit ab wie in staatlichen Parlamenten. Auch können Gemeinderäte im Gegensatz zu Parlamenten, wenngleich nur begrenzt, Beschlusskompetenzen an ihre Ausschüsse delegieren. Gegen seine Abberufung als Aufsichtsratsmitglied bei einer kommunalen Kapitalgesellschaft hingegen kann sich ein Gemeinderatsmitglied nicht wehren. Ob in diesem Zusammenhang das Spiegelbildlichkeitsprinzip (Rn. 91) gilt, ist ungeklärt.[200]

105 Die Mitglieder haben gem. § 33 Abs. 4 S. 1 GemO des Weiteren das Recht, dem Bürgermeister innerhalb und außerhalb der Sitzungen **Fragen** zu einzelnen Angelegenheiten der Gemeinde und ihrer Verwaltung zu stellen[201] und darauf binnen angemessener Frist eine aussagekräftige **Antwort** zu erhalten. Insbesondere müssen sie über die Gegenstände anstehender Ratsentscheidungen informiert werden.[202] Beschränkt wird dieses Recht u.a. durch das Beschlussfassungsrecht der Kommunalvertretung als Ganzer.[203] Da die Mitwirkung an der kommunalen Verwaltungstätigkeit den Ratsmitgliedern Zugang zu Geheimnissen der Gemeinde oder Dritter verschaffen kann, verpflichtet § 20 Abs. 1 GemO sie zur **Verschwiegenheit** über geheimhaltungsbedürftige Angelegenheiten. Die praktische Relevanz dieser Pflicht ist am größten bei Gegenständen nichtöffentlicher Sitzungen, da sie gem. § 20 Abs. 1 S. 4 GemO umfassender Geheimhaltung unterliegen.[204] Soweit die Sitzungen öffentlich sind, folgt daraus ein Recht der Mitglieder auf Wahrung der **Öffentlichkeit**.[205]

---

197 OVG RhPf., AS 38, 422 (424); *Kim*, DVBl. 2011, 734 ff.
198 *Werres*, NWVBl. 2004, 294 (296).
199 RhPfVerfGH, NVwZ-RR 2014, 668 (670); *Rabeling*, NVwZ 2010, 411 (413 f.). A.A. *Lange*, Kap. 6 Rn. 108 f.
200 OVG NRW, DÖV 2002, 917 (918); BVerwG, Beschl. vom 26.7.2017 – 10 B 17.16 – (juris), Rn. 5.
201 Zum Konkretisierungsgrad SächsOVG, NVwZ-RR 2016, 193 (194).
202 OVG RhPf., NVwZ-RR 2011, 31 f.; vgl. auch VG Braunschweig, NVwZ-RR 2013, 731 (732 f.).
203 VGH BadWürtt., DVBl. 2003, 276 (277); großzügiger *Bracht*, NVwZ 2016, 108 (112 f.).
204 Anschaulich BayVGH, NVwZ-RR 2015, 627 (629 f.); *U. Meyer*, LKRZ 2014, 270 (273 f.).
205 HessVGH, LKRZ 2009, 22 (23 f.); 2014, 22 f.; *Krebs*, LKRZ 2014, 138 (142); *Suslin*, NVwZ 2020, 200 (203 f.).

IV. Inneres Organisationsrecht der Gemeinden

Wer zum Ratsmitglied gewählt wird, ist zwar – im Unterschied zu sonstigen Ehrenämtern – nicht **verpflichtet**, das Mandat zu übernehmen (§ 18 Abs. 1 GemO). Auch der Verzicht auf das Mandat gem. § 30 Abs. 3 GemO ist jederzeit möglich. Wer es allerdings wahrnimmt, ist nach § 30 Abs. 1 GemO zur **Mitarbeit** nicht nur berechtigt, sondern zugleich verpflichtet.[206] Ergänzt wird diese Hauptpflicht durch die Nebenpflicht zur **Gemeindetreue**. Sie schlägt sich konkret nieder in dem Verbot, Interessen und Ansprüche Dritter gegenüber der Gemeinde zu vertreten, es sei denn als gesetzlicher Vertreter des Dritten (§ 21 Abs. 1 GemO). Dabei ist unerheblich, ob der Anspruch sich auf eine Selbstverwaltungs- oder eine Auftragsangelegenheit bezieht. Allerdings ist das Verbot auf den Mandatsträger begrenzt; es erfasst nicht seine Familienangehörigen oder Kanzleipartner.[207]

106

Anders als Bürgermeister sind die Mitglieder der Vertretung zwar nicht zur **Verfassungstreue** verpflichtet. Aggressiv-kämpferische Betätigungen gegen das Grundgesetz oder gegen die Landesverfassung, die das in Art. 18 und 21 Abs. 2 GG angesprochene Maß erreichen, führen aber zwingend zum Ausschluss aus der Vertretung (§ 31 Abs. 2 GemO). Der Begriff der »für ein Ratsmitglied notwendigen Unbescholtenheit« nach § 31 Abs. 1 GemO setzt wegen des damit verbundenen Eingriffs in die Gleichheit der Wahl voraus, dass das Ratsmitglied wegen einer Straftat verurteilt wurde, die in sachlichem Zusammenhang mit der Ratsarbeit steht, weil sie zB während der Ausübung des Mandats oder im Wahlkampf begangen wurde. Zudem muss sie die Arbeitsfähigkeit des Rates so nachhaltig stören, dass deren Wiederherstellung den Ausschluss des Ratsmitglieds erfordert.[208]

Auch für die Mitglieder des Gemeinderats gelten die **Mitwirkungsverbote** des § 22 GemO. Dritten gegenüber schließlich sind die Ratsmitglieder bei der Vorbereitung des kommunalen Verwaltungshandelns zur Einhaltung der Rechtsnormen verpflichtet, die auch dem Schutz der Interessen dieser Dritten dienen. Verletzungen dieser **Amtspflicht** lösen einen Schadenersatzanspruch gem. § 839 BGB iVm Art. 34 GG gegenüber der Gemeinde aus.[209] Die Gemeinde kann danach keinen Regress bei den Ratsmitgliedern nehmen, da es in Rheinland-Pfalz an einer Anspruchsgrundlage hierfür fehlt.[210]

107

Einzelne Ratsmitglieder können vor Ende der Wahlperiode **ausscheiden**, sei es durch Verlust der Wahlberechtigung (§ 1 KWG) oder der Wählbarkeit – namentlich nach § 4 Abs. 2 Nr. 2 KWG, § 45 Abs. 4 StGB –, Ausschluss aus dem Gemeinderat (§ 31 GemO), Ungültigerklärung der Wahl (§ 50 Abs. 2 KWG), durch Verzicht (§ 30 Abs. 3 GemO) oder Tod. Der Verzicht setzt nicht voraus, dass ein wichtiger Grund besteht. Rechtsmissbräuchlich und daher unwirksam ist jedoch ein »Kollektivrücktritt« mit dem Ziel, eine Neuwahl herbeizuführen.[211]

108

---

206 Zur Durchsetzung dieser Pflicht VG Sigmaringen, NVwZ-RR 2005, 428 f.; *Hopf*, BayVBl. 2012, 554 (556 ff.).
207 BVerfGE 61, 68 (73 f.).
208 BVerwGE 151, 179 (189); anders noch OVG RhPf., LKRZ 2013, 255 ff.; VG Trier, LKRZ 2012, 331 ff. Krit. bereits *Barrot*, LKRZ 2012, 320 ff. Das BVerwG spricht statt von einem sachlichen Zusammenhang mit der Wahl allerdings ungenau von einem der Wahlrechtsgleichheit »entsprechenden Gewicht«. – Zu »Rücktrittsempfehlungen« eines Kreistags gegenüber seinen Mitgliedern SächsOVG, NVwZ-RR 2014, 66 ff.
209 S. dazu *Ossenbühl/Cornils*, Staatshaftungsrecht, 6. Aufl. 2013, S. 68 ff.
210 *Kluth,* § 97 Rn. 97 m.w.N.
211 NdsOVG, NdsVBl. 2007, 219 (221); s. auch *Hebeler*, DVBl. 2011, 317 (322).

109 **d) Besonderes Verfahrensrecht im Überblick.** Der Gemeinderat verhandelt und beschließt in **Sitzungen**; sofern außergewöhnliche Notsituationen es erfordern, ist mit Zustimmung der Aufsichtsbehörde ein Umlaufverfahren oder eine Telefon- oder Videokonferenz zulässig (§ 35 Abs. 3 GemO). Sein Verfahren innerhalb der Sitzungen kann und muss der Gemeinderat autonom regeln. Diese Selbstorganisationsbefugnis ist als Teil der Organisationshoheit der Gemeinde durch Art. 28 Abs. 2 GG und Art. 49 Abs. 3 LV geschützt. Einfachgesetzlich sind die Gemeinden durch § 37 Abs. 1 GemO zum Erlass einer **Geschäftsordnung** auch verpflichtet. Zudem ermöglichen viele Einzelbestimmungen der Gemeindeordnung ergänzende Geschäftsordnungsregelungen. Wo solche Öffnungsklauseln fehlen, gehen die in §§ 34 bis 41 GemO getroffenen Bestimmungen über das Verfahren im Gemeinderat der Geschäftsordnung vor. Sie umreißen den chronologischen Normalverlauf einer Sitzung von der Einberufung bis zur Niederschrift. Die Geschäftsordnung kann nach § 4 Abs. 1 AGVwGO Gegenstand einer Normenkontrolle vor dem OVG RhPf. sein.[212]

110 Wie der Rat einzelne Beratungsgegenstände in diesem Rahmen abarbeitet, ist ihm nur in den für die kommunale Demokratie zentralen Fragen der **Beschlussfassung** und der **Öffentlichkeit** der Sitzungen zwingend vorgegeben. Nicht zur Disposition des Rates stehen vor allem die in §§ 39 und 40 Abs. 1 S. 1, 2, Abs. 3, Abs. 4 GemO fixierten Beschlussfähigkeits- und Abstimmungsregeln, da sich erst aus ihrer Anwendung ergibt, ob **gültige Beschlüsse** zustande gekommen sind.[213] Des Weiteren sind die Sitzungen der Kommunalvertretung und ihrer Ausschüsse grundsätzlich **öffentlich**. Ausnahmen können allgemein in der Geschäftsordnung festgelegt oder vom Rat bzw. Ausschuss jeweils im Einzelfall beschlossen werden (§ 35 Abs. 1 S. 2 und § 46 Abs. 4 S. 1 GemO).[214]

111 Unter **Öffentlichkeit** ist zu verstehen, dass die Sitzungen unter vollständiger Angabe der Zeit, des Ortes und der Tagesordnung für den öffentlichen Teil rechtzeitig vor dem Sitzungstermin öffentlich bekannt gemacht werden (§ 34 Abs. 6 iVm § 27 GemO),[215] dass sie für körperlich anwesende Zuschauer und Zuhörer frei zugänglich sind und dass die Verhältnisse am Sitzungsort die Anwesenheit und Aufmerksamkeit eines Personenkreises gestatten, wie er nach der Größe der Kommune und dem Gewicht der behandelten Fragen zu erwarten ist. Die anwesenden **Einwohner** können im Rahmen einer Fragestunde das Wort zu Fragen, Anregungen und Vorschlägen erhalten.

112 **Presse und Rundfunk** müssen zwar auf kommunaler Ebene zumindest nicht aus demokratischen Gründen, sozusagen als erweiterte Öffentlichkeit, privilegiert zur Sitzung zugelassen werden. Ein Zulassungsanspruch für Medienvertreter kann aber aus Art. 5 Abs. 1 S. 2 GG,[216] § 2 LTranspG oder § 6 LMedienG folgen. Ihm kann regelmäßig nur der Schutz der Vertraulichkeit geheimhaltungsbedürftiger Verhandlungsgegenstände oder der Funktionsfähigkeit der Kommunalvertretung entgegenstehen, nicht

---

212 Vgl. VGH BadWürtt., NVwZ-RR 2003, 56; HessVGH, LKRZ 2014, 22 (23); *Engels/Krausnick*, § 5 Rn. 4.
213 Vgl. HessVGH, LKRZ 2008, 337 (338 f.).
214 *Katz*, NVwZ 2020, 1076 ff.; zu Angelegenheiten kommunaler Unternehmen *Burgi*, NVwZ 2014, 609 ff.
215 SchlHOVG, NVwZ-RR 2003, 774; VGH BadWürtt., DVBl. 2011, 912 (913); *Röhl*, Rn. 96.
216 Dazu *Winkler*, VerwArch 107 (2016), 536 (543).

aber Persönlichkeitsrechte der Ratsmitglieder.[217] Die Zulässigkeit von Ton- und Bildübertragungen sowie -aufzeichnungen kann unter der Beachtung der vorstehenden Grundsätze in der Hauptsatzung geregelt werden (§ 35 Abs. 1 S. 4–6 GemO). Bei Telefon- oder Videokonferenzen des Gemeinderats genügt nach § 35 Abs. 3 S. 5 GemO ausnahmsweise die mediale Öffentlichkeit.

Bei einer Entscheidung für die nicht öffentliche Sitzung ist zu beachten, dass der Grundsatz der Öffentlichkeit Ausdruck des **Demokratieprinzips** ist.[218] Die zentralen, dem Plenum vorbehaltenen Entscheidungen – Normsetzung und Wahlen – dürfen daher nicht in nicht öffentlicher Sitzung getroffen werden (§ 24 Abs. 2, § 40 Abs. 5 Halbs. 1 GemO). Geheimhaltungsbedürftig sind nur Vorgänge, deren Mitteilung an die Öffentlichkeit einem öffentlichen Zweck, dem Wohl der Gemeinde oder berechtigten Interessen Einzelner schaden würde.[219] Die Beratung und Beschlussfassung über die Ausschließung beteiligter Ratsmitglieder von einer Entscheidung gem. § 22 Abs. 4 S. 2 GemO sowie diejenige über den Ausschluss und die Wiederherstellung der Öffentlichkeit im Einzelfall selbst gem. § 35 Abs. 1 S. 2 GemO sind demgegenüber bereits kraft Gesetzes nicht öffentlich. 113

Wurde die Öffentlichkeit **ausgeschlossen**, so ist sie vor Eintritt in die Verhandlungen über einen neuen Tagesordnungspunkt, der öffentlich beraten werden muss, **wiederherzustellen**. In der Praxis werden wiederholte Ausschlüsse und Wiederherstellungen der Öffentlichkeit im Laufe einer Sitzung dadurch nach Möglichkeit vermieden, dass die Tagesordnung sich in einen öffentlichen und einen nicht öffentlichen Teil gliedert. 114

Verfahrensfehler führen grundsätzlich dazu, dass die von ihnen betroffenen Beschlüsse **unwirksam** sind. Uneingeschränkt gilt dies für die Verletzung der **Sitzungsöffentlichkeit**. Sie führt wegen der Bedeutung der Öffentlichkeit für die kommunale Demokratie nicht allein zur Nichtigkeit der gefassten Beschlüsse, sondern die Nichtigkeit erfasst auch eine aus dem Beschluss ggf. hervorgegangene Satzung (vgl. § 24 Abs. 6 S. 2 Nr. 1 Var. 1 GemO). Gleiches gilt, wenn Beschlüsse von einem **beschlussunfähigen** Gremium gefasst wurden, sowie bei Verstößen gegen die Geschäftsordnung, obwohl sie nur organinterne Wirkungen entfaltet, also weder den Bürgermeister als solchen noch außenstehende Bürger bindet. 115

Fehler bei der **Ladung** einzelner Mitglieder zur Sitzung werden hingegen durch ihren Verzicht oder ihr Erscheinen in der Sitzung unbeachtlich. Der **Ausschluss** mitwirkungsberechtigter oder die Mitwirkung ausgeschlossener Vertretungsmitglieder wird nach Ablauf von drei Monaten, im Fall des Satzungsbeschlusses nach einem Jahr unbeachtlich, sofern er nicht zuvor gerügt wird (§ 24 Abs. 6 S. 1, 2 Nr. 2 GemO). Gleiches gilt für Ladungsmängel, die nicht schon nach § 34 Abs. 4 GemO geheilt sind, und unberechtigte **Ordnungs**ausschlüsse. 116

---

217 Vgl. BVerwGE 85, 283 (286 ff.); OVG Saarl., LKRZ 2010, 433 f.; HessVGH, LKRZ 2014, 22 (23).
218 BVerfGE 70, 324 (358); *Kühling*, DVBl. 2008, 1098 ff.; s. auch § 1 Rn. 42 zum Parlamentsrecht. Skeptisch zur rechtspolit. Bedeutung der Sitzungsöffentlichkeit *Schnöckel*, DÖV 2007, 676 (679 ff.).
219 HessVGH, NVwZ 2019, 875 (877).

V. Besonderheiten des kommunalen Verwaltungshandelns

117 Wie andere Verwaltungsträger auch agieren die Gemeinden in den **Handlungsformen** der Norm und des Verwaltungsaktes. Sie schließen jedoch auch Verträge und werden außerhalb des formalisierten Handlungsarsenals insbes. durch kommunale Öffentlichkeitsarbeit tätig.[220] Dabei handeln die Gemeinden nicht selbst, sondern ihnen werden Rechtsakte und tatsächliche Verhaltensweisen ihrer Amts- und Organwalter zugerechnet.

Beispiele:
- **Verwaltungsakte:** Beitragsbescheide über Erschließungsbeiträge nach § 127 BauGB oder Entwässerungsbeiträge nach § 7 Abs. 2, 3 KAG; in kreisfreien und großen kreisangehörigen Städten: Baugenehmigungen, Beseitigungsanordnungen und Benutzungsuntersagungen nach §§ 70, 81 LBauO
- **öffentlich-rechtliche Verträge:** Stellplatzablösungsverträge (§ 47 Abs. 4 LBauO), städtebauliche Verträge (§ 11 BauGB) oder Verträge über Benutzungsentgelte (§ 2 Abs. 2 KAG).

118 Im Großen und Ganzen bewegt sich die Teilnahme der Gemeinden am Rechtsverkehr in den Bahnen, die das allgemeine Verwaltungsrecht und für Geschäfte des bürgerlichen Rechts das weitgehend bundesrechtlich strukturierte Zivilrecht vorzeichnen. Selbst wenn ein Beschluss des Gemeinderates unwirksam ist, sind die zu seiner Ausführung erlassenen **Verwaltungsakte** idR wirksam, wenngleich anfechtbar, wie sich aus § 1 Abs. 1 LVwVfG iVm § 44 Abs. 3 Nr. 3 und 4 VwVfG ergibt, die auf den Gemeinderat zumindest analog anwendbar sind. Für öffentlich-rechtliche **Verträge** der Gemeinden gelten § 1 Abs. 1 LVwVfG iVm §§ 54 ff. VwVfG und für Allgemeine Beförderungs- oder Versorgungsbedingungen §§ 305 ff. BGB (vgl. § 309 Nr. 7 BGB).

119 Zu diesen allgemeinen Vorschriften treten nur wenige kommunalrechtliche Regelungen hinzu. So ergänzt zB § 85 Abs. 6 GemO das Koppelungsverbot in § 56 Abs. 1 S. 2 VwVfG für formal koordinationsrechtliche Verträge, bei denen das Wettbewerbsrecht in Ermangelung von Konkurrenten leerläuft. Hinzu kommen besondere Voraussetzungen für den Erlass kommunaler **Normen** und das Zusammenwirken der Regeln des Kommunalrechts mit den **zivilrechtlichen** Bestimmungen über die Vertretungsmacht und über gesetzliche Formvorschriften (1., 2.). Ein in sich abgeschlossenes öffentlich-rechtliches Regelwerk besteht für die **Kontrolle** des kommunalen Verwaltungshandelns (3.).

120 **1. Kommunale Normen.** Eine **Pflicht** zum Normerlass trifft die Gemeinden prinzipiell so wenig wie andere Normgeber. Die einzigen Pflicht**satzungen** sind die Haupt- und die Haushaltssatzung (§ 25 Abs. 1 und § 95 Abs. 1 GemO).[221] Begrenzt wird die Satzungsbefugnis der Gemeinden durch den Rahmen ihres Aufgabenbereichs und Hoheitsgebiets[222] und durch den Vorrang des staatlichen Rechts (§ 24 Abs. 1 S. 1 GemO). Satzungen betreffen als Ausdruck der Autonomie der örtlichen Gemeinschaft zumeist Selbstverwaltungsaufgaben. § 24 Abs. 1 S. 2 GemO lässt es allerdings zu, dass die Gemeinden kraft gesetzlicher Ermächtigung auch Auftragsangelegenheiten durch Satzung regeln.

---

220 Vgl. etwa BVerwGE 104, 323 (328); NdsOVG, DVBl. 2009, 855 ff.
221 Zur ausnahmsweisen Pflicht zur Bauleitplanung BVerwGE 119, 25 ff.
222 SächsOVG, NVwZ-RR 2013, 426 (427 f.).

Beispiele:
Soweit örtliche Bauvorschriften Stellplätze oder Kinderspielplätze betreffen (§ 88 Abs. 3 und 4 Nr. 2 LBauO), regeln sie Materien des Bauordnungsrechts[223] (vgl. §§ 11 und 47 LBauO). Baumschutzsatzungen (§ 23 Abs. 4 LNatSchG) treffen naturschutzrechtliche Regelungen.

Als **Grundlage** für den Satzungserlass im Selbstverwaltungsbereich reicht die kommunale Rechtsetzungshoheit aus. Das Übertragungsverbot des § 32 Abs. 2 Nr. 1 GemO untersagt nicht etwa über seinen direkten Anwendungsbereich hinaus dynamische **Verweisungen** aus Satzungen auf Normen der Landesrechts.[224] Der Vorbehalt des Gesetzes gilt aber uneingeschränkt auch für kommunale Satzungen. Namentlich bedürfen **Grundrechtseingriffe** einer gesetzlichen Ermächtigung.[225] Entsprechende Ermächtigungen enthalten § 24 Abs. 5 und § 26 Abs. 1 GemO sowie § 2 Abs. 1 KAG. 121

Verfahren und Form des Satzungserlasses sind in § 24 GemO geregelt. Bewehrte Satzungen müssen auf § 24 Abs. 5 GemO verweisen, also die Ermächtigungsgrundlage **zitieren**. Die Entwürfe der Bebauungspläne und der Haushaltssatzungen sind vor dem Beschluss öffentlich auszulegen (§ 3 Abs. 2 S. 1 BauGB, § 97 Abs. 1 GemO). Anwendbar sind die Verfahrens- und Formvorschriften für die Ratssitzungen einschließlich der Verfahrensrechte der Mitglieder und des Ausschlusses persönlich Beteiligter. Ihre Verletzung führt grundsätzlich zur Nichtigkeit der Satzung.[226] 122

Die meisten Verfahrens- und Formmängel werden aber ein Jahr nach der Bekanntmachung **unbeachtlich**, wenn sie nicht zuvor gegenüber der Gemeindeverwaltung schriftlich geltend gemacht oder von der Aufsichtsbehörde nach § 121 S. 1 GemO beanstandet werden. Darauf ist bei der Bekanntmachung der Satzung hinzuweisen (§ 24 Abs. 6 GemO).[227] Unerheblich ist insoweit, ob die Satzung organisatorische Strukturfragen betrifft.[228] Ohne Weiteres sind Mängel der Beteiligung voraussichtlicher Abgabenschuldner unbeachtlich für die Wirksamkeit der kommunalen Abgabensatzungen (§ 7 Abs. 6 S. 5 KAG). **Ausgenommen** sind vom Unbeachtlichwerden außer den schon genannten Verstößen gegen die Bestimmungen über die Öffentlichkeit der Sitzung auch Fehler bei der Ausfertigung, der Bekanntmachung sowie, soweit erforderlich, der Genehmigung der Satzung. Nur wenige kommunale Satzungen müssen allerdings vor der Bekanntmachung **genehmigt** werden. 123

Die **Ausfertigung** der Satzung ist in § 24 Abs. 6 S. 2 Nr. 1, § 68 Abs. 1 S. 3 Nr. 2 GemO zwar erwähnt, aber weder hier noch in der Durchführungsverordnung zur GemO normiert. Unter Ausfertigung ist die Herstellung einer schriftlichen Originalfassung des Satzungstextes zu verstehen.[229] Als Sicherung der Textidentität ist sie rechtsstaatlich geboten. Die Sitzungsniederschrift über den Satzungsbeschluss genügt nicht.[230] Zuständig ist der Bürgermeister, in den Ortsgemeinden der Ortsbürgermeister (§ 68 124

---

223 OVG RhPf., AS 29, 113 (115 f.); weitergehend DVBl. 2009, 56 (57); s. auch § 5 Rn. 6.
224 So indes OVG NRW, NVwZ 2005, 606 f. Wie hier BayVGH, NVwZ-RR 2007, 57 f.; HessVGH, NVwZ-RR 2012, 770 (771 f.).
225 BVerwGE 125, 68 (71); BVerwG, KommJur 2014, 54 (57 f.); BayVerfGH, NVwZ-RR 2012, 50 (53) (Sondervotum); *Kaltenborn/Reit*, NVwZ 2012, 925 (928); *Röhl*, Rn. 135.
226 *Röhl*, Rn. 65 mit Fn. 282.
227 Krit. *Lange*, DVBl. 2017, 928 ff.
228 Vgl. zum nds. Recht VG Göttingen, NdsVBl. 2007, 253 (255).
229 *Swierczyna*, ThürVBl. 2004, 149 (150); *Wahlhäuser*, NWVBl. 2007, 338 (339); *Engels/Krausnick*, § 3 Rn. 25.
230 *Ziegler*, DVBl. 2010, 291 (293).

Abs. 1 S. 3 Nr. 2 GemO). Er bestätigt die Authentizität der Satzung durch seine datierte Unterschrift.[231] Fehlt es an der Ausfertigung oder wird ein anderer Text ausgefertigt als der vom Gemeinderat beschlossene, so ist die Satzung nichtig.

125 Ausführlich geregelt ist hingegen die **öffentliche Bekanntmachung** der Satzung gem. § 24 Abs. 3 S. 1 GemO in § 27 GemO, §§ 7 bis 10 GemODVO. Besondere Vorschriften über die Bekanntmachung von Satzungen finden sich in einzelnen Fachgesetzen, so namentlich in § 10 Abs. 3 BauGB für Bebauungspläne. Für Satzungen zur Gründung eines Planungsverbands nach § 205 Abs. 1 BauGB gelten die allgemeinen kommunalrechtlichen Vorschriften.[232] Bekanntmachung ist die Veröffentlichung des vollständigen Satzungstextes durch den Bürgermeister. Abweichungen des bekannt gemachten vom beschlossenen Wortlaut machen die Satzung unwirksam.[233]

126 Die Gemeinde muss in ihrer Hauptsatzung bestimmen, ob öffentliche Bekanntmachungen durch Aushang, in einem Amtsblatt oder in einer Zeitung erfolgen (§ 7 Abs. 1 S. 1, Abs. 2, § 8 Abs. 2 GemODVO).[234] Trotz des Wortlauts von § 27 Abs. 1 GemO kann die Gemeinde die kumulative Bekanntmachung in mehreren **Zeitungen** (§ 7 Abs. 1 S. 1 Nr. 2 GemODVO) oder in Amtsblatt und Zeitung(en) wählen. Stellt eine der benannten Zeitungen ihr Erscheinen ein, so ist der Gemeinderat aus Gründen der Rechtsklarheit verpflichtet, die Bekanntmachungsregelung den tatsächlichen Verhältnissen anzupassen. Nur in den verbliebenen Organen verkündete Satzungen sind jedoch wirksam.[235] Das Bekanntmachungsorgan muss in einer **Auflagenstärke** erscheinen, die sich am mutmaßlichen Bedarf und Interesse der Betroffenen orientiert; hingegen gebietet das Rechtsstaatsprinzip keine Auflage, die annähernd der Zahl der potenziell Betroffenen entspricht.[236]

127 Wählt die Gemeinde für öffentliche Bekanntmachungen ein **Amtsblatt**, so muss sie selbst – bei Ortsgemeinden die Verbandsgemeinde – dessen Herausgeberin sein. Gemeinsame Amtsblätter mehrerer Kommunen sind zulässig (§ 9 Abs. 1 GemODVO). Im Unterschied zu Zeitungen, die als Bekanntmachungsorgan genutzt werden, können Amtsblätter auch in **unregelmäßiger** Folge erscheinen. Das rechtsstaatliche Publizitätserfordernis verlangt keinen festen Erscheinungsrhythmus.[237] Zulässig ist auch die Wahl eines **elektronischen** Amtsblatts, sofern nicht spezialgesetzliche Formvorschriften entgegenstehen.[238] Das Amtsblatt kann neben den öffentlichen Bekanntmachungen und sonstigen amtlichen Mitteilungen auch einen **nicht amtlichen** Teil umfassen. Die Inhalte des nicht amtlichen Teils sind den Verfassern zuzurechnen.[239] Sie sind daher nicht am Gebot der „Staatsferne" der Presse zu messen.[240]

---

231 *Röhl*, Rn. 137.
232 BVerwG, NVwZ 2019, 415.
233 BVerwGE 120, 82 (86); BVerwG, NVwZ 2016, 689 Rn. 28; *Swierczyna*, ThürVBl. 2006, 241 (247).
234 Zum Aushang BVerwG, RdL 2012, 94; zur Folge fehlender Formenwahl ThürOVG, ThürVBl. 2006, 89 (90 f.); 2012, 79 ff.; *Gärtner*, LKV 2006, 107.
235 BVerwGE 126, 388 (393 ff.); OVG RhPf., LKRZ 2011, 237.
236 BVerwG, NVwZ 2007, 216.
237 OVG RhPf., AS 28, 282 ff.
238 Krit. zum hess. Recht *Bennemann*, LKRZ 2012, 270 ff.; zu § 3 Abs. 2 BauGB als Spezialvorschrift für Bauleitpläne NdsOVG, DVBl. 2012, 777 (779 f.).
239 VGH BadWürtt., DÖV 2002, 348 (349).
240 *Alexander*, NJW 2019, 770; *Kohn*, NVwZ 2019, 261 (264); *Papier/Schröder*, DVBl. 2017, 1 (8); *Schoch*, Information der lokalen Öffentlichkeit durch kommunale Amtsblätter und Telemedienangebote, 2019, S. 28 f.; *Winkler*, JZ 2019, 367; a.A. BGH, NJW 2019, 763 (768).

Satzungen treten vorbehaltlich anderer Bestimmungen im Gesetz oder in der Satzung am Tag nach der Bekanntmachung **in Kraft** (§ 24 Abs. 3 S. 3 GemO).

Die Befugnis zum Erlass von **Rechtsverordnungen** bezieht sich ausschließlich auf Auftragsangelegenheiten und beruht stets auf der Übertragung staatlicher Regelungsmacht. Kommunale Rechtsverordnungen müssen sich daher im Rahmen einer besonderen, nach Inhalt, Zweck und Ausmaß bestimmten gesetzlichen **Ermächtigung** oder verordnungsrechtlichen Subdelegation halten und die Ermächtigungsgrundlage nennen (Art. 80 Abs. 1 S. 2, 3 GG, Art. 110 Abs. 1 S. 2, 3 LV). 128

Beispiel:
§ 43 Abs. 3 POG ermächtigt die Gemeinden als Ordnungsbehörden zum Erlass von Gefahrenabwehrverordnungen.[241]

Zuständig ist schon für den Erlass nach § 47 Abs. 1 S. 2 Nr. 4 GemO der Bürgermeister. Kommunale Rechtsverordnungen sind gem. § 3 VerkündG auf dieselbe Weise **bekannt zu machen** wie Satzungen. Rechtsverordnungen treten nach § 5 Abs. 2 VerkündG am 14. Tag nach der Bekanntmachung **in Kraft**, wenn weder gesetzlich noch in der Verordnung eine andere Frist bestimmt ist. 129

Nach § 47 Abs. 1 VwGO iVm § 4 Abs. 1 S. 1 AGVwGO unterliegen alle kommunalen Satzungen und Rechtsverordnungen der verwaltungsgerichtlichen **Normenkontrolle**.[242] 130

2. Bürgerliche Rechtsgeschäfte. Nehmen Gemeinden wie Privatpersonen am allgemeinen Rechtsverkehr teil, so gilt für sie ebenso wie für jeden Anderen auch das **bürgerliche Recht**. Die Missachtung kommunalrechtlicher Vorschriften kann indes die Wirksamkeit von Rechtsgeschäften in Frage stellen, die allein unter Privaten ohne Weiteres verbindlich wären. Daher werfen die bürgerlichen Rechtsgeschäfte der Gemeinden ähnliche Probleme auf wie die Mittel zur Kontrolle kommunaler Unternehmen in Privatrechtsform.[243] Wie zum Gesellschaftsrecht steht das Kommunalrecht gleichwohl auch zum allgemeinen Zivilrecht nicht in einem Widerspruch. Das bürgerliche Recht ist vielmehr offen für Vorgaben des öffentlichen Rechts, auch insoweit, als sie im Landesrecht geregelt sind. 131

So statuiert § 104 Abs. 2, 3 GemO einen **Genehmigungsvorbehalt** für Bürgschaften und andere Rechtsgeschäfte, durch die eine Gemeinde sich verpflichtet, für Verbindlichkeiten Dritter einzustehen.[244] Wird die Genehmigung unanfechtbar versagt, so ist die Willenserklärung der Gemeinde unwirksam. Zuvor ist sie schwebend unwirksam. Diese Grundsätze sind Ausdruck allgemeiner Rechtsgedanken des Zivil- und damit (auch) des Bundesrechts.[245] 132

---

241 Zu den rechtsstaatlichen Grenzen dieser Ermächtigung BVerwG, Buchholz 402.41 Allgem. PolR Nr. 41; BVerwG, NVwZ 2005, 1325 f.
242 Zu Prüfungsumfang und -tiefe BVerwGE 116, 188 (189) u. 196 f.; dazu krit. *Oebbecke*, NVwZ 2003, 1313 (1315 ff.), zust. H. *Meyer*, NdsVBl. 2003, 117 (121 f.), jew. m.w.N.
243 Ausf. U. *Stelkens*, Verwaltungsprivatrecht, 2005; *Towfigh*, DVBl. 2015, 1016 ff.; vgl. HessVGH, NVwZ-RR 2012, 566 (569). Zur Abgrenzung zivilrechtlicher von verwaltungsrechtlichen Verträgen OLG Bremen, NVwZ-RR 2015, 878 (879 f.) m.w.N.
244 Überblick bei *Dietl*, DÖV 2015, 693.
245 BGHZ 142, 51 (53); DVBl. 2004, 577 (580).

133 Klären die Organe der Gemeinde ihre Geschäftspartner nicht darüber auf, dass ein Geschäft genehmigungsbedürftig ist, oder bemühen sie sich nicht um die Erteilung der Genehmigung, so kann die Gemeinde den Geschäftspartnern wegen Verschuldens beim Vertragsschluss, uU auch nach den Vorschriften über die Geschäftsführung ohne Auftrag haften.[246] Der Vertragspartner hat ein berechtigtes Interesse iSd § 43 Abs. 1 VwGO an der Feststellung, ob das Geschäft genehmigungsbedürftig ist. Verstößt die Gemeinde gegen das Verbot der § 103 Abs. 6, § 104 Abs. 1 GemO, Sicherheiten zu bestellen, so ist das Verfügungsgeschäft schon gem. § 134 BGB **nichtig;** § 115 GemO stellt diese Rechtsfolge lediglich klar.

134 Größere Probleme bereiten Beschränkungen der **Vertretungsmacht** für die Gemeinden. **Gesetzliche Vertreter** der Gemeinden sind der Bürgermeister und die Beigeordneten gem. § 50 Abs. 3 S. 3 GemO jeweils in ihrem Geschäftsbereich.[247] Beigeordnete, die den Bürgermeister gem. § 50 Abs. 2 S. 2, 3 und Abs. 3 S. 2 GemO vertreten, und Bedienstete mit Zeichnungsbefugnis sind im Außenverhältnis nicht selbst Vertreter der Gemeinde, sondern handeln »in Vertretung« bzw. »im Auftrag« des Bürgermeisters oder Beigeordneten, dh in Ausübung von dessen Vertretungsmacht und nach seinen Richtlinien und Weisungen.

135 Auch in den **Ortsgemeinden** liegt die Vertretungsmacht nach § 68 Abs. 1 S. 3 Nr. 1 GemO grundsätzlich beim Ortsbürgermeister. Bei der Prozessvertretung gem. § 68 Abs. 1 S. 2 Nr. 4 GemO allerdings »leiht« die Verbandsgemeinde der Ortsgemeinde nicht nur ihre Verwaltung. In diesem Fall führt die Verbandsgemeinde den Prozess auch nicht im eigenen Namen als Prozessstandschafterin der Ortsgemeinde. Vielmehr wird sie aufgrund eines gesetzlichen Mandats tätig;[248] als Vertreter der Ortsgemeinde handelt insoweit an Stelle des Ortsbürgermeisters der Bürgermeister der Verbandsgemeinde. Die Ausnahme für Verfahren zwischen Ortsgemeinden derselben Verbandsgemeinde ist auch bei Interessenkollisionen der Ortsgemeinden in Verfahren gegen Dritte anwendbar.[249]

136 Gemeinden können sich daneben wie jedermann sonst durch Bevollmächtigte vertreten lassen. Dass der Gesetzgeber sie nicht daran hindern wollte, **rechtsgeschäftliche Vertreter** zu bestellen, zeigt § 49 Abs. 2 GemO. Ausgenommen sind die hoheitlichen Kernaufgaben. Sie können nur auf gesetzlicher Grundlage auf Beliehene übertragen, nicht aber durch Vertreter erfüllt werden. Soweit Bevollmächtigte an der Erledigung kommunaler Aufgaben mitwirken, werden ihnen die Kenntnisse der Gemeindeverwaltung nach dem Rechtsgedanken des § 166 Abs. 2 BGB wie ihr eigenes Wissen zugerechnet.[250]

137 Die Vertretungsmacht des Bürgermeisters und der Beigeordneten als seiner Vertreter ist grundsätzlich **unbeschränkt**.[251] Auch wenn sie intern einer Zustimmung des Gemeinderats bedürfen, können sie die Gemeinde gegenüber anderen Rechtssubjekten

---

246 BGHZ 142, 51 (60 f.); DVBl. 2004, 577 (579 f.); *Brinktrine*, Die Verwaltung 43 (2010), 273 (280 ff.).
247 Dazu OVG RhPf., LKRZ 2015, 377.
248 *Klöckner*, in: Gabler u.a., § 68 GemO Anm. 5.5.; a.A. OVG RhPf., DVBl. 2001, 408 (LS); ähnl. OLG Celle, NVwZ-RR 2003, 298 (299) zum nds. Recht.
249 OVG RhPf., NVwZ-RR 2011, 455.
250 Vgl. KG, NVwZ-RR 2000, 765 (768 f.); OLG Düsseldorf, NJW 2004, 783 (784 f.).
251 *Kluth*, § 97 Rn. 145; *Lange*, Kap. 8 Rn. 169.

verpflichten, ohne dass die Zustimmung vorliegt.[252] Die **Grenzen** der Vertretungsmacht rechtsgeschäftlicher Vertreter ergeben sich aus dem Umfang ihrer Vollmacht, die der Vertretungsmacht der Beigeordneten in ihren Geschäftsbereichen und zeichnungsbefugter Bediensteter aus dem Zuschnitt ihres jeweiligen Amtes ggf. iVm Dienstanweisungen.

§ 49 Abs. 1, 2 GemO enthält eine weitere Beschränkung der Vertretungsmacht, die als solche auf den ersten Blick nicht leicht erkennbar ist. Diese Bestimmung verlangt, dass bestimmte Verpflichtungserklärungen (zu einer Ausnahme § 105 Abs. 3 GemO) in besonderen Formen abgegeben werden. **Verpflichtungserklärungen** sind Willenserklärungen, die auf die Begründung einer neuen Verbindlichkeit der Kommune abzielen.[253] Nicht anwendbar ist § 49 GemO, soweit das Unionsrecht in Vergabeverfahren die elektronische Form gebietet.[254]

138

Als Formvorschrift für Geschäfte des **bürgerlichen** Rechts wäre § 49 GemO nicht von der Gesetzgebungskompetenz des Landes gedeckt. Daher wird er geltungserhaltend als Beschränkung der Vertretungsmacht des Bürgermeisters, der Beigeordneten und Bevollmächtigten gedeutet. Verträge, die ohne die angeordneten Förmlichkeiten geschlossen werden, sind nur schwebend unwirksam.[255] Bei einseitigen Rechtsgeschäften versagt diese Lösung wegen § 180 S. 1 BGB. Für **öffentlich-rechtliche** Willenserklärungen stellt § 49 GemO hingegen dem Wortlaut entsprechend Formerfordernisse auf. Seine Verletzung führt insoweit zur Nichtigkeit gemeindlicher Willenserklärungen beim Abschluss öffentlich-rechtlicher Verträge.[256]

139

Im Gegensatz zu rechtsgeschäftlichen Vertretern haften die Organwalter, die gegen § 49 GemO verstoßen, dem Vertragspartner aber persönlich nicht aus § 179 Abs. 1 BGB, sondern allenfalls nach §§ 823, 839 BGB, sofern sie schuldhaft handeln. Eine **Haftung** der Gemeinde kommt folglich auch nur unter den Voraussetzungen der §§ 823 ff. iVm §§ 89, 31 BGB bzw. des § 839 BGB iVm Art. 34 GG in Betracht. Die Gemeinde kann sich nach Treu und Glauben nicht auf die Nichtigkeit der Willenserklärung berufen, wenn dies für den anderen Vertragsteil schlechthin untragbar wäre.[257]

140

Mit ihrer **Prozessvertretung** können Ortsgemeinden und kreisangehörige Gemeinden über die gesetzliche Zuständigkeitsbegründung des § 68 Abs. 1 S. 2 Nr. 4 GemO hinaus auch vertraglich die Verbandsgemeinde bzw. den Landkreis, denen sie angehören, beauftragen. Deren Befugnis, die Vertretung zu übernehmen, hängt nicht von ihrer Sachnähe zu den streitigen Rechtsfragen oder zum konkreten Verfahren ab, sondern beruht auf ihrer Ergänzungsfunktion nach § 67 Abs. 6 GemO, § 2 Abs. 5 LKO.[258] In diesem Rahmen sind außer Rechtsanwälten auch Bedienstete der Verbandsgemeinde bzw. des Landkreises, die über die in § 67 Abs. 1 S. 3 VwGO genannte Qualifikation verfügen, postulationsfähig.

141

---

252 BGHZ 92, 164 (169); BGH, MDR 2016, 697 f.; BAG, NVwZ-RR 2016, 924 (925).
253 BGHZ 97, 224 (227).
254 *Roßner/Gierling/Sokolov*, NVwZ 2020, 1382 (1385).
255 BGHZ 92, 164 (174); 97, 224 (226); 147, 381 (382) – st. Rspr.; a.A. *Lange*, Kap. 8 Rn. 192. Ausf. *U. Stelkens*, VerwArch 94 (2003), 48 ff.
256 I. Erg. ebenso NdsOVG, NdsVBl. 2005, 264 (265 f.); a.A. HessVGH, NVwZ-RR 2005, 650 (651).
257 BGHZ 147, 381 (387, 389).
258 Vgl. BGHZ 144, 68 (73 ff.); a.A. BVerwGE 107, 156 (157 f.).

142 Die Person, die das Organ Bürgermeister im Regelfall verkörpert, ist von der Mitwirkung an Rechtsgeschäften **ausgeschlossen**, die die Gemeinde gegenüber dem Organwalter selbst oder einem von ihm vertretenen Dritten vornimmt. Die Organstellung geht in diesem Fall auf ihren Verhinderungsvertreter über. Da der betroffene Organwalter schon nach den kommunalrechtlichen Mitwirkungsverboten die Gemeinde nicht vertritt, ist § 181 BGB weder unmittelbar noch analog anwendbar. Das Geschäft bedarf im Übrigen einer Genehmigung des Gemeinderates, wie sich für Verträge aus § 32 Abs. 2 Nr. 12 GemO ergibt.

143 **3. Mittel der Kontrolle und der Korrektur.** Die am stärksten ausgeprägte Besonderheit des kommunalen Verwaltungshandelns betrifft weder seine Formen noch seine Wirksamkeit nach außen, sondern die **Kontroll-** und **Korrektur**mechanismen, denen es unterworfen ist.[259] Sie begleiten das kommunale Verwaltungshandeln von seiner Vorbereitung im Innenbereich der Gemeinde an über die Aufsicht und die Rechnungsprüfung durch staatliche Behörden bis zur Kontrollaufgabe der Gerichte, wenn sie über die Rechtmäßigkeit kommunaler Maßnahmen entscheiden.

144 **a) Interne Kontrolle und Rechnungsprüfung.** Um Eingriffe des Staates in die Verwaltungstätigkeit der Gemeinden möglichst zu vermeiden, hat die Gemeinde zunächst Gelegenheit, eventuelle Mängel **selbstständig** aufzuklären und zu beheben. Erstens dient die Öffentlichkeit der Sitzungen auch der Kontrolle des Gemeinderates durch die Einwohner und Bürger. Zweitens überwacht der Gemeinderat die Ausführung seiner Beschlüsse durch den Bürgermeister und die Gemeindeverwaltung. Drittens überprüft der Bürgermeister die Beschlüsse des Gemeinderates. Zwischen Bürgermeister und Gemeinderat besteht hier eine Funktionenbalance.[260]

145 Beurteilt der Bürgermeister einen Beschluss als rechtswidrig, als unwirtschaftlich oder die daraus entstehenden Kosten als nicht vom Haushaltsplan gedeckt, so **setzt** er dessen Ausführung **aus** (§ 42 Abs. 1 Halbs. 1 GemO). Ein Ermessen steht ihm hierbei nicht zu.[261] Neben der Aussetzung eines haushaltswirksamen Beschlusses hat der Bürgermeister auch die Befugnis, Ausgaben und Verpflichtungen nach § 101 GemO zu sperren. Der Bürgermeister einer Verbandsgemeinde kontrolliert nach denselben Maßstäben die Beschlüsse der Ortsgemeinderäte (§ 69 Abs. 2 GemO). Zudem überprüfen der Bürgermeister und die Beigeordneten nach § 46 Abs. 5 S. 1, 2 Halbs. 1 GemO auch Beschlüsse der Gemeinderatsausschüsse.

146 Ausgesetzt werden kann nur der **Vollzug** von Beschlüssen des Rates und seiner Ausschüsse. Beschlüsse in diesem Sinne sind auch Wahlen, soweit sie vollzugsbedürftig sind (vgl. § 54 Abs. 1 GemO). § 43 GemO steht dem nicht entgegen. Auf **Tagesordnungspunkte** im Rahmen der Aufgaben des Rates, deren Behandlung ein Viertel seiner Mitglieder verlangt hat, ist die Befugnis zur Aussetzung hingegen ebenso wenig anwendbar wie auf einen erfolgreichen **Bürgerentscheid** (§ 17a Abs. 8 S. 2 GemO).[262] Ausgesetzt werden können aber die Beschlüsse des Gemeinderates im Vorfeld eines

---

259 Zum Begriff *Kluth*, § 101 Rn. 1; *Groß*, DVBl. 2002, 793 (797).
260 Dazu *Groth*, in: Nolte, Kontrolle im verfassten Rechtsstaat, 2002, S. 47, 74 ff.; *Schäfer*, LKRZ 2008, 241 ff. (zu Hessen).
261 VG Gießen, LKRZ 2013, 383 (384 f.).
262 Unklar *Stapelfeldt/Siemko*, NVwZ 2010, 419 (421).

Bürgerentscheids nach § 17a Abs. 4 S. 2, Abs. 5 GemO, mit denen er ein Bürgerbegehren für zulässig erklärt oder die darin verlangte Maßnahme selbst beschließt.

Die Aussetzung **befreit** den Bürgermeister vorläufig von seiner **Pflicht**, den Beschluss gem. § 47 Abs. 1 S. 2 Nr. 2 GemO zu vollziehen. Die Suspensivwirkung der Aussetzung ist zeitlich **begrenzt** bis zur folgenden Sitzung des Gremiums, das den Beschluss gefasst hat, längstens aber auf einen Monat (§ 42 Abs. 1 Halbs. 2 GemO). Der Vorsitzende ist verpflichtet, zu einer weiteren Sitzung innerhalb dieser Frist so rechtzeitig einzuladen, dass § 34 Abs. 3 GemO eingehalten werden kann. Verstreicht die Frist, ohne dass der Rat bzw. der Ausschuss Gelegenheit gehabt hätte, erneut Beschluss zu fassen, so lebt die Vollziehungspflicht nach § 47 Abs. 1 S. 2 Nr. 2 GemO wieder auf.[263]   147

Bestätigt der Rat oder der Ausschuss den Beschluss, so zwingt er den Bürgermeister nicht schon allein damit zur Ausführung. Vielmehr muss der Bürgermeister in diesem Fall zunächst nur einen Verwaltungsakt der **Aufsichtsbehörde** herbeiführen. Diese überprüft stets nur die Rechtmäßigkeit der Aussetzung.[264] Den Verwaltungsakt kann der Gemeinderat ohne vorheriges Widerspruchsverfahren gerichtlich **anfechten** (§ 42 Abs. 2 GemO). Er tritt dabei im eigenen Namen auf, nimmt aber das Selbstverwaltungsrecht der Gemeinde in Prozessstandschaft wahr. Gesetzlicher Vertreter des Rates ist in diesem Fall ein Bevollmächtigter.[265]   148

Die Klage ist gegen das **Land** als Träger der Aufsichtsbehörde zu richten. Für einen Kommunalverfassungsstreit über die Aussetzung fehlt dem Rat mit Blick auf die mögliche Anfechtung der aufsichtsbehördlichen Entscheidung das Rechtsschutzbedürfnis. Stellt die Aufsichtsbehörde andererseits fest, dass die Aussetzung **unberechtigt** war, so ist eine Anfechtungsklage des Bürgermeisters hiergegen zwar statthaft, er ist aber nicht klagebefugt, da er durch die an die Gemeinde gerichtete Feststellung nicht in seinen Organrechten verletzt sein kann.[266]   149

Einem besonderen Regime unterliegen die **Wahlprüfung**, für die § 48 S. 2 KWG eine interne Kontrolle gerade ausschließt, sowie die kommunalinterne **Rechnungsprüfung** nach §§ 110 ff. GemO. Dem Rechnungsprüfungsamt soll durch § 111 GemO besondere Unabhängigkeit gesichert werden.[267] Ohne dass dies im Gesetz ausdrücklich bestimmt wäre, muss es auch frei von fachlichen Weisungen des Bürgermeisters arbeiten können.[268] Die interne Rechnungsprüfung wird ergänzt durch eine **überörtliche Prüfung**, die als besondere Form der staatlichen Aufsicht nach §§ 111, 89 bis 99, 102, 103 LHO dem Landesrechnungshof (LRH) obliegt.[269]   150

b) Staatliche Aufsicht über die Gemeinden. Damit ist das Thema der staatlichen Aufsicht erreicht, dh der **externen** Beobachtung und Berichtigung des gemeindlichen Verwaltungshandelns durch staatliche Behörden.[270] Zu unterscheiden sind zwei Formen   151

---

263 A.A. *Lukas*, in: Gabler u.a., § 42 GemO Anm. 6.1.
264 OVG RhPf., AS 25, 192 (193 f.).
265 RhPfVerfGH, NVwZ 2001, 912 (913); vgl. auch o. § 1 Rn. 121.
266 Vgl. jedoch zu einer etwaigen Beanstandung der Aussetzung *Jutzi*, LKRZ 2008, 36 (38) m.w.N.
267 Skeptisch zur Wirksamkeit in der Praxis *Klappstein*, in: Nolte (Fn. 259), S. 89 (99 f.).
268 *Kämmerling*, VR 2007, 21 (22).
269 Dazu BayVGH, NVwZ-RR 2014, 972 (973).
270 Überblick bei *Oebbecke*, Die Verwaltung 48 (2015), 223 ff.; *Brinktrine/Stich*, Die Verwaltung 49 (2016), 81 ff.

der Aufsicht danach, an welchem Maßstab die Aufsichtsbehörden die Tätigkeit der Gemeinden messen können und müssen. Sie beziehen sich daneben auch auf unterschiedliche Aufgabengebiete.

152 Die **Rechtsaufsicht** stellt sicher, dass das Verwaltungshandeln der Gemeinden rechtmäßig ist. Andere Kriterien darf sie ihrer Prüfung nicht zu Grunde legen.[271] Gegenstand der Rechtsaufsicht in diesem engen Sinne ist ausschließlich die Erfüllung der Selbstverwaltungsaufgaben. Die Rechtmäßigkeit des Vollzugs von Auftragsangelegenheiten wird im Rahmen der **Fachaufsicht** mit überprüft.

153 Nur eingeschränkt unterliegen der Rechtsaufsicht die **zivilrechtlichen** Verpflichtungen, die Gemeinden zur Ausführung ihrer Selbstverwaltungsaufgaben eingehen. Die Aufsichtsbehörde kann die Gemeinde nach § 127 Abs. 2 GemO zur Erfüllung solcher Verbindlichkeiten nicht mit repressiven Aufsichtsmitteln zwingen. Jedoch kann sie Maßnahmen, mit denen solche Verpflichtungen erst **begründet** werden sollen, beanstanden, ihre Aufhebung verlangen und notfalls ersatzweise verfügen. Erst recht gilt dies für die Begründung eigener privatrechtlicher Forderungen der Gemeinde.[272] Der Aufsicht unterliegt insbes. die formal korrekte Abgabe von **Verpflichtungserklärungen** nach § 49 GemO.

154 Soweit das Gesetz – wie in § 103 Abs. 4 und 5, § 104 Abs. 2–4 GemO – für Verpflichtungsgeschäfte eine **Genehmigung** der Aufsichtsbehörde anordnet, ist das Geschäft ohne die Genehmigung schwebend unwirksam. Sie gilt aber einen Monat nach Eingang eines Genehmigungsantrags als erteilt (§ 119 Abs. 1 S. 2–4 GemO). Besonderheiten gelten für die Haushaltssatzung nach § 119 Abs. 1 S. 4 GemO. Eine wirksame Genehmigung schließt das aufsichtliche Einschreiten nach §§ 120 ff. GemO aus solchen Gründen, die schon im Genehmigungsverfahren zu prüfen waren, aus.[273] Wird ein nicht genehmigungsfähiges Geschäft genehmigt, so kann das Land als Träger der Aufsichtsbehörde für den der Gemeinde daraus entstehenden Schaden nach Amtshaftungsgrundsätzen ersatzpflichtig werden.[274] Hingegen sind die Finanzbehörden nicht im Interesse der Gemeinden zu korrekten Steuerfestsetzungen verpflichtet.[275]

155 Die Genehmigung gehört zusammen mit der Beratung zu den **präventiven Mitteln** der Aufsicht.[276] Faktisch und normativ genießt die präventive Rechtsaufsicht **Vorrang** vor der repressiven. Maßnahmen, die absehbare Rechtsverstöße zu vermeiden helfen, erfüllen effektiver den Zweck der Aufsicht, die Rechtmäßigkeit des kommunalen Handelns sicherzustellen, als solche, die Fehler erst geschehen lassen und sie dann korrigieren.[277] Beim Einsatz aller Mittel ist **Rücksicht** auf »die Entschlusskraft und die Verantwortungsfreude« der gemeindlichen Organwalter zu nehmen (§ 117 S. 2 GemO).

---

271 Zur Abgrenzung im Einzelnen OVG RhPf., NVwZ 2007, 702 f.; SaarlVG, LKRZ 2015, 193 f., *Oebbecke*, Die Verwaltung 48 (2015), 223 (238); zur Durchsetzung von Unionsrecht *Lohse*, NVwZ 2016, 102 ff.
272 A.A. in Abgrenzung zum thür. Recht ThürOVG, DÖV 2007, 261.
273 Anders das Anzeigeverfahren nach dem thür. Recht: ThürOVG, ThürVBl. 2006, 131.
274 BGHZ 153, 198 (203); *Brüning*, Rn. 90; *v. Komorowski*, VerwArch 93 (2002), 62 (95); *Korioth/M. W. Müller*, VerwArch 107 (2016), 380 (389 ff.); *M. Mayer*, KommJur 2016, 41 (44); *Pfeiffer*, Haftung für Pflichtverletzungen der Kommunalaufsichtsbehörde, 2006, S. 79 f.; ebenso für Zweckverbände BGH, NVwZ-RR 2013, 869 (897 f.).
275 BVerwGE 140, 34 (38 ff.); a.A. *Drüen*, DÖV 2012, 493 (496).
276 *Franz*, JuS 2004, 937 (938); *Groth* (Fn. 260), S. 61 f. u. 71 ff.; *Kluth*, § 96 Rn. 137 f.; *Röhl*, Rn. 41 f.
277 Ähnl. *Brinktrine/Stich*, Die Verwaltung 49 (2016), 81 (90); *Oebbecke*, DÖV 2001, 406 (410); *Röhl*, Rn. 69; *Schoch*, Jura 2006, 188 (190).

Das Engagement dieser zumeist ehrenamtlich tätigen Personen ist die Basis der kommunalen Selbstverwaltung. Es wäre nicht nur durch den Einsatz repressiver Mittel, sondern auch, wenn nicht sogar besonders stark durch eine allzu intensive Beratung gefährdet, die in der Gemeinde als Bevormundung wahrgenommen würde.[278]

Die vorstehenden Grundsätze binden das **Ermessen**, das der Aufsichtsbehörde eingeräumt ist.[279] Hingegen zwingt Art. 49 Abs. 2 S. 2 LV nicht dazu, bei »eindeutigen« Rechtsverstößen regelmäßig eine Pflicht zum Einschreiten anzunehmen.[280] Beim Entschluss für den Einsatz repressiver Mittel ist die Aufsichtsbehörde zudem an das Übermaßverbot gebunden. Es kommt darin zum Ausdruck, dass die Befugnisnormen ausdrücklich das Tatbestandsmerkmal »erforderlich« enthalten (§ 120 Halbs. 1 GemO) oder dass der Griff zu einer schwerwiegenderen Maßnahme davon abhängt, dass mildere Mittel versagt haben (§§ 123, 124 Abs. 1 S. Nr. 1 und § 125 S. 1 GemO). 156

Am unteren Ende der Skala repressiver Mittel steht die **Unterrichtung** gem. § 120 GemO. Da sie die Arbeitsabläufe innerhalb der Gemeinde verzögert und faktisch stärker formalisiert, beeinträchtigt sie bereits die kommunale Organisationshoheit. Das Unterrichtungsrecht umfasst auch die ordnungsgemäße Verwaltung von Landesmitteln durch gemeindliche Behörden.[281] Bei Sozialdaten sind § 65 Abs. 1 S. 1 Nr. 1 SGB VIII[282] und §§ 67 ff. SGB X zu beachten. 157

Gemeinsam auf der nächsthöheren Stufe stehen die in §§ 121, 122 GemO genannten Maßnahmen. Die **Beanstandung** ist ein die Rechtswidrigkeit feststellender Verwaltungsakt.[283] Beanstandete positive Handlungen, die noch vollzugsbedürftig wären, dürfen kraft Gesetzes bereits vor seiner Bestandskraft nicht ausgeführt werden, ohne dass es dazu noch eines zusätzlichen, konstitutiven Verbots der Aufsichtsbehörde bedürfte. Wird ein rechtswidriger Beschluss gleichwohl vollzogen, ist der Vollzugsakt zwar zusätzlich auch deshalb rechtswidrig, regelmäßig aber dennoch wirksam. 158

Die Beanstandung rechtswidriger Unterlassungen kann mit einer **Anordnung** der erforderlichen Handlungen verbunden werden. Parallel dazu kann die Aufhebung rechtswidriger Handlungen und ggf. die Beseitigung von Ausführungsmaßnahmen verlangt werden, soweit diese tatsächlich reversibel sind. In beiden Varianten ist die Anordnung ein Verwaltungsakt, der eine Pflicht der Gemeinde zu der verlangten Tätigkeit begründet. Jeder der drei Schritte bedarf gesonderter Ermessenserwägungen.[284] Bei der Anordnung muss die Aufsichtsbehörde eine angemessene **Frist** setzen. Soll die Frist vor Bestandskraft der Anordnung enden, so muss die Anordnung gem. § 80 Abs. 2 S. 1 Nr. 4 VwGO für sofort vollziehbar erklärt werden. Andernfalls kann sie nicht vor Eintritt der Bestandskraft vollstreckt werden (§ 2 LVwVG). 159

---

278 *Leisner-Egensperger*, DÖV 2006, 761 ff.; zu Zielvereinbarungen *Shirvani*, DVBl. 2009, 29 (32).
279 *Oebbecke*, DÖV 2001, 406 (409); *Röhl*, Rn. 70; *Groth* (Fn. 260), S. 65.
280 So zu Art. 57 Abs. 5 NdsVerf. NdsOVG, NVwZ-RR 2008, 127 (128); wie hier SächsOVG, NVwZ-RR 2020, 507 (508).
281 A.A. VG Gelsenkirchen, DVBl. 2007, 1507 (1509).
282 *Satzmann*, LKV 2010, 349 (351 f.). Umfassend zur Informationsbefugnis *Gröpl/Sonntag*, LKRZ 2009, 326 ff.
283 Anders als nach § 138 HGO, der die Beanstandung mit kassatorischer Wirkung ausstattet: HessVGH, LKRZ 2015, 415 (416).
284 SächsOVG, NVwZ-RR 2020, 507 (508 f.).

160 Zur Vollstreckung ist die Aufsichtsbehörde durch § 123 GemO auf das Mittel der **Ersatzvornahme** beschränkt. Zwangsgeld und unmittelbarer Zwang sind als Vollstreckungsmittel ausgeschlossen. Rechtswidrige Handlungen hebt die Aufsichtsbehörde auf, rechtswidrig unterlassene Handlungen nimmt sie selbst oder durch Dritte »anstelle« der Gemeinde vor.[285] Die von der Aufsichtsbehörde ausgeführten Handlungen sind der Gemeinde zuzurechnen.[286] Der Träger der Aufsichtsbehörde vertritt dabei nicht die Gemeinde.[287] Vielmehr handelt die Behörde im Außenverhältnis als (oktroyiertes) Organ der Gemeinde.

161 Letztes Mittel sind die beiden schärfsten Aufsichtsakte der Bestellung eines **Beauftragten** (»Staatskommissars«) sowie der **Auflösung** des Gemeinderates nach § 124 Abs. 1 Nr. 1, § 125 GemO.[288] Die Einsetzung eines Ersatzbeauftragten nach § 124 Abs. 1 Nr. 2 GemO kommt ebenso selten vor wie diese; sie ist allerdings auch kein Mittel der Aufsicht, sondern ein Akt der organisatorischen Nothilfe für handlungsunfähige Gemeinden.

162 Die **Zuständigkeit** für die Rechtsaufsicht ist nach § 118 Abs. 1–3 GemO Behörden der üblichen drei Stufen übertragen. Die obere und mittlere Stufe fallen bei der Aufsicht über kreisfreie und große kreisangehörige Städte in der Institution des Ministeriums des Innern und für Sport (vgl. § 3 Nr. 9 der Geschäftsverteilung der Landesregierung, BS 1103-4) zusammen. Die Rechtsaufsicht über Zweckverbände führt die jeweilige Errichtungsbehörde (§ 5 Abs. 2, 3 und 5, § 7 Abs. 1 S. 1 Nr. 9 KomZG). Die Kreisverwaltung übt die Rechtsaufsicht über die kreisangehörigen Gemeinden gem. § 55 Abs. 2 Nr. 1 LKO als Landesbehörde im funktionellen Sinn aus.[289]

Auf einzelnen Sachgebieten ist die Zuständigkeit für die Rechtsaufsicht **abweichend** geregelt. Namentlich weisen §§ 3 f. ZuVO-BauGB aufgrund der Ermächtigungen in § 203 Abs. 3 BauGB und § 2 Abs. 7 LKO die Rechtsprüfung von **Bauleitplänen** nach § 6 Abs. 1 und § 10 Abs. 2 BauGB der Kreisverwaltung als Auftragsangelegenheit zu. Bauleitpläne der kreisfreien und großen kreisangehörigen Städte werden nach § 7 Abs. 1 Nr. 1, § 8 Abs. 1 Nr. 1 VwORG (BS 200-4) von der örtlich zuständigen Struktur- und Genehmigungsdirektion (SGD) kontrolliert. §§ 7 f. VwORG gehen insoweit als Spezialbestimmungen der Zuständigkeitszuweisung in § 10 Abs. 1 Nr. 1 VwORG vor.

163 Die Ausführung der **Auftragsangelegenheiten** wird von Seiten des Staates sowohl auf ihre Rechtmäßigkeit als auch auf ihre Zweckmäßigkeit überprüft. Diese Kontrolle wird als Fachaufsicht bezeichnet. Sie ist nicht in der GemO geregelt, sondern findet ihre Rechtsgrundlagen in den einschlägigen Fachgesetzen.

---

285 Zum aufsichtlichen Erlass von Satzungen BVerwGE 119, 25 (45); BverwG, NVwZ 2019, 1528 (1529); HessVGH, LKRZ 2007, 21 f.; NVwZ-RR 2012, 486 (487); VG Gießen, LKRZ 2012, 59 (60); VG Köln, NVwZ 2005, 1341 f.; *Lange*, Kap. 17 Rn. 111.
286 BVerwG, DVBl. 1993, 208 (209); *Franz*, JuS 2004, 940; krit. dazu *Hufen*, Verwaltungsprozessrecht, 11. Aufl. 2019, § 30 Rn. 4; a.A. OVG NRW, NWVBl. 2008, 69 (70). Ungenau *Klein*, ThürVBl. 2011, 1 (2 f.).
287 So aber *Kluth*, § 96 Rn. 149; *Lange*, Kap. 17 Rn. 113 in Fn. 247.
288 Einzelheiten bei *Kluth*, § 96 Rn. 150 ff.; *Lange*, Kap. 17 Rn. 131 ff.
289 *C. Kremer*, VerwArch 102 (2011), 242 (253 f.).

Beispiel:
§ 92 Abs. 1 S. 1, Abs. 2 S. 2 bis 4 POG verteilt die Zuständigkeiten für die Fachaufsicht über die allgemeinen Ordnungsbehörden und § 106 Abs. 2 S. 1 LWG diejenigen über die Wasserbehörden.

Fehlt eine Zuständigkeitsnorm, so ist die nächsthöhere Fachbehörde zugleich Aufsichtsbehörde. Das gilt etwa für die Fachaufsicht über die Bauaufsicht (§ 58 Abs. 1 Nr. 3, Abs. 4 LBauO). Die Fachaufsicht kann ihrerseits eine **Auftragsangelegenheit** der Trägerkommunen sein. So liegt es im Fall der allgemeinen Ordnungsbehörden (§ 92 Abs. 1 S. 2 POG). Unzulässig wäre ihre Ausgestaltung als Selbstverwaltungsaufgabe. 164

Die Fachaufsichtsbehörde kann sich bei der Gemeinde über deren Tätigkeit in der Auftragsangelegenheit, für die sie zuständig ist, entsprechend § 120 GemO **unterrichten**.[290] Aktiv handelt sie durch die Mittel der Weisung (Art. 49 Abs. 4 LV) und, soweit gesetzlich geregelt, des Selbsteintritts (vgl. etwa § 93 Abs. 1, 2 POG). Sie wird in diesem Fall anstatt der Gemeinde tätig. Ihre Maßnahmen werden jedoch im Gegensatz zur Ersatzvornahme nicht der Gemeinde zugerechnet, sondern sie handelt in eigener Zuständigkeit. Für Ersatz- und Entschädigungsansprüche Dritter, die sich aus der Ausführung einer rechtswidrigen Weisung ergeben, kann die Gemeinde beim Träger der Fachaufsichtsbehörde Rückgriff nehmen (§ 3 Abs. 2 S. 1 GemO). 165

Ist ein Selbsteintritt nicht zugelassen, so hat die Fachaufsichtsbehörde kein Vollstreckungsmittel in der Hand, um ihre Weisungen durchzusetzen. Die der Rechtsaufsicht möglichen Eingriffe von der Beanstandung aufwärts sind ihr durch § 127 Abs. 1 GemO ausdrücklich untersagt. Sie kann sich nur der Hilfe der zuständigen **Rechtsaufsichtsbehörde** bedienen.[291] Auch diese darf die Ausführung fachaufsichtlicher Weisungen nur dann mit ihren Mitteln erzwingen, wenn die Weisungen wirksam sind. 166

c) Aufsicht und Rechtsschutz. Die eingreifenden Maßnahmen der **Rechtsaufsichtsbehörden** sowie die Versagung rechtsaufsichtlicher Genehmigungen sind Verwaltungsakte. Gegen sie können die Gemeinden Widerspruch und Anfechtungsklage erheben. 167

Widerspruchsbehörde ist gem. § 126 Halbs. 2 GemO idR die **Aufsichts- und Dienstleistungsdirektion (ADD)**. § 126 Halbs. 2 GemO geht als Spezialbestimmung § 6 Abs. 1 Nr. 1 lit. a AGVwGO vor, soweit die Kreisverwaltung die Rechtsaufsicht führt. Im Übrigen hat er nur klarstellende Bedeutung, da sich aus § 73 Abs. 1 S. 2 Nr. 1 Halbs. 1 und Nr. 2 VwGO dieselbe Zuständigkeitsverteilung ergäbe. Sie gilt nicht nur für die Versagung von Genehmigungen und für Anordnungen im Sinne des § 122 GemO, sondern für alle rechtsaufsichtlichen Maßnahmen. 168

Die **SGD** sind ausnahmsweise Widerspruchsbehörden, soweit sie selbst und die Kreisverwaltungen Bauleitpläne kontrollieren. Die Sonderregelung für den letztgenannten Fall in § 6 Abs. 3 AGVwGO beruht auf der Ermächtigung zu abweichenden landesgesetzlichen Regelungen in § 73 Abs. 1 S. 2 Nr. 1 Halbs. 2 VwGO. Soweit die SGD **selbst** die Rechtsaufsicht führen, sind sie nach § 73 Abs. 1 S. 2 Nr. 2 VwGO auch Widerspruchsbehörden. § 126 Halbs. 2 GemO ist in diesem Punkt bundesrechtskonform zu reduzieren, da die VwGO hier keine landesrechtlichen Abweichungen erlaubt. 169

---

290 *Kluth*, § 96 Rn. 162; *Schoch*, Jura 2006, 358 (360).
291 *Groth* (Fn. 260), S. 74; *Knemeyer*, JuS 2000, 521 (524). Vgl. insb. § 97 Abs. 4 SchulG.

170 **Fachaufsichtliche Weisungen** sind ebenfalls Verwaltungsakte gegenüber den Gemeinden. Da Auftragsangelegenheiten eigene, wenn auch vom Staat »übertragene« Aufgaben sind, bewegt sich die Fachaufsicht nicht in einem staatlichen Innenbereich, sondern entfaltet rechtliche Außenwirkung gegenüber einem anderen Rechtsträger.[292] Gemeinden können fachaufsichtliche Weisungen deshalb unabhängig von den Umständen des Einzelfalls stets anfechten.[293]

171 Auch wenn Betroffene die **Verwaltungsakte der Gemeinden** oder ihre Weigerungen, Verwaltungsakte zu erlassen, angreifen, ist idR zunächst ein Widerspruchsverfahren durchzuführen, bevor es zur Klage kommen kann. Den Widerspruchsbescheid erlässt nach § 6 Abs. 1 AGVwGO abweichend von § 73 Abs. 1 S. 2 Nr. 1 und 3 VwGO sowohl in Selbstverwaltungs- als auch in Auftragsangelegenheiten der **Stadt- oder Kreisrechtsausschuss**. § 6 Abs. 1 AGVwGO ist bundesrechtmäßig, da er sich auf die Ermächtigung in § 73 Abs. 2 VwGO stützt.[294] In Selbstverwaltungsangelegenheiten sind den Rechtsausschüssen nach § 6 Abs. 2 AGVwGO Eingriffe in das **Ermessen** der kommunalen Behörden ebenso versagt, als wären sie Rechtsaufsichtsbehörden. Auch dürfen sie den Ausgangsbescheid nicht zulasten des Widerspruchsführers verändern (»**verbösern**«).[295] Zulässig ist nach § 3 Abs. 5 S. 2 KAG allerdings die Verböserung von Abgabenbescheiden.

172 Da die Rechtsausschüsse keine Ausschüsse des Gemeinderates und kein Teil der Gemeindeverwaltung sind, kann die **Rechtsaufsichtsbehörde** nicht dadurch die Rechtmäßigkeit der Widerspruchsbescheide gewährleisten, dass sie sie ggf. beanstandet oder aufhebt. Diesen Mangel kompensieren § 16 Abs. 7, § 17 AGVwGO. Sie stellen sicher, dass die oberen Aufsichtsbehörden Kenntnis von solchen Entscheidungen der Rechtsausschüsse erhalten, die die angegriffenen Ausgangsentscheidungen abändern, und erlauben der zuständigen Aufsichtsbehörde, den Widerspruchsbescheid gerichtlich anzufechten (**Aufsichtsklage**).[296]

VI. Gemeindeeinwohner und Gemeindebürger

173 Als Gebietskörperschaften sind die Gemeinden mitgliedschaftlich strukturiert. Ihre Mitglieder sind die Gemeinde**bürger**. Nur diese haben politische Mitwirkungsrechte, durch deren Ausübung sie an der Selbstverwaltung der Gemeinden teilnehmen (2.). Doch auch natürliche Personen, die nur ihren Wohnsitz im Gebiet einer Gemeinde haben, ohne ihr als Mitglieder anzugehören, unterliegen ihrer Hoheitsgewalt. Den Pflichten, die sich daraus ergeben, stehen auch Rechte und Vorteile dieser **Einwohner** gegenüber (1.).

174 **1. Rechte und Pflichten der Gemeindeeinwohner. Einwohner** ist gem. § 13 Abs. 1 GemO jede natürliche Person, die im Gebiet der Gemeinde eine Wohnung innehat. »Wohnung« ist jeder umschlossene Raum, der zum Wohnen oder Schlafen benutzt wird, es sei denn, er wird kontinuierlich fortbewegt (§ 20 S. 1 und 3 BMG); auf zu-

---

[292] VGH BadWürtt., NVwZ-RR 2006, 416; *Hufen* (Fn. 286), § 14 Rn. 40; a.A. *Lange*, Kap. 11 Rn. 38 f.; *Nauheim-Skrobek*, in: Nauheim-Skrobek/Schmitz/Schmorleiz, S. 99.
[293] *Knemeyer*, JuS 2000, 521 (525); a.A. *Gern/Brüning*, Rn. 363 f.
[294] BVerfGE 21, 106 (107).
[295] OVG RhPf., DÖV 2004, 889 f.; abl. dazu *Martin Schröder*, NVwZ 2005, 1029 f.; *Jutzi*, LKRZ 2008, 212 (214); zur organisationsrechtlichen Begründung zutr. BayVGH, BayVBl. 2006, 434 (435).
[296] Näher dazu *Kintz*, LKRZ 2009, 5 ff.; *Guckelberger/Heimpel*, LKRZ 2012, 6 ff. sowie o. § 2 Rn. 64 ff.

sätzliche subjektive Voraussetzungen kommt es nicht an.[297] Juristische Personen können nicht wohnen[298] und sind schon deshalb keine Einwohner. § 14 Abs. 3 und 4 GemO stellt juristische Personen mit Sitz in der Gemeinde und die sog. Forensen den Einwohnern zwar unter zwei Gesichtspunkten gleich: sie sind Inhaber des Anspruchs auf Zugang zu den öffentlichen Einrichtungen der Gemeinde, und sie tragen die gemeindlichen Lasten im Wesentlichen mit. Alles Folgende betrifft juristische Personen und Forensen aber nicht.

Außer der Pflicht, die Lasten der Gemeinde mit zu tragen, trifft die Einwohner – anders als Forensen – insbes. die Pflicht, **ehrenamtliche Tätigkeiten** zu übernehmen.[299] Die Pflicht der Gemeinden zu **Beratung und Auskunft** gem. § 15 Abs. 2 und 4, § 64 Abs. 2 Nr. 2 GemO entspringt ihrem sozialstaatlichen Auftrag. Ein subjektives Recht haben alle Einwohner darauf, sich mit **Anregungen und Beschwerden** an den Gemeinderat zu wenden. Auch für Eingaben, die in die Zuständigkeit des Bürgermeisters fallen, ist der Gemeinderat empfangszuständig. Dieses kommunale Petitionsrecht nach § 16 b GemO ist von Art. 17 GG geschützt.[300] Der Petent hat daher ein Recht darauf, dass das zuständige Organ sich innerhalb angemessener Zeit mit seinem Anliegen befasst und seine Eingabe beantwortet (vgl. § 16 b S. 4 GemO).

Im Übergangsbereich zwischen sozialstaatlicher Dienstleistung und Betroffenenbeteiligung stehen die Informationspflichten der Gemeinden. Die **Unterrichtung** ist zunächst eine Transparenzpflicht der Gemeindeverwaltung. Sie betrifft alle wichtigen Angelegenheiten aus ihrem Aufgabenbereich (§ 15 Abs. 1 GemO) ohne Unterschied zwischen Auftragsangelegenheiten und Selbstverwaltungsaufgaben und muss auch ohne Fragen oder sonstige Anstöße aus der Bevölkerung erfolgen. Die Pflicht kann u.a. durch die Eröffnung eines Internetportals (»virtuelles Rathaus«) oder nach § 16 GemO in Form von **Einwohnerversammlungen** erfüllt werden.[301] Mangels Beschlusskompetenz sind Einwohnerversammlungen keine Gemeindeversammlungen iSd Art. 28 Abs. 1 S. 4 GG. Da sie der einseitigen Weitergabe von Wissen dienen, nicht der kollektiven Bildung und Kundgabe von Meinungen, handelt es sich auch nicht um Versammlungen iSd Art. 8 Abs. 1 GG.

Dem Informationsfluss sowohl in Richtung von den Gemeindeorganen und der Gemeindeverwaltung zu den Einwohnern als auch in umgekehrter Richtung dient die Öffnung von Sitzungen des Gemeinderates zur **Fragestunde** gem. § 16 a GemO. Die **Kinder- und Jugendbeteiligung** gem. § 16 c GemO wird regelmäßig mittels einer Jugendvertretung durchgeführt.[302]

An der Grenze zur demokratischen Mitwirkung steht die am weitesten gehende Beteiligungsmöglichkeit der Einwohner, der **Einwohnerantrag**. Auf seine Durchführung haben alle Einwohner, die das 14. Lebensjahr vollendet haben, einen Anspruch. Inhaltlich richtet er sich darauf, ein Thema in den repräsentativdemokratischen Prozess ein-

---

297 *Gern/Brüning*, Rn. 721; *Röhl*, Rn. 5; a.A. *Lange*, Kap. 2 Rn. 14.
298 BVerwG, NVwZ 2001, 439 (440).
299 Zu ehrenamtlichen Tätigkeiten vgl. o. § 1 Rn. 116.
300 BVerwG, Urt. v. 6.5.2020 – 8 C 12.19 –, Rn. 16; VG Neustadt/Weinstr., LKRZ 2012, 275; *Lange*, Kap. 4 Rn. 228; a.A. *v. Ungern-Sternberg*, Jura 2007, 256 (258).
301 Zum partizipativen Instrument »Bürgerhaushalt« *Thormann*, DÖV 2013, 325 (328 ff.); *Wohlfarth*, LKRZ 2013, 138 (143).
302 Zu ihr *Barrot*, LKRZ 2010, 211 ff.

zubringen. Erfüllt ein Einwohnerantrag die in § 17 GemO genannten Voraussetzungen, so ist der Gemeinderat verpflichtet, sich mit dem Antrag auseinanderzusetzen und über ihn in unveränderter Form Beschluss zu fassen.

179 Der Einwohnerantrag ist aber nur in verfahrensrechtlicher Hinsicht zwingend; inhaltlich erhält er dem Rat uneingeschränkte Entscheidungsfreiheit. Da er den Antrag frei ablehnen kann, handelt es sich **nicht** um ein Verfahren **direktdemokratischer** Mitwirkung.[303] Im Hinblick auf den Grundsatz der Volkssouveränität gem. Art. 20 Abs. 2 GG, Art. 74 Abs. 2 LV ist dieses Initiativrecht daher unbedenklich.

180 **2. Zusätzliche Mitwirkungsrechte und Pflichten der Gemeindebürger.** Die **Bürger** der Gemeinden (§ 13 Abs. 2 GemO) sind nach § 18 Abs. 1 GemO verpflichtet, **Ehrenämter** in der Gemeinde zu übernehmen. Andererseits nehmen die Bürger in **Wahlen** und **Abstimmungen** an der kommunalen Selbstverwaltung teil. Diese demokratische Mitwirkung ist in Art. 50 LV, Art. 20 Abs. 2 und Art. 28 Abs. 1 S. 2 GG verfassungsrechtlich gewährleistet.[304] Die Verleihung des **Ehrenbürgerrechts** nach § 23 Abs. 1, § 32 Abs. 2 Nr. 8 GemO ist eine rein symbolische Anerkennung. Sie begründet weder ein Ehrenamt noch die Stellung als Gemeindebürger. Seine Entziehung wird unter weiteren Voraussetzungen zulässig sein als der Ausschluss aus dem Gemeinderat.[305]

181 Da das Bürgerrecht an die **Hauptwohnung** (§ 22 BMG) anknüpft, ist jede Person nur Bürgerin einer einzigen Gemeinde. Dass verheiratete Einwohner ihren Hauptwohnsitz im Gegensatz zu unverheirateten nicht an ihren beruflich veranlassten Lebensmittelpunkt legen können, wenn ihre Familie den Hauptwohnsitz in einer anderen Gemeinde hat, verstößt gegen Art. 6 Abs. 1 GG.[306] Eine Absenkung der Altersgrenze auf 16 Jahre wie in Baden-Württemberg würde nicht gegen Art. 20 Abs. 2 oder Art. 28 Abs. 1 S. 2 GG verstoßen.[307] Die **Wartefrist** von drei Monaten ist erforderlich, um nach einem Umzug das Wählerverzeichnis (§§ 10 ff. KWO) rechtzeitig vor der Wahl zu berichtigen. Wer aufgrund eines Strafurteils gem. § 45 Abs. 1, 2 StGB die Amtsfähigkeit und die Wählbarkeit verloren hat, ist nach § 13 Abs. 3 GemO vorübergehend auch nicht (mehr) Gemeindebürger. Die Aberkennung des Stimmrechts gem. § 45 Abs. 5 StGB führt dagegen ebenso wenig zum Erlöschen des Bürgerrechts wie der Ausschluss vom Wahlrecht nach § 2 KWG.

182 **a) Bürgerbegehren und Bürgerentscheid.**[308] Der Bürgerentscheid steht gem. § 17a Abs. 8 S. 1 GemO einem Beschluss des Gemeinderats in seiner Wirkung gleich, wenn er Erfolg hat. Durch den Bürgerentscheid üben die Teilnehmer daher **Staatsgewalt** auf kommunaler Ebene aus, allerdings nicht als Organ der Gemeinde,[309] sondern als organisierter Teil des kommunalen Volkes. Deshalb ist er den Gemeindebürgern vorbehalten. Dies gilt auch schon für das Bürgerbegehren als Vorstufe des Bürgerentscheids, obwohl es selbst noch keinen Entscheidungscharakter hat. Denn ein zulässiges Bürger-

---

303 OVG RhPf., NVwZ-RR 1995, 411 (412), auch zu den Details.
304 Dazu BVerfGE 138, 1 (18); *Waldhoff*, DVBl. 2016, 1022 (1029 f.).
305 *Barczak*, DÖV 2014, 643 (653).
306 BVerfGE 114, 316 (335 ff.) (zur Zweitwohnungsteuer); BayVerfGH (Sondervotum), BayVBl. 2010, 433 (434).
307 BVerwGE 162, 244 Rn. 10 ff.
308 Dazu aus politikwiss. Sicht *Seybold*, DÖV 2018, 293 ff.
309 So *Roth*, NVwZ 2019, 1419 (1421); a.A. BVerfG, NVwZ 2019, 642; NdsOVG, NVwZ 2020, 727 (728); früher bereits OVG RhPf., NVwZ-RR 1997, 241; VG Koblenz, NVwZ 2002, 453.

begehren führt zwingend entweder zu einem Bürgerentscheid oder nach § 17a Abs. 5 GemO zu einem Beschluss des Gemeinderates, der die Durchführung der verlangten Maßnahme zum Inhalt hat.

Neben den Gemeindebürgern kann nur der Gemeinderat selbst einen Bürgerentscheid herbeiführen (§ 17a Abs. 1 S. 2 GemO). Eine konsultative Bürgerbefragung durch den Rat ist mangels gesetzlicher Grundlage[310] unzulässig.

Die Teilnahme nichtdeutscher **Unionsbürger** an Bürgerentscheiden durchbricht den Grundsatz der Volkssouveränität gem. Art. 20 Abs. 2 GG, Art. 74 Abs. 2 LV, ist jedoch nach Art. 28 Abs. 1 S. 3 GG, Art. 50 Abs. 1 S. 2 LV zulässig. Sie beziehen sich zwar nach ihrem Wortlaut nur auf Wahlen, verdeutlichen aber durch ihren Bezug auf das Recht der Europäischen Union, dass deutsches Verfassungsrecht auch der europarechtlich zugelassenen Abstimmungsteilnahme nicht entgegensteht.[311] **183**

Da das Bürgerbegehren auf einen vollzugsfähigen Beschluss abzielt, muss es einen hinreichend bestimmten **Antrag** enthalten. Ein Kostendeckungsvorschlag ist seit 2016 nicht mehr erforderlich; vielmehr hat die Gemeindeverwaltung in Abstimmung mit der Aufsichtsbehörde die Kosten abzuschätzen (§ 17a Abs. 6 GemO). Der Antrag muss mit einer **Begründung** versehen sein. Grundsatzentscheidungen können bestimmt genug sein, resolutionsartige Meinungsbekundungen sind es nicht.[312] Als Teilnahme am Meinungskampf vor der Abstimmung kann die Begründung auch überzeichnete Formulierungen enthalten. Allerdings muss sie mit der Fragestellung in einem inhaltlichen Zusammenhang stehen.[313] **184**

Die **Vertreter** des Bürgerbegehrens müssen wahlberechtigte Bürger der Gemeinde sein.[314] Außerdem ist das Bürgerbegehren nur zulässig, wenn es von einer Anzahl wahlberechtigter Bürger unterstützt wird, die die Quoren[315] des § 17a Abs. 3 S. 3 GemO erreicht. Die Unterstützung ist durch **Unterschriftenlisten** nachzuweisen, die eine zweifelsfreie Identifikation der Unterzeichner ermöglichen und den vollen Wortlaut des Bürgerbegehrens enthalten. **185**

Richtet sich das Bürgerbegehren gegen einen Beschluss des Gemeinderates (**kassatorisches** Bürgerbegehren), so muss es gem. § 17a Abs. 3 S. 1 Halbs. 2 GemO innerhalb einer **Frist** von vier Monaten nach der Beschlussfassung eingereicht sein. Das gilt auch, wenn der Beschluss in nichtöffentlicher Sitzung gefasst wurde. Die aufschiebende Wirkung von Widerspruch und Beanstandung hemmt die Frist nicht.[316] Die Unterschriften müssen nach dem Ratsbeschluss geleistet worden sein.[317] »**Gegen**« einen Beschluss ist ein Bürgerbegehren gerichtet, wenn der Antrag ihm ganz oder zum Teil widerspricht, so dass nicht beide nebeneinander ausgeführt werden können.[318] Werden **186**

---

310 Zum Erfordernis eines Gesetzes *Martini*, DÖV 2015, 981 (984).
311 *Lange*, Kap. 9 Rn. 32. S. auch o. § 1 Rn. 97.
312 BayVGH, BayVBl. 1997, 276 (277); OVG NRW, NVwZ-RR 2002, 766. Restriktiv OVG Saarl., LKRZ 2008, 356.
313 *Ritgen*, KommJur 2007, 288 (291) m.w.N.
314 OVG NRW, NVwZ-RR 2004, 519; zust. *Ritgen*, KommJur 2005, 441 (442); a.A. zum bay. Recht BayVGH, BayVBl. 2008, 82 (83).
315 Zu ihrer Legitimation *Hofmann*, NVwZ 2015, 715 (717); krit. zu einer Absenkung *Hennecke/Ritgen*, LKRZ 2008, 361 (367).
316 HessVGH, DÖV 2004, 965.
317 *Schoch*, NVwZ 2014, 1475 (1480).
318 VG Koblenz, NVwZ-RR 2002, 453 (454); relativierend *Ritgen*, KommJur 2005, 441 (443).

mehrere nicht miteinander vereinbare Bürgerentscheide zu demselben Thema beantragt, so ist ein **Stichentscheid** durchzuführen (§ 17 a Abs. 7 S. 4–6 GemO).

187 **Wiederholende** Ratsbeschlüsse sind erneut einem Bürgerbegehren zugänglich, sofern sie auf eine veränderte Sachlage hin ergehen.[319] Bauen **mehrere Beschlüsse** des Rates auf einander auf, so kann sowohl der einleitende Grundsatzbeschluss angegriffen werden als auch der Beschluss, mit dem der Entscheidungsprozess abgeschlossen wird. Allerdings setzt der Grundsatzbeschluss auch die Ausschlussfrist für weitere, ihn ausführende Beschlüsse in Gang.[320] Unstatthaft wird ein kassatorisches Bürgerbegehren, wenn der Ratsbeschluss sich **erledigt** hat, namentlich indem er irreversibel vollzogen wurde.[321]

188 **Gegenstand** des Bürgerbegehrens und des Bürgerentscheids können nur Selbstverwaltungsangelegenheiten der Gemeinde sein,[322] die nicht zur laufenden Verwaltung gehören, wie sich aus § 17 a Abs. 2 Nr. 1, § 47 Abs. 1 S. 2 Nr. 3 und 4 GemO ergibt. Angelegenheiten der Gemeinde sind aber auch Mitwirkungshandlungen bei Entscheidungen auf höherstufigen Ebenen, zB Stellungnahmen in Planfeststellungsverfahren oder Weisungen an Mitglieder der Verbandsversammlung eines Zweckverbandes, dem die Gemeinde angehört,[323] sowie das Abstimmungsverhalten von Vertretern der Gemeinde in Organen einer kommunalen Eigengesellschaft.[324]

189 **Ausgeschlossen** ist ein Bürgerbegehren, wenn in den letzten drei Jahren vor der Einreichung bereits dieselbe Angelegenheit Gegenstand eines Bürgerentscheids war (§ 17 a Abs. 4 S. 1 GemO). Weitere Ausschlusstatbestände enthält § 17 a Abs. 2 GemO.[325] Hängen mehrere Anträge eines Bürgerbegehrens inhaltlich zusammen, so erfasst die Unzulässigkeit eines Teils auch die übrigen Anträge.[326]

190 Die Zulässigkeit des Bürgerbegehrens wird vom Gemeinderat im Zusammenwirken mit der Gemeindeverwaltung **geprüft**. Sie sind dabei auf eine Rechtskontrolle beschränkt.[327] Die Kommunalorgane können sich zum Bürgerentscheid anders als im allgemeinen politischen Meinungsbildungsprozess (vgl. Rn. 68) und bei Wahlen (Rn. 193) in amtlicher Eigenschaft wertend **äußern**. Sie sind nur zur Sachlichkeit verpflichtet.[328]

---

319 G. *Meyer*, KommJur 2008, 8 (11).
320 OVG RhPf., NVwZ 2020, 655 (657); VGH BadWürtt., DVBl. 2010, 1440 (1441); OVG NRW, NVwZ-RR 2017, 1027 (1030).
321 Vgl. OVG NRW, NVwZ-RR 2007, 625 (626).
322 Also insb. nicht Baugenehmigungen – OVG RhPf., LKRZ 2014, 501 (503).
323 *Oebbecke*, Die Verwaltung 37 (2004), 105 (115); *Ritgen*, NVwZ 2000, 129 (132) m.w.N.; *Dziallas/Jäger*, KommJur 2016, 6 (10 ff.); *Kramer/Cosovic*, DVBl. 2016, 525 (528) zu »Stuttgart 21«.
324 NdsOVG, NVwZ 2020, 727 (730).
325 Ausf. in der Voraufl., Rn. 204.
326 OVG RhPf., NVwZ 1999, 598 (599); VGH BadWürtt., VBlBW 2009, 425 (426); zust. *Thum*, BayVBl. 2009, 225 (237).
327 *Oebbecke*, Die Verwaltung 73 (2004), 105, 116. Vgl. auch SchlHOVG, NVwZ 2006, 363 f.; *Ritgen*, KommJur 2005, 441 (446) m.w.N.; *Thum*, BayVBl. 2006, 613 ff. Zum Rechtsschutz s. die Voraufl., Rn. 205.
328 OVG NRW, NWVBl. 2004, 151 (152); NVwZ 2013, 814 (815); HessVGH, DÖV 2004, 966 (967); BayVGH, BayVBl. 2010, 219; *Ritgen*, KommJur 2005, 441 (445).

191 Der erfolgreiche Bürgerentscheid ist analog § 47 Abs. 1 S. 2 Nr. 2 GemO ohne sachlich nicht gebotene Verzögerung **auszuführen**.[329] Die Sperrwirkung gem. § 17a Abs. 8 S. 2, 3 GemO ist verfassungsgemäß, obwohl sie die Gestaltungsmöglichkeiten des Repräsentativorgans Gemeinderat erheblich einschränkt.[330] Sie kann mit der einstweiligen Anordnung gem. § 123 VwGO dagegen gesichert werden, dass die Gemeindeorgane vollendete Tatsachen schaffen.[331] Antragsbefugt sind hierbei die Vertreter des erfolgreichen Bürgerbegehrens als dessen Prozessstandschafter.[332] Keine Sperrwirkung entfaltet ein mit dem Bürgerbegehren inhaltsgleicher oder von den Vertretern des Bürgerbegehrens gebilligter Beschluss des Gemeinderates nach § 17a Abs. 5 GemO.[333]

192 **b) Gemeindewahlrecht im Überblick.** Die Auswahl der Personen, die als Organwalter die Gemeindeorgane verkörpern, ist als Ausdruck der Personalhoheit eine **Selbstverwaltungsangelegenheit**. Mit der Wahl beurteilt die örtliche Gemeinschaft die Eignung der Bewerber um die kommunalen Wahlämter iSd Art. 33 Abs. 2 GG.[334] Die Vorbereitung und Durchführung der Wahlen hingegen gehört, soweit sie den Gemeinden selbst obliegt, zu den **Auftragsangelegenheiten**.[335] Das schließt eine »Kommunalisierung des Kommunalwahlrechts«[336] aus. Wegen ihres Bezugs zum Demokratieprinzip sind die Grundlagen des Kommunalwahlrechts in Art. 28 Abs. 1 S. 2 GG, Art. 50 Abs. 1 S. 1 LV **verfassungsrechtlich** abgesichert.[337] Zugunsten der Wahlberechtigten enthält Art. 50 Abs. 1 S. 1, 2 iVm Art. 76 LV grundrechtsgleiche Rechte. Sie verpflichten iVm Art. 21 Abs. 1 S. 3 GG auch die Parteien.[338] Verletzungen dieser Rechte können mit der Verfassungsbeschwerde gem. Art. 130a LV, § 2 Nr. 2 und §§ 44ff. VerfGHG geltend gemacht werden.[339]

193 Die Freiheit der Wahl kann durch **Äußerungen** von Inhabern staatlicher und kommunaler Ämter verletzt werden, wenn sie sich vor Wahlen in amtlicher Funktion mit Parteien oder Wahlbewerbern identifizieren, sie als Amtsträger unterstützen oder bekämpfen. Das gilt auch für Bürgermeister, die sich selbst zur Wiederwahl stellen. Die Integrität des Wählerwillens ist auch beeinträchtigt, wenn Amtsinhaber das ihnen obliegende Wahrheitsgebot verletzen. Besteht eine gesetzliche Offenbarungspflicht, kann auch Schweigen dieses Gebot verletzen.[340] Mehrdeutige Aussagen sind aus der Sicht

---

329 OVG NRW, NWVBl. 2008, 64 (65); restriktiver OVG RhPf., NVwZ-RR 2013, 853; HessVGH, LKRZ 2013, 329.
330 Vgl. BVerfG, DVBl. 2007, 901 ff.; SächsOVG, SächsVBl. 2007, 137 (143); a.A. BayVerfGHE 50, 181 (202 ff.); NVwZ-RR 2000, 737 (739); *P. M. Huber*, AöR 126 (2001), 165 (191, 194 f.); *Müller-Franken*, in: Fs. f. Frotscher, 2007, S. 657 (671). Zur Kollisionslösung mithilfe der Kommunalorgantreue OVG NRW, DVBl. 2008, 120 (123); *Rossi/Lenski*, DVBl. 2008, 416 (420 f.).
331 BayVGH, NVwZ-RR 2003, 670 (671); *Schoch*, NVwZ 2014, 1473 (1481). Krit. zum späten Einsetzen der Sperrwirkung *Hofmann*, NWVBl. 2009, 41 (44 f.).
332 *Peine/Starke*, DÖV 2007, 740 (743); weitergehend VGH BadWürtt., DVBl. 2015, 117: jeder stimmberechtigte Bürger.
333 VG Oldenburg, NVwZ-RR 2006, 58 f.
334 *Herrmann*, LKV 2006, 535 (537); *Jaeckel*, VerwArch 97 (2006), 220 (228 f.). Das SächsOVG, LKV 2006, 82 (85); NVwZ-RR 2007, 643 (645), hält Art. 33 Abs. 2 GG bei Wahlbeamten für unanwendbar.
335 A.A. (zu NRW) *Kösters*, VR 2007, 88 (90 f.).
336 Dafür *Heußner/Pautsch*, DVBl. 2016, 1308 (1313 ff.).
337 Vgl. dazu BVerwG, DVBl. 2009, 254 (255); *Engelbrecht/Schwabenbauer*, DÖV 2010, 916 ff. Zur Zeitspanne zwischen Wahl und Konstituierung des Organs NRWVerfGH, DVBl. 2009, 516 (517).
338 Vgl. *Gärditz*, BayVBl. 2008, 72 (74 f.).
339 RhPfVerfGH, AS 29, 207 ff.; vgl. auch o. § 1 Rn. 23.
340 OVG NRW, NVwZ-RR 2016, 976 (977 f.).

eines verständigen Durchschnittswählers zu würdigen.[341] All dies gilt auch für Ortsvorsteher und Ortsbürgermeister.[342] Fraktionen des Gemeinderates hingegen unterliegen nicht den Grenzen amtlicher Wahlbeeinflussung.[343]

194 Kommunalwahlen finden grundsätzlich auf der Grundlage von **Wahlvorschlägen** statt. Die Parteien und Wählergruppen müssen bei der Aufstellung ihrer Vorschläge ein Verfahren einhalten, das demokratischen Grundsätzen genügt (§ 17 Abs. 1, 2 KWG).[344] Der Wahlvorschlag muss idR von einer bestimmten Zahl Wahlberechtigter unterstützt werden, die nach der Größe der Gemeinde variiert. Von Verfassungs wegen darf das Quorum an **Unterstützungsunterschriften** die Bewerbung nicht übermäßig erschweren. Es darf deshalb nur so hoch sein, wie es zur Sicherung der Ernsthaftigkeit der Wahlvorschläge erforderlich ist. Die Zulassung von Wahlvorschlägen kann im vorläufigen Rechtsschutz mit einer einstweiligen Anordnung nach § 123 VwGO durchgesetzt werden.[345]

195 Die Wahl der Mitglieder der gemeindlichen **Verwaltungsspitze** ist stets eine Mehrheitswahl.[346] Ob die Stichwahl gem. § 53 Abs. 1 S. 4 GemO verfassungsrechtlich geboten ist, ist umstritten.[347] Die Wahl zum **Gemeinderat** ist demgegenüber idR eine personalisierte Verhältniswahl aufgrund von Bewerberlisten. Als Mehrheitswahl wird sie nur durchgeführt, wenn nur eine einzige oder gar keine gültige Liste eingereicht worden ist (§ 22 KWG). Eine **Sperrklausel** besteht nicht. Fehler bei der Stimmabgabe werden nach den Auslegungsregeln des § 37 Abs. 2–7 KWG so weit wie möglich wirksamkeitserhaltend reduziert.[348]

196 Ehrenamtliche Bürgermeister und Beigeordnete verlieren ihr Amt außer in den in Rn. 68 genannten Fällen nur, wenn die Stelle hauptamtlich besetzt wird oder, soweit sie vom Gemeinderat gewählt sind, wenn dieser vorzeitig neu gewählt wird (§ 52 Abs. 2 S. 2 bis 4 GemO). Hauptamtliche Bürgermeister und Beigeordnete können zudem gem. § 55 GemO **abgewählt** werden.[349] Bei der öffentlichen Debatte über die Abwahl sind die Gemeindeorgane zur Sachlichkeit, im Gegensatz zu Wahlen aber nicht zur Neutralität verpflichtet.[350]

197 Wie im Fall der Parlamentswahlen schließt auch auf kommunaler Ebene das **Wahlprüfungsverfahren** die Erhebung der allgemeinen Rechtsbehelfe in seinem Anwendungsbereich aus. Es erfasst Verstöße gegen die Vorschriften über die Vorbereitung und Durchführung der Wahlen sowie Mängel der Wählbarkeit von Bewerbern iSd § 4 KWG, nicht hingegen die Durchführung von Bürgerentscheiden, die Abstimmung

---

341 BVerwGE 104, 323 (326 f.); 118, 101 (106 f.); RhPfVerfGH, AS 29, 207 ff.; VGH BadWürtt., VBlBW 2007, 377 f.; BayVGH, NVwZ-RR 2004, 440 (441); HessVGH, NVwZ-RR 2015, 508 (509); *Oebbecke*, NVwZ 2007, 30 ff.; *Beckmann/Wittmann*, NWVBl. 2010, 81 (83). Einschränkend NdsOVG, NdsVBl. 2009, 137 f.
342 VG Koblenz, LKRZ 2013, 386 (387); *Rhein/Zitzen*, NWVBl. 2009, 345 (349).
343 OVG NRW, KommJur 2006, 336 f.
344 Vgl. OVG RhPf., AS 28, 294 ff.; LKRZ 2015, 513 ff.; HessVGH, NVwZ-RR 2005, 838 (841 f.); OVG NRW, NVwZ-RR 2016, 325 ff.
345 VG Neustadt/Weinstr., LKRZ 2012, 107 (108).
346 Zum Begriff BVerwGE 118, 345 (346 f.).
347 Dafür *Krüper*, DÖV 2009, 758 (764); a.A. *Groß*, LKRZ 2010, 93 (97).
348 Umfassend u. sehr krit. dazu *Schmehl*, Die Verwaltung 34 (2001), 235, 243 ff.
349 Vgl. OVG NRW, KommJur 2008, 458 f. Einzelheiten bei *Frotscher/Knecht*, DÖV 2003, 620 (622 ff.); *Jaeckel*, VerwArch 97 (2006), 220 (245 f.); *Schmehl*, KommJur 2006, 321 (325 ff.); *Böhme*, DÖV 2012, 55 ff.
350 VG Frankfurt/M., NVwZ 2006, 720 (723); *Schmehl*, KommJur 2006, 321 (322 f.).

über die Abwahl von Bürgermeistern (§ 55 Abs. 1 S. 6 GemO) und auch nicht das Abwahlverfahren des Gemeinderats über Beigeordnete. In diesen Fällen ist gegen die Feststellung des Wahlausschusses der **Widerspruch** statthaft. Trotz Anhängigkeit des Wahlprüfungsverfahrens haben die Gewählten Anspruch auf Ernennung; wird die Wahl für ungültig erklärt, ist die Ernennung aber nichtig.[351]

Im Wahlprüfungsverfahren tritt bei den Volkswahlen der **Einspruch** beim Bürgermeister an die Stelle des Widerspruchs. Gegen die Gültigkeit der Wahlen von Bürgermeistern und Beigeordneten durch den Gemeinderat kann jedes Ratsmitglied **Beschwerde** bei der Rechtsaufsichtsbehörde erheben. Diese entscheidet sowohl über Einsprüche als auch über Beschwerden (§ 43 Abs. 1 S. 1 GemO, § 48 S. 2 KWG). Ihre Entscheidungen sind Verwaltungsakte, die verfahrensrechtlich Widerspruchsbescheiden gleichstehen. Daher ist gegen sie unmittelbar die **Anfechtungsklage** statthaft (§ 43 Abs. 2 GemO, § 51 KWG). Der Grundsatz der Waffengleichheit gebietet, dass gleichermaßen gegen die Ungültigerklärung wie gegen die Gültigerklärung der Wahl durch die Rechtsaufsichtsbehörde geklagt werden kann.[352]

Da alle genannten Verfahren der **objektiven Rechtskontrolle** dienen, ist es nicht nötig, eine Verletzung in eigenen Rechten geltend zu machen. Eine Rücknahme des Antrags führt auch nicht dazu, dass die Sachentscheidung unzulässig würde.[353] Gerügt werden können Verfahrensfehler bei den Gemeinderatswahlen aber gem. § 50 Abs. 3 KWG nur, wenn sie das Wahlergebnis »wesentlich« beeinflusst haben, dh sich auf die Mandatsverteilung ausgewirkt haben können. Der Fehler braucht nicht so schwer zu wiegen, dass der Fortbestand des gewählten Rates unerträglich erschiene.[354]

Zum **Verfahren** sind die Mitglieder des uU fehlerhaft gewählten Gemeinderates nach § 65 Abs. 2 VwGO notwendig beizuladen.[355] Wird gem. § 50 Abs. 2 KWG festgestellt, dass eine nicht wählbare Person gewählt wurde, so rückt nach dem Grundsatz der größtmöglichen Wahrung des mutmaßlichen Wählerwillens der Listennachfolger für diese Person nach.[356] Nur wenn die Wahl im gesamten Wahlgebiet oder in einzelnen Stimmbezirken ungültig ist, wird eine Wiederholungswahl nach den Grundsätzen des § 52 KWG durchgeführt.

VII. Klausurhinweise

Kommunalrechtliche Fragen sind in der Klausur regelmäßig in die Prüfung eines Widerspruchs oder einer der allgemeinen verwaltungsgerichtlichen Klagen eingebunden. Das gilt auch für die aufsichtliche Beanstandungsklage.[357] Im Folgenden werden daher Aufbauschemata nur für typische **materiell** kommunalrechtliche Prüfungen sowie für den sog. **Kommunalverfassungsstreit** vorgeschlagen.

---

351 HessVGH, DVBl. 2015, 715 (716 f.).
352 BVerwGE 142, 124 (127 ff.).
353 So zu Recht SächsOVG, SächsVBl. 2007, 134 (135 f.).
354 BVerwGE 118, 101 (103); BVerwG, DVBl. 2012, 916 (918); vgl. auch HessVGH, NVwZ-RR 2009, 255 (256).
355 HessVGH, NVwZ-RR 2005, 838 (839).
356 BayVGH, NVwZ-RR 2004, 521 (522 f.).
357 S. o. § 2 Rn. 63 ff. Aufbauschema zum Kommunalverfassungsstreit bei *Hufen* (Fn. 286), § 21 Rn. 24.

201 **1. Anspruch auf Zulassung zur Benutzung einer kommunalen öffentlichen Einrichtung.** Anspruchsgrundlage ist § 14 Abs. 2 (ggf. iVm § 14 Abs. 3, 4) GemO. Zur Klageart s. Rn. 40.

> A. Öffentliche Einrichtung (vgl. Rn. 31)
> B. Zuständigkeit der Gemeinde
>   Eigene Trägerschaft oder Beherrschung des Einrichtungsträgers (vgl. Rn. 39)
> C. Verfahren
>   §§ 9 ff. VwVfG; die Zulassungsentscheidung ist immer ein VA (Rn. 36).
> D. Zulassungsvoraussetzungen
>   I. Aktivlegitimation: Einwohner, juristische Personen mit Sitz in der Gemeinde, Forensen (Rn. 37)
>   II. Benutzung i.R. der Widmung (Rn. 32)
>   III. Hinreichende Kapazität (Rn. 33 f.)
> E. Anspruchsinhalt (ggf. Gleichbehandlung, vgl. Rn. 38)

202 **2. Abwehranspruch gegen die wirtschaftliche Betätigung einer Gemeinde.** Anspruchsgrundlage ist entweder der allgemeine Folgenbeseitigungsanspruch oder § 1004 BGB analog, jeweils iVm § 85 Abs. 1 Nr. 3 GemO. Richtige **Klageart** ist ggf. die allgemeine Leistungsklage in Form der Unterlassungsklage.

> A. Wirtschaftliches Unternehmen (vgl. Rn. 49)
>   Ua: kein fiktiv nichtwirtschaftliches Unternehmen
> B. Öffentlicher Zweck (vgl. Rn. 48)
> C. Subsidiarität gegenüber privatwirtschaftlicher Aufgabenerfüllung
>   I. Wirtschaftlichkeitsvergleich
>   II. Qualitätsvergleich
> D. Anspruchsinhalt (Unterlassung oder Beseitigung)
> E. Passivlegitimation der Gemeinde

203 **3. Abwehranspruch einer Gemeinde gegen eine aufsichtliche Ersatzvornahme.** Anspruchsgrundlage ist das kommunale Selbstverwaltungsrecht (Art. 28 Abs. 2 GG, Art. 49 LV) iVm § 123 GemO. Der Anspruch setzt voraus, dass eine der folgenden Voraussetzungen einer rechtmäßigen Ersatzvornahme **fehlt**. Richtige **Klageart** ist ggf. die Anfechtungsklage, da die Ersatzvornahme gegenüber der Gemeinde immer ein Verwaltungsakt ist – auch dann, wenn sie sich auf den Erlass einer kommunalen Satzung richtet.

A. Gegenstand der Ersatzvornahme
   Kommunales Handeln oder Unterlassen in Selbstverwaltungsangelegenheiten
B. Formelle Rechtmäßigkeit der Ersatzvornahme
   I. Zuständigkeit der tätig gewordenen Aufsichtsbehörde (Rn. 162)
   II. Verfahren: §§ 9 ff. VwVfG sowie Aufhebungsverlangen oder Anordnung unter Fristsetzung, Fristablauf und Bestandskraft oder sofortige Vollziehbarkeit der Anordnung (Rn. 159)
C. Materielle Rechtmäßigkeit der Ersatzvornahme
   Setzt die Rechtswidrigkeit der aufgehobenen kommunalen Maßnahme bzw. des ersetzten kommunalen Unterlassens voraus. Eine Aufhebung bzw. Ersetzung schlicht unzweckmäßigen Verhaltens ist rechtswidrig (vgl. Rn. 162).

4. **Anspruch eines Bürgerbegehrens auf Durchführung des Bürgerentscheids.** Das Bürgerbegehren als solches hat aus § 17a Abs. 4 GemO einen **Anspruch** darauf, dass der Bürgerentscheid durchgeführt wird, sofern dieser zulässig ist. 204

A. Formelle Zulässigkeitsvoraussetzungen des Bürgerentscheids
   I. Unterschriftenquorum
   II. Ordnungsgemäße Vertretung (Rn. 185)
   III. Antrag: inhaltliche Bestimmtheit, Begründung (Rn. 184)
   IV. Frist bei kassatorischen Bürgerentscheiden (Rn. 186)
B. Materielle Zulässigkeitsvoraussetzungen des Bürgerentscheids
   I. Kommunalbürgerstatus der Unterzeichner (Rn. 182 f.)
   II. Gegenstand auf dem Gebiet der Selbstverwaltung (Rn. 188)
   III. Kein gesetzlich ausgeschlossener Gegenstand (Rn. 189)
   IV. Frist für wiederholte Bürgerbegehren über gleiche Themen (Rn. 189)

5. **»Kommunalverfassungsstreit«** zwischen einer Ratsfraktion und dem Bürgermeister. Hier wird nur ein Überblick über die wichtigsten **Zulässigkeitsvoraussetzungen** gegeben; die Begründetheit richtet sich nach dem Gegenstand des Streits (zB Recht der Fraktion auf die Aufnahme eines Beratungsgegenstands in die Tagesordnung oder auf eine bestimmte Zahl von Ausschusssitzen). Im Rahmen des **Verwaltungsrechtswegs** sollte kurz (!) darauf hingewiesen werden, dass der »Kommunalverfassungsstreit« keine Streitigkeit verfassungsrechtlicher Art ist, weil er nach Normen des einfachen Gesetzesrechts zwischen Kommunalorganen ausgetragen wird. 205

A. **Beteiligtenfähigkeit**
§ 61 Nr. 2 VwGO in analoger Anwendung bei verbandsinternen Gruppen (Fraktion), in »doppelt analoger« Anwendung bei monokratischen Organen (Bürgermeister).
B. **Statthafte Klageart**
I. **Allgemeine Leistungsklage**, sofern ein konkretes Verhalten des Gegners verlangt wird – keine Anfechtungs- oder Verpflichtungsklage mangels Außenwirkung der gegenseitigen Rechtsbeziehungen der Beteiligten (sofern kein »unechter Kommunalverfassungsstreit« vorliegt, in dem es nicht um Organrechte, sondern um die persönlichen Rechte eines Organwalters geht);
II. **Feststellungsklage** nach § 43 Abs. 1 VwGO, wenn Rechte (Kompetenzen) aus dem Interorganverhältnis abstrakt behauptet oder bestritten werden.
C. **Klagebefugnis oder Feststellungsinteresse**
Klagebefugnis, § 42 Abs. 2 VwGO analog (bei der allgemeinen Leistungsklage): mögliche Verletzung eigener **Teilorganrechte** der Fraktion; Feststellungsinteresse: Streit über das Bestehen oder Nichtbestehen von Rechten (Kompetenzen) eines der Beteiligten aus dem **Interorganverhältnis**.

§ 4 Polizei- und Ordnungsrecht

von *Josef Ruthig*

Literatur: *Die nachfolgend aufgeführten Werke werden in den Fußnoten lediglich mit den Namen der Autoren oder Herausgeber (erforderlichenfalls mit einem unterscheidenden Zusatz) zitiert.*

Drews/Wacke/Vogel/Martens, Gefahrenabwehr, 9. Aufl. 1986; *Götz/Geis*, Allg. Polizei- und Ordnungsrecht, 16. Aufl. 2017; *Gusy*, Polizeirecht, 10. Aufl. 2017; *Kingreen/Poscher*, Polizei- und Ordnungsrecht, 11. Aufl. 2020; *Knemeyer*, Polizei- und Ordnungsrecht, 11. Aufl. 2007; *Kopp/Schenke*, VwGO, Komm., 26. Aufl. 2020; *Kugelmann*, Polizei- und Ordnungsrecht, 2. Aufl. 2011; *Lisken/Denninger*, Hdb des Polizeirechts, 5. Aufl. 2012; *Roos/Lenz*, POG RhPf., Komm., 5. Aufl. 2020; *Rühle*, Polizei- und Ordnungsrecht für RhPf., 7. Aufl. 2019; *Rühle/Suhr*, POG RhPf., 5. Aufl. 2012; *Schenke*, Polizei- und Ordnungsrecht, 10. Aufl. 2018; *Schenke/Graulich/Ruthig*, Sicherheitsrecht des Bundes, 2. Aufl. 2019; *Schoch*, Polizei- und Ordnungsrecht, in: ders., Bes. Verwaltungsrecht, 2018; *Stelkens/Bonk/Sachs*, VwVfG, 8. Aufl. 2014; *Thiel*, Polizei- und Ordnungsrecht, 4. Aufl. 2019; *Würtenberger*, Polizei- und Ordnungsrecht, in: Ehlers/Fehling/Pünder, Bes. Verwaltungsrecht, Bd. 3, 4. Aufl. 2019, § 69.

I. Einführung 1
1. Gesetzgebungskompetenzen der Länder auf dem Gebiet des Polizeirechts 1
2. Polizeibegriff 3
   a) Polizei im materiellen, institutionellen, formellen Sinn 3
   b) Trennungsmodell in Rheinland-Pfalz 4
3. Aktuelle Herausforderungen .. 6
   a) Gefahrenvorsorge 7
   b) Privatisierung 8
   c) Zentralisierung, Internationalisierung und Europäisierung 10

II. Polizei- und Ordnungsbehörden in Rheinland-Pfalz 12
1. Behördenaufbau 12
   a) Polizei 13
   b) Ordnungsbehörden 16
   c) Andere Vollzugskräfte ... 18
2. Die Verteilung der Aufgaben der Gefahrenabwehr 19
   a) Zuständigkeiten der allgemeinen Ordnungsbehörden 21
   b) Zuständigkeit der Polizei 25
   c) Eilkompetenzen (§ 1 Abs. 8, § 105 Abs. 2, § 106 Abs. 2 POG) und Selbsteintrittsrecht der Aufsichtsbehörden (§ 108 Abs. 2 POG) 26
   d) Vollzugshilfe (§§ 111 ff. POG) 27

III. Grundbegriffe der polizeirechtlichen Dogmatik 28
1. Grundstruktur der polizeirechtlichen Eingriffsermächtigungen am Beispiel der Generalklausel (§ 9 Abs. 1 POG) ... 28
2. Öffentliche Sicherheit 31
   a) Schutzgut der öffentlichen Sicherheit 31
   b) Einschreiten zum Schutz privater Rechte 32
3. Öffentliche Ordnung 34
4. Begriff der Gefahr 36
   a) Gefahr als konkrete Gefahr 36
   b) Anscheinsgefahr als Unterfall der Gefahr 38
   c) Putativgefahr 39
   d) Gefahrenverdacht 40
   e) Sonstige Gefahrenbegriffe 42
   f) Begriff der Störung 45
5. Adressaten polizeilicher Maßnahmen 46
   a) Bedeutung des Störerbegriffs 46
   b) Verhaltensstörer (§ 4 POG) 48
   c) Zustandsstörer (§ 5 POG) 50
   d) Unmittelbare Verursachung 54
   e) Inanspruchnahme nichtverantwortlicher Personen (§ 7 POG) 67
   f) Polizeipflichtigkeit von Hoheitsträgern 72

g) Rechtsnachfolge in polizeiliche Pflichten 75
6. Unmittelbare Ausführung (§ 6 POG) 76
   a) Rechtsnatur 76
   b) Tatbestand 78
   c) Rechtsfolge 80
7. Ermessen der Polizei 81
   a) Opportunitätsprinzip 81
   b) Subsidiaritätsgrundsatz (§ 1 Abs. 3 POG) 87
   c) Auswahl zwischen mehreren Störern 88
   d) Verhältnismäßigkeit der Maßnahme 90

IV. Generalklausel (§ 9 Abs. 1 POG) und Spezialermächtigungen 93
V. Spezialermächtigungen im POG (klassische Standardmaßnahmen) 96
1. Befragung und Auskunftspflicht (§ 9 a POG) 96
   a) Allgemeines Befragungsrecht 96
   b) Schleierfahndung, § 9 a Abs. 4 POG 97
2. Identitätsfeststellung (§ 10 POG) 100
3. Erkennungsdienstliche Maßnahmen (§ 11 POG) 102
4. Medizinische und molekulargenetische Untersuchungen (§ 11 a POG) 103
5. Vorladung (§ 12 POG) 104
6. Meldeauflagen (§ 12 a POG) .. 105
7. Platzverweis, Wohnungsverweisung, Aufenthaltsverbot (§ 13 POG) 106
   a) Platzverweis 106
   b) Wohnungsverweisung 108
   c) Aufenthaltsverbot 112
   d) Betretungsverbot 114
8. Gewahrsam (§ 14 POG) 115
9. Durchsuchung und Untersuchung von Personen (§ 18 POG) 122
10. Durchsuchung von Sachen (§ 19 POG) 125
11. Betreten und Durchsuchen von Wohnungen (§ 20 POG) .. 127
    a) Voraussetzungen für ein Betreten bzw. Durchsuchen 128
    b) Verfahrensanforderungen für die Durchsuchung 131
12. Sicherstellung (§ 22 POG) 132

VI. Polizeiliche Datenerhebung und Verarbeitung (informationsbezogene Standardmaßnahmen) 135
1. Sicherheit und Freiheit 135
   a) Grundrechte als Grenze: die Konturierung des Datenschutzes durch das BVerfG 135
   b) Die Umgestaltung durch das europäische Datenschutzrecht (POG 2020) .. 136
   c) Der Schutz des Kernbereichs privater Lebensgestaltung und von Berufsgeheimnisträgern, Richtervorbehalte 138
   d) Ansprüche des Betroffenen 139
   e) Datenschutzaufsicht 140
2. Datenerhebung (§ 28 f. POG) 141
3. Datenerhebung durch den Einsatz technischer Mittel (§§ 30–33 POG) 146
   a) Offene Bild- und Tonaufzeichnungen (§ 30 POG) .. 146
   b) Bodycams 149
   c) Kfz-Kennzeichenüberwachung 150
4. Besondere Mittel der verdeckten Datenerhebung (§ 34 POG) 151
5. Präventive Wohnraumüberwachung (§ 35 POG) 152
6. Datenerhebung durch Überwachung der Telekommunikation (§§ 36–42 POG) 154
   a) Überwachung und Aufzeichnung der Telekommunikation, Quellen-TKÜ (§ 36 POG) 155
   b) Identifizierung und Lokalisierung mobiler Telekommunikationsendgeräte (§ 37 POG) 157
   c) Auskunft über Nutzungsdaten (§ 38 POG) und Bestandsdaten (§ 42 POG) 158
   d) Funkzellenabfrage (§ 41 POG) 159
   e) Unterbrechung der Telekommunikation (§ 40 POG) 160
7. Datenerhebung durch Eingriffe in informationstechnische Systeme (§ 39 POG) 161
8. Polizeiliche Beobachtung (§ 43 POG) 162

9. Weitere Verarbeitung und Verwendung der Daten 163
   a) Speicherung und Nutzung von personenbezogenen Daten (§ 50 POG) 163
   b) Datenübermittlung (§ 56 ff. POG) 164
   c) Öffentlichkeitsfahndung (§ 61 POG) 165
   d) Datenabgleich (§ 65 POG) 166
   e) Rasterfahndung (§ 44 POG) 167
   f) Die Verwertbarkeit rechtswidrig erlangter Daten 170
VII. Abgrenzung der Befugnisse nach dem POG von spezialgesetzlichen Kompetenzen der Polizei- und Ordnungsbehörden 171
   1. Polizeirecht und Versammlungen 171
   2. Polizeirecht und Wirtschaftstätigkeit 175
      a) Gewerberecht und Polizeirecht 175
      b) Immissionsschutzrecht 176
   3. Abgrenzung zwischen Strafverfolgung und Gefahrenabwehr 178
VIII. Polizeilicher Verwaltungsakt und seine Durchsetzung 181
   1. Abgrenzung polizeilicher Verwaltungsakte von anderen Maßnahmen der Gefahrenabwehr 181
   2. Die Rechtmäßigkeit eines polizeilichen Verwaltungsakts (Prüfungsschema) 183
   3. Vollstreckung polizeilicher Verwaltungsakte 184
      a) Anzuwendende Vorschriften und allgemeine Grundsätze des Vollstreckungsrechts 184
      b) Einzelne Zwangsmittel 187
      c) Erscheinungsformen des Vollstreckungsverfahrens 194
      d) Die Rechtsnatur der einzelnen Vollstreckungsmaßnahmen 198
      e) Rechtsschutz gegen die Vollstreckung polizeilicher Verwaltungsakte 200
   4. Prüfungsschema für die Vollstreckung von Polizeiverfügungen 204
   5. Abschleppen von Kraftfahrzeugen 205
      a) Sicherstellung 206
      b) Ersatzvornahme 207
      c) Unmittelbare Ausführung 211
      d) Verhältnismäßigkeit des Abschleppens 212
      e) Kosten 214
      f) Einschaltung von Verwaltungshelfern 216
   6. Erzwingung von Aussagen (Polizeifolter) 217
      a) Auskunftspflicht 218
      b) Zwangsweise Durchsetzung 219
IX. Gefahrenabwehrverordnungen 220
   1. Definition, Abgrenzung von Verwaltungsakten 220
   2. Rechtmäßigkeit einer Gefahrenabwehrverordnung 223
      a) Formelle Rechtmäßigkeit 223
      b) Materielle Rechtmäßigkeit 225
   3. Rechtsschutz gegen Gefahrenabwehrverordnungen 228
      a) Inzidentkontrolle 229
      b) Abstrakte Normenkontrolle 230
X. Entschädigungs- und Ersatzansprüche 232
   1. Entschädigungsansprüche des Betroffenen 233
      a) Ansprüche des Störers 233
      b) Entschädigungsansprüche des Nichtstörers 235
      c) Entschädigungsansprüche des Anscheinsstörers 239
      d) Inhalt, Art und Umfang des Schadensausgleichs ... 241
   2. Ersatzansprüche des Polizeiträgers 244
      a) Ersatzvornahme 244
      b) Unmittelbare Ausführung 245
      c) Unmittelbarer Zwang 246
XI. Klausurhinweise 247
   1. Zulässigkeit verwaltungsgerichtlicher Klagen 248
      a) Verwaltungsakte 249
      b) Realakte 252
      c) Rechtsverordnungen 253
   2. Begründetheit verwaltungsgerichtlicher Klagen bzw. Anträge 254
   3. Verfassungsgerichtlicher Rechtsschutz 255
   4. Grundrechte in der polizeirechtlichen Fallbearbeitung ... 256
      a) Klagebefugnis 257

b) Grundrechte im Tatbestand der öffentlichen Sicherheit und Ordnung.. 259
c) Grundrechte und die polizeirechtliche Verantwortlichkeit 260
d) Grundrechte und polizeiliches Ermessen 261

I. Einführung

1. **1. Gesetzgebungskompetenzen der Länder auf dem Gebiet des Polizeirechts.** Das allgemeine Polizeirecht ist nicht im Zuständigkeitskatalog des GG enthalten und fällt damit gem. Art. 70 GG in die **ausschließliche Gesetzgebungskompetenz der Länder**. Rheinland-Pfalz hatte zunächst das preußische PVG wieder eingeführt und 1954 durch das weiterhin am preußischen Polizeirecht orientierte PVG ersetzt. 1993 wurde dann das seither mehrfach geänderte **Polizei- und Ordnungsbehördengesetz (POG)** erlassen, das für Rheinland-Pfalz das Trennungssystem einführte (dazu Rn. 4). Zentrale Änderungen waren 1981 die Anpassung der »klassischen« Standardmaßnahmen an den Musterentwurf und 1986 die Einführung der datenschutzbezogenen Standardmaßnahmen; mit der Novelle 2020 wurde das Gesetz an die europäische Datenschutz-RL angepasst (dazu u. Rn. 10, 136).[1]

2. Seit der Streichung der konkurrierenden Zuständigkeit des Art. 74 I Nr. 3 GG aF besteht eine Gesetzgebungskompetenz auch für das **Versammlungsrecht**. Solange Rheinland-Pfalz von dieser Kompetenz noch keinen Gebrauch gemacht hat, **gilt das VersG des Bundes nach Art. 125 a GG fort**.

3. **2. Polizeibegriff. a) Polizei im materiellen, institutionellen, formellen Sinn.** Das allgemeine Polizei- und Ordnungsrecht umfasst nach der heute gängigen Definition die Summe aller rechtlichen Regelungen, die sich im Kern auf die Abwehr von Gefahren für die öffentliche Sicherheit und Ordnung beziehen.[2] Unter Polizei im **institutionellen** Sinn versteht man alle staatlichen Stellen, die zum Organisationsbereich der Polizei gehören. Polizei im **formellen** Sinn bezeichnet alle Aufgaben, die von der Polizei im institutionellen Sinn, dh von den als »Polizei« bezeichneten Behörden, wahrgenommen werden (vgl. §§ 95 ff. POG). Polizei im **materiellen** Sinn (vgl. § 1 Abs. 1 POG) bezeichnet, ungeachtet der handelnden Behörde, die gesamte **Tätigkeit des Staates**, die der **Gefahrenabwehr** dient. Der Begriff des Polizei- und Ordnungsrechts im **materiellen** Sinn grenzt die Gefahrenabwehr vor allem von Aufgaben der Verfolgung von Straftaten und Ordnungswidrigkeiten ab.

4. **b) Trennungsmodell in Rheinland-Pfalz.** Für die institutionelle Organisation der Gefahrenabwehrbehörden gibt es in Deutschland zwei Modelle, das tradierte Einheitsmodell und das Trennungsmodell. Das POG unterscheidet zwischen der »**Polizei**« (vgl. §§ 95 ff. POG und den **allgemeinen Ordnungsbehörden** (§§ 103 ff. POG), denen primär die Aufgabe der Gefahrenabwehr übertragen ist. Diese sind in den allgemeinen Verwaltungsaufbau integriert (ausf. Rn. 16 f.).

---

1 Vgl. dazu G. v. 24.6.1981 (GVBl. S. 124) und v. 26.3.1986 (GVBl. S. 73); zur jüngsten Novelle vgl. G. v. 23.9.2020 (GVBl. S. 516) und die LT-Drucks 17/12072.
2 Das heutige, rechtsstaatliche Polizeiverständnis und die damit verbundene Trennung von Gefahrenabwehr und Wohlfahrtspflege hat maßgeblich das pr. OVG in seiner berühmten Kreuzberg-Entscheidung entwickelt, s. PrOVGE 9, 353. Ausf. zur Geschichte des Polizeirechts *Boldt/Stolleis*, in: Lisken/Denninger, A Rn. 1 ff.; *Schenke*, Rn. 2 ff. Speziell zu RhPf. *Rühle*, A Rn. 12.

Das seit 1993 auch im POG verwirklichte **Trennungsmodell** sollte durch eine »**Entpo-** 5
lizeilichung«³ die Möglichkeit eines Machtmissbrauchs, wie er durch die Gestapo
stattgefunden hatte, ausschließen. Die praktische Bedeutung dieser Modelle darf allerdings nicht überschätzt werden. Auch Länder mit Einheitssystem unterscheiden zwischen (Vollzugs-)Polizei und allgemeinen (Polizei-)Behörden. Umgekehrt hat Rheinland-Pfalz – anders als andere Bundesländer mit Trennungsmodell – die **Tätigkeit der
Polizei und der allgemeinen Ordnungsbehörden in einem einheitlichen Gesetz geregelt**
und beiden gemeinsam die Aufgabe der Gefahrenabwehr zugewiesen, § 1 Abs. 1 POG.
Bedeutsamer ist die **Unterscheidung von besonderen Gefahrenabwehrbehörden**; diese
können sich nicht auf Vorschriften des POG stützen.⁴

3. Aktuelle Herausforderungen. Polizei- und Ordnungsrecht spiegelt immer die jewei- 6
ligen gesellschaftlichen Anschauungen, vor allem aber auch die Herausforderungen
für die innere Sicherheit wider.⁵ Neuere Entwicklungen stellen aber auch die primäre
Gefahrenabwehrzuständigkeit der Länder in Frage.

a) Gefahrenvorsorge. Nach klassischem Verständnis dient das Polizei- und Ordnungs- 7
recht der Abwehr von (konkreten) Gefahren. Immer bedeutender wird jedoch die **polizeiliche Aufgabe der Gefahrenvorsorge**, die schon im Vorfeld die Entstehung von Gefahren verhindern soll (Gefahrenprävention).⁶ Allerdings hat das BVerfG den Bestrebungen der Gesetzgeber, zu diesem Zweck Eingriffsbefugnisse unterhalb der Schwelle
einer konkreten Gefahr zuzulassen, einen deutlichen Riegel vorgeschoben.⁷ Sofern die
polizeirechtlichen Vorschriften eine (konkrete oder abstrakte) Gefahr verlangen, decken sie keine Maßnahmen unterhalb der Gefahrenschwelle.⁸ Nicht zur Gefahrenabwehr zählt die sog. **Strafverfolgungsvorsorge**, die nach Auffassung des BVerfG unter
die konkurrierende Gesetzgebungskompetenz des **Art. 74 Abs. 1 Nr. 1 GG** fällt,⁹ aber
seit 2011 nicht mehr im Aufgabenkatalog des § 1 Abs. 1 S. 3 POG enthalten ist. Davon zu unterscheiden ist die **Verhütung konkret drohender Straftaten im Rahmen der
Gefahrenvorsorge**, die weiterhin Aufgabe der Polizei ist.¹⁰ Diese soll drohende Rechtsgutverletzungen in einem Stadium verhindern, in dem es noch nicht zu strafwürdigem
Unrecht gekommen ist. Ein Beispiel hierfür ist die Meldeauflage nach § 12 a POG
(Rn. 105).

---

3 *Boldt/Stolleis*, in: Lisken/Denninger, A Rn. 71.
4 S. OLG Zweibrücken Urt. v. 2.8.2007 – 6 U 17/06 – zur zutreffend verneinten Frage einer Anwendung des § 68 POG a.F. auf die Haftung der Bauaufsichtsbehörde.
5 Überblick über neuere Entwicklungen bei *Mann/Fontana*, JA 2013, 734.
6 Zum Begriff der Gefahrenvorsorge *Schenke*, Rn. 10.
7 Zu dieser Renaissance des Gefahrbegriffes *Ruthig*, Fs. f. Schenke, 2011, S. 495 ff. und aus verfassungsrechtlichem Blickwinkel *Papier*, Fs. f. Schenke, 2011, S. 259 ff.; *ders.*, DVBl. 2010, 801.
8 S. zur abstrakten Gefahr VGH Mannheim, NVwZ-RR 2010, 55 (56): Keine Gefahrenvorsorge durch Polizeiverordnung.
9 Daher können die Bundesländer Regelungen nur treffen, soweit der Bund von seiner Gesetzgebungskompetenz nicht abschließend Gebrauch gemacht hat, BVerfGE 113, 348; s. auch *Schenke*, Rn. 11, 30 m.w.N.
10 Vgl. LT-Drucks. 15/4879 S. 22. Auch nach Ansicht des BVerfG liegt »die Verhütung einer Straftat ... in der Gesetzgebungskompetenz der Länder für die Gefahrenabwehr, und zwar auch dann, wenn sie vorbeugend für den Zeitraum vor dem Beginn einer konkreten Straftat vorgesehen wird. Wieweit der Gesetzgeber eine derartige Maßnahme in das Vorfeld künftiger Rechtsgutverletzungen verlegen darf, ist eine Frage des materiellen Rechts, berührt aber nicht die Gesetzgebungskompetenz des Landes«, BVerfGE 113, 348; s. auch *Cornils*, Jura 2010, 443 (444 f.). In Rheinland-Pfalz liegt sie in der ausschließlichen Zuständigkeit der Polizei (und nicht der Ordnungsbehörde), s. zur Novellierung des Aufenthaltsverbots LT-Drucks. 15/4879 S. 25.

8 **b) Privatisierung.** Privatpersonen und insbes. private Sicherheitsunternehmen[11] wurden zu einer festen Größe in der Gefahrenabwehr, insb. auch im Zusammenhang mit der Bewachung von Asylbewerberunterkünften und Sportgroßveranstaltungen. In den letzten Jahren wurden die gewerberechtlichen Anforderungen an Zuverlässigkeit und Sachkunde kontinuierlich ausgebaut.[12] Die hier nicht aufzugreifende Diskussion um die Zusammenarbeit mit der Polizei wird unter dem Schlagwort einer **Police-Private-Partnership** geführt.[13]

9 Erhebliche und anders gelagerte Rechtsprobleme stellen sich, wenn **Privatpersonen mit polizeilichen Eingriffsbefugnissen** ausgestattet werden, was jedenfalls eine – derzeit im POG nicht vorhandene – gesetzliche Grundlage voraussetzt. Auch auf die Einrichtung **Freiwilliger Polizeidienste**, wie sie in einigen Bundesländern, unter anderem im Nachbarland Hessen, existieren, hat man in Rheinland-Pfalz verzichtet. Deren Besonderheit besteht darin, dass Bürger auf freiwilliger Basis, ausgestattet mit polizeilichen Standardbefugnissen und Zwangsmitteln, Aufgaben vor allem des **polizeilichen Streifendienstes** wahrnehmen können.[14]

10 **c) Zentralisierung, Internationalisierung und Europäisierung.** Obwohl sie aus kompetenzrechtlichen Gründen (s. o. Rn. 1) die Ausnahme darstellen sollte, wird die **Gefahrenabwehr durch Bundesbehörden** zunehmend ausgebaut, wie vor allem die aus Bundesgrenzschutz und Bahnpolizei hervorgegangene **Bundespolizei** belegt, die mittlerweile (für begrenzte sachliche Zuständigkeiten) über die gleichen Befugnisse verfügt wie Landespolizeibehörden.[15] Auch die **Einrichtung von Verbunddateien** und der **Ausbau der internationalen Zusammenarbeit mit dem BKA als Zentralstelle** stärkt zumindest mittelbar die Bundesebene.[16] Eine qualitativ neue Stufe erreichte die **Zusammenarbeit auf europäischer Ebene**. Dies gilt auch in institutioneller Hinsicht durch die Regelungen über die polizeiliche Zusammenarbeit in Art. 87 ff. AEUV, die auch das **Europäische Polizeiamt (Europol)** in Art. 88 AEUV auf eine primärrechtliche Grundlage stellt.[17] Zugleich werden die europäischen Datenschutzstandards harmonisiert, so dass ab 1.5.2018 für die Datenübermittlung an Europol und an Mitgliedstaaten der EU die gleichen Grundsätze gelten werden wie für die innerstaatliche Datenübermittlung (vgl. § 26 BKAG 2018). Anders als der Rahmenbeschluss beschränkt sich die

---

11 Dazu u. a. *Schenke*, Rn. 472 ff.; *Schoch*, Rn. 138 ff.; *Gusy*, VerwArch 92 (2001), 344, 355 ff.
12 Vgl. zu § 34 a GewO *Ruthig*, in: ders./Storr, Öffentliches Wirtschaftsrecht, 5. Aufl. 2020, Rn. 305 f.; *Eisenmenger*, NVwZ 2018, 1768; *Miller*, NVwZ 2019, 1637; zur Forderung nach einem Spezialgewerberecht für Sportgroßveranstaltungen *Graef/Raffiqpoor*, NWVBl 2016, 133.
13 S. *Pitschas*, Fs. f. Schenke, 2011, S. 477, 484 ff.; *Schoch*, Fs. f. Stober, 2008, S. 559 ff.; *Stober*, DÖV 2000, 261. Zu Kooperationsverträgen und dem Vorschlag eines »Kooperationsgesetzes« *Storr*, DÖV 2005, 101 (109).
14 Ausf. zu den damit verbundenen Rechtsproblemen *Fickenscher*, Polizeilicher Streifendienst mit Hoheitsbefugnissen – Rechtsfragen der Freiwilligen Polizeidienste und Sicherheitswachten in Deutschland, 2006, Diss. Mainz 2005.
15 Der Verfassungsgeber hat vor allem mit der Gesetzgebungs- und Verwaltungskompetenz für die Abwehr von Gefahren des internationalen Terrorismus (Art. 73 Abs. 1 Nr. 9 a GG) die verfassungsrechtlichen Grundlagen geschaffen. Diese Entwicklung rechtfertigt es, von einem »Bundessicherheitsrecht« zu sprechen. Zur Abgrenzung von den Zuständigkeiten der Landespolizei (Identitätsfeststellung auf Bahnhofsvorplatz) BVerwG, NVwZ 2015, 91.
16 Beim internationalen Datenaustausch fungiert das BKA als »zentrale Stelle«, s. § 14 BKAG; dazu *Ruthig*, Fg. f. Hilger, 2003, S. 183, 191.
17 Vgl. die EuropolVO (ABl. 2016 L 135, S. 53), die am 1.5.2017 in Kraft trat. Zur Neuregelung und der bisherigen Entwicklung *Ruthig*, in: Schenke/Graulich/Ruthig, EuropolG, Vorb Rn. 1 ff.; *ders.*, in: Böse, Europäisches Straf- und Polizeirecht, 2013, § 20; *Priebe*, EuZW 2016, 894.

Richtlinie gerade nicht mehr auf den Datenaustausch zwischen den Mitgliedstaaten (zum Novellierungsbedarf für das Polizeirecht s. u. Rn. 136).

Die **Internationalisierung** erfasst aber auch die Arbeit der Gefahrenabwehrbehörden der Länder. Nach § 102 Abs. 1 S. 2 POG dürfen Polizeibeamte im Zuständigkeitsbereich ausländischer Polizeidienststellen tätig werden, wenn das ausländische Recht dies vorsieht. Entsprechende Befugnisse werden ihnen nicht nur in den **bilateralen Polizeiverträgen**,[18] sondern auch in den **Schengener Durchführungsübereinkommen**[19] eingeräumt, insb. das Recht zur grenzüberschreitenden Observation und Nacheile (Art. 40 f. SDÜ). § 101 Abs. 3 POG erlaubt im umgekehrten Fall den **Einsatz ausländischer Polizeibeamter zu operativen Zwecken** auch ohne völkerrechtlichen Vertrag oder sonstige Gewährleistung der Gegenseitigkeit, sofern das zuständige Ministerium allgemein oder im Einzelfall zustimmt.[20]

II. Polizei- und Ordnungsbehörden in Rheinland-Pfalz

1. Behördenaufbau. Aufgrund des Trennungsprinzips (Rn. 4 f.) unterscheidet das POG zwischen der Polizei und den allgemeinen Ordnungsbehörden.

a) Polizei. Nach § 95 POG gliedert sich die Polizei in unmittelbar dem Ministerium unterstehende Polizeibehörden; dies sind die Polizeipräsidien, das Landeskriminalamt und die Hochschule der Polizei.

§ 96 Abs. 1 POG bestimmt, dass die **Polizeipräsidien** unmittelbar polizeiliche Aufgaben wahrnehmen. Es gibt auf der Grundlage der PolPrV[21] fünf regionale Polizeipräsidien (Koblenz, Mainz, Trier, Rheinpfalz [Ludwigshafen], Westpfalz [Kaiserslautern]). Der Bezirk eines Polizeipräsidiums ist in **Polizeidirektionen** aufgeteilt. Diese sind für Aufgaben des Polizeipräsidiums zuständig, sofern intern keine anderweitigen Zuweisungen erfolgt sind. Der Bereich einer Polizeidirektion besteht aus mehreren **Polizeiinspektionen**. Im Bereich der Präsidien Koblenz und Mainz bestehen Verkehrsdirektionen, welchen die einzelnen Polizeiautobahndirektionen zugeordnet sind. Die Aufgaben der früheren Polizeieinrichtungen sind seit 2017 im **Polizeipräsidium Einsatz, Logistik und Technik (ETL)** zusammengeführt worden. Außer Aufgaben der Polizeitechnik, Koordination und Beschaffung sind dies nach § 96 Abs. 5 POG insb. die wasser- und schifffahrtspolizeilichen Aufgaben. Auch die **Bereitschaftspolizei** ist eine Abteilung des Polizeipräsidiums ETL.

Das **Landeskriminalamt** in Mainz ist eine Landesoberbehörde ohne eigenen Verwaltungsunterbau und ohne Außenstellen. Es ist die zentrale Einrichtung für die Kooperation mit BKA und den anderen Landeskriminalämtern und kann in Fällen von über-

---

18 Zum besonders weit reichenden deutsch-schweizerischen Vertrag *Cremer*, ZaöRV 60 (2000), 103.
19 Durch die Einbeziehung des Schengen-Besitzstandes in das Unionsrecht (vgl. Art. 67 ff. AEUV) konnte das SDÜ durch Sekundärrecht fortentwickelt werden. Seit dem 13.10.2006 wurden die Vorschriften über die Kontrolle der Binnengrenzen (Art. 2–8 SDÜ) durch den Schengener Grenzkodex – VO (EG) Nr. 562/2006 – ersetzt, vgl. *Schenke*, Rn. 468 ff.; *Kugelmann*, Kap. 14 Rn. 101 ff.; s. auch den Klausurfall von *Ruthig*, ZJS 2011, 63.
20 Diese Regelung trägt den Art. 17 ff. des Beschl. 2008/615/JI des Rates v. 23.6.2008 zur Vertiefung der grenzüberschreitenden Zusammenarbeit, insb. zur Bekämpfung des Terrorismus und der grenzüberschreitenden Kriminalität (ABl. EU Nr. L 210 S. 1) Rechnung, vgl. auch LT-Drucks. 15/4879 S. 47.
21 LVO über die Dienstbezirke und die Gliederung der Polizeipräsidien sowie die sachliche Zuständigkeit der Wasserschutzpolizei v. 22.9.2017 (GVBl. S. 237).

regionaler oder besonderer Bedeutung bzw. auf Ersuchen der Staatsanwaltschaft auch selbst polizeiliche Aufgaben übernehmen (vgl. im Einzelnen § 97 Abs. 3 und 4 POG).

16 **b) Ordnungsbehörden.** Die Organisation der Ordnungsbehörden ist in den §§ 103 ff. POG geregelt. Es ist zwischen den allgemeinen Ordnungsbehörden (§ 103 Abs. 1 POG) und den Sonderordnungsbehörden (§ 103 Abs. 2 POG) zu unterscheiden. Sonderordnungsbehörden sind für spezielle Rechtsgebiete zuständig. Organisation, Zuständigkeit und Befugnisse bestimmen sich ausschließlich nach den Spezialgesetzen (zB §§ 58 ff. LBauO für die Bauaufsichtsbehörden) bzw. den ZustVOen auf dem Gebiet des öffentlichen Wirtschafts- und des Umweltrechts.

17 **Allgemeine Ordnungsbehörden** sind alle Ordnungsbehörden, für die sich Organisation und Zuständigkeit aus dem POG ergeben. Nach § 103 Abs. 1 POG sind dies auf der untersten Ebene die örtlichen Ordnungsbehörden, dh die Gemeindeverwaltungen der verbandsfreien Gemeinden, die Verbandsgemeindeverwaltungen und die Stadtverwaltungen der kreisfreien und großen kreisangehörigen Städte (§ 104 Abs. 1 POG). Kreisordnungsbehörden sind die Kreis- und Stadtverwaltungen (§ 104 Abs. 2 POG). Landesordnungsbehörde ist die Aufsichts- und Dienstleistungsdirektion (§ 104 Abs. 3 POG), die allerdings keine originären Zuständigkeiten hat und der Aufsicht des Ministeriums des Innern und für Sport untersteht. Die allgemeinen Ordnungsbehörden nehmen die Gefahrenabwehr als **Auftragsangelegenheit** des Landes wahr (§ 94 Abs. 2 POG).

18 **c) Andere Vollzugskräfte.** Sonstige Vollzugskräfte sind die kommunalen Vollzugsbeamten nach § 103 POG, Hilfspolizeibeamte nach § 101 Abs. 1 POG sowie sonstige mit polizeilichen Befugnissen ausgestattete Personen nach § 110 Abs. 3 POG.[22]

19 **2. Die Verteilung der Aufgaben der Gefahrenabwehr.** Bei der Prüfung der Zuständigkeit ist zwischen der **sachlichen, instanziellen und örtlichen Zuständigkeit** zu unterscheiden. Unter sachlicher Zuständigkeit versteht man die Berechtigung zur Wahrnehmung eines bestimmten Aufgabenbereiches, unter der instanziellen Zuständigkeit die Verteilung zwischen den sachlich zuständigen Behörden. Die örtliche Zuständigkeit bezeichnet den räumlichen Bereich, innerhalb dessen eine sachlich zuständige Behörde zu handeln befugt ist. Eine Verletzung der Vorschriften über die sachliche Zuständigkeit führt grundsätzlich zur Nichtigkeit (§ 1 Abs. 1 LVwVfG, § 44 Abs. 2 Nr. 3 VwVfG), zumindest aber zur Rechtswidrigkeit der entsprechenden Maßnahme.[23] Demgegenüber führen Verstöße gegen die **örtliche Zuständigkeit** grundsätzlich nur zur Rechtswidrigkeit.

20 Besonderer Aufmerksamkeit bedarf die **sachliche Zuständigkeit**, insb. die Verteilung der Aufgaben auf Polizei und Ordnungsbehörden. Die Regelungen des POG sind unübersichtlich. Obwohl das Gesetz zwischen den Ordnungs- und Polizeibehörden trennt (s. schon Rn. 4 f.), weist es in **§ 1 Abs. 1 S. 1 POG** die Aufgabe der Gefahrenabwehr Polizei und allgemeinen Ordnungsbehörden gemeinsam zu und erwähnt auch in vielen Ermächtigungsgrundlagen beide nebeneinander, ohne ihr Verhältnis zueinander zu regeln. Grundsätzlich besteht jedoch angesichts des allgemeinen Trends zur »**Entpolizeilichung**« der Gefahrenabwehr ein Vorrang für die allgemeinen Ordnungsbehör-

---

[22] *Rühle*, B Rn. 20 ff.
[23] Allg. *Schenke*, Rn. 453.

den (s. zu originären Kompetenzen der Polizei Rn. 25). Ein Indiz dafür ist die nur subsidiäre »Eilfallkompetenz« der Polizei nach § 1 Abs. 8 POG sowie die Regelung zur **Vollzugshilfe** (**§ 1 Abs. 4 POG**) gegenüber anderen Behörden (dazu Rn. 27) einschließlich der allgemeinen Ordnungsbehörden.[24]

a) **Zuständigkeiten der allgemeinen Ordnungsbehörden.** Sachlich zuständig sind nach dem Gesagten also im Regelfall die allgemeinen Ordnungsbehörden. Welche der sachlich zuständigen allgemeinen Ordnungsbehörden (Rn. 20) im Einzelfall instanziell zuständig ist, bestimmt **§ 105 Abs. 1 POG iVm der ZustVO**.[25] 21

Nach § 1 ZustVO sind dies grundsätzlich die **örtlichen allgemeinen Ordnungsbehörden**, also die Gemeinde-, Verbandsgemeinde- und Stadtverwaltungen (§ 104 Abs. 1 POG). Dies gilt auch nach § 7 ZustVO für die dort genannten Aufgaben der Verkehrsüberwachung. Aufgaben der Kreisordnungsbehörde betreffen insb. das Versammlungsrecht (§ 2 Nr. 9 ZustVO). Da die Aufgaben der Gefahrenabwehr gem. § 94 Abs. 2 POG als Auftragsangelegenheiten erledigt werden (Rn. 17), ist innerhalb der Gemeinde-, Verbandsgemeinde- bzw. Stadtverwaltung gem. § 47 Abs. 1 S. 1 Nr. 4 und § 68 Abs. 3 Nr. 1 GemO der Bürgermeister zuständig; Klagegegner ist bei Maßnahmen der örtlichen Ordnungsbehörde die Kommune, da Auftragsangelegenheiten im eigenen Namen ausgeführt werden. 22

Vorrang vor dieser Regelung haben nach § 4 ZustVO solche landesrechtlichen Vorschriften, die außerhalb des POG Zuständigkeiten der allgemeinen Ordnungsbehörden regeln (zB § 10 LFtG, § 12 LHundG). Das Landesrecht regelt auch die **Zuständigkeit für die Ausführung von Bundesgesetzen**, während die Bundesgesetze aus kompetenzrechtlichen Gründen nur von der »zuständigen Behörde« sprechen. Soweit es keine ausdrücklichen Regelungen gibt, gilt der **Grundsatz der Allzuständigkeit** der örtlichen Ordnungsbehörde. 23

Die **örtliche Zuständigkeit** der Ordnungsbehörden ist in § 106 POG geregelt. Zuständig ist danach diejenige örtliche Ordnungsbehörde, in deren Bezirk die zu schützenden Interessen verletzt oder gefährdet werden. Die örtliche Zuständigkeit beschränkt sich auch bei Gefahr im Verzug auf den jeweiligen Dienstbezirk. 24

b) **Zuständigkeit der Polizei.** Eine **originäre Zuständigkeit der Polizei** besteht nur dann, wenn ausschließlich dieser eine Aufgabe bzw. Zuständigkeit zugewiesen wurde. Innerhalb des POG ist dies bei vielen **Standardmaßnahmen** der Fall. Ferner besteht eine originäre Zuständigkeit der Polizei zur **vorbeugenden Bekämpfung von Straftaten** (**§ 1 Abs. 1 S. 3 POG**), zur Abwehr von Gefahren auf dem Gebiet des **Straßenverkehrs** (**§ 1 Abs. 5 POG**), nach § 1 Abs. 6 POG für Anordnungen zum **Schutz vor Gewalt in engen sozialen Beziehungen** (Rn. 108 ff.) und nach § 1 Abs. 7 POG zur Sicherstellung einer Sache, sofern deren Beschlagnahme zum Zweck der Vermögensabschöpfung in einem Strafverfahren aufgehoben worden ist.[26] **Instanziell** zuständig sind für die Auf- 25

---

24 Nach § 109 POG üben diese zwar unmittelbaren Zwang durch ihre kommunalen Vollzugsbeamten aus. Da diese jedoch nur in begrenzter Anzahl vorhanden und hinsichtlich der Anwendung unmittelbaren Zwangs deutlich schlechter als die Polizei ausgestattet sind, muss die Polizei der allgemeinen Ordnungsbehörde regelmäßig Vollzugshilfe leisten.
25 LVO über die Zuständigkeit der allgemeinen Ordnungsbehörden idF v. 31.10.1978 (GVBl. S. 695), zul. geänd. durch G. v. 28.9.2010 (GVBl. S. 280), BS 2012–1–2; H/J/W, Nr. 41.
26 Zur Bedeutung dieser Vorschrift vgl. LT-Drucks. 15/4879 S. 22 f.

gaben der Polizei grundsätzlich die Polizeipräsidien (§ 96 POG). Die örtliche Zuständigkeit ergibt sich aus § 78 POG.

26 c) **Eilkompetenzen** (§ 1 Abs. 8, § 105 Abs. 2, § 106 Abs. 2 POG) und **Selbsteintrittsrecht der Aufsichtsbehörden** (§ 108 Abs. 2 POG). Im Interesse einer effektiven Gefahrenabwehr werden die Zuständigkeitsvorschriften im POG flexibel ausgestaltet. Abweichungen von der normalen Zuständigkeitsverteilung können sich aufgrund von Eilkompetenzen und infolge des sog. Selbsteintrittsrechts der Aufsichtsbehörden ergeben. Die wichtigste Eilzuständigkeit folgt aus § 1 Abs. 8 POG. Kann eine andere Behörde nicht rechtzeitig einschreiten, um eine Gefahr abzuwehren, ist die Polizeibehörde zuständig, bis die originär zuständige Behörde die Gefahr abwehren kann.[27] Im Regelfall berechtigt § 1 Abs. 8 POG daher nur zu vorläufigen Maßnahmen, die die zuständige Behörde jederzeit aufheben oder ändern kann (s. § 1 Abs. 8 S. 3 POG). Eilkompetenzen der Ordnungsbehörden untereinander sind in § 105 Abs. 2, § 106 Abs. 2 POG geregelt. Nach § 108 Abs. 1 POG haben die zuständigen **Aufsichtsbehörden**[28] ein umfassendes **Weisungsrecht**, nach § 108 Abs. 2 POG ein **Selbsteintrittsrecht**.[29]

27 d) **Vollzugshilfe** (§§ 111 ff. POG). Von diesen Zuständigkeiten der Polizei sind die Vorschriften über die Vollzugshilfe zu unterscheiden, die die Anwendung unmittelbaren Zwangs auf Ersuchen anderer Behörden betrifft, etwa die polizeiliche Durchsetzung eines behördlichen Hausverbots.[30] Die Rechtmäßigkeit der Maßnahme als solche beurteilt sich nach den für die ersuchende Behörde geltenden Vorschriften, die **Polizei ist nur für die Rechtmäßigkeit der Vollzugsmaßnahme** verantwortlich, § 111 Abs. 2 S. 1 POG.

III. Grundbegriffe der polizeirechtlichen Dogmatik

28 1. **Grundstruktur der polizeirechtlichen Eingriffsermächtigungen am Beispiel der Generalklausel** (§ 9 Abs. 1 POG). Für das Polizei- und Ordnungsrecht als Teil der klassischen Eingriffsverwaltung gilt uneingeschränkt der Gesetzesvorbehalt. Dies gilt unabhängig von der Rechtsnatur der Maßnahme.[31] Eingriffe sind also nur auf der Grundlage gesetzlicher Ermächtigungsgrundlagen zulässig, die ihrerseits anhand der jeweils einschlägigen Grundrechte auf ihre Verhältnismäßigkeit zu überprüfen sind. Gleichzeitig ist zwischen bloßen Aufgaben- und Ermächtigungsnormen zu unterscheiden. Angesichts der Vielgestaltigkeit der von den Normen erfassten Konstellationen bedient sich der Gesetzgeber in weitem Umfang **unbestimmter Rechtsbegriffe**, die allerdings uneingeschränkt der gerichtlichen Kontrolle unterliegen.

29 Bei jedem gefahrenabwehrrechtlichen Fall lassen sich drei Prüfungsschritte unterscheiden. Zunächst stellt sich die Frage, unter welchen Voraussetzungen die Polizei zu

---

27 Diejenige Behörde, die zuerst mit der Gefahrenlage konfrontiert und tätig wird, hat sämtliche notwendigen Maßnahmen in eigener Zuständigkeit zu ergreifen. Der Polizei entstandene Kosten hat sie selbst zu tragen oder gegenüber dem Verantwortlichen geltend zu machen, VG Mainz, LKRZ 2010, 15 f.
28 Aufsichtsbehörden sind gem. § 107 POG die Kreisverwaltungen, die ADD und die zuständigen Ministerien.
29 Dazu allg. *Schenke*, Rn. 456; ausf. *Guttenberg*, Weisungsbefugnisse und Selbsteintritt, 1992.
30 VG Aachen Beschl. v. 25.2.2010 – 6 L 33/10 – (juris).
31 Zur sog. Gefährderansprache OVG Lüneburg, NJW 2006, 391; OVG Sachsen-Anhalt, NVwZ-RR 2012, 720. Vgl. ausf. *Rachor*, in: Lisken/Denninger, E Rn. 754 ff.; *Hebeler*, NVwZ 2011, 1364; *Kießling*, DVBl. 2012, 1210; *Kreuter-Kirchhof*, AöR 139 (2014), 257; *Lehr*, Staatliche Lenkung durch Handlungsformen, 2010, S. 330 f. Klausurfälle bei *Engelbrecht*, JA 2007, 197; *Jötten/Tams*, JuS 2008, 436; *Jutzi*, LKRZ 2009, 75.

III. Grundbegriffe der polizeirechtlichen Dogmatik

einem Einschreiten befugt ist (dazu unter 2. – 4.),[32] dann ist zu untersuchen, gegen wen sie diese Maßnahme richten kann (unter 5.) sowie ob das Ermessen richtig ausgeübt bzw. die (sonstigen) Anforderungen des Verhältnismäßigkeitsprinzips eingehalten sind (unter 7.). Die Gliederung der nachfolgenden Darstellung gefahrenabwehrrechtlicher Grundbegriffe (unter 2. – 7.) entspricht deswegen insoweit dem **Aufbauschema** für einen polizei- bzw. ordnungsrechtlichen Fall.

Das **Grundmodell** findet sich im Anschluss an § 14 Abs. 1 PreußPVG in allen Gefahrenabwehrgesetzen, so auch in § 9 Abs. 1 POG, **in der polizei- und ordnungsrechtlichen Generalklausel**. Daneben kennt das allgemeine Polizei- und Ordnungsrecht Spezialermächtigungen (sog. **Standardmaßnahmen**). Diese gehen in ihrem Anwendungsbereich der Generalklausel vor. Dennoch bauen auch sie konzeptionell auf der Generalklausel und ihren Schutzgütern auf. Zum Schutz welcher Rechtsgüter eingeschritten werden kann, welche Gefahrenschwelle erforderlich ist und gegen wen sich ein Einschreiten richten darf, wird allerdings, vor allem angesichts der unterschiedlichen Schwere des mit der jeweiligen Maßnahme verbundenen Grundrechtseingriffs, unterschiedlich beantwortet. In allen Fällen aber ist das Verständnis der Struktur des Grundmodells unerlässlich für die Lösung eines Falles.

2. Öffentliche Sicherheit. a) Schutzgut der öffentlichen Sicherheit. Zum Schutzgut der öffentlichen Sicherheit gehören nach allgemein anerkannter Definition alle **Individualrechtsgüter** sowie alle **Gemeinschaftsrechtsgüter**, dh der **Bestand des Staates und seiner Einrichtungen sowie die gesamte geschriebene Rechtsordnung**.[33] Zu den Individualrechtsgütern gehören die Unversehrtheit von Leben, Gesundheit, Freiheit, Ehre sowie Vermögen des Einzelnen. Besondere praktische Relevanz hat als Schutzgut die geschriebene Rechtsordnung. Zu dieser gehören insb. die Bestimmungen des **Straf- und Ordnungswidrigkeitenrechts**,[34] **verwaltungsrechtliche Bestimmungen** jedoch nur, soweit keine anderweitigen Eingriffsbefugnisse bestehen.[35] Auch aus dem Verstoß gegen eine **Gefahrenabwehrverordnung** (dazu Rn. 220 ff.) ergibt sich eine Gefahr für die öffentliche Sicherheit.[36] **Nicht relevant** werden in diesem Zusammenhang die **Grundrechte**, da diese sich grundsätzlich nur an den Staat und nicht an den – für einen polizeiwidrigen Zustand verantwortlichen – Bürger richten.[37] Eine Ausnahme macht insoweit die Menschenwürde, die nach h.M. unmittelbare Drittwirkung entfaltet. Bejaht

---

[32] S. auch *Schoch*, Jura 2003, 177.
[33] Vgl. nur *Schenke*, Rn. 53. Diese Definition geht auf die amtl. Begründung zu § 14 PreußPVG zurück.
[34] OVG RhPf., NJW 1997, 1174; *Schoch*, Rn. 245 ff. Im Bereich der Gefahrenabwehr genügt die Verwirklichung des objektiven Tatbestandes, s. VG Karlsruhe, NJW 1988, 1536. Das BVerfG (E 125, 260 ff.) hat demgegenüber in seiner Entscheidung zur Vorratsdatenspeicherung die Bezugnahme auf Straftatenkataloge als nicht ausreichend angesehen, was nicht zuletzt wegen dieses Begriffes der öffentlichen Sicherheit nicht überzeugt, s. auch *Schenke*, Rn. 197 d; *Möstl*, DBVl. 2010, 809 (811).
[35] *Thiel*, § 6 Rn. 4 f. S. auch Rn. 93.
[36] *Schenke*, Rn. 70; zu einem Beispiel vgl. OVG Lüneburg, NJW 2013, 2922. In einem solchen Fall liegt allein im Verstoß gegen die VO bereits die Gefahr für die öffentliche Sicherheit. Es kommt also nicht darauf an, dass (zusätzlich) eine konkrete Gefährdung der von der VO geschützten Rechtsgüter gegeben ist. Allerdings gilt dies nur, soweit nicht die VO nichtig ist.
[37] Selbst wenn man sie im Ergebnis zur geschriebenen Rechtsordnung zählt (vgl. Schenke, Rn. 59 a; a. A. Kingreen/Poscher § 7, Rn. 15; Aubel, DV 2004, 229, 235 f.), ergeben sich daraus im Ergebnis keine unmittelbaren Eingriffsbefugnisse.

man daher bei Laserdromen mit der h.M. einen Menschenwürdeverstoß,[38] handelt es sich um einen Verstoß gegen die öffentliche Sicherheit.[39]

32 **b) Einschreiten zum Schutz privater Rechte.** Der Schutz von Individualrechtsgütern unterliegt Einschränkungen. Durch die Polizei- und Ordnungsbehörden werden sie nach dem **Subsidiaritätsgrundsatz** des § 1 Abs. 3 POG nur dann geschützt, wenn gerichtlicher Schutz nicht rechtzeitig erreichbar ist. Außerdem sind nur vorläufige Maßnahmen zulässig.[40] Der Subsidiaritätsgrundsatz greift allerdings nicht, wenn neben den privaten Rechten **zugleich öffentlich-rechtliche Normen** verletzt sind, vor allem solche des **Straf- und Ordnungswidrigkeitenrechts**.[41]

33 Eingeschränkt ist die Möglichkeit des Einschreitens auch bei **Selbstgefährdungen**. Dies gilt insb. für **gefährliche Freizeitbeschäftigungen**, solange keine Dritten gefährdet werden.[42] Selbstgefährdungen bzw. Selbstschädigungen verstoßen aber dann gegen die öffentliche Sicherheit, wenn sich der Selbstgefährdende in einem die freie Willensbestimmung ausschließenden Geisteszustand, in hilfloser Lage befindet oder ein öffentliches Interesse am Rechtsgüterschutz besteht (s. auch § 14 Abs. 1 Nr. 1 POG). Ein öffentliches Schutzinteresse wird regelmäßig bei drohendem **Selbstmord**[43] und einer Verletzung der **Menschenwürde**[44] bejaht.

34 **3. Öffentliche Ordnung.** Unter öffentlicher Ordnung werden die **ungeschriebenen Regeln** verstanden, deren Befolgung nach den jeweils herrschenden sozialen und ethischen Anschauungen als **unentbehrliche Voraussetzung für ein gedeihliches Miteinander** der innerhalb eines Polizeibezirks wohnenden Menschen angesehen wird. Sie ist gegenüber der öffentlichen Sicherheit subsidiär.[45]

35 Der Begriff ist insofern problematisch, als sich Wertvorstellungen im Laufe der Zeit verändern und es sich nicht immer eindeutig feststellen lässt, welches die herrschenden Wertvorstellungen sind, zumal sie sich auf örtlich beschränkte Verhältnisse beziehen. Er ist gleichwohl verfassungsgemäß, da er schon in der Verfassung verwendet wird (Art. 13 Abs. 7, 35 Abs. 2 GG) und durch die Rspr. und Lit. **hinreichend präzisiert** ist.[46] Allerdings hat er im allgemeinen Polizei- und Ordnungsrecht **an Bedeutung ver-**

---

38 Zu Recht krit. m.w.N. *Scheidler*, GewArch 2005, 312. Gegen einen Menschenwürdeverstoß bei Paintball auch VGH München, GewArch 2013, 218 mit zust. Anm. *Windhöfel*; *Böhm/Rapp*, LKRZ 2014, 40 (43).
39 BVerwGE 115, 189, 199; *Schenke*, Rn. 59 a, 66; anders (Verletzung der öffentlichen Ordnung) OVG Münster, DÖV 2001, 217; OVG RhPf., NVwZ-RR 1995, 30. S. auch *Ruthig*, in: ders./Storr (Fn. 13), Rn. 138 f., 320 f.; *Aubel*, Jura 2004, 255; *ders.*, Verw 37 (2004), 229.
40 Zu einem Beispiel s. VGH Mannheim, VBlBW 2001, 102: Beschlagnahme von Pressefotos, die unter Verletzung der privaten Rechte Dritter ausgestellt werden sollen.
41 Daher ist die Polizei stets zum Einschreiten befugt, wenn es zB um Parkverstöße vor privaten Grundstücken nach § 12 Abs. 3 Nr. 3, § 49 Abs. 1 Nr. 12 StVO oder um Hausfriedensbruch nach § 123 StGB geht, *Schenke*, Rn. 55.
42 *Kingreen/Poscher*, § 7 Rn. 26. Es kann aber auch die potenzielle Gefährdung der später heranzuziehenden Retter ausreichen, s. den »Mordlochhöhlenfall« des VGH Mannheim, VBlBW 1984, 20.
43 BayVerfGH, BayVBl. 1989, 205; *Schoch*, Rn. 262. Allerdings umfasst das allg. Persönlichkeitsrecht nach der Rspr. das Recht auf eigenverantwortlichen Suizid (vgl. BVerfG, NJW 2020, 905; s. auch EGMR, NJW 2011, 3773; NJW 2013, 2953); soweit bei einem Einschreiten allerdings nicht ausgeschlossen werden kann, dass sich der Betreffende in einer psychischen Ausnahmesituation befindet, ist ein Einschreiten allerdings zulässig.
44 BVerwGE 64, 274 (279); 115, 189 (202).
45 Zum Begriff der öffentlichen Ordnung *Schenke*, Rn. 62 ff.; *Schoch*, Jura 2003, 177 (180). Bei der Auslegung des Begriffes ist auch zu berücksichtigen, inwieweit das Verhalten selbst grundrechtlich geschützt ist, vgl. zu § 118 OWiG BVerfG, NJW 2014, 2706.
46 BVerfGE 54, 143 (144 f.); *Schoch*, Rn. 129 ff. Zur Kritik *Denninger*, in: Lisken/Denninger, D Rn. 36; *Störmer*, DV 30 (1997), 233 (256).

loren, da immer mehr Lebensbereiche durch gesetzliche Vorschriften normiert sind und bei einem Verstoß gegen die gesetzlichen Normen auch die öffentliche Sicherheit verletzt ist. Umgekehrt bringt der Gesetzgeber bei der Neufassung von Normen auch zum Ausdruck, welche Vorstellungen gerade nicht mehr als unentbehrliche Voraussetzung für ein gedeihliches Miteinander angesehen werden können. Die Liberalisierung von Wertvorstellungen zeigt sich besonders deutlich am Prostitutionsgesetz aus dem Jahr 2001.[47] Daher kommt insb. auf dem Gebiet der Sexualität ein Verstoß gegen die öffentliche Ordnung nur noch in Betracht, wenn eine Belästigung oder Gefährdung der Allgemeinheit droht.[48] Die (**seltenen**) **Anwendungsfälle** betreffen die Leugnung des Holocaust[49] und das »aggressive Betteln«.[50] Im Zusammenhang mit der **Menschenwürde** ist nach h.M. die öffentliche Sicherheit einschlägig (Rn. 31).

4. Begriff der Gefahr. a) Gefahr als konkrete Gefahr. Gefahr bedeutet die hinreichende Wahrscheinlichkeit, dass bei ungehindertem Geschehensablauf die Schutzgüter der öffentlichen Sicherheit oder öffentlichen Ordnung in nicht unerheblicher Weise beeinträchtigt werden. Soweit das Gesetz keine abweichenden Maßstäbe enthält, setzt das Einschreiten der Polizei **grundsätzlich eine konkrete Gefahr** voraus. Darunter ist eine Sachlage zu verstehen, die im Einzelfall tatsächlich oder aus der Sicht des handelnden Amtswalters bei verständiger Würdigung der Sachlage in naher Zukunft (bzw. absehbarer Zeit) die hinreichende Wahrscheinlichkeit eines Schadenseintritts in sich birgt. Ein **Schaden** ist die objektive Minderung eines vorhandenen Bestandes an Rechtsgütern oder die Verletzung der durch den Begriff der öffentlichen Ordnung umfassten ungeschriebenen sozialen Normen. Eine Minderung von Rechtsgütern entsteht nicht durch leichte Nachteile, Belästigungen und Unbequemlichkeiten, so dass in diesen Fällen kein Schaden droht und damit auch keine Gefahr vorliegt.[51] Die konkrete Gefahr besteht unabhängig davon, ob sie einer bestimmten Person zugeordnet werden kann.[52] 36

Maßgebend ist allein die **Betrachtung ex ante**. Das Vorliegen einer Gefahr wird also nicht dadurch in Frage gestellt, dass der erwartete Schaden im Ergebnis doch nicht eingetreten ist. Der Amtswalter trifft eine **Prognoseentscheidung**.[53] Gewissheit bezüglich des Schadenseintritts ist nicht erforderlich, die völlig ferne Möglichkeit eines Schadens reicht aber nicht aus, um eine konkrete Gefahr zu bejahen. Die Wahrscheinlichkeitsprognose ist ein »bewegliches System«: Je bedeutsamer und höherwertiger das gefährdete Rechtsgut und je größer der zu erwartende Schaden ist, desto geringere Anforderungen sind an die Wahrscheinlichkeit des Schadenseintritts zu stellen. 37

---

47 Dazu vor allem die gewerberechtliche Diskussion, vgl. *Ruthig*, in: ders./Storr (Fn. 13), Rn. 217 m.w.N.
48 *Kingreen/Poscher*, § 7 Rn. 48; *Schenke*, Rn. 67 m.w.N. Geschützt bleibt allerdings das Recht anderer, mit solchen Verhaltensweisen nicht ungewollt konfrontiert zu werden; vgl. zur Nacktheit in der Öffentlichkeit OVG Münster, NJW 1997, 180; allerdings gehen auch dort § 183 StGB und § 118 OWiG und damit die öffentliche Sicherheit vor, vgl. zB VGH BadWürtt., NJW 2003, 234; zum »Nacktradeln« VG Karlsruhe, NJW 2005, 3658.
49 Die zentralen Fälle finden sich im Versammlungsrecht, vgl. BVerwG, NVwZ 2014, 863; BVerfG, NVwZ 2012, 749; zu den verfassungsrechtlichen Grenzen der Meinungsfreiheit BVerfG, NJW 2018, 2858.
50 Davon zu unterscheiden ist das sog. »stille Betteln«, s. VGH Mannheim, NVwZ 1999, 560.
51 *Schenke*, Rn. 74; zum Gefahrenbegriff auch *Voßkuhle*, JuS 2007, 908 ff.
52 *Schenke*, Rn. 69; *Darnstädt*, DVBl. 2011, 263 (267 f.); *Möstl*, DVBl. 2010, 808 (810); zumindest missverständlich BVerfGE 120, 274 (328 f.); dem folgend aber OVG Hbg., NVwZ-RR 2009, 878 (880).
53 Näher zu den Anforderungen und zu Beispielen aus der Rspr. *Ruthig*, LKRZ 2015, 481 (482 f.).

38 **b) Anscheinsgefahr als Unterfall der Gefahr.** Die Konstellationen der Anscheinsgefahr sind durch die Besonderheit gekennzeichnet, dass aus der Sicht **ex ante** eine Gefahr vorliegt, sich jedoch im Nachhinein (ex post) herausstellt, dass ein Schaden tatsächlich nicht gedroht hat. Wegen des prognostischen Charakters jedes Gefahrenurteils ist die Anscheinsgefahr eine **echte Gefahr**, denn die hinreichende **Wahrscheinlichkeit** eines Schadenseintritts verlangt nicht, dass tatsächlich eine Störung eintritt. Hat der handelnde Beamte eine alle relevanten Umstände berücksichtigende Prognoseentscheidung getroffen, ist das Einschreiten aufgrund der Anscheinsgefahr rechtmäßig.

39 **c) Putativgefahr.** Ebenso wie bei der Anscheinsgefahr liegt bei der sog. Schein- oder Putativgefahr im Zeitpunkt des Einschreitens **objektiv keine Gefahr** vor. Im Gegensatz zur Anscheinsgefahr nimmt der handelnde Polizeibeamte aber eine Gefahr an, obwohl ein gewissenhafter und sachkundiger Amtswalter die Situation anders eingeschätzt und somit bei verständiger Würdigung die hinreichende Wahrscheinlichkeit eines Schadenseintritts verneint hätte. Die Putativgefahr ist also **keine Gefahr** iSv § 9 Abs. 1 POG. Die getroffenen **Maßnahmen** sind **rechtswidrig**.

40 **d) Gefahrenverdacht.** Von der Anscheinsgefahr ist auch der sog. **Gefahrenverdacht** zu unterscheiden. Dieser umstrittene und neben Gefahr, Anscheinsgefahr und Putativgefahr sehr problematische (und letztlich überflüssige) Begriff umschreibt Konstellationen, in denen die Behörde über objektive Anhaltspunkte verfügt, die auf eine Gefahr hindeuten, allerdings mangels hinreichender Erkenntnisse über die Einzelheiten der zu regelnden Sachverhalte bzw. über die maßgeblichen Kausalverläufe keine endgültige Entscheidung zulassen, ob tatsächlich eine Gefahr vorliegt. Da es deswegen an der hinreichenden Wahrscheinlichkeit eines Schadenseintritts mangelt,[54] ist der bloße Gefahrenverdacht **keine Gefahr**. Damit ist die Vorverlagerung der Gefahrenabwehr dergestalt, dass bereits ein nicht unmittelbar sicherheitsgefährdendes Verhalten generell untersagt wird, nicht zulässig.[55] Somit können auch die sog. **Gefahrerforschungsmaßnahmen** zur weiteren Sachverhaltsaufklärung nicht auf solche Ermächtigungsgrundlagen gestützt werden, die – wie insb. die Generalklausel – tatbestandlich eine Gefahr voraussetzen.[56] Aufgrund der amtlichen Pflicht zur Sachverhaltsermittlung nach § 24 VwVfG, § 1 Abs. 1 LVwVfG ist der Hoheitsträger zu aktiven Ermittlungen verpflichtet, der vermutliche Störer darf grundsätzlich nur zum **Dulden** staatlicher Maßnahmen verpflichtet werden.

41 Droht ein Schaden für ein besonders hochwertiges Rechtsgut, sind an die Eintrittswahrscheinlichkeit der Gefahr keine besonders hohen Anforderungen zu stellen.[57] Daher handelt es sich in vielen »Verdachtsfällen« bereits um eine konkrete Gefahr, gegen die auf der Grundlage von § 9 Abs. 1 POG eingeschritten werden kann.[58] Aus den verbleibenden Unsicherheiten folgt hier lediglich auf der Rechtsfolgenseite, dass die Be-

---

54 So für den Gefahrenverdacht BVerwG, DVBl. 2002, 1562 (1563 f.).
55 OVG Schleswig, NordÖR 2013, 37: generelles Verbot des Mitsichführens von Alkohol am »Vatertag« unzulässig. S. auch *Schoch*, Jura 2012, 858. Anders verhält es sich bei Großereignissen; vgl. OVG Münster, NVwZ-RR 2012, 470 f.; *Heckel*, NVwZ 2012, 88 (90): Glasflaschenverbot beim Rosenmontagszumzug zulässig.
56 Näher *Schenke*, Fs. f. Friauf, 1996, 496 ff.; *Schenke/Ruthig*, VerwArch 1996, 329 ff.; *Bull*, Fs. f. Selmer, 2004, 29 (41 ff.).
57 *Schoch*, Rn. 286.
58 *Schenke*, Rn. 91. Zur Abgrenzung auch *Ruthig*, LKRZ 2015, 481 (483).

hörde soweit möglich und für eine effektive Gefahrenabwehr ausreichend zunächst weitere Gefahrerforschungsmaßnahmen anzustellen hat, aufgrund derer sich die restlichen Zweifel aufklären lassen. Dies ist allerdings nur Ausfluss des Verhältnismäßigkeitsprinzips. In einem solchen Fall sollte man auf den Begriff des »Gefahrenverdachts« verzichten. Davon zu unterscheiden ist der Fall, dass die Ermächtigungsgrundlage selbst einen Gefahrenverdacht ausreichen lässt (s. schon Rn. 7).

e) **Sonstige Gefahrenbegriffe.** Teilweise stellt das Polizei- und Ordnungsrecht aber auch auf andere Gefahrenbegriffe ab. Dabei lassen sich **zwei Varianten** unterscheiden. Zum einen kann der Gesetzgeber **erhöhte Anforderungen** an die ein Einschreiten rechtfertigende Gefahr stellen. Eine **qualifizierte Gefahr** fordern viele (eingriffsintensive) Standardmaßnahmen und die Inanspruchnahme des Nichtverantwortlichen (Rn. 43). Die Qualifikation kann sich entweder auf die besondere zeitliche Nähe oder die Wertigkeit des Rechtsguts beziehen.[59] In anderem Zusammenhang verzichtet der Gesetzgeber auf das Erfordernis einer (konkreten) Gefahr. Als Sonderfall hat sich im Zusammenhang mit der Figur des Gefährders die **drohende Gefahr** etabliert,[60] bei der es genügt, wenn aufgrund konkret-individueller Betrachtung in absehbarer Zeit Angriffe von erheblicher Intensität oder Auswirkung zu erwarten sind; das POG verwendet diese Kategorie nicht. Bei Maßnahmen der Gefahrenvorsorge (Rn. 7) wie Streifengängen und polizeilicher Beobachtung ist eine konkrete Gefahr nicht erforderlich; davon zu unterscheiden ist die Erforderlichkeit einer Rechtsgrundlage, die sich insb. bei Eingriffen in das Recht auf informationelle Selbstbestimmung etwa für eine längerfristige Observation ergibt.[61]

Eine gegenwärtige, erhebliche Gefahr fordert zB die Inanspruchnahme nichtverantwortlicher Personen gem. § 7 Abs. 1 Nr. 1 POG. Die **Gegenwärtigkeit** betrifft die zeitliche Komponente der Gefahr. Eine gegenwärtige Gefahr liegt insb. immer dann vor, wenn der Schaden bereits eingetreten ist und ohne Abwehrmaßnahmen eine Vertiefung droht.[62] Gegenwärtig ist aber auch eine Gefahr, die in allernächster Zeit mit an Sicherheit grenzender Wahrscheinlichkeit bevorsteht. Die **Erheblichkeit der Gefahr** bezieht sich demgegenüber auf die Bedeutsamkeit der gefährdeten Rechtsgüter. Eine **gemeine Gefahr** (z.B. Art. 13 Abs. 4 u. 7 GG) liegt vor, wenn ein unüberschaubares Gefahrenpotential für eine unbestimmte Zahl von nicht näher bestimmten Rechtsgütern besteht. Der Begriff der **dringenden Gefahr** (zB in § 20 Abs. 3, § 35 Abs. 1 POG) verbindet nach h.M. eine zeitliche und eine qualitative Komponente. Der Schaden muss unmittelbar bevorstehen und besonders bedeutsame Rechtsgüter betreffen.[63] **Gefahr im Verzug**, wie sie zB § 21 Abs. 1 POG verlangt, liegt vor, wenn die Polizei zur Verhinderung des Schadens sofort einschreiten muss und ein Abwarten bis zum Eingreifen der an sich zuständigen Behörde bzw. eine zeitliche Verzögerung aufgrund einer rich-

---

59 S. auch *Schoch*, Rn. 149 f.
60 Dazu insb. BVerfGE 141, 220, Rn. 112, 165; *Bäcker*, Kriminalpräventionsrecht, 2015, 510 ff.; *Darnstaedt*, DVBl 2017, 88; *Graulich*, NVwZ 2014, 685; *Meyer*, JZ 2017, 429 (431 f.).
61 Näher *Schenke*, Rn. 71 f.
62 OVG RhPf., Urt. v. 13.9.2007 – 1 A 11508/06 – (juris).
63 Zum Begriff der dringenden Gefahr BVerwGE 47, 31, 40; *Schoch*, Rn. 301; a.A. *Schenke*, Rn. 78 (erhöhte Wahrscheinlichkeit des Schadenseintritts; allerdings führt dies iErg nicht zu Abweichungen, da sich nur bei der Gefährdung bedeutsamer Rechtsgüter die entsprechenden Maßnahmen als verhältnismäßig darstellen); *Kugelmann*, Kap. 5 Rn. 153 (Gefahr für ein bedeutsames Rechtsgut).

terlichen Entscheidung den Erfolg der Maßnahme wesentlich erschweren oder vereiteln würde.[64]

44 Die genannten Gefahrenbegriffe haben den konkreten Einzelfall im Blick. Im Zusammenhang mit Gefahrenabwehrverordnungen nach §§ 43 ff. POG (Rn. 225) muss demgegenüber auf eine generalisierende und typisierende Betrachtung abgestellt werden. Eine **abstrakte Gefahr** ist gegeben, wenn bei bestimmten Verhaltensweisen oder Zuständen nach allgemeiner Lebenserfahrung oder fachlichen Erkenntnissen typischerweise ein Schaden zu erwarten ist.[65] Auch die abstrakte Gefahr muss sich auf die Schutzgüter der jeweiligen Ermächtigungsnorm beziehen. Deshalb qualifizierte die Rspr. weder das »stille Betteln«[66] noch den Alkoholgenuss in Grün- und Erholungsanlagen[67] als (abstrakte) Gefahr für die öffentliche Sicherheit und Ordnung. Die abstrakte Gefahr unterscheidet sich von der konkreten Gefahr nicht durch die Wahrscheinlichkeit des Schadenseintritts, sondern lediglich durch den Bezugspunkt der Gefahrenprognose.[68] Es wird nicht auf den konkreten Einzelfall abgestellt, sondern darauf, ob »eine generell-abstrakte Betrachtung für bestimmte Arten von Verhaltensweisen oder Zuständen zu dem Ergebnis führt, dass mit hinreichender Wahrscheinlichkeit ein Schaden im Einzelfall einzutreten pflegt und daher Anlass besteht, diese Gefahr mit generell-abstrakten Mitteln, also einem Rechtssatz zu bekämpfen«.[69] Teilweise schwierig ist die Abgrenzung vom **Gefahrenverdacht** (Rn. 7, 40 f., 225).

45 f) **Begriff der Störung.** Bei der Störung hat sich die Gefahr bereits verwirklicht, es ist also eine Minderung des vorhandenen Bestands der von der öffentlichen Sicherheit und Ordnung umfassten Schutzgüter eingetreten. Die Abgrenzung der Störung von der Gefahr ist im Ergebnis irrelevant, da die Befugnisse zur Abwehr einer Gefahr auch die Störungsbeseitigung mit einschließen. Die Störung ist also vom Gefahrenbegriff umfasst.[70]

46 **5. Adressaten polizeilicher Maßnahmen. a) Bedeutung des Störerbegriffs.** Die Abwehr von Gefahren hat in erster Linie dadurch zu erfolgen, dass die für eine Gefahr Verantwortlichen zu ihrer Beseitigung herangezogen werden. Die **Inanspruchnahme von Störern hat Vorrang** vor eigenen, nicht an Bürger adressierten, behördlichen Bekämpfungsmaßnahmen[71] und erst recht vor der Inanspruchnahme Nichtverantwortlicher. In §§ 4, 5 POG wird festgelegt, wer polizeirechtlich für eine Gefahr verantwortlich ist (sog. Polizeipflichtiger bzw. Störer) und somit ein Zurechnungszusammenhang zwischen der Gefahrenlage und der Verantwortlichkeit einer Person hergestellt (zur notwendigen Trennung von Gefahr und Verantwortlichkeit bereits Rn. 36). Diese Verantwortlichkeit kann an ein Verhalten des Betroffenen anknüpfen (**Verhaltensverant-**

---

64 Vgl. dazu auch das Grundsatzurteil BVerfG, NJW 2001, 1121 ff.; zu den besonderen Anforderungen aus Art. 13 GG BVerfG, NJW 2019, 1428 Rn. 52 f.
65 OVG RhPf., LKRZ 2007, 101 ff.; OVG Lüneburg, NdsVBl 2014, 205 ff.
66 VGH Mannheim, DVBl. 1999, 333 (334).
67 VGH Mannheim, VBlBW 1999, 101 (103).
68 BVerwGE 116, 347; VGH Mannheim Urt. v. 26.7.2012 – 1 S 2603/11 – (juris, Rn. 28 ff.) bzgl. Mitführverbot von Glasbehältnissen.
69 VGH Mannheim, NVwZ-RR 2010, 55 (56). Vgl. zur Herleitung der Umstände für die abstrakte Gefahr aus der allgemeinen Lebenserfahrung OVG Lüneburg, NordÖR 2013, 113 ff. bzgl. Störung u. a. der Nachtruhe durch Alkoholkonsum.
70 *Schenke*, Rn. 92; differenzierend *Thiel*, § 8 Rn. 5.
71 Vgl. VGH München, BayVBl. 1986, 590 (591).

wortlichkeit nach § 4 POG) oder an den Zustand einer Sache bzw. eines Tieres (**Zustandsverantwortlichkeit** nach § 5 POG). Eine Person kann gleichzeitig Zustands- und Verhaltensstörer sein (sog. Doppelstörer). Regelungen hinsichtlich des Adressaten sind nicht nur in Spezialgesetzen enthalten, auch einzelne Standardbefugnisse im POG regeln den Adressaten abweichend von den §§ 4 ff. POG.

Die Vorschriften über die Störerverantwortlichkeit sind keine eigenständigen Eingriffsgrundlagen. Sie geben auf der Primärebene die Richtung einer polizeilichen Maßnahme vor, werden aber auch auf der sog. Sekundärebene relevant: Ein Störer hat – anders als der Nichtstörer – die mit der Maßnahme verbundenen Einbußen an seinen Rechtsgütern hinzunehmen, er erhält also keinen Entschädigungsanspruch. Vielmehr muss er auch die Kosten polizeilicher Maßnahmen tragen. 47

b) **Verhaltensstörer (§ 4 POG).** Verhaltensstörer ist nach § 4 Abs. 1 POG diejenige natürliche oder juristische Person, die durch ihr **Verhalten** eine Gefahr für die öffentliche Sicherheit oder Ordnung unmittelbar verursacht. Auf ein Verschulden kommt es dabei nicht an. Das Verhalten kann aus einem Tun oder Unterlassen (»passiver Störer«) bestehen. Ein Unterlassen begründet nur dann eine Verantwortlichkeit, wenn es gegen eine öffentlich-rechtliche Rechtspflicht zum Handeln verstößt (zB die öffentlich-rechtliche Pflicht, eine Straße zu reinigen).[72] Andernfalls wird eine Person auch dann nicht zum Störer, wenn sie ein effektives Gegenmittel zur Gefahrenabwehr besitzt, es aber nicht einsetzt.[73] Die Einweisung eines Obdachlosen in eine Privatwohnung nimmt den Wohnungseigentümer also als Nichtstörer nach § 7 POG in Anspruch, selbst wenn es sich um den früheren Vermieter handelt, der die Wohnung zwangsgeräumt hat (s. auch Rn. 55); Verhaltensverantwortlicher ist ausschließlich der Obdachlose.[74] Auch den Gestörten trifft keine Verpflichtung zum Handeln, so dass er jedenfalls nicht als Verhaltensverantwortlicher herangezogen werden kann.[75] 48

Das POG statuiert allerdings nicht nur die Verantwortlichkeit für eigenes Verhalten, sondern unter den Voraussetzungen des § 4 Abs. 2 u. 3 POG auch für das Verhalten Dritter (sog. **Zusatzverantwortlichkeit**).[76] 49

c) **Zustandsstörer (§ 5 POG).** Wird die öffentliche Sicherheit oder Ordnung durch den Zustand einer Sache oder ein Tier bedroht, sind der Inhaber der tatsächlichen Gewalt nach § 5 Abs. 1 POG oder der Eigentümer der Sache nach § 5 Abs. 2 POG als Zustandsstörer in Anspruch zu nehmen. 50

Inhaber der tatsächlichen Gewalt ist unabhängig von den Eigentumsverhältnissen derjenige, der die tatsächliche Sachherrschaft über die Sache ausübt (zB Pächter eines Grundstücks, der Insolvenzverwalter hinsichtlich massezugehöriger Grundstücke,[77] Fahrer oder Halter eines Kfz). Dabei kommt es nicht auf rechtmäßigen Besitz im Sin- 51

---

72 Allerdings können – mittelbar – auch zivilrechtliche Handlungspflichten bzw. Risikozuweisungen relevant werden, insb. wenn ihre Verletzung auch strafrechtlich sanktioniert ist, s. auch *Schenke*, Rn. 239.
73 *Drews/Wacke/Vogel/Martens*, S. 308.
74 *Ruthig*, LKRZ 2015, 481 (483) m.w.N.
75 OVG RhPf., NJW 1998, 625 (626) zum durch einen drohenden Felssturz gefährdeten Hauseigentümer.
76 Ausf. *Schenke*, Rn. 265 ff. Zur Weisungsabhängigkeit des Handelnden s. VGH Mannheim, VBlBW 1996, 221 (223). Eine § 831 BGB vergleichbare Exkulpationsmöglichkeit besteht bei § 4 Abs. 3 POG nicht.
77 BVerwG, DVBl. 2004, 1564 zu § 4 Abs. 3 S. 1 BBodSchG.

ne des BGB an, auch der unrechtmäßige Besitzer ist Inhaber der tatsächlichen Gewalt (zB der Dieb). Mit Aufgabe der tatsächlichen Gewalt endet die Zustandshaftung.

52 Daneben besteht eine Zustandsverantwortlichkeit des **Eigentümers**. Diese endet grundsätzlich mit dem Verlust des Eigentums.[78] Um zu verhindern, dass sich eine Person der Polizeipflichtigkeit auf diese Weise entzieht, bestimmt § 5 Abs. 3 POG, dass bei herrenlosen Sachen die Verantwortlichkeit des bisherigen Eigentümers fortbesteht. Die Zustandsverantwortlichkeit des Eigentümers bzw. Berechtigten entfällt gem. § 5 Abs. 2 S. 2 POG auch dann, wenn die Sache gegen seinen ausdrücklichen Willen oder unbefugt benutzt wird. Dies ist insb. bei einem Diebstahl der Fall.[79] Nach Ansicht des OVG RhPf. erlischt die Verantwortlichkeit des Eigentümers jedoch nur für die Zeit der widerrechtlichen Benutzung.[80]

53 Für die Verantwortlichkeit nach § 5 POG ist es unerheblich, wie die Sache in den polizeirechtswidrigen Zustand gekommen ist, insb. ob der Zustandsstörer den polizeiwidrigen Zustand der Sache selbst herbeigeführt oder schuldhaft gehandelt hat. Da sich die Zustandsverantwortlichkeit »allein aus der Tatsache des Eigentums«[81] ergebe, wurde sie früher auch bei Tankwagenunfällen, Altlasten, Kriegsfolgen und Folgen von Naturgewalten ohne Einschränkungen bejaht.[82] Allerdings kann dies zu **unbilligen und mit Art. 14 GG nicht vereinbaren Ergebnissen** führen, wenn sich der Zustandsstörer selbst in einer »Opferrolle« befindet, sich also ein außerhalb der Sphäre des Eigentümers liegendes Risiko verwirklicht und für ihn unzumutbare finanzielle Belastungen entstehen.[83] Diese Einschränkung könnte man entweder als Begrenzung der Zustandsverantwortlichkeit auf der Primärebene interpretieren[84] oder bei der Kostentragung berücksichtigen.[85]

54 **d) Unmittelbare Verursachung. aa) Unmittelbare Verursachung als Zurechnungsproblem:** Die Verantwortlichkeit nach den §§ 4, 5 POG ist **nicht von einem Verschulden abhängig**. Auch geschäfts- und schuldunfähige Personen können nach §§ 4, 5 POG verantwortlich sein. Die Funktion einer Begrenzung der Verantwortlichkeit für ein

---

78 Dies gilt auch bei Mittellosigkeit des Käufers (VGH Mannheim, VBlBW 1995, 486), es sei denn, die Veräußerung erfolgte nur zu dem Zweck, die Störungsbeseitigung zu vereiteln, s. VGH München, NVwZ 2002, 364.
79 OLG Dresden, LKV 2003, 582; OVG Hamburg, NJW 1992, 1909 (1910). S. auch BVerwG, NJW 1992, 1908 zu einem Fall, in dem der Eigentümer des Kfz einem anderen überließ, der es abredewidrig einem Dritten zur Verfügung stellt. Anders verhält es sich, wenn derjenige, dem das Fahrzeug vom Eigentümer überlassen wurde, lediglich selbst abredewidrig gegen die StVO verstößt, vgl. VGH Kassel, NJW 1999, 3650.
80 Ist nach dem verbotswidrigen Abstellen des Pkws durch einen Dieb die Einwirkung des Eigentümers wieder möglich, kann der Eigentümer zu den Abschleppkosten herangezogen werden, OVG RhPf., NVwZ-RR 1989, 300.
81 So pointiert OVG RhPf., DÖV 1954, 216.
82 OVG Berlin, DÖV 1954, 214; OVG RhPf., DÖV 1954, 216; OVG Münster, OVGE 5, 185, 190; DVBl. 1964, 683; s. auch *Drews/Wacke/Vogel/Martens*, S. 318 ff. Zu Naturgewalten BVerwG, NJW 1999, 231; OVG RhPf., Beschl. v. 15.7.2011 – 7 B 10594/11 – (juris, Rn. 4); i. Erg. wird bei Naturgewalten die Verantwortlichkeit regelmäßig nicht eingeschränkt, vgl. auch *Ruthig*, LKRZ 2015, 481 (484).
83 Vgl. dazu grundlegend BVerfGE 102, 1, 18 ff.; sowie früher entgegen der h.M. *Baur*, JZ 1964, 354 (356); *Friauf*, in: Fs. f. Wacke, 1972, S. 293; *Menger*, VerwArch 1959, 50 (77), 85 f.; *Rupp*, Grundfragen der heutigen Verwaltungslehre, 1965, S. 230 f. Das BVerfG (E 102, 1, 17 f.) ließ die dogmatische Umsetzung der verfassungsrechtlichen Vorgaben offen, indem es formuliert, die Zustandsverantwortlichkeit könne »im Ausmaß dessen, was dem Eigentümer zur Gefahrenabwehr abverlangt werden darf, begrenzt sein«. Dies für das Polizeirecht aufgreifend *Schenke*, Rn. 271, 276. Eine »Auflösung« der Zustandsverantwortlichkeit ist damit nicht verbunden, so aber die Kritik von *Schoch*, Rn. 199.
84 So *Friauf* (Fn. 81), S. 303.
85 So früher VGH Mannheim, NJW 1991, 1698; krit. dazu *Schenke*, Rn. 275.

Verhalten[86] übernimmt nach dem Wortlaut der Vorschriften der Begriff der Verursachung. Zur Verursachung im Polizei- und Ordnungsrecht wurden **verschiedene Theorien** entwickelt. Die h.M. geht seit langem im Einklang mit der Rspr. des PreußOVG[87] von der **Theorie der unmittelbaren Verursachung** aus, die in dem früheren § 22 rlpf. PVG eine ausdrückliche gesetzgeberische Anerkennung gefunden hatte. Ein Verhalten ist demnach dann ursächlich, wenn es für sich gesehen die polizeirechtliche Gefahrenschwelle überschreitet und dadurch die hinreichende Wahrscheinlichkeit eines Schadenseintritts begründet oder erhöht wird. Bei einer solchen Definition darf nicht übersehen werden, dass es sich bei der Bestimmung der polizeirechtlichen Verursachung um ein Wertungsproblem handelt, für das sich durchaus, **je nach Konstellation, unterschiedliche Wertungskriterien** anführen lassen. Die anderen Theorien konnten sich nicht durchsetzen, weil sie zwar ebenfalls einen richtigen Kern enthalten, das Zurechnungsproblem aber nicht umfassend lösen können.

Teilweise wird eine **rechtswidrige Verursachung** gefordert.[88] Dagegen wird zu Recht angeführt, dass sie einer effektiven Gefahrenbekämpfung entgegenstehe, da die Behörde sonst vor Inanspruchnahme des Betreffenden zunächst eine umfangreiche Rechtmäßigkeitsprüfung vornehmen müsste. Die Theorie enthält jedoch insoweit einen richtigen Kern, als derjenige, der in Ausübung eines Rechts handelt, nicht als Störer herangezogen werden kann. Wer also beispielsweise seinem Mieter rechtmäßig kündigt oder lediglich von einem Grundrecht Gebrauch macht (s. dazu zum sog. Zweckveranlasser Rn. 58), ist nicht selbst Störer.

Nach der **Äquivalenztheorie** ist eine Ursache kausal für den Erfolg, dh im Polizeirecht ursächlich für die Gefahr, die nicht hinweggedacht werden kann, ohne dass die Gefahr entfiele. Die Äquivalenztheorie führt insoweit zu einer zu weitgehenden Verantwortlichkeit, als sie alle Verursacherbeiträge als äquivalent ansieht und es im Polizeirecht an einem Korrektiv wie dem Verschulden fehlt. Als Zurechnungslehre ist sie daher **für das Polizei- und Ordnungsrecht ungeeignet**, sie zeigt aber, dass auch die polizeirechtliche Verursachung im Einklang mit dem Wortlaut der Vorschrift an ein Verhalten des Betroffenen anknüpft.[89] Mindestvoraussetzung für die Polizeipflichtigkeit ist daher, dass der Störer eine Ursache für die Gefahr im Sinne der conditio sine qua non-Formel gesetzt hat.

Da es sich bei der **unmittelbaren Verursachung um ein wertendes Kriterium** handelt, lässt sie sich keinesfalls immer im Sinne einer zeitlich unmittelbaren Verursachung begreifen.[90] Treffen mehrere Verursachungsbeiträge zusammen, ist es zwar denkbar, dass nur der zeitlich letzte ursächlich im Sinne der Theorie der polizeirechtlichen Verursa-

---

[86] Die Zurechnung setzt also immer ein Verhalten voraus; dazu und zur Erforderlichkeit einer Haftungsbegrenzung *Schenke/Ruthig*, VerwArch 1996, 329 (346 f.). An einem Verhalten fehlt es also in den Denuntiantenfällen; auch bei der Zugehörigkeit zu einer bestimmten Gruppe (gewaltbereite Fußballfans) bedarf es zur Begründung der Verantwortlichkeit des Nachweises eigener Tatbeiträge. Dies gilt selbst dort, wo bei Spezialermächtigungen kein Rekurs auf die Verhaltensverantwortlichkeit erforderlich ist, vgl. VGH Mannheim, NVwZ-RR 2017, 873; *Böhm/Mayer*, DÖV 2017, 325; als Klausurfall *Froese*, JuS 2017, 50.
[87] PreußOVGE 31, 409 ff.; 103, 139 ff.
[88] *Denninger*, in: Lisken/Denninger, D Rn. 81; *Poscher*, Jura 2008, 801 (803); *Schnur*, DVBl. 1962, 1 ff.
[89] *Schenke/Ruthig*, VerwArch 1996, 329. Dieser Aspekt wird vor allem im Zusammenhang mit dem sog. Anscheinsstörer relevant.
[90] Ebenso *Schoch*, Rn. 178.

chung wird,[91] einen entsprechenden allgemeinen Grundsatz gibt es jedoch nicht. Versteht man die Theorie von der unmittelbaren Verursachung mit der h.M. als Zurechnungslehre, sind diese »Problemfälle« nicht als Ausnahmen vom Grundsatz, sondern als **Anwendungsfälle der Theorie der unmittelbaren Verursachung** zu interpretieren.

58 bb) Zweckveranlasser: Dies wird insb. beim sog. »Zweckveranlasser« relevant.[92] Dabei verursacht ein bestimmtes, für sich alleine betrachtet neutrales Verhalten erst im Zusammenwirken mit späteren Ursachen eine Gefahr. Während man bei einem rein zeitlichen Verständnis der unmittelbaren Verursachung diese Fälle früher als Ausnahmen verstehen musste,[93] lassen sie sich auf der Grundlage des modernen Verständnisses der unmittelbaren Verursachung zurechnen. Damit ist **auch der sog. Zweckveranlasser Störer im Sinne des Polizeirechts**, obwohl er nicht die letzte Ursache für den Eintritt einer Gefahr gesetzt hat. Zwischen der Gefahr und der verursachenden Handlung muss aber ein so **enger innerer Zusammenhang** bestehen, dass dem Zweckveranlasser die Gefahr zuzurechnen ist. Dieser Zusammenhang ist dann gegeben, wenn der Zweckveranlasser entweder die Herbeiführung der Gefahr durch Dritte zumindest **billigend in Kauf** genommen hat oder wenn die eingetretene **Folge typischerweise durch sein Verhalten ausgelöst** wird. Umstritten ist allerdings, aus welchem Blickwinkel dies zu entscheiden ist. Nach einer Ansicht muss das Verhalten des Zweckveranlassers gezielt auf das Überschreiten der Gefahrengrenze durch andere gerichtet sein bzw. das Überschreiten der Gefahrengrenze billigend in Kauf genommen werden (sog. **subjektive Theorie**).[94] Nach aA kann dem Zweckveranlasser das Verhalten des unmittelbaren Verursachers schon dann zugerechnet werden, wenn aus der Sicht eines objektiven Dritten die eingetretene Gefahrenlage als typische Folge der Veranlassung anzusehen ist (**objektive Theorie**).[95] Subjektive und objektive Theorie kommen zumeist zu dem gleichen Ergebnis. Deshalb wird zum Teil auch eine Kombination zwischen beiden Ansätzen befürwortet.[96]

59 In die Bestimmung der Reichweite der Verantwortlichkeit müssen aber auch **grundrechtliche Aspekte** einfließen. Wenn also jemand als Veranstalter einer Versammlung von seinem Grundrecht aus Art. 8 GG Gebrauch macht, kann er hinsichtlich einer Gegendemonstration nicht als Zweckveranlasser in Anspruch genommen werden, selbst wenn es typischerweise zu solchen Gegendemonstrationen kommt und er es sogar vor-

---

91 Zu einem »Schulbeispiel« s. OVG Münster, NVwZ 2001, 1314: Ein Auto wurde von mehreren Kfz »zugeparkt«. Ursächlich für die Gefahr wurde nur das Verhalten desjenigen, der seinen Pkw als letzten geparkt und dadurch dem zugeparkten Auto die Möglichkeit zum Wegfahren genommen hat. Die anderen Fahrer verhielten sich rechtmäßig.
92 Ausf. dazu *Schenke*, Rn., 244 ff.; *Schoch*, Jura 2009, 360; krit., zu dieser Rechtsfigur *Gusy*, Rn. 336; *Kingreen/Poscher*, § 9 Rn. 29; *Beaucamp/Seifert*, JA 2007, 466; *Poscher*, Jura 2008, 801 (807).
93 Relikte finden sich weiterhin im gerichtlichen Sprachgebrauch. So stellt das BVerwG darauf ab, dass das Handeln des Hintermannes »zwar nicht die polizeirechtliche Gefahrenschwelle überschritten hat, aber mit der durch den Verursacher unmittelbar herbeigeführten Gefahr oder Störung eine natürliche Einheit bildet, die die Einbeziehung des Hintermanns in die Polizeipflicht rechtfertigt«, vgl. zum Kreislaufwirtschaftsrecht, wo allerdings auf die allgemeinen polizeirechtlichen Grundsätze rekurriert wird, BVerwG Beschl. v. 12.4.2006 – 7 B 30/06 – (juris) unter Bezugnahme auf *Drews/Wacke/Vogel/Martens*, Gefahrenabwehr, 9. Aufl. 1986, S. 310 ff. Für eine Differenzierung zwischen unmittelbarer Verursachung und Zweckveranlassung auch *Heckel*, NVwZ 2012, 88 (91).
94 VGH Mannheim, DÖV 2003, 45.
95 *Schmelz*, BayVBl. 2001, 550 (551) m.w.N.
96 VGH Mannheim, DÖV 1996, 83 (84); *Schenke*, Rn. 245.

ausgesehen hat.[97] Entsprechend kann auch ein Fußballverein nur als Nichtstörer in Anspruch genommen werden, wenn bei einem Spiel mit Ausschreitungen zwischen den Anhängern beider Vereine zu rechnen ist.[98] Andernfalls würde eine Grundrechtsausübung unmöglich gemacht. Allerdings kann aus dem grundrechtlichen Schutz eines Verhaltens gerade nicht abgeleitet werden, dass der betreffende kein Störer ist. So kann derjenige, der Getränke in Glasflaschen an Karnevalsbesucher verkauft, sehr wohl als Zweckveranlasser für die von umherliegenden Flaschen ausgehenden Gefahren in Anspruch genommen werden.[99]

Auf die **Zustandsverantwortlichkeit** lassen sich diese Argumente nicht übertragen, wenn Dritte Anschläge auf Flughäfen oder andere Einrichtungen begehen.[100] Allein das allgemeine Risiko, dass Dritte Anschläge verüben, genügt als Verursachung einer Gefahr nicht. Den Betreibern kann allenfalls der Gesetzgeber Sicherungspflichten auferlegen (vgl. etwa § 8 LuftSiG).[101] Erst recht kann es nicht überzeugen, wenn teilweise unter Berufung auf die Effektivität der Gefahrenabwehr Kausalitätserwägungen für grundsätzlich nicht zulässig gehalten werden.[102]

60

cc) **Latente Störer:** Auch beim latenten Störer, der regelmäßig im Zusammenhang mit der Zustandsverantwortlichkeit diskutiert wird, führen erst spätere Verursachungsbeiträge zur Verwirklichung einer Gefahr, die allerdings in der zeitlich früher beginnenden Kausalkette **bereits angelegt** war.[103] In diesen Fällen ist nur die Person polizeilich verantwortlich, welche die erste Ursache gesetzt hat (latenter Störer). Diese Fälle sind jedoch selten. Das klassische Schulbeispiel der Schweinemästerei (die erst nach der späteren Verwirklichung eines Wohngebietes zum Störer wird), ist heute aufgrund der bau- und immissionsschutzrechtlichen Vorschriften zu lösen.[104] Soweit er überhaupt noch auftaucht, fungiert der Begriff eher als Worthülse, als dass er zur Lösung der Zurechnungsfragen beiträgt.[105]

61

dd) **Anscheinsstörer:** Anscheinsstörer ist nach h.M. derjenige, der eine Gefahr nicht verursacht hat, bei verständiger Würdigung der Sachlage aus der *ex-ante* Sicht der einschreitenden Polizei bzw. Ordnungsbehörde aber den **Anschein** erweckt, Verhaltens- oder Zustandsstörer zu sein.[106] Der Anscheinsstörer kann in zwei Varianten auftreten. Eine Person ist Anscheinsstörer, wenn nur eine sog. Anscheinsgefahr (s. Rn. 38) be-

62

---

[97] *Laubinger/Repkewitz*, VerwArch. Bd. 93 (2002), 149 (183); *Enders*, Jura 2003, 103 (108); die Frage offen lassend BVerfG, NVwZ 2000, 1406 (1407).
[98] OVG Hbg., NJW 2012, 1975.
[99] OVG Münster Beschl. v. 9.11.2010 – 5 B 1476/10 – (juris); s. auch *Heckel*, NVwZ 2012, 88.
[100] BVerwG, DVBl. 1986, 360 ff. mAnm *Schenke*; *Schenke*, Rn. 247.
[101] Dazu OVG Bremen, NordÖR 2007, 177; OVG Lüneburg, NVwZ-RR 2006, 33. S. auch VG Düsseldorf, DVBl. 2012, 1315; *Büge*, DVBl. 2012, 1321 (Hafenbetreiber); insoweit auch die Hafensicherheitsrichtlinie 2005/65/EG v. 26.10.2005. Zu den verfassungsrechtlichen Grenzen der Einführung von Eigensicherungspflichten *Ronellenfitsch*, DVBl. 2005, 65 ff. (Eisenbahnunternehmen); *Rengeling*, DVBl. 2004, 589 ff. (Seehäfen).
[102] OVG RhPf., Beschl. v. 15.7.2011 – 7 B 10594/11 – (juris). In der Sache ging es allerdings um die Verantwortlichkeit für die Folgen von Naturgewalten, die in der Tat die Zustandsverantwortlichkeit im Regelfall nicht ausschließt, s. auch VGH München, BayVBl 2002, 341; a.A. *Köpfer/Kaltenegger*, BayVBl 1992, 260.
[103] S. dazu *Schenke*, Rn. 249 f.; *Schoch*, Rn. 211 f.
[104] Das OVG Weimar, ThürVBl. 1999, 22 (23 f.), bezeichnete angesichts dieser einfachgesetzlichen Vorschriften die Rspr. zum latenten Störer als überholt.
[105] Ähnlich *Schoch*, Rn. 212 zum Felssturzfall des OVG RhPf., NVwZ 1998, 625 (626). Das eigentliche Problem war dort die Frage nach der Reichweite der Verantwortlichkeit des Grundstückseigentümers für Naturgewalten und nach einer Haftungsobergrenze, dazu Rn. 53.
[106] *Rachor*, in: Lisken/Denninger, M Rn. 42.

63 steht und die Person nach Bewertung der objektiven Kriterien als Störer in Betracht kommt. Zum anderen ist jemand Anscheinsstörer, wenn tatsächlich eine Gefahr vorliegt und eine Person als Störer erscheint, ohne es tatsächlich zu sein, weil ein anderer für die Gefahr verantwortlich ist.[107]

63 Die h.M. in Rspr. und Lit. hat dafür folgende Lösung entwickelt: Unabhängig davon, ob der Anscheinsstörer den Anschein der Verursachung zurechenbar oder unzurechenbar gesetzt hat, ist er auf der sog. **Primärebene**, bei der es ausschließlich um die Anordnung gefahrenabwehrender Maßnahmen geht, als Störer in Anspruch zu nehmen. Er ist damit nach der h.m. **jedem anderen Störer gleichzusetzen**. Sinn der Gleichbehandlung von unzurechenbarer und zurechenbarer Verursachung ist die **Effektivität der Gefahrenabwehr**. Auf der **Sekundärebene**, wenn es um die Frage der Kostentragungspflicht geht, wird auf die ex-post Sicht abgestellt und getrennt: Der Anscheinsstörer ist wie ein Nichtstörer zu behandeln und hat deshalb einen **Anspruch auf Entschädigung** analog § 87 POG, wenn er den Anschein nicht in zurechenbarer Weise gesetzt hat.[108] Die h.M. ist jedoch in mehrfacher Hinsicht problematisch und mit der **vorzugswürdigen Gegenauffassung** abzulehnen. Ihre Lösung findet im Wortlaut der §§ 4, 5 POG keine Grundlage. Vielmehr lässt sie – im **Interesse einer vermeintlich effektiveren Gefahrenabwehr**, aber im **Widerspruch zum Wortlaut der §§ 4, 5 POG** – ein Einschreiten auf der Primärebene zu, ohne dass eine unmittelbare Verursachung gegeben ist. Durch die unzulässige Parallelisierung zwischen Anscheinsstörer und Anscheinsgefahr kommt es zu systematischen Brüchen.

64 Die Lösung der Problematik kann deshalb nur darin liegen, die **allgemeinen Grundsätze** der polizeirechtlichen Verantwortlichkeit (Störereigenschaft) heranzuziehen und nach diesen Kriterien eine Person entweder als Störer oder als Nichtstörer einzustufen.[109] Dabei kommt es nicht darauf an, ob sich die Verantwortlichkeit auf eine »echte« Gefahr oder eine Anscheinsgefahr bezieht; beide sind gleichermaßen eine Gefahr im Sinne des Polizei- und Ordnungsrechts (Rn. 38). Folgt man der hier vertretenen Auffassung, hat der Begriff des Anscheinsstörers im Ergebnis keine dogmatische Bedeutung und taugt allenfalls zur Umschreibung bestimmter Problemfälle, jedoch nicht als dogmatische Kategorie.

65 Erste Voraussetzung der Verantwortlichkeit ist ein **tatsächliches Verhalten** des Betroffenen (s. bereits Rn. 56). Daran fehlt es in den Denunziantenfällen. Die Polizei muss also zunächst eine weitere Sachaufklärung betreiben[110] oder den Denunzierten als Nichtverantwortlichen heranziehen. Außerdem muss das Verhalten **ursächlich** für die Gefahr sein. Auch hierfür gelten die allgemeinen Kriterien der Theorie von der unmittelbaren Verursachung, die sich für die typischen Konstellationen des Anscheinsstörers wie folgt konkretisieren lassen: Es reicht die Schaffung eines **erhöhten Risikos**.[111] Der Betreffende ist bereits dann Störer, wenn er **Kenntnis** davon hat, dass er ein erhöhtes Risiko schafft, etwa weil er vortäuscht, betrunken zu sein, obwohl er weiß, dass ihn

---

107 Beispiele bei *Schenke/Ruthig*, VerwArch 1996, 329 (332 f.).
108 BGH, DÖV 1998, 429 (429). Dies entspricht der Regelung im BBodSchG (§ 9 Abs. 2 S. 1, § 24 Abs. 1 S. 2 BBodSchG). Ausf. zum Entschädigungsanspruch des »Anscheinsstörers« Rn. 239 f.
109 *Schenke/Ruthig*, VerwArch 1996, 329 (361).
110 In diesem Fall trifft A nach § 26 VwVfG eine Obliegenheit zur Mitwirkung an der Aufklärung. Verweigert er diese ohne zureichende Begründung, wird er durch *dieses* Verhalten nunmehr zum Störer.
111 *Schenke/Ruthig*, VerwArch 1996, 329 (361); *Schenke*, Rn. 261.

ein Polizist beobachtet. Zuzurechnen ist dem Anscheinsstörer aber auch das sog. »Irreführungsrisiko«. Wer also beispielsweise mit einem zahmen Löwen einen Spaziergang in der Öffentlichkeit unternimmt,[112] trägt ebenfalls das Risiko, dass die Polizei gegen ihn einschreitet.

Die zivilgerichtliche Rspr. zieht diese Überlegungen auf der Sekundärebene, also nur bei der Kostentragungspflicht heran.[113] Die **hier vertretene Mindermeinung** ist somit auf der **Primärebene enger als die hM**, kommt aber hinsichtlich der Entschädigungspflicht auf der **Sekundärebene** – mit anderer dogmatischer Begründung – zu **vergleichbaren Ergebnissen wie die Rspr.** 66

e) Inanspruchnahme nichtverantwortlicher Personen (§ 7 POG). Nichtverantwortliche können nur unter den **engen Voraussetzungen des § 7 POG** in Anspruch genommen werden, so dass auch vom **polizeilichen Notstand** gesprochen wird. Nach § 7 Abs. 2 POG darf der Nichtstörer nur solange in Anspruch genommen werden, wie die Voraussetzungen nach § 7 Abs. 1 POG gegeben sind; sobald eine Gefahrenabwehr auf andere Weise möglich ist, ist die Maßnahme zu beenden. Zudem haben Nichtverantwortliche einen **Entschädigungsanspruch** nach § 87 POG (Rn. 235 ff.). 67

Erforderlich ist eine **gegenwärtige, erhebliche Gefahr**. Die Gefahr muss also eine besondere zeitliche Dringlichkeit besitzen sowie besonders schützenswerte Rechtsgüter bedrohen (zu den unterschiedlichen Gefahrenbegriffen Rn. 36 ff.). 68

Weitere Voraussetzung ist, dass **Maßnahmen gegen den Verantwortlichen** nach §§ 4, 5 POG **nicht möglich** sind oder **keinen Erfolg** versprechen. Dies ist dann der Fall, wenn es keinen Verantwortlichen gibt (zB bei Naturkatastrophen) oder dieser zur Gefahrenabwehr nicht in der Lage ist (zB weil der Verantwortliche schwer verletzt oder nicht anwesend ist). Die Weigerung des Störers zur Gefahrenabwehr ist kein Grund, einen Nichtverantwortlichen heranzuziehen. Die zwangsweise Durchsetzung der Ordnungsverfügung gegenüber einem Störer hat Vorrang. 69

Eine Notstandsinanspruchnahme ist außerdem nur dann möglich, wenn die allgemeinen Ordnungsbehörden bzw. die Polizei die Gefahr **nicht selbst** oder durch einen Beauftragten **abwehren** kann. In Betracht kommt vor allem eine unmittelbare Ausführung nach § 6 Abs. 1 POG. Die Behörden sind auch verpflichtet, im Wege der Amts- und Vollzugshilfe auf andere Behörden und deren Mittel zurückzugreifen. 70

Ein Nichtverantwortlicher darf nur **ohne erhebliche eigene Gefährdung** und **ohne sonstige Pflichtverletzung** in Anspruch genommen werden. Wichtige Rechtsgüter des Nichtverantwortlichen, wie Leib und Leben, dürfen nicht gefährdet werden. Sonstige Pflichten können sowohl öffentlich-rechtliche wie privatrechtliche Pflichten sein. So kann die Polizei zB am Unfallort keinen Arzt zur Rettung heranziehen, der zu einem Herzinfarktpatienten unterwegs ist. Dass dem Nichtverantwortlichen durch die Heranziehung möglicherweise Kosten entstehen, spielt dagegen für die Ermessensentscheidung keine Rolle, da er einen Entschädigungsanspruch nach § 87 POG hat. 71

---

112 Vgl. OVG Hamburg, NJW 1986, 2005.
113 Dort gewährt sie ihm zwar grundsätzlich einen Entschädigungsanspruch, verweigert diesen allerdings dann, wenn der »Anscheinsstörer« den Anschein zu vertreten hat. Für das Vertretenmüssen legt sie vergleichbare Grundsätze zugrunde, wie sie nach der hier vertretenen Auffassung für die unmittelbare Verursachung gelten.

72 **f) Polizeipflichtigkeit von Hoheitsträgern.** Gefahren können nicht nur von Privatpersonen ausgehen, sondern auch von staatlichen Hoheitsträgern. Dabei sind zwei Fragen streng voneinander zu unterscheiden: Zum einen ist zu klären, ob ein Hoheitsträger **materiell** polizeipflichtig ist, dh, ob er an Normen zur Gefahrenabwehr gebunden ist. Zum anderen ist zu diskutieren, ob eine **formelle** Polizeipflicht besteht, ob also eine Ordnungs-/Polizeibehörde gegen einen anderen Hoheitsträger einschreiten kann.

73 Während Hoheitsträger grundsätzlich an die geschriebene Rechtsordnung gebunden und damit materiell polizeipflichtig sind,[114] ist die **Frage der formellen Polizeipflichtigkeit differenziert zu beantworten.**[115] Jeder Hoheitsträger ist in seinem Kompetenzbereich dafür verantwortlich, dass keine Gefahren entstehen. Dürften ihm gegenüber die Polizei- und Ordnungsbehörden uneingeschränkt Verfügungen erlassen, entstünde ein System der Über-/Unterordnung. Dies gilt vor allem angesichts der Weite der polizei- und ordnungsrechtlichen Eingriffsbefugnisse. Für das allgemeine Polizei- und Ordnungsrecht ist die formelle Polizeipflicht daher abzulehnen, anders kann es sich im besonderen Ordnungsrecht verhalten (dazu Rn. 176 f.).

74 Ein Einschreiten der Polizei ist allerdings in **Eilfällen** nach § 1 Abs. 8 POG zulässig.

75 **g) Rechtsnachfolge in polizeiliche Pflichten.** Rechtsnachfolge bedeutet den »Rechts- und Pflichtenübergang von einer natürlichen oder juristischen Person auf eine von ihr verschiedene Rechtsperson«.[116] Inwieweit es eine solche im Polizei- und Ordnungsrecht gibt, ist umstritten. Nach h.M. scheidet sie bei **abstrakten Verantwortlichkeiten** (»materiellen Polizeipflichten«) aus.[117] Bei der durch Verwaltungsakt bereits konkretisierten Verantwortlichkeit zeichnet sich in der Rspr. die Tendenz ab, eine Rechtsnachfolge bei **sachbezogenen Pflichten** anzuerkennen, also bei der Zustandsverantwortlichkeit[118]. Nach dieser Auffassung wirkt der Verwaltungsakt also gegenüber dem Rechtsnachfolger und muss nicht mehr neu erlassen werden. Für diese Lösung werden Gesichtspunkte der Verfahrensökonomie angeführt, die freilich nicht darüber hinweghelfen können, dass ein solcher Eingriff, wie er in der Übertragung des sog. »dinglichen« Verwaltungsakts auf einen Rechtsnachfolger liegt, einer gesetzlichen Rechtsgrundlage bedarf.[119] Diese gibt es im POG nicht, so dass in seinem Anwendungsbereich entgegen der Rspr. eine Rechtsnachfolge insgesamt ausscheidet.[120]

---

114 Dazu, dass sich unter dem Gesichtspunkt der Funktionsfähigkeit staatlicher Einrichtungen in engen Grenzen Ausnahmen ergeben können, s. *Schenke*, Rn. 223; *Britz*, DÖV 2002, 891 (898).
115 BVerwGE 117, 1 (2) verneint (für das BImSchG) das Bestehen eines allgemeinen, »vermeintlich dem Gesetz vorausliegenden Grundsatzes, nämlich des Verbots behördlicher Eingriffe in den Aufgabenbereich selbstständiger Verwaltungsträger«.
116 *Dietlein*, Nachfolge im öffentlichen Recht, 1999, S. 43 f.; s. auch *Schoch*, Rn. 214 ff.; *Schenke*, Rn. 292 ff.; *Zacharias*, JA 2001, 720 ff.; *Peine*, JuS 1997, 984 ff.; *Rau*, Jura 2000, 37 ff.; *Reimer*, DVBl. 2011, 201 ff.
117 *Denninger*, in: Lisken/Denninger, D Rn. 121 ff.; *Schenke*, Rn. 292; *Schoch*, Rn. 217 f. jeweils m.w.N. Hier ist eine Rechtsnachfolge nur auf der Grundlage ausdrücklicher gesetzlicher Anordnungen möglich, zB nach § 4 Abs. 3 S. 1 BBodSchG.
118 Vgl. zB OVG RhPf., DÖV 1980, 654 f.; vgl. auch BVerwGE 125, 325 (331) im Kontext des BBodSchG: die Übergangsfähigkeit abstrakter Polizeipflichten stelle letztlich einen »allgemeinen Grundsatz des Verwaltungsrechts« dar.
119 *Schenke*, Rn. 295; *Schoch*, Rn. 220 ff. Im Ansatz ebenso OVG Münster, NVwZ-RR 1997, 70, das allerdings eine Grundrechtsnachfolge analog §§ 1922, 1967 BGB bejaht. Zur Diskussion der verschiedenen Auffassungen s. *Volkmann*, JuS 1999, 544.
120 Hierfür spricht auch der systematische Vergleich mit § 81 S. 3 LBauO, der eine Rechtsnachfolge ausdrücklich anordnet. Handelte es sich um einen allgemeinen Rechtsgrundsatz, wäre diese Regelung überflüssig.

6. Unmittelbare Ausführung (§ 6 POG). a) Rechtsnatur. Die unmittelbare Ausführung regelt den Fall, dass die Adressaten nach §§ 4, 5 POG nicht anwesend bzw. nicht erreichbar sind. Deshalb ist die unmittelbare Ausführung für sich allein auch keine Ermächtigungsgrundlage. Da kein entgegenstehender Wille gebrochen wird, ist die unmittelbare Ausführung auch **keine Zwangsmaßnahme** (zur Abgrenzung Rn. 192).

Die unmittelbare Ausführung ist ein **Realakt**.[121] Charakteristikum der unmittelbaren Ausführung ist es aber, dass der Betroffene nicht anwesend ist und ihm somit eine Verfügung **nicht bekannt gegeben** werden kann. Die überkommene Auffassung hatte angenommen, dass bei der unmittelbaren Ausführung Grundverwaltungsakt, Androhung, Fristsetzung und Anwendung des Zwangsmittels in einem Akt zusammenfallen und diese daher ein Verwaltungsakt ist.[122] Dies scheitert aber am VwVfG, verlangt doch die Wirksamkeit eines Verwaltungsakts nach § 1 Abs. 1 LVwVfG iVm § 43 Abs. 1 VwVfG, dass er dem Betroffenen nach § **41 VwVfG** bekannt gegeben wird.

b) Tatbestand. Die unmittelbare Ausführung setzt voraus, dass der Verantwortliche **nicht** oder **nicht rechtzeitig erreichbar** ist, beispielsweise weil es keinen Verantwortlichen gibt (zB Naturkatastrophen), dieser nicht anwesend oder nicht ansprechbar ist (zB infolge einer Ohnmacht). Gleiches gilt, wenn eine Person nicht geeignet ist, die Gefahr zu beseitigen (zB Schwerverletzter nach Verkehrsunfall). Außerdem muss es sich um eine **vertretbare Handlung** handeln. Viele Standardmaßnahmen, wie zB Platzverweis und Gewahrsamnahme, sind unvertretbare Handlungen, bei denen deswegen eine unmittelbare Ausführung ausscheidet.

Weitere Voraussetzung der unmittelbaren Ausführung ist das Fehlen eines **Grundverwaltungsakts**. Sobald ein solcher vorliegt und durchgesetzt wird, handelt es sich um eine Ersatzvornahme, also ein Mittel der Vollstreckung (zur Abgrenzung am Beispiel von Verkehrszeichen vgl. Rn. 207 ff.).

c) Rechtsfolge. Ordnungsbehörde bzw. Polizei können die Maßnahme selbst vornehmen, sog. **Selbstvornahme**, oder durch einen Beauftragten ausführen lassen, sog. **Fremdvornahme** (zB Abschleppunternehmer, Schlüsseldienst). Der von der Maßnahme Betroffene ist nach § 6 Abs. 1 S. 2 POG unverzüglich zu unterrichten. Die Unterrichtungspflicht ist aber keine Rechtmäßigkeitsvoraussetzung. Die Behörden haben einen **Kostenerstattungsanspruch** nach § 6 Abs. 2 S. 1 POG, den sie durch Leistungsbescheid geltend machen können. Im Innenverhältnis, also unabhängig von der Frage, wer im Außenverhältnis herangezogen worden ist, haften mehrere Verantwortliche gem. § 6 Abs. 2 S. 2 POG als Gesamtschuldner.

7. Ermessen der Polizei. a) Opportunitätsprinzip. aa) Entschließungs- und Auswahlermessen: Wenn die Tatbestandsvoraussetzungen einer polizei- oder ordnungsrechtlichen Vorschrift gegeben sind, verpflichtet dies die zuständigen Polizei- und Ordnungsbehörden nicht stets zum Handeln. Vielmehr ist für den Bereich der Gefahrenabwehr das sog. **Opportunitätsprinzip** maßgebend.[123] Die Behörden besitzen Entschließungs-

---

121 *Schenke*, Rn. 566 f.; *Erichsen*, Jura 1998, 31 (42); *Kästner*, JuS 1994, 360 (364); *Kugelmann*, DÖV 1997, 153 (155).
122 OVG Münster, DVBl. 1973, 924 (925).
123 *Thiel*, § 8 Rn. 155. Anders für den Bereich der Strafverfolgung, in dem die Polizei gem. § 163 Abs. 1 S. 1 StPO zur Erforschung und Aufklärung von Straftaten verpflichtet ist (sog. Legalitätsprinzip).

und Auswahlermessen. Das **Entschließungsermessen** betrifft das »Ob« des Handelns. Polizei- und Ordnungsbehörden können sich in einer konkreten Situation also grundsätzlich auch dazu entscheiden, nicht einzuschreiten. Entscheidendes Kriterium ist die Effektivität der Gefahrenabwehr. Ein Einschreiten kann zum Beispiel unterbleiben, wenn durch das polizeiliche Handeln eine Einsatzlage eskalieren würde und es zu gewalttätigen Ausschreitungen käme.

82 Auch wenn sich die Polizei- und Ordnungsbehörden zu einem Einschreiten entschlossen haben, bedeutet dies noch nicht die Festlegung auf eine bestimmte polizeiliche Maßnahme. Vielmehr kommen meist verschiedene Mittel zur Gefahrenabwehr in Betracht, die Behörde hat insofern ein **Auswahlermessen**. Rechtliche Begrenzungen der Auswahl ergeben sich unter anderem aus dem Übermaßverbot (s. auch § 2 POG).

83 **bb) Anspruch auf ermessensfehlerfreie Entscheidung:** Nach § 1 Abs. 1 LVwVfG, § 40 VwVfG hat eine Behörde beim Einschreiten die Grenzen des Ermessens einzuhalten. Erkennt die einschreitende Behörde nicht, dass sie in einer Situation ein Ermessen hat, liegt ein sog. **Ermessensnichtgebrauch** vor. Dies ist beispielsweise dann der Fall, wenn ein Polizeibeamter irrtümlicherweise glaubt, er müsse einschreiten bzw. habe nur eine Alternative zur Gefahrenabwehr. Ein **Ermessensfehlgebrauch** liegt vor, wenn die Behörde den zugrunde liegenden Sachverhalt nicht vollständig ermittelt hat, der vollständig ermittelte Sachverhalt bei der Ermessensabwägung nicht ausreichend abgewogen und berücksichtigt wurde oder wenn die Behörde sich bei der Abwägung von sachfremden Erwägungen hat leiten lassen. Eine **Ermessensüberschreitung** liegt vor, wenn die Behörde nach der ordnungsgemäßen Abwägung eine Rechtsfolge wählt, die gesetzlich nicht vorgesehen ist.

84 **cc) Anspruch auf polizei- und ordnungsbehördliches Einschreiten:** Eine **Pflicht zum Einschreiten** besteht **nur bei einer Ermessensreduzierung auf Null**. Diese ist gegeben, wenn sich eine Gefahr oder Störung für die öffentliche Sicherheit oder Ordnung als besonders schädlich erweist und die Grenzen der von der Polizei noch tolerierbaren Schädlichkeit überschreitet (sog. Schädlichkeitsgrenze). Ob dies der Fall ist, hängt vor allem von der Wertigkeit des bedrohten Rechtsguts, aber auch von der Intensität der Gefahr und den mit dem polizeilichen Handeln verbundenen Risiken ab. In die Ermessenserwägungen einzubeziehen sind auch Gesichtspunkte der polizeilichen personellen und sachlichen Mittel. Diese können es rechtfertigen, dass die Polizei insb. dann, wenn sie vorrangig mit der Behebung gravierender Gefahren beschäftigt ist, bei Bagatellfällen oder wenn der Schutz der Sicherheit und Ordnung auf andere Art und Weise gewährleistet werden kann, auf ein Einschreiten verzichtet.

85 Eine behördliche Pflicht zum Tätigwerden bedeutet nicht zwangsläufig einen Anspruch des Einzelnen auf Einschreiten. Bei besonders hochwertigen Rechtsgütern (Leben und Gesundheit) kann sich ein solcher allerdings aus den bei Art. 2 Abs. 2 GG bzw. Art. 3 Abs. 1 iVm Art. 1 Abs. 1 S. 2, Abs. 2 LV ausdrücklich anerkannten **grundrechtlichen Schutzpflichten** ergeben. Während früher davon ausgegangen wurde, dass die Gefahrenabwehr ausschließlich dem öffentlichen Interesse diene und nicht dem Schutz subjektiver Rechte des Einzelnen, geht man heute zutreffend davon aus, dass subjektive Rechte betroffen sind, wenn Gefahren für die öffentliche Sicherheit und

Ordnung die Rechtgüter einzelner Bürger beeinträchtigen.[124] Die Rspr. hat zu Recht eine Verpflichtung angenommen, vor einer fünf Kilometer langen Ölspur auf einer Straße zu warnen bzw. Minen in einem Garten zu beseitigen.[125] Allerdings wird sich die Ermessensreduzierung im Regelfall nur auf das Entschließungs-, nicht aber das Auswahlermessen beziehen.[126] Der Gefährdete hat also zwar einen Anspruch auf polizeiliches Einschreiten, kann aber nicht eine konkrete Maßnahme verlangen, sofern mehrere in Betracht kommen. Keinen Anspruch auf Einschreiten hat der Störer.[127] Umstritten ist allerdings, inwiefern sich dieser Gedanke auch auf den **Eigentumsschutz** übertragen lässt, bei dem nach der Rspr. eine grundrechtliche Schutzpflicht nicht anerkannt ist.[128] Eine Pflicht zum Einschreiten kann sich auch aus Unionsrecht ergeben.[129]

Gerichtlich wird der Anspruch auf Einschreiten mit der **Verpflichtungsklage** geltend gemacht, wenn die begehrte Maßnahme einen Verwaltungsakt darstellt, ansonsten durch die allgemeine Leistungsklage. Sofern dem Betroffenen ein Abwarten auf die Entscheidung in der Hauptsache nicht zugemutet werden kann, hat er die Möglichkeit, mittels eines Antrages nach § 123 Abs. 1 S. 2 VwGO (Regelungsanordnung) vorläufigen Rechtsschutz zu beantragen. Nach h.M. kommt eine Regelungsanordnung aber nur bei einer Ermessensreduzierung auf Null in Betracht, da dem Betroffenen im vorläufigen Rechtsschutzverfahren nicht mehr zugesprochen werden kann, als er in der Hauptsache erreichen kann.[130]

86

b) Subsidiaritätsgrundsatz (§ 1 Abs. 3 POG). Sofern infolge des Subsidiaritätsprinzips nicht bereits ein Einschreiten überhaupt ausgeschlossen ist, wird § 1 Abs. 3 POG auch hinsichtlich des Auswahlermessens relevant. Die Maßnahme darf immer nur vorläufiger Natur sein und vor allem darf sie eine endgültige Regelung des Zivilgerichtes nicht erschweren oder verhindern (zur Bedeutung im Zusammenhang mit dem Einschreiten bei häuslicher Gewalt Rn. 109).

87

c) Auswahl zwischen mehreren Störern. Stehen mehrere Störer zur Auswahl, stellt sich die Frage, welcher von diesen in Anspruch zu nehmen ist. Grundsätzlich sind sämtliche Störer, die unabhängig voneinander eine Gefahr verursacht haben, in vollem Umfang verantwortlich.[131] Die Auswahl ist eine **Ermessensentscheidung**, die sich vor allem **am Grundsatz der Effektivität und erst in zweiter Linie am Gesichtpunkt der Verhältnismäßigkeit** orientieren muss. Auf der **Primärebene** ist derjenige heranzuziehen, der die Gefahr oder Störung am effektivsten, dh am schnellsten und wirksamsten, beseitigen kann. Entscheidend sind die sachliche und persönliche Leistungsfähigkeit, zivilrechtliche Verfügungs- und Nutzungsrechte und andere Gesichtspunkte der effektiven Gefahrenabwehr. Aussagen, dass der Verhaltensstörer vor dem Zustandsstörer und der mehrfache Störer vor dem einfachen Störer heranzuziehen ist, sind des-

88

---

124 *Schenke*, Rn. 104; ausf. *Dietlein*, DVBl. 1991, 685 f.
125 BGH, VRS 7, 87 ff.
126 *Schoch*, Rn. 165.
127 VGH Mannheim, VBlBW 1995, 64 (65).
128 VG Berlin, DVBl. 1981, 785; VG Freiburg, VBlBW 1987, 349; *Schenke*, Rn. 101, 104 m.w.N.
129 Zum Einschreiten gegen eine Versammlung, die gleichzeitig den freien Warenverkehr behindert s. die VO(EG) 2679/98. Zuvor schon EuGH, EuR 1998, 47 mAnm *Schwarze*; EuGH, DVBl. 2003, 1200. S. dazu auch *Ruthig*, in: ders./Storr (Fn. 13), Rn. 51 f.
130 S. dazu kritisch *Schoch*, in: ders./Schneider/Bier, VwGO, § 123, Rn. 158 ff. m.w.N.
131 *Schenke*, Rn. 284 m.w.N. auch zur Gegenauffassung im neueren Schrifttum, etwa *Jochum*, NVwZ 2003, 526 (529 ff.).

wegen in dieser Allgemeinheit unzutreffend. Es ist vielmehr gerade umgekehrt nicht zu beanstanden, dass der Zustandsverantwortliche herangezogen wird, wenn der Verhaltensverantwortliche nicht bekannt ist und seine Ermittlung die Gefahrenabwehr verzögern würde.[132] Erst wenn mehrere bekannte Störer gleichermaßen effektiv zur Gefahrbeseitigung bereit stehen, ist nach Verhältnismäßigkeitsgesichtspunkten zu entscheiden. Dann können Kriterien wie die Nähe zur Gefahr, Verantwortungsgerechtigkeit und Billigkeit herangezogen werden.

89 Auf der **Sekundärebene** geht es nicht mehr um die effektive Gefahrenabwehr, sondern um eine **gerechte Kostenverteilung**. Diese soll gerecht und zumutbar sein und richtet sich nach den **Umständen des Einzelfalls** (Kriterien sind Gefahrennähe, Verschulden usw). Dies kann dazu führen, dass der Verhaltensstörer vor dem Zustandsstörer in Anspruch zu nehmen ist. Dies gilt zumindest dann, wenn die Kosten beim Verhaltensstörer unproblematisch geltend gemacht werden können.[133] Umstritten ist, ob die Störer untereinander einen **internen Ausgleichsanspruch** besitzen. Die h.M. lehnt dies vor allem unter Hinweis auf den Gesetzesvorbehalt ab, sofern keine spezialgesetzliche Regelung (wie zB in § 24 Abs. 2 BBodSchG) besteht.[134] Nach der Gegenauffassung ergibt sich der Ausgleichsanspruch in entsprechender Anwendung von § 426 BGB.[135]

90 **d) Verhältnismäßigkeit der Maßnahme.** Die Verhältnismäßigkeit einer Maßnahme verlangt zunächst deren **Geeignetheit**. Darunter versteht man die objektive Tauglichkeit des Mittels zur Gefahrenabwehr, die aus der ex-ante Sicht der handelnden Ordnungsbehörde oder Polizei zu beurteilen ist. Ein Mittel ist auch dann objektiv tauglich, wenn es die Gefahr zwar nicht vollständig beseitigen, aber erheblich verringern kann. Daraus folgt bei **Dauerverwaltungsakten**, dass sie aufzuheben sind, sobald sich aufgrund nachträglicher Tatsachen herausstellt, dass die Gefahr nicht mehr besteht.[136]

91 Die Maßnahme muss außerdem **erforderlich** sein. Die Behörde hat das **mildeste Mittel** zu wählen, dh das Mittel, welches die in Anspruch genommene Person und die Allgemeinheit am wenigsten beeinträchtigt (§ 2 Abs. 1 POG). Ein milderes Mittel muss aber nur dann gewählt werden, wenn es gleichermaßen geeignet ist, die Gefahr zu beseitigen. Insb. bei Abschleppmaßnahmen spielt die Erforderlichkeit eine entscheidende Rolle.[137] Sind mehrere Mittel gleich mild, kann die Behörde nach ihrem Ermessen ein Mittel auswählen (§ 3 Abs. 2 S. 1 POG). Da die Frage, ob es mildere Mittel gibt, eine Wertungsfrage ist, hat der Betroffene die Möglichkeit, ein **Austauschmittel** vorzuschlagen, wenn dieses ebenso wirksam ist (§ 3 Abs. 2 S. 2 POG).

92 Die Nachteile einer Maßnahme dürfen zum angestrebten Erfolg nicht erkennbar außer Verhältnis stehen (**Verhältnismäßigkeit im engeren Sinne**, § 2 Abs. 2 POG). Die ge-

---

132 S. auch zum BBodSchG VGH München, NVwZ-RR 2007, 670 (671).
133 Hinsichtlich der Abschleppkosten ist danach der Fahrer vor dem Halter des Pkws in Anspruch zu nehmen, s. OVG RhPf., NJW 1986, 1369 (1370); *Fischer*, JuS 2002, 446 (448).
134 BGHZ 110, 313 (318); *Gusy*, Rn. 377.
135 *Schenke*, Rn. 289. S. aber auch *Götz/Geis*, § 9 Rn. 97, der hier § 24 Abs. 2 BBodSchG in analoger Anwendung heranzieht.
136 Zu einem Beispiel (Wohnungsverweisung) OVG Münster, Beschl., v. 14.5.2012 – 5 B 599/12 – (juris).
137 Ein verbotswidrig geparkter Pkw ist grundsätzlich umzusetzen, dh an der nächstgelegenen Örtlichkeit, wo kein Parkverbot besteht, abzustellen und darf nicht zum Betriebshof des Abschleppunternehmers oder der Polizei- bzw. Ordnungsbehörde gebracht werden, s. *Schenke*, Rn. 720. Allerdings dürfen die Anforderungen auch nicht überspannt werden, es ist nicht Aufgabe der Polizei für den Bürger nach einem Parkplatz zu suchen.

schützten Rechtsgüter und die Rechtsgüter, welche durch die behördliche Maßnahme beeinträchtigt werden, sind ins Verhältnis zu setzen und abzuwägen. Je nach zeitlicher Dringlichkeit und dem Rang der geschützten Rechtsgüter sind keine hohen Anforderungen an die Abwägung zu stellen. Die Verhältnismäßigkeitsprüfung hängt maßgeblich vom konkreten Einzelfall ab. Vor allem pauschale, undifferenzierte Allgemeinverfügungen sind regelmäßig unverhältnismäßig.

IV. Generalklausel (§ 9 Abs. 1 POG) und Spezialermächtigungen

Im Verhältnis verschiedener Ermächtigungsgrundlagen zueinander gilt der Spezialitätsgrundsatz. Die polizeiliche **Generalklausel** des § 9 Abs. 1 POG, deren Tatbestandsvoraussetzungen im vorangegangenen Abschnitt als Grundmodell polizei- und ordnungsrechtlicher Gefahrenabwehr erörtert wurden, ist gegenüber den Spezialermächtigungen (Standardmaßnahmen) subsidiär.[138] Standardmaßnahmen übernehmen innerhalb des POG **verschiedene Funktionen**. Zum einen dienen sie der Typisierung häufig wiederkehrender Standardsituationen, für die im Interesse der handelnden Beamten, aber auch der betroffenen Bürger klare Handlungsanweisungen gegeben werden sollen. Sie konkretisieren dadurch sowohl das Bestimmtheitsgebot als auch das Übermaßverbot. Sobald sich bestimmte Konstellationen zu »Standardproblemen« entwickeln sei daher der Gesetzgeber gefordert, da die Generalklausel allenfalls für Übergangszeiten als Eingriffsgrundlage dienen könne.[139] Eine Systematisierung ist kaum noch möglich. Im Folgenden wird entsprechend dem Aufbau des Gesetzes zwischen den »klassischen« Standardmaßnahmen und solchen mit starkem Bezug zum Grundrecht auf informationelle Selbstbestimmung bzw. der es flankierenden speziellen Grundrechtsgewährleistungen unterschieden. 93

Die Generalklausel wird auch durch **spezialgesetzliche Ermächtigungsgrundlagen** verdrängt, die immer häufiger ausdrückliche Ermächtigungsgrundlagen enthalten.[140] Dies gilt etwa für das **Landesimmissionsschutzrecht** (dazu Rn. 176), das **LadöffnG** (dazu § 6 Rn. 16) und den **Nichtraucherschutz** (dazu § 6 Rn. 22) sowie das **Lebensmittelrecht**.[141] Trotz eines grundsätzlichen Vorrangs des »besonderen Gefahrenabwehrrechts« ist aber auch das **Verhältnis zwischen POG und LBauO** keineswegs abschließend geklärt.[142] Die Wahl einer falschen Rechtsgrundlage macht den VA allerdings nicht rechtswidrig, wenn Tatbestandsvoraussetzung und Ermessenserwägungen identisch sind. Bei der Anwendung von Spezialvorschriften stellen sich häufig vergleichba- 94

---

138 Zur Anwendbarkeit der Generalklausel bei einem Ausreiseverbot aus dem Bundesgebiet wegen drohender Gewalttätigkeiten bei einer Versammlung im Ausland s. BVerwG, NVwZ 2007, 1439 ff.
139 Vgl. *Ruthig*, in: ders./Storr (Fn.), Rn. 137 f.; *Scheidler*, Jura 2009, 575 m.w.N. Nach BVerwGE 115, 189 (194) gilt dies beispielsweise für das Einschreiten gegenüber Laserdromen; s. auch *Schoch*, Rn. 99. Krit. zu der Gefahr einer Überdehnung des Parlamentsvorbehalts *Schenke*, Rn. 49; einschränkend auch BVerwG, GewArch 2007, 247.
140 Sofern die jeweiligen Gesetze keine Ermächtigungsgrundlagen enthalten greift § 9 Abs. 2 S. 2 POG, vgl. zu einem Beispiel OVG RhPf., DVBl. 2015, 322: Unterbindung von Verstößen gegen das LJagdG und das BNatschG.
141 Vgl. § 29 Abs. 2 LFGB, der auch im Anwendungsbereich des Weinrechts Geltung beansprucht, OVG RhPf., LKRZ 2013, 524; zuvor für § 9 Abs. 1 POG OVG RhPf., ZLR 2004, 631 ff.
142 Vgl. OVG Koblenz, NJW 2013, 184 zur Zulässigkeit einer Sicherstellung. Die Ermöglichung einer effektiven Gefahrenabwehr spräche dafür, die Ermächtigungen nach LBauO und POG nebeneinander anzuwenden; vgl. auch *Lang*, in: Jeromin, LBauO, Komm., 3. Aufl. 2012, § 81 Rn. 3.

re Rechtsfragen, insb. zur Reichweite von Generalklauseln, zB aktuell der Stützung von Maßnahmen zur **Corona-Bekämpfung auf §§ 28, 32 IfSG**.[143]

95 Überall dort, wo in den öffentlichrechtlichen Spezialgesetzen (noch) Eingriffsbefugnisse fehlen, ist demgegenüber auf die **Generalklausel als Ergänzung einer lex imperfecta** zurückzugreifen, wie § 9 Abs. 2 S. 2 POG ausdrücklich klarstellt. Dies gilt zB für den Schutz der Sonn- und Feiertagsruhe[144] sowie Verstöße gegen das **HeilpraktikerG**.[145]

V. Spezialermächtigungen im POG (klassische Standardmaßnahmen)

96 **1. Befragung und Auskunftspflicht (§ 9a POG). a) Allgemeines Befragungsrecht.** Nach § 9a Abs. 1 POG haben die Ordnungsbehörden und die Polizei ein **Befragungsrecht** gegenüber einer Person, wenn diese sachdienliche Angaben zur ordnungsbehördlichen oder polizeilichen Aufgabenerfüllung machen kann. In jedem Fall ist die Person verpflichtet, die in § 9a Abs. 2 POG aufgelisteten Daten anzugeben. Eine **Auskunftspflicht** besteht nach § 9a Abs. 2 S. 2 POG nur beim Vorliegen einer (konkreten) Gefahr. Nach § 9a Abs. 3 S. 1 POG können die Betroffenen von ihren **Auskunftsverweigerungsrechten** nach §§ 52 bis 55 StPO Gebrauch machen, es sei denn, die Auskunft ist zur Abwehr einer gegenwärtigen Gefahr für Leib oder Leben einer Person unerlässlich (s. allerdings zur Frage der mangelnden Durchsetzbarkeit einer Aussagepflicht Rn. 219), § 9a Abs. 3 S. 2 POG. Das Auskunftsverweigerungsrecht von Berufsgeheimnisträgern bleibt absolut geschützt, § 9a Abs. 3 S. 3 POG.

97 **b) Schleierfahndung, § 9a Abs. 4 POG.** § 9a Abs. 4 POG regelt seit 2004 die Voraussetzungen der sog. Schleierfahndung, also der Durchführung **verdachtsunabhängiger Anhalte- und Sichtkontrollen**. Nach § 9a Abs. 4 POG darf die Polizei diese im **gesamten öffentlichen Verkehrsraum** durchführen, ohne dass eine konkrete Gefahr vorliegen muss. Es genügen **Anhaltspunkte**, dh nachprüfbare Tatsachen, dass die Kontrolle zur vorbeugenden Bekämpfung von Straftaten von erheblicher Bedeutung oder grenzüberschreitender Kriminalität oder zur Unterbindung unerlaubten Aufenthalts erforderlich ist. Die Befugnis ermächtigt dazu, Personen anzuhalten, zu befragen, sich Ausweispapiere aushändigen zu lassen und mitgeführte Fahrzeuge und Sachen in Augenschein zu nehmen.[146]

98 Die Schleierfahndung ist in erster Linie eine Maßnahme der **Gefahrerforschung**.[147] Damit zusammenhängend sah sie sich dem Einwand ausgesetzt, dass es sich in Wahrheit nicht um Gefahrenabwehr, sondern um die Verfolgung von Straftaten handeln würde, wie nicht zuletzt die Auswertung der »Trefferstatistiken« zeige.[148] Diese Argumentation überzeugt allerdings deswegen nicht, weil auch die vorbeugende Bekämpfung von Straftaten zu den präventivpolizeilichen Aufgaben gehört (Rn. 7). Trotz der

---

143 Überblick bei *Giesberts/Gayger/Weyand*, NVwZ 2020, 417; *Marquardsen/Gerlach*, JA 2020, 801. Zur Erforderlichkeit konkreterer gesetzgeberischer Regelungen *Volkmann*, NJW 2020, 3153.
144 BVerwGE 90, 337 (341); OVG RhPf., DVBl. 1999, 44.
145 VG Trier Urt. v. 18.8.2010 – 5 K 221/10 – (juris).TR am Beispiel der Ausübung traditioneller chinesischer Medizin (TCM). Allerdings ist bei Eingriffen in Art. 12 GG bzw. 58 LV ein Rückgriff auf die polizeirechtliche Generalklausel auch außerhalb des Gewerberechts problematisch.
146 § 9a Abs. 4 POG erfasst dabei lediglich die von außen vorgenommene Inaugenscheinnahme des Kfz. Öffnet der Betroffene also den von außen nicht einsehbaren Kofferraum nicht freiwillig, kommt nur eine Durchsuchung nach § 19 POG in Betracht, vgl. u. Rn. 123; *Ruthig*, ZJS 2011, 63 (65), Fn. 4.
147 BayVerfGH, NVwZ 2003, 1375 (1377); *Rachor*, in: Lisken/Denninger, E Rn. 355; *Gusy*, Rn. 205.
148 *Schütte*, ZRP 2002, 393 (396 f.).

harten Kritik von Teilen der Lit. an dieser »Methode aus dem Arsenal des permanenten Ausnahmezustandes«[149] bejahte die überwiegende Rspr. die Verfassungsmäßigkeit, insb.[150] die Vereinbarkeit des mit der Schleierfahndung verbundenen Eingriffes in das **Recht auf informationelle Selbstbestimmung** mit dem Übermaßverbot[151].

Auch ein Verstoß gegen Regeln des Unionsrechts, vor allem den Schengener Grenzkodex (zu diesem schon Rn. 11), liegt nicht vor. Art. 21 SGK lässt die Polizeibefugnisse im eigenen Hoheitsgebiet und die nationalen Regeln ausdrücklich unberührt.[152] Auch sonstiges (primäres) Unionsrecht – insb. das von Art. 20 Abs. 2 S. 2 lit. a, 21 AEUV umfasste Recht auf Freizügigkeit – steht § 9 a Abs. 4 POG nicht entgegen.[153] 99

2. Identitätsfeststellung (§ 10 POG). Nach § 10 Abs. 1 S. 1 POG kann die Identität festgestellt werden, wenn dies zur **Abwehr einer Gefahr** oder zum **Schutz privater Rechte** erforderlich ist. Nach § 10 Abs. 1 S. 2 POG kann die **Polizei** (nicht die allgemeine Ordnungsbehörde) an bestimmten Orten eine Identitätsfeststellung durchführen, **ohne** dass eine **konkrete Gefahr** vorliegt. Erfasst sind nach § 10 Abs. 1 S. 2 Nr. 1 POG vor allem die **gefährlichen Orte** bzw. **Kriminalitätsschwerpunkte**. Typische Beispiele sind Bahnhöfe, Asylbewerberheime, Parks, Rotlichtviertel und Bordelle. Voraussetzung ist aber, dass aufgrund tatsächlicher Anhaltspunkte erfahrungsgemäß angenommen werden kann, dass es sich um einen Kriminalitätsschwerpunkt handelt. Bloße Vermutungen genügen nicht, polizeiliche Erkenntnisse müssen sich zu Erfahrungen verdichtet haben.[154] Zulässig ist aber eine Identitätsfeststellung auch an **gefährdeten Objekten** (§ 10 Abs. 1 S. 2 Nr. 2 POG) sowie an **Kontrollstellen**, die nach § 27 VersG oder § 100 a StPO eingerichtet wurden (§ 10 Abs. 1 S. 2 Nr. 3 POG). Es sind **Einzel- und Sammelkontrollen (sog. Razzien)** zulässig.[155] Adressat ist jedermann, der sich an entsprechenden Orten aufhält, ohne dass es auf eine Störereigenschaft nach §§ 4 ff. POG ankommt. 100

Zur Identitätsfeststellung dürfen nach § 10 Abs. 2 S. 1 POG die **erforderlichen Maßnahmen** getroffen werden. Zunächst darf der Betroffene gem. § 10 Abs. 2 S. 2 POG **angehalten** werden. Er darf nach den Personalien **befragt** werden und muss mitgeführ- 101

---

149 *Lisken*, NVwZ 1998, 22 (24).
150 Außerdem wäre die Vereinbarkeit mit Art. 2 Abs. 2 S. 2 bzw. Art. 11 GG zu prüfen. Bei beiden Grundrechten fällt das mit einer Befragung verbundene kurzfristige Festhalten während einer Befragung wegen Geringfügigkeit nach h.M. nicht in den Schutzbereich, s. *Murswiek*, in: Sachs, GG, 6. Aufl. 2011, Art. 2 Rn. 240; vgl. *Wollenschläger*, in: Dreier, GG, Komm., 3. Aufl. 2013, Art. 11 Rn. 43 m.w.N. Das Verhältnis beider Vorschriften zueinander ist umstritten, die h.M. sieht Art. 2 Abs. 2 S. 2 als lex specialis an, s. *Murswiek*, aaO, Rn. 249.
151 BayVerfGH, NVwZ 2003, 1375 ff.; NVwZ 2006, 1284 ff.; SächsVerfGH, SächsVBl. 2003, 247; einschränkend MVVerfG, DVBl. 2000, 262 ff. S. auch *Ruthig*, ZJS 2011, 63 (66).
152 Vgl. auch EuGH, EuR 2012, 199 (Melki und Abdeli); dazu *Kempfler*, BayVBl. 2012, 9; *Trennt*, DÖV 2012, 216.
153 Dazu *Ruthig*, ZJS 2011, 63 (65 f.) m.w.N.
154 S. auch VG München, NVwZ-RR 2000, 154 (155) zur Notwendigkeit weiterer Ermittlungen bei einer anonymen Anzeige.
155 Davon zu unterscheiden ist die Frage nach der Rechtsgrundlage für ein Betreten. Sieht man dieses nicht als unselbständigen Teil der Razzia [dahin tendierend VG München, NVwZ-RR 2000, 154 (155); a.A. OVG Bremen, NordÖR 2003, 457] an, ist § 20 Abs. 4 POG einschlägig, der allerdings nach seinem Wortlaut das Vorliegen einer (konkreten) Gefahr voraussetzt und damit enger ist als die Vorschrift des § 10 Abs. 1 S. 2 POG. BVerwGE 121, 345 sah die Frage, inwieweit die Tatbestandsvoraussetzungen des polizeirechtlichen Betretungsrechts vorliegen, als nicht revisibel an.

te Ausweispapiere aushändigen.[156] Bei Schwierigkeiten kann der Betroffene auch **festgehalten** werden.[157] Darin liegt ein deutlich intensiverer Eingriff als im bloßen Anhalten. Daher wird ein Festhalten als **Freiheitsentziehung** gewertet (dazu Rn. 115 f.).

102 **3. Erkennungsdienstliche Maßnahmen (§ 11 POG).** Erkennungsdienstliche Maßnahmen dürfen nur von der **Polizei** und nur dann angeordnet werden, wenn die nach § 10 POG zulässige **Identitätsfeststellung** auf andere Weise nicht oder nur unter Schwierigkeiten möglich ist (§ 11 Abs. 1 Nr. 1 POG) oder wenn jemand verdächtig ist, eine **Straftat** begangen zu haben und die Gefahr einer **Wiederholung** besteht (§ 11 Abs. 1 Nr. 2 POG).[158] Zulässig sind zB das Anfertigen von Fingerabdrücken und Lichtbildern, vgl. **§ 11 Abs. 4 POG.**

103 **4. Medizinische und molekulargenetische Untersuchungen (§ 11 a POG).** Ist eine Identitätsfeststellung nach § 10 POG nicht oder nur unter Schwierigkeiten möglich, dürfen nach § 11 a Abs. 1 POG **medizinische und molekulargenetische Untersuchungen** durchgeführt werden (zur Abgrenzung von der Durchsuchung von Personen Rn. 122). Die Vorschrift verweist im Wesentlichen auf die entsprechenden Regelungen der StPO, die **Reichweite des Richtervorbehalts (§ 11 a Abs. 4 POG)** ist eingeschränkt.

104 **5. Vorladung (§ 12 POG).** Eine Vorladung ist die Anweisung an eine Person, zu einer bestimmten Zeit bei der Behörde zu erscheinen. Nach § 12 Abs. 1 Nr. 1 POG darf eine Person vorgeladen werden, wenn Tatsachen die Annahme rechtfertigen, dass die Person **sachdienliche Angaben** machen kann, die für die Erfüllung bestimmter polizeilicher Aufgaben erforderlich sind. Die Vorladung begründet zwar keine Aussagepflicht, sie ist aber auch dann zulässig, wenn der Betroffene ankündigt, keine Angaben machen zu wollen. Nach § 12 Abs. 1 Nr. 2 POG kann eine Person zur **Durchführung erkennungsdienstlicher Maßnahmen** vorgeladen werden. Die Vorladung kann gem. § 12 Abs. 3 POG **zwangsweise** durchgesetzt werden (s. u. Rn. 183). Allerdings darf **keine Aussage erzwungen** werden. Dies wird durch den Hinweis auf § 136 a StPO in § 12 Abs. 4 POG noch einmal deutlich zum Ausdruck gebracht (näher Rn. 217 ff.).

105 **6. Meldeauflagen (§ 12 a POG).** Für die zuvor auf die Generalklausel gestützten **Meldeauflagen**, die insb. im Zusammenhang mit Sportgroßereignissen eingesetzt werden,[159] hat man 2011 als bisher einziges Bundesland eine ausdrückliche Ermächtigungsgrundlage geschaffen, die die Voraussetzungen konkretisiert und die Zuständigkeit zu ihrem Erlass ausschließlich der Polizei überträgt. Die Pflicht, sich an bestimmten Tagen zu bestimmten Zeiten bei einer bestimmten Polizeidienststelle zu melden, soll die Teilnahme des Verantwortlichen an gewalttätigen Auseinandersetzungen am Veranstaltungsort verhindern und dient somit der vorbeugenden Bekämpfung von

---

156 Daraus ergibt sich keine Mitführpflicht für Personalausweis und Pass. Auch § 1 Abs. 1 PAuswG begründet eine solche nicht; vgl. demgegenüber § 1 Abs. 1 S. 1 PaßG. Somit kann es notwendig werden, mit dem Betroffenen nach Hause zu fahren, um den Personalausweis einzusehen, wenn man andere Legitimationspapiere nicht als ausreichend für die Feststellung anerkennt. Nach § 10 Abs. 3 POG sind ebenso mitzuführende Berechtigungsscheine (zB Waffenschein, Waffenbesitzkarte, Führerschein, Jagdschein) auf Verlangen auszuhändigen.
157 Ein Festhalten liegt erst vor, wenn die Kontrolle über einen längeren Zeitraum andauert. Z.T. werden 15 Minuten als Grenze angenommen.
158 Vgl. VG Neustadt/Weinstr., Urt. v. 21.5.2013 – 5 K 969/12.NW – (juris).
159 Vgl. zur Zulässigkeit von Meldeauflagen auf der Grundlage der Generalklausel u. a. BVerwGE 129, 142 (150); VGH Mannheim, NJW 2000, 3658; DÖV 2017, 783; *Schenke*, Rn. 50 a; *Beaucamp*, JA 2017, 728 (732); a.A. wegen des Eingriffes in Art. 11 GG *Rühle*, G Rn. 29; *Schucht*, NVwZ 2011, 709 (713).

V. Spezialermächtigungen im POG (klassische Standardmaßnahmen)

Straftaten (s. auch Rn. 7). Sie ist angesichts ihrer Grundrechtsintensität zu befristen (Satz 2) und kann nur nach näherer Maßgabe der § 12 a S. 3 und 4 POG durch den Richter verlängert werden.

7. **Platzverweis, Wohnungsverweisung, Aufenthaltsverbot (§ 13 POG).** a) **Platzverweis.** Ein Platzverweis ist das zeitlich befristete **Verbot, einen bestimmten Ort zu betreten oder das Gebot, einen Ort zu verlassen.** § 13 Abs. 1 S. 2 POG zählt beispielhaft Hauptanwendungsfälle des Platzverweises auf, ist aber nicht abschließend. Er setzt eine (konkrete) Gefahr voraus.[160] Die reine Anwesenheit von Bettlern und Obdachlosen in einer Fußgängerzone ist keine Gefahr für die öffentliche Sicherheit und Ordnung (s. bereits Rn. 35). 106

Der Platzverweis nach § 13 Abs. 1 POG darf nur **kurzfristig** und für eine bestimmte, **eng begrenzte Örtlichkeit** ausgesprochen werden. Die Befristung beträgt in der Regel einige Stunden, sie kann aber auch für mehrere Tage ausgesprochen werden. Der Person darf dabei grundsätzlich kein bestimmter Ort oder eine bestimmte Richtung vorgegeben werden, in die sie sich entfernen muss. Daher kann der Platzverweis nie alleinige Grundlage dafür sein, dass Polizisten eine Person nach Erteilung eines Platzverweises mit dem Streifenwagen an einen bestimmten Ort verbringen. In diesem Fall müssen regelmäßig noch die Voraussetzungen des sog. **Durchsetzungsgewahrsams** nach § 14 Abs. 1 Nr. 3 POG vorliegen. Bei Versammlungen kann den Versammlungsteilnehmern kein Platzverweis nach § 13 POG erteilt werden, da das VersG als lex specialis dem POG vorgeht (zur Abgrenzung Rn. 171 ff.). 107

b) **Wohnungsverweisung.** § 13 Abs. 2 POG regelt den Verweis des berechtigten Inhabers aus seiner Wohnung. Berechtige Inhaber sind alle Personen, die rechtmäßig die tatsächliche Gewalt über die Wohnung ausüben, wie zB Eigentümer, Mieter, Pächter. Ziel ist der **Schutz** der Opfer, die in engen sozialen Beziehungen leben, vor **häuslicher Gewalt**.[161] § 13 Abs. 2 POG will verhindern, dass das Opfer gezwungen ist, die Wohnung zu verlassen und der Gewaltanwender dadurch im Ergebnis für seine Gewaltanwendung noch belohnt würde. Voraussetzung ist nach **§ 13 Abs. 2 POG** das Vorliegen einer gegenwärtigen (also auch konkreten) **Gefahr.** Zuständig für die Abwehr von **Gewalt in engen sozialen Beziehungen** ist nach § 1 Abs. 6 POG ausschließlich die Polizei. Der Begriff der engen sozialen Beziehungen umfasst vornehmlich Familien und familienähnliche Beziehungen. In den anderen Fällen sind auch die allgemeinen Ordnungsbehörden zuständig. 108

Die Wohnungsverweisung darf nur **zeitlich befristet** angeordnet werden. Auf gesetzliche Höchstfristen wurde in § 13 Abs. 2 POG bewusst verzichtet, so dass sie aus dem Grundsatz der Verhältnismäßigkeit und den verfassungsrechtlichen Wertungen im Einzelfall zu bestimmen ist. Da Art. 11 GG in § 8 Nr. 5 POG als einschränkbares Grundrecht genannt ist, kann nicht schon allein aus einer Dauer der Wohnungsverweisung von mehr als 24 Stunden deren Unzulässigkeit abgeleitet werden.[162] Die Befristung der Wohnungsverweisung rechtfertigt sich vielmehr aus dem Umstand, dass 109

---

160 VG Neustadt/Weinstr., NVwZ-RR 2003, 277; *Ruthig*, LKRZ 2015, 481 (485).
161 LT-Drucks. 14/2287, S. 37.
162 Zur Einschlägigkeit des Art. 11 GG s. für die h.M. VGH Mannheim, NJW 2005, 88.

nach dem Gewaltschutzgesetz[163] zivilgerichtliche Gewaltschutzmaßnahmen zum Schutz des Opfers vorgesehen sind, gegenüber denen der polizeiliche Schutz als subsidiär zurücktritt. Deswegen besteht ein Bedürfnis für das Einschreiten der Polizei **nur für den Zeitraum bis zum Ergehen einer** (vorläufigen) **zivilgerichtlichen Entscheidung** nach dem GewSchG.[164] Gerichtliche Entscheidungen ergehen normalerweise innerhalb von **zwei Wochen**, so dass eine zweiwöchige Frist grundsätzlich angemessen ist. Allerdings ist eine Wohnungsverweisung auch dann möglich, wenn der Betroffene nicht nach dem GewSchG vorgeht.[165]

110 Voraussetzung für die Wohnungsverweisung ist eine **gegenwärtige Gefahr für Leib, Leben, Freiheit oder bedeutsame Sach- oder Vermögenswerte**. Das Gefahrenurteil verlangt nach allgemeinen Grundsätzen eine **prognostische** Beurteilung auf der Grundlage objektiv zutreffender und sorgfältig ermittelter Tatsachen. Rein vorsorgliche Maßnahmen scheiden deswegen aus.[166]

111 Eine Wohnungsverweisung ist selbst dann **verhältnismäßig** und somit rechtmäßig, wenn der Störer durch die Verweisung obdachlos wird und damit durch die ordnungsrechtliche Maßnahme ein polizeiwidriger Zustand droht. Unerheblich ist grundsätzlich das Einverständnis des Opfers mit der Wiedereinsetzung des Störers in die Wohnung. Zumindest dann, wenn sich nicht eindeutig klären lässt, ob das Einverständnis auf dem freien Willensentschluss des Opfers beruht, sondern doch von dem Abhängigkeitsverhältnis zum Störer geprägt ist, hat der staatliche Schutzauftrag Vorrang.[167]

112 **c) Aufenthaltsverbot.** Ein Aufenthaltsverbot nach § 13 Abs. 3 POG kann ausgesprochen werden, wenn Tatsachen die Annahme rechtfertigen, dass eine Person an einem bestimmten Ort eine Straftat begehen wird. Es handelt sich um eine Prognoseentscheidung, für die eine hinreichende Wahrscheinlichkeit bestehen muss. Hauptanwendungsfälle sind Verbote gegen Kontakt suchende Dealer und Drogenabhängige zur **Bekämpfung der Drogenszene** sowie Verbote gegen gewaltbereite Personen zum **Schutz von Veranstaltungen**. Zuständig ist ausschließlich die Polizei, § 13 Abs. 3 S. 1 POG.

113 Das Aufenthaltsverbot unterscheidet sich vom Platzverweis vor allem durch die Dauer. Auch **räumlich** geht das Aufenthaltsverbot weiter als ein Platzverweis. Es kann für das gesamte Gebiet einer Gemeinde ausgesprochen werden. Betroffenes Grundrecht ist die Freizügigkeit nach Art. 11 GG bzw. Art. 15 LV, woraus sich die Beschränkung

---

163 Das GewSchG v. 11.12.2001 (BGBl. I S. 3513) ermöglicht es den Zivilgerichten, gegen gewalttätige oder gewaltbereite Mitbewohner eine zeitlich befristete (verlängerbare) Ausweisung aus der Wohnung im Eilverfahren zu verhängen.
164 Das GewSchG entfaltet für diese vorläufigen Maßnahmen keine Sperrwirkung, s. VGH Mannheim, NJW 2005, 88. Allerdings endet mit dem Ergehen der gerichtlichen Entscheidung die polizeiliche Wohnungsverweisung, s. *Schenke*, Rn. 135.
165 *Schenke*, Rn. 135; *Bösch*, Jura 2009, 650; tlw. abweichend *Storr*, ThürVBl 2005, 97, 105.
166 S. zur Gefahrenprognose VG Stuttgart, VBlBW 2002, 43 (44 f.).
167 VG Aachen, NJW 2004, 1888 f.

des Aufenthaltsverbotes auf die Verhütung strafbarer Handlungen ergibt.[168] § 13 Abs. 3 S. 2 POG konkretisiert den allgemeinen Verhältnismäßigkeitsgrundsatz. Danach ist das Aufenthaltsverbot auf das zeitlich und örtlich erforderliche Maß zu beschränken. Der Besuch von Behörden, Ärzten, Versorgungseinrichtungen usw, aber auch der Zugang zur eigenen Wohnung muss möglich bleiben.

d) **Betretungsverbot.** Nach § 13 Abs. 4 POG kann dem Gewaltanwender verboten werden, sich im Umkreis der Wohnung aufzuhalten, Verbindung zu der Person (auch mittels Telefon usw) aufzunehmen oder ein Zusammentreffen mit der betroffenen Person herbeizuführen. Eingeführt wurde die Maßnahme im Zusammenhang mit der Wohnungsverweisung in den Fällen enger sozialer Beziehungen, einen wichtigen Anwendungsbereich hat sie aber auch außerhalb solcher Nähebeziehungen im Zusammenhang mit der Bekämpfung des sog. Stalking (vgl. § 238 StGB). Bei der Novelle 2011 wurde die Gefahrenschwelle abgesenkt, so dass – anders als bei der Wohnungsverweisung nach Abs. 2 – nur noch eine dringende Gefahr erforderlich ist. 114

8. **Gewahrsam (§ 14 POG).** Die Gewahrsamnahme ist der Entzug der Bewegungsfreiheit, indem eine Person in einer dem polizeilichen Zweck entsprechenden Weise gegen ihren Willen an einem bestimmten Ort festgehalten wird (Art. 2 Abs. 2 S. 2 GG, Art. 5 Abs. 1 LV, Art. 5 Abs. 1 EMRK). Es handelt sich um eine **kurzfristige präventivpolizeiliche Freiheitsentziehung**[169] und eine der schwerwiegendsten Standardmaßnahmen überhaupt. Der Gewahrsam kann durch das Verbringen in einen polizeilichen Haftraum, aber auch das Festhalten im Streifenwagen, im Krankenhaus oder an einem eng begrenzten Ort ohne technische Hilfsmittel vollzogen werden; der Vollzug in nicht polizeilichen Einrichtungen ist in § 16a POG ausdrücklich zugelassen. Die **Dauer** der Freiheitsentziehung richtet sich nach § 17 POG, so dass sie bis zum Ende des auf die Ergreifung folgenden Tages, mit richterlicher Anordnung bis zu sieben Tage zulässig ist. Aus § 14 POG ergibt sich ausschließlich eine **Befugnis der Polizei**. 115

Für die Gewahrsamskonstellationen enthält das Gesetz in § 14 Abs. 1 Nr. 1–4 POG jeweils Rechtsgrundlagen. **Kein Fall des Gewahrsams**[170] ist die **Verbringung** (sog. »Ver- 116

---

168 Art. 11 Abs. 1 GG schützt das Recht, am selbst gewählten Ort Aufenthalt und Wohnsitz zu nehmen und ist nach h.M. bei einem Wohnungsverweis mit Rückkehrverbot (dazu Rn. 109) wie auch bei Aufenthaltsverboten betroffen; ausf. zu Art. 11 GG *Schoch*, Jura 2005, 34 ff. Maßnahmen nach Landesrecht scheitern trotz der Wortlautidentität des Begriffes »Freizügigkeit« in Art. 73 Abs. 1 Nr. 3 GG und Art. 11 Abs. 1 GG nicht an der fehlenden Gesetzgebungskompetenz. Vielmehr ist der Begriff der »Freizügigkeit« in Art. 73 GG enger auszulegen als jener des Art. 11 Abs. 1 GG (s. VGH Mannheim, NJW 2005, 88). Soweit mit der Maßnahme in den Schutzbereich des Grundrechts eingreift, ist sie nur zur Vorbeugung strafbarer Handlungen (Art. 11 Abs. 2 GG) zulässig; zu den Anforderungen an die Gefahrenprognose VGH Mannheim, BeckRS 2017, 111998; VG Neustadt/Weinstr., BeckRS 2015, 51301.
169 S. auch *Schoch*, Rn. 295. Die Abgrenzung zwischen Freiheitsentziehung und -beschränkung ist umstritten und vom Einzelfall abhängig. Eine Freiheitsentziehung liegt in der Regel dann vor, wenn das Festhalten eine bestimmte Intensität erreicht. Dies ist der Fall, wenn die Bewegungsfreiheit nicht nur kurz eingeschränkt wird oder die Einschränkung selbst Hauptziel der Maßnahme ist. Während sich das Festhalten bei der Identitätsfeststellung (s. § 10 Abs. 2 S. 3 POG) nur als sekundäre Folge der Kontrolle ergibt, ist bei § 14 POG das Festhalten die primäre Zweck der Maßnahme. Zu den Bedenken (Freiheitsentziehung nur iVm einem Strafverfahren) aus der Rspr. des EGMR (NVwZ 2012, 1089) *Hoffmann*, NVwZ 2013, 266; dazu, dass diese nicht überzeugen und als obiter dictum keine Bindungswirkung entfalten *Schenke* Rn. 141; VG Hannover, NVwZ-RR 2012, 925 (926).
170 Dies folgt schon aus der Kurzfristigkeit der damit verbundenen Freiheitsbeschränkung, s. *Schenke*, Rn. 140; a.A. *Schoch*, Rn. 299, der die Verbringung ebenfalls als vom Gewahrsam tatbestandlich nicht erfasst ansieht, aber eine Freiheitsentziehung bejaht, was zur generellen Unzulässigkeit der Maßnahme führt.

bringungsgewahrsam«),[171] bei der der Betroffene an einen weiter entfernten Ort verbracht wird. Da es sich auch nicht um einen Platzverweis bzw. ein Aufenthaltsverbot handelt, stellt sich die (angesichts der Regelungsdichte im POG wohl zu verneinende) Frage, ob Raum für die Anwendung der Generalklausel auf eine solche »Umsetzungsanordnung« ist und ob diese dem Grundsatz der Verhältnismäßigkeit entspricht. Ist die Person damit einverstanden, benötigt man keine Ermächtigungsgrundlage (sog. unechter Gewahrsam).

117 Der **Schutzgewahrsam** nach § 14 Abs. 1 Nr. 1 POG dient dem Schutz einer Person zur Abwehr einer Gefahr für Leib oder Leben. Hierzu gehören neben Betrunkenen, Bewusstlosen und geistig verwirrten Personen insb. auch Suizidgefährdete (zum Schutzgut der Gefahr für die öffentliche Sicherheit bereits Rn. 33). Der **Verhinderungsgewahrsam (Präventivgewahrsam)** nach § 14 Abs. 1 Nr. 2 POG dient der Verhinderung von unmittelbar bevorstehenden Straftaten oder Ordnungswidrigkeiten von erheblicher Bedeutung.[172] Mittels des **Durchsetzungsgewahrsams** nach § 14 Abs. 1 Nr. 3 POG sollen Platzverweis und Aufenthaltsverbot durchgesetzt werden. Der Betroffene wird durch die Gewahrsamnahme daran gehindert, einen bestimmten Ort aufzusuchen.

118 Mit § 14 Abs. 1 Nr. 4 POG wurde die Möglichkeit der **Gewahrsamnahme zum Schutz privater Rechte** geschaffen. Durch ein polizeiliches Einschreiten soll vermieden werden, dass privater Zwang nach § 229 BGB von dem zivilrechtlich Anspruchsberechtigten ausgeübt wird.[173] § 14 Abs. 1 Nr. 4 knüpft aber tatbestandlich an die Voraussetzungen des **allgemeinen Selbsthilferechts** nach §§ 229 f. BGB an. Der **sorgerechtliche Gewahrsam** (§ 14 Abs. 2 POG) ergänzt die Regelungen von § 8 S. 2 Nr. 2 JuSchG. Danach darf ein Minderjähriger in die Obhut seiner Erziehungsberechtigten zurückgeführt werden, wenn er sich an einem jugendgefährdenden Ort aufgehalten hat. Die Rückführung durch die Polizei ist allerdings mit einer Gewahrsamnahme verbunden und benötigt eine eigene Ermächtigungsgrundlage, die § 14 Abs. 2 POG zur Verfügung stellt. Entsprechend ist die Polizei nach § 14 Abs. 3 POG befugt, eine Person, die zB aus dem Vollzug der Untersuchungshaft oder Freiheitsstrafe entwichen ist oder sich sonst ohne Erlaubnis außerhalb einer Justizvollzugsanstalt aufhält, in diese zurück zu bringen (**Zurückbringungsgewahrsam**).

119 Da die polizeiliche Gewahrsamnahme immer eine **Freiheitsentziehung** im Sinne des Art. 2 Abs. 2 S. 2 GG bzw. Art. 5 Abs. 1 LV darstellt, unterliegt sie dem **Richtervorbehalt** des Art. 104 Abs. 2 GG bzw. Art. 5 Abs. 2 LV, der in **§ 15 Abs. 1 POG** konkretisiert wird. Zuständig ist nach dem Gesetz über das Verfahren in Familiensachen und in den Angelegenheiten der freiwilligen Gerichtsbarkeit (FamFG) das Amtsgericht, § 15 Abs. 2 POG. Kann eine vorherige richterliche Entscheidung nicht eingeholt werden, ist sie **unverzüglich**, dh ohne schuldhaftes Zögern, nachzuholen. Die richterliche Entscheidung kann aber unterbleiben, wenn sie erst nach Wegfall des Gewahrsamsgrundes herbeigeführt werden könnte, § 15 Abs. 1 S. 2 POG. Dies ist beispielsweise

---

171 *Guckelberger*, Jura 2015, 926 (933). S. zB LG Mainz, MDR 1983, 1044 (Verbringung eines Stadtstreichers in die Weinberge).
172 Zur Vereinbarkeit des Präventivgewahrsams mit Art. 5 Abs. 1 S. 2 lit. c EMRK VGH Mannheim, VBlBW 2005, 63.
173 LT-Drucks. 14/2287, S. 38.

dann der Fall, wenn Betrunkene nachts in Gewahrsam genommen und am nächsten Morgen wieder entlassen werden.

Umstritten ist, welches Gericht für die **nachträgliche Feststellung** der Rechtswidrigkeit einer Gewahrsamnahme zuständig ist. Unproblematisch ist der Fall, dass eine richterliche Entscheidung nach § 15 POG getroffen wurde. Gegen diese Entscheidung muss der Betroffene auf dem ordentlichen Rechtsweg vorgehen.[174] Rechtswegprobleme entstehen jedoch, wenn eine richterliche Entscheidung nicht getroffen wurde. Zum Teil wird angenommen, dass eine Überprüfung durch die Verwaltungsgerichte als Fortsetzungsfeststellungsklage nach § 113 Abs. 1 S. 4 VwGO analog erfolgt. § 15 Abs. 1 POG sei als abdrängende Sondervorschrift eng auszulegen und erfasse nur richterliche Entscheidungen, die während der Freiheitsentziehung tatsächlich getroffen würden.[175] Die Gegenmeinung hält auch bei nachträglicher Kontrolle ohne eine zuvor ergangene richterliche Entscheidung das Amtsgericht für zuständig.[176] Sofern man davon ausgeht, dass der Richter nicht die Rechtmäßigkeit der polizeilichen Maßnahme kontrolliert, sondern lediglich darüber befindet, ob die Voraussetzungen für eine richterliche Gewahrsamnahme vorliegen, ist in allen Fällen eine spätere verwaltungsgerichtliche Überprüfung der polizeilichen Gewahrsamnahme analog § 113 Abs. 1 S. 4 VwGO zulässig.[177] Nach der allerdings abzulehnenden Ansicht des VGH Mannheim kann sie auch inzident im Rahmen eines Gebührenbescheids geprüft werden (allg. dazu Rn. 203).[178] 120

Für die (offene) **Videoüberwachung der Gewahrsamseinrichtung** findet sich in § 16 b POG eine ausdrückliche Rechtsgrundlage. Die Vorschrift dient dem Schutz der Personen, die sich in der Einrichtung aufhalten. Die Datenerhebung setzt keine konkrete Gefahrenlage voraus, sondern es reichen tatsächliche Anhaltspunkte, die die Annahme rechtfertigen, dass die Maßnahme zum Schutz von Personen erforderlich ist. Zulässig ist allerdings nur die Videoübertragung, nicht eine Bildaufzeichnung (§ 27 Abs. 1 S. 2 POG). Diese ist durch ein optisches oder akustisches Signal anzuzeigen (§ 16 b Abs. 1 S. 3 POG) und nach Maßgabe des Absatzes 2 zu dokumentieren. 121

9. Durchsuchung und Untersuchung von Personen (§ 18 POG). Das Gesetz unterscheidet systematisch zwischen Durchsuchungen und den an erhöhte Anforderungen gekoppelten körperlichen Untersuchungen. Eine Durchsuchung ist die Suche auf der Körperoberfläche einschließlich der natürlichen Körperöffnungen (Nase, Mund und Ohren). Eine Untersuchung liegt vor, wenn in das Innere des Körpers eingegriffen wird.[179] Personen dürfen nur von Personen gleichen Geschlechts oder von Ärzten untersucht oder durchsucht werden, es sei denn, die sofortige Durchsuchung ist zur Abwehr einer Gefahr für Leib oder Leben erforderlich (§ 18 Abs. 4 POG). 122

---

174 Zur Zuständigkeit des OLG vgl. OLG Zweibrücken, NJW 2011, 3527.
175 OVG Bremen, NVwZ-RR 1997, 474; VGH Mannheim, NVwZ-RR 2005, 540; OVG Weimar, DÖV 1999, 879.
176 Ausf. OVG Berl.-Bbg., NJW 2009, 2695. Zur Prüfung durch ein Zivilgericht OLG München Beschl. v. 2.10.2008 – 34 Wx 10/08, 34 Wx 010/08 – (juris).
177 Näher m.w.N. *Ruthig*, in: Schenke/Graulich/Ruthig, BKAG § 90 Rn. 6 f.; *ders.*, ZJS 2011, 63 (69); dem – für heimliche Maßnahmen unter Richtervorbehalt nach dem BKAG – folgend BGH NJW 2017, 2631.
178 VGH Mannheim, DVBl. 2011, 626 m. krit. Anm. *Söllner*.
179 Eine Untersuchung liegt daher auch bei der Suche nach Gegenständen im Genitalbereich vor, LT-Drucks. 16/2506 S. 7. S. zur Unterscheidung auch *Thiel*, § 10 Rn. 140 ff.

123 § 18 Abs. 1 POG enthält eine ausführliche Kasuistik der Konstellationen, in denen eine Durchsuchung von Personen erforderlich sein kann. Sie erstreckt sich nach § 18 Abs. 1 Nr. 1 POG auf alle **Personen, die nach dem POG oder anderen Gesetzen festgehalten werden können**. Dies dient der **Eigensicherung** von Polizeibeamten und dem **Schutz sonstiger Personen**, die mit der festgehaltenen Person in Kontakt kommen. Eine konkrete Gefahr von Flucht- oder Angriffsreaktionen des Festgehaltenen ist nicht erforderlich. § 18 Abs. 1 Nr. 2 POG erlaubt die Durchsuchung, wenn die Annahme gerechtfertigt ist, dass die Person Sachen mit sich führt, die sichergestellt werden dürfen. Mit sich führen heißt, dass sich die Sachen am Körper der Person oder in ihrem unmittelbaren, sofortigen Zugriffsbereich befinden. Die Durchsuchung nach § 18 Abs. 1 Nr. 3 POG dient dazu, Hilfsmaßnahmen für den Betroffenen einzuleiten oder Angehörige zu benachrichtigen. Die Durchsuchungen nach § 18 Abs. 1 Nr. 4–6 POG erlauben die Durchsuchung von Personen, die sich an einem »gefährlichen Ort« bzw. in der Nähe eines gefährdeten Objektes aufhalten oder an einer polizeilichen Kontrollstelle nach § 10 Abs. 1 S. 2 Nr. 3 POG angetroffen werden. Damit in diesen Fällen die Maßnahme nicht zu einem Gefahrerforschungseingriff mutiert, genügt nicht allein die Anwesenheit an einem solchen Ort, vielmehr müssen hinreichend konkrete Anhaltspunkte vorliegen, dass dort die genannten Straftaten begangen werden.[180] § 18 Abs. 2 Nr. 1–7 POG erweitert die Möglichkeiten der **Durchsuchung nach Waffen, gefährlichen Werkzeugen und Explosivmitteln** insb. auch für den Anwendungsbereich der Schleierfahndung (vgl. schon Rn. 97).[181] Die Durchsuchungsbefugnisse der Ordnungsbehörden sind in § 18 Abs. 5 POG geregelt.

124 § 18 Abs. 3 POG lässt zur Abwehr einer Gefahr für Leib oder Leben die **körperliche Untersuchung** der Betroffenen zu. Anwendungsfälle sind der Schutz vor Infektionsgefahren für Opfer und Polizeibeamte, aber zB auch der Eigenschutz des Verantwortlichen bei Vergiftungen sowie die ärztliche Feststellung der Gewahrsamsfähigkeit.[182] Die Maßnahme steht, soweit sie mit körperlichen Eingriffen verbunden ist, unter **Richtervorbehalt**, § 18 Abs. 3 S. 3–4 POG.[183] Bei **Gefahr im Verzug** steht sie nach § 18 Abs. 3 S. 7 POG unter **Behördenleitervorbehalt**.

125 **10. Durchsuchung von Sachen (§ 19 POG).** § 19 POG enthält die Parallelvorschrift für die Durchsuchung von Sachen (zum Begriff vgl. § 90 BGB). Die Durchsuchung der am Körper getragenen Kleidung fällt jedoch unter die Durchsuchung einer Person und

---

180 Dies folgt bereits aus dem Wortlaut der Vorschrift; s. zu der als ungeschriebenes Tatbestandsmerkmal entwickelten »erhöhten abstrakten Gefahr« BayVerfGH, BayVBl. 2006, 339; 2011, 206; zu einer Fortsetzungsfeststellungsklage VG Bayreuth Urt. v. 24.9.2013 – B 1 K 12.834 – (juris).
181 Bei Kontrollen im öffentlichen Verkehrsraum nach § 9 a Abs. 4 POG kommt also nur eine Durchsuchung nach Abs. 2 in Betracht. Soll nach anderen Gegenständen geforscht werden, gelten hierfür ausschließlich die Voraussetzungen von § 18 Abs. 1 Nr. 1 oder 2 POG.
182 Zum Eigenschutz vgl. LT-Drucks. 15/4879 S. 27 f. Die Einbeziehung der Feststellung der Gewahrsamsfähigkeit folgt aus der Gesetzessystematik, vgl. § 18 Abs. 3 S. 3 POG n.F. A.A. zuvor unter Berufung auf den Telos der Vorschrift AG Neustadt/Weinstr., Beschl. v. 13.5.2011 – 1 X 12/11 L – (juris).
183 Zum Hintergrund der Neuregelung vgl. LT-Drucks. 16/2506 S. 6. Da die Überprüfung der Gewahrsamsfähigkeit in der Regel ohne solche Eingriffe möglich ist, wird der Richtervorbehalt insoweit zurückgenommen. Nicht überzeugend allerdings die Parallele zu § 15 Abs. 1 S. 2 POG. Zu den vergleichbaren Anforderungen an den Richtervorbehalt bei § 81 a StPO vgl. *Metz*, NStZ-RR 2010, 232 ff.; 2010, 271 ff.; *Peglau*, NJW 2010, 2850.

ist nur unter den Voraussetzungen nach § 18 POG zulässig. Für die Durchsuchung von Wohnungen gelten die Voraussetzungen nach § 20 POG.[184]

§ 19 Abs. 1 Nr. 1 POG ist die notwendige Ergänzung von § 18 POG. Soweit eine Person durchsucht werden darf, dürfen es auch die von ihr **mitgeführten Sachen**, ohne dass es auf die Eigentumsverhältnisse ankommt. § 19 Abs. 1 Nr. 2 POG dient insb. dem Auffinden von vermissten und entführten Personen. Durchsuchungsobjekte sind vor allem **Kraft- und Luftfahrzeuge, Koffer und unbefriedete Grundstücke**. 19 Abs. 1 Nr. 3 POG dient dem Auffinden von Gegenständen, die nach § 22 POG sichergestellt werden dürfen und sich in anderen Gegenständen befinden. § 19 Abs. 1 Nr. 4 und 5 POG ermöglichen die Durchsuchung von Sachen, die sich **an einem »gefährlichen Ort«** oder **in der Nähe eines gefährdeten Objektes** befinden. § 19 Abs. 1 Nr. 6 POG ermächtigt zur Durchsuchung von Fahrzeugen, die an einer **Kontrollstelle** (vgl. § 10 Abs. 1 S. 2 Nr. 3 POG) angehalten wurden (zu den tatbestandlichen Anforderungen vgl. bereits Rn. 123).

11. Betreten und Durchsuchen von Wohnungen (§ 20 POG). Das präventivpolizeiliche Betreten und Durchsuchen von Wohnungen ist in § 20 POG geregelt. Die Unterscheidung zwischen beiden Varianten ist die Konsequenz des unterschiedlichen verfassungsrechtlichen Schutzes in Art. 13 Abs. 2 und 7 GG (vgl. auch Art. 7 LV).[185] Der **weite Wohnungsbegriff** des § 20 Abs. 1 S. 2 POG entspricht dem vom BVerfG zu Art. 13 GG entwickelten und erfasst auch Geschäftsräume. **Betreten** ist das Eintreten, Verweilen, Besichtigen, nicht aber das bloße Hineinhorchen.[186] **Durchsuchen** ist die zielgerichtete Suche nach Personen oder Sachen.[187] Als Durchsuchung der Wohnung sind nach der Systematik des Gesetzes nur offene Maßnahmen zu qualifizieren. Die einzelnen Fälle des § 20 POG sind ähnlich gegliedert wie die §§ 18 und 19 POG. Zuständig ist grundsätzlich die Polizei, die Befugnisse der Ordnungsbehörden zum Betreten und Durchsuchen sind in § 20 Abs. 5 POG geregelt. Ob Art. 13 Abs. 7 Alt. 1 GG für die Abwehr gemeiner Gefahren und der Lebensgefahr für einzelne Personen eine verfassungsunmittelbare Ermächtigung enthält,[188] kann angesichts der einfachgesetzlichen Regelung in § 20 Abs. 1 S. 1 Nr. 3 POG dahinstehen.

a) Voraussetzungen für ein Betreten bzw. Durchsuchen. Eine Wohnung darf nach § 20 Abs. 1 S. 1 Nr. 1 POG betreten und durchsucht werden, um eine Person zu finden, die nach § 12 Abs. 3 POG vorgeführt oder nach § 14 POG in Gewahrsam genommen werden soll. Entsprechendes gilt nach § 20 Abs. 1 S. 1 Nr. 2 POG, wenn sich in der Wohnung eine Sache befindet, die nach § 22 Nr. 1 POG sichergestellt werden darf. § 20 Abs. 1 S. 1 Nr. 3 POG erlaubt das Betreten und Durchsuchen, um eine gegenwärtige Gefahr für Leib, Leben oder Freiheit oder für bedeutende Sach- und Ver-

---

[184] Der Begriff der Wohnung übernimmt also auch die Abgrenzung zwischen §§ 19 u. 20 POG.
[185] Vgl. auch *Schoch*, Jus 2010, 22.
[186] *Roos/Lenz*, § 20, Rn. 6, 9; *Kingreen/Poscher*, § 17 Rn. 23 ff.
[187] Als Beispiel zur Abgrenzung BVerwGE 47, 31; s. dazu *Ruthig*, JuS 1998, 506; *Schoch*, JuS 1994, 484. Keine Durchsuchung liegt vor, wenn sich die Personen dort nicht verbergen, sondern offen anwesend sind, vgl. BVerwGE 121, 345; *Hermes*, JZ 2005, 461.
[188] So *Schenke*, Rn. 152; einschränkend allerdings *Jarass*, in: ders./Pieroth, GG, Komm., 14. Aufl. 2016, Art. 13 Rn. 35; *Hermes*, in: Dreier (Fn. 150), Art. 13 Rn. 117 m.w.N. zum Meinungsstand (gesetzliche Grundlage erforderlich, für die allerdings geringere Anforderungen hinsichtlich der Bestimmtheit bestehen).

mögenswerte abzuwehren. Vor allem bei der Durchsuchung ergeben sich häufig enge Grenzen aus dem Verhältnismäßigkeitsgrundsatz.[189]

129 Engere Voraussetzungen gelten gem. § 20 Abs. 2 POG für die **Nachtzeit**.[190] Hier setzt das Betreten und Durchsuchen eine gegenwärtige Gefahr für Leib, Leben oder Freiheit oder für bedeutende Sach- oder Vermögenswerte voraus. Wenn also beispielsweise von einer nächtlichen Party erheblicher Lärm ausgeht und die Polizeibeamten die Stereoanlage sicherstellen wollen, wäre ein Betreten oder Durchsuchen der Wohnung nur zulässig, wenn eine gegenwärtige Gesundheitsgefahr (§ 20 Abs. 2 POG) besteht. Diese ist bei einer einmaligen Ruhestörung nur schwer zu begründen. Lediglich zur **Abwehr dringender Gefahren** dürfen Wohnungen nach § 20 Abs. 3 POG jederzeit betreten werden.

130 § 20 Abs. 4 POG normiert das **Betreten von Arbeits-, Betriebs- und Geschäftsräumen** während der Arbeits-/Geschäfts-/Aufenthaltszeit.[191] Auch diese Räumlichkeiten genießen den Schutz des Art. 13 GG bzw. Art. 7 LV. Dennoch hat das BVerfG entschieden, dass behördliche Betretungs- und Besichtigungsrechte im Zusammenhang mit öffentlich zugänglichen Geschäftsräumen keine Durchsuchungen im Sinne von Art. 13 Abs. 2 GG sind, aber auch nicht den Schranken des Absatzes 7 unterliegen und deswegen ohne vorherige Einschaltung des Richters zulässig sind.[192] Dasselbe gilt für Art. 7 Abs. 2 LV.[193] Die Vorschrift verlangt das Vorliegen einer konkreten Gefahr, so dass beispielsweise das Betreten von Gaststätten, um dort Personenkontrollen durchzuführen, von dieser Vorschrift nicht ohne Weiteres gedeckt ist (s. schon Rn. 101).

131 b) **Verfahrensanforderungen für die Durchsuchung.** § 21 POG bestimmt die zu beachtenden **Verfahrensregeln**. Durchsuchungen sind nach § 21 Abs. 1 POG **außer bei Gefahr in Verzug durch den Richter** anzuordnen. Auslegung und Anwendung des Begriffs »Gefahr im Verzug« unterliegen einer uneingeschränkten gerichtlichen Kontrolle. Damit es bei dem vom GG vorgesehenen Regelfall einer richterlichen Anordnung bleibt, ist nach der Rspr. des BVerfG[194] der Begriff »Gefahr im Verzug« in Art. 13 Abs. 2 GG eng auszulegen. Gerichte und Polizei haben im Rahmen des Möglichen tatsächliche und rechtliche Vorkehrungen zu treffen, damit die in der Verfassung vorgesehene Regelzuständigkeit des Richters auch in der Masse der Alltagsfälle gewahrt bleibt. § 21 Abs. 2–5 POG enthält die verfahrensrechtlichen Anforderungen, die sich im Wesentlichen aus Art. 13 GG ergeben. Für den **Rechtsschutz** verweist § 21 Abs. 1

---

189 Vgl. *Schenke*, Rn. 152. Zur Unzulässigkeit der Durchsuchung einer Anwaltskanzlei bei geringfügigen Ordnungswidrigkeiten BVerfG, NJW 2006, 3411; zur Bedeutung der Pressefreiheit BVerfG, NJW 2007, 1117.
190 Für die Definition der Nachtzeit verweist § 20 Abs. 2 POG auf § 104 Abs. 3 StPO. Die Nachtzeit dauert danach vom 01.04. bis 30.09. von 21.00 bis 04.00 Uhr und zwischen dem 01.10. und 31.03. von 21.00 bis 06.00 Uhr.
191 Zur Kontrolle von öffentlich zugänglichen Vereinsräumen und der Abgrenzung von der Durchsuchung BVerwG, NJW 2005, 454; OVG Bremen, NordÖR 2003, 457.
192 BVerfGE 121, 345; JZ 2005, 458 mit Anm. *Hermes*. Derartige Besichtigungsrechte lassen sich wohl nur so befriedigend rechtfertigen, dass man Art. 13 GG als Schutz der Dispositionsbefugnis des Wohnungsinhabers interpretiert. Soweit dieser die Geschäftsräume dem allgemeinen Verkehr öffnet, verzichtet er auf seine Privatsphäre, dazu ausf. *Ruthig*, JuS 1998, 506 (509); zustimmend, teilweise schon unter Verneinung der Eröffnung des Schutzbereichs, *Jarass*, Art. 13 Rn. 5; s. auch *Papier*, in: Maunz/Dürig, GG, Losbl.-Komm. (05/2013), Art. 13 Rn. 14 f. Allerdings bezog sich das BVerfG auf wirtschaftsverwaltungsrechtliche Betretungsrechte (BVerfGE 97, 228; NVwZ 2007, 1049 zu § 17 Abs. 2 HwO; s. auch *Ruthig*, in: ders./Storr (Fn. 13), Rn. 167); krit. zur Übertragung auf das POG *Mittag*, NJW 2005, 649 ff.
193 Vgl. *Dennhardt*, in: Grimm/Caesar, Verf. f. RhPf., Komm., 2001, Art. 7 Rn. 8.
194 BVerfG, NJW 2019, 1438 Rn. 52 f.; NJW 2001, 1121 (1122 f.).

S. 3 POG auf die Vorschriften des FamFG. Art. 13 GG verlangt Rechtsschutz auch nach der Erledigung der Maßnahme.[195] Dieser Fall wird nach zutreffender Ansicht nicht mehr von dem Verweis auf die ordentliche Gerichtsbarkeit erfasst; Rechtsschutz wird daher nach Abschluss der Maßnahme analog § 113 Abs. 1 S. 4 VwGO von den Verwaltungsgerichten gewährt.[196]

12. Sicherstellung (§ 22 POG). Sicherstellung einer Sache iSd § 22 POG bedeutet Beendigung des Gewahrsams des bisherigen Gewahrsamsinhabers unter **Begründung neuen Gewahrsams durch die Polizei** oder von ihr beauftragten Personen zum Zwecke der Gefahrenabwehr.[197] Eingegriffen wird in das grundrechtlich geschützte Eigentum nach Art. 14 GG bzw. Art. 60 LV. Sichergestellt werden können auch Gebäude, Räume und Grundstücke, indem sie durch ein Siegel hoheitlich in Besitz genommen werden.[198] Nach § 22 Nr. 1 POG kann eine Sache zur Abwehr einer **gegenwärtigen Gefahr** sichergestellt werden. Die Gefahr kann durch die Sache selbst entstehen (zB einen Sprengsatz) oder durch ihre Benutzung. Deswegen kann beispielsweise der Autoschlüssel eines betrunkenen Autofahrers sichergestellt werden. Sie kann aber auch – ohne dass eine konkrete Gefahr von der sichergestellten Sache ausgeht – in einer Verletzung der geschriebenen Rechtsordnung bestehen.[199] Nach § 22 Nr. 2 POG kann eine Sache auch zum **Schutz vor Verlust oder Beschädigung** sichergestellt werden; eine von der Sache ausgehende konkrete Gefahr ist nicht erforderlich.[200] Nach § 22 Nr. 3 POG kann eine Sache sichergestellt werden, die von einer Person mitgeführt wird, die festgehalten wird und die Sache **gefährlich verwendet** werden kann. Aus der Formulierung »verwendet werden kann« ergibt sich, dass eine abstrakte Gefährlichkeit der Sache genügt und folglich keine konkrete Gefahr von ihr ausgehen muss.

132

In den **Abschleppfällen** (dazu ausf. Rn. 205 ff.) handelt es sich nur dann um eine Sicherstellung, wenn die Maßnahme ausnahmsweise dem Zweck dient, einen Zugriff Dritter abzuwehren, was etwa bei einem nicht verschlossenen Pkw der Fall sein kann.[201]

133

Auf die tatbestandlichen Voraussetzungen, insb. die gegenwärtige Gefahr, kommt es im Zusammenhang mit der **Sicherstellung von Filmmaterial** an, wenn etwa bei Demonstrationen Polizeibeamte fotografiert werden. Dabei ist das reine Fotografieren noch kein Verstoß gegen § 22 KUG, sondern erst die Verbreitung (vgl. zur Strafbewehrung § 33 KUG). Ohne konkrete Anhaltspunkte kann aber nicht unterstellt werden, dass Pressefotografen Bilder von Polizeibeamten rechtswidrig verbreiten.[202] An-

134

---

195 BVerfG, EuGRZ 1997, 372 zur präventivpolizeilichen Variante; s. auch BVerfG, NJW 1997, 2163; *Wolter*, DÖV 1997, 939.
196 *Schenke*, Rn. 157. S. schon zum Parallelproblem bei der Ingewahrsamnahme Rn. 120.
197 Das POG differenziert – anders als die Vorschriften anderer Bundesländer – nicht zwischen Sicherstellung und Beschlagnahme. § 22 POG findet auch iVm § 5 Abs. 1 S. 2 POG auch auf die Sicherstellung von Tieren Anwendung, OVG RhPf., Beschl. v. 8.5.2015 – 7 B 10383/15.OVG –.
198 Zur Unzulässigkeit einer Verwertung nach § 24 POG OVG RhPf., LKRZ 2013, 62 (63).
199 OVG RhPf., LKRZ 2010, 54 zur Sicherstellung eines Kampfhundes, der ohne die nach § 3 Abs. 1 LHundG erforderliche Erlaubnis gehalten wird.
200 OVG RhPf., DVBl. 1989, 1011 (1012); zur Verhältnismäßigkeit OVG Bautzen, NJW 2016, 181.
201 Vgl. VGH Kassel, NJW 1999, 3793 ff. Zu den Grenzen VG München, NZV 1999, 487: keine Sicherstellung bei Ausstattung mit einer Wegfahrsperre.
202 OVG RhPf., NVwZ-RR 1998, 237 (238). Unzulässig ist jedoch das Anfertigen von Portraitaufnahmen eines einzelnen Beamten.

gesichts der »Polizeifestigkeit des Presserechts« scheidet eine Sicherstellung nach § 22 POG aus, wenn es sich um **Druckwerke** nach dem LMG handelt.

VI. Polizeiliche Datenerhebung und Verarbeitung (informationsbezogene Standardmaßnahmen)

135 1. **Sicherheit und Freiheit.** a) Grundrechte als Grenze: die Konturierung des Datenschutzes durch das BVerfG. Je stärker unterschiedliche Bedrohungslagen den hohen Stellenwert eines Anspruchs auf Sicherheit ins allgemeine Bewusstsein rücken, desto bedeutsamer wird der damit konfligierende Schutz der Freiheitssphäre.[203] Vom Gesetzgeber werden immer neue, rechtspolitisch umstrittene Formen der Datenerhebung, von der Videoüberwachung öffentlicher Plätze bis zur sog. Online-Durchsuchung und den Body-Cams, aufgenommen, bei allen setzte das BVerfG einer Ausdehnung klare Grenzen (s. schon Rn. 7). Seit dem **Volkszählungsurteil 1983**[204] haben das **Grundrecht auf informationelle Selbstbestimmung** und die dazu ergangene Rspr. die polizei- und ordnungsrechtliche Datenerhebung maßgeblich beeinflusst. Dieses vom BVerfG als besondere Ausprägung des allgemeinen Persönlichkeitsrechts aus **Art. 2 Abs. 1 GG iVm Art. 1 Abs. 1 GG** abgeleitete und expressis verbis in **Art. 4 a LV** verankerte Recht umfasst den Schutz des Einzelnen »gegen die unbegrenzte Erhebung, Speicherung, Verwendung und Weitergabe seiner persönlichen Daten« und geht damit von der Befugnis des Einzelnen aus, »selbst über die Preisgabe und Verwendung seiner persönlicher Daten zu bestimmen«.[205] Das Recht auf informationelle Selbstbestimmung wird ergänzt durch Art. 10 und 13 GG, die das BVerfG als speziellere Grundrechte für Datenerhebungen ansieht, die mit Eingriffen in die Telekommunikation und Wohnungen verbunden sind.[206] Weiter hinzugekommen ist ein subsidiäres »**Grundrecht auf Gewährleistung der Vertraulichkeit und Integrität informationstechnischer Systeme**«, das vom BVerfG als eine »Ausprägung des allgemeinen Persönlichkeitsrechts aus Art. 2 Abs. 1 i.V. mit Art. 1 Abs. 1 GG« kreiert wurde.[207] Wegen seiner besonderen Intensität ist der Eingriff in Gestalt einer »heimlichen Infiltration« verfassungsrechtlich nur zulässig, »wenn tatsächliche Anhaltspunkte einer konkreten Gefahr für ein überragend wichtiges Rechtsgut bestehen« (zur Online-Durchsuchung in § 39 POG s. Rn. 161). Während sich das BVerfG um die Abgrenzung und Arrondierung der Schutzbereiche bemüht, konvergieren die Maßstäbe in der Rechtfertigungsprüfung.[208] Im BKAG-Urteil hat es diese » konkrete Betrachtungsweise« weiter konkretisiert (s. schon zu den unterschiedlichen Gefahrenbegriffen und der vom BVerfG zugelassenen Konstellation einer drohenden Gefahr Rn. 42). Die bundesverfassungsgerichtlichen Vorgaben prägen Inhalt und Regelungsstruktur der datenschutzbezogenen Standardmaßnahmen. Das BVerfG verlangt nicht nur eine detaillierte gesetzliche Regelung der materiellen

---

203 S. zum folgenden ausf. *Papier*, Fs. f. Schenke, 2011, S. 259 ff.; *ders.*, DVBl. 2010, 801; *Ruthig*, Fs. f. Schenke, 2011, S. 495 ff. m.w.N. Zum verfassungsrechtlichen Rahmen *Gurlit*, NJW 2010, 1035.
204 BVerfGE 65, 1. Zur Entwicklung *Di Fabio*, in: Maunz/Dürig (Fn. 187), Art. 2 Rn. 173 ff.
205 BVerfGE 65, 1, 43; s. auch *Kunig*, Jura 1993, 595 ff. Vgl. auch Art. 4 a LV; dazu § 1 Rn. 142.
206 Dies gilt sowohl hinsichtlich der Datenerhebung wie der späteren Datenverwendung. S. dazu BVerfGE 100, 313 (358) zu Art. 10 GG und BVerfG, NJW 2004, 999 zu Art. 13 GG. Entsprechendes gilt für Art. 4 a LV sowie Art. 7 und 14 LV; s. dazu *Rudolf*, in: Grimm/Caesar (Fn. 188) Art. 4 a Rn. 26.
207 BVerfGE 120, 274 ff. zu den Vorschriften des NWVerfSchG; s. dazu auch *Schenke*, Rn. 197 a f.; aus dem umfangreichen Schrifttum *Britz*, DÖV 2008, 813; *Gurlit*, NJW 2010, 2135 (2137 f.); *Möstl*, DVBl. 2010, 808; *Papier*, DVBl. 2010, 801; *Volkmann*, DVBl. 2008, 590.
208 Vgl. auch *Gurlit*, NJW 2010, 1035 (1037 ff.).

Voraussetzungen, sondern auch Verfahrensvorschriften;[209] spezialgesetzlich zu regeln sind ferner die Sekundäransprüche des Bürgers auf Information über die bei der Behörde vorhandenen Daten und deren Löschung (Rn. 139 f.). Seit der Entscheidung zur Wohnraumüberwachung mahnt es einen auf die Menschenwürdegarantie zurückgeführten, absoluten Schutz eines unantastbaren Bereichs privater Lebensgestaltung an (s. u. Rn. 138) und dehnte den Richtervorbehalt auf praktisch alle heimlichen Maßnahmen aus. Liest man auch die einzelnen Ermächtigungsgrundlagen durch die »verfassungsgerichtliche Brille«, wird die einheitliche Regelungsstruktur deutlich. Die für das gesamte Gefahrenabwehrrecht charakteristischen Regelungen von Eingriffsschwelle (Gefahr für bestimmte, hochwertige Rechtsgüter) und Verantwortlichkeit werden um datenschutzspezifische Regelungen über Zweckbindung und hypothetische Datenneuerhebung (§ 51 POG)[210] sowie Kennzeichnungspflichten ergänzt. Mit dem BKA-Urteil hat das BVerfG den dogmatischen Schlussstein in die Karlsruher Grundrechtsdogmatik eingefügt, deren Kompatibilität mit den nunmehr zusätzlich geltenden unionsrechtlichen Anforderungen erst noch auszuloten ist.

b) Die Umgestaltung durch das europäische Datenschutzrecht (POG 2020). Das Inkrafttreten der DSGVO und der europäischen DatenschutzRL[211] zum 18.5.2018 und deren Umsetzung im POG bedeutet auch für das datenschutzbezogene Polizeirecht eine »neue Zeitrechnung«.[212] Nunmehr werden die europäischen Grundrechte, vor allem das Grundrecht auf Datenschutz (Art. 8 GRCh), und das europäische Gebot effektiven Rechtsschutzes (Art. 47 GRCh und die sekundärrechtlichen Gewährleistungen) das Rechtsgebiet prägen. Die europäischen Vorgaben zum Datenschutz insgesamt basieren auf dem vom EuGH aus einem, aus dem Datenschutzgrundrecht des Art. 8 GrCh deduzierten, »verfassungsrechtlichen« Konzept, das in den organisatorischen und prozeduralen Anforderungen erheblich über die vom BVerfG zum Schutz der informationellen Selbstbestimmung entwickelten Vorgaben hinausgeht.[213] In einem Fall mit Bezug zur DSGVO hat das BVerfG den **Anwendungsvorrang des Unionsrechts** und insb. der GRCh vor den nationalen Grundrechten bereits anerkannt.[214] Im Ergebnis leitet es aus dem »Kooperationsverhältnis« mit dem EuGH ab, dass es auch seinerseits den Prüfungsmaßstab im Rahmen der Verfassungsbeschwerde modifiziert und

136

---

209 BVerfGE 65, 1, 46 ff.
210 Vgl. zur bundesrechtlichen Parallelregelung *Ruthig*, in: Schenke/Graulich/Ruthig, BKAG, § 12 Rn 1 ff.
211 RL (EU) 2016/680 des Europäischen Parlaments und des Rates v. 27.4.2016 zum Schutz natürlicher Personen bei der Verarbeitung personenbezogener Daten durch die zuständigen Behörden zum Zwecke der Verhütung, Ermittlung, Aufdeckung oder Verfolgung von Straftaten oder der Strafvollstreckung sowie zum freien Datenverkehr und zur Aufhebung des Rahmenbeschlusses 2008/977/JI des Rates (ABl. Nr. L 119 S. 89).
212 *Schantz*, NJW 2016, 1841. Im Anwendungsbereich von DSGVO und DatenschutzRL ist der Anwendungsbereich der GRCh eröffnet, vgl. Art. 51 Abs. 1 GRCh.
213 Dazu *Ruthig*, in: Schenke/Graulich/Ruthig, Vor § 69 Rn. 1 ff.
214 BVerfG, NJW 2020, 314. Der 1. Senat macht die Abweichung von seiner bisherigen Judikatur deutlich (Rn 67), hielt aber eine Entscheidung des Plenums nicht für erforderlich (Rn. 85 ff.). Zur Entscheidung *Karpenstein/Kottmann*, EuZW 2020, 185: »Paukenschlag«; *Kühling*, NJW 2020, 275: »November(r)evolution für die Grundrechtsarchitektur im Mehrebenensystem«. Zu entsprechenden Überlegungen bereits *Bäcker*, EuR 2015, 389 (410 ff.); *Thym*, JZ 2015, 53.

die Akte deutscher Behörden am Maßstab der europäischen Grundrechte prüft.[215] Es bleibt abzuwarten, welchen Ausgleich das BVerfG zu seinen primär materiellen verfassungsrechtlichen Maßstäben findet.

137 Der Gesetzgeber gestaltete die Vorschriften zu einem Dritten Abschnitt um, bei dem die allgemeinen Grundsätze zur Datenverarbeitung **vor bzw. hinter die Klammer gezogen** (§§ 27, 50 ff.) und der europäischen Terminologie angepasst wurden. § 27 POG enthält die allgemeinen Grundsätze der Datenverarbeitung; diese sind nach näherer Maßgabe des § 27 Abs. 2 POG erforderlich, es muss erkennbar sein, ob die Daten auf Tatsachen oder persönlichen Einschätzungen beruhen und zwischen verschiedenen Kategorien von Personen (insb. Verdächtigen, Opfern und Zeugen) klar unterschieden werden. § 27 Abs. 1 POG stellt klar, dass die folgenden Regelungen auch für Datenerhebungen gelten, die auf der Grundlage von Standardmaßnahmen des Zweiten Abschnitts erfolgen. Allerdings kommt es zu einem komplexen Nebeneinander unterschiedlicher datenschutzrechtlicher Maßstäbe. Der Gesetzgeber hat die Abgrenzung der Maßstäbe in § 1 a POG n.F. abstrakt anhand der allgemein anerkannten Kollisionsregeln bestimmt und auf eine Konkretisierung, z.B. durch Regelbeispiele verzichtet.[216] Die DS-GVO findet immer dann Anwendung, wenn eine straf- und ordnungswidrigkeitenrechtliche Verantwortlichkeit nicht gegeben ist. So finden die polizeirechtlichen Vorschriften auf die Verarbeitung von personenbezogenen Daten im Rahmen einer Vermisstensuche über Art. 6 Abs. 1 lit. e, Abs. 3 DS-GVO Anwendung (zu den entsprechenden Sekundäransprüchen vgl. § 55).

138 **c) Der Schutz des Kernbereichs privater Lebensgestaltung und von Berufsgeheimnisträgern, Richtervorbehalte.** Den vom BVerfG geforderten **Schutz des Kernbereichs privater Lebensgestaltung**[217] hat der Gesetzgeber seit der Novelle 2011 **im heutigen § 45 POG** »hinter die Klammer« gezogen. Für den Begriff selbst verweisen die Materialien auf die Rspr. des BVerfG,[218] die eher beispielhaft die »Beobachtung von Äußerungen innerster Gefühle oder von Ausdrucksformen der Sexualität« erwähnt.[219] Welche Anforderungen sich hieraus für die Verfahrensgestaltung (Verfahrensleitung des OVG) und insb. die Zulässigkeit automatischer Datenaufzeichnung ergeben, ist im Einzelnen allerdings genauso ungeklärt wie die Frage, wann – etwa bei der Observation mit GPS oder der Handy-Ortung – eine unzulässige Rundum-Überwachung vorliegt.[220] Ebenfalls einer einheitlichen Regelung zugeführt wurde der **Schutz zeugnisverweigerungsberechtigter Berufsgeheimnisträger** (§ 46 POG). Der Gesetzgeber hat sämtliche von §§ 53 Abs. 1, 53 a Abs. 1 StPO erfasste Vertrauensverhältnisse absolut ge-

---

215 Die noch zu klärenden Fragen reichen von grundsätzlichen Bedenken gegen eine solche »Selbstermächtigung« des BVerfG (so die Kritik von *Schenke*, in: Bonner Kommentar Art. 19 Abs. 4 GG Rn. 364 an der Erweiterung des Prüfungsmaßstabes) bis hin zu den praktischen Fragen des »Rechtsprechungsverbundes« zu den Vorlagepflichten der letztinstanzlichen Fachgerichte. S. dazu auch *Ruthig*, in: ders./Storr (Fn. 12), Rn. 43; *ders.*, in: Kopp/Schenke, § 1 Rn. 16.
216 Diese Regelung ist flexibel genug, um auch auf die zu erwartenden EuGH-Entscheidungen reagieren zu können, ohne dass eine Anpassung des Gesetzeswortlauts erforderlich ist. S. auch *Graulich*, in: Schenke/Graulich/Ruthig, BKAG, § 9 Rn. 18 ff.
217 Dazu ausf. *Ruthig*, Fs. f. Schenke, 2011, S. 495 (499 ff.) m.w.N. Vgl. BVerfGE 109, 279 (314 f.); pointiert auch VerfGH RhPf., NVwZ-RR 2007, 721 (724 f.).
218 Vgl. ausdrücklich für § 39 a POG a.F. die LT-Drucks. 15/4879 S. 40.
219 BVerfGE 109, 279 ff.
220 BVerfGE 112, 250 spricht hier von einem »dem ›additiven‹ Grundrechtseingriff innewohnende[n] Gefährdungspotenzial«, s. dazu *Schenke*, Rn. 197 a, 197 e.

schützt und ist damit über das verfassungsrechtlich Erforderliche hinausgegangen.[221] Den in der Verfassung nur bei Eingriffen in die persönliche Freiheit und das Wohnungsgrundrecht vorgesehenen **Richtervorbehalt** haben BVerfG und Polizeigesetzgeber auf sämtliche heimlichen Informationseingriffe ausgeweitet.[222] Seit 2011 liegt in Rheinland-Pfalz die **Zuständigkeit überwiegend beim OVG**. Die Regelung findet sich im Zusammenhang mit der Wohnraumüberwachung (§ 35 Abs. 2 POG). Bei Gefahr im Verzug begründet § 35 Abs. 4 S. 3 POG einen Behördenleitervorbehalt. § 34 Abs. 4 S. 5, § 37 Abs. 3 S. 2 POG erklären demgegenüber weiterhin das AG für zuständig (zur entsprechenden Regelung in § 21 POG o. Rn. 131).[223] Eine Verlagerung auf die Verwaltungsgerichtsbarkeit ist zulässig und angesichts der größeren Sachnähe auch in der Sache überzeugend. Allerdings müssen Richtervorbehalte auch in ihrer konkreten Ausgestaltung die organisatorischen Anforderungen an eine zeit- und sachangemessene Wahrnehmung der dem Richter übertragenen Kontrollbefugnisse gewährleisten. Unter diesem Aspekt ist die Zentralisierung beim OVG nicht unproblematisch.[224]

d) **Ansprüche des Betroffenen.** Die bereichsspezifischen Regelungen der Sekundäransprüche wurden im POG 2020 deutlich ausgebaut. Personenbezogene Daten sind von Amts wegen zu **berichtigen** (§ 54 Abs. 1 POG) oder in den Fällen des § 54 Abs. 2 POG zu **löschen**. Dem korrespondiert ein entsprechender, ggf. im Anschluss auch gerichtlich durchzusetzender Anspruch des Betroffenen (§ 54 Abs. 5 POG); parallele Regelungen finden sich für den Anwendungsbereich der DS-GVO in § 55 POG. Diese Ansprüche setzten voraus, dass der Betroffene überhaupt Kenntnis von der Maßnahme hat. Bei heimlichen Informationseingriffen ist er nach näherer Maßnahme von § 48 POG zu benachrichtigen. Er kann außerdem nach § 66 POG **Auskunft** von der Polizei darüber verlangen, ob personenbezogene Daten verarbeitet werden. Eine Auskunft unterbleibt, soweit und solange die Erfüllung polizeilicher Aufgaben gefährdet oder wesentlich erschwert oder die öffentliche Sicherheit oder Ordnung gefährdet würden, § 66 Abs. 2 POG. Die Befugnis zur Auskunftsverweigerung besteht auch dann, wenn die Datenerhebung als solche rechtswidrig war. Nach zutreffender Auffassung stellen weder die Auskunftserteilung noch die Löschung einen VA dar, so dass die entspre-

139

---

221 BVerfGE 103, 142 (151) u. NJW 2004, 999 (1004) haben darauf hingewiesen, dass hinter dem Schutz von Zeugnisverweigerungsrechten unterschiedliche Gründe stehen, die auch keine völlige Gleichbehandlung gebieten; s. dazu auch *Ruthig*, GA 2004, 587 (598 f.) m.w.N. Ausf. zum Schutz von Vertrauensverhältnissen im Polizeirecht *Ruthig*, in: Wolter/Schenke, Zeugnisverweigerungsrechte bei (verdeckten) Ermittlungsmaßnahmen, 2002, S. 247 ff.; *Würtenberger/R.P. Schenke*, ebd., S. 303 ff.
222 In der Entscheidung zur Online-Durchsuchung forderte das BVerfG zwar nur die »vorbeugende Kontrolle durch eine unabhängige Instanz«, sah den gesetzgeberischen Spielraum »bei der Entscheidung über die kontrollierende Stelle und das anzuwendende Verfahren« bei einem »Grundrechtseingriff von besonders hohem Gewicht« allerdings dahin gehend eingeschränkt, dass die Maßnahme »grundsätzlich unter den Vorbehalt richterlicher Anordnung zu stellen« sei, vgl. BVerfGE 120, 274, 331 ff.
223 Zur Frage des Rechtsschutzes nach Erledigung s. LG Mainz Beschl. v. 22.1.2014 – 8 T 205/13 – (juris). Zur Entscheidung über die Beschwerde der Polizeibehörde ist nach § 28 Abs. 4 S. 6 POG, § 21 Abs. 1 S. 3, § 58 FamFG, § 119 Abs. 1 lit. b GVG nicht das LG, sondern das OLG zuständig, BGH, wistra 2012, 198; OLG Zweibrücken, NJW 2011, 3527.
224 Auch dazu näher *Ruthig*, Fs. f. Schenke, 2011, S. 495 (511 ff.) m.w.N. Es muss gewährleistet werden, dass auch nachts und am Wochenende eine unverzügliche richterliche Entscheidung herbeigeführt werden kann. Selbst dann allerdings ist die Zentralisierung umso weniger überzeugend als das Gesetz gleichzeitig die richterliche Position erheblich stärkt und ihm die Verfahrensherrschaft einräumt.

chenden Ansprüche mittels einer allgemeinen Leistungsklage geltend zu machen sind.[225]

140 e) **Datenschutzaufsicht.** Zentraler Baustein des unionsrechtlichen Datenschutzkonzepts ist die »Datenschutzaufsicht«, die über die herkömmlichen Befugnisse zur Beanstandung deutlich hinausgeht. Die Art. 41 ff. DatenschutzRL (zur Umsetzung vgl. §§ 37 ff. LDSG) schreiben wie auch die Art. 51 ff. DGVO die Einrichtung unabhängiger Behörden vor, die »völlig unabhängig« handeln (vgl. Art. 42 Abs. 2 DS-RL) und eine »Datenschutzaufsicht« führen, bei der sie über »wirksame Untersuchungs- und Einwirkungsbefugnisse« verfügen müssen (vgl. Art. 47 Abs. 1, 2 DS-RL). Dies geht weit über die bisherige Rolle der Datenschutzbeauftragten hinaus. Die Rechtsstellung des Landesdatenschutzbeauftragten sowie das gerichtlich selbstständig durchsetzbare Recht des Einzelnen zur Beschwerde an den Datenschutzbeauftragten (§ 49 LDSG) ergeben sich bereits aus dem LDSG. Die wohl wichtigsten Befugnisse ergeben sich aus der Beteiligung an der Datenschutzfolgenabschätzung (§ 56 LDSG).[226] Die Möglichkeit zur Beseitigungsanordnung findet sich in § 42 Abs. 2 LDSG;[227] diese umfasst nicht nur den Umgang mit den erhobenen Daten, sondern erlaubt ihm auch gem. Nr. 1 die Anordnung, die Bearbeitungsvorgänge mit den datenschutzrechtlichen Anforderungen in Einklang zu bringen.[228]

141 2. **Datenerhebung (§ 28 f. POG).** § 28 POG ist die **allgemeine Bestimmung zur Erhebung personenbezogener Daten,** die teilweise auf § 26 POG a.F. aufbaut. Nach § 28 Abs. 1 POG können Polizei- und Ordnungsbehörden Daten erheben, wenn die Person **eingewilligt hat** (Nr. 1),[229] wenn die Daten aus **allgemein zugänglichen Quellen** entnommen werden können (Nr. 2) oder eine **Rechtsvorschrift** dies erlaubt (Nr. 3). Es gilt weiterhin der (unionsrechtlich nicht zwingende) Grundsatz der Unmittelbarkeit der Datenerhebung (§ 28 Abs. 1 POG); daher sind Daten grundsätzlich bei den betroffenen Personen zu erheben. Daten sind grundsätzlich offen zu erheben (§ 28 Abs. 2 S. 1 POG; zur Zulässigkeit der verdeckten Datenerhebung § 28 Abs. 3 POG sowie die vorrangigen besonderen Ermächtigungsgrundlagen). Im Fall einer verdeckten Datenerhe-

---

225 Offengelassen von BVerwGE 77, 268 ff.; für Realakt VGH Mannheim, NJW 1987, 3022; *Schenke*, in: Kopp/Schenke, Anh. § 42 Rn. 37 f. Ein VA wäre nur dann anzunehmen, wenn (wie für Auskunftsansprüche im Informationsfreiheitsrecht) das Gesetz ausdrücklich eine Entscheidung durch Gesetz vorsieht.
226 Hier gilt Vergleichbares nur im Bundesrecht: Über die Möglichkeit, nach § 69 Abs. 3 BDSG weitere Maßnahmen zu empfehlen, stehen dem BfDI auch in diesem Fall seine allgemeinen Befugnisse zu. Zu diesen gehört jedenfalls im Anwendungsbereich des BKAG auch die Möglichkeit zu verbindlichen Anordnungen nach § 69 Abs. 2 BKAG (dazu *Ruthig*, in: Schenke/Graulich/Ruthig, BKAG § 69, Rn. 24 f.).
227 Das Unionsrecht enthält insoweit in Art. 47 Abs. 2 DS-RL einen mit Art. 57 Abs. 2 DSGVO systematisch übereinstimmenden Katalog von Maßnahmen, der in § 69 Abs. 2 BKAG bzw. § 42 Abs. 2 LDSG hineinzulesen ist.
228 Art. 47 Abs. 2 lit. c DS-RL sieht über den Einzelfall hinausreichend die Befugnis vor, »eine vorübergehende oder endgültige Beschränkung der Verarbeitung, einschließlich eines Verbots«, zu verhängen. Diese kann nicht nur die Reaktion auf die Beschwerden Betroffener beinhalten, etwa die Anweisung einem entsprechenden Antrag zu entsprechen oder die betroffene Person zu benachrichtigen. Dies dürfte die Möglichkeit einschließen, den Einsatz bestimmter Überwachungsmaßnahmen wegen möglicher datenschutzrechtlicher Bedenken generell zu untersagen, vgl. dazu *Ruthig*, in: Schenke/Graulich/Ruthig, BKAG, § 69 Rn. 14. Gerade bei Maßnahmen von Sicherheitsbehörden hätte die Möglichkeit bestanden, diese allgemeine Regelung durch Rückausnahmen zu durchbrechen (vgl. Erwägungsgrund 82 DS-RL). Es wäre zu überlegen, inwieweit hier eine ergänzende Regelung im POG sinnvoll ist, wie sie – in freilich unzureichender Form – der Bundesgesetzgeber in § 69 Abs. 2 BKAG aufgenommen hat.
229 Für die Einwilligung gelten nunmehr strengere Anforderungen, da sie unionsrechtlich eine echte Wahlfreiheit voraussetzt (vgl. § 33 LDSG); sie ist z.B. denkbar bei Einbruchmeldeanlagen oder der Benennung von Ansprechpartnern gegenüber der Polizei (zu den Beispielen LT-Drucks. 17/12072 S. 118).

bung bestehen umfangreiche Benachrichtigungspflichten (zum Mindestinhalt § 28 Abs. 3 S. 5 POG; s. aber auch § 45 f. POG für die verdeckten Maßnahmen).

§ 29 Abs. 3 POG differenziert bei der Datenerhebung zur **vorbeugenden Bekämpfung von Straftaten** (§ 1 Abs. 3 POG) zwischen verschiedenen Personengruppen. Dazu gehören neben potenziellen Straftätern auch potenzielle Opfer, Zeugen, Hinweisgeber, sonstige Auskunfts-, **Kontakt- und Begleitpersonen**. Letztere werden in § 29 S. 3 Nr. 6 POG im Anschluss an die Judikatur des BVerfG legaldefiniert.[230] Bei der Datenerhebung über potenzielle Straftäter müssen tatsächliche Anhaltspunkte vorliegen, dass die Person zukünftig eine Straftat begehen wird. Reine Vermutungen reichen nicht aus. Eine konkrete Gefahr wird aber nicht gefordert. An die Wahrscheinlichkeit des Schadenseintritts und die zeitliche Nähe eines Schadens sind geringere Anforderungen als bei einer konkreten Gefahr zu stellen. 142

§ 29 Abs. 4 POG regelt die Voraussetzungen, wann im **Vorfeld einer besonderen Gefahrenlage** von Personen Daten erhoben werden können. Die Datenerhebung dient der Vorbereitung auf die Gefahrenabwehr, unter anderem bei gefährdeten Anlagen und Veranstaltungen. So können zB von Ärzten, Sachverständigen und Ingenieuren Daten erhoben werden. 143/144

Der **Anwendungsbereich der datenschutzrechtlichen Generalklausel als Ermächtigungsgrundlage** ist freilich beschränkt, da die weiteren Vorschriften als leges speciales vorgehen und eine Lückenschließung durch die datenschutzrechtliche Generalklausel die Wertungen der spezielleren Vorschriften nicht konterkarieren darf. Auf jeden Fall unzulässig wäre eine heimliche Maßnahme, da das Gesetz heimliche Maßnahmen immer als besondere Mittel der Datenerhebung qualifiziert und dafür eine ausdrückliche Rechtsgrundlage verlangt. Die **Befragung** als das wichtigste Mittel der Datenerhebung ist in § 9a POG ausdrücklich geregelt. 145

3. Datenerhebung durch den Einsatz technischer Mittel (§§ 30–33 POG). a) Offene Bild- und Tonaufzeichnungen (§ 30 POG). Technische Mittel sind Geräte, die eine Bild- und Tonaufzeichnung ermöglichen. Überwiegend sind es **Videoüberwachungssysteme**. **Bildübertragung** (Kamera-Monitor-Prinzip) ist die Beobachtung einer bestimmten Örtlichkeit auf einem Monitor mittels Videotechnik, davon zu unterscheiden ist die Bildaufzeichnung. Es handelt sich bei § 30 POG um eine **Präventionsmaßnahme**. In den sog. Angsträumen bzw. an **Kriminalitätsschwerpunkten** (zB Bahnhöfe, Fußgängerzonen, Parks, Haltestellen) sollen die technischen Mittel abschreckende Wirkung entfalten und damit Straftaten vorbeugen. Schon nach dem Wortlaut der Vorschrift ist nur eine punktuelle und keine »flächendeckende« Überwachung zulässig. Die Daten sind grundsätzlich offen zu erheben. 146

§ 30 Abs. 1 S. 1 POG erlaubt die **Bildübertragung** zur Erfüllung der Aufgaben nach § 1 Abs. 1 S. 1 u. 3 und § 1 Abs. 2 u. 5 POG. § 30 Abs. 1 S. 2 POG regelt die strengeren Voraussetzungen einer **Bildaufzeichnung**. Diese ist nach Nr. 1 zur Abwehr einer konkreten Gefahr zulässig, in bestimmten Konstellationen aber auch unterhalb der Gefahrenschwelle (Nr. 2–4): bei gefährdeten Anlagen nach Nr. 2 (zB Schutz vor Vandalismus), nach Nr. 3 zur Abwehr von Gefahren des Straßenverkehrs und nach Nr. 4 147

---

230 BVerfG, NVwZ 2001, 1261; NJW 2013, 1499 Rn. 162 ff.; s. auch *Graulich*, in: Schenke/Graulich/Ruthig, BKAG, § 19 Rn. 13.

bei anderen, durch Rechtsvorschrift übertragenen Aufgaben. Nach § 30 Abs. 2 POG dürfen bei **öffentlichen Veranstaltungen**, die nicht dem VersG unterfallen (etwa Sportveranstaltungen) **Bild- und Tonaufzeichnungen** angefertigt werden, sofern Tatsachen die Annahme rechtfertigen, dass Gefahren für die öffentliche Sicherheit entstehen. Auch dies muss offen geschehen, sofern nicht die Voraussetzungen von § 30 Abs. 2 S. 2 POG vorliegen. § 30 Abs. 3 POG erlaubt die **Videoaufzeichnung** an »verrufenen Orten« nach § 10 Abs. 1 S. 2 Nr. 1 POG und gefährdeten Objekten nach § 10 Abs. 1 S. 2 Nr. 2 POG. § 30 **Abs. 4** POG dient der **Eigensicherung** von Polizeibeamten.

148 Obwohl die Videoüberwachung mittlerweile zum Standardrepertoire der Gefahrenabwehr gehört, blieb ihre **verfassungsrechtliche Zulässigkeit** umstritten; die Kammerentscheidung des BVerfG[231] hat einige verfassungsrechtliche Streitfragen entschieden. Bildaufzeichnung und Bildübertragung greifen zwar im Regelfall nicht in das Recht am eigenen Bild,[232] wohl aber in das **Recht auf informationelle Selbstbestimmung**[233] ein (vgl. dazu Rn. 135).[234] Über die **Verfassungsmäßigkeit** ist **nicht abschließend entschieden**, wobei auch hier nunmehr vorrangig auf unionale Maßstäbe abzustellen ist. Sie ist zwar zur Erreichung des verfolgten Zweckes nicht schon deswegen **ungeeignet**, weil sich die Kriminalität lediglich an andere, nicht überwachte Orte verlagere.[235] Geeignet ist sie bereits dann, wenn es zu einer deutlichen **Reduktion** von Straftaten an den überwachten Orten kommt. Allerdings bestehen erhebliche Zweifel, ob die gesetzliche Ausgestaltung dort, wo sie nicht der Abwehr von (konkreten) Gefahren dient, den verfassungsrechtlichen Anforderungen genügt. Dies betrifft insb. die pauschale Zulässigkeit nach Nr. 4 zur »Wahrnehmung von anderen durch Rechtsvorschriften übertragenen Aufgaben«.[236]

149 **b) Bodycams.** § 31 POG regelt den Einsatz körpernah getragener mobiler Videotechnik (sog. Bodycams) zum Schutz von Polizeibeamten oder Dritten gegen Gefahren für Leib und Leben. Eine eigenständige Regelung wurde mit dem POG 2017 deswegen getroffen, weil der Gesetzgeber in der gezielten Bild- und Tonaufnahme bestimmter Personen einen eigenständigen und intensiveren Grundrechtseigriff sah; insgesamt ist die Regelung deutlich restriktiver als vergleichbare Regelungen in anderen Bundesländern und in § 27a BPolG.[237] Die Aufnahmen sind nur offen und in öffentlich zugäng-

---

231 BVerfG, NVwZ 2007, 688; dazu *Zöller/Fetzer*, NVwZ 2007, 775 ff. S. auch BVerwGE 141, 329; dazu *Siegel*, NVwZ 2012, 738; *Waldhoff*, JuS 2013, 94.
232 Die Bildaufzeichnung greift nur dann in das Recht am eigenen Bild ein, wenn die Aufzeichnungen der Öffentlichkeit verfügbar gemacht werden, s. *Röger/Stephan*, NWVBl. 2001, 201 (206).
233 Für die Eingriffsqualität auch der reinen Datenübertragung nach dem Kamera-Monitor-Prinzip die meisten Stimmen der Lit., vgl. dazu *Schenke*, Rn. 186 m.w.N. Nach Ansicht des BVerfG (NVwZ 2007, 688; vgl. auch VGH Mannheim, NVwZ 2004, 498) greift jedenfalls die Videoüberwachung mit Aufzeichnung in das Recht auf informationelle Selbstbestimmung desjenigen ein, der von der Videoüberwachung erfasst wird. Ob dies auch dann gilt, wenn die Videoüberwachung reine Übersichtsbilder produziert, die den Einzelnen nicht unmittelbar erkennen lassen, lässt sich der Entscheidung nicht entnehmen; befürwortend *Roggan*, NVwZ 2001, 134 ff.; *Zöller/Fetzer*, NVwZ 2007, 775 (777) mit der Begründung, dass bereits die Ungewissheit darüber, ob personenbezogene Daten erhoben, gespeichert oder weitergegeben werden, Menschen von ihrer Grundrechtsausübung abhalten könne (chilling effects).
234 Zur Kompetenzfrage BVerwG, NVwZ 2012, 757 (760); *Schenke*, Rn. 187: als Regelung der Gefahrenvorsorge zulässig unabhängig von bundesrechtlichen Parallelregelungen zur Strafverfolgungsvorsorge.
235 So aber *Roggan*, NVwZ 2001, 134 (137); *Vahle*, NVwZ 2001, 165 (166); *Volkmann*, NVwZ 2000, 361 (365). Dagegen *Glaser*, Jura 2009, 742, 743; *Siegel*, NVwZ 2012, 738 (741).
236 S. auch *Schenke*, Rn. 186.
237 Vgl. LT-Drucks. 17/2895 S. 18. S. dazu *Ruthig*, GSZ 2018, 12; zur bundesrechtlichen Parallelvorschrift *Ruthig*, in: Schenke/Graulich/Ruthig, PolG, § 27a Rn. 1 ff.

lichen Räumlichkeiten zulässig, also weder in Privatwohnungen noch in den Geschäftsräumen von Berufsgeheimnisträgern. Auch das sog. Prerecording ist ausdrücklich ausgeschlossen.[238]

c) **Kfz-Kennzeichenüberwachung.** § 33 POG enthält eine Befugnis zum Einsatz der automatischen Kennzeichenerfassung und des damit verbundenen Abgleichs mit Fahndungsbeständen (dazu näher Abs. 2). Die Regelung ist anlassbezogen.[239] Zulässig ist der Einsatz nach Abs. 1 Nr. 1 zur Abwehr einer gegenwärtigen Gefahr für Leib, Leben, Freiheit oder Eigentum einer Person, also zB im Zusammenhang mit Entführungen, aber auch Eigentumsdelikten. Nr. 2 lässt sie unabhängig davon an »gefährlichen Orten« iSv § 10 POG zu, insb. auch im Umfeld gefährdeter Objekte (Bahnhöfe, Flughäfen, militärische Objekte) sowie anstelle von **Kontrollstellen** nach § 27 VersG oder § 100 a StPO (s. schon o. Rn. 100). Ein Eingriff in das Recht auf informationelle Selbstbestimmung liegt nach Auffassung des BVerwG nur bei den Treffern vor;[240] in den anderen Fällen gewährleistet Absatz 3 die unverzügliche Löschung. Soweit der Abgleich auch mit solchen Datenbeständen zugelassen ist, die der Strafverfolgung dienen, darf die Datenerhebung allein zu präventivpolizeilichen Zwecken erfolgen, also zB zur Wiederbeschaffung des Kfz.[241]

4. Besondere Mittel der verdeckten Datenerhebung (§ 34 POG). § 34 POG bestimmt die Voraussetzungen der verdeckten Datenerhebung. Die zulässigen besonderen Mittel der verdeckten Datenerhebung sind in § 34 Abs. 2 POG aufgeführt. Es sind die **längerfristige Observation** (Nr. 1),[242] technische Mittel zur Anfertigung von Bildaufzeichnungen und zum Abhören und Aufzeichnen des nicht öffentlich gesprochenen Wortes (Nr. 2), der Einsatz **verdeckter Ermittler** (Nr. 3)[243] und **Vertrauenspersonen** (V-Leuten) (Nr. 4) sowie der Einsatz technischer Mittel zur **Feststellung des Standortes einer Person** (Nr. 5, zB satellitengestütztes Navigationssystem «GPS«). Die **Voraussetzungen** ihres Einsatzes bestimmen sich nach **§ 34 Abs. 1 POG**. Nach Nr. 1 dürfen sie zur Abwehr einer **Gefahr** für **Leib** oder **Leben** eingesetzt werden. Nr. 2 und 3 konkretisiert die Anforderungen an die Zulässigkeit einer Maßnahme im Vorfeld konkreter Gefahren. Nach Nr. 4 dürfen auch von Kontakt-/Begleitpersonen Daten zur vorbeugenden Bekämpfung einer Straftat erhoben werden. Nr. 5 regelt die Datenerhebung im Umfeld gefährdeter Personen. Diese engen Voraussetzungen haben ihre Ursache in der beson-

150

151

---

238 Zu den dagegen vorgebrachten verfassungsrechtlichen Bedenken *Zöller*, Der Einsatz von Bodycams zur polizeilichen Gefahrenabwehr: rechtliche Möglichkeiten und Grenzen am Beispiel des rhpf. Pilotprojekts, 2017, S. 61 ff.
239 Nachdem BVerfGE 120, 378 die anlasslose Kfz-Kennzeichenüberwachung für verfassungswidrig erklärt hatte, hatte der Gesetzgeber § 27 Abs. 5 POG aF ersatzlos gestrichen, obwohl sie unter den entsprechenden Voraussetzungen verfassungskonform ist. Das BVerfG (aaO Rn. 175) hatte als mögliche Anlässe neben der Abwehr konkreter Gefahren auch die Überwachung von Kriminalitätsschwerpunkten genannt.
240 BVerwG 120, 378 Rn. 68; s. auch BVerwG, NVwZ 2015, 906 zu solchen Fällen, in denen die Software einen »Treffer« anzeigte, das Ergebnis aber visuell sogleich wieder aussortiert wurde. Näher dann *Ruthig*, in: Schenke/Graulich/Ruthig, BPolG, § 27 b Rn. 3 m.w.N.
241 Dazu Schenke, Rn. 213 d; zu verfassungsrechtlichen Bedenken *Cornils*, Jura 2010, 443, 445; *Rossnagel*, NJW 2008, 2547 (2550); a.A. *Guckelberger*, NVwZ 2009, 352 (355).
242 Indem diese ausdrücklich als Mittel der verdeckten Datenerhebung geregelt ist, war eine offene Observation nur auf der Grundlage der Generalklausel und nur für einen Übergangszeitraum zulässig, vgl. BVerwG, BeckRS 2014, 46793. Bei dieser Interpretation bestand für die Überwachung entlassener Sexualstraftäter in Rh.Pf. keine Rechtsgrundlage, s. auch *Schenke*, Rn. 50, 202 a; *Beaucamp*, JA 2017, 728 (731); allerdings hat sich die Problematik mit Erlass des ThUG erledigt.
243 Zum Einsatz verdeckter Ermittler in sozialen Netzwerken und Internetforen *Rosengarten/Römer*, NJW 2012, 1764 ff.

deren Grundrechtsintensität heimlicher Informationseingriffe. Die Maßnahmen sind zu befristen; sie bedürfen gem. § 34 Abs. 4 POG der richterlichen Anordnung.[244]

152 5. **Präventive Wohnraumüberwachung (§ 35 POG).** Der Einsatz technischer Mittel zur Überwachung von Wohnungen (»**Großer Lauschangriff**«) gehört rechtspolitisch zu den seit Jahrzehnten wohl umstrittensten Ermittlungsmethoden. 1998 wurde trotz der in der juristischen Lit. geäußerten Bedenken für die Wohnraumüberwachung eine ausdrückliche Grundlage in Art. 13 Abs. 3 und 4 GG geschaffen,[245] die zunächst durch den StPO-Gesetzgeber und nach dem Vorbild anderer Bundesländer auch bei der Neufassung des POG 2004 für Zwecke der Gefahrenabwehr einfachgesetzlich ausgefüllt wurde. Nur einen Tag nach Verkündung der POG-Novelle 2004 hat das BVerfG zwar die Verfassungsmäßigkeit von Art. 13 Abs. 3 GG bestätigt, aber gleichzeitig wesentliche Teile der strafprozessualen Vorschriften für nichtig erklärt.[246] Diese Entscheidung enthält wesentliche Gesichtspunkte, die sich auf Art. 13 Abs. 4 GG und die präventivpolizeilichen Maßnahmen nach § 35 POG übertragen lassen.[247] Dies gilt insb. für den mittlerweile in § 45 POG zusammengefassten Kernbereichsschutz und die verfahrensmäßigen Folgerungen (s. schon Rn. 138).

153 § **35 Abs. 1 POG** bestimmt die Voraussetzungen, wann in und aus Wohnungen Bild- und Tonaufzeichnungen angefertigt werden dürfen. Dies umfasst zugleich die Befugnis, die Wohnung zu betreten, um die Mittel anzubringen. Die Maßnahme darf sich nach § 35 Abs. 1 S. 2 POG nur gegen Verantwortliche (§§ 4, 5 POG) richten.[248] Allerdings schließt dies die Überwachung der Wohnung eines Dritten nicht aus, sofern aufgrund bestimmter Tatsachen anzunehmen ist, dass sich der Verantwortliche dort aufhält und eine Abwehr der Gefahr durch andere Maßnahmen unmöglich oder wesentlich erschwert wäre, vgl. § 35 Abs. 1 S. 3 POG. Nach § **35 Abs. 3 S. 1 POG** sind die Maßnahmen grundsätzlich von einem **Richter** anzuordnen (zur Zuständigkeit des OVG bereits Rn. 138). Die richterliche Anordnung verlangt eine sorgfältige Prüfung der Tatbestandsvoraussetzungen und Abwägung. § 35 Abs. 2 S. 2 POG konkretisiert die Anforderungen an die richterliche Anordnung, auch hinsichtlich ihrer Begründung (Nr. 1). Wichtige Einschränkungen des Anwendungsbereiches der Wohnraumüberwachung ergeben sich vor allem im Zusammenhang mit dem polizeilichen **Auswahlermessen**. Angesichts der Schwere des mit der Wohnraumüberwachung verbundenen Eingriffes dürfte eine solche nur ausnahmsweise in Betracht kommen. Deswegen wird die Wohnraumüberwachung zu generalpräventiven Zwecken nur in sehr seltenen Fällen zulässig sein und gegenüber Nichtverantwortlichen regelmäßig ausscheiden.[249]

154 6. **Datenerhebung durch Überwachung der Telekommunikation (§§ 36–42 POG).** Eingriffe der Gefahrenabwehrbehörden in die Telekommunikation wurden erst mit der Novelle 2004 ermöglicht und stellen neben Eingriffen in Art. 13 GG die wohl intensivsten Grundrechtseingriffe dar. Nachdem das BVerfG in seiner Entschei-

---

244 Der Gesetzgeber hat mit der Novelle 2017 die Anforderungen aus dem BKAG-Urteil des BVerfG (BVerfGE 141, 220) umgesetzt, vgl. LT-Drucks. 17/2856 S. 22 ff.
245 Ausf. zum Grundrecht der Unverletzlichkeit der Wohnung *Ruthig*, JuS 1998, 506 ff.
246 BVerfGE 109, 279 ff.; dazu auch *Gusy*, JuS 2004, 457 ff.; *Ruthig*, GA 2004, 587 ff.
247 S. dazu auch *Ruthig*, GA 2004, 587 (606 f.).
248 S. auch dazu BVerfGE 141, 220. Die frühere Regelung zu Kontakt- und Begleitpersonen wurde in Konsequenz der Entscheidung gestrichen.
249 Auch dazu schon *Ruthig*, JuS 1998, 506 (515).

dung zum niedersächsischen Recht die verfassungsrechtlichen Anforderungen konkretisiert, aber vor allem auch die Gesetzgebungskompetenz der Länder für die präventive TK-Überwachung bestätigt hatte[250], wurden sie ein **zentrales und häufig eingesetztes Instrument der Gefahrenabwehr**. Charakteristikum ist – wie bei den anderen heimlichen Eingriffen – der Richtervorbehalt, einschließlich der Konkretisierung des Inhalts richterlicher Anordnungen (vgl. § 36 Abs. 4 u. 5, auf die in den anderen Vorschriften verwiesen wird; zur Zuständigkeit des OVG schon Rn. 138). Werden die Daten durch **Abfrage bei den Telekommunikationsunternehmen** erhoben, ist zu unterscheiden. Deren Pflicht, solche Daten (anlasslos) zu speichern, ergibt sich aus den Bestimmungen des TKG, auf die § 36 Abs. 6 POG insoweit verweist.[251] Ihre Verpflichtung zur Datenübermittlung (an eine bestimmte Polizeibehörde) folgt aber aus dem jeweils einschlägigen Gesetz, hier also dem POG. Dieses überträgt die Anforderungen, die nach den einzelnen Vorschriften für eine polizeiliche Datenerhebung gelten würden auf die Auskunftspflichten der Telekommunikationsdiensteanbieter, so dass zwischen den einzelnen Varianten zu differenzieren ist. Ein solcher Abruf setzt voraus, dass »tatsächliche Anhaltspunkte einer konkreten Gefahr für Leib, Leben oder Freiheit einer Person, für den Bestand oder die Sicherheit des Bundes bzw. eines Landes oder einer gemeinen Gefahr« vorliegen[252] und der Eingriff einem Richtervorbehalt unterliegt. Verschärft wurden in § 31 Abs. 7 POG die Anforderungen an eine Zweckänderung der Daten.

a) **Überwachung und Aufzeichnung der Telekommunikation, Quellen-TKÜ (§ 36 POG).** Nach § 36 Abs. 1 POG sind Eingriffe in die Telekommunikation zur Abwehr einer **gegenwärtigen Gefahr** zulässig für **Leib oder Leben** und »solche **Güter der Allgemeinheit**, deren Bedrohung die Grundlagen oder den Bestand des Staates oder die Grundlagen der Existenz der Menschen berührt«. Nach Satz 2 ist sie außerdem zulässig zur Bekämpfung des Terrorismus im Vorfeld einer Gefahr.[253] Telekommunikation ist nach der Legaldefinition in § 3 Nr. 22 TKG der technische Vorgang des Aussendens, Übermittelns und Empfangens von Signalen jeglicher Art mittels Telekommunikationsanlagen (§ 3 Nr. 23 TKG).[254] Die Datenerhebung nach § 36 Abs. 1 POG kann sich auf **Inhalte der Telekommunikation** und auf **Verkehrsdaten** beziehen, bei Letzte- 155

---

250 BVerfGE 113, 348 ff. Auch insoweit wurden die Anforderungen in BVerfGE 141, 220 konkretisiert.
251 S. auch LT-Drucks. 15/4879 S. 33. Für die Entschädigung der Anbieter gilt über die Verweisung auf § 12 Abs. 5 POG das Justizvergütungs- und -entschädigungsgesetz v. 5.5.2004 in der jeweils geltenden Fassung entsprechend (BGBl. I S. 718). Nachdem das BVerfG die Regelung zur Vorratsdatenspeicherung in § 113 a TKG für nichtig erklärt hat [BVerfGE 125, 260 (262); dazu *Schenke*, Rn. 197 d; *Albers/Reinhardt*, ZJS 2011, 767; *Darnstädt*, DVBl. 2011, 263; *Möstl*, DVBl. 2010, 808], waren die nach § 113 a TKG erhobenen Daten zwingend zu löschen; BVerfGE 125, 260 (363 f.). Daher können allein noch die nach §§ 96–101 TKG gespeicherten Daten erhoben werden, s. *Wehr/Ujica*, MMR 2010, 667 (671). Der EuGH hat die zugrunde liegende Richtlinie für europarechtswidrig erklärt, vgl. EuGH, EuZW 2014, 459; dazu *Priebe*, EuZW 2014, 456; *Kühling*, NVwZ 2014, 681.
252 BVerfGE 125, 260 (330). Die Bezugnahme auf einen Straftatenkatalog hielt das BVerfG demgegenüber in nicht überzeugender Weise für nicht ausreichend (zum Widerspruch zum Begriff der öffentlichen Sicherheit bereits o. Rn. 31).
253 Insoweit orientiert sich das Gesetz an der Entscheidung BVerfGE 141, 220. Die Maßnahme ist bereits zulässig, wenn das Verhalten einer Person die konkrete Wahrscheinlichkeit begründet, dass sie in absehbarer Zeit entsprechende Straftaten begehen wird.
254 Daraus folgt, dass ein Zugriff auf die beim Provider gespeicherten E-Mails nicht möglich ist; als Rechtsgrundlagen kommen insoweit die Generalklausel des § 9 POG sowie die Sicherstellung nach § 22 POG schon deshalb nicht in Betracht, weil darin der Anlass, der Zweck und die Grenzen des Eingriffs in Art. 10 Abs. 1 GG nicht bereichsspezifisch und präzise bestimmt sind, so OVG RhPf., NJW 2013, 3671 (3672).

ren kann sich die Erhebung auch auf Zeiträume vor deren Anordnung erstrecken, § 36 Abs. 2 POG. Unter Verkehrsdaten sind nach § 3 Nr. 30 TKG solche Daten zu verstehen, die bei der Erbringung eines Telekommunikationsdienstes erhoben, verarbeitet oder genutzt werden, ua die Teilnehmerkennung, Beginn und Ende der Verbindung einschließlich Datum und Uhrzeit (vgl. auch § 96 TKG). Für die Standortdaten eines Mobilfunkendgeräts und die IMEI-Nummer enthält § 37 POG eine Spezialregelung. Für die Frage der **Verantwortlichkeit** gelten nach § 36 Abs. 1 S. 1 POG die allgemeinen Bestimmungen der §§ 4 ff. POG (Nr. 1), erfasst werden aber auch die sog. Nachrichtenmittler, also solche Personen, bei denen bestimmte Tatsachen die Annahme rechtfertigen, dass sie für die nach den §§ 4 u. 5 Verantwortlichen bestimmte oder von ihnen herrührende Mitteilungen entgegennehmen oder weitergeben (Nr. 2).[255]

156 § 36 Abs. 3 POG normiert den verdeckten, technischen Eingriff in ein informationstechnisches System zum Zweck der Telekommunikationsüberwachung (sog. **Quellen-Telekommunikationsüberwachung**). Durch diese Befugnis kann verschlüsselte Telekommunikation durch E-Mail oder Internettelefonie überwacht werden, indem bereits vor der Verschlüsselung beim Sender bzw. nach der Entschlüsselung beim Empfänger durch den Einsatz einer Überwachungssoftware, dh sog. Trojaner, auf die entsprechenden Inhalte zugegriffen wird. Auch diese fällt daher unter Art. 10 GG und wird deswegen in § 36 POG und nicht § 39 POG geregelt.[256] Für diese genügt abweichend von Absatz 1 eine konkrete Gefahr für hochwertige Rechtsgüter; bei dringenden Gefahren würde sie angesichts der erforderlichen Vorbereitungen im Regelfall als ungeeignet ausscheiden.

157 b) **Identifizierung und Lokalisierung mobiler Telekommunikationsendgeräte (§ 37 POG)**. In der Identifizierung und Lokalisierung von mobilen Telekommunikationsendgeräten, insb. zur **Rettung suizidgefährdeter und hilfloser Personen,** aber auch der **Bekämpfung erheblicher Straftaten,** sieht der Gesetzgeber einen weniger gewichtigen Grundrechtseingriff als im Eingriff in die Inhalte der Telekommunikation. Er hat ihn deshalb in einer eigenen Vorschrift geregelt.[257] Begrifflich orientierte er sich dabei am telekommunikationsrechtlichen Sprachgebrauch, hinsichtlich der Anforderungen an § 34 POG, da er von einer vergleichbaren Grundrechtsintensität ausgeht. Die Maßnahme kann sich außer gegen Verantwortliche und Nichtverantwortliche (Nr. 1) auch gegen solche Personen richten, von denen die Begehung künftiger Straftaten zu erwarten ist, sowie gegen Kontakt- und Begleitpersonen. Auch diese Maßnahme bedarf **der richterlichen Anordnung,** in diesem Fall allerdings durch das örtlich zuständige **Amtsgericht** (vgl. § 37 Abs. 3, der auf § 21 POG verweist).

158 c) **Auskunft über Nutzungsdaten (§ 38 POG) und Bestandsdaten (§ 42 POG).** Auf der Grundlage des § 38 POG kann die Polizei zur Abwehr von Gefahren für Leib oder Leben oder bestimmter Güter der Allgemeinheit (vgl. dazu im Rahmen des § 36 POG Rn. 155) sowie im Vorfeld zur Bekämpfung des Terrorismus Auskunft über Nutzungsdaten verlangen. Nutzungsdaten sind nach der **Legaldefinition** in § 15 Abs. 1 S. 1 TMG solche personenbezogenen Daten, mit denen die Inanspruchnahme von Teleme-

---

255 Zum Begriff vgl. auch § 100a Abs. 3 StPO und schon BVerfGE 107, 299.
256 S. auch LT-Drucks. 15/4879 S. 32.
257 LT-Drucks. 15/4879 S. 33.

dien ermöglicht oder mithilfe derer abgerechnet werden kann; einen Beispielskatalog enthält § 15 Abs. 1 S. 2 Nr. 1–3 TMG. Die erforderliche Ermächtigungsgrundlage für ein Auskunftsverlangen enthält § 38 POG.[258] § 42 POG regelt die Auskunft über die von Telekommunikationsunternehmen gem. § 111 TKG zu speichernden Bestandsdaten (zur Definition vgl. § 42 Abs. 5 POG). Hierfür ist nach dem Modell der »doppelten Tür« des BVerfG neben den §§ 111 ff. TKG auch eine Befugnisnorm für die Polizei erforderlich.

d) **Funkzellenabfrage (§ 41 POG).** § 41 POG regelt die **Funkzellenabfrage**, also die Abfrage der Verkehrsdaten, die in einer bestimmten räumlich bezeichneten Funkzelle in einem bestimmten Zeitraum anfallen. Hinsichtlich der Voraussetzungen verweist er auf § 36 POG. Obwohl sich die Maßnahme nach dem Wortlaut der Vorschrift nur gegen Verantwortliche im Sinne des § 36 Abs. 1 POG richtet, bedarf es keiner Angabe einer Mobilfunknummer und werden immer auch Verkehrsdaten Dritter erhoben. Die Abfrage ist allerdings nur zulässig, wenn Anhaltspunkte bestehen, dass der Verantwortliche im fraglichen Zeitraum in der konkreten Funkzelle auch Mobiltelefone benutzt hat.[259] 159

e) **Unterbrechung der Telekommunikation (§ 40 POG).** § 40 POG ermöglicht die Unterbrechung der Telekommunikation durch die Polizei zB mittels eines sog. IMSI-Catchers, nicht jedoch durch Anordnung gegenüber den Netzbetreibern.[260] Die Voraussetzungen entsprechen § 39 POG (s. Rn. 161). Besonders schwer ist der Eingriff nach Absatz 2, der die Unterbrechung auch ohne Kenntnis der Rufnummer oder anderen Kennungen ermöglicht und daher im fraglichen Gebiet den Mobilfunkverkehr insgesamt lahmlegt. Als Anwendungsfall nennt die Gesetzesbegründung das Deponieren einer Bombe, die über ein Mobiltelefon ferngesteuert gezündet werden soll.[261] 160

7. Datenerhebung durch Eingriffe in informationstechnische Systeme (§ 39 POG). In § 39 ist die sog. **Online-Durchsuchung** normiert, also die Datenerhebung durch Eingriff in informationstechnische Systeme, für die das BVerfG das »Grundrecht auf Gewährleistung der Vertraulichkeit und Integrität informationstechnischer Systeme« entwickelt hat (dazu Rn. 135).[262] § 39 Abs. 1 POG übernimmt die vom BVerfG entwickelten Anforderungen und lässt einen Eingriff nur zu »zur Abwehr einer Gefahr für Leib, Leben oder Freiheit einer Person oder für solche Güter der Allgemeinheit, deren Bedrohung die Grundlagen oder den Bestand des Staates oder die Grundlagen der Existenz der Menschen berührt«. Auch diese Maßnahme darf sich nur gegen Verantwortliche richten sowie unter bestimmten Voraussetzungen gegen Dritte und Nachrichtenmittler (s. bereits Rn. 151, 152). Die Vorgabe des BVerfG, die Maßnahme 161

---

258 Zum Verhältnis von TMG und POG *Spindler/Nink*, in: Spindler/Schuster, Recht der elektronischen Medien, 2. Aufl. 2011, TMG § 14 Rn. 6. S. auch LT-Drucks. 15/4879 S. 35.
259 Vgl. zur früheren Regelung in § 12 FAG bereits BGH, NStZ 2002, 107. § 15 Abs. 5 S. 4 iVm § 14 Abs. 2 TMG enthält eine Öffnungsklausel für deren Verwendung zu Zwecken der Gefahrenabwehr.
260 LT-Drucks. 15/4879 S. 39.
261 LT-Drucks. 15/4879 S. 39.
262 BVerfGE 120, 274 ff. Unter den Begriff der informationstechnischen Systeme fallen außer PCs insb. solche Mobiltelefone und elektronische Terminkalender, die über einen großen Funktionsumfang verfügen und personenbezogene Daten vielfältiger Art erfassen und speichern können. Die Daten fallen deswegen nicht unter Art. 10 GG, weil sie noch nicht oder nicht mehr Gegenstand einer laufenden Telekommunikation oder überhaupt nicht für eine Telekommunikation bestimmt sind, vgl. zur Parallelvorschrift des § 20 k BKAG BT-Drucks. 16/10121 S. 28.

auf das Notwendige zu begrenzen und nach der Erhebung der Daten wieder rückgängig zu machen und den Vorgang zu protokollieren, führte zu den detailreichen Regelungen der Absätze 2 und 4. Auch diese Maßnahme bedarf der richterlichen Anordnung durch das OVG (Abs. 4).

162 **8. Polizeiliche Beobachtung (§ 43 POG).** Die Polizei kann insb. die Personalien einer Person und das Kennzeichen eines von ihr genutzten Pkws in einer Fahndungsdatei **ausschreiben**. Werden die ausgeschriebene Person oder ein von ihr eingesetztes Kfz angetroffen, erfolgt eine Mitteilung über die Person, ihre Begleiter[263] und evtl. mitgeführte Sachen an die ausschreibende Dienststelle. Voraussetzung ist, dass Tatsachen die Annahme rechtfertigen, dass die Person **Straftaten von erheblicher Bedeutung** begehen wird. Die Beobachtung darf durch den Behördenleiter angeordnet werden und ist auf max. 12 Monate zu befristen (§ 43 Abs. 3 S. 2 POG). Soll sie darüber hinaus verlängert werden, steht sie unter Richtervorbehalt (vgl. § 43 Abs. 3 S. 3–4 POG).

163 **9. Weitere Verarbeitung und Verwendung der Daten. a) Speicherung und Nutzung von personenbezogenen Daten (§ 50 POG).** Nach § 50 Abs. 1 POG können die Ordnungsbehörden und die Polizei Daten speichern und nutzen, wenn dies zur **Erfüllung ihrer Aufgaben**, zu Dokumentationszwecken oder zur Vorgangsverwaltung erforderlich ist.[264] Nach § 50 Abs. 2 POG dürfen die Daten nur zum Zweck verwendet werden, zu dem sie erhoben wurden (**Zweckbindung**), Ausnahmen sind in Satz 2 normiert. Doppelerhebungen sollen vermieden werden. Daten, die zum Zwecke der Gefahrenabwehr erhoben wurden, dürfen auch zu Strafverfolgungszwecken verwendet werden, soweit Vorschriften der StPO nicht entgegenstehen (§ 50 Abs. 2 S. 3 POG). Der umgekehrte Fall (Verwendung strafprozessual erhobener Daten zu präventivpolizeilichen Zwecken) ist in § 50 Abs. 4 POG geregelt. Für automatisierte Dateien sind **Prüftermine** festzulegen (§ 50 Abs. 4 POG); das Gesetz regelt außerdem Höchstfristen und die Frage der Fristberechnung.

164 **b) Datenübermittlung (§ 56 ff. POG).** Die Vorschriften zur Datenübermittlung wurden erheblich erweitert. **§ 56 Abs. 1 S. 1 POG** bestimmt, dass die Datenübermittlung nur zulässig ist, wenn sie gesetzlich zugelassen ist. Die Vorschrift bezieht sich insb. auf §§ 50 f. POG, die die Zulässigkeit zweckändernder Übermittlungen an enge Voraussetzungen knüpfen (zum Grundsatz der hypothetischen Datenneuerhebung s. schon Rn. 135). Die folgenden Bestimmungen differenzieren zwischen den unterschiedlichen empfangenden Stellen und setzen insoweit die bundesverfassungsgerichtlichen, vor allem aber auch die unionsrechtlichen Anforderungen um. Für die Übermittlung an öffentliche Stellen im Inland und innerhalb der EU gelten die gleichen Anforderungen (§§ 75–58 POG), strengere Vorschriften gelten für die Übermittlung an Drittstaaten. Übermittlungsverbote und Verweigerungsgründe sind in § 62 POG geregelt.

165 **c) Öffentlichkeitsfahndung (§ 61 POG).** § 61 POG regelt zwei Varianten der **öffentlichen Fahndung**. Daten und Abbildungen einer Person dürfen von der Polizei oder Ordnungsbehörde öffentlich bekannt gegeben werden (»Steckbrief«), um eine Gefahr

---

[263] Dieser Begriff wurde 2011 eingeführt, so dass nunmehr sämtliche Begleiter (und nicht nur die sog. Kontakt- und Begleitpersonen) erfasst werden, s. LT-Drucks. 15/4879 S. 40.
[264] Speichern ist nach § 3 Abs. 2 S. 2 Nr. 2 LDSG das Erfassen, Aufnehmen oder Aufbewahren personenbezogener Daten auf einem Datenträger zum Zweck ihrer weiteren Verwendung. Nutzen ist nach § 3 Abs. 2 S. 2 Nr. 3 LDSG jede sonstige Verwendung personenbezogener Daten innerhalb der verantwortlichen Stelle.

für Leib, Leben oder Freiheit der ausgeschriebenen Person abzuwehren. Seit 2011 kann die Polizei unter den entsprechenden Voraussetzungen auch eine Person zur Fahndung ausschreiben, von der eine konkrete Gefahr für andere ausgeht. Angesichts des Subsidiaritätserfordernisses kommt eine solche allerdings nur ausnahmsweise in Betracht, etwa wenn jemand im Internet mit Foto, aber ohne die richtigen Personalien ankündigt, er werde eine Amoktat begehen.[265] Nicht gedeckt wäre dagegen von der Vorschrift die »Warnung« vor aus der Haft entlassenen Gewalt- oder Sexualstraftätern.

d) Datenabgleich (§ 65 POG). Datenabgleich ist die Feststellung, ob die Daten einer Person bereits in einer von der Ordnungsbehörde bzw. Polizei geführten Datei vorhanden sind. Nach § 65 Abs. 1 S. 1 POG dürfen Daten von Verantwortlichen nach §§ 4, 5 POG stets mit **von der eigenen Behörde geführten Dateien** abgeglichen werden. Bei den Daten anderer Personen ist dies nach Satz 2 nur im Einzelfall zulässig, wenn dies zur Erfüllung einer ordnungsbehördlichen bzw. polizeilichen Aufgabe erforderlich erscheint.[266] § 65 Abs. 3 S. 1 POG regelt die Befugnis, gefertigte Videoaufnahmen mit vorhandenen Abbildungen von Personen elektronisch abzugleichen. Diese sog. **Mustererkennung** ermöglicht es, auf den Videoaufnahmen Personen, von denen die Polizei Abbildungen besitzt, zu erkennen. Dies ist insb. an Flughäfen und Bahnhöfen eine effektive Fahndungsunterstützung.

166

e) Rasterfahndung (§ 44 POG). Nach § 44 POG darf sich die Polizei zur Abwehr einer **Gefahr** für den Bestand oder die Sicherheit des Bundes oder eines Landes oder für Leib, Leben oder Freiheit einer Person von öffentlichen und nicht öffentlichen Stellen **Daten übermitteln** lassen, um diese mit anderen Datenbeständen **abzugleichen**. Es handelt sich um die **sog. Rasterfahndung**.[267]

167

Der mit dieser verbundene Eingriff in die informationelle Selbstbestimmung wiegt nach Ansicht des BVerfG besonders schwer, weil die übermittelten Daten nach spezifischen Parametern miteinander verknüpft werden können und sie dadurch besondere Einblicke in die Persönlichkeit bis hin zur Erstellung eines vollständigen Persönlichkeitsprofils ermöglichen. Deshalb hielt das BVerfG die präventivpolizeiliche Rasterfahndung nur dann für zulässig, wenn eine konkrete Gefahr für hochrangige Rechtsgüter besteht.[268] »Allgemeine Bedrohungslagen« wie nach den Terroranschlägen v. 11.9.2001 genügen daher nicht. Das Vorliegen einer Gefahr verlangt allerdings nicht zwingend, dass ein im Inland belegenes Schutzgut betroffen ist.[269] Die zu übermittelnden Daten bestimmt § 44 Abs. 2 POG. Je nach Fahndungszweck und Personengruppe können die Merkmale auch im Einzelfall festgelegt werden.

168

---

265 Dazu LT-Drucks. 15/4879 S. 41.
266 Dadurch wird der Anforderung des BVerfG Rechnung getragen, dass ein Abgleich nur mit solchen Daten zulässig ist, welche der Gefahrenabwehr dienen, BVerfG, NJW 2008, 1505 ff.
267 Zum Begriff und zur Abgrenzung näher *Ruthig*, in: Schenke/Graulich/Ruthig, BKAG, § 48 Rn. 3 f. Aus der Rspr. BVerfGE 115, 320; abweichend zuvor OVG RhPf., NVwZ 2002, 1528; s. auch *Schenke*, Rn. 213 ff.; *Frenz*, NVwZ 2007, 631 (634); *Kutscha*, LKV 2008, 481 (482 ff.).
268 Zu den verfassungsrechtlichen Anforderungen BVerfGE 115, 320; *Ruthig*, in: Schenke/Graulich/Ruthig (Fn. 15), BKAG, § 48 Rn. 5 ff., 12 ff. An diese Vorgaben wurde das POG 2011 angepasst und die Möglichkeit des Einsatzes der Rasterfahndung zur vorbeugenden Bekämpfung von Straftaten von besonderer Bedeutung gestrichen. Krit. zu dieser Eingrenzung, die die Rasterfahndung praktisch leerlaufen lasse, *Frenz*, NVwZ 2007, 631 (634); *Hillgruber*, JZ 2007, 209 (212 ff.); *Volkmann*, Jura 2007, 132 (135 f.).
269 Dazu VG Mainz, DUD 2002, 303 (305); *Ruthig*, in: Schenke/Graulich/Ruthig, BKAG, § 48 Rn. 11 m.w.N.

169 Nach § 44 Abs. 3 S. 1 POG steht die Maßnahme unter Richtervorbehalt und darf nur bei Gefahr im Verzug durch die **Behördenleitung** angeordnet werden, § 44 Abs. 3 S. 4 POG. Zudem ist der Datenschutzbeauftragte des Landes unverzüglich zu unterrichten. Nach der Zweckerreichung sind die übermittelten Daten grundsätzlich zu löschen und die Unterlagen zu vernichten, soweit sie nicht für eine nach § 51 Abs. 1–3 zuverlässige Verarbeitung erforderlich sind (§ 44 Abs. 4 POG).

170 **f) Die Verwertbarkeit rechtswidrig erlangter Daten.** Im Zusammenhang mit sämtlichen Varianten der Datenverarbeitung stellt sich die Frage, inwieweit rechtswidrig erlangte Daten zu Zwecken der Gefahrenabwehr verwendet werden dürfen. Einerseits besteht bei einer uneingeschränkten Verwendbarkeit die Gefahr, die rechtsstaatlichen Maßstäbe zu unterlaufen. Eine völlige Verwehrung der Nutzung rechtswidriger Daten zu Zwecken der Gefahrenabwehr, etwa der Rettung eines Entführungsopfers, wäre aber andererseits wenig plausibel und mit den grundrechtlichen Schutzpflichten kaum vereinbar. Der Ausgleich zwischen beiden Aspekten kann im Rahmen der polizeilichen Ermessensausübung flexibel ausgestaltet werden, so dass (nur) bei Gefahren für bedeutsame Rechtsgüter die Verwertung sich als ermessensfehlerfrei darstellt.[270] Lediglich bei einer Verletzung des »absolut geschützten« Kernbereichs sieht § 45 Abs. 1 S. 3 POG ein Verwertungsverbot vor.

VII. Abgrenzung der Befugnisse nach dem POG von spezialgesetzlichen Kompetenzen der Polizei- und Ordnungsbehörden

171 **1. Polizeirecht und Versammlungen.** Die Versammlungsfreiheit wird durch Art. 8 Abs. 1 GG bzw. Art. 12 LV geschützt. Maßnahmen, die sich gegen eine öffentliche Versammlung richten und versammlungsspezifische Gefahren bekämpfen, sind nur unter den Voraussetzungen des **VersG** (zur Gesetzgebungskompetenz und Weitergeltung des Bundesgesetzes in Rheinland-Pfalz schon Rn. 2) zulässig. Die Anwendbarkeit des VersG setzt voraus, dass es sich überhaupt um eine Versammlung handelt. Eine Versammlung im Sinne des VersG ist die Zusammenkunft einer Mehrheit von (mind. zwei) Personen an einem gemeinsamen Ort zu einem gemeinsamen Zweck, welcher darin liegt, dass öffentliche Angelegenheiten gemeinsam erörtert, beraten und kundgeben werden.[271] Allerdings ist das Versammlungsgesetz grundsätzlich nur auf öffentliche Versammlungen anwendbar.[272] Es ist deshalb umstritten, inwieweit bei nichtöffentlichen Versammlungen auf das allgemeine Polizei- und Ordnungsrecht zurückgegriffen werden kann.[273]

172 Gegen eine **öffentliche Versammlung** sind nur die im VersG geregelten Maßnahmen zulässig.[274] Auf das POG können Maßnahmen daher erst **nach deren Auflösung**[275]

---

270 S. auch *Schenke*, Rn. 217; *Ruthig*, Fs f. Schenke, 2011, S. 495 (505 f.).
271 Zum Versammlungsbegriff vgl. BVerfGE 104, 92 (104); BVerwG, NVwZ 2007, 1431; VGH Mannheim, NVwZ 1998, 761 (763).
272 Vgl. § 1 Abs. 1 VersG. Lediglich die §§ 3, 21, 23 u. 28 VersG sind auch auf nicht öffentliche Versammlungen anwendbar.
273 So aus der Rspr. zB BVerwG, NVwZ 1999, 991; VG Frankfurt, NVwZ 1998, 770.
274 Dazu näher *Schenke*, Rn. 360 ff.; *Gröpl*, Jura 2002, 18. Verdrängt werden also auch die Vorschriften des Straßen- und Straßenverkehrsrechts (*Schenke*, Rn. 383 f.). Die straßenrechtlichen Befugnisse zur Unterbindung einer Sondernutzung wiederum verdrängen das allgemeine Polizei- und Ordnungsrecht. OVG Köln, NVwZ-RR 2000, 429; VGH Mannheim, VBlBW 2002, 257.
275 Diese muss daher auch ausdrücklich erfolgen, BVerfG, NVwZ 2005, 80; OVG Berlin, NVwZ-RR 2003, 896.

bzw. dem Ausschluss eines Teilnehmers[276] von der Versammlung gestützt werden (zum Platzverweis Rn. 106 f.).[277] Entsprechendes gilt im **Vorfeld** einer Versammlung, insb. für polizeiliche **Kontrollstellen** auf dem Weg zur Versammlung[278] oder Meldeauflagen nach § 12 a POG.[279] Die Kontrollen sind nur dann rechtswidrig, wenn sie so angelegt sind, dass die Teilnahme an der Versammlung hierdurch gänzlich verhindert oder wesentlich erschwert wird.

Diese Grundsätze schließen jedoch nicht aus, dass es auch **während einer Versammlung** im Einzelfall zu einem Nebeneinander von VersG und POG kommt. Polizeiliche Maßnahmen innerhalb von Versammlungen können nach h.M. dann auf das allgemeine Polizeirecht gestützt werden, wenn und soweit es darum geht, Gefahren zu bekämpfen, die ihre Ursache nicht spezifisch in der Versammlung und deren Ablauf haben, sog. **nicht versammlungsspezifische Gefahren**, beispielsweise die Auflösung einer Versammlung wegen Brandgefahr.[280] Das BVerwG versteht die Bestimmungen des VersG aber auch insoweit als einen Verweis auf die allgemeinen Ermächtigungsgrundlagen, als im VersG entsprechende Maßnahmen fehlen.[281]   173

Bei Maßnahmen gegen Personen, die **nicht** an der Versammlung **teilnehmen**, sondern diese nur stören wollen, ergibt sich die Anwendbarkeit des POG schon daraus, dass sich der Schutzbereich des Art. 8 GG nicht auf die störenden Personen erstreckt.[282] Ebenfalls nicht berührt werden durch das VersG die Befugnisse der Polizei zur **Strafverfolgung**. So kann beispielsweise ein Versammlungsteilnehmer nach § 127 Abs. 2, § 164 StPO festgenommen werden, wenn er eine Straftat begangen hat.[283]   174

2. Polizeirecht und Wirtschaftstätigkeit. a) Gewerberecht und Polizeirecht. Der Bund hat die konkurrierende Gesetzgebungskompetenz für das **Recht der Wirtschaft**, Art. 74 Abs. 1 Nr. 11 GG. § 1 GewO enthält insoweit den Grundsatz der Gewerbefreiheit. Dieser Zugang zum Gewerbe kann aus kompetenzrechtlichen Gründen nur durch ein Bundesgesetz eingeschränkt werden. Eine Auslegung des Polizei- und Ordnungsrechts als generelle Zulassungsschranke verstieße gegen die bundesrechtliche Regelung des § 1 GewO.[284] Damit kann die Ausübung eines Gewerbes nicht auf der Grundlage der polizeirechtlichen Generalklausel untersagt werden. Lediglich gegen **einzelne Formen der Gewerbeausübung** kann nach der Rspr. mit polizei- und ordnungsrechtlichen Mitteln vorgegangen werden, solange nicht die Ausübung des Gewerbes als solche in Frage gestellt, sondern lediglich die Art und Weise der Gewerbe-   175

---

276 Auch dieser kann nur auf das VersG gestützt werden, s. *Schenke*, Rn. 377 m.w.N.
277 BVerfG, NVwZ 2005, 80.
278 VGH Mannheim, NVwZ 1998, 761 (764); VG Lüneburg, NVwZ-RR 2005, 248 (250).
279 BVerwGE 129, 142 ff. zu auf die – in RhPf. durch die neue Standardmaßnahme (s. Rn. 105) verdrängte – Generalklausel gestützten Meldeauflagen. A.A. (Gesetzesvorbehalt erfordert spezielle Regelungen) *Trurnit*, NVwZ 2012, 1079 (1083).
280 VGH Mannheim, VBlBW 2010, 468.
281 BVerwGE 65, 55 (57 f.); dazu auch *Schenke*, Rn. 279 m.w.N.; krit. *Kötter/Nolte*, DÖV 2009, 399 (404).
282 BVerfGE 84, 203, 209 f.
283 *Schenke*, Rn. 382; *Deger*, NVwZ 1999, 265 (267).
284 S. zuletzt OVG Weimar, LKV 2003, 191.

ausübung beschränkt wird.[285] Jedenfalls **vorläufige Maßnahmen** sind auf der Grundlage der Generalklausel zulässig.[286]

176 **b) Immissionsschutzrecht.** Umstritten ist auch, inwieweit neben den **immissionsschutzrechtlichen Vorschriften** ein Rückgriff auf die polizeirechtliche Generalklausel möglich ist. Dies hängt davon ab, inwieweit ihn die speziellen immissionsschutzrechtlichen Vorschriften ausdrücklich oder sinngemäß zulassen. Während die Vorschriften über genehmigungsbedürftige Anlagen (§§ 17, 20, 21 BImSchG) einen Rückgriff auf das POG ausschließen, sind bei nicht genehmigungsbedürftigen Anlagen die §§ 24, 25 BImSchG nach h.M. nicht abschließend.[287] Vielmehr lässt § 22 Abs. 2 BImSchG »weitergehende öffentlich-rechtliche Vorschriften« zu, zu denen auch grundsätzlich die polizeirechtliche Generalklausel gehört.[288] Entsprechendes gilt für § 14 LImSchG,[289] auch hier bleiben nach § 1 Abs. 2 LImSchG ua »der allgemeinen Gefahrenabwehr dienende Vorschriften« unberührt, so dass **allgemeine Ordnungsbehörden und Polizei auf der Grundlage des § 9 Abs. 1 POG** einschreiten können.[290]

177 Folgt man dem BVerwG,[291] ist auf der Grundlage des BImSchG auch ein **Einschreiten gegen Hoheitsträger** zulässig. In seiner Begründung berief sich das BVerwG dabei auf den Zweck und die Gesetzesmaterialien zu § 24 S. 1 BImSchG. Auf jeden Fall ist auch gegenüber einem Hoheitsträger ein »Einschreiten« bei Gefahr im Verzug zulässig, also in solchen Fällen, in denen der Hoheitsträger selbst mit den ihm zu Gebote stehenden Mitteln die Gefahr nicht rechtzeitig abwehren kann.[292]

178 **3. Abgrenzung zwischen Strafverfolgung und Gefahrenabwehr.** Nimmt die Polizei Aufgaben auf dem Gebiet des Straf- und Ordnungswidrigkeitenrechts wahr, richten sich die Befugnisse nach der StPO und dem OWiG.[293] Ob das POG oder die StPO als Ermächtigungsgrundlage herangezogen wird, spielt unter anderem für die Frage des Rechtswegs eine Rolle. Während der Rechtsschutz gegen **Gefahrenabwehrmaßnahmen** sich nach den §§ 40 ff. VwGO richtet, sind für den Rechtsschutz gegen **Strafverfolgungsmaßnahmen** der Polizei die §§ 23 ff. EGGVG maßgeblich. Justizbehörde iSd § 23 EGGVG ist auch die Polizeibehörde, wenn sie funktionell Justizaufgaben wahr-

---

285 BVerwG, NJW 2002, 598 (601); NVwZ 2006, 1175; allerdings bereitet die Abgrenzung erhebliche Schwierigkeiten, vgl. § 6 Rn. 22 zur Durchsetzung des NRSG; allg. *Ruthig* in: ders./Storr (Fn. 13), Rn. 170 ff.
286 Dies gilt aber nur unter den Voraussetzungen des § 1 Abs. 8 POG für Maßnahmen der Polizei. Weitergehend OVG RhPf., NVwZ-RR 1999, 244 zur vorläufigen Schließung einer Spielhalle bis zum Abschluss der Ermittlungen zur gewerberechtlichen Zuverlässigkeit des Betreibers.
287 Zur Zulässigkeit landesrechtlicher Regelungen § 7 Rn. 153 f., 158 f.
288 BVerwGE 55, 118 (122); a.A. *Würtenberger*, Rn. 187; *Martens*, DVBl. 1981, 597 (605 f.).
289 Dazu § 9 Rn. 159. Insoweit sind nicht die allgemeinen Ordnungsbehörden, sondern die in § 15 LImSchG genannten Sonderordnungsbehörden zuständig, dazu § 7 Rn. 157.
290 Unabhängig davon greift die polizeiliche Zuständigkeit für Eilmaßnahmen, insb. während der Nachtzeit (§ 1 Abs. 8 POG) auch gegenüber besonderen Ordnungsbehörden und ermächtigt selbst bei genehmigungsbedürftigen Anlagen zu vorläufigen Maßnahmen der Polizei, vgl. *Götz/Geis*, § 21 Rn. 15 f.; *Würtenberger*, Rn. 187.
291 BVerwG, NVwZ 2003, 346 zu einem gegen eine Kommune gerichteten Bescheid zur parallelen hessischen Rechtslage; s. auch VGH Mannheim, NVwZ-RR 2002, 643 zum Lärmschutz gegen eine kommunale Bolz- und Skateranlage. Zum Rechtsschutz gegen kirchliches Glockengeläut BVerwG 68, 62, 67 ff.; NVwZ 1997, 390 f.; VG Trier Urt. v. 22.8.2001 – 5 K 563/00 –. Allerdings ist das herkömmliche Glockengeläut grds. zumutbar; dies gilt insb. dann, wenn die Vorgaben der TA Lärm eingehalten werden, s. BVerwG Beschl. v. 19.2.2013 – 7 B 38/12 –.
292 Vgl. zu einem solchen Fall BVerwGE 29, 52 (59).
293 Nach letzterem hat die Polizei, soweit das OWiG nichts Anderes bestimmt, die gleichen Rechte und Pflichten wie bei der Verfolgung von Straftaten, § 53 Abs. 1 S. 2 OWiG.

nimmt, da der Begriff der Justizbehörde funktionell zu verstehen ist. Handelt die Polizei zum Zweck der Strafverfolgung wegen Gefahr im Verzug anstelle des eigentlich zuständigen Richters, so kann nach § 98 Abs. 2 S. 2 StPO (analog) der Richter angerufen werden.[294]

Zum Teil überschneiden sich **Gefahrenabwehr** und **Strafverfolgung**, so dass die Rechtsgrundlagen für ein Einschreiten sowohl der StPO als auch dem POG entnommen werden können. Es handelt sich um sog. **doppelfunktionale Maßnahmen**. Nach der wohl h.M. kommt es bei der Rechtswegabgrenzung auf den **Schwerpunkt der Maßnahme** an. Ist die Polizei überwiegend strafverfolgend tätig geworden, ist nach § 23 EGGVG der Rechtsweg zu den ordentlichen Gerichten eröffnet, bei überwiegend präventivem Handeln der Verwaltungsrechtsweg.[295] Damit ist aber nicht geklärt, wie der Schwerpunkt genau zu bestimmen ist. Es könnte auf den Willen des handelnden Polizisten, auf die Sicht des Betroffenen oder eines objektiven Dritten abgestellt bzw. mit einer Vermutungsregel[296] gearbeitet werden. Teilweise wird davon ausgegangen, dass eine Maßnahme jedenfalls dann rechtmäßig ist, wenn zumindest eine der beiden Rechtsgrundlagen sie trägt.[297] Erkennt man an, dass es der Polizei nicht verwehrt sein kann, sich bei bestimmten polizeilichen Akten sowohl auf das Polizeigesetz als auch auf die StPO zu berufen, lässt sich die Schwerpunkttheorie kaum noch halten und ist eine differenzierte Lösung geboten.[298] Verfolgt die Polizei einen bestimmten Zweck, ist dieser maßgeblich. Wird eine Maßnahme allerdings – was zulässig ist – zugleich auf strafprozessuale und polizeirechtliche Ermächtigungsgrundlagen gestützt, kommen **beide Rechtswege** (§ 40 VwGO und § 23 EGGVG) in Betracht. Ob dann **§ 17 Abs. 2 S. 1 GVG** anwendbar ist oder es sich um unterschiedliche Streitgegenstände handelt, ist umstritten.[299]

Die Frage der Abgrenzung stellt sich im Übrigen auch im Zusammenhang mit **Kostenersatzansprüchen**. Das BVerwG[300] geht davon aus, dass der Umstand, dass eine Maßnahme auch der Strafverfolgung dient, es bei einer hiermit verbundenen Gefahrenabwehr nicht ausschließt, für diese nach Maßgabe der polizeirechtlichen Bestimmungen Kostenersatz vom Störer zu verlangen.

VIII. Polizeilicher Verwaltungsakt und seine Durchsetzung

1. Abgrenzung polizeilicher Verwaltungsakte von anderen Maßnahmen der Gefahrenabwehr. Die Abgrenzung der polizei- und ordnungsbehördlichen Handlungsformen richtet sich nach allgemeinen Grundsätzen. Für die polizeiliche Verfügung bzw. für den ordnungsbehördlichen Verwaltungsakt ist also § 1 LVwVfG iVm § 35 VwVfG maßgeblich. Relevant wird diese Abgrenzung zwischen den Handlungsformen nicht

---

294 *Kingreen/Poscher*, § 2 Rn. 13.
295 BVerwGE 47, 255 (265); VGH München, BayVBl. 1986, 337 (337). Stehen Maßnahmen auf Grundlage der StPO nicht im Zusammenhang mit einem konkreten Strafverfahren, sondern dienen sie der Strafverfolgungsvorsorge, fällt dies nicht unter §§ 23 ff. EGGVG; sondern ist der Verwaltungsrechtsweg gegeben, BVerwG, NVwZ-RR 2011, 510.
296 Für eine solche (im Zweifel Maßnahme der Gefahrenabwehr) *Kingreen/Poscher*, § 2 Rn. 14.
297 *Götz/Geis*, § 18 Rn. 19.
298 S. näher *Schenke*, Rn. 423 f.; *Schoch*, Rn. 11 ff.
299 Gegen die Anwendbarkeit des § 17 Abs. 2 GVG *Schenke*, Rn. 424 m.w.N. auch zur Gegenauffassung.
300 BVerwG, DÖV 2001, 1003; a.A. VGH München, DVBl. 1998, 840 f., wonach die polizeirechtliche durch die strafprozessuale Kostenregelung verdrängt werde.

nur für den **Rechtsschutz**, sondern auch für die (unmittelbare) Anwendbarkeit des VwVfG (vgl. § 9 VwVfG). Außerdem ist das Vorliegen eines Verwaltungsakts Vollstreckungsvoraussetzung. Von besonderer Relevanz in den polizeirechtlichen Fällen ist die Abgrenzung polizeilicher **Verwaltungsakte** vom schlichten Verwaltungshandeln, den **Realakten**. Problematisch ist hier regelmäßig das Merkmal der **Regelungswirkung**. Diese fehlt nicht nur bei tatsächlichem Verhalten wie polizeilichen Streifengängen, Beobachtungen und entsprechend allgemeiner Grundsätze bei Auskünften, Warnungen und Belehrungen, sondern auch bei bloßen Bitten, welche die Polizei- oder Ordnungsbehörden an den Bürger richten.[301] Besonders umstritten ist die Rechtsnatur bestimmter, vor allem **heimlicher Standardmaßnahmen**, von denen der Betroffene bei ihrer Vornahme nichts erfährt. Hier fehlt die Bekanntgabe, durch die ein Verwaltungsakt erst wirksam wird. Für die »aus der Not geborene Zweckkonstruktion«[302] eines Verwaltungsakts auf Duldung fehlt heute nicht nur das praktische Bedürfnis, da Rechtsschutz ohne Rücksicht auf die staatliche Handlungsform gewährt wird.[303] Sie ist auch mit der Regelung des VwVfG nicht zu vereinbaren, was daran deutlich wird, dass ihre Vertreter behaupten müssen, man habe für den »sondertypischen Verwaltungsakt« (etwa der unmittelbaren Ausführung) die Vorschriften über die Wirksamkeit des Verwaltungsakts «so zu lesen, dass ›bekanntgegeben‹ durch ›vorgenommen‹ ersetzt wird«.[304] Die Maßnahmen verwandeln sich auch nicht dadurch in einen Verwaltungsakt, dass der Betroffene nachträglich über sie informiert wird,[305] da sich die Maßnahmen mit ihrer Durchführung erledigt haben und damit keiner weiteren und erst recht keiner rückwirkenden Regelung mehr zugänglich sind. Auch für einen nachträglichen feststellenden Verwaltungsakt ist kein Raum,[306] da die »verbindliche« Feststellung der Eingriffsvoraussetzungen, die sich durch den Vollzug bereits erledigt haben, als Regelungsgegenstand nicht genügt. Heimliche Maßnahmen sind daher Realakte.

182 Anders verhält es sich hinsichtlich der »klassischen«, also **offenen Standardmaßnahmen**. Hier handelt es sich nicht nur dann um Verwaltungsakte, wenn sie den Betroffenen zu einem Handeln oder Unterlassen verpflichten, wie etwa der Platzverweis. Auch bei solchen Standardmaßnahmen wie der Durchsuchung bzw. Beschlagnahme, bei denen die polizeiliche Vollziehung im Vordergrund steht, darf das Regelungselement nicht ausgeblendet werden. Diese Maßnahmen sind noch keine Vollstreckungshandlungen, ein Verwaltungsakt »auf Duldung« macht hier sehr wohl Sinn. Sieht man in den Standardmaßnahmen nämlich ausschließlich Realakte, ergeben sich erhebliche dogmatische Schwierigkeiten, wenn sie zwangsweise durchgesetzt werden müssen. Da ein Realakt nicht Grundlage für eine Verwaltungsvollstreckung sein kann, müsste jedenfalls dann, wenn der Betroffene mit der Maßnahme nicht einverstanden ist, doch

---

301 *Rasch*, DVBl. 1992, 207 (210 f.); s. auch *Erfmeyer*, DÖV 1999, 719 ff.
302 VGH München, GewArch 1981, 233 (234).
303 Vgl. etwa *Schenke*, Rn. 306; *Robbers*, DÖV 1987, 272 (275). Die Einordnung als Verwaltungsakt führt angesichts der besonderen Zulässigkeitsvoraussetzungen der Anfechtungsklage sogar zu einer »Erschwerung« des Rechtsschutzes.
304 So ausdrücklich *Köhler*, BayVBl. 1999, 582 (584).
305 *Schenke*, Rn. 188, 192; a.A. VG Bremen, NVwZ 1989, 895.
306 Dafür aber VGH Mannheim, DVBl. 1992, 337 (338).

noch eine Duldungsverfügung ergehen.[307] Zur Rechtsnatur von Vollstreckungsmaßnahmen Rn. 198 f.

2. Die Rechtmäßigkeit eines polizeilichen Verwaltungsakts (Prüfungsschema). Stellt sich eine polizei- oder ordnungsbehördliche Maßnahme als Verwaltungsakt dar, gelten für die Prüfung ihrer Rechtmäßigkeit die allgemeinen Anforderungen, die sich aus den polizei- und ordnungsrechtlichen Vorschriften sowie dem VwVfG ergeben. Es empfiehlt sich folgende **Prüfungsreihenfolge**: 183

A. Formelle Rechtmäßigkeit
   I. Zuständige Polizei- bzw. Ordnungsbehörde (o. Rn. 27 ff.)
      1. Sachliche Zuständigkeit
      2. Örtliche Zuständigkeit
      3. Instanzielle Zuständigkeit
   II. Form- und Verfahrensvorschriften
B. Materielle Rechtmäßigkeit
   I. Gebot der Bestimmtheit (§ 37 Abs. 1 VwVfG)
   II. Vereinbarkeit mit der Rechtsgrundlage
   Der polizei- oder ordnungsbehördliche Verwaltungsakt kann seine **Rechtsgrundlage** entweder haben in:
      1. einem Spezialgesetz (zB VersG, BBodSchG)
      2. den polizei- und ordnungsrechtlichen Standardmaßnahmen
      3. der Generalklausel
   III. Adressat
   Die Adressatenregelung findet sich entweder in der Standardmaßnahme oder den allgemeinen Vorschriften der §§ 4 ff. POG (Rn. 51 ff.)
   IV. Ermessen/Verhältnismäßigkeit (dazu näher Rn. 81 ff.)
      1. Entschließungsermessen (»ob«)
      2. Auswahlermessen (»wie«)
         a) Auswahl zwischen mehreren Störern
         b) Auswahl zwischen mehreren Mitteln (Grundsatz des geringsten Eingriffs)
         c) Vereinbarkeit mit höherrangigem Recht, insb. den Grundrechten bzw. dem Übermaßverbot

3. Vollstreckung polizeilicher Verwaltungsakte. a) Anzuwendende Vorschriften und allgemeine Grundsätze des Vollstreckungsrechts. Die in einem Verwaltungsakt enthaltenen Ge- und Verbote können nach einem allgemeinen Grundsatz des deutschen Verwaltungsrechts bei ihrer Nichtbeachtung von der Behörde selbst, dh ohne vorherige Einschaltung eines Gerichtes, zwangsweise durchgesetzt werden. Die Vollstreckung polizeilicher oder ordnungsbehördlicher Verwaltungsakte richtet sich gem. **§ 76 Abs. 1 POG** grundsätzlich nach den **allgemeinen Vorschriften des LVwVG**. Zwangsmittel sind somit gem. § 76 Abs. 1 POG iVm §§ 63–65 LVwVG **Ersatzvornahme, Zwangsgeld** und **unmittelbarer Zwang**. Lediglich für die (polizeispezifische) Ausübung unmit- 184

---

[307] S. näher *Schenke*, Rn. 116. Diese auf die Generalklausel zu stützen, ist vor allem problematisch, wo an die Standardmaßnahmen erhöhte Anforderungen gestellt werden; vgl. zu den daraus resultierenden Problemen am Beispiel des Betretens von Wohnungen *Puttler*, JA 2001, 674 f.

telbaren Zwanges hält das POG mit den §§ 76–86 POG Spezialregelungen bereit, ansonsten gelten für Verwaltungsakte, die auf das POG gestützt sind, keine Besonderheiten.[308]

185 Als allgemeine Vollstreckungsvoraussetzung genügt es nach hM, dass ein **wirksamer Grundverwaltungsakt** vorliegt, der vollstreckt wird.[309] Es kommt dagegen nicht auf seine Rechtmäßigkeit an.[310] Der Vollzug des Grundverwaltungsakts kann in der Regel nicht bis zur verbindlichen oder vorläufigen Klärung der Rechtsfrage aufgeschoben werden.[311]

186 Der Katalog der aufgezählten **Zwangsmittel** ist **abschließend**. Die Anwendung anderer »Zwangsmittel« (zB Vorenthaltung einer an sich zustehenden Leistung, politischer Druck, Mobilisierung der Öffentlichkeit und der Medien usw) ist kein zulässiges Vollstreckungsmittel. Zwangsmittel sind keine Strafen, sondern Beugemittel. § 62 Abs. 3 LVwVG bestimmt daher in Übereinstimmung mit den allgemeinen Regeln des Vollstreckungsrechts, dass Zwangsmittel **neben einer etwaigen Strafe oder Geldbuße** angewandt werden können und so lange wiederholt und gewechselt werden dürfen, bis der Verwaltungsakt befolgt worden ist. Die Androhung und Festsetzung von Zwangsmitteln sind **Ermessensentscheidungen**. Sie erfordern eine Berücksichtigung der gesamten Begleitumstände des Falles einschließlich der persönlichen Besonderheiten des Vollstreckungsschuldners.[312]

187 b) **Einzelne Zwangsmittel. aa) Ersatzvornahme (§ 76 Abs. 1 POG, § 63 LVwVG):** Eine Ersatzvornahme ist gem. § 76 Abs. 1 POG iVm § 63 LVwVG die Vornahme einer **vertretbaren Handlung** durch die Polizei bzw. die allgemeine Ordnungsbehörde (sog. Selbstvornahme) oder durch einen mit der Ausführung Beauftragten (sog. Fremdvornahme)[313] anstelle und auf Kosten des an sich zur Vornahme der Handlung Verpflichteten.

188 bb) **Zwangsgeld (§ 76 Abs. 1 POG, 64 LVwVG):** Zwangsgeld ist die Auferlegung einer Zahlungsverpflichtung, um den Vollstreckungsschuldner zu dem gewünschten Verhalten zu bewegen (vgl. § 64 LVwVG). Da es sich bei der Festsetzung eines Zwangsgeldes um keine Strafe, sondern um ein Beugemittel handelt, ist seine mehrfache Festsetzung zulässig. Einer erneuten Festsetzung steht auch nicht entgegen, dass das zunächst verhängte Zwangsgeld nicht beigetrieben wurde[314].

189 cc) **Unmittelbarer Zwang (§§ 76 ff. POG):** Unmittelbarer Zwang ist gem. § 77 Abs. 1 POG die Einwirkung auf Personen oder Sachen durch **körperliche Gewalt, Hilfsmittel**

---

308 Zum Vollstreckungsrecht allg. s. *Maurer*, Allg. Verwaltungsrecht, 18. Aufl. 2011, § 20; *Horn*, Jura 2004, 447 ff., 597 ff.; *Werner*, JA 2000, 902 ff.; im polizeirechtlichen Kontext *Schenke*, Rn. 538 ff. u. *Thiel*, Teil 3 (§§ 11 ff.).
309 BVerfG, NVwZ 1999, 290 (292); OVG RhPf., NVwZ 1997, 1009.
310 Näher dazu *Ruthig*, in: Schenke/Graulich/Ruthig, UZwG, § 1 Rn. 15; vgl. BVerfG, NVwZ 1999, 290 zum Wasserwerfereinsatz; BVerwG, NJW 1984, 2591. Zu den Konsequenzen für die Frage der Erledigung des VA u. Rn. 203.
311 BVerfG, NVwZ 1999, 290 (292); BVerfGE 87, 399 (410).
312 BVerfG, NVwZ 1999, 290; BVerwGE 84, 354 (360); NVwZ 2009, 122; näher *Baumeister*, in: Schenke/Graulich/Ruthig, VwVG, vor § 1 Rn. 29 ff.
313 Der Private wird seinerseits auf der Grundlage eines privatrechtlichen Vertrages (i.d.R. Werkvertrag) tätig, s. *Maurer* (Fn. 298), § 20 Rn. 13 f.
314 S. aber zur fehlenden Eignung der erneuten Zwangsgeldfestsetzung im Wiederholungsfall VG Neustadt/Weinstr, Beschl. v. 2. 9. 2004 – 4 L 2027/04.NW – (juris).

körperlicher Gewalt (zB Diensthund, Pfefferspray usw) oder **Waffen**.[315] Detailliert geregelt ist insb. die Zulässigkeit des Schusswaffengebrauches, bei der der Verhältnismäßigkeitsgrundsatz in sehr konkrete Regelungen umgesetzt wurde.[316] Ausdrücklich zugelassen wurde auch der finale Rettungsschuss, § 82 Abs. 2 S. 2 POG.[317] Die Ausübung unmittelbaren Zwangs ist im Wesentlichen in den §§ 76 ff. POG geregelt. Zu beachten ist § 76 Abs. 3 POG, wonach **nur die Polizei** unmittelbaren Zwang ausüben darf.

Abgrenzungsschwierigkeiten können zwischen **Ersatzvornahme** und **unmittelbarem Zwang** auftreten. Die Ersatzvornahme geht als spezielleres Rechtsinstitut grundsätzlich dem unmittelbaren Zwang vor. Die im Rahmen einer Ersatzvornahme notwendigerweise angewendete körperliche Gewalt gegen Sachen ist vollstreckungsrechtlich integrierter Bestandteil der Ersatzvornahme. Je nach konkreter Fallkonstellation kann sich eine Handlung aber auch als unmittelbarer Zwang darstellen. 190

Diese Frage stellt sich etwa, wenn die Polizei von einem anwesenden Schlüsseldienst die Tür öffnen lässt. Geschuldet ist das **Betretenlassen** der Wohnung, also gerade keine vertretbare Handlung, denn nur der Wohnungsinhaber persönlich kann dies ermöglichen und erlauben. Im Verhältnis dazu ist die Gewaltanwendung gegen die Tür lediglich eine Vorbereitungs- bzw. Begleitmaßnahme für das Betreten, was eher für die Annahme von unmittelbarem Zwang spricht.[318] Gegen diese Lösung könnte allenfalls angeführt werden, dass gem. **§ 76 Abs. 3 POG** die Anwendung unmittelbaren **Zwangs** durch **Polizeibeamte** zu erfolgen hat. Wenn nicht einmal sonstiges Personal der Polizei zur Anwendung unmittelbaren Zwangs berechtigt ist, erscheint es problematisch, die Einschaltung Privater bei der Anwendung unmittelbaren Zwangs zuzulassen. Unzulässig und mit dem staatlichen Gewaltmonopol unvereinbar wäre es, die Ausübung unmittelbaren Zwangs einer Privatperson zu übertragen. Davon zu unterscheiden ist jedoch der Fall, dass die Polizei sich eines Privaten bedient und diesen im Rahmen der Ausübung unmittelbaren Zwangs als Werkzeug mit einer klar umrissenen Aufgabenstellung zur Einwirkung auf Sachen einsetzt. Der Schlüsseldienst ist in derartigen Fällen lediglich ein »verlängerter Dietrich« und hat im Rahmen der Anwendung unmittelbaren Zwangs keinerlei eigene Eingriffsbefugnisse. 191

dd) Abgrenzung der Zwangsmittel von der unmittelbaren Ausführung: Die Zwangsmittel sind von der unmittelbaren Ausführung nach § 6 POG abzugrenzen. Ersatzvornahme und unmittelbare Ausführung haben gemeinsam, dass es sich um **vertretbare Handlungen** handelt und die Behörde oder ein Beauftragter sie ausführen. Im Gegensatz zur Ersatzvornahme wird bei der unmittelbaren Ausführung aber **kein entgegenstehender Wille** gebrochen. Wäre der Betroffene anwesend, würde er der Maßnahme 192

---

315 Vgl. auch die Definition der bundesrechtlichen Parallelvorschrift des UZwG; dazu *Ruthig*, in: Schenke/Graulich/Ruthig, UZwG, § 2 Rn. 3 ff.
316 Die zulässigen Waffen sind in § 77 Abs. 4 POG abschließend aufgeführt.
317 Die verfassungsrechtliche Zulässigkeit einer solchen Regelung ist mittlerweile allg. anerkannt, s. *Schenke*, Rn. 560 ff.; *Westenberger*, DÖV 2003, 627.
318 Vgl. *Drews/Wacke/Vogel/Martens*, S. 541. Zur Qualifikation als Ersatzvornahme s. *Puttler*, JA 2001, 669 (676). Der Nachteil dieser Lösung besteht darin, dass das Öffnen der Tür eine Ersatzvornahme darstellt, die Überwindung des Wohnungsinhabers, der sich der Durchsuchung widersetzt, dagegen unmittelbaren Zwang. Spätestens dann, wenn die Tür nicht abgeschlossen ist, sondern der Inhaber der Wohnung sich ihr entgegenstemmt, kommt es zu Abgrenzungsschwierigkeiten. Selbstverständlich sind in einer Klausur beide Varianten (Ersatzvornahme und unmittelbarer Zwang) gleichermaßen vertretbar.

nachkommen. Deshalb ist die unmittelbare Ausführung **keine Zwangsmaßnahme**. Die Ersatzvornahme ist hingegen ein Zwangsmittel, entgegenstehender Wille wird gebrochen. Der Betroffene will gerade einer Anordnung nicht nachkommen. Im sog. gestreckten Verfahren sind Ersatzvornahme und unmittelbare Ausführung leicht voneinander zu unterscheiden. Bei der Ersatzvornahme ist an den Betroffenen ein Grundverwaltungsakt ergangen, der mittels der Ersatzvornahme durchgesetzt wird. Bei der unmittelbaren Ausführung fehlt der **Grundverwaltungsakt**, da der Betroffene nicht oder nicht rechtzeitig erreichbar war.

193 Die **Gefahr einer Verwechslung** besteht vor allem **zwischen unmittelbarer Ausführung und der Ersatzvornahme im Sofortvollzug.** Die Abgrenzung gehört zu den problematischsten Fragen des Polizeirechts und stellt sich auch im Zusammenhang mit dem Abschleppen von Kraftfahrzeugen (Rn. 207, 211). Anders als bei der »einfachen« Ersatzvornahme wird bei der Ersatzvornahme im Sofortvollzug keine Grundverfügung an den Betroffenen erlassen, sondern die Maßnahme sofort durchgesetzt. Es handelt sich um ein einaktiges Vollstreckungsverfahren. Beide Maßnahmen regeln somit die gleiche Problematik, das **Einschreiten der Polizei ohne vorausgegangenen Grundverwaltungsakt.** Grundsätzlich wäre es daher ausreichend, in das POG nur den Sofortvollzug oder die unmittelbare Ausführung aufzunehmen.[319] Da aber das POG beide Varianten kennt, kann die Abgrenzung allein anhand der allgemeinen Charakterisierung (nur) der Ersatzvornahme im Sofortvollzug als Vollstreckungshandlung erfolgen (s. schon Rn. 192). Bei der unmittelbaren Ausführung kann der Betroffene der Maßnahme nicht nachkommen (zB der ohnmächtig in der Wohnung liegende Wohnungsinhaber); entgegenstehender Wille wird nicht gebrochen. Bei der Ersatzvornahme im Sofortvollzug will der Betroffene der Maßnahme nicht nachkommen, obwohl er könnte (zB ein Geiselnehmer, der sich in der Wohnung verschanzt hat).

194 c) **Erscheinungsformen des Vollstreckungsverfahrens.** aa) **Mehraktiges (gestrecktes) Vollstreckungsverfahren:** Die Vollstreckung eines Verwaltungsakts erfolgt im **Regelfall** in den folgenden Stufen:

- Vollstreckbarer Grundverwaltungsakt, §§ 2, 61 Abs. 1 LVwVG
- Androhung eines Zwangsmittels
- Festsetzung des Zwangsmittels[320]
- Anwendung des Zwangsmittels

195 Das konkrete Zwangsmittel muss grundsätzlich von der Behörde mit angemessener Fristsetzung vorher **angedroht** werden. Für das Zwangsgeld und die Ersatzvornahme ergibt sich dies aus § **66 LVwVG**, für die Anwendung unmittelbaren Zwangs aus § 80 POG. Die Androhung kann mit dem zu vollstreckenden Verwaltungsakt verbunden werden. Bei der Androhung unmittelbaren Zwangs hält die Rspr. es nicht für notwendig, dessen konkrete Anwendungsform (zB Wasserwerfer, Schlagstock, Tränengas)

---

[319] Auch der Musterentwurf zu einem einheitlichen Polizeigesetz empfahl dem Gesetzgeber, sich auf eines der beiden Instrumentarien zu beschränken.
[320] Die Festsetzung ist (anders als in § 14 Abs. 1 VwVG) zwar ausdrücklich nur für das Zwangsgeld (§ 64 Abs. 2 S. 1 LVwVG) vorgeschrieben, aber auch bei den anderen Zwangsmitteln zulässig, OVG RhPf., NVwZ 1986, 762 zum damaligen PVG.

vorher anzudrohen. Wird jedoch eine konkrete Anwendungsform angedroht, muss sich die Polizei bei der Zwangsanwendung hieran halten.[321]

bb) **Verkürztes Vollstreckungsverfahren:** Beim verkürzten Verfahren wird zur Gewährleistung einer effektiven Gefahrenabwehr von der Androhung des Zwangsmittels gem. § 66 Abs. 1 S. 2 Var. 2 LVwVG abgesehen:

- Vollstreckbarer Grundverwaltungsakt §§ 2, 61 Abs. 1 LVwVG
- Festsetzung des Zwangsmittels
- Anwendung des Zwangsmittels

cc) **Sofortiger Vollzug (einaktiges Vollstreckungsverfahren):** Wegen besonderer Eilbedürftigkeit wird das Zwangsmittel nach **§ 61 Abs. 2 LVwVG** ohne vorhergehenden Grundverwaltungsakt, ohne Androhung und ohne ausdrückliche Festsetzung angewandt.

d) **Die Rechtsnatur der einzelnen Vollstreckungsmaßnahmen.** Die **Androhung** eines Zwangsmittels ist ein **Verwaltungsakt**,[322] da sie rechtliche Voraussetzung der Anwendung des Zwangsmittels ist und damit eine für die Durchführung des Vollstreckungsverfahrens unerlässliche Regelung trifft. Auch die **Festsetzung** des Zwangsmittels ist ein Verwaltungsakt. Der Regelungsgehalt besteht darin, dass jetzt die Vollstreckung erfolgt, und zwar in Gestalt des konkret angewandten Zwangsmittels. Die **tatsächliche Anwendung** des Zwangsmittels ist nach h.M. ein **Realakt**.[323] Insb. in älteren Entscheidungen wurde in die Durchsetzung eines Grundverwaltungsaktes mittels unmittelbaren Zwangs immer ein Duldungsbefehl hineininterpretiert, auch wenn in concreto von einer Androhung des Zwangsmittels abgesehen werden konnte.[324] Gegen die Annahme eines auf Duldung gerichteten Verwaltungsakts spricht aber bereits das äußere Erscheinungsbild der staatlichen Tätigkeit: Es wird im Moment der Handlung nicht mehr erwartet, dass der Betroffene die zu erzwingende Handlung freiwillig vornimmt, er soll schlicht zu dieser gezwungen werden. Hier einen Verwaltungsakt zu konstruieren, erscheint deswegen gekünstelt.

Auch die Rechtsnatur des **sofortigen Vollzugs** gem. § 61 Abs. 2 LVwVG ist umstritten. Auch hierbei handelt es sich um **schlichtes Verwaltungshandeln**. Gegen die Qualifikation als Verwaltungsakt spricht insb. der Umstand, dass in den Fällen, in denen der Betroffene nicht erreichbar ist, eine Bekanntgabe nicht erfolgen kann, somit ein adressatenloser Verwaltungsakt »konstruiert« werden müsste. Dies läuft den allgemeinen Regeln des Verwaltungsverfahrensrechts (insb. § 41 VwVfG) zuwider.[325] Außerdem macht die Annahme einer mit der Ausübung tatsächlicher Gewalt einhergehenden Duldungsverfügung vollstreckungsrechtlich gerade keinen Sinn.

---

321 Vgl. näher *Schenke*, Rn. 545.
322 BVerwG, NVwZ 1998, 393 (394); *Schenke*, in: Kopp/Schenke, Anh. § 42 Rn. 32.
323 *Schenke*, in: Kopp/Schenke, Anh. § 42 Rn. 33; *Schoch*, JuS 1995, 307 (311).
324 S. insb. BVerwGE 26, 161 (164) zum Schlagstockeinsatz; zum Einsatz von Reizgas VGH München, NVwZ 1988, 1055 ff.; *Schoch*, JuS 1995, 215 (218).
325 Die Vertreter der Gegenauffassung sprechen von einem »sondertypischen Verwaltungsakt« etwa der unmittelbaren Ausführung. Bei diesem seien die Vorschriften über die Wirksamkeit des Verwaltungsakts »so zu lesen, dass ›bekanntgegeben‹ durch ›vorgenommen‹ ersetzt wird«, s. *Köhler*, BayVBl. 1999, 582 (584). S. auch zum Parallelproblem bei (heimlichen) Standardmaßnahmen Rn. 181 f.

200 e) **Rechtsschutz gegen die Vollstreckung polizeilicher Verwaltungsakte. aa) Rechtsschutz gegen einzelne Vollstreckungsmaßnahmen:** Der Rechtsschutz gegen die Vollstreckungsmaßnahme ist zu unterscheiden vom Rechtsschutz gegen die Grundverfügung. Da es sich bei der Androhung und Festsetzung von Zwangsmitteln um Verwaltungsakte handelt, sind sie ebenfalls mit **Anfechtungs-** bzw. **Fortsetzungsfeststellungsklage** angreifbar. Alle Verwaltungsakte sind im Vollstreckungsverfahren selbstständig anfechtbar. Im vorläufigen Rechtsschutz werden für das Polizei- und Ordnungsrecht § 80 Abs. 2 Nr. 2 VwGO sowie § 80 Abs. 2 S. 1 Nr. 3 VwGO iVm § 20 AGVwGO relevant, wonach bei **Maßnahmen von Polizei(vollzugs)beamten und Rechtsbehelfen gegen Vollstreckungsmaßnahmen keine aufschiebende Wirkung** eintritt. Nicht erfasst werden also Verwaltungsakte der Ordnungsbehörde, in denen die sofortige Vollziehung eines Verwaltungsaktes gem. § 80 Abs. 2 Nr. 4 VwGO von der Behörde im überwiegenden öffentlichen Interesse oder im überwiegenden privaten Interesse eines Beteiligten angeordnet werden kann.

201 Stellen sich Vollstreckungsakte als **Realakte** dar, wie es nach überwiegender Meinung für die Ersatzvornahme und die Anwendung unmittelbaren Zwanges zutrifft, ist der Rechtsschutz mittels der **allgemeinen Leistungsklage** bzw. in den Fällen der »Erledigung« durch die allgemeine verwaltungsgerichtliche **Feststellungsklage** gem. § 43 VwGO gegeben.

202 **bb) Klage auf Einstellung der Zwangsvollstreckung:** Gem. § 2 LVwVG kann ein (Grund-) Verwaltungsakt nur dann zwangsweise durchgesetzt werden, wenn er unanfechtbar ist, ein Rechtsbehelf keine aufschiebende Wirkung hat oder wenn die sofortige Vollziehung angeordnet ist. Die **Rechtmäßigkeit** des Grundverwaltungsaktes ist damit – jedenfalls im Anwendungsbereich des § 2 LVwVG – **keine Voraussetzung** für die Vollstreckung. Das Verwaltungsvollstreckungsrecht wird vielmehr von dem Grundsatz beherrscht, dass Rechtsfehler des Grundverwaltungsakts unbeachtlich sind, soweit sie nicht zu dessen **Nichtigkeit** führen oder der Grundverwaltungsakt aufgrund der Rechtswidrigkeit **aufgehoben** wurde. Die Verwaltungsvollstreckung ist somit rechtmäßig, wenn ein **wirksamer Grundverwaltungsakt** vorliegt, dh der Verwaltungsakt weder nichtig noch aufgehoben worden ist.[326]

203 Wird also beispielsweise ein Platzverweis von der Polizei vollstreckt und anschließend ein auf Kostenersatz für die Anwendung des Zwangsmittels gerichteter Leistungsbescheid erlassen, spielt die Rechtmäßigkeit des Platzverweises für die Rechtmäßigkeit des Kostenbescheids keine Rolle. Der VGH Mannheim[327] ließ in diesem Fall zu Unrecht die Geltendmachung von Einwendungen gegen den Grundverwaltungsakt auch gegenüber dem Leistungsbescheid zu und stellte so eine vollstreckungsrechtlich nicht gegebene Verbindung zwischen seiner Rechtmäßigkeit und derjenigen von Vollstreckungsakten her. Richtigerweise hätte man hier auch den Grundverwaltungsakt anfechten müssen, der durch die Vollstreckung noch nicht erledigt war.[328]

---

326 Dies ist nur anders in den Fällen des sofortigen Vollzugs nach § 61 Abs. 2 LVwVG, dort muss die Rechtmäßigkeit der hypothetischen Grundverfügung geprüft werden.
327 VGH Mannheim, VBlBW 1986, 299; 1989, 299; VBlBW 2004, 376; *Enders*, NVwZ 2009, 958; a.A. (wie hier) BVerwG, NVwZ 2009, 122; *Schenke*, Rn. 542.
328 S. zu den Bedenken aus Art. 19 Abs. 4 GG und den Konsequenzen für die Anfechtungsfrist *Labrenz*, NVwZ 2010, 22.

Aufgrund seiner Dauer können während des Vollstreckungsverfahrens **nachträglich** **Einwendungen gegen einen vollstreckbaren Grundverwaltungsakt** entstehen. Hier ist umstritten, inwiefern die Möglichkeit besteht, die generelle Unzulässigkeit der Verwaltungsvollstreckung zum Gegenstand eines gerichtlichen Verfahrens zu machen, da eine Anfechtungsklage gegen die Grundverfügung wegen eingetretener Bestandskraft nicht mehr möglich ist. Diese für das Vollstreckungsrecht typische Situation, für die in der ZPO die Vollstreckungsgegenklage gem. § 767 ZPO vorgesehen ist, wird von **§ 16 Abs. 2 LVwVG** erfasst. Danach sind Einwendungen gegen den zu vollstreckenden Anspruch selbst bei der Behörde geltend zu machen, die den Verwaltungsakt erlassen hat. Diese hat, sofern die Einwendung begründet ist, die Vollstreckung für unzulässig zu erklären. Der Vollstreckungsschuldner kann also einen entsprechenden Antrag bei der Behörde stellen und – falls diese ablehnt – beim Verwaltungsgericht die Einstellung der Vollstreckung und ggf. auch die Aufhebung bereits erfolgter Vollstreckungsmaßnahmen beantragen. In der Sache handelt es sich hier um eine **Verpflichtungsklage**, für die die allgemeinen Grundsätze gelten.[329]

4. Prüfungsschema für die Vollstreckung von Polizeiverfügungen.

I. Wirksamer Grundverwaltungsakt
II. Unanfechtbarkeit bzw. sofortige Vollziehbarkeit des Grundverwaltungsaktes
III. Androhung des Zwangsmittels
IV. Ablauf der Androhungsfrist
V. Ordnungsgemäße Anwendung des Zwangsmittels

5. **Abschleppen von Kraftfahrzeugen.** Das Abschleppen von Fahrzeugen im Straßenverkehr führt zu einer Reihe juristischer Fragestellungen, die regelmäßig Gegenstand von Examensklausuren sind.[330] Als Ermächtigungsgrundlage für das Abschleppen von Pkw im Straßenverkehr kommen die **Sicherstellung** nach § 22 POG, die **unmittelbare Ausführung** nach § 6 POG und die **Ersatzvornahme** nach § 63 Abs. 1 LVwVG in Betracht.

a) **Sicherstellung.** Zum Teil wird angenommen, dass es sich beim Abschleppen eines Kfz um eine **Sicherstellung** nach § 22 POG handelt. Die Sicherstellung ist durch die Begründung eines amtlichen Gewahrsamsverhältnisses gekennzeichnet (Rn. 132). Schleppt die zuständige Behörde ein falsch geparktes Kfz an einen Ort, an dem Parken erlaubt ist (sog. Umsetzung), will sie damit grundsätzlich andere Personen (Halter, Fahrer) nicht von der Einwirkungsmöglichkeit auf das Kfz ausschließen, sondern lediglich den Verkehrsverstoß beseitigen. Entsprechendes gilt auch, wenn das Kfz auf einen amtlichen Verwahrparkplatz geschleppt wird, aber jederzeit vom Berechtigten abgeholt werden kann.[331] Eine **Sicherstellung** dient in erster Linie dem Schutz der Sache und kommt zB dann in Betracht, wenn ein Fahrzeug nur deshalb auf einem amtlichen Verwahrparkplatz abgestellt wird, um einen Diebstahl zu vermeiden (s. schon Rn. 133).

---

329 OVG RhPf., NJW 1982, 2276 (2277); allg. *Schenke*, in: Kopp/Schenke, § 167 Rn. 19 c; *Maurer* (Fn. 298), § 20 Rn. 11 f.
330 Zum Abschleppen s. auch *Schenke*, Rn. 710 ff.; *Fischer*, VBlBW 2002, 446 ff. Ausf. *Schiefdecker*, Die Entfernung von Kraftfahrzeugen als Maßnahme staatlicher Gefahrenabwehr, 1998.
331 VGH München, NVwZ 1990, 180 (181).

207 **b) Ersatzvornahme.** Um eine Ersatzvornahme nach § 63 Abs. 1 LVwVG handelt es sich, wenn gegen einen **Grundverwaltungsakt** in Form eines **Verkehrszeichens (Gebots-/Verbotszeichen)**[332] verstoßen wird; bei diesen handelt es sich um Allgemeinverfügungen nach § 35 S. 1 VwVfG. Allerdings muss die **Wirksamkeit** der Grundverfügung gegeben sein.

208 **aa) Wirksamkeit des Verkehrszeichens:** Die Frage der Wirksamkeit eines Verkehrszeichens ist dann umstritten, wenn der betroffene Verkehrsteilnehmer von diesem tatsächlich keine Kenntnis nehmen konnte, weil es erst später aufgestellt wird oder weil der Halter des Fahrzeuges überhaupt nicht selbst gefahren ist. Die Auffassung, ein Verkehrszeichen werde erst im Wege der Einzelbekanntgabe gemäß § 41 Abs. 1 VwVfG dem Betroffenen gegenüber dem Zeitpunkt bekannt gegeben, in dem dieser das Verkehrszeichen subjektiv wahrnehmen könne,[333] kann heute wohl als überwunden gelten. Nach der neueren Rspr.[334] erfolgt die Bekanntgabe »nach den bundesrechtlichen (Spezial-)Vorschriften der Straßenverkehrs-Ordnung durch Aufstellen des Verkehrsschildes«. Sieht man dies als eine Variante der öffentlichen Bekanntmachung, kommt es auf eine Kenntnisnahme des Einzelnen nicht an. Öffentlich bekannt gemachte Allgemeinverfügungen wirken vielmehr »weltweit« und auch »in die Zukunft«.[335] Lehnt man diese Rspr. ab und verneint die Wirksamkeit des Verwaltungsakts gegenüber dem konkreten Verkehrsteilnehmer, muss (und kann) das Abschleppen in Form der unmittelbaren Ausführung erfolgen.[336] Insoweit bringt das Verneinen der Wirksamkeit des Verkehrszeichens dem Betroffenen im Regelfall keinen Vorteil (s. zur sich in beiden Varianten stellenden Kostenfrage Rn. 214).

209 **bb) Vollstreckungsvoraussetzungen:** Überdies muss die Grundverfügung ihrem **Inhalt** nach **vollstreckungsfähig** sein. Das ist der Fall, wenn das Halteverbotszeichen im Sinne von § 63 Abs. 1 LVwVG zur Vornahme einer vertretbaren Handlung verpflichtet. Das Halteverbotszeichen enthält nicht nur das Halteverbot, sondern auch das Gebot, nach verbotswidrigem Anhalten unverzüglich weiterzufahren. Folglich ist das Verkehrszeichen grundsätzlich vollstreckungsfähig.[337] Das Verkehrszeichen ist nach § 80 Abs. 2 S. 1 Nr. 2 VwGO analog auch sofort vollziehbar iSv §§ 2, 63 Abs. 1 LVwVG. Nach § 66 Abs. 1 S. 2 LVwVG kann eine **Androhung** unterbleiben, wenn das Zwangsmittel sofort angewendet werden kann oder sonstige Umstände dies erfordern. Dies

---

332 Zu diesen gehören neben den Halteverbotszeichen auch Behindertenparkplätze, s. VGH Mannheim, NVwZ-RR 2003, 558; OVG RhPf., NVwZ-RR 2005, 577; außerdem Markierungen auf der Straße, etwa ein Fußgängerüberweg (»Zebrastreifen«) sowie schraffierte Sperrflächen oder Grenzmarkierungen nach § 39 Abs. 2 S. 1 u. 2, § 41 Abs. 1 StVO, Zeichen 299 der 2. Anlage zur StVO. Entsprechendes gilt beim Parken an Parkuhren oder Parkscheinautomaten nach Ablauf der Parkzeit, vgl. VG Bremen Urt. v. 19.11.2009 – 5 K 1116/09 – (juris).
333 In diesem Sinn sind die Urteile BVerwGE 27, 181, 184; 59, 221, 226 verstanden worden.
334 BVerwGE 138, 21, Rn. 15; offengelassen wurde die Frage des Verhältnisses zu § 41 VwVfG noch in BVerwGE 102, 316, 318 f.; s. auch *U. Stelkens*, NJW 2010, 1184 (1185 f.) m.w.N.
335 *U. Stelkens*, NJW 2010, 1184 (1186) m.w.N. Insoweit konsequent BayObLG, NStZ-RR 1998, 316, wonach ein veränderliches Verkehrszeichen auf der Autobahn sogar dann noch wirksam werden soll, wenn ein Verkehrsteilnehmer es bereits passiert hat, anschließend aber seine Fahrt unterbrochen und deswegen die neue Höchstgeschwindigkeit nicht beachtet hat.
336 Dazu *Schenke*, Rn. 716 m.w.N. Allerdings führt dies zur problematischen Konsequenz, dass die Polizei zum Zeitpunkt des Abschleppens möglicherweise gar nicht weiß, inwieweit der Betroffene tatsächlich Kenntnis erlangt hat. Die unmittelbare Ausführung ist jedoch dann problematisch, wenn mit dem Verstoß gegen das Verkehrszeichen keine konkrete Verkehrsgefährdung einhergeht.
337 BVerwGE 102, 316 (319); VGH Kassel, NVwZ-RR 1999, 23 (24).

wäre bei einer wirksamen Grundverfügung der Fall, wenn das Abschleppen des Kfz zur Abwehr einer gegenwärtigen Gefahr (zB einer Verkehrsbehinderung) geboten erscheint.[338]

Zuständig ist nach § 7 Nr. 1 ZustVO/Straßenverkehr die örtliche Ordnungsbehörde. Dies gilt ungeachtet der Tatsache, dass die Schilder durch die Straßenverkehrsbehörde aufgestellt werden (s. § 45 StVO) und an sich nach § 4 Abs. 2 LVwVG diejenige Behörde für die Vollstreckung zuständig ist, die den VA erlassen hat. § 7 Nr. 1 ZuständigkeitsVO/Straßenverkehr ist insoweit die speziellere Regelung.

c) **Unmittelbare Ausführung.** Um eine **unmittelbare Ausführung** nach § 6 POG handelt es sich, wenn ein Verstoß gegen die StVO vorliegt, ohne dass ein Verkehrszeichen vorhanden wäre, das ein Ge- oder Verbot enthält und als zu vollstreckende Grundverfügung in Betracht käme.[339] Entsprechendes gilt, wenn das Abschleppen zur Sicherung des Eigentums erfolgt.[340] Der Pkw-Fahrer würde einer polizeilichen Anordnung, das Fahrzeug wegzufahren, nachkommen, wenn er anwesend wäre. Ein entgegenstehender Wille des Fahrers wird somit nicht gebrochen, es geht nicht um die Anwendung eines Zwangsmittels, so dass es sich richtigerweise nicht um eine Ersatzvornahme im Sofortvollzug handelt.

d) **Verhältnismäßigkeit des Abschleppens.** Das Abschleppen von Kraftfahrzeugen ist jedenfalls dann verhältnismäßig, wenn das verbotswidrige Abstellen zu **Behinderungen anderer Verkehrsteilnehmer** führt.[341] Die Rspr. tendiert jedoch dazu, das Abschleppen eines verkehrswidrig abgestellten Kfz **auch aus generalpräventiven Gründen**, also dann zuzulassen, wenn mit dem Verstoß gegen die StVO keine konkrete Gefährdung von Verkehrsteilnehmern verbunden ist. Schutzgut ist also die »Leichtigkeit des Verkehrs« bzw. die Nutzbarkeit von Verkehrseinrichtungen; allein der Verkehrsverstoß begründet also die konkrete Gefahr.[342]

Generell stellt die Rspr. auch an die Verhältnismäßigkeit des Abschleppens keine erhöhten Anforderungen. So spielt es keine Rolle, wenn der Fahrer eine **Handynummer** hinterlässt, da die Behörde grundsätzlich nicht nach dem Fahrer forschen muss.[343] Eine entsprechende Verpflichtung der Behörde kann sich aber aus der ständigen Verwaltungspraxis ergeben.[344] Die Behörde muss grundsätzlich auch nicht nach einem »Ersatzparkplatz« in der Nähe suchen, sondern kann das Kfz zur Polizeidienststelle oder auf den Betriebshof eines Abschleppunternehmers abschleppen. Auch ein An-

---

338 Insb. das Abschleppen von Behindertenparkplätzen ist nach der Rspr. auch ohne das Vorliegen einer konkreten Gefahr verhältnismäßig, vgl. OVG RhPf., NVwZ-RR 2005, 577; VG Neustadt/Weinstr. Urt. v. 13.9.2011 – 5 K 369/11.NW – (juris).
339 OVG Hamburg, NJW 2001, 168 (169).
340 Vgl. VGH München, BayVBl 2015, 238 ff. In einem solchen Fall gebietet außerdem der Subsidiaritätsgrundsatz des § 1 Abs. 3 POG, dass die Polizei den Halter vor dem Abschleppen zu erreichen versucht.
341 Vgl. BVerwGE 90, 189 (193).
342 OVG Hamburg, NVwZ-RR 2010, 263 (264); s. auch *Schenke*, Rn. 721. Zum Abschleppen von einem Behindertenparkplatz BayVGH, NJW 1996, 979; OVG RhPf., NVwZ-RR 2005, 577; VGH Mannheim, NVwZ-RR 2003, 558: Es ist nicht erforderlich, dass jemand einen Behindertenparkplatz auch tatsächlich nutzen möchte.
343 BVerwG, NJW 2002, 2122 (2123); ebenso VGH Mannheim, NVwZ-RR 2003, 558; VG Hamburg, NVwZ-RR 2005, 37 f. A.A. zuvor OVG Hamburg, NJW 2001, 3647 (3648). Ist der Behörde allerdings der Aufenthalt des Betroffenen bekannt, ist das Abschleppen unverhältnismäßig, *Schenke*, Rn. 720. S. auch OVG Hamburg, NVwZ-RR 2010, 263 (264).
344 VG Mainz Urt. v. 25.3.2004 – 1 K 1038/03.MZ – (juris).

wohnerparkausweis führt nicht zu einer erhöhten Schutzwürdigkeit gegenüber Abschleppmaßnahmen.[345]

214 e) **Kosten.** Rechtsgrundlage für die Erstattung der Abschleppkosten ist im Falle der Ersatzvornahme § 76 Abs. 1 POG iVm § 63 Abs. 1 LVwVG, der die Durchführung von Vollstreckungsmaßnahmen auf Kosten des Vollstreckungsschuldners erlaubt (Rn. 244). Im Falle der unmittelbaren Ausführung ergibt sich die Kostenerstattungspflicht aus § 6 Abs. 2 POG (Rn. 80). Bei einer Sicherstellung enthält § 25 Abs. 3 POG einen speziellen Kostenerstattungsanspruch. Der Kostenanspruch entsteht mit Abschluss der Maßnahme, wird aber erst mit der Geltendmachung fällig.[346] Keine dieser Vorschriften sieht ausdrücklich die Erhebung von Kosten mittels **Leistungsbescheid** vor. Es entspricht jedoch herkömmlicher Rechtsauffassung, dass ein Handeln durch VA im Rahmen subordinationsrechtlicher Rechtsverhältnisse grundsätzlich erlaubt ist.[347] Ein solcher Leistungsbescheid ist rechtmäßig, wenn die Zwangsmittelanwendung rechtmäßig gewesen ist und die Kosten erstattungsfähig sind. Dies ergibt sich aus dem Grundsatz der Gesetzmäßigkeit der Verwaltung, der besagt, dass Kosten nur für rechtmäßige Vollstreckungsmaßnahmen verlangt werden können. Näherer Prüfung bedarf jedenfalls die Kostenfolge in den Fällen nachträglich aufgestellter aber gleichwohl wirksamer Verkehrsschilder (s. Rn. 208). Hier muss zwischen dem Aufstellen und dem Abschleppvorgang grundsätzlich eine Mindestfrist von drei Tagen liegen. Ist diese nicht eingehalten, kann der Betroffene jedenfalls nicht zu den Kosten herangezogen werden.[348]

215 Grundsätzlich können dem Fahrzeugführer als Verhaltensstörer und dem Fahrzeughalter als Zustandsstörer die Kosten auferlegt werden. Für die Polizei stellt sich lediglich die Frage der **Störerauswahl**. Eine Entscheidung erfolgt nach pflichtmäßigem Ermessen. Eine allgemeine, das Ermessen einschränkende Regel, dass prinzipiell der Verhaltensstörer vor dem Zustandsstörer in Anspruch zu nehmen ist, erscheint zweifelhaft. Hinsichtlich der Kostentragung kann deswegen auch die persönliche und sachliche Leistungsfähigkeit des potenziellen Kostenschuldners in die Störerauswahl einbezogen werden. Die Inanspruchnahme des Halters ist jedenfalls ermessensfehlerfrei, wenn der Führer des abgeschleppten Fahrzeugs nicht oder nur unter Schwierigkeiten erreicht werden kann. Die Zustandsverantwortlichkeit des Eigentümers bzw. Berechtigten entfällt gem. § 5 Abs. 2 S. 2 POG dann, wenn die Sache gegen seinen ausdrücklichen Willen oder unbefugt benutzt wird (dazu schon Rn. 51). Nach h.M. steht der Behörde hinsichtlich ihrer Kostenersatzansprüche ein Zurückbehaltungsrecht analog § 273 BGB zu.[349]

---

345 VGH Mannheim, NJW 2003, 3363.
346 Vgl. VGH Mannheim, NJW 2010, 1898 (1900). Zahlt der Schuldner vor Fälligkeit, kann er den Betrag aber nach dem auch auf den öffentlichrechtlichen Erstattungsanspruch entsprechend anwendbaren § 813 Abs. 2 BGB dennoch nicht zurückfordern.
347 Vgl. dazu *Schoch*, JuS 1995, 504 (508).
348 VGH Mannheim, NJW 2007, 2058; VGH München, DÖV 2008, 732; OVG, NJW 2009, 2551 (2552). Ist diese nach der neueren Rspr. nicht für die Wirksamkeit des Verkehrszeichens relevant, besteht nach zutreffender Ansicht auch die Verantwortlichkeit des Fahrers bzw. Halters; diese ist aber auf eine Duldung des Abschleppens beschränkt; *Schenke*, Rn. 716.
349 Vgl. *Schieferdecker* (Fn. 320), S. 269 ff.; a.A. *Schenke*, Rn. 726 f.: analoge Anwendung des § 273 BGB verstoße gegen den Vorbehalt des Gesetzes.

f) Einschaltung von Verwaltungshelfern. In der Regel beauftragen Ordnungsbehörden und Polizei einen privaten Abschleppunternehmer mit dem Abschleppen. Dieser ist **Verwaltungshelfer** und fungiert als Erklärungs- und Empfangsbote. Er ist deshalb berechtigt, Zahlungen entgegen zu nehmen und das Zurückbehaltungsrecht auszuüben.[350] Sein Handeln wird der Behörde zugerechnet. Beschädigt er das Kfz beim Abschleppen, hat der Geschädigte daher einen Amtshaftungsanspruch gem. § 839 BGB iVm Art. 34 GG gegen die Behörde.[351] Auch wenn gegenüber dem Dritten die Abschleppkosten gezahlt werden, um eine Herausgabe des Fahrzeugs zu erreichen, besteht die Leistungsbeziehung zur Ordnungsbehörde. Für eine Rückforderung ist daher der öffentlichrechtliche Erstattungsanspruch einschlägig. Ein Erstattungsanspruch ist aber ausgeschlossen, wenn der Abholende selbst nicht zu den Kosten herangezogen werden kann.[352]

6. Erzwingung von Aussagen (Polizeifolter). Fraglich ist, ob die Polizei **zwangsweise** eine **Aussage** von einer Person herbeiführen darf. Anhand welcher Vorschriften dies zu beurteilen ist, hängt zunächst davon ab, ob es bei der Herbeiführung einer Aussage um Repression oder Prävention geht (zur Abgrenzung von repressiver und präventiver Polizeitätigkeit Rn. 178 f.). Erfolgt die Maßnahme, wie es regelmäßig der Fall sein dürfte, zur Abwehr von Gefahren für Leib oder Leben und ist sie damit nach den Vorschriften des POG zu beurteilen, handelt es sich bei der Herbeiführung einer Aussage durch Zwangsmittel um die Anwendung **unmittelbaren Zwangs**. Für die Prüfung der Rechtmäßigkeit gelten die allgemeinen Grundsätze. Es muss eine vollstreckungsfähige (wirksame) Grundverfügung vorliegen, die Unanfechtbarkeit bzw. sofortige Vollziehbarkeit, eine Androhung und die ordnungsgemäße Anwendung des Zwangsmittels müssen gegeben sein.

a) Auskunftspflicht. Die **Grundverfügung** der Polizei an den Störer, eine Aussage zu machen, könnte auf der Vorladung gem. § 12 Abs. 1 S. 1 Nr. 1 POG beruhen. Die Vorladung betrifft aber nur das Erscheinen; eine Aussageerzwingung ist mit einer Vorladung nicht möglich. Allerdings ist nach § 9a Abs. 2 S. 2 POG der Befragte zu Auskünften in der Sache grundsätzlich verpflichtet, wenn dies zur Abwehr einer **Gefahr** erforderlich ist und ihm kein **Auskunftsverweigerungsrecht** nach § 9a Abs. 3 POG iVm §§ 52–55 StPO zusteht. Dieses wird allerdings in Satz 2 eingeschränkt für den Fall, dass die Auskunft zur Abwehr einer gegenwärtigen Gefahr für Leib oder Leben erforderlich ist (Rn. 96).

b) Zwangsweise Durchsetzung. Selbst wenn nach § 9a POG eine Auskunftspflicht besteht, bedeutet dies jedoch nicht, dass die Polizei diese zwangsweise durchsetzen darf. Nach § 65 **Abs. 3 LVwVG** ist die Anwendung unmittelbaren **Zwangs** zur Erzwingung einer Aussage ausdrücklich **ausgeschlossen**. Für den Ausschluss der Folter wird außerdem in § 9a Abs. 5 POG auf § 136a StPO verwiesen, aus dem sich die verbotenen Vernehmungsmethoden ergeben. Auch die **strafrechtlichen Rechtfertigungsgründe** wirken sich nicht auf die öffentlich-rechtliche Zulässigkeit eines Zwangsmitteleinsatzes aus. Zwar kann der handelnde Polizeibeamte persönlich durch Notwehr bzw. Nothil-

---
350 Hess. VGH, LKRZ 2007, 63. Da es nicht um den Erlass von Verwaltungsakten geht, bedarf es keiner Beleihung; vgl. zur Sicherstellung auch *Schenke*, Rn. 161.
351 BGH, JZ 1993, 1001.
352 Hess. VGH, LKRZ 2007, 63.

fe gerechtfertigt sein. Strafrechtliche Rechtfertigungsgründe ergänzen und erweitern jedoch nicht die polizeirechtlichen Befugnisnormen und ändern daher an der Rechtswidrigkeit der Amtshandlung nichts.[353] Gegen eine Übertragung der Rechtfertigungsgründe in das Polizeirecht spricht bereits der Umstand, dass dadurch die Vorschriften über die Begrenzung der Anwendung unmittelbaren Zwangs weitgehend obsolet würden. Bedenken ergeben sich auch in Bezug auf das in Art. 20 Abs. 3 GG bzw. Art. 2 LV verankerte Prinzip des Gesetzesvorbehalts, das eine nach Inhalt, Zweck und Ausmaß hinreichend bestimmte gesetzliche Ermächtigung verlangt. Ferner tragen diese allgemeinen Rechtfertigungsgründe, die auf das Bürger-Bürger-Verhältnis zugeschnitten sind, nicht den verfassungsrechtlichen Erfordernissen des Übermaßverbots Rechnung. Auch eine **Relativierung des Folterverbotes in bestimmten Extremsituationen**, wie sie teilweise gefordert wurde, scheitert am eindeutigen Wortlaut der Regelung. Eine solche wird auch von den grundrechtlichen Schutzpflichten nicht gefordert und wäre nicht mit **Art. 3 EMRK** vereinbar.[354]

IX. Gefahrenabwehrverordnungen

220 **1. Definition, Abgrenzung von Verwaltungsakten.** Die allgemeinen Ordnungsbehörden können auf der Grundlage von § 69 POG Gefahrenabwehrverordnungen erlassen.[355] Dies setzt allerdings voraus, dass das POG überhaupt anwendbar ist und nicht durch andere Regelungen verdrängt wird. Gefahrenabwehrverordnungen sind nach der **Legaldefinition des § 69 Abs. 1 POG** abstrakt-generelle Ge- oder Verbote, die der Abwehr von Gefahren dienen und für eine unbestimmte Anzahl von Fällen an eine unbestimmte Anzahl von Personen gerichtet sind. Wird eine Gefahrenabwehrverordnung nicht befolgt, liegt darin eine Verletzung der öffentlichen Sicherheit, gegen die mittels einer Verfügung eingeschritten werden kann.[356]

221 Abgrenzungsschwierigkeiten können zum Verwaltungsakt nach § 35 S. 2 VwVfG bestehen, der sog. Allgemeinverfügung. Ein **Verwaltungsakt** richtet sich entweder an einen **bestimmten** bzw. zumindest bestimmbaren Personenkreis oder regelt einen ganz **konkreten** Sachverhalt. Die Gefahrenabwehrverordnungen sind dagegen **Rechtsverordnungen**. Sie richten sich an einen **unbestimmten** Personenkreis und sind **nicht** auf einen **konkreten** Einzelfall bezogen. Typische Beispiele sind Taubenfütterungs-,[357] Alkohol-[358] und Bettelverbote.[359] Bei der Abgrenzung ist zu beachten, dass die **Form** einer Maßnahme ihre Rechtsnatur beeinflussen kann. Wird eine Maßnahme also als Verwaltungsakt bezeichnet und entsprechend bekannt gemacht, ist sie prozessual als

---

353 Dazu allg. *Schenke*, Rn. 40, 562.
354 Ausf. *Guckelberger*, VBlBW 2004, 121 (126 f.) Für eine partielle Relativierbarkeit des Folterverbots dagegen *Brugger*, JZ 2000, 165 (169); *ders.*, VBlBW 1995, 446 (451); *Erb*, Jura 2005, 24. Zu Art. 3 EMRK vgl. EGMR, NJW 2007, 2461; 2010, 3145; *Grabenwarter*, NJW 2010, 3128; *Meyer-Ladewig*, EMRK, 3. Aufl. 2011, Rn. 1 ff.
355 Zur verfassungsrechtlichen Unbedenklichkeit dieser generalklauselartigen Vorschriften RhPf. VerfGH, NVwZ 2001, 1273 (1274); *Schoch*, Rn. 373.
356 VGH Mannheim, NVwZ-RR 1996, 578; OVG Münster, NVwZ 2000, 458; *Schoch*, Rn. 383.
357 Vgl. BayVerfGH, BayVBl. 2005, 172; VGH Mannheim, NVwZ-RR 1992, 19; 2006, 398; OVG Münster, NdsVBl. 1997, 137.
358 OVG Magdeburg, DVP 2011, 211 ff.; VGH Mannheim, NVwZ-RR 2010, 55; *Hecker*, NVwZ 2010, 359; *Trute*, DV 2013, 537 (541 f.).
359 VGH Mannheim, DVBl. 1999, 333; VBlBW 1999, 101. S. zu den Gestaltungsvarianten *Höfling*, Verw 33 (2000), 207. In den meisten Fällen scheitert eine Bettelverordnung bereits daran, dass das Schutzgut der öffentlichen Ordnung nicht betroffen ist, s. Rn. 35.

Verwaltungsakt zu behandeln, selbst wenn sie ihrem Inhalt nach als Rechtsverordnung zu qualifizieren wäre.[360] Betrachtet man das Merkmal des Einzelfalls näher (konkrete oder abstrakte Regelung), handelt es sich um einen **Verwaltungsakt**, wenn es um einen **ganz bestimmten Sachverhalt** geht, unabhängig davon, ob der Personenkreis bestimmbar ist. Ein Versammlungsverbot, das für einen bestimmten Tag an einem bestimmten Ort ausgesprochen wird, ist ein Verwaltungsakt, auch wenn der Teilnehmerkreis nicht abschließend bestimmbar ist. Richtet sich die Anordnung an einen bestimmten Personenkreis zur Abwehr künftiger Gefahren, handelt es sich ebenfalls um einen **Verwaltungsakt**.

Besonders problematisch ist die Abgrenzung zwischen Verwaltungsakt und Rechtsverordnung, wenn die **Benutzung einer Sache** geregelt wird (zB Badeverbot an einem See). Stellt man darauf ab, dass die Anordnung für alle zukünftigen und damit für beliebig viele Fälle gilt und sich zudem an jeden richtet, der zukünftig in dem See baden will, handelt es sich um eine abstrakt-generelle Regelung und somit um eine Rechtsverordnung. Stellt man darauf ab, dass eine konkrete Situation, nämlich das Baden in diesem See, verboten wird, kann man zu dem Ergebnis kommen, dass es sich um eine konkret-generelle Allgemeinverfügung nach § 35 S. 2 VwVfG und damit um einen Verwaltungsakt handelt.[361] Um eine Rechtsverordnung handelt es sich (nur) dann, wenn sie ausdrücklich als Gefahrenabwehrverordnung bezeichnet wird. 222

2. Rechtmäßigkeit einer Gefahrenabwehrverordnung. a) Formelle Rechtmäßigkeit. aa) Zuständigkeit: Nach **§ 69 Abs. 1 POG** sind – je nach räumlichem Geltungsbereich der Verordnung – die **Landesordnungsbehörde (ADD)** und die allgemeinen **Ordnungsbehörden** für den Erlass von Gefahrenabwehrverordnungen sachlich zuständig. Die örtliche Zuständigkeit ergibt sich aus § 69 Abs. 2 POG. Weder die Polizei noch das Ministerium[362] können Gefahrenabwehrverordnungen erlassen. 223

bb) Form und Verfahren: Besondere **Formerfordernisse** ergeben sich aus **§ 72 POG**. Nach § 72 Abs. 1 Nr. 1 POG müssen Gefahrenabwehrverordnungen eine ihren Inhalt kennzeichnende Überschrift tragen, nach § 72 Abs. 1 Nr. 2 POG als Gefahrenabwehrverordnung bezeichnet werden. Weitere Formvorschriften sind in § 72 Abs. 1 Nr. 3–7 POG aufgeführt. Nach **§ 70 POG** besteht eine **Vorlagepflicht** für Gefahrenabwehrverordnungen nach § 69 Abs. 3 POG, wenn sie länger als sechs Wochen gelten sollen. Ausgefertigte Verordnungen sind gem. Art. 113 Abs. 3 LV iVm §§ 1–3 VerkündG **zu verkünden**. 224

b) Materielle Rechtmäßigkeit. aa) Abstrakte Gefahr: § 69 Abs. 1 POG setzt voraus, dass eine **abstrakte Gefahr** für die öffentliche Sicherheit und Ordnung abgewehrt werden soll (zum Begriff schon Rn. 44). Dies folgt aus dem Wortlaut von § 69 Abs. 1 POG, wonach Gefahren für eine unbestimmte Vielzahl von Fällen abgewehrt werden sollen. Anders als bei einer konkreten Gefahr muss bei der abstrakten Gefahr nicht 225

---

360 BVerwGE 18, 1 ff.
361 Vgl. im Einzelnen dazu *Schenke*, Rn. 617 f.; *Rachor*, in: Lisken/Denninger, E Rn. 54 ff.
362 Durch Art. 8 des 2. LG zur Kommunal- und Verwaltungsreform v. 28. 9. 2010 (GVBl. S. 280 – VwRefG RP 2) wurde die Zuständigkeit vom Ministerium auf die Landesordnungsbehörde (gem. § 89 Abs. 3 POG die ADD) verlagert. Ministerielle Gefahrenabwehrverordnungen, die am 1.1.2011 in Kraft waren, gelten nunmehr als Gefahrenabwehrverordnung der Landesordnungsbehörde, § 69 Abs. 5 POG. Damit werden auch die Besonderheiten für den Rechtsschutz gegen ministerielle Verordnungen (dazu § 1 Rn. 47; § 2 Rn. 51) für das Polizei- und Ordnungsrecht nicht mehr relevant.

mit hinreichender Wahrscheinlichkeit ein Schaden in absehbarer Zeit drohen oder gar eingetreten sein. Ein bloßer **Gefahrenverdacht** ist dagegen nicht ausreichend.[363] Praktische Relevanz erhielt diese Differenzierung im Zusammenhang mit den früheren Kampfhundeverordnungen. Nach Ansicht des VerfGH[364] konnte die Einstufung bestimmter Hunderassen oder Kreuzungen als abstrakte Gefahr dem Verordnungsgeber überlassen werden. Demgegenüber stufte das BVerwG den Umstand, dass Hunde einer bestimmten Rasse angehören, als bloßen Gefahrenverdacht ein.[365] Solche Maßnahmen seien Teil der Gefahrenvorsorge und benötigten eine spezielle gesetzliche Regelung (s. schon Rn. 7). Daraufhin wurde die frühere VO durch das Landesgesetz über gefährliche Hunde (LHundG) ersetzt.[366] Auch bei Alkoholverboten bereitet die Unterscheidung von Gefahr und Verdacht sowie von Gefahr und »Milieuschutz« unterhalb der Gefahrenschwelle nicht unerhebliche Schwierigkeiten.[367] Der Gefahrenbezug bedeutet bei Benutzungsregelungen, dass zwar einzelne Nutzungen untersagt werden können, aber keine umfassende Benutzungsregelung getroffen werden kann.[368]

226 **bb) Hinreichende Bestimmtheit:** Insb. müssen Gefahrenabwehrverordnungen nach § 71 Abs. 2 POG inhaltlich **hinreichend bestimmt** sein. Die Verordnung muss aus sich heraus verständlich sein und erkennen lassen, was eine Person tun oder unterlassen soll. Zudem darf kein tatsächlich oder rechtlich unmögliches Verhalten verlangt werden. Auch daran scheitern viele Gefahrenabwehrverordnungen zum Schutz des öffentlichen Raumes.

227 **cc) Ermessen:** Bezüglich der inhaltlichen Gestaltung der Verordnung besitzt die Behörde ein Ermessen. Unzulässig sind Gefahrenabwehrverordnungen, die lediglich der Erleichterung der polizeilichen Arbeit dienen sollen, § 71 Abs. 1 POG. Ebenfalls unzulässig wäre die Verfolgung »polizeifremder«, beispielsweise fiskalischer Zwecke. Ebenfalls zu prüfen sind mildere Mittel.[369]

228 **3. Rechtschutz gegen Gefahrenabwehrverordnungen.** Eine Rechtsverordnung, die gegen höherrangiges Recht verstößt, ist **nichtig**.[370] Lediglich eine **Teilnichtigkeit** besteht, wenn nur ein Teil der Rechtsverordnung fehlerhaft ist und der nicht fehlerhafte Teil noch einen Sinn ergibt und dieser durch den Wegfall des nichtigen Teils nicht verändert wird.

---

363 BVerwGE 116, 347.
364 RhPfVerfGH, NVwZ 2001, 1273 ff.
365 BVerwGE 116, 347; a.A. OVG RhPf., NVwZ 2001, 1273; OVG Schleswig, NVwZ 2001, 1300 (1302).
366 G. v. 22.12.2004 (GVBl. S. 576). Die Zulässigkeit von Gefahrenabwehrverordnungen muss deswegen insoweit auch den Vorrang des Gesetzes beachten; § 8 LHundG steht jedoch weitergehenden Maßnahmen »zur Abwehr abstrakter Gefahren« grundsätzlich nicht entgegen.
367 Auch die hierzu ergangenen Entscheidungen berufen sich auf das Urteil des BVerwG zur KampfhundeVO, näher *Ruthig*, LKRZ 2015, 481 (483) m.w.N. Vgl. u. a. VGH Mannheim, VBlBW 2010, 33; OVG Weimar, ThürVBl. 2013, 8; OVG Lüneburg, NordÖR 2013, 113: zulässig bei Beschränkung auf einen Straßenabschnitt, der sich zur »Partymeile« entwickelt hat. OVG RhPf., Beschl. v. 25.7.2012 – 7 B 10751/OVG – LKRZ 2012, 427 (RÜ) verweigerte in nicht überzeugender Weise unter Berufung auf die geringe Grundrechtsrelevanz den Rechtsschutz sowohl im vorläufigen Rechtsschutz- wie im Hauptsacheverfahren. In der Tat geht es bei Alkoholverboten aber häufig weniger um Gefahrenabwehr als um eine Reaktion auf gewandelte gesellschaftliche Anschauungen, die den Gesetzgeber fordern.
368 VGH Mannheim, NVwZ 2000, 457; NVwZ-RR 2012, 939; 2014, 279 Ls. 4. Krit. *Berger*, NVwZ 2013, 1593. S. auch *Schoch*, Jura 2005, 600, 601; *Kümper*, ZJS 2013, 119; *Waldhoff*, JuS 2013, 287 f.
369 Vgl. OVG Magdeburg, DVP 2011, 211 ff.: Prüfung eines Glasflaschenverbots als milderes (bzw. sogar geeigneteres) Mittel im Verhältnis zu einem Alkoholverbot.
370 Ausf. *Schenke*, in: Kopp/Schenke, § 47 Rn. 120.

a) **Inzidentkontrolle.** Gefahrenabwehrverordnungen werden vom **Verwaltungsgericht** **229** inzident überprüft, wenn eine **Ordnungsverfügung**, die auf eine Gefahrenabwehrverordnung gestützt ist, angefochten wird. Eine **Verfügung**, die aufgrund einer nichtigen Rechtsverordnung erlassen wurde, ist **rechtswidrig, aber nicht nichtig**. Die Verfügung leidet zwar an einem **schwerwiegenden Fehler** gem. § 44 Abs. 1 VwVfG, dieser ist aber **nicht offenkundig**. Die Rechtskraft der Entscheidung bindet gem. **§ 121 VwGO** nur die **Prozessbeteiligten**.

b) **Abstrakte Normenkontrolle.** Nach § 47 Abs. 1 Nr. 2 VwGO iVm § 4 Abs. 1 **230** AGVwGO kann eine Gefahrenabwehrverordnung auch im Wege der abstrakten Normenkontrolle vor dem **OVG** überprüft werden. Dabei ist das OVG weder auf die vom Antragsteller vorgebrachten Aspekte beschränkt noch hängt die Begründetheit eines Antrags davon ab, ob die verletzte Rechtsnorm (auch) dem Schutz des Antragstellers dient.[371] Kommt das OVG zu der Überzeugung, dass die Rechtsvorschrift ungültig ist, erklärt es sie für unwirksam. Nach § 47 Abs. 5 S. 2 Halbs. 2 VwGO ist diese Entscheidung **allgemeinverbindlich**.

Besondere Probleme wirft der Rechtsschutz gegen **Gefahrenabwehrverordnungen mit** **231** **kurzer Geltungsdauer** auf. Die Zulässigkeit eines Normenkontrollantrags nach Außerkrafttreten einer Norm entfällt jedenfalls dann, wenn der Antragsteller kein berechtigtes Interesse an der Feststellung hat, dass die Norm ungültig war.[372] Das Feststellungsinteresse kann sich insb. unter dem Aspekt der Wiederholungsgefahr[373] ergeben, besteht aber auch dann, wenn die Norm für die Entscheidung von noch bestehenden Rechtsverhältnissen präjudiziell ist.[374] Allerdings gebietet es Art. 19 Abs. 4 GG, das Rechtsschutzbedürfnis bei sich typischerweise kurzfristig erledigenden Rechtsvorschriften unabhängig von den anderen anerkannten Fallgruppen bereits deswegen anzuerkennen, weil sonst ein Rechtsschutz überhaupt nicht in Betracht kommt.[375]

X. Entschädigungs- und Ersatzansprüche

Während es bei der Darstellung bisher um die sog. **Primärebene**, also die Rechtmäßig- **232** keit polizei- und ordnungsbehördlicher Maßnahmen ging, betrifft die Frage der Kostenerstattungsansprüche die sog. **Sekundärebene**. Dabei geht es sowohl um etwaige **Schadensersatzansprüche des Bürgers** als auch um **Ersatzansprüche der Verwaltung** gegen den Bürger (zB Erstattung der Kosten einer Ersatzvornahme). Schadensersatzansprüche des Bürgers können sich außer auf die im Folgenden zu besprechenden polizeirechtlichen auch auf die **allgemeinen Institute des Staatshaftungsrechts**,[376] vor al-

---

371 BVerwG, NVwZ 2001, 431; *Schenke*, in: Kopp/Schenke, § 47 Rn. 112.
372 *Schenke*, in: Kopp/Schenke, § 47 Rn. 26, 90: Es entfällt das Rechtsschutzbedürfnis.
373 OVG RhPf., DVBl. 2013, 330: Dort verneint, weil die Behörde erklärt hatte, künftig keine vergleichbaren VO zu erlassen.
374 BVerwGE 68, 12 (13).
375 *Schenke*, in: Kopp/Schenke, § 47 Rn. 90; nicht überzeugend OVG RhPf., DVBl. 2013, 330. Anders verhält es sich nur dann, wenn die Norm überhaupt nicht in Kraft getreten ist, weil sie vor dem Tag des Inkrafttretens wieder aufgehoben worden war, BGH, NVwZ-RR 2002, 152.
376 Die Anwendbarkeit von enteignendem und enteignungsgleichem Eingriff hängt von der Reichweite der spezielleren Vorschriften des POG ab. Die Entschädigungsansprüche nach dem POG verdrängen in ihrem unmittelbaren Anwendungsbereich die allgemeinen Vorschriften; umstritten ist allerdings, wie die verbliebenen Haftungslücken zu schließen sind. Befürwortet man hier eine entsprechende Anwendung der Vorschriften des POG, bleibt für die allgemeinen Institute kein Raum.

lem die **Amtshaftung** (Art. 34 GG, § 839 BGB)[377] stützen. Ausgeschlossen sind dagegen Ansprüche aus öffentlichrechtlicher GoA seitens der Verwaltung. Diese scheitern ungeachtet der grundsätzlichen Bedenken gegen eine solche Analogie zu den §§ 677 ff. BGB jedenfalls am abschließenden Charakter der polizeirechtlichen Vorschriften über den Kostenersatz.[378]

233 **1. Entschädigungsansprüche des Betroffenen. a) Ansprüche des Störers.** Der rechtmäßig in Anspruch genommene Störer hat gegen den Staat **keine Entschädigungsansprüche** für einen erlittenen Schaden. Da er für die Gefahr die Verantwortung trägt, ist seine Inanspruchnahme zur Gefahrenbeseitigung kein Sonderopfer. Besonders deutlich wird dies beim Zustandsstörer. Dessen Heranziehung ist Ausdruck der Sozialpflichtigkeit des Eigentums nach Art. 14 GG.[379] Der Störer besitzt also nur dann einen Entschädigungsanspruch, wenn die getroffenen staatlichen Maßnahmen **rechtswidrig** waren, § 87 Abs. 1 S. 2 POG. Dabei muss sich der Störer ein **Mitverschulden** analog § 254 BGB anrechnen lassen.[380]

234 Gibt es mehrere Störer, sog. **Störermehrheit**, kann ein von der Behörde in Anspruch genommener Störer gegen die anderen Störer einen internen Ausgleichsanspruch geltend machen, wenn dies gesetzlich besonders geregelt ist wie zB in § 24 Abs. 2 S. 1 BBodSchG. In nicht gesetzlich geregelten Fällen ist es umstritten, ob ein Ausgleichsanspruch der Störer untereinander nach § 426 BGB analog besteht (Rn. 89).

235 **b) Entschädigungsansprüche des Nichtstörers.** Der **rechtmäßig** nach § 7 POG in Anspruch genommene Nichtstörer hat einen Entschädigungsanspruch nach § 87 Abs. 1 S. 1 POG für entstandene Schäden. Dabei kommt es nicht darauf an, durch welche Rechtsform die Inanspruchnahme erfolgt ist. Auch tatsächliches behördliches Handeln (Realakt) löst Entschädigungsansprüche aus. Der Anspruch setzt aber voraus, dass der Betroffene in Anspruch genommen wird. Der Begriff der Maßnahme verlangt eine gewisse »Verbindlichkeit«, die bei einem bloßen Appell an die Eigenverantwortlichkeit des Betroffenen bzw. einem Hinweis auf seine außerhalb des Polizei- und Ordnungsrechts begründeten Verhaltenspflichten fehlt.[381] Der **rechtswidrig** in Anspruch genommene Nichtstörer hat demgegenüber einen Entschädigungsanspruch nach § 87 Abs. 1 S. 2 POG. Der Anspruch ergibt sich bereits aus der Rechtswidrigkeit der staatlichen Maßnahme und nicht erst daraus, dass es sich um einen Nichtverantwortlichen handelt.[382]

236 Schäden, die durch eine **freiwillige Mitwirkung** von Personen entstehen, sind nach § 87 Abs. 2 POG auszugleichen. Freiwilligkeit liegt nur dann vor, wenn der Helfer kein verantwortlicher Störer und noch nicht durch eine behördliche Verfügung verpflichtet ist. Abschleppunternehmer sind keine freiwilligen Helfer, wenn sie auf ver-

---

377 Nach Ansicht der Rspr. handelt es sich bei den Ansprüchen wegen Inanspruchnahme eines Nichtstörers bzw. aus enteignungsgleichem oder aufopferungsgleichem Eingriff und aus Amtshaftung um einen einheitlichen Streitgegenstand, s. BGH, DVBl. 1996, 1312 und speziell zu § 68 POG BGHR, ZPO § 546 Abs. 1 S. 1 ZPO Revisionszulassung, beschränkte 14.
378 Vgl. am Beispiel des bayerischen Rechts BGH, NJW 2004, 513.
379 Vgl. BVerwGE 38, 209 ff.
380 Vgl. BGHZ 90, 17, 31 ff.
381 Daran fehlt es, wenn der Betroffene lediglich einer »Bitte« der Ordnungsbehörde nachkommt, vgl. die Grundsatzentscheidung BGHZ 138, 15; s. auch *Gusy*, JZ 1998, 518. Unklarheiten gehen zulasten der Verwaltung.
382 Vgl. auch *Schenke*, Rn. 690 m.w.N.

traglicher Basis die Behörde unterstützen. Ob der Vertrag freiwillig abgeschlossen wurde, ist nicht von Bedeutung. Die behördliche Zustimmung, die für die Mitwirkung erforderlich ist, kann ausdrücklich oder konkludent gegeben werden.

Fraglich ist, wie **unbeteiligte Dritte** zu entschädigen sind, also beispielsweise ein Passant, der bei einem Schusswechsel der Polizei mit einem Geiselnehmer durch eine Polizeikugel verletzt oder der Eigentümer eines entwendeten Fahrzeugs, das bei der polizeilichen Verfolgung beschädigt wird.[383] § 87 Abs. 1 S. 1 POG knüpft anders als andere Polizeigesetze an die (gezielte) Inanspruchnahme des Geschädigten als Nichtstörer an, erfasst Unbeteiligte, die von der Maßnahme nur unbeabsichtigt oder zufällig betroffen werden, also nicht. Es herrscht Einigkeit darüber, dass die gesetzliche Regelung nicht abschließend ist und auch unbeteiligte Dritte zu entschädigen sind. Lediglich die Anspruchsgrundlage ist umstritten. Teilweise wird eine **analoge Anwendung des § 87 Abs. 1 S. 1 POG**, teilweise eine Heranziehung des allgemeinen Rechtsinstituts des **enteignenden Eingriffs** bejaht.[384] Am erforderlichen Sonderopfer fehlt es jedenfalls, wenn – etwa durch gezieltes Rammen des Fahrzeugs – der Eigentümer sein Fahrzeug wieder zurück erhält.[385] 237

Wird die **Allgemeinheit** von behördlichen Maßnahmen betroffen, wie zB durch eine Straßensperre der Polizei nach einem Verkehrsunfall mit einer großräumigen Umleitung[386] oder einer Evakuierung eines Stadtteils nach einer Bombendrohung,[387] bestehen keine Entschädigungsansprüche. Auch eine gegenüber der Allgemeinheit vorgenommene Evakuierungsmaßnahme stellt keine Inanspruchnahme eines Nichtstörers dar.[388] Hier fehlt es an einem Sonderopfer. 238

c) **Entschädigungsansprüche des Anscheinsstörers.** Im Zusammenhang mit dem Anscheinsstörer setzt sich der Streit um seine dogmatische Einordnung (zur Primärebene Rn. 62 ff.) fort. Zum Teil wird ein Entschädigungsanspruch mit der Begründung abgelehnt, dass der Anscheinsstörer auf der Primärebene rechtmäßig in Anspruch genommen wurde.[389] Die h.M. bejaht jedoch unter bestimmten Voraussetzungen einen Entschädigungsanspruch **analog § 87 Abs. 1 S. 1 POG**. Wie der Nichtstörer scheint auch der Anscheinsstörer in Anspruch genommen zu werden, obwohl objektiv von seinem Verhalten keine Gefährdung polizeilich geschützter Rechtsgüter ausgeht. Die Gesichtspunkte der effektiven Gefahrenabwehr, die es auf der Primärebene rechtfertigen, ihn wie einen Störer zu behandeln, rechtfertigen es nicht, ihm einen Entschädigungsanspruch zu verwehren. Auf der **Sekundärebene** müssten die **späteren Erkenntnisse berücksichtigt** und ein gerechter Schadensausgleich vorgenommen werden: Dies ist bezogen auf den Fall des Nichtstörers der Regelungsgehalt des § 87 Abs. 1 S. 1 POG. We- 239

---

383 BGH, VersR 2011, 808.
384 Vorzugswürdig erscheint die analoge Anwendung von § 87 Abs. 1 S. 1 POG. Wenn schon der gezielt in Anspruch genommene Nichtstörer einen Entschädigungsanspruch hat, muss dies erst recht und unter identischen Voraussetzungen für den zufällig Betroffenen gelten; die gegenteilige Ansicht (Haftung nach allg. Aufopferungsgedanken) wird von BGH, VersR 2011, 808 vertreten. In Wahrheit handelt es sich um eine Scheinalternative, s. *Schenke*, Rn. 691. Auch die Rspr. sieht § 87 POG als (gesetzlich konkretisierten) Anwendungsfall der allgemeinen Rechtsgrundsätze, wie an der Formulierung in BGHZ 138, 15, 23 f. deutlich wird.
385 BGH, VersR 2011, 808; OLG Koblenz, NJW 1997, 180.
386 BGHZ 60, 145 (147).
387 OLG Koblenz, LKRZ 2009, 469.
388 OLG Koblenz, LKRZ 2009, 469: Evakuierung eines Stadtteils nach einer Bombendrohung.
389 *Gerhardt*, Jura 1987, 521 (525).

gen der vergleichbaren Interessenlage sei diese Regelungslücke beim Anscheinsstörer durch eine analoge Anwendung von § 87 Abs. 1 S. 1 POG zu schließen.[390] Allerdings setze der Entschädigungsanspruch nach § 88 Abs. 5 POG voraus, dass der Geschädigte die Umstände, die den Anschein begründen, **nicht zu verantworten** hat.[391]

240 Bei der Stellungnahme zur sog. Primärebene hatte sich allerdings gezeigt, dass es in Wahrheit um die schon im Rahmen der Theorie von der unmittelbaren Verursachung zu prüfende Frage geht, ob die Gefahr dem Betroffenen zugerechnet werden kann und er somit überhaupt als Störer einzustufen ist. Folgt man der hier vertretenen Auffassung, kann auf eine **systemwidrige Trennung zwischen Primär- und Sekundärebene** verzichtet werden. Entscheidend ist dann, ob eine Person die Gefahr unmittelbar verursacht hat. Ist dies nicht der Fall, handelt es sich um einen Nichtstörer, der als solcher zu entschädigen ist. Im Ergebnis entspricht dies der Rspr. des BGH zur Entschädigungspflicht in den Fällen der Anscheinsgefahr.

241 **d) Inhalt, Art und Umfang des Schadensausgleichs.** Inhalt, Art und Umfang des Schadensausgleichs bestimmen sich nach den Vorschriften des **§ 88 POG**. Nach § 88 Abs. 1 S. 1 POG sind grundsätzlich nur **Vermögensschäden** vom Anspruch umfasst, insb. die Verletzung des Eigentums, zB wenn ein Polizeibeamter die Scheibe eines Pkw einschlägt. Auch der **entgangene Gewinn** ist zu ersetzen. Allerdings wird nach § 88 Abs. 1 S. 2 POG ein Ausgleich nur für den gewöhnlichen Verdienstausfall gezahlt. Für einen darüber hinausgehenden entgangenen Gewinn und für Nachteile, die nicht in unmittelbarem Zusammenhang mit der polizeilichen Maßnahme stehen, wird ein Ausgleich nur gewährt, wenn und soweit dies zur Abwendung unbilliger Härten geboten erscheint.[392] Der **immaterielle Schaden**, dh die Verletzung der Rechtsgüter Leben, Gesundheit und Freiheit, ist nach § 88 Abs. 2 POG **angemessen auszugleichen**. Darüber hinaus scheiden Schmerzensgeldansprüche auf der Grundlage des POG aus, sie können aber auf Amtshaftung gestützt werden. Auch Verletzungen des allgemeinen Persönlichkeitsrechts können angesichts seines verfassungsrechtlichen Rangs und seiner Ähnlichkeit zum Eingriff in den Körper und die Gesundheit Schmerzensgeldansprüche begründen; diese ergeben sich aber nicht aus § 253 Abs. 2 BGB, sondern unmittelbar aus Art. 1 und 2 GG.[393] Ein solcher Schmerzensgeldanspruch kommt grundsätzlich auch bei der Amtshaftung in Betracht.[394]

242 Der Schadensausgleich erfolgt nach § 88 Abs. 3 POG in **Geld**, bei Minderung der Erwerbsfähigkeit als **Rente** bzw. **Abfindung**. Nach § 88 Abs. 5 POG sind bei der **Bemessung** des Entschädigungsanspruchs alle Umstände zu berücksichtigen. Der Anspruch kann gekürzt werden, wenn die behördliche Maßnahme zum **Schutz** des Betroffenen erfolgte, also beispielsweise eine Geisel bei ihrer Befreiung leicht verletzt oder ein gestohlener PKW beim Versuch, die Diebe aufzuhalten, beschädigt wird.[395] Allerdings

---

390 Grundlegend BGHZ 117, 303 (307); fortgesetzt in BGHZ 126, 279 (283 ff.).
391 S. auch BGHZ 117, 303 (308); 126, 279 (285).
392 Näher zum Umfang des Schadensausgleichs s. *Rühle*, K Rn. 13 ff.
393 St. Rspr., vgl. nur BGHZ 35, 363, 367 f.; 128, 117, 119. Die Zubilligung einer Geldentschädigung beruht in diesem Fall auf dem Gedanken, dass ohne einen solchen Anspruch Verletzungen der Würde und Ehre des Menschen häufig ohne Sanktionen blieben mit der Folge, dass der Rechtsschutz der Persönlichkeit verkümmern würde.
394 Dazu BGHZ 78, 274 (280); BGH, VersR 1972, 368 (369); NJW 1994, 1950 (1952); NJW 2003, 3693.
395 OLG Dresden, LKV 2003, 582; der Eigentümer ist hier Nichtstörer, s. Rn. 57.

kann dies jedenfalls dann nicht zu einem völligen Ausschluss des Anspruches führen, wenn die Maßnahme überwiegend dem öffentlichen Interesse gedient hat.[396] Es ist auch zu berücksichtigen, ob der Geschädigte die Entstehung des Schadens zu **vertreten** hat. Damit gleicht § 88 Abs. 5 POG der Berücksichtigung des Mitverschuldens nach § 254 BGB. Eine Anspruchskürzung erfolgt unter anderem, wenn der Geschädigte **nicht rechtzeitig** einen **Rechtsbehelf** gegen die staatliche Maßnahme eingelegt hat.

Ausgleichspflichtig ist nach § 91 Abs. 1 POG die **Körperschaft**, in deren Dienst der Beamte steht. Bei Maßnahmen eines **Polizeibeamten** ist dies das **Land Rheinland-Pfalz**, bei den **Ordnungsbehörden** die entsprechende kommunale **Gebietskörperschaft**.

243

2. Ersatzansprüche des Polizeiträgers. a) Ersatzvornahme. Die Vorschrift über die Ersatzvornahme enthält eine ausdrückliche Kostenregelung. Nach § 63 Abs. 1 LVwVG hat eine Person, die ihrer Handlungspflicht nicht nachgekommen ist, die Kosten der Ersatzvornahme zu tragen. Dies gilt für Selbst- und Fremdvornahme. Die Auferlegung der Kosten steht nicht im freien Ermessen der Behörde. Die Kosten der Ersatzvornahme sind von dem Betroffenen einzufordern, wenn nicht ein Ausnahmefall vorliegt und deshalb aus Billigkeitserwägungen von der Kostenforderung abgesehen werden kann. Voraussetzung des Kostenanspruchs ist, dass die **Ersatzvornahme rechtmäßig** war. Damit nicht zu verwechseln ist die Rechtmäßigkeit des Grundverwaltungsakts, der im Wege der Ersatzvornahme durchgesetzt wird. War die Ersatzvornahme rechtswidrig, entfällt die Kostenpflicht des Betroffenen. Sie kann in diesem Fall auch nicht auf eine öffentlich-rechtliche Geschäftsführung ohne Auftrag gestützt werden.

244

b) Unmittelbare Ausführung. Die Kostenerstattung der unmittelbaren Ausführung ist in § 6 Abs. 2 S. 1 POG geregelt. Die nach §§ 4, 5 POG Verantwortlichen haben die Kosten der unmittelbaren Ausführung zu tragen. Ein Ermessen besteht nicht. Ebenso wie bei der Ersatzvornahme ist Voraussetzung, dass die unmittelbare Ausführung **rechtmäßig** war.

245

c) Unmittelbarer Zwang. Rheinland-Pfalz hat keine allgemeine Gebührenregelung für den unmittelbaren Zwang eingeführt, so dass die Einsatzkosten der Polizei dem Störer gegenüber nicht als Vollstreckungskosten geltend gemacht werden können. Seit der Novellierung 1999 können jedoch auf der Grundlage des § 83 LVwVG die im Rahmen des unmittelbaren Zwangs entstandenen **Auslagen** geltend gemacht werden.

246

XI. Klausurhinweise

Da das Polizei- und Ordnungsrecht in Rh-Pf. als einziges Gebiet des besonderen Verwaltungsrechts ohne Einschränkung zum Pflichtstoff auch des 1. Examens gehört, erfreut es sich dort großer Beliebtheit. In den meisten Fällen ist der Rechtsschutz gegen polizeiliche Maßnahmen zu prüfen. **Gängige Klausurkonstellationen** sind die **Abwehr polizeilicher Maßnahmen** durch einen Betroffenen oder die **Durchsetzung eines Anspruches auf polizeiliches Einschreiten** (zu letzterer ausf. Rn. 84 ff.).

247

---

396 *Schenke*, Rn. 688 m.w.N.; zu einem Beispiel (Räumung einer Diskothek bei Bombendrohung) OLG Stuttgart, NJW 1992, 1396.

248 **1. Zulässigkeit verwaltungsgerichtlicher Klagen.** Typischerweise sind polizeirechtliche Fälle prozessrechtlich eingekleidet[397]. Während zur **Zulässigkeit des Verwaltungsrechtswegs** (§ 40 VwGO) idR nur dann vertiefte Ausführungen erforderlich sind, wenn die Abgrenzung von den Justizverwaltungsakten (§ 23 EGGVG) in Frage steht (s. Rn. 178 f.), sind bei der **statthaften Verfahrensart** die klausurentscheidenden Weichenstellungen vorzunehmen, die ua in den Grenzfällen nähere Ausführungen zur Rechtsnatur der Maßnahme verlangen.

249 **a) Verwaltungsakte.** Da sich das Rechtsschutzsystem der VwGO an der Handlungsform orientiert und es sich in den weitaus meisten Fällen polizeilicher Maßnahmen um Verwaltungsakte handelt, werden vor allem **Anfechtungs- und Verpflichtungsklagen** relevant.

Beispiele:
Polizeiverfügungen einschließlich der Standardmaßnahmen (zu deren Rechtsnatur Rn. 181 ff.), Kostenbescheide (Rn. 214 f.), Androhung von Zwangsmitteln und Festsetzung von Zwangsgeldern (Rn. 198), Verpflichtungsklage auf Einstellung der Zwangsvollstreckung gem. § 16 Abs. 2 VwVG (Rn. 202 ff.).

250 Da sich polizeiliche Maßnahmen typischerweise kurzfristig erledigen (zur Problematik der Erledigung oben Rn. 200), ist anstelle einer Anfechtungsklage oder eines Antrages auf Anordnung der aufschiebenden Wirkung (§ 80 VwGO) häufiger eine **Fortsetzungsfeststellungsklage** analog § 113 Abs. 1 S. 4 VwGO zu prüfen. Denkbar ist aber auch bei drohenden polizeilichen Verwaltungsakten, die mit Strafe oder Geldbuße bedroht sind, eine **vorbeugende Unterlassungsklage**.[398]

Beispiel:
Schwierige Abgrenzungsfragen nach der Vollstreckung eines polizeilichen Verwaltungsakts, wenn hierfür Kosten angefordert wurden (s. Rn. 203).

251 In den Verpflichtungskonstellationen kommt neben einer **Verpflichtungsklage** in Form einer Bescheidungs- und seltener einer Vornahmeklage[399] uU **vorläufiger Rechtsschutz** nach § 123 VwGO in Betracht (s. schon Rn. 86). Die Klage setzt gem. § 68 Abs. 2, § 75 S. 1 VwGO einen **vorherigen Antrag bei der Behörde** voraus; wird über diesen nicht entschieden, kann unter den Voraussetzungen des § 75 VwGO Untätigkeitsklage erhoben werden.

252 **b) Realakte.** Sofern es sich bei polizeilichen Maßnahmen um Realakte handelt (ausf. zur Abgrenzung von Verwaltungsakten Rn. 181 f.), was nach zutreffender Ansicht auch bei unmittelbarer Ausführung (s. Rn. 77) und Sofortvollzug (s. Rn. 199) der Fall ist, wird Rechtsschutz mittels der allgemeinen Leistungsklage gewährt. Anders als die Verpflichtungsklage setzt diese keinen vorherigen Antrag bei der Behörde (str.)[400] und auch kein vorheriges Widerspruchsverfahren voraus. Auch hier kommt vorläufiger Rechtsschutz nach § 123 VwGO in Betracht.

---

[397] Allg. zum Aufbau verwaltungsgerichtlicher Klagen *Schenke*, Verwaltungsprozessrecht, 16. Aufl. 2019, Rn. 58 ff., 171 ff.
[398] *Schenke* (Fn. 397), Rn. 533.
[399] Dies hängt damit zusammen, dass der Bürger idR nur einen Anspruch auf fehlerfreie Ermessensausübung besitzt, so dass der Bescheidungsklage (vgl. § 113 Abs. 5 S. 2 VwGO) im Polizeirecht besondere Bedeutung zukommt. Zur Begründung der Klagebefugnis s. Rn. 257.
[400] *Schenke* (Fn. 397), Rn. 363 m.w.N.

c) **Rechtsverordnungen.** Nicht mit einer Klage zum VG, sondern einem Antrag auf Normenkontrolle beim OVG wird Rechtsschutz gegen Rechtsverordnungen gewährt (s. dazu ausf. Rn. 228 ff.).

2. Begründetheit verwaltungsgerichtlicher Klagen bzw. Anträge. Für die Begründetheitsprüfung können die jeweils abgedruckten Prüfungsschemata herangezogen werden; auch die Darstellung insgesamt orientiert sich am Klausuraufbau (s. dazu schon Rn. 29):

- Rechtmäßigkeit eines polizei- und ordnungsbehördlichen Verwaltungsakts (Rn. 183)
- Rechtmäßigkeit von Vollstreckungsmaßnahmen (nach Rn. 204)
- Rechtmäßigkeit einer Gefahrenabwehrverordnung (Rn. 223 ff.)

3. Verfassungsgerichtlicher Rechtsschutz. Selbstverständlich kommt aber – insb. bei den neueren, verfassungsrechtlich teilweise bedenklichen Standardmaßnahmen – eine bundes- oder landesverfassungsgerichtliche Überprüfung der polizeirechtlichen Vorschriften in Betracht (abstrakte Normenkontrolle, Verfassungsbeschwerde). Insb. dann, wenn sie die Polizei zu heimlichen Maßnahmen ermächtigt, ist eine **Verfassungsbeschwerde** unmittelbar gegen die polizeirechtliche Vorschrift zulässig.

Beispiele:
Vorschriften über heimliche Ermittlungsmaßnahmen, insb. Rasterfahndung, Wohnungs- und Telefonüberwachung.[401]

4. Grundrechte in der polizeirechtlichen Fallbearbeitung. Kein Gebiet des besonderen Verwaltungsrechts ist so sehr »konkretisiertes Verfassungsrecht« wie das Polizei- und Ordnungsrecht, so dass die Grundrechte nicht nur bei der Überprüfung der Verfassungsmäßigkeit von Standardmaßnahmen (s. Rn. 135 ff., 149 ff.), sondern auch in den »polizeirechtlichen Klausuren« eine entscheidende Rolle spielen. Dort treffen die Grundrechte auf eine Polizeirechtsdogmatik, die viel älter ist als die unmittelbare Grundrechtsgeltung und sogar umgekehrt entscheidend zur Ausbildung der Grundrechtsdogmatik beigetragen hat; so hat beispielsweise das Verhältnismäßigkeitsprinzip seine Wurzeln im Polizeirecht. Die Verzahnung von polizeirechtlicher Fallbearbeitung und Grundrechten bereitet in Klausuren erfahrungsgemäß große Schwierigkeiten. Sie tauchen typischerweise an folgenden Stellen der Prüfung auf:

a) **Klagebefugnis.** Die Klagebefugnis des Adressaten polizeilicher Maßnahmen folgt nach der herrschenden Adressatentheorie jedenfalls aus **Art. 2 Abs. 1 GG**. Allerdings ist klagebefugt nur der **Adressat der polizeilichen Maßnahme**.

Beispiel:
Nicht klagebefugt ist zB der zivilrechtliche **Eigentümer oder Miteigentümer** einer von der Verfügung betroffenen Sache, da diese unbeschadet privater Rechte Dritter ergeht.[402] Deshalb bedarf es bei der Inanspruchnahme des Verhaltensverantwortlichen auch einer Duldungsverfügung gegenüber dem Eigentümer.

---

401 BVerfGE 109, 279 ff. (Wohnraumüberwachung); 113, 348 ff. (Telekommunikationsüberwachung); RhPf-VerfGH, NVwZ-RR 2007, 721 (Wohnraumüberwachung); a.A. zur Zulässigkeit einer Grundrechtsklage HessStGH, NVwZ 2006, 685.
402 Dazu und zu den Einzelheiten *Schenke*, in: Kopp/Schenke, § 42 Rn. 113. Der Eigentümer ist allerdings hinsichtlich vollstreckungsrechtlicher Maßnahmen klagebefugt, s. VGH Kassel, NVwZ-RR 1996, 330.

258 Die polizeirechtlichen Ermächtigungsgrundlagen und insb. die Generalklausel können iVm den grundrechtlichen Schutzpflichten (norminterne Grundrechtswirkung) **Ansprüche auf polizeiliches Einschreiten** bzw. jedenfalls ein **formell subjektives öffentliches Recht auf fehlerfreie Ermessensausübung** begründen.[403]

259 **b) Grundrechte im Tatbestand der öffentlichen Sicherheit und Ordnung.** Grundrechte als solche sind **nicht Bestandteil der »geschriebenen Rechtsordnung«**, wie sie vom Tatbestand der öffentlichen Sicherheit erfasst wird. Andernfalls würden sie iVm der Generalklausel zu Eingriffsermächtigungen des Staates mutieren. Dies gilt nach zutreffender Ansicht auch in den Fällen sog. Grundrechtskollisionen[404]. Sie können lediglich zur Konkretisierung der öffentlichen Ordnung herangezogen werden (Rn. 31, 34). In den meisten Fällen von Grundrechtsgefährdungen existieren allerdings Vorschriften, die als Teil der geschriebenen Rechtsordnung zur öffentlichen Sicherheit gehören und als **einfachgesetzliche leges speciales** die Grundrechte verdrängen.

Beispiele:
Tötungs- und Körperverletzungsdelikte zum Schutz von Leben und Gesundheit (Art. 2 Abs. 2 GG), Ehrschutz- und Eigentumsdelikte, die neben die entsprechenden Individualrechtsgüter treten und dazu führen, dass das Subsidiaritätsprinzip nicht eingreift (Rn. 32); strafrechtlicher Schutz von Versammlungen (§ 21 VersG).

260 **c) Grundrechte und die polizeirechtliche Verantwortlichkeit.** Insb. die **Grenzen der Verantwortlichkeit** des Zweckveranlassers (s. Rn. 58) sowie des Eigentümers als Zustandsverantwortlichen (s. Rn. 52) basieren genauso auf grundrechtlichen Erwägungen wie die strengen Voraussetzungen für eine Inanspruchnahme von Nichtstörern (s. Rn. 67). Dies rechtfertigt es, diese Grundsätze auch in solche Vorschriften hineinzulesen, die sie nicht ausdrücklich enthalten.

Beispiel:
Enge und an den Grundsätzen polizeirechtlicher Verantwortlichkeit orientierte Auslegung der versammlungsrechtlichen Begriffe des Veranstalters und Teilnehmers.[405]

261 **d) Grundrechte und polizeiliches Ermessen.** Vor allem aber spielen die Grundrechte bei der polizeilichen Ermessensausübung eine entscheidende Rolle. Über das Übermaßverbot hinaus ergeben sich aus den Grundrechten weitere Bindungen des polizeilichen Handelns. Bei diesen ist insb. zwischen Grundrechten mit Gesetzesvorbehalt[406] und den nicht ausdrücklich einschränkbaren Grundrechten[407] zu unterscheiden. Bei letzteren hat insb. beim Einschreiten zugunsten Dritter eine Abwägung zwischen den Grundrechten des Adressaten polizeilicher Maßnahmen und der geschützten Dritten zu erfolgen.[408]

---

403 Grundlegend BVerwGE 11, 181. Ob ein solcher Anspruch tatsächlich besteht ist erst im Rahmen der Begründetheit zu prüfen und eine Frage der Ermessensreduktion auf Null. Schutznorm ist dann die einfachgesetzliche Vorschrift. Aus den Grundrechten allein kann sich kein Anspruch auf Einschreiten ergeben; allerdings folgt aus dem aus den grundrechtlichen Schutzpflichten abzuleitenden Untermaßverbot, dass sich dort, wo besonders schwerwiegende Beeinträchtigungen grundrechtlich geschützter Rechtsgüter drohen, der Anspruch auf fehlerfreie Ermessensausübung (formell subjektives öffentliches Recht) zu einem materiellen subjektiven öffentlichen Recht auf Einschreiten verdichtet, s. auch *Schenke*, Rn. 104.
404 S. o. Rn. 31 ff.; krit. *Kingreen/Poscher*, § 8 Rn. 15.
405 BVerfGE 69, 315 (348 f.); *Schenke*, Rn. 365.
406 Dort gelten insb. das Zitiergebot des Art. 19 Abs. 1 S. 2 GG sowie die Wesensgehaltstheorie des Art. 19 Abs. 2 GG, s. näher *Schenke*, Rn. 342 ff.
407 Diese sind nach der Rspr. (nur) zum Schutz anderer Güter von Verfassungsrang einschränkbar, s. BVerfGE 30, 173 (193 f.); 67, 213 (228 f.); 83, 130 (138 f.).
408 *Kingreen/Poscher*, § 10 Rn. 10 ff.; *Schenke*, Rn. 103 ff.

§ 5 Öffentliches Baurecht

von *Elke Gurlit*

Literatur: *Die in diesem Verzeichnis enthaltenen Werke werden in den Fußnoten lediglich mit dem Namen der Autoren oder Herausgeber (erforderlichenfalls mit einem unterscheidenden Zusatz) zitiert.*

Battis/Krautzberger/Löhr, BauGB, Komm., 14. Aufl. 2019; *Decker*, Reichweite und Grenzen des baurechtlichen Bestandsschutzes, BayVBl. 2011, 517; *Erbguth/Mann/Schubert*, Bes. Verwaltungsrecht, 13. Aufl. 2019, S. 329; *Finkelnburg/Ortloff/Kment*, Öffentl. Baurecht, Bd. I, 7. Aufl. 2017; *Finkelnburg/Ortloff/Otto*, Bd. II, 7. Aufl. 2018; *Jeromin*, LBauO RhPf., Komm., 4. Aufl. 2016; *A.-B. Kaiser*, Bauordnungsrecht, in: Ehlers/Fehling/Pünder, Bes. Verwaltungsrecht, Bd. 2, 4. Aufl. 2020, S. 210; *Kersten*, Baurecht, in: Schoch, Bes. Verwaltungsrecht, 2018, S. 427; *Koch/Hendler*, Baurecht, Raumordnungs- und Landesplanungsrecht, 6. Aufl. 2015; *Ramsauer*, Nachbarschutz im Baurecht, JuS 2020, 385; *Sauthoff*, Erweiterung der Feststellungswirkung einer Baugenehmigung über das gesetzliche Prüfprogramm hinaus, BauR 2013, 415; *Wickel*, Bauplanung, in: Ehlers/Fehling/Pünder, Bes. Verwaltungsrecht, Bd. 2, 4. Aufl. 2020, S. 84.

I. Grundlagen des öffentlichen Baurechts	1
1. Bauordnungsrecht und Bauplanungsrecht	1
2. Gesetzgebungskompetenzen	4
II. Rechtsquellen und Schlüsselbegriffe des Bauordnungsrechts	6
1. Rechtsquellen	6
2. Der Anwendungsbereich der LBauO	9
3. Der Schlüsselbegriff der baulichen Anlage	11
III. Formelles Bauordnungsrecht	15
1. Organisation und Zuständigkeiten	15
2. Die Zulassung von Vorhaben	17
a) Zulassungsverfahren im Wandel	17
b) Die Baugenehmigung	19
c) Das Baugenehmigungsverfahren	27
d) Das vereinfachte Genehmigungsverfahren	37
e) Form der Baugenehmigung	40
f) Rechtswirkungen und Regelungsinhalt der Baugenehmigung	41
g) Besondere Arten von Genehmigungen	47
h) Genehmigungsfreigestellte Vorhaben	52
3. Die Bauüberwachung	56
a) Aufgaben der Bauüberwachung	56
b) Eingriffsbefugnisse	58
c) Ermessen	72
d) Anspruch auf baupolizeiliches Einschreiten	77
e) Verantwortlichkeit	80
f) Durchsetzung bauaufsichtlicher Anordnungen	86
IV. Materielles Bauordnungsrecht	89
1. Das Grundstück und seine Bebaubarkeit	90
a) Allgemeine Anforderungen	90
b) Abstandsflächen	91
c) Stellplätze	94
d) Öffentliche Baulast	97
2. Anforderungen an die Bauausführung	99
a) Gefahrenabwehr	99
b) Bauästhetische Anforderungen	100
3. Besondere Anlagen: Werbeanlagen	103
4. Die bauordnungsrechtliche Generalklausel	105
5. Abweichungen	106
V. Grundzüge des Bauplanungsrecht	108
1. Rechtsquellen	108
2. Bauleitplanung der Gemeinden	112
a) Bauleitpläne: Flächennutzungsplan und Bebauungsplan	112
b) Formelle Rechtmäßigkeit der Bauleitplanung	120
c) Materielle Rechtmäßigkeit der Bauleitplanung	125
d) Planerhaltung	135
e) Sicherung der Bauleitplanung	141

3. Planungsrechtliche Zulässigkeit von Vorhaben............ 145
   a) Anwendungsbereich von §§ 30 ff. BauGB........... 145
   b) Vorhaben im Geltungsbereich eines Bebauungsplans....................... 148
   c) Vorhaben während der Planaufstellung............ 156
   d) Vorhaben im unbeplanten Innenbereich.............. 159
   e) Vorhaben im Außenbereich..................... 166
VI. Rechtsschutz....................... 178
   1. Vorhabenbezogener Rechtsschutz........................ 178
      a) Rechtsschutz des Bauherrn...................... 179
      b) Rechtsschutz des Nachbarn...................... 183
      c) Rechtsschutz der Gemeinden...................... 192
   2. Rechtsschutz gegen Bauleitpläne....................... 196
VII. Klausurhinweise.................. 201
   1. Prüfung eines Anspruchs auf Erteilung der Baugenehmigung........................... 201
   2. Prüfung eines Aufhebungs- bzw. Anordnungsanspruchs des Nachbarn................. 202
   3. Prüfung eines Anspruchs auf baupolizeiliches Einschreiten 203
   4. Prüfung der Wirksamkeit eines Bauleitplans............. 204

I. Grundlagen des öffentlichen Baurechts

1 **1. Bauordnungsrecht und Bauplanungsrecht.** Das Bauordnungsrecht bildet gemeinsam mit dem Bauplanungsrecht das **öffentliche Baurecht**. Das private Baurecht stellt die Regeln für die Rechtsbeziehungen zwischen den privaten, am Baugeschehen Beteiligten bereit. Die Rechtsverhältnisse zwischen Bauherrn, Bauunternehmern und Architekten[1] bestimmen sich vornehmlich nach den werkvertraglichen Vorschriften des bürgerlichen Rechts (§§ 631 ff. BGB) und nach besonderen Vorschriften wie der Honorarordnung für Architekten und Ingenieure. Für die eigentumsrechtlichen Verhältnisse von Grundstücksnachbarn ist zudem das auf Art. 124 EGBGB beruhende Nachbarrechtsgesetz für Rheinland-Pfalz (LNRG)[2] maßgeblich, das z.B. Vorschriften über Nachbar- und Grenzwände enthält. Das öffentliche Baurecht umfasst diejenigen Normen, welche die Ordnung des Raums und die Zulässigkeit der baulichen Nutzung von Grundstücken regeln.

2 Das **Bauplanungsrecht** ist flächenbezogen und ermöglicht eine umfassende Planung der Bodennutzung innerhalb eines räumlich beschränkten Bereichs. Die kommunale Bauleitplanung ist örtliche Gesamtplanung, die nicht nur die Arten zulässiger Baunutzung entwickelt, sondern ebenso Freizeit- und Verkehrsflächen plant. Dem sukzessive erweiterten Planungsinstrumentarium und -ansatz entspricht die verbreitete Bezeichnung als Städtebaurecht.[3] Das **Bauordnungsrecht** hat hingegen ein konkretes Bauvorhaben zum Ausgangspunkt. Nach seiner Entstehung als »Baupolizeirecht« ist das Bauordnungsrecht gefahrenabwehrrechtlich geprägt. Allerdings rechnen seit preußi-

---

1 Die LBauO unterscheidet in geschlechtsgerechter Sprache zwischen Bauherr und Bauherrin (§ 54), Eigentümer und Eigentümerin (§ 54 Abs. 2), Bauleiter und Bauleiterin (§ 56 a), Nachbar und Nachbarin (§ 68 Abs. 1) Entwurfsverfasser und Entwurfsverfasserin (§ 55 Abs. 1), Architekt und Architektin (§ 64 Abs. 2 S. 1 Nr. 1) und Ingenieur und Ingenieurin (§ 64 Abs. 2 S. 1 Nr. 2). Soweit im Folgenden ausschließlich die weibliche oder männliche Form verwendet wird, schließt dies das jeweils andere Geschlecht ein.
2 BS 403–1; H/J/W, Nr. 75; zur Anwendbarkeit neben der LBauO s. OVG RhPf., AS 31, 333.
3 *Erbguth/Mann/Schubert*, Rn. 796 ff.

schen Zeiten auch bauästhetische Anforderungen zu den Zielen des Bauordnungsrechts.⁴ In jüngerer Zeit sind soziale und ökologische Zwecksetzungen hinzugetreten.

Bauordnungsrecht und Bauplanungsrecht stehen nicht unverbunden nebeneinander. Vielmehr werden in den **Genehmigungsvoraussetzungen** für konkrete bauliche Vorhaben die materiellen Anforderungen bauordnungs- und bauplanungsrechtlicher Art miteinander **verklammert**. Dies bringt § 70 Abs. 1 S. 1 LBauO zum Ausdruck, demzufolge die Baugenehmigung zu erteilen ist, »wenn dem Vorhaben keine baurechtlichen…Vorschriften entgegenstehen«: Die in Bezug genommenen baurechtlichen Vorschriften sind solche des Bauordnungs- und Bauplanungsrechts. Auch verfahrensrechtliche Gebote des Planungsrechts wie insb. das gemeindliche Einvernehmen werden im Rahmen des bauordnungsrechtlich geregelten Genehmigungsverfahrens wirksam (Rn. 33 ff.). Das Bauplanungsrecht wird ungeachtet seiner bundesrechtlichen Regelung (Rn. 4) in diesem Kapitel in seinen examensrelevanten Grundzügen dargestellt (Rn. 108 ff.), um ein Studium des öffentlichen Baurechts »aus einer Hand« zu ermöglichen. 3

2. Gesetzgebungskompetenzen. Die **Abgrenzung zwischen Bauplanungs- und Bauordnungsrecht** ist bedeutsam im Hinblick auf die Verteilung der Gesetzgebungskompetenzen. Nach Art. 74 Abs. 1 Nr. 18 GG kommt dem Bund die konkurrierende Kompetenz für das Bodenrecht zu, von der er mit dem Erlass des Baugesetzbuches (BauGB) Gebrauch gemacht hat.⁵ In seinem Baurechtsgutachten von 1954 ordnete das BVerfG dem Bodenrecht nur solche Vorschriften zu, die den Grund und Boden »unmittelbar zum Gegenstand rechtlicher Ordnung haben, also die rechtlichen Beziehungen des Menschen zum Grund und Boden regeln«.⁶ Dabei werden die Beziehungen nicht allein durch Gesetz geregelt, vielmehr die Kommunen zu planerischem Handeln ermächtigt.⁷ Den Ländern sind nach Art. 70 Abs. 1 GG nicht nur die Aufgaben zur Regelung verblieben, die materiell-polizeirechtlichen Charakter haben, sondern auch solche, die traditionell durch Sondergesetze den Baupolizeibehörden zugewiesen waren. Dazu gehört die Wahrung bauästhetischer Belange insb. durch Vorgaben für die äußere Gestaltung baulicher Anlagen.⁸ Hierunter fallen auch die umgebungsbezogenen Regelungen in §§ 5 Abs. 2 u. § 52 Abs. 3 S. 1 LBauO, da sie an ein konkretes Bauvorhaben anknüpfen und damit eine bauordnungsrechtliche Zielsetzung haben.⁹ 4

Mit der Zuordnung zu Art. 74 Abs. 1 Nr. 18 GG unterfällt das **Bauplanungsrecht** als Teil des Bodenrechts den sog. **Kernkompetenzen** i.S.v. Art. 72 Abs. 1 GG. Den Ländern verbleibt eine Regelungskompetenz nur dort, wo der Bund von seinen Zuständigkeiten keinen Gebrauch gemacht hat. Allerdings trifft das BauGB weitgehend ab- 5

---

4 Pr. G. gegen die Verunstaltung landschaftlich hervorragender Gegenden v. 2.6.1902, GS S. 159; mit dem G. wurde auf die *Kreuzberg*-Urteile des PrOVG (PrVerwBl. 1879/80, 401; PrOVG 9, 353 = DVBl. 1985, 219) reagiert, die den auf die Gefahrenabwehr beschränkten Polizeibegriff prägten.
5 BauGB idF der Bek. v. 3.11.2017, BGBl. I S. 3634, geänd. durch Art. 6 des G. v. 27.3.2020, BGBl. I S. 587.
6 BVerfGE 3, 407 (430 ff.); s.a. BVerwGE 129, 318 Rn. 15 ff.; 144, 341 Rn. 17 ff.
7 Zum planerischen Handeln als Spezifikum des Bauplanungsrechts *Erbguth/Mann/Schubert*, Rn. 809.
8 Zur Baugestaltung als ordnungsrechtliche Aufgabe BVerwGE 40, 94, 96; 91, 234, 240; s.a. OVG RhPf., UPR 2012, 73.
9 BVerwG, NVwZ 2008, 311 (312) für die identischen Regelungen in § 12 Abs. 2, § 13 Abs. 3 BauO NRW; zur Maßgeblichkeit der Zielsetzung zuvor schon BVerwGE 40, 94, 96; 91, 234, 240; s.a. OVG RhPf., UPR 2012, 73 (74); BauR 2013, 1265 zur ordnungsrechtlichen Zielsetzung satzungsrechtlicher Stellplatzregelungen nach § 88 Abs. 3 Nr. 3 LBauO; a.A. VG Koblenz Urt. v. 13.9.2012 – 7 K 54/12.KO – (juris); *Jeromin*, in: ders., § 88 Rn. 4 a.

schließende Regelungen, so dass für die Länder kaum Regelungsspielräume verblieben sind.[10] Diese Lage unterscheidet das Bauplanungsrecht zugleich vom Recht der **Raumordnung**, das zwar nach Ablösung der Rahmenkompetenz nach Art. 75 Abs. 1 Nr. 4 GG a.F. der konkurrierenden Gesetzgebungskompetenz des Bundes zugewiesen wurde (Art. 74 Abs. 1 Nr. 31 GG), allerdings den **Abweichungskompetenzen** unterfällt (Art. 72 Abs. 3 S. 1 Nr. 4 GG). In Abgrenzung zum Bauplanungsrecht als Teil des Bodenrechts ist die Raumordnung als hoheitliche Gestaltung des Raums durch ihre Überörtlichkeit geprägt, wie dies § 3 Abs. 1 Nr. 7 ROG für Raumordnungspläne zum Ausdruck bringt.[11] Sie richtet sich an öffentliche Stellen und erfasst nicht unmittelbar die rechtlichen Beziehungen der Menschen zum Grund und Boden.[12]

II. Rechtsquellen und Schlüsselbegriffe des Bauordnungsrechts

6   1. **Rechtsquellen.** Das Bauordnungsrecht ist in den Bauordnungen der Länder normiert. Orientierungsfunktion für die Ländergesetzgebung soll der – rechtlich unverbindlichen – **Musterbauordnung** zukommen, die zuletzt im Jahr 2019 fortgeschrieben wurde.[13] Insbes. die seit den 90er Jahren des vergangenen Jahrh. geführten Diskussionen um eine Deregulierung und Privatisierung des Baugeschehens (Rn. 17) haben aber recht unterschiedliche Länderregelungen hervorgebracht, so dass von einer Einheitlichkeit des Bauordnungsrechts in den Ländern nicht mehr die Rede sein kann.[14] Dies sollte eine Mahnung vor der unbesehenen Übernahme der bauordnungsrechtlichen Judikatur anderer Bundesländer sein.

7   Die wesentlichen Vorschriften des Bauordnungsrechts für das Land Rheinland-Pfalz finden sich in der **Landesbauordnung** (LBauO).[15] Gestützt auf Ermächtigungsgrundlagen in der LBauO (§§ 87, § 17 a Abs. 8, § 18 b Abs. 4, § 76 Abs. 4) i.V.m. Art. 110 LV sind vom Finanzministerium als oberster Bauaufsichtsbehörde zahlreiche **Verordnungen** erlassen worden, die sowohl materielle Anforderungen an Bauten als auch formelle Erfordernisse konkretisieren. Die technischen Anforderungen an die Bauausführung werden in den durch **Verwaltungsvorschriften** der obersten Bauaufsichtsbehörde eingeführten »technischen Baubestimmungen« festgelegt (§ 3 Abs. 2 i.V.m. § 87 a LBauO). Sie basieren auf einem Muster, das vom Deutschen Institut für Bautechnik bekannt gemacht wird (§ 3 Abs. 2 S. 3 LBauO). Auch wenn § 3 Abs. 2 S. 1 Hs. 2 LBauO die Beachtlichkeit der technischen Baubestimmungen anordnet, erhebt dies die technischen Normen nicht in den Rang einer außenwirksamen Rechtsnorm. Allerdings ist ein Abweichen von den technischen Baubestimmungen nur unter eingeschränkten Voraussetzungen zulässig.[16]

---

10 BVerfGE 77, 88 (301); BVerwGE 55, 272 (277).
11 Eine entsprechende Beschreibung in § 1 Abs. 1 S. 1 ROG a.F. wurde zur Vermeidung von Redundanzen gestrichen, Begr. RegE, BT-Drucks. 18/10883, S. 37.
12 BVerfGE 3, 407 (425); s.a. *Koch/Hendler*, § 1 Rn. 10 f.; *Kment*, in: ders., Raumordnungsgesetz und Landesplanungsrecht, 2019, Einl. B Rn. 44 ff.; differenzierend für die Bauleitplanung *Langguth*, ZfBR 2011, 436 (439 f.).
13 MusterBauO idF v. 8.11.2002, zuletzt geändert durch Beschluss der Bauministerkonferenz v. 22.2.2020 (MBO 2019), abrufbar unter https://bauministerkonferenz.de/Dokumente/42322694.pdf.
14 Krit. *Schulte*, DVBl. 2004, 925.
15 BS 213–1; *H/J/W*, Nr. 60.
16 Dies folgt aus dem Verweis in § 3 Abs. 2 S. 4 auf § 17 a Abs. 2, § 18 b Abs. 1 LBauO; zur fehlenden Außenwirkung *Kaiser*, Rn. 15.

§ 88 LBauO befugt die Gemeinden zum Erlass von Ortsbaurecht in Gestalt von **Satzungen**. Die Kommunen sollen mit gebietsspezifischer Gestaltungsabsicht[17] baugestalterischen Bedürfnissen Rechnung tragen (§ 88 Abs. 1 Nr. 1 u. Abs. 3 LBauO), sich aber auch sozialen und ökologischen Belangen widmen können (§ 88 Abs. 4 Nr. 2 u. 3 LBauO). Umstritten ist, ob § 88 LBauO spezialgesetzliche Ausprägung der gemeindlichen Befugnis zur satzungsförmigen Erledigung der eigenen Angelegenheiten (§ 24 Abs. 1 S. 1 GemO) oder Zuweisung der Satzungsbefugnis für staatliche Auftragsangelegenheiten (§ 24 Abs. 1 S. 2 GemO) ist.[18] Für ersteres spricht die Ermächtigung zum Satzungserlass mit echten Gestaltungsaufgaben, für letzteres die Erledigung der Bauaufsicht als staatliche Auftragsangelegenheit nach § 58 Abs. 3 LBauO (Rn. 15). Das OVG RhPf. weist der Satzungsbefugnis nach § 88 Abs. 1 LBauO eine Doppelnatur zu, der zufolge »der Satzungsermächtigung die Verleihung echter Autonomie im Rahmen der gesetzlichen Übertragung« zukomme mit der Konsequenz, dass die Autonomiegewährung jedenfalls nicht der Bestandsgarantie des Art. 28 Abs. 2 GG, Art. 49 LV unterfällt.[19] Ungeachtet dieses nur wenig ergiebigen Streits können die bauordnungsrechtlichen Gestaltungsvorschriften der Gemeinde nach § 9 Abs. 4 BauGB i.V.m. § 88 Abs. 6 S. 1 LBauO im Bebauungsplan festgesetzt werden. 8

2. Der Anwendungsbereich der LBauO. Nach § 1 Abs. 1 S. 1 LBauO gilt das Gesetz für **bauliche Anlagen** und für Bauprodukte. Der Begriff der baulichen Anlage, der in § 2 Abs. 1 S. 1 LBauO legal definiert wird, ist ein zentraler Topos des Bauordnungsrechts. Nach § 1 Abs. 1 S. 2 LBauO gilt das Gesetz auch für bebaute und bebaubare Grundstücke[20] sowie für **andere Anlagen und Einrichtungen**, an die durch oder aufgrund der LBauO Anforderungen gestellt werden. Entscheidend für die Anwendung ist insoweit, dass die jeweilige Vorschrift auch auf andere Anlagen Bezug nimmt. 9

Beispiel:
Nach § 52 Abs. 2 LBauO gelten für Werbeanlagen, die keine baulichen Anlagen sind, § 3 Abs. 1 u. § 5 LBauO entsprechend. Es handelt sich bei diesen Werbeanlagen um andere Anlagen, an die § 52 LBauO i.S.v. § 1 Abs. 1 S. 2 LBauO Anforderungen stellt. Nach § 81 LBauO kann auch bei einem Verstoß gegen öffentlich-rechtliche Vorschriften durch andere Anlagen deren Beseitigung angeordnet werden. Hingegen knüpfen einige Vorschriften für die Bauausführung (§§ 13, 15, 17 Abs. 2 LBauO) allein an den Begriff der baulichen Anlage an und sind mangels Verweises in § 52 Abs. 2 LBauO auch nicht entsprechend auf andere Anlagen anwendbar. Die Beseitigung einer Werbeanlage in Gestalt eines leuchtenden City Light Boards wegen Verstoß gegen § 17 Abs. 2 LBauO kann deshalb nach § 81 LBauO nur angeordnet werden, wenn es sich bei dieser Anlage um eine bauliche Anlage handelt.

§ 1 Abs. 2 LBauO normiert **Ausnahmen** vom sachlichen Anwendungsbereich. Danach gilt die LBauO ua nicht für Verkehrsanlagen, für Anlagen, die der Bergaufsicht unterliegen, für die Netzleitungen der Infrastrukturversorgung und für Rohrleitungen, die dem Ferntransport von Stoffen dienen. Der abschließende Katalog rechtfertigt sich 10

---

[17] Zu dieser Wirksamkeitsvoraussetzung für den Satzungserlass nach § 88 Abs. 1 Nr. 1 LBauO OVG RhPf., BauR 1989, 68; NVwZ-RR 2013, 525 (527); für § 88 Abs. 3 LBauO OVG RhPf., UPR 2012, 73 (74).
[18] Für die erstgenannte Sichtweise *Manssen*, Stadtgestaltung durch örtliche Bauvorschriften, 1990, S. 113; für letzteres Verständnis deutlich OVG RhPf., NVwZ-RR 1994, 429; Urt. v. 2.2.1995 – 1 A 10656/94.OVG –; *Jeromin*, in: ders., § 88 Rn. 2.
[19] OVG RhPf., DVBl. 2009, 56; LKRZ 2010, 107 (110); s.a. VG Neustadt/Weinstr., Urt. v. 7.6.2010 – 4 K 179/10.NW – (juris, Rn. 25); sehr krit. *Jeromin*, in: ders., § 88 Rn. 2.
[20] Maßgeblich ist der bürgerlich-rechtliche Grundstücksbegriff, *Jeromin*, in: ders., § 1 Rn. 6 ff.

aus dem Vorrang spezialgesetzlicher Regelungen, die Anforderungen an diese Anlagen stellen, zudem daraus, dass für Gebäude eine Rückausnahme gilt.[21]

11   3. **Der Schlüsselbegriff der baulichen Anlage.** Der bauordnungsrechtliche Begriff der baulichen Anlage bestimmt sich nach ordnungsrechtlichen Bedürfnissen. Er ist nicht vollständig identisch mit dem wortgleichen Begriff in § 29 BauGB, der den zentralen Filter für die Anwendung der bauplanungsrechtlichen Zulässigkeitsvorschriften bildet (Rn. 145 f.). Nach § 2 Abs. 1 S. 1 LBauO sind bauliche Anlagen mit dem Erdboden verbundene, aus Bauprodukten hergestellte Anlagen. Die von § 2 Abs. 1 S. 1 LBauO geforderte **Herstellung aus Bauprodukten** bringt das bauordnungsrechtliche Kriterium des Bauens zur Geltung. Bauprodukte werden in § 2 Abs. 10 LBauO durch Verweis auf die EU-BauprodukteVO definiert.[22] Die Definition umfasst auch vorgefertigte Anlagen, die wie Fertighäuser unmittelbar mit dem Boden verbunden werden (§ 2 Abs. 10 Nr. 2 LBauO). Hingegen werden keine Bauprodukte verwendet, wenn z.B. ein bestehendes Gebäude mit einer Werbung bemalt[23] oder ein sog. *Skybeamer* auf einem Gebäude angebracht oder auf dem Boden abgestellt wird.[24] Für die Herstellung der baulichen Anlage aus Bauprodukten ist ein Prozess erforderlich in dem Sinne, dass die Anlage künstlich von Menschenhand geschaffen sein muss. Dies unterscheidet die bauliche Anlage z.B. von einer natürlich gewachsenen Hecke.[25] Die Herstellung kann aber auch durch bloßes Zusammenfügen von Bauprodukten geschehen (§ 2 Abs. 11 LBauO).

12   Als wesentlich streitträchtiger erweist sich das Merkmal der **Verbindung mit dem Erdboden.** Hierzu zählen jedenfalls Anlagen, die dauerhaft **unmittelbar im Erdreich** befestigt werden, etwa durch ein Fundament oder eine sonstige Verankerung. Eine derartige Verbindung mit dem Erdreich besteht nach § 2 Abs. 1 S. 2 Alt. 1 LBauO auch, wenn die Anlage **durch eigene Schwere** auf dem Boden ruht. Entscheidend ist, dass die Anlage nicht ohne Weiteres fortbewegt werden kann. Deshalb ist eine historische Dampflokomotive mit einem Gewicht von neun Tonnen eine bauliche Anlage,[26] nicht hingegen eine Gartenbank, die sich ohne Einsatz technischer Hilfsmittel entfernen lässt. Nach § 2 Abs. 1 S. 2 Alt. 2 LBauO können auch Anlagen, die nicht allein durch ihre Schwere ortsfest sind, als bauliche Anlage qualifiziert werden, wenn sie nach ihrem **Verwendungszweck** dazu bestimmt sind, überwiegend ortsfest genutzt zu werden. Hiermit sollen vor allem fahrbare Anlagen erfasst werden, die für einen gewissen Zeitraum oder zu bestimmten Zeitpunkten, etwa tagsüber, einen festen Standort haben. Dazu rechnen Imbisswagen oder auch ein Wohnmobil, das an Straßenrändern zu Zwecken der Ausübung der Prostitution abgestellt wird.[27]

13   Alle soeben genannten Konstellationen zeichnen sich durch eine unmittelbare Verbindung der Anlagen mit dem Erdboden aus. Als – klausurträchtige – Problemfälle gelten

---

21   Zum Verhältnis von Bauordnungsrecht und Bergaufsicht *Gurlit*, in: Fs. f. Säcker, 2011, S. 711 (717 f.).
22   Verordnung (EU) Nr. 305/2011 v. 9.3.2011 zur Festlegung harmonisierter Bedingungen für die Vermarktung von Bauprodukten, ABl.EU L 88/5.
23   BayObLG, BayVBl. 1986, 377 (378).
24   *Dietlein*, BauR 2000, 1682 (1683).
25   OVG RhPf., AS 31, 333 (335).
26   Instruktiv VGH BadWürtt., BRS 55 Nr. 194.
27   OVG Saarl., BRS 54 Nr. 141; NdsOVG, BRS 54 Nr. 142 (Imbissstände); VG Koblenz Urt. v. 16.6.2005 – 1 K 505/05.KO – (juris); ausf. *Jeromin*, in: ders., § 2 Rn. 13.

Anlagen, die nur eine **mittelbare Verbindung** mit dem Erdreich aufweisen. Dies gilt für Werbeanlagen, Parabolantennen, Mobilfunkmasten und Photovoltaikanlagen, die an oder auf Gebäuden befestigt sind. Nach einer Auffassung müssen bauliche Anlagen unmittelbar mit dem Erdboden verbunden sein, um zu vermeiden, dass *innerhalb* von Gebäuden befestigte Einrichtungsgegenstände zum Objekt bauordnungsrechtlicher Regelung werden.[28] Diese Erwägung überzeugt nicht. Maßgeblich sollten ordnungsrechtliche Regelungsbedürfnisse sein. Diese bestehen jedenfalls dann, wenn *an* oder *auf* Gebäuden Anlagen befestigt werden. Bei an Häusern befestigten **Werbeanlagen** können die Anforderungen des § 52 Abs. 2 LBauO z.b. nicht gewährleisten, dass diese unmittelbar an den Vorgaben des § 17 Abs. 2 LBauO zu messen sind (Beispiel zu Rn. 9). Sie sind deshalb als bauliche Anlage einzuordnen, sofern sie durch das Trägergebäude eine Verbindung zum Erdreich aufweisen.[29] Dasselbe gilt für **Parabolantennen, Mobilfunkmasten** und **Photovoltaikanlagen**.[30]

Eine Begriffserweiterung ist mit § 2 Abs. 1 S. 3 LBauO verbunden, demzufolge die dort genannten Vorhaben als bauliche Anlage gelten (**fiktive bauliche Anlagen**). Hierdurch werden Anlagen einbezogen, die nicht die Merkmale des § 2 Abs. 1 S. 1 u. 2 LBauO erfüllen, weil es ihnen z.B. am Merkmal des Bauens fehlt, wie dies für Aufschüttungen und Abgrabungen (§ 2 Abs. 1 S. 3 Nr. 1 LBauO), für unbefestigte Lager- und Abstellplätze (§ 2 Abs. 1 S. 3 Nr. 2 LBauO), Kfz-Stellplätze (§ 2 Abs. 1 S. 3 Nr. 4 LBauO) oder Sportplätze (§ 2 Abs. 1 S. 3 Nr. 5 LBauO) gilt. Aus Gründen des präventiven Kontrollbedürfnisses gelten Camping- und Wochenendplätze als Gesamtanlage als bauliche Anlage (§ 2 Abs. 1 S. 3 Nr. 3 LBauO) ungeachtet des Umstands, dass ein Wochenendhaus schon nach § 2 Abs. 1 S. 1 LBauO eine bauliche Anlage ist.[31]

III. Formelles Bauordnungsrecht

1. Organisation und Zuständigkeiten. Die bauordnungsrechtlichen Aufgaben werden von den **Bauaufsichtsbehörden** wahrgenommen. Sie sind Sonderordnungsbehörden i.S.v. § 88 Abs. 2 POG. Oberste Bauaufsichtsbehörde ist nach § 58 Abs. 1 Nr. 1 LBauO das fachlich zuständige Ministerium, nach der Geschäftsverteilung der Landesregierung das Ministerium der Finanzen.[32] **Obere Bauaufsichtsbehörde** ist die Struktur- und Genehmigungsdirektion (§ 58 Abs. 1 Nr. 2 LBauO). **Untere Bauaufsichtsbehörde** ist die Kreisverwaltung, in den kreisfreien und großen kreisangehörigen Städten i.S.v. §§ 6, 7 GemO die Stadtverwaltung. Die Möglichkeit, durch Rechtsverordnung bauaufsichtliche Aufgaben auf Verbandsgemeinden zu übertragen, hat der Gesetzgeber im Zuge der Kommunalreform beseitigt. Schon bestehende Delegationen können aber unter bestimmten Voraussetzungen aufrechterhalten werden,[33] worauf § 58 Abs. 1 S. 2 LBauO Bezug nimmt. Die Aufgaben der unteren Bauaufsichtsbehörde werden von den Kommunen als **Auftragsangelegenheit** wahrgenommen (§ 58 Abs. 3

---

28 So *Jeromin*, in: ders., § 2 Rn. 9 f.; *Dietlein*, BauR 2000, 1682 (1683).
29 VGH BadWürtt., BRS 50 Nr. 151; OVG Hbg., NVwZ-RR 2002, 562; OVG NRW, ZfBR 2006, 487 (488); OVG NRW, BauR 2017, 530 (532); ähnl. *Erbguth/Mann/Schubert*, Rn. 1250.
30 HessVGH, NVwZ-RR 1999, 297 (Parabolantenne); a.A. *Jeromin*, in: ders., § 2 Rn. 10.
31 S. auch § 62 Abs. 1 Nr. 1 lit. d LBauO, demzufolge Kleinwochenendhäuser nur auf *genehmigten* Camping- und Wochenendplätzen genehmigungsfrei sind.
32 § 4 Nr. 22 Anordnung über die Geschäftsverteilung der Landesregierung RhPf. v. 18.5.2016, BS 1103–4.
33 Art. 2 G. zur Änderung der LBauO v. 15.6.2015, GVBl. S. 77; dies gilt grundsätzlich nur für Verbandsgemeinden mit mehr als 25.000 Einwohnern; s.a. LT-Drucks. 16/4333, S. 47 f., 57 f.

LBauO) mit der Konsequenz, dass sie den fachlichen Weisungen der Struktur- und Genehmigungsdirektion als der übergeordneten Behörde unterliegen (Art. 49 Abs. 4 S. 1 LV, § 2 Abs. 2 GemO, § 2 Abs. 2 LKO).

16 Mangels Regelung in der LBauO ist § 3 Abs. 1 Nr. 1 VwVfG i.V.m. § 1 Abs. 1 LVwVfG für die **örtliche Zuständigkeit** maßgeblich, die sich nach der Belegenheit des unbeweglichen Vermögens bestimmt. Die **sachliche Zuständigkeit** weist § 60 LBauO vorbehaltlich abweichender Bestimmungen der unteren Bauaufsichtsbehörde zu. Abweichende Zuständigkeiten werden z.B. für die oberste Bauaufsichtsbehörde hinsichtlich des Verordnungserlasses und der Einführung technischer Baubestimmungen (Rn. 7) begründet. Für **Zuständigkeitsfehler** gilt ein differenziertes Regime. Während § 44 Abs. 2 Nr. 3 VwVfG den Verstoß gegen die örtliche Zuständigkeit nach § 3 Abs. 1 Nr. 1 VwVfG mit der Nichtigkeitsfolge sanktioniert, begründet nur ein schwerer und offenkundiger Verstoß gegen die sachliche Zuständigkeit die Nichtigkeit eines Verwaltungsakts nach § 44 Abs. 1 VwVfG.[34] Der Zuständigkeitsfehler ist indes weder nach § 45 VwVfG heilbar noch steht er i.S.v. § 46 VwVfG der Aufhebung des Verwaltungsakts entgegen. Allerdings kann ein Nachbar die Aufhebung einer Baugenehmigung nicht schon wegen fehlender sachlicher Zuständigkeit der Behörde verlangen, da Zuständigkeitsvorschriften **nicht drittschützend** sind.[35]

17 **2. Die Zulassung von Vorhaben. a) Zulassungsverfahren im Wandel.** Die Klagen über eine übermäßige Regulierung des Bauens veranlassten im Jahr 1990 den Bundesgesetzgeber zu einer Novellierung des BauGB mit dem Ziel der Erleichterung und Beschleunigung der kommunalen Bauleitplanung.[36] In der Folge erfasste die Reformdebatte auch das Bauordnungsrecht. In einer Novellierungswelle wurden die Bauordnungen der Länder nach den Leitgedanken der **Vereinfachung, Deregulierung** und **Privatisierung** des Baugeschehens überarbeitet. In Rheinland-Pfalz wurde zum einen die traditionelle Kategorie genehmigungsfreier, kleinerer Vorhaben nach § 62 LBauO ab 1999 erweitert.[37] Zudem hat der Gesetzgeber das schon 1986 normierte vereinfachte Genehmigungsverfahren nach § 66 LBauO im Jahr 1999 auf Gebäude bis zur Hochhausgrenze erstreckt (Rn. 37 ff.), ebenso wie das im Jahr 1995 eingeführte Freistellungsverfahren nach § 67 LBauO, das für bestimmte Bauvorhaben einen vollständigen Verzicht auf das Baugenehmigungsverfahren vorsieht (Rn. 52 ff.).

Beispiel:
Der Grundstückseigentümer E beabsichtigt die Errichtung eines Wohngebäudes der Gebäudeklasse 4 i.S.v. § 2 Abs. 2 Nr. 4 LBauO. Die Errichtung einer baulichen Anlage bedarf nach § 61 LBauO einer Baugenehmigung. Nach § 66 Abs. 2 S. 1 Nr. 1 LBauO unterliegt die Errichtung einer Anlage der Gebäudeklasse 4 unter den dort genannten Voraussetzungen nur einem vereinfachten Genehmigungsverfahren. Befindet sich das Baugrundstück im Geltungsbereich eines qualifizierten Bebauungsplans, kann unter den Voraussetzungen des § 67 Abs. 1 LBauO auf Verlangen des Bauherrn gänzlich von einem Baugenehmigungsverfahren abgesehen werden (§ 67 Abs. 5 i.V.m. § 66 Abs. 2 LBauO).

---

34 Zu einem Fall absoluter sachlicher Unzuständigkeit BayObLG, NVwZ 1984, 399; zur fehlenden Evidenz beim Handeln einer sachlich unzuständigen Bauaufsichtsbehörde VGH BadWürtt., VBlBW 2006, 314.
35 VGH BadWürtt., VBlBW 2006, 314 (315).
36 Maßnahmengesetz zum BauGB v. 17.5.1990, BGBl. I S. 926.
37 Durch die LBauO v. 24.11.1998, GVBl. S. 365; G. v. 12.5.2005, GVBl. S. 154 und G. v. 15.6.2015, GVBl. S. 77.

Der in diesen Entwicklungslinien zu beobachtende allmähliche »Abschied von der Baugenehmigung«[38] ist folgenreich. Im Bauordnungsrecht steht vor allem die **Speicherfunktion der Baugenehmigung**[39] auf der Verlustliste. Dies wirkt sich zum einen auf das anwendbare Verfahren, zum anderen auf die Rechtsstellung von Bauherrn und Nachbarn aus. Die Verwaltung wird auf den Einsatz des repressiven Instrumentariums verwiesen. Der Bauherr muss im Falle der Genehmigungsfreiheit auf eine Bestandsschutz vermittelnde Legalisierungswirkung der Baugenehmigung verzichten (Rn. 41) und trägt die Konsequenzen einer Haftungsverlagerung. Dem Nachbarn hingegen fehlt mit der Baugenehmigung das Angriffsobjekt für eine Anfechtungsklage. Er gerät in die Rolle desjenigen, der einen Anspruch auf baupolizeiliches Einschreiten geltend machen muss (Rn. 77 ff.). Zum Verständnis dieses Umbruchs ist die Kenntnis von Voraussetzungen und Wirkungen der Baugenehmigung erforderlich.

b) **Die Baugenehmigung. aa) Baugenehmigung und Baufreiheit:** Nach § 61 LBauO bedarf die Errichtung baulicher Anlagen der Genehmigung, sofern nicht ein Fall der Genehmigungsfreiheit oder der Genehmigungsfreistellung gegeben ist. Die Ausgestaltung als präventives Erlaubnisverfahren lässt das Verhältnis zum Eigentumsschutz nach Art. 14 Abs. 1 GG virulent werden. Abzulehnen ist die Auffassung, das Bauen liege außerhalb des Grundrechtsschutzes, so dass erst die Erteilung der Baugenehmigung eine einfachgesetzliche Baubefugnis vermittle.[40] Vielmehr schützt die Eigentumsgarantie das vermögenswerte Recht am eigenen Grundstück[41] und kommt damit grundsätzlich auch dem »Schwarzbauer« zugute. Allerdings folgt das *konkrete* Recht zur Bebauung des eigenen Grundstücks nicht unmittelbar aus Art. 14 Abs. 1 S. 1 GG. **Baufreiheit** besteht nach Maßgabe von Art. 14 Abs. 1 S. 2 GG nur **im Rahmen der Gesetze**. Damit steht die Ausgestaltung der Grundstücksnutzung mitnichten zur freien Disposition des Gesetzgebers. Dieser ist vielmehr an einen verfassungsrechtlichen Begriff des Eigentums gebunden, der die Privatnützigkeit der vermögenswerten Rechte und die Verfügungsbefugnis des Eigentümers bei gleichzeitiger Anerkennung der Sozialbindung wahrt.[42]

Den verfassungsrechtlichen Vorgaben genügt § 70 Abs. 1 S. 1 LBauO, demzufolge ein **Anspruch** auf Erteilung der Baugenehmigung besteht, wenn dem Vorhaben keine baurechtlichen oder sonstigen öffentlich-rechtlichen Vorschriften entgegenstehen.[43] Dem verfassungsgebotenen Charakter der Bauerlaubnis als gebundener Entscheidung steht nicht entgegen, dass die Bauaufsichtsbehörde den Baubescheid mit Nebenbestimmungen versehen oder im Ermessenswege Abweichungen zulassen kann. **Nebenbestimmungen** (Rn. 45) können nach § 36 Abs. 1 Alt. 2 VwVfG einer gebundenen Entscheidung beigefügt werden, um sicherzustellen, dass die gesetzlichen Voraussetzungen des Verwaltungsakts erfüllt werden. Sie zielen deshalb auf die Herstellung der Genehmi-

---

38 So im Titel des Aufsatzes von *Korioth*, DÖV 1996, 665; s.a. *Callies*, Die Verwaltung 34 (2001), 169; *Schulte*, DVBl. 2004, 925; krit. vor allem im Hinblick auf Vollzugsdefizite *Cancik*, DÖV 2011, 1; krit. zum vereinfachten Verfahren *Beckmann*, KommJur 2013, 327.
39 Zu den in den verwaltungsrechtlichen Handlungsformen angelegten »Speichern« *Schmidt-Aßmann*, Das allg. Verwaltungsrecht als Ordnungsidee, 2. Aufl. 2004, S. 297 ff., 324 ff.
40 So aber *Dähne*, Jura 2003, 455; *Rittstieg*, NJW 1982, 721 (722); *Wahl*, DVBl. 1982, 51 (56).
41 BVerfGE 21, 72 (79); 35, 263 (276) – st. Rspr.
42 BVerfGE 53, 257 (290); 78, 58 (71); 83, 201 (208); 93, 121 (137); 102, 1 (15).
43 Zur Grundrechtsgebotenheit eines Genehmigungsanspruchs BVerwGE 18, 247 (250).

gungsfähigkeit ab.[44] Die Gestattung von **Abweichungen** i.S.v. § 69 Abs. 1 LBauO (Rn. 106 f.) soll ebenfalls die Versagung einer Bauerlaubnis wegen entgegenstehender Rechtsvorschriften vermeiden und verbessert die Rechtsstellung des Bauherrn.[45]

21 **bb) Genehmigungsbedürftigkeit:** Ein bauaufsichtliches Genehmigungsverfahren scheidet von vornherein aus, sofern die Baugenehmigung durch ein besonderes **fachgesetzliches Verfahren** ersetzt wird. So kommt der immissionsschutzrechtlichen Genehmigung nach §§ 4 ff. BImSchG Konzentrationswirkung für das Baurecht zu (§ 13 BImSchG).[46] Auch Planfeststellungsbeschlüsse (§ 75 Abs. 1 S. 1 Halbs. 2 VwVfG) und Plangenehmigungen (§ 74 Abs. 6 S. 2 VwVfG) ersetzen vorbehaltlich abweichender Regelung[47] andere Erlaubnisse unter Einschluss der Baugenehmigung. Durch die Planfeststellung für eine Landstraße werden z.b. baurechtliche Genehmigungen für Folgemaßnahmen wie Deponien für angefallenes Erdreich (§ 75 Abs. 1 S. 1 Halbs. 2 VwVfG i.V.m. § 1 LVwVfG) oder für Lärmschutzwände (§ 5 Abs. 1 S. 3 LStrG) »wegkonzentriert«. Nach § 70 Abs. 7 LBauO wird zudem der Genehmigung nach § 7 AtG eine Konzentrationswirkung beigemessen. Die Konzentrationswirkung ist allein verfahrensrechtlicher Natur und lässt die materiellrechtlichen Vorgaben des Bauordnungsrechts unberührt.[48] Verfahrensrechtliche Folgen sind die Zuständigkeitsverlagerung auf die andere Genehmigungs- oder Planfeststellungsbehörde (Zuständigkeitskonzentration), die Unanwendbarkeit der bauaufsichtlichen Verfahrensbestimmungen (Verfahrenskonzentration) und der Wegfall einer gesonderten Baugenehmigung (Entscheidungskonzentration).

22 Nach § 61 LBauO bedürfen die Errichtung, die Änderung, die Nutzungsänderung und der Abbruch baulicher Anlagen sowie anderer Anlagen und Einrichtungen i.S.v. § 1 Abs. 1 S. 2 LBauO der Baugenehmigung, soweit das Vorhaben nicht nach § 62 LBauO genehmigungsfrei ist, dem Freistellungsverfahren nach § 67 LBauO unterfällt oder es sich um ein Vorhaben i.S.v. § 84 LBauO handelt, für das nach fachgesetzlichen Vorschriften eine Genehmigungspflicht besteht. Den **Ausnahmetatbeständen** kommt ein **prüfungssystematischer Vorrang** zu, denn sie bestimmen den Umfang der Genehmigungsbedürftigkeit.

Beispiel:

Das dauerhafte Anbringen einer Werbetafel bedarf als Errichtung einer baulichen Anlage nicht der Baugenehmigung, wenn die Werbetafel eine Größe von 1 qm nicht überschreitet (§ 62 Abs. 1 Nr. 8 lit. a LBauO). Allerdings könnte in der Befestigung der Werbetafel an einem Gebäude zugleich eine genehmigungspflichtige Nutzungsänderung dieses Gebäudes liegen. Eine Nutzungsänderung von Gebäuden im planungsrechtlichen Innenbereich ist i.d.R. nur dann genehmigungsfrei, wenn für die neue Nutzung keine anderen öffentlich-rechtlichen Anforderungen als für die bisherige Nutzung gelten (§ 62 Abs. 2 Nr. 5 lit. a LBauO).

---

44 Zur Verfassungsmäßigkeit von § 70 Abs. 2 S. 3 LBauO OVG RhPf., NVwZ-RR 2006, 167.
45 *Finkelnburg/Ortloff/Otto*, § 8 Rn. 10.
46 Dazu ausf. *Hilbert*, JuS 2014, 983.
47 Nach § 9 Abs. 1 LuftVG ist die verfahrensrechtliche Zuständigkeit der Bauaufsichtsbehörden erhalten geblieben; s. BVerwGE 85, 251 zu § 9 Abs. 1 S. 3 Alt. 2 LuftVG a.F.
48 S. § 6 Abs. 1 Nr. 2 BImSchG für immissionsschutzrechtliche Genehmigungsverfahren; beachte aber § 38 BauGB, der für Planfeststellungsverfahren mit überörtlicher Bedeutung eine Freistellung von den planungsrechtlichen Anforderungen der §§ 29 ff. BauGB anordnet.

Die **Errichtung** einer baulichen oder anderen Anlage meint deren erstmalige Herstellung, was den Wiederaufbau nach einer Zerstörung einschließt.[49] Die **Änderung** ist die Umgestaltung eines vorhandenen Bauwerks durch An- oder Umbauten, die mit einer Abweichung der baulichen Substanz verbunden sind.[50] § 62 Abs. 1 LBauO enthält in einem umfangreichen Katalog die Anlagen, deren Errichtung oder Änderung keiner baurechtlichen Genehmigung bedarf. Hierzu zählen nicht nur kleinere Gebäude, sondern z.B. auch Masten und Antennen bis zu einer Höhe von 10 m (§ 62 Abs. 1 Nr. 4 lit. b LBauO) und bestimmte Werbeanlagen (§ 62 Abs. 1 Nr. 8 LBauO). Der **Abbruch** einer baulichen Anlage ist deren teilweise oder vollständige Beseitigung, die nicht im Zusammenhang mit Umbauarbeiten steht.[51] Allerdings ist nach § 62 Abs. 2 Nr. 6 LBauO der Abbruch zahlreicher Anlagen genehmigungsfrei. 23

Nach § 61 LBauO ist auch die praktisch bedeutsame **Nutzungsänderung** einer baulichen oder anderen Anlage genehmigungsbedürftig. In Abgrenzung zu einer baulichen Änderung muss sie nicht mit Eingriffen in die bauliche Substanz verbunden sein. Ausgangspunkt ist der Inhalt der Baugenehmigung, die die Benutzungsart der Anlage festlegt. Bei genehmigungsfreien oder freigestellten Vorhaben ist die bisherige materiell rechtmäßige Nutzung maßgeblich.[52] Über das Vorliegen einer Nutzungsänderung entscheidet vor allem das **Bauplanungsrecht**, das mit der BauNVO bestimmten Gebietskategorien die zulässigen Nutzungsarten zuweist (Rn. 146). 24

Die Nutzungsänderung von Gebäuden und Räumen ist nach **§ 62 Abs. 2 Nr. 5 lit. a LBauO genehmigungsfrei**, wenn diese nicht im Außenbereich liegen und für die neue Nutzung keine anderen bedeutsamen[53] öffentlich-rechtlichen Anforderungen als für die bisherige Nutzung gelten. Andere Anforderungen gelten schon dann, wenn sich am einzelfallbezogenen Maßstab des § 15 Abs. 1 BauNVO (Rn. 151) eine andere planungsrechtliche Bewertung ergibt.[54] **§ 62 Abs. 1 Nr. 4 lit. b LBauO** schafft eine Privilegierung für die Nutzungsänderung von Gebäuden durch das Anbringen von Antennenanlagen und Sendemasten bis zu einer Höhe von 10 m. Insbesondere **Mobilfunksendeanlagen** würden genehmigungspflichtige Nutzungsänderungen von Gebäuden sein, weil die Anlagen mit dem Einbau einer Basisstation im Trägergebäude verbunden sind, die den Nutzungszweck des Gebäudes um den gewerblichen Mobilfunk erweitert.[55] Die Vorschrift bezieht ausdrücklich die Nutzungsänderung des Gebäudes in die Genehmigungsfreiheit ein. Im Ergebnis gilt dies auch für **Solarenergieanlagen** unter Einschluss von **Photovoltaikanlagen** auf Gebäuden. Deren Genehmigungsfreiheit (§ 62 Abs. 1 Nr. 2 lit. e LBauO) schließt bei Photovoltaikanlagen die hiermit verbundene gewerbliche Einspeisung in ein Energieversorgungsnetz ein.[56] Auch die Befestigung einer genehmigungsfreien **Werbeanlage** an einem Wohngebäude löst keine Ge- 25

---

49 *Jeromin*, in: ders., § 61 Rn. 11, § 3 Rn. 13.
50 *Jeromin*, in: ders., § 61 Rn. 11, § 3 Rn. 14.
51 *Jeromin*, in: ders., § 61 Rn. 11, § 3 Rn. 19.
52 *Jeromin*, in: ders., § 61 Rn. 13.
53 Zur Bedeutungslosigkeit dieses 2015 eingefügten Adjektivs *Jeromin*, in: ders., § 62 Rn. 104.
54 BayVGH, NVwZ-RR 2003, 816 (817).
55 So zur alten Rechtslage vor der Änderung der LBauO 2005 OVG RhPf., ZfBR 2004, 184. Für die Berechnung der Höhe der Anlage kommt es auf den Mast selbst und nicht auf die Gebäudehöhe an, OVG RhPf., ZfBR 2009, 159.
56 Klargestellt durch das ÄnderungsG zur LBauO 2015, s. LT-Drucks. 16/4333, S. 50; s.a. *Jeromin*, in: ders., § 62 Rn. 32 ff.; a.A. OVG NRW, BauR 2011, 240.

nehmigungsbedürftigkeit für die Nutzungsänderung des Gebäudes aus (Beispiel zu Rn. 22).[57]

26 Besteht ein Vorhaben aus **mehreren Einzelanlagen**, von denen eine genehmigungspflichtig und weitere Anlagen bei isolierter Betrachtung genehmigungsfrei wären, so ist von einer insgesamt genehmigungspflichtigen Anlage auszugehen, wenn die Vorhaben im räumlichen, zeitlichen und funktionellen Zusammenhang stehen. Dies gilt z.B. für das Verhältnis von Wohngebäude und einer Aufschüttung, die aus dem Aushub der Baugrube gebildet wird.[58] Fehlt es an einem derartigen Zusammenhang der einzelnen Anlagen, ist der Bauantrag des Bauherrn maßgeblich. Ihm steht es frei, selbstständige bauliche Anlagen zu einem Vorhaben zusammenzufassen mit der Folge, dass genehmigungsfreie Anlagen in das einheitliche Genehmigungsverfahren einbezogen werden.[59]

27 **c) Das Baugenehmigungsverfahren. aa) Verfahren und Maßstäbe der bauaufsichtlichen Prüfung:** Da die LBauO das Genehmigungsverfahren nicht abschließend regelt, sind ergänzend §§ 9 ff. VwVfG heranzuziehen. Das Baugenehmigungsverfahren ist Antragsverfahren i.S.v. § 22 S. 2 VwVfG i.V.m. § 1 Abs. 1 LVwVfG. Es beginnt mit dem Einreichen des schriftlichen **Bauantrags** bei der **Gemeindeverwaltung**, im Falle einer verbandsangehörigen Gemeinde bei der Verbandsgemeindeverwaltung (§ 63 Abs. 1 LBauO). Ist die Gemeinde nicht zugleich untere Bauaufsichtsbehörde, läuft mit dem Einreichen der Unterlagen die Frist für die Erteilung des gemeindlichen Einvernehmens nach § 36 Abs. 2 S. 2 Halbs. 2 BauGB (Rn. 33 ff.).[60] Dem Bauantrag sind die **Bauunterlagen** beizufügen, die zur Beurteilung des Vorhabens erforderlich sind (§ 63 Abs. 2 LBauO). Aufschluss über Art und Umfang der vorzulegenden Unterlagen gibt § 1 Abs. 1 der VO über Bauunterlagen und die bautechnische Prüfung (BauntPrüfVO).[61] Die Bauunterlagen müssen sowohl vom Bauherrn als auch von den Entwurfsverfassern (§ 56 Abs. 1 LBauO) unterschrieben sein, deren Vorlageberechtigung nach § 64 LBauO ggf. nachzuweisen ist. Die Bauunterlagen werden, sofern sie mit einem Genehmigungsvermerk versehen sind, Bestandteil der Baugenehmigung und sind für die Auslegung ihres Regelungsinhalts verbindlich (Rn. 43).[62]

28 Sofern die Gemeindeverwaltung nicht zugleich Baugenehmigungsbehörde ist, ist sie zur unverzüglichen **Weiterleitung** des Bauantrags an die zuständige Behörde verpflichtet (§ 63 Abs. 4 LBauO). Die Stellungnahme der Gemeindeverwaltung zu dem Vorhaben ist nicht identisch mit der Erklärung bzw. der Verweigerung des Einvernehmens nach § 36 BauGB (Rn. 33 ff.). Deshalb steht es der Gemeinde frei, zu allen baurechtlichen Gesichtspunkten des Vorhabens und zu sonstigen Fragen Stellung zu nehmen, die in ihrer Zuständigkeit liegen.[63]

---

57 OVG NRW, BauR 2017, 530 (532); so auch klarstellend § 61 Abs. 1 Nr. 12 MBO 2016.
58 OVG RhPf., AS 32, 184.
59 VG Koblenz, BauR 2000, 1467; *Jeromin*, in: ders., § 61 Rn. 21.
60 Dies gilt bei einer Einreichung bei der Verbandsgemeindeverwaltung auch dann, wenn diese zugleich untere Bauaufsichtsbehörde ist, OVG RhPf., Urt. v. 6.6.2001 – 8 A 10085/01.OVG –. Ein ausdrückliches fristauslösendes Ersuchen der Genehmigungsbehörde ist nur erforderlich, wenn in einem anderen Verfahren über die Zulassung eines Bauvorhabens entschieden wird, OVG RhPf., NVwZ-RR 2007, 309.
61 BS 213-1-1.
62 HessVGH, DÖV 2008, 1058; OVG NRW, BRS 58 Nr. 216.
63 *Jeromin*, in: ders., § 63 Rn. 31.

Die Bauaufsichtsbehörde prüft nach § 65 Abs. 1 LBauO die Vereinbarkeit des Vorhabens mit baurechtlichen oder sonstigen öffentlich-rechtlichen Vorschriften. Zu prüfende **baurechtliche Vorschriften** sind solche des Bauplanungs- und Bauordnungsrechts mit Ausnahme der Nachweise des Wärme- und Schallschutzes (§ 65 Abs. 1 S. 3 LBauO). Bei der Prüfung der Vereinbarkeit des Vorhabens mit **sonstigen öffentlich-rechtlichen Vorschriften** kommt der Bauaufsichtsbehörde nur eine eingeschränkte Prüfungskompetenz zu, sofern die Entscheidung hierüber von einer anderen Behörde zu treffen ist (§ 65 Abs. 1 S. 2 LBauO). Dies gilt etwa im Verhältnis zu einer personenbezogenen gaststättenrechtlichen Erlaubnis, die in einem gesonderten Verfahren von der zuständigen Gewerbebehörde erteilt wird.[64] Wenn hingegen eine weitere *vorhabenbezogene* Gestattung wie eine denkmalschutzrechtliche oder sanierungsrechtliche Erlaubnis erforderlich ist, muss die Bauaufsichtsbehörde nach § 65 Abs. 5 LBauO vor Erteilung der Baugenehmigung zunächst die weiteren Genehmigungen in einem zeitsparenden Sternverfahren einholen (Rn. 36).[65] Sie darf auch dann nicht die Erteilung der Baugenehmigung wegen fehlenden Sachbescheidungsinteresses versagen, wenn nach ihrer Überzeugung feststeht, dass die für das Vorhaben erforderlichen weiteren Genehmigungen nicht erteilt werden können.[66]

29

Das **Zivilrecht** ist kein Prüfungsgegenstand des Baugenehmigungsverfahrens. Allerdings kann die Bauaufsichtsbehörde nach § 63 Abs. 5 LBauO vom Bauherrn den Nachweis verlangen, zur Bauausführung berechtigt zu sein, wenn er weder das Eigentum noch das Erbbaurecht an dem Grundstück besitzt. Diesen Nachweis kann der Bauherr durch Vorlage der Eigentümerzustimmung erbringen. Wird der geforderte Nachweis nicht erbracht, so fehlt es dem Bauherrn am Sachbescheidungsinteresse mit der Folge der Versagung der beantragten Baugenehmigung aus formellen Gründen.[67]

30

bb) Nachbarbeteiligung: § 68 LBauO sieht eine **Nachbarbeteiligung** für die Eigentümer der angrenzenden Grundstücke vor (§ 68 Abs. 1 S. 1 LBauO), die für die Grenznachbarn lex specialis zu § 28 VwVfG ist.[68] Der **formelle Nachbarbegriff** des § 68 LBauO erfasst wegen der Beschränkung auf die unmittelbaren Grenznachbarn nicht alle Betroffenen, denen materielle subjektiv-öffentliche Rechte gegen ein Bauvorhaben zustehen können (Rn. 188).[69] Der Bauherr hat dem Nachbarn den Lageplan und die Bauzeichnungen zur Unterschrift vorzulegen, wenn Abweichungen von nachbarschützenden Vorschriften erforderlich sind. Wie insb. aus § 69 Abs. 2 LBauO folgt, sind hiermit sowohl bauordnungsrechtliche als auch bauplanungsrechtliche Normen gemeint. Die Unterschrift unter die vorgelegten Unterlagen gilt als Zustimmung (§ 68

31

---

64 VG Neustadt/Weinstr., BeckRS 2016, 46693: glücksspielrechtliche Erlaubnis; zur Koordination sog. überlappender Genehmigungen mit teilweise gleichartigem Prüfungsgegenstand *Jeromin*, in: ders., § 70 Rn. 50 f.; s.a. D. *Winkler*, Jura 2006, 260; BVerwGE 84, 11; BVerwG, ZfBR 2011, 774 (775).
65 Ein gesonderter Antrag auf Erteilung der weiteren Genehmigungen ist nicht erforderlich, VG Neustadt/Weinstr., Urt. v. 24.9.2012 – 4 K 398/12.NW – (juris, Rn. 22, 24); a.A. aber OVG RhPf., BauR 2017, 1668 betr. eine forstrechtliche Umwandlungsgenehmigung; *Jeromin*, in: ders., § 65 Rn. 6.
66 VG Neustadt/Weinstr., BeckRS 2016, 46693; *Jeromin*, in: ders., § 70 Rn. 41; a.A BayVGH, NVwZ 1994, 304 (306 f.); VGH BadWürtt., DÖV 2003, 642, allerdings für landesrechtliche Gestaltungen, nach denen die Erteilung der Baugenehmigung nicht den Schlusspunkt des Verfahrens bildet.
67 VG Trier, NVwZ-RR 2014, 34 (35); OVG SchlH., BRS 57 Nr. 199; *Koch/Hendler*, § 23 Rn. 6; *Jeromin*, in: ders., § 63 Rn. 5, 35.
68 *Kerkmann*, in: Jeromin, § 68 Rn. 3.
69 Den Eigentümern sind allerdings andere Inhaber dinglicher Rechte mit eigentumsähnlicher Rechtsstellung gleichgestellt, *Kerkmann*, in: Jeromin, § 68 Rn. 8 ff.

Abs. 1 S. 3 LBauO). Wird die Zustimmung verweigert oder vom Bauherrn nicht eingeholt, so informiert die Bauaufsichtsbehörde den Nachbarn, wenn sie Abweichungen von nachbarschützenden Vorschriften zulassen will (§ 68 Abs. 2 S. 1 LBauO). Der Nachbar kann sodann innerhalb von zwei Wochen nach Zustellung der Mitteilung Einwendungen erheben (§ 68 Abs. 2 S. 3 LBauO).

32 **Die Erteilung oder die Verweigerung bzw. das Fehlen der Zustimmung** zeitigen unterschiedliche **Konsequenzen.** Die Zustimmung ist eine einseitige empfangsbedürftige Willenserklärung öffentlich-rechtlicher Art. Auch wenn sie durch den Bauherrn einzuholen ist, wird sie entsprechend § 130 Abs. 1 S. 1 BGB erst wirksam mit dem Zugang bei der Bauaufsichtsbehörde. Mit diesem Zeitpunkt ist analog § 130 Abs. 1 S. 2 BGB ihre Widerruflichkeit ausgeschlossen.[70] Die Zustimmung zu der Abweichung führt materiell zum Verlust des subjektiven Rechts.[71] Prozessual verliert der Nachbar im Umfang seiner Zustimmung die Klagebefugnis nach § 42 Abs. 2 VwGO.[72] Der Nachbar wahrt hingegen seine Rechte, wenn er die Zustimmung nicht erteilt. Der Verzicht auf die Erhebung von Einwendungen nach § 68 Abs. 2 S. 3 LBauO hat mangels normativer Anordnung keine materiell präkludierende Wirkung.[73] Ist die Zustimmung des Nachbarn gar nicht eingeholt worden, so ist ein (bloß) formelles subjektives Verfahrensrecht verletzt worden.[74] Der Fehler kann entsprechend § 45 Abs. 1 Nr. 3 VwVfG geheilt werden.[75] Im Übrigen findet § 46 VwVfG Anwendung.

33 cc) **Gemeindliches Einvernehmen:** Unter den Voraussetzungen des § 36 BauGB bedarf die Erteilung der Baugenehmigung der **Erklärung des gemeindlichen Einvernehmens.** Das Einvernehmenserfordernis dient als sog. absolutes Verfahrensrecht dem Schutz der Planungshoheit als Bestandteil der kommunalen Selbstverwaltungsgarantie.[76] Die Einholung des Einvernehmens durch die Bauaufsichtsbehörde nach § 65 Abs. 5 LBauO ist **entbehrlich,** wenn die Gemeinde mit der unteren Bauaufsichtsbehörde identisch ist.[77] Dies ist der Fall, wenn die Bauaufsicht nach § 58 Abs. 1 Nr. 3 LBauO von der Stadtverwaltung einer kreisfreien Stadt oder großen kreisangehörigen Stadt wahrgenommen wird. Die Stadtverwaltung kann sich zudem in ihrer Funktion als Bauaufsichtsbehörde nicht selbst den Anwendungsbereich des § 36 BauGB eröffnen und die Ablehnung des Bauantrags mit der Versagung des Einvernehmens begründen.[78] Im Anwendungsbereich des § 36 Abs. 1 BauGB darf die Gemeinde das Einvernehmen nur aus den sich aus den §§ 31, 33, 34 u. 35 BauGB ergebenden Gründen versagen (§ 36 Abs. 2 S. 1 BauGB).

34 Die **Erteilung** des Einvernehmens ist eine empfangsbedürftige öffentlich-rechtliche Willenserklärung. Das Einvernehmen gilt als erteilt, wenn eine Verweigerung nicht

---

70 OVG RhPf., AS 21, 147 (148); BayVGH, BayVBl. 2006, 246; NdsOVG, BauR 2014, 98.
71 OVG RhPf., AS 16, 292 (293); s.a. BauR 2005, 77 (79); NdsOVG, BauR 2014, 98; OVG NRW, BauR 2014, 252 (254) zu einer Zustimmung des Rechtsvorgängers des Nachbarn.
72 BayVGH, BauR 1980, 55 (56); VG Neustadt/Weinstr., Urt. v. 4.9.2008 – 4 K 571/08.NW – (juris); a.A. OVG Saarl., BRS 38 Nr. 179; OVG NRW, BauR 2014, 252; *Kerkmann*, in: Jeromin, § 68 Rn. 56.
73 *Kerkmann*, in: Jeromin, § 68 Rn. 62; *Kaiser*, Rn. 76; *Kersten*, Rn. 419.
74 Zur materiellrechtsakzessorischen Klagebefugnis VG Mainz, BeckRS 2017, 134079 Rn. 7.
75 *Kerkmann*, in: Jeromin, § 68 Rn. 64; a.A. *Finkelnburg/Ortloff/Otto*, § 19 Rn. 7.
76 BVerwGE 22, 342 (345 f.); 122, 13 (18); NVwZ 2008, 1347 (1348).
77 BVerwGE 28, 268 (271); 45, 207 (212 f.); 121, 339 (341); krit. *Schoch*, NVwZ 2012, 777 (779 f.).
78 BVerwGE 121, 339 (342 ff.); BVerwG, Beschl. v. 17.1.2013 – 8 B 50/12 – (juris, Rn. 6); VGH BadWürtt., VBlBW 2012, 339 (340).

binnen zwei Monaten nach Eingang des Bauantrags bei der Gemeindeverwaltung ausdrücklich erklärt wird (§ 36 Abs. 2 S. 2 Halbs. 2 BauGB i.V.m. § 63 Abs. 1 LBauO).[79] Die Bauaufsichtsbehörde wird nicht durch die Erteilung des Einvernehmens gebunden, wohl aber durch dessen (rechtmäßige) **Verweigerung**. Weder die Erteilung des Einvernehmens noch seine Verweigerung entfalten indes Rechtswirkungen im Außenverhältnis.[80] Bei einer rechtswidrigen Verweigerung des Einvernehmens wäre deshalb der Bauherr darauf verwiesen, den Rechtsträger der Bauaufsichtsbehörde auf Erteilung der Baugenehmigung zu verklagen, wenn nicht die Kommunalaufsichtsbehörde nach §§ 121 ff. GemO einschreitet.[81] Der Vermeidung dieser wenig sachgerechten Konsequenz dient die Regelung über die **Ersetzung des rechtswidrig versagten Einvernehmens**. **Rechtsgrundlage** hierfür ist § 71 LBauO. Umstritten ist, ob § 36 Abs. 2 S. 3 BauGB neben § 71 LBauO[82] oder gar vorrangig anzuwenden ist.[83] Gegen die alleinige Anwendung von § 36 Abs. 2 S. 3 BauGB spricht, dass die Ersetzungsbefugnis im Kern ein kommunalaufsichtliches und kein bodenrechtliches Instrument ist.[84]

Für die Ersetzung des rechtswidrig verweigerten Einvernehmens ist die **Kreisverwaltung zuständig**, in einem Widerspruchsverfahren gegen die Versagung der Baugenehmigung entscheidet (zunächst) der **Kreisrechtsausschuss** (§ 71 Abs. 5 LBauO). Sowohl die Kreisverwaltung als auch der Kreisrechtsausschuss haben vor der Entscheidung die **Gemeinde anzuhören** und ihr Gelegenheit zu geben, in angemessener Frist erneut über die Erteilung des Einvernehmens zu entscheiden (§ 71 Abs. 3 S. 2, ggf. i.V.m. § 71 Abs. 5 S. 1 Halbs. 2 LBauO). Die Behörde ist wegen des Genehmigungsanspruchs des Bauherrn nach § 70 Abs. 1 LBauO zur Ersetzung des rechtswidrig versagten Einvernehmens verpflichtet[85] mit entsprechenden amtshaftungsrechtlichen Konsequenzen.[86] Die **Ersetzung** geschieht **durch Erteilung der Baugenehmigung**, sie ist zugleich Ersatzvornahme i.S.v. § 123 GemO (§ 71 Abs. 2 S. 1 LBauO). Entgegen dem missverständlichen Wortlaut des § 71 Abs. 5 LBauO erteilt allerdings im Widerspruchsverfahren nicht der Kreisrechtsausschuss die Baugenehmigung. Er ist keine für den Erlass von Verwaltungsakten zuständige Fachbehörde, sondern Rechtsschutzorgan.[87] Mit dem Widerspruchsbescheid verpflichtet der Ausschuss vielmehr die Kreisverwaltung unter Aufhebung des ablehnenden Bescheids zur Erteilung der einvernehmensersetzenden

---

79   Zur gebotenen Eindeutigkeit VG Koblenz, Urt. v. 24.1.2012 – 7 K 623/11.KO – (juris, Rn. 26 ff.); zu bedingten Einvernehmenserteilungen VG Neustadt/Weinstr., Urt. v. 8.3.2013 – 4 K 828/12.NW – (juris, Rn. 33); OVG Saarl., BauR 2012, 612 (615).
80   BVerwGE 28, 145.
81   Zur alten Rechtsprechung s. BVerwG, NVwZ 1986, 556.
82   OVG RhPf., NVwZ-RR 2000, 85 (86); VG Neustadt/Weinstr., NVwZ-RR 2007, 338 (339); Urt. v. 8.3.2013 – 4 K 828/12.NW – (juris, Rn. 35).
83   *Schoch*, NVwZ 2012, 777 (782); *Möstl*, BayVBl. 2003, 225 (227); *Hellermann*, Jura 2002, 589, 593; *Klinger*, BayVBl. 2002, 481 (483).
84   *Enders/Pommer*, SächsVBl. 1999, 173 (176); *T. Groß*, BauR 1999, 560 (569); *Jäde*, UPR 2011, 125 (128); a.A. BGHZ 187, 51 Rn. 22.
85   Dies hat der Landesgesetzgeber in § 71 Abs. 1 u. 5 LBauO klargestellt, s. LT-Drucks. 16/4333, S. 55; zuvor schon OVG RhPf., NVwZ-RR 2000, 85 (86); BGHZ 187, 51 Rn. 14; BGH, NVwZ 2013, 167 Rn. 18.
86   BGHZ 187, 51 Rn. 10 ff.; BGH, NVwZ 2013, 167 Rn. 17 f. zu den aus der Ersetzungspflicht folgenden drittgerichteten Amtspflichten der Bauaufsichtsbehörde gegenüber dem Bauherrn; krit. dazu *Shirvani*, Die Verwaltung 50 (2017), 571 (587 f.); *Singbartl/Wehowsky*, NVwZ 2013, 1525 (1527 ff.); zu verbleibenden Fällen einer Amtshaftung der Gemeinde *Tremml/Luber*, UPR 2013, 81.
87   OVG RhPf., DÖV 2004, 889.

Baugenehmigung (Rn. 194).[88] In ihrer Funktion als Ersatzvornahme ist die Ersetzung von der Gemeinde **nicht gesondert** nach § 126 GemO anfechtbar (§ 71 Abs. 4 S. 1 LBauO).

36 **dd) Verhältnis zu weiteren vorhabenbezogenen Verfahren:** Wenn zusätzlich zur Bauerlaubnis für die Gestattung des Vorhabens weitere Genehmigungen, Zustimmungen oder das Einvernehmen z.b. nach § 36 BauGB erforderlich sind, bedarf das Verhältnis der Baugenehmigung zu diesen Entscheidungen der Klärung. Das Bundesrecht macht keine Vorgaben über den Gegenstand des bauaufsichtlichen Prüfverfahrens.[89] Die Baugenehmigung ist nach § 70 Abs. 1 S. 1 LBauO nur zu erteilen, wenn dem Vorhaben auch keine sonstigen öffentlich-rechtlichen Vorschriften entgegenstehen. Eindeutiger Beleg dafür, dass mit der Baugenehmigung abschließend über alle vorhabenbezogenen öffentlich-rechtlichen Fragen entschieden wird, ist § 65 Abs. 5 S. 1 LBauO. Der Baugenehmigung kommt zwar keine Konzentrationswirkung zu; das Bauaufsichtsverfahren übernimmt aber eine Wächter- und Koordinierungsfunktion. Die Baugenehmigung bildet den **Schlusspunkt** des Verfahrens, wenn die Entscheidungen der anderen Behörden vorliegen.[90] Für nicht vorhabenbezogene Erlaubnisse wie eine gaststättenrechtliche Konzession gilt allerdings der Grundsatz der Verfahrensparallelität (Rn. 29).

37 **d) Das vereinfachte Genehmigungsverfahren.** Nach § 66 Abs. 1 bis 3 LBauO ist für bestimmte Vorhaben ein vereinfachtes Genehmigungsverfahren vorgesehen. Während für die in **§ 66 Abs. 1 S. 1 LBauO** genannten Vorhaben die Durchführung des vereinfachten Verfahrens vorbehaltlich §§ 62, 67 LBauO **zwingend** ist, besteht für die in **§ 66 Abs. 2 LBauO** genannten Vorhaben ein **Wahlrecht** des Bauherrn. Macht er nämlich keinen Gebrauch von der Voraussetzung, einen Prüfingenieur für Baustatik und eine sachverständige Person nach § 65 Abs. 4 LBauO zu beauftragen, verbleibt es beim regulären Baugenehmigungsverfahren.[91] Gemäß **§ 66 Abs. 3 LBauO** besteht zudem eine Option des Antragstellers, bei Windenergieanlagen, die nicht dem immissionsschutzrechtlichen Verfahren unterliegen,[92] ein vereinfachtes Genehmigungsverfahren durchzuführen.[93] Wegen des weiten Anwendungsbereichs des § 66 Abs. 1 LBauO stellt das vereinfachte Verfahren das **Regelverfahren** dar. Nach § 66 Abs. 4 LBauO beschränkt sich die Prüfung im vereinfachten Verfahren auf die Vereinbarkeit des Vorhabens mit dem Bauplanungsrecht und den sonstigen öffentlich-rechtlichen Vorschriften.

---

88 Zur bundesrechtlichen Zulässigkeit von Bescheidungswidersprüchen BVerwGE 130, 113 (116); zur Zulässigkeit in RhPf. *Jutzi*, LKRZ 2008, 212 (214 f.); VG Mainz, Urt. v. 10.7.2013 – 3 K 1705/12.MZ – (juris, Rn. 21); VG Neustadt/Weinstr., BeckRS 2014, 57589, die allerdings entgegen § 71 Abs. 2 LBauO von einer isolierten Ersetzungsentscheidung des KRA ausgehen; in diesem Sinne auch *Oster*, LKRZ 2009, 211 (213); für eine Verpflichtung des KRA zum Erlass von Verwaltungsakten unter Verweis auf § 16 Abs. 7 AGVwGO *Hufen*, Verwaltungsprozessrecht, 11. Aufl. 2019, § 9 Rn. 10; offenbar auch *Jeromin*, in: ders., § 71 Rn. 30.
89 BVerwGE 99, 351, 353.
90 OVG RhPf., AS 35, 35 (37); BauR 2017, 1668 (1669); B. v. 29.1.2020 – 8 B 11791/19 – (juris, Rn. 8); VG Neustadt/Weinstr., BeckRS 2016, 46693; *Jeromin*, in: ders., § 65 Rn. 32, § 70 Rn. 46 f.; ausf. *Beckmann*, VR 2014, 40.
91 *Jeromin*, in: ders., § 66 Rn. 4, 51.
92 Windenergieanlagen mit einer Gesamthöhe von mehr als 50 m werden – vorbehaltlich der Notwendigkeit der Durchführung einer UVP – im vereinfachten immissionsschutzrechtlichen Genehmigungsverfahren geprüft, § 2 i.V.m. Anh. 1 Nr. 1.6.2. der 4. BImSchV. Windenergieanlagen mit einer Höhe von bis zu 10 m sind unter den Voraussetzungen des § 62 Abs. 1 Nr. 4 lit. f LBauO genehmigungsfrei, sa *Jeromin*, in: ders., § 66 Rn. 40 c.
93 Zur Ausgestaltung als Wahlrecht LT-Drucks. 16/4333, S. 53; *Jeromin*, in: ders., § 66 Rn. 40 a.

III. Formelles Bauordnungsrecht

Folglich ist das **Bauordnungsrecht nicht Gegenstand der bauaufsichtlichen Prüfung**,[94] sofern es sich nicht um örtliche Bauvorschriften i.s.v. § 88 LBauO oder um Anforderungen an Werbeanlagen i.S.v. § 52 LBauO handelt. Von der Reduzierung des Prüfungsprogramms sind die materiellen Anforderungen an das bauliche Vorhaben zu unterscheiden. Ebenso wie genehmigungsfreie Vorhaben (§ 62 Abs. 3 LBauO) müssen im vereinfachten Genehmigungsverfahren geprüfte Vorhaben **materiell mit dem Bauordnungsrecht vereinbar sein**.[95]

Das vereinfachte Genehmigungsverfahren ist bei Wohngebäuden der Gebäudeklassen 1 bis 3 obligatorisch (§ 66 Abs. 1 S. 1 Nr. 1 LBauO) und nach Wahl des Bauherrn möglich bei Wohngebäuden der Gebäudeklassen 4 u. 5 bis zur Hochhausgrenze (§ 66 Abs. 2 S. 1 Nr. 1 LBauO, Beispiel zu Rn. 17). Für den Bauherrn ist das vereinfachte Verfahren mit einer Reduzierung der mit dem Genehmigungsantrag vorzulegenden Bauunterlagen verbunden.[96] Er trägt den Preis, dass die **Prüfung** der weiter bestehenden bauordnungsrechtlichen Anforderungen **privatisiert** wird, in dem dem Bauherrn die kostenpflichtige Inanspruchnahme eines Prüfingenieurs und sachverständiger Personen angesonnen wird. Das Verfahren zielt zugleich auf eine **Beschleunigung**. Sofern es sich nicht um ein Außenbereichsvorhaben handelt (§ 66 Abs. 5 S. 7 LBauO), ist nach § 66 Abs. 5 S. 2 LBauO über den Bauantrag bei Vorhaben nach § 66 Abs. 1 LBauO binnen Monatsfrist, bei Vorhaben nach § 66 Abs. 2 LBauO innerhalb von drei Monaten zu entscheiden, wenn die Behörde nicht nach § 66 Abs. 5 S. 3 LBauO die Frist aus wichtigem Grund um bis zu zwei Monate verlängert. Die Fristen werden durch die behördliche Feststellung der Vollständigkeit der Unterlagen in Lauf gesetzt (§ 66 Abs. 5 S. 1 u. 2 LBauO).[97] Nach Ablauf der Fristen gilt die Genehmigung nach § 66 Abs. 5 S. 5 LBauO als erteilt (**Genehmigungsfiktion**). 38

Wegen des Auseinanderfallens des Umfangs der behördlichen Prüfungspflicht und der materiellen Anforderungen an das Bauvorhaben darf die Bauaufsichtsbehörde die **Versagung** der Baugenehmigung nicht auf Verstöße gegen Vorschriften des Bauordnungsrechts stützen, die von der Behörde nicht zu prüfen sind. Ist aber bei Rechtmäßigkeit des Vorhabens im Übrigen für die Bauaufsichtsbehörde die Verletzung bauordnungsrechtlicher Vorschriften offensichtlich und ohne Weiteres erkennbar, so soll dem Bauherrn das verfahrensrechtliche **Sachbescheidungsinteresse** an einer Genehmigung fehlen, die er legal nicht ausnutzen kann.[98] Diese von den rheinland-pfälzischen Gerichten zugrunde gelegte Auffassung korrigiert in der Sache den legislativen Willen zur (Teil-)Privatisierung des Baugeschehens zugunsten einer effizienten, d.h. präventiven Bauaufsicht. Allerdings folgt aus der Befugnis der Bauaufsichtsbehörde zu einer Evidenzkontrolle keine Prüfungspflicht hinsichtlich der bauordnungsrechtlichen Vor- 39

---

94 Rundschreiben des Ministeriums der Finanzen v. 3.2.1999, MinBl. S. 90 zu § 66 Abs. 3 LBauO a.F.
95 *Jeromin*, in: ders., § 66 Rn. 52.
96 S. § 7 BauuntPrüfVO.
97 In der Praxis wird der Fristlauf vielfach durch das Unterlassen oder das Verzögern einer schriftlichen Bestätigung der Feststellung der Vollständigkeit der Unterlagen obstruiert. Dies hindert den Eintritt der Genehmigungsfiktion, kann aber Amtshaftungsansprüche auslösen, OVG RhPf., DVBl. 2002, 724; ZfBR 2009, 167; krit. *Jeromin*, in: ders., § 66 Rn. 7 c, 63 ff.; s.a. *Hullmann/Zorn*, NVwZ 2009, 756; *Beckmann*, KommJur 2013, 327 (331).
98 OVG RhPf., NVwZ-RR 2013, 525; ZfBR 2009, 167; AS 23, 321 (323); VG Mainz, BeckRS 2016, 44699 Rn. 15; zur gebotenen restriktiven Handhabung dieser Voraussetzung *Sauthoff*, S. 417 f.

schriften.[99] Wird die Baugenehmigung im vereinfachten Genehmigungsverfahren erteilt, so ist die Vereinbarkeit mit Bauordnungsrecht mit Ausnahme von §§ 88, 52 LBauO regelmäßig nicht von ihrem Regelungsinhalt umfasst (Rn. 43). Der Verstoß des Vorhabens gegen bauordnungsrechtliche Vorschriften macht deshalb nicht die Baugenehmigung rechtswidrig.[100]

40 e) **Form der Baugenehmigung.** Die Baugenehmigung bedarf der **Schriftform** (§ 70 Abs. 1 S. 4 Halbs. 1 LBauO). Sie und ihre Nebenbestimmungen (Rn. 45) sind nur insoweit zu **begründen**, als von nachbarschützenden Vorschriften abgewichen und Einwendungen des Nachbarn nicht entsprochen wird (§ 70 Abs. 1 S. 4 Halbs. 2 i.V.m. § 68 Abs. 2 LBauO). Die Baugenehmigung wird gegenüber dem Bauherrn erst wirksam, wenn sie ihm mit den mit einem Genehmigungsvermerk versehenen Bauunterlagen **zugestellt** wird (§ 70 Abs. 3 S. 1 LBauO). Für die Zustellung gilt das VwZG i.V.m. § 1 Abs. 1 LVwZG. Den **Nachbarn**, die Einwendungen erhoben oder sich innerhalb der Frist des § 68 Abs. 2 S. 3 LBauO nicht geäußert haben, ist ebenfalls die Baugenehmigung mit Rechtsbehelfsbelehrung zuzustellen (§ 70 Abs. 3 S. 2 LBauO). Werden damit für die nach § 68 LBauO beteiligten Nachbarn (Rn. 31) die Rechtsbehelfsfristen des § 70 Abs. 1 VwGO in Gang gesetzt, so gilt dies für weitere nachbarlich Betroffene nur, soweit die Bauaufsichtsbehörde auch ihnen die Baugenehmigung zustellt.

41 f) **Rechtswirkungen und Regelungsinhalt der Baugenehmigung.** Nach einer durch die Rechtsprechung geprägten Formel besteht die Baugenehmigung aus einem feststellenden und einem verfügenden Teil.[101] Die Baugenehmigung stellt die Vereinbarkeit des Vorhabens mit den zu prüfenden Vorschriften fest (§ 70 Abs. 1 S. 1 LBauO). Die **Feststellungswirkung** der Baugenehmigung ist für den Bauherrn von beträchtlicher Bedeutung. Nach Wirksamwerden des Bescheids gegenüber dem Bauherrn eintretende Änderungen der Sach- und Rechtslage, welche die Genehmigungsfähigkeit des Vorhabens in Frage stellen, sind im Widerspruchs- und Klageverfahren des Nachbarn nicht zu berücksichtigen.[102] Sie befugen die Bauaufsichtsbehörde nur unter den Voraussetzungen des § 49 VwVfG zum Genehmigungswiderruf. Mit der Baugenehmigung erlangt der Bauherr formellen Bestandsschutz (Rn. 65). Die **Gestaltungswirkung** meint die Freigabe des Vorhabens zur Bauausführung. Dass der Baugenehmigung eine derartige Gestaltungswirkung zukommt, ist aber nach der Rechtslage in Rheinland-Pfalz zu bezweifeln, denn § 77 LBauO enthält eine verwaltungsaktunabhängige Regelung der Baufreigabe.[103]

42 Nach § 70 Abs. 1 S. 3 LBauO wirkt die Baugenehmigung für und gegen den **Rechtsnachfolger** des Bauherrn. Hiermit wird anerkannt, dass die Baugenehmigung eine vorhaben- und grundstücksbezogene Erlaubnis ist. Sie ist keine personenbezogene Erlaubnis für den Bauherrn, sondern sichert den Bestand auf Dauer.

---

99 OVG RhPf., NVwZ-RR 2014, 30 (32); AS 26, 227 (228); für eine Pflicht bei Gefährdung hochrangiger Rechtsgüter HessVGH, BauR 2011, 993 (994).
100 OVG RhPf., AS 26, 227 (228); 26, 267 (273); s.a. VGH BadWürtt., BauR 2017, 1012 (1013 f.); zur Verfassungsmäßigkeit BVerwG, NVwZ-RR 1998, 157 (158 f.).
101 BVerwGE 48, 242 (245); 69, 1; 82, 61 (69); OVG RhPf., AS 23, 321 (322).
102 BVerwG, BRS 22 Nr. 174 u. 184; VGH BadWürtt., VBlBW 1995, 481; *Jeromin*, in: ders., § 70 Rn. 30.
103 A.A. OVG RhPf., AS 23, 321 (322); *Jeromin*, in: ders., § 70 Rn. 7, 60.

Die Reichweite der Feststellungswirkung hängt vom **Regelungsinhalt** der Baugenehmigung ab. Die Baugenehmigung stellt die Vereinbarkeit des Vorhabens mit den baurechtlichen und sonstigen öffentlich-rechtlichen Vorschriften fest (§ 70 Abs. 1 S. 1 LBauO). Wegen des beschränkten Prüfungsprogramms enthält die im **vereinfachten Baugenehmigungsverfahren** nach § 66 LBauO erteilte Baugenehmigung grundsätzlich keine Feststellungen zur Vereinbarkeit des Vorhabens mit dem Bauordnungsrecht (Rn. 39). Indes ist die Bauaufsichtsbehörde nach Auffassung des OVG RhPf. nicht daran gehindert, die Baugenehmigung um Feststellungen zur bauordnungsrechtlichen Konformität zu ergänzen. Dies soll sich anbieten, wenn schon im Genehmigungsverfahren Einwendungen des Nachbarn hinsichtlich der bauordnungsrechtlichen Zulässigkeit vorliegen und ein Rechtsstreit um ein bauaufsichtliches Einschreiten vorprogrammiert ist.[104] Im Ergebnis wird hierdurch die Feststellungswirkung der im vereinfachten Verfahren erteilten Baugenehmigung erweitert. Soweit die ergänzenden Feststellungen die Vereinbarkeit mit nachbarschützenden bauordnungsrechtlichen Vorschriften (Rn. 186 ff.) betreffen, wird dem Nachbarn eine Anfechtungslast ohne gesetzliche Grundlage auferlegt. Die Ansicht des OVG RhPf. ist deshalb abzulehnen.[105]   43

Da das **Privatrecht** nicht Gegenstand des bauaufsichtlichen Genehmigungsverfahrens ist (Rn. 30), werden zivilrechtliche Verhältnisse nicht von der Baugenehmigung geregelt. Dies bringt § 70 Abs. 1 S. 3 LBauO deklaratorisch mit der Wendung zum Ausdruck, die Baugenehmigung werde unbeschadet privater Rechte Dritter erteilt. Deshalb werden Unterlassungsansprüche nach §§ 1004, 906 BGB und Ansprüche nach dem LNRG durch die Baugenehmigung nicht ausgeschlossen. Die zivilgerichtliche Geltendmachung quasi-negatorischer Abwehransprüche nach §§ 1004, 823 Abs. 2 BGB wird indes durch die Tatbestandswirkung einer bestandskräftigen Baugenehmigung gesperrt, soweit die Ansprüche auf einer Verletzung solcher nachbarschützender öffentlich-rechtlicher Vorschriften beruhen, die Regelungsgegenstand der Baugenehmigung waren.[106]   44

Die Baugenehmigung kann mit **Nebenbestimmungen** versehen werden (§ 70 Abs. 1 S. 4 LBauO), die in der bauaufsichtlichen Praxis von erheblicher Bedeutung sind. Da die Erteilung der Baugenehmigung eine gebundene Entscheidung ist, sind Nebenbestimmungen nur unter den Voraussetzungen des § 36 Abs. 1 VwVfG zulässig. Dabei ist der Vorrang spezialgesetzlicher Regelung zu beachten. Aus der Rechtsnatur der Baugenehmigung und im Umkehrschluss aus § 70 Abs. 2 S. 1 LBauO folgt, dass für auf Dauer errichtete bauliche Vorhaben ein **Widerrufsvorbehalt** oder eine **Befristung** nicht statthaft sind.[107] Auch ein **Auflagenvorbehalt** scheidet wegen der speziellen Regelung in § 85 LBauO aus.[108] Unter den Voraussetzungen des § 36 Abs. 1 VwVfG kann die Bauaufsichtsbehörde aber nach pflichtgemäßem Ermessen der Baugenehmigung eine **Auflage** oder eine **aufschiebende Bedingung** beifügen. Wird der behördliche   45

---

104 OVG RhPf., BeckRS 2019, 30628 Rn. 15; NVwZ-RR 2014, 30 (32); NVwZ-RR 2012, 304 (305); dem folgend VG Neustadt/Weinstr., BeckRS 2016, 52349 Rn. 35; VG Mainz, BeckRS 2017, 134079 Rn. 10.
105 Krit. auch *Sauthoff*, S. 421 ff.; s.a. *Hornmann*, NVwZ 2012, 1294; *Anders*, LKV 2017, 294 (299); *Erbguth/Mann/Schubert*, Rn. 1291; der Rspr. folgend hingegen *Jeromin*, in: ders., § 66 Rn. 56.
106 *Jeromin*, in: ders., § 70 Rn. 180; s.a. BGHZ 122, 1 (5). Im Amtshaftungsprozess besteht wegen § 839 Abs. 3 BGB eine zivilgerichtliche Bindung nur an verwaltungsgerichtlich bestätigte Baugenehmigungen, BGHZ 113, 17 (20); 127, 223 (225).
107 So iErg auch *Jeromin*, in: ders., § 70 Rn. 89 f.
108 *Jeromin*, in: ders., § 70 Rn. 93.

Wille bei sicherheitsrelevanten Genehmigungsvoraussetzungen wie der Standsicherheit des Gebäudes eher auf eine die Wirksamkeit der Genehmigung hinausschiebende Bedingung zielen,[109] so kommt es auf die Umstände des Einzelfalls an, ob die Erfüllung der Stellplatzpflicht nach § 47 LBauO durch eine im Wege des Verwaltungszwangs durchsetzbare Auflage oder eine Bedingung abgesichert wird.[110] Keine Nebenbestimmungen sind **modifizierende Genehmigungen**, die keine zusätzliche Regelung enthalten, sondern dem Bauherrn etwas anderes gewähren als beantragt.[111] Die Differenzierung ist im Hinblick auf den Rechtsschutz bedeutsam (Rn. 181).

46   Mit ihrer Zustellung beträgt die **Geltungsdauer** der Baugenehmigung vier Jahre (§ 74 Abs. 1 LBauO). Beginnt der Bauherr innerhalb dieses Zeitraums nicht mit der Ausführung wesentlicher Bauarbeiten oder werden diese für vier Jahre unterbrochen, erlischt die Baugenehmigung. Hierdurch wird dem Umstand Rechnung getragen, dass sich nach Ablauf eines längeren Zeitraums die Frage der Genehmigungsfähigkeit eines Vorhabens aufgrund geänderter Sach- oder Rechtslage neu stellen kann. Allerdings sind dem Bauherrn nur solche Verzögerungen der Bauausführung anzulasten, die in seine Risikosphäre fallen.[112] Der Fristablauf wird nach dem Rechtsgedanken der § 204 Abs. 1 Nr. 1, § 209 BGB durch Rechtsbehelfe Dritter gegen die Baugenehmigung gehemmt. Zwar kommt diesen nach § 212a Abs. 1 BauGB keine aufschiebende Wirkung zu. Gleichwohl ist es dem Bauherrn nicht zuzumuten, in der Hoffnung auf eine gerichtliche Ablehnung des Antrags nach § 80a Abs. 3 S. 2, § 80 Abs. 5 S. 1 VwGO weiterzubauen.[113] Nach § 74 Abs. 2 S. 1 LBauO kann die Frist auf Antrag ggf. mehrfach um bis zu vier Jahre verlängert werden. Entgegen dem Wortlaut besteht ein **Anspruch auf Verlängerung**, sofern das Vorhaben zu diesem Zeitpunkt noch genehmigungsfähig ist.[114] Die Regelung der Geltungsdauer ist **nicht analog auf Nutzungsunterbrechungen** bei einem bereits ausgeführten Bauvorhaben anzuwenden. In diesem Fall besteht ein erhöhter Vertrauensschutz, weshalb die Baugenehmigung nur unter den Voraussetzungen des § 43 Abs. 2 VwVfG ihre Geltung verliert.[115]

47   g) **Besondere Arten von Genehmigungen.** aa) **Bauvorbescheid:** Der Bauvorbescheid kann nach § 72 LBauO vom Bauherrn vor Einreichung des Bauantrags zu einzelnen Fragen des Bauvorhabens beantragt werden. Diese können die Vereinbarkeit des Vorhabens mit allen Vorschriften betreffen, die in die Entscheidungskompetenz der Bauaufsichtsbehörde fallen.[116] Am gebräuchlichsten sind Bauvoranfragen zur bauplanungsrechtlichen Konformität des Vorhabens, die auf die Erteilung einer sog. **Bebau-**

---

109   *Jeromin*, in: ders., § 70 Rn. 86; s.a. Rundschreiben des Finanzministeriums RhPf. v. 19.3.1998, 4301–4345.
110   *Aufschiebende Bedingung*: VG Neustadt/Weinstr., Urt. v. 7.12.2011 – 5 K 742/11.NW – (juris, Rn. 28); VGH BadWürtt., VBlBW 1995, 29; BVerwGE 29, 261 (265); *Auflage*: VGH BadWürtt., VBlBW 2001, 373; OVG NRW, BRS 33 Nr. 104; OVG SachsA., Beschl. v. 14.2.2005 – 2 L 75/04 – (juris).
111   *Weyreuther*, DVBl. 1969, 295; s. VG Neustadt/Weinstr., Beschl. v. 20.10.2008 – 4 K 788/08.NW – (juris) zur Genehmigung einer Sauna mit einem Elektroofen statt der beantragten Feuerstätte; zur Praxis der sog. »Grüneinträge« *Jeromin*, in: ders., § 70 Rn. 95.
112   OVG Saarl., BRS 44 Nr. 150; OVG NRW, NWVBl. 2014, 63.
113   VGH BadWürtt., BauR 2000, 714 (715); OVG NRW, NWVBl. 2014, 63; wohl auch OVG RhPf., Urt. v. 23.6.1994 – 1 A 11656/93.OVG –; a.A. *Jeromin*, in: ders., § 74 Rn. 10; *Finkelnburg/Ortloff/Otto*, § 8 Rn. 28 Fn. 49: Hemmung erst nach Anordnung der aufschiebenden Wirkung.
114   OVG NRW, BRS 47 Nr. 140; *Jeromin*, in: ders., § 74 Rn. 16.
115   OVG RhPf., NVwZ-RR 2013, 672; s.a. NdsOVG, BauR 2011, 1154 (1156); *Bringewat*, NVwZ 2011, 733; *Decker*, S. 528 f.; *Kaiser*, Rn. 58; *Fischer*, BauR 2014, 2022 (2025 f.).
116   Zur Maßgeblichkeit des Landesrechts BVerwG, BauR 2009, 233; s.a. OVG RhPf., BauR 2018, 218 (219); monographisch *Heimpel*, Der Bauvorbescheid, 2012, S. 114 ff.

ungsgenehmigung abzielen. Durch die Vorabklärung, ob das Grundstück nach seiner Lage für die beabsichtigte Nutzung in Betracht kommt, kann der Bauherr ggf. Aufwand und Kosten sparen. Liegen die Voraussetzungen vor, besteht ein **Anspruch** auf Erteilung des Vorbescheids. Im Unterschied zu einer Zusicherung nach § 38 VwVfG steht der Bauvorbescheid nicht unter dem Vorbehalt einer gleichbleibenden Sach- und Rechtslage. Vielmehr entfaltet er als »vorweggenommener Teil der Baugenehmigung« **Bindungswirkung**[117] und wird später nachrichtlich in die Genehmigung nach § 70 Abs. 1 LBauO übernommen. Ebenso wie die Baugenehmigung nach § 70 Abs. 1 LBauO hat der Bauvorbescheid im Regelfall eine **Geltungsdauer** von vier Jahren (§ 72 S. 2 LBauO), die auf Antrag verlängert werden kann (§ 72 S. 3 i.V.m. § 74 Abs. 2 LBauO). Der Bauherr muss innerhalb dieser Frist einen Bauantrag stellen.[118]

Da der Bauvorbescheid nur einen Teil des bauaufsichtlichen Prüfungsprogramms abschichtet, vermittelt er **kein Recht zum Baubeginn** nach § 77 LBauO. Er ist aber **bestandskraftfähig** mit der Konsequenz, dass ein durch die Feststellungen beschwerter **Nachbar** schon den Bauvorbescheid fristgerecht mit Widerspruch und Anfechtungsklage angreifen muss. Auch bei rechtzeitiger Anfechtung wird der Vorbescheid nicht etwa durch die nachfolgende Baugenehmigung gegenstandslos, sofern er nicht behördlich aufgehoben wurde.[119] Durch die bestandskräftige Ablehnung der Bauvoranfrage tritt allerdings keine Bindung für den **Bauherrn** ein.[120]

Für das **Verfahren** gelten dieselben Vorschriften wie für die Baugenehmigung (§ 72 Satz 3 LBauO). Bei einem Antrag auf Erteilung einer Bebauungsgenehmigung ist unter den Voraussetzungen des § 36 BauGB das **gemeindliche Einvernehmen** einzuholen (Rn. 33) mit der Folge, dass dieses in die spätere Baugenehmigung nachrichtlich übernommen und nicht nochmals eingeholt wird.[121]

bb) Weitere Arten von Genehmigungen: Im Unterschied zum Vorbescheid ist mit der **Teilbaugenehmigung** nach § 73 LBauO, die erst nach Stellung eines Bauantrags begehrt werden kann, die Baufreigabe für einen Teil des Vorhabens verbunden. Der genehmigte Teil bezieht sich nicht auf einzelne Zulassungsvoraussetzungen, sondern auf einen realen Bauabschnitt wie etwa das Ausheben der Baugrube. Ebenso wie der Vorbescheid stellt die Teilbaugenehmigung einen Teil der Baugenehmigung dar. Die Genehmigung eines Teils setzt im Grundsatz die Baurechtskonformität des Gesamtvorhabens voraus (»vorläufiges positives Gesamturteil«) und erzeugt Bindungswirkung für das weitere Verfahren.[122] Da aber die bauaufsichtliche Prüfung zu diesem Zeitpunkt summarischer Natur ist, befugt § 73 Abs. 2 LBauO die Bauaufsichtsbehörde zur Regelung zusätzlicher Anforderungen für bereits ausgeführte Bauteile in der Baugenehmigung. Die Erteilung einer Teilbaugenehmigung steht im pflichtgemäßen Ermessen der Behörde.

---

117 BVerwGE 48, 242; 68, 241; NVwZ 1995, 894 (895).
118 OVG NRW, BRS 54 Nr. 164; s.a. *Neuenfeld*, BauR 2012, 887.
119 BVerwG, NVwZ 1995, 894 (895); *Finkelnburg/Ortloff/Otto*, § 8 Rn. 68; *Heimpel* (Fn. 116), S. 105 f.; anders noch BVerwG, BRS 49 Nr. 168.
120 BayVGH, BayVBl. 1972, 128 (129); VGH BadWürtt., BRS 54 Nr. 175.
121 *Jeromin*, in: ders., § 72 Rn. 24; OVG Saarl., BauR 2012, 612 (614); a.A. OVG Bbg., BRS 58 Nr. 143.
122 OVG RhPf., DVBl. 2019, 781 Rn. 8; OVG NRW, BRS 35 Nr. 150.

51 Mit dem Institut der **Typenprüfung** nach § 75 LBauO, die nach § 75 Abs. 2 LBauO von einem Prüfamt für Baustatik erteilt wird,[123] und der nunmehr wieder eingeführten **Typengenehmigung** durch die oberste Bauaufsichtsbehörde nach § 75a LBauO[124] kann das Genehmigungsverfahren für solche Bauten beschleunigt werden, die baugleich an mehreren Stellen errichtet werden sollen, wie z.B. Fertighäuser. Eine Typenprüfung und -genehmigung ist ebenfalls möglich bei Bauten, die zwar in ihrer Ausführung unterschiedlich sind, aber nach einem bestimmten System an verschiedenen Stellen errichtet werden sollen. Allerdings bezieht sich diese dem Hersteller erteilte Genehmigung nur auf bauordnungsrechtliche standortunabhängige Fragen der Konstruktion und entbindet den Bauherrn nicht von der Verpflichtung, eine Baugenehmigung für das konkrete Vorhaben einzuholen (§§ 75 Abs. 4, 75a Abs. 4 LBauO). Die in der Typengenehmigung entschiedenen Fragen sind aber nicht mehr von der Bauaufsichtsbehörde zu prüfen (§ 75a Abs. 4 S. 2 LBauO). **Fliegende Bauten** wie Tribünen, Zirkuszelte, Fahrgeschäfte oder uU große aufblasbare Spielgeräte bedürfen nach § 76 Abs. 2 LBauO vor der erstmaligen Aufstellung einer Ausführungsgenehmigung. Die Prüfung umfasst wegen des naturgemäß fehlenden örtlichen Bezugs nicht das Bauplanungsrecht,[125] wohl aber die technischen bauordnungsrechtlichen Vorschriften. Die **Ausführungsgenehmigung ersetzt die Baugenehmigung** und wird nach einer auf § 76 Abs. 4 LBauO gestützten Rechtsverordnung[126] in Abweichung von § 76 Abs. 3 LBauO durch den Technischen Überwachungsverein Rheinland erteilt. Am jeweiligen Aufstellungsort ist sodann eine Gebrauchsabnahme durch die örtlich zuständige Bauaufsichtsbehörde erforderlich (§ 76 Abs. 7 LBauO).

52 **h) Genehmigungsfreigestellte Vorhaben.** Genehmigungsfreie und freigestellte Vorhaben sind durch einen **Verzicht auf die Baugenehmigung** gekennzeichnet. In diesen Konstellationen findet die Privatisierung des Baugeschehens mit einer entsprechenden **Verantwortungsverlagerung auf den Bauherrn** ihren sinnfälligsten Ausdruck. Denn die Genehmigungsfreiheit entbindet den Bauherrn nicht von der Einhaltung der baurechtlichen und sonstigen öffentlich-rechtlichen Vorschriften (§ 67 Abs. 4 i.V.m. § 62 Abs. 3 LBauO). Bei genehmigungsfreien Vorhaben nach § 62 LBauO handelt es sich durchweg um kleinere Vorhaben (Rn. 23 ff.). Das Freistellungsverfahren nach § 67 LBauO ermöglicht hingegen genehmigungsfreies Bauen bis zur Hochhausgrenze.

53 Der **Anwendungsbereich** des Freistellungsverfahrens ist nach § 67 Abs. 1 S. 1 LBauO bei Wohngebäuden der Gebäudeklassen 1 bis 3 im Geltungsbereich eines Bebauungsplans i.S.v. §§ 12 u. 30 Abs. 1 BauGB eröffnet. Das Vorhaben muss den Festsetzungen des Bebauungsplans entsprechen, und die Erschließung muss gesichert sein. Für einen Ausschnitt der dem vereinfachten Genehmigungsverfahren nach § 66 LBauO unterfallenden Vorhaben ist unter diesen Voraussetzungen **zwingend** das Freistellungsverfahren angeordnet, ohne dem Bauherrn ein Wahlrecht zur Durchführung eines förmlichen oder vereinfachten Genehmigungsverfahrens einzuräumen.[127] Nach § 67 Abs. 5 S. 1 i.V.m. § 66 Abs. 2 S. 1 LBauO ist **auf Verlangen des Bauherrn** das Freistellungsver-

---

123 Zur Ablösung der sog. Typengenehmigung durch die Typenprüfung s. LT-Drucks. 16/4333, S. 55.
124 Eingeführt auf Vorschlag der Fraktionen, LT-Drucks. 17/9413 v. 12.6.2019 in Anlehnung an den Beschluss der Bauministerkonferenz v. 22.2.2019 zur Einführung von § 72a MBO.
125 Fliegende Bauten sind keine Vorhaben i.S.v. § 29 BauGB, BVerwG, NJW 1977, 2090 (2091 f.).
126 BS 213–1–15.
127 Anders etwa § 63 Abs. 2 S. 2 LBauO NRW.

fahren auch bei Wohngebäuden bis zur Hochhausgrenze und bei den anderen in § 66 Abs. 2 S. 1 LBauO genannten Gebäuden durchzuführen (Beispiel zu Rn. 17).

Liegen die Voraussetzungen des § 67 Abs. 1 S. 1 LBauO vor, so darf der Bauherr einen Monat nach Vorlage der Bauunterlagen bei der Gemeindeverwaltung mit der Bauausführung beginnen (§ 67 Abs. 2 S. 1 LBauO). Ein vereinfachtes Baugenehmigungsverfahren ist durchzuführen, wenn die Gemeinde innerhalb dieser Frist eine sog. **Negativerklärung** abgibt (§ 67 Abs. 1 S. 2 Nr. 1 LBauO). Sie ist hierzu befugt, wenn sie beabsichtigt, eine Veränderungssperre nach § 14 BauGB zu beschließen oder eine Zurückstellung von Baugesuchen nach § 15 BauGB zu beantragen (Rn. 141 ff.), oder wenn sie der Auffassung ist, dem Vorhaben stünden öffentlich-rechtliche Vorschriften entgegen (§ 67 Abs. 3 S. 1 LBauO). Auch wenn der Bauherr deswegen sein Vorhaben nicht mehr ohne Genehmigungsverfahren durchführen darf, hat die Erklärung keinen Regelungscharakter.[128] Ein Freistellungsverfahren darf des Weiteren aus europarechtlichen Gründen nicht durchgeführt werden, wenn das Vorhaben UVP-pflichtig ist oder nach der Störfall-RL 2012/18/EU nicht an dem Standort verwirklicht werden darf (§ 67 Abs. 1 S. 2 Nr. 2 u. 3 LBauO). In diesen Konstellationen bedarf es ua wegen der gebotenen Öffentlichkeitsbeteiligung eines Trägerverfahrens. 54

Gibt hingegen die Gemeinde binnen der Monatsfrist keine Erklärung ab oder teilt sie dem Bauherrn vor Fristablauf schriftlich mit, ein Genehmigungsverfahren sei nicht durchzuführen (§ 67 Abs. 2 S. 1 Halbs. 2 LBauO), so kommt auch dieser **Positiverklärung** keine Regelungswirkung zu. Insbes. übernimmt die Gemeinde mit ihrem Schweigen oder einer ausdrücklichen Erklärung keine Verantwortung für die Baurechtskonformität des Vorhabens. § 67 Abs. 3 LBauO lässt für die Negativ- und die Positiverklärung die »Auffassung« der Gemeinde über die Vereinbarkeit des Vorhabens mit dem öffentlichen Recht genügen und bringt damit zum Ausdruck, dass die Gemeinde in ihrer Funktion als Trägerin der Planungshoheit angesprochen ist. Sie äußert sich im Verfahren nach § 67 LBauO auch dann nicht bauaufsichtlich, wenn sie als kreisfreie oder große kreisangehörige Stadt zugleich untere Bauaufsichtsbehörde ist.[129] In der Konsequenz erhält der Bauherr **keine Zulassungsentscheidung**. 55

3. Die Bauüberwachung. a) Aufgaben der Bauüberwachung. Nach **§ 59 Abs. 1 S. 1 Halbs. 1 LBauO** haben die Bauaufsichtsbehörden darüber zu wachen, dass die maßgeblichen Vorschriften eingehalten und die hierauf beruhenden Anordnungen beachtet werden. Die präventive Kontrolle des Baugeschehens wird ergänzt um die Überwachung der Bauausführung und repressive Instrumente. Die Bedeutung repressiver Befugnisse hat mit dem Abbau der präventiven Kontrolle an Bedeutung gewonnen. § 59 Abs. 1 S. 1 Halbs. 1 LBauO ist allein **Aufgabenzuweisungsnorm** und verleiht keine Eingriffsbefugnisse. Befugnisse gewährt indes § 59 Abs. 1 S. 1 Halbs. 2 LBauO als subsidiär anwendbare Generalklausel (Rn. 70). 56

Der **Gegenstand** der Bauaufsicht deckt sich mit dem sachlichen Anwendungsbereich der LBauO.[130] Allerdings findet bei Bauvorhaben von Bund und Ländern eine Bau- 57

---

128 *Calliess*, DV 34 (2001), 169 (172); *Jeromin*, in: ders., § 67 Rn. 25; *Beckmann*, KommJur 2013, 401 (406).
129 BayVGH, BauR 2000, 705 (708); VG Münster, BauR 1999, 626 (627).
130 Umfasst sind auch die in § 59 LBauO nicht erwähnten bebauten und bebaubaren Grundstücke, *Kerkmann/Schmidt*, in: Jeromin, § 59 Rn. 4.

überwachung nicht statt (§ 83 Abs. 3 S. 3 LBauO). Hintergrund ist die – durchaus zweifelhafte – Auffassung, Hoheitsträger seien nicht formell polizeipflichtig.[131] Der Verzicht auf ein bauaufsichtliches Verfahren für die in § 84 LBauO genannten Anlagen bedeutet hingegen nur das Entfallen eines präventiven Verfahrens und sperrt nicht den Einsatz des repressiven Instrumentariums.[132] Wird die Baugenehmigung fachgesetzlich durch ein anderes Zulassungsverfahren »wegkonzentriert« (Rn. 21), so entscheidet das jeweilige Fachrecht über verbleibende Anwendungsspielräume des bauaufsichtsrechtlichen Eingriffsinstrumentariums.

58 **b) Eingriffsbefugnisse. aa) Laufende Bauüberwachung:** Mit der behördlichen Kontrolle in der Bauphase nach § 78 LBauO soll die Schaffung rechtswidriger Zustände und schwer zu beseitigender Fakten verhindert werden. Zudem können auch von der Baustelleneinrichtung selbst Gefahren ausgehen (§ 53 LBauO). Die Behörde kann nach pflichtgemäßem Ermessen eine **Bauzustandsbesichtigung** vornehmen (§ 78 Abs. 4 S. 1 LBauO). Ihrer Ermöglichung dienen Anzeigepflichten des Bauherrn vor der Fertigstellung des Rohbaus und vor der abschließenden Fertigstellung des Vorhabens (§ 78 Abs. 2 u. 7 LBauO). Das Ergebnis der Bauzustandsbesichtigung ist dem Bauherrn auf Verlangen zu bescheinigen (§ 78 Abs. 4 S. 2 LBauO). Der **Abnahmebescheinigung** kommt keine Legalisierungswirkung für ein rechtswidriges Vorhaben zu. Sie ermöglicht allein die Fortführung der Bauarbeiten.[133]

59 **bb) Baueinstellung:** Werden Bauarbeiten im Widerspruch zu baurechtlichen oder sonstigen öffentlich-rechtlichen Vorschriften ausgeführt oder werden unzulässige Bauprodukte verwendet, kann die Bauaufsichtsbehörde nach § 80 Abs. 1 LBauO die Einstellung der Bauarbeiten anordnen. Mit dem Instrument der Baueinstellung soll primär das formelle Baugenehmigungserfordernis durchgesetzt, sekundär der Verfestigung materiell baurechtswidriger Zustände entgegengewirkt werden.[134] In zeitlicher Hinsicht setzt die Vorschrift voraus, dass Bauarbeiten tatsächlich begonnen, aber noch nicht beendet wurden.[135]

60 Ein Widerspruch zu baurechtlichen Vorschriften liegt bei **formeller Illegalität** der Bauarbeiten vor. Dies ist der Fall, wenn eine bauliche Anlage ohne die erforderliche Baugenehmigung oder in Abweichung vom Inhalt der Baugenehmigung errichtet oder geändert wird (»Schwarzbau«).[136] Bauarbeiten an nach § 67 LBauO vom Genehmigungserfordernis freigestellten Vorhaben können formell illegal sein, wenn vor ihrem Abschluss vom OVG der Bebauungsplan nach § 47 Abs. 5 VwGO mit ex tunc-Wirkung für unwirksam erklärt wurde. Denn damit ist die für die Freistellung nach § 67 Abs. 1 S. 1 LBauO maßgebliche Voraussetzung eines geltenden Bebauungsplans rückwirkend entfallen mit der Konsequenz, dass ein vereinfachtes Genehmigungsverfahren

---

131 *Jeromin*, in: ders., § 83 Rn. 18; krit. *Schoch*, S. 324; zur bauaufsichtlichen formellen Polizeipflicht des Bundes im Bereich fiskalischer Verwaltung VG Mainz, Urt. v. 15.1.2008 – 3 K 313/07.MZ – (juris, Rn. 18); zur formellen Polizeipflicht von Hoheitsträgern im Immissionsschutzrecht BVerwGE 117, 1.
132 *Jeromin*, in: ders., § 84 Rn. 1.
133 OVG RhPf., AS 12, 23 (24); Beschl. v. 13.3.2002 – 8 A 10225/02.OVG –.
134 *Kerkmann*, in: Jeromin, § 80 Rn. 1; s.a. als Spezialermächtigung zur Durchsetzung der Bestellung geeigneter Personen § 55 Abs. 4 S. 2 LBauO.
135 *Kerkmann*, in: Jeromin, § 80 Rn. 3, 20.
136 Auch eine nur geringe Abweichung vom Inhalt der Baugenehmigung begründet formelle Illegalität, OVG NRW, BRS 39 Nr. 126; OVG Saarl., AS 18, 44 (49).

nach § 66 LBauO hätte durchgeführt werden müssen.[137] Ein Sonderfall formeller Illegalität tritt ein, wenn die Bauaufsichtsbehörde auf Antrag eines Nachbarn die Aussetzung der sofortigen Vollziehung einer Baugenehmigung (§ 80a Abs. 1 Nr. 2 i.V.m. § 80 Abs. 4 VwGO) oder das Gericht die aufschiebende Wirkung eines Widerspruchs (§ 80a Abs. 3 S. 2 i.V.m. § 80 Abs. 5 S. 1 VwGO) anordnet und der Bauherr gleichwohl weiterbaut. Nach der Wirksamkeitsthese der Lit.[138] ist im Fall der aufschiebenden Wirkung eines Rechtsbehelfs die Baugenehmigung schwebend unwirksam, nach der Vollziehbarkeitsthese des BVerwG[139] besteht die Illegalität im Hinwegsetzen über die behördliche bzw. gerichtliche Anordnung.[140] Nach Wortlaut und Sinn und Zweck der Vorschrift ist die formelle Illegalität **hinreichende tatbestandliche Voraussetzung** für eine Einstellungsanordnung.[141]

Der Tatbestand des § 80 LBauO wird aber auch durch die **materielle Illegalität** von Bauarbeiten begründet. Dies ist der Fall, wenn formell illegale Bauarbeiten materiell nicht genehmigungsfähig sind. Wird ein Bauvorhaben genehmigungskonform errichtet oder geändert, so sind die Bauarbeiten auch dann materiell legal, wenn die Baugenehmigung rechtswidrig ist. Hier ist die Bauaufsichtsbehörde auf eine Rücknahme der Genehmigung nach § 1 Abs. 1 LVwVfG, § 48 VwVfG verwiesen. Bei im Verfahren nach § 66 LBauO genehmigten Vorhaben können nur Verstöße gegen bauordnungsrechtliche Vorschriften, die nicht Gegenstand der bauaufsichtlichen Prüfung waren (Rn. 37, 43), materielle Illegalität begründen. Bei zulässigerweise genehmigungsfreien Bauvorhaben kann mangels formeller Erfordernisse allein die materielle Illegalität der Bauarbeiten ein Einschreiten rechtfertigen. 61

cc) **Beseitigungsanordnung:** Nach § 81 S. 1 LBauO kann die Bauaufsichtsbehörde die vollständige oder teilweise **Beseitigung** baulicher oder anderer Anlagen i.S.v. § 1 Abs. 1 S. 2 LBauO anordnen, wenn diese gegen baurechtliche oder sonstige öffentlich-rechtliche Vorschriften verstoßen und sich nicht auf andere Weise rechtmäßige Zustände herstellen lassen. Die Beseitigungsanordnung ist das vorrangige Instrument zur Bekämpfung von **Schwarzbauten**. 62

Anders als eine Baueinstellung ist die Beseitigungsanordnung mit einem Substanzeingriff in das Vorhaben verbunden. Es würde gegen das eigentumsrechtliche Verhältnismäßigkeitsgebot verstoßen, den Abriss einer materiell genehmigungsfähigen Anlage allein wegen des Fehlens einer Baugenehmigung anzuordnen. Tatbestandliche Voraussetzung einer Abrissverfügung ist deshalb im Regelfall die **formelle und materielle Illegalität des Vorhabens**.[142] Die formelle Illegalität ist ausreichende Bedingung, wenn das Vorhaben ohne Substanzverlust beseitigt werden kann, wie dies z.B. bei einer Fertig- 63

---

137 Der Inhaber einer Baugenehmigung wird hingegen durch § 47 Abs. 5 S. 3 i.V.m. § 183 VwGO analog geschützt; zum speziellen Schutz des Bauherrn im Freistellungsverfahren s. § 63 Abs. 7 S. 1 BauO NRW, § 62 Abs. 11 S. 2 NdsBauO; s.a. OVG NRW, NVwZ 1997, 923 (924).
138 *Schenke*, Verwaltungsprozessrecht, 16. Aufl. 2019, Rn. 948 ff.
139 BVerwGE 13, 1, 5 ff.; 66, 218, 222; 99, 102, 112.
140 *Finkelnburg/Ortloff/Otto*, § 12 Rn. 3.
141 ThürOVG, BauR 1999, 164; *Kerkmann*, in: Jeromin, § 80 Rn. 5.
142 BVerwGE 5, 351; NVwZ-RR 1999, 623; OVG RhPf., NVwZ 1999, 718.

garage oder bei einer Werbeanlage der Fall ist.[143] Allein auf die materielle Illegalität ist bei genehmigungsfreien Vorhaben abzustellen.

64 Trotz formeller und materieller Illegalität ist der Erlass einer Beseitigungsanordnung ausgeschlossen, **wenn auf andere Weise rechtmäßige Zustände hergestellt werden können.** Bei diesem Gebot handelt es sich um eine **tatbestandliche Ausformulierung des Verhältnismäßigkeitsgrundsatzes**, nämlich um das Gebot des geringstmöglichen Eingriffs. Die Voraussetzung ist nur erfüllt, wenn sich die materielle Legalität des Vorhabens noch erreichen lässt, denn nur dann könnte der Bauherr sein Vorhaben auch formell legalisieren.[144] Maßnahmen zur Herstellung der materiellen Legalität können nur solche sein, die auch die Bauaufsichtsbehörde ergreifen kann.[145] Zu denken ist an Nebenbestimmungen (Rn. 45), die Gestattung von Abweichungen nach § 69 Abs. 1 LBauO (Rn. 106 f.) und von Ausnahmen oder Befreiungen nach § 31 BauGB (Rn. 153 ff.). Ist in Ausübung des Ermessens materielle Genehmigungsfähigkeit möglich,[146] kann die Bauaufsichtsbehörde nach § 81 S. 2 LBauO durch Verwaltungsakt[147] zur Stellung eines Baugesuchs auffordern, um das Vorhaben formell zu legalisieren.

65 Die Voraussetzungen des § 81 LBauO sind gesetzliche Konkretisierungen des eigentumsgrundrechtlich gebotenen **passiven Bestandsschutzes** gegenüber behördlichen Eingriffen i.S.v. Art. 14 Abs. 1 S. 2 GG. § 81 LBauO entfaltet Sperrwirkung für einen unmittelbaren Durchgriff auf Art. 14 Abs. 1 S. 1 GG.[148] Die Legalisierungswirkung der wirksamen Baugenehmigung sorgt dafür, dass sich weder die materielle Illegalität noch nachträgliche Rechtsänderungen zulasten des Bauherrn auswirken. Die geschaffene Anlage genießt im Umfang der Feststellungswirkung (Rn. 43)[149] einen **formellen Bestandsschutz**. Eine derartige Abschirmwirkung kommt dem Bauherrn eines genehmigungsfreien oder formell illegalen Vorhabens nicht zugute. Entsprach allerdings das Bauvorhaben zum Zeitpunkt der Errichtung dem materiellen Baurecht, so genießt die Anlage **materiellen Bestandsschutz**. Dies folgt aus dem Wortlaut des § 81 S. 1 LBauO, der auf den Zeitpunkt der Errichtung abstellt.[150] Dasselbe gilt nach § 81 S. 1 LBauO für Vorhaben, die zwar nicht materiell baurechtsgemäß errichtet wurden, aber zum Zeitpunkt der Entscheidung über die Abrissverfügung[151] materiell legal sind oder materiell legalisiert werden können.

---

143 OVG Berl.-Bbg., LKV 2018, 468 (überdachter Wohnwagen); HessVGH, BRS 52 Nr. 239 (Fertiggarage); ZfBR 2002, 696 (Werbeanlagen); OVG MV, DÖV 2008, 874; OVG SchlH., BRS 54 Nr. 208 (Flutlichtanlage); a.A. *Erbguth/Mann/Schubert*, Rn. 1335.
144 *Kerkmann*, in: Jeromin, § 81 Rn. 34, 45.
145 VGH BadWürtt., VBlBW 2004, 263 (266); dies gilt z.B. nicht für Maßnahmen nach § 175 Abs. 2 i.V.m. § 179 Abs. 1 S. 1 Nr. 1 BauGB, vgl. VG Mainz, Urt. v. 15.1.2008 – 3 K 313/07.MZ – (juris).
146 *Kerkmann*, in: Jeromin, § 81 Rn. 34; strenger HessVGH, BRS 40 Nr. 184: Herstellung rechtmäßiger Verhältnisse nur dann möglich, wenn das Ermessen zugunsten des Bauherrn auf Null reduziert ist.
147 *Kerkmann*, in: Jeromin, § 81 Rn. 45.
148 Dies ist Konsequenz der Nassauskiesungs-Entscheidung, BVerfGE 58, 300; zur Ablehnung verfassungsunmittelbaren *aktiven* Bestandsschutzes BVerwGE 106, 228 (234 ff.); s.a. BVerfG, NVwZ-RR 1996, 483; zur Übertragung auf den passiven Bestandsschutz *Wehr*, DV 38 (2005), 65 (78); *Decker*, S. 519; *Finkelnburg/Ortloff/Otto*, § 13 Rn. 33.
149 Zum geminderten formellen Bestandsschutz im Fall einer im vereinfachten Verfahren nach § 66 LBauO erteilten Baugenehmigung *Decker*, S. 522.
150 *Bahnsen*, Der Bestandsschutz im öffentlichen Baurecht, 2011, S. 192 f.; *Kerkmann*, in: Jeromin, § 81 Rn. 37; andere Konstruktion bei *Decker*, S. 524; krit. *Erbguth/Mann/Schubert*, Rn. 1338.
151 Zu berücksichtigen sind dem Schwarzbauer günstige Rechtsentwicklungen bis zum Zeitpunkt der letzten gerichtlichen Verhandlung, OVG RhPf., GewArch 1965, 236; BVerwGE 5, 351 (352 f.).

Streitträchtig sind die Fälle, in denen ein Vorhaben zum Zeitpunkt der Errichtung formell wie materiell illegal war und – nach zwischenzeitlicher Legalität – nunmehr wieder formeller wie materieller Illegalität verfallen ist. Nach einer Kammerentscheidung des BVerfG soll Bestandsschutz bestehen, wenn das Vorhaben zu irgendeinem Zeitpunkt in der Vergangenheit mit dem Baurecht übereinstimmte.[152] Diese Auffassung lässt sich mit dem Verständnis eines einfachgesetzlichen Bestandsschutzes nicht vereinbaren. Bei einer formell und materiell illegal errichteten Anlage, die nach dem zum Zeitpunkt der Entscheidung über den Abriss geltenden Recht nicht genehmigungsfähig ist, liegen die tatbestandlichen Voraussetzungen für eine Abrissverfügung vor.[153] Erwägungen, den Bestandsschutz von der Dauer der zwischenzeitlichen Legalität abhängig zu machen,[154] sind systematisch dem Ermessen zuzuschlagen (Rn. 72 ff.).[155]

66

dd) **Benutzungsuntersagung:** Nach § 81 S. 1 Alt. 2 LBauO kann die Behörde bei einem Verstoß gegen baurechtliche oder sonstige öffentlich-rechtliche Vorschriften auch die **Benutzung der baulichen Anlage untersagen**, wenn sich nicht anderweitig rechtmäßige Zustände herstellen lassen. Mit diesem Instrument wird vor allem auf ungenehmigte **Nutzungsänderungen** reagiert. Umstritten ist, ob die **formelle Illegalität** der Nutzung ausreichende Eingriffsvoraussetzung ist. Dagegen spricht der Wortlaut von § 81 S. 1 LBauO, der tatbestandlich die fehlende Legalisierungsmöglichkeit verlangt.[156] Gleichwohl lässt das OVG RhPf. die formelle Illegalität für eine Nutzungsuntersagung genügen mit der pragmatischen, aber dogmatisch nicht ganz überzeugenden Erwägung, dass von einer Nutzungsuntersagung weniger weit reichende Wirkungen als von einer Beseitigungsanordnung ausgehen.[157] Hält man mit dem OVG RhPf. die formelle Illegalität der Nutzungsänderung für ausreichend, so ist im Rahmen der Ermessensausübung die materielle Genehmigungsfähigkeit zu berücksichtigen.[158] Die Annahme hingegen, bei genehmigungsfreien oder freigestellten Vorhaben sei stets auf die materielle Illegalität abzustellen,[159] geht von einem unzutreffenden Bezugspunkt aus. Maßgeblich ist im Regelfall nicht die Illegalität der Anlage, sondern die Illegalität der *Nutzung*.[160] Auch Nutzungsänderungen genehmigungsfreier Anlagen bedürfen nach § 61 LBauO vorbehaltlich § 62 Abs. 2 Nr. 5 LBauO der Genehmigung (Rn. 24 f.).

67

ee) **Nachträgliche Anforderungen:** § 85 Abs. 1 LBauO ermöglicht der Bauaufsichtsbehörde, **nachträgliche Anforderungen** auch bei solchen baulichen und anderen Anlagen zu stellen, die rechtmäßig begonnen wurden oder rechtmäßig bestehen. Mit nachträglichen Anforderungen soll auf neuere Erkenntnisse über Gefährdungspotentiale reagiert werden, die sich i.d.R. auch in neuen baurechtlichen Vorschriften niedergeschla-

68

---

152 BVerfG-K, NVwZ 2001, 424.
153 *Decker*, S. 521; *Aichele/Herr*, NVwZ 2003, 415 (420); a.A. *Bahnsen* (Fn. 150), S. 196.
154 *Finkelnburg/Ortloff/Otto*, § 13 Rn. 36 ff.
155 *Lieder*, VBlBW 2005, 81 (84).
156 VGH BadWürtt., BauR 2010, 597; OVG Berl., NVwZ-RR 2001, 229 (230).
157 OVG RhPf., AS 25, 313; NVwZ-RR 2011, 635 (636); Beschl. v. 2.1.2014 – 8 B 11261/13 – (juris, Rn. 3); so auch VG Mainz, Urt. v. 11.11.2015 – 3 K 16/15.MZ – (juris, Rn. 18); VG Neustadt/Weinstr., Urt. v. 18.1.2016 – 3 K 890/15.NW – (juris, Rn. 34); zust. *Kerkmann*, in: Jeromin, § 81 Rn. 87.
158 OVG RhPf., BauR 1999, 103; NVwZ-RR 2011, 635 (637); Beschl. v. 2.1.2014 – 8 B 11261/13 – (juris, Rn. 6); VG Mainz Urt. v. 11.11.2015 – 3 K 16/15.MZ – Rn. 18 (juris); strenger VG Neustadt/Weinstr., Beschl. v. 6.12.2010 – 4 L 1123/10.NW – (juris, Rn. 14 f.): Genehmigungsfähigkeit ist nur bei entsprechendem Antrag zu berücksichtigen; *Kerkmann*, in: Jeromin, § 81 Rn. 91.
159 So *Kerkmann*, in: Jeromin, § 81 Rn. 87; *Kaiser*, Rn. 126.
160 Instruktiv OVG NRW, BauR 2007, 1870.

gen haben.[161] Die Vorschrift gestattet eine Einschränkung des formellen oder bloß materiellen Bestandsschutzes.[162] Nachträgliche Anforderungen sind deshalb nur zulässig, wenn dies zur Abwehr von erheblichen Gefahren für die öffentliche Sicherheit, insb. für Leben oder Gesundheit, erforderlich ist. Die Vorschrift ist, soweit der Schutz von Individualrechtsgütern in Frage steht, **drittschützend**.[163] Bei einer wesentlichen Änderung von formell oder materiell bestandsgeschützten Vorhaben kann nach § 85 Abs. 2 LBauO verlangt werden, dass auch die nicht von der Änderung erfassten Teile mit dem geltenden Recht in Einklang gebracht werden, wenn dies für den Eigentümer nicht mit unzumutbaren Mehraufwendungen verbunden ist.[164]

69 **ff) Betretungsrechte**: Bedienstete der Bauaufsichtsbehörden oder von ihnen beauftragte Personen dürfen Grundstücke und Wohnungen zu Zwecken der Bauaufsicht betreten (§ 59 Abs. 4 LBauO). Die Wahrnehmung der **Betretungsbefugnis** kommt im Baugenehmigungsverfahren, in der Phase der Bauausführung, aber auch nach Abschluss der Bauarbeiten in Betracht. § 59 Abs. 4 S. 2 LBauO gestattet das **Betreten von Wohnungen** nur bei einer dringenden Gefahr für die öffentliche Sicherheit oder Ordnung. Die Vorschrift ist verfassungskonforme Schranke des Grundrechts auf Unverletzlichkeit der Wohnung i.S.v. Art. 13 Abs. 7 GG.[165] Eine dringende Gefahr für die öffentliche Sicherheit ist schon dann anzunehmen, wenn hinreichende Anhaltspunkte für die formelle Illegalität eines Vorhabens vorliegen, denn die baurechtliche Genehmigungspflicht ist ein hochrangiges Rechtsgut.[166] Es ist eine Frage der Verhältnismäßigkeit, ob im Einzelfall das Betreten einer Wohnung zum Zwecke der Sachverhaltsermittlung gerechtfertigt ist.

70 **gg) Generalklausel**: Die **Befugnisgeneralklausel** des § 59 Abs. 1 S. 1 Halbs. 2 LBauO ermächtigt die Bauaufsichtsbehörden, zur Durchführung ihrer Bauaufsichtsaufgaben nach pflichtgemäßem Ermessen die erforderlichen Maßnahmen zu treffen. Die Vorschrift ist **subsidiär** gegenüber den dargestellten speziellen bauaufsichtlichen Eingriffsnormen. Die Generalklausel ist § 9 POG nachgebildet, der den Bauaufsichtsbehörden als Sonderordnungsbehörden i.S.v. § 88 Abs. 2 POG keine Befugnisse gewährt. Dies schließt indes nicht aus, dass den allgemeinen Ordnungsbehörden i.S.v. § 89 POG parallel Befugnisse nach dem POG zukommen.[167]

71 § 59 Abs. 1 S. 1 Halbs. 2 LBauO hat trotz der weit reichenden speziellen Eingriffsbefugnisse einen eigenständigen **Anwendungsbereich** behalten. So deckt die Norm die Verfügung einer (vorläufigen) Baueinstellung bei Baubeginn unter Missachtung von § 77 LBauO[168] oder nachträgliche Anordnungen bei Anlagen, die keinen materiellen Bestandsschutz genießen.[169] In Ergänzung einer auf § 80 LBauO gestützten Baueinstellung können dem Bauherrn nach § 59 Abs. 1 S. 1 Halbs. 2 LBauO Instandhal-

---

161 *Finkelnburg/Ortloff/Otto*, § 15 Rn. 8.
162 OVG RhPf., NVwZ-RR 2005, 318; BauR 2013, 760.
163 OVG RhPf., NVwZ-RR 2005, 318.
164 Zur verfassungsrechtlichen Unbedenklichkeit *Finkelnburg/Ortloff/Otto*, § 15 Rn. 18.
165 OVG RhPf., AS 33, 111 (112 f.).
166 OVG RhPf., AS 33, 111 (114); krit. *Kerkmann/Schmidt*, in: Jeromin, § 59 Rn. 57.
167 OVG RhPf., NVwZ 2013, 184 betr. Sicherstellung eines instandsetzungsbedürftigen Hauses nach § 22 POG; s.a. *Kerkmann/Schmidt*, in: Jeromin, § 59 Rn. 20.
168 *Kerkmann/Schmidt*, in: Jeromin, § 59 Rn. 21a.
169 OVG RhPf., BauR 2013, 760 (761).

tungs- und Baustellensicherungsmaßnahmen auferlegt werden.[170] Schließlich kann § 59 Abs. 1 S. 1 Halbs. 2 LBauO Grundlage für den Erlass von Duldungsverfügungen sein, die der Durchsetzung von Anordnungen dienen, denen wegen privater Rechte Dritter Vollstreckungshindernisse entgegenstehen würden (Rn. 84).[171]

c) **Ermessen.** Die Wahrnehmung sämtlicher bauaufsichtlicher Befugnisse steht im pflichtgemäßen Ermessen der Behörde. Die Rechtsbindungen des Ermessens ergeben sich aus § 40 VwVfG. Die Behörde muss ihr **Entschließungs-** und ihr **Auswahlermessen** ausüben. Besondere Bedeutung hat das Gebot, das Ermessen entsprechend dem Zweck der Ermessenseinräumung auszuüben. Ein Ermessensfehlgebrauch liegt insb. im Verkennen grundrechtlicher Anforderungen, vor allem des Verhältnismäßigkeitsgebots.[172] Spezifisch baurechtliche Fragen werfen Verfügungen nach §§ 80, 81 LBauO auf.

Der Erlass einer **Einstellungsanordnung** kann wegen des Zwecks der Vorschrift im Regelfall allein auf die formelle Illegalität der Bauarbeiten gestützt werden. Nur bei ganz geringfügigen formellen Verstößen kann unter Verhältnismäßigkeitsgesichtspunkten die offensichtliche materielle Genehmigungsfähigkeit in der Ermessensausübung Berücksichtigung finden.[173] Ob es insoweit der Rechtsfigur des intendierten Ermessens bedarf,[174] erscheint fraglich. Eine Sollensanordnung hätte der Gesetzgeber im Wortlaut zum Ausdruck bringen müssen.[175]

Auch für den Erlass einer **Beseitigungsanordnung** wird vielfach ein intendiertes Ermessen angenommen.[176] Da die Beseitigungsanordnung aber i.d.R. auf eine vollständige Substanzzerstörung gerichtet ist, kommt dem eigentumsrechtlichen **Verhältnismäßigkeitsgebot** steuernde Kraft zu. Weniger einschneidend als ein vollständiger Abriss ist ein Benutzungsverbot oder eine teilweise Beseitigung, wenn z.B. eine Einfriedungsmauer die zulässige Höhe überschreitet und teilweise abgetragen werden kann.[177] Die Erwägung hingegen, bei nur geringfügigen materiellen Verstößen sei eine Beseitigungsanordnung unverhältnismäßig ieS, überzeugt nicht, da sie die strikten Vorgaben des Baurechts sanktionslos stellt.[178] Wegen der Grundstücksbezogenheit des öffentlichen Baurechts sind auch die wirtschaftlichen Interessen des Bauherrn kein ermessensbeachtlicher Belang.[179]

---

170 OVG RhPf., AS 24, 294 (295 f.).
171 VG Neustadt/Weinstr., Beschl. v. 17.3.2016 – 4 L 102/16.NW – (juris, Rn. 5); zu § 59 LBauO als Grundlage für die Durchsetzung öffentlicher Baulasten OVG RhPf., NVwZ-RR 2010, 137.
172 *Jestaedt*, in: Ehlers/Pünder, Allg. Verwaltungsrecht, 15. Aufl. 2016, § 11 Rn. 61 f.
173 OVG SchlH., NordÖR 2006, 361 (362): Überschreiten der genehmigten Firsthöhe um 5 cm; *Kerkmann*, in: Jeromin, § 80 Rn. 17; offen gelassen von OVG RhPf., NuR 2004, 398 (399); a.A. VG Neustadt/Weinstr., Beschl. v. 17.2.2003 – 4 L 239/03.NW – (juris).
174 OVG MV, NordÖR 2009, 123; ThürOVG, ThürVBl. 2002, 89 (90); OVG NRW, BauR 1999, 626 (627); *Kerkmann*, in: Jeromin, § 80 Rn. 13.
175 Aus der überwiegend krit. Lit. *Beaucamp*, JA 2006, 74 (77 f.); *Volkmann*, DÖV 1996, 281; *Borowski*, DVBl. 2000, 149; *Maurer/Waldhoff*, Allg. Verwaltungsrecht, 19. Aufl. 2017, § 7 Rn. 12; *Kaiser*, Rn. 140.
176 NdsOVG Beschl. v. 9.3.2012 – 1 LA 254/09 – (juris, Rn. 63); OVG Hbg., NordÖR 2010, 29 (32 f.); VGH BadWürtt., VBlBW 2004, 263 (267).
177 OVG RhPf., BauR 2012, 77; VG Mainz, Urt. v. 11.11.2015 – 3 K 431/15. MZ – (juris); s.a. BVerwG, NVwZ-RR 1997, 273.
178 Wie hier OVG NRW, NVwZ-RR 2000, 205; *Kerkmann*, in: Jeromin, § 81 Rn. 59; a.A. OVG RhPf., Urt. v. 7.12.2005 – 8 A 11062/05.OVG.
179 OVG RhPf., NVwZ 2008, 164; VG Neustadt/Weinstr., Beschl. v. 6.12.2010 – 4 L 1123/10.NW – (juris, Rn. 20); *Kerkmann*, in: Jeromin, § 81 Rn. 48; s.a. OVG Berl.-Bbg., LKV 2018, 468: Unbeachtlichkeit der psychischen Verfassung des Bauherrn.

75 Wenn **mehrere illegale Zustände** bestehen, wie z.B. ganze Siedlungen schwarz errichteter Wochenendhäuser im Außenbereich, nimmt der **Gleichheitssatz** eine prominente Rolle ein. Die Vergleichbarkeit wird durch den engen räumlichen Zusammenhang gebildet.[180] Als Willkürverbot verbietet Art. 3 Abs. 1 GG der Behörde, gegen ein Vorhaben mit einer Beseitigungsanordnung vorzugehen, ein vergleichbares Vorhaben hingegen aktiv zu dulden oder es zu genehmigen.[181] Der Behörde ist es aber schon aus Kapazitätsgründen nicht verwehrt, »anlassbezogen« vorzugehen und sich bei Vorliegen sachlicher Gründe zunächst auf die Regelung von Einzelfällen zu beschränken.[182] Befinden sich in einem abgrenzbaren Baugebiet eine Vielzahl illegaler Anlagen, kann die Behörde aber gehalten sein, alsbald eine Bestandsaufnahme der Schwarzbauten zu erstellen und auf dieser Grundlage ein Gesamtkonzept zu entwickeln, in dem die Eingriffskriterien und die Reihenfolge des Vorgehens dokumentiert werden.[183]

76 Wenn die Bauaufsichtsbehörde in Ausübung ihres Entschließungsermessens von einer Beseitigungsanordnung absieht, stellt sich die Frage, ob in einer andauernden Untätigkeit eine behördliche **Duldung** liegt, die eine Bindung des Ermessens für die Zukunft wegen des beim Bauherrn entstandenen Vertrauens bewirkt. Indes kann eine bloße Untätigkeit auch über einen langen Zeitraum ein schutzwürdiges Vertrauen nicht begründen.[184] Hierzu bedarf es eines aktiven, rechtserheblichen Handelns der Behörde. Eine aktive Duldung kann in einer Duldungszusage (§ 38 VwVfG), einem Duldungsvertrag (§§ 54 ff. VwVfG) oder einem Duldungsverwaltungsakt liegen, der Inhalt und Grenzen des geduldeten Vorhabens festlegt.[185]

77 **d) Anspruch auf baupolizeiliches Einschreiten.** Die Ermessensbindungen der Bauaufsichtsbehörde erhalten besonderes Gewicht, wenn ein baupolizeiliches Einschreiten durch einen Nachbarn begehrt wird. Der Nachbar besitzt als Dritter mitnichten einen allgemeinen Anspruch auf fehlerfreie Ermessensausübung. Vielmehr ist für den **Drittschutz** die Art des baurechtlichen Verstoßes entscheidend. So kann ein Nachbar nicht wegen des Fehlens einer Baugenehmigung eine Einstellungsanordnung begehren, denn das Genehmigungserfordernis nach § 61 LBauO ist nicht drittschützend.[186] Sind die Bauarbeiten hingegen materiell baurechtswidrig, so entscheidet die drittschützende Natur dieser Vorschriften über einen Anspruch auf fehlerfreie Ermessensausübung.

78 Nach traditioneller Rechtsprechung erwächst dem Nachbarn bei einem Verstoß gegen drittschützendes Baurecht nur dann im Wege einer Ermessensreduzierung auf Null ein **Anspruch auf Erlass einer Einstellungsverfügung**, wenn zugleich eine wesentliche, intensive Gefährdung seiner Rechtsgüter droht.[187] Damit ist der Nachbar, der in der Bauphase einen Schutzanspruch gegen ein genehmigungsfreies oder freigestelltes Vorhaben geltend macht, schlechter gestellt als derjenige, der zur Verhinderung von Bau-

---

180 VGH BadWürtt., NVwZ-RR 1997, 465; OVG MV, DÖV 2008, 874 (876).
181 BVerwG, BRS 57 Nr. 248.
182 BVerwG, NVwZ-RR 1992, 360; NVwZ-RR 1997, 273 (274); VG Koblenz, Urt. v. 18.1.2005 – 7 K 2225/04.KO – (juris, Rn. 23).
183 ThürOVG, ThürVBl. 2010, 270 (271); OVG Brem., ZfBR 1995, 108; zu Konzeptpflichten bei baurechtlichem Einschreiten gegen Prostitutionsbetriebe OVG RhPf., NVwZ-RR 2010, 757.
184 OVG RhPf., DVBl. 2011, 1107; VG Mainz, Urt. v. 11.11.2015 – 3 K 16/15.MZ – (juris, Rn. 31).
185 OVG RhPf., BauR 2012, 631, sog. *Pirmasenser Amnestie*; zu den Folgen einer aktiven Duldung für Dritte OVG RhPf., BauR 2012, 1634 (1636).
186 BVerwG, NVwZ 1998, 58; OVG RhPf., BauR 2012, 77 (78).
187 VGH BadWürtt., VBlBW 1992, 103 (104); NdsOVG, NdsVBl. 2009, 44 (45).

arbeiten eine Baugenehmigung wegen Verletzung drittschützender Vorschriften anficht. Nach einer Auffassung muss die mit der Genehmigungsfreiheit angestrebte Privatisierung auch im Verhältnis zum Nachbarn zum Tragen kommen. Deshalb sei bei der Ermessensausübung zu berücksichtigen, dass der Nachbar Rechtsschutz nach § 1004 Abs. 1 i.V.m. §§ 906, 823 Abs. 2 BGB erlangen könne.[188] Die Mehrzahl der Gerichte und das überwiegende Schrifttum haben hingegen die Anforderungen an die Ermessensreduzierung auf Null herabgesetzt und gewähren dem Nachbarn einen Anspruch auf Erlass einer Einstellungsverfügung schon dann, wenn der Verstoß gegen drittschützende Vorschriften den Nachbarn mehr als geringfügig beeinträchtigt.[189] Mit dieser vorzuziehenden Sichtweise wird eine weitgehende Harmonisierung der materiellen Schutzstandards erreicht, die sich in einer prozessualen Synchronisierung fortsetzt (Rn. 191).

Grundsätzlich führt jeder Verstoß gegen drittschützende Vorschriften auch zu einem **Anspruch auf Erlass einer Beseitigungsanordnung**.[190] Ist eine Abrissverfügung auch bei einem geringfügigen materiellen Verstoß nicht unangemessen (Rn. 74), so kann auch der Nachbar den Erlass einer Beseitigungsordnung z.B. wegen einer geringfügigen, aber nicht zulassungsfähigen Abweichung (§ 69 LBauO) von den vorgeschriebenen Abstandsflächen verlangen. Er kann aber sein Abwehrrecht **verwirken**, wenn er über einen langen Zeitraum untätig geblieben ist oder weitere Umstände hinzutreten, welche die Geltendmachung als treuwidrig erscheinen lassen.[191] 79

e) **Verantwortlichkeit.** Bauaufsichtliche Verfügungen sind an einen Verantwortlichen i.S.v. §§ 54–57 LBauO zu adressieren. Während der Bauphase besteht eine **Verhaltenshaftung des Bauherrn** (§ 54 Abs. 1 LBauO). In seinem Wirkungskreis ist zudem der Bauunternehmer dafür verantwortlich, dass die Bauarbeiten baurechtsgemäß ausgeführt und die Baustelle ordnungsgemäß eingerichtet und sicher betrieben wird (§ 57 Abs. 1 LBauO). Nach Abschluss der Bauarbeiten (Unterhaltungsphase) gilt ein System der **Zustandshaftung**. Verantwortliche Personen sind Bauherr, Eigentümer bzw. Erbbauberechtigter und der Besitzer als Inhaber der tatsächlichen Gewalt über eine bauliche Anlage (§ 54 Abs. 2 LBauO). Nach § 59 Abs. 2 LBauO i.V.m. § 7 POG ist die Inanspruchnahme von **Nichtstörern** möglich. 80

Der Aufbau von § 54 LBauO darf nicht zu einem Trennungsdenken verführen.[192] Systematisch ist **§ 54 Abs. 2 LBauO die Grundnorm**, die durch § 54 Abs. 1 LBauO erweitert wird. Während der Bauphase dürfen deshalb auch Maßnahmen gegen die in § 54 Abs. 2 LBauO genannten Verantwortlichen als »andere am Bau Beteiligte« i.S.v. § 54 Abs. 1 LBauO ergehen.[193] Umgekehrt endet die Verhaltenshaftung der nur nach § 54 81

---

188 NdsOVG, NdsVBl. 2009, 44 (47); tendenziell BVerwG, NVwZ 1998, 395; s.a. *Manssen*, NVwZ 1996, 144 (146); *Schmaltz*, NdsVBl. 1995, 241.
189 VGH BadWürtt., BauR 1995, 219 (220); s.a. OVG MV, NuR 2004, 115; OVG NRW, BauR 1999, 379 (380); *Bamberger*, NVwZ 2000, 983 (986 ff.); *Kaiser*, Rn. 187 ff.
190 *Kerkmann*, in: Jeromin, § 81 Rn. 78; OVG RhPf., NVwZ-RR 2001, 290 (291); 2010, 385; für Bagatellgrenze hingegen OVG RhPf., BauR 2012, 77; NVwZ-RR 2016, 764 Rn. 10.
191 OVG RhPf., BauR 2011, 1805; VG Neustadt/Weinstr., Urt. v. 27.10.2011 – 4 K 339/11.NW – (juris, Rn. 26 ff.).
192 Die Zuordnung zur Bau- oder Unterhaltungsphase ist aber beachtlich, wenn eine baurechtliche Gefahr mehrere Grundstücke betrifft, instruktiv OVG RhPf., BauR 2012, 471.
193 *Kerkmann/Schmidt*, in: Jeromin, § 54 Rn. 9; a.A. VG Koblenz Urt. v. 1.7.2010 – 7 K 352/10.KO – (juris, Rn. 31).

Abs. 1 LBauO Beteiligten nicht notwendig mit dem Abschluss der Bauarbeiten. So haften Bauunternehmer für spätere Folgen eines baurechtswidrigen Handelns und unterliegen überdies nachwirkenden Pflichten.[194]

82 Bei mehreren Verantwortlichen ist eine **Störerauswahl** zu treffen, die Bestandteil des Auswahlermessens ist. Im Dienste einer effektiven Bauaufsicht ist die Person in Anspruch zu nehmen, die am ehesten einen Beitrag zur zeitnahen Abwendung der Gefahr leisten kann.[195] Ein grundsätzlicher Vorrang der Heranziehung des Verhaltens- vor dem Zustandsstörer besteht nicht.[196] Der Behörde ist uU schon gesetzlich die Inanspruchnahme eines bestimmten Störers vorgegeben (s. § 82 LBauO).

83 Eine **Baueinstellungsverfügung** nach § 80 LBauO ist an die Person zu richten, die für eine sofortige Einstellung der Bauarbeiten sorgen kann. Verantwortlicher Bauherr kann iS eines materiellen Bauherrnbegriffs (§ 63 Abs. 5 LBauO)[197] auch der Mieter einer baulichen Anlage sein, der eigenmächtig Bauarbeiten durchführt.[198] Eine **Beseitigungsanordnung** oder eine **Benutzungsuntersagung** kann nach § 81 S. 1 LBauO gegenüber Handlungs- und Zustandsstörern ergehen. Es ist aus Effizienzgründen ermessensgerecht, den Zustandsstörer heranzuziehen, wenn z.B. der Handlungsstörer insolvent oder nicht greifbar ist.[199] Grenzen einer Zustandshaftung des Eigentümers setzt Art. 14 Abs. 1 GG.[200]

84 Wenn eine bauliche Anlage im Eigentum mehrerer Personen steht oder der Eigentümer nicht die tatsächliche Sachherrschaft ausübt, kann die Bauaufsichtsbehörde entweder gegen alle Störer vorgehen oder sich auf die Heranziehung eines Störers beschränken. Eine Beseitigungsanordnung oder Benutzungsuntersagung muss nicht an alle Mitberechtigten adressiert werden. Entgegenstehende private Rechte Dritter berühren nicht die Rechtmäßigkeit der bauaufsichtlichen Verfügung, sondern allein ihre Vollstreckbarkeit.[201] Soll die Anordnung zwangsweise durchgesetzt werden, bedarf es aber des Erlasses einer auf § 59 Abs. 1 S. 1 LBauO gestützten **Duldungsverfügung** gegenüber dem Dritten (Rn. 71),[202] die seinen entgegenstehenden Willen ausräumt.[203]

85 Von erheblicher praktischer Bedeutung ist die **Rechtsnachfolge** in bauaufsichtliche Anordnungen. § 81 S. 3 LBauO ordnet die Rechtsnachfolge in Benutzungsuntersagungen und Beseitigungsanordnungen an. Da sich aber die Stellung des Rechtsnachfolgers von derjenigen des Rechtsvorgängers ableitet, tritt z.B. der Mieter nicht in durch Verfü-

---

194 HessVGH, BRS 39 Nr. 98: Pflicht des Bauunternehmers zur Baustellensicherung nach Insolvenz des Bauherrn.
195 OVG RhPf., NVwZ-RR 2010, 755; krit. zu diesem Ansatz *Milstein*, NVwZ 2019, 335.
196 A.A. *Erbguth/Mann/Schubert*, Rn. 1345.
197 OVG RhPf., BRS 17 Nr. 146; *Schmidt*, in: Jeromin, § 55 Rn. 2.
198 BVerwG, NVwZ 1988, 730 für Nutzungsänderungen; *Kerkmann*, in: Jeromin, § 80 Rn. 30.
199 OVG RhPf., NVwZ-RR 2010, 755: Inanspruchnahme des Eigentümers bei häufig wechselnden Nutzungsverhältnissen (Wohnungsprostitution); *Kerkmann*, in: Jeromin, § 81 Rn. 71 m.w.N.
200 BVerfGE 102, 1.
201 BVerwGE 40, 101 (103); OVG Hbg., ZfBR 2005, 580 (581); OVG NRW, NVwZ-RR 1998, 76; modifizierend *Beckermann/Wenzel*, DVBl. 2019, 1345.
202 Keine Dritte ist die Ehefrau, die mit ihrem Gatten je zur ideellen Hälfte Rechtsnachfolgerin geworden ist, NdsOVG, NJW 2011, 2228.
203 BVerwGE 40, 101 (103); OVG RhPf., Urt. v. 11.10.2007 – 1 A 10555/07.OVG – (juris, Rn. 18); VG Neustadt/Weinstr., Beschl. v. 17.3.2016 – 4 L 102/16.NW – (juris, Rn. 5 f.): keine Notwendigkeit einer Duldungsverfügung gegenüber dem Eigentümer bei einer auf Unterlassung gerichteten Nutzungsuntersagung gegenüber dem Mieter.

gung auferlegte Pflichten des Eigentümers ein.[204] Dagegen ist eine Rechtsnachfolge in die Baueinstellungsverfügung nicht vorgesehen. Da die Auferlegung öffentlich-rechtlicher Pflichten einer normativen Grundlage bedarf, findet eine Rechtsnachfolge nicht statt.[205]

f) **Durchsetzung bauaufsichtlicher Anordnungen.** Bauaufsichtliche Verfügungen können unter den Voraussetzungen des § 80 Abs. 2 S. 1 Nr. 4 VwGO für sofort vollziehbar erklärt werden. Da die Verhinderung gesetzwidriger Bauarbeiten stets im öffentlichen Interesse liegt, fällt das besondere Interesse am Sofortvollzug einer **Baueinstellungsverfügung** zumeist mit dem allgemeinen Interesse am Erlass der Anordnung zusammen.[206] Lässt man für eine **Benutzungsuntersagung** bereits die formelle Illegalität der Nutzung genügen (Rn. 67), ist der Sofortvollzug durch die Erwägung gerechtfertigt, dass der rechtsuntreue Bürger keine Nutzungsvorteile gegenüber denjenigen erhalten soll, die ordnungsgemäß ein Genehmigungsverfahren betreiben, zudem der Gefahr von Nachahmungen vorgebeugt werden soll.[207] Hingegen darf eine **Beseitigungsanordnung** in aller Regel nicht für sofort vollziehbar erklärt werden, da dies die Hauptsache vorwegnähme. Anderes kann nur gelten, wenn sich die Anlage wie z.B. eine Werbeanlage ohne Substanzverlust beseitigen lässt.[208]

86

Bauaufsichtliche Anordnungen können nach §§ 61 ff. LVwVG **vollstreckt** werden. Als **Zwangsmittel** kommen das Zwangsgeld (§ 64 LVwVG) und zur Durchsetzung einer Beseitigungsanordnung als einer vertretbaren Handlung auch eine Ersatzvornahme (§ 63 LVwVG) in Betracht.[209] Ultima ratio ist die Anwendung unmittelbaren Zwangs (§ 65 Abs. 1 LVwVG). Als besonderes, zusätzliches Zwangsmittel zur Durchsetzung einer Einstellungsverfügung sieht § 80 Abs. 2 LBauO die Versiegelung der Baustelle und die Sicherstellung der Baugegenstände in entsprechender Anwendung von §§ 22 ff. POG vor. Nach § 59 Abs. 2 LBauO sind die Bauaufsichtsbehörden auch zur **unmittelbaren Ausführung** von Maßnahmen nach § 6 POG befugt.

87

Voraussetzung der zwangsweisen Durchsetzung ist die Bestandskraft oder die sofortige Vollziehbarkeit der bauaufsichtlichen Verfügung (§ 2 LVwVG). Die sofortige Vollziehbarkeit der Einstellungsverfügung ist auch Voraussetzung für Maßnahmen nach § 80 Abs. 2 LBauO.[210] Von der Bestandskraft oder sofortigen Vollziehbarkeit der Grundverfügung ist der Rechtsschutz gegen die Vollstreckung zu unterscheiden. Rechtsbehelfe gegen Maßnahmen der Verwaltungsvollstreckung haben nach § 20 AGVwGO keine aufschiebende Wirkung. Dies gilt auch für Maßnahmen nach § 80 Abs. 2 LBauO, soweit sie nicht nur Realakt, sondern auch hoheitliche Regelung

88

---

204 BayVGH, NJW 1993, 82; wohl aber kann ein Nachmieter in die durch Verfügung auferlegten Pflichten des Vormieters einrücken, HessVGH, BauR 2015, 636.
205 *Kerkmann*, in: Jeromin, § 80 Rn. 26.
206 *Kerkmann*, in: Jeromin, § 80 Rn. 31; s.a. VGH BadWürtt., VBlBW 2005, 238.
207 *Kerkmann*, in: Jeromin, § 81 Rn. 97; VGH BadWürtt., BauR 2007, 1217 (1219); OVG NRW, NVwZ-RR 2003, 482.
208 OVG MV, DÖV 2008, 874; *Finger/Loebbecke*, VBlBW 2007, 166 (170).
209 Zu Ermessenskriterien bei der Wahl des Zwangsmittels VG Neustadt/Weinstr., Urt. v. 10.2.2009 – 5 K 1135/08.NW – (juris, Rn. 29 ff.).
210 *Kerkmann*, in: Jeromin, § 80 Rn. 39; a.A. *Finkelnburg/Ortloff/Otto*, § 12 Rn. 6 ff.

sind.[211] Da entgegenstehende Rechte Dritter ein Vollstreckungshindernis sind, bedarf es bei mehreren Störern ggf. des Erlasses einer Duldungsverfügung (Rn. 84).

IV. Materielles Bauordnungsrecht

89 Die materiellen Anforderungen an bauliche Vorhaben finden sich in **allen Rechtsquellen des Bauordnungsrechts**. Sie sind vielfach technischer Natur, weshalb sich die folgende Darstellung auf die Anforderungen konzentriert, die in der praktischen Anwendung Rechtsprobleme aufwerfen. Nach der **Systematik der LBauO** normieren §§ 3–5 LBauO generalklauselartig formulierte Anforderungen. Von diesen hat allein das Verunstaltungsverbot nach § 5 LBauO eigenständige Bedeutung (Rn. 100 ff.), während die programmatisch formulierten sozialen und ökologischen Anforderungen nach § 4 LBauO vor allem nach Maßgabe spezieller Vorgaben Relevanz erlangen. Die Generalklausel in § 3 LBauO fungiert als klassische Auffangnorm (Rn. 105). Die materiellrechtlichen Anforderungen lassen sich unterscheiden in solche, die am Grundstück und seiner Bebaubarkeit ansetzen, und diejenigen, welche die bauliche Anlage zum Ausgangspunkt nehmen.

90 **1. Das Grundstück und seine Bebaubarkeit. a) Allgemeine Anforderungen.** §§ 6, 7 LBauO stellen aus gefahrenabwehrrechtlicher Perspektive Anforderungen an die **Eignung des Grundstücks** für die geplante Bebauung und ergänzen insoweit das Bauplanungsrecht. So muss das zu bebauende Grundstück **altlastenfrei** sein (§ 6 Abs. 1 LBauO). Des Weiteren müssen die leitungsgebundene **Erschließung** für Wasserversorgung und Abwasserentsorgung und die wegemäßige Erschließung gewährleistet sein (§ 6 Abs. 2 LBauO). Letztere verlangt insb. auch **Zu- und Durchfahrten für Rettungsfahrzeuge** der Feuerwehr (§ 7 LBauO).

91 **b) Abstandsflächen.** Konfliktträchtig sind die Regelungen über die erforderlichen Abstandsflächen nach § 8 LBauO. Abstandsflächen sind die Flächen, die vor Außenwänden von Gebäuden freizuhalten sind (§ 8 Abs. 1 S. 1 LBauO). Sie müssen sich im Regelfall auf dem zu bebauenden Grundstück befinden (§ 8 Abs. 2 S. 1 LBauO) und berechnen sich nach der Höhe des Gebäudes (§ 8 Abs. 4 S. 1 LBauO). Bei einem Gebäude mit 10 m Wandhöhe ist die von der Bebauung freizuhaltende Abstandsfläche 4 m (§ 8 Abs. 6 S. 1 LBauO), die Mindestabstandsfläche beträgt 3 m (§ 8 Abs. 6 S. 3 LBauO). Auch Anlagen, die wie Windräder gebäudegleiche Wirkung haben, müssen Abstandsflächen einhalten (§ 8 Abs. 8 LBauO).[212]

92 **Funktion** der Abstandsflächen ist die ausreichende Belichtung, Belüftung und Besonnung nicht nur des zu bebauenden Grundstücks, sondern auch des Nachbargrundstücks. Insoweit ist die generell **drittschützende Natur** von § 8 LBauO unbestritten.[213] Ob die Abstandsflächen in Anbetracht der knappen Maße dem Nachbarn zudem ein

---

211 So *Kerkmann*, in: Jeromin, § 80 Rn. 37, mit der Konstruktion der Maßnahmen nach § 80 Abs. 2 LBauO als Verwaltungsakt auf Duldung.
212 Zum gebotenen Abstand von Windenergieanlagen OVG RhPf., NVwZ-RR 2011, 759 (763); DVBl. 2012, 373 (374); s.a. § 8 Abs. 10 S. 2 LBauO; zum Streit um ohne eigene Abstandsflächen nach § 8 Abs. 8 S. 3 LBauO zulässige Einfriedungsmauern instruktiv OVG RhPf., BauR 2012, 77.
213 OVG RhPf., AS 22, 1; 28, 65 (67 f.); zu § 8 Abs. 9 LBauO OVG RhPf., NVwZ- RR 2005, 19; s. nunmehr § 8 Abs. 9 S. 4 Halbs. 2 LBauO, der im Umkehrschluss Indiz für den generellen Nachbarschutz des Abstandsflächengebots ist.

gewisses Maß an Privatheit und »Sozialabstand« sichern können, ist zweifelhaft.[214] Außerhalb der Funktion und damit auch **jenseits des Anwendungsbereichs des Abstandsflächenrechts** liegen die Gefahren, die vom Eiswurf durch die Rotoren von Windenergieanlagen ausgehen. Ihnen ist mit Maßnahmen des technischen Sicherheitsschutzes zu begegnen.[215] Auch die »angemessenen Abstände« zwischen sog. Störfallanlagen und anderen Bauten sind als Sicherheitsproblem nicht durch das Abstandsflächenrecht, sondern i.d.R. bauplanerisch zu bewältigen.[216]

Da § 8 LBauO Regelungen über die bauliche Ausnutzung des Grundstücks trifft, ist sein **Verhältnis zum Bauplanungsrecht** zu bestimmen. Die Einhaltung der Abstandsflächen schließt einen Verstoß gegen das **Rücksichtnahmegebot** des § 15 BauNVO (Rn. 151) nicht aus.[217] Das OVG RhPf. sieht zwar die Regelungen des § 8 LBauO hinsichtlich der traditionellen Schutzzwecke als abschließend an.[218] Die Einhaltung der Abstandsflächen sperrt aber nicht die Annahme planungsrechtlicher Rücksichtslosigkeit, wenn von dem Vorhaben eine optisch bedrängende oder erdrückende Wirkung ausgeht.[219] Nach **§ 9 Abs. 1 Nr. 2a BauGB** kann sogar unmittelbar im Bebauungsplan die Tiefe der Abstandsflächen festgesetzt werden. Hierdurch soll es den Gemeinden ermöglicht werden, aus städtebaulichen Gründen **größere oder geringere Abstandsflächen** festzusetzen, die Vorrang vor § 8 LBauO haben.[220] **§ 8 Abs. 11 LBauO** nimmt u.a. auf derartige Festsetzungen Bezug.[221] Insgesamt zeigt sich, dass die Bedeutung des zentimetergenauen Abstandsflächenrechts[222] zugunsten des Planungsrechts zurückgedrängt wird.[223] 93

c) **Stellplätze.** Die LBauO stellt Anforderungen an die **Ausstattung von Grundstücken**.[224] Praktisch bedeutsam ist die Verpflichtung zur **Errichtung von Kfz-Stellplätzen** nach § 47 LBauO. Durch diese Pflicht sollen dem durch ein bebautes Grundstück ausgelösten Bedarf an Parkraum Rechnung getragen und die öffentlichen Straßen dem fließenden Verkehr vorbehalten werden. Bauliche Anlagen, bei denen ein Zugangs- und Abfahrtsverkehr zu erwarten ist, dürfen nur errichtet werden, wenn eine ausreichende Anzahl von Stellplätzen oder Garagen hergestellt werden (§ 47 Abs. 1 S. 1 LBauO). Die Stellplätze sind auf dem Grundstück oder in zumutbarer Entfernung herzustellen (§ 47 Abs. 3 S. 1 LBauO). Die Beachtung der Stellplatzpflicht ist echte Ge- 94

---

214 So aber OVG RhPf., NVwZ-RR 2006, 768 (769); BeckRS 2019, 16622 Rn. 20; skeptisch *Jeromin*, in: ders., § 8 Rn. 2; *Happ*, BayVBl. 2014, 65.
215 OVG RhPf., NVwZ-RR 2006, 768; 2011, 759.
216 Zur Bedeutung im Baugenehmigungsverfahren s. EuGH, Slg 2011, I-8311 – *Müksch*; dazu *Uechtritz*, BauR 2012, 1039; s.a. § 67 Abs. 1 S. 2 Nr. 3, § 70 Abs. 6 LBauO.
217 BVerwG, BauR 1999, 615.
218 OVG RhPf., Beschl. v. 19.5.1998 – 1 B 10958/98.OVG –; a.A. VGH BadWürtt., BRS 59 Nr. 189.
219 *Jeromin*, in: ders., § 8 Rn. 10 f. m.w.N.; s.a. OVG RhPf., NVwZ-RR 2006, 768 (769); BeckRS 2019, 16622 Rn. 21, 29 ff.
220 *Mitschang/Reidt*, in: Battis/Krautzberger/Löhr, § 9 Rn. 31; anders BT-Drucks. 16/3308, S. 17: nur Festsetzung größerer Abstandsflächen. Gemäß § 88 Abs. 1 Nr. 4 LBauO können auch durch örtliche Bauvorschriften abweichende Abstandsflächen festgesetzt werden.
221 S. LT-Drucks. 16/4333, S. 36.
222 Anschaulich OVG RhPf., DVBl. 2012, 373.
223 S. auch die spezielleren Vorgaben in § 8 Abs. 1 S. 2–4 LBauO, die dem Vorrang von § 30 Abs. 1 BauGB i.V.m. § 22 Abs. 3, § 23 BauNVO Rechnung tragen; VG Mainz, BeckRS 2017, 134079 Rn. 17 ff.; s.a. § 6 Abs. 1 S. 3 Nr. 2 MBO 2016 für einen Vorrang von § 34 BauGB; *Erbguth/Mann/Schubert*, Rn. 1264; krit. dazu *Otto*, ZfBR 2014, 24.
224 S. auch das Gebot zur Errichtung von Kinderspielplätzen nach § 11 Abs. 1 LBauO.

nehmigungsvoraussetzung, deren Erfüllung dem Bauherrn zumeist durch eine Nebenbestimmung auferlegt wird (Rn. 45 u. 181).

95 Die Anzahl der erforderlichen Stellplätze richtet sich nach der Zahl der Kfz der Benutzer und Besucher der baulichen Anlage (§ 47 Abs. 1 S. 2 LBauO). Dieses Kriterium wird durch eine **norminterpretierende Verwaltungsvorschrift** konkretisiert, die Richtzahlen benennt.[225] Allerdings sind die Gemeinden befugt, durch Satzungserlass nach § 88 Abs. 1 Nr. 8 LBauO (Rn. 8) die Zahl der erforderlichen Stellplätze **abweichend** zu bestimmen. Die Gemeinden können zudem für Teile des Gemeindegebiets durch Satzung die Herstellung von Stellplätzen aus städtebaulichen oder verkehrlichen Gründen untersagen (§ 88 Abs. 3 Nr. 3 LBauO).[226]

96 Ist die Herstellung von Stellplätzen auf dem Grundstück oder auf einem anderen Grundstück in zumutbarer Entfernung aus tatsächlichen oder rechtlichen Gründen nicht möglich, kann der Bauherr mit Zustimmung der Gemeinde seine Verpflichtung nach § 47 Abs. 1 u. 2 LBauO durch Zahlung eines Geldbetrags »erfüllen« (§ 47 Abs. 4 LBauO). Die Geldleistung hat Surrogatcharakter und führt zum Erlöschen der Primärverpflichtung.[227] Die **Ablösung der Stellplatzverpflichtung** bedarf einer satzungsförmigen Grundlage. Der Betrag kann durch Bescheid festgesetzt werden, zulässig und gebräuchlich sind auch Ablösungsvereinbarungen in Form öffentlich-rechtlicher Verträge.[228] **Die Verwendung** des Geldbetrags ist zweckgebunden. Er darf eingesetzt werden für investive Maßnahmen zur Verbesserung des öffentlichen Personennahverkehrs (§ 47 Abs. 5 Nr. 2 LBauO), um den Straßenraum vom motorisierten Individualverkehr zu entlasten.

97 **d) Öffentliche Baulast.** Die grundstücksbezogenen Anforderungen wie z.B. eine Zufahrt zu den öffentlichen Verkehrsflächen nach § 6 LBauO müssen dauerhaft gesichert sein. Die Bestellung einer **öffentlichen Baulast** dient der Ausräumung von Hindernissen, die einer Bebauung entgegenstehen. Durch freiwillige Erklärung gegenüber der Bauaufsichtsbehörde kann ein Grundstückseigentümer öffentlich-rechtliche Verpflichtungen zu einem grundstücksbezogenen Tun, Dulden oder Unterlassen übernehmen, die sich nicht bereits aus öffentlich-rechtlichen Vorschriften ergeben (§ 86 Abs. 1 S. 1 LBauO). Die öffentlich-rechtliche Willenserklärung begründet ein Verwaltungsrechtsverhältnis zwischen dem Eigentümer und der Bauaufsichtsbehörde. Als dingliche Last geht die Baulast auf den Rechtsnachfolger über (§ 86 Abs. 1 S. 2 LBauO). Zu unterscheiden sind **eigennützige und fremdnützige** Baulasten, bei denen ein Grundstückseigentümer Baulasten zugunsten des Bauherrn übernimmt. Die Rechtsbeziehungen zwischen den Grundstückseigentümern bleiben zivilrechtlicher Natur.[229] Die öffentliche

---

225 Verwaltungsvorschrift des Ministeriums der Finanzen über die Zahl, Größe und Beschaffenheit der Stellplätze für Kraftfahrzeuge v. 24.7.2000, MinBl. S. 231.
226 OVG RhPf., BauR 2013, 1265; UPR 2012, 73; zur kompetenziellen Problematik BVerwG, BauR 2005, 1768.
227 BVerfG, UPR 2009, 229; BVerwG, BauR 2005, 375 (378). Die finanzverfassungsrechtliche Zulässigkeit ist umstritten, wenn eine gemeindliche Satzung die Erstellung von Stellplätzen verhindert, abl. *Schröer*, NVwZ 1997, 140 (142); sehr großzügig LT-Drucks. 16/4333, S. 43; BVerfG, UPR 2009, 229 (230) sieht eine Verfehlung des Ausgleichszwecks, wenn die Naturallast den Pflichtigen nur als Geldlast trifft.
228 *Ehlers*, DVBl. 1986, 529; zu Dispensverträgen BVerwGE 23, 213; NJW 1980, 1294.
229 Ausführlicher *Kerkmann/Schmidt*, in: Jeromin, § 86 Rn. 6, 14 f.

Baulast kann von der Bauaufsichtsbehörde mittels der baurechtlichen Generalklausel durchgesetzt werden.[230]

Die **Baulastfähigkeit** ist in der LBauO an mehreren Stellen ausdrücklich anerkannt. So gestattet § 9 LBauO die Erstreckung von Abstandsflächen auf das Nachbargrundstück, wenn öffentlich-rechtlich die Freihaltung dieser Flächen gesichert ist. Nach § 47 Abs. 3 LBauO kann die Stellplatzpflicht durch Herstellung von Stellplätzen auf anderen Grundstücken in zumutbarer Entfernung erfüllt werden, wenn diese Nutzung dauerhaft öffentlich-rechtlich gesichert ist. Eine Baulast kann indes nicht nur in den ausdrücklich in der LBauO normierten Fällen bestellt werden. Entscheidend für die Baulastfähigkeit sind der Grundstücksbezug und der Zusammenhang mit einem konkreten baurechtlichen Vorhaben. Gleichsam »auf Vorrat« kann eine Baulast nicht begründet werden.[231]

2. Anforderungen an die Bauausführung. a) Gefahrenabwehr. Die allgemeinen Anforderungen an die Ausführung eines Bauvorhabens normieren §§ 13–17 LBauO. Die Vorgaben dienen dem Schutz der Anlage selbst und sollen zudem verhindern, dass von der Anlage Gefahren ausgehen. Diese Doppelfunktion gilt ausdrücklich für die Anforderungen an die Standsicherheit (§ 13 LBauO) und die Verkehrssicherheit (§ 17 LBauO). Auch die Sicherung der Anlage gegen äußere Einflüsse nach § 14 LBauO dient sowohl ihren Bewohnern als auch den Nachbarn. In gleicher Weise sollen die Regelungen über den vorbeugenden Brandschutz nach § 15 LBauO umfassend Leben und Gesundheit der Menschen und ihre Sachwerte schützen. Dies gilt auch für Schutzmaßnahmen gegen Geräusche und Erschütterungen nach § 16 Abs. 2 u. 3 LBauO. Die Schutzzwecke der Vorschriften sind bedeutsam für ihre **drittschützende Wirkung**.[232] § 13 Abs. 1 S. 2, §§ 14, 15 Abs. 1 u. § 16 Abs. 2 u. 3 LBauO dienen auch dem Schutz der Nachbarn, nicht hingegen die Anforderungen an den Wärmeschutz nach § 16 Abs. 1 LBauO. Auch das Verbot der Gefährdung der Sicherheit und Leichtigkeit des Verkehrs nach § 17 Abs. 2 LBauO kommt nicht speziell den Nachbarn zugute.[233]

b) Bauästhetische Anforderungen. Systematisch zählt das generalklauselartig formulierte **Verunstaltungsverbot** in § 5 LBauO zu den Anforderungen an die Bauausführung. Nach § 5 Abs. 1 LBauO darf die bauliche Anlage selbst nach Form, Maßstab, Verhältnis der Baumassen und der Bauteile nicht verunstaltet wirken. § 5 Abs. 2 LBauO stellt Anforderungen an die Auswirkung der baulichen Anlage auf ihre Umgebung. Bauliche Anlagen sind so mit ihrer Umgebung in Einklang zu bringen, dass sie auf benachbarte Anlagen sowie das Straßen-, Orts- und Landschaftsbild nicht verunstaltend wirken. Durch **Gestaltungssatzungen** auf der Grundlage von § 88 Abs. 1 Nr. 1 u. 2 LBauO können die Gemeinden darüber hinaus eine positive Baugestaltungspflege betreiben.

Mit dem **Begriff der Verunstaltung** wird zum Ausdruck gebracht, dass nicht die baugestalterischen Idealvorstellungen der Bauaufsichtsbehörde maßgeblich sind, sondern allein ästhetische Missgriffe abgewehrt werden sollen. Das PreußOVG sah im Kreuz-

---

230 OVG RhPf., NVwZ-RR 2010, 137; *Kerkmann/Schmidt*, in: Jeromin, § 86 Rn. 15, 52.
231 VGH BadWürtt., BauR 2008, 84.
232 Zu § 15 LBauO OVG RhPf., NVwZ-RR 2014, 30 (32); zu § 14 LBauO VG Neustadt/Weinstr., Urt. v. 17.10.2012 – 4 K 481/12.NW – (juris).
233 VGH BadWürtt., BRS 38 Nr. 127.

berg-Urteil die Verunstaltung in der »Herbeiführung eines positiv hässlichen, jedes Auge verletzenden Zustandes«.[234] Demgegenüber stellt das BVerwG auf den »gebildeten Durchschnittsbetrachter« ab. Entscheidend ist demgemäß, »ob der Anblick bei einem nicht unbeträchtlichen, in durchschnittlichem Maße für ästhetische Eindrücke offenen Teil der Bevölkerung nachhaltigen Protest auslöst«.[235] § 5 LBauO bedarf restriktiver **verfassungskonformer Auslegung**. Maßstab ist vor allem Art. 14 Abs. 1 GG, aber ggf. auch Art. 5 Abs. 3 GG, sofern der Wirkbereich der Baukunst in Frage steht.[236]

102 § 5 LBauO hat **keine allgemein drittschützende Wirkung**. Ästhetische Beeinträchtigungen können vom Nachbarn nicht abgewehrt werden. Allerdings können Gemeinden eine Baugenehmigung mit der Rüge angreifen, ein bauliches Vorhaben beeinträchtige das Straßen- oder Ortsbild.[237] Der Begriff der Verunstaltung ist ein unbestimmter Rechtsbegriff, der **voller gerichtlicher Kontrolle** unterliegt.

103 **3. Besondere Anlagen: Werbeanlagen**. Spezielle Vorgaben für **Werbeanlagen** enthält § 52 LBauO. Werbeanlagen sind nach ihrer Zweckbestimmung auf die Erregung von Aufmerksamkeit gerichtet und berühren deshalb planungs- und ordnungsrechtliche Belange; andererseits stellt sich die Wirtschaftswerbung als Grundrechtsgebrauch dar. Nach der Legaldefinition des § 52 Abs. 1 S. 1 LBauO sind Werbeanlagen alle ortsfesten Einrichtungen, die der Ankündigung oder Anpreisung oder als Hinweis auf Gewerbe und Beruf dienen und vom öffentlichen Verkehrsraum aus sichtbar sind. Hierzu rechnen sog. **Skybeamer**, auch wenn der Lichtstrahl bei isolierter Betrachtung ein aussageloses Zeichen ist.[238] Schon die beispielhafte Aufzählung in § 52 Abs. 1 S. 2 LBauO zeigt, dass es sich bei Werbeanlagen sowohl um bauliche Anlagen als auch um andere Anlagen handeln kann (Rn. 11 ff.). Auf andere Anlagen wie etwa Wandbemalungen finden nach § 52 Abs. 2 LBauO jedenfalls §§ 3, 5 LBauO entsprechende Anwendung. Die mangels Verweises nicht zulässige Anwendung von § 17 Abs. 2 LBauO (Gefährdung des Straßenverkehrs) kann ggf. durch Rückgriff auf die Generalklausel in § 3 LBauO kompensiert werden (Beispiel zu Rn. 9).[239] Bei Werbeanlagen kommt dem **Verunstaltungsverbot** erhebliche Bedeutung zu.[240]

104 Für Werbeanlagen bestehen nach § 52 Abs. 3 u. 4 LBauO **gebietsbezogene Beschränkungen**, die in die Regelungszuständigkeit des Landesgesetzgebers fallen (Rn. 4). Werbeanlagen sind nach § 52 Abs. 3 S. 1 LBauO im Außenbereich vorbehaltlich § 52 Abs. 3 S. 3 LBauO generell verboten. In den in § 52 Abs. 4 LBauO genannten Gebieten sind Werbeanlagen unter bestimmten Voraussetzungen zulässig. Bei **Skybeamern**, die gebietsübergreifend abstrahlen, ist für die Gebietszuordnung auf den Einwirkungsbereich der Lichtstrahlen abzustellen.[241] Nach § 52 Abs. 3 S. 3 Nr. 1 u. Abs. 4 LBauO sind Werbeanlagen an der **Stätte der Leistung** zulässig. Hiermit wird die Eigenwer-

---

234 PrOVGE 9, 353, 382 = DVBl. 1985, 219.
235 BVerwG, NJW 1995, 2648 (2649); s.a. BVerwGE 2, 172 (176 f.).
236 BVerwG, NJW 1995, 2648 (2649); OVG RhPf., NVwZ 1998, 651; ausf. *Kaiser*, Rn. 100 ff.
237 *Jeromin*, in: ders., § 5 Rn. 40.
238 OVG RhPf., UPR 2003, 237; VG Neustadt/Weinstr., ÖffBauR 2005, 117; a.A. *Jeromin*, in: ders., § 52 Rn. 6.
239 *Jeromin*, in: ders., § 52 Rn. 28; in den Bauordnungen der meisten Länder wird die Beachtlichkeit der Regelungen zur Verkehrsgefährdung ausdrücklich geregelt, Überblick bei *Kersten*, Rn. 395 f.
240 OVG Berl.-Bbg., LKV 2018, 514; OVG NRW, BauR 2004, 1769.
241 OVG RhPf., UPR 2003, 237.

bung an Gewerbebetrieben gestattet. An Diskotheken oder anderen Anlagen angebrachte **Skybeamer** können sich indes nicht auf dieses Privileg berufen, da der Schutz der Eigenwerbung einen direkten und engen räumlichen Zusammenhang voraussetzt.[242] **Fremdwerbung** unterliegt strikteren Voraussetzungen.[243] Die Gemeinden können zudem nach § 88 Abs. 1 Nr. 1 u. 2 LBauO für Ortsgebiete beschränkende Satzungsvorschriften zu Werbeanlagen erlassen.[244]

4. Die bauordnungsrechtliche Generalklausel. Die Generalklausel in § 3 Abs. 1 LBauO verlangt als Auffangklausel, dass bauliche Anlagen so anzuordnen, zu errichten, zu ändern und instandzuhalten sind, dass sie die öffentliche Sicherheit oder Ordnung sowie die natürlichen Lebensgrundlagen nicht gefährden. § 3 LBauO gewährt der Bauaufsichtsbehörde – anders als § 59 Abs. 1 S. 1 Halbs. 2 LBauO – **keine Befugnisse**.[245] Für die Auslegung der unbestimmten Rechtsbegriffe gelten die herkömmlichen gefahrenabwehrrechtlichen Grundsätze.[246] § 3 Abs. 1 LBauO verleiht nur insoweit **Drittschutz**, als Individualrechtsgüter gefährdet sind.

5. Abweichungen. Eine **Flexibilisierung** der materiellrechtlichen Anforderungen ermöglicht § 69 Abs. 1 S. 1 LBauO, demzufolge die Bauaufsichtsbehörde Abweichungen von bauaufsichtlichen Vorschriften zulassen kann. Die Vorschrift ist **Auffangnorm**. Soweit bauaufsichtliche Vorschriften ausdrücklich oder tatbestandsimmanent Abweichungen ermöglichen, wird hierdurch eine darüber hinausgehende Abweichung nach § 69 Abs. 1 LBauO nicht gesperrt.[247] Ein gesonderter **Antrag** des Bauherrn eines genehmigungsbedürftigen Vorhabens ist **nicht erforderlich**. Vielmehr ist von der Bauaufsichtsbehörde über eine Abweichung von Amts wegen zu entscheiden. Bei genehmigungsfreien und freigestellten Vorhaben muss allerdings nach § 69 Abs. 2 LBauO eine sog. isolierte Abweichungsentscheidung schriftlich beantragt werden, die als Verwaltungsakt ergeht. Dasselbe gilt im vereinfachten Genehmigungsverfahren nach § 66 LBauO für die Abweichung von bauordnungsrechtlichen Anforderungen, die nicht Gegenstand der bauaufsichtlichen Prüfung sind (Rn. 37).[248]

Eine Abweichung kann zugelassen werden, wenn sie unter Berücksichtigung des Zwecks der jeweiligen Anforderungen und unter Würdigung der nachbarlichen Interessen mit den öffentlichen Belangen vereinbar ist. Bei der Prüfung dieser Voraussetzungen ist ein **strenger Maßstab** anzulegen. Denn grundsätzlich ist davon auszugehen, dass schon die bauaufsichtlichen Vorschriften die schutzwürdigen Interessen in einen gerechten Ausgleich gebracht haben. Deshalb ist eine Abweichung nur zulässig, wenn im Einzelfall eine atypische Situation vorliegt und der Zweck der Vorschrift die Ein-

---

242 OVG RhPf., UPR 2003, 237 (238); dies gilt nach VG Neustadt/Weinstr., ÖffBauR 2005, 117 auch, wenn der Beamer senkrecht in den Himmel strahlt; s.a. VG Mainz, Beschl. v. 11.7.2006 – 3 L 492/06.MZ –: Ein Weinberg ist nicht Stätte der Leistung für ein innerörtliches Weingut.
243 VG Mainz, Urt. v. 23.3.2016 – 3 K 446/15.MZ – (juris, Rn. 17 ff.); zu weiter bestehenden bauplanungsrechtlichen Anforderungen OVG RhPf., Urt. v. 29.10.2018 – 1 A 10232/18 – (juris).
244 Zu den Grenzen OVG RhPf., NVwZ-RR 2013, 525 (526 f.); VG Koblenz, KommJur 2010, 306 (308 f.); VG Neustadt/Weinstr., Urt.v. 7.6.2010 – 4 K 179/10.NW – (juris); *Jäde*, ZfBR 2010, 34.
245 Missverständlich *Jeromin*, in: ders., § 3 Rn. 4: »materielle Ermächtigungsgrundlage«.
246 Zur Anwendbarkeit von § 3 LBauO auf von außen auf ein Bauvorhaben einwirkende Gefahren OVG RhPf., BauR 2017, 1668 (1669 f.).
247 OVG RhPf., DVBl. 2019, 379 Rn. 44; *Kerkmann/Schmidt*, in: Jeromin, § 69 Rn. 8.
248 *Kerkmann/Schmidt*, in: Jeromin, § 69 Rn. 11; s.a. OVG RhPf., NVwZ-RR 2012, 304 (306).

haltung der Norm nicht erfordert.[249] Die Zulassung einer Abweichung steht im Ermessen der Bauaufsichtsbehörde. Das Gebot der Würdigung nachbarlicher Interessen ist **drittschützend**.[250] Vergleichbar mit § 31 Abs. 2 BauGB (Rn. 155) besteht ein Abwehrrecht des Nachbarn nicht nur, wenn zu seinen Lasten von drittschützenden Vorschriften abgewichen wird, sondern schon dann, wenn die Bauaufsichtsbehörde bei der Abweichung von nicht nachbarschützenden Vorschriften auf die nachbarlichen Interessen keine Rücksicht genommen hat.[251]

V. Grundzüge des Bauplanungsrecht

108 **1. Rechtsquellen.** Das Bauplanungsrecht ist in besonderer Weise durch das kommunale Selbstverwaltungsrecht der Gemeinden (Art. 28 Abs. 2 S. 1 GG, Art. 49 Abs. 3 LV) geprägt. Anerkanntes Element der Eigenverantwortlichkeit der Gemeinden für Aufgaben des örtlichen Wirkungskreises ist die **Planungshoheit**. Diese umfasst die Aufgabe, für die städtebauliche Ordnung im Gemeindegebiet insb. durch die **Aufstellung von Bauleitplänen** zu sorgen.[252] Die verfassungsrechtliche Anforderung wird einfachgesetzlich durch § 2 Abs. 1 S. 1 BauGB aufgegriffen, demzufolge die Bauleitpläne von der Gemeinde in eigener Verantwortung aufzustellen sind. Das BVerfG hat bislang die Frage offengelassen, ob die Planungshoheit dem unantastbaren Kernbereich der kommunalen Selbstverwaltungsgarantie zuzuordnen ist,[253] allerdings vorsorglich darauf verwiesen, selbst eine derartige Qualifikation gewährleiste nur ihren Wesensgehalt.[254] Eine durch die institutionelle Garantie gesetzte Grenze würde allerdings überschritten, wenn den Kommunen kein ausreichender Spielraum für eine eigenverantwortliche Aufgabenwahrnehmung verbliebe.[255]

109 Die Planungshoheit der Gemeinden wird nicht nur durch die gesetzliche Ausgestaltung der kommunalen Planung berührt, sondern gerät auch durch **Fremdplanungen** anderer (höherstufiger) Planungsträger unter Druck, die den gemeindlichen Ausübungsspielraum beschränken. Insoweit bedarf die Planungshoheit der prozeduralen Umhegung, indem die Gemeinde an den Fremdplanungen beteiligt wird.[256] Mit der gemeindlichen Pflicht nach § 1 Abs. 4 BauGB, ihre Bebauungspläne an die Zielbestimmungen der überörtlichen Gesamtplanung anzupassen (Rn. 128), korrespondiert etwa das aus der Selbstverwaltungsgarantie fließende Recht, an der Aufstellung dieser Planungen beteiligt zu werden (§ 9 Abs. 1 ROG, §§ 6 Abs. 3, 8 Abs. 1 S. 3, 10 Abs. 1 S. 3 LPlG).[257]

110 Sedes materiae des Bauplanungsrechts ist das **BauGB**, das erstmals 1960 als Bundesbaugesetz erlassen und seither vielfach novelliert wurde. Seine Fortentwicklung lässt

---

249 OVG RhPf., AS 28, 65 (66 f.); DVBl. 2019, 379 Rn. 45; VG Mainz, Urt. v. 11.11.2015 – 3 K 431/15.MZ – (juris, Rn. 26); zu großzügig *Hauth*, BauR 2014, 197 (203 ff.).
250 *Kerkmann/Schmidt*, in: Jeromin, § 69 Rn. 23; davon ist die Frage zu unterscheiden, ob die Norm, von der abgewichen werden soll, ihrerseits nachbarschützend ist, dazu VG Neustadt/Weinstr., Urt. v. 10.5.2017 – 3 K 812/16.NW – (juris, Rn. 51 ff.).
251 *Kerkmann/Schmidt*, in: Jeromin, § 69 Rn. 23 f.
252 BVerwGE 74, 124 (132).
253 BVerfGE 56, 298 (312 f.); 76, 107 (118 f.); 103, 332 (365 f.).
254 BVerfGE 103, 332 (366).
255 BVerfGE 103, 332 (366); *Kersten*, Rn. 20 ordnet den Abwägungsgrundsatz als Prinzip dem Kernbereich zu.
256 BVerwGE 90, 329 (335); VerfGH RhPf., BauR 2006, 59 (62); s.a. *Erbguth/Mann/Schubert*, Rn. 814.
257 S. auch § 38 S. 1 BauGB für das Verhältnis zum Planfeststellungsverfahren.

sich als Spiegelbild bundesrepublikanischer Geschichte lesen:[258] So ließ die deutsche Wiedervereinigung den Bedarf an Wohnraum sprunghaft steigen und führte neben einem befristeten Sonderrecht zu weiteren Novellen, die auf eine Beschleunigung der Bauleitplanung angelegt waren.[259] In jüngerer Zeit erforderte die Unterbringung von Flüchtlingen städtebauliche Maßnahmen.[260] Vor allem aber steht die Fortentwicklung des Bauplanungsrechts seit geraumer Zeit im Zeichen der Ökologisierung, vor allem auch des Klimaschutzes.[261] Die **Baunutzungsverordnung (BauNVO)**, die nunmehr auf § 9a Nr. 1 BauGB fußt, bietet der planenden Gemeinde ein Instrument für bauplanerische Festsetzungen (Rn. 117). Vor allem formelle Bedeutung hat die auf § 9a Nr. 4 BauGB gestützte **Planzeichenverordnung (PlanzV)**, die Vorgaben für die zeichnerische Darstellung von Bauleitplänen macht.

Da die Bauleitplanung auf einen umfassenden Ausgleich betroffener Belange gerichtet ist (Rn. 130 ff.), treten vor allem zahlreiche **umweltrechtliche Regelungen** gleichsam von außen an die Bauleitplanung heran.[262] Sie wurden indes zumeist – anwenderfreundlich – in das BauGB integriert. So verweist § 50 UVPG für die Notwendigkeit einer Umweltprüfung bei der Aufstellung von Bauleitplänen auf § 2 Abs. 4 i.V.m. Anhang 1, § 2a BauGB, die Vorrang vor den Regelungen des UVPG haben. Soweit planerische Maßnahmen mit naturschutzrechtlichen Eingriffen i.S.v. §§ 13 ff. BNatSchG, §§ 6, 7 LNatSchG verbunden sind, muss die planende Gemeinde auch Ausgleichs- und Ersatzmaßnahmen im Bebauungsplan festlegen oder aber vertraglich vereinbaren (§§ 1a Abs. 3 S. 3 und S. 4, 200a BauGB). Schließlich ist darauf hinzuweisen, dass ergänzend **kommunalrechtliche Vorschriften** zur Anwendung gelangen.[263] Diese betreffen wie etwa die Regelung zur Befangenheit von Amtswaltern (§ 22 GemO) das Verfahren der Aufstellung von Bauleitplänen (Rn. 123), können aber auch wie die Planerhaltungsregel in § 24 Abs. 6 GemO für die Wirksamkeit eines Bebauungsplans bedeutsam sein (Rn. 136 ff.).

111

2. Bauleitplanung der Gemeinden. a) Bauleitpläne: Flächennutzungsplan und Bebauungsplan. aa) Zweistufigkeit der Bauleitplanung: Bauleitpläne sind der Flächennutzungsplan als vorbereitender Bauleitplan und der Bebauungsplan als verbindlicher Bauleitplan (§ 1 Abs. 2 BauGB). Während die grundlegenden Regelungen der §§ 1 bis 4c BauGB für Flächennutzungspläne und Bebauungspläne gleichermaßen gelten, stellen §§ 5 bis 7 BauGB Vorgaben allein für Flächennutzungspläne auf, §§ 8 bis 10a BauGB adressieren nur die Bebauungspläne. Das Leitbild einer zweistufigen Planung kommt vor allem im **Entwicklungsgebot des § 8 Abs. 2 S. 1 BauGB** zum Ausdruck, demzufolge die Bebauungspläne aus dem Flächennutzungsplan zu entwickeln sind. Al-

112

---

258 Ausf. *Kersten*, Rn. 8 f.
259 Maßnahmengesetz zum BauGB, Art. 2 G. v. 17.5.1990, BGBl. I S. 926; Investitionserleichterungs- und Wohnbaulandgesetz v. 22.4.1993, BGBl. I S. 466.
260 G. über Maßnahmen im Bauplanungsrecht zur Erleichterung der Unterbringung von Flüchtlingen v. 20.11.2014, BGBl. I S. 1748; Art. 6 Asylverfahrensbeschleunigungsgesetz v. 20.10.2015, BGBl. I S. 211; s. §§ 1 Abs. 6 Nr. 13, 31 Abs. 2 Nr. 1 BauGB; die Sonderregelungen in § 246 Abs. 8 bis 17 waren bis Ende 2019 befristet.
261 Europaanpassungsgesetz Bau (EAG Bau) v. 24.6.2004, BGBl. I S. 1359; G. zur Förderung des Klimaschutzes bei der Entwicklung in den Städten und Gemeinden v. 22.7.2011, BGBl. I S. 1509.
262 Ausf. *Wickel*, Rn. 20 ff.; *Erbguth/Mann/Schubert*, Rn. 840 ff.
263 Zur notwendigen Ergänzung durch landesrechtliche Verfahrensregeln BVerwGE 79, 200 (204); 138, 226 Rn. 49.

lerdings hat der Gesetzgeber diesen Ableitungszusammenhang[264] gleich mehrfach durchbrochen. So gestattet § 8 Abs. 3 BauGB Parallelverfahren, die letztlich auf eine Anpassung des Flächennutzungsplans an den Bebauungsplan hinauslaufen. Eine derartige umgekehrte Anpassungspflicht wurde ausdrücklich für beschleunigte Bauplanungsverfahren der Innenentwicklung, vor allem der Nachverdichtung in urbanen Räumen normiert (§ 13 a Abs. 2 Nr. 2 BauGB).[265]

113 Die rechtliche Entwicklung kann gleichwohl nicht einseitig als Entwertung der Flächennutzungsplanung charakterisiert werden. Vielmehr hat der Gesetzgeber in jüngerer Zeit auch Regelungen getroffen, die den **Selbststand des Flächennutzungsplans** stärken und ihn unabhängig von einem nachfolgenden Bebauungsplan machen. Hierfür steht beispielhaft die Möglichkeit, im Außenbereich durch Darstellungen im Flächennutzungsplan Flächen für bestimmte privilegierte Nutzungen vorzusehen, die als Folge diese Nutzungsart an anderer Stelle mit Rechtsverbindlichkeit ausschließen (Rn. 175 ff.). Die wechselseitigen Neujustierungen im Verhältnis von Flächennutzungsplan und Bebauungsplan werden deshalb teilweise auch als Tendenz zu einer einstufig orientierten Planung interpretiert.[266]

114 **bb) Flächennutzungsplan:** Der Flächennutzungsplan stellt für das Gemeindegebiet die sich aus der beabsichtigten städtebaulichen Entwicklung ergebende Art der Bodennutzung in den Grundzügen dar (§ 5 Abs. 1 BauGB). Mit seinem räumlichen Bezug auf das **gesamte Gemeindegebiet** soll er die Gemeinden zu einer längerfristig wirksamen konzeptgeleiteten Planung[267] veranlassen, weshalb grundsätzlich eine nur teilweise Beplanung des Gemeindegebiets unzulässig ist.[268] Ausnahmsweise gestattet § 5 Abs. 2 b BauGB für den Zweck der Festlegung von Konzentrationszonen i.S.v. § 35 Abs. 3 S. 3 BauGB die Aufstellung sachlicher Teilpläne auch für bloße Teile des Gemeindegebiets, die sich freilich in eine Gesamtkonzeption einfügen müssen.[269] Als vorbereitende, auf weitere Konkretisierung angelegte Planung soll der Flächennutzungsplan die beabsichtigte Art der Bodennutzung nur in den **Grundzügen** ausweisen,[270] was gleichwohl nicht zwingend parzellenscharfe Nutzungszuweisungen ausschließt.[271] Instrument dazu sind **Darstellungen**, die § 5 Abs. 2 BauGB in einem nicht abschließenden Katalog auflistet. Dem Einfallsreichtum der Gemeinden[272] setzt freilich § 9 BauGB Grenzen: Festlegungen, die nicht in einem Bebauungsplan festsetzungsfähig sind, dürfen auch nicht im Flächennutzungsplan dargestellt werden.[273]

---

264 Vielfach als Programmierungsfunktion des Flächennutzungsplans bezeichnet, BVerwG ZUR 2011, 258; *Wickel*, Rn. 26 m.w.N.; *Mitschang*, in Battis/Krautzberger/Löhr, § 5 Rn. 1; *Kersten*, Rn. 169.
265 Krit. zu diesen Entwicklungen *Erbguth/Mann/Schubert*, Rn. 891; *Wickel*, Rn. 43.
266 *Wickel*, Rn. 25.
267 Aus den in § 5 Abs. 1 BauGB genannten »voraussehbaren Bedürfnissen der Gemeinde« soll ein Planungshorizont von 10–15 Jahren folgen, *Mitschang*, in: Battis/Krautzberger/Löhr, § 5 Rn. 1.
268 *Finkelnburg/Ortloff/Kment*, § 6 Rn. 6 ff.; zu den Voraussetzungen gemeinsamer Flächennutzungspläne benachbarter Gemeinden s. § 204 BauGB.
269 Zur Reichweite dieser Ausnahme *Mitschang*, in: Battis/Krautzberger/Löhr, § 5 Rn. 35 e ff.; Begr. RegE, BT-Drucks. 17/6076, S. 9.
270 Zu den Spielräumen in Rahmen des Entwicklungsgebots nach § 8 Abs. 2 BauGB *Wickel*, Rn. 39; *Kersten*, Rn. 172, 178.
271 BVerwGE 124, 132 Rn. 25 ff.; *Mitschang*, LKV 2007, 102 (104 ff.); *Wickel*, Rn. 31.
272 Zu deren Darstellungserfindungsrecht OVG Bremen, BauR 2018, 1828; s.a. *Kersten*, Rn. 175.
273 BVerwGE 124, 132 Rn. 28; *Mitschang*, in: Battis/Krautzberger/Löhr, § 5 Rn. 11.

Anders als der Bebauungsplan (Rn. 119) wird der Flächennutzungsplan nicht in der Rechtsform einer Satzung erlassen. Über lange Jahre galt er allein als verwaltungsinternes Steuerungsinstrument, dem keine **Rechtswirkung** im Außenverhältnis zukommt.[274] Diese Qualifikation hat allerdings die Judikatur revidiert, soweit planerische Darstellungen i.S.v. § **35 Abs. 3 S. 3 BauGB** im Streit stehen. Die Darstellung von **Konzentrationszonen** insb. für Windenergieanlagen im Flächennutzungsplan hat bei einer entsprechenden planerischen Absicht der Gemeinde Ausschlusswirkung für derartige Anlagen an anderen Standorten, weshalb sie unmittelbar – d.h. mit Außenwirkung – auf die Genehmigungsfähigkeit eines an einem »falschen« Standort geplanten Vorhabens durchschlägt. Diese Einsicht ist folgenreich für den Rechtsschutz (Rn. 197). 115

cc) **Bebauungsplan**: Anders als der Flächennutzungsplan wird der aus ihm entwickelte Bebauungsplan regelmäßig nur für **Teile des Gemeindegebiets** aufgestellt (§ 9 Abs. 7 BauGB). Er legt die für das Gebiet vorgesehenen baulichen und nichtbaulichen Nutzungen **parzellenscharf** fest.[275] Eine besondere Variante des Bebauungsplans ist der **vorhabenbezogene Bebauungsplan** i.S.v. § 12 BauGB. Er dient der Verwirklichung eines konkreten Vorhabens[276] und beruht auf der Initiative eines Vorhabenträgers, der einen Vorhaben- und Erschließungsplan mit der Gemeinde abstimmt und sich zur Durchführung des Projekts unter Übernahme der Planungs- und Erschließungskosten vertraglich verpflichtet.[277] Ungeachtet seiner kooperativen Elemente rechnet der vorhabenbezogene Bebauungsplan systematisch zu den Eigenplanungen der Gemeinde, weshalb die allgemeinen verfahrensrechtlichen Anforderungen an die Bauleitplanung (Rn. 122 ff.) und das Abwägungsgebot (Rn. 130 ff.) grundsätzlich Anwendung finden. 116

Planinhalt sind die **Festsetzungen**, deren Art in § **9 BauGB** genannt werden. Der Festsetzungskatalog ist abschließend.[278] Er bildet die erforderliche Ermächtigungsgrundlage für die konkret in den Bebauungsplan aufgenommenen Festsetzungen, die ihrerseits Inhalts- und Schrankenbestimmungen i.S.v. Art. 14 Abs. 1 S. 2 GG sind (Rn. 119). Die Festsetzungen beziehen sich auf die Bebaubarkeit von Grundstücken (§ 9 Abs. 1 Nr. 1 bis 9 BauGB), die Nutzung für Infrastruktur wie z.B. Verkehrsflächen und Versorgungsanlagen (§ 9 Abs. 1 Nr. 11 bis 16, 22, 26 BauGB) und die Freiraumnutzung (§ 9 Abs. 1 Nr. 10, 20, 25 BauGB). Die größte praktische Bedeutung haben Festsetzungen über die **Art und das Maß der baulichen Nutzung** (§ 9 Abs. 1 Nr. 1 BauGB) und über die **überbaubaren Grundstücksflächen** (§ 9 Abs. 1 Nr. 2 BauGB), weil diese Festsetzungen gemeinsam mit denjenigen zu den örtlichen Verkehrsflächen (§ 9 Abs. 1 Nr. 11 BauGB) den Mindestinhalt eines qualifizierten Bebauungsplans i.S. des § 30 Abs. 1 BauGB bilden (Rn. 148). 117

Die Festsetzungsmöglichkeiten nach § 9 Abs. 1 Nr. 1 und 2 BauGB werden durch die **BauNVO konkretisiert**. §§ 1 bis 15 BauNVO regeln die Art der baulichen Nutzung, §§ 16 bis 21 a BauNVO das Maß der baulichen Nutzung und §§ 22, 23 die Bauweise und die überbaubaren Grundstücksflächen. Von größter Bedeutung sind §§ 2 bis 9 118

---

274 BVerwGE 68, 311 (314); s.a. 124, 132.
275 *Wickel*, Rn. 38; *Erbguth/Mann/Schubert*, Rn. 892.
276 Dies kann sich auch um mehreren Vorhaben i.S.v. § 29 BauGB zusammensetzen, BVerwGE 119, 45 (52).
277 Ausf. *Wickel*, Rn. 62 ff.; *Erbguth/Mann/Schubert*, Rn. 1051 ff.
278 BVerwGE 92, 56 (62); *Mitschang/Reidt*, in: Battis/Krautzberger/Löhr, § 9 Rn. 2; *Wickel*, Rn. 44.

BauNVO, die mit dem Ziel einer Standardisierung[279] die Anforderungen an bestimmte **Baugebietstypen** regeln. Mit der Festsetzung z.B. eines allgemeinen Wohngebiets (WA) im Bebauungsplan werden die Vorgaben des § 4 BauNVO zum Bestandteil des Bebauungsplans (§ 1 Abs. 3 S. 2 BauNVO) und bestimmen damit im Wege der Typisierung – vorbehaltlich einer Feinsteuerung am Maßstab des § 15 BauNVO (Rn. 151) – die planungsrechtliche Zulässigkeit konkreter Vorhaben. §§ 2 bis 9 BauNVO folgen einer einheitlichen **Regelungssystematik**: Der jeweilige Abs. 1 bestimmt in allgemeiner Weise den Zweck des Baugebiets, Abs. 2 benennt typisierend jeweils in einem abschließenden Katalog die Arten von Vorhaben, die in dem jeweiligen Baugebiet allgemein zulässig sind, und Abs. 3 benennt die Vorhaben, die ausnahmsweise nach § 31 Abs. 1 BauGB (Rn. 153) in dem Gebiet zugelassen werden können.

119 Bebauungspläne werden in der Rechtsform der **Satzung** beschlossen (§ 10 Abs. 1 BauGB). Die Festsetzungen des Bebauungsplans sind **rechtsverbindlich** und bilden die Grundlage für weitere Vollzugsmaßnahmen wie insb. die Erteilung von Baugenehmigungen (§§ 1 Abs. 2, 8 Abs. 1 BauGB). Wegen ihrer unmittelbaren Maßstäblichkeit für die Zulässigkeit baulicher Vorhaben sind die Festsetzungen des Bebauungsplans **Inhalts- und Schrankenbestimmungen des Eigentums**, d.h. sie erfüllen den materiellen Gesetzesbegriff des Art. 14 Abs. 1 S. 2 GG.[280] Da der Bebauungsplan die Gesamtplanung auf örtlicher Ebene verbindlich abschließt, hat der Gesetzgeber mit § 47 Abs. 1 Nr. 1 VwGO den Rechtsschutz auf dieser Ebene konzentriert.

120 **b) Formelle Rechtmäßigkeit der Bauleitplanung.** Für die Bauleitplanung sind die Gemeinden i.S. der **Verbandskompetenz** nach §§ 1 Abs. 3 und 2 Abs. 1 BauGB zuständig. Die **Organkompetenz** für den Erlass von Satzungen und damit auch für den Bebauungsplan liegt beim Gemeinderat (§ 32 Abs. 2 Nr. 1 GemO). Der Bebauungsplan kann zwar durch die Verwaltung oder durch einen Ausschuss vorbereitet werden; das Abwägungsgebot verlangt aber, dass die Gemeindevertretung auf ausreichender Informationsgrundlage die abschließende Abwägungsentscheidung trifft.[281] Wegen seiner Leitfunktion für die städtebauliche Entwicklung der gesamten Gemeinde wird auch der Flächennutzungsplan in Rheinland-Pfalz ungeachtet seiner nicht satzungsförmigen Gestalt vom Gemeinderat beschlossen.[282]

121 Das **Verfahren der Bauleitplanung** ist mehrfach gestuft. Es dient nicht nur der Ermittlung und Bewertung der für die komplexe Abwägungsentscheidung beachtlichen Belange (§ 2 Abs. 3 BauGB), sondern auch der Verwaltungstransparenz und dem vorgelagerten Rechtsschutz.[283] Es wird regelmäßig durch einen **Aufstellungsbeschluss** eingeleitet, der ortsüblich, d.h. nach den kommunalrechtlichen Vorgaben (§ 27 GemO),[284] bekanntzumachen ist (§ 2 Abs. 1 S. 2 BauGB). Der Planaufstellungsbeschluss soll Interessierte informieren (Anstoßfunktion) und ist Voraussetzung für den Erlass einer

---

279 S. aber § 1 Abs. 5 bis 9 BauNVO, die von der Systematik abweichende Öffnungsklauseln enthalten; dazu *Wickel*, Rn. 51; *Kersten*, Rn. 187.
280 *Erbguth/Mann/Schubert*, Rn. 829 f. m.w.N.
281 BVerwG, ZfBR 2014, 371 Rn. 9; NVwZ 2000, 676 (678); OVG NRW, ZfBR 2008, 802 (806).
282 So für Bremen BVerwGE 138, 226 Rn. 49 f.; wohl auch *Erbguth/Mann/Schubert*, Rn. 918; *Wickel*, Rn. 108.
283 BVerwGE 133, 98 Rn. 34; *Wickel*, Rn. 75; *Kersten*, Rn. 112; s.a. zur Reduktion der Öffentlichkeitsbeteiligung im vereinfachten oder beschleunigten Verfahren nach §§ 13 Abs. 2, 13a Abs. 2 BauGB ausf. *Wickel*, Rn. 112 ff., 117 ff.; *Erbguth/Mann/Schubert*, Rn. 938 ff., 943 ff.
284 BVerwGE 19, 264 (165 f.); *Erbguth/Mann/Schubert*, Rn. 895.

Veränderungssperre und für die Zurückstellung von Baugesuchen nach §§ 14, 15 BauGB (Rn. 141 ff.), für die Ausübung des gemeindlichen Vorkaufsrechts (§ 24 Abs. 1 S. 1 Nr. 1 u. S. 2 BauGB) und für die planungsrechtliche Zulässigkeit von Vorhaben nach § 33 BauGB (Rn. 156). Gleichwohl gilt ein Planaufstellungsbeschluss nicht als bundesrechtliche Wirksamkeitsvoraussetzung eines Bebauungsplans.[285]

In der **ersten Verfahrensphase** ist eine **frühzeitige Beteiligung** der Öffentlichkeit (§ 3 Abs. 1 BauGB) und der betroffenen Behörden und anderer Träger öffentlicher Belange (§ 4 Abs. 1 i.V.m. § 3 Abs. 1 BauGB) durchzuführen. Träger öffentlicher Belange sind z.B. auch benachbarte Gemeinden, auf deren Planungshoheit nach § 2 Abs. 2 S. 1 BauGB Rücksicht zu nehmen ist.[286] Die frühzeitige Beteiligung dient in erster Linie der Informationsbeschaffung der Gemeinde und soll idealiter zu einem Zeitpunkt stattfinden, in dem ihre Planungsabsichten noch nicht inhaltlich verfestigt sind.[287] Die Öffentlichkeit und die Träger öffentlicher Belange sind zu unterrichten, ihnen ist Gelegenheit zur Stellungnahme zu geben.[288] In der **zweiten Verfahrensphase** wird eine **förmliche Beteiligung** von Behörden (§ 4 Abs. 2 BauGB) und Öffentlichkeit (§ 3 Abs. 2 BauGB) durchgeführt. Hierzu werden der Planentwurf nebst seiner Begründung für mindestens 30 Tage ausgelegt. Einen gesonderten Teil der Begründung bildet der Umweltbericht, der die aufgrund einer Umweltprüfung ermittelten und bewerteten Belange des Umweltschutzes darstellt (§§ 2 Abs. 4, 2 a S. 2 Nr. 2 u. S. 3 BauGB).[289] Ort und Dauer der Auslegung der Unterlagen werden ortsüblich bekannt gemacht (§ 3 Abs. 2 S. 2 BauGB). Darüber hinaus sind sowohl die Bekanntmachung als auch die auszulegenden Unterlagen in das Internet einzustellen (§ 4a Abs. 4 BauGB).[290] Während der Auslegungsfrist können die Träger öffentlicher Belange und die Öffentlichkeit Stellungnahmen abgeben. Eine Fristversäumnis kann nach Maßgabe von § 4a Abs. 6 BauGB zu einer Präklusion führen. Diese ist bloß formeller Natur, da sie allein das Bauleitplanverfahren erfasst und eine spätere gerichtliche Geltendmachung verspäteter Einwände nicht ausschließt.[291]

122

Sofern sich infolge der förmlichen Öffentlichkeits- und Behördenbeteiligung kein Planänderungsbedarf ergeben hat,[292] schließt sich an die Öffentlichkeits- und Behördenbeteiligung die **Beschlussfassung** im Gemeinderat an. Erhebliche Bedeutung hat das **kommunalrechtliche Mitwirkungsverbot** nach § 22 Abs. 1 Nr. 1 GemO. Im Sinne der Vorschrift hat einen unmittelbaren Vor- oder Nachteil dasjenige Ratsmitglied, das aufgrund persönlicher Beziehungen ein individuelles Sonderinteresse an der Entscheidung hat, das wiederum zu einem Interessenkonflikt führen kann und die Besorgnis einer beeinflussten Stimmabgabe rechtfertigt.[293] Da sich nutzungsbezogene Auswei-

123

---

285 BVerwGE 79, 200 (204 f.); NVwZ-RR 2003, 172; landesrechtlich stellt das Kommunalrecht keine weitergehenden Anforderungen, OVG RhPf., BauR 1989, 433 f.
286 Zu weiteren Trägern öffentlicher Belange *Wickel*, Rn. 90; *Erbguth/Mann/Schubert*, Rn. 900.
287 *Erbguth/Mann/Schubert*, Rn. 904; *Wickel*, Rn. 86: unter Umständen bereits vor dem Planaufstellungsbeschluss.
288 Zu Ausgestaltungsformen *Wickel*, Rn. 88; *Erbguth/Mann/Schubert*, Rn. 899 ff., 903 ff.
289 Zur europarechtlich geforderten Umweltprüfung *Finkelnburg/Ortloff/Kment*, § 6 Rn. 17 ff.; *Wickel*, Rn. 77 f.
290 Dazu *Decker*, ZfBR 2018, 325.
291 Genauer *Wickel*, Rn. 97 f.; *Erbguth/Mann/Schubert*, Rn. 914; s.a. § 3 Abs. 3 BauGB zu dem Hinweis auf eine Präklusion von anerkannten Umweltvereinigungen nach § 7 Abs. 3 S. 1 UmwRG.
292 Zum Erfordernis einer erneuten Beteiligungsrunde s. § 4a Abs. 3 BauGB; dazu ausf. *Wickel*, Rn. 102 ff.
293 OVG RhPf., Urt. v. 24.3.2011 – 1 C 10737/10 – (juris, Rn. 21 ff.); s.a. OVG RhPf., ZfBR 2013, 576 f.

sungen im Bebauungsplan regelmäßig auf den Grundstückswert auswirken, ist ein unmittelbarer Vor- oder Nachteil insb. anzunehmen, wenn ein Gemeinderatsmitglied Eigentümer von Grundstücken im Plangebiet ist. Bei nicht parzellenscharfen Darstellungen in einem Flächennutzungsplan kommt es auf die näheren Umstände an.[294]

Beispiel:
Gemeinderatsmitglied G, der Eigentümer eines bislang landwirtschaftlich genutzten Grundstücks ist, das zu einem Wohngebiet entwickelt werden soll, hat sowohl am Planaufstellungsbeschluss als auch am späteren Beschluss über den Bebauungsplan beratend und entscheidend mitgewirkt.

Ob G bereits aus dem Planaufstellungsbeschluss ein unmittelbarer Vorteil i.S.v. § 22 Abs. 1 Nr. 1 GemO erwächst, hängt davon ab, wie weit die Planung der Gemeinde zu diesem Zeitpunkt gediehen ist.[295] Sollte ein unmittelbarer Vorteil zu bejahen sein, so wäre der Planaufstellungsbeschluss wegen der Mitwirkung des G nach § 22 Abs. 6 S. 1 GemO unwirksam. Allerdings ist ein ordnungsgemäßer Aufstellungsbeschluss keine Wirksamkeitsvoraussetzung für den Bebauungsplan (Rn. 121), so dass sich dieser Verstoß nicht auf die Wirksamkeit des Bebauungsplans auswirkt.[296] Anders verhält es sich mit der Mitwirkung des G an der Beschlussfassung über den Bebauungsplan. Der Verstoß gegen das Verbot der Mitwirkung an einem Satzungsbeschluss führt nach § 22 Abs. 6 S. 5 i.V.m. § 24 Abs. 6 GemO unter den dort genannten Voraussetzungen zur Unwirksamkeit des Bebauungsplans (Rn. 139).

124 Der vom Gemeinderat beschlossene Flächennutzungsplan bedarf stets der **Genehmigung** der höheren Verwaltungsbehörde (§ 6 Abs. 1 BauGB), in RhPf. der Kreisverwaltung bzw. der Stadtverwaltung der kreisfreien und großen kreisangehörigen Städte.[297] Eine Genehmigungspflicht besteht auch für den Bebauungsplan, falls er nicht aus einem Flächennutzungsplan entwickelt wurde (§ 10 Abs. 2 BauGB). Bei der Genehmigung handelt es sich um eine bloß rechtsaufsichtliche Entscheidung (§§ 6 Abs. 2, 10 Abs. 2 S. 2 BauGB).[298] Der (genehmigte) Plan ist vom Bürgermeister (§ 47 Abs. 1 S. 1 GemO) bzw. bei dessen Verhinderung durch den Ersten Beigeordneten (§ 50 Abs. 2 S. 1 GemO) **auszufertigen**.[299] Mit der **Bekanntmachung** der Genehmigungserteilung bzw. des Gemeinderatsbeschlusses über einen nicht genehmigungspflichtigen Bebauungsplan wird der jeweilige Bauleitplan wirksam (§§ 6 Abs. 5 S. 2, 10 Abs. 3 S. 4 BauGB). Ihm ist eine zusammenfassende Erklärung über die Ergebnisse der Öffentlichkeits- und Behördenbeteiligung und über die Berücksichtigung von Umweltbelangen beizufügen. Wegen seiner zeichnerischen und farbigen Darstellungen ist ein Bebauungsplan nicht für die Verkündung in einem Amtsblatt geeignet. Die Bekanntmachung muss deshalb einen Hinweis enthalten, wo der Plan eingesehen werden kann (§ 10 Abs. 3 S. 3 und 5 BauGB). Der Plan wird zusätzlich ins Internet eingestellt (§§ 6 a Abs. 2, 10 a Abs. 2 BauGB).

125 c) **Materielle Rechtmäßigkeit der Bauleitplanung.** Die kommunale Bauleitplanung ist durch **planerisches Ermessen** geprägt, denn Planung ist ohne Gestaltungsfreiheit nicht möglich.[300] Dem Ermessen werden jedoch durch § 1 Abs. 3 bis 7 BauGB **Grenzen** ge-

---

294 Ähnl. *Erbguth/Mann/Schubert*, Rn. 919 m.w.N.
295 BVerwGE 79, 200 (203).
296 Unter dem Vorbehalt, dass sich die Mitwirkung nicht auf die spätere Abwägung auswirkt, *Finkelnburg/Ortloff/Kment*, § 6 Rn. 16.
297 § 1 Nr. 2 der VO über Zuständigkeiten nach dem Baugesetzbuch v. 21.12.2007, GVBl. 2008, S. 22.
298 Ausf. *Erbguth/Mann/Schubert*, Rn. 922 ff.
299 Zum Ausfertigungsgebot BVerwGE 88, 204; *Kersten*, Rn. 127; *Finkelnburg/Ortloff/Kment*, § 6 Rn. 70.
300 BVerwGE 34, 301 (304, 307); 114, 301 (304); 119, 25 (28).

setzt. Dabei betrifft § 1 Abs. 3 BauGB das »Ob« der Planung, die weiteren Absätze hingegen das »Wie«. Als weitere materiellrechtliche Schranke gilt das interkommunale Abstimmungsgebot nach § 2 Abs. 2 BauGB.

aa) Planerforderlichkeit: § 1 Abs. 3 S. 1 BauGB verpflichtet die Gemeinden zur Aufstellung der Bauleitpläne, »sobald und soweit« es für die städtebauliche Entwicklung erforderlich ist. § 1 Abs. 3 S. 1 BauGB kommt zum einen eine **Verbotswirkung** zu, als nicht erforderliche Planungen zu unterlassen sind (»soweit«). Wegen des planerischen Gestaltungsspielraums der Gemeinde bemisst sich die Erforderlichkeit einer Planung in erster Linie nach ihrer planerischen Konzeption.[301] Über eine solche muss die Gemeinde allerdings auch verfügen. Eine reine Verhinderungsplanung ist der Gemeinde nicht gestattet.[302] Auch eine Vorratsplanung, der keine absehbare städtebauliche Realisierungschance zugrunde liegt, lässt sich nicht rechtfertigen.[303] Schließlich verstößt auch eine nicht vollzugsfähige Bauleitplanung, deren Umsetzung auf unüberwindbare tatsächliche oder rechtliche Hindernisse stößt, gegen § 1 Abs. 3 BauGB.[304] Jenseits dieser »groben städtebaulichen Missgriffe« muss aber der planerischen Gestaltungsfreiheit der Gemeinde ausreichend Raum gegeben werden.[305] Das Erforderlichkeitsgebot ist also kein Hebel zur Abwehr missliebiger Planungen. 126

Neben das Verbot nicht erforderlicher Planungen tritt die **Gebotswirkung** des § 1 Abs. 3 BauGB, erforderliche Planungen auch durchzuführen (»sobald«). Das planerische Ermessen kann sich zu einer (Erst-)Planungspflicht verdichten, wenn hierfür »qualifizierte städtebauliche Gründe« von erheblichem Gewicht vorliegen.[306] Dies ist insbesondere der Fall, wenn die Planersatzvorschriften §§ 34, 35 BauGB nicht als ausreichend erscheinen, um die städtebauliche Entwicklung zu steuern.[307] Allerdings kann auch im schon beplanten Bereich ein neues Planungsbedürfnis entstehen, wenn das Instrument der Befreiung nach § 31 Abs. 2 BauGB (Rn. 154) an seine Grenzen gelangt. Dies gilt zum einen, wenn der Charakter des Vorhabens in qualitativer Hinsicht ein Planungsbedürfnis auslöst.[308] Zum anderen kann aber auch eine hohe Zahl von Befreiungsentscheidungen eine Planung erforderlich machen, weil ansonsten systematisch die Festsetzungen des vorhandenen Bebauungsplans unterlaufen werden.[309] Die Planungspflicht nach § 1 Abs. 3 S. 1 BauGB kann ggf. mit Mitteln der Kommunalaufsicht durchgesetzt werden.[310] Sie begründet hingegen **keine korrespondierenden subjektiven Ansprüche auf Bauleitplanung**, wie § 1 Abs. 3 S. 2 BauGB ausdrücklich be- 127

---

301 BVerwGE 114, 301 (304); 119, 25; 153, 16 Rn. 11.
302 BVerwGE 153, 16 Rn. 11; BVerwG, NVwZ 2015, 1537 Rn. 10; BVerwGE 122, 109 (111): »Feigenblattplanung« zur Verhinderung von Windenergieanlagen; dies schließt aber nicht eine Planung mit »negativen« Festsetzungen aus, s BVerwGE 153, 16 Rn. 13 ff.; OVG RhPf., NJOZ 2011, 743 (744); ZfBR 2012, 779 (780); *Finkelnburg/Ortloff/Kment*, § 5 Rn. 13.
303 BVerwGE 120, 239 (240 f.).
304 BVerwGE 150, 101 Rn. 14; 116, 144 (146 f.).
305 BVerwG, NVwZ 2015, 1537 Rn. 10; BVerwGE 153, 16 Rn. 12; 146, 137 Rn. 9; 134, 355 Rn. 27; zu den Anforderungen an eine angemessene Planungskonzeption *Erbguth/Mann/Schubert*, Rn. 956; zu weiteren Fallgruppen einer nicht erforderlichen Planung *Kersten*, Rn. 72 ff.
306 BVerwGE 119, 25 (32); 117, 25 (31 ff.).
307 BVerwGE 117, 25 – *FOC Zweibrücken*; anders noch OVG RhPf., NVwZ-RR 2001, 638; BVerwGE 119, 25 – *Gewerbepark Mülheim-Kärlich*; so schon OVG RhPf., BauR 2002, 577; s. nunmehr § 34 Abs. 3 BauGB.
308 BVerwGE 142, 1 Rn. 21 ff. – Zulassung eines Krematoriums im Gewerbegebiet.
309 VGH BadWürtt., NVwZ-RR 2013, 912 (914 f.).
310 So die Konstellation in BVerwGE 119, 25: Maßnahme nach § 122 GemO i.V.m. § 1 Abs. 3 BauGB.

tont.³¹¹ Insbesondere kann ein Anspruch auf bestimmte bauplanerische Festsetzungen auch nicht vertraglich begründet werden.³¹²

128 **bb) Anpassung an Ziele der Raumordnung:** Dem Planungsermessen wird eine weitere Grenze durch § 1 Abs. 4 BauGB gesetzt, der die Gemeinden verpflichtet, die Bauleitpläne den Zielen der Raumordnung anzupassen. Die sog. **Raumordnungsklausel** ist Ausdruck der Planungshierarchie im Verhältnis zwischen überörtlicher und örtlicher Gesamtplanung.³¹³ Die Bindung der Gemeinde erfasst nur **Ziele der Raumordnung** i.S.v. § 3 Nr. 2 ROG, d.h. verbindliche, räumlich und sachlich bestimmte Festlegungen in Raumordnungsplänen, die auf einer abschließenden Abwägung des Planungsträgers für das Landesgebiet oder die Region beruhen (§ 8 Rn. 19 f.). Auch erstreckt sich die Bindungswirkung nur auf rechtswirksame Ziele der Raumordnung (§ 8 Rn. 30 ff.).³¹⁴

129 Gegenständlich geht die Raumordnungsklausel in § 1 Abs. 4 BauGB über die allgemein für öffentliche Stellen geltende Beachtenspflicht der Ziele der Raumordnung nach § 4 Abs. 1 S. 1 ROG hinaus, da § 1 Abs. 4 BauGB unabhängig davon gilt, ob der Bauleitplan raumbedeutsam ist.³¹⁵ § 1 Abs. 4 BauGB sieht ein **Anpassungsgebot** vor. Dies meint einerseits das Verbot, bei der Aufstellung von Bauleitplänen bestehende raumordnerische Ziele zu missachten, andererseits das Gebot, bestehende Bauleitpläne fortlaufend an neue Ziele der Raumordnung anzupassen.³¹⁶ Auch hat sich inzwischen die Ansicht durchgesetzt, dass § 1 Abs. 4 BauGB – vergleichbar mit § 1 Abs. 3 BauGB (Rn. 127) – dazu verpflichtet, in Reaktion auf den Erlass von Zielbestimmungen erstmals bauleitplanerisch tätig zu werden, sog. **Erstplanungspflicht**.³¹⁷ Ungeachtet von § 1 Abs. 4 BauGB besteht in Rheinland-Pfalz eine derartige Pflicht unter den Voraussetzungen des § 23 Abs. 1 Alt. 2 LPlG.

130 **cc) Abwägungsgebot:** § 1 Abs. 3 und 4 BauGB bilden zwingende materiellrechtliche Vorgaben für die planende Gemeinde. Für den Bebauungsplan gilt zusätzlich das grundsätzliche Gebot seiner Entwicklung aus dem Flächennutzungsplan gemäß § 8 Abs. 2 BauGB (Rn. 112).³¹⁸ Das eigentliche Feld planerischer Gestaltungsfreiheit verwirklicht sich im Abwägungsgebot. § 1 Abs. 7 BauGB verpflichtet die Gemeinde, bei der Aufstellung der Bauleitpläne die in § 1 Abs. 6 BauGB genannten öffentlichen und privaten Belange gegeneinander und untereinander gerecht abzuwägen. Die örtliche Gesamtplanung zielt auf einen überfachlichen Ausgleich ökonomischer, ökologischer und sozialer Interessen. Mit dem Instrument der Abwägung sollen die Interessenkonflikte gelöst werden.

---

311 Subjektivrechtlichen Gehalt für Nachbargemeinden haben hingegen § 2 Abs. 2 und § 34 Abs. 3 BauGB, s.a. *Wickel*, Rn. 132.
312 Zur Nichtigkeit entsprechender Verträge BGHZ 71, 16 (22); 76, 386 (390); BGH, NVwZ 2016, 404 Rn. 10: Wirksamkeit eines Grundstückskaufvertrags, der unter der aufschiebenden Bedingung bestimmter planerischer Festsetzungen im Bebauungsplan steht.
313 BVerwGE 119, 25 (38 f.).
314 BVerwGE 141, 144 Rn. 5; *Kümper*, ZfBR 2018, 119 (123).
315 BVerwGE 117, 351 (355); OVG RhPf., UPR 2007, 198; *Appel*, UPR 2011, 161 (164); *Kümper*, ZfBR 2018, 119 (122 f.); a.A. *Koch/Hendler*, § 8 Rn. 4.
316 Ausf. *Kümper*, ZfBR 2018, 119 (123 ff.) mwN.; *Erbguth/Mann/Schubert*, Rn. 969.
317 BVerwGE 119, 25 (38 f.); *Moench*, DVBl. 2005, 676 (683); *Kümper*, ZfBR 2018, 119 (126); monografisch *Ingold*, Erstplanungspflichten im System des Planungsrechts, 2007, S. 233 ff.
318 Zur Abwägungsfestigkeit dieser in planungsrechtlicher Diktion als Planungsleitsätze bezeichneten Anforderungen zusammenfassend *Erbguth/Mann/Schubert*, Rn. 994 ff.; speziell zur Grenzziehung zwischen § 1 Abs. 3 und 7 BauGB BVerwG, NVwZ 2015, 1537 Rn. 9; BVerwGE 146, 137 Rn. 9 ff.

Die Gerichte haben die Abwägung als **materiellrechtliche Entscheidung** konzipiert, die Anforderungen sowohl an den von § 1 Abs. 7 BauGB in den Blick genommenen Abwägungsvorgang als auch an das Abwägungsergebnis stellt.[319] Danach verlangt das Abwägungsgebot, dass zum Zeitpunkt der Beschlussfassung über den Bauleitplan[320] (1.) eine Abwägung überhaupt stattfindet, (2.) alle betroffenen Belange in die Abwägung eingestellt und (3.) richtig gewichtet werden, und dass (4.) der Ausgleich zwischen ihnen nicht in einer Weise vorgenommen wird, die zur objektiven Gewichtigkeit einzelner Belange außer Verhältnis steht.[321] Die Einordnung des Abwägungsgebots als materiellrechtliche Schranke der planerischen Gestaltungsfreiheit ist aber mit der Einführung von § 2 Abs. 3 BauGB im Jahr 2004[322] fraglich geworden. Denn die dort geregelte Pflicht zur Ermittlung und Bewertung des Abwägungsmaterials ist eindeutig verfahrensrechtlich konzipiert, was auch durch die Planerhaltungsregel in § 214 Abs. 1 S. 1 Nr. 1 BauGB (Rn. 136) bestätigt wird. Allerdings ist umstritten, ob und inwieweit § 2 Abs. 3 BauGB überhaupt relevante Bestandteile der Abwägung regelt. Teilweise wird vertreten, dass § 2 Abs. 3 BauGB die ersten drei Anforderungen des Abwägungsgebots aufnimmt.[323] Dagegen spricht aber zum einen, dass die Kernnorm in § 1 Abs. 7 BauGB, auf der die materiellrechtliche Lesart fußt, unangetastet geblieben ist. Zum anderen lässt sich § 2 Abs. 3 BauGB durchaus in einem engeren Sinne lesen, nämlich als an dem Katalog des § 1 Abs. 6 BauGB orientierte Zusammenstellung des Materials, die der eigentlichen Abwägung *vorausliegt*.[324] Wird dieser Ansicht gefolgt, so stellt das Abwägungsgebot auch weiterhin allein Anforderungen an die materielle Rechtmäßigkeit und wird um die vorgängige verfahrensrechtliche Pflicht des § 2 Abs. 3 BauGB ergänzt.

131

Die Zusammenstellung und Bewertung des **Abwägungsmaterials**, die der Abwägung vorausliegt, orientiert sich an dem nicht abschließenden Katalog von ökonomischen, ökologischen und sozialen Belangen in § 1 Abs. 6 BauGB, an den grundlegenden Planungszielen des § 1 Abs. 5 BauGB[325] und den privaten Interessen, die bei einer Verwirklichung der Planung auf dem Spiel stehen. Normativ verselbständigt als Belang sind die Interessen von Nachbargemeinden (§ 2 Abs. 2 BauGB). Das interkommunale Abstimmungsgebot hat folglich nicht nur verfahrensrechtliche (Rn. 122), sondern auch materiellrechtliche Bedeutung.[326] In normativer Hinsicht kommt **keinem Belang ein Vorrang** zu.[327] Insb. hat der Gesetzgeber davon abgesehen, bestimmte Belange als Optimierungsgebote auszugestalten und ihnen damit ein höheres Gewicht zu ge-

132

---

319 Grundlegend: BVerwGE 45, 309 (315); zuvor schon BVerwGE 34, 301.
320 S. § 214 Abs. 3 S. 1 BauGB; ausf. *Kersten*, Rn. 165 ff.
321 BVerwGE 56, 110 (122 f.); zumeist formuliert das Gericht diese Anforderungen negativ, dh als Abwägungsfehler, s BVerwGE 34, 301 (309); 45, 309 (314 f.); BVerwG, ZfBR 2017, 261 Rn. 12.
322 Durch das Europarechtsanpassungsgesetz Bau (EAG Bau) vom 24.6.2004, BGBl. I S. 1359, das auf eine Aufwertung des Verfahrensgedankens zielte, s. Begr. RegE, BT-Drucks. 15/2250, S. 28, 31 f., 42, 63.
323 *Wickel*, Rn. 175; *Erbguth/Mann/Schubert*, Rn. 1011, 1041.
324 Zu dieser Differenzierung BVerwGE 45, 309 (322); deutlich auch BVerwGE 131, 100 Rn. 18 unter Bezugnahme auf seine alte Rspr.; ebenfalls deutlich OVG RhPf., BeckRS 2008, 39845; darauf bezugnehmend OVG RhPf., ZfBR 2012, 779 (780); so auch *Kersten*, Rn. 155; unklar allerdings BVerwG, ZfBR 2017, 261 Rn. 12, wo das Abwägungsgebot als Kombination von verfahrensrechtlichen (§ 2 Abs. 3 BauGB) und materiellrechtlichen (§ 1 Abs. 7 BauGB) Anforderungen beschrieben wird.
325 Zu § 1 Abs. 5 BauGB im Rahmen der Abwägung *Erbguth/Mann/Schubert*, Rn. 999 f.; *Wickel*, Rn. 149; *Finkelnburg/Ortloff/Kment*, § 5 Rn. 60 ff.
326 BVerwG, NVwZ 2010, 1026 Rn. 34; ausf. *Erbguth/Mann/Schubert*, Rn. 1032 ff.; *Wickel*, Rn. 150.
327 BVerwGE 34, 301 (306 f.); *Erbguth/Mann/Schubert*, Rn. 1002; *Kersten*, Rn. 157.

ben.[328] Das gilt auch für ökologische Belange, wenngleich diese durch das gesonderte Erfordernis der Erstellung eines Umweltberichts (§§ 2 Abs. 4, 2 a BauGB) stärker verfahrensrechtlich umhegt sind.[329] Grundsätzlich sollen alle einschlägigen Belange soweit wie möglich berücksichtigt werden. Es kommt dann auf die konkreten Gegebenheiten des Bauleitplanverfahrens an, in welche Richtung das Abwägungspendel ausschlägt.

133 Die vier positiven Anforderungen an die Abwägung werden in der gerichtlichen Kontrollperspektive in eine **Abwägungsfehlerlehre** umformuliert.[330] Danach liegt ein **Abwägungsausfall** vor, wenn eine Abwägung überhaupt nicht stattfindet. Das ist etwa anzunehmen, wenn sich die Gemeinde irrtümlich als gebunden ansieht, weil sie eine – rechtswidrige – Vorabbindung über die Planung mit einem Investor eingegangen und deshalb nicht mehr frei in der Bewertung der Belange ist.[331] Werden hingegen nicht alle konkret einschlägigen Belange in die Abwägung eingestellt, besteht ein **Abwägungsdefizit**.[332] Dass die Gemeinde sich nicht allein auf die Ergebnisse der Öffentlichkeits- und Behördenbeteiligung verlassen darf, bringt ihre Ermittlungspflicht in § 2 Abs. 3 BauGB zum Ausdruck.[333] Allerdings ist eine Bagatellgrenze für die Beachtlichkeit von Belangen anerkannt. Belange, die geringwertig oder in der konkreten Situation nicht schutzwürdig sind, müssen nicht in die Abwägung eingestellt werden. Auch liegt kein Defizit vor, wenn die Belange für die Gemeinde nicht erkennbar waren.[334] Eine **Abwägungsfehlgewichtung** (**Abwägungsfehleinschätzung**) ist gegeben, wenn einem oder mehreren der ermittelten Belange nicht das ihnen jeweils objektiv zukommende Gewicht beigemessen wurde. Da die Belange normativ gleichwertig sind, kommt es auf die konkrete Situation an. So kann ein Eigentumsinteresse an der Beibehaltung einer planungsrechtlichen Lage höher zu gewichten sein, wenn bereits bauliche Maßnahmen ins Werk gesetzt wurden.[335] Von der Fehlgewichtung ist schließlich die **Abwägungsdisproportionalität** zu unterscheiden. Hier geht es um den getroffenen Ausgleich zwischen den für und wider die Planung sprechenden öffentlichen und privaten Belangen. Das Kriterium weist damit einerseits eine sachliche Nähe zum Verhältnismäßigkeitsprinzip auf,[336] darf aber andererseits die planerische Gestaltungsfreiheit nicht über Gebühr einschränken. Deshalb liegt eine Disproportionalität nicht schon vor, wenn auch ein anderer Interessenausgleich rechtlich möglich wäre. Viel-

---

328 Anderes gilt allenfalls für den Trennungsgrundsatz des § 50 BImSchG; im übrigen spricht das BVerwG in seiner jüngeren Judikatur von bloßen »Abwägungsdirektiven«, BVerwGE 108, 248 (256); s.a. *Kersten*, Rn. 158; ähnlich *Wickel*, Rn. 159 f.
329 *Kersten*, Rn. 159; *Wickel*, Rn. 157; *Finkelnburg/Ortloff/Kment*, § 5 Rn. 35 f., 58.
330 Zum Zurückbleiben der Kontrollperspektive gegenüber der Handlungsperspektive zutr. *Wickel*, Rn. 142.
331 Zur begrenzten Zulässigkeit »faktischer« Vorabbindungen in der Planungspraxis BVerwGE 45, 309 (321); *Wickel*, Rn. 145 f.; *Finkelnburg/Ortloff/Kment*, § 5 Rn. 29 ff.; davon zu unterscheiden ist die (Un-)Wirksamkeit der vertraglichen Bindung nach § 1 Abs. 3 S. 2 BauGB.
332 Dem wird der Fall gleichgestellt, dass Belange in die Abwägung eingestellt werden, die in der konkreten Bauleitplanung überhaupt nicht betroffen sind; *Erbguth/Mann/Schubert*, Rn. 1020 und *Finkelnburg/Ortloff/Kment*, § 5 Rn. 54 sprechen von einem »Abwägungsüberschuss«.
333 Zu deren fachlichen Grenzen *Finkelnburg/Ortloff/Kment*, § 5 Rn. 50 ff.
334 BVerwGE 107, 215 (219); 140, 41 Rn. 15; BVerwG, ZfBR 2016, 263 Rn. 4; ZfBR 2019, 689 Rn. 5; s.a. § 4 a Abs. 6 BauGB (Rn. 122).
335 NdsOVG, BauR 2008, 636 (639); weitere Beispiele bei *Erbguth/Mann/Schubert*, Rn. 1021.
336 BVerwG, NVwZ 1997, 893 (895); BVerwG, ZfBR 2017, 151 Rn. 17.

mehr soll das Vorhaben nicht mit Opfern erkauft werden, die außer Verhältnis zu den mit der Planung verfolgten Zielen stehen.[337]

Eine besondere Ausprägung des Abwägungsgebots ist der **Planungsgrundsatz der Konfliktbewältigung**.[338] Er knüpft an den Zweck der Bauleitplanung an und fordert, dass planerische Konflikte auch gelöst werden müssen.[339] Hieraus folgt allerdings keine Pflicht zur »Totalplanung«.[340] Vielmehr ist zu entscheiden, welche Konflikte auf der Planebene zu lösen sind und welche einem späteren Baugenehmigungsverfahren überantwortet werden können. Ein feinsteuerndes Instrument der Konfliktlösung wird insb. mit § 15 BauNVO bereitgestellt (Rn. 151). Vorbehaltlich § 1 Abs. 3 BauGB wird deshalb für planerische Zurückhaltung plädiert.[341] Allerdings besteht kein freies Wahlrecht hinsichtlich der Konfliktlösungsebene. Vielmehr muss der Konflikt auf der Ebene gelöst werden, die hierfür am besten geeignet ist (**Verbot des Konflikttransfers**).[342] 134

d) **Planerhaltung.** Rechtsnormen, die an einem formellen oder materiellen Fehler leiden, sind nichtig. Von diesem **Nichtigkeitsdogma** machen §§ 214 bis 216 BauGB eine Ausnahme. Die Verselbständigung der Regeln in einem eigenen Abschnitt mit dem Titel »Planerhaltung« bekunden den legislativen Willen, die Rechtswirksamkeit fehlerhafter Normen unter gewissen Voraussetzungen selbst zum Rechtsprinzip zu erheben.[343] Der Gesetzgeber ließ sich bei der erstmaligen Einführung im Jahr 1976 von der Erwägung leiten, die Fehleranfälligkeit des komplexen Verfahrens und der hohe Ressourceneinsatz aller Beteiligten lasse die Nichtigkeitsfolge als unangemessen erscheinen. Allerdings werden gegen die Planerhaltungsregeln, die zahlreiche Nachahmer in anderen Fachgesetzen gefunden haben,[344] bis heute wegen ihrer **rechtsschutzbeschränkenden Wirkung** Bedenken geäußert.[345] Kritik entzündet sich zudem an der übermäßigen Komplexität der Regeln.[346] Diese folgen – vereinfacht – einem Kaskadenmodell: § 214 Abs. 1 bis 3 BauGB regeln zunächst die (Un-)Beachtlichkeit von Fehlern. Beachtliche Fehler lösen gleichwohl keine Nichtigkeit des Plans aus, wenn sie nicht nach § 215 Abs. 1 BauGB rechtzeitig geltend gemacht werden. Auch fristgerecht gerügte beachtliche Fehler können schließlich unter den Voraussetzungen des § 214 Abs. 4 BauGB durch ein ergänzendes Verfahren geheilt werden.[347] 135

---

337 BVerwGE 112, 140 (160) im planfeststellungsrechtlichen Kontext; s.a. *Wickel*, Rn. 161; *Finkelnburg/Ortloff/Kment*, § 5 Rn. 70; zu einem Fall angenommener Disproportionalität BVerwG, ZfBR 2017, 151 Rn. 16 ff.; OVG RhPf., NJOZ 2011, 743.
338 Demgegenüber kommt dem Grundsatz der Rücksichtnahme auf Individualinteressen im Bauleitplanverfahren keine gesonderte Bedeutung zu, s.a. *Erbguth/Mann/Schubert*, Rn. 1027; *Wickel*, Rn. 170.
339 Zum Begriff BVerwGE 45, 309 (324); 147, 379 Rn. 17; *Weyreuther*, BauR 1975, 1; zur Einordnung als Unterfall der Abwägung *Erbguth/Mann/Schubert*, Rn. 1023.
340 *Erbguth/Mann/Schubert*, Rn. 1025.
341 BVerwGE 147, 379 Rn. 17; 67, 334 (338); OVG RhPf., ZfBR 2019, 476 (479); *Erbguth/Mann/Schubert*, Rn. 1026; *Kersten*, Rn. 162; *Wickel*, Rn. 169.
342 BVerwGE 147, 379 Rn. 17: unzulässige Ermöglichung eines Nebeneinanders von Prostitution und Wohnnutzung; s.a. BVerwGE 143, 24 Rn. 19; BVerwG, NVwZ 2010, 1246 Rn. 27; *Kersten*, Rn. 162; *Erbguth/Mann/Schubert*, Rn. 1026.
343 *Dolde*, NVwZ 1996, 205 (211); *Battis*, in: Battis/Krautzberger/Löhr, Vorb. §§ 214 bis 216 Rn. 8; Begr. RegE, BT-Drucks. 13/6392, S. 73 spricht von einem »Rechtsgrundsatz«.
344 S. etwa § 11 ROG für Raumordnungspläne (§ 8 Rn. 34 f.).
345 *Wickel*, Rn. 172; *Erbguth/Mann/Schubert*, Rn. 1040; *Koch/Hendler*, § 18 Rn. 4, 36 ff., jeweils m.w.N.
346 *Kersten*, Rn. 188: »hyperkomplex«.
347 Zur Systematik s.a. *Battis*, in: Battis/Krautzberger/Löhr, Vorb. §§ 214 bis 216 Rn. 2.

136 § 214 Abs. 1 BauGB geht nach seinem Wortlaut von der grundsätzlich **Unbeachtlichkeit von Verstößen gegen Verfahrens- und Formvorschriften** aus[348] und nimmt hiervon bestimmte Fehler aus. Daraus ist im Umkehrschluss zu folgern, dass nicht von den Ausnahmen umfasste Verfahrensfehler wie etwa das Fehlen eines Planaufstellungsbeschlusses nach § 2 Abs. 1 S. 2 BauGB sanktionslos bleiben.[349] Auch die Folgen von Verstößen gegen landesrechtliche Verfahrensnormen beurteilen sich nicht nach § 214 BauGB, sondern nach den landesrechtlichen Vorgaben. § 214 Abs. 1 S. 1 Nr. 1 BauGB nennt als praktisch bedeutsame Ausnahme von der Unbeachtlichkeit Ermittlungs- und Bewertungsfehler nach § 2 Abs. 3 BauGB. Allerdings sind derartige Fehler nur beachtlich, wenn sie offensichtlich und auf das Ergebnis des Verfahrens von Einfluss gewesen sind. Hierfür reicht eine hypothetische Kausalität nicht aus; vielmehr muss die konkrete Möglichkeit bestanden haben, dass ohne den Fehler eine andere Entscheidung getroffen worden wäre.[350] In ähnlicher Weise werden auch nach § 214 Abs. 1 S. 1 Nr. 2 und 3 BauGB beachtliche Verfahrensfehler bei der Öffentlichkeits- und Behördenbeteiligung[351] und bei den Begründungserfordernissen für Bauleitpläne durch sog. »**interne Unbeachtlichkeitsklauseln**«[352] teilweise wieder sanktionslos gestellt.

137 § 214 Abs. 2 und 3 BauGB gehen umgekehrt von der **Beachtlichkeit von materiellen Fehlern** aus. Während § 214 Abs. 2 BauGB bestimmte Verstöße gegen das Entwicklungsgebot des § 8 Abs. 2 BauGB sanktionslos stellt, behandelt § 214 Abs. 3 BauGB Abwägungsfehler. Wird der Auffassung gefolgt, dass die verfahrensrechtliche Regelung des § 2 Abs. 3 BauGB im Vorfeld der eigentlichen Abwägung mit ihren vier Elementen liegt (Rn. 131), so trifft § 214 Abs. 3 S. 2 Hs. 1 BauGB mit dem Hinweis, Fehler nach § 2 Abs. 3 BauGB könnten nicht als Abwägungsmängel geltend gemacht werden, allein eine Klarstellung.[353] Die Beachtlichkeit von Abwägungsmängeln wird sodann durch § 214 Abs. 3 S. 2 Hs. 2 BauGB beschränkt, der deren Offensichtlichkeit und Kausalität für das Abwägungsergebnis verlangt. Da ausdrücklich nur Mängel im Abwägungsvorgang erfasst werden, sind Abwägungsfehleinschätzung und Abwägungsdisproportionalität als Mängel des Abwägungsergebnisses immer beachtlich.[354]

138 Nach Maßgabe von § 214 BauGB beachtliche Fehler **werden** gemäß § 215 Abs. 1 S. 1 BauGB **unbeachtlich**, wenn sie nicht binnen eines Jahres nach Bekanntmachung des Bauleitplans[355] schriftlich gegenüber der Gemeinde unter Darlegung des die Verletzung begründenden Sachverhalts geltend gemacht worden sind. Hierdurch soll der Gemeinde die Möglichkeit gegeben werden, ggf. durch ein ergänzendes Verfahren nach § 214 Abs. 4 BauGB rückwirkend den Fehler zu heilen. Damit die Rüge diese

---

348 § 214 Abs. 2a BauGB regelt weitere Fälle von Verfahrensfehlerfolgen speziell für Bauleitpläne nach §§ 13a und b BauGB; ausf. *Finkelnburg/Ortloff/Kment*, § 12 Rn. 31 ff.
349 *Kersten*, Rn. 191; *Finkelnburg/Ortloff/Kment*, § 12 Rn. 3.
350 BVerwGE 131, 100 Rn. 22; OVG RhPf., BeckRS 2018, 53606 Rn. 39; ZfBR 2015, 388 (391); zum Erfordernis der Offensichtlichkeit *Kersten*, Rn. 192 m.w.N; *Finkelnburg/Ortloff/Kment*, § 12 Rn. 15.
351 Da die frühzeitige Öffentlichkeits- und Behördenbeteiligung nach §§ 3 Abs. 1, 4 Abs. 1 BauGB nicht in § 214 Abs. 1 S. 1 Nr. 2 BauGB genannt wird, sind diesbezüglich Fehler generell unbeachtlich.
352 *Battis*, in: Battis/Krautzberger/Löhr, Vorb. §§ 214 bis 216 Rn. 2.
353 So auch die Lesart von *Kersten*, Rn. 195.
354 *Kersten*, Rn. 197; s.a. BVerwG, NVwZ 2010, 1246 Rn. 31; a.A. *Wickel*, Rn. 179; *Finkelnburg/Ortloff/Kment*, § 12 Rn. 39 f.
355 Zum Fristlauf bei nachträglichen Planänderungen im ergänzenden Verfahren BVerwG, ZfBR 2019, 274.

Anstoßfunktion erfüllen kann, muss sie hinreichend konkret und substantiiert sein.[356] Die Präklusionsregelung findet nur Anwendung, wenn auf sie bei der Bekanntmachung des Bauleitplans hingewiesen wurde (§ 215 Abs. 2 BauGB). Beachtliche Fehler außerhalb des Anwendungsbereichs von § 214 BauGB, wie etwa ein Verstoß gegen kommunalrechtliche Vorschriften, unterfallen nicht der Vorschrift.

Gemäß § 214 Abs. 4 BauGB kann der Bauleitplan durch ein **ergänzendes Verfahren** zur Behebung von Fehlern auch rückwirkend in Kraft gesetzt werden. Der Anwendungsbereich dieser **Heilungsvorschrift** erfasst Verfahrensfehler und materielle Fehler und ist insb. nicht auf nach § 214 BauGB beachtliche Fehler beschränkt. Deshalb ist unbestritten, dass auch **Verstöße gegen landesrechtliche Normen** z.B. des Kommunalrechts, die außerhalb des Anwendungsbereichs von § 214 Abs. 1 bis 3 BauGB liegen, durch ein ergänzendes Verfahren geheilt werden können.[357] Unter Anwendung der Verfahrensregeln des Ausgangsverfahrens wird das Verfahren an der Stelle wieder aufgenommen, die fehlerbehaftet ist.[358] Eine rückwirkende Inkraftsetzung des Bauleitplans ist freilich nur möglich, wenn der Plan im Ergebnis unverändert geblieben ist.[359] Eine Heilung scheidet gänzlich aus, wenn der Fehler Grundzüge der Planung berührt, insb. den Kern der Abwägung.[360] 139

Beispiel (zu Rn. 123):
Die Folgen der gegen § 22 Abs. 1 S. 1 Nr. 1 GemO verstoßenden Mitwirkung des G am Satzungsbeschluss über den Bebauungsplan bestimmen sich mangels Anwendbarkeit von § 214 Abs. 1 BauGB (Rn. 136) zunächst nach § 24 Abs. 6 GemO. Ist binnen eines Jahres der Verstoß gegenüber der Gemeindeverwaltung nach § 24 Abs. 6 Nr. 2 GemO geltend gemacht worden, so kann der nach Landesrecht beachtliche Verstoß unter den Voraussetzungen des § 214 Abs. 4 BauGB durch ein ergänzendes Verfahren geheilt werden, in dem ohne Mitwirkung des G der Beschluss getroffen wird.

Das ergänzende Verfahren kann in verschiedenen **Konstellationen** zum Einsatz kommen. Die Gemeinde kann selbst initiativ werden, um nach Inkraftsetzung des Plans erkannte Mängel zu beseitigen.[361] Denkbar ist auch, dass eine inzidente verwaltungsgerichtliche Prüfung des Plans Nachbesserungsbedarf erkennen lässt, dem die Gemeinde proaktiv nachkommen will.[362] Zumeist aber bildet ein vorangegangenes prinzipales Normenkontrollverfahren nach § 47 Abs. 1 Nr. 1 VwGO den Anlass für ein ergänzendes Verfahren. § 47 Abs. 5 S. 2 VwGO wurde in seinem Wortlaut auf die Möglichkeit einer rückwirkenden Heilung ausgerichtet: Da das OVG den rechtswidrigen Bebauungsplan nicht für nichtig, sondern für »unwirksam« erklärt, tritt bis zur Behebung des Mangels eine schwebende Unwirksamkeit ein. Ist eine Heilung nicht möglich, so ist der Plan nichtig. 140

---

356 BVerwG, NVwZ 2019, 1862 Rn. 6 f. betr. eine Rüge nach § 215 Abs. 1 S. 1 Nr. 3 BauGB; s.a. *Finkelnburg/Ortloff/Kment*, § 12 Rn. 24.
357 BVerwGE 110, 118 (122 f.) zu § 215 a BauGB a.F.; Begr. RegE, BT-Drucks. 15/2250, 65; *Battis*, in: Battis/Krautzberger/Löhr, Vorb. §§ 214 bis 216 Rn. 3.
358 BVerwGE 152, 379 Rn. 9; ausf. *Erbguth/Mann/Schubert*, Rn. 935 m.w.N.
359 *Wickel*, Rn. 183; a.A. *Finkelnburg/Ortloff/Kment*, § 12 Rn. 52.
360 BVerwGE 110, 193 (202 f.); *Kersten*, Rn. 199; *Erbguth/Mann/Schubert*, Rn. 934; *Battis*, in: Battis/Krautzberger/Löhr, § 214 Rn. 26.
361 BVerwGE 133, 98 Rn. 31; BVerwG, NVwZ 2010, 777 Rn. 8.
362 *Erbguth/Mann/Schubert*, Rn. 934.

141 **e) Sicherung der Bauleitplanung. aa) Veränderungssperre:** Bauleitplanverfahren ziehen sich regelmäßig über einen längeren Zeitraum. Währenddessen besteht für die Gemeinden die Gefahr, dass die angestrebten Planinhalte durch die Verwirklichung baulicher Vorhaben unterlaufen werden. Daher sehen §§ 14 ff. BauGB mehrere Sicherungsinstrumente vor. Nach § 14 Abs. 1 BauGB können die Gemeinden durch Satzung (§ 16 BauGB) eine auf zwei Jahre befristete (§ 17 BauGB)[363] Veränderungssperre mit dem Inhalt beschließen, dass bauliche Vorhaben nicht errichtet, beseitigt oder wesentlich verändert werden dürfen. Die Bindung der Veränderungssperre an einen beschlossenen und ortsüblich bekannt gemachten **Planaufstellungsbeschluss i.S.v. § 2 Abs. 1 S. 2 BauGB** für einen Bebauungsplan[364] soll als erste Bastion verhindern, dass die Gemeinde durch vorsorgliche Veränderungssperren das Baugeschehen lähmt, ohne selbst überhaupt Planungsabsichten zu verfolgen.

142 Materielle Voraussetzung ist darüber hinaus ein **Sicherungsbedürfnis**. Die gemeindliche Planung muss einen Stand erreicht haben, der ein Mindestmaß dessen erkennen lässt, was Gegenstand des zu erwartenden Bebauungsplans sein wird. Notwendig, aber auch ausreichend ist, dass die Gemeinde im Zeitpunkt des Erlasses einer Veränderungssperre zumindest Vorstellungen über die Art der baulichen Nutzung besitzt.[365] Dabei ist nicht jede Art von **Negativplanung** schädlich. Die Möglichkeiten der gemeindlichen Planung sind naturgemäß begrenzt, so dass sich der Planungsträger zwangsläufig für eine von mehreren Planungsvarianten entscheiden muss.[366] Schließt die Gemeinde mithin andersartige Vorhaben ausdrücklich aus, so dient dies nur der Konkretisierung, Förderung und Umsetzung des positiven Plankonzepts und ist somit als »dienende« Negativplanung zulässig.[367] Dasselbe gilt, wenn ihre Planungsabsichten auf die Bewahrung des gegenwärtigen Zustands abzielen.[368] Unzulässige Negativplanung ist nur anzunehmen, wenn die Gemeinde nur scheinbar positive Planziele festlegt, es ihr in Wirklichkeit also allein um die Verhinderung bestimmter Vorhaben geht, oder wenn die Gemeinde nicht einmal dem Scheine nach positiv planerisch tätig wird, vielmehr ausschließlich den bestehenden Zustand festschreibt, um unerwünschte Vorhaben einer bestimmten Art zu verhindern.[369]

143 Da eine Veränderungssperre vor Art. 14 Abs. 1 GG rechtfertigungsbedürftig ist, sieht § 14 Abs. 2 BauGB aus Verhältnismäßigkeitsgründen die **Zulassung einer Ausnahme** durch die Baugenehmigungsbehörde im Einvernehmen mit der Gemeinde vor. Weil die Ausnahme eines Anknüpfungspunkts bedarf, ist § 14 Abs. 2 BauGB zugleich Beleg für das Erfordernis hinreichend konkreter Planungsabsichten.[370] Eine Ausnahme kann zugelassen werden, wenn das fragliche Vorhaben offensichtlich mit der künftigen Planung vereinbar ist.[371] Die Ausnahme befreit allerdings nur von der Veränderungssper-

---

363 Zu den Voraussetzungen einer Verlängerung *Kersten*, Rn. 231.
364 Eine Veränderungssperre ist nicht möglich im Vorfeld eines Flächennutzungsplans, *Finkelnburg/Ortloff/Kment*, § 14 Rn. 7.
365 BVerwGE 156, 1 Rn. 19; 144, 82 Rn. 12; OVG RhPf., BauR 2017, 852; BeckRS 2019, 16618 Rn. 18, 21; *Scheidler*, GewArch 2018, 217 (218).
366 So auch BVerwGE 42, 30 (38).
367 BVerwG, BayVBl. 1991, 280 (281).
368 BVerwG, BauR 2012, 1067 Rn. 3; OVG RhPf., BeckRS 2019, 16618 Rn. 33.
369 BVerwG, BauR 2013, 1399 Rn. 9; BeckRS 2020, 16436 Rn. 5.
370 BVerwGE 144, 82 Rn. 11; BeckRS 2020, 16436 Rn. 5.
371 BVerwGE 156, 1 Rn. 22; OVG RhPf., BeckRS 2019, 16618 Rn. 28.

re und trifft keine Aussagen über die planungsrechtliche Zulässigkeit des Vorhabens.[372]

bb) **Zurückstellung von Baugesuchen:** § 15 Abs. 1 BauGB ermöglicht die Zurückstellung von Baugesuchen, wenn eine Veränderungssperre trotz Vorliegens der Voraussetzungen des § 14 BauGB nicht beschlossen wurde oder eine bereits beschlossene Veränderungssperre noch nicht in Kraft getreten ist. Die Zurückstellung ist ein **alternatives Sicherungsinstrument**, das anstelle einer Veränderungssperre eingesetzt werden kann.[373] Ein beantragtes Bauvorhaben wird auf Antrag der Gemeinde von der Bauaufsichtsbehörde durch Verwaltungsakt vorläufig zurückgestellt,[374] wenn bezogen auf dieses Vorhaben ein **konkretes Sicherungsbedürfnis** für die Planung besteht, weshalb es im Unterschied zur Veränderungssperre keinen Ausnahmevorbehalt gibt. Für genehmigungsfreie (Rn. 22 ff.) und freigestellte (Rn. 52 ff.) Bauvorhaben wird unter den gleichen Voraussetzungen auf Antrag der Gemeinde eine **vorläufige Untersagung** ausgesprochen (§ 15 Abs. 1 S. 2 BauGB). § 15 Abs. 3 BauGB trifft eine **Sonderregelung für privilegierte Außenbereichsvorhaben** i.S.v. § 35 Abs. 1 Nr. 2 bis 6 BauGB, indem eine Zurückstellung bereits ermöglicht wird, wenn die Gemeinde die Aufstellung eines Flächennutzungsplans beschlossen hat, mit dem die Rechtswirkungen des § 35 Abs. 3 S. 3 BauGB (Rn. 175 ff.) erreicht werden sollen.[375]

144

3. **Planungsrechtliche Zulässigkeit von Vorhaben. a) Anwendungsbereich von §§ 30 ff. BauGB.** §§ 30 bis 37 BauGB regeln die planungsrechtliche Zulässigkeit von baulichen Vorhaben. Nach § 29 Abs. 1 BauGB gelten die §§ 30 ff. BauGB für **bauliche Anlagen**. Dieser Begriff ist bundesrechtlich unter Beachtung von Art. 74 Abs. 1 Nr. 18 GG zu bestimmen. Eine bauliche Anlage i.S.v. § 29 Abs. 1 BauGB ist zum einen durch das weit zu verstehende Merkmal des Bauens, zum anderen – einschränkend – durch seine städtebauliche Relevanz gekennzeichnet.[376] Für das **Element des Bauens** ist erforderlich, dass die Anlage in einer auf Dauer gedachten Weise künstlich mit dem Erdboden verbunden ist. Auf die Unmittelbarkeit der Verbindung mit dem Erdboden kommt es nicht an, weshalb auch an Gebäuden befestigte Werbeanlagen dieses Kriterium erfüllen.[377] Ob eine Anlage **städtebauliche Relevanz** aufweist, bestimmt sich nach dem durch sie ausgelösten Planungsbedürfnis i.S.v. § 1 Abs. 3, 6 BauGB. Wegen ihrer das Ortsbild beeinträchtigenden Wirkung (§ 1 Abs. 6 Nr. 5 BauGB) wird dies bei **Mobilfunksendeanlagen** der Fall sein, nach den Umständen des Einzelfalls auch bei **Werbeanlagen**.[378] Nach alledem weist der planungsrechtliche Anlagenbegriff Unterschiede zu seinem bauordnungsrechtlichen Pendant auf (Rn. 11 ff.).

145

---

372 OVG RhPf., BeckRS 2019, 16618 Rn. 20 ff.
373 Kersten, Rn. 233; a.A. *Finkelnburg/Ortloff/Kment*, § 14 Rn. 9: Vorrang der Zurückstellung als milderes Mittel.
374 Zu den Rechtswirkungen *Finkelnburg/Ortloff/Kment*, § 15 Rn. 11; speziell im Fall des § 15 Abs. 3 BauGB BVerwG, NVwZ-RR 2015, 685.
375 Ausf. *Finkelnburg/Ortloff/Kment*, § 15 Rn. 8 ff.; s.a. BVerwG, NVwZ-RR 2015, 685.
376 BVerwGE 44, 59 (61); 91, 234 (236); 114, 206 (208 f.).
377 BVerwGE 44, 59; 91, 234; NdsOVG, ZfBR 1987, 217; VGH BadWürtt., VBlBW 1992, 100.
378 OVG NRW, ZfBR 2003, 377 (Mobilfunksendemasten); BVerwGE 91, 234 (236 f.) – bei Werbeanlagen nicht nur bei Großflächigkeit, sondern auch bereits bei »gedachter Häufung«; BVerwGE 114, 206 (209) für vervielfacht gedachte kleine Gerätehütten, BVerwGE 144, 82 Rn. 26 für Mobilfunkanlagen; anderes gilt für Litfaßsäulen, OVG Hbg., NVwZ-RR 1998, 616; baurechtliche Relevanz ebenfalls verneint für Fahnenmast mit Fahne von Borussia Dortmund: OVG NRW, BauR 2014, 1921.

146 Der Vorhabenbegriff des § 29 Abs. 1 BauGB umfasst auch **Nutzungsänderungen** von bestehenden Anlagen.[379] Dies sind Änderungen der Nutzungsweise, die in planungsrechtlicher Hinsicht die Genehmigungsfrage neu aufwerfen, weil die jeder Nutzung eigene Variationsbreite der bestehenden Nutzung überschritten wird.[380] Auch die Nutzungsänderung muss also städtebauliche Relevanz i.S.v. § 1 Abs. 6 BauGB aufweisen. Von einer Nutzungsänderung ist stets auszugehen, wenn die neue Nutzung einer anderen Nutzungskategorie nach der BauNVO zuzuordnen ist, die Anlage z.B. gewerblichen statt Wohnzwecken dienen soll.[381] Eine Nutzungsänderung liegt aber auch in der Umwidmung innerhalb einer Nutzungsart, die am einzelfallbezogenen Maßstab des § 15 Abs. 1 BauNVO (Rn. 151) anders zu bewerten ist.[382] Die planungsrechtliche Einordnung als Nutzungsänderung entscheidet maßgeblich über die bauordnungsrechtliche Genehmigungsbedürftigkeit (Rn. 24 f.).

147 Bestimmte Vorhaben, die der Planfeststellung oder einem Verfahren mit den Rechtswirkungen der Planfeststellung unterliegen wie insb. Plangenehmigungen (§ 74 Abs. 6 S. 2 VwVfG), überdies immissionsschutzrechtlich genehmigungsbedürftige Abfallbeseitigungsanlagen, sind gemäß §§ 38 BauGB nicht an §§ 29 bis 37 BauGB zu messen. Hierin kommt eine besondere **Privilegierung der Fachplanung** zum Ausdruck:[383] Planfeststellung und immissionsschutzrechtliche Genehmigung sind schon mit einer Konzentrationswirkung ausgestattet, die ein gesondertes Baugenehmigungsverfahren entbehrlich macht (Rn. 21). Über die Zuständigkeits-, Verfahrens- und Entscheidungskonzentration hinausgehend, befreit § 38 BauGB einen Ausschnitt dieser Vorhaben, nämlich solche von **überörtlicher Bedeutung**,[384] zusätzlich in materiellrechtlicher Hinsicht von der Einhaltung der planungsrechtlichen Vorgaben. Verfahrensrechtlich wird allerdings eine **Beteiligung der Gemeinde** vorausgesetzt, die der Berücksichtigung städtebaulicher Belange dient.

148 b) **Vorhaben im Geltungsbereich eines Bebauungsplans. aa) Regeltatbestände:** Im beplanten Bereich bestimmt § 30 BauGB die Anforderungen an die planungsrechtliche Zulässigkeit. Der – für Klausuren relevanteste – Tatbestand wird durch § 30 Abs. 1 BauGB gebildet. Enthält ein Bebauungsplan zumindest Festsetzungen über die Art und das Maß der baulichen Nutzung, die überbaubaren Grundstücksflächen und die örtlichen Verkehrsflächen (**qualifizierter Bebauungsplan**), so ist ein Vorhaben zulässig, wenn es diesen Festsetzungen nicht widerspricht und die Erschließung gesichert ist. Wenn alle genannten Festsetzungen enthalten sind, regelt der (wirksame) Bebauungsplan abschließend die planungsrechtliche Zulässigkeit.[385] Fehlt auch nur eine der erforderlichen Festsetzungen, liegt ein **einfacher Bebauungsplan** vor (§ 30 Abs. 3

---

379 Die Nutzungsänderung kann nicht isoliert betrachtet werden, sondern knüpft an das Bestandsvorhaben an, BVerwGE 138, 166 Rn. 13.
380 BVerwG, NVwZ 1989, 666; BVerwGE 138, 166 Rn. 12.
381 VG Neustadt/Weinstr., Beschl. v. 4.7.2012 – 3 L 571/12.NW – (juris) zur Umwandlung von Wohnraum in einen nichtmedizinischen Massagesalon mit prostitutionsähnlicher Nutzung.
382 OVG RhPf., NVwZ-RR 2011, 635 – Umwandlung einer Annahmestelle für Pferdewetten in ein Wettbüro für alle Sportwetten; VG Neustadt/Weinstr., LKRZ 2013, 267 zur Umwandlung einer Straußwirtschaft in ein ganzjährig betriebenes Restaurant.
383 BVerwGE 85, 251 (253); s.a. § 7 BauGB zur Pflicht der Planungsträger zur Anpassung ihrer Planung an einen kommunalen Flächennutzungsplan, dem sie nicht widersprochen haben; BVerwG, NVwZ 2019, 313 Rn. 16 ff.
384 Dazu näher *Finkelnburg/Ortloff/Kment*, § 22 Rn. 5 m.w.N.
385 *Finkelnburg/Ortloff/Kment*, § 23 Rn. 5; *Wickel*, Rn. 210.

BauGB). Die Zulässigkeit des Vorhabens bestimmt sich dann jenseits der Festsetzungen nach § 34 oder § 35 BauGB. Der **vorhabenbezogene Bebauungsplan** (§ 30 Abs. 2 BauGB) bildet als solcher, d.h. mit seinen Festsetzungen und dem Vorhaben- und Erschließungsplan (§ 12 BauGB) den Zulässigkeitsmaßstab.[386]

Die für einen qualifizierten Bebauungsplan erforderlichen Festsetzungen über die **Art der baulichen Nutzung** (§ 9 Abs. 1 Nr. 1 BauGB) werden durch §§ 2 bis 11 BauNVO konkretisiert, die gemäß § 1 Abs. 3 S. 2 BauNVO Bestandteil des Bebauungsplans werden. Sie geben Auskunft, welche Arten von Vorhaben in der jeweiligen Gebietskategorie allgemein (jeweils Abs. 2) oder ausnahmsweise (jeweils Abs. 3) zulässig sind. Die für die Gebiete im jeweiligen Abs. 1 der Vorschriften normierte Zweckbestimmung ist nicht bloßer Programmsatz, sondern Auslegungshilfe für die Bestimmung der **Gebietsverträglichkeit** bestimmter allgemein oder ausnahmsweise zulässiger Nutzungsarten, die wiederum typisierend, d.h. losgelöst vom konkreten Einzelfall, bestimmt wird.[387] Die Zweckbestimmung kann deshalb zu einer teleologischen Reduktion des Zulässigkeitstatbestands führen. 149

Beispiel:
Gemäß § 6 Abs. 1 BauNVO dienen Mischgebiete dem Wohnen und der Unterbringung von Gewerbebetrieben, »die das Wohnen nicht wesentlich stören«. § 6 Abs. 2 Nr. 4 BauNVO qualifiziert »sonstige Gewerbebetriebe« neben z.B. Einzelhandelsbetrieben und der Gastronomie (§ 6 Abs. 2 Nr. 3 BauNVO) als allgemein zulässig. Gleichwohl sollen nach Ansicht zahlreicher Gerichte Bordelle und bordellartige Betriebe trotz ihrer Eigenschaft als Gewerbebetriebe[388] im Mischgebiet nicht allgemein zulässig sein, da sie in typisierender Betrachtung i.S. der Zweckbestimmung in § 6 Abs. 1 BauNVO das Wohnen wesentlich stören. Begründet wird dies mit »milieubedingten Begleiterscheinungen wie Belästigungen durch alkoholisierte oder unzufriedene Kunden, organisierte Kriminalität, Menschen- und Drogenhandel, ausbeutender Zuhälterei, Straftaten gegen die sexuelle Selbstbestimmung, Verstößen gegen das Waffenrecht und Gewaltkriminalität bis hin zu Tötungsdelikten.«[389] Auf die von den konkreten Vorhaben ausgehenden Störungen kommt es nicht an. Allerdings ist fraglich, ob unter der Geltung des ProstSchG[390] diese typisierende Annahme noch auf einer tragfähigen Basis beruht,[391] sieht das Gesetz doch gerade auch ordnungsrechtliche Instrumente vor, die den nachteiligen Begleiterscheinungen von Bordellen entgegenwirken sollen.[392]

Nicht § 30 Abs. 1 BauGB als solcher, sondern die Festsetzungen nach §§ 2 ff. BauNVO zur **Art der baulichen Nutzung** sind kraft Bundesrechts **drittschützend**. Sie beruhen auf dem Ausgleich wechselseitig garantierter Nutzungsberechtigungen und -beschränkungen aller von dem Bebauungsplan Betroffenen. Die wechselseitigen Berechtigungen und Beschränkungen verbinden die Planbetroffenen zu einer »bodenrechtlichen Schicksalsgemeinschaft«: Weil und soweit sie selbst beschränkt sind, können sie auch die Einhaltung der Beschränkungen von den anderen verlangen. Die Fest- 150

---

386 Ausf. *Finkelnburg/Ortloff/Kment*, § 23 Rn. 14.
387 BVerwGE 142, 1 Rn. 13 ff.: Krematorium ist mangels Gebietsverträglichkeit auch nicht ausnahmsweise nach § 8 Abs. 3 Nr. 2 BauNVO im Gewerbegebiet zulässig; s.a. *Erbguth/Mann/Schubert*, Rn. 1122.
388 Insb. sind Bordelle keine »Vergnügungsstätten«, BVerwG NVwZ 2016, 151 Rn. 4; OVG Berl.-Bbg. v. 29.10.2019 – OVG 2 B 2/18 – (juris, Rn. 43); s.a. *Gurlit*, VerwArch 97 (2006), 409 (427).
389 BVerwG, NVwZ 2016, 151 Rn. 4 in Wiedergabe der Annahme der Vorinstanz; OVG Berl.-Bbg., Urt. v. 29.10.2019 – OVG 2 B 2/18 – (juris, Rn. 52); OVG Hbg., NordÖR 2016, 63, 66; s.a. OVG RhPf., Urt. v. 16.9.2013 – 8 A 10560/13 – (juris, Rn. 7).
390 Prostituiertenschutzgesetz, Art. 1 G. zur Regulierung des Prostitutionsgewerbes sowie zum Schutz von in der Prostitution tätigen Personen v. 21.10.2016, BGBl. I S. 2372.
391 Maßgeblich sind Erfahrungssätze, BVerwG, ZfBR 2018, 685 Rn. 12.
392 Zum Vorrang ordnungsrechtlicher Abwehrinstrumente s.a. BVerwGE 68, 213 (216 f.).

setzungen über die Art der baulichen Nutzung geben deshalb den Eigentümern innerhalb des Plangebiets einen **Gebietserhaltungsanspruch** unabhängig von einer konkreten Beeinträchtigung.[393] Für Festsetzungen zum **Maß der baulichen Nutzung** bestand lange Einigkeit, dass sie nur ausnahmsweise Drittschutz vermitteln, wenn dies vom Plangeber ausdrücklich gewollt ist.[394] Denn anders als Festsetzungen der Art der baulichen Nutzung liegt Maßfestsetzungen i.d.R. kein Ausgleich nachbarlicher Interessen, sondern Erwägungen der städtebaulichen Ordnung zu Grunde, die die Nachbarn nicht in vergleichbarer Weise zu einer Schicksalsgemeinschaft verbinden. Nunmehr hat das BVerwG mit dieser Linie gebrochen und entschieden, es sei möglich, »die Festsetzungen nachträglich subjektiv-rechtlich aufzuladen«. Maßfestsetzungen könnten unabhängig von den Vorstellungen des historischen Plangebers als drittschützend ausgelegt werden, wenn sie nach dem Planungskonzept Bestandteil eines wechselseitigen Ausgleichs nachbarlicher Interessen sind, der die Planbetroffenen zu einer Schicksalsgemeinschaft verbindet.[395] Allerdings haben die Festsetzungen diese Wirkung – anders als der durch §§ 2 ff. BauNVO vermittelte Drittschutz – nicht kraft Bundesrechts. Der Drittschutz ist vielmehr vom Plangeber abhängig.[396]

151 Als weiterer Maßstab tritt **§ 15 Abs. 1 BauNVO** hinzu. Er regelt drei Varianten, in denen Vorhaben, die nach den Gebietsvorschriften allgemein oder ausnahmsweise zulässig und auch gebietsverträglich sind, gleichwohl **im Einzelfall** als unzulässig gelten.[397] Es handelt sich um ein notwendiges Korrektiv der Typisierung der §§ 2 ff. BauNVO, da Baugebiete in gänzlich unterschiedliche örtliche Situationen »hineingeplant« werden.[398] § 15 Abs. 1 S. 1 BauNVO sieht die Unzulässigkeit vor, wenn das Vorhaben etwa nach Lage oder Umfang der Eigenart der Baugebiets widerspricht, und soll eine besondere örtliche Baugebietsprägung schützen. § 15 Abs. 1 S. 2 BauNVO ordnet die Unzulässigkeit an, wenn von dem Vorhaben in städtebaulich relevanter Weise[399] unzumutbare Störungen ausgehen oder aber das Vorhaben selbst im Fall seiner Verwirklichung unzumutbaren Störungen ausgesetzt wäre (Störanfälligkeit).

152 § 15 Abs. 1 S. 1 BauNO kann den Nachbarn im Einzelfall vor »erdrückenden« oder »abriegelnden« Bauvorhaben schützen, die nach den planerischen Festsetzungen allgemein oder ausnahmsweise zulässig sind. Aus dem Schutz der Eigenart des Baugebiets folgt dann ein **Gebietsprägungserhaltungsanspruch**.[400] Hierbei handelt es sich – unge-

---

393 BVerwGE 94, 151 (161); 101, 364 (374 f.); VGH BadWürtt., NVwZ-RR 2016, 272 Rn. 4; OVG RhPf., ZfBR 2019, 279 (280); BayVGH, NVwZ-RR 2020, 671 Rn. 15; zusammenfassend *Ramsauer*, 387 f.
394 BVerwG, NVwZ 1996, 888: Erforderlich ist die Dokumentation eines entsprechenden Willens im Plan oder seiner Begründung; OVG Berl.-Bbg., NVwZ-RR 2018, 598 Rn. 45; s.a. BVerwG, NVwZ 1995, 899 zu Einwirkungen von Maßfestsetzungen auf die Art der Nutzung (Umschlagen von Quantität in Qualität«»); dazu *Mehde*, BauR 2019, 434 (436 f.).
395 BVerwGE 162, 363 Rn. 15 ff.; zu dieser bedeutsamen Entscheidung zust. *Faßbender*, NJW 2019, 2132 (2133 f.); *Ramsauer*, S. 390 f.; krit. *Heinemann*, NVwZ 2018, 1811 (1812); *Schröer/Kümmel*, NVwZ 2018, 1775 (1776 f.); *Mehde*, BauR 2019, 434 (439 f.).
396 *Ramsauer*, S. 391; dem BVerwG folgend OVG Hbg., NVwZ 2019, 1365; restriktiver BayVGH, BeckRS 2020, 18670 Rn. 25 ff.
397 Zur Abgrenzung der abstrakt zu bestimmenden Gebietsverträglichkeit von der einzelfallbezogenen Prüfung der Gebietsprägung *Söfker*, in: Ernst/Zinkahn/Bielenberg/Krautzberger, § 15 Rn. 10; zur Rolle von § 15 Abs. 1 BauNVO als Instrument nachträglicher Konfliktbewältigung BVerwGE 147, 379 Rn. 20 ff.
398 BVerwGE 98, 235 (243).
399 Keine städtebaulich erheblichen Störungen sind solche, die von als störend empfundenen Lebensgewohnheiten z.B. von Flüchtlingen ausgehen; dazu *Finkelnburg/Ortloff/Kment*, § 23 Rn. 18 f. m.w.N.
400 Zum strengen Maßstab BVerwG, NVwZ 2002, 1384; OVG RhPf., NVwZ-RR 2019, 403 Rn. 24 ff.; BayVGH, NVwZ-RR 2020, 671 Rn. 24; s.a. *Ramsauer*, 389 f.; *Baars*, BauR 2019, 901 (903 f.).

achtet des nur ausnahmsweise bestehenden Drittschutzes der Festsetzungen zum Maß der baulichen Nutzung – nicht selten um Konstellationen, in denen gerade die überbauten Grundstücksflächen oder das Volumen des Vorhabens das Rücksichtnahmegebot aktivieren.[401] Die beiden Konstellationen des § 15 Abs. 1 S. 2 BauNVO sind **gesetzliche Ausprägung des drittschützenden Rücksichtnahmegebots** innerhalb einer bodenrechtlichen Gemeinschaft.[402] Die Unzumutbarkeit ist eine komplexe Konfliktschlichtungsregel, um die Interessen des »Störers« und des »Gestörten« je nach der konkreten örtlichen Lage zum Ausgleich zu bringen.[403]

bb) Ausnahmen und Befreiungen: Gemäß § 31 Abs. 1 BauGB können von den Festsetzungen des Bebauungsplans **Ausnahmen** zugelassen werden, die im Plan ausdrücklich vorgesehen sind. Es handelt sich um ein **planimmanentes Flexibilisierungsinstrument**, das die Entscheidung der Gemeinde voraussetzt, im Rahmen ihrer planerischen Festsetzungen insb. von Abs. 3 der §§ 2 ff. BauNVO Gebrauch zu machen.[404] Sieht der Bebauungsplan Ausnahmen vor, steht der Baugenehmigungsbehörde **Ermessen** zu, ob sie eine Ausnahme gewährt. Hierbei ist dem Ausnahmecharakter Rechnung zu tragen.[405] Die Erteilung einer Ausnahme bedarf nach § 36 BauGB des Einvernehmens der Gemeinde. Vorbehaltlich § 69 Abs. 2 LBauO (Rn. 106) besteht weder ein Antragserfordernis für den Bauherrn[406] noch muss die Bauaufsichtsbehörde gesondert über die Erteilung der Ausnahme entscheiden.[407]

153

Mit einer **Befreiung** (Dispens) nach § 31 Abs. 2 BauGB wird hingegen von den planerischen Festsetzungen befreit, weshalb es sich um ein **planexternes Instrument** handelt. Um zu verhindern, dass die Befreiung an die Stelle einer eigentlich erforderlichen Planänderung tritt,[408] steht sie unter **strengen Voraussetzungen**. Auch wenn sie normativ nicht (mehr) auf den Einzelfall beschränkt ist, darf die Befreiung nicht zum Regelfall werden.[409] Der Tatbestand der Gemeinwohlerforderlichkeit (§ 31 Abs. 2 Nr. 1 BauGB) deckt allerdings eine breite Palette von Befreiungsgründen ab[410] und verlangt überdies keine strikte Rechtfertigung.[411] Auch die städtebauliche Vertretbarkeit (§ 31 Abs. 2 Nr. 2 BauGB) erfordert letztlich nur, dass die Befreiung Gegenstand planerischer Festsetzungen sein könnte.[412] Allein die Härtefallklausel (§ 31 Abs. 2 Nr. 3 BauGB) lässt sich in einer Weise handhaben, die dem Sondercharakter der Befreiung gerecht wird.[413] Begrenzungswirkung hat deshalb vor allem das für alle Varianten zusätzlich

154

---

401 Siehe schon die Konstellation in BVerwGE 67, 334 (338 f.); dazu auch *Mehde*, BauR 2019, 434 (437).
402 BVerwGE 67, 334 (338); 98, 235 (243); 128, 118 Rn. 11; BayVGH, NVwZ-RR 2020, 671 Rn. 23.
403 Illustrativ BVerwGE 98, 235: beabsichtigte Wohnbebauung ist Störungen durch bestandskräftig genehmigte Autolackiererei ausgesetzt; s.a. *Finkelnburg/Ortloff/Kment*, § 23 Rn. 23.
404 S. die Flexibilisierungen nach § 1 Abs. 6 und 7 BauNVO; zu den Anforderungen an die Ausdrücklichkeit *Finkelnburg/Ortloff/Kment*, § 23 Rn. 4 m.w.N.
405 BVerwGE 116, 155 (157); s.a. BayVGH, ZfBR 2008, 501 (503).
406 BVerwG, NVwZ-RR 1990, 529.
407 *Ramsauer*, S. 388.
408 Illustrativ BVerwGE 162, 363 Rn. 8 ff.; s.a. BVerwG, NVwZ 1999, 1110.
409 Für die weitere Maßgeblichkeit des Kriteriums der Atypik *Finkelnburg/Ortloff/Kment*, § 24 Rn. 9; *Wickel*, Rn. 220; wohl auch *Kersten*, Rn. 281; a.A. *Erbguth/Mann/Schubert*, Rn. 1139.
410 Der Begriff ist nicht auf bodenrechtliche Belange beschränkt, s. BVerwGE 138, 166 Rn. 25 f.: Belange der Religionsausübung; *Kersten*, Rn. 284 schlägt die Streichung des Dispensgrundes vor.
411 Die Befreiung gilt dann als erforderlich, wenn das Vorhaben vernünftigerweise geboten ist, ohne zugleich unabweisbar zu sein, BVerwGE 138, 166 Rn. 26.
412 BVerwGE 117, 50 (53); BVerwG, NVwZ 1999, 981 (984).
413 *Wickel*, Rn. 221; maßgeblich sind bodenrechtliche Gründe, nicht solche, die in der Person des Grundstückseigentümers liegen, *Finkelnburg/Ortloff/Kment*, § 24 Rn. 18.

geltende Gebot der **Wahrung der Grundzüge der Planung.** Je tiefer die Befreiung in das Interessengeflecht der Planung eindringt, desto näher liegt der Schluss auf eine Änderung der Planungskonzeption.[414] Schließlich darf eine Befreiung nur erteilt werden, wenn sie unter Einschluss der nachbarlichen Interessen mit den **öffentlichen Belangen** vereinbar ist.[415] Ebenso wie die Erteilung einer Ausnahme steht der Dispens im Ermessen der Bauaufsichtsbehörde[416] und bedarf des **gemeindlichen Einvernehmens.** Vorbehaltlich § 69 Abs. 2 LBauO muss auch die Befreiung weder gesondert beantragt werden noch ist über sie eine isolierte Entscheidung zu treffen.

155 § 31 Abs. 1 BauGB entfaltet insoweit **Drittschutz**, dass von nachbarschützenden Festsetzungen nur solche Ausnahmen gestattet werden, die ausdrücklich im Bebauungsplan vorgesehen sind.[417] Für den Drittschutz nach § 31 Abs. 2 BauGB ist zu differenzieren: Befreit die Bauaufsichtsbehörde von einer Festsetzung, die ihrerseits drittschützend ist, so führt jeder Fehler in der Anwendung der Befreiungsvoraussetzungen des § 31 Abs. 2 BauGB zur Aufhebung der Baugenehmigung. Dies gilt auch, wenn von einer nur ausnahmsweise drittschützenden Festsetzung befreit wird. Wegen der ausdrücklichen Erwähnung der nachbarlichen Interessen kann aber auch eine Befreiung von nicht nachbarschützenden Festsetzungen den Drittschutz auslösen. Es besteht nämlich ein Anspruch, dass die Bauaufsichtsbehörde bei ihrer Ermessensentscheidung die nachbarlichen Interessen gebührend berücksichtigt. Hierbei handelt es sich um eine Ausprägung des Rücksichtnahmegebots.[418] Insoweit ähnelt die Struktur des § 31 Abs. 2 BauGB der Abweichungsregelung in § 69 Abs. 1 LBauO (Rn. 107). Liegen sämtliche Voraussetzungen für einen Dispens vor, kann sich der Nachbar allerdings nicht mehr auf den allgemeinen Gebietserhaltungsanspruch berufen.[419]

156 c) **Vorhaben während der Planaufstellung.** Unter den Voraussetzungen des § 33 BauGB ist ein Vorhaben während der Planaufstellung im Vorgriff auf die zu erwartenden Festsetzungen eines Bebauungsplans planungsrechtlich zulässig. Grundsätzlich bestimmt sich während des Planungsverfahrens die Zulässigkeit nach der zu diesem Zeitpunkt geltenden planungsrechtlichen Lage, nach den jeweiligen örtlichen Bedingungen also nach §§ 30, 34 oder 35 BauGB. § 33 BauGB schafft einen **zusätzlichen Zulässigkeitstatbestand,** wenn das Vorhaben nach diesen Vorschriften unzulässig ist.[420] Ist die Planung nach dem Planaufstellungsbeschluss durch eine Veränderungssperre abgesichert worden, so kann auf § 33 BauGB als Zulässigkeitstatbestand nur zurückgegriffen werden, wenn die Bauaufsichtsbehörde eine Ausnahme nach § 14 Abs. 2 BauGB (Rn. 144) erteilt hat.[421]

---

414 BVerwGE 162, 363 Rn. 8; 138, 166 Rn. 37; BVerwG, NVwZ-RR 1999, 1110; OVG RhPf., NVwZ-RR 2013, 525 (528); NVwZ-RR 2015, 888 Rn. 27.
415 Zu den Belangen gehören jedenfalls die in § 1 Abs. 6 BauGB genannten Belange, BVerwGE 138, 166 Rn. 33.
416 Allerdings dürften die meisten Ermessensbelange schon wegen der tatbestandlichen Befreiungsgründe verbraucht sein, so auch *Wickel*, Rn. 222; OVG Rh.Pf., NVwZ-RR 2013, 525 (528 f.); NVwZ-RR 2015, 888 Rn. 31; zu gleichwohl verbleibenden Ermessensspielräumen BVerwGE 117, 50 (56); *Kersten*, Rn. 287.
417 BVerwG, NJW 1983, 1574; *Kersten*, Rn. 305.
418 BVerwG, NVwZ 1987, 409; 1999, 8; BVerwGE 162, 363 Rn. 12.
419 *Ramsauer*, S. 388.
420 Grundlegend BVerwGE 20, 127 (129 ff.; konsequent *Erbguth/Mann/Schubert*, Rn. 1235 ff., die § 33 BauGB erst nach Erörterung von §§ 30, 34 und 35 BauGB würdigen.
421 OVG RhPf., BeckRS 2019, 16618 Rn. 20 ff.

§ 33 Abs. 1 BauGB verlangt zunächst ebenso wie eine Veränderungssperre einen ortsüblich bekannt gemachten **Planaufstellungsbeschluss** i.S.v. § 2 Abs. 1 BauGB. Allerdings setzt die Zulässigkeit eines Vorhabens einen höheren Verfahrensstand voraus, da zum Entscheidungszeitpunkt nach § 33 Abs. 1 Nr. 1 BauGB die förmliche Öffentlichkeits- und Behördenbeteiligung durchgeführt sein muss (sog. **formelle Planreife**).[422] Zudem muss anzunehmen sein, dass das Vorhaben den künftigen Festsetzungen des Bebauungsplans nicht entgegensteht (§ 33 Abs. 1 Nr. 2 BauGB). Die damit vorausgesetzte **materielle Planreife** ist erst gegeben, wenn der Planentwurf unverändert in Kraft treten könnte.[423] Bestehen Zweifel, ob der Plan aus Rechtsgründen in materieller Hinsicht wirksam werden kann,[424] liegt die Planreife nicht vor.[425] Ferner fehlt es an der Planreife, wenn Anzeichen dafür bestehen, dass die Gemeinde von ihrem planerischen Willen wieder abrückt.[426] Schließlich kann trotz bestehender materieller Planreife die Anwendung des § 33 BauGB ausgeschlossen sein, wenn nach den Umständen davon auszugehen ist, dass die planende Gemeinde das Inkraftsetzen des Bebauungsplans nicht zielführend betreibt. Ein Ruhenlassen des Planverfahrens schließt den Rückgriff auf § 33 BauGB aus, wenn die Gemeinde nicht triftige Gründe für die Verzögerung geltend machen kann.[427] Der nur taktisch motivierten Bauleitplanung[428] soll damit ein Riegel vorgeschoben werden.[429]

157

Um zu gewährleisten, dass das Grundstück tatsächlich nur entsprechend der künftigen Festsetzungen bebaut wird, verlangt § 33 Abs. 1 Nr. 3 BauGB das schriftliche **Anerkenntnis** dieser Festsetzungen durch den Bauwilligen. Das Anerkenntnis ist eine einseitige, empfangsbedürftige Willenserklärung mit dinglicher Wirkung. Auf dem Grundstück liegt gleichsam eine öffentliche Last, die seinen bauplanungsrechtlichen Status festlegt.[430] Mit der Bekanntmachung des Bebauungsplans wird aber das Anerkenntnis funktionslos. Die planungsrechtliche Zulässigkeit bestimmt sich ab diesem Zeitpunkt auch im Verhältnis zum Bauherrn ausschließlich nach dem Plan.[431] Ihm ist es nicht verwehrt, sich auf die Unwirksamkeit des Bebauungsplans zu berufen.[432] Letzte Voraussetzung der Zulässigkeit ist die **gesicherte Erschließung** (§ 33 Abs. 1 Nr. 4). Ist das

158

---

422 Zu den Sonderregelungen in § 33 Abs. 2 und 3 BauGB *Erbguth/Mann/Schubert*, Rn. 1237 f.; *Finkelnburg/Ortloff/Kment*, § 25 Rn. 15 f.
423 BVerwGE 117, 25 (37); *Wickel*, Rn. 224; *Reidt*, in: Battis/Krautzberger/Löhr, § 33 Rn. 9.
424 Nicht zu berücksichtigen sind die Planerhaltungsvorschriften in §§ 214 f. BauGB, OVG RhPf., BauR 2002, 577 (578); *Scheidler*, KommJur 2015, 241 (243); *Erbguth/Mann/Schubert*, Rn. 1235.
425 *Reidt*, in: Battis/Krautzberger/Löhr, § 33 Rn. 9.
426 Indiziellen Charakter haben zahlreiche Einsprüche und Änderungswünsche, VGH BadWürtt., NVwZ-RR 1998, 96; s.a. *Reidt*, in: Battis/Krautzberger/Löhr, § 33 Rn. 9.
427 BVerwGE 117, 25 (37); *Reidt*, in: Battis/Krautzberger/Löhr, § 33 Rn. 8: Fall fehlender formeller Planreife; zutr. *Scheidler*, KommJur 2015, 241 (243 f.): Fall fehlender materieller Planreife.
428 Zur Missbrauchsanfälligkeit des 33er-Verfahrens *Scheidler*, KommJur 2015, 241 (243 f.); *Uechtritz/Buchner*, BauR 2003, 813 (814); instruktiv BVerwG, DVBl. 2003, 62 (66 ff.).
429 OVG NRW, Urt. v. 22.09.2005 - Az. 7 A 3706/03 - (juris): Zeitraum von acht Jahren zwischen Erstellung des Planentwurfs und behördlicher Entscheidung über die Baugenehmigung ist zu lang.
430 BVerwGE 101, 58 (61 f.); 164, 40 Rn. 17; OVG Rh-Pf, NVwZ 2005, 1448 (1449). Keine dingliche Wirkung erzeugt wegen § 88 Abs. 6 S. 2 LBauO das Anerkenntnis örtlicher Festsetzungen nach § 88 Abs. 1 bis 4 LBauO, § 9 Abs. 4 BauGB.
431 BVerwGE 164, 40 Rn. 21 ff.; *Finkelnburg/Ortloff/Kment*, § 25 Rn. 12; *Reidt*, in: Battis/Krautzberger/Löhr, § 33 Rn. 11.
432 BVerwGE 164, 40 Rn. 19 ff.; Grenzen setzt der Grundsatz von Treu und Glauben, BVerwGE 101, 58 (63). Umstritten ist, ob der Bauherr ungeachtet des Anerkenntnisses Festsetzungen angreifen kann, die nicht das eigene Grundstück betreffen; abl. VG Berlin, NVwZ 1989, 283 f.; offengelassen in BVerwGE 164, 40 Rn. 18; bejahend *Reidt*, in: Battis/Krautzberger/Löhr, § 33 Rn. 11.

gemeindliche Einvernehmen nach § 36 BauGB erteilt bzw. die Einvernehmensversagung ersetzt worden, besteht eine **Anspruch** auf Erteilung der Genehmigung.[433]

159 d) **Vorhaben im unbeplanten Innenbereich.** aa) Räumlicher Anwendungsbereich: § 34 BauGB ermöglicht die Zulassung von Vorhaben innerhalb der im Zusammenhang bebauten Ortsteile, für die eine Vorordnung durch einen qualifizierten oder vorhabenbezogenen Bebauungsplan nicht besteht. Die Vorschrift fungiert als **Planersatz**, indem sie die schon vorhandene Bebauung zum planungsrechtlichen Maßstab nimmt.[434] Vorhaben im räumlichen Anwendungsbereich des § 34 BauGB sind erwünscht im Gegensatz zu Vorhaben im Außenbereich, der grundsätzlich von Bebauung freizuhalten ist (Rn. 166). Allerdings gestattet die Vorschrift keine städtebauliche Weiterentwicklung. § 34 BauGB darf deshalb nicht in einer Weise gehandhabt werden, die zu einer Umgehung einer i.S.v. § 1 Abs. 3 BauGB erforderlichen Planung führt.[435]

160 Der für die Annahme eines Innenbereichs erforderliche **Bebauungszusammenhang** setzt eine Aufeinanderfolge von baulichen Anlagen von prägendem Gewicht voraus[436] ungeachtet des Umstands, ob die Bestandsbauten genehmigt wurden.[437] In der Regel endet der Bebauungszusammenhang mit der letzten Bebauung in der Gebäudefolge.[438] Sind zwischen den Bauten größere Lücken, ist entscheidend, ob die Bebauung gleichwohl noch den Eindruck der Geschlossenheit und Zusammengehörigkeit vermittelt.[439] Der für die Innenbereichslage zusätzlich verlangte **Ortsteil** nimmt nicht die einzelnen Bauten in den Blick, sondern das Gesamtensemble.[440] In Abgrenzung von der planungsrechtlich unerwünschten Splittersiedlung (§ 35 Abs. 3 S. 1 Nr. 7 BauGB) gilt als Ortsteil ein Bebauungskomplex, der nach der Zahl der Bauten ein gewisses Gewicht besitzt und Ausdruck einer organischen Siedlungsstruktur ist.[441]

161 Die von der Judikatur entwickelten Kriterien zur Zuordnung eines Gebiets vermögen nicht in allen Fällen für klare Verhältnisse zu sorgen. Die Gemeinde kann allerdings unter den Voraussetzungen des § 34 Abs. 4 bis 6 BauGB **Innenbereichssatzungen** erlassen. Während die **Klarstellungssatzung** nach § 34 Abs. 4 S. 1 Nr. 1 BauGB eine bloß deklaratorisch wirkende Festlegung der Grenzen der im Zusammenhang bebauten Ortsteile gestattet,[442] weisen die **Entwicklungssatzung** (§ 34 Abs. 4 S. 1 Nr. 2 BauGB) und die **Einbeziehungssatzung** (§ 34 Abs. 4 S. 1 Nr. 3 BauGB)[443] planerische Elemente auf, weshalb sie strikteren materiellen und verfahrensrechtlichen Anforderungen un-

---

433 BVerwGE 20, 127 (131 f.); 164, 40 Rn. 15.
434 BVerwGE 157, 1 Rn. 15; 32, 173 (176).
435 BVerwGE 119, 25; krit. zur tatsächlichen Genehmigungspraxis Wickel, Rn. 226.
436 BVerwGE 152, 275 Rn. 11 ff.; BVerwG, ZfBR 2000, 428; OVG RhPf., BeckRS 2019, 16620 Rn. 41.
437 BVerwG, ZfBR 2009, 376 (377).
438 BVerwG, ZfBR 2000, 428; NVwZ-RR 1998, 157; OVG RhPf., BeckRS 2019, 16620 Rn. 42.
439 BVerwGE 152, 275 Rn. 13; 75, 34; 31, 20; BVerwG, ZfBR 2000, 428; OVG RhPf., DVBl. 2019, 218 (219 f.).
440 Zur Unterscheidung von Bebauungszusammenhang und Ortsteil BVerwG, ZfBR 2016, 799 Rn. 10.
441 BVerwGE 152, 275 Rn. 11; 31, 22 (26 f.).
442 BVerwGE 138, 12 Rn. 14; gleichwohl kann sie Gegenstand einer Normenkontrolle sein, Rn. 19; BayVGH, NVwZ-RR 2019, 847 Rn. 19; OVG RhPf., NVwZ-RR 2012, 289.
443 Die Einbeziehungssatzung erfordert, dass die einzubeziehenden Außenbereichsflächen durch die bauliche Nutzung des angrenzenden Bereichs schon entsprechend geprägt sind, BVerwGE 138, 12 Rn. 15; BVerwG, BauR 2009, 617. Zum Gebot einer nur »maßvollen« Einbeziehung von Außenbereichsflächen BayVGH, NVwZ-RR 2019, 847 Rn. 26.

terliegen.⁴⁴⁴ Zusätzlich zu den in § 34 Abs. 5 BauGB genannten Anforderungen gilt für den Erlass dieser Satzungen das Abwägungsgebot,⁴⁴⁵ zudem ist eine »abgespeckte« Öffentlichkeits- und Behördenbeteiligung vorgesehen (§ 34 Abs. 6 BauGB).

bb) Zulässigkeitsvoraussetzungen nach § 34 Abs. 1 BauGB: Ein Vorhaben ist innerhalb der im Zusammenhang bebauten Ortsteile zulässig, wenn es sich nach Art und Maß der baulichen Nutzung, der Bauweise und der zu überbauenden Grundstücksfläche in die Eigenart der näheren Umgebung einfügt und die Erschließung gesichert ist. Unter der notwendigen Voraussetzung, dass der Standort des Vorhabens Bestandteil des Bebauungszusammenhangs ist,⁴⁴⁶ ist die **Eigenart der näheren Umgebung** maßgeblich. Die nähere Umgebung ist nicht mit dem Bebauungszusammenhang identisch, sondern kleinräumiger zu bestimmen.⁴⁴⁷ Für die Eigenart ist die prägende Bebauung maßgeblich, was z.B. kleinere Bauten oder Fremdkörper ausschließt.⁴⁴⁸ 162

Das Vorhaben muss sich betreffend der genannten Planungskategorien **einfügen**. Dies ist nicht nur der Fall, wenn es vorhandene Vorbilder der Umgebungsbebauung aufgreift, sondern auch noch dann, wenn das Vorhaben selbst Vorbildcharakter für die künftige Bebauung haben könnte, damit aber keine bodenrechtlichen Spannungen auslöst oder verstärkt.⁴⁴⁹ Im Merkmal des Einfügens ist das **drittschützende Rücksichtnahmegebot** enthalten. Gegenständlich ist das Rücksichtnahmegebot nicht auf die Art der baulichen Nutzung beschränkt. Die Zumutbarkeitsgrenzen für den Nachbarn bestimmen sich situativ nach den örtlichen Bedingungen.⁴⁵⁰ Nach § 34 Abs. 3 a BauGB kann im Einzelfall eine **Abweichung vom Einfügenserfordernis** zugunsten der Erweiterung, Änderung, Erneuerung oder Nutzungsänderung zulässig errichteter Gewerbe- und Handwerksbetriebe und Wohngebäude gestattet werden. Da § 34 Abs. 3 a BauGB kein Instrument zur planerischen Umstrukturierung ist, muss die Zulassung eine Abweichung auf atypische Fälle begrenzt bleiben.⁴⁵¹ Sie muss städtebaulich vertretbar sein, d.h. Gegenstand planungsrechtlicher Festsetzungen sein können und mit öffentlichen Belangen unter Würdigung der nachbarlichen Interessen vereinbar sein. Soweit eine Abweichung nach § 34 Abs. 3 a BauGB zugelassen wird, vermittelt § 34 Abs. 3 a S. 1 Nr. 3 BauGB Drittschutz als Rücksichtnahmegebot.⁴⁵² 163

cc) Zulässigkeitsvoraussetzungen nach § 34 Abs. 2 BauGB: Wenn die Eigenart der näheren Umgebung einem der in der BauNVO vertypten Baugebiete entspricht (**faktisches Baugebiet**), ist für die planungsrechtliche Beurteilung (nur) der Art der bauli- 164

---

444 Ausf. *Wickel*, Rn. 233 ff.; *Finkelnburg/Ortloff/Kment*, § 26 Rn. 11 ff. Das Fehlerfolgenregime der §§ 214 f. BauGB findet Anwendung, BVerwGE 138, 12 Rn. 16 ff.
445 BVerwGE 138, 12 Rn. 15; s.a. BT-Drucks. 15/2996, S. 67.
446 »Innerhalb« ist nicht allein geographisch zu verstehen, s. BVerwGE 152, 275 Rn. 17; 42, 227 (234); zu »Außenbereichsinseln« OVG RhPf., BauR 2019, 922.
447 Zur trennenden Wirkung einer breiten verkehrsreichen Straße s. OVG RhPf., BeckRS 2018, 30311 Rn. 22; der maßgebliche Bereich ist für das Maß der baulichen Nutzung enger zu ziehen als hinsichtlich der Nutzungsart, BVerwG, NVwZ 2014, 1246 Rn. 4; OVG RhPf., ZfBR 2017, 372; s.a. *Finkelnburg/Ortloff/Kment*, § 26 Rn. 16.
448 BVerwG, ZfBR 2009, 693 (694); BVerwGE 127, 231 Rn. 9; 84, 322 (325 ff.); OVG RhPf., DVBl. 2019, 218 (220 f.); ausf. zur Ermittlung der Eigenart *Finkelnburg/Ortloff/Kment*, § 26 Rn. 18 f.
449 BVerwGE 157, 1 Rn. 17; 55, 369 (385 f.); OVG RhPf., BeckRS 2018, 30311 Rn. 25; ausf. *Kersten*, Rn. 323 ff.
450 BVerwGE 148, 290 Rn. 21; BVerwG, BauR 1986, 542.
451 OVG SachsA., BeckRS 2020, 21779 Rn. 21 ff.; ausf. *Wickel*, Rn. 242 ff.
452 *Söfker*, in: Ernst/Zinkahn/Bielenberg/Krautzberger, § 34 Rn. 88 d.

chen Nutzung § 34 Abs. 2 BauGB maßgeblich. Danach bestimmt sich im faktischen Baugebiet nach §§ 2 bis 15 BauNVO, obwohl deren Verbindlichkeit nicht durch entsprechende planerische Festsetzungen abgesichert ist.[453] Entsprechend findet auf die Ausnahmebebauung nach Abs. 3 der jeweiligen Baugebietsvorschrift § 31 Abs. 1 BauGB Anwendung, und analog § 31 Abs. 2 BauGB sind Befreiungen möglich. Der Gleichstellung der faktischen mit den rechtlich festgesetzten Baugebieten entspricht eine weitgehende Parallelisierung des **Drittschutzes**. Insbesondere besitzen die Nachbarn im faktischen Baugebiet unabhängig von der konkreten Betroffenheit einen **Gebietserhaltungsanspruch**,[454] daneben abhängig von den konkreten Umständen den **Gebietsprägungserhaltungsanspruch** nach § 15 Abs. 1 S. 1 BauNVO.[455]

165 dd) **Weitere Voraussetzungen**: § 34 Abs. 1 BauGB verlangt ebenso wie für den beplanten Innenbereich eine **gesicherte Erschließung**. Der öffentliche Belang der **gesunden Wohn- und Arbeitsverhältnisse** muss auch im Anwendungsbereich von § 34 BauGB beachtet werden, ebensowenig darf das **Ortsbild** beeinträchtigt werden (§ 34 Abs. 1 S. 2 BauGB).[456] Schließlich dürfen von Vorhaben nach § 34 Abs. 1 und 2 BauGB keine **schädlichen Auswirkungen auf zentrale Versorgungsbereiche** in der Gemeinde oder in anderen Gemeinden zu erwarten sein (§ 34 Abs. 3 BauGB). Diese Anforderung wurde gesetzlich fixiert, da der kleinräumige Blick auf die Eigenart der näheren Umgebung nicht die Berücksichtigung weiträumiger Auswirkungen eines Vorhabens ermöglicht.[457] Hat die Gemeinde das nach § 36 BauGB erforderliche **Einvernehmen** erteilt, besteht ein Zulassungsanspruch.

166 e) **Vorhaben im Außenbereich. aa) Räumlicher Anwendungsbereich und Funktion**: Dem Außenbereich rechnen in negativer Abgrenzung die Flächen zu, die weder zum beplanten Innenbereich i.S.v. § 30 Abs. 1 und 2 BauGB noch zum unbeplanten Innenbereich zählen. Ebenso wie § 34 BauGB fungiert § 35 BauGB als legislativer **Planersatz**.[458] Mit der Vorschrift hat der Gesetzgeber die Entscheidung getroffen, dem Außenbereich raumbeanspruchende Nutzungen wie die Landwirtschaft und den Gartenbau zuzuweisen und ihn für Erholungszwecke von einer nicht funktionsgerechten Bebauung freizuhalten.[459] Der umweltbezogene Schutzgedanke kommt auch in § 35 Abs. 5 BauGB zum Ausdruck, der zu einer flächenschonenden Bauweise verpflichtet (sog. Bodenschutzklausel).[460] Allerdings weist § 35 BauGB naturgemäß nicht die den Festsetzungen eines Bebauungsplans entsprechende Steuerungskraft auf. Deshalb kann der Zulässigkeit eines dem Außenbereich zugewiesenen Vorhabens als öffentlicher Belang ein Planungsbedürfnis i.S.v. § 1 Abs. 3 BauGB entgegenstehen.[461] Zudem ermöglicht § 35 Abs. 3 S. 3 BauGB auch die Berücksichtigung einer auf konkrete Standorte

---

453 Zum planerischen Gehalt der BauNVO *Wickel*, Rn. 240.
454 BVerwG, BauR 2012, 634; ausf. *Ramsauer*, S. 388 ff. Im unbeplanten Innenbereich kann der Anspruch aber nicht gebietsübergreifend bestehen, s. BVerwG, BauR 2013, 934 Rn. 5.
455 Differenzierend *Ramsauer*, S. 389 f.
456 Ausf. dazu *Kersten*, Rn. 330.
457 BVerwGE 119, 25 (36); *Wickel*, Rn. 241; *Finkelnburg/Ortloff/Kment*, § 26 Rn. 44; zu den Voraussetzungen des § 34 Abs. 3 BauGB BVerwG, NVwZ 2017, 1067; BVerwGE 136, 10; 136, 18.
458 BVerwGE 68, 311 (314 f.); 28, 148 (150).
459 Zum Freiraumschutz als »Leitgedanke« des § 35 BauGB BVerwGE 163, 313 Rn. 16; 144, 341 Rn. 19; 117, 287 (303 f.); 106, 228 (235 f.); 48, 109 (115).
460 Zu Rückbauverpflichtungen nach § 35 Abs. 5 S. 2 und 3 BauGB BVerwGE 144, 341.
461 BVerwGE 117, 25 (30 f.).

bezogenen Vorplanung durch Ausweisungen in Flächennutzungs- und Raumordnungsplänen (Rn. 175 ff.).

bb) Zulässigkeit privilegierter Vorhaben: § 35 Abs. 1 BauGB benennt in einem enumerativen Katalog diejenigen Arten von Vorhaben, die im Außenbereich privilegiert sind. Die Privilegierung kommt in der katalogartigen Auflistung zum Ausdruck, in dem die genannten Vorhaben »planähnlich« dem Außenbereich zugewiesen werden, sie also potenziell außenbereichstauglich sind.[462] Diese Vorhaben sind im Außenbereich schon dann zulässig, wenn ihnen unter dem Vorbehalt einer ausreichenden Erschließung öffentliche Belange »nicht entgegenstehen« (Rn. 170). Sonstige Vorhaben i.S.v. § 35 Abs. 2 BauGB können hingegen nur »im Einzelfall« zugelassen werden, wenn öffentliche Belange »nicht beeinträchtigt werden« (Rn. 171). Die folgende Darstellung konzentriert sich auf die wesentlichen Privilegierungstatbestände.[463]

167

Mit baulichen Vorhaben, die der **Land- und Forstwirtschaft** oder dem **Gartenbau** dienen (§ 35 Abs. 1 Nr. 1 und 2 BauGB) werden **außenbereichstypische Nutzungen** privilegiert.[464] Nach der Legaldefinition des § 201 BauGB umfasst die Landwirtschaft die Tierhaltung nur insoweit, als das Futter überwiegend auf den zum landwirtschaftlichen Betrieb gehörenden landwirtschaftlichen Flächen erzeugt werden kann. Dies ist bei zahlreichen Geflügel- und Schweinemastbetrieben nicht der Fall.[465] Soweit ein funktional-räumlicher Zusammenhang mit einem landwirtschaftlichen oder gartenbaulichen Betrieb besteht, werden nach § 35 Abs. 1 Nr. 6 BauGB unter den dort genannten Voraussetzungen auch Vorhaben, die der **Nutzung von Biomasse** dienen,[466] privilegiert dem Außenbereich zugewiesen.

168

§ 35 Abs. 1 Nr. 4 BauGB privilegiert generalklauselartig Vorhaben, die wegen ihrer besonderen **Anforderungen an die Umgebung** (Aussichtstürme, Freilichttheater), wegen ihrer nachteiligen **Auswirkungen auf die Umgebung** (Schießstände, Tiermastanlagen) oder wegen ihrer **Zweckbestimmung** (Jagdhütte im Jagdbezirk) nur im Außenbereich ausgeführt werden »sollen«. Die Privilegierung knüpft nicht schon an den Umstand an, dass eine Innenbereichslage für derartige Vorhaben nicht sinnvoll ist. Vielmehr ist die primäre Funktion des Außenbereichs in Rechnung zu stellen. Deshalb ist die Privilegierung nur für singuläre Vorhaben gerechtfertigt, die nicht allein der Befriedigung individueller Interessen dienen.[467] Auch steht die Zulässigkeit im Außenbereich unter dem Vorbehalt, dass eine Unterbringung im Innenbereich nach der konkreten planungsrechtlichen Lage nicht möglich ist.[468] Gewerbliche Tierhaltungsanlagen ohne Fütterungsgrundlage sind zwar alles andere als singulär; aus § 35 Abs. 1 Nr. 4 Hs. 2

169

---

462 BVerwGE 28, 148 (151).
463 Ausf. Darstellung aller Tatbestände bei *Finkelnburg/Ortloff/Kment*, § 27 Rn. 5 bis 33 b.
464 Während nach § 35 Abs. 1 Nr. 1 BauGB das Vorhaben nur eine untergeordnete Fläche einnehmen darf, besteht diese Beschränkung für Vorhaben, die dem Gartenbau dienen, nicht; ausf. zu § 35 Abs. 1 Nr. 1 und 2 *Kersten*, Rn. 343 f.
465 S. nur BVerwG, NJW 1981, 139 (140); NdsOVG, NVwZ-RR 2003, 342 (343).
466 Zu den Voraussetzungen des § 35 Abs. 1 Nr. 6 BauGB BVerwGE 132, 372 Rn. 17 ff.; s.a. BayVGH, BauR 2018, 648; VGH BadWürtt., NVwZ-RR 2017, 761.
467 BVerwGE 96, 95 (104 f.); 48, 109 (111); OVG RhPf., NVwZ-RR 2007, 304: Eine Marienkapelle ist wegen negativer Vorbildwirkung auch dann nicht wegen ihrer Zweckbestimmung im Außenbereich durchzuführen, wenn an dem fraglichen Ort die Gottesmutter mehrfach den Bau einer Kapelle ihr zum Andenken gefordert haben soll; privilegiert nach § 35 Abs. 1 Nr. 4 BauGB ist ein Bestattungswald, NdsOVG, NVwZ-RR 2019, 803; s.a. *Kersten*, Rn. 346.
468 BVerwGE 163, 313 Rn. 14; BVerwG, BauR 2014, 1129; NVwZ 1984, 169.

BauGB folgt jedoch, dass der Gesetzgeber ihre Privilegierung unter den dort genannten Voraussetzungen aufrechterhalten wollte.[469] Zu den Vorhaben, die wegen ihrer Anforderungen an oder Auswirkungen auf die Umgebung dem Außenbereich zugewiesen sind, gehören auch Projekte, die der Nutzung der **Wind- oder Wasserenergie** (§ 35 Abs. 1 Nr. 5 BauGB) oder der Nutzung der **Kernenergie** (§ 35 Abs. 1 Nr. 7 BauGB) dienen. Während letztere infolge des Atomausstiegs keine praktische Bedeutung mehr haben,[470] lösen große Windenergieanlagen durchaus handfeste bodenrechtliche Spannungen aus, die mittels der Anforderungen nach § 35 Abs. 3 BauGB gelöst werden müssen (Rn. 175 ff.).

170 Die privilegierten Vorhaben sind **planungsrechtlich zulässig**, wenn ihnen öffentliche Belange »nicht entgegenstehen«. Auch wenn der Katalog öffentlicher Belange in § 35 Abs. 3 BauGB umfangreich ist und ungeschriebene Belange hinzutreten (Rn. 174), ist die von der Bauaufsichtsbehörde zu treffende Entscheidung gerichtlich voll überprüfbar. Die Behörde besitzt kein Planungsermessen, sondern nimmt eine sog. **nachvollziehende Abwägung** vor.[471] In der hohen Hürde des »Entgegenstehens« öffentlicher Belange kommt das Gewicht der privilegierten Vorhaben zum Ausdruck.[472] Soweit allerdings öffentliche Belange durch zwingende gesetzlichen Verbote geschützt sind, scheidet eine nachvollziehende Abwägung aus (Rn. 173). Ist eine (bloß) **ausreichende Erschließung** gesichert, besteht nach Erteilung des **gemeindlichen Einvernehmens** ein **Rechtsanspruch auf Zulassung.**

171 cc) **Zulässigkeit sonstiger Vorhaben:** Sonstige Vorhaben, die nicht in den Katalog des § 35 Abs. 1 BauGB fallen, sind nur dann »im Einzelfall« zulassungsfähig, wenn sie öffentliche Belange »nicht beeinträchtigen«. Diese niedrigere Unzulässigkeitshürde hat zur Folge, dass i.d.R. als Ergebnis der nachvollziehenden Abwägung ein sonstiges Vorhaben schon dann scheitert, wenn sich ein privilegiertes Vorhaben noch gegenüber den öffentlichen Belangen durchsetzen würde.[473] Das nach dem Wortlaut des § 35 Abs. 2 BauGB bestehende **Ermessen** bedarf indessen in Ansehung von Art. 14 Abs. 1 GG der **Reduktion.** Ist keine Beeinträchtigung öffentlicher Belange ersichtlich, besteht auch für nichtprivilegierte Vorhaben ein Anspruch auf Zulassung.[474]

172 Für bestimmte nichtprivilegierte Vorhaben bestehen **erleichterte Zulassungsvoraussetzungen.** Nach § 35 Abs. 4 BauGB können ihnen enumerativ aufgelistete öffentliche Belange, etwa die Darstellungen eines Flächennutzungsplans oder die Beeinträchtigung der natürlichen Eigenart der Landschaft nicht entgegengehalten werden, soweit das Vorhaben im übrigen außenbereichsverträglich ist. Die Unbeachtlichkeit bestimmter Belange wirkt als Begünstigung oder Teilprivilegierung.[475] Zur Bewältigung des Strukturwandels der Landwirtschaft sind z.B. Nutzungsänderungen von Hofgebäuden

---

469 BVerwGE 163, 313 Rn. 12 ff.; zuvor BVerwG, NVwZ 1984, 169.
470 Die ursprünglich der Privilegierung zurechnende Neuerrichtung von Kernkraftwerken wurde mit dem G. zur Förderung des Klimaschutzes bei der Entwicklung in den Städten und Gemeinden v. 29.7.2011 (BGBl. I S. 1509) gestrichen, die Privilegierung der Solarenergie in § 35 Abs. 1 Nr. 8 BauGB mit derselben BauGB-Novelle aufgenommen.
471 BVerwGE 124, 132 Rn. 35; 115, 17 (19); 68, 311 (313); s.a. *Kersten,* Rn. 341.
472 BVerwGE 124, 132 Rn. 35; 48, 109 (114 f.); *Kersten,* Rn. 351.
473 BVerwGE 48, 109 (114 f.).
474 BVerwGE 18, 247 (250 f.); s.a. *Kersten,* Rn. 352; krit. zur Herleitung aus Art. 14 GG *Wickel,* Rn. 257.
475 Die Belange scheiden aus der nachvollziehenden Abwägung aus, BVerwGE 139, 21 Rn. 10; 120, 130 (134).

möglich.[476] Ein erweiterter Bestandsschutz wird auch zulässigerweise errichtetem Wohnraum gewährt.[477] Ein vergleichbarer Effekt kann durch den Erlass einer **Außenbereichssatzung** nach § 35 Abs. 6 BauGB zugunsten der Wohnbebauung und kleinerer Handwerks- und Gewerbebetriebe erzielt werden. Die satzungsmäßige Erklärung der Unbeachtlichkeit von Darstellungen eines Flächennutzungsplans und des Belangs der Vermeidung von Splittersiedlungen muss städtebaulich vertretbar sein, die Satzungsaufstellung bedarf einer vereinfachten Öffentlichkeitsbeteiligung.

dd) **Öffentliche Belange:** § 35 Abs. 3 BauGB nennt in einem nicht abschließenden Katalog Belange, die durch ein Vorhaben i.S.v. § 35 Abs. 2 BauGB beeinträchtigt werden bzw. die einem Vorhaben i.S.v. § 35 Abs. 1 BauGB entgegenstehen können.[478] Soweit die Gemeinde ihre Entwicklung durch einen **Flächennutzungsplan** gesteuert hat, sind dessen Darstellungen im Baugenehmigungsverfahren beachtlich (§ 35 Abs. 3 S. 1 Nr. 1 BauGB). Sie sind als Innenrechtssätze einer nachvollziehenden Abwägung zugänglich, können aber, soweit sie (wirksame) standortbezogene Aussagen treffen, auch einem privilegierten Vorhaben entgegenstehen.[479] Eine deutlich stärkere Wirkung haben **Ziele der Raumordnung**, denen raumbedeutsame Vorhaben im Außenbereich nicht widersprechen dürfen (§ 35 Abs. 3 S. 2 Hs. 1 BauGB). Da Ziele der Raumordnung das verbindliche Ergebnis einer Abwägung sind (§ 3 Abs. 1 Nr. 2 ROG), bleibt für eine weitere nachvollziehende Abwägung kein Raum.[480] Ob andere **umweltbezogene Pläne** i.S.v. § 35 Abs. 3 S. 1 Nr. 2 BauGB ein Zulassungshindernis bilden, hängt (auch) von ihrem Rechtscharakter ab.[481] Erhebliche Bedeutung als öffentlicher Belang hat die **Vermeidung schädlicher Umwelteinwirkungen** durch Luftverunreinigungen, Lärm und Geruchsbelästigungen (§ 35 Abs. 3 S. 1 Nr. 3 BauGB). Immissionsschutzrechtliche Grenzwerte können durch eine nachvollziehende Abwägung nicht relativiert werden.[482] Der Schutz vor schädlichen Umwelteinwirkungen ist überdies **drittschützend**.[483] Auch Belange des **Natur- und Landschaftsschutzes** und des Boden- und Denkmalschutzes werden umfassend geschützt (§ 35 Abs. 3 S. 1 Nr. 5 BauGB). Zwingende gesetzliche Ge- und Verbote wie z.B. das artenschutzrechtliche Tötungsverbot (§ 44 BNatSchG) sind einer nachvollziehenden Abwägung nicht zugänglich und begründen auch bei privilegierten Vorhaben die planungsrechtliche Unzulässigkeit.[484] Spielräume eröffnen hingegen die Belange der **natürlichen Eigenart der Landschaft** und des Schutzes vor einer **Verunstaltung des Orts- und Landschaftsbildes**.[485] Auch der Schutz vor der Entste-

173

---

476 § 35 Abs. 4 Nr. 1 BauGB; dazu OVG NRW, NVwZ-RR 2017, 9.
477 § 35 Abs. 4 Nr. 5 BauGB; dazu BVerwGE 155, 390; s.a. *Schröer*, NVwZ 2016, 1480.
478 Zur Anwendung auf § 35 Abs. 1 und 2 BauGB ausdrücklich BVerwGE 68, 311 (313).
479 BVerwGE 124, 132, Rn. 32 ff., 45; ausf. *Kersten*, Rn. 354 ff.; s.a. *Finkelnburg/Ortloff/Kment*, § 27 Rn. 42 ff.
480 BVerwGE 152, 49 Rn. 11; ausf. *Erbguth/Mann/Schubert*, Rn. 1222 ff., dort auch zur Wirkung von Zielen der Raumordnung nach § 35 Abs. 3 S. 2 Hs. 2 BauGB.
481 Ausf. *Finkelnburg/Ortloff/Kment*, § 27 Rn. 43.
482 BVerwGE 124, 132 Rn. 37; wegen des Gleichlaufs mit den immissionsschutzrechtlichen Anforderungen gilt dies auch für die Konkretisierung durch die TA Luft und TA Lärm, BVerwGE 129, 209 Rn. 35.
483 BVerwGE 52, 122 (130 ff.).
484 BVerwGE 147, 118 Rn. 6; s.a. *Finkelnburg/Ortloff/Kment*, § 27 Rn. 47 ff.
485 OVG RhPf., NuR 2019, 690 Rn. 32 ff., 91 ff.: Weder Verunstaltung noch Beeinträchtigung der natürlichen Eigenart der Landschaft durch privilegierte Windenergieanlage am Rande des Welterbes Oberes Mittelrheintal.

hung, Verfestigung oder Erweiterung einer **Splittersiedlung** (§ 35 Abs. 3 S. 1 Nr. 7 BauGB) ist einer nachvollziehenden Abwägung zugänglich.[486]

174 Die in § 35 Abs. 3 S. 1 und 2 BauGB beispielhaft genannten öffentlichen Belange erfahren eine Ergänzung durch **ungeschriebene Belange**. Hierzu zählt für privilegierte und nicht privilegierte Vorhaben das **drittschützende Rücksichtnahmegebot**, das über § 35 Abs. 3 S. 1 Nr. 3 BauGB hinaus als öffentlicher Belang Geltung beansprucht.[487] Einen Anspruch auf Erhaltung der »Außenbereichsqualität« gibt es allerdings nicht.[488] Des Weiteren hat die Rechtsprechung anerkannt, dass bei größeren Außenbereichsvorhaben uU die Konfliktlösungskapazitäten des Planersatzes in § 35 BauGB nicht ausreichen. Löst ein Vorhaben einen entsprechenden internen oder mit Blick auf Nachbargemeinden (§ 2 Abs. 2 BauGB) externen Koordinierungsbedarf aus, so steht das **Planungserfordernis** nach § 1 Abs. 3 BauGB als öffentlicher Belang einer Zulassung entgegen.[489]

175 ee) **Insbesondere: Steuerung von Außenbereichsvorhaben durch Konzentrationszonen:** Öffentliche Belange stehen nach § 35 Abs. 3 S. 3 BauGB einem Vorhaben i.S.v. § 35 Abs. 1 Nr. 2 bis 6 BauGB nicht entgegen, soweit hierfür durch Darstellungen im Flächennutzungsplan oder als Ziele der Raumordnung eine **Ausweisung an anderer Stelle** (**Konzentrationszone**) vorgenommen wurde. Ein Flächennutzungsplan, der Konzentrationszonen insb. für Windkraftanlagen vorsieht, hat nicht nur eine positive Wirkung im Hinblick auf die getroffene Festlegung in dem beplanten Bereich (zulässigkeitsfördernd). Zugleich verleiht § 35 Abs. 3 S. 3 BauGB einer solchen Festlegung **rechtliche Ausschlusswirkung** für alle anderen Flächen im Anwendungsbereich des Flächennutzungsplans (zulässigkeitshindernd). Entsprechende Darstellungen im Flächennutzungsplan (oder als Ziele der Raumordnung) führen deshalb zur planungsrechtlichen Unzulässigkeit eines Vorhabens, das am »falschen« Standort verwirklicht werden soll.

176 Das auch für die Flächennutzungsplanung verbindliche **Abwägungsgebot** verpflichtet die Gemeinde, der Grundentscheidung des Gesetzgebers, Vorhaben i.S. des § 35 Abs. 1 Nr. 2 bis 6 BauGB im Außenbereich zu privilegieren, Rechnung zu tragen. Der Flächennutzungsplan muss sicherstellen, dass sich die betroffenen Vorhaben an anderer Stelle gegenüber konkurrierenden Nutzungen durchsetzen.[490] Dem Plan muss daher ein **schlüssiges gesamträumliches Planungskonzept** zugrunde liegen.[491] Zwar sind die Gemeinden nicht gezwungen, alle oder auch nur die Mehrzahl der in Betracht kommenden Flächen als Konzentrationszonen auszuweisen; auch muss eine Konzentrationszone nicht ein Cluster von mehreren Anlagen ermöglichen.[492] Allerdings ist eine bloße »Feigenblatt-Planung«, die lediglich dazu dient, die Verwirklichung des

---

486 In wertender Betrachtung muss die Verfestigung einer Splittersiedlung »unerwünscht« sein, was bei einem negativen Vorbildcharakter angenommen wird, BVerwG, ZfBR 2016, 799 Rn. 17.
487 BVerwGE 28, 268 (274 ff.); 52, 122 (125); BVerwG, NVwZ 1994, 686; NVwZ 2005, 328 (329); krit. zur Herleitung *Kersten*, Rn. 367.
488 OVG Berl.-Bbg., LKV 2019, 274.
489 BVerwGE 117, 25 (30 ff.); ausf. *Kersten*, Rn. 364 ff. Daneben hat die Rspr. auch in Aufstellung befindliche Ziele der Raumordnung als ungeschriebenen öffentlichen Belang anerkannt, BVerwGE 122, 364 (366, 371 ff.).
490 BVerwGE 122, 109 (111); 117, 287 (294); BVerwG, NVwZ 2006, 821 Rn. 6.
491 Grundlegend BVerwGE 117, 287 (294), 298; 118, 33 (37); 122, 109 (111); 145, 231 Rn. 9; 152, 372 Rn. 8; 164, 74 Rn. 19; für Zielbestimmungen in Raumordnungsplänen BVerwG, NVwZ 2013, 1017.
492 BVerwGE 164, 74 Rn. 24.

Vorhabens an anderer Stelle zu verhindern, unzulässig.[493] Maßgeblich ist insoweit eine wertende Betrachtung der tatsächlichen Verhältnisse im jeweiligen Planungsraum.[494]

Für die Steuerung der Ansiedlung von Windenergieanlagen hat das BVerwG in einer überaus komplexen Judikatur den planenden Gemeinden die an ein schlüssiges planerisches Gesamtkonzept zu stellenden Anforderungen diktiert,[495] die es dem **Abwägungsvorgang** zuordnet.[496] Die Gemeinden müssen in einem ersten Schritt solche Flächen ermitteln, die aus tatsächlichen oder rechtlichen Gründen, etwa wegen eines Verstoßes gegen § 5 Abs. 1 Nr. 1 BImSchG, für die Nutzung von Windenergie nicht zur Verfügung stehen (»**harte Tabuzonen**«). Sodann sind solche Flächen abzuschichten, die für die Errichtung von Windenergieanlagen nach Durchführung einer nachvollziehbaren Abwägung ausgeschlossen werden sollen (»**weiche Tabuzonen**«). Übrig bleiben nach diesen beiden Schritten die sog. **Potenzialflächen**, auf denen die Windenergienutzung aus Sicht der Gemeinde in Betracht kommt. Für diese Potenzialflächen hat dann ebenfalls eine Abwägung der Windenergienutzung mit den konkurrierenden Nutzungen stattzufinden. Dabei ist die vom Gesetzgeber intendierte Privilegierung der Windenergienutzung zu beachten.

VI. Rechtsschutz

1. Vorhabenbezogener Rechtsschutz. Das öffentliche Baurecht ist wegen der konflikthaften Struktur, die im Gebrauchmachen von Bodennutzungsansprüchen liegt, ausgesprochen **rechtsschutzintensiv**. Betroffen sind nicht nur die Interessen des Bauherrn. Oft werden auch die Belange von Nachbarn oder von Gemeinden berührt. Deshalb kommt dem **Drittschutz** im öffentlichen Baurecht eine herausragende Rolle zu.

Beispiel:
Dem Grundstückseigentümer E wird eine Baugenehmigung für die Errichtung eines Wohnhauses der Gebäudeklasse 3 unter Befreiung von den Festsetzungen des Bebauungsplans erteilt. Die Baugenehmigung wird mit der Auflage versehen, zwei Stellplätze zu schaffen. E will die Auflage zu Fall bringen, da sie ihn an einer optimalen Grundstücksnutzung hindert. Der Grundstücksnachbar N hingegen ist empört, da das Vorhaben unter Verstoß gegen § 8 LBauO zu einer Verschattung seines Wohnzimmers führt. Die Gemeinde G schließlich meint, man habe sie um ihr Einvernehmen ersuchen müssen.

a) Rechtsschutz des Bauherrn. Die statthafte **Rechtsschutzform** bestimmt sich für den Bauherrn nach seinem Begehren. Ist die Erteilung der **Baugenehmigung** versagt worden, muss er sein Ziel mit Widerspruch und Verpflichtungsklage auf Erteilung der Baugenehmigung nach § 42 Abs. 1 Alt. 2 VwGO verfolgen. Dies gilt auch dann, wenn die Ablehnung allein auf der Verweigerung des gemeindlichen Einvernehmens beruht, das als behördliche Verfahrenshandlung i.S.v. § 44 a S. 1 VwGO nicht isoliert eingeklagt werden kann. Ist der Bauherr der Auffassung, sein Vorhaben bedürfe nach §§ 62, 67 LBauO keiner Genehmigung, steht ihm die Feststellungsklage nach § 43 Abs. 1 VwGO zur Verfügung. Mangels Regelungswirkung kann er die sog. Negativer-

---

493 BVerwGE 145, 231 Rn. 18 f.; 122, 109 (111); 117, 287 (295).
494 BVerwGE 137, 74 Rn. 28.
495 BVerwGE 164, 74 Rn. 19 ff.; 152, 372 Rn. 8; 145, 231 Rn. 10.
496 BVerwGE 145, 231 Rn. 9.

klärung der Gemeinde nach § 67 Abs. 1 S. 2 LBauO (Rn. 53) nicht mit der Anfechtungsklage angreifen.[497]

180 Die **Klagebefugnis** des Bauherrn im Prozess auf Erteilung der Baugenehmigung folgt aus § 70 Abs. 1 S. 1 LBauO. **Maßgeblicher Zeitpunkt der Sach- und Rechtslage** für die Beurteilung des Genehmigungsanspruchs ist der Zeitpunkt der letzten mündlichen Verhandlung vor Gericht. Der Bauherr kann folglich von einer günstigen Rechtsentwicklung profitieren,[498] trägt aber gleichermaßen das Risiko einer Verschlechterung. Bestehen zum Zeitpunkt der letzten mündlichen Verhandlung die Voraussetzungen für die Erteilung der Baugenehmigung nicht mehr, besitzt er ggf. ein berechtigtes Interesse an der Feststellung der Rechtswidrigkeit der Versagung der Bauerlaubnis analog § 113 Abs. 1 S. 4 VwGO.[499]

181 Wehrt sich der Bauherr gegen der Baugenehmigung beigefügte belastende **Nebenbestimmungen** (Rn. 45), so kann er diese ungeachtet der Art der Nebenbestimmung mit der Anfechtungsklage angreifen, wenn eine isolierte Aufhebung nicht offenkundig ausgeschlossen ist.[500]

Beispiel (zu Rn. 178):
Die Stellplatzauflage kann E mit der Anfechtungsklage angreifen, da eine isolierte Aufhebung nicht offenkundig ausgeschlossen ist. Wird der Auffassung gefolgt, dass die Bauaufsichtsbehörde im vereinfachten Genehmigungsverfahren nicht befugt ist, vorbehaltlich §§ 52, 88 LBauO Feststellungen zur Vereinbarkeit des Vorhabens mit Bauordnungsrecht zu treffen (Rn. 43), so ist auch eine entsprechende Nebenbestimmung unzulässig, da sie nicht der Erfüllung der Anspruchsvoraussetzungen der Baugenehmigung dient.[501]

Im Fall einer modifizierenden Genehmigung muss der Bauherr hingegen im Wege der Verpflichtungsklage eine Baugenehmigung ohne den seinen Antrag abändernden Inhalt erstreiten.

182 Ergehen gegen den Bauherrn oder einen anderen baurechtlich Verantwortlichen (Rn. 80 ff.) **belastende Verfügungen** nach § 59 Abs. 1 S. 1 Halbs. 2, §§ 80, 81 LBauO, sind Anfechtungswiderspruch und Anfechtungsklage nach § 42 Abs. 1 Alt. 1 VwGO statthaft. Soweit die sofortige Vollziehung nach § 80 Abs. 2 S. 1 Nr. 4 VwGO angeordnet wurde, wird der Adressat der Verfügung einen gerichtlichen Antrag auf Wiederherstellung der aufschiebenden Wirkung nach § 80 Abs. 5 S. 1 Alt. 2 VwGO stellen. Nach zutreffender Auffassung muss spätestens zu diesem Zeitpunkt auch Widerspruch eingelegt worden sein.[502]

---

497 Zu weiteren Klagekonstellation im Umfeld der Genehmigungsfiktion nach § 66 Abs. 5 S. 5 LBauO s. *Kaiser*, Rn. 149 f. m.w.N.
498 BVerwG, BauR 1998, 995.
499 Zur Änderung der Rechtslage nach einem Bescheidungswiderspruch des Stadt- oder Kreisrechtsausschusses s. BVerwGE 130, 113.
500 BVerwGE 112, 121 (124); modifizierend *Hufen/Bickenbach*, JuS 2004, 867 (871) hinsichtlich aufschiebender Bedingungen.
501 *Sauthoff*, S. 418; *Hornmann*, NVwZ 2012, 1294 (1296); a.A. ohne Begründung VG Neustadt/Weinstr., Urt. v. 7.12.2011 – 5 K 742/11.NW – (juris). Der Verweis in § 66 Abs. 4 S. 3 LBauO auf § 47 LBauO begründet keine Prüfungsbefugnis der Bauaufsichtsbehörde, OVG RhPf., BeckRS 2016, 53189 Rn. 20; *Jeromin*, in: ders., § 66 Rn. 45; a.A. *Beckmann*, KommJur 2013, 327 (328 f.) für die Konstellation der mit der Gemeindeverwaltung identischen Bauaufsichtsbehörde.
502 OVG RhPf., NJW 1995, 1043.

b) **Rechtsschutz des Nachbarn.** Die Form des Rechtsschutzes des Nachbarn gegen ein 183
Bauvorhaben ist abhängig davon, ob und in welchem Verfahren es genehmigt worden
ist. Gegen eine dem Bauherrn erteilte **Baugenehmigung** kann sich der Nachbar mit
Anfechtungswiderspruch und Anfechtungsklage wehren. Allerdings haben Rechtsbehelfe Dritter gegen bauaufsichtliche Zulassungsentscheidungen nach § 212 a BauGB
i.V.m. § 80 Abs. 2 S. 1 Nr. 3 VwGO keine aufschiebende Wirkung. Zulassungsentscheidung ist mangels Baufreigabe nicht der Bauvorbescheid nach § 72 LBauO, wohl
aber die Baugenehmigung nach § 70 Abs. 1 S. 1 LBauO. Deshalb wird der Nachbar
zusätzlich zu dem nach § 80 a Abs. 1 VwGO erforderlichen Widerspruch einen Antrag
auf Anordnung der aufschiebenden Wirkung nach § 80 a Abs. 3 S. 2, § 80 Abs. 5 S. 1
Alt. 1 VwGO stellen.[503] Eines vorherigen Antrags nach § 80 Abs. 4 VwGO bedarf es
nicht.[504] Setzt sich der Bauherr über eine gerichtliche Anordnung hinweg, kann der
Nachbar nach § 80 a Abs. 3 S. 1 Alt. 3 i.V.m. Abs. 1 Nr. 2 VwGO isolierte Sicherungsmaßnahmen beantragen.

Wendet sich der Nachbar gegen eine im **vereinfachten Genehmigungsverfahren** nach 184
§ 66 LBauO erteilte Baugenehmigung, ist deren begrenzter Regelungsinhalt zu beachten (Rn. 43). Soweit Verstöße der Baugenehmigung gegen bauplanungsrechtliche Vorschriften in Frage stehen, bleibt es bei der Statthaftigkeit von Anfechtungswiderspruch
und Antrag nach § 80 a Abs. 3 S. 2 i.V.m. § 80 Abs. 5 S. 1 Alt. 1 VwGO. Da die im
vereinfachten Verfahren erteilte Genehmigung aber im Regelfall keine Feststellungen
zur Konformität mit dem Bauordnungsrecht mit Ausnahme von §§ 88, 52 LBauO enthält, ist die Baugenehmigung insoweit kein geeignetes Angriffsobjekt.[505]

Beispiel (zu Rn. 178):
Der Nachbar muss mangels entsprechender Feststellungen in der Baugenehmigung Verstöße
gegen bauordnungsrechtliche Vorschriften mit Widerspruch und Verpflichtungsklage, gerichtet
auf ein baupolizeiliches Einschreiten nach § 80 LBauO, geltend machen.[506] Soll ein unverzüglicher Baustopp durchgesetzt werden, ist § 123 VwGO in Gestalt der Sicherungsanordnung der geeignete Rechtsbehelf.[507]

Dasselbe gilt stets für ein Vorgehen gegen **genehmigungsfreie** (§ 62 LBauO) und **ge-** 185
nehmigungsfreigestellte Vorhaben (§ 67 LBauO). Die Umstellung des Rechtsschutzes
von der Anfechtungs- auf die Verpflichtungskonstellation ist unmittelbare Folge der
Deregulierung des Bauens (Rn. 17). Wenn aber der Bauherr eines genehmigungsfreien
Vorhabens nach § 69 Abs. 2 LBauO einen Antrag auf Zulassung von Abweichungen
bauordnungs- oder bauplanungsrechtlicher Art stellt, der positiv beschieden wurde,
muss die Gestattung der Abweichung angefochten werden. Sie ist zugleich eine Zulassungsentscheidung i.S.v. § 212 a BauGB mit der Konsequenz, dass der Nachbar einen

---

503 OVG SchlH., NordÖR 2006, 361 (362); OVG RhPf., BauR 2004, 59; a.A. wohl OVG RhPf., ZfBR 2012, 485: Rechtsschutz nach § 80 a Abs. 3 S. 1 Alt. 3 i.V.m. § 80 a Abs. 1 Nr. 2 VwGO.
504 OVG RhPf., BauR 2004, 59.
505 Anderes gilt für die Konstellation, dass die Baugenehmigung ausnahmsweise Feststellungen zum Bauordnungsrecht trifft, s.a. OVG RhPf., NJOZ 2009, 635; VG Neustadt/Weinstr., BeckRS 2016, 52349 Rn. 36.
506 OVG RhPf., AS 23, 321 (323 f.); BayVGH, BayVBl. 2000, 377.
507 OVG Berl., UPR 1990, 195; VG Gießen, NVwZ-RR 2005, 166; für Regelungsanordnung OVG Saarl., BauR 2006, 2015; *Bamberger*, NVwZ 2000, 983.

Antrag auf Anordnung der aufschiebenden Wirkung nach § 80a Abs. 3 S. 2 i.V.m. § 80 Abs. 5 S. 1 Alt. 1 VwGO stellen muss.[508]

186 Wendet sich der Nachbar gegen eine den Bauherrn begünstigende Baugenehmigung, bedarf er zur **Klagebefugnis** nach § 42 Abs. 2 VwGO einer ihn schützenden Norm, die möglicherweise verletzt ist. Eine **Schutznorm**, die auch seinen Interessen zu dienen bestimmt ist und ihm eine entsprechende Rechtsdurchsetzungsmacht verleiht, findet sich nicht schon in Art. 14 Abs. 1 GG. Vielmehr werden erst durch den Gesetzgeber die zur Konfliktlösung zwischen Bauherrn und Nachbarn gebotenen Rechtsdurchsetzungschancen nach Art. 14 Abs. 1 S. 2 GG eingeräumt.[509] Drittschutz verleiht auch nicht ein allgemeines »Rücksichtnahmegebot«. Vielmehr ist durch Auslegung der bauplanungs- und bauordnungsrechtlichen Normen zu ermitteln, ob und wem Rücksichtnahme geschuldet ist.[510]

187 Zumeist wird zwischen **generell** und **partiell drittschützenden Normen** unterschieden.[511] Generell nachbarschützende Vorschriften gewähren einen unbedingten Schutz des Nachbarn, ohne dass eine konkrete Schutzwürdigkeit zu fordern ist. Zu diesen Vorschriften zählt im Bauordnungsrecht vor allem das Abstandsflächenrecht (Rn. 92).

Beispiel (zu Rn. 178):
Ein möglicher Verstoß gegen § 8 LBauO verleiht N die Klagebefugnis gegen die E erteilte Baugenehmigung, sofern deren Regelungsgehalt das Bauordnungsrecht umfasst.

Ebenfalls generell drittschützend sind die bauplanerischen Festsetzungen über die Art der baulichen Nutzung, die den Eigentümern innerhalb des Plangebiets unabhängig von der konkreten Betroffenheit einen Gebietserhaltungsanspruch gewähren (Rn. 150, 164). Als partiell drittschützend werden Normen angesehen, die situationsbezogen dem Schutz nachbarlicher Interessen dienen.[512] Hierzu gehören im Bauplanungs- wie im Bauordnungsrecht insb. die einfachgesetzlichen Konkretisierungen des Rücksichtnahmegebots. Dies gilt für alle Varianten des § 15 Abs. 1 BauNVO (Rn. 152) oder auch für das Gebot der Würdigung nachbarlicher Interessen bei der Abweichung von nicht nachbarschützenden Vorschriften nach § 69 Abs. 1 LBauO (Rn. 107) oder nach § 31 Abs. 2 BauGB (Rn. 155), schließlich auch für die Ausprägungen des Rücksichtnahmegebots in § 34 Abs. 1 BauGB (Rn. 163) und § 35 Abs. 3 BauGB (Rn. 174).

188 Für die Klagebefugnis ist des Weiteren erforderlich, dass der Kläger zum **Kreis der von der Norm geschützten Personen** zählt. Einfachgesetzlicher Drittschutz ist nicht notwendig auf diejenigen Nachbarn beschränkt, die als Angrenzer im Verfahren nach § 68 LBauO zu beteiligen sind. Nach dem **materiellen Nachbarbegriff** ist vielmehr auf die jeweilige drittschützende Norm abzustellen.[513] So kann der planungsrechtliche Gebietserhaltungsanspruch von Eigentümern innerhalb des Plangebiets geltend gemacht werden, ausnahmsweise bei einem entsprechenden planerischen Willen aber auch ge-

---

508 OVG SchlH., NordÖR 2006, 361 (362); a.A. OVG NRW, BRS 73 Nr. 127; s.a. *Otto*, ZfBR 2012, 15 (21) m.w.N.
509 BVerwGE 88, 191 (194); 89, 69 (78 f.); 107, 215 (219 f.).
510 BVerwGE 159, 187 Rn. 10; ausf. *Kersten*, Rn. 292 ff.
511 Dazu *Schoch*, Jura 2004, 317; s.a. *Kersten*, Rn. 294.
512 BVerwGE 67, 334; *Kersten*, Rn. 294.
513 OVG RhPf., AS 15, 315; 22, 1 (2).

bietsübergreifend bestehen.[514] Nach ganz überwiegender Meinung ist aber der baurechtliche Nachbarbegriff auf **dinglich Berechtigte** beschränkt. Bloß obligatorisch Berechtigte wie Mieter oder Pächter können ungeachtet ihrer verfassungsrechtlichen Eigentümerstellung[515] wegen der Grundstücksbezogenheit des öffentlichen Baurechts keinen Schutz nach den baurechtlichen Vorschriften beanspruchen.[516] Allerdings kommt personenbezogener Drittschutz in Betracht, wie z.b. die Geltendmachung der Verletzung der Rechtsgüter des Art. 2 Abs. 2 GG.[517]

Für die Nachbarn, die nach § 68 LBauO am Genehmigungsverfahren beteiligt wurden und eine Zustimmung nicht erteilt haben (Rn. 32), beginnt mit der Bekanntgabe der Baugenehmigung nach § 70 Abs. 3 S. 2 LBauO der Lauf der **Rechtsbehelfsfristen** (§ 70 Abs. 1 VwGO). Fehlt es an einer ordnungsgemäßen Bekanntgabe gegenüber Drittbetroffenen, wird mangels analoger Anwendbarkeit von § 58 Abs. 2 VwGO ihr Widerspruchsrecht in zeitlicher Hinsicht nur durch den Grundsatz von Treu und Glauben beschränkt. 189

Beispiel (zu Rn. 178):
N muss spätestens ein Jahr nach der zuverlässigen Möglichkeit der Kenntnis von der Baugenehmigung Widerspruch einlegen, sofern er durch deren Regelungsinhalt beschwert wird.[518]

Für den Klageerfolg des Nachbarn ist der **maßgebliche Zeitpunkt der Sach- und Rechtslage** entscheidend. Abweichend von dem Grundsatz, dass materiellrechtlich im Anfechtungsstreit die Sach- und Rechtslage zum Zeitpunkt der letzten behördlichen Entscheidung maßgeblich sei, ist im Baurechtsprozess der Bauherr schon mit dem Zeitpunkt des Wirksamwerdens der Baugenehmigung gegen nachteilige Änderungen geschützt (Rn. 41). Andererseits sind dem Bauherrn günstige Entwicklungen bis zum Zeitpunkt der letzten mündlichen Verhandlung vor dem Verwaltungsgericht zu berücksichtigen: Dem Aufhebungsanspruch des Nachbarn steht der *dolo agit*-Einwand entgegen, wenn die Behörde die Baugenehmigung sogleich wieder erteilen müsste.[519] 190

Im Verfahren des **vorläufigen Rechtsschutzes** nach § 80a Abs. 3 S. 2, § 80 Abs. 5 S. 1 VwGO ist der Nachbar erfolgreich, wenn das Suspensivinteresse das öffentliche Interesse an der sofortigen Vollziehbarkeit der Baugenehmigung überwiegt.[520] Dies ist der Fall, wenn sich die Baugenehmigung bei summarischer Prüfung im Hinblick auf nachbarschützende Vorschriften als rechtswidrig erweist. Macht der Nachbar hingegen im Verfahren nach **§ 123 VwGO** einen Anspruch auf baupolizeiliches Einschreiten gel- 191

---

514 BVerwG, BauR 2013, 934 Rn. 5; OVG RhPf., DVBl. 2019, 781 Rn. 13; zum Ausschluss der Klagebefugnis wegen rechtsmissbräuchlichen Verhaltens BVerwGE 162, 363 Rn. 23 ff.
515 BVerfGE 89, 1 (8).
516 BVerwG, NVwZ 1998, 956; OVG NRW, NWVBl. 2014, 103; *Jeromin*, in: ders., § 70 Rn. 116; Wohnungseigentümer nach WEG sind im Rahmen ihres Sondereigentums klagebefugt, nicht hingegen, soweit das Gemeinschaftseigentum betroffen ist, OVG NRW, BauR 2014, 252; BayVGH, NVwZ 2013, 1622 m. krit. Anm. *Elzer*; a.A. VGH BadWürtt., BauR 2018, 77 (78 ff.). Innerhalb der Eigentümergemeinschaft bestehen keine öffentlich-rechtlichen Abwehrrechte, da deren Rechtsverhältnisse nach § 15 Abs. 3 WEG zivilrechtlich geregelt sind, BVerwG, NVwZ 1989, 250; OVG RhPf., BauR 2019, 1145.
517 BVerwGE 54, 211 (221).
518 BVerwGE 44, 294 (296 ff.); 78, 85 (89); OVG RhPf., BauR 2017, 1197; BayVGH, BayBl. 2020, 375; das gilt auch bei grob fahrlässiger Unkenntnis, s. VG Koblenz, Urt. v. 12.4.2011 – 7 K 1059/10.KO – Rn. 23 – (juris).
519 So iErg auch BVerwG, NVwZ 1998, 1179; NVwZ-RR 1996, 628.
520 Zum strengeren Maßstab im Fall von § 80 Abs. 2 S. 1 Nr. 3 VwGO s. BVerfG, NVwZ 2004, 93; BVerwGE 123, 241 (244 f.); BVerwG, NVwZ 2007, 1209.

tend, bedarf es der Glaubhaftmachung eines Anordnungsanspruchs und eine Anordnungsgrunds. Für den Nachbarn eines genehmigungsfreien oder freigestellten Vorhabens hat die Rechtsprechung nicht nur die Anforderungen an die Ermessensreduzierung auf Null herabgesetzt (Rn. 78), sondern kommt ihm zu Recht auch mit geminderten prozessualen Voraussetzungen für die Glaubhaftmachung entgegen.[521] Sieht man in einem auf § 80 LBauO gestützten Baustopp eine Vorwegnahme der Hauptsache, so ist diese in Ansehung von Art. 19 Abs. 4 GG gerechtfertigt.[522]

192 **c) Rechtsschutz der Gemeinden.** Die Gemeinde ist durch die Einvernehmensregelung in § 36 BauGB in das Baugenehmigungsverfahren einbezogen, das einfachgesetzlicher Ausdruck der verfassungskräftig geschützten Planungshoheit ist. Die Rechtsposition der Gemeinde beurteilt sich danach, ob sie eine Verletzung des Einvernehmenserfordernisses nach § 36 Abs. 1 S. 1 BauGB rügt oder geltend macht, das verweigerte Einvernehmen sei nach § 36 Abs. 2 S. 3 BauGB, § 71 LBauO zu Unrecht ersetzt worden.

193 Ist die Gemeinde der Auffassung, das **Einvernehmenserfordernis nach § 36 Abs. 1 S. 1 BauGB** sei verletzt worden, kann sie die erteilte Baugenehmigung mit Widerspruch und Anfechtungsklage angreifen. Zu beachten ist, dass die Gemeinde ebenso wie ein Nachbar Dritter i.S.v. § 212 a BauGB ist.[523] Die Klagebefugnis folgt aus § 36 Abs. 1 S. 1 BauGB. Eine tatsächliche Verletzung des Einvernehmenserfordernisses führt unmittelbar zum Klageerfolg.

Beispiel (zu Rn. 178):
Das Verwaltungsgericht hebt auf eine Klage der Gemeinde G die Baugenehmigung auf ungeachtet der Frage, ob das Vorhaben des Bauherrn materiell genehmigungsfähig ist.

Diese radikal erscheinende Folge ist Konsequenz davon, dass das Einvernehmenserfordernis als Sicherungsinstrument der Gemeinde gerade auch die Möglichkeit geben soll, in Reaktion auf einen Bauantrag die planungsrechtlichen Grundlagen zu ändern.[524] Wegen seiner Qualität als sog. absolutes Verfahrensrecht kann die Gemeinde des Weiteren in Form der Verpflichtungsklage, ggf. im vorläufigen Verfahren nach § 123 VwGO, einen Anspruch auf baupolizeiliches Einschreiten durchsetzen, wenn das Einvernehmenserfordernis verletzt wurde.[525]

194 Ist zwar um das gemeindliche Einvernehmen nachgesucht worden, aber dessen **Verweigerung nach § 36 Abs. 2 S. 3 BauGB, § 71 LBauO** ersetzt worden, so ist Angriffsobjekt der Anfechtungsklage ebenfalls die Baugenehmigung, da sie als Ersatzvornahme nicht gesondert nach § 126 GemO angefochten werden kann (§ 71 Abs. 4 S. 1 LBauO). Durch § 71 Abs. 4 S. 2 LBauO wird der Ausschluss aufschiebender Wirkung von Rechtsbehelfen nach § 212 a BauGB auf die Baugenehmigung in der Form der Ersatzvornahme erstreckt mit der Konsequenz, dass die Gemeinde um Rechtsschutz nach § 80a Abs. 3 S. 2, § 80 Abs. 5 S. 1 Alt. 1 VwGO nachsuchen wird. Dies gilt auch, wenn das Einvernehmen erst aufgrund des Widerspruchsverfahrens nach § 71 Abs. 5

---

521 OVG MV, NuR 2004, 115; VGH BadWürtt., BauR 1995, 219 (220); BayVGH, NVwZ 1997, 923.
522 OVG Saarl., BauR 2006, 2015 (2021); *Bamberger*, NVwZ 2000, 983 (987 f.).
523 VG Neustadt/Weinstr., Beschl. v. 8.8.2005 – 4 L 1226/05.NW – (juris); VGH BadWürtt., NVwZ 1999, 442; OVG Saarl., BauR 2011, 983 (984); s.a. VG Neustadt/Weinstr., BeckRS 2014, 57589.
524 BVerwGE 22, 342 (345); bestätigt durch BVerwG, NVwZ 2008, 1347 (1348); NVwZ-RR 2015, 685 (687).
525 BVerwG, NVwZ 1992, 878; VGH BadWürtt., BauR 1999, 1447.

LBauO ersetzt wird. Angriffsobjekt der Klage ist mangels materiellrechtlichen Regelungsgehalts nicht der Widerspruchsbescheid des Kreisrechtsausschusses, der die Kreisverwaltung zur Erteilung der Baugenehmigung verpflichtet (Rn. 35), sondern die Baugenehmigung, die erst die Ersetzung des Einvernehmens bewirkt.[526] Die Annahme, schon mit dem Verpflichtungswiderspruchsbescheid werde das Einvernehmen ersetzt,[527] missachtet die von § 71 Abs. 2 S. 1 u. Abs. 4 S. 1 LBauO vorausgesetzte Einheit von Ersetzung und Erteilung der Baugenehmigung und hätte zur Konsequenz, dass die Gemeinde zwei Entscheidungen anfechten müsste.

Umstritten war die Rechtsposition der Gemeinde im Falle der Ersetzung des verweigerten Einvernehmens. Das BVerwG hat klargestellt, dass schon die Rechtswidrigkeit der bauaufsichtlichen Ersetzung am Maßstab des § 36 Abs. 2 S. 1 BauGB der Klage zum Erfolg verhilft. Die Gemeinde kann sich folglich als Ausfluss ihrer materiellen Planungshoheit darauf berufen, dass die Voraussetzungen der §§ 31, 33, 34 u. 35 BauGB nicht vorliegen.[528] Wird das gemeindliche Anhörungsrecht im Ersetzungsverfahren und das hiermit verbundene befristete Neuentscheidungsrecht der Gemeinde nach § 71 Abs. 3 S. 2 LBauO verletzt, begründet dieser Verfahrensfehler einen Aufhebungsanspruch, ohne dass es einer Überprüfung der materiellen Rechtslage bedarf.[529]

2. Rechtsschutz gegen Bauleitpläne. Für den prinzipalen Rechtsschutz gegen Bauleitpläne ist die **Verwaltungsgerichtsbarkeit zuständig**. Nach § 47 Abs. 1 VwGO entscheidet das Oberverwaltungsgericht über die Gültigkeit der Rechtsnormen »im Rahmen seiner Gerichtsbarkeit«. Danach ist erforderlich, dass aus dem Vollzug der Rechtsnorm Streitigkeiten entstehen können, für die der Verwaltungsrechtsweg eröffnet wäre (sog. »Vollzugsformel«). Aus dem Vollzug eines Bebauungsplans können sich Anfechtungsklagen gegen bzw. Verpflichtungsklagen auf Erteilung von Baugenehmigungen ergeben. Örtlich zuständig ist das **OVG Rheinland-Pfalz** mit Sitz in Koblenz (§ 1 Abs. 1 und 2 GerichtsOrgG RhPf.). Allerdings kann die Wirksamkeit von Bauleitplänen auch inzident vom Verwaltungsgericht geprüft werden, etwa im Rahmen des Streits um die Erteilung einer Baugenehmigung.

Da der **Bebauungsplan** in der Rechtsform einer Satzung aufgrund von § 10 Abs. 1 BauGB i.V.m. §§ 22, 24 GemO erlassen wird, bildet er einen statthaften Antragsgegenstand i.S.v. § 47 Abs. 1 Nr. 1 Var. 1 VwGO. Der **Flächennutzungsplan** ist hingegen wegen seiner grundsätzlich nur verwaltungsinternen Wirkung kein Gegenstand einer Normenkontrolle durch Dritte. Allerdings sind Darstellungen von **Konzentrationszonen** für privilegierte Außenbereichsnutzungen, denen nach dem Willen der Gemeinde Ausschlusswirkung nach § 35 Abs. 3 S. 3 BauGB zukommt, für die Genehmigungsfähigkeit eines konkreten Vorhabens maßgeblich (Rn. 175 ff.). Obwohl das Vorhaben nur »in der Regel« ausgeschlossen wird, besitzen die Darstellungen eine dem Bebau-

---

526 Anders aber, wenn die Gemeinde selbst Adressatin eines Verpflichtungswiderspruchs ist: VGH BadWürtt., VBlBW 2004, 56.
527 So VG Neustadt/Weinstr., BeckRS 2014, 57589; Beschl. v. 30.11.2004 – 3 L 2542/04.NW –; VG Mainz, Urt. v. 10.7.2013 – 3 K 1705/12.MZ – (juris, Rn. 18); *Jeromin*, in: ders., § 71 Rn. 36; *Oster*, LKRZ 2009, 211 (213).
528 BVerwG, BauR 2010, 1879; zuvor schon OVG RhPf., NJOZ 2006, 1717 (1718); AS 33, 161 (162 f.). Dieser Maßstab gilt auch, wenn die Einholung des Einvernehmens wegen der Identität von Gemeinde und Baugenehmigungsbehörde entbehrlich ist, BVerwG, BauR 2010, 1737; BayVGH, BauR 2011, 480 (481).
529 VG Neustadt/Weinstr., BeckRS 2014, 57589; *Jeromin*, in: ders., § 71 Rn. 38.

ungsplan vergleichbare Außenverbindlichkeit, die es rechtfertigt, § 47 Abs. 1 Nr. 1 VwGO analog anzuwenden.[530] Gegenstand der Normenkontrolle ist aber nur die im Plan zum Ausdruck kommende planerische Entscheidung, der Konzentrationsfläche die Ausschlusswirkung nach § 35 Abs. 3 S. 3 BauGB zuzuweisen.[531] Es können also weder die Konzentrationsfläche als solche noch darüber hinausgehende Darstellungen i.S.v. § 35 Abs. 3 S. 1 Nr. 1 BauGB unmittelbarer Gegenstand der Normenkontrolle sein. Allerdings ist eine wirksame Darstellung der Konzentrationsfläche erforderlich, um die Ausschlusswirkung zu erzeugen. Daher ist ihre Rechtmäßigkeit ggf. inzident als Voraussetzung der Ausschlusswirkung zu prüfen.[532]

198 Flächennutzungspläne und Bebauungspläne können auch Gegenstand einer Verbandsklage durch eine Umweltvereinigung sein (§ 1 Abs. 1 S. 1 Nr. 4 UmwRG), weil sie einer strategischen Umweltprüfung unterliegen (§ 2 Abs. 7 UVPG i.V.m. Anlage 5 Nr. 1.8).[533] Für die Statthaftigkeit eines Normenkontrollantrags trifft § 7 Abs. 2 UmwRG eine etwas verwirrende prozessuale Sonderregelung. Hier ist nach § 7 Abs. 2 S. 1 UmwRG immer das OVG zuständig. Sofern sich der Angriff gegen Bebauungspläne richtet, entspricht dies der ohnehin geltenden Rechtslage, die nicht geändert werden sollte.[534] Werden aber Flächennutzungspläne angegriffen, die keine Darstellungen mit der Ausschlusswirkung des § 35 Abs. 3 S. 3 BauGB enthalten, so erfüllten diese mangels Rechtsnormqualität »normalerweise« nicht die Voraussetzungen an einen statthaften Antrag (Rn. 197). Für diese Konstellation ordnet § 7 Abs. 2 S. 2 UmwRG über die Zuweisung an das OVG hinaus die entsprechende Anwendung von § 47 VwGO an.[535]

199 Die **Antragsbefugnis** steht nach § 47 Abs. 2 S. 1 VwGO jeder natürlichen und juristischen Person zu, die geltend machen kann, durch die Rechtsnorm oder deren Anwendung in ihren Rechten verletzt zu sein oder in absehbarer Zeit verletzt zu werden. Die Möglichkeit einer Rechtsverletzung besteht immer, wenn die bauliche Nutzbarkeit des Grundstücks beschränkt wird.[536] Eine planerische Festsetzung nach § 9 BauGB ist eine Bestimmung des Inhalts des Grundeigentums im Sinne des Art. 14 Abs. 1 S. 2 GG (Rn. 119). Sollte diese rechtswidrig sein, muss sie vom Eigentümer abgewehrt werden können. Wird durch Festsetzungen für das eigene Grundstück das Eigentum unmittelbar beschränkt, ist ein **subjektives Recht aus Art. 14 Abs. 1 GG** unstreitig zu bejahen.[537] Wird das Grundstück hingegen nur mittelbar durch Festsetzungen für andere Grundstücke berührt, kann eine Antragsbefugnis aus dem **Abwägungsgebot** folgen. § 1 Abs. 7 BauGB vermittelt ein subjektives Recht, weil die Vorschrift zur Abwägung

---

530 BVerwGE 128, 382 Rn. 11 ff.; anders noch OVG RhPf., NVwZ 2006, 1442, das unter Verweis auf § 47 Abs. 1 Nr. 2 VwGO i.V.m. § 4 Abs. 1 S. 1 AGVwGO eine durch Analogiebildung zu schließende Regelungslücke verneinte; so auch *Finkelnburg/Ortloff/Kment*, § 7 Rn. 55. Die Kontrolle von Festsetzungen von Konzentrationszonen in regionalen Raumordnungsplänen (Zielbestimmungen) vollzieht sich hingegen nach § 47 Abs. 1 Nr. 2 VwGO i.V.m. § 4 Abs. 1 S. 1 AGVwGO (§ 8 Rn. 36).
531 BVerwGE 164, 74 Rn. 11, 29; 146, 40 Rn. 10, 19 ff.; BVerwG, NVwZ 2015, 1452 Rn. 8; OVG RhPf., BeckRS 2018, 3525 Rn. 57 ff.
532 BVerwGE 146, 40 Rn. 18 f.
533 Zur Verbandsklage gegen Bauleitpläne *Arndt*, UPR 2018, 90; *Decker*, VBlBW 2018, 441; *Mager*, EurUP 2018, 50; *Guckelberger*, NuR 2020, 217 (219 f.).
534 Begr. RegE, BT-Drucks. 18/9526, 42.
535 Dazu auch *Decker*, VBlBW 2018, 441 (444).
536 BVerwGE 91, 318; NVwZ 1998, 732.
537 BVerwG, ZfBR 1997, 314 (315); s.a. BVerwG, NVwZ 1998, 732; BVerwG, NVwZ 2000, 1413.

der privaten Belange normativ verpflichtet.[538] Von seiner Schutzwirkung sind uU auch Eigentümer umfasst, deren Grundstücke außerhalb des Planbereichs belegen sind.[539] Der Antragsteller kann aber nur geltend machen, seine eigenen Belange seien nicht oder nicht mit dem ihnen zukommenden objektiven Gewicht in die Abwägung eingestellt worden.[540] Nicht abwägungsbeachtlich sind geringwertige oder mit einem Makel behaftete Interessen, solche Interessen, auf deren Fortbestand kein schutzwürdiges Vertrauen besteht, sowie solche, die für die Gemeinde bei der Entscheidung über den Plan nicht erkennbar waren.[541] Dieselben Grundsätze gelten, wenn Darstellungen eines Flächennutzungsplans mit der Ausschlusswirkung des § 35 Abs. 3 S. 3 BauGB mit der Normenkontrolle angegriffen werden.[542]

Die Antragsbefugnis von nach § 3 UmwRG anerkannten **Umweltvereinigungen** bestimmt sich in Abweichung von § 47 Abs. 2 S. 1 VwGO nach § 2 Abs. 1 i.V.m. § 1 Abs. 1 S. 1 Nr. 4 UmwRG. Vereinigungen müssen zwar nicht eine subjektive Rechtsverletzung geltend machen; sie müssen aber einen Verstoß gegen für die Planentscheidung bedeutsame umweltbezogene Rechtsvorschriften und eine Berührung ihres satzungsmäßigen Aufgabenbereichs geltend machen. Schließlich müssen sie im Hinblick auf eine mögliche Präklusion ihr Beteiligungsrecht nach §§ 3, 4 BauGB wahrgenommen haben.

VII. Klausurhinweise

1. Prüfung eines Anspruchs auf Erteilung der Baugenehmigung. Ist die Verpflichtungsklage des Bauherrn auf Erteilung der Baugenehmigung zulässig (Rn. 179 ff.), bestimmt sich ihre Begründetheit nach § 113 Abs. 5 VwGO. Die Ablehnung oder Unterlassung der Erteilung einer Baugenehmigung ist rechtswidrig und verletzt den Bauherrn in seinen Rechten, wenn er einen Anspruch auf Erteilung der Baugenehmigung hat. Anspruchsgrundlage ist § 70 Abs. 1 S. 1 LBauO.

A. Passivlegitimation
  Passivlegitimiert ist der Rechtsträger der örtlich und sachlich zuständigen Behörde. Zuständig für die Erteilung der Baugenehmigung ist nach §§ 60, 58 Abs. 1 Nr. 3 LBauO die untere Bauaufsichtsbehörde (Rn. 15).
B. Genehmigungsbedürftigkeit des Vorhabens
  I. Kein Fall der fachgesetzlichen Ersetzung (nur im Streitfall zu prüfen, Rn. 20)
  II. Genehmigungsbedürftigkeit nach § 61 LBauO
    1. Bauliche oder andere Anlage i.S.v. § 1 Abs. 1 S. 2 LBauO (Rn. 9 ff.)
    2. Kein Fall von §§ 62, 67 oder 84 LBauO

---

538 Grundlegend BVerwGE 107, 215.
539 BVerwGE 140, 41 Rn. 9; 116, 144 (149); BVerwG, ZfBR 2008, 681; NVwZ 2004, 1120.
540 BVerwG, ZfBR 2019, 689 Rn. 5; ZfBR 2019, 272 Rn. 6; BVerwG, ZfBR 2016, 263 Rn. 4; BVerwGE 140, 41 Rn. 15; 110, 36; 107, 215 (221); s.a. OVG RhPf., DVBl. 2005, 483.
541 BVerwG, ZfBR 2019, 689 Rn. 5; 2019, 272 Rn. 6; 2016, 263 Rn. 4; BVerwGE 140, 41 Rn. 15; 107, 215 (219); instruktiv BVerwG, NuR 2004, 791: Das Interesse eines Grundstückseigentümers, in den Geltungsbereich eines Bebauungsplans einbezogen zu werden und damit seinen baurechtlichen status quo zu verbessern, ist regelmäßig kein schützenswerter und abwägungsbeachtlicher Belang; BVerwG, ZfBR 2019, 689 Rn. 8 zum schutzwürdigen Interesse am Fortbestand einer planungsrechtlichen Lage.
542 BVerwGE 164, 74 Rn. 13; 128, 382 Rn. 16: Auch die Festlegung einer Konzentrationszone mit der Ausschlusswirkung des § 35 Abs. 3 S. 3 BauGB bestimmt Inhalt und Schranken des Eigentums.

C. **Genehmigungsfähigkeit des Vorhabens nach § 70 Abs. 1 S. 1 LBauO**
  I. **Vereinbarkeit mit Bauplanungsrecht**
  II. **Vereinbarkeit mit Bauordnungsrecht**
      Nota bene: Bauordnungsrecht ist vorbehaltlich §§ 52, 88 LBauO im Fall eines vereinfachten Genehmigungsverfahrens i.d.R. nicht zu prüfen (Rn. 36, 42).
  III. **Ggf. Vereinbarkeit mit sonstigen öffentlich-rechtlichen Vorschriften**, die nach § 65 Abs. 1 S. 2 LBauO in der Entscheidungskompetenz der Bauaufsichtsbehörde liegen (Rn. 28, 35).

202 **2. Prüfung eines Aufhebungs- bzw. Anordnungsanspruchs des Nachbarn.** Soweit die Anfechtungsklage des Nachbarn zulässig ist, bestimmt sich ihre Begründetheit nach § 113 Abs. 1 VwGO. Demgemäß wird das VG die Baugenehmigung aufheben, soweit sie rechtswidrig ist und den Nachbarn dadurch in seinen Rechten verletzt. Maßgeblicher Zeitpunkt der Sach- und Rechtslage ist schon der Zeitpunkt des Wirksamwerdens der Baugenehmigung (Rn. 41). Obwohl im Nachbarrechtsstreit nur die Verletzung drittschützender Normen beachtlich ist (Rn. 186 ff.), sollte jedenfalls dann eine vollständige Prüfung der Rechtmäßigkeit der Baugenehmigung durchgeführt werden, wenn die Aufgabenstellung eine umfassende rechtliche Würdigung unter vollständiger Ausschöpfung des Sachverhalts verlangt. Für den Aufbau gilt im Wesentlichen das zur Bauherrenklage Gesagte mit der Maßgabe, dass der Anspruchs- auf einen Rechtmäßigkeitsaufbau umzustellen ist. Wegen § 212 a BauGB i.V.m. § 80 Abs. 2 S. 1 Nr. 3 VwGO wird der Nachbar zumeist ein Verfahren im vorläufigen Rechtsschutz nach § 80 a Abs. 3 S. 2 i.V.m. § 80 Abs. 5 S. 1 VwGO auf Anordnung der aufschiebenden Wirkung betreiben. Dieser Antrag ist begründet, wenn das Interesse des Nachbarn an der Anordnung des Suspensiveffekts das Vollzugsinteresse überwiegt. Dies ist der Fall, wenn sich die Baugenehmigung bei summarischer gerichtlicher Prüfung im Hinblick auf nachbarschützende Vorschriften als rechtswidrig erweist.

203 **3. Prüfung eines Anspruchs auf baupolizeiliches Einschreiten.** Ein vom Nachbarn verfolgter Anspruch auf baupolizeiliches Einschreiten wird im Wege der Verpflichtungsklage geltend gemacht. Zu beachten ist, dass im Rahmen von §§ 80, 81 LBauO schon ein Anspruch auf fehlerfreie Ermessensausübung voraussetzt, dass die bauliche Anlage gegen Vorschriften verstößt, die auch Dritten zu dienen bestimmt sind (Rn. 77). Des Weiteren ist zu berücksichtigen, dass jedenfalls Ansprüche auf Baueinstellung wegen der Eilbedürftigkeit regelmäßig im Verfahren nach § 123 VwGO geltend gemacht werden. Die Begründetheit eines Anordnungsantrags setzt einen Anordnungsanspruch – das materielle Recht – und einen Anordnungsgrund voraus, der in der besonderen Eilbedürftigkeit liegt. Für die auch in diesem Verfahren gebotene Glaubhaftmachung lässt das Gericht geringere Anforderungen genügen, sofern Rechtsschutz gegen ein genehmigungsfreies oder freigestelltes Vorhaben begehrt wird (Rn. 191). Vorbehaltlich der verfassungsrechtlichen Anforderungen des Art. 19 Abs. 4 GG ist das Gericht in seinem Entscheidungsspruch insoweit beschränkt, als es die Hauptsache nicht vorwegnehmen darf.

204 **4. Prüfung der Wirksamkeit eines Bauleitplans.** Für die **Begründetheit** eines Normenkontrollantrags ist zu beachten, dass das Kontrollverfahren als **objektives Beanstandungsverfahren** ausgestaltet ist. Das Oberverwaltungsgericht überprüft mithin den an-

gegriffenen Plan vollumfänglich auf seine Rechtmäßigkeit. Mit diesem Grundsatz wird allerdings bei der Umweltverbandsklage gebrochen. Hier ist nämlich – systemwidrig – das gerichtliche Prüfprogramm auf entscheidungswesentliche umweltbezogene Rechtsvorschriften und die Berührung das Aufgabenbereichs der Umweltvereinigung beschränkt (§ 2 Abs. 4 S. 1 Nr. 2 UmwRG). Der Bebauungsplan hat seine Rechtsgrundlage in § 10 BauGB, § 24 GemO. Er muss den Anforderungen an die formelle Rechtmäßigkeit unter Einschluss der Vorgaben der GemO (Rn. 120 ff.) und der materiellen Rechtmäßigkeit (Rn. 125 ff.) genügen. Hierbei sind die Planerhaltungsregeln in §§ 214 f. BauGB zu beachten (Rn. 135 ff.). Sind Fehler des Bauleitplans nach Maßgabe von § 214 Abs. 1 bis 3 BauGB beachtlich und auch i.S.v. § 215 BauGB rechtzeitig gerügt worden, so erklärt das Gericht den Plan für unwirksam (§ 47 Abs. 5 S. 2 BauGB).

§ 6 Öffentliches Wirtschaftsrecht

von *Josef Ruthig*

Literatur: *Die in diesem Verzeichnis enthaltenen Werke werden in den Fußnoten lediglich mit den Namen der Autoren oder Herausgeber (erforderlichenfalls mit einem unterscheidenden Zusatz) zitiert.*

Frotscher/Kramer, Wirtschaftsverfassungs- und Wirtschaftsverwaltungsrecht, 7. Aufl. 2019; *Gurlit/Ruthig/Storr*, Klausurenkurs im Öffentlichen Wirtschaftsrecht, 2. Aufl. 2017; *Landmann/Rohmer*, Gewerbeordnung, Losebl.-Komm. (Stand: 12/2019); *Ruthig/Storr*, Öffentliches Wirtschaftsrecht, 5. Aufl. 2020; *Tettinger/Wank/Ennuschat*, GewO, Komm., 8. Aufl. 2011; *Ziekow*, Öffentliches Wirtschaftsrecht, 4. Aufl. 2016.

I. Länderkompetenzen im Öffentlichen Wirtschaftsrecht............ 1	3. Ermächtigungsgrundlage und Zuständigkeiten............... 16
1. Gesetzgebungskompetenzen.. 1	4. Rechtsschutz.................. 18
2. Ausführung von Bundesgesetzen durch Landesbehörden... 5	IV. Nichtraucherschutz in Gaststätten 19
II. Das Landesgesetz über Messen, Ausstellungen und Märkte........ 10	1. Ausgestaltung des gaststättenrechtlichen Rauchverbotes.... 20
1. Der Anlass des Gesetzes und die besonderen Marktformen des LMAMG................. 10	2. Durchsetzung des Rauchverbotes........................ 22
	V. Das Glücksspielrecht.............. 23
2. Festsetzung von Märkten und Zuständigkeiten............... 11	1. Lotterien...................... 26
III. Das Ladenöffnungsgesetz......... 12	2. Sportwetten................... 27
1. Zweck des Gesetzes und Anwendungsbereich........... 12	3. Spielbanken................... 28
	4. Spielhallen und Gaststätten... 29
2. Allgemeine Ladenschlusszeiten und die Möglichkeiten zu ihrer Lockerung............... 13	VI. Klausurhinweise.................. 30

I. Länderkompetenzen im Öffentlichen Wirtschaftsrecht

1 **1. Gesetzgebungskompetenzen.** Öffentliches Wirtschaftsrecht[1] war traditionell eine Materie des Bundesrechts.[2] Der Bund hat von seiner **konkurrierenden Gesetzgebungskompetenz für das Recht der Wirtschaft** (Art. 74 Abs. 1 Nr. 11 GG) umfassend Gebrauch gemacht, nicht zuletzt durch die Gewerbeordnung (GewO); deren Regelungen sind angesichts des § 1 GewO grundsätzlich abschließend.[3] Länderkompetenzen blieben daher vor allem dort, wo die GewO Öffnungsklauseln enthält,[4] sowie auf dem

---

[1] Zu Begriff und Gegenstand *Ruthig*, in: ders./Storr, Rn. 19 ff.
[2] Zum Folgenden ausf. *Ruthig*, in: ders./Storr, Rn. 170 ff. Vgl. auch den Überblick bei *Höfling/Rixen*, GewArch 2008, 1.
[3] Dieser enthält den Grundsatz der Gewerbefreiheit. Daher kann der Zugang zum Gewerbe aus kompetenzrechtlichen Gründen nur durch ein Bundesgesetz eingeschränkt werden, soweit nicht die Gesetzgebung auf das Land übergegangen ist, vgl. *Eisenmenger*, in: Landmann/Rohmer, GewO § 1 Rn. 56 ff.; *Ruthig*, in: ders./Storr, Rn. 173.
[4] Insb. finden nach § 33 h GewO die §§ 33 c ff. GewO keine Anwendung auf Spielbanken, Lotterien und Ausspielungen sowie Glückspiele im Sinne von § 284 StGB.

Gebiet der „wirtschaftsrechtsnahen" allgemeinen Gefahrenabwehr, zu der man traditionell auch das Glücksspielrecht zählte.[5]

Mit der **Föderalismusreform**[6] wurden Teilbereiche des Gewerberechts in die **ausschließliche Zuständigkeit der Länder** überführt.[7] Dies gilt nach Art. 74 Abs. 1 Nr. 11 GG nF für »das **Recht des Ladenschlusses, der Gaststätten, der Spielhallen, der Schaustellung von Personen, der Messen, der Ausstellungen und der Märkte**«. Bis zum Erlass landesrechtlicher Regelungen **gelten die bisherigen Bundesgesetze als Bundesrecht fort**, Art. 125 a GG. Dies gilt insb. für das GastG, während die Vorschriften der GewO für das Marktgewerbe (§§ 64 ff. GewO) durch das **LMAMG** abgelöst worden sind (s. u. Rn. 10 f.). Die Länder können die bundesrechtliche Regelung nicht modifizieren, ohne sie – wenn auch möglicherweise weitgehend gleichlautend – neu zu erlassen, die Änderung eines bisherigen Bundesgesetzes durch ein Land ist ausgeschlossen.[8] Zulässig sind jedoch solche Regelungen, die mit eigenständigem Regelungsgehalt neben die bisherigen Regelungen treten. Dies betrifft etwa die Vorschriften über Sperrzeiten sowie das Rauchverbot in Gaststätten, soweit man diese als gaststättenrechtliche Regelung ansieht. Allerdings ist auch der Bund nach der Rechtsprechung des BVerfG weiterhin in der Lage, die bisherige Regelung zu ändern; verwehrt ist ihm lediglich eine grundlegende Neukonzeption.[9]

2

Die Überführung einzelner wirtschaftsrechtlicher Gesetzgebungskompetenzen in die ausschließliche Zuständigkeit der Länder wirft **schwierige Abgrenzungsfragen** auf. Dies betrifft etwa die Abgrenzung des Gaststättenrechts vom in der konkurrierenden Gesetzgebungskompetenz verbliebenen Gewerberecht,[10] aber auch von weiteren Bundeskompetenzen, insb. für den **Lärmschutz** (Art. 74 Abs. 1 Nr. 24 GG), **Jugendschutz** (öffentliche Fürsorge iSv Art. 74 Abs. 1 Nr. 7 GG) und vor allem **Arbeitsschutz** (Art. 74 Abs. 1 Nr. 12 GG), der durch den Fortfall des Erforderlichkeitskriteriums (Art. 72 Abs. 2 GG verweist nicht auf Art. 74 Abs. 1 Nr. 12 GG) gestärkt wurde. Relevant wird dies beispielsweise für den **gaststättenbezogenen Nichtraucherschutz**.[11] Abgrenzungsprobleme ergeben sich auch beim Ladenschluss, der als Teil des Wirtschaftsrechts in die ausschließliche Kompetenz der Länder verlagert wurde (s. u. Rn. 12 ff.).

3

---

5 Zählt man entgegen der traditionellen Auffassung auch das Recht der Sportwetten sowie das Spielbankrecht zum Recht der Wirtschaft (dazu *Ruthig*, in: ders./Storr, Rn. 176; *Pieroth/Störmer*, GewArch 1998, 177 (179 f.); für Lotterien auch BVerfG, GewArch 2009, 26 (27), so ergibt sich die Zuständigkeit der Länder daraus, dass der Bund entsprechende Regelungen jedenfalls bisher nicht erlassen hat, s. BVerfG, NJW 2006, 1261 Rn. 96.
6 G. zur Änderung des GG v. 28.8.2006 (BGBl. I S. 2034).
7 Es ist umstritten, ob dies nicht wieder der Generalklausel des Art. 70 GG unterfallen. Nach a.A. entfaltet Nr. 11 originär kompetenzbegründende Wirkung und hat damit Vorrang vor Art. 70 GG, *Rengeling/Szczekalla*, in: BK (2007), Art. 74 Abs. 1 Nr. 11 Rn. 16.
8 *Degenhart*, in: Sachs, GG, Komm., 8. Aufl. 2018, Art. 125 a Rn. 6.
9 Zum Ladenschlussrecht BVerfG, NJW 2004, 2363 (2364); *Uhle*, in: Maunz/Dürig, GG, Losebl.-Komm. (Stand: 02/2020), Art. 125 a Rn. 40 ff. Problematisch wurde dies bei der Erstreckung der Genehmigungsfiktion (vgl. § 6 a Abs. 2 GewO) auf Verfahren nach § 33 a Abs. 1, § 69 Abs. 1 und das GastG, solange keine landesrechtlichen Regelungen bestehen. Für die Möglichkeit einer solchen Anpassung BT-Drucks. 16/13190, S. 5; *Jarass*, in: ders./Pieroth, GG, Komm., 16. Aufl. 2020, Art. 125 a Rn. 7; *Ennuschat*, in: Tettinger/Wank/Ennuschat, § 6 a Rn. 13; dagegen *Storr*, in: Pielow, GewO, Komm., 2. Aufl. 2016, § 6 a Rn. 5; *Glaser*, DÖV 2013, 133; *Weißenberger*, DÖV 2012, 385. Krit. zur Regelungssystematik des § 42 a VwVfG, der die Genehmigungsfiktion nicht selbst anordne, sondern von einer gesetzlichen Regelung abhängig mache, *Abromeit/ Droste*, DÖV 2013, 133.
10 Dazu *Ruthig*, in: ders./Storr, Rn. 404.
11 Dazu RhPfVerfGH, LKRZ 2008, 454; *Ruthig*, in: ders./Storr, Rn. 172; *Ruthig*, in: Gurlit/Ruthig/Storr, Rn. 47 (Fall 2).

Demgegenüber verblieb die konkurrierende Kompetenz zur Regelung der Arbeitszeit auch für den Einzelhandel beim Bund, so dass die Bundesländer allenfalls zu Regelungen berechtigt sind, soweit der Bund von seiner konkurrierenden Gesetzgebungskompetenz keinen Gebrauch gemacht hat.[12] Da § 17 LSchlG als arbeitszeitliche Bestimmung fortgilt, kommen landesrechtliche Regelungen nur für die Samstagsarbeit in Betracht, da insoweit das BVerfG den § 17 Abs. 4 LSchlG als nicht abschließend erachtete.[13]

4   Teilweise haben die Bundesländer ihre Kompetenzen durch **Staatsverträge** ausgefüllt. Dies gilt vor allem für den **Glücksspielstaatsvertrag** (dazu u. Rn. 23 ff.). Die Regelungen der §§ 54 ff. RStV (Rundfunkstaatsvertrag) für Telemedien gehören demgegenüber nicht zum Wirtschafts-, sondern zum Gefahrenabwehrrecht.[14]

5   **2. Ausführung von Bundesgesetzen durch Landesbehörden.** Auch soweit der Bund die Gesetzgebungskompetenz hat, obliegt die Ausführung der weitaus meisten Wirtschaftsgesetze des Bundes den Ländern. Diese legen vor allem die **örtliche** und **instanzielle Zuständigkeit der Landesbehörden** fest.

6   Die Zuständigkeit im **Gewerberecht** ist in der LVO über Zuständigkeiten im Gewerberecht (ZuVO im Gewerberecht; BS 710–1; *H/J/W*, Nr. 101) geregelt. Als **untere Verwaltungsbehörde** ist nach § 1 ZuVO im Gewerberecht in **kreisfreien und großen kreisangehörigen Städten** die **Stadtverwaltung** zuständig. Auch bei kreisangehörigen Gemeinden liegt die Zuständigkeit seit der Novelle 2010 überwiegend bei der Gemeinde- bzw. Verbandsgemeindeverwaltung. Der **Kreis** ist nach § 2 ZuVO im Gewerberecht nur noch zuständig für die Zulassung von Privatkrankenanstalten (§ 30 GewO).[15] Die Kreise und Gemeinden nehmen die Aufgaben als Auftragsangelegenheit wahr (§§ 1 Abs. 1 S. 2, 2 Abs. 1 S. 2 ZuVO im Gewerberecht).

7   Zuständige Behörden für die Entgegennahme der Gewerbeanzeige und die Ausstellung des Gewerbescheins sind (außer beim überwachungsbedürftigen Gewerbe nach § 38 GewO) gem. § 1 Abs. 2 S. 1 ZuVO im Gewerberecht auch die **Industrie- und Handelskammern**. Die Kammern nehmen die Aufgabe als Auftragsangelegenheit wahr, die Aufsicht wird durch das Ministerium für Wirtschaft, Klimaschutz, Energie und Landesplanung ausgeübt. Der **einheitliche Ansprechpartner** iSv § 6 b GewO i.V.m. § 71 a ff. VwVfG wird nach § 2 Abs. 1 LG über die einheitlichen Ansprechpartner in Verwaltungsangelegenheiten[16] bei den SGD Nord und Süd eingerichtet.

8   Für das **Handwerksrecht** gilt die LVO über Zuständigkeiten nach der Handwerksordnung und dem Schwarzarbeitsbekämpfungsgesetz (BS 712–1; *H/J/W*, Nr. 103). Nach § 1 ZuVO nach HwO und SchwarzArbG ist die **Handwerkskammer** zuständig für die Erteilung der Ausübungsberechtigung nach § 7 a Abs. 1, § 7 b Abs. 1 HwO, der Aus-

---

12 BVerfG, NVwZ 2015, 582; dazu auch *Ulber*, NVwZ 2015, 1026.
13 BVerfG, NVwZ 2015, 582 Rn. 50 ff. Im Übrigen führt die Sperrwirkung des Art. 72 Abs. 1 GG zur Nichtigkeit entsprechender landesrechtlicher Regelungen und damit auch des § 13 LadÖffnG.
14 Besonders hervorzuheben ist § 59 Abs. 3 RStV, der eine ausdrückliche Ermächtigungsgrundlage für ein behördliches Einschreiten gegen Telemedien (§ 1 Abs. 1 TMG) enthält und deswegen insoweit die allgemeinen polizeirechtlichen Vorschriften verdrängt; zur Abgrenzung VG Köln, MMR 2015, 352. Die wirtschaftsbezogenen Bestimmungen sind demgegenüber im TMG (Telemediengesetz) bundesrechtlich geregelt.
15 Hier ist der Kreis für die Erteilung der Konzession zuständig, die Ortspolizei- und die Gemeindebehörden sind gem. § 30 Abs. 2 GewO anzuhören.
16 LG v. 27.10.2009, GVBl. S. 355, BS 2010–6.

nahmebewilligung (§§ 8 Abs. 1, 9 Abs. 1 HwO iVm §§ 1 bis 6 der EU/EWR-Handwerk-VO v. 20.12.2007 (BGBl. I S. 3075) sowie für das Anzeigeverfahren nach § 9 Abs. 1 S. 1 Nr. 2 HwO i.V.m. §§ 7 bis 9 EU/EWR-Handwerk-VO.
Für die Untersagung der Fortsetzung des Betriebs (§ 16 Abs. 3 S. 1 HwO) sind grundsätzlich die **Gemeinden** zuständig (§ 1 Abs. 2 S. 1 ZuVO nach HwO und SchwarzArbG). Die Verfolgung und Ahndung von Ordnungswidrigkeiten obliegt der Kreisverwaltung bzw. in kreisfreien Städten der Stadtverwaltung (§ 2 ZuVO nach HwO und SchwarzArbG).

Für das **Gaststättenrecht** ist die Zuständigkeit der Behörden in der LVO zur Ausführung des GastG (BS 711-7; *H/J/W*, Nr. 102) geregelt. Nach § 1 GastVO sind die Gemeinden, in kreisfreien und großen kreisangehörigen Städten die Stadtverwaltung, für die Durchführung des Gaststättengesetzes und der auf seiner Grundlage ergangenen Rechtsverordnungen sowie für die Verfolgung und Ahndung von Ordnungswidrigkeiten nach § 28 GaststG sachlich zuständig. Örtlich zuständig ist nach § 2 GastVO auch die Behörde, in deren Bezirk sich geschäftliche Unterlagen befinden. Städte und Gemeinden nehmen die Aufgabe nach § 1 S. 2 GastVO als Auftragsangelegenheit wahr.

II. Das Landesgesetz über Messen, Ausstellungen und Märkte

1. Der Anlass des Gesetzes und die besonderen Marktformen des LMAMG. Rheinland-Pfalz hat als bisher einziges Bundesland ein eigenes **Landesmarktgesetz** erlassen, das im Wesentlichen die §§ 64 ff. GewO wiederholt.[17] Anlass war die Rspr. des OVG zum Verhältnis zwischen GewO und dem landesrechtlichen Schutz von Sonn- und Feiertagen; § 4 Abs. 1 Nr. 1 LFtG verschaffe kein »landesrechtlich vermitteltes Marktprivileg«.[18] Der Gesetzgeber wollte deswegen mit dem LMAMG Trödelmärkte und sog. »privilegierte Spezialmärkte« (§ 6 Abs. 2 LMAG) auch an Sonntagen zulassen (vgl. § 12 Abs. 3 LMAMG) und hat diese beiden Marktformen daher im Gesetz ausdrücklich definiert. Im Übrigen wurden die Regelungen des Titel IV der GewO übernommen.[19] **Spezialmärkte** (§ 6 LMAMG) dienen nach der zu § 68 GewO entwickelten Rspr. dem Feilbieten gattungsmäßig bestimmter Waren, insb. auch im hochpreisigen Bereich (Antiquitäten, Oldtimer, Uhren, Töpferwaren).[20] Der durch das Gesetz eingeführte »privilegierte Spezialmarkt« nach § 6 Abs. 2 LMAMG erfüllt diese Kriterien nicht unbedingt, da es sich um lediglich thematisch bestimmte, auf die Förderung von regionaler Identität und Tourismus angelegte Veranstaltungen handelt, bei denen das Warenangebot gerade nicht zwangsläufig die notwendige Homogenität aufweist (z. B. Bauernmärkte, Biomärkte). **Trödelmärkte** (§ 8 LMAMG) sind nach der Legaldefinition solche, auf denen »gebrauchte Waren des alltäglichen, häuslichen Bedarfs« ange-

---

17 LG v. 3.4.2014, GVBl. S. 40; dazu auch die LT-Drucks. 16/2919. Überblick bei *Bickenbach*, LKRZ 2014, 265; *Hilderscheid*, GewArch 2016, 49 (53 ff.); *Stollenwerk*, GewArch 2017, 274.
18 OVG RhPf., NVwZ-RR 2012, 228 unter Berufung auf BVerwG, NVwZ 1991, 1079 zur feiertagsrechtlichen Unzulässigkeit eines Floh- und Trödelmarkts. Demgegenüber wurde in der Lit. die Auffassung vertreten, Regelungen wie § 4 Abs. 1 Nr. 1 LFtG stellten eine Öffnungsklausel dar, wonach nur ein gewerbliche Festsetzung im Sinne des § 69 GewO ein landesrechtliches Arbeitsverbot an Sonn- und Feiertagen verdränge, vgl. *Schönleiter*, in: Landmann/Rohmer, § 69 a Rn. 4; *Ennuschat*, in: Tettinger/Wank/Ennuschat, § 69 a Rn. 33.
19 Zu den §§ 64 ff. GewO ausf. *Ruthig*, in: ders./Storr, Rn. 359 ff.
20 Vgl. dazu *Schönleiter*, in: Landmann/Rohmer, § 68 Rn. 6 ff. Ausweislich der Gesetzesbegründung (LT-Drucks. 16/2919, S. 12) sollte dieses gefestigte Begriffsverständnis für das LMAMG übernommen werden.

boten werden, »die sich üblicherweise im Haushalt ansammeln«.[21] Das Anbieten von Neuware ist damit unzulässig, gleiches dürfte aber auch für echte Antiquitäten gelten.[22]

11 **2. Festsetzung von Märkten und Zuständigkeiten.** Die §§ 11 ff. LMAMG regeln die Festsetzung von Märkten.[23] Zuständig sind nach § 10 S. 1 LMAMG die **Kommunen.** Von der Festsetzung zu unterscheiden ist die Rolle der Kommune als Veranstalter; in einem solchen Fall obliegt die Festlegung der allgemeinen Vergaberichtlinien dem Gemeinde- bzw. Stadtrat, während die konkrete Vergabe von Standplätzen auf einem kommunal veranstalteten Markt eine Angelegenheit der »laufenden Verwaltung« i. S. des § 47 Abs. 1 S. 1 Nr. 3 GemO darstellt und in die Zuständigkeit des Bürgermeisters fällt. Bei einem festgesetzten Markt hat jeder, der zum Teilnehmerkreis gehört, nach § 15 Abs. 1 LMAMG ein **Recht auf Teilnahme**; dies schließt eine Beschränkung auf ortsansässige Anbieter aus.[24] Nur für festgesetzte Märkte gelten die nachfolgend dargestellten »Marktprivilegien«.[25] Das Marktrecht schließt vergleichbare (nicht festgesetzte) Veranstaltungen nicht aus und schützt auch nicht die entsprechenden Begrifflichkeiten. Die Unterschiede betreffen vor allem die Anbieter; gewerbliche Anbieter unterfallen bei nicht marktrechtlich festgesetzten Veranstaltungen der Reisegewerbekartenpflicht. Groß- und Wochenmärkte unterliegen dem LadÖffnG (s. u. Rn. 12), im Übrigen enthält § 12 LMAMG spezielle Regelungen für sog. Marktsonntage und die an den Adventssonntagen zulässigen Weihnachtsmärkte (§ 12 Abs. 6 LMAMG). Dem Anlass für das Gesetz entsprechend eröffnet § 12 Abs. 3 LMAMG die **Möglichkeit der Festsetzung von privilegierten Spezialmärkten und von Trödelmärkten an bis zu acht Marktsonntagen** pro Gemeinde, die von dieser gem. § 12 Abs. 2 LMAMG durch Rechtsverordnung festzulegen sind; die Zahl der Marktsonntage vermindert sich um die Zahl der verkaufsoffenen Sonntage (s. u. Rn. 14). Da allerdings auf die einzelne Gemeinde abgestellt wird, kann sich in ländlichen Regionen eine erhebliche Zahl von Märkten ergeben, die insgesamt durchaus geeignet erscheint, den Sonntagsschutz in Frage zu stellen (s. auch u. Rn. 14). Dies gilt nicht zuletzt auch deswegen, weil der gesetzgeberische Verweis auf das geänderte Freizeitverhalten der Bevölkerung rechtlich nicht relevant ist; für den werktäglichen Charakter eines Marktes kommt es allein auf die (wirtschaftlichen) Interessen der Anbieter an.[26]

---

21 In Trödelmärkten sieht man daher überwiegend keine Spezialmärkte nach § 68 Abs. 1 GewO, sondern Jahrmärkte nach § 68 Abs. 2 GewO, vgl. OVG Lüneburg, NVwZ-RR 2017, 532; *Schönleiter*, in: Landmann/Rohmer, GewO § 68 Rn. 9.
22 Krit. zu dieser Gesetzesfassung beispielsweise *Koopmann*, in: Pielow, § 68 Rn. 12.
23 Ausf. zu den hierbei auftretenden Rechtsfragen *Ruthig*, in: ders./Storr, Rn. 370 ff.
24 Die zu § 70 GewO entwickelten Grundsätze sind auf das LMAMG zu übertragen, vgl. *Ruthig*, in: ders./Storr, Rn. 377 ff.; zur Unzulässigkeit einer Beschränkung auf regionale Anbieter *Ruthig*, ebd., Rn. 391 ff.
25 Dazu, dass dies auch für landesrechtlich festgesetzte Veranstaltungen gilt *Ruthig*, in: ders./Storr, Rn. 349; a.A. *Bickenbach*, LKRZ 2014, 265 (268).
26 Deswegen für den werktäglichen Charakter von Trödelmärkten z. B. OVG Lüneburg, GewArch 2017, 292 m.w.N.

III. Das Ladenöffnungsgesetz

1. Zweck des Gesetzes und Anwendungsbereich. Gestützt auf Art. 74 Abs. 1 Nr. 11 GG nF (s. Rn. 1) wurde das LadöffnG[27] erlassen. Nach § 1 LadöffnG bezweckt es den Schutz der Beschäftigten und der Sonn- und Feiertagsruhe. Nach Ansicht des BVerfG verfolgt das Ladenschlussrecht eine **doppelte Zielrichtung**. Es dient in erster Linie dem **Arbeitsschutz** der Angestellten, daneben aber auch der **Schaffung »gesunder Wettbewerbsverhältnisse«**, indem es die Verteilung der Arbeitszeit »im Interesse gleicher Wettbewerbschancen« auf die Tageszeiten der Werktage verteilt habe.[28] Entsprechendes gilt für das Landesgesetz. Zwar wird der Wettbewerbsaspekt im LadöffnG nicht ausdrücklich genannt, er ist aber in § 1 LadöffnG hineinzulesen, soweit dieser von der »Festlegung flexibler Rahmenbedingungen« als Zweck des Gesetzes spricht. In seiner Rspr. zu den landesrechtlichen Regelungen hat das BVerfG den Sonn- und Feiertagsschutz gestärkt.[29] Das Gesetz regelt in § 3 S. 1 LadöffnG die Öffnung von **Verkaufsstellen**. Dies sind nach § 2 Abs. 1 LadöffnG Einrichtungen, bei denen von einer festen Stelle aus ständig Waren zum **Verkauf an jedermann** vorgehalten oder Warenbestellungen entgegengenommen werden.[30] Erfasst werden neben dem Einzelhandel (stehendes Gewerbe) auch das **Reisegewerbe** (vgl. § 11 Abs. 2 LadöffnG) sowie **Groß- und Wochenmärkte** (§ 11 Abs. 1 LadöffnG). Anders als im Bundesgesetz fehlt eine Regelung für Flohmärkte (dazu s. o. Rn. 10). Ausgenommen sind Gaststätten[31] und Friseurbetriebe. Auch Handwerks- und Dienstleistungsbetriebe, wie etwa Videotheken, Bräunungs- oder Fitnessstudios unterliegen nur insoweit dem Gesetz, als sie Verkaufsstellen betreiben. Außerdem gilt der Ladenschluss nach § 3 S. 1 LadöffnG nur für den »geschäftlichen Verkehr« mit Kunden, einschließlich der Warenvorführung und Vertragsanbahnung.

12

2. Allgemeine Ladenschlusszeiten und die Möglichkeiten zu ihrer Lockerung. Nach § 3 S. 1 Nr. 2 LadöffnG wird die Offenhaltung von Verkaufsstellen montags bis samstags von 6:00 Uhr bis 22:00 Uhr zugelassen.[32] Die Schließung an Sonn- und Feiertagen (vgl. § 3 S. 1 Nr. 1 LadöffnG, zu Ausnahmen für bestimmte Waren wie Bäckereierzeugnisse und landwirtschaftliche Produkte vgl. § 9 LadöffnG) trägt dem nicht nur grundgesetzlich (Art. 4 Abs. 1, 2 i.V.m. Art. 140 GG, 139 WRV),[33] sondern auch lan-

13

---

27 Das G. ist am 29.11.2006 in Kraft getreten. S. ferner die RVO der LReg zur Durchführung des § 7 Abs. 2 des LadöffnG (BS 8050–3–1) sowie die RVO der Aufsichts- und Dienstleistungsdirektion (ADD) zur Durchführung des LadöffnG v. 30.5.2007 (StAnz S. 955).
28 Zum Bundesgesetz BVerfGE 59, 336, 354. Dabei betonte das BVerfG den »Gesichtspunkt der Wettbewerbsneutralität« des Gesetzes und legte als Prüfungsmaßstab insoweit ausdrücklich auch Art. 12 Abs. 1 i.V.m. Art. 3 Abs. 1 GG zugrunde (a.a.O., S. 357).
29 BVerfGE 125, 39; vgl. auch OVG Sachs., NVwZ-RR 2011, 105; OVG RhPf., GewArch 2014, 131.
30 Trotz der Neuformulierung des Verkaufsstellenbegriffs wollte der Gesetzgeber den Anwendungsbereich des LadöffnG nicht modifizieren (vgl. LT-Drucks. 15/387, S. 15), so dass zur Bestimmung des Anwendungsbereichs auf die zum LadSchlG des Bundes ergangene Rspr. und Lit. zurückgegriffen werden kann.
31 Vgl. LT-Drucks. 15/387, S. 15. Dies gilt auch, wenn sie beispielsweise Teil eines Kaufhauses ist, aber über einen separaten Eingang verfügt, s. OVG Nds., GewArch 2005, 45.
32 Für Ladenöffnungen über diese Zeit hinaus sah der Gesetzgeber angesichts der Erfahrungen in anderen Ländern keinen Bedarf, LT-Drucks. 15/387, S. 13.
33 Zur grundrechtlichen Dimension BVerfGE 125, 39; *Kühn*, NJW 2010, 2094; besonders deutlich *Mosbacher*, NVwZ 2010, 537: »Sonntagsgrundrecht«.

desverfassungsrechtlich[34] gebotenen Schutz der Sonn- und Feiertage Rechnung. Besonderheiten gelten für Apotheken (§ 5), Tankstellen (§ 6)[35] sowie Bahnhöfe und Flughäfen (§ 7).[36] Solche Ausnahmeregelungen zugunsten bestimmter Verkaufsstellen sind im Interesse der Wettbewerbsneutralität und des Arbeitsschutzes eng auszulegen.[37]

14 Allerdings sieht das Gesetz Möglichkeiten zur **Lockerung des Ladenschlusses durch Rechtsverordnung** vor: Die Gemeinden können erweiterte Öffnungszeiten an bis zu acht Werktagen im Kalenderjahr (vgl. im Einzelnen § 4 LadöffnG) und **maximal vier verkaufsoffene Sonntage** im Jahr vorsehen (§ 10 S. 1 LadöffnG). § 10 LadöffnG ist allerdings – entgegen der Auffassung des OVG RhPf. – jedenfalls **verfassungskonform** dahin gehend einzuschränken, dass das Gemeinwohlerfordernis nur dann erfüllt ist, wenn die beabsichtigte Ladenöffnung auf einem Sachgrund beruht, der gemessen an der öffentlichen Wirkung der Ladenöffnung eine Ausnahme vom Sonntagsschutz rechtfertigt.[38]

15 Ferner besteht nach § 12 S. 1 LadöffnG die Möglichkeit einer **Zulassung befristeter Ausnahmen im Einzelfall**, soweit dies im öffentlichen Interesse dringend notwendig ist. Das öffentliche Interesse bezieht sich zwar nicht mehr ausschließlich auf das Versorgungsinteresse der Bevölkerung,[39] das Interesse an der Förderung strukturschwacher Regionen, der Intensivierung des Fremdenverkehrs oder der Arbeitsplatzbeschaffung bzw. -sicherung genügt jedoch nicht.[40] Für **Märkte** regelt das LMAMG abschließend die Möglichkeit von Ausnahmen (s. o. Rn. 11).

16 **3. Ermächtigungsgrundlage und Zuständigkeiten.** Zur Überwachung des LadöffnG können die Behörden nach § 14 Abs. 2 S. 1 LadöffnG die erforderlichen Maßnahmen treffen. Diese Vorschrift verdrängt die polizei- und ordnungsrechtliche Generalklausel des § 9 Abs. 1 POG und verlangt nach Ansicht des OVG RhPf. auch keine konkrete Gefahr. Sie berechtigt außerdem zu feststellenden Verwaltungsakten, die die gesetzli-

---

34 Nach Art. 47 LV sind der Sonntag und die staatlich anerkannten Feiertage als Tage der religiösen Erbauung, seelischen Erhebung und Arbeitsruhe gesetzlich geschützt. Darüber hinaus legt Art. 57 Abs. 1 S. 2 LV fest, dass Sonntage und gesetzliche Feiertage arbeitsfrei sind; Art. 57 Abs. 1 S. 3 LV lässt hierzu Ausnahmen nur zu, wenn dies das Gemeinwohl erfordert.
35 Zur Auslegung vgl. OVG RhPf, NVwZ-RR 2009, 674: Während der allgemeinen Ladenschlusszeiten darf Reisebedarf ausschließlich an Reisende verkauft werden, die mit einem Kraftfahrzeug zur Tankstelle gelangen. Zum Reisebedarf gehören auch alkoholische Getränke in kleineren Mengen, also in Mengen, die typischerweise zum Verbrauch während der Reise bestimmt sein können oder als Reisemitbringsel geeignet sind. Diese (nichtrevisible) Auslegung des Landesrechts ist mit Art. 12 GG vereinbar, s. BVerwG, NVwZ 2011, 1142.
36 Dazu die LVO zur Durchführung des § 7 Abs. 2 LadöffnG v. 13.3.2007 (GVBl. S. 65).
37 BVerwG, NVwZ 2011, 1142 Rn. 38.
38 So BVerwG, NVwZ 2017, 1713; anders die Vorinstanz OVG RhPf, LKRZ 2014, 470. Die behördliche Entscheidung unterliegt dabei der uneingeschränkten gerichtlichen Kontrolle. Allerdings findet diese Auslegung keinen Niederschlag im Wortlaut der Vorschrift. Obwohl der verfassungsrechtliche Schutzauftrag eigentlich vom Gesetzgeber ein Schutzkonzept verlangt, gibt das Gesetz keinerlei Kriterien für die bei der Entscheidung erforderliche Güterabwägung vor. Entgegen der Auffassung des BVerwG sprechen aber die überzeugenderen Gründe dafür, § 10 LadöffnG als verfassungswidrig anzusehen, da die Vorschrift den Anforderungen an den Gesetzesvorbehalt bzw. die Bestimmtheit von Verordnungsermächtigungen (Art. 80 Abs. 1 GG/Art. 110 Abs. 1 LV) nicht genügt.
39 Daher können auch Großereignisse wie die Fußballweltmeisterschaft ein solches begründen, s. *Tegebauer*, GewArch 2007, 49 m.w.N.
40 S. bereits OVG Magdeburg, NJW 1999, 2982.

chen Pflichten ggf. konkretisieren.[41] Außerdem kann die Nichteinhaltung der Anforderungen aus dem LadÖffnG auch gewerberechtlich sanktioniert werden. Zum ordnungsgemäßen Betreiben des Gewerbes gehört als Mindestvoraussetzung die Einhaltung der einschlägigen Bestimmungen. Dies gilt insb., wenn (wie auch beim LadÖffnG) die Nichteinhaltung dieser Verpflichtungen straf- oder ordnungswidrigkeitenrechtlich sanktioniert ist. Daher kann grundsätzlich auch ein (kontinuierlicher) Verstoß gegen die öffentlich-rechtlichen Bestimmungen des Ladenschlusses die Unzuverlässigkeit begründen.[42]

Zuständig zur Durchführung des LadÖffnG sind nach § 14 Abs. 1 LadÖffnG i.V.m. § 1 Abs. 1 und Ziff. 5.6 der Anl. zur LVO über Zuständigkeiten auf dem Gebiet des Arbeits- und des technischen Gefahrenschutzes (AGSchZuVO – BS 8053-2) die **Gemeinden**, soweit nicht ausdrücklich andere Zuständigkeiten begründet wurden. Diese erlassen daher auch die Rechtsverordnungen nach § 10 LadÖffnG, die auch nicht der Genehmigung der ADD bedürfen. Für die Zulassung befristeter Ausnahmen nach § 12 Abs. 1 LadÖffnG ist die **ADD** zuständig (Ziff. 5.6.1 Anl. AGSchZuVO), für die ausnahmsweise Zulassung der Beschäftigung von Arbeitnehmern nach § 13 Abs. 4 LadÖffnG, die Überwachung des § 13 LadÖffnG und entsprechende Ordnungswidrigkeitenverfahren die **SGD** (Ziff. 5.6.2, 5.6.3, 5.6.4). 17

4. Rechtsschutz. Soweit das Gesetz selbst die Ladenöffnungszeiten begrenzt, sind seine Normen mit der Verfassungsbeschwerde angreifbar.[43] Gegen die Erweiterung der Ladenöffnungszeiten in Rechtsverordnungen und Ausnahmebewilligungen kommt verwaltungsgerichtlicher Rechtsschutz in Betracht, bei dem allerdings die **Antrags- bzw. Klagebefugnis** näher zu prüfen ist. Wichtige Klarstellungen bzw. Erweiterungen ergaben sich aus der Entscheidung des BVerfG zum **Sonn- und Feiertagsschutz**, deren Erwägungen sich auf § 47 Abs. 2 und § 42 Abs. 2 VwGO übertragen lassen. Daher sind sowohl die Klagen der Kirchen wie von Gewerkschaften gegen verkaufsoffene Sonntage zulässig.[44] Schwieriger gestaltet sich die Rechtslage im Übrigen. Nach bisheriger Rechtsprechung wurde – begründet mit der arbeitsschutzrechtlichen Zielsetzung des LSchlG – zwar die Klage einzelner Arbeitnehmer[45] für zulässig gehalten, bei Rechtsbehelfen von Konkurrenten ergab sich jedoch ein differenzierteres Bild. Sie wurden vom BVerwG für zulässig aber unbegründet,[46] von anderen Gerichten schon für unzulässig[47] erachtet. Berücksichtigt man jedoch den gewandelten Schutzzweck (dazu o. Rn. 11), so muss man insb. die Vorschrift über die Ausnahmen vom Laden- 18

---

41 OVG RhPf., NVwZ-RR 2009, 674. Diese Auslegung des Landesrechts ist mit Art. 12 GG vereinbar, BVerwG, NVwZ 2011, 1142.
42 S. auch OVG Hbg., NVwZ-RR 1992, 234; *Ennuschat*, in: Tettinger/Wank/Ennuschat, § 35 Rn. 77. Selbst wenn man die »Schaffung gesunder Wettbewerbsverhältnisse« als Hauptzweck des Gesetzes sieht (zum Zweck des LadÖffnG o. Rn. 11), schließt dies – anders als bei Vorschriften des privaten Wettbewerbsrechts – die Berücksichtigung im Rahmen des § 35 GewO nicht aus.
43 Vgl. BerlVerfGH, NVwZ 2008, 1005. Zur Verfassungsbeschwerde in RhPf. o. § 1 Rn. 119 ff. Allg. zur Verfassungsmäßigkeit des Ladenöffnungsrechts *Frotscher/Kramer*, Rn. 381 ff.
44 Zu entsprechenden Folgerungen aus BVerfGE 125, 39 BVerwGE 153, 183; NVwZ 2017, 1713; OVG RhPf., LKRZ 2014, 470.
45 Vgl. BVerwGE 108, 182; OVG RhPf., NVwZ-RR 1996, 201; GewArch 1998, 346; OVG Brem., GewArch 1998, 485 (486); VGH Mannheim, NJW 1999, 1569; OVG Lüneburg, NVwZ-RR 1999, 738.
46 BVerwGE 65, 167.
47 OVG Lüneburg, NVwZ-RR 2001, 584; OVG Sachs, NJW 1999, 2539; Beschl. v. 17.3.2011 – 3 B 62/11 – (juris); BayVGH, NJW 1985, 1180.

schluss (§ 12 LadÖffnG) als drittschützend ansehen.[48] Unproblematisch ist demgegenüber die Anfechtung behördlicher Maßnahmen durch den Adressaten (s. auch u. Rn. 32).[49]

IV. Nichtraucherschutz in Gaststätten

19 Mit dem **Nichtraucherschutzgesetz**[50] hat der rheinland-pfälzische Gesetzgeber den Nichtraucherschutz in Rheinland-Pfalz kodifiziert.[51] Außer öffentlichen Einrichtungen (vgl. §§ 2 ff. NRSG)[52] werden auch **Gaststätten** erfasst (§ 7 NRSG).

20 **1. Ausgestaltung des gaststättenrechtlichen Rauchverbotes.** Der rheinland-pfälzische Gesetzgeber hat sich für ein **grundsätzliches Rauchverbot** ausgesprochen,[53] das für Schank- und Speisewirtschaften sowie Tanzflächen in Diskotheken und sonstigen Tanzlokalen gilt (§ 7 Abs. 1 NRSG). Allerdings wurden zunächst **Ausnahmetatbestände** geschaffen, die es den Betreibern von Mehrraumgaststätten freistellten, in einzelnen Nebenräumen das Rauchen zu gestatten.[54] Dieses ursprüngliche **Ausnahmekonzept** und die damit verbundene Benachteiligung sog. »Einraumkneipen« qualifizierte der VerfGH[55] im Anschluss an die Rechtsprechung des BVerfG[56] als Verstoß gegen die in Art. 58 i.V.m. Art. 52 Abs. 2 LV niedergelegte **Berufs- und wirtschaftliche Freiheit des Einzelnen** (dazu auch § 1 Rn. 148). Die **Neufassung des § 7 NRSG**[57] hat im Wesentlichen die Übergangsregelung des VerfGH in Gesetzesform gegossen. Nachdem die Verfassungsgerichte in den weiteren Entscheidungen deutlich stärker die gesetzgeberische Einschätzungsprärogative betont, die Ausnahmeregelungen für Einraumgaststätten und die Zeltgastronomie (vgl. § 7 Abs. 5 NRSG) ausdrücklich gebilligt und weitere Ausnahmen für nicht verfassungsrechtlich gefordert erachtet haben,[58] waren die verfassungsrechtlichen Fragen für die Praxis geklärt; Ausnahmeregelungen für die Erlebnisgastronomie (Raucherlounges, Shisha-Kneipen) sind nach dieser Rechtsprechung

---

48 Auch OVG Brem., NVwZ 2002, 873 hatte deswegen schon nach altem Recht die Klagebefugnis eines Konkurrenzunternehmens gegen die Erteilung einer solchen Ausnahmegenehmigung bejaht; anders BVerwGE 65, 167, 171 (zu § 23 LadSchlG). Da seit der Föderalismusreform I der wirtschafts- bzw. wettbewerbsrechtliche Aspekt eher in den Vordergrund getreten ist, muss dies erst recht für das LadÖffnG gelten. A.A. OVG Sachs., Beschl. v. 17.3.2011 – 3 B 62/11 – (juris).
49 Zu einem Beispiel, das drei Instanzen beschäftigte, VG Neustadt/Weinstr., LKRZ 2009, 28 ff.; OVG RhPf., NVwZ-RR 2009, 674; BVerwG, NVwZ 2011, 1142.
50 Das G. ist am 15.2.2008 in Kraft getreten. Es wurde durch G. v. 26.5.2009 (GVBl. S. 205) novelliert.
51 Vgl. o. Fn. 3. Zur Gesetzgebungskompetenz der Länder auch *Rossi/Lenksi*, NJW 2006, 2657. Neben dem Bund (NRSG v. 20.7.2007, BGBl. I S. 1595) haben auch die übrigen Bundesländer vergleichbare Regelungswerke geschaffen, die sich vor allem in den Details der Ausnahmetatbestände unterscheiden.
52 Zum Rauchverbot in Schulen RhPfVerfGH, NVwZ-RR 2009, 89. Ausf. zur Verfassungsmäßigkeit solcher Rauchverbote in der Öffentlichkeit BayVerfGH, NVwZ-RR 2010, 665.
53 Vgl. LT-Drucks. 15/1105, S. 11.
54 Vgl. LT-Drucks. 15/1105, S. 12.
55 RhPfVerfGH, LKRZ 2008, 454. Vorausgegangen waren Beschlüsse im Verfahren der einstweiligen Anordnung in der gleichen Rechtssache, LKRZ 2008, 136 u. 354.
56 BVerfGE 121, 317; s. auch *Ruthig*, in: ders./Storr, Rn. 152; *Hummrich*, LKRZ 2008, 327 ff.; *Michael*, JZ 2008, 875.
57 Vgl. Fn. 50; dazu LT-Drucks. 15/3221.
58 RhPfVerfGH, NVwZ 2010, 1095; zur zwischenzeitlichen bayerischen Regelung BVerfG, NVwZ 2010, 38. Zur Einbeziehung von Shisha-Kneipen und Erlebnisgastronomie in das Rauchverbot BVerfG, NVwZ 2011, 294; s. aber auch BerlVerfGH, GewArch 2008, 410 f.; SaarlVerfGH, NVwZ-RR 2010, 951, die das Rauchverbot im Rahmen einer Folgenabwägung vorläufig ausgesetzt hatten; anders insoweit BayVerfGH, NVwZ-RR 2010, 946.

nicht gefordert.[59] Die späteren (verwaltungsrechtlichen) Rechtsstreitigkeiten ranken sich vor allem um die Auslegung der Ausnahmen. Dies beginnt bereits bei der Frage, inwieweit sich das »Rauchverbot« auf Tabakprodukte beschränkt.[60]

Anknüpfungspunkt der Regelung ist nach § 7 Abs. 1 S. 1 NRSG ausdrücklich der (gaststättenrechtliche) Begriff der Gaststätte.[61] Erfasst werden daher z. B. auch Spielhallen, die Getränke anbieten.[62] Wegen des Raumbezugs kommt es auch auf die konkrete Veranstaltung nicht an.[63] Die **Ausnahmeregelungen** stellen sich wie folgt dar: Gem. § 7 Abs. 2 NRSG darf in **Einraumgaststätten** mit weniger als 75 m² Grundfläche das Rauchen durch den Inhaber erlaubt werden, sofern den Gästen keine oder nur einfach zubereitete Speisen zum Verzehr an Ort und Stelle als untergeordnete Nebenleistung gereicht werden (§ 7 Abs. 2 Nr. 1 NRSG)[64] und am Eingang deutlich sichtbar auf den Charakter als Rauchergaststätte hingewiesen wird (§ 7 Abs. 2 Nr. 2 NRSG).[65] § 7 Abs. 3 NRSG erlaubt abgetrennte Raucherräume. Diese müssen aber nach dem Gesetzeswortlaut nicht nur hinsichtlich ihrer Größe, sondern auch ihrer Funktion nach ein Nebenraum von untergeordneter Bedeutung sein.[66] Außerdem besteht nach Absatz 4 die Möglichkeit, in »**geschlossenen Gesellschaften nicht kommerzieller Art in privater Trägerschaft**« das Rauchen zu erlauben; deren Abgrenzung von »Veranstaltungen von Vereinen oder sonstigen Vereinigungen«, für die diese Möglichkeit nicht gilt, dürfte sich im Einzelfall als schwierig erweisen.[67] Eine weitere Ausnahme besteht nach § 7 Abs. 5 NRSG für Wein-, Bier- und sonstige Festzelte, solange sie an höchstens 21 aufeinanderfolgenden Tagen an einem Standort betrieben werden.

2. Durchsetzung des Rauchverbotes. Der Betreiber der Gaststätte ist gem. § 10 NRSG umfassend für die **Umsetzung und Einhaltung des Rauchverbotes** in seinen Räumlichkeiten verantwortlich. Dazu gehört insb. auch die Verpflichtung, Dritte durch deutlich

---

59 Dazu der Klausurfall *Ruthig*, in: Gurlit/Ruthig/Storr, Fall 2; zu Raucherclubs RhPfVerfGH, NVwZ 2010, 1095.
60 Für eine entsprechende Beschränkung spricht in RhPf. die Formulierung des § 1 Abs. 1 NRSG, der als Gesetzeszweck den Schutz vor »gesundheitlichen Beeinträchtigungen durch Tabakrauch« formuliert. Vgl. zum bay. Recht BayVGH, BayVBl. 2011, 214 f., der deswegen die Erstreckung auf eine Shisha-Kneipe, in der nur tabakfreie Produkte zum Einsatz kamen, verneinte; ebenso OVG Münster, NVwZ 2014, 92. Ebenfalls nicht erfasst sind elektronische Zigaretten, dazu VG Köln, NWVBl. 2014, 241 ff.
61 Auf die Frage der Genehmigungsbedürftigkeit kommt es demgegenüber nicht an. In personeller Hinsicht gilt das Rauchverbot für alle sich in den geschützten Räumlichkeiten aufhaltenden Personen (§ 1 Abs. 2 NRSG).
62 Vgl. auch BayVGH, BayVBl. 2011, 471 ff. Anders als in Bay. fallen Spielhallen ohne Getränkeangebot, die deswegen keine Gaststätte darstellen, in RhPf allerdings nicht unter das NRSG.
63 Vgl. VG Oldenburg, NdsVBl. 2010, 309 ff., zur Durchführung von Veranstaltungen ohne gastronomisches Angebot in einer Mehrzweckhalle, für die eine gaststättenrechtliche Erlaubnis besteht. Bei kommunalen Einrichtungen folgt unabhängig vom Charakter als Gaststätte das Rauchverbot bereits aus § 2 Abs. 1 S. 1 NRSG. Da das Gesetz allerdings auf Räume abstellt, ist zweifelhaft, ob dazu auch solche Gaststätten gehören, die offen im Laufbereich eines Einkaufszentrums liegen, so für die jeweiligen Regelungen OVG NRW, GewArch 2010, 122; VG Karlsruhe Urt. v. 29.9.2009 – 11 K 4149/08 – (juris).
64 Zur Konkretisierung des Begriffes der einfachen Speise s. LT-Drucks. 15/3321, S. 6: Er zählte u.a. Brezeln, belegte Brote und Brötchen, warme Würstchen und Frikadellen dazu, nicht jedoch Kuchen, Speiseeis, Salate, Schnitzel, Pommes frites und Pizza. Zu Pfefferlendchen und der Frage des Vorsatzes bei Verstößen OLG Koblenz, NJW 2010, 1299.
65 Anders als der RhPfVerfGH verzichtete der Gesetzgeber auf ein Zutrittsverbot für Minderjährige und verlangt auch nicht, dass die Gaststätte vom Inhaber geführt wird.
66 OVG RhPf., AS 41, 170 ff.; s. auch VG Neustadt/Weinstr., NVwZ-RR 2010, 765 (Ls.). Vgl. auch NdsOVG, NordÖR 2010, 465 ff., kein Nebenraum, wenn Veranstaltungen und/oder ein bestimmtes Programm nur dort zu erleben sind.
67 Zur Verfassungskonformität dieser Differenzierung RhPfVerfGH, LKRZ 2010, 216. S. auch BayVerfGH, BayVBl. 2012, 596; 2014, 142.

wahrnehmbare Hinweise, insb. im Eingangsbereich, über das Rauchverbot zu informieren (§ 9 NRSG). Kommt er dem nicht oder nicht in hinreichendem Maße nach, können die **allgemeinen Ordnungsbehörden**[68] gem. § 10 Abs. 2 Nr. 2 NRSG die zur Umsetzung und Einhaltung der Vorschriften erforderlichen Anordnungen treffen. Gaststättenrechtlich können die Bestimmungen des NRSG mit (nachträglichen) Auflagen zur Gaststättenerlaubnis durchgesetzt werden.[69] Bei einem dauernden Verstoß kommt ein **Widerruf der gaststättenrechtlichen Erlaubnis gem. § 15 Abs. 2 GaststG** wegen der Nichteinhaltung von Vorschriften des Gesundheitsschutzes (§ 4 Abs. 1 S. 1 Nr. 1 GaststG) in Betracht, zu denen auch das NRSG zählt.[70]

V. Das Glücksspielrecht

23 Die maßgeblichen Bestimmungen für das Glücksspielrecht, die nach zutreffender Ansicht ebenfalls zum öffentlichen Wirtschaftsrecht gehören (zur Gesetzgebungskompetenz bereits o. Rn. 1) finden sich im Glücksspielstaatsvertrag (GlüStV – Staatsvertrag zum Glücksspielwesen in Deutschland),[71] dem zu seiner Ausführung ergangenen Landesglücksspielgesetz (LGlüG)[72] und dem Spielbankengesetz.[73] Ein **Glücksspiel** liegt gemäß § 3 Abs. 1 S. 1 GlüStV vor, wenn im Rahmen eines Spiels für den Erwerb einer Gewinnchance ein Entgelt verlangt wird und die Entscheidung über den Gewinn ganz oder überwiegend vom Zufall abhängt.[74] Der GlüStV erfasst in seiner geltenden Fassung die unterschiedlichen Formen des Glücksspiels. Von der Anwendung ausgenommen sind Gewinnspiele im Rundfunk, die ausschließlich § 8 RStV unterfallen.[75] Nicht unter die genannte Definition des Glücksspiels und damit auch nicht unter die Glücks-

---

68 Zur Zuständigkeit s. §§ 88 ff. POG i.V.m. §§ 1, 2 LVO über die Zuständigkeit der allgemeinen Ordnungsbehörden BS 2012–1–2; *H/J/W*, Nr. 41).
69 S. dazu VG Hannover, GewArch 2010, 258; VG Stuttgart, GewArch 2010, 168. Die Möglichkeit von gewerberechtlichen Auflagen und das auf die Generalklausel gestützte Verbot schließen sich dabei nach der bundesverwaltungsgerichtlichen Rspr. nicht aus, vgl. zu § 33i GewO BVerwG, GewArch 1995, 111; s. auch NVwZ-RR 2010, 636. Anders für die Durchsetzung des NRSG allerdings VGH Kassel, DÖV 2012, 609; VGH Mannheim, GewArch 2013, 217. Als Klausurfall (Hessen) *Krausnick/Schnitzer*, LKRZ 2013, 218. In der Tat ist es überzeugender, der Polizei nur vorläufige Maßnahmen zu gestatten, wenn sie etwa bei einer Kontrolle auf Verstöße gegen die entsprechenden Vorschriften stößt. Endgültige Maßnahmen können demgegenüber nur auf der Grundlage des Gewerberechts und von den für dessen Ausführung zuständigen Behörden getroffen werden.
70 Als Klausurfall *Heintzen/Albrecht*, Jura 2009, 787 (vorl. Rechtsschutz gegen den Widerruf der Gaststättenerlaubnis). Zwar steht der zuständigen Behörde bei der Anwendung des § 15 Abs. 2 GaststG kein Ermessensspielraum zu; das staatliche Vorgehen hat jedoch dem allgemeinen Verhältnismäßigkeitsgrundsatz zu genügen, so dass etwa ein einmaliger Verstoß einen Widerruf noch nicht zu rechtfertigen vermag, vgl. *Scheidler*, GewArch 2008, 287 (291). Zutreffenderweise ist aber bereits der Begriff der Unzuverlässigkeit iSd § 4 Abs. 1 Nr. 1 GaststG – in verfassungskonformer Weise – entsprechend auszulegen, so dass erst ein beharrlicher Verstoß die Unzuverlässigkeit begründet; vgl. auch *Ruthig*, in: ders./Storr, Rn. 420. Zur Verhängung von Bußgeldern OLG Koblenz, NJW 2010, 1299.
71 Dieser trat in seiner ursprünglichen Fassung am 1.1.2008 in Kraft; zur aktuellen Fassung des ersten Glücksspieländerungsstaatsvertrags v. 15.12.2011 sowie des Staatsvertrags über die Gründung der Gemeinsamen Klassenlotterie der Länder vgl. BS Anhang-I-154. Zum aktuellen Glücksspielrecht den Überblick von *Weidemann*, DVBl 2016, 665; *Wormit*, NVwZ 2017, 281.
72 G. v. 22.6.2012, GVBl. S. 166, BS Anhang-I-154.
73 G. v. 22.6.2012, geändert G. v. 18.8.2015 (GVBl. S. 166), BS 716–6.
74 Diese Definition ist mit dem Glücksspielbegriff des § 284 Abs. 1 StGB deckungsgleich, vgl. unter Hinweis auf Wortlaut und Entstehungsgeschichte des GlüStV OVG RhPf., LKRZ 2010, 33 L.
75 *Pagenkopf*, NJW 2012, 2918 (2919); vor Inkrafttreten des novellierten GlüStV war die Frage umstritten.

spielaufsicht (sondern in die allgemeinen gewerberechtlichen Zuständigkeiten) fallen zufallsabhängige Spiele gegen einen bloßen Unkostenbeitrag nach § 33 d GewO.[76]

Ziel der Regelungen ist nach § 1 GlüStV neben der **Suchtbekämpfung** gleichrangig das Ziel der **Kanalisierung des Spieltriebs** in überwachte Bahnen und die Schwarzmarktbekämpfung. Das Inkrafttreten des GlüStV am 1.7.2012 markierte den vorläufigen Endpunkt einer nunmehr über ein Jahrzehnt andauernden Kontroverse um die verfassungs- und vor allem unionsrechtlichen Anforderungen an staatliche Glücksspielmonopole.[77] Das Streben nach Kohärenz prägt die Novellierung: Die Neuregelung erkennt das unterschiedliche Gefahrenpotential verschiedener Spielformen an und reagiert darauf mit unterschiedlichen Anforderungen. Gleichzeitig werden erstmalig Spielhallen (§ 24 GlüStV) und Pferdewetten (§ 27 GlüStV) in die Regelung einbezogen. Die Länder haben die zur Ausführung des Staatsvertrages erforderlichen Bestimmungen zu erlassen und können dabei weitergehende Anforderungen an die Voraussetzungen des Veranstaltens und Vermittelns von Glücksspielen festlegen, § 28 GlüStV.

24

Das **Veranstalten und Vermitteln von Glücksspielen** steht nach §§ 4, 12 GlüStV unter Erlaubnisvorbehalt,[78] wobei die Erteilung nach geltendem Recht begrenzt ist. Es handelt sich um ein repressives Verbot mit Befreiungsvorbehalt, die Erteilung kann also auch mit dem Hinweis verweigert werden, dass bereits ein ausreichendes Angebot an Glücksspielen besteht.[79] Die Voraussetzungen einer Erlaubnis für das Veranstalten oder Vermitteln von Lotterien und Sportwetten ergeben sich aus § 5 LGlüG.[80] Nach § 13 Abs. 3, 5 LGlüG kann die Aufsichtsbehörde unerlaubte Veranstaltungen untersagen, eine Erlaubnis nachträglich widerrufen, beschränken oder mit Auflagen versehen und die Zwangsabwicklung einer Veranstaltung anordnen. Im Übrigen ermächtigt die »**Generalklausel**« des § 11 Abs. 2 LGlüG zu den erforderlichen Maßnahmen zur Durchsetzung des LGlüG. Die Zuständigkeiten im Einzelnen ergeben sich aus § 15 LGlüG. Aufsichtsbehörde ist die ADD, soweit nicht nach § 15 Abs. 1, 2 LGlüG das Finanz- bzw. Innenministerium zuständig sind oder bei Spielhallen die Zuständigkeit bei der Gewerbeaufsichtsbehörde liegt (s. u. Rn. 29). Das vorherige strikte **Internetverbot** wurde bezüglich Lotterien, Sport- und Pferdewetten gelockert (vgl. §§ 4a, 10a, 4 Abs. 3, 5 GlüStV).

25

---

76 VG Trier, LKRZ 2009, 155 zu einem Pokerturnier mit einem Unkostenbeitrag von 15 EUR. Solche Veranstaltungen fallen nicht in den Anwendungsbereich des GlüStV, da § 3 Abs. 1 S. 1 GlüStV auf den Erwerb einer Gewinnchance »gegen Entgelt« abstellt. Unter »Entgelt« iS dieser Vorschrift ist aber nicht jede geldwerte Gegenleistung zu verstehen, die für die Teilnahme am Spiel erbracht wird. Vielmehr muss gerade aus diesem Entgelt die Gewinnchance des Einzelnen erwachsen, s. OVG RhPf., LKRZ 2010, 33.
77 Der EuGH hat ausgehend von den Rechtssachen »Gambelli« (EuGH, NJW 2004, 139) und »Placanica« (NJW 2007, 1515) seine Rspr. zur Vereinbarkeit nationalen Glücksspielrechts mit den Vorgaben der Niederlassungs- und Dienstleistungsfreiheit konkretisiert; s. auch EuGH, NVwZ 2010, 1422 (Carmen Media) und EuGH, NVwZ 2010, 1409 (Stoß); EuGH, NVwZ 2013, 785 (Stanleybet – zur Unzulässigkeit der übergangsweisen Anwendung unionsrechtswidriger nationaler Vorschriften). Das Kohärenzgebot steht allerdings im Bundesstaat unterschiedlichen Regelungen nicht entgegen, vgl. EuGH, GewArch 2014, 299.
78 Eine Ausnahme besteht für kleine Lotterien und Ausspielungen in Form einer allg. Erlaubnis (§ 10 LGlüG). Die Durchführung einer solchen Veranstaltung ist der ADD mindestens zwei Wochen vor dem Veranstaltungstermin anzuzeigen, vgl. Ziff. 2 der Allg. Erlaubnis der ADD, abrufbar unter www.add.rlp.de.
79 So zum früheren Recht BVerfG, GewArch 1995, 22. Näher zur Differenzierung zwischen präventivem Verbot mit Erlaubnisvorbehalt und repressivem Verbot mit Befreiungsvorbehalt *Pieroth/Störmer*, GewArch 1998, 177 (180).
80 Damit erfasst § 5 Abs. 1 LGlüG nicht alle Formen des Glücksspiels: Die Erlaubnisvoraussetzungen für Casinospiele, Geldspielgeräte in Spielbanken und Spielhallen sowie Pferdewetten ergeben sich aus den speziellen Vorschriften.

26 **1. Lotterien.** Die Länder haben weiterhin das **Lotteriemonopol** (ua die traditionelle Lotterie »6 aus 49«). RhPf. erfüllt die Aufgabe der »Sicherstellung eines ausreichenden Glücksspielangebots« nach § 4 Abs. 1 S. 1 LGlüG unmittelbar oder mittelbar durch die Gemeinsame Klassenlotterie der Länder; es kann außerdem die Lotto Rheinland-Pfalz GmbH mit der Durchführung der unmittelbar vom Land veranstalteten öffentlichen Glücksspiele beleihen, § 4 Abs. 2 LGlüG. Mehrheitsgesellschafter dieses 1948 gegründeten Unternehmens ist das Land RhPf., weitere Gesellschafter der Landessportbund RhPf., der Sportbund Pfalz und der Sportbund Rheinhessen. Die Zahl der Annahmestellen ist auf 1.000 begrenzt, § 6 Abs. 1 LGlüG.

27 **2. Sportwetten.** Mit dem Ersten GlüÄndStV kam es demgegenüber im Bereich der **Sportwetten** zu einer teilweisen Marktöffnung. Für eine beschränkte Anzahl von 20 Konzessionären in einem zunächst auf sieben Jahre befristeten »experimentellen« Zeitraum wurde der Markt geöffnet, § 10a GlüStV 2012. Diesen Konzessionären wurde auch – abweichend vom sonst geltenden generellen Internetverbot (§ 4 Abs. 4 GlüStV 2012) – gestattet, Sportwetten im Internet zu veranstalten und zu vermitteln, § 10a Abs. 4 S. 1 GlüStV. Die Vergabe – zu der es nie kam – sollte in einem im Staatsvertrag geregelten Vergabeverfahren (§§ 4a – 4c GlüStV 2012) durch die hessische Aufsichtsbehörde erfolgen (§ 9a Abs. 2 Nr. 3 GlüStV).[81] Diese verfassungswidrige Regelung sollte zum 1.1.2018 mit dem Zweiten GlüÄndStV durch ein neues Verfahren ersetzt werden.[82] Dieser scheiterte schließlich daran, dass nicht alle Bundesländer ihn ratifizierten.[83] Das Verbot der **Vermittlung von Sportwetten** für Unternehmen mit ausländischer Lizenz ist außerdem unionsrechtswidrig.[84] Durch den Dritten GlüÄndStV[85] soll der Sportwettenmarkt nun eine rechtlich sichere Grundlage erhalten: Die Kontingentierung auf die Anzahl von 20 Konzessionen und das damit verbundene Auswahlverfahren wird abgeschafft, § 4a Abs. 3 GlüStV 2020. Darüber hinaus wird die angesprochene »experimentelle« Phase gem. § 10a Abs. 1 GlüStV 2020 bis Ende Juni 2022 verlängert.[86]

28 **3. Spielbanken.** Auch der Betrieb von Spielbanken wird vom GlüStV erfasst, dessen Regelungen durch das SpielbankG angepasst wurden. Der Betrieb einer Spielbank ist nur mit einer **Konzession** nach § 4 SpielbankG zulässig. Diese wird von dem für das Spielbankenrecht zuständigen Ministerium im Einvernehmen mit dem für Finanzangelegenheiten zuständigen Ministerium befristet und widerruflich erteilt (§ 4 Abs. 1 SpielbankG). Die Erlaubnis darf nur erteilt werden, wenn der Betrieb den in § 1 Abs. 1 SpielbankG aufgezählten Zielen nicht zuwiderläuft und die verantwortlichen Personen über die erforderliche Zuverlässigkeit und finanzielle Leistungsfähigkeit verfügen. Bei der Erlaubnis handelt es sich um ein repressives Verbot mit Befreiungsvorbehalt, deren Erhalt durch die Begrenzung auf den Hauptspielbetrieb plus maximal je

---

81 Dazu *Pagenkopf*, NJW 2012, 2918 (2920 f.); *Windoffer*, DÖV 2012, 257 (260 f.) m.w.N. auch zu verfassungsrechtlichen Bedenken. Zu den Hintergründen des Scheiterns der Konzessionsvergabe *Lüder*, NVwZ 2020, 190 (191 f.).
82 VGH Kassel, NVwZ 2016, 171. Zum Entwurf des Zweiten GlüÄndStV vgl. Berl. LT-Drucks. 18/0122.
83 Dabei handelt es sich um die Länder Schleswig-Holstein, Nordrhein-Westfalen und Hessen.
84 EuGH, NVwZ 2016, 369; WRP 2017, 1069; BVerwGE 155, 261. Zu den Konsequenzen OVG Münster, GewArch 2017, 299; VGH Kassel, BeckRS 2017, 111476; *Kubiciel*, EuZW 2017, 494.
85 Zu den Änderungen durch den Dritten Glücksspieländerungsstaatsvertrag *Lüder*, NVwZ 2020, 190 (192 f.).
86 Zur Kritik am Dritten Glücksspieländerungsstaatsvertrag *Lüder*, NVwZ 2020, 190 (193 ff.) m.w.N. insb. zur Kritik der Europäischen Kommission.

zwei Zweigstellen zusätzlich erschwert wird (§ 3 Abs. 1 SpielbankG).[87] Allerdings muss auch die Vergabe der Spielbanklizenzen die unionsrechtlichen Anforderungen, insb. zur Begrenzung der Laufzeit einer Konzession und an ein transparentes Vergabeverfahren beachten.[88] Die Befugnisse der Spielbankaufsicht ergeben sich aus § 12 SpielbankG, so dass ein Rückgriff auf § 9 Abs. 1 POG ausscheidet. Aufsichtsbehörde sind die zuständigen Ministerien, vgl. § 12 Abs. 1 SpielbankG.

4. Spielhallen und Gaststätten. Mit dem Inkrafttreten des 1. GlüÄndStV am 01.7.2012 haben die Länder auch von ihrer Kompetenz für Spielhallen (Art. 74 Abs. 1 Nr. 11 GG) Gebrauch gemacht, eine Erlaubnispflicht statuiert und diese in §§ 24f. GlüStV von weiteren Voraussetzungen abhängig gemacht, die zu einer erheblichen Reduktion der zulässigen Anzahl von Spielhallen führen.[89] Spielhallen bedürfen daneben einer gewerberechtlichen Erlaubnis nach § 33i GewO, die zugleich aufgrund ihrer Konzentrationswirkung (§ 15 Abs. 3 S. 2 LGlüG) die gem. § 24 Abs. 1 GlüStV erforderliche glücksspielrechtliche Erlaubnis umfasst.[90] Die Voraussetzungen der Erlaubniserteilung ergeben sich in RhPf. aus § 11 LGlüG. Über die Vorgaben des GlüStV hinaus[91] enthält die Regelung Beschränkungen für die Gesamtzahl von Spielhallen und bestimmte Abstandsregelungen.[92] Für die **Erteilung der Erlaubnis** ist die nach § 33i GewO zuständige Behörde zuständig, die allerdings die Zustimmung der ADD einzuholen hat, § 15 Abs. 3 S. 1, 3 LGlüG. Die Zuständigkeit der Gewerbeaufsichtsbehörde erstreckt sich auch auf den Widerruf der Erlaubnis und den Erlass nachträglicher Nebenbestimmungen,[93] nicht jedoch auf das **Einschreiten gegenüber einer Tätigkeit ohne die erforderliche Erlaubnis**.[94] Auch **Gaststätten** mit Geld- oder Warenspielgeräten werden nunmehr der glücksspielrechtlichen Überwachung unterworfen. Die Gastwirte haben sicherzustellen, dass Minderjährige nicht spielen und auch keine sonstigen Glücksspiele (Sportwetten, Lotto) angeboten werden. Zuständige Aufsichtsbehörde ist die ADD, § 15 Abs. 5 LGlüG.

---

87 Zur Verfassungsmäßigkeit des bay. Spielbankmonopols BVerfG, NVwZ-RR 2008, 1.
88 Vgl. hierzu § 4 Abs. 3 SpielbankG. Zum österreichischen Recht EuGH, EuZW 2010, 821.
89 Überblick bei *Odenthal*, GewArch 2012, 345; zur Verfassungsmäßigkeit der Regelungen BVerfG, NVwZ 2017, 1111; zum LGlüG BVerwG, ZfWG 2017, 148ff.; krit. dazu *Krüper*, GewArch 2017, 257; *H.P. Schneider*, NVwZ 2017, 1073.
90 Vgl. dazu OVG RhPf, NVwZ-RR 2015, 98. Die Einbeziehung der Spielhallen in das Glücksspielrecht war dem Umstand geschuldet, dass dieser nach wissenschaftlichen Untersuchungen das höchste Suchtpotential aufweist, so dass seine Ausklammerung im bisherigen Recht die größten vor allem unionsrechtlichen Bedenken gegen die Regelung insgesamt provozierte; zum Kohärenzgebot des EuGH *Ruthig*, in: ders./Storr, Rn. 69; gegen dessen Anwendbarkeit im Zusammenhang mit Spielhallen allerdings BadWürttStGH, NVwZ 2014, 1162 Rn. 343; OVG RhPf., NVwZ-RR 2015, 98 (101).
91 Zu dessen Verfassungsmäßigkeit RhPfVerfGH, ZfWG 2016, 334; zur Zulässigkeit der Übergangsregelungen BayVerfGH, NVwZ 2014, 141; OVG RhPf., NVwZ-RR 2014, 682.
92 Diese betreffen das Nebeneinander von Spielhallen und den Abstand zu Einrichtungen, die von Minderjährigen besucht werden; zur Zulässigkeit OVG RhPf., NVwZ-RR 2015, 98 m.w.N. auch zur Gegenauffassung; OVG Lüneburg, Beschl. v. 4.9.2017 – 11 ME 206/17 – (juris). Zu den erfolglosen Verfassungsbeschwerden gegen die Regulierung des Spielhallensektors in Berlin, Bayern und im Saarland BVerfG, NVwZ 2017, 1111. Das Verbundsverbot, die Abstandsgebote, die Reduzierung der Gerätehöchstzahl je Spielhalle, die Aufsichtspflicht und die Übergangsregelungen im Glücksspielstaatsvertrag und den Gesetzen der Länder Berlin, Bayern und des Saarlandes wurden als mit dem Grundgesetz vereinbar erklärt.
93 Dazu LT-Drucks. 16/1179 S. 53.
94 OVG RhPf, Urt. v. 10.12.2019 – 6 A 10392/19.OVG – (juris). Rechtsgrundlage für die Untersagung wegen des Fehlens einer glücksspielrechtlichen Erlaubnis ist nicht § 15 Abs. 2 GewO, sondern § 13 Abs. 5 S. 1 Nr. 1 LGlüG (Zwangsabwicklung bei Durchführung ohne die erforderliche Erlaubnis). Die Zuständigkeit für Aufsichtsmaßnahmen der ADD ergibt sich aus § 15 Abs. 3 S. 6 LGlüG.

VI. Klausurhinweise

30 Die landesrechtlichen Bereiche des öffentlichen Wirtschaftsrechts können in **zwei Klausurvarianten** auftauchen. Zum einen handelt es sich um beliebte Materien für **verfassungsrechtliche Klausuren im Pflichtfach**. Insofern steht eine Prüfung der Berufsfreiheit (Art. 12 GG bzw. Art. 58 i.V.m. Art. 52 Abs. 2 LV) im Mittelpunkt, aber bei Gewerbetreibenden aus dem EU-Ausland selbstverständlich auch die Vereinbarkeit mit den Grundfreiheiten.[95] Die Fälle kommen in verfassungs-[96], aber auch verwaltungsprozessualer Einkleidung[97] vor. Insb. in Form einer allgemeinen Feststellungsklage lässt sich die Frage der (verfassungs- oder unionsrechtlichen) Zulässigkeit eines Genehmigungserfordernisses klären.

31 Im Schwerpunktbereich steht die **behördliche Durchsetzung der Einhaltung der Vorschriften** im Mittelpunkt. Soweit – wie beim Nichtraucherschutz – das jeweilige Gesetz keine eigenen Durchsetzungsmechanismen vorsieht, sind die Fälle entweder gewerbe- bzw. gaststättenrechtlich (zu einem Beispiel s. o. Rn. 22) oder polizeirechtlich eingekleidet.[98] Ein beliebter Klausurfall ist deshalb die Abgrenzung gaststättenrechtlicher von polizeirechtlichen Maßnahmen, die schon wegen § 1 GewO immer nur vorläufigen Charakter haben können und außerdem dem Grundsatz der Verhältnismäßigkeit genügen müssen.

Beispiel:[99]
Bei einer abendlichen Streife stellt Polizist P fest, dass in einer Gaststätte gegen das Rauchverbot verstoßen wird. Er überlegt, ob er die Aschenbecher beschlagnahmen oder das Lokal möglicherweise sogar vorläufig schließen kann.

32 Hinsichtlich der prozessrechtlichen Einkleidungen bestehen für die landesrechtlichen Konstellationen keine Besonderheiten gegenüber dem sonstigen öffentlichen Wirtschaftsrecht. **Standardkonstellationen** sind Verpflichtungsklagen auf Erteilung der erforderlichen Genehmigung bzw. der Rechtsschutz gegen Nebenbestimmungen. Drittanfechtungsklagen von Konkurrenten scheitern im Öffentlichen Wirtschaftsrecht grundsätzlich an Art. 12 GG, der keinen Schutz vor Konkurrenz bietet, so dass die gewerberechtlichen Vorschriften in der Regel keinen Drittschutz vermitteln (s. allerdings o. Rn. 18 zum LadÖffnG). Denkbar ist auch, dass die Behörde die Genehmigungsbedürftigkeit einer Tätigkeit feststellt[100] oder gesetzliche Pflichten in einem VA konkreti-

---

95 Dazu ausf. *Ruthig*, in: ders./Storr, Rn. 45 ff.
96 Zum Ladenöffnungsrecht etwa (abstrakte Normenkontrolle) *Musil/Rox*, Jura 2008, 701; zum Nichtraucherschutz (Verfassungsbeschwerde) *Ruthig*, in: Gurlit/Ruthig/Storr, Rn. 36 ff. (Fall 2); *Langenfeld/von Bargen/Müller*, JuS 2008, 795; *Reuter/Wiedmann*, Jura 2009, 221.
97 Zum Nichtraucherschutz (vorl. Rechtsschutz) als Referendarklausur *Kintz*, JuS 2008, 816.
98 Zur polizeirechtlichen Generalklausel als Mittel zur Durchsetzung öffentlichrechtlicher Pflichten s. o. § 4 Rn. 93; ausf. zur Abgrenzung von Polizei- und Gewerberecht *Ruthig*, in: ders./Storr, Rn. 298 ff.
99 S. *Ruthig*, in: ders./Storr, Rn. 384, 452 (Fall 38 b). Grundlegend OVG RhPf., DVBl. 1999, 338 zur vorläufigen Schließung einer Gaststätte bei Drogenkonsum; speziell zum Rauchverbot *Breitkopf/Stollmann*, NWVBl 2008, 125.
100 Nach der Rspr. enthalten die Vorschriften über die Genehmigungsbedürftigkeit zugleich die gesetzliche Grundlage für feststellende Verwaltungsakte des Inhalts, dass eine konkrete Tätigkeit genehmigungsbedürftig ist, s. *Ruthig*, in: ders./Storr, Rn. 297 m.w.N.

siert,[101] in beiden Fällen ist die Anfechtungsklage statthaft und stellt sich die Frage der Anordnung der sofortigen Vollziehung.[102]

---

101 Dort stellt sich dann die Frage nach der für feststellende Verwaltungsakte erforderlichen Rechtsgrundlage, s. zu § 14 Abs. 2 S. 1 LadöffnG (dazu o. Rn. 18) OVG RhPf., NVwZ-RR 2009, 674.
102 Vgl. OVG RhPf., GewArch 2009, 130 zum öffentlichen Interesse am Sofortvollzug der Beschränkung des Alkoholverkaufs in Tankstellen, das die wirtschaftlichen Interessen des Antragstellers idR überwiegt.

§ 7 Umweltrecht

von *Ekkehard Hofmann und Jochen Kerkmann*

Literatur: *Die in diesem Verzeichnis enthaltenen Werke werden in den Fußnoten lediglich mit dem Namen der Autoren oder Herausgeber (erforderlichenfalls mit einem unterscheidenden Zusatz) zitiert.*

Beile, Wassergesetz für das Land Rheinland-Pfalz, 2. Aufl., Losebl.-Komm. (Stand: 10/2016); *Breuer/Gärditz*, Öffentliches und privates Wasserrecht, 4. Aufl. 2017; *Czychowski/Reinhardt*, WHG, Komm., 12. Aufl. 2019; *Erbguth/Schlacke*, Umweltrecht, 7. Aufl. 2019; *Jarass*, BImSchG, Komm., 12. Aufl. 2017; *Jeromin/Kerkmann*, LWG RhPf. und WHG, Losebl.-Komm. (Stand: 05/2019); *Kerkmann/Fellenberg*, Naturschutzrecht in der Praxis, 3. Aufl. 2020; *Kloepfer*, Umweltrecht, 4. Aufl. 2016; *Kluth/Smeddinck*, Umweltrecht, 2013; *Koch (Hrsg.)*, Umweltrecht, 4. Aufl. 2014; *Koch/Hofmann/Reese*, Handbuch Umweltrecht, 5. Aufl. 2018; *v. Lersner/Wendenburg/Versteyl*, Recht der Abfall- und Kreislaufwirtschaft, Losebl.-Ausgabe (Stand: 04/2020); *Lütkes/Ewer*, BNatSchG, Komm., 2. Aufl. 2018; *Reis/Gottschling*, Das Abfall- und Bodenschutzrecht in Rheinland-Pfalz, Losebl.-Komm. (Stand: 03/2019); *Schlacke*, GK-BNatSchG, 2. Aufl. 2016; *Schmehl/Klement*, KrWG, Komm., 2. Aufl. 2019; *Schmidt/Kahl/Gärditz*, Umweltrecht, 11. Aufl. 2019; *Schrenk/Gieseke*, LNatSchG RhPf., Losebl.-Komm. (Stand: 11/2019); *Versteyl/Mann/Schomerus*, KrWG, Komm., 4. Aufl. 2019.

I. Einleitung	1
II. Naturschutz- und Landschaftspflegerecht	7
1. Gesetzgebungskompetenzen und Rechtsgrundlagen	7
2. Organisation und Zuständigkeiten	13
3. Unterstützungspflichten hinsichtlich der Ziele des Naturschutzes und der Landschaftspflege	17
4. Eingriffe in Natur und Landschaft	19
5. Schutz bestimmter Teile von Natur und Landschaft	21/22
a) Allgemeines Schutzgebietssystem	21/22
b) Europäisches Netz »Natura 2000«	30
6. Erholung in Natur und Landschaft	34
7. Weitere landesnaturschutzrechtliche Regelungen	40
a) Überwachungsaufgabe und allgemeine Ermächtigungsgrundlage	40
b) Naturschutzbehördliche Betretensbefugnis	41
c) Pflegemaßnahmen	42/43
d) Eigentumsrechtliche Entschädigung	44
e) Mitwirkung und Klagerechte anerkannter Vereinigungen	47
III. Wasserrecht	51
1. Gesetzgebungskompetenzen und Rechtsgrundlagen	51
2. Organisation und Zuständigkeiten	56
3. Die Gewässer im Rechtssinne	59
a) Begriff und Einteilung	59
b) Eigentumsverhältnisse	61
4. Gewässerbewirtschaftung durch rechtliche Regulierung der Gewässerbenutzung	63
a) Zulassungsfreie und zulassungspflichtige Benutzungen	63
b) Erlaubnis und Bewilligung	65
5. Gewässerbewirtschaftung einschließlich Hochwasserschutz durch großräumige Fachplanung	71
a) Vorgaben der Wasserrahmenrichtlinie	71
b) Landesrecht als Bestandteil der nationalen Umsetzung der Richtlinienvorgaben	74
6. Gebietsfestsetzungen (Nutzungsregelungen)	78
a) Wasserschutzgebiete	79
b) Heilquellenschutzgebiete	86
c) Überschwemmungsgebiete	88
d) Gewässerrandstreifen	90

7. Umgang mit wassergefährdenden Stoffen 92
8. Wasserversorgung 94
9. Abwasserbeseitigung 96
   a) Begriffsbestimmungen 97
   b) Abwasserbeseitigungspflicht 99
   c) Bau und Betrieb von
   Abwasseranlagen 102
   d) Abwassereinleitungen 103
   e) Abwasserabgabe 106
10. Ausbau und Unterhaltung der
    Gewässer, Deiche und
    Dämme 107
    a) Gewässerausbau 107
    b) Gewässerunterhaltung 110
    c) Hochwasserschutz 111
11. Anlagen in, an, über und
    unter oberirdischen Gewäs-
    sern 112
12. Gewässeraufsicht 116
13. Wasserbücher 118
IV. Kreislaufwirtschaftsrecht
    (Abfallrecht) 120
    1. Gesetzgebungskompetenzen
       und Rechtsgrundlagen 120
    2. Organisation und Zuständig-
       keiten 121
    3. Grundkonzeption des Kreis-
       laufwirtschaftsrechts 123
    4. Öffentlich-rechtliche Entsor-
       gungsträger 128
    5. Entsorgung von Sonderabfäl-
       len 131
    6. Abfallwirtschaftspläne,
       Abfallvermeidungspro-
       gramme 133
    7. Weitere landesgesetzliche Vor-
       schriften zum Abfallrecht 135
V. Immissionsschutzrecht 136
    1. Gesetzgebungskompetenzen
       und Rechtsgrundlagen 136
    2. Organisation und Zuständig-
       keiten 139
    3. Überblick zum Landes-Immis-
       sionsschutzgesetz 141
VI. Klausurhinweise 143

I. Einleitung

Das Umweltrecht besteht – grob skizziert – aus der Gesamtheit der Rechtsnormen, die auf die Erhaltung und Verbesserung der natürlichen Lebensgrundlagen gerichtet sind. Mit Rücksicht auf diese Zielsetzung ist auch die Bezeichnung »Umweltschutzrecht« gebräuchlich. Entsprechende Regelungen finden sich auf allen Rechtsebenen: der internationalen,[1] europäischen[2] und nationalen. Da umweltbezogene Normen somit nahezu über die gesamte Rechtsordnung verstreut sind, stellt das Umweltrecht eine **Querschnittsmaterie** dar. Soweit das nationale Recht betroffen ist, erweist es sich in systematischer Hinsicht als ein Teilgebiet des öffentlichen Rechts mit dem Schwerpunkt im Besonderen Verwaltungsrecht und breiten Berührungsflächen sowohl zum Zivilrecht[3] als auch zum Strafrecht.[4]

Niveau und Qualität des rechtlichen Umweltschutzes werden in Rheinland-Pfalz ebenso wie in den anderen Bundesländern vor allem durch die **gesetzlichen Regelungen des Bundes** sowie die einschlägigen **Vorgaben des Rechts der EU** bestimmt. Der Bund verfügt über ausgedehnte umweltrechtliche Gesetzgebungskompetenzen, von denen er auch in weitem Umfang Gebrauch gemacht hat. Dem Landesumweltrecht kommt daher gegenüber dem Bundesumweltrecht nur eine untergeordnete Bedeutung zu. Gleichwohl sind die Länder aufgrund der ihnen zustehenden Kompetenzen in der Lage, markante umweltrechtliche Akzente zu setzen und ihre ökologischen Positionen

---

[1] Vgl. hierzu *Proelß* (Hrsg.), Internationales Umweltrecht, 2017.
[2] Eingehend *Meßerschmidt*, Europäisches Umweltrecht, 2011; *Epiney*, Umweltrecht der Europäischen Union, 4. Aufl. 2019.
[3] Vgl. zB die §§ 1004, 906 BGB, das ProdSG sowie das UmwHG.
[4] Vgl. insb. die §§ 324–330d StGB.

zu verdeutlichen. Insbes. in Bereichen, in denen der Bund (noch) nicht von seiner konkurrierenden Gesetzgebungsbefugnis Gebrauch gemacht hat, wie etwa bis vor Kurzem im Bereich des Klimaschutzrechts, können die Länder tätig werden. Deshalb hat der Landtag das Landesklimaschutzgesetz (LKSG) beschlossen,[5] das im August 2014 in Kraft getreten ist. Rheinland-Pfalz hat damit als drittes Bundesland den Klimaschutz auf eine gesetzliche Grundlage gestellt und auf diese Weise die Bedeutung dieser gesamtgesellschaftlichen Aufgabe dokumentiert. Zwar hat der Bund mittlerweile von seiner konkurrierenden Gesetzgebungskompetenz gem. Art. 74 Abs. 1 Ziff. 24 Var. 2 GG Gebrauch gemacht und das Bundes-Klimaschutzgesetz (KSG)[6] erlassen; gemäß § 14 Abs. 1 S. 2 KSG gelten die bestehenden Klimaschutzgesetze der Länder jedoch unbeschadet der Vereinbarkeit mit Bundesrecht fort.

3 Ebenso wie das Grundgesetz (Art. 20 a) weist auch die **Landesverfassung** eine **besondere Umweltschutznorm** auf. Nach Art. 69 LV obliegt dem Land, den Gemeinden und Gemeindeverbänden sowie allen Menschen die Pflicht, Natur und Umwelt als Grundlage gegenwärtigen und künftigen Lebens zu schützen. Besonderer Schutz gilt dabei den drei Umweltmedien (Boden, Wasser, Luft), deren Nutzung der Allgemeinheit und künftigen Generationen verpflichtet ist. Zudem ist auf den sparsamen Gebrauch und die Wiederverwendung von Rohstoffen sowie auf die sparsame Nutzung von Energie hinzuwirken.

4 Die Vorschrift des Art. 69 LV enthält zunächst eine **Staatszielbestimmung**,[7] aus der sich sowohl Handlungsaufträge für die Legislative und die Exekutive als auch Maßstäbe für die Auslegung von Normen sowie für behördliche Ermessens- und Abwägungsentscheidungen ergeben. Hinsichtlich der Grundrechte ist die Staatszielbestimmung im Rahmen der Verhältnismäßigkeitsprüfung von Eingriffen bedeutsam.[8] Doch gilt es zu beachten, dass sie dem Umweltschutz keinen allgemeinen Vorrang gegenüber anderen Belangen mit Verfassungsrang, zB der Schaffung und Erhaltung von Arbeitsplätzen, der sozialen Sicherung (Art. 52 ff. LV) usw, vermittelt. Neben der Staatszielbestimmung ist Art. 69 LV – über den Regelungsgehalt von Art. 20 a GG hinaus – eine **Grundpflicht** »aller Menschen« zu entnehmen, die allerdings gesetzlicher Konkretisierung bedarf.[9]

5 Nach Art. 70 LV werden Tiere als Mitgeschöpfe geachtet und im Rahmen der Gesetze vor vermeidbaren Leiden und Schäden geschützt. Die Vorschrift enthält die **Staatszielbestimmung Tierschutz**. Sie nimmt das Tier als individuelles Lebewesen in den Blick, dessen Unversehrtheit und Wohlbefinden bewahrt werden sollen, und zielt auf einen sittlich verantworteten Umgang der Menschen mit Tieren. Die in Art. 70 LV kodifizierte Schutzpflicht bezieht sich auf die aktuell lebenden Tiere als Individuen. Damit wird die Umweltschutznorm des Art. 69 LV erweitert, die zwar auch die Tierwelt umfasst, hierbei aber auf den Artenschutz beschränkt ist, der den Schutz der Tiere einschließlich ihrer Lebensräume aus Gründen der Arterhaltung betrifft.[10]

---

5 LG zur Förderung des Klimaschutzes v. 19.8.2014 (GVBl. S. 188, BS 2129–3).
6 Bundes-Klimaschutzgesetz v. 12.12.2019 (BGBl. I S. 2513).
7 *Held*, in: Brocker/Droege/Jutzi, Verf. f. RhPf., Komm., 2014, Art. 69 Rn. 1.
8 Zur Parallelvorschrift des Art. 20 a GG vgl. *Kloepfer*, Umweltschutzrecht, 3. Aufl. 2020, § 2 Rn. 14 ff.
9 *M. Schröder*, in: Grimm/Caesar, Verf. f. RhPf., Komm., 2001, Art. 69 Rn. 1.
10 *Held* (Fn. 7), Art. 70 Rn. 7; *M. Schröder* (Fn. 9), Art. 70 Rn. 1 f.

Zu unterscheiden sind das **Umweltrecht im weiteren Sinne**, das aus der Gesamtheit umweltschutzbezogener Normen besteht, und das **Umweltrecht im engeren Sinne**. Letzteres umfasst lediglich die Normen der umweltrechtlichen Kerngebiete. Zu diesen Kerngebieten gehören namentlich die im Folgenden behandelten Materien des Naturschutz- und Landschaftspflegerechts, des Wasserrechts, des Kreislaufwirtschaftsrechts sowie des Immissionsschutzrechts. 6

II. Naturschutz- und Landschaftspflegerecht

1. Gesetzgebungskompetenzen und Rechtsgrundlagen. Seit der Föderalismusreform im Jahr 2006 stellen Naturschutz und Landschaftspflege einen Gegenstand der **konkurrierenden Gesetzgebungskompetenz** dar (Art. 74 Abs. 1 Nr. 29 GG), bei dem die in Art. 72 Abs. 2 GG enthaltenen Restriktionen bundesrechtlicher Regelung nicht eingreifen. Allerdings verfügen die Länder nach Art. 72 Abs. 3 S. 1 Nr. 2 GG über eine gesetzgeberische **Abweichungsbefugnis**. Dies bedeutet, dass sie andere naturschutz- und landschaftspflegerechtliche Regelungen treffen können als der Bund. 7

Im Jahr 2009 hat der Bund von der konkurrierenden Gesetzgebungskompetenz auf dem Gebiet des Naturschutzes und der Landschaftspflege Gebrauch gemacht und als Vollregelung (ohne auslegungsbedürftige Rahmenregelungen) ein (neues) BNatSchG[11] erlassen, das am 1.3.2010 in Kraft getreten ist und unmittelbar geltende Regelungen enthält. Dies führt zu der Frage, welche Regelungsspielräume dem Landesgesetzgeber verblieben sind. Hierbei gilt es in dreifacher Hinsicht zu unterscheiden. 8

Wie Art. 72 Abs. 1 GG bestimmt, ist der Landesgesetzgeber regelungsbefugt, »soweit« der Bund von der konkurrierenden Gesetzgebungskompetenz nicht durch Gesetz Gebrauch gemacht hat. Hieraus folgt, dass das Land – erstens – gesetzgeberisch tätig werden darf, wenn der Bund ausdrücklich entsprechende **Öffnungsklauseln** normiert hat. Das betrifft zB die Zuständigkeit und das Verfahren der Landschaftsplanung (§ 10 Abs. 4, § 11 Abs. 5 BNatSchG), die Form und das Verfahren der Festsetzung von Natur- und Landschaftsschutzgebieten (§ 22 Abs. 2, §§ 23, 24 BNatSchG) sowie den gesetzlichen Biotopschutz (§ 30 Abs. 2 S. 2 BNatSchG). Landesgesetzliche Regelungsspielräume bestehen – zweitens – dann, wenn zwar keine ausdrückliche Öffnungsklausel normiert worden ist, aber die Auslegung der bundesrechtlichen Vorschriften (unter Einbeziehung der Entstehungsgeschichte, des gesetzgeberischen Willens, der gesetzlichen Systematik usw) ergibt, dass sich die vom Bund getroffene **Regelung nicht** als **abschließend** erweist. Allerdings kann dies nur nach besonderer Prüfung angenommen werden, da der Bund in hohem Maße mit Öffnungsklauseln gearbeitet hat. Fehlt es an einer derartigen Klausel, so besteht ein Indiz dafür, dass eine abschließende bundesgesetzliche Regelung vorliegt. Es müssen folglich im Einzelfall hinreichende Sachgründe auszumachen sein, um zu einem anderen Ergebnis zu gelangen. Landesgesetzliche Regelungsspielräume ergeben sich – drittens – aus der den Ländern durch Art. 72 Abs. 3 S. 1 Nr. 2 GG eröffneten Möglichkeit, von den Regelungen des Bundes abzuweichen. Allerdings besteht diese **Abweichungsbefugnis** nicht unbegrenzt. Nach ausdrücklicher verfassungsrechtlicher Vorgabe umfasst sie weder die allgemeinen Grund- 9

---

[11] G. v. 29.7.2009 (BGBl. I S. 2542).

sätze des Naturschutzes noch das Recht des Artenschutzes oder des Meeresnaturschutzes.

10 Im Hinblick auf die verfassungsrechtliche Vorgabe zu den Grenzen der gliedstaatlichen Abweichungsbefugnis im Bereich von Naturschutz und Landschaftspflege hat der Bundesgesetzgeber in verschiedenen Vorschriften **allgemeine Grundsätze** normiert (zB § 1 Abs. 1, §§ 8, 13, 20 BNatSchG). Auf diese Weise hat er zu erkennen gegeben, welche Bestandteile des BNatSchG aus seiner Sicht »abweichungsfest« sind. Allerdings ist der Bundesgesetzgeber nicht zur authentischen Interpretation der Verfassung berufen. Er ist außerstande, mit verfassungsrechtlicher Wirkung definitiv zu bestimmen, welche einfachgesetzlichen Regelungen der Abweichungsbefugnis der Länder entzogen sind. Hieraus folgt, dass es sich bei der ausdrücklichen Kennzeichnung der allgemeinen Grundsätze nur um eine – wenngleich bedeutsame – **Auslegungshilfe** bei der Beurteilung der Frage handeln kann, inwieweit die Länder vom BNatSchG abweichen dürfen. Ob der Bundesgesetzgeber mit seiner Kennzeichnung den verfassungsrechtlichen Begriff der allgemeinen Grundsätze des Naturschutzes zutreffend konkretisiert hat, ist durch (objektive) Verfassungsauslegung zu ermitteln. Die Auslegung kann im Einzelfall zu dem Ergebnis führen, dass der Bundesgesetzgeber diesen Begriff überdehnt und mehr darunter gefasst hat als verfassungsrechtlich zulässig ist. In einem derartigen Fall kann der Landesgesetzgeber auch von solchen Inhalten des BNatSchG abweichen, die als allgemeine Grundsätze gekennzeichnet sind.

11 Der rheinland-pfälzische Landesgesetzgeber hat auf die bundesrechtliche Neuregelung im Bereich des Naturschutzes und der Landschaftspflege fünf Jahre später, im Oktober 2015, mit Beschluss des LNatSchG reagiert.[12] Damit hat er, um die landesspezifischen Gegebenheiten und Interessen besser abbilden zu können, auch von seiner Abweichungsbefugnis nach Art. 72 Abs. 3 S. 1 Nr. 2 GG Gebrauch gemacht. Das LNatSchG geht inhaltlich somit über bloße Ergänzungen bzw. Konkretisierungen des BNatSchG hinaus, »weicht« m.a.W. von diesem »ab«.

12 Sowohl das BNatSchG als auch das LNatSchG gehören zum **Naturschutz- und Landschaftspflegerecht im engeren Sinne**. Hiervon zu unterscheiden ist das **Naturschutz- und Landschaftspflegerecht im weiteren Sinne**. Dieses umfasst vor allem das Wald- und Forstrecht, für das auf Landesebene insbes. das LWaldG[13] sowie daneben das BWaldG[14] maßgeblich ist.[15] Von Bedeutung sind ferner ua das – vom Artenschutzrecht zu unterscheidende – Tierschutzrecht[16] sowie das Pflanzenschutzrecht. Gegenstand der nachstehenden Erörterungen ist indes allein das Naturschutz- und Landschaftspflegerecht im engeren Sinne.

13 **2. Organisation und Zuständigkeiten.** Die administrative Erledigung von Angelegenheiten des Naturschutzes und der Landschaftspflege obliegt in erster Linie den **Naturschutzbehörden**. Soweit nicht (ausnahmsweise) das Bundesamt für Naturschutz (BfN) zuständig ist, verweist § 3 Abs. 1 BNatSchG auf das Landesrecht. Nach § 2 Abs. 6 LNatSchG sind die Landesnaturschutzbehörden dreistufig aufgebaut. Sie bestehen aus

---

12 G. v. 6.10.2015 (GVBl. S. 283).
13 GVBl. 2000, 504.
14 G. v. 2.5.1975 (BGBl. I S. 1037), später mehrfach geändert.
15 *Kerkmann*, GK-BNatSchG, § 1 Rn. 4; vgl. auch *Erbguth/Schlacke*, § 10 Rn. 10.
16 Zur Unterscheidung vgl. o. Rn. 5.

- der **obersten Naturschutzbehörde** (Ministerium für Umwelt, Energie, Ernährung und Forsten),[17]
- den **oberen Naturschutzbehörden** (Struktur- und Genehmigungsdirektionen) sowie
- den **unteren Naturschutzbehörden** (Kreisverwaltungen bzw. – in kreisfreien Städten – Stadtverwaltungen).

Die Landkreise und kreisfreien Städte nehmen die naturschutzbehördlichen Aufgaben als Auftragsangelegenheiten wahr (§ 2 Abs. 6 S. 4 LNatSchG). Dies bedeutet, dass sie der Fachaufsicht und damit insbes. den Weisungen der übergeordneten Naturschutzbehörden unterliegen (§ 2 Abs. 2 GemO, § 2 Abs. 2 LKO).

Die **örtliche Zuständigkeit** richtet sich grundsätzlich nach der Belegenheit des Vorgangs (§ 2 Abs. 4 LNatSchG). Soweit die **sachliche Zuständigkeit** nicht im Zusammenhang mit der jeweiligen Befugnisnorm des LNatSchG bestimmt wird, kann sie der – noch auf der Grundlage des § 30 Abs. 2 LPflG ergangenen – ZustVO[18] entnommen werden. Danach ist grundsätzlich die Kreis- bzw. Stadtverwaltung als untere Naturschutzbehörde zuständig (§ 1 ZustVO). Abweichungen enthalten neben den speziellen Zuständigkeitsregelungen des LNatSchG auch die §§ 2, 3 ZustVO.

Über die Naturschutzbehörden hinaus sind etliche andere Stellen und Personen mit Aufgaben im Bereich von Naturschutz und Landschaftspflege betraut. Dies betrifft zunächst das **Landesamt für Umwelt** (LU), dessen Aufgabe ua darin besteht, die Naturschutzbehörden (sowie die anderen Landesbehörden) zu unterstützen (§ 3 LNatSchG). Hierzu hat das LU ua naturschutzfachliche Untersuchungen durchzuführen und die Naturschutzbehörden durch Stellungnahmen und Gutachten zu beraten.

Der Unterstützung der Naturschutzbehörden dienen ferner die unabhängigen **Fachbeiräte für Naturschutz**, die bei jeder Naturschutzbehörde gebildet werden und sich aus ehrenamtlich tätigen Mitgliedern zusammensetzen (§ 28 LNatSchG).[19] Nach § 29 LNatSchG können die unteren Naturschutzbehörden zudem ehrenamtliche **Naturschutzbeauftragte** bestellen. Des Weiteren ist von der Landesregierung die **Stiftung Natur und Umwelt Rheinland-Pfalz** errichtet worden, die Projekte und Maßnahmen zur nachhaltigen Entwicklung und Erhaltung von Natur und Umwelt fördert oder auch selbst durchführt (§ 32 LNatSchG).[20]

3. Unterstützungspflichten hinsichtlich der Ziele des Naturschutzes und der Landschaftspflege. In § 1 BNatSchG werden die Ziele des Naturschutzes und der Landschaftspflege detailliert beschrieben. Rechtlich handelt es sich hierbei im Wesentlichen um Auslegungs- und Verständnishilfen für den Umgang mit den Regelungen des BNatSchG sowie um Gesichtspunkte für behördliche Abwägungen und Ermessensausübungen.[21]

Wie aus § 2 BNatSchG hervorgeht, haben die Behörden des Bundes und der Länder im Rahmen ihrer jeweiligen Zuständigkeit die Verwirklichung der Ziele des Natur-

---

17 § 2 Abs. 6 S. 1 LNatSchG i. V. m. § 11 Nr. 2, 3 der Anordnung über die Geschäftsverteilung der LReg, GVBl. 2016, 276, zul. geänd. durch Anordnung v. 11.6.2019 (GVBl. S. 234).
18 LVO über die zuständigen Behörden nach dem Bundesnaturschutzgesetz und dem Landespflegegesetz (BS 791-1-1).
19 Vgl. dazu auch die LVO über die Beiräte für Landespflege (BS 791-1-2).
20 Vgl. ergänzend die Satzung der Stiftung v. 23.1.1979 (StAnz. S. 109), später mehrfach geändert.
21 *Kerkmann*, in: GK-BNatSchG, § 1 Rn. 1 ff.

schutzes und der Landschaftspflege zu unterstützen. Ergänzend bestimmt § 1 Abs. 1 S. 2 LNatSchG, dass die Unterstützungspflicht nicht nur den Behörden, sondern allen Personen und Einrichtungen des öffentlichen Rechts obliegt. Hinsichtlich der kommunalen Gebietskörperschaften wird die Pflicht zudem näher konkretisiert, und zwar ua dahin gehend, dass in Siedlungsbereichen Grünflächen sowie Erholungs- und Spielräume in dem erforderlichen Umfang und der gebotenen Zuordnung zu Wohn- und Gewerbeflächen zu schaffen, zu erhalten und zu sichern sind (vgl. § 27 Abs. 3 LNatSchG).

19 **4. Eingriffe in Natur und Landschaft.** Was unter Eingriffen in Natur und Landschaft zu verstehen und wie damit materiellrechtlich und verfahrensrechtlich umzugehen ist, wird in den §§ 13 ff. BNatSchG ausführlich und größtenteils abschließend geregelt.[22] Hieraus folgt, dass die §§ 6 ff. LNatSchG als Ergänzung zu und nur in geringem Umfang als Abweichung von den §§ 14 ff. BNatSchG zu verstehen sind. Eingriffe in Natur und Landschaft sind grundsätzlich unzulässig. Ein Eingriff ist nach der Legaldefinition des § 14 Abs. 1 BNatSchG jede Veränderung der Gestalt oder die Nutzung von Grundflächen oder Veränderungen des mit der belebten Bodenschicht in Verbindung stehenden Grundwasserspiegels. Hinzukommen muss, dass hierdurch die Leistungs- und Funktionsfähigkeit des Naturhaushaltes oder das Landschaftsbild erheblich beeinträchtigt werden kann. In § 14 Abs. 2 und 3 BNatSchG sind Ausnahmen vom Eingriffsbegriff geregelt. Privilegiert ist nach § 14 Abs. 2 S. 1 BNatSchG die land-, forst- und fischereiwirtschaftliche Bodennutzung, soweit dabei die Ziele des Naturschutzes und Landschaftspflege berücksichtigt werden. Diese Privilegierung verlangt nach § 14 Abs. 2 S. 2 BNatSchG grundsätzlich die Einhaltung der Anforderungen aus § 5 Abs. 2–4 BNatSchG sowie aus § 17 Abs. 2 BBodSchG. Diesbezüglich wird in § 6 LNatSchG ein besonderer Eingriffstatbestand iSd § 14 Abs. 1 BNatSchG normiert, indem die Freisetzung von gentechnisch veränderten Organismen iSv § 3 GenTG und der Anbau von gentechnisch veränderten Pflanzen als Eingriff in Natur und Landschaft bestimmt werden. Die Landwirtschaftsklausel nach § 14 Abs. 2 BNatSchG greift insofern nicht.

20 Vermeidbare Beeinträchtigungen sind nach § 15 Abs. 1 S. 1 BNatSchG zu unterlassen. Beeinträchtigungen sind nach der Legaldefinition des § 15 Abs. 1 S. 2 BNatSchG dann vermeidbar, wenn zumutbare Alternativen existieren, durch die der mit dem Eingriff verbundene Zweck mit wenigstens geringeren Beeinträchtigungen erreicht werden kann. Falls es dem Verursacher erheblicher Beeinträchtigungen von Natur und Landschaft nicht möglich oder zumutbar ist, einen Eingriff zu vermeiden, so hat er gem. § 15 Abs. 2 S. 1 BNatSchG **Ausgleichs- oder Ersatzmaßnahmen** zu ergreifen oder, soweit auch das nicht möglich ist, gem. § 15 Abs. 4 S. 1 BNatSchG ein **Ersatzgeld** zu zahlen. Die Regelungen des § 7 LNatSchG dienen dazu, Ausgleichs- und Ersatzmaßnahmen flexibel und effizient zum Schutz von Natur und Landschaft einzusetzen. Die Vorschrift enthält unter Beachtung von § 15 Abs. 2 und 6 S. 7 BNatSchG Vorgaben zur räumlichen und inhaltlich-funktionalen Ausgestaltung der Realkompensation und des Einsatzes von Ersatzzahlungen. Mit § 8 LNatSchG zur Bevorratung von Kompensationsmaßnahmen wird § 16 BNatSchG ergänzt, wobei zu berücksichtigen ist, dass

---

22 Vgl. dazu *Kerkmann/Koch*, in: GK-BNatSchG, § 13 mit Vorb.; *Michler/Möller*, NuR 2011, 81 ff.

§ 16 Abs. 2 BNatSchG hinsichtlich der Ökokonten eine ausdrückliche Regelung zugunsten des Landesrechts enthält. Beim **Ökokonto** handelt es sich um ein Verzeichnis von bereits erfolgten Maßnahmen des Naturschutzes und der Landschaftspflege, die als Kompensation der Natur- und Landschaftsbeeinträchtigungen, welche mit einem erst in Zukunft stattfindenden Eingriff verbunden sind, anerkannt und später gleichsam vom Konto abgebucht werden können. § 9 LNatSchG regelt neben dem Fachbeitrag Naturschutz insbes. das **Verfahren bei Eingriffsentscheidungen**. Führt ein Eingriff dazu, dass auch über eine artenschutzrechtliche Ausnahme oder Befreiung zu befinden ist, bedingt dies im Regelfall zwei Verwaltungsakte unterschiedlicher Behörden, nämlich eine Entscheidung der für den Eingriff zuständigen Behörde sowie der oberen Naturschutzbehörde. Um Mehrfachentscheidungen und lange Verfahrenszeiten zu verhindern, sieht § 9 Abs. 1 LNatSchG vor, dass beide Entscheidungen verfahrensrechtlich miteinander verknüpft werden und mithin nur eine Entscheidung ergeht. Zu dieser Entscheidung wird die dafür zuständige obere Naturschutzbehörde von der für den Eingriff zuständigen Behörde ins Einvernehmen gesetzt. Diese Konzentration führt nicht zu einer Änderung der jeweiligen materiellen Prüfungsmaßstäbe. Nach § 9 Abs. 2 LNatSchG ist darüber hinaus abweichend von § 17 Abs. 1 BNatSchG für einen Eingriff, der von einer Behörde durchgeführt wird, und der keiner behördlichen Zulassung oder Anzeige nach anderen Rechtsvorschriften bedarf, eine Genehmigung der gleichgeordneten Naturschutzbehörde erforderlich.

5. Schutz bestimmter Teile von Natur und Landschaft. a) Allgemeines Schutzgebietssystem. Nach § 20 Abs. 2 BNatSchG können bestimmte Teile von Natur und Landschaft unter Schutz gestellt werden, und zwar als

- Naturschutzgebiet (§ 23 BNatSchG),
- Landschaftsschutzgebiet (§ 26 BNatSchG),
- Nationalpark (§ 24 Abs. 1–3 BNatSchG),
- Nationales Naturmonument (§ 24 Abs. 4 BNatSchG),
- Biosphärenreservat (§ 25 BNatSchG),
- Naturpark (§ 27 BNatSchG),
- Naturdenkmal (§ 28 BNatSchG),
- geschützter Landschaftsbestandteil (§ 29 BNatSchG).

Die Unterschutzstellung erfolgt durch **Erklärung**, ohne dass dieser Begriff näher bestimmt wird, wobei sich Form und Verfahren sowie die Beachtlichkeit von Form- und Verfahrensfehlern einschließlich der Möglichkeit der Fehlerbehebung nach Landesrecht richten (§ 22 Abs. 1 S. 1, Abs. 2 BNatSchG). Zudem bestimmt § 22 Abs. 4 BNatSchG, dass die geschützten Teile von Natur und Landschaft zu registrieren und zu kennzeichnen sind und die weiteren Einzelheiten hierzu landesrechtlich geregelt werden.

Die in § 22 Abs. 1 S. 1 BNatSchG vorgesehene Erklärung zum geschützten Teil von Natur und Landschaft erfolgt nach § 12 Abs. 1 LNatSchG durch **Rechtsverordnung**.[23] Eine Ausnahme besteht für Nationalparke, die nach § 12 Abs. 1 S. 2 LNatSchG durch

---

23 Eine Übersicht zu den Ausweisungsformen der verschiedenen Bundesländer findet sich bei *Huber*, in: Kerkmann/Fellenberg, § 5 Rn. 5 ff.

Gesetz ausgewiesen werden, und hinsichtlich der geschützten Landschaftsbestandteile (§ 29 BNatSchG). Insoweit sieht § 14 Abs. 1 LNatSchG vor, dass die Gemeinden den Schutz von wirtschaftlich nicht genutzten Bäumen und sonstigen entsprechenden Grünbeständen durch Satzung regeln können (sog. **Baumschutzsatzungen**[24]).

24 Die **Zuständigkeit** für den Erlass der Rechtsverordnungen liegt bei den Naturschutzbehörden aller drei Verwaltungsstufen, wobei sich die Verwaltungsstufe danach richtet, durch welche Kategorie der Schutz des betreffenden Teils von Natur und Landschaft erfolgt (vgl. § 13 LNatschG).

25 Nähere Regelungen zum **Verfahren** sind in § 12 Abs. 2 u. 3 LNatSchG enthalten. Danach findet im Regelfall eine öffentliche Auslegung des Verordnungsentwurfs mit dem einschlägigen Kartenmaterial statt, wobei für jeden, dessen Belange durch die geplante Schutzverordnung berührt sein können, die Möglichkeit besteht, Anregungen und Einwendungen zu dem Vorhaben geltend zu machen. Der Entwurf der Rechtsverordnung und die zugehörigen digitalen Karten werden zusätzlich im Internet bekannt gemacht. Vor der öffentlichen Auslegung sind grundsätzlich die Gemeinden und Gemeindeverbände anzuhören. Ferner hat die Naturschutzbehörde den bei ihr gebildeten Fachbeirat für Naturschutz einzubeziehen (§ 28 Abs. 5 Nr. 1 LNatSchG).

26 Aus § 63 Abs. 2 Nr. 1 BNatSchG ergibt sich des Weiteren, dass den vom Land anerkannten **Naturschutzvereinigungen** ein Mitwirkungsrecht zusteht.[25] Für einige Fälle sind zudem besondere Benehmens- und Einvernehmensregelungen getroffen worden. So bestimmt beispielsweise § 22 Abs. 5 BNatSchG, dass die Erklärung zum Nationalpark oder Nationalen Naturmonument (vgl. § 13 Abs. 1 LNatSchG) im Benehmen mit dem Bundesministerium für Umwelt, Naturschutz und Reaktorsicherheit sowie dem Bundesministerium für Verkehr, Bau und Stadtentwicklung ergeht. Und § 13 Abs. 2 LNatSchG sieht für die verordnungsrechtliche Festsetzung von Naturparken und Biosphärenreservaten durch die oberste Naturschutzbehörde (o. Rn. 13) das Einvernehmen der obersten Landesplanungsbehörde[26] vor.

27 Die **Verkündung** der Rechtsverordnungen erfolgt nach den allgemeinen Vorschriften (VerkündG).

28 Bei der **Prüfung der Rechtmäßigkeit einer Schutzgebietsverordnung** kann die nachstehende, am **Beispiel** der Festsetzung eines Landschaftsschutzgebiets dargelegte Übersicht der Orientierung dienen.

---

24 *Perner*, in: Kerkmann/Fellenberg, § 7 Rn. 1 ff.
25 Hierzu weitergehend *Kerkmann*, in: Gärditz, VwGO, Komm., 2. Aufl. 2018, § 63 BNatSchG Rn. 32.
26 Vgl. u. § 8 Rn. 9.

Rechtmäßigkeit einer Landschaftsschutzgebietsverordnung
I. Formelle Rechtmäßigkeit 　1. Form 　　– Rechtsverordnung (§ 12 Abs. 1 LNatSchG) 　2. Zuständigkeit 　　– Kreis- bzw. Stadtverwaltung als untere Naturschutzbehörde (§ 13 Abs. 6 S. 1, § 2 Abs. 6 S. 3 LNatSchG) 　3. Verfahren 　　– Beteiligung von Bürgern, Gemeinden und Gemeindeverbänden (§ 12 Abs. 2 u. 3 LNatSchG) 　　– Beteiligung des Fachbeirats für Naturschutz (§ 28 Abs. 5 Nr. 1 LNatSchG) sowie der anerkannten naturschutzrechtlichen Vereinigungen (§ 63 Abs. 2 Nr. 1 BNatSchG) II. Materielle Rechtmäßigkeit 　1. Festsetzungsvoraussetzungen 　　– Anforderungen des § 23 Abs. 1 BNatSchG (bedeutsam insbes. auch für die Gebietsabgrenzung) 　2. Inhaltliche Ausgestaltung der Festsetzungsverordnung 　　– Bestimmung von Schutzgegenstand, Schutzzweck, Ge- und Verboten sowie erforderlichenfalls von Pflege-, Entwicklungs- und Wiederherstellungsmaßnahmen bzw. Bereitstellung der hierzu erforderlichen Ermächtigungen (§ 22 Abs. 1 S. 2 BNatSchG) 　　– Zoneneinteilung und Umgebungsschutz als Gestaltungsoption (§ 22 Abs. 1 S. 3 BNatSchG)

Unmittelbarer Rechtsschutz gegen die verordnungsrechtliche Ausweisung von Schutzgebieten und Schutzobjekten besteht im Wege der Normenkontrolle (§ 47 Abs. 1 Nr. 2 VwGO, § 4 AGVwGO).

Um zu verhindern, dass die Schutzgüter noch vor der förmlichen Unterschutzstellung geschädigt werden, können im Rahmen der **einstweiligen Sicherstellung** nach § 22 Abs. 3 BNatSchG i. V. m. § 12 Abs. 4 LNatSchG bestimmte Handlungen auf begrenzte Zeit (zwei Jahre mit der einmaligen Verlängerungsoption auf insgesamt 4 Jahre) untersagt werden. Die einstweilige Sicherstellung erfolgt durch Rechtsverordnung der für die Ausweisung eines geschützten Teils von Natur und Landschaft zuständigen Naturschutzbehörde. Aufgrund der Vorläufigkeit dieser Maßnahme sind an die Schutzbedürftigkeit und Schutzwürdigkeit geringere Anforderungen zu stellen als bei einer endgültigen Unterschutzstellung, ein »vernünftiger Anlass« für eine einstweilige Unterschutzstellung soll ausreichen.[27]

29

b) Europäisches Netz »Natura 2000«. Ein besonderes Instrument zum Schutz der Artenvielfalt, der natürlichen Lebensräume und der wild lebenden Tier- und Pflanzenarten bieten die Vorschriften über das **Europäische Netz »Natura 2000«** (§§ 31 bis 36 BNatSchG). Die Errichtung dieses Netzes stellt eine Vorgabe der Fauna-Flora-Habitat-

30

27　OVG RhPf., NuR 2000, 209 ff.

Richtlinie[28] dar (Art. 3). Der Vorgabe liegt der Gedanke zugrunde, dass effektiver Artenschutz nicht auf die Bewahrung vereinzelter Rückzugsräume beschränkt werden darf, sondern die Berücksichtigung des Zusammenspiels der Lebensräume erfordert.

31 Im Unterschied zu den zuvor behandelten allgemeinen Schutzgebieten, deren förmliche Festsetzung nach dem LNatSchG überwiegend durch Rechtsverordnung erfolgt (o. Rn. 23), werden die Gebiete, die das Netz bilden, unmittelbar durch § 17 Abs. 2 S. 1 LNatSchG, also durch Gesetz unter besonderen Schutz gestellt. Es besteht kein Zweifel daran, dass diese Unterschutzstellung durch § 17 Abs. 2 LNatSchG i. V. m. Anlage 1 oder 2 den Anforderungen an eine endgültige, vorbehaltslose und rechtsverbindliche Schutzgebietserklärung mit Außenwirkung genügt.[29] Zu den besonderen Schutzgebieten gehören die in Anlage 1 LNatSchG genannten **Gebiete von gemeinschaftlicher Bedeutung (FFH-Gebiete)** sowie die – aufgrund der Vorgaben der Vogelschutzrichtlinie[30] auszuweisenden – **Europäischen Vogelschutzgebiete**, die in Anlage 2 LNatSchG aufgeführt sind. Es handelt sich hierbei um die **Natura 2000-Gebiete** (§ 7 Abs. 1 Nr. 8 BNatSchG). Der Zweck der Unterschutzstellung besteht darin, in den betreffenden Gebieten die Erhaltung oder Wiederherstellung eines günstigen Erhaltungszustandes der Lebensraumtypen bzw. Tier- und Pflanzenarten sowie der Vogelarten und ihrer Lebensräume zu gewährleisten. Die Gebietsauswahl erfolgt im Zusammenwirken von Bund und Ländern nach unionsrechtlich vorgegebenen Kriterien (§ 32 Abs. 1 BNatSchG). Im Fall der FFH-Gebiete ist überdies – anders als bei den Vogelschutzgebieten – die Europäische Kommission am Auswahlprozess beteiligt (Art. 4 Abs. 2 u. Art. 5 FFH-RL).

32 Der näheren Ausgestaltung des speziellen Schutzregimes für jedes Gebiet dienen die von der Landesregierung erlassene Rechtsverordnung, in der die **Erhaltungsziele** bestimmt werden (§ 17 Abs. 2 LNatSchG),[31] sowie der **Bewirtschaftungsplan** (§ 17 Abs. 3 LNatSchG), durch den die obere Naturschutzbehörde (o. Rn. 13) im Benehmen mit den kommunalen Planungsträgern und unter Beteiligung der Betroffenen die erforderlichen Maßnahmen sowie die Einzelheiten der Überwachung festlegt. § 17 Abs. 3 LNatSchG verhilft dem Kooperationsprinzip zur Geltung, indem – der Vorgabe des § 3 Abs. 3 BNatSchG entsprechend – bestimmt wird, dass die zur Umsetzung des Bewirtschaftungsplans erforderlichen Einzelmaßnahmen vorrangig durch vertragliche Vereinbarungen festgelegt werden sollen (sog. Vertragsnaturschutz). Nur subsidiär wird die untere Naturschutzbehörde (o. Rn. 13) zum Erlass entsprechender Verwaltungsakte ermächtigt.

33 In den Natura 2000-Gebieten gilt ein **Verschlechterungs- und Störungsverbot** (§ 33 Abs. 1 BNatSchG). Zudem sind bestimmte Projekte und Pläne sowie der Umgang mit gentechnisch veränderten Organismen (GVO) einer **Verträglichkeitsprüfung** zu unterziehen (§§ 34 bis 36 BNatSchG). Die Prüfung bezieht sich darauf, ob das Projekt, der Plan bzw. der Umgang mit GVO zu erheblichen Beeinträchtigungen eines Gebietes in

---

28 RL 92/43/EWG des Rates v. 21.5.1992 zur Erhaltung der natürlichen Lebensräume sowie der wildlebenden Tiere und Pflanzen (ABl. EG Nr. L 206, S. 7), später mehrfach geändert.
29 OVG RhPf., Urt. v. 8.7.2009 – 8 C 10399/08 – (juris, Rn. 145).
30 RL 2009/147/EG des Europäischen Parlaments und des Rates v. 30.11.2009 über die Erhaltung der wildlebenden Vogelarten (ABl.EU Nr. L 20, S. 7).
31 LVO über die Erhaltungsziele in den Natura 2000-Gebieten (BS 791–1–17).

seinen für die Erhaltungsziele oder den Schutzzweck maßgeblichen Bestandteilen führen kann (§ 34 Abs. 2, §§ 35, 36 BNatSchG). Wird dies festgestellt und damit das Verträglichkeitserfordernis nicht gewahrt, ist das Projekt oder der Plan grundsätzlich unzulässig. Eine Ausnahme gilt, soweit zwingende Gründe des überwiegenden öffentlichen Interesses die Durchführung gebieten und keine zumutbare Alternative vorhanden ist (§ 34 Abs. 3, § 36 BNatSchG). Bei Gebieten, die dem Schutz prioritärer Biotope oder Arten (§ 10 Abs. 1 Nr. 4, Abs. 2 Nr. 8 BNatSchG) dienen, greifen strengere Anforderungen (§ 34 Abs. 4, § 36 BNatSchG) ein. Für den Umgang mit GVO gelten die Ausnahmebestimmungen des § 34 Abs. 3 u. 4 BNatSchG nicht (§ 35 BNatSchG). Wie aus § 18 Abs. 1 S. 1 LNatSchG hervorgeht, wird die Verträglichkeitsprüfung als unselbstständiger Teil desjenigen Verwaltungsverfahrens durchgeführt, in dem über das Projekt oder den Plan entschieden wird (Trägerverfahren), was dem sog. **Huckepack-Modell** entspricht. Die Zuständigkeit richtet sich nach dem jeweiligen Trägerverfahren, wobei das Benehmen mit der gleichgeordneten Naturschutzbehörde herzustellen ist.

6. Erholung in Natur und Landschaft. Zu den Zielen des Naturschutzes und der Landschaftspflege gehört nach § 1 Nr. 3 BNatSchG auch die dauerhafte Sicherung des **Erholungswerts** von Natur und Landschaft für den Menschen. Zielkonkretisierend bestimmt § 1 Abs. 4 Nr. 2 BNatSchG, dass zum Zweck der Erholung nach ihrer Beschaffenheit und Lage geeignete Flächen vor allem im besiedelten und siedlungsnahen Bereich zu schützen und zugänglich zu machen sind. Die §§ 59 ff. BNatSchG, §§ 26 ff. LNatSchG zielen auf die Auflösung des Spannungsverhältnisses, welches sich daraus ergibt, dass Natur und Landschaft zugleich geschützt und zu Erholungszwecken zur Verfügung gestellt werden sollen. Zum anderen sind sie auf einen Interessenausgleich zwischen den Eigentümern von Grundflächen in der freien Landschaft einerseits sowie den Erholungssuchenden andererseits gerichtet. 34

Hervorzuheben ist die Vorschrift des § 59 Abs. 1 BNatSchG, die allen das Betreten der freien Landschaft auf Straßen und Wegen sowie auf ungenutzten Grundflächen zum Zweck der Erholung gestattet. Die freie Landschaft umfasst die territorialen Bereiche außerhalb der Siedlungsflächen. Sie erstreckt sich auch auf den Wald,[32] für den allerdings die besonderen Betretensregelungen der § 14 BWaldG, § 22 LWaldG gelten, wie aus § 59 Abs. 2 S. 1 BNatSchG hervorgeht. Der letzte Teilsatz dieser Vorschrift (»im Übrigen nach dem sonstigen Landesrecht«) bezieht sich nicht nur auf den Wald, sondern auf die freie Landschaft insgesamt. Ein anderes Ergebnis lässt sich mit § 59 Abs. 2 S. 2 BNatSchG nicht vereinbaren. 35

Bei der Auslegung des in § 59 Abs. 1 BNatSchG verwandten Betretensbegriffs vermag das BWaldG Hilfestellung zu leisten. § 14 Abs. 1 S. 1 BWaldG regelt allgemein die Gestattung zum Betreten des Waldes zu Erholungszwecken. Diese Regelung wird ergänzt durch die Vorschrift des § 14 Abs. 1 S. 2 BWaldG, wonach das Radfahren, das Fahren mit Krankenfahrstühlen und das Reiten im Wald nur auf Straßen und Wegen gestattet sind. Es handelt sich hierbei nicht etwa um andere Benutzungsarten, die durch besondere bundesrechtliche Anordnung dem Betreten gleichgestellt worden sind. Denn eine derartige Gleichstellung ist nach § 14 Abs. 2 S. 2 BWaldG Sache der Länder. § 14 36

---

[32] Ebenso *Kraft*, in: Lütkes/Ewer, § 59 Rn. 7 m.w.N. auch zur Gegenansicht.

Abs. 1 S. 2 BWaldG beschränkt lediglich das Betreten in den besonderen Formen des Radfahrens, des Fahrens mit Krankenfahrstühlen sowie des Reitens auf Straßen und Wegen. Es besteht kein Grund für die Annahme, dass die Betretensbegriffe des § 59 Abs. 1 BNatSchG und des § 14 Abs. 1 S. 1 BWaldG nicht bedeutungsgleich sind. Der bundesrechtliche Begriff des Betretens (§ 59 Abs. 1 BNatSchG) umfasst hiernach zB.

- die Fortbewegung zu Fuß (Spazierengehen, Wandern, Laufen, Klettern),
- das Ballspielen, Drachensteigenlassen, Frisbee, Skifahren, Schlittenfahren,
- das Radfahren, Reiten, Fahren mit Krankenfahrstühlen oder von Kinderwagen sowie
- das Verweilen.[33]

37 Durch § 26 Abs. 1 S. 2 LNatSchG wird das Reiten auf (geeignete) Wege beschränkt. Es handelt sich hierbei um die **landesrechtliche Einschränkung** einer vom bundesrechtlichen Betretensbegriff (§ 59 Abs. 1 BNatSchG) erfassten Benutzungsart (§ 59 Abs. 2 S. 2 Var. 2 BNatSchG). Demgegenüber stellt das **Kutschfahren** eine dem Betreten landesrechtlich gleichgestellte **andere Benutzungsart** dar, wobei die Gleichstellung allerdings insofern nur teilweise erfolgt, als das Kutschfahren lediglich auf Wegen gestattet wird (§ 59 Abs. 2 S. 2 Var. 1 BNatSchG, § 26 Abs. 1 S. 2 LNatSchG).

38 Unter bestimmten Voraussetzungen und in begrenztem Umfang können die Gemeinden das Betretensrecht durch **Satzung** regeln (§ 26 Abs. 1 S. 3 LNatSchG). Auch andere Regelungen, insbes. entsprechende Vorschriften in Schutzgebietsverordnungen, können den Anspruch nach § 59 Abs. 1 BNatSchG einschränken. Hinsichtlich der Errichtung von **Sperren**, die dazu bestimmt oder geeignet sind, das Betreten der Flur zu verhindern oder wesentlich einzuschränken, besteht grundsätzlich eine **Anzeigepflicht** gegenüber der unteren Naturschutzbehörde. Sofern die Errichtung bewirkt, dass der Zutritt zur freien Natur in dem für die Erholung der Bevölkerung notwendigen Umfang nicht gewährleistet bleibt, kann sie untersagt werden (§ 26 Abs. 2 LNatSchG).

39 Eine die Eigentümer und Nutzungsberechtigten treffende **Duldungspflicht zur Kennzeichnung von Wanderwegen** ist in § 26 Abs. 4 LNatSchG geregelt. Zur Kennzeichnung befugt sind ausschließlich Gemeinden und Organisationen, denen diese Befugnis von der nach Abs. 4 S. 2 zuständigen Naturschutzbehörde (o. Rn. 13) erteilt worden ist.

40 **7. Weitere landesnaturschutzrechtliche Regelungen. a) Überwachungsaufgabe und allgemeine Ermächtigungsgrundlage.** Sowohl in § 3 Abs. 2 BNatSchG als auch in § 2 Abs. 1 LNatSchG wird den Naturschutzbehörden eine **Überwachungsaufgabe** übertragen und zudem eine allgemeine Ermächtigungsgrundlage für den Erlass von **Einzelfallanordnungen** eingeräumt. In beiden Normen geht es darum, die Einhaltung der naturschutzrechtlichen Regelungen zu überwachen und gegebenenfalls durch entsprechende Maßnahmen sicherzustellen. Sind hierbei das BNatSchG und die aufgrund dieses Gesetzes erlassenen Vorschriften betroffen, so greift § 3 Abs. 2 BNatSchG ein. Für das LNatSchG und die darauf gestützten Rechtsverordnungen gilt demgegenüber § 2 Abs. 1 LNatSchG, der zugleich bestimmt, dass die Naturschutzbehörden im Rahmen ihrer Zuständigkeiten die **Befugnisse der allgemeinen Ordnungsbehörden und der Po-**

---

[33] Umstr. sind auch das schlichte Übernachten sowie das Feuermachen zur Speisenzubereitung, vgl. hierzu *Kraft*, in: Lütkes/Ewer, § 59 Rn. 18 m.w.N.

lizei nach den §§ 6, 7 POG haben. Zwar überschneidet sich § 2 Abs. 1 LNatSchG seinem Wortlaut nach mit § 3 Abs. 2 BNatSchG, doch wird er insoweit durch die bundesrechtliche Norm verdrängt.

b) **Naturschutzbehördliche Betretensbefugnis.** Die naturschutzbehördliche Betretensbefugnis ist Gegenstand der Öffnungsklausel des § 65 Abs. 3 BNatSchG. Die bundesgesetzliche Vorschrift bestimmt, dass sich die Befugnis der Bediensteten und Beauftragten der Naturschutzbehörden, zur Erfüllung ihrer Aufgaben Grundstücke zu betreten, nach Landesrecht richtet. Eine diesbezügliche Regelung ist in § 3 Abs. 3 LNatSchG enthalten. Danach können die Naturschutzbehörden oder von ihnen beauftragte Personen zur Wahrnehmung ihrer Aufgaben Grundstücke und während der üblichen Betriebs- und Geschäftszeiten auch Betriebs- und Geschäftsräume betreten. Das Recht, Grundstücke zu betreten, steht auch den Beauftragten für Naturschutz nach § 29 LNatSchG zu.

41

c) **Pflegemaßnahmen.** Nach § 33 Abs. 1 LNatSchG kann die untere Naturschutzbehörde (o. Rn. 13) anordnen, Pflegemaßnahmen durchzuführen oder die Durchführung solcher Maßnahmen durch behördlich Beauftragte zu dulden. Adressaten der Anordnung sind die Eigentümer oder Nutzungsberechtigten nutzbarer Grundstücke. Die Anordnung ergeht im Benehmen mit der jeweils betroffenen Gemeinde. Sie setzt voraus, dass Naturhaushalt oder Landschaftsbild durch Unterlassung einer ordnungsgemäßen und nachhaltigen Pflege eines nutzbaren Grundstücks erheblich beeinträchtigt werden und dem durch eine fortlaufende Pflege entgegengewirkt werden kann.

42/43

d) **Eigentumsrechtliche Entschädigung.** Naturschutzrechtliche Verbote und Beschränkungen von Grundstücksnutzungen sind **Inhalts- und Schrankenbestimmungen** des Eigentums. Hiervon zu unterscheiden ist die förmliche Enteignung, die den Entzug des Eigentums betrifft (u. Rn. 46). § 68 Abs. 1 BNatSchG regelt die Voraussetzungen der **ausgleichspflichtigen Inhalts- und Schrankenbestimmung** (sog. Verhältnismäßigkeitsausgleich). Eine unzumutbare Belastung iS dieser Vorschrift und damit eine **hoheitliche Entschädigungs- bzw. Ausgleichspflicht** liegt nach den von der Rechtsprechung zu Art. 14 Abs. 1 S. 2 GG entwickelten Grundsätzen vor, wenn durch die naturschutzbehördliche Maßnahme

44

- eine rechtmäßig ausgeübte Nutzung untersagt wird,
- eine Nutzungsmöglichkeit ausgeschlossen wird, die sich objektiv anbietet oder sogar aufdrängt, oder
- das Grundstück jedwede Privatnützigkeit verliert.[34]

§ 68 Abs. 3 BNatSchG regelt die Modalitäten der Entschädigung (bzw. des Ausgleichs) und verweist hinsichtlich weiterer Einzelheiten auf das Landesrecht. Nach § 35 Abs. 1 S. 1 LNatSchG ist über den Ausgleich zusammen mit der Entscheidung über eine Genehmigung oder Befreiung (§ 67 BNatSchG) zu entscheiden.

45

Die **förmliche Enteignung** von Grundstücken richtet sich – wie § 68 Abs. 3 BNatSchG bestimmt – nach Landesrecht. Sie ist aus verfassungsrechtlichen Gründen (Art. 14 Abs. 3 GG) nur zum Wohl der Allgemeinheit und gegen Entschädigung zulässig. § 35

46

---

34 So BVerwGE 94, 1, 13 f. Nach BGHZ 121, 328, 337 und BVerfGE 100, 226, 243 ist bei der dritten Variante eine förmliche Enteignung durchzuführen.

Abs. 2 LNatSchG verweist insoweit auf das Landesenteignungsgesetz,[35] soweit nicht die enteignungsrechtlichen Vorschriften des Baugesetzbuchs (§§ 85 ff.) anzuwenden sind.[36]

47 e) **Mitwirkung und Klagerechte anerkannter Vereinigungen.** Die §§ 63, 64 BNatSchG sowie die §§ 30 und 31 LNatSchG regeln die **Mitwirkung und Klagerechte anerkannter Naturschutzvereinigungen.** Es handelt sich bei diesen Regelungen um eine besondere Ausprägung des **Kooperationsprinzips.** Sie dienen vor allem dem Zweck, den Sachverstand der Vereine nutzbringend in das Verwaltungsverfahren einzubeziehen sowie dem Vollzugsdefizit im Umweltschutz entgegenzuwirken.

48 Mitwirkungsberechtigt sind nach § 63 Abs. 1 u. 2 BNatSchG lediglich die anerkannten Naturschutzvereinigungen. Soweit es um die **Anerkennung** einer Vereinigung geht, deren Tätigkeitsbereich nicht über das Gebiet eines Landes hinausgeht, sind die Länder zuständig (§ 63 Abs. 2 BNatSchG, § 3 Abs. 3 UmwRBG). In Rheinland-Pfalz ist eine verordnungsrechtliche Zuständigkeitsregelung auf der Ermächtigungsgrundlage von § 7 Abs. 1 S. 1, Abs. 2 S. 1 VerkündG getroffen worden.[37] Danach liegt die Zuständigkeit beim Ministerium für Umwelt, Energie, Ernährung und Forsten. Die Voraussetzungen und Inhalte der Anerkennung, die rechtlich einen Verwaltungsakt darstellt, sind in § 3 Abs. 1 UmwRBG näher geregelt. Sofern die Voraussetzungen erfüllt sind, ist die Anerkennung zu erteilen (§ 3 Abs. 1 S. 2 UmwRBG) und im Internet zu veröffentlichen(§ 3 Abs. 1 S. 4 UmwRBG).

49 Das **Mitwirkungsrecht** der vom Land anerkannten Naturschutzvereinigungen ist so ausgestaltet worden, dass diesen bei bestimmten Maßnahmen Gelegenheit zur Stellungnahme und zur Einsicht in die einschlägigen Sachverständigengutachten zu geben ist. Dies gilt ua für die Vorbereitung von naturschutzbehördlichen Verordnungen sowie von Landschaftsprogrammen, Landschaftsrahmenplänen und Landschaftsplänen, für die Befreiung von gesetzlich näher bezeichneten gebietsschutzrechtlichen Verboten und Geboten sowie für Planfeststellungsverfahren zu Vorhaben im Landesgebiet, die mit Eingriffen in Natur und Landschaft verbunden sind (§ 63 Abs. 2 BNatSchG).

50 Anerkannte Naturschutzvereinigungen verfügen zudem über besondere verwaltungsprozessuale Rechtsbehelfe (sog. **Verbandsklage**). Die diesbezüglichen Sonderregelungen sind in den § 64 BNatSchG, § 2 UmwRBG enthalten.

III. Wasserrecht

51 **1. Gesetzgebungskompetenzen und Rechtsgrundlagen.** Schutz und Pflege der Gewässer iS einer haushälterischen Bewirtschaftung unter quantitativen und qualitativen Gesichtspunkten sind Gegenstand des **Wasserhaushaltsrechts** bzw. – was inhaltlich gleichbedeutend ist – des Wasserwirtschaftsrechts. Auf die bundes- und landesrechtliche Ausgestaltung dieses Rechtsgebiets wirkt das EU-Recht in beträchtlichem Maße ein.[38] Da das Wasser ein lebenswichtiges, aber aufgrund menschlicher Einwirkungen

---

35 BS 214–20; H/J/W, Nr. 62.
36 Einen Übungsfall zum Thema Eigentum und Naturschutz behandeln *Hendler/Duikers*, Jura 2005, 409 ff.
37 LVO über die Zuständigkeit nach dem Umwelt-Rechtsbehelfsgesetz (BS 2129–14).
38 Eine Zusammenstellung wasserrechtlicher Richtlinien findet sich bei *Laskowski/Ziehm* in Koch/Hofmann/Reese, § 5 Rn. 25–55; *Czychowski/Reinhardt*, Einl. Rn. 72 ff. Auf die besonders bedeutsame Wasserrahmenrichtlinie wird noch näher einzugehen sein (u. Rn. 71 ff.).

stark gefährdetes Umweltgut ist, sind die Reglementierungen des Wasserhaushaltsrechts weitreichend.

Die Gesetzgebungskompetenzen im Wasserrecht sind durch die Föderalismusreform in ähnlicher Weise ausgestaltet worden wie im Naturschutz- und Landschaftspflegerecht (o. Rn. 7). Seit dieser Reform stellt das Wasserhaushaltsrecht einen Gegenstand der **konkurrierenden Gesetzgebungskompetenz** dar (Art. 74 Abs. 1 Nr. 32 GG), für den die in Art. 72 Abs. 2 GG normierten Restriktionen bundesrechtlicher Regelung nicht gelten, aber der Ländergesetzgebung eine Abweichungsbefugnis – ausgenommen stoff- oder anlagenbezogene Regelungen – zusteht (Art. 72 Abs. 3 S. 1 Nr. 5 GG). 52

Im Jahr 2009 hat der Bund von der konkurrierenden Gesetzgebungskompetenz für den Sachbereich des Wasserhaushalts Gebrauch gemacht und ein (neues) WHG[39] erlassen, das am 1.3.2010 – von einigen bereits früher wirksam gewordenen Vorschriften abgesehen – in Kraft getreten ist. Hinsichtlich der Frage, welche Regelungsspielräume den Ländern verblieben sind, gilt das zum BNatSchG Dargelegte (o. Rn. 8 ff.) entsprechend. Danach bestehen wasserrechtliche **landesgesetzgeberische Regelungsspielräume**, soweit 53

- ausdrückliche **Öffnungsklauseln** vorgesehen sind (zB § 2 Abs. 2, § 4 Abs. 5, § 25 S. 3, § 26 Abs. 1 S. 1 WHG),
- das WHG im Übrigen **keine abschließende Regelung** trifft oder
- die **Abweichungsbefugnis** (Art. 72 Abs. 3 S. 1 Nr. 5 GG) eingreift, wobei zu beachten ist, dass sie sich nach ausdrücklicher verfassungsrechtlicher Bestimmung nicht auf stoff- oder anlagenbezogene Regelungen erstreckt.

Hatte der rheinland-pfälzische Gesetzgeber auf das neue bundesgesetzliche Wasserhaushaltsrecht zunächst lediglich punktuell durch ein sog. **Vorschaltgesetz**[40] reagiert, verabschiedete er am 14.7.2015 mit dem neuen LWG[41] die ausstehende »große« Anpassungsnovelle. Das alte LWG enthielt etliche Vorschriften, die vom Bundesrecht verdrängt wurden, und galt nur noch insoweit, als das WHG keine abschließende Regelung trifft, insbes. Öffnungsklauseln enthält, bzw. der Landesgesetzgeber im Vorschaltgesetz von seiner Abweichungsbefugnis Gebrauch gemacht hatte. Letzteres war allerdings nur in eng begrenztem Umfang geschehen. Mit dem LWG hat der Landesgesetzgeber die wasserhaushaltsrechtliche Lage vor dem Hintergrund der Anforderungen des WHG – und indirekt damit der EU-Wasserrahmenrichtlinie (WRRL)[42] – nunmehr neu geordnet.[43] Das LWG übernimmt dabei die inhaltliche Gliederung und Systematik des WHG und trifft eine Vielzahl ergänzender landesrechtlicher Regelungen. Ferner hat der Landesgesetzgeber von seiner grundgesetzlich gewährleisteten (Art. 72 Abs. 3 S. 1 Nr. 5, Art. 84 Abs. 1 S. 2 GG) Abweichungsbefugnis Gebrauch gemacht. Insgesamt ergibt sich das rheinland-pfälzische Wasserhaushaltrecht damit vor allem 54

---

39 G. v. 31.7.2009 (BGBl. I S. 2585), zuletzt geändert durch Artikel 2 des Gesetzes vom 4. Dezember 2018 (BGBl. I S. 2254).
40 G. v. 28.9.2010 (GVBl. S. 299).
41 G. v. 14.7.2015 (GVBl. 2015, 127), zuletzt geändert durch Artikel 2 des Gesetzes vom 26.11.2019 (GVBl. S. 338).
42 RL 2000/60/EG des Europäischen Parlaments und des Rates v. 23.10.2000 zur Schaffung eines Ordnungsrahmens für Maßnahmen der Gemeinschaft im Bereich der Wasserpolitik (ABl.EG Nr. L 327, S. 1), später mehrfach geändert, zuletzt durch RL 2014/101/EU der Kommission vom 30.10.2014 (L 311, S. 32).
43 Erster Überblick der inhaltlichen Schwerpunkte bei *Knappe*, NuR 2015, 755 ff.

aus dem neuen LWG, ferner auch aus dem LAbwAG,[44] dessen Vorschriften mit § 125 LWG in nicht unerheblichem Umfang angepasst wurden. Doch darf nicht übersehen werden, dass für die Rechtslage in Rheinland-Pfalz das WHG[45] sowie das AbwAG[46] von außerordentlich hoher Bedeutung bleiben. Der Schwerpunkt der nachstehenden Ausführungen liegt gleichwohl – der Intention dieses Studienbuchs folgend – auf den Vorschriften des Landes.

55 Neben dem Wasserhaushalts- bzw. Wasserwirtschaftsrecht gehört zum Wasserrecht auch das **Wasserwegerecht**, das die **Verkehrs- und Transportfunktion der Gewässer** betrifft. Hinsichtlich dieser Materie verfügt der Bund über die konkurrierende Gesetzgebungskompetenz für »die Seewasserstraßen und die dem allgemeinen Verkehr dienenden Binnenwasserstraßen« (Art. 74 Abs. 1 Nr. 21 GG). Auf dieser Kompetenzgrundlage ist das Bundeswasserstraßengesetz[47] ergangen. Im Übrigen sind die Länder auch für die gesetzliche Ordnung der Verkehrs- und Transportfunktion der Gewässer zuständig, wobei das Land Rheinland-Pfalz allerdings kein spezielles Gesetz zu dieser Rechtsthematik erlassen hat. Wasserwegerechtliche Regelungen finden sich u.a. in den §§ 42 u. 43 LWG; dabei wurde mit § 43 LWG ein Planfeststellungsverfahren für sog. Schifffahrtsanlagen (vgl. § 43 Abs. 2 LWG) neu in das Gesetz eingefügt, mit dem der Landesgesetzgeber die bislang getrennten Zuständigkeiten und Verfahren für die Errichtung und den Betrieb von Schifffahrtsanlagen einerseits und den Gewässerausbau andererseits zusammengeführt hat.[48] Da das Wasserwegerecht im Gegensatz zum Wasserhaushaltsrecht keine spezifische ökologische Zielsetzung aufweist, kann es im Folgenden weitgehend vernachlässigt werden.

56 **2. Organisation und Zuständigkeiten.** Die wasserrechtlichen **Verwaltungskompetenzen des Bundes** beschränken sich auf die Verkehrs- und Transportfunktion der Bundeswasserstraßen (Art. 89 Abs. 2 GG). Im Übrigen obliegt der Gesetzesvollzug im Bereich des Wasserrechts – den Grundsätzen der Art. 30, 83 GG entsprechend – allein den Ländern. Zu beachten ist hierbei, dass sich die **wasserwirtschaftliche** Verwaltungskompetenz der Länder auch auf die Bundeswasserstraßen erstreckt.[49]

57 Das WHG und das LWG werden grundsätzlich durch die **Wasserbehörden** vollzogen, die dreistufig aufgebaut sind (§ 92 LWG). Als **oberste Wasserbehörde** fungiert das Ministerium für Umwelt, Energie, Ernährung und Forsten.[50] **Obere Wasserbehörden** sind die Struktur- und Genehmigungsdirektionen, **untere Wasserbehörden** die Kreisverwaltungen bzw. in kreisfreien Städten die Stadtverwaltungen, wobei die Landkreise und kreisfreien Städte die Aufgabe als Auftragsangelegenheit iSv § 2 Abs. 2 GemO und § 2 Abs. 2 LKO wahrnehmen (vgl. § 92 Abs. 1 LWG). Den Wasserbehörden sind das Landesamt für Umwelt sowie die Struktur- und Genehmigungsdirektionen als **wasserwirtschaftliche Fachbehörden** zugeordnet (§ 93 LWG). Somit kommt den Struktur- und

---

44 LAbwAG v. 22.12.1980 (GVBl. 1980, 258), zuletzt geändert durch § 13 des Gesetzes vom 22. 12.2015 (GVBl. S. 516) (BS 75–52).
45 Vgl. o. Fn. 38.
46 AbwAG idF der Bekm. v. 18.1.2005 (BGBl. I S. 114), später mehrfach geändert, zuletzt durch Artikel 2 der Verordnung vom 22.8.2018 (BGBl. I S. 1327).
47 WaStrG idF der Bekm. v. 23.5.2007 (BGBl. I S. 962), später mehrfach geändert, zuletzt durch Artikel 4 des Gesetzes vom 29.11.2018 (BGBl. I S. 2237).
48 Näheres bei *Beile*, § 43 Ziff. 2.2.
49 Näher dazu BVerfGE 21, 312, 320 ff.
50 Vgl. dazu auch § 11 Nr. 4 bis 7 der Anordnung über die Geschäftsverteilung der LReg (Fn. 17).

Genehmigungsdirektionen in ihrer Eigenschaft als obere Wasserbehörden sowie als Fachbehörden eine doppelte Funktion zu.

Soweit gesetzlich oder durch gesetzeskonkretisierende Vorschriften nichts anderes bestimmt ist, liegt die **sachliche Zuständigkeit** bei der unteren Wasserbehörde (§ 94 Abs. 1 LWG). Zuständigkeitsrechtliche Besonderheiten ergeben sich aus § 94 Abs. 3 LWG und ggf. einer Rechtsverordnung, die auf der Grundlage des § 94 Abs. 4 LWG erlassen werden kann. Der oberen und der obersten Wasserbehörde obliegt die **Fachaufsicht** über die nachgeordneten Wasserbehörden (§ 94 Abs. 2 S. 1 LWG). Die **örtliche Zuständigkeit** richtet sich nach § 96 LWG. Wie aus § 97 Abs. 1 LWG hervorgeht, haben die Wasserbehörden für ihren Aufgabenbereich zugleich die **Befugnisse der allgemeinen Ordnungsbehörden und der Polizei** nach dem POG. Insgesamt hat sich an der Zuweisung und Verteilung der behördlichen Zuständigkeiten nach alter Rechtslage mit dem Inkrafttreten des neuen LWG somit nichts geändert. 58

3. Die Gewässer im Rechtssinne. a) Begriff und Einteilung. Der sachliche Geltungsbereich der Regelungen des WHG und des LWG ergibt sich aus den § 1 LWG, § 2 WHG. Hierbei stellt der **Gewässerbegriff** den zentralen Anknüpfungspunkt dar. Zu den Gewässern im Rechtssinne gehört neben den **oberirdischen Gewässern** und den (für Rheinland-Pfalz unbedeutenden) Küstengewässern auch das **Grundwasser**. Unter Gewässern sind alle Teile der Erdoberfläche zu verstehen, die nach ihrer natürlichen Beschaffenheit oder aufgrund von künstlichen Vorkehrungen nicht nur vorübergehend mit Wasser bedeckt sind, ferner das Wasser unter der Erdoberfläche, wobei hinzukommen muss, dass das Wasser in den natürlichen Wasserkreislauf eingebunden ist. 59

Beispiele:
Der Baggersee sowie der im Sommer regelmäßig versiegende Bach stellen Gewässer dar, *nicht* dagegen das Schwimmbecken im Garten, die Kanalisation oder der Springbrunnen auf dem Marktplatz.

Die oberirdischen Gewässer werden nach näherer Regelung des § 3 Abs. 1 LWG unter dem Gesichtspunkt ihrer wasserwirtschaftlichen Bedeutung auf dreifache Weise eingeteilt, und zwar in **Gewässer erster, zweiter und dritter Ordnung**. Die Gewässer erster Ordnung hat der Gesetzgeber in der Anlage 1 zum LWG selbst festgelegt. Die Anlage umfasst neben anderen Gewässern auch alle in Rheinland-Pfalz vorhandenen Bundeswasserstraßen. Gewässer zweiter Ordnung sind die Gewässer, die für die Wasserwirtschaft von erheblicher Bedeutung sind und nicht zur ersten Ordnung gehören. Die oberste Wasserbehörde stellt durch Rechtsverordnung[51] das Verzeichnis der Gewässer zweiter Ordnung auf. Zu den Gewässern dritter Ordnung zählen alle oberirdischen Gewässer, soweit sie nicht bereits den Gewässern erster oder zweiter Ordnung zugewiesen sind. Beispiele für Gewässer dritter Ordnung sind Bäche, Rinnsale, Straßenseitengräben, Seen, Teiche (einschließlich Fischteiche), Kanäle, Baggerseen, Biotope. 60

b) Eigentumsverhältnisse. An den Gewässern besteht grundsätzlich **Privateigentum**. § 4 WHG enthält hierzu lediglich einige grundlegende Regelungen sowie im Übrigen eine Öffnungsklausel zugunsten des Landesrechts. Nach § 4 LWG stehen die Gewässer erster Ordnung (abgesehen von den Bundeswasserstraßen) im Eigentum des Landes 61

---

51 LVO über die Gewässer zweiter Ordnung vom 7.11.1983 (GVBl. 1983, 339), zuletzt geändert durch Artikel 1 der Verordnung vom 10.2.1999 (GVBl. S. 82) (BS 75-50-1).

Rheinland-Pfalz, während die Gewässer zweiter und dritter Ordnung den Eigentümern der Ufergrundstücke gehören. Allerdings ist das private Gewässereigentum durch die vom Gesetzgeber geschaffene öffentlich-rechtliche Benutzungsordnung weit zurückgedrängt worden, wie namentlich aus § 4 Abs. 3 WHG hervorgeht.

62 Ungeachtet der Eigentumsverhältnisse ist anerkannt, dass die Gewässer öffentliche Sachen darstellen,[52] wobei die erforderliche Widmung unmittelbar durch gesetzliche Regelung erfolgt ist.[53] Im Näheren erweisen sie sich als **öffentliche Sachen im Sondergebrauch**, da die bedeutsamen wasserwirtschaftlichen Nutzungsarten – wie sogleich zu zeigen sein wird – einer behördlichen Zulassung bedürfen.[54]

63 **4. Gewässerbewirtschaftung durch rechtliche Regulierung der Gewässerbenutzung. a) Zulassungsfreie und zulassungspflichtige Benutzungen.** Die Gewässer unterliegen einer strengen öffentlich-rechtlichen Benutzungsordnung. Sie dürfen grundsätzlich nur aufgrund eines besonderen behördlichen Zulassungsakts in Anspruch genommen werden (§ 8 Abs. 1 WHG). Zulassungsfreie Benutzungen beschränken sich auf eng begrenzte Ausnahmefälle (§ 8 Abs. 2 u. 3, §§ 25, 26, 46 WHG, § 14 Abs. 1, §§ 22 bis 25 LWG), wobei der Landesgesetzgeber mit § 14 Abs. 1 LWG, der die Zulassungsfreiheit von Einrichtungen der wasserwirtschaftlichen Fachbehörden sowie von Entnahmen und Wiedereinleitungen von Wasser- und Sedimentproben durch die Wasserbehörden und die wasserwirtschaftlichen Fachbehörden statuiert, von § 8 Abs. 1 WHG abgewichen ist. Die Ausnahmen betreffen vor allem den **Gemeingebrauch**, der rechtlich auf einige marginale Benutzungsarten zurückgedrängt worden ist (§ 22 Abs. 1 u. 2 LWG, § 25 WHG). Zum wasserrechtlichen Gemeingebrauch natürlicher oberirdischer Gewässer gehören zB das Baden, Schwimmen, Eislaufen, Befahren mit Kleinfahrzeugen[55] ohne Maschinenantrieb[56] usw.

64 Die **zulassungspflichtigen Gewässerbenutzungen** werden gesetzlich im Einzelnen aufgeführt (§ 9 Abs. 1 u. 2 WHG, § 15 LWG). Sie umfassen u.a. das Entnehmen und Ableiten von Grundwasser bzw. von Wasser aus oberirdischen Gewässern, das Einleiten von Stoffen in Gewässer sowie das Aufstauen und Absenken von oberirdischen Gewässern. Einen **Auffangtatbestand** enthält § 9 Abs. 2 Nr. 2 WHG. Zulassungspflichtig sind hiernach Maßnahmen, die geeignet sind, dauernd oder in einem nicht nur unerheblichen Ausmaß schädliche Veränderungen der physikalischen, chemischen oder biologischen Beschaffenheit des Wassers herbeizuführen. Dieser Tatbestand ist mit § 15 LWG auf das gewerbsmäßige Gewinnen von Bodenbestandteilen und Mineralien sowie auf Bohrungen und sonstige Bodenaufschlüsse, die der Wassererschließung dienen, ausgedehnt worden.

---

[52] *Breuer/Gärditz*, Rn. 283; *Laskowski/Ziehm* in Koch/Hofmann/Reese, § 5 Rn. 83; *Czychowski/Reinhardt*, Einl. Rn. 59.
[53] Etwa *G.-M. Knopp*, in: Sieder/Zeitler u.a., WHG, AbwAG, 53. Aufl. Losebl.-Komm. (Stand: 08/2019), Vorb. WHG Rn. 11.
[54] Zur Einteilung der öffentlichen Sachen sowie insb. zu denen im Sondergebrauch vgl. *Erbguth*, Allg. Verwaltungsrecht, 8. Aufl. 2016, §§ 30–34; *Hendler*, Allg. Verwaltungsrecht, 3. Aufl. 2000, Rn. 601 f., 625 ff.
[55] Hierzu zählen u.a. bestimmte Arten der Benutzung im Rahmen des Wassersports, zB das Befahren mit einer Segeljolle, soweit eine bestimmte Größe nicht überschritten wird, das Befahren mit Kajaks, Schlauchbooten und Windsurfbrettern. Weitere Beispiele und Rspr.-Nachw. bei *Czychowski/Reinhardt*, § 25 Rn. 22 ff.
[56] Das Befahren mit Kleinfahrzeugen mit Maschinenantrieb kann nach § 22 Abs. 3 LWG behördlich als Gemeingebrauch zugelassen werden.

b) **Erlaubnis und Bewilligung. aa) Rechtscharakter:** Der behördliche Zulassungsakt besteht nach § 8 Abs. 1 WHG entweder in einer **Erlaubnis** oder in einer **Bewilligung**. Rechtssystematisch handelt es sich bei dieser Vorschrift um ein repressives Verbot mit Befreiungsvorbehalt,[57] da die Erteilung des Zulassungsakts dem behördlichen Bewirtschaftungsermessen (u. Rn. 67) unterliegt. Die Erlaubnis gewährt lediglich eine widerrufliche **Befugnis** zur Gewässerbenutzung (§ 10 Abs. 1, § 18 Abs. 1 WHG). Nach der bundesrechtlichen Konzeption ergeht sie grundsätzlich unbeschadet der Rechte Dritter.[58] Im Unterschied dazu vermittelt die Bewilligung insofern eine stabilere Rechtsposition, als sie ein Benutzungsrecht gewährt, das eine weitreichende Präklusionswirkung entfaltet (§ 10 Abs. 1, § 16 Abs. 2 u. 3 WHG). Mit dieser unterschiedlichen Grundstruktur geht einher, dass die Zulassung einer Gewässerbenutzung in der Regel durch Erlaubnis und nur ausnahmsweise durch Bewilligung erfolgt, wie sich aus dem Erfordernis der Unzumutbarkeit des § 14 Abs. 1 Nr. 1 WHG ergibt. Die beiden Zulassungsarten unterscheiden sich nicht dem **Gegenstand** nach, da sie – von Ausnahmen abgesehen (§ 14 Abs. 1 Nr. 3 WHG) – für sämtliche zulassungspflichtigen Benutzungen in Betracht kommen.[59] Zudem stimmen die **Zulassungsvoraussetzungen** weitgehend überein.[60]

65

Nach § 15 WHG kann die Erlaubnis als **gehobene Erlaubnis** erteilt werden, wenn hierfür ein öffentliches Interesse oder ein berechtigtes Interesse des Gewässerbenutzers besteht.[61] § 16 LWG enthält Konkretisierungen der Interessen, die die Erteilung einer gehobenen Erlaubnis zu rechtfertigen vermögen. Mit dieser dritten Zulassungsart soll vor allem dem Bedürfnis nach einer stärkeren Rechtsstellung bei den Gewässerbenutzungen Rechnung getragen werden, für die keine Bewilligung erteilt werden darf (vgl. § 14 Abs. 1 Nr. 3 WHG). Dem entspricht es, dass die gehobene Erlaubnis mit einer (wenn auch im Vergleich zur Bewilligung abgeschwächten) Präklusionswirkung ausgestattet worden ist (§ 16 Abs. 1 u. 3 WHG). Allerdings ist sie wie die einfache Erlaubnis widerruflich (§ 18 Abs. 1 WHG).

66

bb) Materiellrechtliche Voraussetzungen: Unter den Voraussetzungen des § 12 Abs. 1 WHG ist die Behörde verpflichtet, den Antrag auf Erteilung einer Erlaubnis oder Bewilligung abzulehnen. Im Übrigen entscheidet die Behörde – wie sich aus § 12 Abs. 2 WHG ergibt – nach Ermessen, ob sie die beantragte Gewässerbenutzung zulässt oder nicht (**Bewirtschaftungsermessen**). Der Antragsteller besitzt demnach (abgesehen vom Ausnahmefall der Ermessensreduktion auf Null) keinen Anspruch auf den begehrten Zulassungsakt. Dies steht nach der Rechtsprechung des BVerfG mit dem GG in Einklang.[62] Doch hat das Gericht zugleich erklärt, dass die Ablehnung eines Antrags nur auf solche Gründe gestützt werden darf, die einen »unmittelbaren wasserwirtschaftlichen Bezug« haben. Daran fehlt es beispielsweise, wenn es der Behörde bei der Versagung der Bewilligung oder der Erlaubnis um den Schutz von Arbeitsplätzen oder die

67

---

57 *Laskowski/Ziehm* in Koch/Hofmann/Reese, § 5 Rn. 88 ff. m.w.N.; *Czychowski/Reinhardt*, § 8 Rn. 3 f. m.w.N. Allg. zu dieser Kategorie sowie zur Abgrenzung von der des präventiven Verbots mit Erlaubnisvorbehalt *Hendler* (Fn. 54), Rn. 157 a ff.
58 *Laskowski/Ziehm* in Koch/Hofmann/Reese, § 5 Rn. 94; *Czychowski/Reinhardt*, § 10 Rn. 46 m.w.N.
59 BVerwGE 41, 58, 60 f.; BGHZ 88, 34, 39.
60 Vgl. hierzu u. Rn. 67 f.
61 Eingehend dazu *Breuer/Gärditz*, Rn. 329 ff.
62 BVerfGE 58, 300, 346 f.

Verhinderung unerwünschter Bauvorhaben geht.[63] Die früher in § 26 LWG enthaltenen Vorgaben hinsichtlich des Inhalts der Erlaubnis oder Bewilligung sind – mit Ausnahme der Regelung, dass die Erlaubnis oder Bewilligung die Genehmigung nach § 50 Abs. 1 und § 62 einschließt, soweit sie nicht ausdrücklich einer gesonderten Entscheidung vorbehalten wurde (vgl. § 14 Abs. 2 LWG) – gestrichen worden.

68 cc) **Verfahren:** Bei der **Erteilung von Bewilligungen und gehobenen Erlaubnissen** ist in verfahrensrechtlicher Hinsicht sicherzustellen, dass die Betroffenen und die beteiligten Behörden Einwendungen erheben können (§ 11 Abs. 2, § 15 Abs. 2 WHG). Außerdem ist zu gewährleisten, dass das Verfahren für Vorhaben, die einer UVP nach dem UVPG unterliegen, den entsprechenden rechtlichen Anforderungen genügt. Dies gilt auch für die Erteilung einer einfachen Erlaubnis (§ 11 Abs. 1 WHG). Soweit ein Vorhaben keiner UVP bedarf, sieht das Wasserrecht keine speziellen Verfahrensregelungen für die Erteilung einer einfachen Erlaubnis vor.

69 Wie aus § 108 LWG hervorgeht, richtet sich die **Erteilung von Bewilligung und gehobener Erlaubnis** grundsätzlich nach den Vorschriften der §§ 72 bis 76 VwVfG zur Planfeststellung. Allerdings sind einige Vorschriften für unanwendbar erklärt worden. Dazu gehört insbes. auch § 75 Abs. 1 VwVfG mit der Folge, dass Bewilligung und gehobene Erlaubnis nicht die für den Planfeststellungsbeschluss charakteristische Konzentrationswirkung zukommt. Überdies wird die gerichtliche Überprüfung an ein zuvor durchzuführendes Vorverfahren (§§ 68 ff. VwGO) geknüpft. Die in § 115 LWG aF enthaltene Sonderregelung zu Einwendungen im Anhörungsverfahren wurde mit dem neuen LWG ebenso aufgehoben wie die besonderen Verfahrensvorschriften der §§ 119a bis 119f LWG aF, die im Zusammenhang mit der Erteilung einer Erlaubnis zur Anwendung kommen konnten. Damit hat der Landesgesetzgeber dem Umstand Rechnung getragen, dass der Regelungsauftrag des § 7 Abs. 1 S. 3 WHG aF im neuen WHG nicht mehr enthalten ist.

70 Während **befristet erteilte Zulassungen** nach alter Rechtslage ohne formelles Verfahren um eine angemessene Frist verlängert werden konnten, wenn gewisse materiellrechtliche Voraussetzungen gegeben waren (vgl. § 31 LWG aF), sieht § 14 Abs. 3 Nr. 1 LWG nunmehr vor, dass zwingend die Neuerteilung der Zulassung bei der zuständigen Wasserbehörde beantragt und folglich ein formelles Verfahren durchgeführt werden muss. Damit wollte der Landesgesetzgeber den Anforderungen des Bundesrechts Rechnung tragen. Denn mit der in § 100 Abs. 2 WHG zum Ausdruck kommenden Verpflichtung der Wasserbehörden, selbst bestehende Wasserrechte regelmäßig zu überprüfen, sowie der sich aus § 11 Abs. 2, § 15 Abs. 2 WHG ergebenden Anforderung, Bewilligungen und gehobene Erlaubnisse nur in einem Verfahren zu erteilen, in dessen Rahmen Betroffene und beteiligte Behörden Einwendungen geltend machen können, war der Verzicht auf Durchführung eines formellen Verfahrens nicht länger vereinbar.[64]

71 **5. Gewässerbewirtschaftung einschließlich Hochwasserschutz durch großräumige Fachplanung. a) Vorgaben der Wasserrahmenrichtlinie.** Das Recht des Gewässer-

---

63 BVerfGE 58, 300, 348 unter Hinweis auf BVerwGE 55, 220, 229. Ausf. zu dieser Thematik mit inhaltlichen Differenzierungen und zahlr. Nachw. *Breuer/Gärditz*, Rn. 553, 568 ff.
64 LT-Drucks. 16/4576 v. 5.2.2015, S. 86.

schutzes hat durch die Umsetzung der WRRL eine grundlegende Änderung erfahren. Die Richtlinie bezieht alle Aspekte des Gewässerschutzes ein und vereinheitlicht damit das bislang von fragmentarischen Regelungen geprägte Wasserrecht der EU. Nach einer Übergangszeit sind mittlerweile zahlreiche bestehende Rechtsakte außer Kraft getreten (vgl. Art. 22 WRRL). Außerdem verfolgt die Richtlinie ein für Deutschland neuartiges Konzept der Verwaltungsorganisation, wonach nicht mehr die Grenzen der Verwaltungsbezirke für die Zuständigkeit prägend sein sollen, sondern ein Gewässer einschließlich seines Einzugsgebiets (**Flussgebietseinheit**) über Landes- und Bundesgrenzen hinweg »von der Quelle bis zur Mündung« einheitlich verwaltet werden soll. Zentrale Instrumente der EU-Regelung sind wasserwirtschaftliche Fachplanungen.[65] Im Näheren geht es hierbei um das jeweils auf eine Flussgebietseinheit bezogene Maßnahmenprogramm (Art. 11 WRRL) und den Bewirtschaftungsplan (Art. 13 WRRL), wobei das **Maßnahmenprogramm das Kernstück des Bewirtschaftungsplans** bildet.

Während der **Bewirtschaftungsplan** in weitem Umfang aus einer Bestandsaufnahme und Informationssammlung besteht, so dass er größtenteils den Charakter einer wasserwirtschaftlichen Datenbank besitzt, stellt das **Maßnahmenprogramm** ein Planungsinstrument dar, das als Bindeglied zwischen den gesetzlich festgelegten Bewirtschaftungszielen und der behördlichen Einzelfallentscheidung fungiert. In materieller Hinsicht verfolgt die Richtlinie zuvörderst das Ziel, eine weitere Verschlechterung des Zustands aquatischer Ökosysteme zu vermeiden und den status quo darüber hinaus möglichst zu verbessern (Art. 1 lit. a WRRL). Das **Verschlechterungsverbot**, das für oberirdische Gewässer in Art. 4 Abs. 1 lit. a i) WRRL konkretisiert wird und im deutschen Recht sein Echo in § 27 Abs. 1 Nr. 1 und Abs. 2 Nr. 1 WHG findet, ist Gegenstand einer weitreichenden Entscheidung des EuGH gewesen, deren Folgen im wasserrechtlichen Vollzug, dh auf Landesebene, zwingend zu beachten sind.[66] So stellte der Gerichtshof in dieser sog. Weservertiefungs-Entscheidung fest, dass die Mitgliedstaaten grundsätzlich (dh soweit keine Ausnahme vorliegt) verpflichtet seien, »die Genehmigung eines Vorhabens zu versagen, wenn es geeignet ist, den Zustand des fraglichen Wasserkörpers zu verschlechtern oder die Erreichung eines guten Zustands der Oberflächenwasserkörper zu gefährden«.[67] In der Sache folgt daraus, dass das Verschlechterungsverbot bei **allen** wasserrechtlichen Zulassungen sowie auch bei anderen als wasserrechtlichen Zulassungsverfahren, wenn die in Rede stehenden Vorhaben Auswirkungen auf Gewässer oder wasserwirtschaftliche Belange haben können, anzuwenden ist. Es ist dabei ein **eigenständiger Prüfungsaspekt** bei der wasserrechtlichen Zulassung und nicht etwa Teil des wasserwirtschaftlichen Bewirtschaftungsermessens nach § 12 Abs. 2 WHG (s. o. Rn. 65, 67). Im Einzelnen wirft die Entscheidung zahlreiche Folgeprobleme auf, beginnend bei der Frage nach den hinsichtlich des Vorliegens einer Verschlechterung anzuwendenden Kriterien über die nach dem maßgebli-

---

65 Zu den Kennzeichen der Fachplanung in Abgrenzung zur Gesamtplanung vgl. u. § 8 Rn. 3.
66 Vgl. Vollzugshinweise des Ministeriums für Umwelt, Energie, Ernährung und Forsten Rheinland-Pfalz zur Auslegung und Anwendung des wasserrechtlichen Verschlechterungsverbots v. 4.5.2017, Az. 103–92 250–000/2015–1 MUEEF, abrufbar unter : <http://www.wasser.rlp.de/servlet/is/1214/Vollzugshinweise_Verschlechterungsverbot.pdf?command=downloadContent&filename=Vollzugshinweise_Verschlechterungsverbot.pdf>.
67 EuGH, Rs. C-461/13, Urteil v. 1.7.2015, Weservertiefung, ECLI:EU:C:2015:433, Rn. 50.

chen Ausgangszustand der Gewässer bis zur der nach etwaigen Erheblichkeits- bzw. Relevanzschwellen.[68]

73 Auch im Bereich des **Hochwasserschutzes** wird aufgrund von Vorgaben der EU mit dem Instrument der (großräumigen) Fachplanung gearbeitet. Nach Art. 5 Abs. 1 HWRL[69] sind Gebiete zu bestimmen, bei denen ein »potenzielles signifikantes Hochwasserrisiko besteht oder für wahrscheinlich gehalten werden kann«. Für diese Gebiete, die in der bundesrechtlichen Umsetzungsnorm des § 73 WHG als **Risikogebiete** bezeichnet werden, sind ua **Risikomanagementpläne**[70] aufzustellen, in denen Ziele und (Zielerreichungs-)Maßnahmen zur Verbesserung des Hochwasserschutzes festgelegt werden (Art. 7, 8 HWRL, § 75 WHG). Die Risikomanagementpläne können in die Bewirtschaftungspläne einbezogen werden (§ 80 Abs. 2 S. 2 WHG).

74 b) **Landesrecht als Bestandteil der nationalen Umsetzung der Richtlinienvorgaben.** Durch § 13 Abs. 1 LWG sind die im Einzugsgebiet des Rheins liegenden Gewässer auf dem Gebiet des Landes Rheinland-Pfalz der **Flussgebietseinheit Rhein** zugeordnet worden. Es handelt sich hierbei um die einzige Flussgebietseinheit in Rheinland-Pfalz. Die landesrechtliche Regelung entspricht § 7 Abs. 1 S. 2 Nr. 2, Abs. 5 S. 1, 3 WHG. Für die Flussgebietseinheit Rhein sind ein **Maßnahmenprogramm** und ein **Bewirtschaftungsplan**[71] aufzustellen (§ 85 Abs. 1 LWG, § 82 Abs. 1, § 83 Abs. 1 WHG). Die Programm- bzw. Planaufstellung dient dem Zweck, die Bewirtschaftungsziele (§§ 27 bis 31, 44, 47 WHG) zu erreichen.

75 Ungeachtet des Landes- und Bundesgrenzen überschreitenden Ansatzes der WRRL sind die überkommenen Verwaltungsstrukturen einschließlich der räumlichen Zuständigkeitsbereiche beibehalten worden, wodurch ein erheblicher **Koordinationsbedarf** entsteht (vgl. § 7 Abs. 2–4 WHG). So erstellt die obere Wasserbehörde (o. Rn. 57) in Zusammenarbeit mit den Behörden der anderen betroffenen Länder und EU-Mitgliedstaaten Beiträge zum Maßnahmenprogramm und Bewirtschaftungsplan für die Flussgebietseinheit Rhein (§ 85 Abs. 1 LWG). Da das Maßnahmenprogramm einer **Strategischen Umweltprüfung** (mit Öffentlichkeits- und Behördenbeteiligung) bedarf,[72] ist § 85 Abs. 3 LWG, hinsichtlich der Beteiligung der Öffentlichkeit i. V. m.

---

68 Dazu vgl. im Einzelnen die Vollzugshinweise (Fn. 64); zur Elbvertiefung nunmehr BVerwG, NVwZ-Beilage 2017, 101 ff.; aus der Lit. *Breuer/Gärditz*, Rn. 158 ff., *Durner*, in: Landmann/Rohmer, Umweltrecht, Losebl. (Stand 2/2020), § 27 WHG Rn. 29 ff., *Rehbinder*, NVwZ 2015, 1506 ff., jeweils m.w.N.
69 RL 2007/60/EG des Europäischen Parlaments und des Rates v. 23.10.2007 über die Bewertung und das Management von Hochwasserrisiken (ABl.EU Nr. L 288, S. 27), sog. Hochwasserrichtlinie.
70 Im LWG befinden sich die Regelungen zum Hochwasserrisikomanagement in den §§ 80–82. Rheinland-Pfalz hat für den Gültigkeitszeitraum 2015–2021 (sog. „1.Zyklus") und orientiert an der Flussgebietseinheit (Rheinland-Pfalz ist die Flussgebietseinheit Rhein zugeordnet) vier einzelne Pläne erstellt: Oberrhein, Mittelrhein, Niederrhein sowie Mosel-Saar. Die Pläne bedürfen zum 22.12.2021 und danach alle 6 Jahre der Überprüfung und erforderlichenfalls der Aktualisierung (§ 75 Abs. 6 WHG). Die bestehenden vier Pläne in Rheinland-Pfalz werden entsprechend am 22.12.2021 (sog. „2. Zyklus") durch aktualisierte Pläne ersetzt. Die Pläne sowie weitere Informationen abrufbar unter: https://hochwassermanagement.rlp-umwelt.de/servlet/is/8675/ (letzter Abruf: 26.6.2020).
71 Rheinland-Pfalz hat für den Bewirtschaftungszeitraum 2016–2021 Maßnahmenprogramme (Oberrhein, Mittelrhein, Mosel-Saar, Niederrhein) und einen Bewirtschaftungsplan aufgestellt, abrufbar unter: https://wrrl.rlp-umwelt.de/servlet/is/8609/ (letzter Abruf: 26.6.2020).
72 § 35 Abs. 1 Nr. 1 i. V. m. Nr. 1.4 Anlage 5 UVPG.

§ 83 Abs. 4 WHG und (bezüglich von S. 3 der Norm) den Vorgaben des Landestransparenzgesetzes v. 27.11.2015,[73] vor allem für den Bewirtschaftungsplan bedeutsam. Soweit das Maßnahmenprogramm und der Bewirtschaftungsplan das Gebiet des Landes Rheinland-Pfalz betreffen, werden sie von der obersten Wasserbehörde (o. Rn. 57) für alle Behörden für verbindlich erklärt, wobei die jeweilige **Verbindlichkeitserklärung** im Staatsanzeiger bekannt gegeben wird (§ 85 Abs. 4 LWG). Dem Maßnahmenprogramm und dem Bewirtschaftungsplan kommt hiernach **keine unmittelbare Außenwirkung** gegenüber dem Bürger zu. Eine Ausnahme gilt für das Maßnahmenprogramm in dem Fall, dass es für die Träger der Unterhaltungslast von Gewässern (vgl. § 35 LWG) im Hinblick auf deren Unterhaltungs- und Ausbaupflichten von der obersten Wasserbehörde durch Rechtsverordnung für verbindlich erklärt wird (§ 85 Abs. 4 S. 2 LWG), wobei zusätzlich zu beachten ist, dass Privatpersonen – anders als von § 40 Abs. 1 S. 1 WHG dem Grundsatz nach vorgesehen – auf Ebene des Landesrechts lediglich in begrenztem Umfang zu den Trägern der Unterhaltungslast gehören, namentlich dann, wenn die Unterhaltungslast an stehenden und künstlichen fließenden Gewässern in Rede steht (§ 35 Abs. 4 S. 1 LWG).[74]

76

Zu den vorstehend (o. Rn. 73) angesprochenen **Risikogebieten** und **Risikomanagementplänen** trifft § 80 LWG nunmehr Regelungen zur behördlichen Zuständigkeit für die Bewertung des Hochwasserrisikos, die Bestimmung der Risikogebiete und die Erstellung von Gefahren- und Risikokarten (LU) sowie die Aufstellung der Risikomanagementpläne (obere Wasserbehörde). § 80 Abs. 3 LWG regelt ferner die Beteiligung der interessierten Stellen an der Aufstellung, Überprüfung und Aktualisierung der Risikomanagementpläne.

77

6. Gebietsfestsetzungen (Nutzungsregelungen). Ebenso wie beim Maßnahmenprogramm und Bewirtschaftungsplan handelt es sich bei den Gebietsfestsetzungen (Nutzungsregelungen) um **Instrumente räumlicher Fachplanung** im Bereich der Wasserwirtschaft.[75] In Rheinland-Pfalz sind **vier Varianten** wasserrechtlicher Gebietsfestsetzungen zu unterscheiden:

78

- Wasserschutzgebiete,
- Heilquellenschutzgebiete,
- Überschwemmungsgebiete,
- Gewässerrandstreifen.

a) **Wasserschutzgebiete.** Durch die Festsetzung von Wasserschutzgebieten kann für ausgewählte territoriale Bereiche eine besondere, gegenüber der allgemeinen öffentlich-rechtlichen Benutzungsordnung der §§ 8 ff. WHG **strengere Benutzungsordnung** geschaffen werden.[76] Die Festsetzung ist nach § 51 Abs. 1 WHG ua dann zulässig, wenn sie dazu dient, Gewässer im Interesse der gegenwärtigen und künftigen öffentlichen Wasserversorgung vor nachteiligen Einwirkungen zu schützen. Für Wasser-

79

---

73 G v. 27.11.2015 (GVBl. 2015, 383), zuletzt geändert durch Artikel 1 des Gesetzes vom 19.12.2018 (GVBl. S. 448) BS 2010–10.
74 Vgl. *Beile*, § 35 Ziff. 2.2. – Zur Abgrenzung der Unterhaltungslast iS der §§ 34 ff. LWG von Maßnahmen gem. § 32 LWG s. VG Neustadt, Urt. v. 23.5.2014 – 4 K 952/13.NW – (juris, Rn. 23).
75 Zur planungssystematischen Einordnung von Gebietsfestsetzungen (Nutzungsregelungen) vgl. u. § 8 Rn. 29.
76 Vgl. dazu *Jeromin/Kerkmann*, § 13 LWG/§ 19 WHG, Rn. 7 f.

schutzgebiete gilt zudem generell, dass sie nur insoweit festgesetzt werden dürfen, als es das **Wohl der Allgemeinheit** erfordert.

80   Wie aus § 51 Abs. 1 WHG hervorgeht, erfolgt die Festsetzung von Wasserschutzgebieten durch **Rechtsverordnung** der Landesregierung, wobei des Weiteren bestimmt ist, dass die Landesregierung die Ermächtigung durch Rechtsverordnung auf andere Landesbehörden übertragen kann. In Rheinland-Pfalz sind die **oberen Wasserbehörden** (o. Rn. 57) zuständig, allerdings nicht aufgrund verordnungsrechtlicher Subdelegation durch die Landesregierung, sondern aufgrund von § 54 Abs. 1 LWG. Die Befugnis zur autonomen gesetzlichen Regelung folgt dabei aus Art. 80 Abs. 4 GG.

81   Bei der verordnungsrechtlichen Festsetzung von Wasserschutzgebieten haben die zuständigen oberen Wasserbehörden **besondere Verfahrenserfordernisse** (§ 111 Abs. 1 i. V. m. §§ 102 bis 108 LWG) zu beachten. Außerdem ist den Besonderheiten bezüglich des räumlichen Geltungsbereichs (§ 113 LWG) Rechnung zu tragen.[77]

82   In Wasserschutzgebieten können bestimmte **Verbote, Beschränkungen, Duldungs- und Handlungspflichten** angeordnet werden, und zwar sowohl durch die Festsetzungsverordnung als auch durch behördliche Einzelfallentscheidung (§ 52 Abs. 1 WHG). Im Ausnahmefall kann eine diesbezügliche Einzelfallentscheidung auch außerhalb des Wasserschutzgebiets ergehen (§ 52 Abs. 3 WHG). Ferner eröffnet § 52 Abs. 2 WHG die Möglichkeit, in einem vorgesehenen, aber noch nicht förmlich festgesetzten Wasserschutzgebiet (durch Rechtsverordnung oder Verwaltungsakt)[78] vorläufige Anordnungen zu treffen.

83   Die in (festgesetzten oder vorgesehenen) Wasserschutzgebieten zulässigen repressiven Verwaltungsmaßnahmen können – namentlich für Landwirte – mit schwerwiegenden ökonomischen Nachteilen verbunden sein. Daher sind bundesrechtliche **Entschädigungsleistungen** (§ 52 Abs. 4 WHG) und **Ausgleichsleistungen** (§ 52 Abs. 5 WHG) vorgesehen. Nähere Regelungen hierzu sind in den §§ 96 bis 99 WHG und in § 116 LWG enthalten. Die früher in § 15 LWG aF kodifizierte Entschädigungsregelung wurde angesichts des Umstands, dass die landesgesetzlichen Regelungen durch das Bundesrecht ohnehin weitgehend verdrängt worden waren, ersatzlos gestrichen.

84   Mit § 54 Abs. 3 LWG hat ein Landesgesetzgeber erstmals wasserrechtliche Regelungen im Hinblick auf das sog. **Fracking** getroffen und damit von der grundgesetzlichen Abweichungsbefugnis, hier konkret bezogen auf § 52 Abs. 1 bis 3 und § 53 Abs. 5 WHG, Gebrauch gemacht. Nach dieser Norm besteht in oder unter Wasserschutzgebieten – ebenso wie in Heilquellenschutzgebieten (vgl. § 55 Abs. 4 LWG) sowie in Einzugsgebieten von Mineralwasservorkommen (vgl. § 56 Abs. 1 LWG) – ein Verbot von Tiefbohrungen unter Einsatz von Fracking-Technologie.[79] Dabei handelt es sich um Maßnahmen, »bei denen zur Aufsuchung oder Gewinnung von Erdgas, Erdöl oder Erdwärme Gesteine unter hydraulischem Druck aufgebrochen werden, sowie damit im Zusammenhang stehende untertägige Ablagerungen von Flüssigkeiten, die bei solchen

---

77   Umstr. ist das Maß des behördlichen Entscheidungsspielraums und der verwaltungsgerichtlichen Kontrolldichte bei der Festsetzung von Wasserschutzgebieten. Vgl. dazu *Breuer/Gärditz*, Rn. 1045 ff., 1062 ff. mit zahlr. Nachw. aus Rspr. und Lit.
78   *Czychowski/Reinhardt*, § 52 Rn. 47.
79   Dazu auch *Beile*, § 54 Ziff. 4.1.1.

Tiefbohrungen an die Oberfläche gefördert werden« (§ 54 Abs. 3 LWG). Außerhalb von Wasser- und Heilquellenschutzgebieten unterliegen dergleichen Tätigkeiten einer generellen Erlaubnispflicht, vgl. § 46 Abs. 1 Nr. 1 LWG. Um des effektiven Grundwasserschutzes willen darf eine Erlaubnis hiernach nur unter strengen Voraussetzungen erteilt werden, namentlich dann, wenn eine nachteilige Veränderung der Wasserbeschaffenheit nicht zu besorgen ist.[80]

Seit der jüngsten Novelle des WHG (in Kraft seit 11.2.2017) gilt Fracking auch auf Bundesebene[81] allgemein als Benutzung iSd Wasserhaushaltsrechts (vgl. § 9 Abs. 2 Nr. 3 u. 4 WHG). Entsprechende Tätigkeiten (inkl. Probebohrungen) sind in Wasserschutz- und Heilquellenschutzgebieten sowie in Einzugsgebieten von Seen und Talsperren zur Trinkwassergewinnung nunmehr generell verboten (§ 13a Abs. 1 Nr. 2 WHG). Auch außerhalb dieser Gebiete sind Erlaubnisse für sog. unkonventionelles Fracking iSv § 13a Abs. 1 Nr. 1 WHG bis auf weiteres zu versagen. Eine Ausnahme gilt nach § 13a Abs. 2 WHG nur für bis zu vier Erprobungsmaßnahmen, wobei Erlaubnisse nur zu dem Zweck erteilt werden dürfen, »die Auswirkungen auf die Umwelt, insbes. den Untergrund und den Wasserhaushalt, wissenschaftlich zu erforschen«. Sie bedürfen der Zustimmung der jeweiligen Landesregierung, wobei diese bei ihrer Entscheidung die geologischen Besonderheiten der betroffenen Gebiete und sonstige öffentliche Interessen abwägen muss. Nach § 13a Abs. 6 WHG werden die Erprobungsmaßnahmen von einer unabhängigen Expertenkommission wissenschaftlich begleitet und bewertet. Der Bundestag soll das Verbot des unkonventionellen Frackings im Jahr 2021 überprüfen (vgl. § 13a Abs. 7 WHG). Für konventionelles Fracking, bei dem kein Schiefer-, Ton- oder Mergelgestein oder Kohleflözgestein aufgebrochen wird, gelten nach § 13a Abs. 4 WHG strenge Anforderungen für die Erteilung einer Erlaubnis.[82]

b) Heilquellenschutzgebiete. Was unter Heilquellen zu verstehen ist, ergibt sich aus § 53 Abs. 1 WHG. Es handelt sich hierbei um natürlich zu Tage tretende oder künstlich erschlossene Wasser- oder Gasvorkommen, die aufgrund ihrer chemischen Zusammensetzung, ihrer physikalischen Eigenschaften oder der Erfahrung nach geeignet sind, Heilzwecken zu dienen. Nach § 53 Abs. 4 WHG ist die Landesregierung ermächtigt, Heilquellenschutzgebiete durch **Rechtsverordnung** festzusetzen. Zugleich wird ihr die Befugnis eingeräumt, diese Ermächtigung auf andere Landesbehörden zu übertragen.

In Rheinland-Pfalz ergibt sich aus § 55 Abs. 2 LWG, dass die **obere Wasserbehörde** (o. Rn. 57) für die verordnungsrechtliche Festsetzung von Heilquellenschutzgebieten zuständig ist, die hierbei das Landesamt für Umwelt anzuhören sowie das Einvernehmen mit dem Landesamt für Soziales, Jugend und Versorgung herzustellen hat. Dass die Zuständigkeitsregelung durch Landesgesetz und nicht durch Rechtsverordnung der Landesregierung getroffen worden ist, unterliegt aus den zum Parallelproblem bei den Wasserschutzgebieten dargelegten Gründen (o. Rn. 80) keinen rechtlichen Bedenken.

---

80 Zum Besorgnisgrundsatz noch u. Rn. 93.
81 Zur Erlaubnis für Fracking-Aktivitäten auf Bundesebene: *Laskowski/Ziehm* in Koch/Hofmann/Reese, § 5 Rn. 110 m.w.N.
82 Eingehend zum Ganzen *Giesberts/Kastelec*, NVwZ 2017, 360 ff.; *Reinhardt*, NVwZ 2016, 1505 ff.; *Breuer/Gärditz*, Rn. 444 f., 670 ff.

Über dieses Problem hinaus bestehen weitgehende Parallelen zwischen Wasserschutz- und Heilquellenschutzgebieten, was darauf zurückzuführen ist, dass etliche Vorschriften für beide Schutzgebiete gelten. Das betrifft nicht nur bundesrechtliche Vorschriften (vgl. dazu § 53 Abs. 5 WHG), sondern auch die landesrechtlichen Vorschriften zum Verfahren (§ 111 i. V. m. §§ 102 bis 108 LWG) sowie zum räumlichen Geltungsbereich (§ 113 LWG) der Festsetzungsverordnungen.

88 c) **Überschwemmungsgebiete.** Die in § 76 WHG vorgesehenen Überschwemmungsgebiete dienen ebenso wie die Risikogebiete und die Risikomanagementpläne (o. Rn. 73, 77) dem **Hochwasserschutz.** Sie sind jedoch insofern ein vergleichsweise kleinräumiges Fachplanungsinstrument, als sie innerhalb der Risikogebiete festzusetzen sind. Nach § 76 Abs. 2 S. 1, 3, Abs. 4 WHG erfolgt die Festsetzung von Überschwemmungsgebieten unter **Beteiligung der Öffentlichkeit** durch **Rechtsverordnung** der Landesregierung, wobei die Landesregierung befugt ist, die Ermächtigung auf andere Landesbehörden zu übertragen. In Rheinland-Pfalz richtet sich die Zuständigkeit nach der Gewässereinteilung iSd § 3 Abs. 1 LWG. Bei den Gewässern erster und zweiter Ordnung ist die **obere Wasserbehörde** (o. Rn. 57), bei den Gewässern dritter Ordnung die **untere Wasserbehörde** (o. Rn. 57) für den Verordnungserlass zuständig (§ 83 Abs. 1 LWG). Zudem sind in Rheinland-Pfalz Überschwemmungsgebiete vorgesehen, die keiner verordnungsrechtlichen Feststellung bedürfen, sondern **kraft Gesetzes** bestehen (§ 83 Abs. 4 LWG: Gelände zwischen Uferlinie und Hauptdeichen sowie bauliche Anlagen, die die Funktion von Hauptdeichen erfüllen). Die Zulässigkeit dieser Regelung ergibt sich aus Art. 80 Abs. 4 GG.

89 Für Überschwemmungsgebiete ist kennzeichnend, dass Einschränkungen sowohl für die gemeindliche Bauleitplanung als auch für die privatwirtschaftliche Grundstücksnutzung bestehen bzw. angeordnet werden können. Die Einzelheiten sind in § 78 WHG geregelt. Der Landesgesetzgeber hat die bundesrechtlichen Anforderungen unter Inanspruchnahme seiner Abweichungsbefugnis mit § 84 Abs. 1 LWG etwas erhöht.

90 d) **Gewässerrandstreifen.** Eine besondere Nutzungsordnung besteht zudem in Gewässerrandstreifen (§ 38 WHG). Diese dienen der Erhaltung und Verbesserung der ökologischen Funktionen oberirdischer Gewässer, der Wasserspeicherung, der Sicherung des Wasserabflusses sowie der Verminderung von Stoffeinträgen aus diffusen Quellen. In den Gewässerrandstreifen sind bestimmte Handlungen verboten (§ 38 Abs. 4 S. 2–4 WHG). Was räumlich zum Gewässerrandstreifen gehört und wie er zu bemessen ist, legt § 38 Abs. 2 WHG (vorbehaltlich einer landesgesetzgeberischen Abweichung nach Art. 72 Abs. 3 S. 1 Nr. 5 GG) abschließend fest. Dagegen enthält § 38 Abs. 3 WHG eine Öffnungsklausel zugunsten des Landesrechts, soweit es um die bundesrechtlich bemessene Breite des Gewässerrandstreifens (5 m im Außenbereich) sowie um die Ermächtigung der zuständigen Behörde zu näher bezeichneten Maßnahmen geht.[83]

91 Mit § 33 LWG ist der Landesgesetzgeber von den in § 38 Abs. 2 und 3 S. 1 WHG kodifizierten Regelungen zugunsten einer dem Ansatz der WRRL in höherem Maße Rechnung tragenden belastungs- und maßnahmenorientierten Lösung abgewichen

---

83 Die Bestimmungen des WHG werden ergänzt durch die Vorgaben des § 61 BNatSchG, der oberirdische Gewässer einschließlich ihrer Gewässerrandstreifen und Uferzonen schützen soll. Vgl. BR-Drucks. 278/09, S. 233.

bzw. hat von der ihm in § 38 Abs. 3 WHG zugewiesenen Konkretisierungsbefugnis Gebrauch gemacht. Hiernach setzt die obere Wasserbehörde für Gewässer oder Gewässerabschnitte innerhalb von Wasserkörpern, die den guten Zustand iSv § 27 WHG nicht erreichen, **Gewässerrandstreifen durch Rechtsverordnung fest**, soweit dies für die in § 38 Abs. 1 WHG genannten Zwecke erforderlich ist (§ 33 Abs. 1 Nr. 1 S. 1 LWG).[84] Die insoweit maßgebliche Erforderlichkeit soll nach Satz 2 der Norm dann gegeben sein, »wenn das Nichterreichen des guten Zustands wesentlich mitverursacht ist durch Stoffeinträge aus diffusen Quellen«. Bei der Beurteilung des Gewässerzustands und der Erforderlichkeit ist gem. § 33 Abs. 1 Nr. 1 S. 3 LWG der für verbindlich erklärte Bewirtschaftungsplan zugrunde zu legen. § 33 Abs. 2 LWG statuiert den Vorrang von kooperativ mittels öffentlich-rechtlichen Vertrags erzielten verbindlichen Vereinbarungen mit Grundstückseigentümern und -nutzern vor der Verpflichtung zur Festsetzung eines Gewässerrandstreifens nach Abs. 1 Nr. 1 der Norm. Diese rheinland-pfälzische Besonderheit soll eine »spezifische Gewässerschutzberatung«[85] gewährleisten, muss sich in der Rechtspraxis aber erst noch bewähren. Mit § 33 Abs. 4 LWG sind schließlich die bundesrechtlichen **Verbotstatbestände** (§ 38 Abs. 4 S. 2–4 WHG) erweitert worden. Ferner enthält § 33 Abs. 5 LWG eine Regelung zu **Entschädigung** und **Ausgleich** für etwaige Beschränkungen der privatwirtschaftlichen Nutzbarkeit von Grundstücken.

7. Umgang mit wassergefährdenden Stoffen. Der Umgang mit wassergefährdenden Stoffen ist in den §§ 62, 63 WHG und §§ 64, 65 LWG geregelt. Was unter wassergefährdenden Stoffen zu verstehen ist, ergibt sich aus der **Begriffsbestimmungsnorm** des § 62 Abs. 3 WHG. Es handelt sich hierbei um feste, flüssige und gasförmige Stoffe, die geeignet sind, dauernd oder in einem nicht nur unerheblichen Ausmaß nachteilige Veränderungen der Wasserbeschaffenheit herbeizuführen. Die bundesrechtlichen Regelungen der §§ 62, 63 WHG betreffen vor allem besondere Anforderungen an die Errichtung und den Betrieb von Anlagen zum Umgang mit wassergefährdenden Stoffen. Nach § 64 Abs. 1 LWG obliegt der Vollzug dieser Regelungen grundsätzlich den **unteren Wasserbehörden** (o. Rn. 57). § 65 Abs. 1 LWG enthält über die dargelegte Zuständigkeitsbestimmung hinaus **Anzeigepflichten** gegenüber den Behörden bei bestimmten Maßnahmen und Vorgängen. 92

Das anzeigepflichtige Vorhaben darf durchgeführt werden, wenn die untere Wasserbehörde dies nicht binnen zweier Monate nach Eingang der Anzeige untersagt. Hierzu ist sie nach der Ermächtigungsgrundlage des § 65 Abs. 2 LWG verpflichtet, wenn die Verunreinigung eines Gewässers oder eine sonstige nachteilige Veränderung seiner Eigenschaften zu besorgen ist (**Besorgnisgrundsatz**). Die »Besorgnis« setzt bereits im Vorfeld der polizeilichen Gefahr ein.[86] Eine Anzeige ist nicht erforderlich, wenn das Vorhaben einer anderweitigen behördlichen Entscheidung – zB einer Planfeststellung, Genehmigung, Erlaubnis usw – bedarf (§ 65 Abs. 1 S. 3 Nr. 1 LWG). Zudem besteht eine Anzeigepflicht, wenn wassergefährdende Stoffe aus einer Anlage zum Umgang 93

---

84 Zu diesen Voraussetzungen näher *Beile*, § 33 Ziff. 2.2.1. Hinsichtlich des Verfahrens greift § 111 i. V. m. §§ 102 bis 108 LWG, hinsichtlich des Geltungsbereichs § 113 LWG ein. Dies entspricht der Rechtslage bei den zuvor erörterten Wasserschutz- und Heilquellenschutzgebieten (o. Rn. 81, 87).
85 *Munk*, zit. nach *Knappe*, NuR 2015, 755 (756).
86 *Czychowski/Reinhardt*, § 62 Rn. 31 m.w.N.

mit solchen Stoffen oder bei deren Transport austreten (§ 65 Abs. 3 LWG). § 65 Abs. 4 LWG ermächtigt die oberste Wasserbehörde, ergänzende Regelungen durch Rechtsverordnung zu erlassen.

94 8. **Wasserversorgung.** § 50 WHG enthält lediglich einige grundlegende Regelungen zur **öffentlichen Wasserversorgung.** Diese werden durch die §§ 47 ff. LWG ergänzt. Allerdings betreffen die landesrechtlichen Vorschriften nicht allein die öffentliche, sondern teilweise auch die sonstige Wasserversorgung. Wie aus § 48 Abs. 1 LWG hervorgeht, sind **Träger der öffentlichen Wasserversorgung** zwar grundsätzlich die kreisfreien Städte, verbandsfreien Gemeinden und Verbandsgemeinden. Ihnen obliegt die Pflichtaufgabe, die öffentliche Wasserversorgung sicherzustellen und hierbei die gesetzlichen Bestimmungen in Bezug auf Gesundheitsvorsorge und Hygiene zu wahren. Die Durchführung im Einzelnen kann jedoch nach Maßgabe des § 49 LWG auf private Dritte übertragen werden. Im Verhältnis zu anderen Nutzungsmöglichkeiten weist § 13 Abs. 2 S. 1 LWG der Sicherstellung der öffentlichen Wasserversorgung nunmehr besondere Bedeutung zu: Ihr ist, was von den Wasserbehörden im Rahmen der Ausübung ihres Bewirtschaftungsermessens zu beachten ist, grundsätzlich **Vorrang** einzuräumen.[87]

95 **Anlagen zur öffentlichen Wasserversorgung** bedürfen nach § 50 LWG der **Genehmigung.** Zudem begründet § 52 LWG für die Betreiber einer öffentlichen Wasserversorgungsanlage die Pflicht, gewonnenes Trinkwasser regelmäßig selbst zu überwachen. Zwar sieht § 50 Abs. 5 WHG vor, dass die Begründung einer derartigen Selbstüberwachungspflicht durch Rechtsverordnung der Landesregierung oder durch Entscheidung der zuständigen Behörde erfolgt. Doch kann die Rechtsverordnung der Landesregierung nach Art. 80 Abs. 4 GG durch eine landesgesetzliche Regelung ersetzt werden. Der überörtlichen Sicherung der künftigen Wasserversorgung dient der **Wasserversorgungsplan** (§ 53 LWG). Dieser ist grundsätzlich unverbindlich, kann aber nach § 53 Abs. 3 LWG durch Rechtsverordnung in bestimmten Gebieten, namentlich zur Herstellung eines Ausgleichs zwischen Wasserüberschuss- und Wassermangelgebieten, für verbindlich erklärt werden.

96 9. **Abwasserbeseitigung.** Eine Reihe wasserrechtlicher Vorschriften des Bundes und des Landes bezieht sich speziell auf die **Abwasserbeseitigung** (§§ 54 bis 61 WHG, §§ 57 bis 63 LWG). Beim Vorschriftenkomplex zur Abwasserbeseitigung handelt es sich um ein – relativ eigenständiges – **Teilgebiet des Wasserwirtschaftsrechts.** Die nähere rechtliche Ausgestaltung dieses Teilgebiets ist für die Reinhaltung der Gewässer von hoher Bedeutung.

97 a) **Begriffsbestimmungen. Abwasser** ist nach der Definition des § 54 Abs. 1 S. 1 WHG
- das durch häuslichen, gewerblichen, landwirtschaftlichen oder sonstigen Gebrauch in seinen Eigenschaften veränderte Wasser und das bei Trockenwetter damit zusammen abfließende Wasser (Schmutzwasser) sowie
- das von Niederschlägen aus dem Bereich von bebauten oder befestigten Flächen gesammelt abfließende Wasser (Niederschlagswasser).

---

87 Dazu auch *Beile*, § 13 Ziff. 2.3.

Nach der Fiktion des § 54 Abs. 1 S. 2 WHG gelten als Schmutzwasser auch die aus Anlagen zum Behandeln, Lagern und Ablagern von Abfällen austretenden und gesammelten Flüssigkeiten.

Der Begriff der **Abwasserbeseitigung** wird ebenfalls gesetzlich konkretisiert. Er umfasst neben dem Sammeln, Fortleiten, Behandeln, Einleiten, Versickern, Verregnen und Verrieseln von Abwasser auch das Entwässern von Klärschlamm im Zusammenhang mit der Abwasserbeseitigung sowie die Beseitigung des in Kleinkläranlagen anfallenden Schlamms (§ 54 Abs. 2 WHG). Dabei stellt vor allem das Einleiten von Abwasser in Gewässer einen ökologisch sensiblen und rechtlich detailliert geregelten Vorgang dar.[88] 98

b) **Abwasserbeseitigungspflicht.** Analog zur öffentlichen Wasserversorgung (o. Rn. 94 f.) obliegt die **Pflicht zur Beseitigung des Abwassers** grundsätzlich den kreisfreien Städten, verbandsfreien Gemeinden und Verbandsgemeinden als Pflichtaufgabe der Selbstverwaltung (§ 56 S. 1 WHG, § 57 Abs. 1 LWG).[89] Inhalt und Umfang der Beseitigungspflicht sind gesetzlich näher festgelegt (§ 55 Abs. 1 u. 2 WHG). Eine hiermit korrelierende **Überlassungspflicht** ergibt sich aus § 57 Abs. 2 LWG, die sehr weit gehen kann. Danach ist das Abwasser von demjenigen, bei dem es anfällt, dem Beseitigungspflichtigen über die dazu bestimmten Anlagen zu überlassen. Weder die Staatszielbestimmung in Art. 20a GG noch die Bestimmungen des WHG verbieten es, den Anschluss eines Grundstücks an die öffentliche Entwässerungseinrichtung zu verlangen, wenn der Grundstückseigentümer bisher eine private Kläranlage betrieben hat, die einwandfrei arbeitet.[90] 99

Ausnahmen von der gemeindlichen Abwasserbeseitigungspflicht, die in § 56 S. 2 WHG ausdrücklich vorgesehen sind, enthalten §§ 58, 59 LWG. So sind beispielsweise zur Beseitigung von Niederschlagswasser, das von öffentlichen Verkehrsanlagen außerhalb im Zusammenhang bebauter Ortsteile anfällt, die Träger der jeweiligen Anlagen verpflichtet. Zudem kann durch wasserbehördliche Entscheidung die gemeindliche Abwasserbeseitigungspflicht unter bestimmten Voraussetzungen auf Nutzungsberechtigte von Grundstücken, Gewerbebetriebe oder die Betreiber von Anlagen übertragen werden (vgl. § 59 Abs. 2 LWG).[91] 100

Nach § 56 S. 3 WHG können sich die Abwasserbeseitigungspflichtigen **zur Erfüllung ihrer Pflichten Dritter bedienen**. Die originäre (öffentlich-rechtliche) Verantwortung der Beseitigungspflichtigen bleibt hiervon jedoch unberührt.[92] Die landesrechtlichen Konkretisierungen des § 56 S. 3 WHG sind in § 57 Abs. 4 und 5 LWG enthalten. 101

c) **Bau und Betrieb von Abwasseranlagen.** Der Rechtsbegriff der **Abwasseranlage** umfasst jede technische Einrichtung, die der Abwasserbeseitigung dient. Er ist daher weiter zu verstehen als der Begriff der **Abwasserbehandlungsanlage**, an den § 60 Abs. 3 102

---

[88] Vgl. dazu u. Rn. 103 ff.
[89] Nach § 61 Abs. 3 LWG regeln die nach § 57 LWG Verpflichteten durch Satzung die Voraussetzungen der Vorhaltung und der Benutzung ihrer Einrichtungen zur Abwasserbeseitigung. Diese Regelungsbefugnis erfasst ausschließlich die Verfolgung abwasserbeseitigungsrechtlich relevanter Gesichtspunkte; vgl. OVG RhPf., NVwZ-RR 2016, 616 Rn. 30.
[90] BVerwG, ZfW 1999, 93.
[91] Zur Übertragung der Abwasserbeseitigungspflicht nach § 59 Abs. 3 LWG s. VG Trier Urt. v. 17.3.2014 – 6 K 1464/13.TR – (juris, Rn. 22 ff.).
[92] BGHZ 149, 206 (212).

WHG anknüpft.[93] An Errichtung, Betrieb und Unterhaltung der Abwasseranlage stellt § 60 Abs. 1 u. 2 WHG i. V. m. der konkretisierenden Vorschrift des § 62 LWG bestimmte Anforderungen. Grundsätzlich bedürfen der Bau und Betrieb sowie die wesentliche Änderung von Abwasseranlagen der **Genehmigung** (§ 62 Abs. 1 S. 1 LWG).[94] Sofern kein Versagungsgrund nach § 60 Abs. 3 S. 2 u. 3 WHG, auf den § 62 Abs. 2 S. 1 LWG entsprechend (nämlich bezüglich sämtlicher Abwasseranlagen, nicht nur der von § 60 Abs. 3 WHG in Bezug genommenen Abwasserbehandlungsanlagen)[95] verweist, vorliegt, entscheidet die Behörde unter Ausübung ihres wasserwirtschaftsrechtlich begründeten Versagungsermessens[96] über den Antrag. Im Unterschied zur früheren Rechtslage (vgl. § 54 Abs. 2 LWG aF) besteht nach dem neuen LWG, zumal unter Berücksichtigung der Wertung des § 12 Abs. 2 WHG, damit kein Rechtsanspruch auf Erteilung der Genehmigung mehr.

103 d) **Abwassereinleitungen.** Das Einleiten von Abwasser in Gewässer (**Direkteinleitung**) fällt unter den Benutzungstatbestand des § 9 Abs. 1 Nr. 4 WHG. Allerdings bestehen einige Besonderheiten. Insoweit ist zunächst zu beachten, dass für Abwassereinleitungen in Gewässer keine Bewilligung, sondern nur eine Erlaubnis erteilt werden darf (§ 14 Abs. 1 Nr. 3 WHG). Die Erlaubniserteilung unterliegt zudem den besonderen Anforderungen des § 57 Abs. 1 WHG. Für Abwassereinleitungen in das Grundwasser gilt überdies die Sonderregelung des § 48 Abs. 1 WHG. Die bundesrechtlichen Regelungen werden ergänzt durch § 60 LWG.

104 Erhöhte Beachtung verdient in diesem Zusammenhang auch die Regelung des § 58 WHG über **Indirekteinleitungen**. Es geht hierbei um das Einleiten von Abwasser in eine öffentliche Abwasseranlage. Die Regelung schließt die Lücke, die dadurch entsteht, dass das Einleiten in die Kanalisation keine Gewässerbenutzung ist und damit keiner Erlaubnis oder Bewilligung bedarf, während das Abwasser Stoffe enthalten kann, die sich der allgemeinen Abwasserbehandlung teilweise oder sogar ganz entziehen, was zusätzliche Maßnahmen erforderlich macht.[97] Mit § 61 LWG wurde das Landeswasserrecht an die neue bundesrechtliche Regelung angepasst.

105 Die nach § 61 WHG sowohl Direkt- als auch Indirekteinleiter sowie darüber hinaus Betreiber von Abwasseranlagen treffende **Pflicht zur Selbstüberwachung** ist landesrechtlich dergestalt ausgestaltet worden, dass die zuständige Wasserbehörde durch Verfügung Einzelheiten der Selbstüberwachung konkretisieren kann (§ 63 Abs. 1 LWG). Ferner kann die oberste Wasserbehörde – eine Übernahme der früher in § 57 Abs. 2 LWG aF für die sog. Eigenüberwachung enthaltenen Regelung – durch Rechtsverordnung weitere Festlegungen treffen (§ 63 Abs. 2 LWG). Von dieser Ermächtigung hat das Ministerium mit dem Erlass der Landesverordnung über die Selbstüberwachung von Abwasseranlagen (SÜVOA) Gebrauch gemacht.[98]

---

93 *Laskowski/Ziehm*, in: Koch/Hofmann/Reese, § 5 Rn. 118; *Czychowski/Reinhardt*, § 60 Rn. 9. Zur Abgrenzung der Abwasseranlage von einem Gewässer OVG Greifswald, ZUR 2002, 419 ff. Zum Begriff der Abwasserbehandlungsanlage *Czychowski/Reinhardt*, § 60 Rn. 36.
94 Vgl. zu den Ausnahmen § 62 Abs. 1 S. 2 LWG.
95 Die Zulässigkeit dieses Vorgehens folgt aus § 60 Abs. 7 WHG.
96 *Czychowski/Reinhardt*, § 60 Rn. 65.
97 *Laskowski/Ziehm* (Fn. 93), § 5 Rn. 109; *Czychowski/Reinhardt*, § 58 Rn. 2.
98 BS 75-50-9. Vgl. im Einzelnen *Beile*, § 63 Ziff. 3.

e) **Abwasserabgabe.** Nach § 1 AbwAG ist für das **Einleiten von Abwasser** in ein Gewässer iSd § 1 Abs. 1 WHG eine **Abgabe** zu entrichten, die von den Ländern erhoben wird. Was unter dem Tatbestandsmerkmal »Einleiten von Abwasser« im Einzelnen zu verstehen ist, ergibt sich aus den Begriffsbestimmungen des § 2 Abs. 1 u. 2 AbwAG. Für das Aufkommen der Abwasserabgabe besteht eine **gesetzliche Zweckbindung** insofern, als es der Finanzierung von Maßnahmen zur Erhaltung und Verbesserung der Gewässer dient. Vorab ist aus dem Aufkommen allerdings der mit dem Gesetzesvollzug verbundene Verwaltungsaufwand zu bestreiten (§ 13 AbwAG, § 16 LAbwAG). In rechtssystematischer Hinsicht wird die Abwasserabgabe überwiegend, jedoch mit wachsender Tendenz der Gegenauffassung[99], weder als Steuer noch als Beitrag oder Gebühr, sondern als **Sonderabgabe**[100] qualifiziert.[101] Die der Abwasserabgabe zugrunde liegende umweltpolitische Lenkungsintention zielt vor allem dahin, über den »Kostenhebel« Menge und Schadstoffgehalt des Abwassers im Interesse der Gewässerreinhaltung zu reduzieren.

106

10. Ausbau und Unterhaltung der Gewässer, Deiche und Dämme. a) **Gewässerausbau.** Wie sich aus § 9 Abs. 3 S. 1 WHG ergibt, gehören Maßnahmen, die dem **Ausbau eines Gewässers** dienen, *nicht* zu den Gewässerbenutzungen.[102] Der Ausbau oberirdischer Gewässer ist in den §§ 67 bis 71 WHG, §§ 68 bis 72 LWG näher geregelt.

107

Beispiele:
Anlegen eines Fischteichs,[103] Fassung von wild aus einer Quelle abfließendem Wasser in einem Gewässerbett.[104]

Wie sich aus § 68 Abs. 1 WHG ergibt, bedarf der Gewässerausbau (iS der Begriffsbestimmungsnorm des § 67 Abs. 2 WHG) einer **Planfeststellung**. Eine Ausnahme gilt dann, wenn für den Gewässerausbau keine UVP erforderlich ist. In diesem Fall genügt eine **Plangenehmigung** (§ 68 Abs. 2 WHG).[105] Die **Zuständigkeit** für Planfeststellung und Plangenehmigung ist in § 69 LWG differenziert geregelt worden. Sie liegt bei Gewässern erster und zweiter Ordnung generell, bei Gewässern dritter Ordnung in näher bezeichneten Fällen bei der oberen Wasserbehörde (o. Rn. 57), im Übrigen bei der unteren Wasserbehörde (o. Rn. 57).

108

---

99 Zu den verschiedenen Auffassungen in Bezug auf die konkrete Rechtsnatur (Einigkeit herrscht in Bezug auf die Einordnung als nicht-steuerliche Abgabe) der Abwasserabgabe ausführlich und m.w.N.: UBA Texte 55/2014, Reform der Abwasserabgabe: Optionen, Szenarien und Auswirkungen einer fortzuentwickelnden Regelung, S. 1–538, 91 ff., die Verfasser befürworten hierbei – maßgeblich vor dem Hintergrund der sog. „Wasserpfennig"-Entscheidung des BVerfG (E 93, 319–352) zur Wasserentnahme –, die Auffassung, bei der Abwasserabgabe handele es sich nicht um eine Sonderabgabe, sondern eine Gegenleistungsabgabe, welche den individuellen Sondervorteil der Abwassereinleitung abschöpft und an welche in Bezug auf die finanzverfassungsrechtliche Rechtfertigung geringere Anforderungen gestellt werden.
100 Zur Verfassungsmäßigkeit von Sonderabgaben und deren Abgrenzung zu anderen Abgabenformen allg. erstmals: BVerfGE 55, 274–348; speziell zur Rechtsnatur der Abwasserabgabe hat das BVerfG bislang nicht entschieden.
101 Vgl. zB *Schmidt/Kahl/Gärditz*, § 4 Rn. 88; zum Ganzen auch *Breuer/Gärditz*, Rn. 83 ff.
102 Zur Abgrenzung zwischen Gewässerbenutzung und Gewässerausbau vgl. BVerwGE 55, 220, 222 ff. m.w.N.; *Laskowski/Ziehm* (Fn. 93), § 5 Rn. 136; *Czychowski/Reinhardt*, § 9 Rn. 93 ff. Einen juristischen Übungsfall aus dem Themenkreis Gewässerausbau und Gewässerbenutzung behandeln *Schmidt/Kahl/Gärditz*, § 8 Rn. 25 ff.
103 BVerwG, ZfW 1991, 159 f.
104 BayVGH, NuR 1999, 585.
105 Zum Unterschied zwischen Plangenehmigung und Planfeststellung(sbeschluss) vgl. § 74 Abs. 6 VwVfG, § 71 WHG.

109 Was die **materiellrechtlichen Anforderungen** an die behördliche Entscheidung über die Planfeststellung oder die Plangenehmigung anbelangt, so gilt § 68 Abs. 3 WHG. Zudem sind die Vorgaben zu beachten, die § 67 Abs. 1 WHG an den Gewässerausbau stellt. Die Vorschrift enthält den Grundsatz, Gewässerausbaumaßnahmen in der Weise auszuführen, dass natürliche Rückhalteflächen erhalten bleiben, das natürliche Abflussverhalten nicht wesentlich verändert wird, naturraumtypische Lebensgemeinschaften bewahrt und sonstige nachteilige Veränderungen des Gewässerzustands vermieden oder, soweit dies nicht möglich ist, ausgeglichen werden. Nach den Präzisierungen der Rechtsprechung[106] kommt darüber hinaus dem Umstand maßgebliche Bedeutung zu, ob es sich um eine gemeinnützige oder privatnützige Gewässerausbaumaßnahme handelt. In der Fachliteratur[107] werden allerdings Bedenken gegen diese Unterscheidung erhoben.[108]

110 **b) Gewässerunterhaltung.** Maßnahmen zur **Unterhaltung eines Gewässers** (wie zB die Wiederherstellung einer Uferbefestigung)[109] stellen ebenfalls keine Gewässerbenutzungen dar (§ 9 Abs. 3 S. 2 WHG).[110] Eine Ausnahme gilt lediglich dann, wenn bei den Unterhaltungsmaßnahmen chemische Mittel eingesetzt werden. Insoweit liegt eine zulassungspflichtige Gewässerbenutzung vor. Nähere Regelungen zur Unterhaltung oberirdischer Gewässer sind in den §§ 39 bis 42 WHG sowie in den §§ 34 bis 41 LWG enthalten.

111 **c) Hochwasserschutz.** Nach § 67 Abs. 2 S. 3 WHG **stehen** Deich- und Dammbauten, die den Hochwasserabfluss beeinflussen, **dem Gewässerausbau gleich.** Ergänzende Vorschriften hierzu finden sich in den §§ 76 bis 79 LWG. Die landesrechtlichen Vorschriften zum **Hochwasserschutz** sind mit der Novelle des LWG umfassend revidiert worden. So hat der Landesgesetzgeber das neue Konzept der öffentlichen Hochwasserschutzanlage in das Gesetz aufgenommen (vgl. § 76 Abs. 2 LWG), um die Verantwortlichkeiten für die Planung und den Ausbau sowie den Betrieb und die Unterhaltung von Hochwasserschutzanlagen eindeutig zuzuordnen.[111] Eigentümern und Nutzungsberechtigten von Grundstücken können, soweit dies zur Vorbereitung und Durchführung des Baus von öffentlichen Hochwasserschutzanlagen oder zu deren Unterhaltung erforderlich ist, Duldungspflichten auferlegt werden (vgl. § 79 Abs. 1 LWG). Zu den Maßnahmen des Hochwasserschutzes zählt auch die nach § 83 LWG bestehende Möglichkeit der Festsetzung von Überschwemmungsgebieten (o. Rn. 88 f.). Bestimmungen für den Fall einer **Wassergefahr** enthalten die § 27 Abs. 1 u. 3, §§ 80 bis 82 LWG.

112 **11. Anlagen in, an, über und unter oberirdischen Gewässern.** Die Anlagen in, an, über und unter oberirdischen Gewässern sind Regelungsgegenstand des § 36 WHG sowie der §§ 31 bis 33 LWG. Die bundesrechtliche Vorschrift beschränkt sich auf eine

---

106 Grundlegend BVerwGE 55, 220 (226 ff.). Vgl. ferner BVerwG, NJW 1981, 837; NVwZ-RR 1994, 201 f.; 1994, 381.
107 *Czychowski/Reinhardt*, § 67 Rn. 4 f.; *Breuer/Gärditz*, Rn. 1257 ff. jeweils m.w.N.
108 Zum Rechtsschutz Dritter beim Gewässerausbau vgl. BVerwGE 62, 243 ff. Ausf. *Breuer/Gärditz*, Rn. 1271 ff.
109 OVG RhPf., NuR 1991, 143.
110 Zur (bisweilen schwierigen) Abgrenzung von Unterhaltungs- und Ausbaumaßnahmen *Czychowski/Reinhardt*, § 67 Rn. 31 ff. m.w.N.
111 LT-Drucks. 16/4576 v. 5.2.2015, S. 96. Eingehend zum Ganzen *Beile*, § 76 Ziff. 2.

beispielhafte Aufzählung dieser Anlagen sowie einen materiellrechtlichen Grundsatz zu deren Errichtung, Betrieb, Unterhaltung und Stilllegung. Im Übrigen verweist sie auf das Landesrecht, so dass der Vorschrift des § 31 LWG erhebliche Bedeutung zukommt.

Nach § 31 Abs. 1 S. 1 LWG bedarf die Errichtung oder wesentliche Änderung von **Anlagen in oder an oberirdischen Gewässern** der **Genehmigung**.[112] Hierdurch sollen (präventiv) vor allem nachteilige Auswirkungen auf die Wasserführung vermieden werden.[113] § 31 LWG hat einen vornehmlich ordnungsrechtlichen (polizeirechtlichen) Charakter. Er dient vor allem der Abwehr von Gefahren, die von Anlagen in oder an Gewässern ausgehen können. **Anlagen an Gewässern** sind solche, die sich in einem genau bestimmten Bereich entlang des Gewässers befinden.[114] Ferner gelten **Anlagen unter oder über einem Gewässer** als Anlagen an einem Gewässer, wenn von ihnen Einwirkungen auf das Gewässer und seine Benutzung ausgehen können. Ebenso gelten Anlagen, von denen **Veränderungen der Bodenoberfläche** ausgehen können, als Anlagen an Gewässern (§ 31 Abs. 1 Nr. 2 LWG). Das Genehmigungserfordernis gilt nicht für Anlagen, die einer anderen behördlichen Zulassung nach dem WHG oder dem LWG bedürfen, namentlich nicht für solche Anlagen, die einer erlaubnispflichtigen Benutzung, der Unterhaltung oder dem Ausbau des Gewässers dienen (§ 31 Abs. 1 S. 2 LWG). Die Vorschrift entfaltet keine materielle oder formelle Konzentrationswirkung in Bezug auf andere öffentlich-rechtliche Anforderungen an die von ihr erfassten Anlagen, sondern hat ausschließlich wasserrechtliche Bedeutung. Auch anders herum statuiert das Gesetz keine Konzentrationswirkung: Für den Sonderfall, dass es sich bei einer Anlage iSv § 31 Abs. 1 LWG zugleich um ein gem. LBO genehmigungsbedürftiges Gebäude handelt, entscheidet nach § 31 Abs. 4 S. 2 LWG zwar die für die Erteilung der Baugenehmigung zuständige Behörde, allerdings im Einvernehmen mit der zuständigen Wasserbehörde.[115] Zu beachten ist in diesem Zusammenhang indes, dass nach § 84 Nr. 1 LBO[116] Anlagen in und an oberirdischen Gewässern, Anlagen der Gewässerbenutzung, der Gewässerunterhaltung und des Gewässerausbaus sowie Deiche und Dämme keines bauaufsichtlichen Verfahrens bedürfen, wenn nach anderen Rechtsvorschriften eine Genehmigung, Bewilligung oder Erlaubnis erforderlich ist. Etwas anderes gilt dem Wortlaut der Norm lediglich dann, wenn es sich bei diesen Anlagen um Gebäude iSd Bauordnungsrechts handelt. Ist Letzteres nicht der Fall, steht also kein Gebäude in Rede, greift § 31 Abs. 4 S. 2 LWG nicht; zuständig für die Genehmigung ist nach S. 1 der Norm dann allein die untere Wasserbehörde, und zwar ohne dass Einvernehmen mit der Bauaufsichtsbehörde hergestellt werden müsste.[117]

Die Genehmigung nach § 31 LWG stellt einen begünstigenden Verwaltungsakt dar, der nur auf Antrag erteilt wird. Für die **behördliche Entscheidung** über die Genehmi-

---

112 Dazu z.B. OVG RhPf., Beschl. v. 8.9.2004 – 1 A 10944/04 – (Verrohrung eines Gewässers); OVG RhPf. NuR 1996, 417 f. (Bachverrohrung); NuR 2000, 704 f. (Gewölbetunnel); VGH Mannheim, VBlBW 1980, 68 ff. (Ankerboje im Bodensee); ZfW 1981, 106 (108 f.) (Schwimmstege für Bootsliegeplätze).
113 *Beile*, § 31 Ziff. 1; *Jeromin/Kerkmann*, § 76 LWG Rn. 1.
114 Zum Anlagenbegriff *Beile*, § 31 Ziff. 2.2 mit Nachw. aus der Rspr.
115 Dazu VG Neustadt/Weinstr., Beschl. v. 26.9.2014 – 3 L 779/14.NW – (juris, Rn. 23).
116 Nach zutr. Ansicht des OVG RhPf., Urteil v. 30.11.2015 – 1 A 10317/15 – (juris, Rn. 27 f.), ist § 84 LBO nicht auf die Zuständigkeit der Behörde für die Erteilung von Genehmigungen beschränkt, sondern erfasst auch repressive bauordnungsrechtliche Maßnahmen wie Abrissverfügungen etc.
117 OVG RhPf. (Fn. 116), Rn. 29 ff.

gung sowie über nachträgliche Anordnungen gelten die Regelungen des § 31 Abs. 2 bis 4 LWG. Die Behörde ist in ihrer Entscheidung über die Genehmigung gebunden, dh die Genehmigung darf nur versagt werden, wenn die zwingenden Versagungsgründe des § 31 Abs. 2 LWG vorliegen. Ist dies nicht der Fall, hat der Antragsteller einen Rechtsanspruch auf Genehmigungserteilung.[118] Grundsätzlich ist die untere Wasserbehörde (o. Rn. 57) zuständig (§ 31 Abs. 4 S. 1 LWG).

115 Wird die beantragte Anlagengenehmigung ganz oder teilweise versagt, kann der Antragsteller hiergegen mittels Verpflichtungswiderspruch und -klage vorgehen. Dritte (zB andere Grundstücks- oder Anlageneigentümer und Besitzer) können gegen die Anlagengenehmigung Anfechtungswiderspruch und -klage einlegen, soweit sie geltend machen können, hierdurch in eigenen Rechten verletzt zu sein (§ 42 Abs. 2 VwGO). Die Widerspruchs- und Klagebefugnis kann auch einer Gemeinde zustehen, zB wenn sie als Grundstückseigentümer oder Anlageninhaber fiskalisch betroffen wird.

116 **12. Gewässeraufsicht.** Die **Aufgabe der Gewässeraufsicht** besteht nach § 100 Abs. 1 S. 1 WHG darin, die Gewässer sowie die Erfüllung der öffentlichrechtlichen Verpflichtungen zu überwachen, die sich aus dem WHG, den darauf gestützten Rechtsverordnungen oder aus landesrechtlichen Vorschriften ergeben. Zuständig hierfür sind – wie sich aus § 98 Abs. 1 S. 2 LWG ergibt – die **Wasserbehörden** (o. Rn. 57) sowie das **Landesamt für Umwelt (LU)**.

117 Die **Überwachungsaufgabe** wird durch § 98 Abs. 1 S. 2 LWG konkretisiert. Danach obliegt es den Struktur- und Genehmigungsdirektionen sowie dem LU, insbes. den Zustand und die Benutzung der Gewässer, der Ufer, der Hochwasserschutzanlagen usw zu überwachen. Nach § 101 Abs. 1 LWG kann die Struktur- und Genehmigungsdirektion, soweit es wasserwirtschaftlich oder zum Wohl der Allgemeinheit, insbes. aus Gründen der öffentlichen Sicherheit, geboten ist, **Gewässerschauen** an Gewässern, Deichen und Stauanlagen sowie anderen Anlagen und Einrichtungen durchführen. Dabei werden für die Gewässerschauen sog. **Schaukommissionen** gebildet (vgl. § 101 Abs. 2 LWG). Durch die **allgemeine Ermächtigungsgrundlage** des § 100 Abs. 1 S. 2 WHG wird die zuständige Behörde (§ 98 Abs. 3 LWG) in die Lage versetzt, nach pflichtgemäßem Ermessen Einzelfallanordnungen zu treffen, um Beeinträchtigungen des Wasserhaushalts zu vermeiden oder zu beseitigen oder die Erfüllung der wasserhaushaltsrechtlichen Verpflichtungen sicherzustellen. Zudem sind den Bediensteten und Beauftragten der Gewässeraufsichtsbehörden in § 101 WHG besondere Befugnisse (Betretensrechte, Auskunftsverlangen, Vornahme technischer Prüfungen usw) eingeräumt worden. Die **Kosten der Gewässeraufsicht** sind von demjenigen, der unerlaubt auf ein Gewässer einwirkt oder ein Gewässer beeinträchtigt, ggf. auch vom Zustandsverantwortlichen zu tragen (§ 99 Abs. 1 LWG). Sondervorschriften bestehen für die **Bauüberwachung** (§ 100 LWG).

118 **13. Wasserbücher.** Nach der bundesrechtlichen Regelung des § 87 WHG sind über die Gewässer Wasserbücher zu führen. Zuständig hierfür sind die **oberen Wasserbehörden** (o. Rn. 57), wobei die Modalitäten von der obersten Wasserbehörde (o. Rn. 57) durch Verwaltungsvorschrift bestimmt werden (§ 86 Abs. 1 LWG). Bei den Wasserbüchern handelt es sich um **amtliche Informationssammlungen** (Verzeichnisse

---

118 Beile, § 31 Ziff. 2.3.

bzw. Register) über bedeutsame wasserwirtschaftliche Rechtsverhältnisse. Sie dienen vornehmlich dem Zweck, den Behörden eine systematische Übersicht zu diesen Rechtsverhältnissen zu verschaffen. Die eintragungspflichtigen Gegenstände ergeben sich im Einzelnen aus § 87 Abs. 2 WHG sowie ergänzend aus § 87 Abs. 1 LWG.

Beispiele:
Erlaubnisse, Bewilligungen, alte Rechte und Befugnisse, Wasserschutzgebiete, Überschwemmungsgebiete, Gewässerrandstreifen sowie Heilquellenschutzgebiete.

Für den Bestand und den Nachweis von Rechten sind die Wasserbucheintragungen zwar unmaßgeblich, da sie keine rechtsbegründende oder rechtsändernde Wirkung entfalten (§ 87 Abs. 4 WHG). Immerhin spricht aber eine tatsächliche Vermutung für die Richtigkeit der Eintragungen,[119] die sich nach überwiegender Auffassung als **Verwaltungsakte** erweisen.[120]

IV. Kreislaufwirtschaftsrecht (Abfallrecht)

1. Gesetzgebungskompetenzen und Rechtsgrundlagen. Das Kreislaufwirtschaftsrecht befasst sich mit der Vermeidung, Verwertung und Beseitigung von Abfällen sowie sonstigen Maßnahmen der Abfallbewirtschaftung,[121] so dass es häufig auch in Fortsetzung des herkömmlichen Sprachgebrauchs als Abfall- bzw. Abfallwirtschaftsrecht bezeichnet wird. Es ist zum großen Teil im KrWG[122] des Bundes geregelt, das sich fast ausschließlich auf die **konkurrierende Gesetzgebungskompetenz** nach Art. 74 Abs. 1 Nr. 24 GG (Abfallwirtschaft) stützt.[123] Für das Landesrecht verbleiben lediglich komplettierende Detailgestaltungen zu der unten (Rn. 124 ff.) dargestellten Grundkonzeption des KrWG. In Rheinland-Pfalz ist die Ausformung und Ergänzung der bundesrechtlichen Regelung durch das LKrWG erfolgt.

2. Organisation und Zuständigkeiten. Der Vollzug des KrWG und des LKrWG sowie der auf diesen Gesetzen beruhenden Rechtsverordnungen obliegt in erster Linie den **Abfallbehörden**, die – wie aus § 17 Abs. 1 LKrWG hervorgeht – dreistufig aufgebaut sind. **Oberste Abfallbehörde** ist das für die Abfallwirtschaft zuständige Ministerium für Umwelt, Energie, Ernährung und Forsten.[124] Als **obere Abfallbehörden** fungieren die Struktur- und Genehmigungsdirektionen. **Untere Abfallbehörden** sind die Kreisverwaltungen bzw. (in kreisfreien Städten) die Stadtverwaltungen, wobei die Aufgaben als Auftragsangelegenheiten (§ 2 Abs. 2 LKO, § 2 Abs. 2 GemO) wahrgenommen werden. Beim Normvollzug wirken sowohl das Landesamt für Umwelt (LU) als auch die Struktur- und Genehmigungsdirektion als Fachbehörden sowie außerdem – zur Wahrnehmung der Belange der Umwelthygiene – die Gesundheitsämter mit (§ 19 Abs. 1 u. 2 LKrWG). Der Struktur- und Genehmigungsdirektion kommt hiernach eine doppelte Funktion als Abfall- und als Fachbehörde zu.

---

119 BVerwGE 37, 103, 104; BGH, ZfW 1979, 159 (161); *Czychowski/Reinhardt*, § 87 Rn. 8 m.w.N.
120 BVerwGE 37, 103 (104). Ebenso neben anderen *Czychowski/Reinhardt*, § 87 Rn. 13. Abw. z. B. *Kotulla*, WHG, Komm., 3. Aufl. 2020, § 37 Rn. 17.
121 Zum Ziel der Förderung der Kreislaufwirtschaft s. §§ 1 und 2 KrWG.
122 KrWG v. 24.2.2012 (BGBl. I S. 212), später mehrfach geändert, zul. durch Art. 2 Abs. 9 G. v. 20.7.2017 (BGBl. I S. 2808). Überblick dazu bei *Petersen/Doumet/Stöhr*, NVwZ 2012, 521 ff.; *Beckmann*, AbfallR 2012, 142 ff.
123 BT-Drucks. 17/6052, S. 60.
124 Vgl. ergänzend § 11 Nr. 24 der Anordnung über die Geschäftsverteilung der LReg (Fn. 17).

122 Die **sachliche Zuständigkeit** liegt bei der oberen Abfallbehörde, soweit nichts anderes bestimmt ist (§ 17 Abs. 2 S. 1 LKrWG). Zu den anderen Bestimmungen gehört namentlich, dass für Anordnungen zur Erfüllung der Überlassungspflicht nach § 17 Abs. 1 KrWG die Verwaltung des öffentlich-rechtlichen Entsorgungsträgers, dh die Kreis- bzw. Stadtverwaltung zuständig ist (§ 17 Abs. 4 i. V. m. § 3 Abs. 1 S. 1 LKrWG). Zudem wird durch § 10 Abs. 1 LKrWG der Zentralen Stelle für Sonderabfälle[125] im Rahmen ihres Aufgabenbereichs die Überwachung nach § 18 LKrWG zugewiesen. Was die **örtliche Zuständigkeit** anbelangt, so bestehen nähere Regelungen in § 17 Abs. 8 u. 9 LKrWG.

123 **3. Grundkonzeption des Kreislaufwirtschaftsrechts.** Abfälle im Rechtssinne sind nach § 3 Abs. 1 S. 1 KrWG alle Stoffe oder Gegenstände, derer sich ihr Besitzer entledigt, entledigen will (**subjektiver Abfallbegriff**) oder entledigen muss (**objektiver Abfallbegriff**). Präzisierungen dieser Begriffsbestimmung sind in § 3 Abs. 2–4 KrWG enthalten. Was beispielsweise die Entledigungspflicht iSd objektiven Abfallbegriffs anbelangt, so besteht diese dann, wenn die Voraussetzungen des § 3 Abs. 4 KrWG kumulativ vorliegen, dh wenn – vereinfacht ausgedrückt – eine geordnete Abfallentsorgung erforderlich ist, um das Gefährdungspotenzial des Abfalls für die Allgemeinheit, insbes. die Umwelt, auszuschließen. Der Abfallbegriff umfasst sowohl **Abfälle zur Beseitigung** als auch **Abfälle zur Verwertung** (§ 3 Abs. 1 S. 2 KrWG), wobei in weiten Teilen unterschiedliche Bestimmungen und Anforderungen gelten.

124 Das KrWG beruht auf der durch Art. 4 Abs. 1 AbfRRL[126] vorgegebenen **fünfstufigen**, iS einer Rangfolge zu verstehenden **Abfallhierarchie**, die nachstehende Struktur aufweist (§ 6 Abs. 1 KrWG):

(1) Vermeidung,
(2) Vorbereitung zur Wiederverwendung,
(3) Recycling,
(4) sonstige Verwertung, insbes. energetische Verwertung und Verfüllung,
(5) Beseitigung.

An dieser Struktur fällt auf, dass die Abfallverwertung dreistufig untergliedert ist (Vorbereitung zur Wiederverwendung, Recycling, sonstige Verwertung). Hierdurch soll insb. dem maßgeblich europäisch geprägten Ziel einer effizienteren Ressourcennutzung- und bewirtschaftung, Ausdruck verliehen werden.[127] Wesentlich im Bezug auf die Abfallhierarchie allgemein ist zudem, dass die bei isolierter Betrachtung des § 6 Abs. 1 KrWG zunächst vermittelte, streng hierarchische Rangfolge, im Einzelfall durchaus Abweichungen zugänglich ist.[128] Denn gem. § 6 Abs. 2 S. 1 KrWG soll diejenige abfallbezogene Maßnahme Vorrang haben, die den Schutz von Mensch und Umwelt bei der Erzeugung und Bewirtschaftung von Abfällen unter Berücksichtigung des Vorsorge- und Nachhaltigkeitsprinzips am besten gewährleistet. Bei der Betrachtung der Auswirkungen auf Mensch und Umwelt, ist gem. § 6 Abs. 2 S. 2 KrWG der ge-

---

125 Vgl. dazu u. Rn. 131 f.
126 RL 2008/98/EG des Europäischen Parlaments und des Rates v. 19.11.2008 über Abfälle und zur Aufhebung bestimmter RL (ABl.EU Nr. L 312, S. 3), sog. Abfallrahmenrichtlinie, zuletzt geändert durch RL (EU) 2018/851 des Europäischen Parlaments und des Rates vom 30.5.2018.
127 *Frische*, in: Schmehl/Klement, § 6 Rn. 6, 18 m.w.N.
128 *Dieckmann/Reese*, in: Koch/Hofmann/Reese, § 6 Rn. 12.

samte Lebenszyklus des Abfalls zugrunde zu legen und sind hierbei m.w.N die Kriterien nach § 6 Abs. 2 S. 3 und 4 KrWG zu berücksichtigen. Eine gesonderte Regelung lässt sich für die drei Verwertungsarten finden, deren Verhältnis untereinander gem. § 8 KrWG konkretisiert wird.[129] Zu beachten ist, dass nach einer Gesetzesänderung im Juni 2017, der § 8 Abs. 3 KrWG ersatzlos aufgehoben worden ist, wonach bei Nichtregelung des Vorrangs oder Gleichrangs der **energetischen Verwertung** im Rahmen einer Rechtsverordnung nach § 8 Abs. 2 KrWG, ein Gleichrang von stofflicher und energetischer Verwertung (entgegen der Rangfolge nach § 6 Abs. 1 Nr. 2 und 3 KrWG) im Falle eines bestimmten Heizwertes, anzunehmen war. Hintergrund für die Aufhebung durch den Gesetzgeber waren Bedenken auf europäischer Ebene, dass eine solche Regelung, die vorgesehene (Prüfungs-) Struktur der Abfallhierarchie und somit deren Schutzwirkung durchbrechen könnte.[130] In der Fachliteratur wird unterschiedlich beurteilt, inwieweit die fünfstufige Abfallhierarchie der AbfRR im KrWG korrekt umgesetzt worden ist.[131]

Nach den § 7 Abs. 2 S. 1, § 15 Abs. 1 S. 1 KrWG sind die Erzeuger oder Besitzer von 125 Abfällen grundsätzlich selbst zur Verwertung oder Beseitigung (Entsorgung)[132] verpflichtet (**Grundsatz der Eigenentsorgung**). Dieser Grundsatz erfährt indes eine gewichtige Einschränkung durch die Ausnahme des § 20 Abs. 1 S. 1 KrWG. Danach sind die **öffentlich-rechtlichen Entsorgungsträger**[133] verpflichtet, **sämtliche Abfälle aus privaten Haushaltungen** sowie **Abfälle zur Beseitigung aus anderen Herkunftsbereichen** zu verwerten oder zu beseitigen. Dies bedeutet, dass der Grundsatz der Eigenentsorgung lediglich für Abfälle zur Verwertung aus anderen Herkunftsbereichen als privaten Haushaltungen uneingeschränkt gilt.

Mit der Entsorgungspflicht der öffentlich-rechtlichen Entsorgungsträger korrespondiert eine **Überlassungspflicht** der Erzeuger oder Besitzer (§ 17 Abs. 1 KrWG).[134] Für 126 Abfälle aus privaten Haushaltungen gilt dies jedoch nur insoweit ausnahmslos, als die Abfälle zu beseitigen sind. In Bezug auf Abfälle zur Verwertung ist es dem Erzeuger oder Besitzer dagegen freigestellt, diese selbst zu verwerten, sofern er dazu auf den von ihm im Rahmen seiner privaten Lebensführung genutzten Grundstücken in der Lage ist (**Wahlrecht**).[135] Das Hauptbeispiel hierfür bildet die Kompostierung im eigenen Garten. Die Erzeuger oder Besitzer von **Abfällen zur Beseitigung** aus anderen Herkunftsbereichen (als privaten Haushaltungen) sind zur Überlassung verpflichtet, soweit sie die betreffenden Abfälle nicht in eigenen Anlagen beseitigen oder die Überlassung aufgrund überwiegender öffentlicher Interessen erforderlich ist. Für **Abfälle zur Verwertung** aus anderen Herkunftsbereichen besteht keine Überlassungspflicht.

---

129 Zu der Rangfolgenbestimmung im Einzelnen *Frische*, in: Schmehl/Klement, § 6 Rn. 27 ff. m.w.N.
130 Zu der Aufhebung des § 8 Abs. 3 KrWG und dessen Hintergründen: *Frische*, in: Schmehl/Klement,, § 6 Rn. 20, 27 m.w.N.
131 Dazu beispielsweise *Suhl*, AbfallR 2012, 201 ff. einerseits sowie *Petersen*, AbfallR 2013, 2 ff. andererseits.
132 Zur Begrifflichkeit vgl. § 3 Nr. 22 KrWG.
133 Dazu u. Rn. 128 ff.
134 Zum eng mit § 17 KrWG verknüpften Anzeigeverfahren des § 18 KrWG im Hinblick auf gemeinnützige und gewerbliche Textiliensammlungen *Proelß*, NuR 2014, 745 (747 ff.). Vgl. auch VG Koblenz Urt. v. 29.7.2014 – 4 K 251/14.KO – (juris, Rn. 21 ff.).
135 *Klement*, in: Schmehl/Klement, § 17 Rn. 82; *Schomerus*, in: Versteyl/Mann/Schomerus, § 17 Rn. 22. S. auch VG Neustadt/Weinstr., Urt. v. 29.8.2016 – 4 K 12/16.NW – (juris, Rn. 29).

127 Der Grundsatz der Eigenentsorgung wird zusätzlich dadurch gelockert, dass die Entsorgungspflichtigen **Dritte** beauftragen können, bei der Erfüllung ihrer Entsorgungspflichten tätig zu werden. Ihre Verantwortlichkeit bleibt hiervon indes unberührt (§ 22 KrWG).

128 **4. Öffentlich-rechtliche Entsorgungsträger.** Nach § 17 Abs. 1 S. 1 KrWG bestimmt das Landesrecht die zur Entsorgung verpflichteten juristischen Personen (öffentlich-rechtliche Entsorgungsträger), deren Pflichten sich aus § 20 KrWG ergeben.[136] In Rheinland-Pfalz sind dies die **Landkreise und kreisfreien Städte**, wobei sich die ihnen übertragenen Aufgaben als Pflichtaufgaben der kommunalen Selbstverwaltung[137] erweisen (§ 3 Abs. 1 S. 1 LKrWG). Zur Aufgabenerfüllung sollen die öffentlich-rechtlichen Entsorgungsträger miteinander und mit privaten Dritten kooperieren (§ 3 Abs. 2 LKrWG). Nach der Rechtsprechung des BVerfG steht die gesetzliche Aufgabenübertragung auf die Landkreise mit der verfassungskräftigen **Garantie der gemeindlichen Selbstverwaltung** (Art. 49 Abs. 3 S. 1 LV, Art. 28 Abs. 2 S. 1 GG) in Einklang.[138]

129 Zur näheren Ausgestaltung der Überlassungspflichten (§ 17 KrWG) ermächtigt § 5 Abs. 1 LKrWG die öffentlich-rechtlichen Entsorgungsträger, durch **Satzung** insbes. zu bestimmen, wie, wo und wann ihnen die Abfälle zu überlassen sind, und in welcher Weise Erzeuger oder Besitzer von Abfällen aus privaten Haushalten nachzuweisen haben, dass sie zur beabsichtigten rechtskonformen Eigenverwertung in der Lage und damit von der Überlassungspflicht befreit sind. Überdies enthält § 5 Abs. 2 LKrWG nähere Bestimmungen über die Erhebung von **Benutzungsgebühren und Beiträgen**. Hierzu vertritt das OVG RhPf. die Auffassung, dass eine personen- und haushaltsbezogene Gebührenbemessung ebenso zulässig sei wie eine Regelung, die an Menge und Gewicht der anfallenden Abfälle anknüpfe.[139] Außerdem sei eine von der tatsächlichen Inanspruchnahme der Entsorgungseinrichtung unabhängige Mindestgebühr zulässig.[140]

130 Die öffentlich-rechtlichen Entsorgungsträger sind verpflichtet, spätestens alle fünf Jahre **Abfallwirtschaftskonzepte** (§ 21 KrWG, § 6 LKrWG) und jährlich **Abfallbilanzen** (§ 21 KrWG, § 7 LKrWG) zu erstellen. Beide Instrumente dienen der internen Planung des Entsorgungsträgers sowie als Grundlage der Überwachung durch die zuständige Behörde. Der Regelung des § 6 Abs. 1 u. 2 S. 1 Nr. 1 LKrWG lässt sich entnehmen, dass das – in früheren Gesetzesfassungen nicht erwähnte – **kommunale Stoffstrommanagement** fortan eine größere Bedeutung erhalten soll.

131 **5. Entsorgung von Sonderabfällen.** Der Bundesgesetzgeber hat den Ländern in § 17 Abs. 4 S. 1 KrWG die Möglichkeit eingeräumt, zur Sicherstellung der umweltverträglichen Beseitigung **Andienungs- und Überlassungspflichten für gefährliche Abfälle zur Beseitigung** zu bestimmen. Des Weiteren hat er die Regelung getroffen, dass Andienungspflichten **für gefährliche Abfälle zur Verwertung**, die die Länder bis zum 7.10.1996 (Tag des Inkrafttretens des früheren KrW-/AbfG) bestimmt haben, unbe-

---

136 Hierzu bereits o. Rn. 125.
137 Vgl. dazu § 2 Abs. 1 S. 2 GemO, § 2 Abs. 1 S. 2 LKO.
138 BVerfGE 79, 127, 143 ff. (»Rastede-Entscheidung«).
139 OVG RhPf., AS 29, 19 (21); KStZ 2001, 90 (91 f.).
140 OVG RhPf., KStZ 2004, 136 (138).

rührt bleiben (§ 17 Abs. 4 S. 2 KrWG). Landesrechtliche Vorschriften zu diesen bundesrechtlichen Normierungen sind in den §§ 8 bis 10 LKrWG enthalten.

Das Landesrecht verwendet in diesem Zusammenhang den Begriff **Sonderabfälle**. Eine Begriffsbestimmung ist in § 8 Abs. 2 LKrWG enthalten. Sonderabfälle sind nach § 8 Abs. 4 S. 1 LKrWG grundsätzlich vom Erzeuger oder Besitzer der **Zentralen Stelle für Sonderabfälle**, dh der Sonderabfall-Management-Gesellschaft Rheinland-Pfalz mbH (SAM),[141] anzudienen. Diese weist die Abfälle zum Zweck der Entsorgung einer Anlage zu, welcher der Andienungspflichtige die Abfälle zuzuführen hat (§ 8 Abs. 5 u. 6 LKrWG). Hierdurch soll die Lenkung der Abfallströme in die jeweils geeignetste Entsorgungseinrichtung sichergestellt werden. Für bestimmte Sonderabfälle gilt eine **Ausnahmeregelung**. Die betreffenden Abfälle sind von den öffentlich-rechtlichen Entsorgungsträgern anzunehmen und alsdann von diesen der Zentralen Stelle anzudienen (§ 4 Abs. 3, § 8 Abs. 4 S. 2 Halbs. 2 LKrWG). Weitere Einschränkungen der Andienungspflicht ergeben sich aus § 8 Abs. 7 LKrWG, wonach solche Abfälle nicht der Andienungspflicht unterliegen, deren Entsorgung in betriebseigenen Anlagen des Abfallerzeugers erfolgt. Gleiches gilt für Sonderabfälle iSv § 8 Abs. 2 Nr. 3 LKrWG (Problemabfälle), die in einer Abfallentsorgungsanlage des annahmepflichtigen öffentlich-rechtlichen Entsorgungsträgers entsorgt werden. Nach § 8 Abs. 4 LKrWG andienungspflichtige Abfälle sind von der Entsorgungspflicht der Entsorgungsträger ausgenommen (§ 4 Abs. 4 LKrWG). Die im Zusammenhang mit dem Erlass des KrW-/AbfG geäußerten Bedenken gegen die Rechtmäßigkeit der landesrechtlichen Andienungspflicht sind von der Rechtsprechung zurückgewiesen worden. Demnach entspricht die Andienungspflicht den Anforderungen des EU-Rechts, des GG sowie des einfachen Gesetzesrechts.[142]

6. Abfallwirtschaftspläne, Abfallvermeidungsprogramme. Den Ländern obliegt die in § 30 KrWG des Näheren umschriebene Pflicht, nach überörtlichen Gesichtspunkten **Abfallwirtschaftspläne**[143] aufzustellen, in denen die Ziele der Abfallvermeidung und Abfallverwertung sowie die zur Sicherung der Inlandsbeseitigung erforderlichen Abfallbeseitigungsanlagen dargestellt werden. Überdies weisen die Abfallwirtschaftspläne zugelassene Abfallbeseitigungsanlagen sowie geeignete Flächen für Deponien und sonstige Abfallbeseitigungsanlagen aus. Hinzu kommen weitere obligatorische bzw. fakultative Inhalte. Die Abfallwirtschaftspläne sollen die vorausschauende, zentrale **Steuerung der Abfallströme** ermöglichen.[144]

Die rheinland-pfälzische Ausführungsvorschrift zur bundesgesetzlichen Regelung findet sich in § 12 LAbfWG. Danach wird der **Abfallwirtschaftsplan für Rheinland-Pfalz** von der obersten Abfallbehörde (o. Rn. 121) im Benehmen mit den Entsorgungsträgern und den Standortgemeinden aufgestellt. Zudem besteht eine Ermächtigung, den Plan, der an sich keine Außenwirkung entfaltet, für Entsorgungspflichtige im bundesrechtlich vorgesehenen Umfang durch Rechtsverordnung für verbindlich zu erklären.

---

141 § 1 LVO über die Zentrale Stelle für Sonderabfälle v. 3.8.2000 (GVBl. S. 303), zul. geänd. durch VO v. 29.12.2017 (GVBl. 2018 S. 16) (BS 2129-1-2).
142 BVerwG, NVwZ 2000, 1175 ff. mit Bespr. *Murswiek*, JuS 2001, 303 ff.; OVG RhPf., NuR 1999, 463 ff.
143 Ausf. dazu *Hofmann*, in: Schmehl/Klement, § 30 Rn. 10 ff.; *Erbguth*, Die Abfallwirtschaftsplanung, 2. Aufl. 2004.
144 BT-Drucks. 12/5672, S. 48 f.

Diese Verordnung wird vom Ministerium für Umwelt, Energie, Ernährung und Forsten im Einvernehmen mit dem Ministerium des Innern und für Sport, das für die Kommunalaufsicht zuständig ist, erlassen (§ 12 Abs. 4 S. 1 LKrWG, § 30 Abs. 4 KrWG).[145] In § 33 KrWG ist die Erstellung von **Abfallvermeidungsprogrammen**[146] vorgesehen. Es handelt sich hierbei um ein vergleichsweise junges abfallrechtliches Instrument, zu dem der Landesgesetzgeber lediglich eine knappe Ergänzungsregelung getroffen hat (§ 11 LKrWG).

135 **7. Weitere landesgesetzliche Vorschriften zum Abfallrecht.** Das Abfallrecht des Bundes wird im Übrigen durch verschiedene weitere landesgesetzliche Vorschriften ergänzt. Diese Vorschriften beziehen sich u.a. auf Planung, Errichtung und Betrieb von **Abfallentsorgungsanlagen** (§§ 13 bis 15 LKrWG).[147] Zu berücksichtigen ist insoweit die, im Rahmen der Novellierung des LKrWG im September 2018, erfolgte Wiederaufnahme einer bereichsspezifischen Enteignungsregelung durch § 13a LKrWG. Nachdem eine vergleichbare bei der Novellierung 2013 aufgrund der bestehenden allgemeinen Regelungen des Landesenteignungsgesetzes für entbehrlich gehalten und aufgehoben worden war,[148] wurde der landesrechtliche Gesetzgeber durch höchstrichterliche Rspr.[149] auf die verfassungsrechtlichen Bedenken jener Aufhebung aufmerksam und hielt die Novellierung für unerlässlich.[150] In § 16 LKrWG sind Pflichten normiert, die im Zusammenhang mit **rechtswidriger Abfallentsorgung** bestehen. § 18 LKrWG betrifft die **Überwachung** auf dem Gebiet der Kreislauf- und Abfallwirtschaft. Der Vorschrift kommt insofern besondere Bedeutung zu, als sie auch eine **allgemeine Ermächtigung** zu behördlichen Anordnungen sowie eine nähere Regelung zu den Eingriffsbefugnissen enthält (§ 18 Abs. 1 S. 3, 4 LKrWG).

V. Immissionsschutzrecht

136 **1. Gesetzgebungskompetenzen und Rechtsgrundlagen.** Das Immissionsschutzrecht ist weitgehend vom Bund geregelt worden, und zwar vornehmlich im BImSchG.[151] Unter Immissionen sind nach § 3 Abs. 2 BImSchG die auf Menschen, Tiere, Pflanzen, den Boden, das Wasser, die Atmosphäre sowie auf Kultur- und sonstige Sachgüter treffenden Umwelteinwirkungen zu verstehen, wie zB Luftverunreinigungen (§ 3 Abs. 4 BImSchG), Geräusche, Erschütterungen, Licht, Wärme und Strahlen. Der Bund verfügt hierbei über umfangreiche legislatorische Befugnisse. Hervorzuheben sind die

---

145 Vgl. ergänzend § 3 Nr. 9 der Anordnung über die Geschäftsverteilung der LReg (Fn. 17).
146 Abfallvermeidungsprogramm des Bundes unter Beteiligung der Länder des Bundesministeriums für Umwelt, Naturschutz und Reaktorsicherheit (BMU), Stand: Juli 2013, abrufbar unter: https://www.bmu.de/fileadmin/Daten_BMU/Pools/Broschueren/abfallvermeidungsprogramm_bf.pdf (letzter Abruf: 25.6.2020).
147 Dazu jüngst etwa OVG RhPf., Urt. v. 13.4.2016 – 8 C 10674/15 – (juris, Rn. 86 ff.), wobei das Gericht eine Klage des Umweltverbands BUND abwies, welche sich gegen die durch einen Planfeststellungsbeschluss genehmigte Erweiterung der Deponie Rechenbachtal um einen fünften Deponieabschnitt richtete. Im Wesentlichen ging es um die rechtliche Beurteilung der für die Erweiterungsgenehmigung erforderlichen Bedarfsprognose sowie der Anforderungen an die Basisabdichtung der Deponie. Das Gericht entschied u.a., dass für die Bedarfsprognose »die bestehenden Verhältnisse und Aussagen des maßgeblichen Abfallwirtschaftsplanes [§ 12 LKrWG]« grundlegend sind und das »in abfallrechtlichen Bestimmungen zum Ausdruck kommende Autarkie- und Näheprinzip [...] keine Verpflichtung des Deponiebetreibers [enthält], das Einzugsgebiet für die [Abfallanlieferungen der] Deponie einzugrenzen« (LS 1 und 2 des Urteils).
148 Vgl. LT-Drucks. 16/2205 v. 9.4.2013, S. 22.
149 OVG RhPf., Urt. v. 28.06.2016 – 1 A 10677/15 – (juris, Rn. 26 ff.) m.w.N.
150 Vgl. LT-Drucks. 17/7245 v. 12.9.2018, S. 26.
151 G. i.d.F. der Bekm. v. 17.5.2013 (BGBl. I S. 1274), später mehrfach geändert.

konkurrierende Gesetzgebungskompetenz nach Art. 74 Abs. 1 Nr. 24 GG (Luftreinhaltung und Lärmbekämpfung mit Ausnahme des Schutzes vor verhaltensbezogenem Lärm) sowie nach Art. 74 Abs. 1 Nr. 11 GG (Recht der Wirtschaft). Die zuletzt genannte Verfassungsnorm ermöglicht dem Bund ua die gesetzliche Regelung der nicht zum Sachbereich der Luftreinhaltung und Lärmbekämpfung gehörenden Immissionen (Erschütterungen, Wärme, Licht usw), soweit diese von Anlagen in wirtschaftlichen Unternehmen ausgehen.[152]

Für die **landesrechtliche Rechtsgestaltung** verbleiben auf dem Gebiet des Immissionsschutzes lediglich drei relativ schmale Regelungsbereiche. Die Länder können dort tätig werden, wo 137

- der Bund von seinen Kompetenzen im Rahmen der konkurrierenden Gesetzgebung bisher nicht (erschöpfend) Gebrauch gemacht hat,
- die bundesgesetzlichen Normen ausdrückliche Ermächtigungen und Vorbehalte zugunsten landesrechtlicher Regelungen enthalten (Öffnungsklauseln) oder
- keine Gesetzgebungskompetenzen für den Bund bestehen.

Landesrechtlicher Rechtsgestaltung unterliegt der **allgemeine verhaltensbezogene Immissionsschutz**. Es geht hierbei ua um das Abbrennen von Feldern, das Zünden von Feuerwerkskörpern, den Schutz der Nachtruhe, Teilbereiche der Benutzung und des Betriebs von Fahrzeugen, das Musizieren sowie bestimmte Fragen der Tierhaltung.[153] Ferner bestehen landesrechtliche Regelungsspielräume beispielsweise nach § 44 Abs. 2 BImSchG beim **gebietsbezogenen Immissionsschutz**. Für das rheinland-pfälzische Immissionsschutzrecht besitzt das LImSchG grundlegende Bedeutung. 138

2. Organisation und Zuständigkeiten. Die administrative Ausführung der immissionsschutzrechtlichen Normen des Bundes obliegt nach Art. 83 GG den Ländern. Der **Vollzug des BImSchG** sowie der zahlreichen Verordnungen zur Durchführung dieses Gesetzes richtet sich in Rheinland-Pfalz nach der ImSchZuVO.[154] Welche Behörde für den Vollzug welcher Norm zuständig ist, wird durch § 1 Abs. 1 u. 2 ImSchZuVO i. V. m. einer detaillierten Anlage zur Verordnung bestimmt. Eine zuständigkeitsrechtliche Auffangklausel ist in § 1 Abs. 3 ImSchZuVO enthalten. 139

Was den **Vollzug des LImSchG** anbelangt, so sind die Zuständigkeiten in § 15 LImSchG differenziert geregelt. Danach ist entweder die Verwaltung einer örtlichen Gebietskörperschaft (verbandsfreie Gemeinde, Verbandsgemeinde, kreisfreie bzw. große kreisangehörige Stadt), die Struktur- und Genehmigungsdirektion oder – für einen eng begrenzten Sachbereich – des Landesamt für Geologie und Bergbau Rheinland-Pfalz zuständig, und zwar je nachdem, welche Normen zu vollziehen bzw. Gegenstände betroffen sind. Auch die Vermeidung von Interessenkollisionen ist für die Zuständigkeitsverteilung bedeutsam (§ 15 Abs. 5 LImSchG). Die Aufgabenwahrnehmung erfolgt bei den Verwaltungen der kommunalen Gebietskörperschaften jeweils als Auftragsangelegenheit (§ 1 Abs. 1 S. 2 ImSchZuVO, § 15 Abs. 5 LImSchG).[155] 140

---

152 Näher zu den immissionsschutzrechtlichen Gesetzgebungskompetenzen des Bundes *Jarass*, Einl. Rn. 29 ff.
153 Zu den legislatorischen Kompetenzen der Länder im Einzelnen *Jarass*, Einl. Rn. 35 ff.
154 LVO über Zuständigkeiten auf dem Gebiet des Immissionsschutzes v. 14.6.2002 (GVBl. S. 280, BS 2129–5; *H/J/W*, Nr. 52).
155 Vgl. dazu ergänzend § 2 Abs. 2 S. 1 GemO, § 2 Abs. 2 S. 1 LKO.

141 **3. Überblick zum Landes-Immissionsschutzgesetz.** Die Regelungen des LImSchG betreffen vor allem den **allgemeinen verhaltensbezogenen Immissionsschutz**. Teilweise verschärfen oder ergänzen sie auch die bundesrechtlichen Anforderungen im Bereich der Immissionen, die von **nicht genehmigungsbedürftigen Anlagen** iS der §§ 22 ff. BImSchG herrühren. Hiermit hat der Landesgesetzgeber von seiner Regelungsbefugnis Gebrauch gemacht, die sich daraus ergibt, dass der Bund keine abschließenden Vorschriften erlassen hat.[156] Dies gilt beispielsweise für § 6 Abs. 2 LImSchG, der den Betrieb von Lärmfanfaren über den Anwendungsbereich der Sportanlagenlärmschutzverordnung[157] hinaus verbietet.

142 Der landesimmissionsschutzgesetzliche Normenbestand, der sich auf einzelne Sachbereiche bezieht, wird durch § 3 LImSchG eingeleitet. Diese Vorschrift enthält eine **Grundpflicht für jedermann**, sich so zu verhalten, dass schädliche Umwelteinwirkungen vermieden werden. Die Pflicht gilt nicht absolut, sondern lediglich soweit dies nach den Umständen des Einzelfalls möglich und zumutbar ist, wobei für Kinderlärm zudem eine Privilegierung besteht. Dem Lärmschutz dienen die Regelungen über den **Schutz der Nachtruhe** (§ 4 LImSchG), die **Benutzung von Tongeräten** (§ 6 LImSchG), den **Betrieb von akustischen Signal- und Alarmgeräten** (§ 7 LImSchG) sowie die Ruhezeiten beim **Betrieb bestimmter Geräte und Maschinen** (§ 8 LImSchG). Von den in diesen Regelungen enthaltenen Beschränkungen lässt das Gesetz teilweise Ausnahmen zu, wenn ein öffentliches oder überwiegendes privates Interesse vorliegt, das in einigen Vorschriften näher bestimmt wird. Die Normen über die **Benutzung und den Betrieb von Fahrzeugen** (§ 5 LImSchG) und das **Halten von Tieren** (§ 10 LImSchG) bezwecken über den Lärmschutz hinaus den Schutz vor anderen Immissionen, insbes. Luftverunreinigungen. Durch § 14 LImSchG wird die zuständige Behörde ermächtigt, die im Einzelfall **zur Durchführung des LImSchG erforderlichen Anordnungen** zu treffen.

VI. Klausurhinweise

143 Klausuren im Bereich des öffentlichen Umweltrechts unterscheiden sich aufbautechnisch nicht von den sonstigen Klausuren im öffentlichen Recht. Zumeist sind die Zulässigkeit und Begründetheit einer verwaltungsgerichtlichen Klage zu prüfen. Was die **Zulässigkeitsprüfung** anbelangt, so sind in Klausurbearbeitungen häufig Unsicherheiten beim Umgang mit den landesgesetzlichen Regelungen anzutreffen, welche die Kreisverwaltung bzw. (in kreisfreien Städten) die Stadtverwaltung zur unteren Behörde erklären und zugleich vorschreiben, dass die Landkreise und kreisfreien Städte die Aufgabe als Auftragsangelegenheit wahrnehmen (§ 2 Abs. 6 LNatSchG, § 92 Abs. 1 LWG, § 17 Abs. 1 S. 3, 4 LKrWG). Die Bearbeitungsunsicherheiten betreffen die Bestimmung des »richtigen Beklagten« (passive Prozessführungsbefugnis). Insoweit gilt es zu beachten, dass die Klage gegen den Landkreis bzw. die kreisfreie Stadt zu richten ist (nicht gegen das Land Rheinland-Pfalz).

144 Zur Vorbereitung auf die **Begründetheitsprüfung** umweltrechtlicher Klausuren dürfte es hilfreich sein, sich mit den verschiedenen, teilweise versteckt liegenden Ermächtigungsgrundlagen der Behörden für den Erlass von Verwaltungsakten vertraut zu ma-

---

156 Zur Zulässigkeit landesrechtlicher Vorschriften in diesem Bereich *Jarass*, § 22 Rn. 15 ff.
157 18. BImSchV v. 18.7.1991 (BGBl. I S. 1588, ber. S. 1790), später geändert.

chen (zB § 17 Abs. 8 BNatSchG, § 2 Abs. 1 S. 1 LNatSchG – soweit nicht § 3 Abs. 2 BNatSchG eingreift –, § 100 Abs. 1 S. 2 WHG, § 18 Abs. 1 S. 3 LKrWG, § 14 LImSchG). Entsprechendes gilt für die Anspruchsgrundlagen, auf die sich der Bürger berufen kann, wenn ihm ein begehrter Verwaltungsakt von der Behörde versagt wird (zB § 17 Abs. 3, § 67 BNatSchG, § 12 Abs. 2, § 68 Abs. 3 WHG, § 31 Abs. 1 u. 2 LWG, § 4 Abs. 3 S. 1, Abs. 4 S. 1 LImSchG). Die Ermächtigungs- bzw. Anspruchsgrundlagen gehören bei Anfechtungs- und Verpflichtungsklagen zum Einstieg in die Begründetheitsprüfung, so dass diesbezügliche Kenntnisse für den Klausurerfolg von hervorgehobener Bedeutung sind. Ratsam dürfte es mit Blick auf die Anforderungen der Klage- bzw. Antragsbefugnis darüber hinaus sein, sich mit dem drittschützenden Charakter der maßgeblichen Normen und dem geschützten Personenkreis vertraut zu machen. In Fällen mit mehreren Beteiligten spielt darüber hinaus der vorläufige Rechtsschutz nach § 80 Abs. 5 oder § 123 VwGO eine wichtige Rolle.[158]

---

158 Vgl. weitergehend *Lampert*, JuS 2013, 507 ff.

§ 8 Landesplanungsrecht

von *Elke Gurlit*

Literatur: *Die in diesem Verzeichnis enthaltenen Werke werden in den Fußnoten lediglich mit dem Namen der Autoren oder Herausgeber (erforderlichenfalls mit einem unterscheidenden Zusatz) zitiert.*

Bielenberg/Runkel/Spannowsky, Raumordnungs- und Landesplanungsrecht des Bundes und der Länder, Losebl. (Stand: 03/2019); *Erbguth/Oebbecke/Rengeling/Schulte* (Hrsg.), Planung, Fs. f. Hoppe, 2000; *Kment*, Rechtsschutz im Hinblick auf Raumordnungspläne, 2002; *ders.*, Raumordnungsgesetz mit Landesplanungsrecht, Komm., 2019; *Koch/Hendler*, Baurecht, Raumordnungs- und Landesplanungsrecht, 6. Aufl. 2015; *Spannowsky/Runkel/Goppel*, ROG, Komm., 2. Aufl. 2018.

I. Grundlagen des Landesplanungsrechts 1	b) Materiellrechtliche Gebote 33
1. Die Landesplanung im System der Raumplanung 1	c) Planerhaltung 34
2. Gesetzgebungskompetenzen .. 4	4. Rechtsschutz gegen Raumordnungspläne 36
3. Verhältnis von Bundes- und Landesrecht 7	IV. Sicherung der Raumordnung 42
4. Zuständigkeiten 9	1. Raumordnungsverfahren 42
II. Schlüsselbegriffe des Raumordnungsrechts 10	2. Raumordnerische Untersagung 47
1. Aufgaben und Leitvorstellung 11	V. Landesplanung und Gemeinden ... 50
2. Die Erfordernisse der Raumordnung 13	VI. Klausurhinweise 54
a) Grundsätze der Raumordnung 14/15	1. Prüfung des Landesentwicklungsprogramms oder eines regionalen Raumordnungsplans unter verfahrensrechtlichen und materiellrechtlichen Gesichtspunkten im Rahmen einer verwaltungsgerichtlichen oder verfassungsgerichtlichen Normenkontrolle 54
b) Ziele der Raumordnung .. 19	
c) Sonstige Erfordernisse der Raumordnung 23	
III. Anforderungen an Raumordnungspläne 24	
1. Arten von Raumordnungsplänen 24	
2. Programminhalte 27	
3. Rechtmäßigkeitsanforderungen 30	2. Prüfung der Übereinstimmung einer Planung oder Maßnahme mit dem Inhalt des Landesentwicklungsprogramms oder eines regionalen Raumordnungsplans.......... 55
a) Verfahrensrechtliche Gebote 30	

I. Grundlagen des Landesplanungsrechts

1 **1. Die Landesplanung im System der Raumplanung.** Der Boden als ein nicht vermehrbares Gut ist eine knappe Ressource, um die viele Interessenten konkurrieren: Bauherrn wollen mithilfe einer Baugenehmigung bauliche Vorhaben realisieren, Unternehmen mit einer anlagenrechtlichen Genehmigung ein industrielles Vorhaben verwirklichen. Hinzu treten Nutzungsansprüche für Infrastrukturvorhaben wie Verkehrswege, die planfestgestellt werden. Schließlich stellt auch der Naturschutz Nutzungsansprüche, die durch Landschaftsplanung und Unterschutzstellungen befriedigt werden wollen. Der Koordination der verschiedenen Nutzungsansprüche dient die **Raumordnungsplanung als räumliche Gesamtplanung.**

Die **Raumordnungsplanung** tritt auf unterschiedlichen räumlichen Ebenen in Erscheinung, und zwar auf Bundesebene als **Bundesplanung**, auf Landesebene als **hochstufige Landesplanung** sowie auf regionaler Ebene als **Regionalplanung**. Ihren Charakter als räumliche Gesamtplanung teilt sie mit der städtebaulichen Planung, die sich als Handlungsinstrument des Städtebaus erweist und als **Bauleitplanung** ebenfalls durch einen gesamthaften Ansatz geprägt ist (§§ 1 ff. BauGB). Die von den Kommunen zu verantwortende Bauleitplanung ist allerdings – entsprechend Art. 28 Abs. 2 GG, Art. 49 LV – durch ihren örtlichen Bezug gekennzeichnet. Demgegenüber ist das Wesen der hier zu erörternden Landes- und Regionalplanung die **Überörtlichkeit** (Rn. 11). 2

Im Unterschied zur räumlichen Gesamtplanung ist die **räumliche Fachplanung** auf die Gestaltung des Raums vornehmlich unter einem bestimmten Raumnutzungsaspekt gerichtet. Hierzu gehören **Planfeststellungen und Plangenehmigungen** für Infrastrukturvorhaben wie Straßen (§§ 5 ff. LStrG, §§ 17 ff. FStrG) oder Flughäfen (§§ 8 ff. LuftVG) oder die **Festsetzung von Naturschutzgebieten** (§§ 22 ff. BNatSchG, § 12 LNatSchG). Auch weitere Fachplanungen wie die Schulentwicklungsplanung (§§ 72, 91 Abs. 3 SchulG) oder die Krankenhausbedarfsplanung (§ 6 KHG, §§ 6 ff. LKG) sind durch einen räumlichen Bezug gekennzeichnet. 3

2. Gesetzgebungskompetenzen. Der **Bund** besitzt eine ausschließliche **Kompetenz kraft Natur der Sache** für die raumordnerische Gestaltung des **Gesamtraums** des Gebiets der Bundesrepublik Deutschland.[1] Eine rechtsverbindliche umfassende Bundesplanung existiert bislang nicht.[2] Dem Bund ist hingegen für die **Raumordnung in den Ländern** mit der Föderalismusreform des Jahres 2006 in Art. 74 Abs. 1 Nr. 31 GG die **konkurrierende Gesetzgebungskompetenz** zugewachsen, welche die Rahmenkompetenz nach Art. 75 Abs. 1 Nr. 4 GG aF ablöste. Der Kompetenzgewinn des Bundes wurde allerdings mit einer Zuordnung dieser Zuständigkeit zu den sog. **Abweichungskompetenzen** erkauft (Art. 72 Abs. 3 S. 1 Nr. 4 GG). Die Länder sind befugt, abweichende Regelungen zu treffen, ohne dass ein abweichungsresistenter Kern zu beachten ist (Art. 125 b Abs. 1 S. 3 GG).[3] 4

Die Raumordnung bedarf der **Abgrenzung vom Bodenrecht**, für das der Bund zwar ebenfalls die konkurrierende Zuständigkeit besitzt (Art. 74 Abs. 1 Nr. 18 GG), allerdings nicht durch Abweichungskompetenzen der Länder beschränkt wird. Das **Bodenrecht** zeichnet sich dadurch aus, dass es auf die *unmittelbaren* rechtlichen Beziehungen des Menschen zum Grund und Boden gerichtet ist. Unter die bodenrechtliche Kompetenz fallen maßgebliche Teile des BauGB. In Abgrenzung zum Städtebaurecht ist die Raumordnung als hoheitliche Gestaltung des Raums durch ihre Überörtlichkeit geprägt, wie dies § 3 Abs. 1 Nr. 7 ROG für Raumordnungspläne zum Ausdruck bringt.[4] 5

---

1 BVerfGE 3, 407 (427 f.) – *Baurechtsgutachten*; BVerfGE 15, 1 (16); dies gilt nach richtiger Ansicht trotz der nunmehr geschriebenen konkurrierenden Kompetenz, so auch *Spannowsky*, ZfBR 2007, 221; *Durner*, NuR 2009, 373 (374); *Kment*, in: ders., ROG, Einl. B Rn. 19 ff. Dies hat vor allem zur Konsequenz, dass die Raumordnung für den Gesamtraum des Bundes nach wie vor abweichungsfest ist; a.A. *Franzius*, NVwZ 2008, 492 (496).
2 Siehe aber § 17 ROG zur Ausschließlichen Wirtschaftszone; s. a. die Diskussion zur bundesweiten Planung des Hochwasserschutzes, *Goppel*, DVBl. 1306; *Erbguth*, DVBl. 2017, 233.
3 *Koch/Hendler*, § 1 Rn. 2 f.; differenzierend *Spannowsky*, ZfBR 2007, 221.
4 Eine entsprechende Beschreibung in § 1 Abs. 1 S. 1 ROG a.F. wurde zur Vermeidung von Redundanzen gestrichen, Begr. RegE, BT-Drucks. 18/10883, S. 37.

Sie richtet sich an öffentliche Stellen und erfasst nicht unmittelbar die rechtlichen Beziehungen der Menschen zum Grund und Boden.[5]

6 Von den **Fachplanungen**, für die sich die Gesetzgebungskompetenz aus der jeweiligen Sachmaterie ergibt, unterscheidet sich die Raumplanung durch ihren gesamthaften Ansatz bzw. durch das Merkmal der Überfachlichkeit. Die fachliche Raumgestaltung ist dadurch gekennzeichnet, dass die räumliche Strukturierung unter einem **besonderen Sachgesichtspunkt** erfolgt, etwa dem des Verkehrs, der Wasserwirtschaft oder des Naturschutzes und der Landschaftspflege. Im Gegensatz hierzu bezieht sich die **Raumordnung** auf die **räumliche Gesamtstruktur** und ist durch ihre Überfachlichkeit gekennzeichnet, wie § 3 Abs. 1 Nr. 7 ROG ausdrücklich für Raumordnungspläne bestimmt.[6]

7 **3. Verhältnis von Bundes- und Landesrecht.** Der Bund hat einer Inanspruchnahme der Abweichungskompetenz vorgebeugt, indem er im Konsens mit den Ländern das **Raumordnungsgesetz (ROG) 2008** erarbeitet hat.[7] Für das rheinland-pfälzische Raumordnungsrecht (Landesplanungsrecht) ist neben dem neuen ROG vor allem das bereits im Jahr 2003 erlassene und seit der Novellierung im Jahr 2006 ohne grundlegende weitere Änderungen geltende **Landesplanungsgesetz (LPlG)** bedeutsam. Durch das Inkrafttreten des Bundesgesetzes hat sich die Rechtslage in RhPf. kaum verändert. Nach den Vorstellungen des Bundesgesetzgebers »sollen die bewährten, von Bund und Ländern gemeinsam getragenen Rahmenregelungen möglichst weitgehend in bundesrechtliche Vollregelungen überführt und den Ländern der erforderliche Spielraum für ergänzendes Landesrecht belassen werden«.[8] Dem trägt **§ 27 Abs. 3 ROG** Rechnung. Danach bleiben die bis zu einem bestimmten Stichtag erlassenen landesrechtlichen Regelungen von den Vorschriften des ROG zur Raumordnung in den Ländern insoweit unberührt, als sie **Ergänzungsrecht** enthalten. Dieser Vorbehalt ist für die Länder eine **Privilegierung**, da sie nicht im Wege der Abweichungsgesetzgebung tätig werden müssen, um ihr bereits vorhandenes Recht in Geltung zu halten. Materiell geht das Regelungskonzept damit kaum über eine Rahmengesetzgebung hinaus.

8 Da der Bundesgesetzgeber allerdings im Jahr 2017 das ROG nochmals grundlegend überarbeitet hat, ist im Einzelfall zu klären, ob in der Zwischenzeit entstandenes Landesrecht sich als Ergänzungsrecht i.S.v. § 27 Abs. 3 ROG oder als abweichendes Landesrecht i.S.v. Art. 72 Abs. 3 S. 1 Nr. 4 GG darstellt, dem durch die bundesrechtliche Überregelung der Anwendungsvorrang entzogen wurde.[9] **Inhaltsgleiches Landesrecht** ist hingegen weder Ergänzungsrecht noch stellt es ein Gebrauchmachen von der Abweichungsgesetzgebungskompetenz dar. Es wird von den nunmehr unmittelbar an-

---

5 BVerfGE 3, 407 (425); s. a. *Koch/Hendler*, § 1 Rn. 10 f.; *Kment*, in: ders., ROG, Einl. B Rn. 44 ff.; differenzierend für die Bauleitplanung *Langguth*, ZfBR 2011, 436 (439 f.).
6 *Kment*, in: ders., ROG, Einl. B Rn. 48 ff.
7 Art. 1 G. zur Neufassung des ROG und zur Änderung anderer Vorschriften (GeROG) v. 22.12.2008, BGBl. I S. 2986, wesentlich geänd. durch G. v. 23.5.2017, BGBl. I S. 1245, zul. geänd. durch Art. 195 der VO v. 19.6.2020, BGBl. I S. 1328; zum konsensualen Vorgehen mit krit. Tendenz *Durner*, NuR 2009, 373; *Ritter*, DÖV 2009, 425 (426).
8 BT-Drucks. 16/10292, S. 18.
9 Zum Begriff des Ergänzungsrechts i.s.v. § 27 Abs. 3 ROG in Abgrenzung zum abweichenden Landesrecht *Schubert*, in: Kment, ROG, § 27 Rn. 17 ff.

wendbaren bundesgesetzlichen Vorschriften **verdrängt**.[10] Wiederholendes Landesrecht ist als (zulässige) **nachrichtliche Übernahme** dieser Vorschriften zu betrachten, die der Verständlichkeit des Landesgesetzes dient. Dies wirft durchaus Darstellungsprobleme auf. Im Folgenden wird das Landesrecht im Fall einer bloß nachrichtlichen Übernahme durch die zusätzliche Angabe der bundesrechtlichen Bezugsnorm dargestellt, zudem auch gesondert auf ergänzende und abweichende Regelungen des Landesrechts hingewiesen.

4. Zuständigkeiten. Die Wahrnehmung der im LPlG normierten administrativen Aufgaben obliegt den Landesplanungsbehörden. Diese sind nach § 3 LPlG **dreistufig aufgebaut** und bestehen aus der obersten **Landesplanungsbehörde** (Ministerium des Innern und für Sport),[11] den **oberen Landesplanungsbehörden** (Struktur- und Genehmigungsdirektionen) sowie den **unteren Landesplanungsbehörden** (Kreisverwaltungen), wobei die Landkreise die Aufgabe als Auftragsangelegenheit (§ 2 Abs. 2 LKO) wahrnehmen. Die landesplanungsbehördlichen **Zuständigkeiten** werden im Wesentlichen durch § 4 LPlG geregelt.

II. Schlüsselbegriffe des Raumordnungsrechts

Die §§ 1 bis 12 ROG enthalten als bundesgesetzliche Vorgabe **allgemeine Regelungen**, die sich mit Aufgabe, Leitvorstellung und Grundsätzen der Raumordnung, mit Begriffsbestimmungen, mit den Bindungswirkungen der Erfordernisse der Raumordnung und den zentralen Vorgaben für Raumordnungspläne befassen.[12] Die Regelungen des 1. Abschnitts des ROG gelten nach Art. 72 Abs. 3 S. 3 GG als lex posterior und verdrängen – vorbehaltlich der in § 27 Abs. 3 ROG genannten Ausnahmen für Ergänzungsrecht – das Landesrecht. Die Länder könnten aber von ihrem Abweichungsrecht Gebrauch machen.

1. Aufgaben und Leitvorstellung. Als Aufgabe gilt nach § 1 Abs. 1 S. 1 ROG die **Ordnung, Entwicklung und Sicherung des Raums** einerseits durch Raumordnungspläne, andererseits durch die raumordnerische Zusammenarbeit und die Abstimmung raumbedeutsamer Planungen und Maßnahmen. Der Topos der **raumbedeutsamen Planungen und Maßnahmen** ist ein Schlüsselbegriff, auf den in zahlreichen Rechtsvorschriften Bezug genommen wird (§ 3 Abs. 1 Nr. 6, § 4 Abs. 1 u. 2, §§ 12, 14, 15 Abs. 1, §§ 16, 20 ROG). Es handelt sich nach der Legaldefinition in § 3 Abs. 1 Nr. 6 ROG um Planungen einschließlich der Raumordnungspläne, Vorhaben und sonstige Maßnahmen, durch die Raum in Anspruch genommen oder die räumliche Entwicklung eines Gebiets beeinflusst wird. Entscheidend für die Zuordnung zur Raumordnung ist, dass der Planung oder sonstigen Maßnahme eine **überörtliche Bedeutung** zukommt, dass also die Entwicklung eines planerischen Raums beeinflusst wird.[13] Dies kann bei einem Krankenhaus oder einer Universität der Fall sein, jedoch kaum einmal bei einem einzelnen Wohngebäude. Auf die Rechtsform der Maßnahme kommt es hingegen nicht an. So kann ein beabsichtigter Verwaltungsakt wie ein Planfeststellungsbe-

---

10 *Schmitz*, in: Bielenberg/Runkel/Spannowsky, L § 6 Rn. 23; *Kment* in ders., ROG, Einl. B Rn. 31; a.A. *Numberger*, ZUR 2019, 217 (218).
11 § 3 S. 1 Nr. 1 LPlG iVm § 3 Nr. 29 der Anordnung über die Geschäftsverteilung der LReg RhPf. (BS 1103-4).
12 Neuordnung und Erweiterung des 1. Abschnitts durch G.v. 23.5.2017, BGBl. I S. 1245.
13 *Koch/Hendler*, § 1 Rn. 15; ausf. *Kümper*, in: Kment, ROG, § 3 Rn. 122 ff.

schluss oder eine Baugenehmigung ebenso Koordinierungsbedarf auslösen wie ein Bebauungsplan in Satzungsform oder eine Rechtsverordnung, etwa eine Naturschutzregelung.[14]

12 Leitvorstellung der Raumordnung ist bei der Entwicklung von Raumordnungsplänen ebenso wie bei der Koordination die **nachhaltige Raumentwicklung** (§ 1 Abs. 2 ROG). Die verschiedenen Nutzungsansprüche sollen in Einklang gebracht werden mit dem Ziel einer dauerhaften,[15] großräumig ausgewogenen Ordnung. § 1 Abs. 3 ROG normiert mit dem sog. **Gegenstromprinzip** einen traditionellen Grundsatz, der das Gebot wechselseitiger Rücksichtnahme der Entwicklung von Gesamtraum und Teilräumen zum Ausdruck bringt und damit klarstellt, dass die Raumordnung nicht einseitig von oben nach unten verläuft. § 1 LPlG entfaltet detaillierter einen Katalog von Leitvorstellungen. Danach soll die Raumordnung das Land RhPf. sowie dessen Teilräume iS bestimmter elementarer Vorgaben (Freiheitsgewährleistung, wirtschaftliche Prosperität, Umweltschutz, soziale Gerechtigkeit) entwickeln.

13 **2. Die Erfordernisse der Raumordnung.** Den Erfordernissen der Raumordnung kommt wegen der von ihnen ausgehenden rechtlichen **Bindungswirkungen** eine hervorgehobene Bedeutung zu. Nach § 3 Abs. 1 Nr. 1 ROG bestehen die Erfordernisse der Raumordnung aus **drei verschiedenen Arten**, und zwar aus den **Grundsätzen** der Raumordnung, den **Zielen** der Raumordnung sowie den **sonstigen Erfordernissen** der Raumordnung. Die Thematik ist in den bundesrechtlichen Vorschriften der §§ 3 bis 5 ROG geregelt. Ergänzende Regelungen sind in § 1 Abs. 4, 5 LPlG enthalten.

14/15 a) **Grundsätze der Raumordnung.** Die Grundsätze finden in § 3 Abs. 1 Nr. 3 ROG eine Legaldefinition. Grundsätze sind »Aussagen« zur Entwicklung des Raums. Solche Aussagen finden sich einmal in **§ 2 ROG** selbst.[16] Sie können aber auch gemäß § 27 Abs. 3 ROG in Ergänzung von bundesrechtlichen Grundsätzen **landesrechtlich normiert** sein. RhPf. hat von dieser Option keinen Gebrauch gemacht. Schließlich können Grundsätze in den eigentlich einer weiteren Konkretisierung vorbehaltenen **Raumordnungsplänen** (§ 2 Abs. 1 ROG) enthalten sein (§ 3 Abs. 1 Nr. 3 Halbs. 2 ROG).

16 Entscheidend für den Charakter als Grundsatz ist, dass die Aussagen selbst noch keine Entscheidung treffen, sondern ihrerseits **Vorgaben** sind für **nachfolgende Ermessens- oder Abwägungsentscheidungen** (§ 1 Abs. 4 S. 2 LPlG, § 3 Abs. 1 Nr. 3 ROG).[17] Die Grundsätze der Raumordnung sind nach § 4 Abs. 1 ROG bei raumbedeutsamen Maßnahmen zu **berücksichtigen**. Die hiermit umschriebene Bindungswirkung normiert die **Abwägungsbeachtlichkeit** der Grundsätze, bleibt aber hinter einer strikten Beachtenspflicht zurück.

17 Die Regelung der **Adressaten der Berücksichtigungspflicht** ist kompliziert: **Öffentliche Stellen** wie die Kommunen oder staatliche Behörden (§ 2 Abs. 4 Nr. 1–3 LPlG, § 3

---

14 *Koch/Hendler*, § 1 Rn. 18 f.; *Kümper*, in: Kment, ROG, § 3 Rn. 112.
15 Der Rechtsbegriff der »Nachhaltigkeit« in § 1 Abs. 2 S. 1 ROG stellt vor allem auf die Zukunftsbeständigkeit der Planung iS einer generationenübergreifenden Betrachtung ab, *Krautzberger/Stemmler*, in: Fs. f. Hoppe, S. 317 (320).
16 Die Grundsätze sind mit der Novellierung des ROG von 2008 erheblich umgeschrieben worden. Große Bedeutung hat das wegen ihrer schwachen Wirkung nicht; ausf. dazu *Ritter*, DÖV 2009, 425 (427 f.); *Söfker*, UPR 2009, 161 (162 f.); *Krautzberger/Stüer*, BauR 2009, 180 (183 f.).
17 Für die Einbeziehung von Beurteilungsermächtigungen *Koch/Hendler*, § 3 Rn. 3.

Abs. 1 Nr. 5 ROG) sind zur Berücksichtigung der Grundsätze verpflichtet. Dies gilt nicht nur bei ihren eigenen raumbedeutsamen Planungen und Vorhaben wie z.B. dem Erlass eines Bebauungsplans (§ 4 Abs. 1 S. 1 Nr. 1 ROG), sondern auch, wenn sie über die Zulässigkeit von Vorhaben anderer öffentlicher Stellen durch Genehmigung oder in sonstiger Form (§ 4 Abs. 1 S. 1 Nr. 2 ROG)[18] oder über Vorhaben von Privaten im Wege der Planfeststellung oder einer Genehmigung mit der Rechtswirkung der Planfeststellung entscheiden (§ 4 Abs. 1 S. 1 Nr. 3 ROG). Nach § 4 Abs. 1 S. 2 ROG gilt § 4 Abs. 1 S. 1 Nr. 2 ROG entsprechend, wenn Private, an denen die öffentliche Hand mehrheitlich beteiligt ist oder die überwiegend aus öffentlichen Mitteln finanziert werden, Planungen und Maßnahmen durchführen. Die analoge Anwendung begründet nicht etwa eine Bindung Privater, sondern hat zur Folge, dass öffentliche Stellen zur Berücksichtigung der Grundsätze verpflichtet sind, wenn sie über diese Vorhaben Privater entscheiden. Dies hat über § 4 Abs. 1 S. 1 Nr. 3 ROG hinausgehend zur Folge, dass bei diesen privaten Vorhabenträgern auch dann die Grundsätze zu berücksichtigen sind, wenn über ihr Vorhaben nicht im Wege der Planfeststellung oder der Plangenehmigung entschieden wird. Die Auffangklausel in § 4 Abs. 2 ROG erfasst ebenfalls diese Konstellation, soweit »echte« Private betroffen sind, schwächt bei ihnen aber die Bindungswirkung ab: Die Grundsätze sind nur nach Maßgabe des Fachrechts zu berücksichtigen. Dies könnte z.B. auch ein Baugenehmigungsverfahren sein, sofern die baurechtlichen Vorschriften eine Berücksichtigung der Grundsätze der Raumordnung anordnen (sog. Raumordnungsklauseln), was allerdings regelmäßig nicht der Fall ist.[19]

Ein Berücksichtigungsgebot für die Grundsätze der Raumordnung bei raumbedeutsamen Planungen wird nach § 4 Abs. 1 S. 2 iVm § 4 Abs. 1 S. 1 Nr. 1 ROG unmittelbar den **selbst planenden Privaten** auferlegt, sofern an diesen entweder öffentliche Stellen mehrheitlich beteiligt sind oder die Planungen überwiegend aus öffentlichen Mitteln finanziert werden. Hiermit wird auf Privatisierungstendenzen reagiert. Im Übrigen besteht eine **mittelbare Bindung der privaten Vorhabenträger** an die Grundsätze, die daraus folgt, dass eine öffentliche Stelle über ihr Vorhaben entscheidet: Die Nichtbeachtung der Grundsätze durch private Vorhabenträger könnte ggfs. zur Versagung des Vorhabens durch die unmittelbar gebundene öffentliche Stelle führen. 18

b) Ziele der Raumordnung. Unter Zielen der Raumordnung sind nach der Begriffsbestimmung des § 3 Abs. 1 Nr. 2 ROG verbindliche, räumlich und sachlich bestimmte oder bestimmbare Festlegungen in Raumordnungsplänen zu verstehen. Die Festlegungen dienen der Entwicklung, Ordnung und Sicherung des Raumes, sie können textlicher oder zeichnerischer Art sein. Ihr besonderes Kennzeichen besteht darin, dass sie auf einer **abschließenden Abwägung** des Trägers der Raumordnungsplanung für das Landesgebiet oder die Region beruhen. Im Gegensatz zu den Raumordnungsgrundsätzen tragen sie **Letztentscheidungscharakter** und sind einer weiteren Abwägung nicht zugänglich.[20] Sie sind von ihren Adressaten **zwingend zu beachten**. Die Ziele der Raumordnung sind gemäß § 3 Abs. 1 Nr. 2 ROG ausschließlich in Raumordnungsplä- 19

---

18 Etwa durch die Genehmigung eines Bebauungsplans nach § 10 Abs. 2 BauGB; zu weiteren Gestaltungen s. *Runkel*, in: Bielenberg/Runkel/Spannowsky, § 4 Rn. 79 ff.
19 *Kment*, NVwZ 2004, 155; s. a. BVerwGE 122, 364 (366 f.).
20 Zur näheren Bedeutung dieser Kennzeichnung *Hendler*, UPR 2003, 256 ff.

nen enthalten. In RhPf. ergeben sie sich aus dem **Landesentwicklungsprogramm** und den **regionalen Raumordnungsplänen** (§ 5 S. 1 LPlG). Dass sie im LPlG abweichend vom ROG als »Ziele der Landesplanung« bezeichnet werden,[21] stellt eine rechtlich unerhebliche terminologische Besonderheit dar.

20 Da aber nicht nur Ziele, sondern auch Grundsätze in einem Raumordnungsplan festgelegt werden können, ist im konkreten Fall die **Abgrenzung zwischen Zielen und Grundsätzen** der Raumordnung zuweilen schwierig. Eine entsprechende Kennzeichnung im Plan als »G« oder »Z« nach § 7 Abs. 1 S. 4 ROG hat lediglich indiziellen Charakter und entbindet nicht von einer Qualifizierung nach materiellen Grundsätzen.[22] Der Plangeber muss sprachlich deutlich machen, ob er eine Beachtenspflicht oder eine bloße Berücksichtigungspflicht normieren will. So ist das Gebot, namentlich benannte landschaftsprägende Anlagen und Denkmäler vor optischen Beeinträchtigungen zu bewahren, eine Zielbestimmung,[23] das Gebot hingegen, große Antennenanlagen zu »vermeiden«, ein bloßer Grundsatz.[24] Allerdings werden in der Praxis häufig die Ziele als »**Soll-Ziele**« oder »**Regel-Ziele**« formuliert, die eine Abweichung im atypischen Sonderfall gestatten sollen. Damit nähern sie sich den Grundsätzen der Raumordnung an.[25] Solange sie aber keine Abwägung ermöglichen, sondern der Ausnahmetatbestand klar umrissen ist bzw. die Atypik sich durch Auslegung ermitteln lässt, bleiben diese Bestimmungen Ziele der Raumordnung.[26]

21 **Adressaten** der Zielbeachtenspflicht sind die **öffentlichen Stellen** (§ 4 Abs. 1 S. 1 iVm § 3 Abs. 1 Nr. 5 ROG) sowie – nach Maßgabe des § 4 Abs. 1 S. 2 ROG – **Personen des Privatrechts**. Insoweit gilt im Wesentlichen dasselbe wie für die Grundsätze der Raumordnung (Rn. 17 f.). Für raumbedeutsame Planungen und Vorhaben des **Bundes** besteht nach § 5 ROG nur eine abgeschwächte Bindung an raumordnerische Ziele der Länder. Diese Privilegierung des Bundes ist kompetenziell geboten. Soweit etwa der Bund Träger einer Fachplanung wie einer eisenbahnrechtlichen Planfeststellung ist, kann er nicht an raumordnerische Vorstellungen der Länder gebunden werden.[27]

22 Gestattet die Formulierung von »Soll-Zielen« bereits planimmanent Ausnahmen von der Bindung, so stellt § 6 Abs. 2 ROG zusätzlich das Instrument der **Zielabweichung** zur Verfügung. Das Verfahren ist der bauplanungsrechtlichen Befreiung nach § 31 Abs. 2 BauGB nachgebildet. In RhPf. ermöglichen § 8 Abs. 3 S. 1, § 10 Abs. 6 LPlG eine Zielabweichung (nur) auf **Antrag**, den z.B. eine Gemeinde stellen kann (§ 8 Abs. 3 S. 2 LPlG), um einer Anpassungspflicht für Bauleitpläne nach § 1 Abs. 4 BauGB zu entgehen (Rn. 51). Da die Gestattung der Zielabweichung nach § 8 Abs. 3 S. 1, § 10 Abs. 6 S. 1 LPlG unter der nicht in § 6 Abs. 2 ROG enthaltenen Vorausset-

---

21 Vgl. neben § 5 S. 1 z. B. auch § 4 Abs. 2, § 7 Abs. 1 S. 1 LPlG.
22 BVerwGE 90, 329 (333 f.); BVerwG, NVwZ 2003, 738 (742); SächsOVG, Urt. v. 16.4.2014 – 1 C 21/12 – (juris); *Hendler*, UPR 2003, 256; *Spoerr*, in: Fs. f. Hoppe, 2000, S. 343 (346 f.); *Kümper*, in: Kment, ROG, § 3 Rn. 81.
23 OVG RhPf., UPR 2007, 198.
24 BayVGH, UPR 2009, 110.
25 Sehr krit. *Hoppe*, BauR 2007, 26 (32 f.); *Schroeder*, UPR 2000, 52 (53 f.).
26 BVerwG, NVwZ 2011, 821 Rn. 9; BVerwGE 119, 54 (60); *Hendler*, UPR 2003, 256 (260); ausf. zur Abgrenzung *Heemeyer*, UPR 2007, 10.
27 Dazu *Ronellenfitsch*, in: Fs. f. Hoppe, S. 355 (365 f.). Umgekehrt wird aber nunmehr durch § 5 Abs. 4 ROG auch die Bindungswirkung der öffentlichen Stellen der Länder an Zielbestimmungen in Raumordnungsplänen des Bundes (§ 17 Abs. 2 ROG) abgeschwächt, dazu Begr. RegE, BT-Drucks. 18/10883, S. 40 f.

zung veränderter Tatsachen oder Erkenntnisse steht, handelt es sich insoweit bei den Landesregelungen nicht um bloß ergänzendes Recht i.S.v. § 27 Abs. 3 ROG, sondern um einen Fall der Abweichungsgesetzgebung nach Art. 72 Abs. 3 S. 3 GG.[28] Über die Zulassung der Zielabweichung wird von der Landesplanungsbehörde durch **Verwaltungsakt** entschieden.[29] Nach Rechtskraft der Abweichungsentscheidung kommt auch eine inzidente Überprüfung im gegen die spätere konkrete Zulassungsentscheidung gerichteten Verfahren nicht mehr in Betracht.[30]

c) Sonstige Erfordernisse der Raumordnung. Zu den **sonstigen Erfordernissen der Raumordnung** gehören nach § 3 Abs. 1 Nr. 4 ROG die Ergebnisse förmlicher landesplanerischer Abstimmungsverfahren, wie z.B. von Raumordnungsverfahren (Rn. 42 ff.). Ferner umfassen sie in Aufstellung befindliche Ziele der Raumordnung sowie raumordnerische Stellungnahmen, die beispielsweise von Landesplanungsbehörden im Rahmen einer Beteiligung an Planungsverfahren anderer Behörden abgegeben werden. Hinsichtlich der **Bindungswirkungen** stehen sie den Grundsätzen der Raumordnung gleich (§ 4 ROG), so dass im Wesentlichen[31] auf die entsprechenden Ausführungen (Rn. 16 f.) verwiesen werden kann.

III. Anforderungen an Raumordnungspläne

1. Arten von Raumordnungsplänen. Die Raumordnung wird durch Raumordnungspläne gesteuert, deren zulässiger Inhalt in §§ 7, 13 ROG vorgezeichnet wird. Während § 7 ROG allgemeine Vorgaben für Raumordnungspläne von Bund und Ländern macht, regelt § 13 ROG allein die Raumordnungspläne der Länder. In § 13 Abs. 1 S. 1 ROG wird die Unterscheidung in Raumordnungspläne für das gesamte Landesgebiet und für Teile des Landesgebiets (Regionalpläne) für die Flächenländer vorgegeben. Diese Unterscheidung wird in RhPf. in §§ 7, 8 LPlG (**Landesentwicklungsprogramm, LEP**) und §§ 9, 10 LPlG (**Regionale Raumordnungspläne**) aufgegriffen.

Aus § 7 Abs. 1 S. 3 ROG folgt, dass auf der **hochstufigen Ebene der Landesplanung** räumliche oder sachliche Teilpläne zulässig sind. Von dieser Option hat RhPf. keinen Gebrauch gemacht. Als Ausfluss des **Gegenstromprinzips** sollen die regionalen Raumordnungspläne bei der Erarbeitung des LEP berücksichtigt werden (§ 7 Abs. 2 LPlG). Das Bundesrecht macht keine Vorgaben zur **Rechtsform** der hochstufigen Landesplanung. In RhPf. wird das LEP von der Landesregierung im Benehmen mit dem Innenausschuss des Landtags beschlossen (§ 8 Abs. 1 S. 5 LPlG) und sodann durch **Rechtsverordnung der Landesregierung** für verbindlich erklärt (§ 8 Abs. 1 S. 7 LPlG). Gegen-

---

28 *Schmitz*, in: Bielenberg/Runkel/Spannowsky, L § 6 Rn. 205 a; s.a. OVG RhPf., DVBl. 2019, 514 Rn. 66.
29 BVerwG, BauR 2010, 422: Klage der hessischen Stadt Limburg gegen einen Zielabweichungsbescheid zugunsten der benachbarten rhpf. Stadt Montabaur, mit dem eine Abweichung von den Vorgaben für großflächigen Einzelhandel gestattet wurde; OVG RhPf., BauR 2017, 1193: keine Klagebefugnis Privater gegen Zielabweichung zur Ermöglichung zur Ölbohrungen in einem raumschaftlichen Vorranggebiet; OVG RhPf., DVBl. 2012, 511: kein Schutz der Gemeinde bei Zielabweichung zur Ermöglichung eines geothermischen Kraftwerks in einem landwirtschaftlichen Vorranggebiet; OVG RhPf., LKRZ 2011, 33 f. zur Mainzer Fußball-Arena.
30 OVG RhPf., LKRZ 2011, 33 f.
31 § 1 Abs. 4 u. 5 LPlG beziehen sich allerdings nicht auf die sonstigen Erfordernisse der Raumordnung. In Aufstellung befindliche Ziele können für die Zulassung von Außenbereichsvorhaben als unbenannter öffentlicher Belang – anders als die Grundsätze der Raumordnung – nach § 35 Abs. 3 S. 1 BauGB berücksichtigungsfähig sein, BVerwGE 137, 247; 122, 364 (366 f.).

wärtig gilt das LEP IV aus dem Jahr 2008, das zuletzt im Jahr 2017 fortgeschrieben wurde.[32]

26 Die Anforderungen an **Regionalpläne** werden in § 9 LPlG konkretisiert. Die nach § 7 Abs. 1 S. 3 ROG gestattete Verabschiedung von sachlichen und räumlichen Teilraumplänen wird in § 9 Abs. 3 LPlG aufgenommen, blieb aber bislang folgenlos. Soweit es die Belange des größeren Raumes zulassen, sollen verbindliche und – iSd § 33 Abs. 1 BauGB – planreife Bauleitpläne berücksichtigt werden (§ 9 Abs. 2 LPlG). Hierin kommt ebenfalls das **Gegenstromprinzip** zum Ausdruck.[33] Nach § 9 Abs. 4 S. 1 LPlG sind die Regionalpläne benachbarter Planungsräume inhaltlich aufeinander abzustimmen. Das Land ist in vier Planungsregionen aufgeteilt (§ 13 Abs. 2 LPlG), für die jeweils regionale Pläne vorliegen. Zudem besteht ein länderübergreifender Plan Rhein-Neckar (§ 13 Abs. 3 LPlG, § 13 Abs. 3 ROG).[34] Das Bundesrecht macht keine Vorgaben zur Rechtsform der Regionalpläne. In RhPf. werden die Pläne von Planungsgemeinschaften als Körperschaften des öffentlichen Rechts erarbeitet, deren zentrales Organ die Regionalvertretung ist (§§ 14, 15 LPlG). Die Vertretung beschließt den Regionalplan (§ 14 Abs. 3 und 4, § 15 Abs. 2 LPlG), der sodann vom zuständigen Ministerium als oberster Landesbehörde genehmigt wird (§ 10 Abs. 2 S. 1 LPlG).[35] Mit der Bekanntmachung des Genehmigungsbescheids im Staatsanzeiger erlangt der Regionalplan Wirksamkeit (§ 10 Abs. 2 S. 4 LPlG). Zur **Rechtsform** der Regionalpläne verschweigt sich das Gesetz (Rn. 36).

27 **2. Programminhalte.** Die Inhalte der Raumordnungspläne der Länder werden in § 13 Abs. 5 ROG als Sollens-Vorschriften umschrieben. Dies bedeutet, dass die dort genannten **Festlegungen** keinen bundesrechtlich zwingenden Mindestinhalt normieren; vielmehr kann auf bestimmte Festlegungen verzichtet werden, wenn hierfür sachliche Gründe bestehen. Zu den möglichen Festlegungen gehören Ausweisungen der anzustrebenden Siedlungsstruktur, der Freiraumstruktur und vor allem auch der Infrastruktur (§ 13 Abs. 5 S. 1 Nr. 1–3 ROG). Im Übrigen sind die Länder nicht gehindert, weitere Festlegungen aufzunehmen. Bund und Länder können zudem durch Festlegungen auch bestimmte Gebietskategorien bezeichnen (§ 7 Abs. 3 ROG). Festlegungen können als **Ziele** oder als **Grundsätze** beschlossen werden (§ 7 Abs. 1 S. 1 ROG), so dass im Einzelfall anhand der Kriterien von § 3 Abs. 1 Nr. 2 und 3 ROG zu entscheiden ist, zu welchem Instrument der Plangeber gegriffen hat.

28 Besonders streitträchtig sind Festlegungen nach § 6 Abs. 2 LPlG, § 7 Abs. 3 S. 1 Nr. 1 bis 3 ROG, mit denen die Nutzung für spezifische Zwecke vorbehalten, vorrangig festgelegt oder ausgeschlossen werden kann.

---

32 LVO über das Landesentwicklungsprogramm (LEP IV) vom 14.10.2008, GVBl. S. 285, 3. Teilfortschreibung v. 4.7.2017, GVBl. S. 162.
33 Abw. *Runkel*, in: Spannowsky/Runkel/Goppel, § 1 Rn. 108, wonach sich das Gegenstromprinzip nicht auf die örtliche Bauleitplanung erstreckt.
34 Der Einheitliche Regionalplan Rhein-Neckar wurde durch den neu errichteten Verband Region Rhein-Neckar am 27.9.2013 beschlossen und in BadWürtt. und RhPf. durch Genehmigung der zuständigen Ministerien am 15.12.2014 verbindlich.
35 Zum Erfordernis eines Beitrittsbeschlusses der Regionalvertretung im Fall einer Genehmigung, die den ursprünglich beschlossenen Plan nur unter inhaltlichen Änderungen billigt, vgl. OVG RhPf., LKRZ 2007, 480 f.

Beispiel:
Der Regionalplan Mittelrhein-Westerwald setzt sich mit geeigneten Flächen für Windenergieanlagen auseinander. Von der potenziell geeigneten Gesamtfläche von 276 qkm werden 100 ha als Vorranggebiete und 300 ha als Vorbehaltsgebiete für die Windenergienutzung gekennzeichnet. Sämtliche anderen Flächen werden als Ausschlussgebiet gekennzeichnet. Das Windenergieunternehmen W hat größere Flächen erworben, die zwar zu den grundsätzlich geeigneten Flächen zählen, aber im Bereich der Ausschlussgebiete liegen. W möchte gerichtlich gegen die Festlegung der Ausschlussgebiete vorgehen.

Als **Vorranggebiete** können in den Raumordnungsplänen Gebiete bezeichnet werden, in denen eine Nutzungsfunktion bei gleichzeitigem Ausschluss anderer hiermit nicht vereinbarer Nutzungen vorrangig verwirklicht werden soll (§ 6 Abs. 2 Nr. 1 LPlG, § 7 Abs. 3 S. 1 Nr. 1 ROG). Wegen dieser innergebietlichen Ausschlusswirkung für andere Nutzungen wird die Kennzeichnung als Vorranggebiet als Ziel der Raumordnung angesehen.[36] Der Vorrang einer bestimmten innergebietlichen Nutzung führt indes nicht dazu, dass außerhalb des Vorranggebiets diese Nutzung nicht mehr erlaubt ist.[37] Diese Wirkung kann aber hergestellt werden über die Kombination mit einem **Eignungsgebiet**, das außergebietliche Ausschlusswirkung hat (§ 7 Abs. 3 S. 1 Nr. 3 und S. 3 ROG). § 6 Abs. 2 LPlG sieht zwar nicht die Festsetzung von Eignungsgebieten vor;[38] allerdings ermöglicht § 6 Abs. 2 Nr. 3 LPlG die Kennzeichnung von **Ausschlussgebieten**. Diese Kennzeichnung trägt Letztentscheidungscharakter und hat Zielqualität.[39] Steuerungswirkung vor allem im Hinblick auf § 35 Abs. 3 S. 3 BauGB kann deshalb in RhPf. erzielt werden, indem Vorranggebiete ergänzt werden mit Ausschlussgebieten in den anderen Teilen des Planungsgebiets. Streitig ist die Einordnung sog. **Vorbehaltsgebiete**, die nach § 6 Abs. 2 Nr. 2 LPlG, § 7 Abs. 3 S. 1 Nr. 2 ROG Gebietsfunktionen bezeichnen, die in der Abwägung ein besonderes Gewicht haben. Wegen ihrer bloßen Abwägungsbeachtlichkeit werden sie vom BVerwG als Grundsätze der Raumordnung angesehen.[40]

3. Rechtmäßigkeitsanforderungen
a) Verfahrensrechtliche Gebote

Ergänzung zu Beispiel Rn. 28:
W rügt des Weiteren, die Planunterlagen hätten nur einen Monat zur Einsichtnahme ausgelegen.

Anders als die Bauleitplanung kannte die überörtliche Gesamtplanung über lange Jahre keine umfassende Öffentlichkeitsbeteiligung. Es war eine Beteiligung nur derjenigen öffentlichen Stellen und Personen des Privatrechts vorgesehen, für die eine Beachtenspflicht nach § 4 ROG begründet werden sollte (§ 7 Abs. 5 ROG aF), wovon auch heute noch § 6 Abs. 3 LPlG ausgeht (s.a. § 8 Abs. 1, 10 Abs. 1 LPlG). Dies hat sich unter dem Einfluss des Unionsrechts geändert, das sowohl eine Pflicht zur Umweltverträg-

---
36 *Heitsch*, NuR 2004, 20; *Koch/Hendler*, § 3 Rn. 24; *Grotefels*, in: Fs. f. Hoppe, S. 369 (374 f.).
37 *Grotefels*, in: Fs. f. Hoppe, S. 369 (374).
38 Als i.S.v. § 72 Abs. 3 S. 1 Nr. 4 GG abweichendes Landesrecht qualifiziert von *Grotefels*, in: Kment, ROG, § 7 Rn. 44.
39 *Koch/Hendler*, § 3 Rn. 27; s. a. *Grotefels*, in: Fs. f. Hoppe, S. 369 (380); in RhPf. sind schon im LEP als Z 163d umfangreiche Ausschlussgebiete für Windenergieanlagen festgelegt worden.
40 BVerwGE 152, 49 Rn. 6; 118, 33, 47 f.; zust. *Ronellenfitsch*, in: Fs. f. Hoppe, 2000, S. 355 (362); *Erbguth*, DVBl. 1998, 209 (212); *Grotefels*, in: Fs. f. Hoppe, S. 369 (377); a.A. *Goppel*, in: Spannowsky/Runkel/Goppel, § 8 Rn. 82; *Heitsch*, NuR 2004, 20 (21); *Koch/Hendler*, § 3 Rn. 25.

lichkeitsprüfung (UVP) als auch das Gebot einer Öffentlichkeitsbeteiligung in die Raumplanung einführte.[41] Diese Anforderungen wurden in §§ 8, 9 ROG, § 6 Abs. 4, § 6a LPlG aufgenommen.

31 Sowohl bei Landes- als auch bei Regionalplänen ist die Erarbeitung eines **Umweltberichts** vorgeschrieben, der die voraussichtlichen erheblichen Auswirkungen, die die Durchführung des Plans auf die Umwelt hat, ermittelt und bewertet (§ 6a LPlG, § 8 ROG). Wenn bereits auf der Ebene der hochstufigen Landesplanung eine Umweltprüfung durchgeführt wurde, kann sich auf der Ebene der Regionalplanung die Prüfung auf zusätzliche und erhebliche Umweltauswirkungen beschränken (§ 6a Abs. 5 LPlG, § 8 Abs. 3 ROG). An der **Erstellung des Umweltberichts** sind die öffentlichen Stellen, deren Aufgabenbereich von den Umweltauswirkungen »berührt« werden kann, zu beteiligen (§ 6a Abs. 3 LPlG, § 8 Abs. 1 S. 2 Halbs. 2 ROG). Diese Vorgabe geht über § 6 Abs. 3 LPlG hinaus, der nur eine Beteiligung der Stellen vorsieht, die durch raumordnerische Ziele nach § 4 ROG gebunden werden sollen. § 6 Abs. 3 LPlG, der die Beteiligung erfasst, soweit es nicht um den Umweltbericht geht, bleibt hinter der bundesrechtlichen Vorgabe zurück, die generell eine Beteiligung aller in ihren Belangen berührten Behörden verlangt (§ 9 Abs. 1 S. 1 ROG). Hierin wird man keine »ergänzende« Regelung i.S.v. § 27 Abs. 3 ROG sehen können. Wegen der lex posterior-Regel (Art. 72 Abs. 3 S. 3 GG) findet das neuere Bundesrecht Anwendung.

32 Den öffentlichen Stellen und der Öffentlichkeit ist frühzeitig und effektiv **Gelegenheit zur Stellungnahme** zum Entwurf sowohl des Raumordnungsplans als auch des Umweltberichts zu geben (§ 6 Abs. 3 S. 2 und Abs. 4 LPlG, § 9 Abs. 2 S. 1 Halbs. 2 und S. 2 ROG). Über das Bundesrecht hinausgehend (§ 9 Abs. 2 S. 2 ROG), verlangt § 6 Abs. 4 S. 1 LPlG eine **sechswöchige Auslegung der Planunterlagen**. Der Raumordnungsplan bedarf einer **Begründung**, die zugänglich zu machen ist. Diese muss auch Angaben zu den Ergebnissen der Umweltprüfung enthalten (§ 6 Abs. 5 LPlG, § 7 Abs. 5, § 10 Abs. 2 ROG). Der Umweltbericht kann in die Begründung des Raumordnungsplans aufgenommen werden, muss aber gesondert ausgewiesen werden (§ 6a Abs. 6 LPlG, § 10 Abs. 2 und 3 ROG).

33 b) **Materiellrechtliche Gebote.** Die Festlegung von Zielen der Raumordnung steht – der Bauleitplanung vergleichbar (§ 1 Abs. 3 BauGB) – unter **Erforderlichkeitsvorbehalt**. So dürfen Vorranggebiete für Windenergie nicht in einer Weise festgelegt werden, die rechtlich nicht vollzugsfähig ist, z.B. für Gemeindegebiete, die durch Wohnnutzung geprägt sind.[42] Vor allem aber sind bei der Aufstellung der Raumordnungspläne die Grundsätze der Raumordnung gegeneinander und untereinander **abzuwägen** (§ 6 Abs. 1 S. 1 LPlG, § 7 Abs. 2 ROG). Grundsätzlich gelten für die Abwägung dieselben Grundsätze wie bei der Bauleitplanung (§ 5 Rn. 131 ff.).[43] Die Festlegung von Zielen der Raumordnung als verbindliche Letztentscheidung ist Ergebnis der Abwägung. Die Ergebnisse der Umweltprüfung sind immer zu berücksichtigen (§ 6 Abs. 1 S. 2 LPlG, § 7 Abs. 2 S. 2 ROG). Die weiteren öffentlichen und privaten Belange sind in der Ab-

---

41 RL 2001/42/EG vom 27.6.2001 über die Prüfung der Umweltauswirkungen bestimmter Pläne und Programme, ABl.EG L 197/30; jetzt RL 2011/92/EU, ABl.EU L 26/1; RL 2003/35/EG über die Beteiligung der Öffentlichkeit bei der Ausarbeitung bestimmter umweltbezogener Pläne und Programme, ABl.EU L 156/17.
42 BVerwG, NVwZ 2005, 585; VGH BadWürtt., NuR 2007, 210 (211 f.).
43 Grundlegend BVerwGE 34, 301 (309); 45, 309 (314 f.).

wägung zu berücksichtigen, soweit sie auf der jeweiligen Planungsebene erkennbar und von Bedeutung sind (§ 6 Abs. 1 S. 3 LPlG, § 7 Abs. 2 ROG). Der Vorbehalt bringt zum Ausdruck, dass den Planungsträgern **keine umfassenden Ermittlungspflichten** über die Auswirkungen ihrer Planung im gesamten Planungsraum obliegen.[44] Die Grenze zum Abwägungsdefizit wird aber in dem Maße verschoben, wie Private von dem Anhörungsrecht tatsächlich Gebrauch machen oder aber detaillierte Regelungen getroffen werden. Werden gar »parzellenscharfe« Festlegungen zu Ausschluss- und Vorranggebieten nach § 6 Abs. 2 LPlG getroffen, sind ggf. auch die eigentumsrechtlichen Belange derjenigen, deren Vorhaben durch die Festlegung von Vorrang- oder Ausschlussgebiete verhindert werden, in die Abwägung einzustellen (Beispiel Rn. 28 f.).[45]

c) **Planerhaltung.** § 6 Abs. 7 LPlG trifft Regelungen zur Planerhaltung, die entsprechend dem Vorbild der §§ 214 f. BauGB das Nichtigkeitsdogma fehlerhafter Pläne durchbrechen. Die Verletzung von Verfahrens- und Formvorschriften muss danach binnen Jahresfrist nach Bekanntmachung schriftlich gerügt werden (§ 6 Abs. 7 S. 1 LPlG). Auch bei rechtzeitiger Rüge ist aber die **Beachtlichkeit von Verfahrens- und Formfehlern** sowie von **Abwägungsmängeln** ausgeschlossen, wenn die Begründung des Raumordnungsplans – mit Ausnahme des Umweltberichts – unvollständig ist (§ 6 Abs. 7 S. 3 Nr. 1 LPlG). 34

Die Beachtlichkeit von Fehlern ist landesrechtlich des Weiteren ausgeschlossen, wenn es sich um Abwägungsmängel handelt, die **weder offensichtlich noch auf das Abwägungsergebnis von Einfluss** gewesen sind (§ 6 Abs. 7 S. 3 Nr. 2 LPlG). Dieser Planerhaltungsgrund ist restriktiver als die bundesrechtliche Vorschrift: § 11 Abs. 3 S. 2 ROG regelt die Beachtlichkeit des Fehlers, § 6 Abs. 7 S. 3 Nr. 2 LPlG hingegen seine *Un*beachtlichkeit. Während deshalb nach § 11 Abs. 3 S. 2 ROG alternativ die fehlende Offenkundigkeit *oder* die fehlende Kausalität zur Unbeachtlichkeit des Fehlers führt, ist dies nach § 6 Abs. 7 S. 3 Nr. 2 LPlG nur der Fall, wenn *beide* Voraussetzungen vorliegen.[46] Gemäß § 27 Abs. 2 ROG sind auf der Grundlage der Ländergesetze unbeachtliche Fehler bei der Aufstellung von Raumordnungsplänen auch weiterhin für die Rechtswirksamkeit dieser Pläne maßgeblich. Mit dieser Vorschrift wollte der Gesetzgeber weitergehende Unbeachtlichkeitsvorschriften der Länder anerkennen.[47] Hieraus lässt sich schließen, dass im Fall landesrechtlich engerer Unbeachtlichkeitsgründe die weitergehenden Unbeachtlichkeitsgründe nach § 11 ROG anzuwenden sind. Freilich erstreckt sich diese Vorrangwirkung nur auf die Planerhaltungsregeln des § 11 ROG, nicht hingegen auf Verfahrensfehler bei der Anwendung »ergänzender« Landesregelungen z.B. zur Öffentlichkeitsbeteiligung wie etwa die längere Auslegungsfrist nach § 6 Abs. 4 S. 1 LPlG.[48] 35

---

[44] *Hofmann*, in: Kment, ROG, § 7 Rn. 24.
[45] BVerwGE 118, 33 (44); *Redeker*, in: Fs. f. Hoppe, S. 329 (337); *Hendler*, DVBl. 2001, 1233 (1240).
[46] OVG Bbg., LKV 2005, 306 (313 f.); *Hahn*, LKV 2006, 193 (198).
[47] BT-Drucks. 16/10292, S. 30 mit der ausdrücklichen Anmerkung, die Bestandskraft von Raumordnungsplänen solle weiter erhöht werden; so auch SächsOVG, NuR 2012, 58 (60 f.).
[48] *Hager*, in: Kment, ROG, § 11 Rn. 145.

Beispiel Rn. 28, 30:
Der Verstoß gegen die Auslegungsvorschrift des § 6 Abs. 4 S. 1 LPlG ist beachtlich, da er nicht den Planerhaltungsvorschriften nach § 6 Abs. 7 LPlG, § 11 iVm § 27 Abs. 2 ROG unterfällt.

36 **4. Rechtsschutz gegen Raumordnungspläne.** Für den Rechtsschutz gegen **regionale Raumordnungspläne** ist die **verwaltungsgerichtliche Normenkontrolle** nach § 47 Abs. 1 Nr. 2 VwGO iVm § 4 Abs. 1 S. 1 AGVwGO als prinzipaler Rechtsbehelf anerkannt. Der Begriff der »Rechtsvorschrift« ist nicht auf einen numerus clausus von Rechtsnormen beschränkt, sondern nach materiellen Kriterien zu bestimmen.[49] Die **Zielbestimmungen** sind generell-abstrakte Regelungen, die der Koordinierung und dem Konfliktausgleich dienen,[50] weshalb es sich bei ihnen um Rechtsnormen sui generis handelt, die zugleich Rechtsvorschriften im Range unterhalb eines Landesgesetzes i.S.v. § 47 Abs. 1 Nr. 2 VwGO und § 4 Abs. 1 S. 1 AGVwGO sind.[51] Ob dies auch für **Grundsätze** der Raumordnung gilt, die von den Adressaten lediglich zu berücksichtigen sind, ist umstritten.[52] Das BVerwG lehnt dies ab, wenn nicht ausnahmsweise ein Grundsatz in rechtssatzförmiger Form für verbindlich erklärt wurde.[53]

Beispiel (zu Rn. 28):
Die im Regionalplan festgesetzten Ausschlussgebiete sind als Rechtsvorschrift ein tauglicher Angriffsgegenstand der verwaltungsgerichtlichen Normenkontrolle.

37 Das **Landesentwicklungsprogramm** wird ungeachtet des materiellen Gehalts durch die Verbindlicherklärung (Rn. 25) zur Rechtsvorschrift i.S.v. § 47 Abs. 1 Nr. 2 VwGO.[54] Gleichwohl kann das LEP nicht Gegenstand einer verwaltungsgerichtlichen Normenkontrolle sein, da diese nach § 4 Abs. 1 S. 2 AGVwGO nicht für Rechtsverordnungen eines Verfassungsorgans eröffnet ist. Prinzipalen Rechtsschutz können deshalb private Betroffene nur durch die **Verfassungsbeschwerde** (Art. 130 a LV) bzw. Gemeinden in einem Verfahren nach Art. 130 Abs. 1 S. 2 LV erlangen (vgl. näher o. § 1 Rn. 119, 135).

38 Die **Ziele der Raumordnung** sind gegenüber den unmittelbaren Adressaten der Bindungswirkung (§ 4 Abs. 1 und 3 ROG) Außenrechtsnormen.[55] Wegen ihrer Beachtenspflicht folgt die **Antragsbefugnis der Gemeinden** als Behörden unmittelbar aus § 47 Abs. 2 S. 1 Alt. 2 VwGO, ohne dass es einer konkreten Beeinträchtigung der Planungshoheit bedarf.[56] Als Ausfluss des allgemeinen Rechtsschutzbedürfnisses müssen die Gemeinden aber zumindest ein objektives Kontrollinteresse besitzen. Dies folgt aber ebenfalls schon aus der Beachtens- bzw. Anpassungspflicht (§ 1 Abs. 4 BauGB).[57]

39 Wegen des beschränkten Adressatenkreises der Bindungswirkung wurde die **Antragsbefugnis Privater** gegen Ziele der Raumordnung über lange Zeit verneint. Insoweit galten sie als Internum ohne Außenwirkung.[58] Allerdings hat das BauGB die Zulässig-

---

49 BVerwGE 119, 217 (220 f.); 152, 49 Rn. 4.
50 BVerwGE 119, 217 (226 f.); ausf. *Kment*, S. 32 ff.
51 BVerwGE 119, 217 (220 ff.); *Kment*, DÖV 2003, 349 (350); *Heitsch*, NuR 2004, 20 (24).
52 Bejahend *Kment*, DÖV 2003, 349 (357 f.); offen gelassen von BVerwGE 119, 217; ablehnend BVerwGE 152, 49 Rn. 6.
53 BVerwG, BauR 2009, 1570.
54 BVerwGE 81, 128; 80, 355; 119, 217 (220); *Heitsch*, NuR 2004, 20 (23).
55 BVerwGE 119, 217 (224 f.).
56 BVerwGE 117, 313; VGH BadWürtt., NVwZ 2006, 232; *Kment*, S. 299 ff.; *Koch/Hendler*, § 9 Rn. 20.
57 BVerwGE 81, 307 (310 f.).
58 BVerwGE 68, 311 (313 f.).

keit von einzelnen Vorhaben an die Beachtung der Ziele der Raumordnung geknüpft hat (§ 35 Abs. 3 S. 2 u. 3 BauGB). Für Bauherren werden die Ziele der Raumordnung ohne den vermittelnden Schritt der Bauleitplanung zum unmittelbaren Rechtmäßigkeitsmaßstab für ihr Vorhaben.[59] Deshalb hat sich die Auffassung durchgesetzt, dass jedenfalls hinsichtlich derartiger Zielfestlegungen die Privaten bereits »durch« die Rechtsvorschrift betroffen und damit auch antragsbefugt sind.[60] Als **subjektives Recht** kommt das Eigentumsgrundrecht aus Art. 14 Abs. 1 GG in Betracht, sofern die Zielfestlegung parzellenscharf das eigene Grundstück betrifft;[61] dies dürfte aber wegen der Grobmaschigkeit der Raumordnungsplanung nicht immer der Fall sein. Zu denken ist indes – ähnlich wie beim prinzipalen Angriff eines Bebauungsplans (§ 5 Rn. 199) – an das Recht auf gerechte Abwägung der eigenen Belange (§ 6 Abs. 1 S. 1 LPlG, § 7 Abs. 2 ROG), sofern die Festlegungen nur mittelbar das Grundstück betreffen oder der Antragsteller obligatorisch Berechtigter ist.[62]

Beispiel (zu Rn. 28):
W kann gegen die Festlegung der Ausschlussgebiete als Zielbestimmung seine Antragsbefugnis auf Art. 14 Abs. 1 GG oder aber auf das Abwägungsgebot stützen.

Raumordnungspläne sind zudem angreifbare **Entscheidungen** i.S.v. **§ 1 Abs. 1 S. 1 Nr. 4 Umwelt-Rechtsbehelfsgesetz (UmwRG)**,[63] was insbes. für die (isolierte) Rüge von Verfahrensfehlern bedeutsam sein kann. Gemäß § 2 UmwRG besitzen **Umweltvereinigungen** eine Antragsbefugnis.[64] **Private Betroffene** erlangen hingegen nach Auffassung des BVerwG keinen eigenständigen Anspruch auf Beachtung des Verfahrensrechts, sondern können die Aufhebung einer Entscheidung unter den Voraussetzungen des § 4 UmwRG nur verlangen, wenn sie schon aufgrund materieller Betroffenheit antragsbefugt sind.[65] § 7 Abs. 2 UmwRG ordnet die Streitigkeiten um Pläne i.S.v. § 1 Abs. 1 S. 1 Nr. 4 UmwRG unabhängig vom Vorliegen der Voraussetzungen des § 47 Abs. 1 Nr. 2 VwGO dem OVG zu und ermöglicht eine gerichtliche Überprüfung auch insoweit, als z.B. die Rechtmäßigkeit von bloßen Grundsätzen der Raumordnung in Frage steht.[66] Für RhPf. liegt in § 7 Abs. 2 UmwRG zudem eine **aufdrängende Zuweisung**, sofern ein Landesentwicklungsprogramm zur Überprüfung gestellt wird (Rn. 37).

40

---

59 BVerwG, DVBl. 2001, 1855; SächsOVG, UPR 2004, 350 (352); *Redeker*, in: Fs. f. Hoppe, S. 329 (335 f.).
60 BVerwGE 119, 217 (224 f.); OVG RhPf., BeckRS 2015, 54438; *Koch/Hendler*, § 9 Rn. 7; *Redeker*, in: Fs. f. Hoppe, 2000, 329 (331). – Anderes kann gelten, sofern ein raumordnerisches Ziel nicht auf ein Bauvorhaben durchschlägt, sondern i.S.v. § 4 Abs. 1 S. 1 Nr. 2 ROG ein Planfeststellungsverfahren determiniert, BVerwGE 117 (313).
61 BVerwGE 152, 49 Rn. 9; ausf. *Hendler*, DVBl. 2001, 1233; *Kment*, S. 305 ff.; *Schubert*, in: Kment, ROG, Einl. B Rn. 18 f.
62 BVerwG, BauR 2016, 1004 (1005); BVerwG, NVwZ 2007, 229; OVG S-A, UPR 2009, 399; OVG MV, BeckRS 2013, 58725; s. a. *Heitsch*, NuR 2004, 20 (25); *Loibl*, UPR 2004, 419 (421); *Hendler*, DVBl. 2001, 1233 (1242); krit. wegen der insoweit höheren Darlegungsanforderungen *Schubert*, in: Kment, ROG, Einl. C Rn. 21 f.
63 Zur Völkerrechtswidrigkeit der vorherigen Rechtslage BT-Drucks. 18/9526, S. 31 ff.; *Schubert*, in: Kment, ROG, Einl. C Rn. 46 f.
64 Es gilt aber insoweit weiterhin eine materielle Präklusion, § 2 Abs. 1 Nr. 3 lit. b UmwRG, dazu BT-Drucks. 18/9526, S. 38. Zudem verweist § 4 Abs. 4 S. 2 UmwRG für die Rechtsfolgen auf die Planerhaltungsvorschriften in §§ 12, 28 Abs. 2 ROG.
65 BVerwGE 148, 353 Rn. 41; 151, 138 Rn. 31; BVerwG, ZfBR 2019, 174; OVG NRW, UPR 2020, 192 (193); OVG RPf., BauR 2014, 1440; ausf. *Seibert*, NVwZ 2019, 337.
66 *Schubert*, in: Kment, ROG, Einl. C Rn. 60.

Beispiel (zu Rn. 28, 32):
W kann den Verstoß gegen § 6 Abs. 4 S. 1 LPlG nur gemeinsam mit dem Verstoß gegen das Abwägungsgebot bzw. die Eigentumsgarantie rügen.

41 Im Übrigen kann es bei bestimmten Klagen von Gemeinden und Personen des Privatrechts zur **verwaltungsgerichtlichen Inzidentkontrolle** kommen. Eine derartige Kontrolle findet jeweils dann statt, wenn die Rechtmäßigkeit des Plans eine **Vorfrage** für die Begründetheit des Klagebegehrens darstellt.

Beispiel:
Die Behörde hat die Genehmigung des gemeindlichen Flächennutzungsplans (§ 6 BauGB) mit der Begründung verweigert, der Plan verstoße gegen § 1 Abs. 4 BauGB, weil er mit den im regionalen Raumordnungsplan enthaltenen Raumordnungszielen nicht in Einklang stehe. Erhebt die Gemeinde daraufhin eine Verpflichtungsklage auf Genehmigungserteilung, so prüft das Gericht inzident, ob der regionale Raumordnungsplan rechtmäßig (gültig) ist. Entsprechendes gilt bei der Verpflichtungsklage eines Privaten auf Erteilung der von der Behörde mit der Begründung abgelehnten Baugenehmigung, das Vorhaben widerspreche den regionalplanerisch festgelegten Raumordnungszielen (§ 35 Abs. 3 S. 2 Halbs. 1 BauGB).

IV. Sicherung der Raumordnung

42 **1. Raumordnungsverfahren.** Ebenso wie die Bauleitplanung kennt auch das Landesplanungsrecht Instrumente, die der Vorbereitung, Verwirklichung und Sicherung der Raumordnung dienen. Von erheblicher praktischer Bedeutung ist das **Raumordnungsverfahren**, das in §§ 15, 16 ROG vorgezeichnet wird und in § 17 LPlG ergänzend ausgestaltet ist. Das Raumordnungsverfahren findet Anwendung auf raumbedeutsame Vorhaben, die möglicherweise mit einem bestehenden Raumordnungsplan kollidieren. Vor dem konkreten Zulassungsverfahren wird dann ein raumordnerisches Verfahren durchgeführt (**Raumverträglichkeitsprüfung**).

43 § 17 Abs. 1 LPlG, § 15 Abs. 1 ROG knüpfen hinsichtlich der verfahrensrelevanten Vorhaben an die in § 1 Raumordnungsverordnung (ROV) genannten Planungen und Maßnahmen an.

Beispiele (nach § 1 RoV):
Bau einer Bundesfernstraße, die der Entscheidung nach § 16 FStrG bedarf; planfeststellungsbedürftige Gewässerausbaumaßnahmen iSd § 68 Abs. 1 WHG; Errichtung von Feriendörfern und Einkaufszentren.

§ 17 Abs. 1 S. 1 Halbs. 2 LPlG verlangt zusätzlich, dass diese Vorhaben im Einzelfall raumbedeutsam sind und überörtliche Bedeutung haben. Da dies im Wortlaut lediglich eine Formel aufgreift, die auch § 1 ROV verwendet, bleibt das Landesrecht nicht hinter dem Bundesrecht zurück. § 16 Abs. 2 S. 2 ROG, der die Länder ermächtigt, Fälle zu regeln, in denen ein Raumordnungsverfahren nicht durchgeführt wird, ist vom Land RhPf. nicht aufgegriffen worden. Umgekehrt gestattet § 17 Abs. 1 S. 2 LPlG als ergänzende Regelung i.S.v. § 27 Abs. 3 ROG[67] bei sonstigen Maßnahmen, deren Wirkung sich auf größere Gebiete erstreckt, die Durchführung eines Raumordnungsverfahrens.

44 Das Raumordnungsverfahren wird von der Struktur- und Genehmigungsdirektion als oberer Landesplanungsbehörde oder aber bei Planungen, die für einen größeren Be-

---

67 *Dietz*, in: Kment, ROG, § 15 Rn. 125.

reich des Landes Bedeutung haben, vom Ministerium des Innern und für Sport als oberster Landesplanungsbehörde durchgeführt. Die Einlegung eines landesplanerischen Einspruchs gilt als **amtswegige Einleitung** eines Raumordnungsverfahrens (§ 19 Abs. 2 LPlG). Über das Bundesrecht hinausgehend ermöglicht § 17 Abs. 1 S. 2 LPlG in den Fällen, in denen nicht schon nach der ROV ein Raumordnungsverfahren durchzuführen ist, eine **Antragstellung durch Dritte**. § 17 Abs. 1 S. 3 LPlG stellt klar, dass ein Anspruch auf Einleitung eines Verfahrens nicht besteht.[68]

§ 17 Abs. 4 LPlG macht in Ergänzung von § 15 Abs. 2 S. 1 ROG detaillierte Vorgaben zur **Vorlage erforderlicher Unterlagen** durch den Vorhabenträger. Nach Erhalt der Unterlagen entscheidet die Behörde binnen vier Wochen über die Notwendigkeit der Durchführung eines Raumordnungsverfahrens (§ 17 Abs. 3 S. 1 LPlG, § 15 Abs. 4 ROG). Die in ihren **Belangen berührten öffentlichen Stellen und die Öffentlichkeit** sind gemäß § 15 Abs. 3 S. 1 ROG im Verfahren zu **beteiligen**. Die Regelung wird ergänzt durch § 17 Abs. 7 LPlG. Danach steht es der Behörde frei, ob sie auch einen **Erörterungstermin** durchführt (§ 17 Abs. 7 S. 5 LPlG). Dies könnte sich empfehlen, weil das Raumordnungsverfahren als Scharnier einer **frühzeitigen Bürgerbeteiligung** i.S.v. § 25 Abs. 3 VwVfG gilt[69] und als solches jetzt auch bundesrechtlich aufgewertet wurde.[70]

Nach § 17 Abs. 5 S. 3 LPlG entscheidet die Behörde nach Abgabe der Stellungnahmen der Beteiligten durch **raumordnerischen Entscheid**. Er enthält die Feststellungen, ob das raumbedeutsame Vorhaben mit den Erfordernissen der Raumordnung übereinstimmt oder mit ihnen verträglich gemacht werden kann. Ganz überwiegend wird die **Qualifizierung als Verwaltungsakt abgelehnt**, da es der raumordnerischen Entscheidung schon an der Regelungs-, jedenfalls aber an der Außenwirkung fehle.[71] Auch die Bindungswirkung für das nachfolgende konkrete Vorhabenzulassungsverfahren ist beschränkt. § 17 Abs. 10 LPlG ordnet an, dass der raumordnerische Entscheid bei raumbedeutsamen Maßnahmen und Planungen sowie bei Genehmigungen, Planfeststellungen und anderen Zulassungsentscheidungen bloß zu »berücksichtigen« ist, was bundesrechtlich allerdings schon aus § 3 Abs. 1 Nr. 4 ROG iVm § 4 Abs. 1 S. 1 und Abs. 2 ROG folgt.[72]

2. Raumordnerische Untersagung. Den bauplanungsrechtlichen Instrumenten der Veränderungssperre und der Zurückstellung von Baugesuchen nach §§ 14, 15 BauGB vergleichbar ist das Instrument der raumordnerischen Untersagung, die in § 12 ROG geregelt ist und in § 19 LPlG Ergänzungen erfährt. Nach § 19 Abs. 1 LPlG beginnt das Untersagungsverfahren nach Anhörung der betroffenen fachlich zuständigen obersten Landesbehörden mit der Einlegung des **landesplanerischen Einspruchs** – ein in § 12 ROG nicht vorgesehenes, zusätzliches Instrument i.S.v. § 27 Abs. 3 ROG.[73] Mit oder

---

68 Auch ohne eine derartige Klarstellung bestünde kein Anspruch auf Einleitung eines Raumordnungsverfahrens, BVerwG, DVBl. 1973, 448 (450).
69 *Steinberg*, ZUR 2011, 340 (344); *Gurlit*, JZ 2012, 833 (839); *Ziekow*, Gutachten 69. DJT, 2012, D 91 ff.
70 Begr. RegE, BT-Drucks. 18/10883, S. 54 ff.
71 BVerwG, ZfBR 2008, 592; BVerwGE 68, 311 (318 f.); BVerwG, DVBl. 1993, 435; NVwZ 1996, 67: »bloße gutachterliche Äußerung«; *Dietz*, in: Kment, ROG, 3 15 Rn. 21.
72 Spezialgesetzlich kann indes eine höhere Bindungswirkung für das Raumordnungsverfahren vorgesehen werden, s. § 4 Abs. 1 S. 3 Halbs. 2 LStrG, wo das Raumordnungsverfahren als bindendes Vorverfahren eingesetzt wird.
73 *Hager*, in: Kment, ROG, § 12 Rn. 75.

nach Einlegung dieses Einspruchs kann die oberste Landesplanungsbehörde das raumbedeutsame Vorhaben nach § 19 Abs. 3 LPlG untersagen.

48 Eine **unbefristete Untersagung** kann ausgesprochen werden, wenn der raumbedeutsamen Planung oder Maßnahme Ziele der Raumordnung entgegenstehen (§ 19 Abs. 3 Nr. 1 LPlG, § 12 Abs. 1 ROG). Dieser Untersagungstatbestand setzt also einen bereits erlassenen Raumordnungsplan voraus. Eine auf höchstens zwei Jahre **befristete Untersagung** kann gegenüber öffentlichen Stellen ausgesprochen werden, wenn die Gefahr besteht, dass die Verwirklichung von in Aufstellung, Änderung, Ergänzung oder Aufhebung befindlichen Ziele unmöglich gemacht oder wesentlich erschwert wird (§ 19 Abs. 3 Nr. 2 LPlG, § 12 Abs. 2 ROG). Die künftigen Ziele sollen nicht durch Vorhaben Dritter durchkreuzt werden. Ergänzend reicht nach § 19 Abs. 4 LPlG bei Vorhaben Privater für eine befristete Untersagung der behördlichen Entscheidung aus, dass die Ziele der Raumordnung in dem jeweiligen Zulassungsverfahren rechtserheblich i.S.v. § 4 Abs. 2 und § 4 Abs. 1 S. 3 ROG sind.[74]

Beispiel:
Aus raumordnerischen Gründen kann nach § 19 Abs. 4 LPlG ein baurechtlich beantragtes raumbedeutsames Bauvorhaben wie z.B. die Genehmigung einer Windenergieanlage im Außenbereich vorläufig untersagt werden, weil die (künftigen) Ziele der Raumordnung nach § 35 Abs. 3 S. 2 u. 3 BauGB im Baugenehmigungsverfahren i.S.v. § 4 Abs. 1 S. 3 ROG beachtlich sind.[75]

49 Die raumordnerische Untersagung ist **sofort vollziehbar** (§ 19 Abs. 5 LPlG, § 12 Abs. 3 ROG). Damit geht das Gesetz vom Verwaltungsaktcharakter der Untersagung aus. Für raumbedeutsame Vorhaben der öffentlichen Hand entfaltet hingegen die Untersagung zwar Regelungs-, aber nicht immer Außenwirkung. Wird z.B. der Planfeststellungsbehörde von der obersten Landesplanungsbehörde ein straßenrechtlicher Planfeststellungsbeschluss untersagt, muss ein Verwaltungsprozess um die Rechtmäßigkeit in Gestalt einer Feststellungs- oder Leistungsklage geführt werden.[76] Wird aber der Gemeinde die Verabschiedung eines Bebauungsplans untersagt, steht sie als Trägerin kommunaler Planungshoheit der staatlichen Landesplanungsbehörde im Außenverhältnis gegenüber.[77]

V. Landesplanung und Gemeinden

50 Die bisherige Darstellung sollte gezeigt haben, dass die überörtliche Gesamtplanung in eine Konfliktlage zur örtlichen Gesamtplanung der Gemeinden mittels der Bauleitplanung geraten kann. Dies liegt schlicht in dem Umstand begründet, dass die überörtliche Planung aus einer gesamthaften Perspektive notwendig auch Gebiete erfasst, die in den Kompetenzbereich der Gemeinden fallen. Zu den Bestandteilen der verfassungskräftigen Garantie der kommunalen Selbstverwaltung (Art. 28 Abs. 2 GG, 49 Abs. 3 LV) gehört auch die **gemeindliche Planungshoheit**. Darunter ist das Recht der Gemeinden zu verstehen, die baulich-räumliche Struktur des Ortes in eigener Ver-

---

74 Der Verweis in § 19 Abs. 4 LPlG auf § 4 Abs. 4 u. 5 ROG nimmt immer noch auf die 2008 abgelöste Fassung des ROG Bezug; zum Ergänzungscharakter i.S.v. § 27 Abs. 3 ROG *Hager*, in: Kment, ROG, § 12 Rn. 37.
75 Allerdings sind in Aufstellung befindliche Ziele der Raumordnung auch öffentliche Belange i.S.v. § 35 Abs. 3 S. 1 BauGB; zum Verhältnis der vorläufigen raumordnerischen Untersagung zum Baugenehmigungsverfahren s. BVerwGE 122, 364 (366 ff.).
76 Ausf. *Hager*, in: Kment, ROG, § 12 Rn. 27 ff.
77 Für VA-Natur auch *Koch/Hendler*, § 7 Rn. 5.

antwortung planerisch zu gestalten. Ob die Planungshoheit jedoch zum Kernbereich der Eigenverantwortlichkeit zählt, ist umstritten und vom BVerfG bislang ausdrücklich offen gelassen worden.[78] Die institutionelle Seite der Planungshoheit ist aber jedenfalls nur dann berührt, wenn der Plangeber aufgrund der landesgesetzlichen Vorgaben notwendig den Gemeinden substantielle Planungsspielräume entziehen muss.[79] Dies ist schon wegen der zahlreichen prozeduralen Sicherungen nicht der Fall.

Für die Lösung von **Planungskonflikten** ist die Bindung der Gemeinden an die Ziele der Raumordnung von grundlegender Bedeutung. Die **gemeindliche Zielbindung** ergibt sich aus § 4 Abs. 1 S. 1 ROG sowie aus § 1 Abs. 4 BauGB. § 1 Abs. 4 BauGB (Raumordnungsklausel) ist Ausdruck der Planungshierarchie und zudem Anerkenntnis des Umstands, dass die überörtliche Gesamtplanung auf ihre Umsetzung vornehmlich im Wege der Bauleitplanung angewiesen ist.[80] Dabei erfasst die Spezialvorschrift den wichtigen Bereich der Bauleitplanung, während die allgemeine Vorschrift des § 4 Abs. 1 S. 1 ROG die übrigen raumbedeutsamen Planungen und Maßnahmen der Gemeinden betrifft (soweit nicht auch dort eine spezielle Raumordnungsklausel eingreift). Da § 1 Abs. 4 BauGB unabhängig davon gilt, ob der Bebauungsplan raumbedeutsam ist, geht die Anpassungspflicht weiter als die Beachtenspflicht nach § 4 Abs. 1 S. 1 ROG.[81] 51

Der Bewältigung des Spannungsverhältnisses zwischen Bauleitplanung und Landesplanung dienen des Weiteren die Vorschriften der §§ 20, 23 LPlG. Nach § 20 LPlG haben die Träger der Bauleitplanung vor der Aufstellung oder Änderung eines Flächennutzungsplans (unter bestimmten Voraussetzungen auch eines Bebauungsplans) bei der nach § 4 Abs. 1 LPlG zuständigen Landesplanungsbehörde eine **landesplanerische Stellungnahme** einzuholen, in der ihnen die für ihr Planungsvorhaben maßgeblichen Erfordernisse der Raumordnung bekannt gegeben werden. Diese Stellungnahme ist vor allem für die **erstmalige Bauleitplanung** bedeutsam. In § 23 Abs. 1 LPlG wird der obersten Landesplanungsbehörde die Befugnis eingeräumt, im Einvernehmen mit den beteiligten obersten Landesbehörden zu verlangen, dass die Gemeinden ihre Bauleitpläne den Zielen der Raumordnung anpassen (**Anpassungsgebot**). Umstritten ist, ob aus § 1 Abs. 4 BauGB eine **Erstplanungspflicht** folgt, sich also das Anpassungsgebot zu einem Planungsgebot verdichtet. In Abweichung von anderen Ländern ist dies in RhPf. in § 23 Abs. 1 Alt. 2 LPlG vorgesehen. Durch diese Vorschrift wird das nach § 1 Abs. 3 BauGB bestehende bauplanerische Ermessen beschränkt.[82] 52

Durch das Befolgen der (nachträglichen) Anpassungspflicht kann es zu **Schäden bei Dritten** kommen, die auf den Bestand eines rechtswirksamen Bebauungsplans vertraut haben und nunmehr Nutzungen nicht mehr ins Werk setzen können, für die sie bereits Aufwendungen getätigt haben. Ihnen stehen unter den Voraussetzungen der §§ 39 ff. BauGB Planungsschadensersatzansprüche zu. Ersatzpflichtig ist nach diesen Vorschriften die bauleitplanende Gemeinde. Für den Fall raumordnerisch gebotener An- 53

---

78 BVerfGE 56, 298 (312); 76, 107 (119).
79 BVerfGE 76, 107 (119); 79, 127 (146); s.a. BVerwG, UPR 2006, 237.
80 BVerwG, NVwZ 2004, 220 (224); ausf. zu § 1 Abs. 4 BauGB *Kümper*, ZfBR 2018, 119.
81 BVerwGE 117, 351 (355); OVG RhPf., UPR 2007, 198; *Appel*, UPR 2011, 161 (164); a.A. *Koch/Hendler*, § 8 Rn. 4.
82 Zu Erstplanungspflichten von Bundesrechts wegen BVerwGE 119, 25 – *Gewerbepark Mülheim-Kärlich*; bestätigt durch BVerwG, UPR 2006, 237; s.a. *Kümper*, ZfBR 2018, 119 (126).

passung sieht § 23 Abs. 3 LPlG indes vor, dass der Gemeinde für die Erfüllung dieser Entschädigungsansprüche Ersatz durch das Land zu leisten ist. Denkbar sind aber auch **Schäden der Gemeinde**, weil Wertminderungen an ihren eigenen Grundstücken eintreten, die Umplanung selbst Kosten verursacht oder bereits erbrachte Aufwendungen nutzlos werden. Deshalb sieht § 23 Abs. 4 LPlG auch einen Ersatzanspruch der Gemeinde gegenüber dem Land vor.

VI. Klausurhinweise

54 Auf dem Gebiet des Landesplanungsrechts kommen insbes. folgende Klausuraufgaben in Betracht:

1. **Prüfung des Landesentwicklungsprogramms oder eines regionalen Raumordnungsplans unter verfahrensrechtlichen und materiellrechtlichen Gesichtspunkten im Rahmen einer verwaltungsgerichtlichen oder verfassungsgerichtlichen Normenkontrolle.** Bei der Prüfung des statthaften Rechtsbehelfs ist der Charakter der Zielbestimmungen als Rechtsvorschriften i.S.v. § 47 Abs. 1 Nr. 2 VwGO herauszuarbeiten, sofern ein regionaler Raumordnungsplan zur Prüfung steht (Rn. 36). Ebenso bedarf die Antragsbefugnis sorgfältiger Ausführungen (Rn. 38 f.). In der Begründetheitsprüfung ist zu berücksichtigen, dass das OVG eine objektive Rechtmäßigkeitskontrolle durchführt, weshalb alle formellen und materiellen Rechtmäßigkeitserfordernisse zu erörtern sind.

55 2. **Prüfung der Übereinstimmung einer Planung oder Maßnahme mit dem Inhalt des Landesentwicklungsprogramms oder eines regionalen Raumordnungsplans.** Eine derartige Prüfung wird in einer Klausuraufgabe beispielsweise dann verlangt,

- wenn eine Gemeinde gerichtlich dagegen vorgeht, dass ihr die Genehmigung eines Bauleitplans (§ 6 Abs. 1, § 10 Abs. 2 BauGB) mit der Begründung versagt worden ist, der Plan verstoße gegen § 1 Abs. 4 BauGB, weil er mit den Zielen der Raumordnung nicht in Einklang stehe, oder
- wenn sich ein Bauantragsteller gerichtlich dagegen wehrt, dass ihm die Baugenehmigung mit der Begründung verweigert worden ist, das Bauvorhaben widerspreche den Zielen der Raumordnung (§ 35 Abs. 3 S. 2 Halbs. 1 BauGB) bzw. dem Vorhaben stünden öffentliche Belange entgegen, weil für das Vorhaben durch Ziele der Raumordnung eine Ausweisung an anderer Stelle erfolgt sei (§ 35 Abs. 3 S. 3 BauGB).

56 Allerdings ist auch in den Fällen, in denen es um die Übereinstimmung einer Planung oder Maßnahme mit einem Raumordnungsplan geht, zu prüfen, ob der Raumordnungsplan den verfahrensrechtlichen und materiellrechtlichen Anforderungen entspricht, da hiervon seine Wirksamkeit abhängt. Die Wirksamkeit kann überdies inzident zu prüfen sein, wenn Rechtsschutz gegen eine raumordnerische Untersagung begehrt wird (Rn. 49). Für diese Prüfung sind zudem die Planerhaltungsvorschriften bedeutsam (Rn. 34 f.). In der schriftlichen Fassung der Klausur sind Erörterungen zur Wirksamkeitsfrage jedoch nur unter der Voraussetzung erforderlich, dass im Sachverhalt Anhaltspunkte für die Fehlerhaftigkeit des Plans bestehen.

§ 9 Kulturrecht

von *Friedhelm Hufen*

Literatur: *Die in diesem Verzeichnis enthaltenen Werke werden in den Fußnoten lediglich mit dem Namen der Autoren oder Herausgeber (erforderlichenfalls mit einem unterscheidenden Zusatz) zitiert.*

Avenarius/Hanschmann, Schulrecht, 9. Aufl. 2019; Fischer/Reich, Der Künstler und sein Recht. 3. Aufl. 2015; *Hartmer/Detmer*, Hochschulrecht, 3. Aufl. 2016; *Ebling/Schulze*, Kunstrecht, 2. Aufl. 2012; *Hufen*, Staatsrecht II Grundrechte, 8. Aufl. 2020 (zit. ohne Zusatz); *ders.* Kunstfreiheit, in: HGR IV, § 101; *Grumbach/Bickenbach/Seckelmann/Thews*, Schulgesetz RhPf., Losebl.-Komm. (21. Aktualis. 2019); *Keller/Krampen*, Das Recht der Schulen in freier Trägerschaft 2014; *Klenner*, Schülergrundrechte, 2019; *Niehues/Fischer/Jeremias*, Prüfungsrecht, 7. Aufl. 2018; *Rux/Niehues*, Schulrecht, 6. Aufl. 2018; *Kingreen/Poscher*, Grundrechte, Staatsrecht II, 35. Aufl. 2019.

I. Grundlagen 1	f) Die äußere Schulorganisation 49
1. Grundbegriffe 1	g) Grundlagen der inneren Schulorganisation 53
2. Historischer Überblick 2	
3. Der verfassungsrechtliche Rahmen 3	h) Besonderheiten einzelner Fächer 57
a) Staatszielbestimmung Kultur 3	4. Privatschulen – Schulen in freier Trägerschaft 62
b) Kompetenzen 4	a) Grundlagen 62
II. Kunst 8	b) Ersatzschulen – Ergänzungsschulen 64
1. Grundlagen 8	
a) Historische Bezüge 8	c) Gründung, Genehmigung und Anerkennung freier Schulen 65
b) Verfassungsrechtlicher Schutz 9	
2. Einzelne Institutionen 10	d) Staatsaufsicht 66
a) Staat und Kommunen als Kunstmäzene 10	e) Finanzierung 67
	IV. Wissenschaft – Hochschulen 68
b) Museen 11	1. Grundlagen 68
c) Theater/Orchester 12	a) Geschichtliches 68
d) Kommunale Kultureinrichtungen 14	b) Verfassungsrechtlicher Rahmen 69
e) Rechtsschutzprobleme 15	2. Hochschulrecht 71
III. Erziehung, Bildung, Schule 16	a) Hochschulbegriff, Hochschularten und Hochschulaufgaben 71
1. Grundlagen 16	
a) Grundbegriffe 16	
b) Historischer Überblick 17	b) Inhalte: Forschung, Lehre und Studium, Hochschulprüfungen und Hochschulgrade 72
2. Kein »Kinderkram«: Das Recht der Früherziehung 18	
3. Öffentliche Schulen 21	
a) Verfassungsrechtlicher Rahmen 21	c) Rechte und Pflichten der Studierenden 73
b) Auftrag der Schule, Erziehungs- und Lernziele, Lehrpläne 28	d) Rechte und Pflichten wissenschaftlichen und künstlerischen Personals 81
c) Rechte und Pflichten der Schüler 29	e) Hochschulverfassung 90
d) Rechte und Pflichten der Eltern 42	f) Staatsaufsicht 97
	V. Klausurhinweise 98
e) Rechte und Pflichten der Lehrer 45	1. Gerichtsbarkeit – unterschiedliche Fallgestaltungen 98

2. Prüfung der Verfassungsmäßigkeit einer Rechtsnorm des Landes (z.B. Änderung des Schulgesetzes) 99
3. Sonstige verfassungsrechtliche Verfahren 100
4. Widerspruch und Verwaltungsprozess 101

I. Grundlagen

1 1. **Grundbegriffe.** Wenn ein Lehrbuch einen Abschnitt zum »Kulturrecht« enthält, dann muss geklärt werden, was damit gemeint ist. Dabei kann es nicht darum gehen, den sehr vielschichtigen Begriff der »Kultur« abschließend zu definieren. Hier reicht es zu wissen, dass der sprachliche Ursprung beim lateinischen Verb *colere* (Partizip: *cultus*) liegt und ursprünglich das Betreiben von Landbau meinte. Weitere Begriffsschichten haben mit veredeln, pflegen, aber auch mit religiösen Verhaltensweisen zu tun.[1] Die folgende Darstellung konzentriert sich auf Kernbereiche, die unbestritten der wie auch immer definierten Kultur und damit dem Kulturrecht zugewiesen sind: Kunst, Erziehung und Bildung sowie Wissenschaft. Dagegen hat sich das Medienrecht zu einem eigenen Rechtsgebiet entwickelt.[2] Im Rahmen dieses Lehrbuchs konzentriert sich die Darstellung auf diejenigen Bereiche, die auch für den Pflichtfachstoff des Öffentlichen Rechts von Relevanz sind und die einen spezifischen Bezug zum Landesrecht aufweisen.

2 2. **Historischer Überblick.** Anders als in anderen Rechtsgebieten macht es wenig Sinn, von einer historischen Entwicklung »der« Kultur zu sprechen. Zwar ist vielfach von einer »Kulturgeschichte« die Rede, gemeint sind dabei aber stets besondere Aspekte der kulturellen Entwicklung. Zu unterschiedlich sind allein die historischen Bezüge von Kunst, Religion und Wissenschaft vor dem Hintergrund der Ereignisse. So ist es selbstverständlich, dass Ereignisse wie die Reformation, die französische Revolution und der Nationalsozialismus Auswirkungen auf alle Bereiche der Kultur hatten. In sich aber ist die Entwicklung von Kunst, Wissenschaft, Religion usw sehr unterschiedlich verlaufen. Deshalb soll den einzelnen Abschnitten jeweils ein kurzer historischer Überblick vorangestellt werden, soweit spezifisch rheinland-pfälzische Aspekte angesprochen sind.

3 3. **Der verfassungsrechtliche Rahmen.** a) Staatszielbestimmung Kultur. Anders als im Bund, wo die Aufnahme einer Staatszielbestimmung Kultur in das GG vorerst gescheitert zu sein scheint,[3] ist in der LV seit 2000 bereits eine Kulturklausel vorhanden:

Art. 40 Abs. 1 LV:

Das künstlerische und kulturelle Schaffen ist durch das Land, die Gemeinden und Gemeindeverbände zu pflegen und zu fördern.

Es handelt sich hier um eine **Staatszielbestimmung**,[4] also geltendes Recht, nicht nur um einen unverbindlichen Programmsatz. Andererseits ergeben sich aus Art. 40 Abs. 1 LV keine subjektiven Rechte des einzelnen Künstlers auf bestimmte Fördermaßnahmen. Es geht vielmehr um eine objektive Wertentscheidung für die Kultur und das

---

1 Ausf. *Hufen*, vor § 32.
2 Dazu u. § 10.
3 Vgl. Schlussbericht der Enquête-Kommission des Deutschen Bundestages »Kultur in Deutschland«, »Kultur als Staatsziel«, BT-Drucks. 16/7000.
4 Dazu o. § 1 Rn. 99.

künstlerische Schaffen, bei deren Ausfüllung die staatlichen Instanzen, insbes. der Gesetzgeber und die Gemeinden einen weiten Gestaltungsspielraum haben.[5]

b) Kompetenzen. aa) »Kulturhoheit« der Länder: Sie wird immer wieder als Kern der Bundesstaatlichkeit hervorgehoben.[6] Diese ist aber weder im GG noch in der LV explizit erwähnt, ergibt sich aber aus Art. 30 und 70 GG sowie einer ganzen Reihe von konkreten Kompetenznormen.

Kulturhoheit und Kulturföderalismus werden gerade im Bereich der Schule nicht selten in Frage gestellt und als »Kleinstaaterei« diskreditiert. Deshalb seien die geradezu »unschlagbaren« Vorteile einer föderativen Organisation der Kultur hier festgehalten. Für sie spricht nicht nur die historische Tatsache, dass sich in Deutschland – anders als in den Zentralstaaten des Westens – die Kultur schon immer territorialstaatlich, dh »vor Ort«, entwickelt hat. Dies führt zu einer einem näheren Zugang zur Spitzenkultur und auch zu einer besseren Identifikation der Menschen in den Ländern und Gemeinden mit »ihrer Kultur«. Wer von »Kleinstaaterei« spricht, übersieht die Nachteile einer übergroßen Ballung des Kulturlebens in der Hauptstadt, des Ausblutens der Provinz und die große Vielfalt der Kultur in den Landeshauptstädten und anderen Zentren der Bundesrepublik. Der Kulturföderalismus ist also einer der zentralen Werte der Bundesrepublik, der unbedingt aufrecht zu erhalten ist.

bb) Kulturelle Kompetenzen der Kommunen: Ein großer Teil der Kultur spielt sich in Deutschland in den Städten ab.[7] Das gilt auch in RhPf., das traditionell die Selbstverwaltung der Kommunen sogar im Grundrechtskatalog sichert (Art. 49 LV).[8] So gehören kulturelle Aufgaben mit örtlichem Bezug grundsätzlich zum verfassungsrechtlich in Art. 49 LV gesicherten Kernbereich der kommunalen Selbstverwaltung.[9] Kulturelle Aufgaben dürfen damit nur »hochgezont«, dh auf das Land oder einen anderen Träger übertragen werden, wenn dies erforderlich ist, um die entsprechende Aufgabe gemeinwohlorientiert zu erfüllen.[10] Im Selbstverwaltungsbereich erschöpft sich auch die Aufsicht des Staates in der Rechtsaufsicht. So darf etwa der Kultusminister nicht auf das Programm eines städtischen Theaters Einfluss nehmen. Der kulturellen Freiheit in diesem Bereich entspricht es, dass die meisten kulturellen Aufgaben den freiwilligen Selbstverwaltungsaufgaben iSv § 2 Abs. 1 S. 1 GemO zugeordnet sind. Das führt in Zeiten »knapper Kassen« zu nicht unerheblichen Problemen für die kommunale Kulturlandschaft.[11] Pflichtaufgaben der Selbstverwaltung nehmen die Gemeinden insbes. im Bereich der vorschulischen Erziehung und der Schulträgerschaft wahr (dazu u. Rn. 25 u. 59).

Rechtsschutzprobleme: Nach h.L. können sich die Gemeinden und Landkreise im kulturellen Bereich nur auf die Selbstverwaltungsgarantie (Art. 28 Abs. 2 GG, 49 Abs. 3 LV), nicht aber auf sonstige Grundrechte berufen.[12] So kann die Stadt im Hinblick auf

---
5 BVerfGE 36, 321(331); *Magiera*, in: G/C, Art. 40 Rn. 3 u. 7; *Wagner*, in: B/D/J, Art. 40 Rn. 1.
6 *Häberle*, Kulturverfassungsrecht im Bundesstaat, 1980; allg. *Beissel*, Deutscher Kulturföderalismus im Wandel der europäischen Integration, 2012.
7 Wichtig dazu *Scheytt*, Kommunales Kulturrecht, 2005.
8 Dazu o. § 1 Rn. 90.
9 Dazu *Geis*, Kommunalrecht, 5. Aufl. 2016, § 6 Rn. 24.
10 BVerfGE 79, 127 ff.
11 *Karpen*, DÖV 2017, 286.
12 BVerfGE 61, 82 ff.; vgl. auch o. § 1 Rn. 119.

ihr Theater selbst nicht die Kunstfreiheit (Art. 9 Abs. 1 LV) geltend machen. Hier kommen nur einzelne Künstler oder – im Falle rechtlicher Verselbständigung – das Theater selbst als Grundrechtsträger in Betracht.

7 **cc) Aufbau der Kulturbehörden RhPf.**: **Oberste Landesbehörden** im Bereich der Kultur sind das Ministerium für Bildung und das Ministerium für Wissenschaft, Weiterbildung und Kultur. Die kulturellen Funktionen der früheren Bezirksregierungen als **mittlere Verwaltungsbehörde** hat heute nahezu ausschließlich die Aufsichts- und Dienstleistungsdirektion (ADD) in Trier mit ihren Außenstellen in Koblenz und Neustadt/W. übernommen. Anders als in anderen Bundesländern gibt es keine eigenen Kulturbehörden auf mittlerer und unterer Verwaltungsebene (Oberschulamt, Schulamt usw).

II. Kunst

8 **1. Grundlagen. a) Historische Bezüge.** Bei allen Unterschieden in den einzelnen Landesherrschaften und Territorien hat die Kunst im Gebiet des heutigen RhPf. die Entwicklung mitgemacht, die sich auch in Deutschland im Übrigen gezeigt hat. Zu erwähnen sind die Einbindung in die religiöse Welt des Mittelalters, die Staatsverherrlichung im Absolutismus, die Privatisierung und die politischen Konflikte im 19. Jahrhundert, der erstmalige verfassungsrechtliche Schutz in Art. 142 WRV, die Verfolgung der Künstler zur Zeit des Nationalsozialismus und die Selbstverständlichkeit, mit der die Kunstfreiheit in der neuen Landesverfassung geschützt wurde.

9 **b) Verfassungsrechtlicher Schutz.** Art. 9 Abs. 1 LV lautet: »*Die Kunst, die Wissenschaft und ihre Lehre sind frei*«. Der Kunstbegriff der LV ist deckungsgleich mit demjenigen von Art. 5 Abs. 3 GG. Insofern kann hier auf die Definition im »Mephisto-Urteil« des BVerfG[13] und die Lehrbücher zum GG verwiesen werden.[14] Stattdessen sollen in der Folge einige besondere Probleme untersucht werden, in denen Staat und Kommunen konkret an den Werk- und Wirkbereichen der Kunst beteiligt sind.

10 **2. Einzelne Institutionen. a) Staat und Kommunen als Kunstmäzene.** Staat und andere öffentliche Entscheidungsträger üben heute weniger durch klassische Eingriffe als durch die Präsentation und Förderung von Kunst ihren Einfluss auf die Entwicklung des Grundrechts aus. Hier muss sich die Kunstfreiheit im objektiven und verfahrensmäßigen Sinne bewähren. So ist z.B. die Entscheidung des »Ob« der Aufnahme eines Künstlers in die Kunstförderung oder ein »Kunst am Bau-Programm« nicht rein zivilrechtlicher Natur, sondern nach öffentlich-rechtlichen Maßstäben zu beurteilen. Der Budgetvorbehalt des Haushaltsgesetzgebers bzw. des Stadt- und Gemeinderats verlangt einerseits eine abschließende Kontrolle der ausgegebenen Mittel und damit auch eine Entscheidung z.B. über die Aufstellung eines Brunnens, eines Denkmals oder auch den Ankauf für eine städtische Sammlung. Andererseits verlangt die künstlerische Eigengesetzlichkeit, dass sich Staat und Kommune nach Möglichkeit jedes bestimmenden Einflusses auf die Entwicklung der Kunst enthalten. Das ist durch die Mitwirkung von Kunstsachverständigen und – wo möglich – Repräsentanten der

---

13 BVerfGE 30, 173, 188.
14 Ausf. Darstellung bei *Hufen*, § 33.

Kunst selbst sicherzustellen.¹⁵ Aus der Sicht des einzelnen Künstlers begründet Art. 9 Abs. 1 LV i.V.m. dem Gleichheitssatz des Art. 17 Abs. 1 LV jedenfalls einen Anspruch auf Transparenz und eine grundsätzliche Chance, bei den Auswahlentscheidungen berücksichtigt bzw. nicht willkürlich ausgeschlossen zu werden. Das gilt insbes. für Veranstaltungen, die für bestimmte Kunstbereiche ein Monopol oder jedenfalls prägende Wirkung besitzen.¹⁶

b) **Museen.** Auch die mehr als 430 Museen des Landes dienen neben der **Wahrung und Präsentation des kulturellen und technischen Erbes** auch dem **Wirkbereich der Kunstfreiheit**, haben aber anders als die Instrumente der Kunstförderung, Galerien und Ausstellungen selten einen konkreten Bezug zum Künstler. Träger der Landesmuseen ist das Land, der städtischen Museen die jeweilige Kommune. Auch ein Zweckverband mehrerer Gemeinden kommt als Träger in Betracht. **11**

c) **Theater/Orchester.** Theater, sonstige Bühnen, Konzertsäle und Orchester bilden **wichtige Foren der Kunstausübung** im Lande.¹⁷ Besonders zu nennen sind das Staatstheater Mainz und die drei Stadttheater in Ludwigshafen, Koblenz und Trier. Der Organisationsform nach kann es sich um Eigenbetriebe oder nichtrechtsfähige Anstalten handeln. Dem Bürger gegenüber ist auch ein Theater eine öffentliche Sache im Anstaltsgebrauch. Im Rahmen der Kapazität und der Widmung besteht also Anspruch auf Nutzung. **12**

Für die **Rechtsverhältnisse der ausübenden Künstler** gilt – sofern es sich nicht um den selten werdenden Fall eines Beamtenverhältnisses handelt – das private Arbeitsrecht, das gerade im Bereich der Bühnen und Orchester bemerkenswerte Besonderheiten aufweist. Aus Grundrechtssicht sind ausübende Künstler stets Träger der Kunstfreiheit aus Art. 9 Abs. 1 LV und Art. 5 Abs. 3 GG. Ähnlich wie bei den »Tendenzbetrieben« im Medienrecht hat die **künstlerische Direktive des Intendanten bzw. Regisseurs** aber idR Vorrang vor der individuellen künstlerischen Entfaltung des Einzelnen. Unabhängig von der Rechtsform kommt auch das Theater oder das Orchester selbst als Grundrechtsträger in Betracht. Daraus folgt zwar auch bei lang andauernder Förderung kein subjektives Recht auf Subventionierung.¹⁸ Die Kunstfreiheit schützt auch nicht vor organisatorischen Umgestaltungen, der Zusammenlegung von Theatern oder Stellenstreichungen im Orchester. Derartige Instrumente und Sparmaßnahmen dürfen aber nicht eingesetzt werden, um ein unbotmäßiges Theater zu »bestrafen« oder eine bestimmte Programmgestaltung des Orchesters zu erzwingen.¹⁹ **13**

d) **Kommunale Kultureinrichtungen.** Im Rahmen ihrer kulturbezogenen Selbstverwaltungsaufgaben existieren auch in RhPf. zahlreiche kommunale Kultureinrichtungen. Genannt seien nur Städtische Theater, Musikschulen, Volkshochschulen, Museen, Bibliotheken und Konzertsäle. Selbst Teile des Internetsauftritts einer Gemeinde können heute kulturelle Einrichtungen oder auch Teile derselben sein. Bei allen Unterschieden **14**

---

15 Zu diesem Problem einerseits *Steiner*, VVDStRL 42 (1984), 7, 36; andererseits *Hufen*, NVwZ 1983, 516 (521); *ders.* § 33 Rn. 60.
16 So zur »Kasseler Documenta« *Hufen*, NJW 1997, 1112.
17 Allg. zum Bereich des Theaters *Brauneck*, Die Stellung des deutschen Theaters im öffentlichen Recht 1871–1945, 1997; *Kurz/Kehrl/Nix*, Praxishandbuch Theater- und Kulturveranstaltungsrecht, 2. Aufl. 2015.
18 VGH BW, NJW 2004, 624.
19 Zur Theaterschließung BerlVerfGH, NJW 1995, 858.

ist ihnen gemeinsam, dass es sich um **kommunale öffentliche Einrichtungen iSv § 14 GemO** handelt, also ein Zugangsanspruch der Einwohner besteht. Das gilt unabhängig von der Rechtsform (Regie- oder Eigenbetrieb, Anstalt oder auch Stiftung). Soweit gesetzlich nichts anderes bestimmt ist (wichtig insofern § 89 SchulG), kann die Widmung kultureller Einrichtungen ggf. auch konkludent und im Wege der Selbstbindung der Gemeinde erweitert werden.

Beispiel:
Freigabe eines Konzertsaals für Messen und Ausstellungen.

Auch bei Führung in Privatrechtsform handelt es sich bei kommunalen Kultureinrichtungen *nicht* um gewinnorientierte wirtschaftliche Unternehmen iSv § 85 Abs. 1 GemO, sondern um Einrichtung der Daseinsvorsorge iSv § 85 Abs. 4 Nr. 1 GemO (Erziehung, Bildung und Kultur).

15 e) **Rechtsschutzprobleme.** Auch bei einer Privatisierung gilt für den Zugang nach der Zweistufentheorie öffentliches Recht. Der Nutzungsanspruch ist hier durch Einwirkung auf die jeweiligen Gesellschaftsorgane sicher zu stellen. Für die Einwohner der Kommunen bedeutet dies, dass sie im Rahmen der Widmung und der vorhandenen Kapazität (derivativer Teilhabeanspruch) einen Anspruch auf Zulassung zur Einrichtung haben.[20] Anders als in § 14 GemO vorgesehen, ist der Nutzungsanspruch bei den meisten derartigen Einrichtungen nicht auf Gemeindeeinwohner beschränkt, aber bei Kapazitätsproblemen beschränkbar.[21] Je nach Widmung sind auch bestimmte subjektive Zulassungskriterien (Lebensalter von Kindern für Kindertagesstätte, gute Stimme für Sänger im städtischen Chor, ggf. erforderliche Vorkenntnisse beim Kurs der Volkshochschulen usw) zu erfüllen. Wird die kulturelle Einrichtung durch die Gemeinde subventioniert (was zumeist der Fall ist), kann vom Äquivalenzprinzip bei der Gebührenberechnung sowohl im Hinblick auf »nicht Einheimische«[22] als auch auf die Einkommensverhältnisse[23] abgewichen werden.

III. Erziehung, Bildung, Schule

16 **1. Grundlagen. a) Grundbegriffe.** Von alters her kaum Einigkeit besteht über den Begriff der **Bildung**. Seit *Wilhelm von Humboldt* wird Bildung als Anregung der Kräfte des Menschen und Entfaltung der Persönlichkeit gesehen. In der modernen Pädagogik tritt die Befähigung zur Selbstbestimmung in den Mittelpunkt. **Erziehung** und Bildung überschneiden sich als Begriffe, wobei Erziehung mehr die persönlich-charakterliche Entwicklung meint. Eher zielgerichtet ist der Begriff der **Ausbildung**. Dieser bezieht sich auf einen konkreten Beruf, hat also mit dem Erbringen subjektiver Berufszulassungsvoraussetzungen zu tun.

17 b) **Historischer Überblick.** Aus historischer Sicht ist die Entwicklung von Bildung, Erziehung und Ausbildung eng durch das Spannungsverhältnis von Elternhaus, Kirche und Schule gekennzeichnet. Außerfamiliäre Bildung und Erziehung waren bis weit in die Neuzeit den Kirchen vorbehalten.[24] Auch in RhPf. ist die Entwicklung des Schul-

---

20 Vgl. auch o. § 3 Rn. 30 ff.
21 Dazu *Axer*, NVwZ 1996, 1147; *Schmidt*, DÖV 2002, 696; BayVGH, DÖV 2000, 646.
22 BVerwG, NJW 1998, 469; allg. *Droege*, DV 46 (2013), 313.
23 BVerfGE 97, 332 (340).
24 *V. Unruh*, in: Jeserich/Pohl/v. Unruh, Deutsche Verwaltungsgeschichte I, Jahr 1983, S. 383.

rechts stark durch den Kampf um die Durchsetzung der staatlichen Schule und der allgemeinen Schulpflicht im Bereich der Volksschule sowie um die Konfessionsschule[25] gekennzeichnet. Heute sind alle Grund-, Haupt- und Förderschulen »christliche Gemeinschaftsschulen« (Art. 29 LV). Damit ist die Geschichte der Bildungsreformen in RhPf. allerdings nicht zu Ende. In neuerer Zeit kreist die Diskussion vor allem um die Ausprägung des Bildungsföderalismus,[26] die frühe Entscheidung über die Bildungsgänge nach der 4. Klasse, die defizitäre Integration von behinderten Kindern und Kindern mit Migrationshintergrund, die Fortschreibung sozialer Gegensätze in der Schule. Die Vernachlässigung der Hauptschule hat zur Einführung der »Realschule Plus« geführt (dazu § 9 Abs. 3 S. 3 SchulG).

2. **Kein »Kinderkram«: Das Recht der Früherziehung.** In Deutschland wird die Ausbildung der Vorschulkinder traditionell vernachlässigt. »Schule« und damit Bildung und staatliches Einwirken auf die Erziehung beginnen erst mit der Grundschule, zuvor ist von »Kleinkindbetreuung«, von »Kindergarten« und »Krippe« die Rede. Schon diese Begriffe belegen schlagartig das große Missverständnis: Bei Kleinkindern geht es um Betreuung, bei Schulkindern um Bildung. Dabei hat die moderne Lernpsychologie längst nachgewiesen, dass die entscheidenden Weichenstellungen für die spätere intellektuelle und kreative Entfaltung des Kindes, aber auch für die soziale und kulturelle Integration[27] weit früher getroffen werden, als man dies bei Entstehen der Grundschule und Einführung der Schulpflicht erst ab dem 6. Lebensjahr wusste. Das Land RhPf. hat zwar mit der Einrichtung zahlreicher neuer Kindestagesstätten, der kompenziellen Zuordnung zum Schulministerium, einem modernen Kindertagesstättengesetz sowie mit der weitgehenden Gebührenfreiheit für Kindertagesstätten wichtige Schritte getan. Die Entwicklung eines modernen bildungsorientierten »Schulrechts für Kleinkinder« ist aber noch nicht einmal Teil der Überlegungen. Das Recht der »Kindertagesstätten« wird vielmehr bezeichnenderweise dem Sozialrecht zugeordnet (Art. 74 Abs. 1 Nr. 7 GG; 3. Abschnitt des SGB VIII; **gesetzliche Grundlage** ist in RhPf. neben dem Ausführungsgesetz zum SGB VIII das **KitaG**. 18

Die Aufnahme in den Kindergarten kann von einer Schutzimpfung gegen Masern und anderen gefährlichen Krankheiten abhängig gemacht werden.[28] Die vorschulische Erziehung darf nicht in religiösem Sinne indoktrinieren. Sehr umstritten waren im Kindergartenbereich Feiern mit religiösem Bezug (Adventsfeier, Nikolaus-, Weihnachtsfeier) und insbes. das Tischgebet. Elternrecht und Religionsfreiheit schließen hier eine **Teilnahmepflicht** aus, zwingen aber nicht zu einem völligen Verzicht auf derartige kulturell bestimmte Traditionen.[29] Verboten ist auch insofern nur die missionarische Inanspruchnahme der Kinder für die jeweils eigene Glaubensrichtung.[30] Zu Recht wurde deshalb die Erlaubnis für eine durch eine der Nähe zum Salafismus verdächtige Organisation widerrufen.[31] Keine Bedenken – außer bei konkreter Gefährdung des „Kin- 19/20

---

25 Dazu *Rudolf*, in: G/C, Einl. B Rn. 17, 22; *Wißmann/Reichert*, RdJB 2019, 114.
26 *Geis*, RdJB 2019, 241.
27 *Michallik*, RdJB 2016, 303; allg. *Wiesner*, RdJB 2018, 89.
28 BVerfG (Kammer), Beschl. v. 18.5.2020 – 1 BvR 469/20.
29 BVerfGE 52, 223 (235); HessVGH, NJW 2003, 2846; bestätigt durch BVerfG (Kammer), NJW 2003, 3469.
30 *Britz*, RdJB 2003, 393 (395); zu den entsprechenden Problemen in der Schule u. Rn. 40.
31 OVG RhPf., DÖV 2019, 886.

dergartenfriedens" – hatte das *BVerfG* im Hinblick auf das muslimische Kopftuch einer Erzieherin.[32]

21 3. **Öffentliche Schulen.** a) **Verfassungsrechtlicher Rahmen.** Die Schule, obwohl Kernbereich des Kulturföderalismus, ist verfassungsrechtlich stark durch das GG und die Rechtsprechung des BVerfG überlagert.[33] Das heißt aber keinesfalls, dass die bei der Entstehung der LV so umstrittenen »Schulartikel« der **Art. 27 bis 40** für das Schulrecht heute irrelevant wären. Sie enthalten zum einen einige wichtige, gem. Art. 142 GG fortgeltende Gewährleistungen, sind aber auch deshalb von Bedeutung, weil Verfassungsbeschwerden vor dem VerfGH, die sich auf Schule und Hochschule beziehen, nur die Verletzung von Normen der LV betreffen können.

22 Auch die **Gliederung des Schulwesens** in Schularten und Schulstufen (vgl. § 9 SchulG) hat einen verfassungsrechtlichen Bezug. Während hier die einen für eine weitgehende Gemeinschaftsschule (»gemeinsames Lernen für alle«) plädieren, verweisen die Gegner einer solchen Konzeption auf die unterschiedliche Begabung der Kinder und das Verbot der Gleichbehandlung von Ungleichem.[34]

23 aa) **Staatliche Schulverantwortung:** Wie Art. 7 GG stellt auch Art. 27 Abs. 3 LV das gesamte Schulwesen unter die Aufsicht des Staates. Über die Rechts- und Fachaufsicht iS einer nachträglichen Kontrolle hinaus ist damit die **Gesamtverantwortung des Landes für alle öffentlichen und privaten Schulen** gemeint.[35] Zusätzlich verlangt Art. 27 Abs. 3 LV für die Ausübung der Schulaufsicht den Einsatz hauptamtlich tätiger fachlich vorgebildeter Beamter. Beide Verfassungsnormen setzen damit auch allen Forderungen nach mehr »Schulautonomie« deutliche verfassungsrechtliche Grenzen. Insbes. kann es bei den Schulen keine Selbstverwaltung wie bei Hochschulen und Kommunen geben. Schulen sind der äußeren Form nach vielmehr nicht rechtsfähige Anstalten des öffentlichen Rechts (§ 73 SchulG). Grundrechtsrelevante Entscheidungen bedürfen einer hinreichend bestimmten gesetzlichen Grundlage.[36]

24 Innerhalb dieses verfassungsrechtlichen Rahmens räumt § 23 Abs. 1 SchulG den Schulen eine weitgehende **pädagogische Selbständigkeit** bei der Planung, Entscheidung und Durchführung ihrer Angelegenheiten ein. Sie können eigenständig pädagogische Ziele und Schwerpunkte festlegen und deren Erreichung im Rahmen der internen Evaluation überprüfen (§ 23 Abs. 2 SchulG). Auch nehmen sie im Rahmen der zur Verfügung gestellten Haushaltsmittel ihre wirtschaftlichen Angelegenheiten selbstständig und selbstverantwortlich wahr.[37]

25 bb) **Weitere Grundsatznormen der LV zur Schule:** Als verfassungsrechtlichen Ausgangspunkt betont **Art. 27 Abs. 1 LV** das Elternrecht auch als Grundlage für die Gestaltung des Schulwesens. Eine Besonderheit ist **Art. 27 Abs. 2 LV** der iS eines objektiven Verfassungsauftrags und einer Staatszielbestimmung Staat und Gemeinden berechtigt und verpflichtet, die öffentlichen Voraussetzungen und Einrichtungen zu

---

32 BVerfG, Kammer, NVwZ 2017, 549.
33 Übersicht bei *Hufen*, § 32; *ders*. RdJB 2018, 17.; *Barczak*, NVwZ 2014, 1556.
34 Einführend zu diesem Streit *Hufen*, § 32 Rn. 38; *Orth*, NvWZ 2011, 14.
35 *Hennecke*, in: G/C, Art. 27 Rn. 9 ff.
36 BVerfGE 33, 125.
37 *Barrot/Franke*, DÖV 2009, 993.

schaffen, die eine geordnete Erziehung der Kinder sichern. Ein subjektives Recht auf Schaffung konkreter Bildungseinrichtungen ist daraus aber nicht abzuleiten.

Art. 28 LV hält fest, dass öffentliche und private Träger, Staat und Gemeinden sowie kirchliche Träger bei der Ausbildung der Jugend zusammenwirken. Inhaltlich steht die Norm damit in Nachbarschaft zur Privatschulfreiheit (Art. 7 Abs. 4 GG/30 LV), zur kommunalen Selbstverwaltung (Art. 28 Abs. 2 GG/49 Abs. 3 LV) und zum Staatskirchenrecht (Art. 140 i.V.m. Art. 137 GG/140 WRV/41 ff. LV), geht aber über diese hinaus, indem sie iS einer institutionellen Garantie die private, kommunale und kirchliche Schulträgerschaft besonders anerkennt und gewährleistet. 26

Art. 29 LV bestimmt, dass öffentliche Grund-, Haupt- und Sonderschulen **christliche Gemeinschaftsschulen** sind. Diese oft missverstandene Formulierung ist nur historisch zu verstehen. Sie bedeutet nicht etwa eine landesrechtliche Ausnahmebestimmung zur religiösen Neutralität oder gar zur negativen Religionsfreiheit – was nach Art. 31 GG ohnehin keinen Bestand haben könnte. Sie besiegelte vielmehr erst Ende der 1960er Jahre das Ende der Konfessionsschulen im Bereich der früheren Volksschulen und besagt unter heutigen Voraussetzungen nichts anderes, als **dass evangelische und katholische Kinder in der Grund-, Haupt- und Förderschule gemeinsam unterrichtet werden**. Das schließt selbstverständlich Kinder anderer Konfessionen nicht aus.[38] 27

b) Auftrag der Schule, Erziehungs- und Lernziele, Lehrpläne. In Abwandlung eines alten Leitgedankens lässt sich sagen: **Schulrecht ist konkretisiertes Verfassungsrecht.** Auch wenn im SchulG nicht ausdrücklich erwähnt, gehören also alle Grundrechte des GG und der LV, insbes. Gleichheit der Geschlechter, Religionen sowie die Befähigung zur eigenverantwortlichen Wahrnehmung grundrechtlicher Freiheit und sozialer Verantwortung zu den selbstverständlichen Zielen der Schule. Deshalb bedeutet das für Regierungsmitglieder geltende Neutralitätsgebot in der (partei-)politischen Auseinandersetzung[39] keineswegs, dass Bildung und Erziehung wertneutral zu sein haben. Es geht vielmehr nur um ein Verbot politischer Indoktrination und einseitiger parteipolitischer Stellungnahmen.[40] Darüber hinaus enthält die LV in Art. 31 und 33 eigene Ziele und Grundsätze. *Gottesfurcht und Nächstenliebe, Rechtlichkeit und Wahrhaftigkeit, Liebe zu Volk und Heimat, Verantwortungsbewusstsein für Natur und Umwelt, sittliche Haltung und berufliche Tüchtigkeit, freie demokratische Gesinnung, Geist der Völkerversöhnung* bilden sowohl eine Ergänzung, aber auch ein interessantes »Kontrastprogramm« zu den »modernen« Erziehungszielen des SchulG. Ihre heute etwas antiquiert wirkende Sprache bedeutet aber keineswegs, dass sie als solche veraltet oder gar ideologisch wären. Im Gegenteil: Gerade in ihrem Bezug zur Nächstenliebe und zur Verantwortung gegenüber Natur und Umwelt (in der Neufassung von 2020 ausdrücklich ergänzt um die globale Nachhaltigkeit) sowie zur demokratischen Ordnung und zur Völkerversöhnung sind sie auch heute hochaktuell und schon deshalb auch heute für die Schule verbindlich. Nicht mehr wörtlich zu nehmen ist allerdings das Erziehungsziel »Gottesfurcht«, denn dieses ist heute durch die negative Religions- 28

---

38 Dazu *Hufen*, § 22 Rn. 15.
39 BVerfGE 148, 11 (25); zul. Urt. v. 9.6.2020 -2 BvE 1/19 – (juris).
40 *Hufen*, RdJB 2018, 216.

freiheit (Art. 4 GG/8 Abs. 1 LV) überlagert[41] – was aber nicht heißt, dass die Formulierung als solche verfassungswidrig wäre.

29 **c) Rechte und Pflichten der Schüler. aa) Grundrechte:** Für die Schüler gelten alle ohnehin einschlägigen Grundrechte des GG und der LV auch in der Schule und innerhalb des Schulverhältnisses[42]. Die Schule ist weder ein »grundrechtsfreier Raum«, noch gilt heute ein irgendwie geartetes oder unter neuer Bezeichnung wiederbelebtes »Besonderes Gewaltverhältnis«. Schüler dürfen also in der Schule sich nach eigenem Geschmack kleiden, ihre Meinung äußern, Gebete verrichten,[43] sich friedlich versammeln usw., solange sie nicht die Rechte anderer Schüler, den Schulfrieden oder die Erreichung der Erziehungsziele gefährden. Einschränkungen sind nur auf gesetzlicher Grundlage und unter Beachtung der Verhältnismäßigkeit zulässig.

30 Über das GG hinaus gibt **Art. 31 LV** jedem jungen Menschen ein Recht – auch durch Besuch der höheren und Hochschulen (*»nötigenfalls mit öffentlichen Mitteln«*) – auf eine seiner Begabung entsprechende Ausbildung. Damit ist auch die alte Frage beantwortet, ob GG und LV jedem Schüler ein einklagbares »Grundrecht auf Bildung« verleihen: Nach dem GG besteht aus Art. 12 i.V.m. 3 GG jedenfalls ein sog. derivatives (abgeleitetes) Teilhaberecht an den vorhandenen Bildungseinrichtungen, nicht aber auf bestimmte Leistungen oder die Erweiterung eines bestehenden Angebots.[44] Für behinderte Schüler folgt aus Art. 3 Abs. 3 S. 2 GG (vgl. auch UN-Behindertenrechtskonvention, BGBl. II 2008 S. 2419) ein Anspruch[45] auf gemeinsamen Unterricht mit anderen Schülern (Inklusion), soweit dies nach den Umständen des Einzelfalles möglich ist. Damit sind allerdings Schwerpunktschulen und besondere Einrichtungen für Kinder mit Förderbedarf, für die sich RhPf. entschieden hat, nicht ausgeschlossen.[46]

31 **bb) Schulpflicht:** Die allgemeine Schulpflicht bestand – wenn auch zunächst eher nur auf dem Papier – in einigen deutschen Staaten schon im 17. Jh. und wurde dann gegen heftige Widerstände aus kirchlichen und adligen Kreisen im Verlauf des 19. Jh. allgemein durchgesetzt. In Art. 145 WRV war sie **erstmals verfassungsrechtlich** erwähnt. Rechtsgrundlage für die allgemeine Schulpflicht aller Kinder, Jugendlicher und Heranwachsender, die in RhPf. ihren Wohnsitz oder gewöhnlichen Aufenthalt haben, ist § 56 SchulG. Dieser schränkt sowohl die Selbstbestimmung der Schüler als auch des elterlichen Erziehungsrechts verfassungskonform ein. Gleichwohl wird die Schulpflicht von einzelnen Eltern – vor allem in der international vernetzten »home-schooling«-Bewegung und von religiösen Fundamentalisten – in Frage gestellt.[47]

32 Solche Versuche hat die Rechtsprechung bisher stets zurückgewiesen und die **Verfassungsmäßigkeit der Schulpflicht** betont.[48] Die Argumente gegen den Heimunterricht sind zwingend, denn es geht in der Schule nicht nur um die Vermittlung kognitiver Fä-

---

41 *Hennecke,* in: G/C, Art. 33 sowie o. § 1 Rn. 113 (auch zum Ethikunterricht); *Traub,* NJW 2015, 1338.
42 *Klenner,* Schülergrundrechte, 2019; *Avenarius/Hanschmann,* S. 330 ff.
43 BVerwG, NVwZ 2012, 162; allg. *Büscher/Glasmacher,* JuS 2015, 513.
44 OVG RhPf., NVwZ-RR 2018, 42; verneint für zusätzliche Wahlpflichtkurse OVG Hamburg, NVwZ-RR 2018, 344; für Sportunterricht OVG Magdeburg, NVwZ-RR 2018, 694.
45 BVerfGE 96, 288 (301).
46 OVG RhPf., LKRZ 2009, 274; *Bickenbach,* LKRZ 2015, 261; *Engels,* RDJB 2011, 203.
47 Dazu *Spiegler,* RdJB 2005, 71; *Ennuschat,* RdJB 2007, 271.
48 BVerfG (Kammer), NJW 1987, 180; NVwZ 2003, 113; NJW 2013, 2813; auch EGMR, DÖV 2019, 325; OVG Nds., NJW 2019, 323; *Achilles,* RdJB 2004, 222; teilw. anders *Hanschmann,* in: Fs.f. Bryde, 2013, S. 381; *Handschell,* Die Schulpflicht vor dem Grundgesetz, 2012; *Lucius,* Homeschooling, 2016.

higkeiten und Kenntnisse, sondern auch um soziale Gleichheit, Integration und soziales Lernen. Keine freiheitlich-demokratische Gesellschaft kann es sich leisten, Kinder von den geistigen Entwicklungslinien der Gesellschaft abzuschneiden.[49] Auch gilt es gerade, Kinder aus dem Umfeld der verschiedenen Schulverweigerer-Gruppen gegen einseitige ideologische Beeinflussung und Weltfremdheit für ein selbstbestimmtes Leben zu wappnen. Gerade die zeitweilige Schließung der meisten Schulen während der »Corona-Krise« hat gezeigt, dass »Home-Schooling« zur Segregation und zur Benachteiligung von Schülern aus »bildungsfernen« Familien führt und deshalb ein noch so hochwertiger Heimunterricht das soziale und kulturelle Lernen in der schulischen Gemeinschaft nicht ersetzen kann. Das gilt auch und gerade für besonders integrationsfördernde Teile des Unterrichts, wie den gemeinsamen Sport- und Schwimmunterricht, für eine mit hinreichender Zurückhaltung unterrichtete Sexualkunde sowie für Klassenfahrten (dazu Rn. 60). Keine allgemeine Ausnahme von der Schulpflicht kann für Schülerdemonstrationen im Rahmen der »Fridays for Future«-Bewegung in Anspruch genommen werden. Das hochrangige Ziel Klimaschutz rechtfertigt hier keineswegs einen Verstoß gegen das hochrangige Ziel Bildung und Integration. Konflikte können allenfalls durch Befreiung im Einzelfall und besser noch durch die angemessene Einbeziehung der mit dem Klimawandel zusammenhängenden Probleme in den Unterricht gelöst werden.[50]

cc) **Zugangsrechte und Zugangsbeschränkungen:** In der Praxis häufiger als Schulpflichtstreitigkeiten sind Streitigkeiten über den Zugang zu bestimmten Schulen. In RhPf. sind die Zugangsrechte ähnlich wie in anderen Bundesländern je nach Schulstufen unterschiedlich geregelt. So gilt für die Grund- und Hauptschulen die sog.»Schulsprengelpflicht«, dh das Kind besucht die Grundschule des Schulbezirks, in dem es wohnt (§ 62 Abs. 2 SchulG).[51] Ausnahmen können aus wichtigem Grund zugelassen werden (Ermessensentscheidung), – etwa bei einem besonders gefährlichen Schulweg[52], nicht aber bei einem hohen Ausländeranteil. Bei Gymnasien und Realschulen besteht keine Verpflichtung, aber auch kein Anspruch auf Besuch einer Schule in einem bestimmten Bezirk.[53] Voraussetzung ist stets, dass die Schüler die Eingangsvoraussetzungen erfüllen. Städte und Landkreise können den Zugang auf die eigenen Einwohner oder zumindest auf Landeskinder beschränken, wenn die Kapazität insofern nicht ausreicht.[54] Höchst fragwürdig – weil nicht zweckbezogen – ist dagegen das Losverfahren.[55] 33

Bei Kapazitätsproblemen innerhalb einer Schule (z.B. für bilingualen Unterricht), und wenn die Zulassung zu einem ganzen Bildungsgang von der Entscheidung abhängt, kommt es auf ein chancengleiches und transparentes Zulassungsverfahren an.[56] 34

---

49 *Di Fabio*, Gewissen, Glaube, Religion, 2008, S. 25; BVerwG, NVwZ 2010, 525.
50 *Friedrich*, NVwZ 2019, 598; *Rux*, NJW aktuell 17/2019, 15.
51 Zu deren Verfassungskonformität s. Hess. VGH, LKRZ 2009, 434; BVerfG (Kammer), NJW 2013, 2813.
52 OVG Nds., NVwZ 2018, 806; OVG NRW, NVwZ – RR 2017, 417.
53 BbgVerfG, NVwZ 2001, 912; Hess. VGH, LKRZ 2014, 78.
54 Str. war das vor allem im Hinblick auf Schüler aus den heute hessischen rechtsrheinischen Vororten von Mainz: OVG RhPf., NVwZ 2008, 1251; ähnl. OVG Bremen, NVwZ-RR 2016, 265.
55 Anders aber OVG Hamburg, NVwZ-RR 2017, 663; OVG Bautzen, NVwZ-RR 2019, 467.
56 VG Braunschweig, NVwZ-RR 2007, 324; Hess.VGH, LKRZ 2014,78.

35 **Rechtsschutzprobleme:** Sowohl die Zulassung zu einer bestimmten Schule als auch Ausnahmegenehmigungen von der »Sprengelpflicht« sind begünstigende Verwaltungsakte. Rechtsschutz erfolgt also durch die Verpflichtungsklage – ggf. in Form einer »positiven Konkurrentenklage«.[57]

36 **dd) Schulverhältnis:** Mit der Aufnahme eines Schülers beginnt das Schulverhältnis als öffentlich-rechtliches Rechtsverhältnis (§ 51 SchulG).[58] Das bedeutet, dass in der Schule Rechte und Pflichten unabhängig von konkreten Einzelregelungen bestehen. Konkretisiert werden diese Rechte und Pflichten durch Schul-, Prüfungs- und Heimordnungen (§ 52 SchulG). Das Schulverhältnis **endet** mit dem erfolgreichen Abschluss, mit dem Verlassen der Schule wegen mangelnder Leistung (§ 54 Abs. 1 SchulG) oder dem Ausschluss nach § 55 SchulG (dazu u. Rn. 53 ff.).

37 **Rechtsschutzprobleme:** Mit der Kennzeichnung des Schulverhältnisses als öffentlich-rechtliches Rechtsverhältnis (§ 51 SchulG – in der Klausur nennen!) ist klargestellt, dass in allen dieses Verhältnis betreffenden Rechtsstreitigkeiten (außer bei »abdrängenden Verweisungen« wie z.B. bei Amtshaftungsansprüchen aus dem Schulverhältnis) der Verwaltungsrechtsweg eröffnet ist. Für die **Klageart** kommt es darauf an, ob eine Maßnahme Außenwirkung gegenüber dem Schüler hat (persönlicher Rechtskreis) und ob eine Regelung oder tatsächliches Verwaltungshandeln vorliegt.[59] Die Pflicht zum Verlassen der Schule wegen mangelnder Leistung (§ 54 Abs. 1 SchulG) beruht nicht auf Verwaltungsakt, sondern tritt kraft Gesetzes ein.[60] Art. 19 Abs. 4 GG erfordert, dass für Eingriffe in Schülerrechte in jedem Fall eine Klageart und ein Verfahren des vorläufigen Rechtsschutzes zur Verfügung stehen müssen. Das gilt bei einem berechtigten Interesse sogar nach Ende des Schulverhältnisses.[61] Obwohl Einzelnoten in einem Abgangszeugnis nicht Verwaltungsakte sind, kann ihre Änderung durch Leistungsklage verfolgt werden.[62] Schul-, Prüfungs- und Heimordnungen ergehen als Rechtsverordnungen. Da sie in RhPf. von einem Ministerium erlassen werden, ist die Normenkontrolle nach § 47 VwGO i.V.m. § 4 Abs. 1 AGVwGO aber nicht statthaft.[63] Rechtsschutz muss dann ggf. durch die Feststellungsklage gewährleistet werden[64].

38 **ee) Verstöße und Sanktionen:** Immer wieder ist von **Ordnungsproblemen** oder Gewalt in der Schule die Rede. Dagegen gibt es ein durch die Schulordnungen zu konkretisierendes gestuftes Arsenal von **Ordnungsmaßnahmen:** Verweis, Ausschluss von bestimmten Veranstaltungen und Klassenfahrten, die Versetzung in eine andere Klasse (vgl. § 53 Abs. 1 S. 7 SchulG). Diese sind heute durchweg anfechtbare VAe.[65] Körperliche Züchtigungen, Demütigungen und Kollektivstrafen sind dabei ausdrücklich ausgeschlossen. Die schwerste Sanktion ist der **Ausschluss von einer Schule** oder sogar

---

57 Dazu *Hufen*, Verwaltungsprozessrecht,11. Aufl. 2019, § 15 Rn. 7.
58 Dazu *Cremer*, DV 2012, 359.
59 Einzelheiten bei *Hufen* (Fn. 72), § 14 Rn. 34 ff.
60 OVG RhPf., AS 18, 81.
61 Zum *Rechtsschutz* gegen »Sitzenbleiben« auch nach erfolgreicher Wiederholung einer Klasse BVerwG, DÖV 2007, 166.
62 OVG RhPf., AS 15, 340.
63 Vgl. o. § 1 Rn. 47 u. § 2 Rn. 51.
64 Allg. zu dieser Möglichkeit BVerwG, NJW 2000, 1300; *Hufen* (Fn. 72), § 18, Rn. 8; *Würtenberger/Heckmann*, Verwaltungsprozessrecht, 4. Aufl. 2018, Rn. 440.
65 OVG Magdeburg, NVwZ-RR 2019, 954 – Ausschluss von einer Klassenfahrt.

von allen Schulen des Landes auf Dauer oder auf Zeit, wenn der Verbleib in der Schule eine ernsthafte Gefahr für die Erziehung, die Sicherheit oder die Unterrichtung der anderen Schüler bedeutet (§ 55 Abs. 1 SchulG). Voraussetzung ist ein rechtsstaatliches Verfahren mit Anhörung des Betroffenen (§ 28 VwVfG) und idR vorheriger Androhung des Schulausschlusses (§ 55 Abs. 4 S. 2 SchulG) sowie die Einhaltung des Grundsatzes der Verhältnismäßigkeit. Beendet werden kann das Schulverhältnis auch wenn ein nicht schulpflichtiger Schüler dem Unterricht für längere Zeit unentschuldigt fernbleibt (§ 54 Abs. 4 SchulG). Maßgeblich ist stets, ob ein Verhalten den Schulfrieden, den Schulzweck oder sogar Leben und Gesundheit von Mitschülern und Lehrern gefährdet. So befand sich die Schulleitung mit dem zeitweiligen Ausschluss der „Burka-Trägerinnen" rechtlich auf sicherem Grund, denn die Vollverschleierung verhindert die Identifikation und die Kommunikation, die für die Erfüllung des Schulzwecks unerlässlich sind.[66] Ebenso dürfen Skinhead- und Nazisymbole[67] sowie eine anstößige Kleidung verboten werden.

Beispiele für den Schulausschluss auf Dauer oder auf Zeit:
- Drogenhandel einer 17-jährigen Schülerin auf dem Schulgelände,[68]
- schwere Körperverletzung oder Drohung mit schwerer Straftat gegen Mitschüler oder Lehrer,[69]
- Schmähung oder sexistische Beleidigung einer Lehrerin im Internet,[70]
- wiederholte Sachbeschädigungen oder Schmiereien an der Schule,[71]
- Einbruchsdiebstahl mit entwendetem Schulschlüssel.[72]

ff) **Förderung der Schüler:** An den öffentlichen Schulen werden **Schulgeld** und sonstige Entgelte – abgesehen von Betreuungsangeboten für Ganztagsschulen – nicht erhoben (§ 68 SchulG). Subsidiär zur Förderung nach dem Bafög kann nach Maßgabe des Landeshaushaltsplans eine zusätzliche **Ausbildungsförderung** für Schüler gewährt werden (§ 71 SchulG). Die nach § 70 SchulG bestehende Lernmittelfreiheit (also insbes. die Stellung der Schulbücher) ist in den vergangenen Jahren immer mehr eingeschränkt und an Einkommensgrenzen gebunden worden. Sie ist Pflichtaufgabe der Selbstverwaltung für die Schulträger. 39

Neben den Sach- und Personalkosten sowie den Ausgaben für die Lernmittel dürften die Kosten für die **Schülerbeförderung** gem. § 69 SchulG in einem Flächenland wie Rh.-Pf. den größten Anteil an den Kosten ausmachen. Rechtsprobleme bestehen hier u.a. im Hinblick auf die Zumutbarkeit der Benutzung eines Verkehrsmittels, die Gefahr des Schulwegs, den Besuch einer anderen als der nächstgelegenen Schule wegen eines besonderen Bildungsangebots[73]. 40

---

66 BayVGH, NVwZ 2014, 1109; VG Osnabrück, BeckRS 2016, 50262; dazu *Ladeur*, RdJB 2016, 379.
67 VG Berlin, NVwZ-RR 2002, 33.
68 OVG RhPf., DVBl. 1996, 1002.
69 VG Mainz, NVwZ 1998, 876; OVG Saarl., LKRZ 2014, 468; VGH BadWürtt., NJW 2004, 89; *Ladeur*, RdJB 2016, 379.
70 VG Düsseldorf, NVwZ-RR 2008, 619; OVG NRW, NVwZ-RR 2019, 598.
71 NdsOVG, NVwZ-RR 2007, 529.
72 VGH BadWürtt., NVwZ-RR 2007, 251; OVG Bremen, NVwZ-RR 2019, 184.
73 Interessant z.B. OVG RhPf., LKRZ 2013, 428 – kein Anspruch auf Übernahme der Kosten für Transport zu Schule mit besonderer Sportförderung; anderes kann z.B. bei Kindern mit besonderem pädagogischem Förderbedarf gelten; dazu *Winkler*, LKRZ 2013, 12.

Einen Schwerpunkt der Schulgesetznovelle von 2020 bildet die Verstärkung der **Mitspracherechte** von Schülerinnen und Schülern. So wurden die Kompetenzen der Versammlung der Klassensprecherinnen und Klassensprecher in § 33 Abs. 1 u. 2 SchulG n.F. erheblich erweitert.

41 gg) **Schülerzeitungen:** § 36 SchulG regelt im Einklang mit Art. 5 Abs. 1 GG/10 Abs. 1 S. 3 LV das Recht der Schüler, im Rahmen der durch das GG und die LV garantierten Meinungs- und Pressefreiheit, Schülerzeitungen herauszugeben und auf dem Schulgelände zu vertreiben. Die Entscheidung, ob es sich dabei um eine Schülerzeitung in eigenständiger Verantwortung der Herausgeber oder um eine Schulveranstaltung in gemeinsamer Verantwortung von Schule und Schülern handelt, überträgt das Gesetz den Herausgebern selbst. Entscheiden sie sich für die Schülerzeitung, dann tragen sie im vollen Umfang die rechtliche Verantwortung und es gilt das allgemeine Presserecht (§ 36 Abs. 2 SchulG). Erfolgt die Herausgabe im Rahmen einer schulischen Veranstaltung, so arbeiten sie mit einer beratenden Lehrkraft zusammen und haben Anspruch auf deren Unterstützung. Ein Verbot der Verteilung auf dem Schulgelände kommt in Betracht, wenn der Inhalt die Grenzen der Meinungs- und Pressefreiheit überschreitet oder gegen den Erziehungs- und Bildungsauftrag der Schule verstößt (§ 36 Abs. 3 SchulG).

42 d) **Rechte und Pflichten der Eltern.** Schon das GG bezeichnet in Art. 6 Abs. 2 die Erziehung der Kinder als »das natürliche Recht der Eltern und die zuvörderst ihnen obliegende Pflicht«. Noch weiter gehend bezeichnet Art. 27 Abs. 1 LV das stark naturrechtlich geprägte Elternrecht sogar als »Grundlage für die Gestaltung des Schulwesens«. Da gleichwohl die Rechtsprechung zum Elternrecht wesentlich durch das BVerfG geprägt ist, kann insofern auf Rechtsprechung und Literatur zu Art. 6 Abs. 2 GG[74] und zum religiösen Erziehungsrecht (Art. 4 GG)[75] verwiesen werden. Wichtig ist insbes., dass das Elternrecht nicht am „Schultor" endet, sondern dass in der Schule Staat und Eltern bei der Bildung und Erziehung der einen Persönlichkeit des Kindes zusammenwirken.[76] Unberührt ist der Schutzbereich des Elternrechts bei rein schulorganisatorischen Maßnahmen (z.B. Nachmittagsunterricht und „5-Tage-Woche" und nicht wertbezogenen inhaltlichen Entscheidungen wie der Rechtschreibreform).[77] Die allgemeine Schulpflicht bindet nicht nur die Schüler, sondern auch die Eltern. Der darin liegende Eingriff in das Elternrecht ist aber – wie oben (Rn. 46 ff.) herausgearbeitet – durch den Erziehungsauftrag des Staates sowie auch im Interesse des Kindes selbst gerechtfertigt.

43 Auch § 2 SchulG betont die **verfassungsrechtliche Stellung der Eltern**[78] und gestaltet sie aus. Dabei werden die Formel des BVerfG zur gemeinsamen Gewährleistung des Rechtes des Kindes (Abs. 2) und die Gleichordnung des Erziehungsrechts der Eltern und des staatlichen Bildungs- und Erziehungsauftrags (Abs. 3) herausgehoben.

---

74 Vertiefend *Geis*, GG, Berl. Komm., Art. 7 Rn. 34 ff.; *Avenarius/Hanschmann*, S. 334 ff.; *Hufen*, § 32 Rn. 9; *Brosius-Gersdorf*, in: Dreier, GG, Komm., Bd. I, 3. Aufl. 2015, Art. 6 Rn. 141 ff.
75 Wapler, RDJB 2015, 420.
76 BVerfGE 34, 165 (182).
77 BVerfGE 98, 218 (244); anders für die Sprachenfolge im bad. Raum aber VGH BadWürtt., DÖV 2007, 1059.
78 Allg. dazu *Winkler*, in: *Grumbach/Bickenbach/Seckelmann/Thews*, § 1 a.

Wichtig: Auch wenn das Elternrecht in der Schule mit der Volljährigkeit des Kindes endet, hat die Rechtsprechung zu Recht eine „Kriseninformation" über volljährige Schüler für rechtmäßig gehalten – dies allerdings nicht mit Rücksicht auf das Elternrecht, sondern aus Gründen der Schulsicherheit.[79]

Rechtsschutzprobleme: Klagen von Eltern, die sich auf das Schulverhältnis beziehen, sind grundsätzlich öffentlich-rechtlicher Natur. Für die Klagebefugnis ist zu beachten, dass Eltern sich grundsätzlich nur auf eigene Rechte, also Art. 6 Abs. 2 GG/25 Abs. 1 LV, nicht aber auf die Rechte ihrer Kinder berufen können. Diese müssen – ggf. vertreten durch die Eltern – ihre eigenen Rechte geltend machen. Die Klage ist niemals gegen einen einzigen Lehrer oder Schulleiter und auch nicht gegen die Schule, sondern gegen das Land bzw. den kommunalen Schulträger zu richten. 44

e) **Rechte und Pflichten der Lehrer.** Den Lehrkräften widmet das SchulG nur eine Bestimmung (§ 25). Mehr ist auch nicht erforderlich, da sich die Rechtsstellung aus Normen des GG und der LV sowie dem Beamtenrecht ergibt. Für die Auswahl sind insbes. Art. 33 Abs. 2 GG und dessen Konkretisierung in § 10 LBG von Bedeutung. Da Lehrer **hoheitliche Tätigkeiten** ausüben, ist die Beschäftigung im Angestelltenverhältnis als strikte Ausnahme zu sehen (Art. 33 Abs. 4 GG/36 LV).[80] Für die verfassungsrechtliche Stellung gelten im Übrigen die hergebrachten Grundsätze des Berufsbeamtentums einschließlich des **Rechts auf Fürsorge** (Art. 33 Abs. 5 GG/36 LV[81]/§ 87 LBG). Dienstherr und Vorgesetzte haben Lehrer vor ungerechtfertigten Angriffen in der Öffentlichkeit, im Internet oder auch in der Schule selbst zu schützen. Lehrer haben einen Anspruch darauf, dass ihnen die in der Schule verwendeten Lehrmittel durch die Schule zur Verfügung gestellt werden.[82] Auch ist es ein Verstoß gegen die Fürsorgepflicht, wenn die Genehmigung einer Klassenfahrt vom Verzicht auf Reisekostenersatz durch die Lehrer abhängig gemacht wird.[83] Zum Schutz von Nichtrauchern und wegen der Vorbildfunktion des Lehrers sind auch **Rauchverbote** für Lehrer auf dem Schulgelände zulässig[84]. Beim Unterricht und dessen Vorbereitung sind Lehrer **nicht Träger der Wissenschaftsfreiheit** (Art. 5 Abs. 3 GG), auch wenn sie (wie in der Oberstufe des Gymnasiums) wissenschaftlich begründeten Unterricht zu erteilen haben; oder daheim als Privatgelehrte tätig sind[85]. 45

Grundsätzlich sind die Lehrer in der Schule auch **Träger ihrer individuellen Grundrechte** wie Meinungsfreiheit, Religionsfreiheit, Gleichberechtigung, Koalitionsfreiheit usw. Sie lassen ihren Grundrechtsstatus also nicht etwa zurück, wenn sie die Schule betreten. § 25 SchulG sowie die entsprechend beamtenrechtlichen Vorschriften schränken diese Grundrechte aber ein. Anders als in anderen Ländern gibt es in RhPf. keine gesetzliche Grundlage für ein Verbot bestimmter religiös motivierter Kleidungsstücke, z.B. das muslimische Kopftuch. Eine solche Rechtsgrundlage wäre aber für ein 46

---

79 RhPfVerfGH, NJW 2005, 410; BayVerfGH, DVBl. 2005, 523.
80 *Hennecke*, in: G/C, Art. 36 Rn. 2; *Cremer*, Beamtenstatus von Lehrern als Verfassungsgebot, 2012.
81 Einzelheiten bei *Hufen*, § 36 Rn. 15 ff.
82 BAG, NJW 2013, 2923; OVG RhPf., LKRZ 2008, 190.
83 BVerwG, NVwZ-RR 2019, 324.
84 RhPfVerfGH, LKRZ 2009, 18.
85 BVerfG, NJW 1996, 2221; teilw. anders *Beaucamp*, RDJB 2015, 145.

Verbot erforderlich.[86] Das strikte Streikverbot für beamtete Lehrer wurde dagegen durch das *BVerfG* bestätigt.[87]

47 **Pflichtverletzungen** werden nach allgemeinen disziplinarrechtlichen Vorschriften geahndet. Dabei sind der besondere pädagogische Auftrag und die Vorbildfunktion der Lehrer von Bedeutung.

Beispiele für (teilweise schwerwiegende) Pflichtverstöße:
- Kindesmissbrauch oder Geschlechtsverkehr mit einer minderjährigen Schülerin (unabhängig von Alter und Strafbarkeit),[88]
- Verkündung der Auschwitzlüge oder Zweifel am Ausmaß der Judenverfolgung im Nationalsozialismus,[89]
- Betreiben einer Pornofilm-Bar als Nebentätigkeit,[90]
- grob unverhältnismäßige Disziplinarmaßnahmen – z.B. Verkleben des Mundes von Schülern mit Tesafilm,[91]
- der – auch außerdienstliche – Besitz von Kinderpornographie selbst in geringen Mengen[92] oder der Austausch von Gewaltphantasien im Internet.[93]

48 Für **Beförderung, Versetzung, Umsetzung, dienstliche Weisung** enthält das SchulG keine besonderen Bestimmungen. Es gelten also die allgemeinen Regeln des Beamtenrechts und der Laufbahnvorschriften. Für Rechtsstreitigkeiten aus dem Beamtenverhältnis ist stets der Verwaltungsrechtsweg eröffnet (§ 54 BeamtStG). Bei der statthaften Klageart kommt es darauf an, ob die Maßnahme dem persönlichen Rechtskreis des Beamten (Amt im statusrechtlichen Sinne, persönliche Rechtspositionen, Fürsorgepflicht) berührt oder nur die Art der Tätigkeit (Amt im funktionellen Sinne, Art der Aufgabenerfüllung usw).

49 **f) Die äußere Schulorganisation. aa) Schularten und Schulstufen:** Die öffentlichen Schulen werden in **Schularten** (Grundschule, Realschule Plus, Gymnasium, Integrierte Gesamtschule) und **Schulstufen** (Primarstufe, Sekundarstufe I und die Sekundarstufe II) gegliedert (§ 9 Abs. 1 SchulG). Besondere Funktionen erfüllen berufsbildende Schule, Abendgymnasium, Kolleg und Förderschule.[94]

50 **bb) Schulverwaltung und Schulträger:** In der Verwaltung der Schulen wirken das **Land und die kommunalen Gebietskörperschaften** zusammen. Schulen als solche sind nichtrechtsfähige Anstalten des öffentlichen Rechts (§ 73 SchulG). Öffentlichen Schulen sind (mit hier nicht zu erörternden geringfügigen Ausnahmen) staatlich, dh **Einrichtungen des Landes.** Kommunale Schulen gibt es in RhPf. nicht mehr. Bei der Bestimmung der Schulstruktur ist der Landesgesetzgeber weitgehend frei. Das Land stellt die Lehrkräfte, die pädagogischen und technischen Fachkräfte und das sonstige pädagogische Personal (§ 74 SchulG). Diese sind **Bedienstete des Landes.** Oberste Schulbehörde ist das Kultusministerium, Schulbehörde im Übrigen für das ganze Land grundsätzlich die ADD (§ 97 SchulG). Diese nimmt zugleich die Aufgaben der Schulaufsicht wahr.

---

86 BVerfGE 108, 282; allg. zum Problem *Hufen*, § 22 Rn. 44.
87 BVerfGE 148, 296 (343) = JuS 2018, 1111 *(Hufen)*.
88 OVG RhPf., LKRZ 2012, 211; *Görisch*, RdJB 2011, 163.
89 Nds. Disziplinarhof, NJW 1988, 2918; VGH BadWürtt., VBlBW 1995, 209.
90 Hess.VGH, NVwZ-RR 1991, 99.
91 BAG, NJW 2012, 3674.
92 BVerwG, NVwZ-RR 2020, 362.
93 BVerwG, NVwZ 2019, 1295.
94 *Orth*, NVwZ 2011, 14.

Nicht mit der Schulbehörde zu verwechseln ist der **Schulträger** (§ 76 SchulG).[95] Das komplexe Verhältnis von Schule und Schulträger kann man sich am besten mit einem Bild verdeutlichen: Der Schulträger stellt das Gebäude und das Verwaltungspersonal. Schule ieS findet in diesem Rahmen als staatliche Veranstaltung statt. Alle Gemeinden können Träger von Grund- und Hauptschulen sein. Schulträger für die traditionelle Realschule und die »Realschule Plus« können Kommunen von der Verbandsgemeinde an aufwärts sein. Die Trägerschaft für Gymnasien, Gesamtschulen und die meisten berufsbildenden Schulen ist kreisfreien Städten und Landkreisen vorbehalten. Der Schulträger stellt das Verwaltungs- und Hilfspersonal für die Schulen und trägt die dafür notwendigen Kosten. Schulträger kann in besonderen Fällen auch ein Zweckverband (Schulverband) der Gebietskörperschaften oder ein durch Vereinbarung der Beteiligten bestimmter Schulträger sein (§ 76 Abs. 2 SchulG).[96] Er ist Eigentümer der Schule und trägt sämtliche mit dem Gebäude und dessen Verwaltung zusammenhängende Kosten (§ 74 Abs. 3 SchulG). Die Schulträgerschaft der Kommunen ist **Pflichtaufgabe der Selbstverwaltung.**

»Zum Schwur« kommt die Frage der Abgrenzung von Staatsverwaltung und Schulträgerschaft bei der **Errichtung, Aufhebung und Zusammenlegung** von Schulen. Zuständig ist grundsätzlich die Schulbehörde (also die ADD), die nach dem schulischen Bedürfnis entscheidet und dabei auch den Schulträger festlegt. Da hier aber immer zugleich die Planungshoheit der jeweiligen Gebietskörperschaft betroffen ist, bei der auch die Kosten anfallen, bedürfen die Errichtung und Aufhebung der Zustimmung des Schulträgers (§ 91 Abs. 1 u. 2 SchulG).[97] Wird die Zustimmung verweigert, so muss das fachlich zuständige Ministerium (§ 97 SchulG) ein dringendes öffentliches Interesse feststellen (§ 91 Abs. 1 S. 5 SchulG), damit die Schule errichtet werden kann. 51

Rechtsschutzprobleme: Die Errichtung und die Aufhebung einer Schule sind gegenüber dem Schulträger stets (teilweise zustimmungsbedürftige) Verwaltungsakte. Die Klagebefugnis setzt voraus, dass er in seinem kommunalen Selbstverwaltungsrecht verletzt ist. Hinsichtlich von Schülern und Eltern ist das zumindest dann der Fall, wenn die Entscheidung für ihre Bildungsansprüche von Bedeutung ist. Klagegegner ist der Träger der Schulbehörde, also das Land. 52

g) **Grundlagen der inneren Schulorganisation.** Die **Schulleiter** sind für die Durchführung der Erziehungs- und Unterrichtsarbeit im Rahmen des Bildungsauftrags der Schule und der Maßnahme zur Schulentwicklung und Qualitätsversicherung verantwortlich. Sie führen unbeschadet der Rechte des Schulträgers die laufenden Verwaltungsgeschäfte der Schule und vertreten diese nach außen (§ 26 Abs. 1 SchulG). Schulleiter werden im Benehmen mit dem Schulträger und dem Schulausschuss bestellt. Diese müssen also nur mitwirken, haben aber kein Vetorecht (§ 26 Abs. 5 SchulG). Politische und religiöse Faktoren dürfen keine Rolle spielen. Eine echte »Schulleiterwahl« ist im Gesetz nicht vorgesehen; sie wäre mit Art. 7 GG/27 Abs. 3 LV auch nicht vereinbar. Auch die in einigen Bundesländern diskutierte oder schon eingeführte Besetzung von Schulleiterpositionen als Beamte auf Zeit wäre verfassungswidrig.[98] Ein 53

---

95 *Faber*, RdJB 2014, 229.
96 Zu den Schranken dieser Konstruktion OVG RhPf, DVBl. 2011, 710.
97 BVerfGE 138, 1 (13).
98 BVerfG, NVwZ 2008, 873.

Schulleiter kann aus dienstlichen Gründen abgeordnet oder versetzt werden, wenn der Schulfrieden durch sein Verhalten nachhaltig gestört ist.[99]

54 Nach § 27 Abs. 1 SchulG beraten und beschließen die Lehrkräfte in **Konferenzen** über alle wichtigen Fragen der Erziehungs- und Unterrichtsarbeit im Rahmen des Bildungsauftrags der Schule, die ihrer Art nach ein Zusammenwirken der Lehrkräfte erfordern und für die keine andere Zuständigkeit begründet ist.

55 Der **Schulausschuss** ist das höchste repräsentative Gremium der Schule, wenn es auch hier falsch ist, von einem Selbstverwaltungsorgan zu sprechen. Das Gesetz spricht insofern konsequent nur von Förder- und Anhörungsaufgaben. In dem Schulausschuss sind Lehrkräfte, Schüler und Elternvertreter vertreten. Er hat die Aufgabe, das Zusammenwirken der Gruppen zu fördern, für einen sachgerechten Ausgleich bei Meinungsverschiedenheiten zu sorgen und Anregung für die Gestaltung der schulischen Arbeit zu geben.

56 **Rechtschutzprobleme:** Für Mitwirkungsstreitigkeiten innerhalb und zwischen Schulgremien kommen nicht Anfechtungs- und Verpflichtungsklagen, sondern im Rahmen einer besonderen »Organklage« Leistungs- und Feststellungsklagen in Betracht. Für die Klagebefugnis ist dann die Behauptung der Verletzung von Mitwirkungsrechten erforderlich.

57 h) **Besonderheiten einzelner Fächer.** Nach Art. 7 Abs. 3 GG/34 LV ist der **Religionsunterricht** an allen Schulen mit Ausnahme der bekenntnisfreien Privatschulen ordentliches Lehrfach. Dabei handelt es sich um einen Teil des schon auf die Weimarer Zeit zurückgehenden »Religionskompromisses«[100] und einen Beleg dafür, dass Schule und Religion in Deutschland jedenfalls nicht so strikt getrennt sind wie z.B. in Frankreich. Aus Art. 7 Abs. 3 GG/34 LV folgt nicht nur eine institutionelle Garantie für den Religionsunterricht, sondern ein voller Anspruch der Kirchen und Religionsgemeinschaften sowie ein Abwehrrecht gegen jeden inhaltlichen Einfluss des Staates. Die inhaltliche Aufsicht wird nach Art. 34 S. 6 LV durch die Kirchen selbst wahrgenommen. Die Teilnahme kann durch Willenserklärung der Eltern oder der Jugendlichen nach Maßgabe des Gesetzes abgelehnt werden (Art. 35 LV). Lehrer dürfen nicht zum Religionsunterricht gezwungen werden (Art. 34 S. 4 LV). Lange Zeit umstritten war die Einführung eines **islamischen Religionsunterrichts.**[101] So besteht innerhalb in Deutschland bisher nach eigenem Selbstverständnis keine festgefügte islamische „Religionsgemeinschaft" oder gar „Kirche" und damit auch noch kein legitimer Partner zur bei Art. 7 Abs. 3 GG unabdingbar vorausgesetzten staatskirchenrechtlichen Kooperation.[102]

In RhPf. wird der islamische Religionsunterricht seit 2004/2005 erprobt und wurde 2012 erfolgreich evaluiert. Probleme ergeben sich allerdings im Hinblick auf die Zusammenarbeit mit dem vom türkischen Staat gesteuerten Islam-Dachverband Ditib.[103]

---

99 OVG RhPf., NVwZ-RR 2005, 476.
100 *Meckel*, Religionsunterricht im Recht, 2011; *Schlink/Poscher*, Der Verfassungskompromiss zum Religionsunterricht, 2000; *Robbers*, in: Fs. f. Hufen, 2015, S. 393.
101 *Von Ungern-Sternberg*, RDJB 2016, 30.
102 So zu Recht OVG NRW, NVwZ-RR 2004, 492; auch der Zentralrat der Muslime ist keine Religionsgemeinschaft (OVG NRW, BeckRS 2017, 137643).
103 Zum grundsätzlichen Anspruch einer Glaubensgemeinschaft auf einen entsprechenden Unterricht BVerwG, NJW 2005, 2101; allg. auch *Huster*, NVwZ 2005, 1396; zum Problem des Unterrichts »mit Kopftuch« *Winkler*, LKRZ 2013, 109.

Kein Eingriff in das Grundrecht aus Art. 7 Abs. 3 GG/34 LV ist die Einführung eines **obligatorischen Ethikunterrichts** (vgl. Art. 35 Abs. 2 LV »Allgemein anerkannte Grundsätze des natürlichen Sittengesetzes«), auch wenn der in eine faktische »Konkurrenz« zum konfessionellen Religionsunterricht tritt.[104] Hier geht das Interesse der staatlichen Gemeinschaft vor, allen Schülern bei gebotener Pluralität und Toleranz ethische und auch religionskundliche Grundkenntnisse und Werthaltungen zu vermitteln – auch und gerade denjenigen, die am konfessionellen Unterricht nicht teilnehmen. Werden die Anforderungen an die weltanschauliche Neutralität erfüllt, gibt es – anders als beim Religionsunterricht – kein Recht auf Abwahl und die Schulpflicht gilt uneingeschränkt.[105] Umgekehrt gibt es aber auch keinen individuellen Anspruch auf Einrichtung eines Faches Ethikunterricht in der Grundschule.[106]

Seit den 1970er Jahren gehört die **Sexualkunde** zu den besonders umstrittenen Themen der öffentlichen Schulen. Den Anforderungen des BVerfG[107] trägt § 1 Abs. 3 SchulG Rechnung. Von einem Eingriff in Elternrechte, von Indoktrination oder Libertinage kann also keine Rede sein. Befreiungsanträge sind im Interesse des Kindes und der Gemeinschaft ausnahmslos zurückzuweisen. Am Beispiel des **Sexualkundeunterrichts** hat das BVerfG aber auch entschieden, dass die Schule nicht einseitig bestimmte Werthaltungen in den Mittelpunkt stellen oder die Kinder gar indoktrinieren darf.[108] Da grundsätzlich angenommen werden kann, dass diese Grundsätze in deutschen Schulen beachtet werden, gilt die Schulpflicht uneingeschränkt auch für dieses Fach[109] sowie für den koedukativen **Sport- und Schwimmunterricht**[110] (letzterer ggf. in körperverhüllender Schwimmkleidung) und **Klassenfahrten**[111]. Ausnahmen – auch aus religiösen Gründen – müssen strikt begrenzt bleiben.[112]

Die **naturwissenschaftlichen** Fächer sind allein den Werten der Wissenschaft verpflichtet. Rücksichtnahme auf rein religiöse Vorstellungen vom Entstehen der Erde und des Menschen – wie etwa im Kreationismus und »intelligent design« – haben in der öffentlichen Schule außerhalb des Religionsunterrichts nichts zu suchen. Auch darf die Schule neutral über die Gefahr der Klimaveränderung informieren, auch wenn vereinzelte Eltern anderer Meinung sind. Gut gemeint, aber verfassungsrechtlich bedenklich ist der Vorschlag einer getrennten Unterrichtung von Jungen und Mädchen in den naturwissenschaftlichen Fächern.

Während die obligatorische Schulsprache und deren Verhältnis von Muttersprache für Kinder mit Migrationshintergrund zu den heiklen Themen gehören, berühren weder die **Rechtschreibung** noch die **Sprachenfolge** Grundrechtspositionen der Eltern oder

---

104 BVerfG (Kammer), NVwZ 2008, 72.
105 BVerwGE 107, 75. Krit. zum Ethikunterricht als Ersatz für die Teilnahme am Religionsunterricht o. § 1 Rn. 113 m.w.N.
106 BVerwG, NVwZ 2014, 1163.
107 BVerfGE 47, 46.
108 BVerfGE 47, 48; *Friesecke*, DVBl. 2015, 680.
109 BVerwG, NVwZ 2009, 56.
110 BVerwG, NVwZ 2014, 237; zust. *Ladeur*, RdJB 2014, 266; bestätigt durch BVerfG, NVwZ 2017, 227; EGMR, EuGRZ 2017, 249; allg. *Uhle*, NVwZ 2014, 541.
111 Anders für ein muslimisches Mädchen OVG NRW, NJW 2003, 1754; dazu die zu Recht scharfe Kritik von *Rixen*, NJW 2003, 1712.
112 So begrüßenswert deutlich BVerwG, NVwZ 2014, 81; BVerfG (Kammer), NVwZ 2017, 227; EGMR, NVwZ-RR 2018, 505.

der Kinder.[113] Warum für die Reihenfolge der ersten Fremdsprache (Englisch oder Französisch) etwas anderes gelten soll,[114] bleibt unerfindlich.

62 **4. Privatschulen – Schulen in freier Trägerschaft. a) Grundlagen.** Privatschulen – oder wie sie sich zur Vermeidung von Exklusivitätsvorwürfen selbst bezeichnen: »Schulen in freier Trägerschaft« – haben in Deutschland eine große Tradition. Das gilt vor allem für die kirchlichen Schulen, die bis ins 19. Jahrhundert die Grundlage für das Schulwesen im heutigen Grund- und Hauptschulbereich bildeten. Weitere wichtige Träger sind anthroposophische Gruppen (insbes. die Waldorf-Schulen) sowie Schulen mit besonderem pädagogischem Programm (z.B. Montessori). Die staatliche Schulverantwortung wurde endgültig erst in Art. 147 Abs. 1 WRV durchgesetzt, der aber gleichzeitig den Fortbestand und die Neugründung von Privatschulen gewährleistete. Diesen Kompromiss haben zunächst Art. 30 LV, dann Art. 7 Abs. 4 GG übernommen. Gerade gegenwärtig erfreuen sich Privatschulen offenkundig in allen Bundesländern zunehmender Beliebtheit.[115]

63 Art. 7 Abs. 4 GG/30 LV gewährleistet sowohl die Existenz der Privatschulen als **institutionelle Garantie** als auch ein subjektives Recht auf Gründung und gegen übermäßigen staatlichen Einfluss. Zudem hat das BVerfG Art. 7 Abs. 4 GG zugleich als Gebot der **Schulvielfalt**[116] gesehen und den Bezug zum elterlichen Erziehungsrecht hergestellt.[117] Eine besondere Garantie kirchlicher Privatschulen ist sowohl aus Art. 140 GG i.V.m. Art. 137 Abs. 2 WRV als auch aus Art. 44 LV abzuleiten. Art. 46 LV garantiert die Gemeinnützigkeit kirchlicher Schulen. Über das GG hinausgehend gewährt Art. 30 Abs. 3 LV für Ersatzschulen auch einen Anspruch auf angemessene öffentliche Finanzhilfe.[118]

64 **b) Ersatzschulen – Ergänzungsschulen.** Die **Ersatzschule** wird in § 5 PrivSchG als Schule in freier Trägerschaft definiert, die in ihren Lehr- und Erziehungszielen den öffentlichen Schulen entspricht, die im Lande bestehen oder vom Kultusminister grundsätzlich vorgesehen sind.[119] Eine Ersatzschule darf nur mit Genehmigung des Kultusministers errichtet und betrieben werden (§ 6 PrivSchG). Eine **anerkannte Ersatzschule** ist eine Schule, die die Gewähr dafür bietet, dass sie dauernd die an den entsprechenden öffentlichen Schulen gestellten Anforderungen erfüllt und entsprechend anerkannt wurde (§ 18 PrivSchG). An ihr kann die Schulpflicht erfüllt werden. Mit der Anerkennung erhält die Ersatzschule das Recht, nach den für öffentliche Schule geltenden Vorschriften Prüfungen abzuhalten und Zeugnisse auszustellen. Sie ist insofern **Beliehene**. Alle sonstigen Schulen sind **Ergänzungsschulen**. Sie sind also dadurch definiert, dass keine entsprechende öffentliche Schule existiert. Der Betrieb ist grundsätzlich genehmigungsfrei (Erlaubnis mit Verbotsvorbehalt). Ihr Betrieb kann jedoch untersagt werden, wenn die personellen oder inhaltlichen Anforderungen des § 15 PrivSchG nicht

---

113 BVerfGE 98, 218 (244ff.).
114 So VGH BadWürtt., DÖV 2007, 1059.
115 In Deutschland gab es lt. Statistischem Bundesamt 2018 5839 Privatschulen. Grundlegend zum Recht der Freien Schulen *Keller/Krampen*, Das Recht der Schulen in freier Trägerschaft, 2013; *Sydow/Dietzel*, RDJB 2014, 239.
116 BVerfGE 75, 40 (62).
117 BVerfGE 34, 165.
118 Dazu unten e.
119 So bereits BVerfGE 27, 195 (201); 75, 40 (76).

erfüllt sind. Die Erfüllung der Schulpflicht an Ergänzungsschulen bedarf einer besonderen Erlaubnis nach § 16 PrivSchG.[120]

c) **Gründung, Genehmigung und Anerkennung freier Schulen.** Während die eigentliche Gründung ein privatrechtlicher Akt ist, handelt es sich bei Genehmigung und Anerkennung um begünstigende Verwaltungsakte der Schulbehörde. Beide Entscheidungen müssen im Lichte der Gründungsfreiheit (Art. 7 Abs. 4 GG/30 Abs. 1 LV) interpretiert werden. So dürfen weder die Genehmigung noch die Anerkennung davon abhängig gemacht werden, dass die Schule ihr eigenständiges Profil aufgibt[121] oder Religionsunterricht anbietet.[122] Auch die wirkliche oder behauptete „Konkurrenz" zu staatlichen Schulen ist kein Versagungsgrund.[123] Das gilt im Grundsatz auch für die Anerkennung nach § 18 PrivSchG. Insbes. darf die Anerkennungsvoraussetzung (*»dauernd die an entsprechende öffentliche Schulen gestellten Anforderungen erfüllt«*) nicht einer Forderung nach exakter Gleichartigkeit der Lehrinhalte verwechselt werden.[124] Aus Art. 7 Abs. 5 GG folgt, dass die Privatschulfreiheit im Bereich der **Grundschule** allenfalls eingeschränkt gilt.[125]

d) **Staatsaufsicht.** Gem. §§ 4, 13 PrivSchG unterstehen auch die Privatschulen der staatlichen Schulaufsicht. Aufsichtsbehörde ist auch insofern die ADD. Die Vorschriften sind allerdings im Lichte der Privatschulfreiheit auszulegen. So ist es z.B. nicht Sache der Aufsichtsbehörde die Inhalte und die Organisation des Unterrichts abschließend festzulegen. Dagegen kann die Unzuverlässigkeit eines Schulträgers durchaus zum Widerruf der Genehmigung führen. Auch kann die Schulbehörde überprüfen, ob die Leistungen bei einer anerkannten Ersatzschule gleichwertig (nicht gleichartig) zu denjenigen entsprechender öffentlicher Schulen sind.[126]

e) **Finanzierung.** Über Art. 7 Abs. 4 GG hinaus enthält Art. 30 Abs. 3 LV für Ersatzschulen einen verfassungsrechtlichen **Anspruch auf eine angemessene Finanzhilfe**. Es ist also in RhPf. unzulässig, diesen Anspruch auf eine institutionelle Garantie zu reduzieren.[127] Der eigentliche Grund für den Finanzhilfeanspruch liegt darin, dass den Schulen in freier Trägerschaft durch Art. 7 Abs. 4 S. 3 GG/30 Abs. 2 LV eine Sonderung der Schüler nach den Besitzverhältnissen der Eltern untersagt ist,[128] sie also von Staatswegen gehindert sind, kostendeckende Schulgelder zu erheben. Die Vorschriften über die öffentliche Finanzhilfe finden sich in § 28 ff. PrivSchG. Sofern die Schulen Schulgeld- und Lernmittelfreiheit gewähren, haben sie – teils nach besonderen Vorschriften der Landesverfassung, aber auch aus Gründen der Gleichbehandlung – einen Anspruch auf einen entsprechenden Ausgleich.[129]

---

120 Zu diesen Grundbegriffen *Brosius-Gersdorf,* DV 2012, 389.
121 Zum Recht auf Gründung und Genehmigung einer reinen Jungenschule etwa BVerwG, DVBl. 2013, 724 (LS).
122 BVerwG, NVwZ-RR 2019, 686.
123 Dazu *Kümper,* DVBl. 2016, 225.
124 *J. P Vogel,* DÖV 2008, 895.
125 Dazu *Hufen,* §§ 32, 33.
126 BVerfG (Kammer), NVwZ 2011, 1384; OVG Saarl., LKRZ 2012, 165.
127 So wohl BVerfGE 112, 74 (83); anders SächsVerfGH, NVwZ-RR 2014, 251.
128 BVerfGE 75, 40 (62); Einzelheiten bei *Hufen,* § 32 Rn. 31 f.; *Brosius-Gersdorf,* NVwZ 2018, 761; *dies.,* DÖV 2017, 881.
129 ThürVerfGH, Urt. v. 19.5.2014 – VerfGH 13/11 – (juris); SächsVerfGH, NVwZ-RR 2014, 251; Bad-WürttStGH, NVwZ 2015, 1382 (LS); anders BrandbVerfG, LKV 2015, 129.

IV. Wissenschaft – Hochschulen

68 **1. Grundlagen. a) Geschichtliches.** Die Geschichte der Wissenschaftsfreiheit und der Hochschulen im Gebiet des heutigen RhPf. ist nicht sehr ergiebig. Die im Jahre 1477 durch den Kurfürsten von Mainz, *Diether von Isenburg*, gegründete **Universität Mainz** war in den ersten Jahrhunderten ihrer Existenz von chronischem Geldmangel gekennzeichnet, und der Kurfürst hatte sich erhebliche Rechte bei der Bestellung der Professoren gesichert.[130] Sie wurde 1798 während der napoleonischen Besetzung durch einen französischen Offizier geschlossen. Ein französischer Offizier war es dann auch, der im Mai 1946 die »Fortsetzung der Kurse« erlaubte und damit die Universität wiedereröffnete. Heute verfügt RhPf. über **vier Universitäten** (§ 1 Abs. 2 HochSchG), die Technische Universität Kaiserslautern, die Universität Koblenz-Landau[131], die Johannes Gutenberg-Universität Mainz und die Universität Trier. Sie sind bis auf Mainz Neugründungen, wobei Koblenz-Landau auf ehemalige pädagogische Hochschulen zurückgeht. Noch jüngeren Datums sind die 7 Fachhochschulen, die sich aus einer einzigen Fachhochschule entwickelten und heute auch Hochschulen für angewandte Wissenschaften (HAW) genannt werden. Einen Sonderstatus hat die Deutsche Universität für Verwaltungswissenschaften in Speyer, die in einem besonderen Gesetz geregelt ist.

69 **b) Verfassungsrechtlicher Rahmen. aa) Kompetenzen:** Schon vor der Föderalismusreform hatte das BVerfG in wichtigen Entscheidungen zum Verbot von Studiengebühren[132] und zur Juniorprofessur[133] die Erforderlichkeit einer bundeseinheitlichen Rahmengesetzgebung für bestimmte Fragen verneint und den Vorrang der Landesgesetzgebung für das Hochschulrecht betont. Mit der Föderalismusreform und der Streichung der Rahmengesetzgebungskompetenz wurden dann die **Befugnisse des Bundes** weiter beschnitten. Er ist nur noch zuständig für die Ausbildungsbeihilfen (Art. 74 Abs. 1 Nr. 13 GG) und für die Fragen der Hochschulzulassung und der Abschlüsse (Art. 74 Abs. 1 Nr. 33 GG, beachte aber Art. 72 Abs. 3 S. 1 Nr. 6).[134] Das HRG gilt gemäß Art. 125 a GG fort, so lange die Länder keine eigenen Regelungen treffen.

70 **bb) Verfassungsrechtliche Fragen:** Einschlägiges **Grundrecht** für die Hochschulen ist die Wissenschaftsfreiheit (Art. 5 Abs. 3 GG/Art. 9 LV).[135] Als individuelles Grundrecht umfasst sie die Freiheit von Forschung und Lehre. § 3 HochSchG konkretisiert die Freiheiten und bezieht die Aufgaben der Hochschulen auf die genannten Grundrechte. Anders als zu dem hoch umstrittenen Bereich der Schule sind die Aussagen zur Hochschule im 3. Abschnitt der LV eher kärglich. Immerhin gewährleistet Art. 39 Abs. 1 LV den Hochschulen ausdrücklich das Recht der Selbstverwaltung.[136] Bis heute interessant ist auch Art. 39 Abs. 3 LV, der jeden Student verpflichtet, neben seinem Fachstudium allgemeinbildende, insbes. staatsbürgerkundliche Vorlesungen zu hören – die

---

130 *Just*, Die alte Universität Mainz von 1477–1798, Bd. 4, 1957, S. 58.
131 Bis 2022 soll der Standort Landau mit der Technischen Universität Kaiserslautern fusionieren und der Standort Koblenz als eigenständige Universität fortgeführt werden.
132 BVerfGE 112, 226 ff.
133 BVerfGE 111, 226 ff.
134 Dazu *Hansalek*, NVwZ 2006, 668.
135 Zum Verhältnis von Staat und Hochschulen *Geis*, WissR 2004, 2; *Kahl*, Hochschule und Staat, 2004; zu Art. 5 Abs. 3 GG *Kobor* JuS 2006, 695.
136 Zu dieser *Dörr*, in: Fs. f. Hufen, 2015, S. 290.

verfassungsrechtliche Basis des bis heute in RhPf. vorbildlichen »studium generale«. Auffallend ist, dass die derzeit viel diskutierten verfassungsrechtlichen Probleme um die Hierarchisierung, Ökonomisierung und Fremdsteuerung der Hochschulen – nicht zuletzt wohl wegen einer behutsamen Hochschulpolitik – in RhPf. eine eher geringe Rolle spielen. Kritische Aufmerksamkeit verlangen allerdings Versuche, vermeintlich rassistische, sexistische, islamfeindliche oder auch nur politisch unerwünschte Inhalte aus den Hochschulen fernzuhalten. Innerhalb der verfassungsrechtlichen Grenzen sind vielmehr ausschließlich die jeweiligen Leiter der Lehrveranstaltung und – subsidiär – die Selbstverwaltungsgremien für die Entscheidung zuständig, wer in der Hochschule lehren und reden darf.[137]

Im Übrigen muss hier auf das Bundesrecht und insbes. die Rechtsprechung des BVerfG zu Art. 5 Abs. 3 GG verwiesen werden.[138]

2. Hochschulrecht. a) Hochschulbegriff, Hochschularten und Hochschulaufgaben. Hochschule ist der **Sammelbegriff** für Einrichtungen im tertiären Bildungsbereich zur Pflege von Wissenschaft, Kunst und Lehre. Das HochSchulG definiert die Hochschulen nicht, sondern zählt lediglich die im Lande existierenden Universitäten und Fachhochschulen auf. Die Kunst- und Musikhochschulen sind in RhPf. nicht eigene Körperschaften, sondern in die Universität Mainz eingegliedert. Die Universitäten werden als wissenschaftliche Hochschulen ieS bezeichnet, die in vollem Umfang den Zielen der Forschung und Lehre verpflichtet sind (§ 2 HochSchG; zur Forschung §§ 12–14 HochSchG). Auch die Fachhochschulen (HAW) haben heute einen eigenständigen Forschungsauftrag; ihre Professoren sind Träger der Wissenschaftsfreiheit, soweit ihnen selbstständige Forschungsaufgaben übertragen sind;[139] sie sind aber mehr auf die praktische Anwendung wissenschaftlicher Erkenntnisse bezogen (»applied sciences«).

71

b) Inhalte: Forschung, Lehre und Studium, Hochschulprüfungen und Hochschulgrade. Alle Entscheidungen, die die Lehre und Forschung im Hochschulbereich betreffen, sind wesentlich für die Grundrechte der Lehrenden und Lernenden. Deshalb bemüht sich das HochSchG um eine genaue Konkretisierung. Andererseits werden in § 4 Abs. 1 HochSchG auch die besondere Verantwortung und die Pflicht zu einer besonderen Sorgfalt der Hochschulen und ihrer Mitglieder bei der Wahrnehmung ihrer Aufgaben eingefordert. und in § 4 Abs. 2 HochSchG auch eine auf Ethik und Rechtlichkeit verpflichtete wissenschaftliche Praxis in Forschung und Lehre betont. Inneruniversitäre Untersuchungsgremien sind allerdings nicht zur disziplinarrechtlichen Verfolgung oder zu sonstigen Sanktionen befugt:[140] Die Hochschule kann Hochschulgrade – insbes. den Doktorgrad – entziehen, wenn sie auf unlautere Weise erworben worden oder der Inhaber schwerwiegende – allerdings nur hochschulbezogene[141] Verfehlungen begangen hat. Das ist insbes. bei vorsätzlichen Plagiaten der Fall, so dass – anders

72

---

137 *Kempen*, FuL 2017, 391; *Hufen*, NVwZ 2017, 1265.
138 *Hufen*, § 34 Rn. 4; *Geis*, DV 2012, 525.
139 BVerfGE 126, 1,1(8).
140 BVerwGE 102, 304;; *Schmidt-Aßmann*, NVwZ 1998, 1225.
141 So (zur Zulassung) BVerwG, NJW 2016, 1113; BVerfG (Kammer), NVwZ 2014, 1571; anders *v. Bargen*, JZ 2015, 819.

als in anderen Bundesländern – eine Anwendung von § 49 VwVfG in RhPf. nicht in Betracht kommen dürfte.[142]

§§ 16 ff. HochSchG konkretisieren die **Aufgaben im Bereich des Studiums und der Lehre**. Hier finden sich die Rechtsgrundlagen sowohl für die Studiengänge als auch für die Studienpläne und das konkrete Lehrangebot. Die Hochschulen werden zur Studienberatung verpflichtet und ermächtigt, Prüfungsordnungen zu erlassen (§§ 25, 26 HochSchG – zu den Rechten der Studierenden in diesem Zusammenhang u., Rn. 84 ff.).

73 **c) Rechte und Pflichten der Studierenden.** Studierende sind nicht lediglich Nutzer der »Anstalt Hochschule«, sondern deren Mitglieder und Träger eigener Grundrechte. Parallel zur Wissenschaftsfreiheit bildet die Lernfreiheit (Studierfreiheit) ein wichtiges Abwehrrecht gegen staatliche und inneruniversitäre Eingriffe.[143]

74 **aa) Zulassung und Einschreibung:** Der Zugang zur Hochschule und die Zulassung zum Studium sind in §§ 65–70 HochSchG und im Hinblick auf kapazitätsbedingte Zulassungsbeschränkungen noch im HRG (§§ 29 ff.) geregelt. Verfassungsrechtlicher Hintergrund ist die **»numerus clausus«-Rechtsprechung** des BVerfG, nach der aus Art. 12 GG ein derivatives Teilhaberecht auf chancengleichen Zugang zu den Hochschulen im Rahmen von deren Kapazität folgt.[144] Durch sein neuestes „Numerus-clausus"-Urteil hat das *BVerfG* hier kürzlich neben der Abiturnote weitere wissenschaftsnahe Kriterien und eine verbesserte Vergleichbarkeit über Landesgrenzen hinaus verlangt.[145] Weiterhin ist Art. 39 Abs. 5 LV zu beachten: Der Zugang zum Hochschulstudium steht bei entsprechender Qualifikation und der vorhandenen Kapazität jedermann offen.[146] Die geforderte **Qualifikation der Bewerber** wird durch § 65 HochSchG konkretisiert.

Die Studierenden schreiben sich zum Studium in dem von ihnen gewählten Studiengang ein und werden damit mit allen Rechten und Pflichten Mitglieder der Hochschule (§ 67 HochSchG). Versagung der Einschreibung und Aufhebung der Einschreibung sind durch §§ 68, 69 HochSchG geregelt. Mit der Einschreibung haben die Studierenden Anspruch auf Teilnahme an allen Lehrveranstaltungen der Universität, aber keinen Anspruch auf die Einrichtung zusätzlicher Kurse, die Schaffung neuer Kapazitäten sowie die Beibehaltung von bestimmten Lehrangeboten[147] oder gesetzlich nicht vorgesehenen Abschlüssen.[148]

75 **bb) Weitere Rechte und Pflichten der Studierenden:** Abgesehen von der verfassungsrechtlichen Pflicht zur Teilnahme an Lehrveranstaltungen der Allgemeinbildung (Art. 39 Abs. 3 LV) richten sich die Rechte und Pflichten der Studierenden in Bezug auf ihr Studium nach den jeweiligen Studiengängen. Diese werden durch die Hochschule im Rahmen von **Studienplänen** (§§ 19 ff. HochSchG) und den dazugehörenden

---

142 BVerwG, NVwZ 2013, 1614; BVerfG (Kammer), NVwZ 2014, 1571.
143 *Glaser*, DS 2008, 213; s. auch *Hufen*, § 34 Rn. 15.
144 BVerfGE 33, 303 ff.; *Bahro/Berlin*, Das Hochschulzulassungsrecht in der Bundesrepublik Deutschland, 4. Aufl. 2003; ausf. *Rux*, BK, Art. 74 Abs. 1 Nr. 33, Hochschulzulassung und Hochschulabschlüsse.
145 BVerfGE 147, 254 (304).
146 Zum Problem von deren Ermittlung BVerwG, NVwZ 2011, 1135; zur Anrechnung von Wartezeiten BVerfG (Kammer), NVwZ 2013, 61.
147 VGH BadWürtt., NVwZ-RR 2004, 660.
148 BVerwG, NJW 2002, 21.

Prüfungsordnungen (§ 26 HochSchG) konkretisiert. Anwesenheitspflichten für Studierende sind rechtlich möglich, bedürfen aber der gesetzlichen Grundlage.[149] Die **Juristenausbildung** ist auf der Basis des DRiG durch das JAG und die JAPO geregelt. Außerhalb der Juristenausbildung und des Medizinstudiums wurden in den vergangenen Jahren nahezu alle Studiengänge auf das sog. »Bologna-System«, also auf Bachelor- und Master-Abschlüsse, umgestellt. Mit erfolgreicher Abschlussprüfung kann die Hochschule **Hochschulgrade** verleihen (§§ 30, 31 HochSchG). Für staatliche Prüfungen gilt Entsprechendes zugunsten des staatlichen Prüfungsamtes. Nach dem ersten berufsqualifizierenden Abschluss können besonders erfolgreiche Studierende an der Universität promovieren; nach § 34 HochSchG werden sie dazu als Doktorandinnen und Doktoranden der Universität eingeschrieben und behalten alle Rechte und Pflichten der Studierenden und haben ein Recht auf Betreuung ihrer wissenschaftlichen Arbeit.

cc) Förderung/Gebühren und Beiträge: Während die eigentliche finanzielle Förderung bedürftiger Studierender weiter im BAföG, also bundesgesetzlich, geregelt ist, enthält das HochSchG dazu keine Bestimmungen. Anders als die hessische Verfassung[150] enthält die LV keine Aussage zu konkreten **Hochschulgebühren und -beiträgen**. Allerdings kann aus Art. 39 Abs. 5 LV ebenso wenig wie aus Art. 3 GG oder dem Sozialstaatsprinzip[151] ein Recht auf ein gebührenfreies Studium abgeleitet werden.[152] § 70 HochSchG gewährt aber seit 2012 die weitgehende Beitragsfreiheit für ein Erststudium einschließlich konsekutiver Bachelor- und Masterstudiengänge sowie für ein paralleles Doppelstudium. Nur für ein Zweitstudium können noch besondere Gebühren erhoben werden. Für Rückmeldegebühren gilt das strikte Äquivalenzprinzip. Insbes. dürfen sie nicht zur heimlichen Studiengebühr werden.[153]

dd) Mitwirkungsrechte in der Selbstverwaltung: Als Grundrechtsinhaber und Mitglieder der Hochschule (§ 36 HochSchG) haben die Studierenden das Recht und die Pflicht zur Mitwirkung im Rahmen der Selbstverwaltung der Hochschulen. Sie wirken nach § 37 Abs. 2 HochSchG als **Gruppe in den Gremien der Hochschule** mit. Die jeweiligen Vertreter werden von der Gesamtheit der Studierenden gewählt (§ 39 Abs. 3 HochSchG). Die wichtigste Stellung nehmen dabei die Vertreter der Studierenden in den Fachbereichsräten (§ 87 i.V.m. § 39 HochSchG) und im Senat (§ 77 i.V.m. § 39 HochSchG) ein. Auch eines der fünf Mitglieder aus dem Bereich der Hochschule im Hochschulrat kann ein Student sein (§ 75 HochSchG).

ee) Verfasste Studierendenschaft: RhPf. gehört zu denjenigen Bundesländern, die die Studierendenschaft als Körperschaft des öffentlichen Rechts verfasst haben. Sie verwaltet ihre Angelegenheiten im Rahmen der Gesetze und ihrer Satzungen selbst (§ 108 HochSchG). Da es sich hier um »Zwangskörperschaften« handelt – dh alle Studierenden müssen der Studierendenschaft angehören, werden durch deren Organe (Studierendenparlament und allgemeiner Studierendenausschuss (AStA) – § 109 HochSchG) vertreten und müssen durch ihre Beiträge zum Haushalt der Studierendenschaft bei-

---

149 VGH BadWürtt. DÖV 2018, 248 = JuS 2018, 402 *(Hufen)*.
150 Dazu HessStGH, LKRZ 2008, 295 ff.; dazu *Walther*, LKRZ 2008, 292 ff.
151 BVerfG, NJW 2013, 2498; BVerwG, NVwZ 2011, 1272.
152 Dazu o. § 1 Rn. 114 m.w.N.
153 BVerfG (Kammer), NVwZ 2017, 696.

tragen – müssen die Aufgaben gesetzlich festgelegt sein und die Organe dürfen nicht zu allgemeinen politischen Fragen über diesen Auftrag hinaus Stellung nehmen (kein allgemeinpolitisches Mandat).[154]

79 **ee) Ende der Mitgliedschaft:** Die Mitgliedschaft endet mit der Aufhebung der Einschreibung (**Exmatrikulation**). Diese kann auf Antrag durch Rücknahme in Fällen wie Zwang, arglistiger Täuschung usw (§ 69 Abs. 1 HochSchG), bei versäumter Rückmeldung und bei schwerwiegenden disziplinarrechtlichen Verstößen nach § 69 Abs. 3 HochSchG geschehen.[155]

80 **ff) Rechtsschutzprobleme:** Klagen auf Zulassung zur Universität und sämtliche Klagen aus dem Mitgliedsverhältnis zur Hochschule sind öffentlich-rechtliche Streitigkeiten gemäß § 40 Abs. 1 S. 1 VwGO. Beteiligtenfähig sind die Studierenden als natürliche Personen; die Hochschule sowie die Studierendenschaft als juristische Person. In Prüfungsangelegenheiten sind die Besonderheiten zu beachten, die die Rechtsprechung zur gerichtlichen Kontrolle von Prüfungsentscheidungen entwickelt hat.[156] Der Hochschule bzw. der Prüfungskommission kommt in der Regel ein Beurteilungsspielraum zu, der nur eingeschränkt gerichtlich kontrollierbar ist. Eine Verpflichtungsklage kann daher nicht auf die Verpflichtung zur Erteilung einer bestimmten Befähigung oder eines Zeugnisses, sondern nur auf Bescheidung iSv § 113 Abs. 5 VwGO oder Berechtigung zur Wiederholung der Prüfung zielen.

81 **d) Rechte und Pflichten wissenschaftlichen und künstlerischen Personals.** Während das HochSchG in § 43 nur wenige besondere Bestimmungen für die Angehörigen des allgemeinen nichtwissenschaftlichen Personals enthält und im Übrigen bei Beamten das LBG, bei Angestellten das private Arbeitsrecht und die entsprechenden tarifvertraglichen Bestimmungen gelten, enthält das Gesetz in §§ 46 ff. zahlreiche besondere Vorschriften für das hauptberufliche wissenschaftliche und künstlerische Personal. Wichtig sind insbes. die Hochschullehrer (Professoren und Juniorprofessoren) sowie die wissenschaftlichen und künstlerischen Mitarbeiter und die Lehrkräfte für besondere Aufgaben (§ 46 HochSchG). Der Begriff der Hochschullehrer hat dabei eine besondere **verfassungsrechtliche Bedeutung**, weil das BVerfG dieser Gruppe nach wie vor besonderes Gewicht in der Hochschulselbstverwaltung beimisst[157] und eine Homogenität der Gruppe der Hochschullehrer in den Gremien im Hinblick auf ihre Qualifikation gefordert hat.

82 **aa) Professoren:** Die **Einstellungsvoraussetzungen** sind in § 49 HochSchG genannt. Wichtig sind abgeschlossenes Studium, pädagogische Eignung und qualifizierte Promotion sowie zusätzliche wissenschaftliche Leistungen. Im Hinblick auf deren Erbringung ist das HochSchulG dem Modell »Juniorprofessor« gefolgt, das bei seiner Einführung durch die damalige Bundesregierung stark favorisiert wurde. Allerdings haben weder diese Politik noch § 49 Abs. 2 HochSchG verhindern können, dass in den meisten Fächern nach wie vor die traditionelle **Habilitation** die wichtigste Qualifikati-

---

154 BVerwGE 59, 231, 236; BVerfG (Kammer), NVwZ 1998, 1286; OVG Hamburg, NVwZ 2017, 576 – IHK; *Geis*, in: Fs. f. Würtenberger, 2013, S. 1137.
155 Eine – an sich rechtlich mögliche (OVG Hbg., NJW 2010, 1221) – Exmatrikulation wegen erheblicher Überschreitung der Regelstudienzeit ist in RhPf. nicht vorgesehen.
156 Hierzu und zum folgenden *Hufen* (Fn. 7257), § 25 Rn. 34 ff.; BVerwG, NVwZ 2019, 890.
157 BVerfGE 35, 79 (125).

onsstufe für den Hochschullehrerberuf ist. Die Ausnahme des § 49 Abs. 2 S. 3 HochSchG ist also praktisch die Regel. Auch der Versuch, den Hochschulen und den Habilitierten die Bezeichnung »**Privatdozent**« zu untersagen, wurde zwischenzeitlich wieder rückgängig gemacht.[158] Über Habilitationsleistungen ist im Lichte des Art. 5 Abs. 3 GG und damit wissenschaftsbezogen zu entscheiden.[159]

Für die Auswahl der Professoren gibt es von alters her ein besonderes **Berufungsverfahren**, das in der Regel dreistufig ausgestaltet ist (§ 50 HochSchG). Die Berufung erfolgt in der Regel in das Beamtenverhältnis auf Lebenszeit. Die Berufung in das Beamtenverhältnis auf Zeit ist eine Ausnahme (§ 51 Abs. 1 HochSchG). Professoren in einem Beamtenverhältnis auf Zeit und Juniorprofessoren werden durch die Präsidentin oder den Präsidenten selbst berufen (§ 50 Abs. 3 a i.V.m. § 50 Abs. 1 S. 4 Ziffer 1–3 HochSchG). Für die **Rechtsstellung** gelten die allgemeinen Grundsätze des Berufsbeamtentums (Art. 33 Abs. 5 GG) und die Vorschriften des Beamtenrechts, die aber im Lichte der Wissenschaftsfreiheit interpretiert werden müssen. Mit der Ernennung übernimmt der Hochschullehrer die selbstständige Wahrnehmung der Aufgaben in Forschung, Lehre und Prüfung je nach Ausgestaltung seines Amtes. Dieser so umschriebene Aufgabenkreis wird oft auch in einer »Lehrstuhlbezeichnung« umrissen.[160] Die Besoldung der Hochschullehrer richtet sich nach einer besonderen Besoldungsgruppe (früher C-Besoldung, jetzt W-Besoldung). Sie musste nach einem Urteil des BVerfG für bestimmte Gruppen verbessert werden.[161] 83

Bei der Erfüllung seiner Lehraufgaben ist der Hochschullehrer grundsätzlich inhaltlich und methodisch frei. Das gilt auch für Einladungen Dritter in seine Lehrveranstaltungen. Zugleich ist er aber an die bestehenden Studienpläne und Prüfungsordnungen gebunden. Da diese sein Recht nur konkretisieren, nicht in dieses eingreifen, hat er keine Antragsbefugnis im Rahmen der verwaltungsgerichtlichen Normenkontrolle.[162] 84

bb) **Juniorprofessoren:** Auch die noch **neue Gruppe** der Juniorprofessoren gehört nach § 46 zur Gruppe der Hochschullehrer. Das ist (noch) verfassungsgemäß, da die Juniorprofessoren zumindest auf dem Weg zur Erlangung der besonderen Qualifikation iSv § 49 sind. Sie müssen über ein abgeschlossenes Hochschulstudium, pädagogische Eignung und die besondere Befähigung zur wissenschaftlichen Arbeit, die in der Regel durch die herausragende Qualität einer Promotion nachgewiesen wird, verfügen. Auch ihre Berufung erfolgt in einem besonderen Berufungsverfahren – allerdings ohne Beteiligung des Ministeriums. Die **dienstrechtliche Stellung** ergibt sich aus § 55 HochSchG. 85

cc) **Wissenschaftliche Mitarbeiter und Lehrkräfte für besondere Aufgaben:** Nach § 56 HochSchG obliegen wissenschaftlichen Mitarbeitern wissenschaftliche Dienstleistungen. Sie sollen auch den Studierenden Fachwissen und praktische Fertigkeiten vermitteln und sie in der Anwendung wissenschaftlicher Methoden unterweisen. **Einstellungsvoraussetzung** ist ein abgeschlossenes Studium, eine der Tätigkeit entsprechende 86

---

158 Dazu *Winkler*, LKRZ 2007, 380; das OVG RhPf., LKRZ 2007, 281, hatte den Anspruch auf Verleihung des Titels »Privatdozent« allerdings vor der gesetzlichen Wiedereinführung verneint.
159 BVerfG (Kammer), NVwZ 2015, 431.
160 Zur verfassungsrechtlichen Stellung nach der Ernennung *Hufen*, § 34, Rn. 14.
161 BVerfGE 130, 263 (291).
162 BVerwG, NVwZ-RR 2006, 36.

Promotion und eine hauptberufliche Tätigkeit von mindestens zwei Jahren und sechs Monaten, diese kann auch an den Hochschulen erfolgen. Das Dienstverhältnis hängt von den jeweiligen Aufgaben ab.

87 **dd) Lehrkräfte für besondere Aufgaben:** Ihr Dienstverhältnis richtet sich nach § 58 HochSchG. Ihre Aufgabe ist es, praktische Fertigkeiten und Kenntnisse zu vermitteln. Sie werden vor allem in Bereichen eingesetzt, in denen es um die Vermittlung praktischer Fähigkeiten und Kenntnisse geht. Zu erwähnen sind ferner **Lehrbeauftragte**, die zur Ergänzung und in begründeten Fällen zur Sicherstellung des **Lehrangebots** selbstständige Lehraufgaben wahrnehmen und bei Vorliegen der entsprechenden Qualifikation zum **Honorarprofessor** nach § 62 HochSchG ernannt werden können. Davon zu unterscheiden ist die sog. »außerplanmäßige Professur«, die Juniorprofessoren und Habilitierten nach mindestens sechsjähriger Bewährung in Forschung und Lehre verliehen werden kann (§ 61 Abs. 3 HochSchG).

88 **ee) Mitwirkungsrechte: Hochschullehrer und wissenschaftliche Mitarbeiter** sind berechtigt und verpflichtet, an der Selbstverwaltung der Hochschulen mitzuwirken. Verfassungsrechtliche Grundlage ist neben Art. 39 Abs. 1 LV auch Art. 5 Abs. 3 GG, für den das BVerfG die Stellung der Hochschullehrer besonders hervorgehoben und ihnen einen ausschlaggebenden Einfluss auf den Kernbereich wissenschaftsrelevanter Entscheidungen vorbehalten hat.[163] Diese Mitwirkung ist zugleich wichtige Legitimationsgrundlage für wissenschaftsrelevante Entscheidungen der Selbstverwaltungsgremien und der gewählten Hochschulorgane. Entscheidungsgremien, an denen die betroffenen Hochschullehrer selbst nicht beteiligt sind, sind deshalb höchst bedenklich. Sie können die gewählten Organe entweder nur beraten oder müssen sich im Kern wissenschaftlicher Bewertungen enthalten.

89 **ff) Rechtsschutzprobleme:** Gremienentscheidungen und Weisungen der Hochschulleitung haben dem Hochschullehrer gegenüber Außenwirkung, wenn sie dessen persönlichen Rechtskreis einschließlich der Freiheit zur Lehre und Forschung berühren. Feststellungen und andere Realakte (z.B. Missbilligungen eines Gremiums) können im Wege der Unterlassungsklage bzw. der Leistungsklage auf Folgenbeseitigung verwaltungsgerichtlich angegriffen werden. Bei Konkurrentenstreitigkeiten über die Ernennung zum Hochschullehrer ist zu beachten, dass weder das Gericht noch eine Behörde über die Kompetenz verfügt, die Leistungen der Bewerber fachlich zu überprüfen. Dies ist allein Sache der jeweiligen Berufungskommission bzw. unabhängiger entsprechend qualifizierter Gutachter.

90 **e) Hochschulverfassung. aa) Rechtsnatur der Hochschule:** Anders als die Schulen, die nicht rechtsfähige Anstalten sind, sind die Hochschulen mitgliedschaftlich verfasst und **Körperschaften des öffentlichen Rechts** (§ 6 Abs. 1 HochSchG). Im Hinblick auf die Verwaltung der Personal- und Sachmittel tragen die Hochschulen anstaltlichen Charakter; das bringt das Gesetz mit der Formulierung »und zugleich staatliche Einrichtungen« zum Ausdruck.

91 **bb) Organisation der Selbstverwaltung:** Als Körperschaft verfügt die Hochschule über Selbstverwaltungsangelegenheiten (§ 8 HochSchG).[164] Das sind alle wesentlichen Auf-

---

163 BVerfGE 35, 79 (112).
164 *Löwer*, in: Fs. f. Wendt, 2015, S. 285.

gaben von Lehre, Forschung und Prüfung. Im Auftrag des Staates erfüllt die Hochschule die Personalverwaltung, die Haushaltsverwaltung usw.

Die innere Struktur der Universität ist – anders als bei anderen staatlichen Einrichtungen – **nicht hierarchisch** gegliedert, sie folgt vielmehr den sich aus der Eigengesetzlichkeit der Wissenschaft ergebenden Prinzipien. So ist insbes. in Forschungsangelegenheiten der Vorrang der jeweils sachnäheren Ebene (also Lehrstühle und Fachbereiche) gegenüber der Hochschulspitze zu beachten.[165]

cc) **Organe:** Selbstverwaltungsorgane mit Entscheidungsbefugnissen (§ 71 HochSchG) sind auf zentraler Ebene der **Hochschulrat**, der **Senat**, der **Präsident** oder auch ein **Präsidialkollegium**. Auf dezentraler Ebene, dh in den Fachbereichen, haben der **Fachbereichsrat** (§ 84 HochSchG) und der **Dekan** (§ 88 HochSchG) Entscheidungsbefugnisse. 92

Die Organe im Einzelnen: Der **Hochschulrat** hat nach § 74 HochSchG die Aufgabe, die Hochschule in allen wichtigen Angelegenheiten zu beraten und zu unterstützen. Eine wichtige Aufgabe ist die Unterbreitung eines **Vorschlags zur Wahl des Präsidenten** (§ 74 Abs. 3 HochSchG). Gewählt wird der Präsident sodann vom Senat. Da sich die Kompetenzen des Hochschulrates in RhPf. auf Beratung, Unterstützung und ein Vorschlagsrecht beschränken, ist dagegen wenig einzuwenden. 93

Zentrales Mitwirkungsgremium ist der Senat. Er hat nach § 76 HochSchG alle Aufgaben wahrzunehmen, die die gesamte Hochschule angehen. Zu beachten ist aber, dass er bei Forschungsangelegenheiten auf Aspekte grundsätzlicher Bedeutung festgelegt ist. Die eigentliche fachliche Weichenstellung obliegt den Fachbereichen. Der Senat wird durch den Präsidenten geleitet. In ihm müssen die Fachbereiche sowie die Mitgliedergruppen angemessen vertreten sein (§ 77 HochSchG i.V.m. den Wahlrechtsgrundsätzen). 94

Die **Leitung der Hochschule** obliegt dem **Präsidenten**. Der Präsident wird in RhPf. auf Vorschlag des Hochschulrats vom Senat gewählt. Er vertritt die Hochschule nach außen, sorgt für ein Zusammenwirken der Organe und der Mitglieder der Hochschule und unterrichtet die Öffentlichkeit von der Erfüllung der Aufgaben der Hochschule (§ 79 HochSchG). Der Präsident wird bei der Wahrnehmung seiner Aufgaben durch von ihm selbst oder vom Hochschulrat vorgeschlagene Vizepräsidenten (§ 82 HochSchG) sowie durch den Kanzler (§ 83 HochSchG) unterstützt. Letzterer leitet die Verwaltung der Hochschule und ist Beauftragter für den Haushalt. 95

dd) **Rechtsschutzprobleme:** Die komplexe Struktur der Hochschulorgane bringt es mit sich, dass Rechtsstreitigkeiten innerhalb der Körperschaft denkbar sind. Nach den Kommunalverfassungsstreitigkeiten handelt es sich hier wohl um die bedeutendste Gruppe der **verwaltungsprozessualen Organklage**.[166] Die jeweiligen Teilkörperschaften und Gremien sind in deren Rahmen beteiligtenfähig. Diese können sich nur auf ihre eigenen Mitwirkungsrechte berufen. Mangels Außenwirkung sind nicht Anfechtungs- oder Verpflichtungsklage, sondern Leistungs- und Feststellungsklage statthaft. 96

---

165 So ausdrücklich BVerfGE 127, 87 (114) zum HbgHG; BVerfGE 136, 338; BadWürttVerfGH, NVwZ 2017, 403 (LS) = JuS 2017, 279 (*Hufen*).
166 Dazu *Hufen* (Fn. 72), § 21.

97 **f) Staatsaufsicht.** Als öffentliche Einrichtungen stehen die Hochschulen unter der Aufsicht des Staates, also des Landes. Wie im Kommunalbereich beschränkt sich die Aufsicht in Selbstverwaltungsangelegenheiten von Lehre, Forschung und Prüfung auf eine **Rechtsaufsicht**. Fachaufsicht gibt es nur im anstaltsrechtlichen Bereich der Personal- und Mittelverwaltung. Aufsichtsbehörde und zugleich Dienstvorgesetzter der Hochschullehrer ist nicht eine staatliche Mittelbehörde, sondern unmittelbar der Wissenschaftsminister (Einzelheiten in §§ 105 ff. HochSchG). Als problematisch hat sich die höchst wissenschaftsrelevante Beurteilung von Studiengängen durch sog. Akkreditierungs-Agenturen erwiesen. Diese Bedenken hat das BVerfG mittlerweile weitgehend bestätigt und angeordnet, dass eine gesetzliche Regelung geschaffen wird, die der Eigengesetzlichkeit der Wissenschaft Rechnung trägt.[167]

V. Klausurhinweise

98 **1. Gerichtsbarkeit – unterschiedliche Fallgestaltungen.** Klausurfälle im Kulturrecht können praktisch in allen Gerichtsbarkeiten spielen. So ist z.B. der ordentliche Rechtsweg (§ 13 GVG) bei der Klage auf Aufnahme in eine Privatschule oder bei urheberrechtlichen Streitigkeiten eröffnet. Streitigkeiten aus der Künstlersozialversicherung gehören in die Sozialgerichtsbarkeit (§ 51 SGG), Streitigkeiten aus privaten Arbeitsverhältnissen im Theater oder Orchester vor die Arbeitsgerichtsbarkeit. Der Löwenanteil dürfte aber Widerspruchsverfahren und Verwaltungsgerichtsbarkeit (§ 40 VwGO) betreffen. Sehr häufig sind auch Verfahren vor der Verfassungsgerichtsbarkeit (BVerfG oder RhPfVerfGH). Seltener kommen Fallgestaltungen mit einem Verfahren vor dem EuGH oder dem EGMR vor. In jedem Fall ist am Anfang jeder Klausur also sorgfältig zu klären, welcher Rechtsweg und welches Rechtsmittel in Betracht kommen. Danach richtet sich auch der Prüfungsmaßstab.

99 **2. Prüfung der Verfassungsmäßigkeit einer Rechtsnorm des Landes** (z.B. Änderung des Schulgesetzes). In Betracht kommen hier die Verfassungsbeschwerde oder die abstrakte Normenkontrolle, ggf. auch die konkrete Normenkontrolle zum BVerfG. Hinsichtlich der Prüfungsschemata muss auf die einschlägigen Lehrbücher des Verfassungsprozessrechts verwiesen werden. Prüfungsmaßstab ist ausschließlich das GG.

Landesnormen können auch Gegenstand der Verfassungsbeschwerde oder der abstrakten bzw. konkreten Normenkontrolle vor dem RhPfVerfGH sein (dazu § 1 Rn. 196 ff.).

100 **3. Sonstige verfassungsrechtliche Verfahren.** Andere hoheitliche Maßnahmen im Bereich des Kulturrechts können gleichfalls Gegenstand von Verfahren vor den Verfassungsgerichten sein. Hier ist jeweils die Erschöpfung des Rechtswegs zu beachten.

101 **4. Widerspruch und Verwaltungsprozess.** Kulturrechtliche Klausuren unterhalb der verfassungsrechtlichen Ebene setzen fundierte Kenntnisse der Aufbauschemata des Verwaltungsprozessrechts voraus. Besonders häufig sind hier Probleme der Statthaftigkeit (z.B. Außenwirkung bei Maßnahmen in der Schule), der Klagebefugnis (z.B. beim Konkurrentenstreit) und des Beurteilungsspielraums (z.B. im Prüfungsrecht).

---

[167] BVerfGE 141, 143 (164); dazu *Wilhelm*, NVwZ 2017, 35; *Otting/Ziegler*, NVwZ 2016, 1064.

V. Klausurhinweise

Insofern ist auf die einschlägigen Prüfungsschemata der Lehrbücher des Verwaltungsprozessrechts zu verweisen.

Beispiele:
- Widerspruch gegen eine Schulentlassung
  (*Hufen*, Verwaltungsprozessrecht, 11.Aufl. 2019, § 6 Rn. 46 und § 7 Rn. 15).
- Anfechtungsklage gegen Gebührenbescheid im Kindergarten
  (*Hufen*, aaO, § 14 Rn. 117 und § 25 Rn. 50).
- Verpflichtungsklage auf Zulassung zum Studium (*Hufen*, aaO, § 15 Rn. 31 und § 26 Rn. 26).
- Fortsetzungsfeststellungsklage nach negativer Prüfungsentscheidung
  (*Hufen*, aaO, § 18 Rn. 58).
- Normenkontrollantrag gegen Prüfungsordnung
  (*Hufen*, aaO, § 19 Rn. 42 – Achtung: Keine Normenkontrolle bei Prüfungsordnungen der LReg [§ 27 Abs. 1 Nr. 2 VwGO i.V.m. § 4 AGVwGO]).
- Antrag nach § 80 Abs. 5 VwGO gegen sofortigen Vollzug des Verbots einer Theateraufführung (*Hufen*, aaO, § 32 Rn. 46).
- Antrag auf einstweilige Anordnung nach § 123 VwGO auf vorläufige Teilnahme am Unterricht der nächst höheren Jahrgangsstufe in der Schule (*Hufen*, aaO, § 33 Rn. 25).

§ 10 Medienrecht

von *Dieter Dörr**

Literatur: Die in diesem Verzeichnis enthaltenen Werke werden in den Fußnoten lediglich mit dem Namen der Autoren oder Herausgeber (erforderlichenfalls mit einem unterscheidenden Zusatz) zitiert.

Binder/Vesting, Beck'scher Kommentar zum Rundfunkrecht, 4. Aufl. 2018; *Cornils*, Designing platform governance: A normative perspective on needs, strategies, and tools to regulate intermediaries, 2020, abrufbar unter: https://algorithmwatch.org/wp-content/uploads/2020/05/Governing-Platforms-legal-study-Cornils-May-2020-AlgorithmWatch.pdf; *Dörr*, Der Einfluss der Judikatur des BVerfG auf das Medienrecht, VerwArch 2001, 149; *Dörr*, Das ZDF-Urteil des Bundesverfassungsgerichts und seine Folgen, in: Kops (Hrsg.), Der Rundfunk als privates und öffentliches Gut, 25 Jahre Institut für Rundfunkökonomie, 2016, 317 ff; *Dörr*, Die Macht der Intermediäre, in: Taeger (Hrsg.), Die Macht der Daten und Algorithmen, 2019, S. 1 ff.; *Dörr*, Die regulatorische Relevanz der Organisation massenhafter Individualkommunikation, unter besonderer Berücksichtigung der Sicherung der Meinungsvielfalt, abrufbar unter: https://www.die-medienanstalten.de/fileadmin/user_upload/die_medienanstalten/Themen/Intermediaere/2019_06_04_Gutachten_Relevanz_Organisation_massenhafte_Individualkommunikation.pdf; *Dörr/Deicke*, Positive Vielfaltsicherung – Ein Beitrag zur Bedeutung und zukünftigen Entwicklung der Fensterprogramme für die Meinungsvielfalt in den privaten Fernsehprogrammen, ZUM 2015, 89; *Dörr/Holznagel/Picot*, Legitimation und Auftrag des öffentlich-rechtlichen Fernsehens in Zeiten der Cloud, 2016; *Dörr/Kreile/Cole*, Hdb. Medienrecht, 2. Aufl. 2011; *Dörr/Schiedermair*, Die deutsche Welle, 2003; *Dörr/Schwartmann*, Medienrecht, 6. Aufl. 2019; *Dörr/Wagner*, Regional differenzierte Werbung in bundesweit verbreiteten Fernsehprogrammen, ZUM 2013, 525; *Fechner*, Medienrecht, 20. Aufl. 2019; *Heidelberger Kommentar*, Rundfunkstaatsvertrag, Loseblatt (Stand: 12/2019); *Gersdorf/Paal*, BeckOK Informations- und Medienrecht, 25. Aufl. 2019; *Heer-Reißmann*, Die Letztentscheidungskompetenz des europäischen Gerichtshofes für Menschenrechte in Europa, 2008; *Holznagel/Dörr/Hildebrand*, Elektronische Medien, 2008; *Kingreen/Poscher*, Grundrechte Staatsrecht II, 35. Aufl. 2019; *Löffler*, Presserecht, Komm., 6. Aufl. 2015; *Möllers*, Pressefreiheit im Internet, AfP 2008, 241; *Natt*, Meinungsmacht in einer konvergenten Medienwelt, Erfassung medialer Einflusspotenziale und seine rechtliche Bewertung, 2016; *Schiwy/Schütz/Dörr*, Medienrecht, Lexikon für Praxis und Wissenschaft, 5. Aufl. 2010; *Schwartmann*, Praxishandbuch Medien-, IT- und Urheberrecht, 3. Aufl. 2014; *Spindler/Schuster*, Recht der elektronischen Medien, Komm., 3. Aufl. 2015; *Stark/Stegmann/Magin/Jürgens*, Are Algorithms a Threat to Democracy?, The Rise of Intermediaries: A Challenge for Public Discourse, 2020, abrufbar unter: https://algorithmwatch.org/wp-content/uploads/2020/05/Governing-Platforms-communications-study-Stark-May-2020-AlgorithmWatch.pdf.

I. Einführung 1	a) Geschichte des Rundfunks 15
1. »Medienrecht« – Was ist das? 1	b) Begriff des Rundfunks 19
2. Versuch einer Definition und Kategorisierung 4	c) Bedeutung der Rundfunkfreiheit 24
3. Historische Entwicklung des Medienrechts 5	d) Rechtsprechung des BVerfG 29
II. Mediale Erscheinungsformen 6	e) Staatsverträge 44
1. Presserecht 7	f) Landesmediengesetz 59
a) Begriff und Geschichte 7	3. Filmrecht 63
b) Rechtsgrundlagen 10	a) Begriff und Geschichte.... 63
2. Rundfunkrecht 15	

---

* Bis zur 7. Auflage war *Andrea Huy* an dem Beitrag als Co-Autorin beteiligt. Sie steht wegen ihrer anderweitigen beruflichen Tätigkeit als Autorin nicht mehr zur Verfügung.

I. Einführung

b) Die Freiheit des Films nach Art. 5 Abs. 1 S. 2 GG.....	64
c) Einfachgesetzliche Ausgestaltung...................	67
4. Telemedienrecht...............	68
a) Überblick.................	68
b) Geschichte und einfachgesetzliche Ausprägung.....	69
c) Aktuelle Abgrenzungsschwierigkeiten zwischen Telemedien und Rundfunk......................	72
5. Telekommunikationsrecht....	76
a) Begriff und Geschichte....	77
b) Grundgesetzlich geregelte Kompetenz und TKG.....	80
c) Verhältnis des Telekommunikationsrechts zum Medienrecht...............	81
III. Europarechtlicher Einfluss auf das Medienrecht......................	82
1. Medienrecht in der globalen Welt...........................	82
2. Europäische Regelungen......	83
a) Primärrechtliche Verankerung der Kommunikationsfreiheiten...............	83
b) Sekundärrechtliche Ausgestaltung....................	87
IV. Klausurhinweise...................	91
1. Überblick.....................	91
2. Einzelne Verfahrenskonstellationen......................	92
3. Beispiele......................	93

I. Einführung

1. »Medienrecht« – Was ist das? Das Medienrecht ist ein relativ neues Rechtsgebiet. Es erlangt jedoch durch die zunehmenden technischen Möglichkeiten immer größere Bedeutung. So hat die Digitalisierung auch und gerade im Medienbereich dramatische Veränderungen mit sich gebracht, die weiter andauern.[1] Unter den Begriff »Medienrecht« lassen sich ganz unterschiedliche Sachverhalte erfassen. Um dies zu verdeutlichen, seien folgende Beispiele aus der jüngeren Vergangenheit aufgeführt:

Die zunehmende Meinungsmacht der Intermediäre, also von Facebook, YouTube; Instagram, Google und Co[2], die Entscheidungen des LG Berlin[3] und KG Berlin[4] im Fall *Renate Künast* zu über Facebook verbreiteten Hass- und Hetzkommentaren, die Entscheidungen des EGMR[5] sowie die Entscheidungen der deutschen Gerichte[6] zu Bildveröffentlichungen von **Caroline von Hannover** und anderen Prominenten,, die Diskussion um die Zulässigkeit des neuen Rundfunkbeitrags und dessen Anknüpfung an **Wohnungen, Betriebsstätten und KFZ** sowie die diesbezüglichen Entscheidungen des BVerfG[7] und des EuGH[8], die Zusammensetzung der Aufsichtsgremien des öffentlich-rechtlichen Rundfunks und die dazu ergangene Entscheidung des BVerfG[9], die Ausstrahlung einer Dauersendung des Formats »**Big Brother**«[10], die detailgenaue Vorbe-

---

1 Dazu *Dörr*, Die regulatorische Relevanz, S. 3; vgl. auch *Dörr*, in: Taeger, S. 1 f.
2 Vgl. dazu *Dörr*, in Taeger, S. 1 (2 ff.); eingehend *ders.*, Die regulatorische Relevanz, S. 3 ff.; *Cornils*, S. 26 ff.; *Stark/Stegmann/Magin/Jürgens*, S. 6 ff.
3 LG Berlin, K&R 2019, 747 – Künast, mit zu Recht kritischen ablehnenden Anm. v. *Austermann/Fischer-Lescano/Gelhaar/Vetter*, KJ 2020, 114 ff.; *Höch*, K&R 2019, 680 f.; *Tacke*, DRiZ 2020, 94 sowie LG Berlin, K&R 2020, 231 – Künast.
4 KG Berlin, 10 W 13/20.
5 EGMR, NJW 2004, 2647 ff. – Caroline I; NJW 2012, 1053 ff. – Caroline II; NJW 2014, 1645 ff. – Caroline III.
6 Vgl. etwa BVerfGE 97, 125 – Caroline I; 101, 361 – Caroline II; 120, 180 – Caroline III.
7 BVerfG, ZUM 2018, 680.
8 EuGH, Urt. v. 13.12.2018, C-492/17, Celex-Nr. 62017CJ0492.
9 BVerfGE 136, 9.
10 Vgl. dazu *Di Fabio*, Der Schutz der Menschenwürde durch allgemeine Programmgrundsätze, 2000; *Dörr*, Big Brother und die Menschenwürde, 2000; *Frotscher*, Big Brother und das deutsche Rundfunkrecht, 2000.

reitung der Kanzlerwahl-»Duelle« und die Beteiligung politischer Parteien in Sendungen, die **Schleichwerbeaffären** beim öffentlich-rechtlichen und privaten Rundfunk, die Grenzen der Zulässigkeit von Internet-Auktionen, Datenschutzproblematik bei sozialen Netzwerken, Netzneutralität, WikiLeaks, die Zulässigkeit regional differenzierter Werbung in bundesweit verbreiteten privaten Fernsehprogrammen[11] und der Auftrag des öffentlich-rechtlichen Rundfunks im Bereich der als Telemedien bezeichneten Online-Angebote, die über Internet abrufbar sind.[12] Ebenso gibt es natürlich die auch im Rückblick als wichtige Wegmarken gebliebenen medienrechtlichen Ereignisse, wie zB vor einigen Jahrzehnten die **Durchsuchung beim Nachrichtenmagazin »Spiegel«** und die folgende Verfassungsgerichtsentscheidung[13] oder der Streit zwischen Bund und Ländern um die Gründung der **»Deutschland-Fernsehen-GmbH«**[14] oder die Zulässigkeit eines Fernsehspiels über den **Soldatenmord von Lebach**.[15]

3   Schon diese wenigen Schlagworte machen die Vielfalt und Komplexität des Medienrechts deutlich. Sie geben aber noch keine Antwort darauf, was unter Medienrecht verstanden werden kann.

4   **2. Versuch einer Definition und Kategorisierung.** Eine allgemeine Definition des Begriffs »Medienrecht« konnte sich bis heute nicht durchsetzen. Dies liegt daran, dass das Medienrecht die **Gesamtheit aller gesetzlichen Regelungen und richterlichen Vorgaben** umfasst, die Arbeit und Wirkung von Medien rechtlich bestimmen. Mit *Cole* wird man aber folgendes festhalten können: »Der relativ neue Begriff Medienrecht bezeichnet **keine Rechtsdisziplin im systematischen Sinne**, sondern versucht, als **Sammelbegriff** die über alle Teilbereiche des öffentlichen, Zivil- und Strafrechts verstreuten relevanten Tatbestände im Sinne eines Mantels zusammenzufassen. Ausgangspunkt ist die in Art. 5 Abs. 1 GG geschützte **Meinungs- und Informationsfreiheit**, jedoch in ihrer kollektiven Ausprägung als Recht der Massenmedien und -kommunikation, insbes. also im Recht der Presse, des Rundfunks und Films nach Art. 5 Abs. 1 S. 2 GG«.[16] Ausgehend von der weiten Formulierung des Art. 5 GG kann demnach zwischen einem **individuellen Medienrecht** und einem **institutionellen Medienrecht** unterschieden werden. Das erstere schließt dem Wort entsprechend das Recht der aktiv am Herstellungsprozess Beteiligten ebenso ein wie das Recht der Rezipienten und Nutzer. Das institutionelle Medienrecht legt dagegen den Rahmen für die Schaffung von Medienangeboten sowie die Rolle des Staates darin fest. Das Medienrecht erfüllt den durch Art. 5 GG vorgegebenen Verfassungsauftrag und schafft somit den Raum, den die Medien zu ihrer freien Entfaltung benötigen. Die jeweilige notwendige Regelungsdichte hängt von der in Rede stehenden Mediengattung und der entsprechenden Technologie ab. Das gesamte Medienrecht ist heute ohne Berücksichtigung **supranationaler Einflüsse**, insbes. der bindenden Vorgaben des Europarechts für die EU-Mitgliedstaaten, nicht mehr zu verstehen. Dieser Einfluss wird, wie auch in anderen Rechtsgebieten, zukünftig immer mehr an Bedeutung gewinnen. Die fortschreitende Technologie

---

11 Vgl. dazu BVerwG, AfP 2015, 187 ff.; krit. dazu *Cornils*, K&R 2015, 233 ff.; *Hain*, AfP 2015, 124 ff.; vgl. auch *Dörr/Wagner*, ZUM 2013, 525 ff.
12 Eingehend dazu *Dörr/Holznagel/Picot*.
13 BVerfGE 20, 162.
14 BVerfGE 12, 205.
15 BVerfGE 93, 266.
16 *Cole*, Medienrecht, in: Schanze„Metzler Lexikon, Medientheorie und Medienwissenschaft, 2002.

und die hiermit einhergehenden Möglichkeiten verdeutlichen einem dies gerade im Medienrecht. Bei vorhandenen Normen ist dagegen immer kritisch nach der Regelungszuständigkeit sowohl auf der europäischen Ebene zwischen der EU und den Mitgliedstaaten unter dem Stichwort **Subsidiarität** als auch innerhalb Deutschlands zwischen Bund und Ländern zu fragen.

3. Historische Entwicklung des Medienrechts. Das Medienrecht heutiger Prägung ist aus der Regelung der klassischen Materien entstanden. Es ist damit vor allem mit der **Geschichte der Presse** verbunden, die bis in die Anfänge des Buchdrucks mit beweglichen Lettern reicht. So begann die kommerzialisierte Weiterleitung von Bekanntmachungen und Neuigkeiten durch Zeitungen bereits Anfang des 17. Jahrhunderts. 1605 erschien in Straßburg die »**Relation**« als vermutlich erste Zeitung. Viel später erfolgte der unaufhaltsame Aufstieg von zunächst Film und dann Hörfunk zu Beginn des 20. Jahrhunderts, dem sich das Fernsehen und seit einigen Jahren mit zunehmender Bedeutung Telemedien – Stichwort **Internet** – anschlossen. Von der staatlichen Überwachung bis zum Verbot der Zensur und der effektiven Durchsetzung der Freiheit der Massenmedien hat das Medienrecht eine grundsätzliche Wandlung seiner Funktion erlebt. Grundlegend sind die Aufnahme der Freiheit der Massenmedien in das Grundgesetz und die Errichtung einer pluralen Medienlandschaft durch die Alliierten nach den Erfahrungen mit dem Staatsrundfunk und der Manipulation durch das Reichspropagandaministerium, das Verbot von »**Presse**«zensur (also einschließlich mit Druckpressen erzeugten Flugblättern) und die umfassende Informationsfreiheit.[17]

II. Mediale Erscheinungsformen

Trotz der fortschreitenden technischen Entwicklung, die unter dem Stichwort »**Konvergenz**« eine Angleichung der verschiedenen Medienformen mit sich gebracht hat und auch weiterhin mit sich bringt, bietet es sich auch heute noch an, das Medienrecht anhand der verschiedenen medialen Erscheinungsformen darzustellen. Hierbei wird jeweils auf die speziell **in Rheinland-Pfalz geltenden Besonderheiten** eingegangen.

1. Presserecht. a) Begriff und Geschichte. Unter **Presse** wird im Allgemeinen – also nicht nur im juristischen Sinne – jedes Druckerzeugnis verstanden, das durch **Drucktechnik** entsteht. Neben die klassische Drucktechnik sind aber andere zur Massenherstellung geeignete Vervielfältigungsverfahren von Texten getreten. Von besonderer Bedeutung ist für das Medienrecht im hier verstandenen Sinne die **periodische Presse**, also insbes. (Tages-)Zeitungen und Zeitschriften.[18] Daneben existiert auch das mit dem Buch zusammenhängende **Verlagswesen**, was sich etwa mit Urheberrechtsfragen und der Buchpreisbindung befasst. Die Begrifflichkeit im Presserecht ist unterschiedlich. Der sog. formale,[19] vorwiegend in den Landesgesetzen verankerte Pressebegriff geht von der Herstellung, Vervielfältigung und Verbreitung bestimmter Erzeugnisse an die Allgemeinheit aus. Der Pressebegriff ist weit und entwicklungsoffen. Erfasst sind hiervon zB Zeitungen, Zeitschriften, Bücher, Flugblätter, Plakate sowie bildliche Darstellung in Texten.

---

17 Vgl. dazu Dörr, in: HGR IV, 2011, S. 965 ff.
18 Vgl. dazu die Definition in § 3 Abs. 2 Nr. 3 LMG.
19 BVerfGE 66, 116 (134).

8 Gerade das Presserecht lässt sich nur vor dem Hintergrund der **historischen Entwicklung**[20] verstehen. Ohne diese im Einzelnen hier nachzeichnen zu wollen, soll zumindest kurz auf die Bedeutung der Landeshauptstadt von Rheinland-Pfalz für die Entstehung der Presse verwiesen werden. Ohne hier den historischen Streit über den genauen Ort vertiefen zu wollen, an dem die erste Buchdruckerpresse mit beweglichen Lettern stand, ist man sich doch einig, dass in **Mainz** der wichtigste Sohn der Stadt und Namensgeber für die Universität, nämlich Johannes Gutenberg, für die Entwicklung des Presserechts ebenso bedeutend war wie für die Entwicklung der Presse selbst. Denn bereits mit dem Aufkommen der ersten Schriften, die leicht und schnell mit beweglichen Lettern gedruckt – also anders als bislang durch manuelles Kopieren, dh Abschreiben von Hand – verbreitet werden konnten, sahen es die Herrschenden als notwendig an, gegebenenfalls einschränkend, also regelnd, einzugreifen. Die Bedeutung der **Buchdruckerpresse** spielte insbes. auch in den Revolutionen bei der Verbreitung von politischen Schriften und Flugblättern eine Rolle. Die negative Funktion des Presserechts im Sinne einer meinungsbeschränkenden Regulierung blieb bis weit in das 20. Jahrhundert hinein spürbar. Erst nach dem 2. Weltkrieg und der im dritten Reich vorherrschenden **Gleichschaltung der Medien** wurde nicht nur durch den Erlass des Grundgesetzes sichergestellt, dass die Presse auch in Zukunft frei sein kann. Die Zunahme von regelmäßigen Druckerzeugnissen wie zB Zeitschriften in den Jahrzehnten nach dem Zweiten Weltkrieg dürfte allen gegenwärtig sein. Dies geschah weitgehend auf Basis der in der Nachkriegszeit geschaffenen Rechtsgrundlagen der Presse, die bis heute mit Anpassungen fortbestehen.

9 Aktuell in der Diskussion steht aber eine gegensätzliche Entwicklung, die dazu führt, dass **Presseunternehmen immer stärker** im Internet auftreten. Gerade das jüngere Publikum informiert sich nicht mehr vorrangig über die klassischen Medien, wie Tageszeitung, Radio oder Fernsehen. Es wendet sich vor allem von den Tageszeitungen ab. Immer mehr in den Vordergrund rücken neue **Onlineangebote**, die über das Internet verbreitet werden. Hier sind die Informationen stets aktuell, zeitunabhängig zu erfassen und praktisch präsentiert. Die Frage, die unter Medienrechtlern und Praktikern immer wieder zu Diskussionen führt, ist, ob diese Tätigkeiten von Presseunternehmen noch dem Bereich der Presse, dem Rundfunk oder einer Erscheinungsform dazwischen (**Telemedien**) zuzuordnen sind. Von dieser Zuordnung hängt auch ab, ob für solche Angebote eine **Zulassung** erforderlich ist.

10 **b) Rechtsgrundlagen. aa) Überblick:** Um eine Gleichschaltung der Medien in Zukunft auch strukturell zu erschweren, ist die Presse ebenso wie die übrige Kultur in **Länderzuständigkeit** geblieben. Die frühere Rahmenkompetenz des Bundes aus Art. 75 Abs. 1 Nr. 2 GG, von der dieser keinen Gebrauch gemacht hatte, besteht seit der **Föderalismusreform** nicht mehr. Das Presserecht ist daher in den **Landespresse- bzw. Landesmediengesetzen** geregelt. Diese gehen – soweit die alten Bundesländer betroffen sind – im Wesentlichen auf den **Musterentwurf** von 1963 zurück. Daher ist bei aller Verschiedenheit, insbes. was den Aufbau der Landespressegesetze angeht, eine weitgehende inhaltliche Übereinstimmung der rechtlichen Regelungen zu verzeichnen. Die Landesgesetze gestalten insoweit die **Pressefreiheit** des Art. 5 GG aus und regeln zahlrei-

---

20 Dazu *Cornils*, in: Löffler, Einl. Rn. 5 ff.

che Details, die teilweise schon aus der grundgesetzlichen Gewährleistung zwingend folgen. Einige Bundesländer,[21] darunter auch Rheinland-Pfalz, sind in den letzten Jahren dazu übergegangen, ihre Pressegesetze in einem übergreifenden Gesetz aufgehen zu lassen. Die für die Presse geltenden grundsätzlichen Besonderheiten treten nur noch in einzelnen Bestimmungen dieser **Landesmediengesetze** in Erscheinung.

bb) Landesmediengesetz: Rheinland-Pfalz verabschiedete am 14.6.1965 ein eigenes ausschließlich für die Presse geltendes **Landespressegesetz**.[22] Dieses ging auf den von der Innenministerkonferenz den Landesregierungen zugeleiteten Musterentwurf von 1963 zurück. Es regelte ua die Impressumspflicht, das Gegendarstellungsrecht und die Beschlagnahme von Presseerzeugnissen.

11

Mit Inkrafttreten des **rheinland-pfälzischen LMG vom 4.2.2005**[23] am 1.4.2005 verlor das Landespressegesetz seine Gültigkeit.[24] Das LMG vom 4.2.2005 wurde durch das LMG vom 19.12.2018, das am 28.12.2018 in Kraft trat, aufgehoben und durch dieses ersetzt. In diesem Gesetz sind die landesrechtlichen Regelungen für Rundfunk, Presse und Telemedien zusammengefasst. Hauptziel des LMG vom 4.2.2005 und des LMG vom 19.12.2018 ist es, einen **einheitlichen Rechtsrahmen** für die elektronischen und gedruckten Medien zu schaffen bzw. beizubehalten. Zugleich werden einzelne Bereiche der Presse und des Rundfunks neu geregelt und an die europarechtlichen Vorgaben angepasst. Zu den Neuerungen im Presserecht gehört insbes. eine Bestimmung zur Transparenz der **Beteiligungsverhältnisse**. Nach § 9 Abs. 4 LMG müssen bei periodischen Druckwerken nunmehr zumindest alle sechs Monate im Impressum die Verlagsbeteiligungen von mehr als 5 % angegeben werden. Die Bestimmung enthält also eine **Offenlegungspflicht** bezüglich der wirtschaftlichen Beteiligungsverhältnisse der Verlage von periodischen Druckwerken. Diese Bestimmung soll die Leser in die Lage versetzen, nachvollziehen zu können, wer hinter der Zeitung oder Zeitschrift als Eigentümer steht.

12

Soweit die Presse betroffen ist, gestaltet sich der Aufbau des LMG wie folgt: § 3 enthält **Begriffsbestimmungen**. § 3 Abs. 2 Nr. 1 definiert, was unter Druckwerken iSd Gesetzes verstanden wird; § 3 Abs. 2 Nr. 2 befasst sich mit den periodischen Druckwerken. Von den allgemeinen Vorschriften sind für die Presse insbes. die § 4 (Medienfreiheit), § 6 (Inhalte), § 9 (Impressum) und § 11 (Gegendarstellung) relevant. Der erste Unterabschnitt des zweiten Abschnitts enthält die ausschließlich für die Presse geltenden Bestimmungen. § 12 verpflichtet die Presse, bei der Berichterstattung und den Informationsangeboten die anerkannten journalistischen Grundsätze zu beachten, § 12 a betrifft das Informationsrecht und § 14 regelt die **Kennzeichnungspflicht** entgeltlicher Veröffentlichungen.

13

Schließlich ist § 15 LMG von Bedeutung. Diese Vorschrift enthält ein **Verbreitungs- und Wiederabdrucksverbot** für beschlagnahmte Druckwerke. Sie regelt damit einen Sonderfall, der in der StPO mangels Gesetzgebungskompetenz des Bundes nicht enthalten ist. Die §§ 111b-111n StPO beschränken sich nämlich auf die Sicherstellung

14

---

21 Vgl. z.B. Saarl. MedienG v. 27.2.2002 (Amtsbl., S. 498, ber. S. 754).
22 LandespresseG v. 14.6.1965 (GVBl. 107), zul. geänd. durch Art. 7 des G. v. 8.5.2002 (GVBl. 177).
23 G. v. 4.2.2005 (GVBl. 23) i.d.F. v. 20.12.2013 (GVBl. 556), zul. geänd. durch G. v. 3.12.2014 (GVBl. 245).
24 Vgl. § 55 Abs. 2 LMG.

von Gegenständen. § 15 LMG geht demgegenüber einen Schritt weiter und ordnet auch das Weiterverbreitungsverbot des in dem beschlagnahmten Druckwerk enthaltenen Inhalts an.[25] Die besondere Bedeutung des § 15 LMG liegt auch darin, dass ein Verstoß gegen das Verbreitungs- und Wiederabdrucksverbot eines beschlagnahmten Druckwerks gem. § 35 Abs. 1 Nr. 4 LMG eine **Straftat** darstellt, die mit einer Freiheitsstrafe von bis zu einem Jahr bewehrt ist.

15 **2. Rundfunkrecht. a) Geschichte des Rundfunks.** Die Entstehung des **föderalen Rundfunksystems**, zunächst in West- und nunmehr in Gesamtdeutschland, ist in entscheidender Weise durch die von den Briten und den US-Amerikanern vorgegebenen Grundbedingungen in ihren **Besatzungszonen** geprägt.[26] Die starke föderale Komponente steuerten die US-Amerikaner bei. **Staatsferne, Föderalismus** und **Pluralität** zur Gewährleistung umfassender und ausgewogener Information der Bürger bildeten also das Fundament des Rundfunks in der Bundesrepublik Deutschland.

16 Diese Vorgaben stießen bei den Politikern unterschiedlicher Parteirichtung nicht einheitlich auf Zustimmung. Manche lehnten die Vorstellungen der Alliierten als Besatzungsdiktat ab. Anderen schwebte ein zentralistischer staatlicher Rundfunk nach Weimarer Muster vor, weil nach ihrer Argumentation in einem demokratischen Staat ein Staatsrundfunk ebenfalls zwangsläufig demokratisch sei. Dabei ließen sie außer Acht, dass der **Missbrauch des Rundfunks** als Propagandainstrument der Reichsregierung schon in der Weimarer Republik und nicht erst mit der Machtergreifung der Nationalsozialisten seinen Anfang genommen hatte. Zudem zeichneten sie das Bild der Zerrissenheit und Uneinigkeit der Landesrundfunkanstalten, um damit eine zentrale Bundesrundfunkgesetzgebung als notwendig darzustellen.

17 Die Auseinandersetzung über die Rundfunkverfassung begann daher schon 1947/48. Sie spitzte sich zu Beginn der 50er Jahre dramatisch zu, als **Fernsehen** zunehmend populär wurde. So sollte nach den Plänen der damaligen Bundesregierung, wie sie im Entwurf des Bundesrundfunkgesetzes von 1953 zum Ausdruck kamen, der gesamte Fernsehbetrieb und die Kurz- und Langwellensender sowie die Rundfunk- und Fernsehforschung in einer Institution unter Aufsicht der Bundesregierung zusammengefasst werden. Die Parallelen zur Weimarer Reichsrundfunkgesellschaft waren unverkennbar. Nicht zuletzt zur Abwehr dieser sich bereits vor 1950 abzeichnenden Pläne, aber auch zur Lösung der alle Rundfunkanstalten betreffenden Fragen, intensivierte man erste Überlegungen, die schon vorher auf eine Zusammenarbeit der neu errichteten Landesrundfunkanstalten in den drei Westzonen abzielten. Dies führte bereits am 9./10.6.1950 zur Gründung der **Arbeitsgemeinschaft der öffentlich-rechtlichen Rundfunkanstalten der Bundesrepublik Deutschland** (ARD) als einem Element des kooperativen Föderalismus, deren Satzung ursprünglich die einzige Rechtsgrundlage der ARD bildete. In der Satzung ist auch die Mitgliedschaft in der ARD geregelt, der heute alle **neun Landesrundfunkanstalten** sowie – und dies ist durchaus bemerkenswert – die **Deutsche Welle** als einzig verbliebene Rundfunkanstalt des Bundesrechts angehören. Damit erbrachten die Landesrundfunkanstalten den Beweis, dass auch ein födera-

---

25 Zu den Einzelheiten vgl. *Achenbach*, in: Löffler, § 15 LPG Rn. 3 ff.
26 Die Geschichte des Rundfunks wird anschaulich und prägnant dargestellt von *Buchwald*, ZUM 1995, 258 ff.; vgl. auch *Dörr*, in: ders. (Hrsg.), Die Macht der Medien, Medienrechtliches Kolloquium zum 75. Geb. v. Hartmut Schiedermair, 2011, S. 21 ff.

les **Rundfunksystem** durchaus in der Lage ist, Ländergrenzen überschreitende Fragen – wie den Aufbau eines Fernsehgemeinschaftsprogramms zum 1.11.1954 – zu lösen, und dies sogar ohne staatsvertragliche Grundlage. Diese existiert erst seit dem 1.1.1992 in Form des zu diesem Zeitpunkt in Kraft getretenen **ARD-Staatsvertrags**, der allerdings keine – auch gar nicht erforderliche – Ermächtigung zur Veranstaltung des Fernsehgemeinschaftsprogramms enthält, sondern die Landesrundfunkanstalten lediglich zur Veranstaltung des bestehenden Fernsehgemeinschaftsprogramms verpflichtet.

Mit der Gründung der ARD und der Einführung eines **gemeinsamen Fernsehprogramms** zum 1.11.1954 war aber die Gefahr für die Unabhängigkeit und die föderale Struktur des öffentlich-rechtlichen Rundfunks keineswegs abgewehrt. Zwar lehnten der Bundesrat und große Teile des Bundestages den damaligen Gesetzentwurf der Bundesregierung ab. Bundeskanzler *Adenauer* gab sich aber nicht geschlagen, sondern gründete später die **Deutschland-Fernsehen-GmbH**, die nunmehr in Form einer im staatlichen Eigentum stehenden privaten Gesellschaft ein **zweites Fernsehprogramm** veranstalten sollte. Kein Bundesland war bereit, sich an der GmbH zu beteiligen, so dass der Bund alleiniger Inhaber aller Geschäftsanteile wurde. Dieser Versuch scheiterte vor dem von verschiedenen Ländern angerufenen BVerfG im berühmten ersten Fernsehurteil v. 28.2.1961,[27] das von dem damaligen Intendanten des **SDR**, Professor *Bausch*, ganz zu Recht als »**Magna Charta des Rundfunkrechts**«[28] bezeichnet wurde. Damit trat erstmals das BVerfG als entscheidender Akteur auf den Plan, das für die weitere Entwicklung zentrale Weichenstellungen vornehmen sollte. 18

b) **Begriff des Rundfunks.** Das Grundgesetz definiert nicht, was Rundfunk ist, sondern setzt ihn voraus.[29] Um die besondere Rolle des Rundfunks analysieren zu können, bedarf es eines Blickes auf seine **verfassungsrechtliche Bedeutung**. Ausgangspunkt für jeden Definitionsversuch ist letztlich immer die **dienende Funktion des Rundfunks** in der demokratischen Gesellschaft.[30] Er ist Medium und Faktor der öffentlichen Meinungsbildung.[31] Das BVerfG leitet aus diesem verfassungsrechtlichen Schutz ab, dass es eine erschöpfende Definition dessen, was Rundfunk im verfassungsrechtlichen Sinne bedeute, nicht gibt.[32] Der Gehalt des Rundfunkbegriffs kann sich vielmehr bei tatsächlichen Veränderungen in dem von Art. 5 Abs. 1 S. 2 GG geschützten Sozialbereich wandeln.[33] Das Gericht geht somit von einem **weiten und dynamischen Rundfunkbegriff** aus, der dann auch neue technische Mittel und Verbreitungsformen mit einschließt, wenn sie der Funktion dieses Mediums zu dienen bestimmt sind.[34] In der Niedersachsen-Entscheidung hat das BVerfG Grundlegendes zum Rundfunkbegriff dargelegt. Es heißt dort: 19

---

27 BVerfGE 12, 205; zur Bedeutung dieser Entscheidung *Dörr*, in: Becker/Weber (Hrsg.), Funktionsauftrag, Finanzierung, Strukturen – Zur Situation des öffentlich-rechtlichen Rundfunks in Deutschland, Liber Amicorum für Carl-Eugen Eberle, 2012, S. S. 143 ff.
28 Vgl. *Bausch*, Rundfunk in Deutschland, Bd. 3, Rundfunkpolitik nach 1945, erster Teil, 1980, S. 11.
29 *Dörr*, VerwArch 2001, 149 (151).
30 BVerfGE 57, 295 (320).
31 BVerfGE 83, 238, 295 (315).
32 BVerfGE 74, 297 (350).
33 BVerfGE 73, 118 (154 f.); 74, 297 (350).
34 *Hoffmann-Riem*, AfP 1996, 9 (10); *Janik*, AfP 2000, 7; *Hochstein*, NJW 1997, 2977 (2978).

20 »Der in Art. 5 Abs. 1 S. 2 GG verwendete Begriff Rundfunk lässt sich nicht in einer ein für allemal gültigen Definition erfassen. Soll die Rundfunkfreiheit in einer sich wandelnden Zukunft ihre normierende Wirkung bewahren, dann kann es nicht angehen, nur an eine ältere Technik anzuknüpfen, den Schutz des Grundrechts auf diejenigen Sachverhalte zu beschränken, auf welche diese Technik bezogen ist, und auf diese Weise die Gewährleistung in Bereichen obsolet zu machen, in denen sie ihre Funktion auch angesichts der neuen technischen Möglichkeiten durchaus erfüllen könnte.«[35]

21 Das bedeutet auf der anderen Seite aber nicht, dass der verfassungsrechtliche Rundfunkbegriff einer Auslegung im Hinblick auf seine wesensbestimmenden Merkmale gänzlich unzugänglich wäre.[36] Trotz aller **Entwicklungsoffenheit** ist es sinnvoll, einige Tatbestandsmerkmale zur Bestimmung des **verfassungsrechtlichen Rundfunkbegriffs**[37] heranzuziehen. Es haben sich bei der Bestimmung **drei Elemente** als wichtig erwiesen, deren Relevanz in funktionaler Betrachtung und unter Rückgriff auf historische, teleologische und systematische Argumente auch heute noch begründet werden kann.[38] Rundfunk setzt danach einen **Kommunikationsdienst** voraus, den folgende drei Elemente kennzeichnen:[39]

22 - Erstens muss das Angebot an die **Allgemeinheit** gerichtet sein. An die Allgemeinheit richtet sich eine Sendung oder Darbietung dann, wenn sie sich an einen unbestimmten Personenkreis, also an eine beliebige Öffentlichkeit richtet.[40]
- Zweitens muss das Angebot mittels **Funktechnik** übertragen werden. Dieses Merkmal stellt auf die technische Seite ab. Es muss die Technik des Funks verwendet, also unter Benutzung elektrischer Schwingungen längs oder mittels eines Leiters oder ohne Verbindungsleitung ausgestrahlt werden. Im Zeitalter der digitalen Verbreitung ist dieses Merkmal vom Sinn und Zweck her zu definieren. Es umfasst trotz der aus der analogen Welt stammenden Begrifflichkeit auch digitale Verbreitungsformen, also auch die Verbreitung über Internet.[41]
- Drittens muss es sich um eine **Darbietung** in Wort, Ton oder Bild handeln. Darbietungen sind solche Kommunikationsangebote, die zur öffentlichen Meinungsbildung bestimmt oder wenigstens geeignet sind.[42]

23 Von diesem verfassungsrechtlichen ist der einfachgesetzliche Rundfunkbegriff zu unterscheiden.[43] Der **einfachrechtliche Rundfunkbegriff** hat in § 2 Abs. 1 MStV seinen Niederschlag gefunden. Er übernimmt im Wesentlichen den Rundfunkbegriff, wie er in § 2 Abs. 1 RStV definiert war. Schon im RStV war der einfachgesetzliche Rund-

---

35 BVerfGE 73, 118 (121).
36 So auch *Michel*, ZUM 1998, 350 (351).
37 Zum Unterschied zwischen verfassungsrechtlichem und einfachgesetzlichem Rundfunkbegriff vgl. *Dörr*, in: Heidelberger Komm., § 2 Rn. 8 ff.
38 *Hoffmann-Riem*, AfP 1996, 10.
39 Vgl. auch *Gounalakis*, ZUM 2003, 180 (184); *Schulze-Fielitz*, AfP 1998, 447 (452); zur Abgrenzung zu den Telemedien Rn. 66.
40 *Hoffmann-Riem*, AfP 1996, 10.
41 *Dörr*, in: Heidelberger Komm., § 2 Rn. 14.
42 *Dörr*, in: Heidelberger Komm., § 2 Rn. 15; *Bermanseder*, ZRP 1997, 330 (332).
43 Vgl. bereits BVerfGE 74, 297.

funkbegriff durch den **zwölften Rundfunkänderungsstaatsvertrag** erheblich geändert worden[44], um ihn an europarechtliche Vorgaben[45] anzugleichen.

Rundfunk ist nach der geltenden Definition in § 2 Abs. 1 MStV ein linearer Informations- und Kommunikationsdienst; er ist die für die Allgemeinheit und zum zeitgleichen Empfang bestimmte Veranstaltung und Verbreitung von journalistisch-redaktionell gestalteten Angeboten in Bewegtbild oder Ton entlang eines Sendeplans mittels Telekommunikation. Orientiert hat sich der Gesetzgeber bei der Neufassung an der geänderten Richtlinie über audiovisuelle Mediendienste (AVMD-RL).[46] Der einfachgesetzliche Rundfunkbegriff verzichtet damit auf das bis zum zwölften Rundfunkänderungsstaatsvertrag zentrale Merkmal der »Darbietung«. Neben die »Allgemeinheit« und das bis zum MStV als »Funktechnik«, im MStV als „Telekommunikation" bezeichnete Element tritt stattdessen der »lineare Informations- und Kommunikationsdienst«, der in Bewegtbild oder Ton entlang eines Sendeplans verbreitet werden muss. Mit dem Merkmal der **Linearität** wird das Kriterium der AVMD-RL aufgegriffen, das auch in der geänderten AVMD-RL beibehalten wurde. Dabei kommt es darauf an, ob eine zeitgleiche Empfangsmöglichkeit durch eine Vielzahl von Nutzern gegeben ist. Zudem muss der Informations- und Kommunikationsdienst in Bewegtbild oder Ton entlang eines Sendeplans verbreitet wird. Reine Textangebote werden somit nicht mehr von dem einfachgesetzlichen Rundfunkbegriff erfasst. Zudem liegt ein **Sendeplan** nur vor, wenn der Anbieter die einzelnen Elemente seines Angebots in einer gewissen Reihenfolge zusammenstellt, also eine geordnete Gestaltung seines Angebots vornimmt.[47] Rundfunk setzt aber nach § 2 Abs. 1 S. 1 HS 2 MStV voraus, dass das Angebot journalistisch-redaktionell gestaltet ist. Die journalistisch-redaktionelle Gestaltung führt dazu, dass das Angebot jedenfalls geeignet ist, auf die öffentliche Meinungsbildung Einfluss zu nehmen, was ein Kennzeichen des Merkmals Darbietung darstellt. Das gänzliche Fehlen eines möglichen Einflusses auf die öffentliche Meinungsbildung führt also dazu, dass kein Rundfunk im einfachrechtlichen Sinn vorliegt, also die speziellen, für den Rundfunk geltenden Regelungen des MStV keine Anwendung finden. Damit bleiben Elemente der Darbietung für den einfachgesetzlichen Rundfunkbegriff erhalten.

Angebote, die aus Sendungen bestehen, die jeweils gegen Einzelentgelt freigeschaltet werden, klammert § 2 Abs. 3 MStV ausdrücklich wieder aus dem Rundfunkbegriff aus, obwohl sie nach der Definition des § 2 Abs. 1 RStV von diesem erfasst würden.

c) Bedeutung der Rundfunkfreiheit. Die rechtlichen Regelungen des Rundfunks sind vielfältig und zum Teil verwirrend. Bevor auf die landesrechtlichen Besonderheiten von Rheinland-Pfalz eingegangen werden kann, ist zunächst ein Gesamtüberblick über die relevanten Rechtsgrundlagen erforderlich. Auf den zunehmend bedeutsamen **europarechtlichen Einfluss** wird am Ende des Kapitels (III.) eingegangen.

24

---

[44] Vgl. *Dörr/Schwartmann*, Rn. 58 ff.; *Schüller-Keber*, in: Schiwy/Schütz/Dörr, S. 490 (493 f.); zur Abgrenzung Rundfunk/Telemedien Rn. 68.
[45] Vgl. Rn. 82 ff.
[46] Vgl. RL über audiovisuelle Mediendienste (dazu näher Rn. 88).
[47] Vgl. *Holznagel*, in: Spindler/Schuster, § 2 RStV Rn. 17; *Martini*, in: Gersdorf/Paal, § 2 RStV Rn. 6 a; *Schulz*, in: Binder/Vesting, § 2 RStV Rn. 42 b.

25 Von zentraler Bedeutung für das nationale Medienrecht sind der **Föderalismus** (Kompetenzfrage) und die Bestimmung des Art. 5 Abs. 1 S. 2 GG.

26 **aa) Rundfunkfreiheit als dienende Freiheit:** Ausgangspunkt der Betrachtung ist die Bestimmung des Art. 5 Abs. 1 S. 2 GG. Dieses Grundrecht gewährleistet nach seinem Wortlaut die Freiheit der Berichterstattung durch Rundfunk. Die Rundfunkfreiheit wird vom BVerfG als »**dienende Freiheit**« verstanden.[48] Dem liegt die Überlegung zugrunde, dass die Grundrechte üblicherweise Freiheiten enthalten, die der Selbstverwirklichung des Individuums dienen und damit subjektiv-rechtliche, individuellen Eigeninteressen dienende Handlungsrechte bilden. Daneben gibt es aber auch Verbürgungen von Befugnissen, die im Interesse Dritter gegen den Zwang und die Intervention des Staates abgeschirmt sind. Bei diesen Grundrechten spricht man von dienenden oder **drittnützigen Freiheitsrechten**. Der Sinn der Freiheit liegt in diesem Fall darin, einem Rechtssubjekt, also der Rundfunkanstalt, Handlungs-, Gestaltungs- und Entscheidungsautonomie zuzuerkennen, weil entweder ein öffentliches Interesse an einem aus autonomer Gestaltung, Handlung und Entscheidung hervorgegangenen geistigen oder gegenständlichen Produkt besteht[49] oder weil die Abschirmung von Handlungsbefugnissen der Gewährleistung des Rechts- und Freiheitsstatus Dritter dient. Diese letztgenannte Kategorie von drittnützigen Freiheitsrechten, zu der klassischer Weise die Rundfunkfreiheit zu zählen ist, kann am sinnfälligsten als **dienende Freiheitsgewährleistung** bezeichnet werden.[50]

27 **bb) Ausgestaltungsbedürftigkeit der Rundfunkfreiheit:** Die Rundfunkfreiheit stellt demnach in erster Linie ein drittnütziges Freiheitsrecht dar, sie dient der freien, individuellen und öffentlichen Meinungsbildung und ist auch eine Grundvoraussetzung für eine **funktionsfähige Demokratie**. In der gesamten neueren Rundfunkrechtsprechung geht das BVerfG davon aus, dass sich Art. 5 Abs. 1 S. 2 GG wegen seines dienenden Charakters nicht in der Abwehr staatlicher Einflussnahmen erschöpfe. Vielmehr gebiete die Rundfunkfreiheit auch die Schaffung einer **positiven Ordnung**, die die Meinungsvielfalt gewährleistet und sicherstellt, dass der Rundfunk ebenso wenig dem Staat wie einzelnen gesellschaftlichen Gruppen oder gar einer einzigen gesellschaftlichen Gruppe ausgeliefert wird. Daher entspricht es nicht dem verfassungsrechtlichen Gebot, die Freiheit des Rundfunks zu gewährleisten, wenn dieser dem freien Spiel der Kräfte überlassen würde. Der Gesetzgeber ist von Verfassungswegen verpflichtet, eine positive Ordnung zu schaffen, die die Erreichung des Normziels von Art. 5 Abs. 1 S. 2 GG gewährleistet. Er hat die Informationsfreiheit des Bürgers und damit die Ausgewogenheit und Vielfältigkeit des Gesamtangebotes von Verfassungswegen zu gewährleisten. Diese positive Ordnung muss so ausgestaltet sein, dass das Gesamtangebot der inländischen Programme der bestehenden Meinungsvielfalt im wesentlichen entspricht, dass der Rundfunk nicht einer oder einzelnen gesellschaftlichen Gruppen aus-

---

48 Vgl. BVerfGE 87, 181 (197); 83, 238 (295); 57, 295 (319).
49 So verhält es sich etwa bei der verfassungsrechtlichen Gewährleistung der Freiheit von Forschung und Lehre zugunsten der Universitätsprofessoren, andeutungsweise in diesem Sinn BVerfGE 47, 327 (379).
50 Vgl. *Niepalla*, Die Grundversorgung durch die öffentlich-rechtlichen Rundfunkanstalten, 1990, S. 6 ff.; *Stock*, Medienfreiheit als Funktionsgrundrecht, München 1990, S. 325 ff.; *Burmeister*, Medienmarkt und Menschenwürde, in: EMR-Schriftenreihe, Bd. 2, 1992, S. 38 ff.; *Dörr/Schiedermair*, S. 33 ff.; *Dörr/Schwartmann*, Rn. 170; krit. dazu *Fink*, DÖV 1992, 805 ff.; *Hain*, JZ 2008, 128 (129 ff.).

geliefert wird und dass die in Betracht kommenden Kräfte im Gesamtprogramm zu Wort kommen können.

d) **Rechtsprechung des BVerfG.** Die Rundfunkfreiheit ist wie kaum ein anderes Grundrecht durch die Rechtsprechung des BVerfG geprägt. Das BVerfG hat als **authentischer Interpret des Grundgesetzes** aus der knappen Bestimmung des Art. 5 Abs. 1 S. 2 GG differenzierte und weitgehende Anforderungen an die Rundfunkordnung in der Bundesrepublik Deutschland entwickelt. Es ist daher kurz darauf einzugehen, wie das BVerfG die Rundfunkfreiheit versteht und für die Staatsgewalten verbindlich auslegt. Der Gestaltungsspielraum des Gesetzgebers – auch der Landesgesetzgeber – ist nämlich durch die Vorgaben der Verfassung begrenzt. Wie das BVerfG die Rundfunkfreiheit interpretiert, hat es vor allem in zwölf **bedeutenden Entscheidungen**[51] deutlich gemacht.

In der **ersten Entscheidung** aus dem Jahr 1961[52] ging es einmal um die Abgrenzung der Verwaltungs- und Gesetzgebungskompetenzen zwischen Bund und Ländern auf dem Gebiet des Rundfunks. Das Gericht gestand den Ländern die **Kompetenz für den Rundfunkbereich** zu und gab außerdem die **Staatsfreiheit** des Rundfunks vor. Nach dieser Vorgabe ist es dem Staat verwehrt, selber Rundfunk, auch in privater Form, zu betreiben. Zum anderen machte das Gericht grundlegende und wegweisende Ausführungen zu Inhalt und Bedeutung der Rundfunkfreiheit.[53]

Gegenstand des **zweiten Rundfunkurteils**[54] war die Frage nach der **Umsatzsteuerpflichtigkeit** der Rundfunkgebühr. Die **öffentlich-rechtlichen Rundfunkanstalten** wurden hier als eine Art staatsferne grundrechtsgeschützte Einrichtung des öffentlichen Rechts eingeordnet.

In der Entscheidung über die Konzession der **FRAG (Freie Rundfunk-AG)**[55] ging es im Jahre 1981 um die Zulässigkeit **privaten Rundfunks**. Das BVerfG verlangte für dessen **Zulassung** eine gesetzliche Grundlage, die bestimmten Anforderungen entsprechen müsse. Damit legte es hier die Grundlage für die »**Duale Rundfunkordnung**«, in der privater und öffentlich-rechtlicher Rundfunk koexistieren können. Voraussetzung ist jedoch seitdem stets, dass rechtliche Vorgaben für den privaten Rundfunk, insbes. zur Sicherung des Pluralismusgebots, eingehalten werden.

Infolge des FRAG-Urteils erließen die Länder ihre ersten **Landesmediengesetze**. Im sog. **Niedersachsen-Urteil**[56] war darüber zu entscheiden, ob die Vorgaben im Niedersächsischen Landesmediengesetz gegenüber den privaten Rundfunkveranstaltern, insbes. bei der **Vielfalts- und Pluralitätssicherung** ausreichend waren. Das Gericht reduzierte die programmlichen Anforderungen an private Rundfunkveranstalter im Hinblick auf die mit der Werbefinanzierung zwangsläufig einhergehenden Defizite in programmlicher Hinsicht. Im Gegenzug gestand es dem öffentlich-rechtlichen Rundfunk die Aufgabe der Grundversorgung zu.

---

51 BVerfGE 12, 205; 31, 315; 57, 295; 73,118; 74, 297; 83, 238; 87, 181; 90, 60; 119, 181; 121, 30; 136, 9.
52 1. Rundfunkurteil, BVerfGE 12, 205 ff.
53 *Dörr*, in: Becker/Weber (Fn. 27), S. 143 ff.
54 2. Rundfunkurteil, BVerfGE 31, 314 ff.
55 3. Rundfunkurteil, BVerfGE 57, 295 ff.
56 4. Rundfunkurteil, BVerfGE 73, 118 ff.

33 Das fünfte Rundfunkurteil[57] hatte das **Landesmediengesetz Baden-Württemberg** zum Gegenstand. Das BVerfG stellte klar, dass es den Begriff der **Grundversorgung** nicht im Sinne einer Minimalversorgung versteht, sondern die gesamte Bandbreite der programmlichen Gestaltungsformen abgebildet sehen möchte. Grundversorgung verlangt hiernach eine umfassende Information der Bürger und ein grundlegendes Angebot aller Typen von Rundfunksendungen, die technisch für alle erreichbar angeboten werden müssen. Zudem ist durch verfahrensrechtliche Sicherungen zu gewährleisten, dass das Angebot **ausgewogen und vielfältig** bleibt sowie alle Strömungen der Gesellschaft widerspiegelt. Schließlich machte das Gericht deutlich, dass der öffentlich-rechtliche Rundfunk auch außerhalb der Grundversorgung an neuen Techniken und Programmformen teilhaben können muss. Dies folge aus dem Gedanken des **publizistischen Wettbewerbs** und der Möglichkeit, dass neue Programmformen oder Techniken in Zukunft Teil der Grundversorgung werden könnten.

34 Das sog. **WDR-Urteil** von 1991[58] befasste sich mit der Verfassungsmäßigkeit des WDR-Gesetzes und betraf die genauere Festlegung des Grundversorgungsauftrags. Das Gericht interpretierte den Begriff der Grundversorgung dynamisch und hielt die **Bestands- und Entwicklungsgarantie** zugunsten des öffentlich-rechtlichen Rundfunks für geboten.

35 Im siebten Rundfunkurteil[59] gestand das BVerfG dem öffentlich-rechtlichen Rundfunk einen aus der Rundfunkfreiheit abgeleiteten Anspruch auf **funktionsgerechte Finanzierung** zu.

36 Die Entscheidung aus Anlass des »**Kabelgroschen**« im Jahr 1994[60] betraf hieran anknüpfend spezielle Rechtsfragen der **Rundfunkgebühren**. Das Gericht erklärte die bis dahin geltende **Gebührenfestsetzung** wegen eines Verstoßes gegen den Grundsatz der Staatsferne für verfassungswidrig. Davon ausgehend gab es ein **dreistufiges Verfahren** vor, durch das aus seiner Sicht die Interessen der Gebührenzahler mit den Belangen der Rundfunkanstalten ausgeglichen würden und sicher gestellt werde, dass der öffentlich-rechtliche Rundfunk die für seine Aufgaben erforderlichen Mittel erhalte. Dabei komme dem **Sachverständigengremium**, das die Bedarfsanmeldungen der Rundfunkanstalten nach fachlichen Maßstäben überprüfen soll, eine entscheidende Rolle zu. Sein Vorschlag soll für die Länder, die die Gebühr durch Staatsvertrag oder auf andere Weise festsetzen, grundsätzlich bindend sein.

37 In der Folge dieser Entscheidung wurde im Jahre 1996 im dritten Rundfunkänderungsstaatsvertrag das dreistufige System der Gebührenerhebung (nunmehr Beitragserhebung) staatsvertraglich vereinbart. Die Rundfunkanstalten müssen seit diesem Urteil einen anhand ihrer Aufgaben zusammengestellten **Bedarf anmelden**, dessen Erforderlichkeit zunächst von einer Sachverständigenkommission – der Kommission zur Überprüfung und Ermittlung des Finanzbedarfs der Rundfunkanstalten (**KEF**)[61] – fachlich überprüft und ermittelt wird, bevor die **Gebührenhöhe bzw. seit 2013 die**

---

57 5. Rundfunkurteil, BVerfGE 74, 297 ff.
58 6. Rundfunkurteil, BVerfGE 83, 238 ff.
59 7. Rundfunkurteil, BVerfGE 87, 181 ff.
60 8. Rundfunkurteil, BVerfGE 90, 60 ff.
61 Dazu näher *Hartstein*, in: Schiwy/Schütz/Dörr, Rundfunkfinanzrecht.

Beitragshöhe von den Landesparlamenten unter Berücksichtigung des KEF-Vorschlags festgelegt wird.

Das **zweite Gebührenurteil**[62] befasste sich mit den Abweichungsmöglichkeiten der Länder vom Gebührenvorschlag der KEF und bestätigt die Linie des achten Rundfunkurteils. Daneben beschäftigte es sich auch mit der Ausgestaltung der dualen Rundfunkordnung vor dem Hintergrund der **Digitalisierung und Konvergenz**. Die Notwendigkeit einer gesetzlichen Ausgestaltung der Rundfunkordnung ist nach Ansicht des BVerfG durch den Wegfall der durch die **Knappheit der Sendefrequenzen** bedingten Sondersituation nicht entfallen. Gerade wegen seiner **Breitenwirkung, Aktualität** und **Suggestivkraft** komme dem Rundfunk eine herausgehobene Bedeutung zu, die gesetzliche Regelungen erfordert. Die neuen Technologien verstärken nach Meinung der Karlsruher Richter die Gefahren für die Vielfalt im privaten Bereich durch den zunehmenden Wettbewerbsdruck. Es komme zu verzerrenden Darstellungsweisen, Bevorzugung des Sensationellen und zur Skandalisierung von Vorgängen. Zudem schreite der Prozess horizontaler und vertikaler Verflechtung auf den Medienmärkten weiter voran. Sowohl für die Sicherung der Meinungsvielfalt als auch für die Qualität der Programme spielt daher der öffentlich-rechtliche Rundfunk für das Gericht eine entscheidende Rolle. Bei der Gebührenfrage bestätigt das Gericht, dass die Festsetzung der Rundfunkgebühr frei von medienpolitischen Zwecksetzungen erfolgen muss und bekräftigt den Anspruch auf **bedarfsgerechte Finanzierung**. Es ist dem Gesetzgeber verwehrt, mit der Stellschraube der Rundfunkgebühr Rundfunkpolitik zu betreiben. Daher muss er die Tatsachen, die eine Abweichung allein rechtfertigen können, nachvollziehbar benennen und seine daran anknüpfende Bewertung offen legen. Neben der Gebühr sind andere **Finanzierungsquellen (Sponsoring und Werbung)** nicht ausgeschlossen, dürfen aber nicht im Vordergrund stehen.

Das **zehnte Rundfunkurteil**[63] hatte die Frage zum Gegenstand, ob ein absolutes Verbot für **politische Parteien**, sich an privaten Rundfunkveranstaltern zu beteiligen, mit der Verfassung vereinbar ist. Dabei macht sich der zweite Senat die ständige Rechtsprechung des ersten Senats zu Eigen, wonach die Rundfunkfreiheit der gesetzlichen Ausgestaltung bedarf. Zudem bestätigt das Gericht, dass Art. 5 Abs. 1 S. 2 GG die **Staatsferne des Rundfunks, die es in dieser Entscheidung noch missverständlich als Staatsfreiheit bezeichnet**, fordert. Dieser Grundsatz gelte auch gegenüber politischen Parteien, da diese zwar nicht zum Staat gehörten, aber eine gewisse Staatsnähe aufwiesen. Auf der anderen Seite gesteht das Gericht den Parteien die Rundfunkfreiheit zu, die durch die Aufgabe des Art. 21 Abs. 1 GG, an der politischen Willensbildung mitzuwirken, verstärkt werde. Bei dem Ausgleich der Staatsferne mit den Rechten der Parteien aus Art. 5 Abs. 1 S. 2 GG iVm Art. 21 Abs. 1 S. 1 GG hat der Gesetzgeber nach Auffassung des zweiten Senats zwar einen **weiten Gestaltungsspielraum**, der aber überschritten ist, wenn die ausgestaltende Regelung ungeeignet ist oder keine angemessene Zuordnung der betroffenen verfassungsrechtlichen Positionen vorgenommen wurde. Damit wird bei einem Ausgestaltungsgesetz eine weitgehende Prüfung am Maßstab der **Verhältnismäßigkeit** vorgenommen und der Unterschied zwischen Ein-

---

[62] 9. Rundfunkurteil, BVerfGE 119, 181 ff.
[63] 10. Rundfunkurteil, BVerfGE 121, 30 ff.

griffsgesetzen und ausgestaltenden Regelungen in nicht unerheblichem Umfang eingeebnet. Parteien gänzlich von der Beteiligung an privaten Rundfunkveranstaltern auszuschließen, ist aus Sicht des Gerichts unangemessen. Dagegen steht es dem Gesetzgeber nach der Entscheidung frei, den Parteien die Beteiligung zu verwehren, soweit sie dadurch bestimmenden Einfluss auf die **Programmgestaltung** nehmen können.

40 Das elfte Rundfunkurteil[64] hat die Zusammensetzung der Aufsichtsgremien anlässlich eines Normenkontrollverfahrens gegen den ZDF-Staatsvertrag zum Gegenstand. Dabei geht das Gericht davon aus, dass die Zusammensetzung der Gremien am Gebot der Vielfaltsicherung auszurichten sei. Daher müsse der Gesetzgeber dafür sorgen, dass möglichst unterschiedliche Gruppen Berücksichtigung finden. Neben den großen Verbänden müssten wechselnd auch kleinere Gruppierungen vertreten sein. Bei den Einzelfragen gesteht das Gericht dem Gesetzgeber einen Gestaltungsspielraum zu. Zudem sei das Gebot der Staatsferne zu beachten, das aus der Vielfaltsicherung folge. Dabei verdeutlicht das Gericht, dass es um Staatsferne und nicht um völlige Staatsfreiheit geht. Daher seien staatliche Vertreter auch nicht aus den Rundfunkgremien gänzlich auszuschließen, vielmehr sei ihr Anteil konsequent zu begrenzen und dürfe insgesamt ein Drittel nicht überschreiten. Zu den staatsnahen Mitgliedern zählt das Gericht auch die von den politischen Parteien entsandten Vertreter. Durch Inkompatibilitätsregelungen sei sicherzustellen, dass die anderen Gruppierungen keine staatsnahen Mitglieder entsenden. Auch dürfe die Exekutive keinen bestimmenden Einfluss auf die Auswahl der staatsfernen Mitglieder haben. Schließlich verlangt das Gericht Regelungen, die die Transparenz der Gremienarbeit garantieren.[65]

41 Auf dieses Urteil reagierten die Länder und nahmen Änderungen des ZDF-StV vor, um den differenzierten und vielfältigen Vorgaben des BVerfG im Hinblick auf die Gremienzusammensetzung gerecht zu werden. Dies ist jedenfalls in weiten Teilen gelungen. Im Hinblick auf zwei Vorgaben ergeben sich aber weiterhin Probleme. So bestehen begründete Zweifel, ob der Forderung des BVerfG, einer „**Versteinerung**" der Gremien entgegenzuwirken und eine Form der Dynamisierung vorzusehen, hinreichend Rechnung getragen wird. Insoweit sieht § 21 Abs. 7 ZDF-StV lediglich vor, dass die Regelungen über die Zusammensetzung des Fernsehrates alle zwei Amtsperioden überprüft werden sollen.[66] Nicht mit den Vorgaben des BVerfG vereinbar erscheint die Besetzung der Staatsbank, die nunmehr ausschließlich aus unmittelbar dem Staat zuzurechnenden Vertretern besteht, die die Landesregierungen, die Bundesregierung und die Landkreise und Städte entsenden. Dies hat zur Folge, dass politische Parteien überhaupt nicht berücksichtigt werden und steht nicht mit dem vom BVerfG postulierten Gebot der **vielfältigen Brechung des Staats- und Parteieneinflusses** bei der Zusammensetzung der Staatsbank im Einklang.[67]

42 Das zwölfte Rundfunkurteil[68] beschäftigt sich mit der Verfassungsmäßigkeit des durch den Rundfunkbeitragsstaatsvertrag eingeführten **geräteunabhängigen Rundfunkbei-**

---

64 BVerfGE 136, 9 ff.
65 Vgl. zur Bedeutung dieser Entscheidung *Dörr*, in: Kops (Hrsg.), Der Rundfunk als privates und öffentliches Gut, 25 Jahre Institut für Rundfunkökonomie, Schriften zur Rundfunkökonomie Bd. 11, Leipzig 2016, S. 317 ff.
66 Vgl. dazu auch *Cornils*, ZJS 2014, 447, 451.
67 *Dörr*, in: Kops, S. 317, 326 f.
68 BVerfGE 149, 222.

trags[69], der die zuvor geltende, an das Bereithalten an ein Rundfunkempfangsgerät anknüpfende Rundfunkgebühr mit Wirkung ab dem 1. Januar 2013 ersetzt hat. Das Gericht hält die Regelungen des Rundfunkbeitragsstaatsvertrages mit einer Ausnahme für verfassungsgemäß. Es geht davon aus, dass der Rundfunkbeitrag keine Steuer, sondern eine nichtsteuerliche Abgabe darstelle, mithin unter die Gesetzgebungskompetenz der Länder für den Rundfunk falle. Dem stehe nicht entgegen, dass eine unbestimmte Vielzahl oder gar alle Bürgerinnen und Bürger zu Rundfunkbeiträgen herangezogen werden, weil jeweils ein Vorteil individuell-konkret zugerechnet werden könne, dessen Nutzung realistischerweise möglich erscheine. Der Vorteil liegt nach Ansicht des Gerichts, in der Möglichkeit, den öffentlich-rechtlichen Rundfunk nutzen zu können. Das Gericht hält es im Hinblick auf den Gestaltungsspielraum des Gesetzgebers für verfassungsrechtlich hinnehmbar, dass die Landesgesetzgeber die Rundfunkbeitragspflicht im privaten Bereich an das Innehaben von Wohnungen in der Annahme anknüpfen, das Programmangebot des öffentlich-rechtlichen Rundfunks werde typischerweise in der Wohnung in Anspruch genommen. Es weist aber darauf hin, dass auch ein Pro-Kopf-Maßstab verfassungsrechtlich zulässig gewesen wäre, der jede und jeden in Deutschland Wohnhaften zu einem vollen Beitrag herangezogen hätte. Auch die gesonderte Inanspruchnahme von Inhabern von Betriebsstätten und von nicht ausschließlich zu privaten Zwecken genutzten Kraftfahrzeugen zusätzlich zur Rundfunkbeitragspflicht im privaten Bereich hält das Gericht wegen der Nutzungsmöglichkeit des öffentlich-rechtlichen Rundfunks zu betrieblichen Zwecken für gerechtfertigt. Dagegen geht es aus Sicht des Gerichts nicht an, Inhaber mehrerer Wohnungen für die Möglichkeit privater Rundfunknutzung mit insgesamt mehr als einem vollen Rundfunkbeitrag zu belasten. Daher sei die Regelung über die Beitragspflicht von Zweitwohnungen, nach der Zweitwohnungsinhaber für denselben Vorteil doppelt herangezogen würden, verfassungswidrig. Insoweit gab das Gericht dem Gesetzgeber auf, eine Neuregelung bis zum 30. Juni 2020 vorzunehmen, was durch den mit dem 23. Rundfunkänderungsstaatsvertrag eingefügten, am 1.6.2020 in Kraft getretenen § 4 a RBeitrStV erfolgt ist.

Neben diesen zwölf Rundfunkurteilen existieren eine Reihe weiterer wichtiger rundfunkrechtlicher Entscheidungen des BVerfG.[70] Führt man sich alleine die Vorgaben vor Augen, die aus den oben erwähnten zwölf Entscheidungen des BVerfG folgen, so wird bereits deutlich, dass der Spielraum, in dem die Landesgesetzgeber tätig werden können, durchaus nicht unerheblich begrenzt wird. 43

e) **Staatsverträge. aa) Staatsverträge als besondere Rechtsquelle:** Eine besondere Rechtsquelle im Medienrecht stellen **Staatsverträge** dar, welche die Länder als originäre Hoheitsträger schließen.[71] Diese betreffen mit dem Rundfunkrecht eine Materie, 44

---

69 Vgl. grundlegend zum Rundfunkbeitrag Kirchhof, Die Finanzierung des öffentlich-rechtlichen Rundfunks, 2010; Wagner, Abkehr von der geräteabhängigen Rundfunkgebühr, 2011; *Dörr*, Der neue Rundfunkbeitrag – sachgerechte Finanzierung des öffentlich-rechtlichen Rundfunks oder verkappte Steuer, in: Jochum/Elicker/Lampert/Bartone (Hrsg.), Freiheit, Gleichheit, Eigentum – Öffentliche Finanzen und Abgaben, Fs. f. Rudolf Wendt zum 70. Geburtstag, 2015, S. 799 ff.; krit. zum Beitragsmodell Waldhoff, AfP 2011, 1 ff.; die Verfassungsmäßigkeit des Rundfunkbeitrags wurde vor der Entscheidung des BVerfG von RhPfVerfGH, DVBl. 2014, 842 u. BayVerfGH, DVBl. 2014, 848 bejaht.
70 So z. B. BVerfGE 35, 202 – Lebach; 92, 203 – Fernsehrichtlinie; 97, 228 – Kurzberichterstattung.
71 *Maurer/Waldhoff*, Allg. Verwaltungsrecht,19. Aufl. (2017) § 10 Rn. 62, der auf Art. 32 Abs. 3 GG als Bestätigung hinweist.

die nach dem jeweiligen Landesrecht der **Zustimmung des LT** bedarf. Bei Staatsverträgen handelt es sich von der Rechtsnatur her um einen eigenen Typ des »Zwischen-Länder-Rechts«[72] als eine staatliche Handlungsform des föderativen Vertragsrechts der Bundesrepublik Deutschland jenseits von Bundes-,[73] Landes-[74] und Völkerrecht.[75] Die **rechtsverbindliche Wirkung** eines solchen Staatsvertrages lässt sich durchaus mit der eines völkerrechtlichen Vertrages vergleichen.[76] Die Länder sind wegen des Grundsatzes »pacta sunt servanda« verpflichtet, den Vertrag einzuhalten. Zum anderen bewirkt die Zustimmung der Landesparlamente, dass der Vertrag durch Transformation bzw. nach zutreffender Ansicht durch den vom Parlament erteilten Anwendungsbefehl[77] Bestandteil des jeweiligen Landesrechts wird.[78]

45 bb) **Staatsvertrag über den Rundfunk im vereinten Deutschland:** Der erste **Rundfunkstaatsvertrag** trat 1987 in Kraft. 1991 wurde mit dem Staatsvertrag über den Rundfunk im vereinten Deutschland im Zuge der Wiedervereinigung eine neue Grundlage geschaffen.[79] Dieser umfasste als Mantel insgesamt sechs den Rundfunk betreffende Staatsverträge, nämlich

- Rundfunkstaatsvertrag (Art. 1) (nunmehr aufgehoben und ersetzt durch den MStV)
- ARD-Staatsvertrag (Art. 2),
- ZDF-Staatsvertrag (Art. 3),
- Rundfunkbeitragsstaatsvertrag (Art. 4),
- Rundfunkfinanzierungsstaatsvertrag (Art. 5),
- Staatsvertrag über die Körperschaft des Öffentlichen Rechts »Deutschlandradio«.

und wurde regelmäßig in immer kürzeren Abständen zum Teil substantiell verändert. Diese Änderungen betrafen vor allem den **Rundfunkstaatsvertrag** (RStV), der seit 2007 **Staatsvertrag für Rundfunk und Telemedien** (RStV) hieß. Er galt seit dem 1.6.2020 idF des **23. Staatsvertrages zur Änderung rundfunkrechtlicher Staatsverträge (RÄStV)**.[80]

46 bb) **Staatsvertrag zur Modernisierung der Medienordnung in Deutschland"** (MoStV): Die Umsetzung der geänderten AVMD-RL erforderte nicht nur eine umfassende Überarbeitung des RStV, die zu dem neuen **Medienstaatsvertrag** (MStV) führte. Vielmehr machte sie auch nicht unerhebliche Änderungen im JMStV und redaktionelle Anpassungen bei weiteren Staatsverträgen, etwa bei Verweisungen, die bislang auf den Rundfunkstaatsvertrag „zielten", notwendig. Schon deshalb bedurfte es eines „Mantelstaatsvertrages", der die Bezeichnung „Staatsvertrag zur Modernisierung der Medienordnung in Deutschland" (MoStV)[81] erhalten hat.

---

72 Vgl. *Kreile/Hartstein*, in: Heidelberger Komm., § 1 Rn. 4; vgl. auch o. § 1 Rn. 79 ff., insb. Rn. 85.
73 Keine Beteiligung des Bundes.
74 Keine Beschränkung auf ein Bundesland.
75 Kein Vertragsschluss zwischen Staaten als Völkerrechtssubjekte, sondern als Glieder eines Bundesstaates.
76 *Kreile*/Hartstein, in: Heidelberger Komm., § 1 Rn. 4.
77 Vgl. dazu auch BVerfGE 37, 191 (193).
78 Dazu im Einzelnen *Kreile/Hartstein*, in: Heidelberger Komm., § 1 Rn. 5 f.
79 Vgl. ausf. zur historischen Entwicklung Heidelberger Komm., Teil B 1.
80 Staatsvertrag für Rundfunk und Telemedien (Rundfunkstaatsvertrag – RStV) v. 31.8.1991 i.d.F. des 23. Staatsvertrages zur Änderung rundfunkrechtlicher Staatsverträge v.23.4.2020.
81 Staatsvertrag zur Modernisierung der Medienordnung in Deutschland (MoStV) v. 14. – 28.4.2020.

II. Mediale Erscheinungsformen

(1) **Allgemeines:** Sein Art. 1 bildet der neue Medienstaatsvertrag (MStV), der das Herzstück der Neuregelung darstellt und den RStV ersetzt. Aus diesem Grunde ordnet Art. 2 **MoStV** an, dass der RStV, zul. geänd. durch den 23. Rundfunkänderungsstaatsvertrag v. 15. bis 26. Oktober 2018, aufgehoben wird. Art. 3 umfasst die Änderungen des JMStV, während Art. 4 redaktionelle Folgeänderungen des ARD-StV, Art. 5 redaktionelle Folgeänderungen des ZDF-StV, Art. 6 redaktionelle Folgeänderungen des Deutschlandradio-StV, Art. 7 redaktionelle Folgeänderungen des Rundfunkfinanzierungsstaatsvertrages und Art. 8 redaktionelle Folgeänderungen des Rundfunkbeitragsstaatsvertrages zum Gegenstand haben. Art. 9 betrifft das Inkrafttreten des Staatsvertrages und ordnet an, dass für die Kündigung die Bestimmungen in den jeweiligen Einzelstaatsverträgen maßgeblich sind. Schließlich ermächtigt der MoStV die Länder, den Wortlaut des JMStV, des ARD-StV, des ZDF-StV, des Deutschlandradio-StV, des Rundfunkfinanzierungsstaatsvertrages und des Rundfunkbeitragsstaatsvertrages in der Fassung, die sich aus den Art. 3 bis 8 ergibt, mit neuem Datum bekannt zu machen. Der MoStV umfasst also:

- Medienstaatsvertrag (Art. 1),
- Änderung des Jugendmedienschutz-Staatsvertrages (Art. 3)
- Änderung des ARD-Staatsvertrages (Art. 4),
- Änderung des ZDF-Staatsvertrages (Art. 5),
- Änderung des Deutschlandradio-Staatsvertrages (Art. 6)
- Änderung des Rundfunkfinanzierungsstaatsvertrages (Art. 7),
- Änderung des Rundfunkbeitragsstaatsvertrages (Art. 8).

(2) **Medienstaatsvertrag:** Der MStV bildet das Herzstück des MoStV und ersetzt den RStV, der durch Art. 2 MoStV aufgehoben wird. Zwar übernimmt er zahlreiche Bestimmungen des RStV vollständig oder nahezu unverändert bzw. nur geringfügig verändert. Aber er enthält auch wichtige neue Vorschriften, die im bisherigen RStV keine Entsprechung haben. Insgesamt stellt er, wie der RStV eine Art Grundgesetz für die duale Rundfunkordnung, also das **Nebeneinander von privatem und öffentlich-rechtlichem Rundfunk,** dar. Er enthält aber auch die grundlegenden Vorschriften für die **Telemedien** sowie Medienplattformen, Medienintermediäre sowie Video-Sharing-Dienste.

Zunächst werden im ersten Abschnitt (§§ 1, 2 MStV) der Anwendungsbereich festgeschrieben und wichtige Begriffe definiert, etwa der Rundfunk (§ 2 Abs. 1 S. 1, 2 MStV) und die Telemedien (§ 2 Abs. 1 S. 3 MStV) sowie in § 2 Abs. 2 RStV z.B. das Rundfunkprogramm (Nr. 1), die Sendung (Nr. 3), Vollprogramm (Nr. 4), das Regionalfensterprogramm (Nr. 6), die Werbung (Nr. 7), die Schleichwerbung (Nr. 9), das Sponsoring (Nr. 10), das Teleshopping (Nr. 11), die Produktplatzierung (Nr. 12), die Medienplattform (Nr. 14), die Benutzeroberfläche (Nr. 15), den Medienintermediär (Nr. 16), den Rundfunkveranstalter (Nr. 17), die Anbieter rundfunkähnlicher Telemedien (Nr. 18), von Medienplattformen (Nr. 19), Benutzeroberflächen (Nr. 20) sowie Medienintermediären (Nr. 21). Schließlich werden die Video-Sharing-Dienste (Nr. 22), Video-Sharing-Diensteanbieter (Nr. 23), nutzergenerierte Videos (Nr. 24) sowie die Begriffe Information (Nr. 25) Bildung (Nr. 26), Kultur (Nr. 27 und Unterhaltung (Nr. 28) definiert. Abschließend erfolgt eine Definition der öffentlich-rechtlichen Telemedienangebote (Nr. 29).

50 Die Regeln des zweiten Abschnitts enthalten die allgemeinen Bestimmungen für den Rundfunk (§§ 3 – 16 MStV) und die Telemedien (§§ 17 – 25 MStV).Dabei sind für den Rundfunk die allgemeinen Grundsätze (§ 3 MStV) wie etwa Achtung und Schutz der Menschenwürde, die bei allen Angeboten zu beachten sind, ebenso von Bedeutung wie die **Informationspflichten** (§ 4 MStV), die Auskunftsrechte, die Rundfunkveranstaltern gegenüber Behörden haben (§ 5 MStV) sowie die **Sorgfaltspflichten** (§ 6 MStV) bei der Berichterstattung und Informationssendungen (Einhaltung der anerkannten journalistischen Grundsätze). Daneben finden sich in diesem Teil auch Vorgaben für Werbung und Teleshopping (§§ 8 f. MStV), Sponsoring (§ 10 MStV) und Gewinnspiele (§ 11 MStV). Besondere Bedeutung hat das in § 12 MStV verankerte, detailliert geregelte **Medienprivileg**. Auch die unverschlüsselte Übertragung von Großereignissen (§ 13 MStV) und das **Kurzberichterstattungsrecht** (§ 14 MStV) sind in diesem Teil geregelt.

51 Für die Telemedien wird der Grundsatz der **Zulassungs- und Anmeldefreiheit** in § 17 MStV festgeschrieben. § 18 MStV hat **Informationspflichten** und **Auskunftsrechte** zum Gegenstand, während § 19 die Sorgfaltspflichten, die Telemedien beachten müssen, detailliert regelt. Angesichts der zunehmenden Bedeutung von Online-Angeboten für die öffentliche Meinungsbildung ist das eingehend geregelte, Telemedien mit journalistisch-redaktionell gestalteten Angeboten betreffende **Gegendarstellungsrecht** (§ 20 MStV) besonders wichtig. Auch für die Telemedien ist das Medienprivileg festgeschrieben (§ 23 MStV). Vorgaben für Werbung, Sponsoring, Gewinnspiele finden sich in § 22 MStV.

52 Die Vorschriften des dritten Abschnitts umfassen die besonderen Bestimmungen für den **öffentlich-rechtlichen Rundfunk** (§§ 26 – 49 MStV). Hier geht es neben seinem allgemeinen Auftrag (§ 26 MStV), seine Angebote (§ 27 MStV), die Fernseh- (§ 28 MStV) und Hörfunkprogramme (§ 29 MStV) sowie die Telemedienangebote (§§ 30 u. 32 MStV) und das Jugendangebot (§ 33 MStV) vor allem um die **Finanzierung** (§§ 34 ff. MStV), die Dauer der Werbung (§ 39 MStV), das Sponsoring (§ 39 MStV) und die Produktplatzierung (§ 38 MStV). Bereits im Rahmen des **12. RÄStV** wurde vor allem der Auftrag des öffentlichen Rundfunks, insbes. im Bereich der **digitalen Zusatzprogramme** und der **Onlineangebote** (Telemedien) konkretisiert und durch den 22. RÄStV, der am 1.5.2019 in Kraft getreten ist, grundlegend überarbeitet. Dadurch wurden die Möglichkeiten und Aufgaben des öffentlich-rechtlichen Rundfunks im Bereich der Telemedien deutlich erweitert. Diese Regelungen werden im MStV mit neuer Nummerierung übernommen. Für neue oder veränderte Telemedienangebote ist gemäß § 32 Abs. 4 MStV stets ein **Drei-Stufen-Test** erfolgreich zu durchlaufen. Dieser Test soll u.a. sicherstellen, dass diese Angebote auch unter Berücksichtigung ihrer marktlichen Auswirkungen einen publizistischen Mehrwert mit sich bringen.[82] Ob und inwieweit der öffentlich-rechtliche Rundfunk kommerziell tätig werden darf, regeln die §§ 40 ff. MStV.

---

[82] Allg. zum Drei-Stufen-Test *Dörr,* ZUM 2009, 897; *Peters,* K&R 2009, 26 ff.; *Wimmer,* ZUM 2009, 601 ff.

II. Mediale Erscheinungsformen

Im vierten Abschnitt des RStV finden sich die Regelungen für den **privaten Rundfunk**. 53
Hier geht es in vier Unterabschnitten jeweils um den Anwendungsbereich sowie Programmgrundsätze (§§ 50 f. MStV), **Zulassungsfragen** (§§ 52 – 58 MStV), die **Sicherung der Meinungsvielfalt** (§§ 59–68 MStV) sowie die Finanzierung und Werbung (§§ 69 – 73 MStV). Anders als die davor geltenden Regelungen im RStV sieht § 54 MStV vor, dass bestimmte Rundfunkprogramme keiner Zulassung bedürfen, etwa wenn sie nur geringe Bedeutung für die individuelle und öffentliche Meinungsbildung entfalten. Eine solche Ausnahme galt nach § 20 b RStV vorher nur für Hörfunkprogramme, die ausschließlich im Internet verbreitet wurden. Die im Hinblick auf die Vorgaben des BVerfG besonders wichtigen Vorschriften zur Sicherung der Meinungsvielfalt blieben gegenüber den Regelungen im RStV inhaltlich unverändert. Sie sind wegen ihrer fernsehzentrierten Ausrichtung und ihrer engen Auslegung durch die Rechtsprechung des BVerwG[83] nach zutreffender Auffassung nicht mehr geeignet, vorherrschende Meinungsmacht vorbeugend zu verhindern.[84] Daher ist es notwendig, diese Vorschriften bei nächster Gelegenheit zu ändern der MStV.

Der fünfte Abschnitt (§§ 74–99 MStV) enthält die besonderen Bestimmungen für einzelne Telemedien. Im ersten Unterabschnitt (§§ 74–77 MStV) geht es um die **rundfunkähnlichen Telemedien**. Für sie werden einige für den Rundfunk geltende Bestimmungen für entsprechend anwendbar erklärt. Der zweite Unterabschnitt enthält Regelungen zu **Medienplattformen und Benutzeroberflächen** (§§ 78 -90 MStV). Im dritten Unterabschnitt (§§ 91 – XX RStV) sind die **Medienintermediäre** geregelt. Damit erfasst der MStV anders als der RStV auch Intermediäre, aber, wie sich aus § 2 Abs. 2 Nr. 21 MStV ergibt, nur solche, die (auch) journalistisch redaktionelle Angebote Dritter aggregieren, selektieren und allgemein zugänglich präsentieren. Dies ist problematisch, da für die Meinungsbildungsrelevanz die journalistisch-redaktionelle Gestaltung gerade nicht von entscheidender Bedeutung ist, was etwa die über Twitter verbreiteten Tweets nachdrücklich zeigen.[85] Für die Medienintermediäre verankern §§ 93 f. MStV Transparenzregeln und ein Diskriminierungsverbot. Dies ist zu begrüßen. Schließlich enthält der vierte Unterabschnitt (§§ 97 - 99 MStV) Regelungen zu den Video-Sharing-Diensten und setzt damit die Vorgaben der geänderten AVMD-RL um. 54

Der sechste Abschnitt (100–103 MStV) hat die Regelungen über die Übertragungskapazitäten und die Weiterverbreitung zum Gegenstand, während der siebte Abschnitt (§§ 103 – 113 MStV) die Medienaufsicht betrifft. Schon der im Rahmen des 10. RÄStV wurden die Vorschriften über die Medienaufsicht, die in §§ 35 – 40 RStV verankert wurden, gänzlich neu gefasst.[86] Daran knüpfen die Bestimmungen in §§ 103 ff MStV an, enthalten aber auch einige Änderungen. Zur Aufsicht über den privaten Rundfunk sind gemäß § 104 MStV vier Einrichtungen berufen.[87] Ihre Aufgaben legt § 105 MStV fest. Es handelt sich um die Kommission für Zulassung und Aufsicht (**ZAK**), die Gremienvorsitzendenkonferenz (**GVK**), die Kommission zu Ermittlung der Konzentration im Medienbereich (**KEK**) und die Kommission für Jugendmedienschutz 55

---
83 BVerwGE 149, 52.
84 Eingehend dazu *Dörr*, Die regulatorische Relevanz, S. 19 ff. m.w.N. *Grundlegend* zu möglichen Reformmodellen *Natt*, S. 89 ff.; dazu auch *Fiedler*, Cross-mediale Zusammenschlüsse, 2017, S. 189 ff.
85 Dazu *Dörr*, Die regulatorische Relevanz, S. 41 f.
86 Zu den Neuerungen *Dörr/Schwartmann*, Rn. 206.
87 Dazu auch *Ritlewski*, ZUM 2008, 403 (407 ff.).

§ 10 Medienrecht

(KJM). Sie fungieren dabei als Organe der jeweils zuständigen Landesmedienanstalt. Für diese Kommissionen besteht gemäß § 104 Abs. 7 MStV eine Gemeinsame Geschäftsstelle in Berlin. Der achte Abschnitt (§§ 114 – 115 MStV) hat die Revision zum Bundesverwaltungsgericht wegen Verletzung des Rundfunkstaatsvertrages (§ 114 MStV) und die Ordnungswidrigkeiten (§ 115 MStV) zum Gegenstand. Die Übergangs- und Schlussvorschriften (§§ 116 – 122 MStV) runden den Staatsvertrag ab.

56 Daneben betrifft der Staatsvertrag zur Modernisierung der Medienordnung in Deutschland den

- Jugendmedienschutz-Staatsvertrag
- ARD-Staatsvertrag
- ZDF-Staatsvertrag,
- Rundfunkbeitragsstaatsvertrag,
- Rundfunkfinanzierungsstaatsvertrag und den
- Deutschlandradio-Staatsvertrag.

57 **(3) SWR-Staatsvertrag:** Durch Staatsverträge werden auch die Rechtsgrundlagen für die Arbeit der **Mehrländeranstalten** des öffentlich-rechtlichen Rundfunks wie der **MDR**, der **NDR**, der **SWR** und seit dem 1.5.2003 auch der durch die Fusion von **ORB** und **SFB** entstandene **RBB** geschaffen. Dagegen beruhen die Einländeranstalten wie der **WDR, SR, RB** und der **BR** auf Landesgesetzen, so zum Beispiel der WDR auf dem WDR-Gesetz.

58 Für Rheinland-Pfalz ist an dieser Stelle der zwischen Baden-Württemberg und Rheinland-Pfalz geschlossene Staatsvertrag über den **Südwestrundfunk (SWR-StV)** v. 3.7.2013[88], der den SWR-StV v. 31.5.1997[89] abgelöst hat, maßgeblich, der am 1.1.2014 in Kraft getreten ist. Bereits durch den SWR-StV v. 31.5.1997 wurden die vorher bestehenden Rundfunkanstalten **SDR** und **SWF** zum 1.10.1998 aufgelöst; ihre sämtlichen Rechte, Verbindlichkeiten und Pflichten, insbes. ihr Personal und ihre Sachmittel sind ab diesem Zeitpunkt auf den SWR übergegangen. Mit der Neugründung des SWR sollte eine langfristig stabile und wettbewerbsfähige öffentlich-rechtliche Rundfunkstruktur für den Südwesten Deutschlands geschaffen und eine bessere Gesamtversorgung der Bevölkerung beider Länder erreicht werden. Am 30.8.1998 starteten die neuen Hörfunk- und Fernsehprogramme des SWR.[90] Bei dem Abschluss des SWR-StV v. 3.7.2013 gingen beide Länder davon aus, dass die Fusion von SDR und SWF gelungen sei, so dass nunmehr viele Vorschriften der Anfangsphase durch flexiblere ersetzt werden konnten. Des Weiteren machte die fortschreitende Digitalisierung und Konvergenz der Medien eine Überarbeitung erforderlich. Auch galt es die binnenpluralen Aufsichtsgremien zu stärken. Dabei wurde auch das Ziel verfolgt, mehr Staatsferne durch den Rückzug von Vertretern der beiden Landesregierungen aus dem Rundfunkrat zu erreichen. Allerdings entsprach auch diese Gremienzusammensetzung nicht in jeder Hinsicht den Vorgaben, die das BVerfG in seinem ZDF-Urteil[91] entwickelt hatte. So betrug der Anteil der dem Staat zuzurechnenden Mitglieder

---

88 SWR StV v. 3.7.2013 (GVBl. S. 557), zul. geänd. durch Art. 1 des Staatsvertrages v. 9.4.2015 (GVBl. S. 109).
89 SWR-StV v. 31.5.1997 (GVBl. S. 260).
90 Historischen Entwicklung: www.swr.de/unternehmen/geschichte//id=3476/1nvzt0d/index.html.
91 BVerfGE 136, 9; s. o. Rn. 40 f.

im Verwaltungsrat mit sieben von achtzehn über ein Drittel. Daher wurde der SWR-StV im April 2015[92] erneut geändert. Diese Änderung, die am 30.6.2015 in Kraft getreten ist, setzt die Vorgaben des BVerfG für die Gremienzusammensetzung um.

Der Auftrag und die Angebote des SWR sind nun in § 3 SWR-StV detailliert aufgelistet. Dabei wurde insbesondere der Online-Bereich miteinbezogen. Als Standorte des SWR sind Stuttgart, Mainz und Baden-Baden (§ 2 Abs. 1 SWR-StV) bestimmt.

f) **Landesmediengesetz.** Wie bereits in Bezug auf das Presserecht erläutert wurde, verabschiedete der LT RhPf. im Januar 2005 ein neues Landesmediengesetz (LMG), das durch das **LMG v. 19.12.2018**, das am 28.12.2018 in Kraft trat, aufgehoben und durch dieses ersetzt wurde. Im LMG werden die Regeln für Rundfunk, Presse und Telemedien zusammengefasst. Ein Anstoß für das ursprüngliche LMG von 2004 war auch, dass die **Europäische Kommission** am 23.7.2003 ihren Beschluss bekannt gab, Deutschland im Wege des **Vertragsverletzungsverfahrens** wegen der Vergabe der **terrestrischen Rundfunklizenzen** in RhPf. vor dem EuGH zu verklagen. Die Kommission beanstandete, dass die im rhpf. Landesrundfunkgesetz geregelte **Vergabepraxis der Hörfunklizenzen** gegen die Niederlassungsfreiheit (Art. 43 EGV) verstoße und Rundfunkveranstalter anderer EU-Mitgliedstaaten diskriminiere.[93] Nach dem Erlass des neuen Landesmediengesetzes, das teilweise die Beanstandungen der Kommission berücksichtigte, wurde das Verfahren eingestellt.[94]

59

Die §§ 1 – 12 LMG haben die **allgemeine Regelungen** zum Gegenstand, die auch für den Rundfunk bedeutsam sind. § 3 LMG enthält u.a. Definitionen zu Programm (Nr. 3), Sendung (Nr. 4), Programmbeitrag (Nr. 5), Programmgattung (Nr. 6), Programmschema (Nr. 7) und Fensterprogramm (Nr. 8). Im **besonderen Teil** gelten die §§ 16 – 27 LMG ausschließlich für den Rundfunk. Im Gegensatz zum saarländischen Mediengesetz betrifft das rheinland-pfälzische LMG **nicht den öffentlich-rechtlichen Rundfunk** (§ 1 Abs. 3 LMG). Hierfür ist der Staatsvertrag über den SWR maßgeblich.

60

Für die Veranstaltung privaten Rundfunks ist eine **Zulassung** erforderlich (§ 24 LMG). Eine Zulassung darf nach § 25 Abs. 1 LMG nur erhalten, wer unbeschränkt geschäftsfähig ist, die Fähigkeit, öffentliche Ämter zu bekleiden, nicht durch Richterspruch verloren, das Grundrecht der freien Meinungsäußerung nicht nach Art. 18 des Grundgesetzes verwirkt hat, als Vereinigung nicht verboten ist, seinen Wohnsitz oder Sitz in der Bundesrepublik Deutschland, einem sonstigen Mitgliedstaat der Europäischen Union oder einem anderen Vertragsstaat des Abkommens über den Europäischen Wirtschaftsraum hat und gerichtlich verfolgt werden kann und die Gewähr dafür bietet, dass er unter Beachtung der gesetzlichen Vorschriften und der auf dieser Grundlage erlassenen Verwaltungsakte Rundfunk veranstaltet. An juristische Personen des öffentlichen Rechts mit Ausnahme von Kirchen und Hochschulen, an deren gesetzliche Vertreterinnen und Vertreter und leitende Bedienstete sowie an politische Parteien und Wählervereinigungen darf eine Zulassung nicht erteilt werden.

61

---

92 Durch Art. 1 StV v. 9.4.2015 (GVBl. S. 109).
93 Vgl. Pressemitteilung der Kommission, IP/00/880 v. 28.7.2000; dazu *Dörr*, in: Der Rundfunkstaatsvertrag als föderales Instrument der Regulierung und Gestaltung des Rundfunks, UFITA-Schriftreihe, Bd. 215, 2004,S. 71.
94 Pressemitteilung der Kommission, IP/05/923 v. 13.7.2005.

62 Vor dem Hintergrund der europarechtlichen Vorgaben sind bei der **Zuweisung von Übertragungskapazitäten** gemäß § 30 LMG die die inhaltliche Vielfalt des Programms, der Beitrag des Programms zur Vielfalt des Gesamtangebots und der Beitrag der Antragstellenden zur publizistischen Vielfalt zu berücksichtigen, wenn die Zahl der Antragstellenden die der ausgeschriebenen Kapazitäten übersteigt. Schließlich erhielt im Rahmen der Novellierung die vorherige Landeszentrale für private Rundfunkanbieter (LPR) den zukunftsträchtigeren Namen »**Landeszentrale für Medien und Kommunikation**« (LMK).[95] Die Einzelheiten über das Selbstverwaltungsrecht der LMK und ihre Organe sind im dritten Abschnitt des LMG geregelt.

63 **3. Filmrecht. a) Begriff und Geschichte.** Ein weiteres in Art. 5 Abs. 1 S. 2 GG geschütztes Massenmedium ist der **Film**. Der besondere Schutz erklärt sich daraus, dass Filme ebenso wie Rundfunksendungen Meinungen und Informationen enthalten und damit zur **Meinungsbildung der Öffentlichkeit** beitragen. Freilich hat der einzelne Film keine dem Rundfunk oder der Presse vergleichbare Bedeutung im **Meinungsbildungsprozess**. Der Film steht zwischen dem Presse- und Rundfunkrecht. Als Informationsmedium hat der Film durch den Siegeszug von Hörfunk und Fernsehen an Bedeutung verloren. Entgegen pessimistischen Annahmen erfreuen sich aber die **Kinos** weiterhin großer Beliebtheit. Daher hat der Kinofilm seinen Platz in der Gesellschaft durchaus behaupten können.

64 **b) Die Freiheit des Films nach Art. 5 Abs. 1 S. 2 GG.** Verfassungsrechtlich ist die **Filmfreiheit** eher von eingeschränkter Bedeutung, weil der Film als Ganzes in der Regel auch ein Kunstwerk ist.[96] Daher ist auch meistens die weitergehende **Kunstfreiheit** des Art. 5 Abs. 3 GG einschlägig.[97] Im Gegensatz zur Filmfreiheit unterliegt die Kunstfreiheit nämlich nicht den Schranken des Art. 5 Abs. 2 GG, sondern lediglich den sog. **verfassungsimmanenten Schranken**, also kollidierenden Grundrechten oder anderen Rechtsgütern mit Verfassungsrang. Daher kommt es auf die isolierte Filmfreiheit des Art. 5 Abs. 1 GG meist nicht an.

65 **Träger der Filmfreiheit** sind sowohl die für die Herstellung und Verbreitung der Filme zuständigen Personen, als auch die mit Filmen Handel Treibenden. Der Schutzbereich umfasst das Herstellen und Verbreiten von Filmen. Film[98] erfasst die für die Allgemeinheit geeignete und bestimmte Produktion und Verbreitung von Darbietungen aller Art in Form von bewegten Bildern regelmäßig mit begleitenden Tonfolgen auf einem geeigneten Bild-Ton-Träger,[99] die zur öffentlichen Aufführung bestimmt sein müssen.[100] Durch die Art der Vorführung dieser bewegten Bilder unterscheidet sich der Film vom Rundfunk. Bei Ausstrahlung im Fernsehen greift nicht mehr die Film-, sondern die **Rundfunkfreiheit** ein.[101] Im Gegensatz zum Rundfunk, der durch Telekommunikation verbreitet wird, wird der Film an bestimmten Orten, insbes. in Kinos einem Publikum vorgeführt. Die Filmfreiheit schützt auch die Verbreitung von Filmen über bestimmte Bildträger, dh über Videobänder, Bildplatten, etwa **blue ray oder**

---

95 Vgl. § 2 LMG.
96 *Degenhart*, BK, Stand 204. Akt. 2020, Art. 5 I. u. II Rn. 901.
97 BVerwGE 1, 303, 305.
98 Dazu *Degenhart*, BK (Stand: 204. Akt. 2020), Art. 5 I. u. II Rn. 899 ff.
99 *Degenhart*, BK (Stand: 204. Akt. 2020), Art. 5 I. u. II Rn. 899.
100 *Degenhart*, BK (Stand: 204. Akt. 2020), Art. 5 I. u. II Rn. 899; *Wendt*, in: vM/K, Art. 5 Rn. 61.
101 Zur Abgrenzung *Degenhart*, BK (Stand 204. Akt. 2020), Art. 5 I. u. II Rn. 905 f.

DVDs. Das Anschauen eines Films unterfällt der Informationsfreiheit.[102] Zudem ist die Institution Film zu gewährleisten, ohne dass daraus individuelle Förderungsansprüche abgeleitet werden können.[103]

Im Zusammenhang mit der Filmfreiheit spielt das Verbot staatlicher **Zensur** eine besondere Rolle. Der Staat darf nach Art. 5 Abs. 1 S. 3 GG keinen Einfluss auf Inhalt und Gestaltung eines Films nehmen (**Vorzensur**), sondern lediglich die Verbreitung eines Filmes unter Berücksichtigung beispielsweise des **Jugendschutzes** einschränken. Eine **Nachzensur** kann zur Gewährleistung rechtlicher Vorgaben, insbes. des Jugendschutzes geboten sein.[104] Das BVerfG hat die Bedeutung der Zensur[105] präzisiert. 66

c) **Einfachgesetzliche Ausgestaltung.** Für den Film existieren keine rechtlichen Rahmenbedingungen in konzentrierter Form. Insbesondere besteht kein in sich geschlossenes Gesetz zur Regelung der Materie Film. Filme sind in der Produktion vergleichsweise teuer, so dass sie häufig nur durch intensive staatliche Bezuschussung möglich sind. Eine solche Unterstützung wird allgemein befürwortet, weil Filme ein populärer Ausdruck nationaler Kultur sind oder sein können. Im Zusammenhang mit der Filmfreiheit ist daher das System der **Filmförderung** von besonderer Bedeutung.[106] Auch eine Förderung kann einen Eingriff in Rechte Dritter, z.B. nicht berücksichtigter Förderungsempfänger durch den Staat begründen. Zur Regelung dieser Fragen hat der Bund das **Filmförderungsgesetz** erlassen, das durch Förderung die Qualität des deutschen Films auf breiter Grundlage steigern und zugleich die deutsche Filmwirtschaft überlebensfähig halten soll. Wenn es zu einer Filmförderung kommt, muss der Staat seine weltanschauliche Neutralität wahren.[107] Die einzelnen Länder haben zusätzlich eigene Systeme zur Filmförderung eingerichtet.[108] In Rheinland-Pfalz wurde am 17.12.1991 die »**Stiftung Rheinland-Pfalz für Kultur**«, eine rechtsfähige Stiftung des öffentlichen Rechts mit Sitz in Mainz, gegründet.[109] Zweck dieser Stiftung ist die Förderung von Kunst und Kultur im Land Rheinland-Pfalz. Im Rahmen des Stiftungszwecks sollen auch Filmproduktionen gefördert werden. Einfachgesetzlich spielt das **Urhebergesetz** für Fragen der Verwertung von Filmen, etwa bei der Einräumung von Nutzungsrechten an bestimmten Filmwerken eine Rolle. Besonders die Vertragsgestaltung mit den Filmverleihunternehmen, die für eine Ausstrahlung in den Kinos sorgen, ist ein urheberrechtlich interessantes Konstrukt. 67

4. Telemedienrecht. a) Überblick. Der Begriff Telemedien steht im Zusammenhang mit den »**Neuen Medien**«. Aber auch der letztgenannte Begriff erlaubt keine präzise oder abgeschlossene Zuordnung bestimmter – moderner, daher »neuer« – **technischer Kommunikationsmethoden**. Kennzeichnendes Merkmal ist die »**Multimedialität**«, dh die Möglichkeit, verschiedene Funktionen im Kommunikationsprozess gleichzeitig zu übernehmen. Bestes Beispiel dafür ist das Internet, das sowohl über E-Mail eine Individualkommunikation, als auch z.B. über Diskussionsforen oder redaktionelle Seiten 68

---

102 *Fechner*, 11. Kap. Rn. 21.
103 BVerfGE 39, 159 (163).
104 *Fechner*, 11. Kap. Rn. 16.
105 BVerfGE 33, 52 (72); 87, 209 (230).
106 Dazu *Fechner*, 11. Kap. Rn. 28 ff.; vgl. auch *Dörr*, ZUM 2010, 746 ff.
107 BVerfGE 80, 124 (134).
108 Dazu *Schaefer*, ZUM 2010, 763 ff.
109 Homepage: www.kulturstiftung-rlp.de.

eine Massenkommunikation erlaubt und über das auch Radio- und Fernsehprogramme linear weiterverbreitet werden können. Entscheidend für das Verständnis ist das Wissen um die vielfältigen Kommunikationsübertragungsmöglichkeiten, die mit der **Digitalisierung** einhergegangen sind. So kann z.b. über ein Glasfaserkabel sowohl ein Fernsehprogramm übertragen und – soweit das Kabel eine Rückkanaltechnik hat – gleichzeitig eine umgekehrte Kommunikation vom Empfänger zum Sender ermöglicht werden (z.B. Bestellmöglichkeit bei Angeboten in Fernsehprogrammen). Ferner können auch Abruf und Absenden von **Internetdienstleistungen** über dieses Kabel erfolgen. Schließlich bestehen solche Übertragungsmöglichkeiten auch über Satelliten- und Funktechnik. Daraus wird deutlich, dass der **Übertragungsweg** für die rechtliche Bewertung und Einordnung eine immer geringere Rolle spielt, wenn er nicht gerade dafür sorgt, dass eine bestimmte Art der Anwendung erst durch die Besonderheit der Technik ermöglicht wird.

69 **b) Geschichte und einfachgesetzliche Ausprägung.** Nachdem im Zuge der technischen Entwicklung erkennbar geworden war, dass die **neuen, multimedialen Dienste** nicht ohne Weiteres in das Regime bestehender Mediengesetze passen würden, war vor allem im Blick auf die **Rechtssicherheit** der Anbieter in diesem Sektor Handlungsbedarf angezeigt. Die vom Gesetzgeber als »**Informations- und Kommunikationsdienste**« (**IuK**) bezeichneten Multimediadienste waren jedoch wegen ihrer schwierigen Zuordnung zu bisher bekannten Medien auch als **Kompetenzmaterie** zwischen Bund und Ländern heftig umstritten. Einerseits wurden sie als rundfunkähnlich und damit als Teil der Kulturkompetenz von den Ländern in Anspruch genommen, andererseits verwies der Bund auf seine Zuständigkeiten für die Telekommunikation und damit die Individualkommunikation sowie das Recht der Wirtschaft. Letztlich einigten sich die beiden staatlichen Einheiten im Wege eines Kompromisses auf eine **Parallelgesetzgebung**. Die Aufgaben wurden zwischen Bund und Ländern aufgeteilt, wobei zunächst die Kategorien »**Tele- und Mediendienste**« geschaffen wurden. **Teledienste** als individualkommunikationsähnliche Dienste regelte der Bund in einem Informations- und Kommunikationsdienste-Gesetz (**IuKDG**), das aus zahlreichen Einzelgesetzen bestand. Mediendienste wurden zwischen den Ländern in einem Staatsvertrag (**MDStV**) geregelt. War diese »Kompetenzaufteilung« aufgrund einer Kompromissvereinbarung schon aus verfassungsrechtlicher Sicht problematisch, da das Grundgesetz solche Vereinbarungen über Sachmaterien nicht vorsieht, so stand auch die Zukunftsfähigkeit dieser Regelungswerke in Frage, da eine saubere Trennung zwischen den beiden Diensten auch Jahre nach Inkrafttreten der Gesetze und zahlreichen Überarbeitungen noch immer nicht gelang.

70 Bereits durch den Staatsvertrag über den Schutz der Menschenwürde und den Jugendschutz in Rundfunk und Telemedien (**JMStV**) v. 8.10.2002 hat der Gesetzgeber die neue Kategorie der **Telemedien** eingeführt, die zunächst die Mediendienste und die Teledienste zusammenfasste. Mit dem **Neunten Rundfunkänderungsstaatsvertrag**, der am 1.4.2007 in Kraft trat, und dem **Telemediengesetz** (**TMG**) des Bundes v. 26.2.2007[110] wurde die Unterscheidung zwischen Medien- und Telediensten aufgege-

---

110 G. v. 26.2.2007 (BGBl. I S. 179), zul. geänd. G. v. 21.7.2016 (BGBl. I S. 1766).

ben. Seitdem gibt es neben dem Rundfunk nur noch Telemedien und Telekommunikationsdienste bzw. telekommunikationsgestützte Dienste.

Unter den Begriff **Telemedien** wird eine Vielzahl von unterschiedlichen Erscheinungsformen elektronisch gespeicherter und verbreiteter Inhalte gefasst. Sie kombinieren typischerweise verschiedene Elemente der klassischen Medien sowohl zum individuellen Austausch wie zur massenmedialen Verbreitung. Sie lassen sich nur schwer vom **Rundfunk** abgrenzen. Hervorzuheben sind journalistisch-redaktionell gestaltete Angebote, die oft nach Gestaltung und Inhalt Zeitungen oder Zeitschriften ähnlich sind und daher von einigen als »**elektronische Presse**« bezeichnet werden. Telemedien unterfallen in Deutschland den Vorschriften des MStV (§§ 17 ff. u. 74 ff.). Daneben sind Telemedien aber auch im TMG[111] geregelt. Es geht vornehmlich darum, die neuen Angebote »liberaler« zu regulieren. Anders als der Rundfunk sind Telemedien nach § 17 Abs. 1 MStV[112] **zulassungs- und anmeldefrei**. Dies ist ein erheblicher Unterschied. 71

c) Aktuelle Abgrenzungsschwierigkeiten zwischen Telemedien und Rundfunk. Besondere Schwierigkeit bereitet die Abgrenzung zwischen Rundfunk und Telemedien. Dabei sind der verfassungsrechtliche und der einfachgesetzliche Rundfunkbegriff zu unterscheiden.[113] 72

Das **Verfassungsrecht** kennt nur Rundfunk und Presse, aber keine Telemedien. Daher sind diese Angebote entweder dem Rundfunk- oder dem Pressebegriff zuzuordnen. Dem Gesetzgeber ist es nach Auffassung des BVerfG unbenommen, bestimmte, für die öffentliche Meinungsbildung weniger relevante Erscheinungsformen von verfassungsrechtlichem Rundfunk aus dem **einfachgesetzlichen Rundfunkbegriff** auszuklammern und einem liberaleren Regelungsregime zu unterwerfen.[114] Der **verfassungsrechtliche Rundfunkbegriff** wird weit und dynamisch interpretiert. Danach spricht viel dafür, die Telemedien dem verfassungsrechtlichen Rundfunkbegriff zuzuordnen.[115] 73

Dagegen unterscheidet der **Medienstaatsvertrag** einfachgesetzlich zwischen Rundfunk und Telemedien. Für den einfachgesetzlichen Rundfunkbegriff orientiert sich der Gesetzgeber an der Definition der linearen audiovisuellen Mediendienste (Fernsehprogramme) der Richtlinie über audiovisuelle Mediendienste (AVMD-RL).[116] Unterschieden wird in der AVMD-RL zwischen linearen audiovisuellen Mediendiensten (Fernsehprogrammen) und nicht linearen audiovisuellen Mediendiensten (Abrufdienste). Daran hält auch die geänderte AVMD-RL fest. Rundfunk ist nur ein lineares Angebot. Abrufdienste werden dagegen ausgeklammert. Die Einfügung des Kriteriums »zum 74

---

111 Hierdurch Außerkraftsetzen des Teledienstegesetzes und des Teledienstedatenschutzgesetzes.
112 S. auch § 4 TMG.
113 Vgl. o. Rn. 19 ff.; *Dörr*, in: Heidelberger Komm., § 2 Rn. 8 ff. Dazu auch *Schwartmann*, Abschn. 1 Rn. 42 ff.
114 BVerfGE 73, 297 (351 f.).
115 So schon BVerfGE 73, 297 (351 f.) für die »rundfunkähnlichen Kommunikationsdienste« (Ton- und Bewegtbilddienste auf Abruf); anders *Fink*, in: Spindler/Schuster, Erster Teil, C Rn. 29 ff., der die über Internet verbreiteten neuen Angebote verfassungsrechtlich in der Regel der Pressefreiheit zuordnet, da diese nach seiner Ansicht gegenüber der Rundfunkfreiheit ein Auffanggrundrecht darstellt. Die Zuordnung dieser Dienste unter den Rundfunkbegriff mangels Sondersituation sei wegen der damit verbundenen Eingriffe grundrechtsverkürzend. Eingehend dazu *Dörr*, in: Holznagel/Dörr/Hildebrand, S. 178 ff., 476 ff.; vgl. auch *Möllers*, AfP 2008, 241 ff.
116 Vgl. dazu u. Rn. 84.

zeitgleichen Empfang« grenzt Rundfunkangebote von Abrufangeboten ab. Der einfachgesetzliche Rundfunkbegriff schließt Angebote ein, die verschlüsselt verbreitet werden oder gegen ein Entgelt empfangbar sind.

75 Zu den Telemedien erfolgt eine Negativabgrenzung.[117] Ein Telemedium ist hiernach ein elektronischer Informations- und Kommunikationsdienst, der kein Rundfunk und keine Telekommunikation ist. Aufgrund dieser Definition stellen in erster Linie Abrufdienste[118] Telemedien dar. Hinzu kommen Angebote, die nicht entlang eines Sendeplans verbreitet werden oder keine Bewegtbilder und Töne enthalten, da diese ebenfalls notwendige Voraussetzung für einfachgesetzlichen Rundfunk darstellen.[119]

76 **5. Telekommunikationsrecht.** Auch das Telekommunikationsrecht hat für die Medien große Bedeutung.

77 **a) Begriff und Geschichte.** Im Gegensatz zum übrigen Medienrecht beziehen sich das Telekommunikationsrecht und der Begriff »**Telekommunikation**« auf einen technischen Vorgang. Es geht bei der Telekommunikation grundsätzlich um die **Übermittlung von Daten**. Nach einer einfach-gesetzlichen Definition ist **Telekommunikation** der »technische Vorgang des Aussendens, Übermittelns und Empfangens von Nachrichten jeglicher Art in der Form von Zeichen, Sprache, Bildern oder Tönen mittels Telekommunikationsanlagen.«[120]

78 **Rechtlich** gesehen ist der Bereich der Telekommunikation jedoch verfassungsrechtlich geprägt. Obgleich kein einheitlicher Rechtsbegriff der Telekommunikation existiert, ist insoweit auf die Vorgaben des **GG** abzustellen. Die Telekommunikation ist hier im Kompetenzkatalog der ausschließlichen Gesetzgebungszuständigkeit des Bundes in Art. 73 Nr. 7 GG aufgeführt. Sie ersetzt den früher dort verwendeten Begriff des **Fernmeldewesens**, ohne dass sich durch die Begriffsänderung eine inhaltliche Veränderung ergeben hat. Auch das BVerfG hat sich mit dem Fernmelde-/Telekommunikationsbegriff auseinandergesetzt. Schon im ersten Fernsehurteil ging es um die Abgrenzung zwischen dem **technischen Sendevorgang**, der zur Telekommunikation gehört und damit in den Bereich der Bundeskompetenz fällt, und dem inhaltlichen Bereich der Rundfunkprogrammproduktion.[121]

79 Das Telekommunikationsrecht hat seine **Anfänge** in ersten Regelungswerken zum Fernmelderecht. Es ist insbes. dadurch gekennzeichnet, dass der Staat sich in diesem Sektor ein **Monopol** für die Errichtung und das Betreiben von **Fernmeldeanlagen** vorbehalten hatte. Dies galt auch in der Bundesrepublik Deutschland, in der lediglich der Bund berechtigt war, solche Dienstleistungen anzubieten. Dazu bediente er sich der früheren **Deutschen Bundespost** und der aus ihr hervorgegangenen **Deutschen Telekom**. Insbesondere aufgrund der Einwirkung des **Europarechts** und einer damit einhergehenden weitreichenden **Liberalisierung** und **Privatisierung** haben sich das Telekommunikationsrecht und das Erscheinungsbild der Telekommunikation in der Öffentlichkeit in den letzten fünfzehn Jahren erneuert und modernisiert. Auch die Deut-

---

117 § 2 Abs. 1 S. 3 MStV.
118 Sog. nicht-lineare Angebote iSd RL über audiovisuelle Mediendienste.
119 Weiterführend *Keber*, in: Dörr/Kreile/Cole, S. 520 ff.; *Kreile*, in: Schiwy/Schütz/Dörr, Telemedien.
120 Vgl. § 3 Nr. 22 TKG.
121 BVerfGE 12, 205.

sche Telekom wurde privatisiert. Das Bild der Gegenwart bestimmen Begriffe wie **Internet- und Mobiltelefonie**. Besondere Bedeutung hat im Bereich des Telekommunikationsrechts die **Sprachtelefonie**; daneben sind in diesem Bereich Datenübermittlungsdienste, Mobilfunktelefoniedienste, Rundfunkkabelnetze und Netzmanagementdienste sowie der Einstieg in das Fernsehen über Internetprotokoll wichtige Themen.

b) **Grundgesetzlich geregelte Kompetenz und TKG.** Wie bereits erwähnt steht dem Bund aufgrund der Zuweisung im Grundgesetz die Kompetenz zur Regelung des Telekommunikationsbereichs zu. Diese hat er in umfassender Weise wahrgenommen und insbes. durch die Entflechtung und Aufteilung der ehemaligen Deutschen Bundespost die Vorgaben aus dem **Europarecht** erfüllt. Die Fülle von unionsrechtlichen Richtlinien, deren Ziel die Herstellung von Wettbewerb im Telekommunikationsbereich ist – genannt sein soll davon nur die ganz wesentliche **ONP (Open Network Provision)**-Richtlinie zur Einführung eines offenen Netzzugangs –, führte zu einem entsprechenden Gesetzeswerk auf nationaler Ebene, das den Wettbewerb dauerhaft sicherstellen sollte. 1996 wurde das TKG aF erlassen, das den gesamten Bereich der Telekommunikation neu und umfassend regelte. Es diente aber nicht nur der **Förderung des Wettbewerbs**, sondern sollte vor allem auch die dauerhafte, flächendeckende, angemessene und ausreichende Zurverfügungstellung der Telekommunikationsdienstleistungen gewährleisten sowie die im technischen Bereich notwendige Frequenzabstimmung festlegen. Der neue **europäische Rechtsrahmen** für elektronische Kommunikation hatte im Jahre 2004 eine Novellierung des TKG von 1996 erforderlich gemacht.[122] Hauptziel des Gesetzes war es, im Rahmen einer **sektorspezifischen Regulierung** Rahmenbedingungen für einen funktionsfähigen Wettbewerb im Bereich der Telekommunikation zu schaffen. Dies war und ist wichtig, da die Deutsche Telekom als Rechtsnachfolgerin eines staatlichen Monopolisten auch heute noch über strukturelle Vorteile verfügt. Im Einzelnen wird daher z.B. im Rahmen der sog. **Marktregulierung** (§§ 9 ff. TKG) der Zugang zum öffentlichen Telekommunikationsnetz geregelt (§§ 16 ff. TKG). Eine weitere Novellierung des TKG erfolgte im Jahre 2012.[123] Anlass für vielfache Neuerungen war die Umsetzung zweier umfangreicher europäischer Änderungsrichtlinien. Einer der Schwerpunkte der Novelle war die Verbesserung des Verbraucher- und Datenschutzes.[124] So ist z.B. nunmehr in § 66g TKG das Recht auf eine kostenlose Warteschleife und in § 46 Abs. 3 TKG ein Kündigungsrecht bei Umzug normiert. Noch im selben Jahr erklärte das BVerfG die Regelung des § 113 Abs. 1 S. 2 TKG für verfassungswidrig,[125] so dass diese Vorschrift geändert und ergänzt werden musste. Das neue TKG[126] ist seit dem 1.7.2013 in Kraft.

c) **Verhältnis des Telekommunikationsrechts zum Medienrecht.** Als Faustregel kann man sich für das Verhältnis des Telekommunikationsrechts zum Medienrecht folgendes merken: Das **Telekommunikationsrecht** regelt die **technischen Belange**, während

---

122 Zu Neuerungen aus dem Jahr 2004, *Frevert*, MMR 2005, 23; *Heun*, CR 2004, 893; *Dörr/Zorn*, NJW 2005, 3114 (3119). Zur Entwicklung in den Jahren 2003 – 2006 vgl. *Scherer*, NJW 2006, 2016 ff.
123 Zu Neuerungen aus dem Jahre 2012 *Frevert*, MMR 2012, 510; *Freund*, NVwZ 2012, 1504; *Holznagel*, NJW 2012, 1622; *Müller-Terpitz*, K&R 2012, 476; *Roßnagel/Kartel*, K&R 2012, 244.
124 Dazu eingehend *Holznagel*, K&R 2010, 761 ff.
125 BVerfG, NJW 2012, 1419 (1429 f.); vgl. *Graf*, BeckOK TKG, § 113 Rn. 3 ff.
126 G. v. 22.6.2004 (BGBl. I S. 1190) i.d.F. v. 20.6.2013 (BGBl. I S. 1602), zul. geänd. durch Art. 1 G. v. 5.12.2019 (BGBl I S. 2005).

das **Medienrecht** im Übrigen **inhaltliche Fragen** betrifft. Da aber auch die Regulierung der technischen Aspekte zu einem mittelbaren Eingriff in die Medienfreiheit führen kann und der Staat auf diesem Wege erhebliche Einflussmöglichkeiten besitzt, muss das Telekommunikationsrecht immer auch in Einheit mit dem Medienrecht gesehen werden. Die **Konvergenz** der Mediendienstleistungen führt auch zu einer zunehmenden Verflechtung des technischen und inhaltlichen Rahmens. Es macht immer weniger Sinn, medienrechtlich ausgefeilte Regulierungswerke zu verabschieden, die nicht auch den Bereich der Technik beispielsweise im Hinblick auf die allgemeine Verfügbarkeit der geregelten Medien berücksichtigen. Insoweit ist auch im Rahmen des Medienrechts das Telekommunikationsrecht als eine Art **Annexmaterie** zu betrachten. Dennoch hat sich das Telekommunikationsrecht zu einem eigenen Forschungssektor etabliert, der insbes. eine erhebliche wirtschaftliche Dimension hat.

III. Europarechtlicher Einfluss auf das Medienrecht

82   1. **Medienrecht in der globalen Welt.** Neben dem nationalen Recht wirkt sich das **Unionsrecht** immer stärker auf die Medien aus. Der Grund hierfür erschloss sich bereits früh für den Rundfunk aus dem Umstand, dass **Rundfunkwellen** naturgemäß an den Staatsgrenzen nicht Halt machen.[127] Gerade durch die **Digitalisierung** und die **Konvergenz** der Medien haben sich in den letzten Jahren die europarechtlichen Aspekte der Medienordnung und Medienpolitik weiter verstärkt.[128] Die fortschreitende Digitalisierung und Leistungssteigerung der **elektronischen Informations- und Kommunikationssysteme**, insbes. des **Internets**, ergreift immer mehr die Medienmärkte, also den Bereich der Inhalte und ihrer Verbreitung. Die Trennlinien zwischen dem **Inhaltebereich** (**Medien**) und den **Übertragungssystemen** (**Kommunikation**) werden unschärfer. Bisher getrennte Formen der Produktion, Darstellung, Speicherung, Verbreitung und Suche von Inhalten verschmelzen auf digitalen Plattformen weitgehend miteinander. Traditionelle Mediengattungen erleben ebenso einen **Bedeutungswandel** wie traditionelle Kategorien von Verbreitungssystemen. Diese Entwicklungen werden vielfach als Konvergenz bezeichnet. Darauf reagiert der europäische Gesetzgeber. Er versucht, auch Regelungen über die Angebote zu treffen, die als **Neue Dienste, Neue Medien, Telemedien** oder in Europa als **audiovisuelle Mediendienste** bezeichnet werden. Die Fortschritte bei der Übertragungstechnik und die Entwicklung international ausgelegter Programme haben die elektronischen Medien insgesamt zu einer **europäischen Herausforderung** werden lassen, die die EU mit vielfältigen Aktivitäten angenommen hat. Dabei scheint die Tendenz zu weiteren europäischen Regelungen auf diesem Gebiet ungebrochen.

83   2. **Europäische Regelungen.** a) **Primärrechtliche Verankerung der Kommunikationsfreiheiten.** Im Vertrag über die Arbeitsweise der Europäischen Union (AEUV) spielen vor allem die **Dienstleistungs-**[129] und **Niederlassungsfreiheit**[130] für die Regelung des Medienbereichs eine Rolle. Daneben ist der **Kulturartikel** des Art. 167 AEUV, der eine

---

127 Vgl. auch BVerfGE 12, 205 (251).
128 Vgl. etwa Dörr, MediaPerspektiven 2005, 333; ders., in: Schiwy/Schütz/Dörr, S. 123 ff.; ders., in: Dörr/Kreile/Cole, S. 38 ff.; Fink, in: Spindler/Schuster, S. 18 ff.; Dörr, in: Heidelberger Komm., B 4; Roßnagel/Scheuer, MMR 2005, 279.
129 Art. 56 ff. AEUV; vgl. auch Kartell- und Fusionskontrollverordnungen.
130 Art. 49 ff. AEUV.

vereinheitlichende Regulierung der Kulturen der Mitgliedstaaten verbietet und die EU hier auf Fördermaßnahmen begrenzt, bedeutsam. Schließlich haben die allgemeinen wettbewerbsrechtlichen Regelungen in Art. 101 ff. AEUV[131] einschließlich des **Beihilfeverbots** (Art. 107 AEUV) eine besondere Bedeutung.

Das Verbot **unzulässiger Beihilfen** nach Art. 107 AEUV ist gerade für Mitgliedstaaten wie der Bundesrepublik Deutschland oder Großbritannien, in denen ein ausgeprägtes **duales Rundfunksystem** mit einem durch **Gebühren** (in Deutschland nun geräteunabhängige Beiträge)[132] finanzierten öffentlich-rechtlichen Rundfunk besteht, bedeutsam. Schon seit geraumer Zeit wird darüber gestritten, ob und inwieweit die Beihilfevorschriften der Gebührenfinanzierung bzw. der staatlichen Finanzierung des öffentlich-rechtlichen Rundfunks Grenzen setzen. Diese Frage, die auch in der deutschen juristischen Literatur intensiv diskutiert wird,[133] beschäftigte und beschäftigt die **Kommission** auf der Grundlage von Beschwerden mehrerer privater Rundfunkveranstalter gegen die Modalitäten der Finanzierung konkurrierender öffentlich-rechtlicher oder staatlicher Anstalten aus Deutschland, Frankreich, Italien, Spanien und Portugal.[134] Besonders intensiv wurde die Beihilfefrage in der jüngeren Vergangenheit im Blick auf die **deutsche Rundfunkgebühr** beleuchtet. Die Kommission hatte im März 2005 ein Verfahren gegen Deutschland aufgrund einer Beschwerde des Privatrundfunkverbandes **VPRT** eingeleitet. Sie kam zu dem vorläufigen Ergebnis, dass die geltende deutsche Rundfunkfinanzierung teilweise mit Europarecht nicht vereinbar ist. Im Dezember 2006 wurde zwischen der Bundesregierung und der Kommission schließlich ein Kompromiss ausgehandelt,[135] der die Grundlage für die Verfahrenseinstellung durch die Entscheidung v. 24.4.2007 bildete.[136] Die erzielte Einigung mündete in förmlich unterbreiteten Zusagen Deutschlands, die in der **Einstellungsentscheidung** festgeschrieben wurden. Diese sah vor, dass Deutschland innerhalb von zwei Jahren verschiedene »zweckdienliche Maßnahmen« (die im einzelnen aufgeführten Zusagen) – durch Umsetzung im Rundfunkstaatsvertrag – ergreifen wird, die nach Ansicht der Kommission dazu geeignet sind, die beihilfenrechtlichen Bedenken auszuräumen.[137] Dies ist mit dem am 1.6.2009 in Kraft getretenen **12. Rundfunkänderungsstaatsvertrag** geschehen.

84

Für die Medien in Europa sind neben den unionsrechtlichen Vorgaben auch die Aktivitäten des **Europarates** von erheblicher Bedeutung. Wenn auch hier eine deutlich langsamere Rechtsentwicklung festzustellen ist, darf nicht übersehen werden, dass der Europarat – der im Rahmen seiner Ziele und Aufgaben auch die Massenmedien als Hauptgebiet II behandelt – in geographischer Hinsicht über einen Einfluss verfügt, der

85

---

131 Vgl. Art. 101 Abs. 1 AEUV (Kartellverbot); Art. 102 AEUV (Verbot des Missbrauchs einer marktbeherrschenden Stellung).
132 Vgl. o. Rn. 42.
133 Dazu eingehend *Heer-Reißmann*, in: Dörr/Kreile/Cole, S. 262 ff.; *Dörr*, K&R 2001, 233; *Ruttig*, Der Einfluss des EG-Beihilferechts auf die Gebührenfinanzierung der öffentlich-rechtlichen Rundfunkanstalten, 2001.
134 Eine Übersicht über alle auf den Rundfunk bezogenen Beihilfefälle findet sich unter http://ec.europa.eu/comm/competition/sectors/media/decisions_psb.pdf.
135 Vgl. epd medien 100/2006.
136 Entscheidung der Kommission v. 24.4.2007, K(2007) S. 1761 endg., teilw. abgedr. in: epd medien 39/2007, 3 ff.; dazu auch epd medien 32/2007, 12 f.; MMR 2007, XIV f.
137 Vgl. Pressemitteilung IP/07/543 u. MEMO/07/150 zu den Details der Einigung im Rahmen der Entscheidung v. 24.4.2007, K(2007) 1761 endg.; teilw. abgedr. in: epd medien 39/2007, Ziff. 7.4. ff.

über den der **Europäischen Union** hinausreicht, weil ihm mittlerweile nahezu alle mittel- und osteuropäischen Staaten angehören. Daher wird das **europäische Übereinkommen über das grenzüberschreitende Fernsehen** v. 5.5.1989 in der Fassung des Protokolls v. 9.9.1998 auch in Zukunft eine wichtige Rolle spielen. Schließlich wirkten sich die Bestimmung des Art. 10 EMRK und die dazu ergangenen Entscheidungen des Europäischen Gerichtshofs für Menschenrechte auf den Medienbereich aus. Wichtig ist Art. 10 EMRK dabei nicht nur deshalb, weil er ein Unionsgrundrecht der Europäischen Union darstellt, sondern vor allem, weil der Europäische Gerichtshof für Menschenrechte die darin enthaltene Rundfunkfreiheit tendenziell anders, nämlich stärker individualrechtlich auslegt als das BVerfG die vergleichbare Bestimmung des Art. 5 Abs. 1 S. 2 GG.[138] Gerade aufgrund der bereits 1998 erfolgten Einführung der obligatorischen Individualbeschwerde direkt zum Europäischen Gerichtshof für Menschenrechte sind hier auch in Zukunft weiterführende Judikate dieses Spruchkörpers zu erwarten. Die Bedeutung des Art. 10 EMRK wird noch zunehmen, sobald die EU der EMRK beigetreten sein wird, wozu sie Art. 6 Abs. 2 EUV verpflichtet. Allerdings ist der Beitritt bisher noch nicht erfolgt.

86 Schließlich ist für die unionsrechtliche Gewährleistung der Medienfreiheiten **Art. 11 GRCh** von immer größerer Bedeutung. Dies beruht darauf, dass die Charta der Grundrechte der EU seit dem Inkrafttreten des Lissaboner Vertrages am 1.12.2009 verbindliches Recht darstellt, der gem. Art. 6 Abs. 1 EUV der gleiche Rang wie den Verträgen zukommt. Damit können die darin enthaltenen Grundrechte den Grundfreiheiten als verbindliche Rechte gleichrangig entgegentreten. Bei der Auslegung der in der EU-Grundrechtecharta enthaltenen Unionsgrundrechte spielt auch die EMRK eine entscheidende Rolle, deren Schutzniveau gemäß Art. 53 EMRK nicht unterschritten werden darf. Insofern gilt Ähnliches wie für das Verhältnis zwischen den Grundrechten des GG und den Menschenrechten der EMRK. Jedenfalls kommt der Bestimmung des Art. 11 Abs. 2 EU-Grundrechtecharta auch deshalb Bedeutung zu, weil sie sich über Art. 10 EMRK hinausgehend zur Pluralität der Medien bekennt.

87 **b) Sekundärrechtliche Ausgestaltung.** Neben den im Primärrecht wichtigen Regelungen, die unmittelbare Vorgaben für die Verteilung der **Rechtsetzungskompetenzen** zwischen Europäischer Union und den Mitgliedstaaten machen, sind daraus abgeleitet eine Vielzahl relevanter sekundärrechtlicher Regelungen, insbes. Verordnungen und Richtlinien entstanden.[139] Dieses Sekundärrecht ist von den Mitgliedstaaten, teilweise mit eigenem Spielraum, umzusetzen und innerstaatlich effektiv anzuwenden.

88 Die EU hat sich sekundärrechtlich vor allem den Bereich der audiovisuellen Mediendienste vorgenommen. Die **Richtlinie über audiovisuelle Mediendienste** (AVMD-RL) trat am 19.12.2007 in Kraft.[140] Sie wurde zwar durch die Richtlinie 2010/13/EU (Richtlinie v. 10.3.2010 zur Koordinierung bestimmter Rechts- und Verwaltungsvorschriften der Mitgliedstaaten über die Bereitstellung audiovisueller Mediendienste – Richtlinie über audiovisuelle Mediendienste, AVMD-RL[141] aus Gründen der Klarheit und Übersichtlichkeit aufgehoben und die bestehenden Vorschriften ohne inhaltliche

---

138 Zu dieser Rspr. *Dörr*, in Heidelberger Komm., B 4 Rn. 92 ff.
139 Zur Entwicklung *Dörr*, in: Hans-Bredow-Institut, Internationales HdB Medien 2004/2005, 2004, S. 40 ff.
140 Vgl. ABl. EG Nr. L 332 v. 18.12.2007, S. 27 ff.
141 Vgl. ABl. EG Nr. L 95 v. 15.4.2010, S. 1 ff.

Änderungen, aber mit nunmehr durchgängiger Nummerierung und einheitlichen Erwägungsgründen neu kodifiziert. Die ursprüngliche AVMD-RL enthielt bereits bedeutende Änderungen des davor durch die Fernsehrichtlinie gezogenen Rahmens.[142] Mit dem Vorschlag vom 25.5.2016[143] leitete die Kommission die Änderung der AVMD-RL ein. Nach intensiven Beratungen[144] wurde die Änderungsrichtlinie (EU) 2018/1808[145] im November 2018 beschlossen und trat gemäß ihrem Art. 3 am 18. Dezember 2018 in Kraft. Gemäß Art. 2 der Änderungsrichtlinie mussten die Mitgliedstaaten ihre Rechts- und Verwaltungsvorschriften bis zum 19.9.2020 an die Vorgaben der Änderungsrichtlinie anpassen, was durch den MStV geschehen ist. Die Änderungsrichtlinie hält am Sendestaatsprinzip fest. Der Anwendungsbereich wird erneut nennenswert ausgeweitet und zwar auf Video-Sharing-Plattformen, denen Art 28a und b AVMD-RL (sowie die Definitionsvorschrift des Art. 1 AVMD-RL) in der Fassung der Änderungsrichtlinie gewidmet sind.[146] Diese Vorgaben werden durch §§ 97ff MStV umgesetzt. Die Werberegelungen für audiovisuelle Mediendienste werden durch die Änderungsrichtlinie ein Stück weit gelockert,[147] wohingegen die Quotenregelungen für europäische Werke durch den neu gefassten Art. 13 Abs. 1 AVMD-RL auf audiovisuelle Mediendienste auf Abruf ausgedehnt und verschärft werden. Besondere Bedeutung haben auch die Änderungen, die den Jugendschutz verstärken und durch die Änderung des JMStV umgesetzt wurden. Die durch die Änderungsrichtlinie neu gefassten bzw. neu eingefügten Bestimmungen der Art. 30 – 30b AVMD-RL enthalten wichtige und detaillierte Strukturanforderungen für die nationalen Medienaufsichtsbehörden. Insoweit stellen aber Art. 30 Abs. 1 u. 2 AVMD-RL klar, dass die vorgegebene Unabhängigkeit der Regulierungsbehörde einer begrenzten staatlichen Rechtsaufsicht im Einklang mit dem nationalen Verfassungsrecht nicht entgegensteht. Gedacht ist dabei wohl an die staatliche Rechtsaufsicht,[148] der etwa die deutschen Landesmedienanstalten unterliegen[149] sowie im System der Binnenkontrolle im öffentlich-rechtlichen Rundfunk die anstaltsinternen Aufsichtsgremien durch die zuständigen Behörden.

Des Weiteren wurde auf europäischer Ebene eine Reihe von Regelungen getroffen, die **Geschäftsabschlüsse via Internet** betreffen. Die **Fernabsatzrichtlinie**[150] von 1997 etabliert einen Mindestschutz für die Verbraucher im elektronischen Geschäftsverkehr. Der Europäische Gesetzgeber verabschiedete im Jahr 2000 die **E-Commerce-Richtli-** 89

---

142 Zum Inhalt der RL *Schwartmann*, Abschn. 1 Rn. 22ff.; *Stender-Vorwachs*, ZUM 2007, 613ff.
143 KOM (2016)287; dazu *Brings/Wiesen*, AfP 2016, 323ff.
144 Zu den unterschiedlichen Vorschlagsfassungen von Kommission, Parlament und Rat: Institut für Europäisches Medienrecht (EMR), AVMD-Synopse Trilog 2018 (deutsch), abrufbar unter https://emr-sb.de/synopsis-avms/.
145 RL. (EU) 2018/1808 des Europäischen Parlaments und des Rates v. 14.11.2018 zur Änderung der Richtlinie 2010/13/EU zur Koordinierung bestimmter Rechts- und Verwaltungsvorschriften der Mitgliedstaaten über die Bereitstellung audiovisueller Mediendienste (Richtlinie über audiovisuelle Mediendienste) im Hinblick auf sich verändernde Marktgegebenheiten, ABl. L 303 v. 28.11.2018, S. 69 – 92.
146 Vgl. *Kogler*, K&R 2018, 537 (538).
147 Ausf. dazu *Jäger* ZUM 2019, 477ff.
148 So auch *Gundel*, ZUM 2019, 131 (137).
149 So z.B. Art. 19 BayMG.
150 RL 97/7/EG des Europäischen Rates und des Rates über den Verbraucherschutz bei Vertragsabschlüssen im Fernabsatz v. 20.5.1997, Abl. EG Nr. L 144 v. 4.6.1997, S. 19.

nie,[151] deren Anwendungsbereich sich zum Teil mit dem der Fernabsatzrichtlinie überschneidet, aber über deren Regelungsgegenstand hinausgeht.

90 Dieser kurze Überblick zeigt, dass auch das Europarecht mehr und mehr auf die Medien einwirkt. Zudem ist angesichts der **dynamischen technischen Entwicklung**, die dazu führt, dass sich die medialen Angebote laufend fortentwickeln, damit zu rechnen, dass auch das Medienrecht ständig neuen Herausforderungen gegenübersteht und einem **fortwährenden Änderungsbedarf** unterliegt.

IV. Klausurhinweise

91 **1. Überblick.** Wie der kurze Überblick zeigt, ist das Medienrecht eine »Cross-over Materie«. Es werden öffentlich-rechtliche und zivilrechtliche Aspekte zu einer eigenständigen Fachmaterie integriert. Dies spiegelt sich auch in der Klausurgestaltung wieder. Eine klassische Klausurkonstellation gibt es in diesem Bereich nicht. Klagen vor den ordentlichen Gerichten sind ebenso möglich wie Streitigkeiten vor den Verwaltungsgerichten. Häufig sind auch Verfahren vor dem BVerfG Gegenstand von Klausuren. Aufgrund der grenzüberschreitenden Dimension des Medienrechts muss aber ebenfalls mit Verfahrenskonstellationen vor dem EuGH oder dem EGMR gerechnet werden.

92 **2. Einzelne Verfahrenskonstellationen.** Der ordentliche Rechtsweg kommt häufig im Bereich des Presserechts in Betracht. Im Medienzivilrecht werden vor allem Unterlassungsansprüche (§ 1004 Abs. 1 analog iVm §§ 823 ff. BGB), Gegendarstellungsansprüche (§ 11 LMG, § 56 RStV u.a.), Ansprüche auf Berichtigung von Äußerungen (§ 1004 Abs. 1 analog iVm §§ 823 ff. BGB) und Ansprüche auf Schadensersatz (§§ 823 ff. BGB ggf. iVm Schutzgesetz) geltend gemacht. Prüfungsschemata für diese Ansprüche finden sich in den gängigen Lehrbüchern zum Medien- bzw. Presserecht.

Die Kenntnisse der einzelnen Prüfungsschritte einer Verfassungsbeschwerde sind ebenso wie die der verwaltungsgerichtlichen Klagearten (insbes. vorläufiger Rechtsschutz) unabdingbare Voraussetzung für die Anfertigung einer medienrechtlichen Klausur. Studenten sollten vor allem die Prüfung der für das Medienrecht einschlägigen Grundrechte (wie Art. 5 GG) sicher beherrschen.

3. Beispiele

93
- Gerichtsberichterstattung (Holzklotz–Fall) – Verfassungsbeschwerde (BVerfG, NJW 2009, 350; dazu *Dörr*, JuS 2009, 951)
- Berichterstattung über Prominente – Verfassungsbeschwerde (BVerfGE 120, 180 ff.; dazu *Dörr*, JuS 2008, 1107)
- Fall Springer/ProSiebenSat 1 – Fortsetzungsfeststellungsklage (BVerwG, MMR 2011, 265; dazu instruktiv mit Musterlösung zu einer Examensklausur *Schiedermair*, JuS 2008, 1091 ff.)

---

151 RL 2000/31/EG des Europäischen Parlaments und des Rates v. 8.6.2000 über bestimmte rechtliche Aspekte der Dienste der Informationsgesellschaft, insbes. des elektronischen Geschäftsverkehrs im Binnenmarkt (»RL über den elektronischen Geschäftsverkehr«) Abl. EG Nr. L 178 v. 17.7.2000, S. 1.

Stichwortverzeichnis

Die Angaben verweisen auf die Paragrafen des Buches (**fette Zahlen**) sowie die Randnummern innerhalb der einzelnen Paragrafen (magere Zahlen).

Abfall (Begriff) **7** 123
Abfallbehörde
- Organisation und Zuständigkeit **7** 121 f.

Abfallbeitrag **7** 129
Abfallentsorgungsanlage **7** 132, 135
Abfallhierarchie **7** 124
Abfallüberlassungspflicht **7** 126, 129, 131
Abfallüberwachung **7** 135
Abfallvermeidungsprogramme **7** 134
Abfallverwertung **7** 129, 131
Abfallwirtschaftspläne **7** 133 f., 134
Abgaben
- Abwasserbeseitigung **7** 106
- kommunale **3** 45 ff.

Abgeordnete
- Fraktionen **1** 34
- Fraktionsausschluss **1** 34
- Parteifähigkeit im Organstreit **1** 136 f.

Abrissverfügung **5** 63, 74 ff., 79, 83, 86
Abschleppen von Kraftfahrzeugen **4** 205 ff.
- Sicherstellung **4** 133

Abstandsflächen **5** 91 ff., 187
Abstimmungen, kommunale
- Teilnahme **3** 180

Abstrakte Normenkontrolle **1** 135, 149 ff.
- außer Kraft getretene Normen **1** 151
- Begründetheit **1** 154
- Normbestätigungsverfahren **1** 151, 152
- Parallelität von Verfahren **1** 155
- präventive **1** 151

- Prüfungsgegenstand **1** 150 f., 157
- Rechtswegerschöpfung **1** 153
- Subsidiarität **1** 153
- Unionsrecht **1** 154, 157
- Vorlagegrund **1** 157
- weitere Zulässigkeitsvoraussetzungen **1** 152 f.
- § 4 AGVwGO **1** 153

Abteilung **2** 9
Abwägungsgebot (Bauplanungsrecht) **5** 130 ff.
- Abwägungsfehler **5** 133
- als materiellrechtliches Gebot **5** 131
- Flächennutzungsplan **5** 176 f.
- Konfliktbewältigung **5** 134
- Rechtsschutz **5** 199

Abwasserabgabe **7** 106
Abwasseranlage
- Genehmigungsbedürftigkeit **7** 102

Abwasserbeseitigung **7** 96 ff.
- Anlage **7** 102
- Ausnahmen **7** 100
- Begriff **7** 97 f.
- Einleitung **7** 103 f.
- Selbstüberwachung **7** 105
- Übertragbarkeit **7** 101

Abweichungen (Baurecht) **5** 20, 31, 64, 106 f., 187
Allgemeine Handlungs- und Entwicklungsfreiheit **1** 104 ff.
Allgemeiner Gleichheitssatz **1** 111
Allgemeines Persönlichkeitsrecht **1** 104
Amt **2** 7, 9
Ämter, kommunale
- Inkompatibilität **3** 69

Amtsblatt **3** 31, 127
Anhörungsrüge **1** 128

Anlage (oberirdische Gewässer) 7 112 ff.
- Begriff 7 113
- Genehmigungsbedürftigkeit 7 113 f.

Anpassungsgebot 8 52

Anscheinsgefahr 4 38

Anscheinsstörer 4 62 ff., 239 f.

Anstalt, kommunale 3 27, 61

Arbeitsgemeinschaft, kommunale 3 64

Arbeitsschutz 6 3, 12

Artenschutz 7 5, 9, 30

Asylrecht 1 10

Aufenthaltsverbot 4 112 f.

Aufgabenkritik 2 20

Aufsichts- und Dienstleistungsdirektion 2 7, 3 166, 168

Aufsichtsklage 2 63 ff., 3 172

Ausfertigung kommunaler Normen 3 124

Ausgleichaufgabe, Landkreise 3 11

Ausgleichmandat 1 32

Ausgleichs- und Ersatzmaßnahmen 7 20

Auskunftsverweigerungsrecht 4 96, 138, 218

Auslieferungsverbot 1 10

Ausschlussgebiete 8 28 f.

Ausschüsse
- des Gemeinderats 3 88 ff.
- Rechnungsprüfungsausschuss 3 92 f.
- Vorsitz 3 92

Außenbereich (Bauplanungsrecht) 5 159, 166 ff.
- Konzentrationszone 5 114 f., 175 ff., 196
- öffentliche Belange 5 173 f.
- privilegierte Vorhaben 5 144, 167 ff.
- sonstige Vorhaben 5 171 f.
- Splittersiedlung 5 160, 173

Aussetzung
- von Gemeinderatsbeschlüssen 3 145
- von Gesetzen 1 62

Auswahlermessen 4 153

Bauantrag 5 27

Bauaufsichtsbehörden 5 15 ff.

Baueinstellung 5 59 ff., 73, 78, 83, 86, 184

Baufreiheit 5 19

Baugenehmigung
- Anspruch auf Erteilung 5 20
- Deregulierung 5 17 f., 38
- Form der Genehmigung 5 40
- Geltungsdauer 5 46
- Genehmigungsbedürftigkeit 5 21 ff.
- Genehmigungsfiktion 5 37
- Genehmigungsverfahren 5 27 ff.
- Nebenbestimmungen 5 20, 45, 64, 181
- Rechtswirkung 5 41
- Regelungsinhalt 5 27, 39, 43
- Sachbescheidungsinteresse 5 29 f., 39
- vereinfachtes Genehmigungsverfahren 5 37, 43, 61, 106, 184
- Verhältnis zu anderen Verfahren 5 22, 29, 36

Bauherr 5 30, 80, 179 ff.

Baulast 5 97 f.

Bauleitplan
- formelle Rechtmäßigkeit 5 120 ff.
- materielle Rechtmäßigkeit 5 125 ff.
- Planerforderlichkeit 5 126 f.

Bauleitplanung
- Abgrenzung zum Bauordnungsrecht 5 2 f.
- als Maßstab im Genehmigungsverfahren 5 29, 37, 47
- Anspruch auf Bauleitplanung 5 127
- Aufstellungsbeschluss 5 121, 141, 156 f.
- Behördenbeteiligung 5 122

- interkommunales Abstimmungsgebot 5 132
- Negativplanung 5 126, 142
- Nutzungsänderung 5 24
- Öffentlichkeitsbeteiligung 5 122
- Planreife 5 157 f.
- Planungsermessen 5 125
- und Landesplanung 8 50 ff.
- Verfahren 5 121 ff.
- Verhältnis zum Abstandsflächenrecht 5 93
- Zweistufigkeit 5 112 ff.

Bauliche Anlage
- fiktive bauliche Anlagen 5 14
- im bauordnungsrechtlichen Sinne 5 9 ff.
- im bauplanungsrechtlichen Sinne 5 14, 145 f.
- mehrere Anlagen 5 26

Baumschutzsatzung 7 23
Baupolizeirecht 5 2
Bauprodukte 5 11
Bauüberwachung
- Aufgaben 5 56
- Befugnisse 5 58 ff.
- Rechtsschutz des Bauherrn 5 182
- Rechtsschutz des Nachbarn 5 184 f., 191

Bauunterlagen 5 27, 38
Bauvorbescheid 5 47 ff., 183
Bauzustandsbesichtigung 5 58
Beamte 1 89
Beanstandungsklage 2 63 ff., 3 172
Bebauungsplan 5 112 ff.
- Ausnahme von Festsetzungen 5 153
- Befreiung von Festsetzungen 5 154
- einfacher Bebauungsplan 5 148
- Festsetzungen 5 117 ff., 149 ff.
- Gebietserhaltungsanspruch 5 150, 155, 187
- qualifizierter Bebauungsplan 5 117, 148
- Rechtsschutz 5 196 ff.
- Verhältnis zur Fachplanung 5 147
- vorhabenbezogener Bebauungsplan 5 116, 148

Befangenheit, Bürgermeister 3 74 f.
Begnadigungsrecht 1 50
Behörde 2 7, 9
Behördenleitervorbehalt 4 151, 169
Beigeordnete, Geschäftsbereiche 3 77
Beisitzer in Rechtsausschüssen 2 54
Beitreibungsverfahren 2 31
Bekanntmachung kommunaler Normen 3 125 ff.
Benutzungsgebühr 7 129
Benutzungsuntersagung 5 67, 74, 83, 86
Berufsfreiheit 1 115, 6 21
Berufsgeheimnisträger 4 138
Beseitigungsanordnung 5 63, 74 ff., 79, 83, 86
Besorgnisgrundsatz 7 93
Bestandsschutz 5 41, 65 f.
Betretungsrecht
- der Bauaufsichtsbehörden 5 69
- Flur und Wald 7 49

Betretungsverbot 4 114
Bewilligung 7 65, 67
- Befristung 7 70
- Verfahren 7 68

Bewirtschaftungsermessen 7 65, 67
Bewirtschaftungsplan 7 71 f., 72, 74 ff.
- Naturschutz- und Landschaftspflegerecht 7 32
- Verbindlichkeit 7 76

Bezirke 1 24 ff.
Bezirksverband Pfalz 1 26
Bindungsklausel 1 22
Biosphärenreservat 7 21/22
Biotopschutz, gesetzlicher 7 9
Budgetkontrolle 1 88
Budgetrecht 1 78 ff., 101 ff.

Stichwortverzeichnis

Bundesfreundliches Verhalten s. Bundestreue

Bundesrat
- Stimmverhalten der LReg **1** 52

Bundesrecht
- Anwendungsvorrang **1** 10
- Bestandteilsnorm **1** 13

Bundesrechtskonforme Auslegung **1** 13

Bundesstaat **1** 2 f., 6, 17, 55
- Bundestreue **1** 13, 17, 87
- Gliedstaatlichkeit **1** 17
- Homogenitätsgebot **1** 6 f.
- Kompetenzen **1** 8
- Struktur **1** 3

Bundestreue **1** 13, 17, 87

Bürgerbegehren und Bürgerentscheid **3** 182 ff.
- amtliche Abstimmungsbeeinflussung **3** 190
- Gegenstände **3** 188 f.
- gerichtliche Durchsetzung **3** 190
- Grundsatzbeschluss **3** 187
- kassatorische **3** 186
- Unterschriftenquorum **3** 185
- Unterstützungsunterschriften **3** 185

Bürgermeister **1** 96 f., **3** 66 ff.
- Unionsbürger **1** 97
- Vertretungsmacht **3** 137

Chancengleichheit im Wettbewerb **6** 12, 18

Dämme **7** 111

Datenerhebung
- Vorbeugende Bekämpfung von Straftaten **4** 142

Datenerhebung, polizeiliche **4** 135 ff.

Datenschutz **1** 104, 108, **9** 38
- Datenübermittlung **4** 164
- Prüffristen **4** 163
- Speicherung und Verwendung von Daten **4** 163
- Zweckbindung **4** 163

Deiche **7** 111

Demokratie
- Demokratieprinzip **1** 18 f.
- funktionale Selbstverwaltung **1** 19
- unmittelbare **1** 10, 67 ff.

Deutschengrundrechte **1** 10, 101

Dezentralisation **2** 6

Dienstleistungspflichten **1** 116

Direkteinleitung **7** 103 f.

Doppelfunktionale Maßnahmen der Polizei **4** 179

Drittschutz im Baurecht **5** 31, 48, 68, 77, 91, 99, 102, 105, 107, 150, 152, 155, 163, 164, 173, 183

Duldung im Baurecht **5** 76

Duldungsverfügung im Baurecht **5** 84

Durchsuchung
- von Personen **4** 122 f.
- von Sachen **4** 125 f.
- von Wohnungen **4** 127 ff.

Ehe und Familie **1** 112

Ehrenamt **1** 116
- kommunales **3** 180

Ehrenbürgerrecht, kommunales **3** 180

Eigenbetrieb, kommunaler **3** 27

Eigenentsorgung, Grundsatz **7** 125

Eigentum **1** 99, 115 f.

Eigentumsschutz, naturschutzrechtlicher **7** 44 ff.
- Befreiung **7** 45
- Entschädigung **7** 44 ff.
- Inhalts- und Schrankenbestimmung **7** 44

Eignungsgebiete **8** 28 f.

Eingriff in Natur und Landschaft **7** 19 ff.
- Beeinträchtigung **7** 20 ff.
- Ersatzgeld **7** 20
- Kompensationsflächenkataster **7** 19
- Ökokonto **7** 19, 20

Einstweilige Anordnung **1** 158 ff.
- Begründetheit **1** 160
- Unionsrecht **1** 160

– Zulässigkeit **1** 159 f.
Einstweilige Sicherstellung **7** 29
Einwohnerantrag **3** 178 ff.
Elternrecht **9** 42 ff.
Enteignung **1** 115, **7** 46
Entpolizeilichung **4** 3, 20
Entschädigungs- und Ersatzansprüche
– im POG **4** 232 ff.
– landesplanerische **8** 53
Entschließungsermessen **4** 81
Entsorgungsträger, öffentlich-rechtliche **7** 128 ff.
Erfordernisse der Raumordnung **8** 13
Ergänzungsaufgabe, Landkreise **3** 11
Erholung in Natur und Landschaft **7** 34 ff.
– Betreten von Flur und Wald **7** 38
– Erholungswert **7** 34
Erlaubnis (Gewässerbewirtschaftung) **7** 65 ff.
– Befristung **7** 70
– Verfahren **7** 68
Ermessen **4** 81 ff.
– Anspruch auf Einschreiten **4** 84 ff.
– Anspruch auf ermessensfehlerfreie Entscheidung **4** 83
– Auswahlermessen **4** 82
– der Bauaufsichtsbehörden **5** 72 ff.
– Entschließungsermessen **4** 81
– Gefahrenabwehrverordnung **4** 227
Ersatzgeld **7** 20
Ersatzvornahme
– kommunalaufsichtliche **3** 160
– nach POG **4** 187
Erschließung **5** 53, 90, 158, 165, 170
Erstplanungsgebot **8** 52
Erziehung
– Erziehungsziele **1** 113, **9** 28 ff.
– Ethikunterricht **1** 114, **9** 57
Europol (Europäisches Polizeiamt) **4** 10
Ewigkeitsgarantie **1** 59 f., 72

Fachbeirat für Naturschutz **7** 25, 28
Familie **1** 112
FFH-Gebiet **7** 31
FFH-Verträglichkeitsprüfung **7** 33
Film **10** 63 ff.
– Begriff **10** 63
– Filmfreiheit **10** 64 f.
– Geschichte **10** 63
– Rechtsgrundlagen **10** 67
– Zensur **10** 65
Finanzwesen **1** 88
Flächennutzungsplan **5** 113 f.
– Außenbereichssteuerung **5** 173
– Entwicklungsgebot **5** 112
– Genehmigung **5** 124
– Konzentrationszone **5** 175 ff.
– Landesplanerische Stellungnahme **8** 52
– Rechtsschutz **5** 196 ff.
Fliegende Bauten **5** 51
Flussgebietseinheit **7** 71, 74 f.
Föderalgemeinde **3** 55
Föderalismusreform **6** 2 f.
Folter **4** 217 ff.
Fracking **7** 84, 85
Fraktionen im LT **1** 34, 136
– Antragsbefugnis im Organstreit **1** 141
– Ausschluss **1** 34, 140
Freiheit des Menschen **1** 104 ff.
Freistellungsverfahren **5** 52 ff., 60, 78, 185, 191
– Negativerklärung **5** 54
– Positivverklärung **5** 55
– vorläufige Untersagung **5** 144
Freizügigkeit **1** 4, 11, 115
Früherziehung **9** 17 ff.
Funktionale Selbstverwaltung **1** 19
Fürsorgepflicht, beamtenrechtliche **1** 89

Gaststättenrecht **6** 2

Gebiete von gemeinschaftlicher Bedeutung 7 31
Gebietsfestsetzung 7 78 ff.
Gebietskörperschaft
- kommunale 3 1
- verfassungsgerichtliche Verfahren 1 136
Gefahr
- abstrakte Gefahr 4 44, 225
- drohende 4 42
- Gefahr im Verzug 4 43
- Gefahrbegriffe 4 36 ff., 225
- Gefahrenabwehr, Abgrenzung von Strafverfolgung 4 7, 178 ff.
- Gefahrenabwehr im Baurecht 5 2, 56 ff., 99 ff.
- Gefahrenabwehr, Vorsorgeprinzip 4 7
- Gefahrenabwehrverordnungen 4 220 ff.
- Gefahrenbegriffe 4 42 ff.
- Gefahrenverdacht 4 40
- Gefahrenvorsorge 4 7, 42
- Gefahrerforschung 4 98
- gemeine 4 43
Gegenstromprinzip 8 12, 25 f.
Gehobene Erlaubnis 7 66
Gemeinde 3 2
- Ortsgemeinde 1 91, 3 54 ff.
- verbandsfreie 3 3
- Verbandsgemeinde 1 91, 3 54 ff.
Gemeinderat
- Akteneinsicht 3 83
- Ältestenrat 3 88
- Ausschluss 3 106
- Ausschüsse 3 88 ff.
- Beschlussfähigkeit 3 110
- Fraktionen 3 96 ff.
- Geschäftsordnung 3 109
- Mitglieder 3 95 ff.
- Öffentlichkeit 3 110 ff.
- Organrechte 3 80 ff.
- Pflichten der Mitglieder 3 106 f.
- Prozessstandschaft 3 148

- Prozessvertretung 3 148
- Rechte der Mitglieder 3 100 ff.
- Rechtsstatus 3 79
- Tagesordnung 3 71, 97
- Unterrichtung 3 82 ff.
- Verfahrensfehler 3 115 f., 122 ff.
- Verschwiegenheitspflicht der Mitglieder 3 105
- Vorsitz 3 71, 86 f.
Gemeindliches Einvernehmen 5 153, 154, 158, 165, 170
- Erfordernis 5 33, 49
- Ersetzung 5 34 f.
- Rechtsschutz der Gemeinde 5 192 ff.
- Rechtsschutz des Bauherrn 5 179
Gemeingebrauch 7 63
Generalklausel im Baurecht
- Befugnisgeneralklausel 5 70 ff.
- materielle Generalklausel 5 105
Generalklausel, polizeiliche
- Abgrenzung von spezialgesetzlichen Ermächtigungsgrundlagen 4 94 f.
- Abgrenzung von Standardmaßnahmen 4 93 ff.
- Tatbestandsvoraussetzungen 4 31 ff.
Gesamtplanung
- Abgrenzung zur Fachplanung 8 3, 6
Geschäftsordnung
- Gemeinderat 3 109
- Landesregierung 1 51
- Landtag 1 37 f., 56 ff.
Gesellschaften, kommunale 3 28 f.
Gesetz
- Ausfertigung und -verkündung 1 61 f.
- Gesetz nach Art. 80 Abs. 4 GG 1 63 f.
- Haushaltsgesetz 1 56, 74
Gesetzesvorbehalt 1 22, 48, 89
Gesetzgebung
- Anforderungen an Gesetzesinitiative 1 57, 71 ff.

Stichwortverzeichnis

- Anhörung von Arbeitnehmer- und Arbeitgebervereinigungen 1 58
- Ausfertigung und Verkündung von Gesetzen 1 61 f.
- Folgerichtigkeit 6 21
- gemäß Art. 80 Abs. 4 GG 1 63 f.
- Initiativberechtigte 1 56
- Notstandsgesetzgebung 1 65
- Verfahren 1 59
- Volksgesetzgebung 1 67 ff.

Gesetzgebungskompetenzen
- Abgrenzung 1 8
- Bauordnungsrecht 5 4
- Bauplanungsrecht 5 4 f.
- Bedeutung für LV 1 8
- Bundeskompetenzen im Polizeirecht 4 2, 10, 175 f.
- Glücksspiel 6 1 f., 4
- Ladenöffnungsgesetz 6 3
- Naturschutz- und Landschaftspflegerecht 7 7 ff.
- Prüfungskompetenz des Ministerpräsidenten 1 61
- räumlicher Zuständigkeitsbereich 1 8, 55
- Raumordnungsrecht 5 5
- Recht der Wirtschaft 6 1 ff.
- Umweltrecht 7 2
- Volksgesetzgebung 1 71

Gesetzmäßigkeit 1 9, 22

Gewaltenteilung 1 22, 37

Gewässer
- Anlage 7 112 ff.
- Ausbau 7 107 ff.
- Begriff 7 59, 60
- Benutzungsordnung 7 63 ff.
- Bewirtschaftung 7 71 ff.
- Eigentumsverhältnisse 7 61
- Rechtsstatus 7 62

Gewässeraufsicht 7 116 ff.
- Zuständigkeit 7 117

Gewässerausbau
- Anforderungen 7 109
- Zuständigkeit 7 108

Gewässerbenutzungen
- Zulassungspflicht 7 64

Gewässerrandstreifen 7 78, 90 ff., 118
- Abweichungen im Landesrecht 7 91 ff.

Gewässerunterhaltung 7 110

Gewerbefreiheit 1 115

Gewerberecht 4 175, 6 1

Gewohnheitsrecht 1 2, 26

Gleichbehandlung
- Gleichheitssatz 1 111
- Landeszugehörigkeit 1 4
- Stand, Adelsbezeichnungen 1 9
- Willkürverbot 1 111

Gliederung des Landes 1 24 ff.

Gliedstaatlichkeit 1 17

Glücksspiel 6 23 ff.
- Abgrenzung vom Gewerberecht 6 25, 27
- Aufsicht 6 27
- Gesetzgebungskompetenz 6 1 f., 4
- Internet 6 26
- Spielbanken 6 28
- Spielhallen 6 29

Großer Lauschangriff 4 152 ff.

Grundmandatsklausel 1 32

Grundpflichten 1 116
- als Grundrechtsschranken 1 103

Grundrechte 1 4
- allgemein 1 98 f.
- allgemeine Handlungs- und Entwicklungsfreiheit 1 104 ff.
- allgemeine Wirtschaftsfreiheit 1 9
- allgemeines Persönlichkeitsrecht 1 104
- Asyl 1 10
- Auslieferungsverbot 1 10
- Beeinträchtigung 1 102
- Berufsfreiheit 1 115, 6 21
- Datenschutz 1 104, 108, 4 135 ff., 9 38
- Deutschengrundrechte 1 10, 101
- effektiver Rechtsschutz 1 22, 89

473

- Ehe und Familie **1** 112
- Eigentum **1** 99, 115
- Eingriff durch VO mit Gesetzeskraft **1** 65
- Elternrecht **9** 42 ff.
- Filmfreiheit **10** 64 f.
- Folterverbot **4** 217 ff.
- Freiheit des Menschen **1** 104 ff.
- Freiheitsentziehung **4** 115
- Freizügigkeit **1** 11, 115
- Gewerbefreiheit **1** 115
- Gleichheit **1** 111
- Grundrechtsberechtigung **1** 120
- Grundrechtsbindung der Kommunen **3** 46
- Grundrechtscharta **1** 133
- grundrechtsfreundliche Auslegung **1** 10 f., 109 f.
- Grundrechtsmündigkeit **1** 122
- Grundrechtsträger **1** 101, 112
- informationelle Selbstbestimmung **1** 104, 108, **4** 135 ff., **9** 38
- Justizgrundrechte **1** 125
- Kernbereich privater Lebensgestaltung **4** 138
- Kinder **1** 21, 112
- Petitionsrecht **1** 8
- Pressefreiheit **10** 10
- Privatschulen **9** 63
- Recht auf Leben und körperliche Unversehrtheit **1** 107
- Rechtliches Gehör **1** 128
- Religionsfreiheit **1** 114, **9** 19 f.
- Rundfunkfreiheit **10** 25 ff.
- Schranken **1** 102 f.
- Schutzbereich **1** 102
- Unionsbürger **1** 101
- Unverletzlichkeit der Wohnung **1** 11
- Vereinigungsfreiheit **1** 11
- Verfassungskonzept **1** 99
- Verhältnis von GG und LV **1** 9 f.
- Vertragsfreiheit **1** 115
- Vertraulichkeit und Integrität informationstechnischer Systeme **1** 108, **4** 135
- Willkürverbot **1** 126, 133

- Wirtschaftsfreiheit **1** 115
- Wissenschaftsfreiheit **9** 72
- Würde des Menschen **1** 105 f.
- Zitiergebot **1** 9, 103
- Zugang zum Studium **1** 115, **9** 74, 80

Grundrechtsberechtigung **1** 120

Grundrechtscharta
- Prüfungsmaßstab bei Verfassungsbeschwerde **1** 133

Grundsatz des fairen Verfahrens **1** 125

Grundsätze der Raumordnung **8** 14 f., 27
- Adressaten **8** 16 ff.
- Berücksichtigungspflicht **8** 16 f.
- Rechtsschutz **8** 36

Haftung
- Kommunen **3** 14, 133

Handlungs- und Entwicklungsfreiheit **1** 104 ff.

Hauptstadt **1** 27

Heiliger Stuhl **1** 80

Heilquellenschutzgebiet **7** 78, 118
- Festsetzung **7** 86 f.
- Verfahren **7** 87

Hochschulen
- Arten und Begriff **9** 71
- Berufungsverfahren **9** 83
- Forschung und Lehre **9** 72
- Gebühren und Beiträge **9** 76
- Gruppenuniversität, Mitwirkungsrechte **9** 77, 88
- historischer Überblick **9** 68
- Hochschulverfassung, innere Organisation **9** 90 ff.
- Staatsaufsicht **9** 97
- Stellung der Studierenden **9** 73 ff.
- Stellung des wissenschaftlichen Personals **9** 81 ff.
- Verfasste Studierendenschaft **9** 78
- verfassungsrechtlicher Rahmen **9** 69 f.

- Zugang zum Hochschulstudium 1 115, 9 74, 80
Hochwasserschutz 7 111
Homogenitätsgebot 1 6 f., 78, 97
Illegalität im Baurecht
- formelle 5 60, 63, 67
- materielle 5 61, 63
Immissionsschutz
- gebietsbezogener 7 138
- verhaltensbezogener 7 138, 141
Immissionsschutzrecht 7 141 f.
- Gesetzgebungskompetenz 7 136 ff.
- Grundpflichten 7 142
- Organisation und Zuständigkeit 7 139 f.
- Verhältnis zum POG 4 176
Immunität 1 43
Indemnität 1 43
Indirekteinleitung 7 104
Informationelle Selbstbestimmung 1 104, 108, 4 135, 9 38
- Auskunfts- und Löschungsansprüche 4 139 f.
- Verwertungsverbote 4 170
Informationstechnische Systeme 4 161
Informationsverwaltungsrecht 2 23
Innenbereich (Bauplanungsrecht) 5 159 ff.
- Bebauungszusammenhang 5 160
- Eigenart der näheren Umgebung 5 162
- Einfügungsgebot 5 163
- faktisches Baugebiet 5 164
- Ortsteil 5 160
Institutionelle Garantie 1 91, 9 63
Interpellationsrecht 1 40
Interpol 4 10
Juristische Personen
- Beschwerdefähigkeit bei Verfassungsbeschwerde 1 120
- Grundrechtsträgerschaft 1 101
Justizgrundrechte 1 125

Kernbereich privater Lebensgestaltung 4 138
Kinder 1 21, 112
Kindertagesstätten 9 17 ff.
Koalitionsvereinbarungen 1 52
Kommunalabgaben 3 45 ff.
Kommunalaufsicht 3 16, 151 ff., 197
- Anordnung 3 159
- Beanstandung 3 158
- Beratung 3 155
- Ersatzvornahme 3 160
- Genehmigung 3 132 f., 154
- Unterrichtung 3 157
- Verhältnismäßigkeit 3 156
- Widerspruch 3 168
- zivilrechtliche Verpflichtungen 3 153
Kommunale Selbstverwaltung 1 90 ff., 3 17 ff.
Kommunale Zusammenarbeit 3 52 ff.
Kommunaler Rat 1 56
Kommunalverfassungsbeschwerde 1 119, 3 21
Kommunalverfassungsstreit 3 85
Kommunalverwaltung
- Geschäftsbereiche 3 25
- Gliederung 3 24
- leitender staatlicher Beamter 3 26
- Personal 3 26
- Verfahren 3 25
Kommunalwahl 1 96 f., 3 192 ff.
- amtliche Wahlbeeinflussung 3 193
- Unionsbürger 1 97, 3 183
- Unterstützungsunterschriften 3 194
- Wahlprüfung 3 197 ff.
- Wahlrechtsgrundsätze 1 96, 3 192 f.
Kommunen
- Abwahl der Bürgermeister, Landräte, Beigeordneten 3 196
- Amtszeit der Bürgermeister/Beigeordneten 3 68
- Anstalt des öffentlichen Rechts 3 61

Stichwortverzeichnis

- Antragsbefugnis im Organstreit 1 143
- Aufgabengarantie 1 91 f.
- Aufsichtsbehörde 3 148 f., 162 f.
- Aufsichtsklage 3 172
- Auftragsangelegenheiten 1 92, 95, 3 7, 12 f., 72, 152, 163 ff.
- Beigeordnete 3 76 f.
- Beiräte 3 94
- Beratung der Einwohner 3 175
- Bezirksverband Pfalz 1 26, 3 2
- Bürger 3 173, 180 f.
- Bürgerbegehren und Bürgerentscheid 1 97, 3 182 ff.
- Bürgermeister 1 96
- Ehrenamt 3 174, 180
- Eilentscheidung von Bürgermeister/Landrat 3 73
- Einwohner 3 174 ff.
- Einwohnerantrag 3 178 f.
- Einwohnerversammlung 3 176
- Entzug kommunaler Aufgaben 1 91 ff.
- Fachaufsicht 3 163 ff.
- Finanzausstattung 1 95
- Finanzhoheit 3 18 f.
- Forensen 3 174
- Fragestunde 3 177
- freies Mandat 3 102
- Gemeinderat 3 79 ff.
- Geschäfte der laufenden Verwaltung 3 70
- große kreisangehörige Stadt 3 3
- Grundrechte 9 6
- Grundrechtsbindung 3 46
- institutionelle Garantie 1 91
- Jugendvertretung 3 177
- Kapazität öffentlicher Einrichtungen 9 14 f.
- Kernbereich der Selbstverwaltung 1 93 f.
- Kommunalverfassungsbeschwerde 1 119
- Konnexitätsprinzip 1 95
- kreisfreie Stadt 3 2
- Kreisrechtsausschuss 3 93

- Kreisvorstand 3 78
- kulturelle Selbstverwaltung 9 5
- Landkreis 3 2, 10 f.
- Landrat 1 96, 2 16, 3 66
- Mindestfinanzausstattung 1 95
- natürliches Recht zur Selbstverwaltung 1 90
- Organisationshoheit 3 18 f., 23, 61
- Organstreit 1 136
- Organwalter 3 65
- Ortsgemeinde 1 91, 3 3
- Personalhoheit 3 18 f., 192
- Petitionsrecht 3 175
- Pflichtaufgaben 1 92, 95, 3 9 ff.
- Planungshoheit 3 18 f.
- Rechnungsprüfung 3 150 f.
- Rechtsaufsicht 3 152 ff.
- Rechtsetzungshoheit 3 18 f., 121
- Rechtsverordnungen 3 119 f., 128 f.
- Satzungen 3 73, 119 ff., 5 8
- Selbstverwaltungsaufgaben 3 7 ff., 5 8
- Selbstverwaltungsgarantie 1 90 ff., 143, 3 17 ff.
- Stadtvorstand 3 78
- Unterrichtung der Einwohner 3 176
- verbandsfreie Gemeinde 3 3
- Verbandsgemeinde 1 91, 3 3
- verfassungsgerichtliche Verfahren 1 119, 120
- Vermögen 3 44
- Verpflichtungserklärungen 3 138 ff.
- Vertretung 3 72, 134 ff.
- Wirtschaftsunternehmen 3 47 ff.
- Zivilrecht 3 131 ff.
- Zulassung zu kommunalen Einrichtungen 9 14

Kompensationsflächenkataster 7 19
Konkordate 1 81
Konkrete Normenkontrolle 1 155 ff.
- Vorlageberechtigung 1 156
Kontakt und Begleitpersonen 4 142, 151, 153
- Begleiter 4 162
Kontrolle, kommunalinterne 3 144

Körperschaften des öffentlichen Rechts
- kommunale 3 1
- Organstreit 1 135 f.
- verfassungsgerichtliche Verfahren 1 120

Kreislaufwirtschaftsrecht 7 120 ff.
- Abfallbegriff 7 123
- Abfallbehörde 7 121 f.
- Abfallbeitrag 7 129
- Abfallbeseitigung 7 123 ff.
- Abfallbilanz 7 130
- Abfallentsorgung, rechtswidrige 7 135
- Abfallentsorgungsanlage 7 132, 135
- Abfallhierarchie 7 124
- Abfallüberlassungspflicht 7 126 f., 129, 131
- Abfallüberwachung 7 130, 135
- Abfallvermeidung 7 124, 133
- Abfallverwertung 7 129, 131
- Abfallwirtschaftspläne 7 133
- Benutzungsgebühr 7 129
- Gesetzgebungskompetenzen 7 120
- Grundkonzeption 7 123 ff.
- Grundsatz der Eigenentsorgung 7 125
- Sonderabfall 7 131 f.
- Wirtschaftskonzept 7 130

Kreisrechtsausschuss 2 54, 3 93, 171
- Ersetzung des gemeindlichen Einvernehmens 5 34 f.

Kreistag 3 66

Kreisverwaltung 3 15, 23 ff.

Kultur
- Begriff 9 1
- Behördenaufbau 9 7
- historischer Überblick 9 2
- verfassungsrechtlicher Rahmen 9 3 ff.

Kulturhoheit der Länder 9 4

Kunst
- historische Bezüge 9 8
- Staat und Kommunen als Kunstmäzene 9 10

- verfassungsrechtlicher Schutz 9 9

Ladenöffnungsgesetz 6 13 ff.
- Anwendungsbereich 6 12 f.
- Ausnahmen 6 16
- Gesetzgebungskompetenz 6 3
- Rechtsschutz 6 18
- Zuständigkeiten 6 17

Landesamt für Umwelt 7 57

Landesamt für Umwelt, Wasserwirtschaft und Gewerbeaufsicht 7 15

Landesbetriebe 2 21 f.

Landesfarben 1 27

Landesmarktgesetz 6 10 f.

Landesmediengesetz 10 11 ff., 59 ff.
- Aufbau 10 13 f., 60
- Hintergrund 10 59
- Presse 10 11 ff.
- Rundfunk 10 59 ff.

Landesplanung 8 52
- als Raumplanung 8 1
- Gegenstromprinzip 8 12, 25 f.
- Gesetzgebungskompetenz 8 4 f.
- Landesentwicklungsprogramm 8 24
- Überwachung 8 50
- Verhältnis zum Bundesrecht 8 7 f.
- Zuständigkeiten 8 9

Landesrechnungshof 1 29, 88
- Parteifähigkeit im Organstreit 1 136

Landesregierung
- Abstimmungsverhalten im Bundesrat 1 52
- Allparteienregierung 1 36
- Anklage gegen Mitglied der LReg 1 118
- Antragsbefugnis im Organstreit 1 141
- Anwesenheitspflicht 1 40
- Bestätigung durch LT 1 44, 47
- Bestellung und Abberufung der Mitglieder 1 45 ff.
- Geschäftsführungspflicht 1 45
- Geschäftsordnung 1 51
- Gesetzesinitiativrecht 1 56

- Kollegialprinzip 1 51
- Konstituierung 1 44 ff.
- Meinungsäußerung 1 139
- Meinungsverschiedenheiten 1 51, 139
- Misstrauensvotum 1 49
- Neuwahl des Ministerpräsidenten 1 45 f.
- parlamentarische Verantwortlichkeit 1 47
- Parteifähigkeit in verfassungsgerichtlichen Verfahren 1 136, 152
- Ressortprinzip 1 51 f.
- Richtlinienkompetenz des Ministerpräsidenten 1 51
- Unterrichtung des LT 1 40
- Vertrauensentzug 1 49

Landesverfassung
- Änderung 1 25, 56, 59 f., 70, 88, 95, 112, 136
- Anwendbarkeit der Art. 70 ff. GG 1 8
- Bestandteilsnormen 1 13
- Ewigkeitsgarantie 1 59 f., 60, 72
- Grundrechte 1 9 ff., 98 ff.
- Homogenitätsgebot 1 6 f., 78, 97
- Naturrecht 1 99, 106, 115
- Schuldenbremse 1 88
- Textänderungsgebot 1 25, 60
- Verfassungsorgane 1 28
- Verwaltungsorganisation 2 11 ff.
- Vorspruch 1 4, 72, 99, 105

Landeswaldgesetz 7 12

Landeswappen 1 27

Landrat 1 96, 2 16, 3 66

Landschaftsbestandteil, geschützter 7 21 ff.

Landschaftsplanung 7 9

Landschaftsschutzgebiet 7 9, 21 ff., 28

Landtag 1 30 ff.
- Abgeordnetenzahl 1 32
- Ältestenrat 1 39
- Antragsbefugnis im Organstreit 1 141

- Aufgaben 1 30
- Auflösung 1 33, 70
- Befassungsrecht 1 41
- Beschlüsse 1 139
- Beschlussfähigkeit 1 43
- Bestätigung der LReg 1 44, 47
- Entlassung eines Ministers 1 47
- Ernennung und Entlassung von Bediensteten 1 39
- Fraktionen 1 34 ff., 136
- freies Mandat 1 30
- Geschäftsordnung 1 37 f., 56 ff.
- Gesetzesbeschluss 1 60
- Gesetzesinitiativrecht 1 56
- Hausrecht 1 37 ff.
- Informationsanspruch gegenüber Regierung 1 40 ff.
- Interpellationsrecht 1 40
- Kontrollinstrumente 1 40
- Legislaturperiode 1 7, 33
- Leitungsorgane 1 39
- Mehrheitserfordernis 1 43, 54, 60
- Misstrauensvotum 1 49
- Notstandsgesetzgebung 1 65
- Öffentlichkeitsprinzip 1 41 f.
- Opposition 1 36
- Parteifähigkeit in verfassungsgerichtlichen Verfahren 1 136, 152
- Petitionsausschuss 1 40
- Präsident 1 37 ff.
- Selbstauflösung 1 7, 33, 49
- Unterrichtung des LT bei Staatsverträgen 1 83 f.
- Unterrichtung durch LReg 1 40
- Untersuchungsausschuss 1 40, 136, 140
- Verfassungsorgan 1 28
- Verwaltung 1 39
- Vorstand 1 39
- Wahl des Ministerpräsidenten 1 44 ff.
- Wahl von Verfassungsrichtern 1 54
- Wahlperiode 1 7, 33
- Wahlprüfungsausschuss 1 28, 118
- Wahlrecht 1 23, 31 ff.
- Zitierrecht 1 40

- Zustimmung zu Staatsverträgen 1 79 ff., 86 f.
- Zustimmung zum Stellvertreter des Ministerpräsidenten 1 44
- Zustimmung zur Zuständigkeitsverteilung der LReg 1 48
- Zutrittsrecht zu öff. Einrichtungen 1 40
- Zwischenausschuss 1 24, 40, 65

Legalisierungswirkung 5 41, 58, 65
Lindauer Abkommen 1 86 f.
Mandat, interkommunales 3 64
Marktgewerbe 6 2, 12
Maßnahmenprogramm 7 72, 74
- Strategische Umweltprüfung 7 75
- Verbindlichkeit 7 76
- WRRL 7 71 f.

Medienöffentlichkeit, Kommunen 3 112 ff.
Medienrecht 10 1 ff.
- Beihilfeproblematik 10 84
- Definition/Kategorisierung 10 4 ff.
- europarechtlicher Einfluss 10 82 ff.
- Fernsehrichtlinie 10 88
- historische Entwicklung 10 5
- individuelles und institutionelles Medienrecht 10 4
- mediale Erscheinungsformen 10 6 ff.
- Richtlinie über audiovisuelle Mediendienste 10 88
- sekundärrechtlicher Einfluss 10 87
- supranationale Einflüsse 10 4

Meldeauflage 4 105
Menschenwürde 1 105 f.
Minister
- Anklage 1 118
- Entlassung 1 47
- Kollegialprinzip 1 51
- Parteifähigkeit im Organstreit 1 136
- Ressortprinzip 1 51
- Verfassungsorgan 1 28, 47, 150
- Vertrauensentzug 1 49

Ministerpräsident 1 44 ff.
- Außenvertretung 1 50, 79
- Begnadigung 1 50
- Ernennung von Beamten und Richtern 1 50
- Gesetzesausfertigung und -verkündung 1 61
- Parteifähigkeit im Organstreit 1 136
- präsidiale Funktion 1 50
- Prüfungskompetenz 1 61
- Richtlinienkompetenz 1 51, 139
- Vertrauensentzug 1 49
- Wahl 1 44 ff.

Mitwirkungsverbot (Kommunalrecht) 5 123, 139
Mobilfunkanlagen 5 25
Mobilfunkmasten 5 13
Museen 9 11
Musterbauordnung 5 6
Nachbar im Baurecht
- Nachbarbegriff 5 31, 188
- Nachbarbeteiligung 5 31 f., 40, 189
- nachbarschützende Vorschriften 5 48, 68, 77 ff., 99, 102, 105, 107, 150, 152, 155, 163, 164, 173, 186 ff., 199
- Rechtsschutz 5 183 ff.

Nachbarrechtsgesetz 5 1, 43
Nachrichtenmittler 4 155
Nachträgliche Anordnungen im Baurecht 5 68
Nationales Naturmonument 7 21 f., 26
Nationalpark 7 21 f., 24, 26
Natura 2000 7 30 ff.
- Verschlechterungs- und Störungsverbot 7 33

Naturdenkmal 7 21 f.
Naturpark 7 21 f., 24, 26
Naturrecht 1 99, 106, 115

Naturschutz- und Landschaftspflegerecht 7 2, 7 ff.
- Gesetzgebungskompetenzen 7 7 ff.
- Organisation und Zuständigkeit 7 13 ff.
- Untergliederung 7 12
Naturschutzbehörde 7 13 ff.
Naturschutzgebiet 7 21 f., 24
Naturschutzrecht
- Pflegemaßnahmen 7 42 f.
Nebenbestimmungen (Baurecht) 5 20, 45, 64, 181
Nichtraucherschutz 6 19 ff.
- Durchsetzung 6 22
- Gesetzgebungskompetenz 6 2
- Umfang 6 20 f.
Nichtverantwortlicher 4 67 ff., 235 ff.
Normenkontrolle
- gegen kommunale Normen 3 130
- Gesetze gemäß Art. 80 Abs. 4 GG 1 63
- Selbstverwaltungsgarantie 3 21
- § 4 AGVwGO 1 47
Notbewilligungsrecht 1 139
Nothilfe 1 116
Notstandsgesetzgebung 1 65
Nutzungsänderung 5 24, 67
- im Bauplanungsrecht 5 146
Nutzungsregelungen 7 78 ff.

Oberbehörde 2 18
Oberbürgermeister 3 66
Observation 4 151
Öffentliche Einrichtung, kommunale 3 31 ff.
- Anschlusszwang 3 41 ff.
- Benutzungsregelungen 3 35
- Benutzungszwang 3 41 ff.
- Kapazität 3 33 f.
- Widmung 3 32 ff.
- Zulassung zur Benutzung 3 36 ff.
Öffentliche Fahndung 4 165

Öffentliche Sicherheit und Ordnung
- Schutz privater Rechte 4 32
- Schutzgüter 4 31, 34
- Selbstgefährdung 4 33
Öffentliche Stellen
- Bindung an Ziele der Raumordnung 8 21
Öffentliches Wirtschaftsrecht
- Abgrenzung vom Polizei- und Ordnungsrecht 4 175
- Gesetzgebungskompetenzen 6 1 ff.
- Zuständigkeiten 6 5 ff.
Öffentlichkeitsarbeit (Ministerpräsident) 1 50
Öffentlichkeitsprinzip 1 23, 41 f., 59
Ökokonto 7 19, 20
Onlinedurchsuchung 4 161
Opportunitätsprinzip 4 81 f.
Opposition 1 36
Orchester 9 12
Ordnungsbehörden
- Behördenaufbau 4 16 ff.
- Örtliche Ordnungsbehörde 4 17
- Trennungsprinzip 4 4 f.
- Zuständigkeit 4 21 ff.
Organ 2 8
Organleihe 2 15
Organstreit 1 135 ff.
- Antragsbefugnis 1 141 ff.
- Antragsgegner 1 147
- Ausschluss nach Art. 105 Abs. 3 LV 1 51
- Begründung 1 146
- Form 1 146
- Frist 1 146
- Klarstellungsinteresse 1 141
- Meinungsäußerung 1 139
- Parteifähigkeit 1 136 f.
- Passivlegitimation 1 142
- Prüfungsgegenstand 1 138 ff.
- Prüfungsmaßstab 1 148
- Prüfungsumfang 1 148
- Rechtsschutzbedürfnis 1 141

- Rechtswegerschöpfung 1 145
- Subsidiarität 1 145
- Unionsrecht 1 148
- Verfassungsorgane 1 138 ff.

Ortsbeirat 3 94

Ortsbezirk 3 94

Ortsgemeinde 1 91, 3 3, 54
- Aufgaben 3 56
- Prozessvertretung 3 135, 141

Pacta sunt servanda 1 84

Parlamentsgesetzgebung 1 56 ff.

Parteien, politische 1 32, 50
- Parteifähigkeit im Organstreit 1 137
- Verfassungsbeschwerde 1 120

Persönlichkeitsrecht, allgemeines 1 104

Petition
- kommunale 3 175
- Petitionsausschuss 1 40
- Petitionsrecht 1 8

Pfalz
- als Bezirk 1 24
- Sonderstellung 1 26

Photovoltaikanlagen 5 13, 25

Planerhaltung (Bauplanungsrecht) 5 131, 135 ff.
- ergänzendes Verfahren 5 139 f.
- materielle Fehler 5 137
- Verfahrens- und Formfehler 5 136

Planerhaltung, Raumordnungspläne 8 34

Planungsgemeinschaften 8 26

Planungshoheit
- Bauleitplanung 5 108 f.
- der Gemeinde 3 18 f., 8 50

Platzverweis 4 78, 106 f., 172, 182, 203

Polizei
- Behördenaufbau 4 13 ff.
- Polizeibegriffe 4 3
- Subsidiaritätsprinzip 4 32 f.
- Zuständigkeit 4 25 ff.

Polizei- und Ordnungsrecht
- Abgrenzung vom Versammlungsrecht 4 171 ff.
- Anspruch auf Einschreiten 4 84 ff.
- Bundeskompetenzen 4 10 f.
- Datenerhebung 4 135 ff.
- Datenschutz-RL 4 136
- Entwicklung 4 1
- Europäisierung 4 10 f.
- freiwilliger Polizeidienst 4 9
- Gesetzgebungskompetenzen 4 2
- Kosten 4 180, 203, 214 f.
- Subsidiaritätsgrundsatz 4 87
- Verhältnismäßigkeit 4 90 ff.
- Verwaltungshelfer 4 216
- Vollzugshilfe 4 27

Polizeigewahrsam 4 115 ff.
- Rechtsweg 4 120

Polizeiliche Beobachtung 4 162

Polizeiliche Generalklausel
- Abgrenzung von Standardmaßnahmen 4 30
- datenschutzrechtliche Generalklausel 4 145

Polizeiliche Verwaltungsakte
- Abgrenzung von Gefahrenabwehrverordnungen 4 221
- Abgrenzung von Realakten 4 181 f., 198 f.
- Erledigung 4 203
- Ersatzvornahme 4 190, 207, 244
- Prüfungsschema 4 183
- Sofortvollzug 4 199
- Verkehrszeichen 4 208
- Vollstreckung 4 184 ff., 194 ff., 200 ff., 219

Polizeipflicht von Hoheitsträgern 4 72 ff., 177

Präambel 1 4, 72, 99, 105

Presse 10 7 ff.
- Begriff 10 7
- Buchdruckpresse 10 8
- formaler Pressebegriff 10 7
- historische Entwicklung 10 8

- periodische Presse 10 7
- Pflichtexemplare 10 13
- Presseunternehmen 10 9
- Rechtsgrundlagen 10 10 ff.
- Verbreitungsverbot 10 14
- Verlagswesen 10 7
- Zuständigkeit 10 10

Projektgruppe 2 20

Putativgefahr 4 39

Rasterfahndung 4 168 ff.

Raumordnung 8 21
- Erfordernisse 8 13, 52
- Gesetzgebungskompetenz 8 4 f.
- Grundsätze 8 14/15
- Leitvorstellung 8 11 f.
- raumordnerische Untersagung 8 47 ff.
- Raumordnungsklausel 8 51
- Sicherung 8 42 ff.
- sonstige Erfordernisse 8 23
- Zielabweichung 8 22
- Ziele 8 19, 51

Raumordnungspläne 8 27 ff.
- Abwägungsgebot 8 33
- Beteiligungsverfahren 8 32
- Grundsätze 8 36
- Landesentwicklungsprogramm 8 25 f.
- Planerhaltung 8 34 f.
- regionaler Raumordnungsplan 8 24, 26
- Umweltbericht 8 31
- Umweltprüfung 8 31
- Ziele 8 36, 38 f.

Raumordnungsverfahren 8 42 ff.
- Anwendungsbereich 8 43 ff.
- Durchführung 8 44 f.
- Entscheidung 8 46

Raumplanung
- Ebenen 8 2

Raumverträglichkeitsprüfung 8 42

Razzia 4 100

Rechnungshof 1 29, 88, 136

Rechtliches Gehör 1 128

Rechtsaufsicht
- Staatsaufsicht (Hochschulen) 9 97

Rechtsnachfolge im Baurecht 5 42, 85, 97

Rechtsprechung
- effektiver Rechtsschutz 1 89
- Gewaltenteilung 1 22
- Rechtsschutz im Baurecht 5 178 ff.
- Richter 1 89
- verfassungsgerichtliche Verfahren 1 117 ff.
- VerfGH 1 53 f.

Rechtsschutz
- effektiver Rechtsschutz 1 89
- Verwaltungszwang 2 47 ff.

Rechtsstaatsprinzip 1 22, 125
- Grundsatz des fairen Verfahrens 1 125

Rechtsverordnung 1 66
- Gesetz nach Art. 80 Abs. 4 GG 1 63 f.
- kommunale 3 119 f., 128 f.
- mit Gesetzeskraft 1 65
- verfassungsgerichtliche Kontrolle 1 153

Referat 2 9

Reformatio in peius 2 60 ff.

Regierungsbezirke 1 24

Reisegewerbe 6 12

Religionsfreiheit 9 19 f.

Religionsunterricht 1 114, 9 57

Republik 1 20

Rheinland-Pfalz
- Hauptstadt 1 27
- Territorium 1 24 f.

Richtervorbehalt 4 131, 138, 153 f., 157, 162
- Freiheitsentziehung 4 119
- körperliche Eingriffe 4 124

Risikogebiet 7 77

Risikomanagementplan 7 77

Stichwortverzeichnis

Rücksichtnahmegebot 5 93, 151 f., 163, 174, 186 f.
Rundfunk 10 15 ff.
- 10. RÄStV 10 53 f.
- 12. RÄStV 10 23, 50, 84
- ARD 10 17
- Begriff 10 19
- Bestands- und Entwicklungsgarantie 10 34
- BVerfG 10 28 ff.
- Deutsche Welle 10 17
- dienende Freiheitsgewährung 10 26
- Drei-Stufen-Test 10 50
- duale Rundfunkordnung 10 31
- Föderalismus 10 25
- Geschichte 10 15 ff.
- Grundversorgung 10 33
- Landeszentrale für Medien und Kommunikation 10 60
- lineare Angebote 10 50
- politische Parteien 10 39
- privater Rundfunk 10 31, 53
- Rechtsgrundlagen 10 24 ff.
- Rundfunkbeitragsstaatsvertrag 10 56
- Rundfunkgebühren 10 36 ff.
- Rundfunkstaatsvertrag 10 45 ff.
- Rundfunkurteile 10 29 ff.
- Staatsfreiheit 10 29
- Staatsverträge 10 44
- SWR 10 57 f.

Satzungen
- Außenbereichssatzung 5 172
- Bebauungsplan 5 119
- Innenbereichssatzung 5 161
- kommunale 3 73, 119 ff.
- örtliche Bauvorschriften 5 8, 95, 100, 104
- Veränderungssperre 5 141

Schengen 4 11, 99
Schleierfahndung 4 97 ff.
Schlusspunkttheorie 5 36
Schuldenbremse 1 88

Schule
- Elternrecht 9 42 ff.
- Errichtung, Aufhebung, Zusammenlegung 9 51 f.
- Erziehungsziele 1 113 f., 9 28 ff.
- Ethikunterricht 1 114, 9 57
- Gemeinschaftsschule 9 16, 27
- historischer Überblick 9 16
- innere Organisation 9 53 ff.
- Öffentliche Schulen 9 21 ff.
- Ordnungsmaßnahmen 9 38
- Rechtschreibung 9 59
- Religionsunterricht 1 114, 9 57
- Schularten und -stufen 9 49
- Schülerbeförderung 9 40
- Schülerzeitung 9 41
- Schulpflicht 1 113, 9 31 f.
- Schulträger 9 26, 50 ff.
- Schulverhältnis 9 36
- Sexualkunde 9 58
- Stellung der Lehrer 9 45 ff.
- Stellung der Schüler 9 29 ff.
- Verantwortung des Staates 9 23, 62
- Zulassung 9 33

Schulen in freier Trägerschaft
- Ersatz- und Ergänzungsschulen 9 64
- Finanzierung 9 67
- Grundlagen 9 62
- Gründung, Genehmigung 9 65
- institutionelle Garantie 9 63
- Privatschulen 9 62
- Schulvielfalt 9 63
- staatliche Anerkennung 9 64 f.
- Staatsaufsicht 9 66

Schulpflicht 1 113, 9 31 f.
Schutz
- Behinderter 1 98
- ungeborenen Lebens 1 107

Schutzgebietsverordnung 7 40
Schutzpflichten 1 104, 107
- Datenschutz 1 108
- Leben und körperliche Unversehrtheit 1 104, 107
- ungeborenes Leben 1 107

Schwarzbau 5 60, 62

483

Selbstauflösung des LT 1 7, 33
Selbsteintritt, fachaufsichtlicher 3 165 f.
Selbstgefährdung 4 33
Selbstüberwachung 7 105
Selbstverwaltung 2 4
- funktionale 2 5
- kommunale 1 90 ff., 2 5, 3 17 ff.
- kulturelle 9 5, 14
Selbstverwaltungsaufgaben 3 8 ff.
Selbstverwaltungsgarantie 7 131
- subjektives Recht 1 90
Selbstvollstreckung 2 29
Sicherstellung 4 132
- einstweilige 7 41
Sittengesetz 1 106
Skybeamer 5 11, 103 f.
Sofortvollzug 2 31
Sonderabfall 7 131 f.
- Andienungs- und Überlassungspflicht 7 131
- Entsorgung 7 131 f.
Sonderverwaltungsbehörde 2 8
Sonntagsschutz 6 14
Soziale Marktwirtschaft 1 98
Sozialisierungsverfassungsbeschwerde 1 118
Sozialstaatsprinzip 1 7, 21
Sperren 7 38
Sperrklausel bei Landtagswahl 1 32
Spezialermächtigungen (POG) 4 96 ff.
- Bodycam 4 149
- Datenabgleich 4 166
- Gewahrsam 4 115 ff.
- häusliche Gewalt 4 33, 108 ff.
- Identitätsfeststellung 4 100
- informationsbezogene Standardmaßnahmen 4 139 ff., 163 ff.
- Kfz-Kennzeichenerfassung 4 146, 150
- Platzverweis 4 106 f.
- Rasterfahndung 4 168 ff.

- Rechtsnatur 4 181 f.
- Schleierfahndung 4 97 ff.
- Videoüberwachung 4 146 ff.
Spielbanken 6 1
Staatlichkeit 1 3 f., 17
Staatsangehörigkeit 1 4
Staatsbürger 1 4, 18, 68, 116
Staatsbürgerliche Treuepflicht 1 116
Staatsgebiet 1 5, 24 ff.
Staatsgewalt 1 5
Staatskirchenverträge 1 81
Staatspräsident 1 50
Staatsrecht, Begriff 1 2
Staatsstrukturprinzipien 1 16 ff.
Staatsverträge 1 79 ff.
- Aufhebungsverträge 1 84
- Begriff 1 80 ff.
- des Bundes bzgl. Landesgesetzgebung 1 86 f.
- Gesetzesrang 1 84, 85
- Konkordate 1 81
- Kündigung 1 84
- Lindauer Abkommen 1 86 f.
- normatives Verwaltungsabkommen 1 84
- pacta sunt servanda 1 85
- Parallelabkommen 1 82
- Ratifikation 1 83
- Staatskirchenverträge 1 81
- Ständige Vertragskommission 1 86
- Transformation 1 83
- Treaty Override 1 85
- Unterrichtung des LT durch LReg 1 83 f.
- Veränderungen des Staatsgebiets 1 25
- Vertragsbindung 1 84
- Vertragsverletzungsfolgen 1 85
- Verwaltungsabkommen 1 82
- Volksbegehren 1 72, 83
- Zustandekommen 1 83
Staatsvolk 1 4, 18 f., 29
- Parteifähigkeit im Organstreit 1 137

Stichwortverzeichnis

Staatszielbestimmungen
- Beispiele 1 7
- Erziehung 9 25
- Europäische Union 1 17
- im Grundrechtsteil 1 98
- Kultur 9 3
- Tierschutz 7 5
- Umweltschutz 7 4

Stadt
- große kreisangehörige 3 3
- kreisfreie 3 2

Stadtrat 3 66

Stadtrechtsausschuss 2 54, 3 171

Stadtverwaltung 3 23 ff.

Ständige Vertragskommission 1 86

Stellplätze 5 45, 94 ff., 98

Stellungnahme, landesplanerische 8 52

Stiftung Natur und Umwelt Rheinland-Pfalz 7 16

Stoffstrommanagement, kommunales 7 130

Störer
- Anscheinsstörer 4 62 ff., 239 f.
- Äquivalenztheorie 4 56, 65
- im Baurecht 5 80 ff.
- Primär- und Sekundärebene 4 62
- Rechtsnachfolge 4 75
- Sekundärebene 4 89, 233
- Störerauswahl 4 88 f., 215
- Störerbegriffe 4 46 ff., 58, 61 ff.
- Theorie der rechtswidrigen Verursachung 4 55
- Theorie der unmittelbaren Verursachung 4 54
- verfassungsrechtliche Vorgaben 4 53
- Verhaltensverantwortlichkeit 4 48 f.
- Zusatzverantwortlichkeit 4 49
- Zustandsverantwortlichkeit 4 50 ff.
- Zweckveranlasser 4 58

Straftaten von erheblicher Bedeutung 4 151

Strafverfolgungsvorsorge 4 7

Struktur- und Genehmigungsdirektion 2 7, 3 162, 169

Subsidiaritätsgrundsatz 4 32

Technische Baubestimmungen 5 7

Teilbaugenehmigung 5 50

Teilhaberecht 9 15, 30

Teilpläne 8 26

Telekommunikation 10 76 ff.
- Abgrenzung/Medienrecht 10 81
- Begriff 10 77 f.
- Deutsche Post 10 79
- Geschichte 10 79
- TKG 10 80
- Unterbrechung 4 160

Telekommunikationsüberwachung 4 154 ff.
- Funkzellenabfrage 4 159
- Lokalisierung von Mobilgeräten 4 157
- Nutzungsdaten 4 158
- Quellen-TKÜ 4 156
- Verkehrsdaten 4 155

Telemedien 10 68 ff.
- Abgrenzung vom Recht der Wirtschaft 6 4
- Abgrenzung vom Rundfunk 10 72
- Definition 10 71
- Digitalisierung 10 68
- elektronische Presse 10 71
- Geschichte 10 69
- Mediendienste 10 69
- Nutzungsdaten 4 158
- Teledienste 10 69
- Teleshopping 10 75
- TMG 10 71
- Zuständigkeit 10 69

Theater 9 12

Tierschutz 7 5

Todesstrafe 1 107

Trägerverfahren 7 33

Treuepflicht 1 116

Trödelmarkt 6 10 f.

Typengenehmigung, Typenprüfung 5 51

Überhangmandat 1 32

Überschwemmungsgebiet 7 78, 88 f., 89, 118

Umweltrecht 7 1 ff.
- Begriff 7 1
- Gesetzgebungskompetenzen 7 2
- Umweltbericht 8 31
- Umweltprüfung 8 31
- Untergliederung 7 6

Umweltverträglichkeitsprüfung 7 68

Unabänderlichkeitsklausel 1 7, 116

Ungeborenes Leben 1 107

Unionsbürger 1 97, 101
- kommunales Wahlrecht 3 183

Unionsrecht
- Grundrechtscharta 1 133
- kommunales Wahlrecht 1 97
- Prüfungsmaßstab 1 133, 154, 157
- Verfassungsbeschwerde 1 133

Unmittelbare Ausführung (POG) 4 76 ff., 192 ff., 211, 245
- Kostenerstattungsanspruch 4 80

Unmittelbarer Zwang 4 189 ff., 246
- Abgrenzung zur Ersatzvornahme 4 191

Unterstützungsaufgabe, Landkreise 3 11

Untersuchungsausschuss 1 40, 140
- Parteifähigkeit im Organstreit 1 136

Unverletzlichkeit der Wohnung 1 11, 109

Veränderungssperre 5 121, 141 ff., 156

Verantwortlichkeit im Baurecht 5 80 ff.

Verbandsgemeinde 1 91, 3 3, 54 ff.
- Aufgaben 3 56

Verbandsklage
- Anerkennung des Verbands 7 48
- gegen Raumordnungspläne 8 40

- im Baurecht 5 198
- Mitwirkungsrecht 7 49
- Verbandsmitwirkung 7 47 ff.

Verböserung 2 60 ff.

Verbringungsgewahrsam 4 116

Vereinigungsfreiheit 1 11, 110

Verfassungsänderung
- Ewigkeitsgarantie 1 59 f., 60, 72
- Kontrolle durch VerfGH 1 150
- Mehrheiten 1 60
- Schuldenbremse 1 88
- Staatsgebiet 1 25
- Textänderungsgebot 1 25, 60
- Volksgesetzgebung 1 70, 72

Verfassungsaufträge 1 98

Verfassungsautonomie der Länder 1 6 ff.

Verfassungsbeschwerde 1 119 ff.
- Anhörungsrüge 1 128
- Auslagenerstattung 1 134
- Ausschuss des VerfGH 1 132
- Begründetheit 1 134
- Begründung 1 130
- Beschwerdebefugnis 1 127
- Beschwerdefähigkeit 1 120
- Beschwerdegegenstand 1 123 ff.
- Bundesrechtsklausel 1 124 ff.
- Einführung 1 117
- Entscheidung 1 134
- Form 1 130
- Frist 1 130
- Gesetzeskraft 1 134
- Gesetzgebungskompetenzen 1 133
- Grundrechtscharta 1 133
- Jurisdiktionsgewalt des VerfGH 1 124 ff.
- Justizgrundrechte 1 125
- kommunale 1 119, 3 21
- Missbrauchsgebühr 1 134
- Parteien, politische 1 120
- Postulationsfähigkeit 1 122
- Prozessfähigkeit 1 122
- Prozessstandschaft 1 121
- Prüfungsmaßstab 1 125, 133

Stichwortverzeichnis

- Prüfungsumfang 1 133
- Rechtsschutzbedürfnis 1 131
- Rechtsstaatsprinzip 1 125
- Rechtswegerschöpfung 1 128 f.
- Sozialisierungsverfassungsbeschwerde 1 118
- Subsidiarität 1 129
- Unionsrecht 1 123, 133
- Verfahrensfragen 1 132
- Verletzung von Wahlrechtsgrundsätzen 1 23
- weiter reichende Grundrechte der LV 1 126
- Willkürverbot 1 126, 133

Verfassungsgerichtliche Verfahren
- abstrakte Normenkontrolle 1 149 ff.
- Einstweilige Anordnung 1 158 ff.
- Organstreit 1 135 ff.
- Verfassungsbeschwerde 1 119 ff.

Verfassungsgerichtshof
- Einstweilige Anordnung 1 158 ff.
- Gericht 1 53
- Konkrete Normenkontrolle 1 155 ff.
- Organisation 1 53 f.
- Verfahren 1 117 ff.

Verfassungsorgan 1 28, 53
Verfassungsgewohnheitsrecht 1 2, 26
Verfassungsorgane 1 28 ff.
- Begriff 1 28
- Landesrechnungshof 1 29, 88, 136
- Landesregierung 1 28, 44 ff.
- Landtag 1 28, 30 ff.
- Minister 1 28, 47, 150
- Staatsvolk 1 28
- Teilorgane 1 140
- VerfGH 1 28, 53
- Wahlprüfungsausschuss 1 28
- Zwischenausschuss 1 28, 40

Verfassungsrecht
- formelles 1 2
- materielles 1 2
- verfassungsmäßige Ordnung 1 106

Verfassungstreue 1 116

Vergleich (im Widerspruchsverfahren) 2 7
Verhältniswahl 1 32
Verkehrs- und Transportfunktion 7 55
Verkündung von Gesetzen 1 61 f.
Versammlungen 4 107, 171 ff.
Verschlechterungsverbot 7 72
Verträge, kommunale 3 14, 117 f.
Verträglichkeitsprüfung
- FFH 7 33
Vertragsfreiheit 1 115
Vertragsnaturschutz 7 32
Verunstaltungsverbot 5 4, 100 ff., 103
Verwaltung
- Abteilung 2 9
- Beamtentum 1 89
- Gewaltenteilung 1 22, 37
- Informationsverwaltungsrecht 2 23
- Kreisverwaltung 3 66
- Kulturverwaltung 9 7
- Landesverwaltung 1 39, 89, 2 14 ff.
- Landtagsverwaltung 1 39
- Referat 2 9
- unmittelbare Ausführung 2 67
- Verwaltungsbehörde, allgemeine 2 8
- Verwaltungsorganisation 1 89
- Vorgaben des Verfassungsrechts 2 11 ff.

Verwaltungsabkommen 1 82
- normatives 1 84

Verwaltungsakte, kommunale 3 117 f.
Verwaltungsträger 2 3
Verwaltungsverfahren 2 23 ff.
Verwaltungsvollstreckung 2 29 ff.
- Beitreibungsverfahren 2 31 ff.
- Ersatzvornahme im Sofortvollzug 2 67 f.
- Selbstvollstreckung 2 29
- Sofortvollzug 2 31 ff.
- Verwaltungszwang 2 35 ff.

Verwaltungsvorschriften 1 139

Verwaltungszwang 2 35 ff.
- Androhung 2 42 f.
- Ersatzzwangshaft 2 38
- Rechtsschutz 2 47 ff.
- sofortiger Zwang 2 44 ff.
- unmittelbarer Zwang 2 39 ff.
- Zwangsgeld 2 37, 38

Videoüberwachung 4 121, 146 ff.
- Verfassungsmäßigkeit 4 148

V-Leute 4 151

Vogelschutzgebiet, europäisches 7 31

Volk 1 22, 86

Völkerrecht
- allgemeine Regeln 1 13
- Völkerrechtssubjekte 1 80

Volksbegehren und Volksentscheid 1 67 ff.
- Auflösung des LT 1 70
- Aussetzung von Gesetzen 1 62, 70
- finanzwirksame Gesetze 1 73 ff.
- formelle Anforderungen 1 71
- Gesetzgebungskompetenz 1 71
- Koppelungsverbot 1 76
- materielle Anforderungen 1 72 ff.
- Parteifähigkeit im Organstreit 1 137
- Staatsvertrag 1 72, 83
- Verfahren 1 77
- Verfassungsänderung 1 70, 72
- Verhältnis zur parlamentarischen Gesetzgebung 1 78

Volksinitiative 1 68

Vollstreckung baurechtlicher Verfügungen 5 86 ff.

Vollzugshilfe 4 20

Vorbehalt des Gesetzes 1 22

Vorbehaltsgebiete 8 28 f.

Vorladung 4 104

Vorrang des Gesetzes 1 22

Vorranggebiete 8 28 f.

Vorratsdatenspeicherung 4 154

Vorspruch 1 4, 72, 99, 105

Wahlrecht 1 7, 31 ff.
- Wahlperiode 1 33
- Wahlprüfung 1 28, 118, 3 197 ff.
- Wahlrechtsgrundsätze 1 23, 96 f., 3 192 f.
- Wohnsitzerfordernis 1 23, 31

Wasserbehörden 7 57 f.
- Zuständigkeiten 7 58

Wasserbuch 7 118 f.

Wassergefahr 7 111

Wassergefährdende Stoffe 7 92 ff.

Wasserhaushaltsrecht 7 51 ff.
- Reform 7 54
- Vorschaltgesetz 7 54

Wasserrahmenrichtlinie 7 71 f.

Wasserrecht 7 51 ff.
- Abweichungsbefugnis 7 53
- Gesetzgebungskompetenzen 7 51 ff.
- Öffnungsklauseln 7 53
- Organisation und Zuständigkeit 7 56 ff.
- Untergliederung 7 56 ff.

Wasserschutzgebiet 7 78
- Anordnungen 7 82
- Entschädigungs- und Ausgleichsleistungen 7 83
- Festsetzung 7 79 ff.
- Fracking 7 84
- Verfahren 7 81

Wasserversorgung 7 94 f.
- Anlagen 7 95
- Genehmigungsbedürftigkeit 7 95
- Wasserversorgungsplan 7 95

Wasserwegerecht
- Schifffahrtsanlage 7 55

Wasserwirtschaftsrecht 7 51

Weisung, fachaufsichtliche 3 165, 170

Werbeanlagen 5 4, 9, 13, 22, 25, 63, 103 f., 145

Wesentlichkeitstheorie
- Gesetz nach Art. 80 Abs. 4 GG 1 64

Widerspruchsverfahren 2 51 ff.

Willkürverbot 1 111, 126, 133, 143

Stichwortverzeichnis

Wirtschaftsfreiheit **1** 115
Wirtschaftstätigkeit
– kommunale **3** 47 ff.
– Subsidiarität **3** 51
Wissenschaftsfreiheit **9** 72
Wohnraumüberwachung **4** 152 ff.
Wohnsitzerfordernis im Wahlrecht **1** 23, 31
Wohnung **4** 108, 113 f., 127 ff., 128 ff., 152 ff.
Wohnungsverweisung **4** 108 ff.
Würde des Menschen **1** 105 f.

Zensur **10** 65
Zentrale Stelle für Sonderabfälle **7** 122
Ziele der Raumordnung **8** 19, 21, 27
– Abgrenzung zu Grundsätzen **8** 20
– Außenbereichssteuerung **5** 173
– Raumordnungsklausel **5** 128 f.
– Rechtsschutz **8** 36
Zitiergebot **1** 9, 103
Zitierrecht **1** 40
Zurückstellung von Baugesuchen **5** 144
Zuständigkeit
– Gaststättenrecht **6** 9
– Gewerberecht **6** 6 ff.
– Handwerksrecht **6** 8
– Marktrecht **6** 11
Zwang, unmittelbarer **4** 246
Zweckveranlasser **4** 58
Zweckverband, kommunaler **3** 62 ff.
Zweistufentheorie **9** 15
Zwischenausschuss **1** 28, 40, 65